Introduction à la microéconomie

OUVERTURES ◀▶ ÉCONOMIQUES

Introduction à la microéconomie

Hal R. Varian

Traduction de la 8e édition américaine
par Bernard Thiry

7e édition

OUVERTURES ÉCONOMIQUES

de boeck

Ouvrage original :
Intermediate Microeconomics, 8th edition by Hal R. Varian

7e édition
2e tirage 2011

Imprimé en Belgique

Dépôt légal :
Bibliothèque nationale, Paris : octobre 2011
Bibliothèque royale de Belgique, Bruxelles : 2011/0074/246

ISSN 2030-501X
ISBN 978-2-8041-6578-9

AVANT-PROPOS

Le succès des sept premières éditions américaines de *Intermediate Microeconomics* m'a profondément touché. C'est la confirmation de l'existence d'une demande sur le marché pour une approche analytique de la microéconomie à destination des étudiants des premiers cycles universitaires.

Mon objectif en rédigeant la première édition était de présenter les méthodes microéconomiques d'une façon qui permette aux étudiants d'appliquer eux-mêmes ces méthodes plutôt que de se contenter d'absorber passivement les cas « pré-digérés » décrits dans l'ouvrage. Je crois que la meilleure façon de procéder est d'insister sur les fondements conceptuels de la microéconomie et de fournir des exemples concrets d'application plutôt que d'essayer de rédiger une encyclopédie de termes et d'anecdotes.

Le manque de formation mathématique préalable aux cours d'économie dans certaines universités constitue évidemment une difficulté. L'absence de formation au calcul mathématique et aux techniques d'optimisation rend difficile la présentation de certaines méthodes analytiques de la science économique. Toutefois, la tâche n'est pas impossible. On peut déjà aller fort loin en n'envisageant que quelques situations simples de fonctions d'offre et de demande linéaires et en n'utilisant qu'un peu d'algèbre élémentaire. Il est parfaitement possible de développer une approche analytique sans recourir excessivement à la mathématique.

Il est important d'insister sur ce dernier point. Une approche analytique de l'économie est une approche qui repose sur un raisonnement rigoureux et logique. Elle n'implique pas nécessairement des méthodes mathématiques compliquées. L'utilisation des outils mathématiques permet évidemment de garantir la rigueur de l'analyse et c'est sans aucun doute la meilleure solution quand c'est possible, mais elle n'est peut-être pas indiquée pour tous les étudiants.

Les étudiants en science économique devraient maîtriser le calcul mathématique, mais malheureusement nombre d'entre eux ne le maîtrisent pas ou du moins pas très bien. Aussi n'ai-je pas introduit le calcul mathématique dans le corps central de l'ouvrage. J'ai cependant présenté les analyses mathématiques complètes dans les annexes de plusieurs chapitres. Ces analyses sont donc à la disposition des étudiants qui peuvent les comprendre, mais elles ne constituent pas une barrière à la compréhension des autres.

Je pense que cette démarche montre que l'analyse mathématique n'est pas simplement une note de bas de page par rapport au contenu de l'ouvrage mais qu'il s'agit au contraire, en comparaison de l'analyse verbale et graphique, d'une méthode d'examen plus approfondie des mêmes problèmes. De nombreux raisonnements sont beaucoup plus simples quand on utilise un peu de mathématique et tous les étudiants en science économique devraient en être conscients. Je me suis très souvent rendu compte qu'avec un peu de motivation et quelques exemples, les étudiants abordent très volontiers les problèmes économiques d'un point de vue analytique.

Cet ouvrage contient plusieurs autres innovations. Tout d'abord, les chapitres sont en général très courts. J'ai essayé de donner à la plupart d'entre eux une dimension qui correspond à une séance de cours. J'ai suivi l'ordre habituel qui consiste à étudier d'abord la théorie du consommateur puis la théorie du producteur, mais j'ai consacré un peu plus de temps que dans la plupart des ouvrages, à la théorie du consommateur. J'ai choisi d'insister sur cette partie, non pas parce qu'elle serait à mes yeux nécessairement la partie la plus fondamentale de la microéconomie, mais plutôt parce que je me suis rendu compte qu'il s'agit là de la partie qui paraît la plus mystérieuse aux étudiants. J'ai dès lors décidé de la présenter de façon plus détaillée.

Deuxièmement, j'ai essayé d'illustrer à l'aide de nombreux exemples, l'utilisation qui peut être faite de l'analyse théorique présentée dans cet ouvrage. Dans la plupart des manuels, les étudiants trouvent un tas de graphiques représentant des déplacements de courbes, mais ils ne voient pas beaucoup d'algèbre, ni de calculs mathématiques. Or c'est l'algèbre que l'on utilise pour résoudre les problèmes qui se posent en pratique. Les graphiques permettent d'illustrer l'analyse et de dégager certaines conclusions, mais l'intérêt réel de l'analyse économique réside dans le fait qu'elle permet de résoudre quantitativement des problèmes économiques. Tous les étudiants en économie devraient pouvoir traduire une situation économique sous la forme d'une équation ou d'un exemple numérique, mais l'acquisition de cette capacité est trop souvent négligée. En conséquence, nous avons également réalisé un manuel d'exercices qui constitue à mes yeux une partie indissociable de cet ouvrage. Ce manuel d'exercices a été rédigé par mon collègue Theodore Bergstrom et nous nous sommes efforcés de mettre au point des problèmes intéressants et pleins d'enseignements. Nous pensons que ce manuel peut aider considérablement l'étudiant dans son étude de la microéconomie.

Troisièmement, je crois que cet ouvrage présente la microéconomie de façon plus précise que la plupart des manuels d'introduction à la microéconomie. Il est vrai que j'ai parfois choisi d'analyser des cas particuliers quand le cas général était trop complexe, mais j'ai essayé d'expliquer honnêtement la situation lorsqu'elle s'est présentée. En général, je me suis efforcé d'analyser en détail toutes les étapes de chaque raisonnement. Je crois que mon analyse est non seulement plus complète et plus précise que dans la plupart des autres manuels, mais aussi que l'attention que j'ai portée aux détails permet de comprendre plus facilement les raisonnements que l'analyse approximative présentée dans de nombreux manuels.

Il y a plusieurs chemins vers l'économie

Il est probablement impossible d'enseigner correctement en un semestre l'ensemble de la matière présentée dans cet ouvrage. L'enseignant doit dès lors choisir avec soin la matière qu'il souhaite analyser. S'il commence à la première page et envisage dans l'ordre l'ensemble des chapitres, il lui faudra longtemps pour arriver à la fin de l'ouvrage. La structure modulaire de ce manuel donne une grande liberté à l'enseignant quant à la façon dont il choisit de présenter la matière et j'espère que la plupart d'entre eux utiliseront cette liberté. Les relations entre chapitres sont illustrées dans le schéma de la page suivante.

Les chapitres en gris foncé constituent la matière de base qui devrait vraisemblablement être enseignée dans tous les cours d'introduction à la microéconomie. Les chapitres en gris clair sont optionnels : j'en enseigne seulement une partie chaque semestre.

Enfin, je ne vois pas les autres chapitres dans mon propre cours, mais d'autres enseignants peuvent facilement les étudier. Une flèche en trait continu du chapitre A au chapitre B signifie que le chapitre A doit être analysé avant le chapitre B. Une flèche en trait discontinu signifie que le chapitre B requiert la connaissance de certains éléments inclus dans le chapitre A, mais n'en dépend pas de façon significative.

J'étudie généralement la théorie du consommateur et les marchés, puis je passe directement à la théorie du producteur. Une autre démarche fréquente consiste à analyser l'échange directement après la théorie du consommateur. De nombreux enseignants préfèrent cette voie, mais je ne suis pas convaincu qu'elle soit possible.

Certaines personnes préfèrent étudier la théorie du producteur avant la théorie du consommateur. Cette démarche est possible avec ce manuel à condition d'ajouter quelques éléments à la présentation de certains chapitres. Ainsi, la présentation des isoquantes suppose que les étudiants ont déjà vu les courbes d'indifférence.

La plupart des éléments relatifs aux biens publics, aux externalités et à l'information peuvent être enseignés plus tôt. J'ai présenté ces matières de façon à ce que l'enseignant puisse les envisager à peu près quand il le souhaite.

L'analyse des biens publics peut être introduite comme une illustration de l'analyse de la boîte d'Edgeworth. Les externalités peuvent être étudiées juste après l'analyse des courbes de coût et le contenu du chapitre sur l'information peut être vu presque n'importe quand dès que les étudiants sont familiarisés avec la démarche de l'analyse économique.

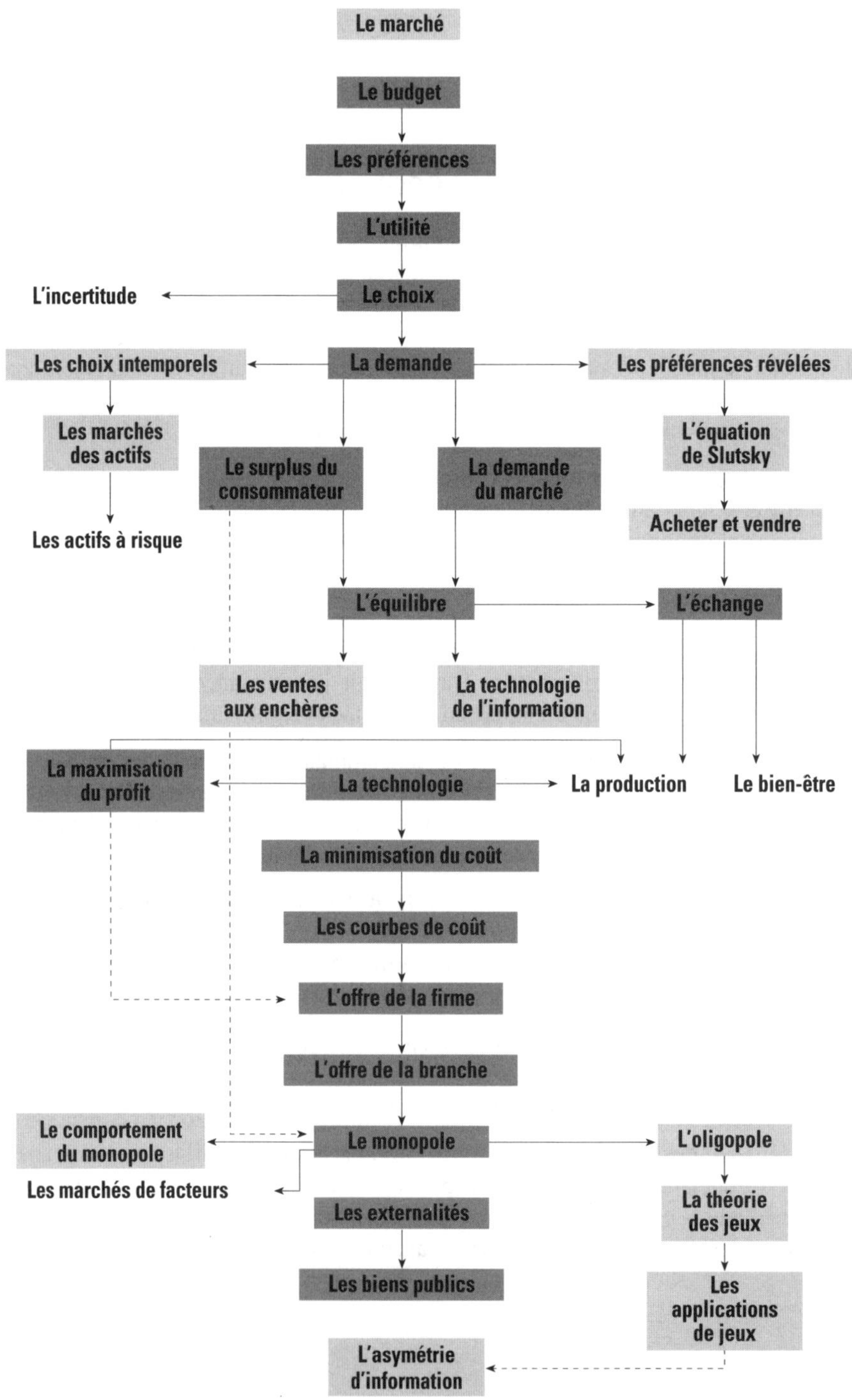
Le marché
Le budget
Les préférences
L'utilité
L'incertitude
Le choix
Les choix intemporels
La demande
Les préférences révélées
Les marchés des actifs
Le surplus du consommateur
La demande du marché
L'équation de Slutsky
Acheter et vendre
Les actifs à risque
L'équilibre
L'échange
Les ventes aux enchères
La technologie de l'information
La maximisation du profit
La technologie
La production
Le bien-être
La minimisation du coût
Les courbes de coût
L'offre de la firme
L'offre de la branche
Le comportement du monopole
Le monopole
L'oligopole
Les marchés de facteurs
Les externalités
La théorie des jeux
Les biens publics
Les applications de jeux
L'asymétrie d'information

Changements par rapport à la septième édition

Dans cette édition, j'ai ajouté plusieurs nouveaux exemples tels que la durée des droits d'auteur, les bulles financières, le risque de contrepartie, la valeur à risque et les taxes carbone. J'ai continué à développer des exemples tirés des entreprises de la Silicon Valley (Apple, ebay, Google, Yahoo, ...). Je discute de thèmes tels que la complémentarité entre iPod et iTunes, le retour positif associé à des entreprises telles que Facebook et les modèles d'enchères publicitaires utilisés par Google, Microsoft et Yahoo. Je crois qu'il s'agit d'exemples récents et intéressants de la façon dont l'économie fonctionne.

J'ai aussi ajouté une présentation approfondie des questions relatives à la définition des mécanismes tels que les marchés d'appariement (« *two sided matching models* ») et les mécanismes de Vickrey-Clarke-Groves. Ce domaine, considéré antérieurement comme de nature essentiellement théorique, présente aujourd'hui une importance pratique considérable.

Remerciements

De nombreuses personnes ont contribué à la réalisation de cet ouvrage. Je dois tout d'abord remercier John Miller et Debra Holt qui m'ont assisté pour la première édition. John m'a fait part de nombreux commentaires et suggestions ; il a rédigé plusieurs exercices sur base des versions antérieures du manuscrit et il a contribué de façon significative à la cohérence du texte final. Debra a vérifié attentivement les épreuves ; elle a contrôlé la cohérence au cours des étapes finales et elle a réalisé l'index.

Les personnes suivantes m'ont communiqué de nombreux commentaires et suggestions utiles lors de la préparation de la première édition : Ken Binmore (University of Michigan), Mark Bagnoli (University of Michigan), Larry Chenault (Miami University), Jonathan Hoag (Bowling Green State University), Allen Jacobs (M. I. T.), John McMillan (University of California at San Diego), Hal White (University of California at San Diego) et Gary Yohe (Wesleyan University). J'aimerais en particulier remercier Dr. Reiner Buchegger, qui a réalisé la traduction allemande de ce livre, pour sa lecture attentive de la première édition et pour la liste détaillée de corrections qu'il m'a communiquée. Je tiens également à remercier pour leurs suggestions, Theodore Bergstrom, Jan Gerson, Olivier Landmann, Alasdair Smith, Barry Schmidt et David Winch.

Pour la deuxième édition, j'ai été assisté par Sharon Parrott et Angela Bills qui m'ont beaucoup aidé tant au niveau de la rédaction que de l'édition. Robert M. Costrell (University of Massachusetts at Amherst), Ashley Lyman (University of Idaho), Daniel Schwallie (Case-Western Reserve), A. D. Slivinskie (Western Ontario) et Charles Plourde (York University) m'ont fait part de commentaires et suggestions détaillés afin d'améliorer la deuxième édition.

Lors de la préparation de la troisième édition, j'ai reçu des remarques intéressantes des personnes suivantes : Doris Cheng (San Jose), Imre Cseko (Budapest), Gregory Hildebrandt (UCLA), Jamie Brown Kruse (Colorado), Richard Manning (Brigham Young), Janet Mitchell (Cornell), Charles Plourde (York University), Yeung-Nan Shieh (San Jose) et John Winder (Toronto). Je tiens à remercier en particulier Roger F. Miller (University of Wisconsin) et David Wildasin (Indiana) pour leurs remarques, suggestions et corrections détaillées.

Quant à la cinquième édition, elle a bénéficié des commentaires de Kealoah Widdows (Wasbah College), William Sims (Concordia University), Jennifer R. Reinganum (Vanderbilt University) et Paul D. Thistle (Weston Michigan University). J'ai reçu des commentaires utiles pour préparer la sixième édition de la part de James S. Gordon (Pennsylvania State University), Brad Kamp (University of South Florida), Sten Nyberg (Stockholm University), Matthew R. Roelofs (Western Washington University), Maarten Pieter Schinkel (University of Maastricht) et Arthur Walker (University of Northumbria).

La septième édition a bénéficié d'une lecture attentive de Irina Khindanova (Colorado School of Mines), Istvan Konya (Boston College), Shomu Banerjee (Georgia Tech), Andrew Helms (University of Georgia), Marc Melitz (Harvard University), Andrew Chatterjea (Cornell University) et Cheng-Zhong Qin (UC Santa Barbara).

Enfin, j'ai reçu des commentaires intéressants sur cette huitième édition de Kevin Balsam (Hunter College), de Clive Belfield (Queens College, CUNY), de Jeffrey Miron (Harvard University), de Babu Nahata (University of Louiseville) et de Scott J. Savage (University of Colorado).

Hal R. VARIAN
Berkeley, octobre 2009

Remerciements du traducteur

La traduction de cet ouvrage a été pour moi une expérience très enrichissante. Je tiens à exprimer ma gratitude à Hal Varian pour avoir eu l'opportunité de produire un manuel d'une telle qualité. J'aimerais également remercier Mme Adam (Université Libre de Bruxelles) et ses assistantes, Mmes Chantal Winter et Anne-Marie Glineur pour leur lecture attentive d'une première traduction et pour les nombreuses améliorations qu'elles m'ont proposées. Mes remerciements s'adressent enfin à mes collaborateurs et assistants à l'Université de Liège et au CIRIEC qui ont à des titres divers effectué de nombreuses vérifications des épreuves et corrections. Je tiens surtout à exprimer ma gratitude à Mmes Marilyn Garcia et Carmela De Cicco qui ont assuré l'essentiel de la dactylographie des diverses éditions, ainsi que Myriam Sluse qui m'a considérablement aidé pour les dernières éditions.

Bernard THIRY
Université de Liège et CIRIEC, Juin 2011

SOMMAIRE

1

LE MARCHÉ

Le premier chapitre d'un manuel de microéconomie est traditionnellement consacré à une discussion de l'objet et des méthodes de la science économique. Une telle discussion est évidemment intéressante, mais elle ne semble guère appropriée pour *commencer* l'étude de la science économique. Il est très difficile d'en apprécier la portée tant que quelques exemples concrets d'analyse économique n'ont pas été examinés.

Nous commencerons donc cet ouvrage plutôt par un *exemple* d'analyse économique. Nous allons examiner dans ce chapitre un modèle correspondant à un marché particulier, celui des appartements. Ce faisant, nous introduirons divers concepts et instruments de la science économique. La rapidité de la présentation ne doit cependant pas vous inquiéter. Ce chapitre est uniquement destiné à vous donner une idée générale de la façon dont ces concepts peuvent être utilisés. Nous les réexaminerons beaucoup plus en détail par la suite.

1.1 CONSTRUIRE UN MODÈLE

La science économique élabore des **modèles** des phénomènes sociaux. Par modèle, nous entendons une représentation simplifiée de la réalité. Le mot important est le terme « simplifié ». Pensons à l'inutilité d'une carte à l'échelle un pour un. Un modèle économique qui essayerait de décrire tous les aspects de la réalité serait tout aussi inutile. La puissance d'un modèle découle de l'élimination des détails non pertinents, ce qui permet à l'économiste de se concentrer sur les aspects essentiels de la réalité économique qu'il essaie de comprendre.

Dans ce chapitre, nous nous intéressons au processus de détermination des prix des appartements. Nous désirons dès lors disposer d'une description simplifiée du marché des appartements. Choisir les simplifications adéquates pour construire un modèle est une forme d'art. En général, nous désirons avoir le modèle le plus simple qui soit capable de décrire la situation économique que nous examinons. Nous pouvons ensuite ajouter progressivement des éléments supplémentaires, rendant ainsi le modèle plus complexe et, nous l'espérons, plus réaliste.

L'exemple particulier que nous désirons considérer dans ce chapitre est le marché des appartements d'une petite ville universitaire. Dans cette ville, il y a deux sortes d'appartements. Certains sont proches de l'université et d'autres plus éloignés. Les étudiants préfèrent généralement les appartements les plus proches car l'accès à l'université en est plus aisé. Les appartements plus éloignés les obligent à prendre un bus ou une voiture. Les étudiants préfèrent dès lors louer un appartement proche... à condition d'en avoir les moyens.

Nous supposerons que les appartements sont situés à l'intérieur de deux larges cercles entourant l'université. Les appartements les plus proches sont évidemment situés dans le cercle intérieur, les autres étant localisés dans le cercle extérieur. Nous n'examinerons que le marché des appartements situés dans le cercle intérieur. Les autres appartements seront occupés par les personnes qui ne trouvent pas un appartement plus proche du centre. Nous supposerons qu'il y a un grand nombre d'appartements dans le cercle extérieur et que leur prix, c'est-à-dire leur loyer, est fixé à un certain niveau connu. Nous ne nous préoccuperons que de la détermination du prix des appartements les plus proches et de la population qui finira par les occuper.

Un économiste établira dans ce modèle une distinction entre les prix des deux catégories d'appartements en disant que le prix des appartements du cercle extérieur est une **variable exogène** alors que le prix des appartements du cercle intérieur est une **variable endogène**. Cela signifie que le prix des appartements les plus éloignés est considéré comme déterminé par des facteurs qui ne sont pas étudiés dans le modèle alors que le prix des appartements les plus proches est déterminé par des facteurs décrits dans le modèle.

Comme première simplification, nous supposerons que les appartements sont identiques à tout point de vue, à l'exception de leur localisation. On peut ainsi parler « du prix » des appartements sans se soucier de savoir si les appartements ont une ou deux chambres ou présentent encore d'autres différences.

Mais qu'est-ce qui détermine ce prix ? Qu'est-ce qui détermine la population qui occupe les appartements les plus proches et celle qui occupe les appartements les plus éloignés ? Comment pouvons-nous évaluer les différents systèmes économiques d'affectation des appartements ? Quels critères pouvons-nous utiliser pour juger des mérites respectifs de ces différents systèmes ? C'est à toutes ces questions que nous désirons que notre modèle réponde.

1.2 OPTIMISATION ET ÉQUILIBRE

Quand nous essayons d'expliquer le comportement des êtres humains, nous avons besoin de principes directeurs qui servent de base à notre analyse. En science économique, nous nous basons généralement sur les deux principes simples suivants :

Le principe d'optimisation : Parmi les différentes structures de consommation qu'ils peuvent acquérir, les gens essaient de choisir les meilleures.

Le principe d'équilibre : Les prix se modifient jusqu'au moment où il y a égalité entre les quantités d'un bien que les gens demandent et les quantités qui sont offertes.

Examinons ces deux principes. Le premier est presque une *tautologie*. Si les gens sont libres de leurs choix, il est raisonnable de supposer qu'ils essaient de choisir ce qu'ils aiment plutôt que ce qu'ils n'aiment pas. Il y a évidemment des exceptions à ce principe général mais elles se situent généralement en dehors du champ de la science économique.

La seconde notion est un peu plus problématique. On peut en tout cas imaginer qu'à un certain moment, il n'y ait pas compatibilité entre les demandes et les offres de sorte que quelque chose doit se modifier. Ces modifications peuvent prendre beaucoup de temps et il est même possible qu'elles impliquent d'autres changements qui « déstabilisent » tout le système.

Ce type de situation peut survenir, mais il s'agit d'un cas peu fréquent. Dans le cas des appartements, nous observons généralement un prix de location, un loyer, relativement stable d'un mois à l'autre. Ce loyer est en fait le *prix d'équilibre* qui nous intéresse actuellement. Nous ne nous préoccupons pas de savoir comment le marché atteint cet équilibre, ni comment celui-ci peut se modifier au cours d'une longue période de temps.

Il est important de souligner que la définition de l'équilibre peut varier d'un modèle à l'autre. Dans le cas d'un marché simple, comme celui que nous analysons dans ce chapitre, l'idée d'un équilibre entre la demande et l'offre est suffisante. Mais dans des modèles plus généraux, nous aurons besoin de définitions plus générales de l'équilibre. En principe, l'équilibre requiert que les actions des différents agents économiques soient compatibles entre elles.

Comment utiliser ces deux principes pour répondre aux questions formulées antérieurement ? Il est temps d'introduire quelques concepts économiques supplémentaires.

1.3 LA COURBE DE DEMANDE

Considérons tous les locataires possibles d'appartements. Demandons à chacun d'eux le montant maximum qu'il serait disposé à payer pour occuper un des appartements.

Regardons pour commencer la personne qui est disposée à payer le prix le plus élevé. Peut-être cette personne a-t-elle beaucoup d'argent, peut-être est-elle paresseuse et ne désire-t-elle pas marcher beaucoup... peu importe. Supposons que cette personne soit prête à payer 500 € par mois pour un appartement.

S'il n'y a qu'une seule personne disposée à payer ce montant et si le prix de location d'un appartement est de 500 €, un seul appartement sera loué et il le sera à la personne qui est prête à payer ce prix.

Supposons maintenant que le prix le plus élevé qu'une autre personne est disposée à payer soit de 490 €. Si le prix de location est de 499 €, il n'y aura toujours qu'un seul appartement loué et il le sera à la personne disposée à payer 500 €. Celle qui est disposée à payer 490 € ne louera pas d'appartement. De même, un seul appartement sera loué si le loyer est de 498 €, 497 €, 496 € et ainsi de suite jusqu'à ce que le loyer descende à 490 €. À ce prix, deux appartements seront loués : l'un à la personne disposée à payer 500 €, l'autre à celle acceptant de payer 490 €.

De même, il n'y aura que deux appartements loués tant que le prix n'est pas égal au montant maximum suivant qu'une *troisième* personne est disposée à payer. Et ainsi de suite.

Les économistes appellent le montant maximum qu'une personne est prête à payer son **prix de réserve**. Le prix de réserve est le prix maximum qu'une personne accepte de payer pour acheter un bien. En d'autres termes, son prix de réserve est le prix auquel il lui est indifférent d'acheter ou de ne pas acheter le bien. Dans notre exemple, si une personne

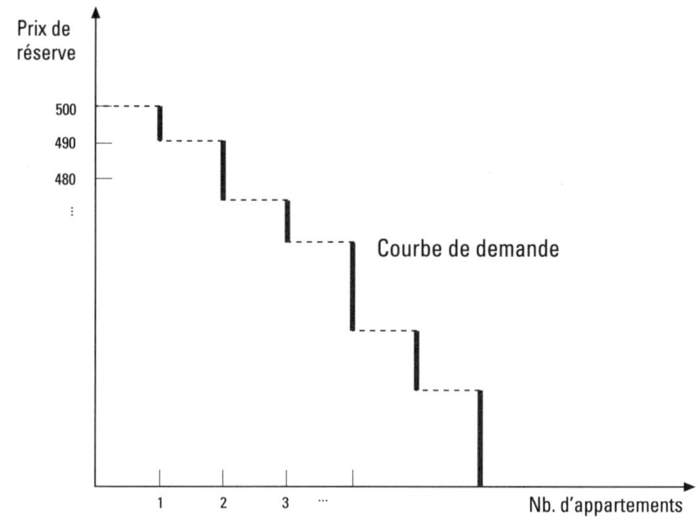

Figure 1.1 ***La courbe de demande pour les appartements.***

L'axe vertical mesure le prix du marché et l'axe horizontal, le nombre d'appartements qui seront loués pour chaque prix.

a un prix de réserve *p*, cela signifie qu'il lui est indifférent de vivre dans le cercle intérieur en payant un loyer *p* ou de vivre à l'extérieur de ce cercle.

Le nombre d'appartements loués pour un prix donné *p** sera par conséquent exactement égal au nombre de personnes qui ont un prix de réserve supérieur ou égal à *p**. En effet, si le prix du marché est *p**, toutes les personnes prêtes à payer au moins *p** pour un appartement désireront un appartement du cercle intérieur et toutes celles qui ne sont pas disposées à payer *p** préféreront vivre à l'extérieur de ce cercle.

Nous pouvons indiquer ces prix de réserve sur un graphique comme à la figure 1.1. Le prix y est indiqué sur l'axe vertical et le nombre de personnes disposées à payer ce prix ou davantage est repris sur l'axe horizontal.

La figure 1.1 peut également être interprétée comme mesurant le nombre de personnes qui désirent louer un appartement pour un prix donné. Cette courbe est un exemple de **courbe de demande**, c'est-à-dire une courbe qui relie la quantité demandée au prix. Quand le prix est supérieur à 500 €, aucun appartement n'est loué. Quand le prix se situe entre 500 € et 490 €, un seul appartement est loué. Quand il est compris entre 490 € et le prix de réserve suivant, deux appartements sont loués. Et ainsi de suite. La courbe de demande décrit la quantité demandée pour chacun des prix possibles.

La courbe de demande pour les appartements est décroissante : si le prix de location des appartements diminue, un plus grand nombre de personnes seront disposées à en louer. S'il y a un grand nombre de personnes et que les prix de réserve ne diffèrent que

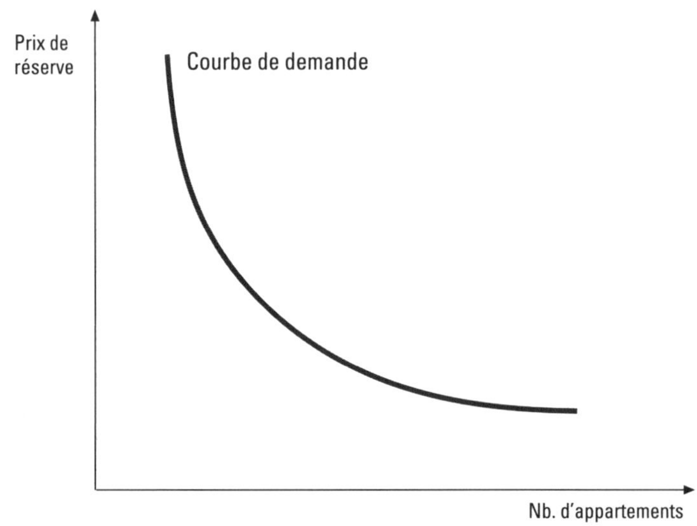

Figure 1.2 ***La courbe de demande pour les appartements quand il y a beaucoup de demandeurs.***

Du fait du grand nombre de demandeurs, les écarts entre les prix sont petits et la courbe de demande a la forme continue traditionnelle.

faiblement d'une personne à l'autre, on peut raisonnablement admettre que la courbe de demande est continûment décroissante comme à la figure 1.2. La courbe reproduite sur cette figure correspond à ce que deviendrait la courbe de demande de la figure 1.1 s'il y avait beaucoup de personnes désirant louer des appartements. Les « paliers » reproduits à la figure 1.1 deviendraient si petits par rapport à la taille du marché qu'on pourrait les ignorer en toute quiétude en traçant la courbe de demande du marché.

1.4 LA COURBE D'OFFRE

Nous disposons maintenant d'une belle représentation graphique du comportement de la demande. Examinons à présent le comportement de l'offre. Pour ce faire, il faut d'abord préciser la nature du marché que nous analysons. Nous allons considérer un marché où un grand nombre de propriétaires indépendants essaient de louer leurs appartements au plus haut prix possible. Nous appelons une telle situation un **marché concurrentiel**. D'autres formes de marché sont évidemment possibles. Nous en examinerons quelques unes par la suite.

Considérons donc le cas d'un marché où un grand nombre de propriétaires agissent indépendamment les uns des autres. Si tous les propriétaires essaient de retirer le plus d'avantages possible et que les locataires sont pleinement informés des prix pratiqués par les propriétaires, le prix d'équilibre doit évidemment être le même pour tous les

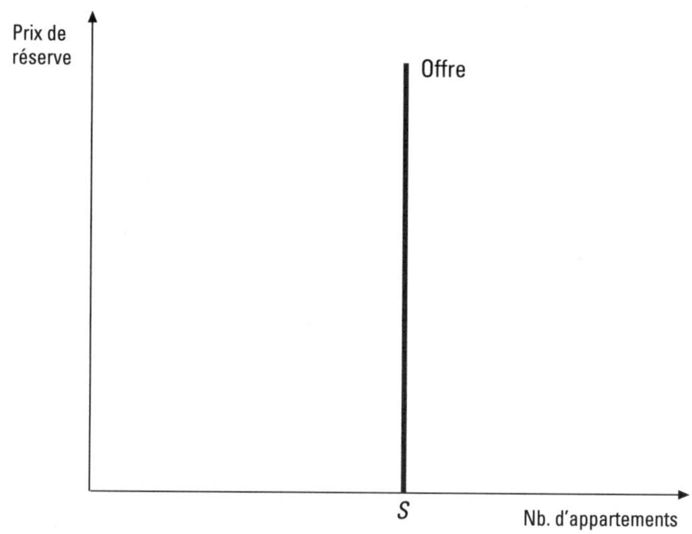

Figure 1.3 ***La courbe d'offre à court terme.***

L'offre d'appartements est fixe à court terme.

appartements situés dans le cercle intérieur. Ceci n'est pas difficile à démontrer. Supposons qu'il y ait deux prix : un prix élevé p_e et un prix plus faible p_f. Les personnes qui louent leur appartement au prix élevé pourraient s'adresser à un propriétaire pratiquant le prix plus faible et lui proposer de louer son appartement pour un montant compris entre p_e et p_f. Une telle transaction profiterait à la fois au locataire et au propriétaire. Dans la mesure où toutes les parties recherchent leur intérêt personnel et sont pleinement informées de tous les prix pratiqués, une situation dans laquelle des prix différents sont payés pour un même bien ne peut pas persister à l'équilibre.

Mais quel sera ce prix d'équilibre unique ? Essayons la même méthode que celle utilisée pour construire la courbe de demande : prenons un prix et examinons le nombre d'appartements offerts à ce prix.

La réponse dépend, dans une certaine mesure, du laps de temps que nous considérons. Si nous considérons une période de plusieurs années, de nouvelles constructions peuvent être réalisées et le nombre d'appartements dépendra certainement du prix de location pratiqué. Mais, à « court terme » (disons, au cours d'une année), le nombre d'appartements est plus ou moins fixe. Si nous considérons uniquement une situation de court terme, l'offre d'appartements sera constante à un niveau prédéterminé.

La **courbe d'offre** du marché est représentée à la figure 1.3 comme une droite verticale. Quel que soit le prix pratiqué, le même nombre d'appartements sera loué : il s'agira de tous les appartements disponibles à ce moment.

1.5 L'ÉQUILIBRE DU MARCHÉ

Nous disposons maintenant d'une représentation du côté « demande » et du côté « offre » du marché des appartements. Réunissons-les et analysons le comportement d'équilibre du marché. Pour ce faire, traçons sur une même figure (figure 1.4) les courbes de demande et d'offre.

Sur cette figure, p^* représente le prix pour lequel la quantité demandée d'appartements est égale à la quantité offerte. C'est le **prix d'équilibre** des appartements. À ce prix, chaque consommateur disposé à payer au moins p^* peut trouver un appartement à louer et chaque propriétaire peut louer son appartement au prix du marché. Ni les consommateurs, ni les propriétaires n'ont la moindre raison de modifier leur comportement. C'est pourquoi nous appelons cette situation un *équilibre* : nous n'observerons aucun changement dans les comportements.

Pour mieux comprendre la notion d'équilibre, considérons ce qui se passerait à un prix différent de p^*. Prenons par exemple un prix $p < p^*$ pour lequel la demande est supérieure à l'offre. Un tel prix peut-il persister ? À ce prix, une partie au moins des propriétaires seront confrontés à un nombre de demandes supérieur à ce qu'ils peuvent satisfaire. Des files de personnes espérant louer un appartement à ce prix se formeront. Le nombre de personnes disposées à payer ce prix p est supérieur au nombre d'appartements disponibles. Certains propriétaires réaliseront vraisemblablement qu'ils ont intérêt à augmenter le prix de leurs appartements.

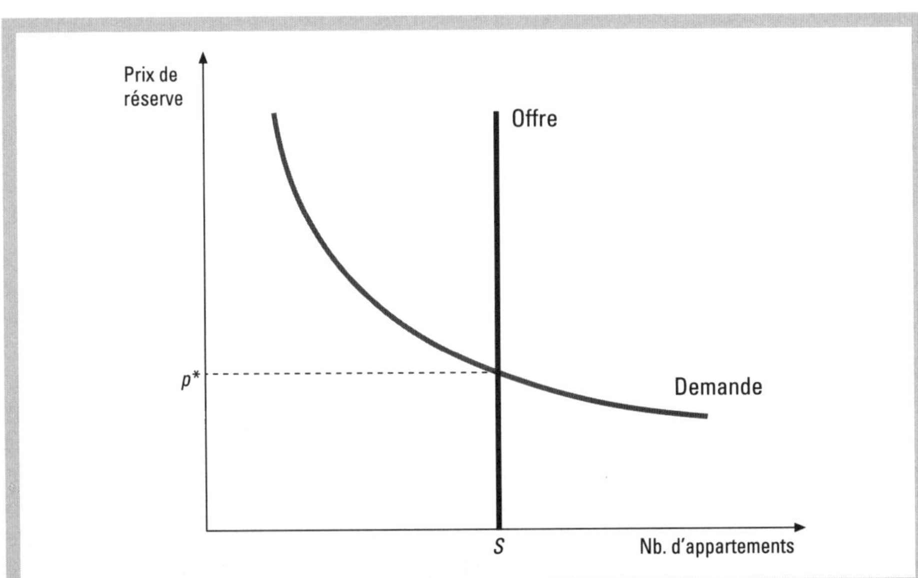

Figure 1.4 ***L'équilibre sur le marché des appartements.***

Le prix d'équilibre p^* est déterminé par l'intersection entre les courbes d'offre et de demande.

Considérons maintenant un prix p supérieur à p^*. Certains appartements seront inoccupés : il y a moins de personnes disposées à payer p que d'appartements disponibles. Certains propriétaires risquent de ne pas pouvoir louer leur appartement. Ils auront dès lors intérêt à diminuer leur prix de façon à attirer plus de locataires.

Si le prix est supérieur à p^*, il y trop peu de locataires ; s'il est inférieur à p^*, il y en a trop. Ce n'est qu'au prix p^* que le nombre de personnes disposées à louer un appartement à ce prix est égal au nombre d'appartements disponibles. Ce n'est qu'à ce prix que la demande égale l'offre.

Au prix p^*, les comportements des propriétaires et des locataires sont compatibles, c'est-à-dire que le nombre d'appartements demandés par les locataires est égal au nombre d'appartements offerts par les propriétaires. C'est le prix d'équilibre sur le marché des appartements.

Une fois déterminé le prix du marché pour les appartements les plus proches, nous pouvons nous demander quelles sont les personnes qui finissent par occuper ces appartements et quelles sont celles qui se trouvent « exilées » dans les appartements les plus éloignés. Dans notre modèle, la réponse est très simple : à l'équilibre du marché, tous les individus disposés à payer p^* ou davantage occupent un appartement dans le cercle intérieur et ceux qui ne sont disposés qu'à payer un prix inférieur à p^* occupent un appartement à l'extérieur de ce cercle. L'individu dont le prix de réserve est égal à p^* est juste indifférent entre un appartement dans le cercle intérieur et un appartement à l'extérieur de celui-ci. Les autres individus qui occupent un appartement dans le cercle intérieur payent pour celui-ci un prix inférieur au montant maximum qu'ils sont disposés à payer. L'affectation des appartements à leurs occupants est ainsi déterminée par leur propension à payer.

1.6 STATIQUE COMPARATIVE

Maintenant que nous disposons d'un modèle économique du marché des appartements, nous pouvons l'utiliser pour analyser le comportement du prix d'équilibre. Nous pouvons examiner comment réagit le prix de location des appartements quand divers aspects du marché se modifient. Ce genre d'exercice est connu sous le nom de « **statique comparative** », puisqu'il s'agit de comparer deux équilibres « statiques » sans se préoccuper de la façon dont le marché passe d'un équilibre à l'autre.

Le passage d'un équilibre à l'autre peut prendre beaucoup de temps et la façon dont ce passage se déroule peut faire l'objet d'analyses très intéressantes et fort importantes. Mais chaque chose en son temps et nous ignorerons pour l'instant ces questions dynamiques. La statique comparative consiste uniquement à comparer des équilibres, ce qui soulève déjà assez de questions.

Commençons par un cas simple. Supposons que l'offre d'appartements augmente comme à la figure 1.5. Il est aisé d'observer sur la figure que le prix d'équilibre diminue :

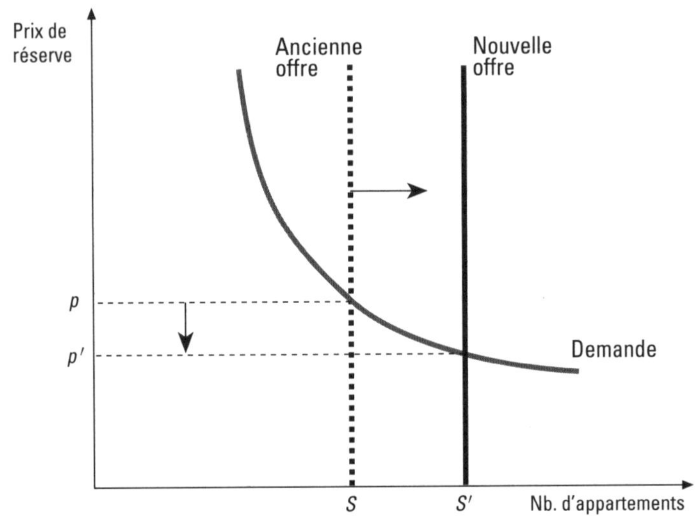

Figure 1.5 ***Une augmentation de l'offre d'appartements.***

Quand l'offre d'appartements augmente, le prix d'équilibre diminue.

l'intersection entre la demande et l'offre correspond à un prix moins élevé. De même, si l'offre d'appartements diminue, le prix d'équilibre augmente.

Envisageons maintenant un exemple plus compliqué et plus intéressant. Supposons que plusieurs appartements soient transformés en « copropriétés indivises » (« *condominiums* »), c'est-à-dire qu'ils ne soient plus mis en location mais vendus pour être occupés par leurs propriétaires. Comment va réagir le prix des appartements restés en location ?

La première réponse qui vient à l'esprit est probablement que le prix des appartements va augmenter puisque l'offre est moindre. Mais cette réponse n'est pas nécessairement correcte. S'il est exact que l'offre d'appartements en location a diminué, *la demande pour ces appartements* a diminué également puisque certains locataires peuvent décider d'acheter les appartements mis en vente.

Il est raisonnable de supposer que les personnes qui décident d'acheter un « *condominium* » occupaient déjà un appartement dans le cercle intérieur, c'est-à-dire qu'elles étaient disposées à payer un loyer supérieur à p^*. Supposons par exemple que les 10 individus ayant les prix de réserve les plus élevés décident d'acheter plutôt que de louer un appartement. Dans ce cas, la nouvelle courbe de demande correspond exactement à l'ancienne mais avec 10 demandeurs de moins pour chaque prix. Puisqu'il y a aussi 10 appartements de moins à louer, le nouveau prix d'équilibre est exactement le même qu'auparavant et les mêmes personnes habiteront dans le cercle intérieur. Cette situation est représentée à la figure 1.6. Les courbes de demande et d'offre se déplacent toutes deux

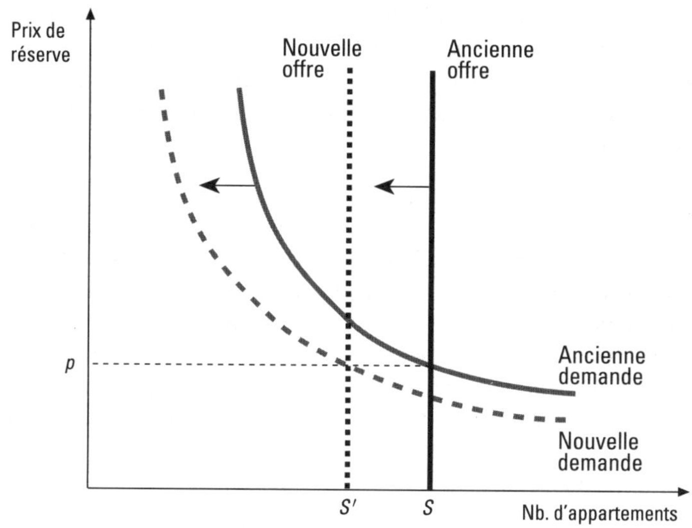

Figure 1.6 ***L'effet d'une transformation en « condominiums » d'appartements initialement loués.***

Si l'offre et la demande se déplacent vers la gauche d'un même montant, le prix d'équilibre reste inchangé.

vers la gauche (10 appartements demandés et offerts en moins) et le prix d'équilibre reste inchangé.

Ce résultat paraît surprenant à la plupart des gens. Ceux-ci ont en effet tendance à considérer uniquement la réduction de l'offre et à ne pas tenir compte de la réduction de la demande. Évidemment, le cas que nous venons d'analyser est un cas extrême : tous les appartements mis en vente ont été achetés par d'anciens locataires. Mais supposer qu'aucun appartement n'est acheté par d'anciens locataires constitue un cas tout aussi extrême.

Ce modèle, aussi simple soit-il, nous permet de dégager une conclusion importante. Quand nous examinons l'effet sur le marché des appartements à louer d'une transformation en « condominiums » d'appartements initialement en location, nous devons considérer non seulement l'impact de cette transformation sur l'offre des appartements en location, mais aussi son impact sur la demande.

Considérons un autre exemple surprenant de statique comparative. Supposons qu'une municipalité décide d'imposer une taxe annuelle de 50 € par appartement. Chaque propriétaire devra désormais payer annuellement à la municipalité 50 € pour chacun des appartements qu'il possède. Quel sera l'effet de cette taxe sur le loyer des appartements ?

La plupart des gens pensent qu'une partie au moins de la taxe sera supportée par les locataires. Mais étonnamment, il n'en sera rien. Le loyer d'équilibre des appartements va rester inchangé !

Afin de vérifier cela, nous devons examiner l'effet de la taxe sur les courbes d'offre et de demande. La courbe d'offre ne change pas puisque le nombre d'appartements reste le même. La courbe de demande ne change pas non plus puisque le nombre d'appartements loués aux différents prix reste également le même qu'auparavant. Ni la courbe d'offre, ni la courbe de demande n'étant modifiées, le prix ne peut pas varier suite à l'imposition de la taxe.

Pour comprendre ce résultat, nous devons nous rappeler qu'avant l'imposition de la taxe, les propriétaires pratiquaient le prix le plus élevé possible qui assurait l'occupation de leurs appartements. Le prix d'équilibre p^* est le prix maximum qui puisse être pratiqué et qui permette la location de tous les appartements. Après l'imposition de la taxe, les propriétaires peuvent-ils augmenter leur prix pour compenser cette taxe ? La réponse est négative : s'ils pouvaient augmenter leur prix tout en conservant l'occupation de tous les appartements, ils l'auraient déjà fait. Si les propriétaires pratiquaient auparavant le prix maximum que le marché peut supporter, les prix ne peuvent pas être augmentés et la taxe ne peut pas être transférée, même partiellement, à charge des locataires. Les propriétaires doivent supporter la totalité de la taxe.

Cette analyse dépend de l'hypothèse que l'offre d'appartements reste fixe. Si le nombre d'appartements offerts varie en fonction de la taxe, les loyers seront alors généralement affectés par cette taxe. Nous examinerons ce type de comportement par la suite quand nous aurons défini des instruments d'analyse mieux adaptés à ce genre de problèmes.

1.7 D'AUTRES MODES D'AFFECTATION DES APPARTEMENTS

Dans la section précédente, nous avons analysé l'équilibre d'un marché concurrentiel des appartements. Mais les marchés concurrentiels ne constituent pas l'unique mode d'**affectation des ressources**. Dans cette section, nous allons considérer quelques modes alternatifs. Certains d'entre eux pourront paraître étranges, mais ils illustrent chacun un élément important.

Le monopole discriminant

Envisageons tout d'abord le cas d'un propriétaire dominant qui possède tous les appartements. Ou, de façon équivalente, imaginons que tous les propriétaires se rassemblent et coordonnent leurs actions afin d'agir comme s'il n'y avait en fait qu'un seul propriétaire. Nous appelons une telle situation de marché dominée par un seul vendeur, un **monopole**.

Pour louer ses appartements, le propriétaire pourrait décider de les mettre aux enchères l'un après l'autre et de les attribuer au plus offrant. Nous qualifions une telle situation de monopole discriminant parce que les locataires finiront par payer des prix différents. Supposons pour simplifier que le **monopoleur discriminant** connaisse le prix de réserve de chaque personne. Cette hypothèse n'est pas très réaliste, mais elle nous aidera à illustrer un élément important.

Dans ce cas, le monopoleur louera son premier appartement à la personne qui est disposée à payer le plus, soit dans notre exemple 500 €. L'appartement suivant sera loué 490 € et ainsi de suite en descendant le long de la courbe de demande. Chaque appartement sera loué à la personne qui est disposée à payer le loyer le plus élevé.

La caractéristique intéressante du monopole discriminant est que *les appartements sont occupés par le même ensemble de locataires que dans le cas d'un marché concurrentiel*, à savoir ceux qui attribuent à un appartement une valeur supérieure à p^*. La dernière personne qui loue un appartement payera le prix p^*, c'est-à-dire le même montant que le prix d'équilibre d'un marché concurrentiel. Le souci qu'a le monopoleur discriminant de maximiser ses profits personnels conduit donc à la même affectation des appartements que les mécanismes d'offre et de demande d'un marché concurrentiel. Les montants que les locataires *paient* sont différents, mais ce sont les mêmes personnes qui occupent les appartements. Il ne s'agit pas d'un hasard. Nous en donnerons l'explication ultérieurement.

Le monopole ordinaire

Nous avons supposé que le monopoleur discriminant pouvait louer chaque appartement à un prix différent. Mais que se passe-t-il s'il est obligé de louer tous ses appartements au même prix ? Dans ce cas, le monopoleur doit opérer un arbitrage : s'il décide de pratiquer un loyer faible, il louera plus d'appartements, mais il peut en définitive percevoir moins d'argent que s'il pratiquait un loyer plus élevé.

Représentons par $D(p)$, la fonction de demande, c'est-à-dire le nombre d'appartements demandés à chaque prix p. Si le monopoleur fixe le prix égal à p, il louera $D(p)$ appartements et percevra un revenu de $pD(p)$. Le revenu que le monopoleur reçoit peut être représenté par la surface d'un rectangle dont la hauteur est le prix p et la base le nombre d'appartements $D(p)$, comme à la figure 1.7. Le produit de cette hauteur et de cette base — la surface du rectangle — représente effectivement le revenu que perçoit le monopoleur.

Si le monopoleur ne supporte aucun coût lié à la location d'un appartement, il désirera pratiquer le prix qui maximise le revenu de ses locations, c'est-à-dire le prix auquel est associé le plus grand rectangle. Celui-ci correspond, à la figure 1.7, au prix $\hat{p}$. Dans ce cas, le monopoleur n'a *pas* intérêt à louer tous ses appartements. Il s'agit là en fait d'une caractéristique générale du monopole : le monopoleur désire limiter l'output disponible afin de maximiser son profit. Cela signifie qu'il désire généralement pratiquer un prix plus élevé que le prix d'équilibre p^* d'un marché concurrentiel. Dans le cas d'un monopole ordinaire, moins d'appartements sont occupés et chaque appartement est loué à un prix supérieur à celui pratiqué sur un marché concurrentiel.

Le contrôle des loyers

Le troisième et dernier cas que nous examinerons est celui du contrôle des loyers. Supposons que la municipalité décide d'imposer un loyer maximum, disons p_{max} et que ce

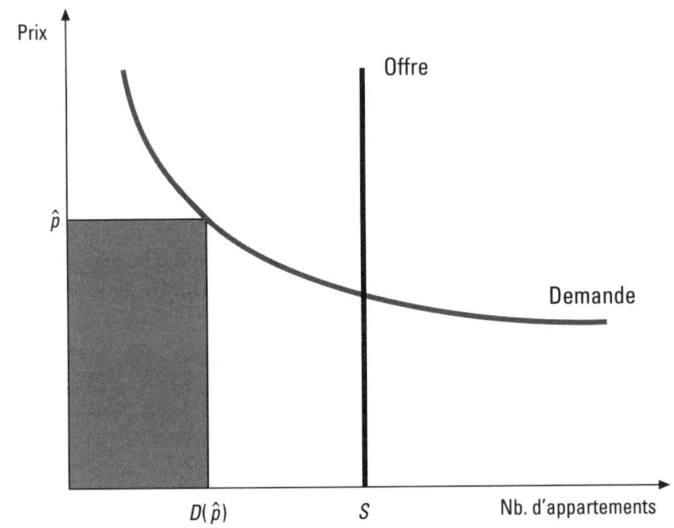

Figure 1.7 ***Le rectangle du revenu.***

Le revenu perçu par un monopoleur est égal au prix fois la quantité, ce qui correspond à la surface du rectangle représenté sur cette figure.

loyer soit inférieur au prix d'équilibre d'un marché concurrentiel. Dans ce cas, nous avons une situation de **demande excédentaire** : il y a davantage de personnes qui désirent louer un appartement au prix p_{max} qu'il n'y a d'appartements disponibles. On peut dès lors se demander qui finira par occuper ces appartements.

L'analyse que nous avons développée jusqu'à présent ne fournit pas de réponse à cette question. Nous pouvons déterminer ce qui se passe quand l'offre égale la demande, mais nous n'avons pas assez d'éléments dans le modèle pour dire ce qui se passe dans le cas contraire. Les personnes qui obtiendront les appartements en cas de contrôle des loyers seront peut être celles qui ont le plus de temps pour prospecter la région, celles qui connaissent les occupants actuels, etc. Tous ces éléments ne sont pas incorporés dans le modèle simple que nous avons développé. Il se peut que ce soient exactement les mêmes personnes qui obtiennent un appartement en situation de contrôle des loyers qu'en cas de marché concurrentiel. Mais il s'agit là d'un résultat fort peu probable. Il est beaucoup plus vraisemblable que certaines personnes habitant initialement dans le cercle extérieur finiront par occuper des appartements du cercle intérieur et prendront ainsi la place de personnes qui auraient habité là en cas de marché concurrentiel. Le contrôle des loyers aboutit donc à une situation dans laquelle, au prix contrôlé, le même nombre d'appartements que sur un marché concurrentiel est loué mais à des personnes différentes.

1.8 QUEL EST LE MEILLEUR MODE D'AFFECTATION ?

Nous venons de décrire quatre façons possibles d'affecter les appartements à des locataires :

- le marché concurrentiel ;
- le monopole discriminant ;
- le monopole ordinaire ;
- le contrôle des loyers.

Il s'agit de quatre mécanismes économiques différents qui permettent d'affecter les appartements. Chaque mécanisme conduit à une affectation des appartements à des personnes différentes et à la détermination de prix différents. Nous pouvons dès lors nous demander quel est le meilleur mode d'affectation. Mais il convient au préalable de définir le terme « meilleur ». Quels critères pouvons-nous utiliser pour comparer ces modes d'affectation ?

Nous pouvons examiner les positions économiques des différentes personnes impliquées. Il est assez évident que c'est en se comportant comme un monopoleur discriminant que les propriétaires gagneront le plus d'argent : c'est ce type de marché qui génère les revenus les plus élevés pour le(s) propriétaire(s). Par contre, le contrôle des loyers est probablement pour eux la pire des situations.

Qu'en est-il pour les locataires ? Leur situation est probablement la plus défavorable en moyenne dans le cas du monopole discriminant puisque la plupart des locataires devront payer un loyer supérieur à celui qu'ils paieraient avec les autres modes d'affectation. Le contrôle des loyers est-il le type de marché le plus favorable aux consommateurs ? Pour certains d'entre eux certainement : *ceux qui finissent par obtenir un appartement* sont dans une meilleure position qu'en cas de marché concurrentiel. Mais ceux qui n'obtiennent pas d'appartements sont dans une position *plus défavorable* qu'en marché concurrentiel.

Nous avons en fait besoin d'un instrument permettant de prendre en compte la position économique de toutes les parties impliquées : tous les locataires *et* tous les propriétaires. Comment déterminer quel est le « meilleur » mode d'affectation en prenant en compte tous les individus ? Quel critère utiliser pour comparer les différents modes d'affectation en tenant compte de *toutes* les parties impliquées ?

1.9 L'EFFICACITÉ AU SENS DE PARETO

Un critère intéressant permettant de comparer les résultats de différentes situations économiques est connu sous le nom d'« efficacité au sens de Pareto »[1] ou « efficacité économique ». Nous commencerons avec la définition suivante : s'il est possible de trouver une

[1] Vilfredo Pareto (1848-1923) est un économiste et sociologue du XIXe siècle. Il fut l'un des premiers à examiner les implications du concept d'efficacité.

façon quelconque d'accroître la satisfaction de certains individus sans pénaliser quelqu'un d'autre, nous avons trouvé une **amélioration au sens de Pareto**. S'il est possible de trouver une telle amélioration, nous avons une **affectation inefficace au sens de Pareto**. Dans le cas contraire, elle est **efficace au sens de Pareto**.

Une affectation inefficace au sens de Pareto a le défaut d'engendrer une situation dans laquelle il est possible d'accroître la satisfaction de quelqu'un sans réduire celle des autres. Elle peut présenter d'autres avantages mais le fait qu'elle soit inefficace au sens de Pareto est certainement un défaut. S'il existe une façon d'accroître la satisfaction de quelqu'un sans réduire celle des autres, pourquoi ne pas le faire ?

Le concept d'efficacité au sens de Pareto est important en science économique et nous l'examinerons en détail ultérieurement. Il a de nombreuses et subtiles conséquences que nous devrons étudier attentivement mais nous pouvons dès à présent donner une idée de ses implications.

Afin d'éclairer le concept d'efficacité au sens de Pareto, considérons la situation suivante. Supposons que nous affections au hasard les appartements des cercles intérieur et extérieur aux différents locataires tout en les autorisant à sous-louer les appartements. Certaines personnes désirant réellement occuper un appartement dans le cercle intérieur peuvent, par malchance, se voir attribuer un appartement en dehors de ce cercle. Toutefois, elles peuvent sous-louer un appartement à quelqu'un qui s'est vu affecter un appartement dans le cercle intérieur mais qui lui attribue une valeur moindre. Si les appartements sont affectés au hasard aux différents individus, en général certains d'entre eux désireront échanger les appartements s'ils obtiennent une compensation suffisante.

Supposons par exemple que l'individu A reçoive un appartement dans le cercle intérieur et qu'il lui attribue une valeur de 200 €. L'individu B reçoit, lui, un appartement dans le cercle extérieur mais il est prêt à payer 300 € pour l'appartement de A. Il y a dans ce cas clairement un « gain d'échange » si les deux individus troquent leurs appartements et si l'individu B verse à l'individu A une somme comprise entre 200 € et 300 €. Le montant exact de cette somme n'a guère d'importance. Ce qui compte, c'est que les appartements du cercle intérieur seront finalement occupés par les personnes qui sont disposées à payer les montants les plus élevés. S'il n'en était pas ainsi, un individu qui attribue une valeur faible à un appartement du cercle intérieur, aurait intérêt à procéder à un échange avec quelqu'un qui lui attribue une valeur supérieure.

Imaginons que tous les échanges volontaires aient été réalisés, c'est-à-dire que tous les gains d'échange aient été exploités. L'affectation qui en résulte doit être efficace au sens de Pareto. Dans le cas contraire, il existerait un échange quelconque qui accroîtrait la satisfaction de deux personnes sans réduire celle des autres, ce qui contredit l'hypothèse que tous les échanges volontaires ont été réalisés. Une affectation résultant de la réalisation de tous les échanges volontaires est une affectation efficace au sens de Pareto.

1.10 UNE COMPARAISON DES MODES D'AFFECTATION DES APPARTEMENTS

Le processus d'échange que nous venons de décrire est tellement général que vous pourriez penser que l'affectation qui en résulte ne peut pas faire l'objet de beaucoup de commentaires. Mais en fait, nous pouvons en tirer une conclusion très importante. Demandons-nous qui finira par occuper les appartements après exploitation de tous les gains d'échange.

Pour répondre à cette question, il suffit de constater que les personnes qui finiront par occuper un appartement dans le cercle intérieur doivent avoir un prix de réserve supérieur à celles qui occuperont un appartement en dehors de ce cercle ; s'il n'en était pas ainsi, elles pourraient réaliser un échange qui augmente la satisfaction des deux parties. S'il y a S appartements à louer dans le cercle intérieur, ceux-ci seront donc occupés par les S individus qui ont les prix de réserve les plus élevés. Cette affectation est efficace au sens de Pareto. Aucune autre ne l'est car toute autre affectation des appartements permettrait la réalisation d'échanges augmentant la satisfaction des deux parties sans réduire celle des autres.

Essayons d'appliquer ce critère d'efficacité au sens de Pareto aux résultats des divers modes d'affectation des ressources étudiés antérieurement. Commençons par le marché concurrentiel. Il est aisé de vérifier que ce mécanisme attribue les appartements du cercle intérieur aux personnes qui ont les S prix de réserve les plus élevés, c'est-à-dire à celles qui sont disposées à payer davantage que le prix d'équilibre p^*. Il n'y a dès lors plus aucun gain d'échange à exploiter quand les appartements sont loués sur un marché concurrentiel. L'affectation qui résulte d'un marché concurrentiel est donc efficace au sens de Pareto.

Qu'en est-il du monopole discriminant ? Ce type de marché est-il efficace au sens de Pareto ? Pour répondre à cela, il suffit en fait de se rappeler que le monopoleur discriminant attribue les appartements exactement aux mêmes personnes que le marché concurrentiel. Dans les deux cas, tout individu disposé à payer plus que p^* reçoit un appartement. Le monopole discriminant engendre donc également une affectation efficace au sens de Pareto.

Bien que le marché concurrentiel et le monopole discriminant aboutissent tous les deux à des affectations efficaces au sens de Pareto dans la mesure où il n'y a plus d'échanges intéressants à réaliser, ces deux mécanismes peuvent engendrer des distributions de revenu fort différentes. De toute évidence, les consommateurs sont dans une position plus défavorable en cas de monopole discriminant qu'en cas de marché concurrentiel. Par contre, les propriétaires sont dans une position plus favorable. En fait, l'efficacité au sens de Pareto ne renseigne guère sur la distribution des gains d'échange. Il s'agit d'un critère qui ne porte que sur l'*efficacité* des échanges, c'est-à-dire sur le point de savoir si tous les échanges possibles ont été réalisés.

Qu'en est-il du monopoleur ordinaire obligé de pratiquer un prix unique ? Ce mécanisme n'est pas efficace au sens de Pareto. Pour vérifier cela, il suffit d'observer que le monopoleur, puisqu'il ne loue en général pas tous ses appartements, peut accroître ses profits en louant un appartement supplémentaire à quelqu'un qui n'en a pas *pour n'importe quel* loyer positif. Il existe nécessairement un loyer qui augmente la satisfaction à la fois du monopoleur et du locataire. Tant que le monopoleur ne modifie pas le prix fixé pour les autres locataires, ceux-ci sont aussi satisfaits qu'auparavant. Nous avons ainsi trouvé une **amélioration au sens de Pareto**, c'est-à-dire une façon d'améliorer la position de deux parties sans détériorer celle des autres.

Le dernier cas est celui du contrôle des loyers. Il s'avère également que ce mécanisme n'est pas efficace au sens de Pareto. Le raisonnement repose ici sur le fait qu'une affectation arbitraire des appartements implique en général que certains individus occupant un appartement dans le cercle intérieur (par exemple, M. IN) lui attribuent en fait une valeur moindre que d'autres personnes habitant en dehors de ce cercle (par exemple, Mme OUT). Supposons que le prix de réserve de M. IN soit de 300 € et celui de Mme OUT de 500 €.

Pour trouver une amélioration au sens de Pareto, c'est-à-dire une façon d'accroître la satisfaction de M. IN et de Mme OUT sans réduire celle des autres individus, il suffit que M. IN sous-loue son appartement à Mme OUT. L'appartement vaut 500 € aux yeux de Mme OUT et seulement 300 € pour M. IN. Si Mme OUT paie par exemple 400 € à M. IN et qu'ils échangent leurs appartements, ils verront tous les deux leur satisfaction augmenter. Mme OUT reçoit un appartement qui, à ses yeux, vaut plus de 400 € et M. IN reçoit 400 €, soit un montant supérieur à la valeur qu'il attribue à l'appartement.

Cet exemple montre que le contrôle des loyers engendre généralement une affectation inefficace au sens de Pareto puisqu'il existe encore des possibilités d'échanges après cette affectation. Tant que certaines personnes qui occupent des appartements du cercle intérieur évaluent ceux-ci à un prix moindre que d'autres qui n'en occupent pas, il existe des gains d'échange.

1.11 L'ÉQUILIBRE À LONG TERME

Nous avons étudié le prix d'équilibre des appartements à **court terme**, c'est-à-dire quand l'offre d'appartements est fixe. Mais, à **long terme**, l'offre d'appartements peut se modifier. Tout comme la courbe de demande mesure le nombre d'appartements demandés aux différents prix, la courbe d'offre mesure le nombre d'appartements offerts aux différents prix. Le prix final du marché dépend de l'interaction entre l'offre et la demande.

Qu'est-ce qui détermine le comportement de l'offre ? En général, le nombre de nouveaux appartements offerts sur un marché privé dépendra du profit qui peut être réalisé. Ce profit dépend en partie du prix que les propriétaires peuvent pratiquer. L'étude du comportement du marché des appartements à long terme requiert l'analyse du comportement à la fois des demandeurs et des offreurs, ce que nous ferons par la suite.

Quand l'offre est variable, nous pouvons nous demander non seulement qui occupera les appartements mais aussi combien d'appartements sont offerts pour les différents types de marchés. L'offre d'appartements du monopole sera-t-elle supérieure ou inférieure à celle du marché concurrentiel ? Un contrôle des loyers augmentera-t-il ou diminuera-t-il le nombre d'appartements à l'équilibre ? Quels mécanismes engendrent un nombre d'appartements efficace au sens de Pareto ? Pour répondre à ces questions et à d'autres du même genre, nous devons au préalable développer des instruments d'analyse économique plus systématiques et plus puissants.

RÉSUMÉ

1. La science économique développe des modèles des phénomènes sociaux qui constituent des représentations simplifiées de la réalité.

2. Ce faisant, les économistes sont guidés par le principe d'optimisation, qui postule que les gens essaient en général de choisir ce qui est le meilleur pour eux, et par le principe d'équilibre, qui postule que les prix se modifient jusqu'au moment où il y a égalité entre l'offre et la demande.

3. La courbe de demande mesure la quantité que les gens désirent demander à chaque niveau de prix et la courbe d'offre mesure la quantité que les gens désirent offrir à chaque niveau de prix. Un prix d'équilibre est un prix qui réalise l'égalité entre la quantité demandée et la quantité offerte.

4. La statique comparative est l'étude des variations du prix et de la quantité d'équilibre suite à une modification des conditions initiales.

5. Une situation économique est efficace au sens de Pareto s'il n'existe aucune façon d'accroître la satisfaction d'un groupe de personnes sans diminuer celle d'un autre groupe. Le concept d'efficacité au sens de Pareto peut être utilisé pour évaluer les différents modes d'affectation des ressources.

PROBLÈMES À RÉSOUDRE

1.1 Supposons que 25 personnes aient un prix de réserve de 500 € et que la 26ème personne ait un prix de réserve de 200 €. Quelle est l'allure de la courbe de demande ?

1.2 Dans l'exemple précédent, quel sera le prix d'équilibre s'il y a 24 appartements à louer ? Et quel sera-t-il s'il y en a 26 ? Et s'il y en a 25 ?

1.3 Si les gens ont des prix de réserve différents, pourquoi la courbe de demande est-elle décroissante ?

1.4 Dans ce chapitre, nous avons supposé que les personnes qui achetaient des « condominiums » louaient déjà des appartements du cercle intérieur. Comment réagirait le prix d'équilibre des appartements du cercle intérieur si tous les acheteurs provenaient de l'extérieur de ce cercle, c'est-à-dire s'il s'agissait de personnes qui ne louaient pas d'appartements du cercle intérieur ?

1.5 Supposons maintenant que les acheteurs de « condominiums » soient tous des locataires d'appartements du cercle intérieur mais que chaque « condominium » corresponde à deux appartements anciennement mis en location. Comment va réagir le prix d'équilibre des appartements ?

1.6 À votre avis, quel sera à long terme, l'effet d'une taxe sur le nombre d'appartements construits ?

1.7 Si la courbe de demande des appartements est donnée par $D(p) = 100 - 2p$, quel prix va pratiquer un monopoleur s'il a 60 appartements ? Combien d'appartements seront loués ? Quel prix sera pratiqué si le monopoleur a 40 appartements et combien seront loués ?

1.8 Si la réglementation du contrôle des loyers permet aux individus de sous-louer sans aucune limite, qui finira par occuper les appartements du cercle intérieur ? Le résultat sera-t-il efficace au sens de Pareto ?

2

LA CONTRAINTE BUDGÉTAIRE

La théorie économique du consommateur est très simple : les économistes supposent que les consommateurs choisissent le meilleur panier de biens parmi ceux qu'ils peuvent acquérir. Pour donner un contenu à cette théorie, il convient de définir avec précision ce que signifient les expressions « le meilleur » et « ceux qu'ils peuvent acquérir ». Dans ce chapitre, nous définirons l'ensemble des paniers qu'un consommateur peut acquérir. Dans le chapitre suivant, nous examinerons comment le consommateur détermine ce qui est le meilleur. Nous pourrons ensuite analyser en détail les implications de ce modèle élémentaire du comportement du consommateur.

2.1 LA CONTRAINTE BUDGÉTAIRE

Examinons tout d'abord le concept de **contrainte budgétaire**. Nous supposons qu'il existe une certaine gamme de biens parmi lesquels le consommateur peut choisir. En réalité, le consommateur peut acquérir de nombreux biens mais, pour notre facilité, nous considérons uniquement le cas où il n'y a que deux biens. Cette simplification permet de représenter graphiquement le choix du consommateur.

Le **panier de biens** du consommateur sera représenté par (x_1, x_2). Il s'agit simplement d'une liste de deux nombres indiquant quelle quantité x_1 de bien 1 et quelle quantité x_2 de bien 2 le consommateur décide d'acheter.

Il est parfois plus simple de représenter le panier du consommateur par un seul symbole, par exemple X. Dans ce cas, X est une abréviation pour la liste des deux nombres (x_1, x_2).

Si nous observons les prix des deux biens (p_1, p_2) ainsi que le montant total m que le consommateur peut dépenser, la contrainte budgétaire peut s'écrire de la façon suivante :

$$p_1x_1 + p_2x_2 \leqslant m. \tag{2.1}$$

p_1x_1 est la somme que le consommateur dépense pour le bien 1 et p_2x_2 est celle qu'il dépense pour le bien 2. La contrainte budgétaire signifie que le montant que le consommateur dépense pour les deux biens ne peut excéder le budget total dont il dispose. Les paniers *accessibles* au consommateur sont ceux dont le coût est inférieur à m. Nous appelons l'ensemble des paniers accessibles pour des prix (p_1, p_2) et un revenu m donnés, l'**ensemble budgétaire** du consommateur.

2.2 IL SUFFIT SOUVENT DE CONSIDÉRER DEUX BIENS

L'hypothèse de deux biens est moins restrictive qu'il ne semble à première vue car un des biens peut souvent être interprété comme représentant tous les autres biens que le consommateur pourrait désirer acquérir.

Par exemple, si nous étudions la demande du consommateur pour le lait, x_1 pourrait mesurer la consommation mensuelle de lait en litres et x_2, la consommation de tous les biens autres que le lait.

En adoptant cette démarche, il est intéressant d'interpréter x_2 comme la quantité d'argent disponible pour l'achat des autres biens. Dans ce cas, le prix du bien 2 est automatiquement égal à l'unité, le prix d'un euro étant un euro. La contrainte budgétaire s'écrit alors comme suit :

$$p_1 x + x_2 \leqslant m. \tag{2.2}$$

Cette relation signifie simplement que la somme du montant $p_1 x_1$ consacré au bien 1 et du montant x_2 consacré à tous les autres biens ne peut être supérieure au montant total m dont le consommateur dispose.

Nous dirons que le bien 2 est un **bien composite** qui représente tous les biens, autres que le bien 1, que l'individu pourrait désirer consommer. Un tel bien composite est toujours exprimé en euros susceptibles d'être dépensés pour acheter les autres biens. En ce qui concerne l'expression algébrique de la contrainte budgétaire, la relation (2.2) n'est qu'un cas particulier de la relation (2.1) obtenue en posant p_2 égal à l'unité. Tout ce que nous pourrons établir à partir de l'expression générale de la contrainte budgétaire s'appliquera dès lors au cas particulier du bien composite.

2.3 LES PROPRIÉTÉS DE L'ENSEMBLE BUDGÉTAIRE

La **droite de budget** est l'ensemble des paniers de biens (x_1, x_2) qui coûtent exactement m :

$$p_1 x_1 + p_2 x_2 = m. \tag{2.3}$$

Ce sont les paniers qui absorbent complètement le revenu du consommateur.

L'ensemble budgétaire est représenté à la figure 2.1. La droite en trait épais est la droite de budget — l'ensemble des paniers qui coûtent exactement m — et les paniers en dessous de cette droite coûtent strictement moins que m.

Nous pouvons transformer l'équation (2.3) de la droite de budget pour obtenir l'expression suivante :

$$x_2 = \frac{m}{p_2} - \frac{p_1}{p_2} x_1. \tag{2.4}$$

C'est l'équation d'une droite de pente $-p_1/p_2$, ayant une ordonnée à l'origine égale à m/p_2. Cette équation nous donne le nombre d'unités de bien 2 que le consommateur doit acquérir pour satisfaire exactement la contrainte budgétaire s'il consomme x_1 unités de bien 1.

Il existe une façon simple de tracer une droite de budget pour des prix (p_1, p_2) et un revenu m donnés. Demandez-vous tout d'abord quelle quantité de bien 2 le consommateur pourrait acheter s'il consacrait la totalité de son budget à ce bien. La réponse est

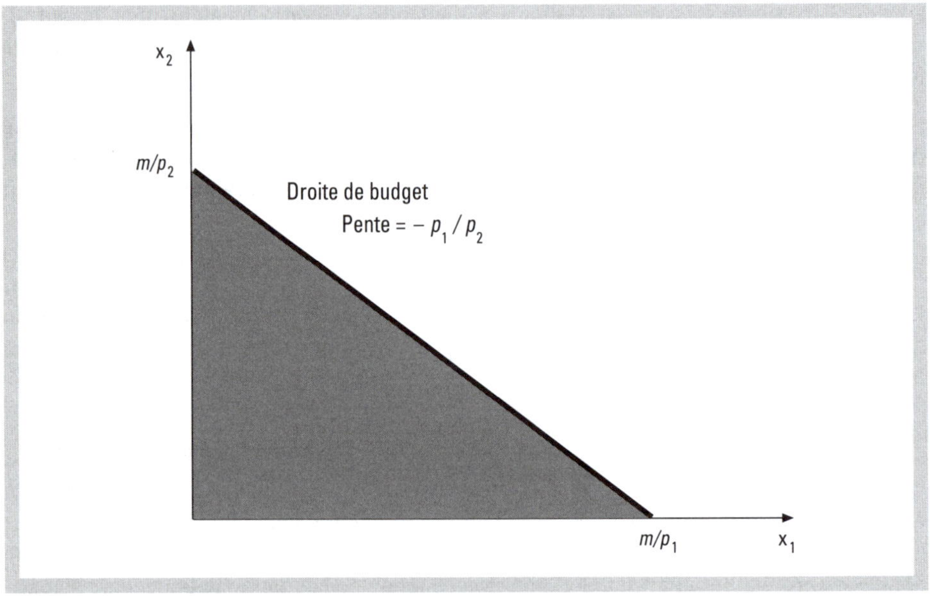

Figure 2.1 ***L'ensemble budgétaire.***

L'ensemble budgétaire est composé de tous les paniers qui sont accessibles pour des prix et un revenu donnés.

évidemment m/p_2. Demandez-vous ensuite quelle quantité de bien 1 il pourrait acquérir s'il consacrait tout son budget au bien 1. La réponse est m/p_1. Les points d'intersection de la droite avec l'axe horizontal et l'axe vertical mesurent par conséquent les quantités que l'individu pourrait acheter en consacrant la totalité de son revenu respectivement au bien 1 et au bien 2. Pour représenter graphiquement la droite de budget, il suffit d'indiquer ces deux points sur les axes appropriés et de les joindre en traçant une droite.

La pente de la droite de budget a une interprétation économique intéressante. Elle mesure le taux auquel le marché est prêt à substituer le bien 1 au bien 2. Supposons par exemple que l'individu désire accroître sa consommation de bien 1 d'un montant Δx_1[1]. De combien doit-il modifier sa consommation de bien 2 pour respecter sa contrainte budgétaire ? Représentons par Δx_2, la variation de la consommation de bien 2.

Remarquons tout d'abord que si l'individu respecte sa contrainte budgétaire avant et après la modification des quantités, on a

$$p_1x_1 + p_2x_2 = m$$

et

$$p_1(x_1 + \Delta x_1) + p_2(x_2 + \Delta x_2) = m.$$

[1] La notation Δx_1 représente la variation de la quantité consommée de bien 1. Voir l'annexe mathématique pour une brève analyse des variations et des taux de variation.

En soustrayant la première équation de la seconde, on obtient

$$p_1\Delta x_1 + p_2\Delta x_2 = 0.$$

Cette relation indique que la valeur totale des variations doit être nulle. En résolvant pour $\Delta x_2/\Delta x_1$, c'est-à-dire pour le taux auquel le bien 2 peut être remplacé par le bien 1 tout en respectant la contrainte budgétaire, on obtient

$$\frac{\Delta x_2}{\Delta x_1} = -\frac{p_1}{p_2}.$$

Cela correspond à la pente de la droite de budget. Le signe est négatif puisque Δx_1 et Δx_2 doivent toujours être de signe opposé. Si vous consommez davantage de bien 1, vous devez consommer moins de bien 2 et vice versa pour continuer à respecter la contrainte budgétaire.

Les économistes disent parfois que la pente de la droite de budget mesure également le **coût d'opportunité** de la consommation de bien 1. Pour consommer davantage de bien 1, il faut renoncer à une certaine consommation de bien 2. Le fait de devoir renoncer à cette consommation de bien 2 correspond au véritable coût économique d'une consommation accrue de bien 1 et ce coût est mesuré par la pente de la droite de budget.

2.4 COMMENT SE DÉPLACE LA DROITE DE BUDGET

Quand les prix et les revenus varient, l'ensemble des biens que le consommateur peut acquérir se modifie également. Comment ces changements affectent-ils la droite de budget ?

Considérons tout d'abord des variations de revenu. L'équation (2.4) indique clairement qu'un accroissement du revenu augmente l'ordonnée à l'origine mais n'affecte pas la pente de la droite. Dès lors, cet accroissement se traduit comme à la figure 2.2 par un *déplacement parallèle et vers le haut* de la droite de budget. De même, une diminution du revenu entraîne un déplacement parallèle et vers le bas de la droite.

Que se passe-t-il en cas de variation des prix ? Considérons une augmentation du prix p_1, le prix p_2 et le revenu restant inchangés. Sur base de l'équation (2.4), cette hausse ne modifie pas l'ordonnée à l'origine mais la pente de la droite est plus forte puisque p_1/p_2 s'accroît.

Une autre façon de voir comment la droite de budget se déplace est d'utiliser la méthode décrite précédemment pour tracer cette droite. Si la totalité de votre revenu est consacrée au bien 2, un accroissement du prix du bien 1 n'affecte pas la quantité maximum de bien 2 que vous pouvez acheter ; par conséquent, l'ordonnée à l'origine de la droite ne change pas. Par contre, si la totalité de votre revenu est consacrée au bien 1, l'augmentation du prix p_1 rend le bien 1 plus cher et votre consommation de ce bien diminue. L'abscisse à l'origine doit par conséquent se déplacer vers la gauche et la droite de budget va pivoter comme indiqué à la figure 2.3.

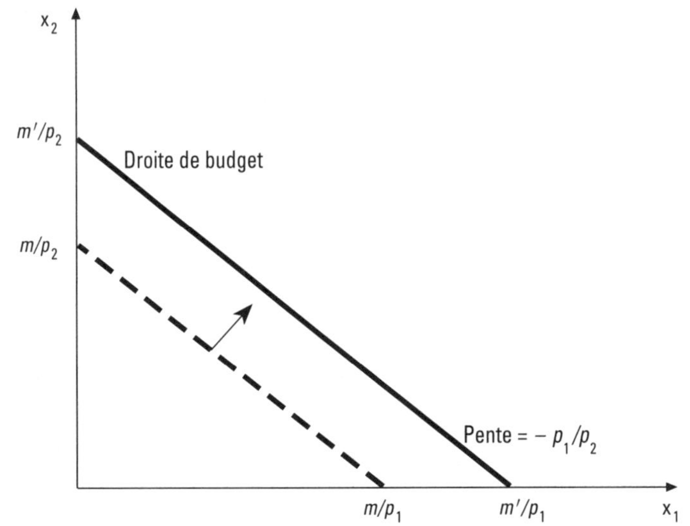

Figure 2.2 ***Une augmentation du revenu.***

Une augmentation de revenu entraîne un déplacement parallèle et vers le haut de la droite de budget.

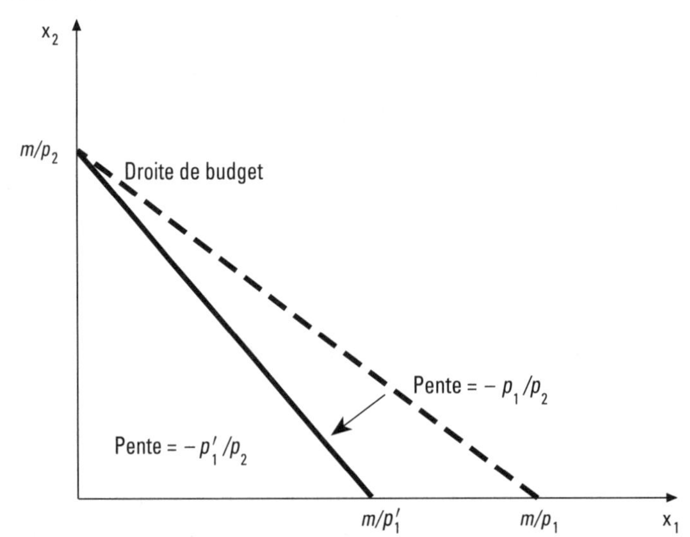

Figure 2.3 ***Une augmentation du prix.***

Si le bien 1 devient plus cher, la pente de la droite de budget s'accroît (en valeur absolue).

Comment se modifie la droite de budget en cas de variation simultanée du prix des deux biens ? Supposons par exemple que les deux prix doublent. Dans ce cas, les points d'intersection avec les deux axes sont réduits tous les deux de moitié et la droite de budget se déplace vers le bas. Doubler les deux prix équivaut à réduire le revenu de moitié.

Ce résultat peut également être établi de façon algébrique. Supposons que la droite de budget initiale soit

$$p_1x_1 + p_2x_2 = m$$

et que les deux prix soient multipliés par un facteur t. Cela nous donne la contrainte suivante :

$$tp_1x_1 + tp_2x_2 = m.$$

Mais cette équation est identique à

$$p_1x_1 + p_2x_2 = \frac{m}{t}.$$

La multiplication des deux prix par un facteur t est dès lors exactement équivalente à une division du revenu par ce même facteur t. Par conséquent, si nous multiplions les deux prix *et* le revenu par t, la droite de budget reste inchangée.

Nous pouvons aussi considérer des variations à la fois des prix et du revenu. Que se passe-t-il si les deux prix augmentent et que le revenu diminue ? Considérons les déplacements des points d'intersection avec les axes. Si m diminue et que p_1 et p_2 augmentent, les deux points d'intersection m/p_1 et m/p_2 doivent diminuer. Cela implique un déplacement vers le bas de la droite de budget. Qu'en est-il de la pente de la droite ? Si le prix p_2 augmente plus que le prix p_1, $-p_1/p_2$ décroît (en valeur absolue) et la droite s'aplatit ; si au contraire le prix p_2 augmente moins que le prix p_1, la pente de la droite s'accroît (en valeur absolue).

2.5 LE NUMÉRAIRE

La droite de budget est définie par deux prix et un revenu, mais une de ces variables est redondante. Nous pourrions fixer un des prix ou le revenu à une certaine valeur prédéterminée et ajuster les autres variables de façon à décrire exactement le même ensemble budgétaire. Ainsi la droite de budget

$$p_1x_1 + p_2x_2 = m$$

est exactement équivalente à

$$\frac{p_1}{p_2}x_1 + x_2 = \frac{m}{p_2}$$

ou encore à

$$\frac{p_1}{m}x_1 + \frac{p_2}{m}x_2 = 1$$

puisque la deuxième expression est obtenue en divisant la première par p_2 et la troisième en divisant la première par m. Nous avons fixé $p_2 = 1$ dans le premier cas et $m = 1$ dans le second. Poser l'un des prix ou le revenu égal à l'unité et ajuster les deux autres variables en conséquence ne modifie en rien l'ensemble budgétaire.

Quand un des prix est posé égal à l'unité, comme ci-dessus, ce prix est souvent qualifié de prix **numéraire**. Le prix numéraire est le prix par rapport auquel l'autre prix et le revenu sont mesurés. Il est parfois intéressant d'interpréter un des biens comme bien numéraire puisque cela permet d'ignorer un des prix.

2.6 TAXES, SUBSIDES ET RATIONNEMENT

Certains instruments de politique économique — les taxes par exemple — affectent la contrainte budgétaire du consommateur. Si le gouvernement impose une **taxe à l'unité**, le consommateur doit payer au gouvernement un certain montant pour chaque unité achetée. Aux États-Unis, par exemple, on paie environ 15 cents par gallon comme taxe fédérale sur le carburant.

Quel est l'effet d'une taxe à l'unité sur la droite de budget du consommateur ? Du point de vue du consommateur, une taxe équivaut simplement à un prix plus élevé. Une taxe de t euros par unité de bien 1 est une augmentation du prix du bien 1 de p_1 à $p_1 + t$. Comme nous l'avons vu, cela implique que la pente de la droite de budget augmente (en valeur absolue).

La **taxe à la valeur** ou **taxe ad valorem** est un autre type de taxe. Comme son nom l'indique, il s'agit d'une taxe sur la valeur — sur le prix — d'un bien, plutôt que sur la quantité achetée de ce bien. Une taxe *ad valorem* est généralement exprimée en pourcentage. Si la taxe sur les ventes est de 6 %, un bien dont le prix est initialement 1 € est en fait vendu 1,06 €.

Si le prix du bien 1 est p_1 et que ce bien est soumis à une taxe *ad valorem* de taux τ, le prix effectif pour le consommateur est de $(1 + \tau)p_1$. Le consommateur doit payer p_1 au vendeur et τp_1 au gouvernement de sorte que le coût total pour le consommateur de chaque unité de bien 1 est de $(1 + \tau)p_1$.

Un **subside** est le contraire d'une taxe. Dans le cas d'un **subside à l'unité**, le gouvernement *donne* au consommateur un montant qui dépend de la quantité de bien achetée. Si, par exemple, la consommation de lait est subsidiée, le gouvernement paie un certain montant à chaque consommateur de lait en fonction de la quantité achetée. Si le subside est de s euros par unité consommée de bien 1, du point de vue du consommateur, le prix du bien 1 est $p_1 - s$. Cela diminue la pente de la droite de budget.

De même, un subside *ad valorem* est un subside basé sur le prix du bien. Si le gouvernement donne 50 centimes pour chaque euro versé à des œuvres charitables, les versements sont subsidiés à un taux de 50 %. De façon générale, si le prix d'un bien 1 est

p_1 et si ce bien fait l'objet d'un subside *ad valorem* à un taux σ, le prix effectif pour le consommateur est de $(1 - \sigma)p_1$.

Nous voyons ainsi que les taxes et les subsides affectent, au signe près, les prix de façon parfaitement identique : une taxe augmente le prix au consommateur, un subside le diminue.

Un autre type de taxe ou de subside applicable par le gouvernement est **la taxe ou le subside forfaitaire**. Dans le cas d'une taxe, le gouvernement prélève un montant fixe, indépendamment du comportement de l'individu. Une taxe forfaitaire implique un déplacement parallèle et vers le bas de la droite de budget, puisque le revenu du consommateur diminue. De même, un subside forfaitaire entraîne un déplacement parallèle et vers le haut de la droite de budget. Les taxes à l'unité et à la valeur font pivoter la droite dans un sens ou dans l'autre selon que le bien taxé est le bien 1 ou le bien 2, alors que les taxes forfaitaires entraînent des déplacements parallèles et vers le bas de la droite de budget.

Les gouvernements imposent aussi parfois des contraintes de **rationnement**. Cela signifie que la quantité consommée d'un bien ne peut pas excéder une quantité déterminée. Par exemple, au cours de la seconde guerre mondiale, le gouvernement américain a rationné certains produits alimentaires comme le beurre et la viande.

Supposons que le bien 1 soit rationné de telle sorte qu'un individu ne puisse pas consommer plus que $\bar{x}_1$. Le nouvel ensemble budgétaire du consommateur est représenté

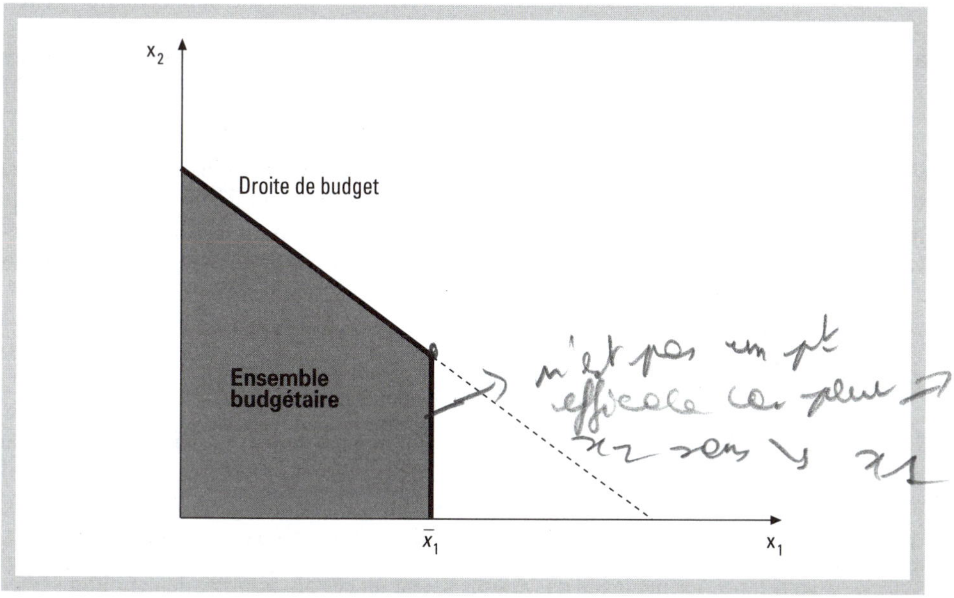

Figure 2.4 ***L'ensemble budgétaire avec rationnement.***

Si le bien 1 est rationné, la partie de l'ensemble budgétaire au-delà de la quantité maximum autorisée disparaît.

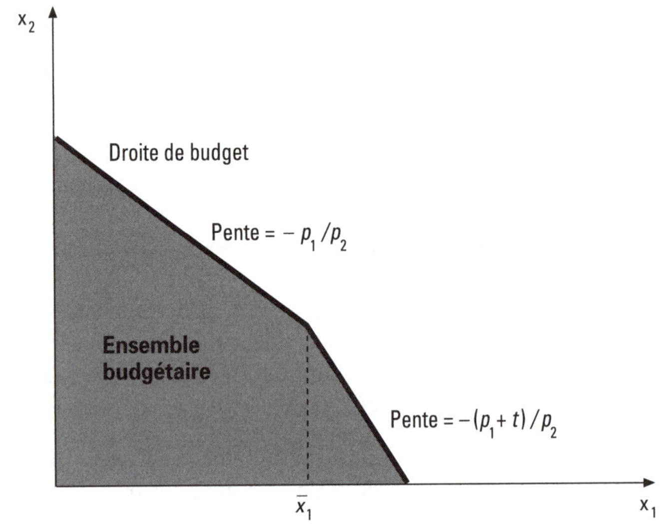

Figure 2.5 ***Taxation des unités de bien 1 consommées en plus de $\bar{x}_1$.***

Cet ensemble budgétaire correspond à une situation dans laquelle l'individu ne paie une taxe que sur les unités de bien 1 consommées en plus de $\bar{x}_1$. La pente de la droite de budget est dès lors plus raide à droite de $\bar{x}_1$.

à la figure 2.4 : l'ancien ensemble est désormais amputé de la partie constituée des paniers financièrement accessibles au consommateur mais caractérisés par $x_1 > \bar{x}_1$.

Taxes, subsides et rationnement peuvent être combinés. Nous pourrions, par exemple, imaginer une situation dans laquelle l'individu pourrait consommer un bien 1 à un prix p_1 jusqu'à une certaine quantité $\bar{x}_1$; au-delà de cette quantité, il devrait payer une taxe t sur les unités supplémentaires. L'ensemble budgétaire pour cet individu est représenté à la figure 2.5. La droite de budget a une pente $-p_1/p_2$ à gauche de $\bar{x}_1$ et une pente $-(p_1 + t)/p_2$ à droite de $\bar{x}_1$.

Exemple : Les bons alimentaires aux États-Unis

Depuis le « Food Stamp Act » de 1964, le gouvernement fédéral américain subsidie la consommation alimentaire des ménages pauvres. Le mode de fonctionnement de ce système a été modifié à plusieurs reprises. Nous allons examiner les effets économiques d'une de ces modifications.

Avant 1979, les ménages qui remplissaient un certain nombre de conditions pouvaient acheter des bons permettant d'obtenir des produits alimentaires dans les magasins de détail. Par exemple, en janvier 1975, une famille de quatre personnes pouvait recevoir sous forme de bons une dotation mensuelle allant jusqu'à 153$.

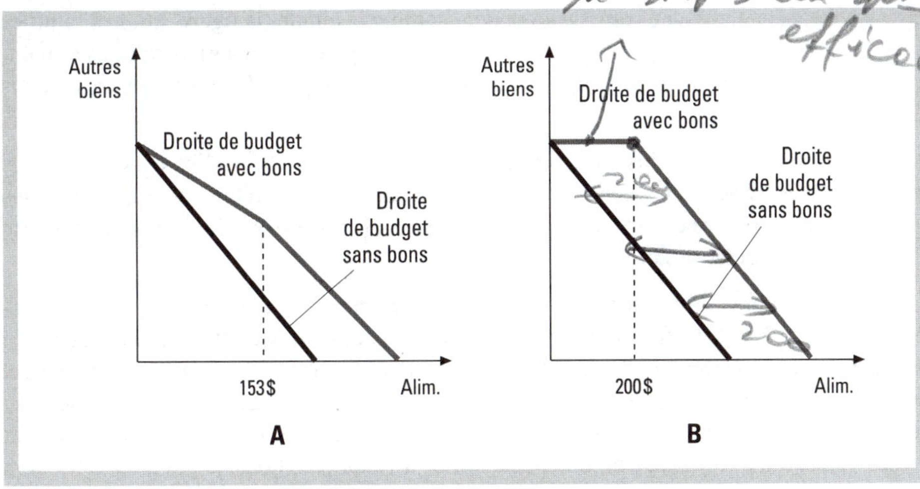

Figure 2.6 ***Les bons alimentaires aux États-Unis.***

L'impact sur la droite de budget du système des bons alimentaires. La partie A représente le système en vigueur avant 1979 et la partie B le système après 1979.

Le coût de ces bons dépendait du revenu de la famille. Une famille de quatre personnes disposant d'un revenu mensuel de 300$ payait 83$ pour la totalité de sa dotation. Elle ne payait que 25$ si son revenu mensuel était de 100$[2].

Le système en application avant 1979 correspondait à un subside *ad valorem* pour les produits alimentaires. Le taux auquel l'alimentation était subsidiée dépendait du revenu du ménage. La famille de quatre personnes qui payait 83$ pour ses bons versait en fait 1$ en échange de 1,84$ de nourriture ($1{,}84 = 153/83$). De même, la famille qui payait 25$ versait 1$ pour recevoir 6,12$ de nourriture ($6{,}12 = 153/25$).

La façon dont le « Food Stamp Act » affectait l'ensemble budgétaire d'un ménage est représentée à la figure 2.6A. Le montant consacré aux biens alimentaires est mesuré sur l'axe horizontal et les dépenses afférentes aux autres biens sur l'axe vertical. Puisque nous mesurons chaque bien en termes de euro dépensé, le « prix » de chaque bien est automatiquement égal à l'unité et la droite de budget a une pente égale à -1.

Si un ménage acquiert à un prix de 25$ des biens alimentaires d'une valeur de 153$, cela représente un subside d'approximativement 84 % ($= 1 - 25/153$) ; la droite de budget a dès lors une pente de l'ordre de $-0{,}16$ ($-25/153$) jusqu'à un niveau de consommation alimentaire de 153$. Jusqu'à 153$, chaque dollar consacré à la consommation de biens alimentaires réduit d'environ 16 cents la consommation des autres biens. Au-delà de 153$, la droite a à nouveau une pente de -1.

[2] Ces chiffres sont extraits de Clarkson, Kenneth, *Food Stamps and Nutrition*, American Entreprise Institute, 1975.

Cela engendre une sorte de « coude » comme le montre la figure 2.6. Les familles avec des revenus supérieurs devaient payer davantage pour leur dotation en bons alimentaires. La pente de la droite de budget augmentait par conséquent à mesure que les revenus du ménage s'élevaient.

Le système des bons alimentaires a été modifié en 1979. Au lieu d'exiger que les ménages achètent les bons, ceux-ci sont désormais distribués gratuitement aux ménages qui remplissent les conditions requises. La figure 2.6B représente l'ensemble budgétaire correspondant à cette situation.

Supposons qu'un ménage reçoive mensuellement des bons pour une valeur globale de 200$. Cela signifie qu'il peut consommer chaque mois 200$ supplémentaires de nourriture indépendamment de ce qu'il dépense pour les autres biens. La droite de budget se déplace par conséquent vers la droite d'un montant de 200$. La pente ne change pas : dépenser un dollar de moins en nourriture permet de consacrer un dollar de plus aux autres biens. Mais le ménage n'étant pas autorisé à vendre ses bons, le montant maximum qu'il peut consacrer aux autres biens reste inchangé. Le système des bons alimentaires est devenu en fait un subside forfaitaire, sous réserve que les bons ne peuvent pas être vendus.

2.7 LES DÉPLACEMENTS DE LA DROITE DE BUDGET

Dans le chapitre suivant, nous analyserons la façon dont un individu choisit un panier de consommation optimal dans son ensemble budgétaire. Mais nous pouvons déjà tirer quelques conclusions concernant les déplacements de la droite de budget.

Premièrement, puisque l'ensemble budgétaire ne change pas quand on multiplie tous les prix et le revenu par un nombre positif, nous pouvons conclure que le choix optimal du consommateur ne se modifie pas non plus. Sans avoir analysé le processus de choix en lui-même, nous dégageons une conclusion importante : une inflation parfaitement équilibrée, c'est-à-dire un taux de croissance identique pour tous les prix et tous les revenus, n'affecte pas l'ensemble budgétaire des individus ; par conséquent, leur choix optimal reste inchangé.

Deuxièmement, nous pouvons établir quelques conclusions en ce qui concerne le niveau de satisfaction d'un consommateur confronté à des prix et à des revenus différents. Supposons que le revenu du consommateur augmente mais que les prix restent inchangés. Nous savons que cela implique un déplacement parallèle et vers le haut de la droite de budget. Quel que soit le panier de consommation initialement acquis par le consommateur, celui-ci lui reste accessible. Par conséquent, suite à l'augmentation de son revenu, le consommateur ne pourra qu'être au moins aussi satisfait qu'initialement puisqu'il conserve les mêmes possibilités de choix tout en en acquérant d'autres. De même, lorsque le prix d'un bien diminue, celui des autres restant inchangé, le niveau de satisfaction du consommateur ne pourra être que supérieur ou égal à son niveau antérieur. Cette simple observation sera d'un intérêt considérable par la suite.

RÉSUMÉ

1. L'ensemble budgétaire comprend tous les paniers de biens accessibles au consommateur pour des prix et un revenu donnés. Nous supposerons généralement qu'il n'y a que deux biens, mais cette hypothèse est moins restrictive qu'elle ne paraît *a priori*.
2. La droite de budget s'écrit $p_1x_1 + p_2x_2 = m$. Elle a une pente de $-p_1/p_2$, une ordonnée à l'origine égale à m/p_2 et une abscisse égale à m/p_1.
3. Une augmentation du revenu déplace la droite de budget vers le haut et parallèlement à elle-même. Une augmentation du prix du bien 1 accentue la pente de la droite. Une augmentation du prix du bien 2 diminue la pente de la droite.
4. Les taxes, subsides et rationnement modifient la pente et la position de la droite de budget en changeant les prix au consommateur.

PROBLÈMES À RÉSOUDRE

2.1 Initialement le consommateur est confronté à la droite de budget $p_1x_1 + p_2x_2 = m$. Le prix du bien 1 double, le prix du bien 2 est multiplié par 8 et le revenu est multiplié par 4. Écrivez l'équation de la nouvelle droite de budget en termes des prix et revenu initiaux.

2.2 Que se passe-t-il au niveau de la droite de budget si le prix du bien 2 augmente mais que le prix du bien 1 et le revenu restent inchangés ?

2.3 Si le prix du bien 1 double et que le prix du bien 2 triple, la pente de la droite de budget augmente-t-elle ou diminue-t-elle (en valeur absolue) ?

2.4 Quelle est la définition d'un bien numéraire ?

2.5 Supposons que le gouvernement impose une taxe de 15 centimes par gallon d'essence et qu'ensuite il accorde un subside de 7 centimes par gallon. Quelle est la taxe équivalente à ces deux mesures conjuguées ?

2.6 Considérons la droite de budget suivante $p_1x_1 + p_2x_2 = m$. Le gouvernement décide d'imposer une taxe forfaitaire de u, une taxe à l'unité sur le bien 1 d'un montant t et un subside à l'unité sur le bien 2 d'un montant s. Quelle est l'expression de la nouvelle droite de budget ?

2.7 Le revenu du consommateur augmente et un des prix diminue. Le niveau de satisfaction du consommateur sera-t-il nécessairement au moins égal à son niveau initial ?

3

LES PRÉFÉRENCES

Dans le chapitre 2, nous avons vu que le modèle économique du consommateur est en fait très simple : il suppose que les individus choisissent ce qu'il y a de meilleur parmi ce qui leur est accessible. Le chapitre précédent était consacré à une définition de « ce qui leur est accessible ». Dans ce chapitre, nous préciserons ce que les économistes entendent par « ce qu'il y a de meilleur ».

Le choix du consommateur porte sur ce que nous appelons des **paniers de consommation**. Il s'agit de la liste complète des biens et services sur lesquels porte le problème de choix que nous examinons. Il convient d'insister sur le terme « complet » : quand vous analysez un problème de choix du consommateur, veillez à inclure tous les biens concernés dans la définition du panier de consommation.

Si nous analysons le choix du consommateur de la façon la plus générale possible, nous avons besoin non seulement d'une liste complète des biens que le consommateur est susceptible d'acquérir, mais aussi d'une description de l'époque, du lieu et des circonstances dans lesquelles il peut les consommer. En effet, les gens se préoccupent aussi bien de la quantité de nourriture qu'ils auront demain que de celle qu'ils ont aujourd'hui. Une expédition dans l'océan atlantique est très différente d'une expédition dans le Sahara. Un parapluie quand il pleut, ce n'est pas tout à fait la même chose qu'un parapluie par une journée ensoleillée. Il est parfois utile de considérer un « même » bien disponible dans des circonstances et des endroits différents comme des biens distincts puisque le consommateur peut évaluer ce bien de façon différente selon les circonstances.

Néanmoins, quand nous nous limitons à un problème de choix simple, les biens à prendre en considération sont généralement assez évidents. Comme suggéré précédemment, nous utiliserons souvent le cas de deux biens, l'un des deux représentant tous les autres biens. Nous pouvons ainsi étudier l'échange entre un bien et tous les autres et analyser des choix de consommation qui impliquent de nombreux biens, tout en utilisant des représentations graphiques à deux dimensions.

Nous supposerons donc que notre panier de consommation est composé de deux biens, que x_1 représente la quantité d'un bien et x_2, la quantité de l'autre bien. Le panier de consommation complet sera donc représenté par (x_1, x_2). Comme signalé auparavant, nous utiliserons aussi occasionnellement la notation X pour désigner le panier de consommation.

3.1 LES PRÉFÉRENCES DU CONSOMMATEUR

Nous supposerons que, face à deux paniers de consommation quelconques, (x_1, x_2) et (y_1, y_2), le consommateur peut les classer en fonction de leur attrait respectif. En d'autres termes, le consommateur peut déterminer si l'un des deux paniers est strictement meilleur que l'autre ou s'il est indifférent entre les deux.

Nous utilisons le symbole $\succ$ pour indiquer qu'un panier est **strictement préféré** à un autre. Ainsi, $(x_1, x_2) \succ (y_1, y_2)$ signifie que le consommateur **préfère strictement** (x_1, x_2)

à (y_1, y_2), c'est-à-dire qu'il préfère nettement avoir le panier X plutôt que le panier Y. Cette relation de préférence est une notion opérationnelle. Si le consommateur préfère un panier à un autre, cela implique que s'il en a la possibilité, il choisira ce panier plutôt que l'autre. L'idée de préférence est basée sur le *comportement* du consommateur. Pour déterminer si un panier est préféré à un autre, il faut observer le comportement du consommateur dans des situations de choix impliquant les deux paniers. S'il choisit toujours (x_1, x_2) quand (y_1, y_2) est également accessible, il est logique de dire que le consommateur préfère (x_1, x_2) à (y_1, y_2).

Si le consommateur est **indifférent** entre les deux paniers de biens, nous utilisons le symbole $\sim$ et nous écrivons $(x_1,x_2) \sim (y_1,y_2)$. L'indifférence signifie que le consommateur atteint exactement le même niveau de satisfaction qu'il consomme le panier (x_1, x_2) ou le panier (y_1, y_2).

Si le consommateur préfère ou est indifférent entre les deux paniers, nous disons qu'il **préfère faiblement** (x_1, x_2) à (y_1, y_2) et nous écrivons $(x_1,x_2) \succeq (y_1,y_2)$.

Ces relations de préférence stricte, de préférence faible et d'indifférence ne sont pas des concepts indépendants. Ces relations sont elles-mêmes reliées ! Par exemple, si $(x_1,x_2) \succeq (y_1,y_2)$ et $(y_1,y_2) \succeq (x_1,x_2)$, nous pouvons conclure que $(x_1,x_2) \sim (y_1,y_2)$. En d'autres termes, si le consommateur estime que (x_1, x_2) est au moins aussi bien que (y_1, y_2) et que (y_1, y_2) est au moins aussi bien que (x_1, x_2), alors le consommateur doit être indifférent entre les deux paniers de biens.

De même, si $(x_1,x_2) \succeq (y_1,y_2)$, mais que nous savons qu'il ne s'agit pas d'une situation dans laquelle $(y_1,y_2) \sim (x_1,x_2)$, nous pouvons conclure que $(x_1,x_2) \succ (y_1,y_2)$. Cela signifie simplement que si l'individu estime que (x_1, x_2) est au moins aussi bien que (y_1, y_2) mais qu'il n'est pas indifférent entre les deux paniers, alors il estime nécessairement que (x_1, x_2) est strictement meilleur que (y_1, y_2).

3.2 LES HYPOTHÈSES CONCERNANT LES PRÉFÉRENCES

Les économistes font généralement quelques hypothèses en ce qui concerne la « cohérence » des préférences du consommateur. Par exemple, il semble déraisonnable — pour ne pas dire absurde — d'avoir une situation dans laquelle $(x_1,x_2) \succ (y_1,y_2)$ et en même temps $(y_1,y_2) \succ (x_1,x_2)$. Cela signifierait que le consommateur préfère strictement le panier X au panier Y et vice versa.

Nous posons donc en général quelques hypothèses concernant les relations de préférence. Certaines de ces hypothèses sont si fondamentales qu'on les qualifie d'« axiomes » de la théorie du consommateur. Examinons trois de ces axiomes :

La relation de préférence est une relation complète. Cela suppose que toute paire quelconque de paniers peut être comparée. C'est-à-dire que, pour tout panier X et tout panier Y, on a soit $(x_1,x_2) \succeq (y_1,y_2)$, soit $(y_1,y_2) \succeq (x_1,x_2)$, soit encore ces deux relations simultanément auquel cas le consommateur est indifférent entre les deux paniers.

La relation de préférence est réflexive. Tout panier est au moins aussi désirable que lui-même : $(x_1, x_2) \succeq (x_1, x_2)$.

La relation de préférence est transitive. Si $(x_1, x_2) \succeq (y_1, y_2)$ et $(y_1, y_2) \succeq (z_1, z_2)$, alors $(x_1, x_2) \succeq (z_1, z_2)$. En d'autres termes, si le consommateur estime que X est au moins aussi désirable que Y et que Y est au moins aussi désirable que Z, alors il estime que X est au moins aussi désirable que Z.

Le premier axiome, à savoir le caractère complet de la relation, peut difficilement faire l'objet de critiques, du moins pour le type de choix étudié généralement par les économistes. Dire que toute paire quelconque de paniers peut être comparée équivaut simplement à dire que le consommateur est capable de faire un choix. On pourrait imaginer des situations extrêmes impliquant des choix de vie ou de mort dans lesquelles un classement des alternatives pourrait être difficile, voire impossible, mais ces choix sortent, pour la plupart, du domaine de l'analyse économique.

Le deuxième axiome, à savoir la réflexivité, est évident. Tout panier est au moins aussi désirable qu'un panier identique. Les parents de jeunes enfants peuvent parfois observer des comportements qui violent cette hypothèse, mais celle-ci semble plausible pour la plupart des comportements adultes.

Le troisième axiome, à savoir la transitivité, est plus problématique. Il n'est pas évident qu'il s'agisse là d'une propriété que les préférences devraient *nécessairement* avoir. L'hypothèse de transitivité des préférences ne paraît pas être incontournable du seul point de vue de la logique pure et en fait, elle ne l'est pas. La transitivité est une hypothèse concernant le comportement de choix des individus, pas une proposition de logique pure. Qu'il s'agisse fondamentalement d'un élément de logique ou non, n'est toutefois pas la question. Il s'agit en fait de savoir si la transitivité correspond raisonnablement à la façon dont les individus se comportent.

Que penser d'une personne qui prétend préférer X à Y et Y à Z et en même temps déclare préférer Z à X ? Cela paraîtrait certainement étrange.

Plus fondamentalement, comment ce consommateur se comporterait-il s'il était confronté à des choix entre les trois paniers X, Y et Z ? Il lui serait difficile de choisir le panier qu'il préfère parce que, quel que soit le panier choisi, il y en aurait toujours un autre qu'il préfère. Si nous voulons construire une théorie dans laquelle les individus choisissent « ce qu'il y a de meilleur », les préférences doivent satisfaire l'axiome de transitivité ou quelque chose de similaire. Si les préférences n'étaient pas transitives, nous pourrions avoir un ensemble de paniers parmi lesquels il n'y a pas de panier préféré.

3.3 LES COURBES D'INDIFFÉRENCE

Toute la théorie du choix du consommateur peut en fait être formulée en termes de préférences satisfaisant les trois axiomes décrits ci-dessus plus quelques hypothèses plus

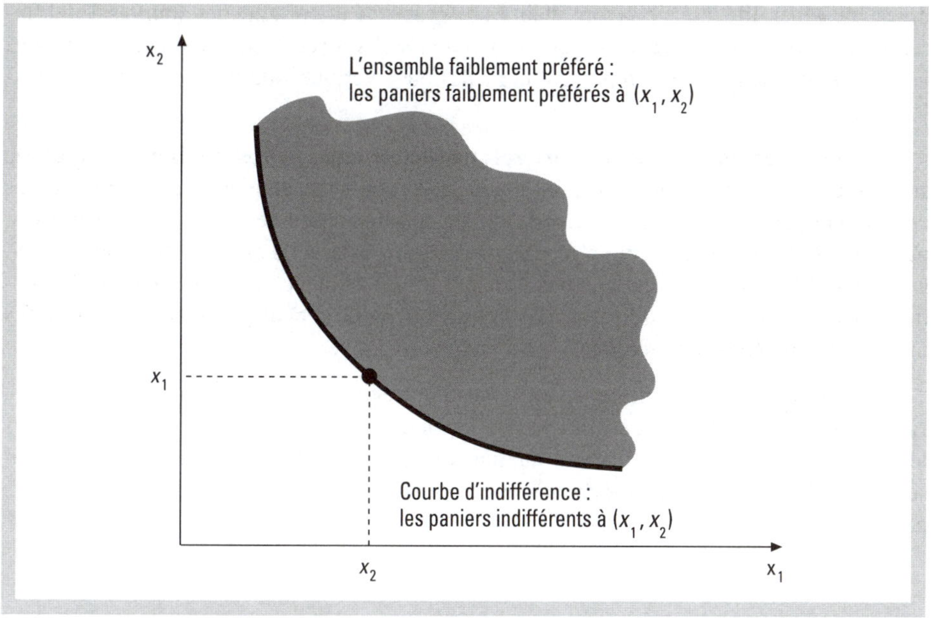

Figure 3.1 ***L'ensemble faiblement préféré.***

La zone en gris représente tous les paniers qui sont au moins aussi désirables que le panier (x_1, x_2).

techniques. Toutefois, il s'avère commode de décrire graphiquement les préférences en utilisant une représentation connue sous le nom de « **courbe d'indifférence** ».

Considérons la figure 3.1. Les deux axes représentent la consommation de biens 1 et 2 d'un individu. Prenons un panier quelconque (x_1, x_2) et noircissons l'ensemble des paniers qui sont faiblement préférés à (x_1, x_2). Cet ensemble est appelé l'**ensemble faiblement préféré**. Les paniers sur la frontière de cet ensemble — les paniers pour lesquels le consommateur est exactement indifférent par rapport à (x_1, x_2) — constituent la **courbe d'indifférence**.

Nous pouvons tracer une courbe d'indifférence à partir de n'importe quel panier de consommation. La courbe d'indifférence passant par un panier donné est composée de tous les paniers qui laissent le consommateur indifférent à ce panier initial.

Quand on utilise les courbes d'indifférence pour décrire les préférences, le fait que ces courbes ne représentent que l'ensemble des paniers entre lesquels l'individu est indifférent peut parfois poser un problème : ces courbes n'indiquent pas quels sont les paniers préférés et quels sont ceux qui sont moins désirables. Il est dès lors parfois utile de tracer de petites flèches au départ de la courbe d'indifférence pour indiquer la direction des paniers préférés. Nous ne le ferons toutefois que quand cela s'avèrera utile pour éviter toute confusion.

Si nous ne faisons pas d'hypothèses supplémentaires au sujet des préférences, les courbes d'indifférence peuvent prendre des formes très particulières. Mais même à ce niveau de généralité, nous pouvons établir une propriété importante des courbes d'indifférence : *des courbes d'indifférence correspondant à des niveaux de satisfaction différents ne peuvent pas se croiser*. On ne peut donc pas observer une situation comme celle illustrée à la figure 3.2.

Pour démontrer cela, prenons trois paniers de biens *X*, *Y* et *Z* tels que *X* soit situé sur une courbe, *Y* sur l'autre et *Z* à l'intersection des deux courbes. Par hypothèse, les courbes correspondent à des niveaux différents de satisfaction de sorte qu'un des paniers, par exemple *X*, est strictement préféré au panier *Y*. Nous savons que $X \sim Z$ et que $Z \sim Y$. L'axiome de transitivité implique dès lors que $X \sim Y$. Mais ce résultat contredit l'hypothèse que $X \succ Y$. Par conséquent, des courbes d'indifférence qui correspondent à des niveaux de satisfaction différents ne peuvent pas se croiser.

Les courbes d'indifférence ont-elles d'autres propriétés ? En fait, pas beaucoup. Les courbes d'indifférence constituent une façon de décrire les préférences. Presque tous les types de préférence « réalistes » auxquels nous pouvons penser, peuvent être représentés par de telles courbes. Le problème est d'établir la relation existant entre un type de préférence et la forme des courbes d'indifférence correspondantes.

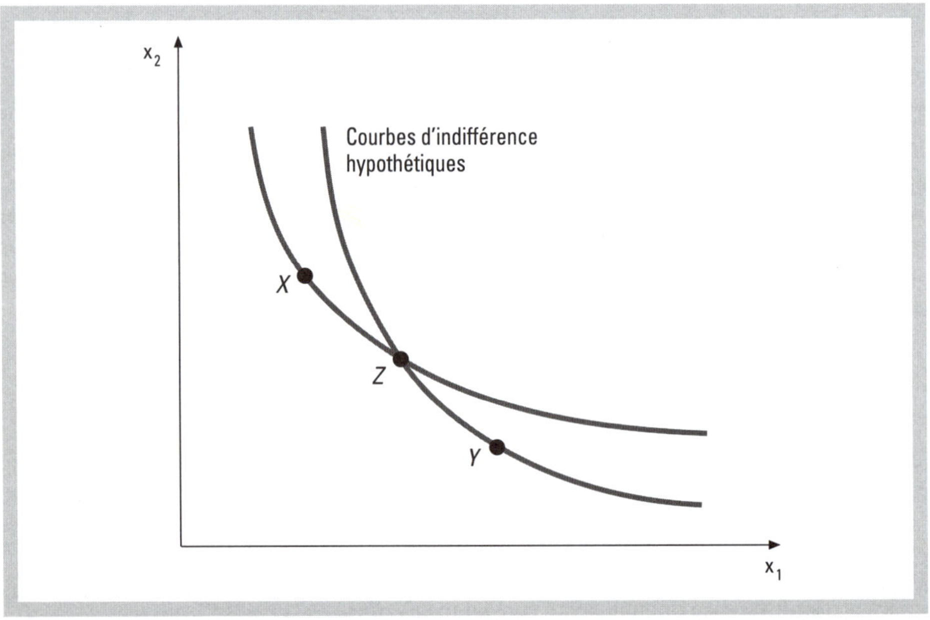

Figure 3.2 ***Les courbes d'indifférence ne peuvent pas se croiser.***

S'il en était autrement, *X*, *Y* et *Z* seraient tous trois des paniers jugés indifférents et ils ne pourraient pas se situer sur des courbes d'indifférence distinctes.

3.4 EXEMPLES DE PRÉFÉRENCES

Essayons de lier la notion de préférence à celle des courbes d'indifférence à l'aide de quelques exemples. Nous allons décrire quelques cas de préférences et ensuite examiner la forme des courbes d'indifférence qui les représentent.

Il existe une méthode générale pour tracer les courbes d'indifférence à partir d'une description « verbale » des préférences. Partons d'un panier quelconque (x_1, x_2). Supposons ensuite que le consommateur bénéficie d'une petite augmentation de la quantité de bien 1 que nous notons Δx_1. Son panier de consommation devient $(x_1 + \Delta x_1, x_2)$. Demandons-nous quelle est la variation de la quantité de bien 2 nécessaire pour que l'individu reste indifférent à son panier initial. Nous notons cette variation Δx_2. La question est donc la suivante : « pour une variation donnée de consommation de bien 1, quelle est la variation de consommation de bien 2 nécessaire pour que l'individu soit indifférent entre $(x_1 + \Delta x_1, x_2 + \Delta x_2)$ et (x_1, x_2) ? » En calculant cette variation au départ d'un panier particulier, nous traçons une partie de la courbe d'indifférence. Nous appliquons ensuite le même raisonnement à un autre panier et ainsi de suite jusqu'à ce que nous ayons tracé complètement les courbes d'indifférence.

Les substituts parfaits

Deux biens sont des **substituts parfaits** si le consommateur est disposé à substituer un bien à l'autre à un taux *constant*. Le cas le plus simple de substituts parfaits est celui où le consommateur est prêt à substituer les biens à un taux de 1 pour 1.

Considérons par exemple le choix entre des crayons rouges et des crayons bleus. Le consommateur désire des crayons mais ne se préoccupe pas de leur couleur. Prenons un panier particulier, par exemple (10, 10). Pour cet individu, n'importe quel panier contenant 20 crayons est exactement aussi désirable que (10, 10). En termes mathématiques, tout panier (x_1, x_2) tel que $x_1 + x_2 = 20$, est sur la courbe d'indifférence passant par le point (10, 10). Les courbes sont par conséquent des droites parallèles de pente – 1 comme celles représentées à la figure 3.3. Les paniers qui contiennent un nombre total supérieur de crayons sont préférés à ceux qui en comprennent moins, de sorte que le niveau de satisfaction s'accroît au fur et à mesure que l'on se déplace vers le haut et vers la droite, comme indiqué à la figure 3.3.

Comment établir ce résultat en utilisant la méthode générale décrite ci-dessus ? Si nous partons du point (10, 10) et que nous augmentons la quantité de bien 1 d'une unité, quelle est la variation de bien 2 nécessaire pour rester sur la même courbe d'indifférence ? Nous devons évidemment réduire la quantité de bien 2 d'une unité. La courbe d'indifférence passant par le point (10, 10) a par conséquent une pente égale à – 1. La même méthode peut être répétée en n'importe quel point ; le résultat sera le même : toutes les courbes d'indifférence ont une pente constante et égale à – 1.

C'est la *constance* de la pente des courbes d'indifférence qui constitue la caractéristique fondamentale des substituts parfaits. Si par exemple, nous mesurons les crayons bleus sur l'axe vertical et les paires de crayons rouges sur l'axe horizontal, les courbes

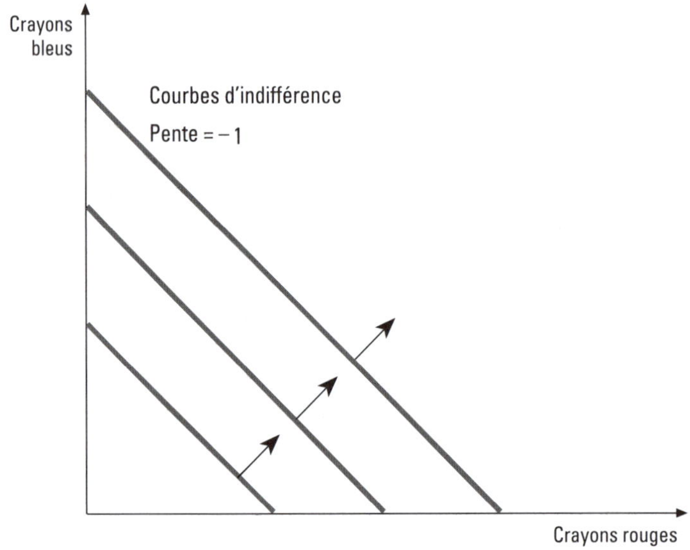

Figure 3.3 ***Les substituts parfaits.***

Le consommateur ne se préoccupe que du nombre total de crayons et non de leur couleur. Les courbes d'indifférence sont dès lors des droites de pente – 1.

d'indifférence entre ces deux biens auront une pente de – 2 puisque le consommateur est prêt à abandonner deux crayons bleus en échange d'une *paire* supplémentaire de crayons rouges.

Dans ce manuel, nous considérerons principalement le cas de biens substituts parfaits à un taux de 1 pour 1 et nous laisserons l'analyse du cas général en guise d'exercices.

Les compléments parfaits

Les **compléments parfaits** sont des biens qui sont toujours consommés ensemble dans des proportions fixes. Ils sont en quelque sorte des « compléments » les uns des autres. Un exemple typique est celui des souliers droits et des souliers gauches. Le consommateur « aime » les souliers mais porte toujours simultanément un soulier droit et un soulier gauche. La possession d'un seul soulier n'influence pas du tout la satisfaction du consommateur.

Traçons les courbes d'indifférence pour des compléments parfaits. Prenons le panier (10, 10). Ajoutons un soulier droit. Le nouveau panier est (11, 10). Par hypothèse, ce changement laisse le consommateur indifférent par rapport au panier initial : le soulier supplémentaire ne lui apporte aucune satisfaction. La même chose se passe si nous ajoutons uniquement un soulier gauche, le consommateur étant également indifférent entre (10, 11) et (10, 10).

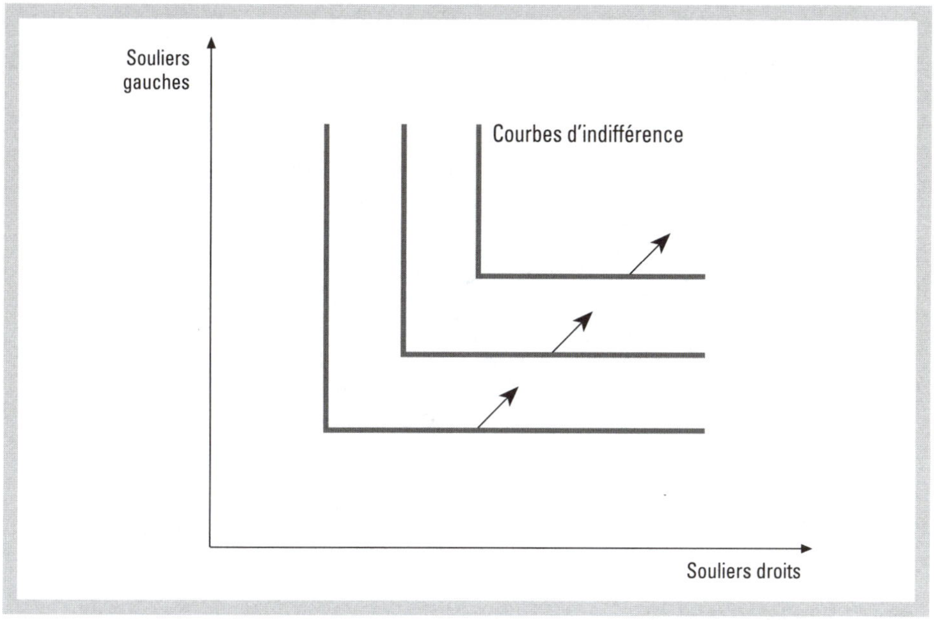

Figure 3.4 ***Les compléments parfaits.***

Le consommateur désire toujours consommer les biens dans des proportions fixes. Les courbes d'indifférence sont par conséquent en forme de L.

Les courbes d'indifférence sont par conséquent en forme de L, l'angle étant situé au point où le nombre de souliers droits est égal au nombre de souliers gauches, comme illustré à la figure 3.4.

Une augmentation simultanée du nombre de souliers gauches et du nombre de souliers droits accroît la satisfaction du consommateur. Par conséquent, les préférences augmentent à nouveau quand on se déplace vers la droite et vers le haut, comme indiqué à la figure 3.4.

La caractéristique fondamentale des compléments parfaits réside dans le fait que l'individu préfère consommer les biens dans des proportions fixes mais pas nécessairement dans la proportion 1 pour 1. Si le consommateur met toujours deux sucres dans sa tasse de café et n'utilise pas de sucre à d'autres fins, les courbes d'indifférence sont également en forme de L. Dans ce cas, l'angle est situé aux points de coordonnées (2 sucres, 1 tasse de café), (4 sucres, 2 tasses de café), etc., au lieu de (1 soulier droit, 1 soulier gauche), (2 souliers droits, 2 souliers gauches), etc.

Les biens indésirables

Un **bien indésirable** est un bien que le consommateur n'aime pas. Considérons par exemple les poivrons et les anchois ainsi qu'un consommateur qui aime les poivrons mais pas les anchois. Supposons qu'un certain échange soit possible entre poivrons et anchois. Par

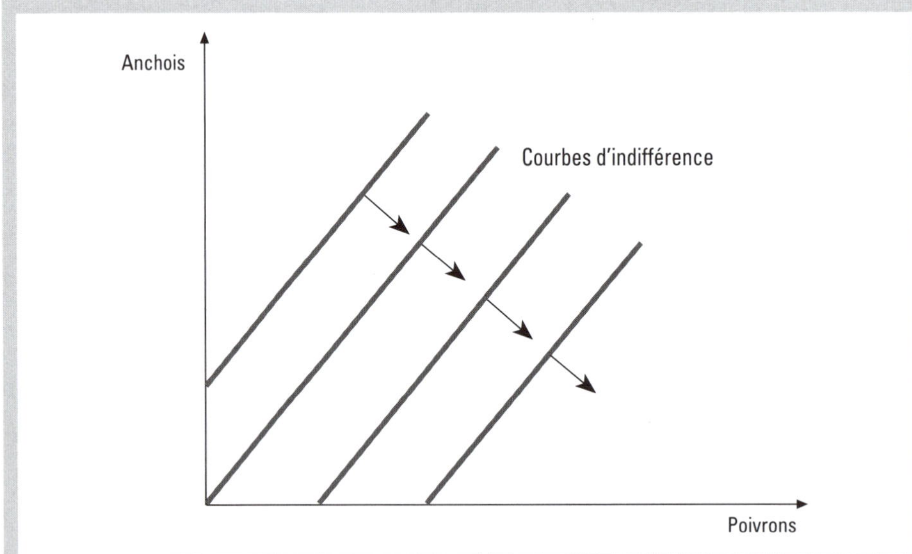

Figure 3.5 ***Les biens indésirables.***

Les anchois constituent un bien « indésirable » et les poivrons, un bien « désirable » pour le consommateur. Les courbes d'indifférence ont une pente positive.

exemple, il y aurait sur une pizza une certaine quantité de poivrons qui compense aux yeux du consommateur, le désagrément que constitue la présence d'un certain nombre d'anchois. Comment représenter ces préférences par des courbes d'indifférence ?

Prenons à nouveau un point (x_1, x_2) correspondant à un certain nombre de poivrons et d'anchois. Si nous donnons au consommateur quelques anchois supplémentaires, comment devons-nous modifier la quantité de poivrons pour maintenir le consommateur sur la même courbe d'indifférence ? Nous devons évidemment lui en donner quelques-uns en plus en échange des anchois supplémentaires. Les courbes d'indifférence du consommateur sont dès lors de pente positive comme celles de la figure 3.5.

La satisfaction s'accroît quand on se déplace vers le bas et la droite, c'est-à-dire quand on diminue la consommation d'anchois et qu'on augmente la quantité de poivrons, comme l'indiquent les flèches à la figure 3.5.

Les biens neutres

Un bien est dit **neutre** si le consommateur ne s'en préoccupe pas du tout. Que se passe-t-il si le consommateur est neutre vis-à-vis des anchois ? Dans ce cas, ses courbes d'indifférence sont des droites verticales comme celles représentées à la figure 3.6.

L'individu ne se préoccupe donc que de la quantité de poivrons dont il dispose et ne prête aucune attention à la quantité d'anchois. Il est d'autant plus satisfait que la

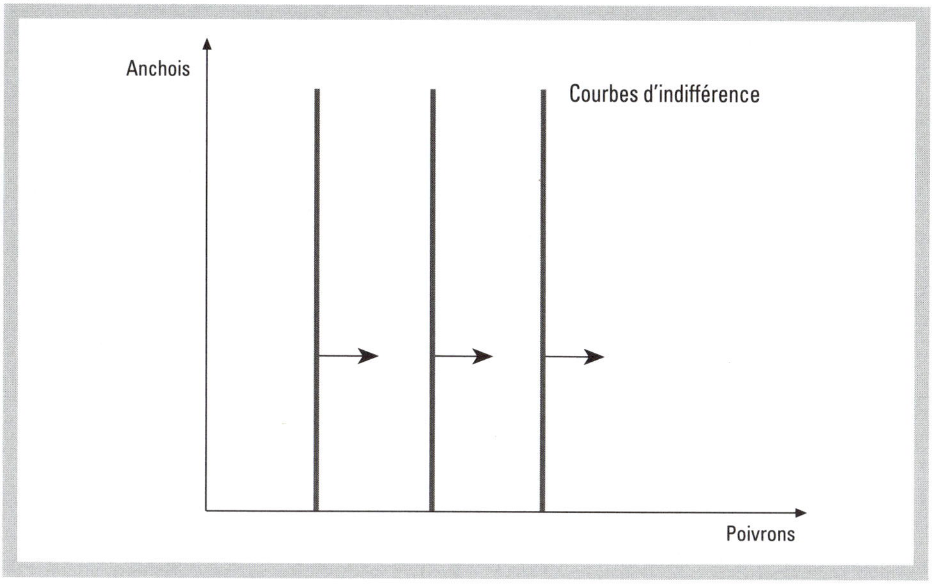

Figure 3.6 ***Un bien neutre.***

Le consommateur aime les poivrons mais est neutre vis-à-vis des anchois. Les courbes d'indifférence sont des droites verticales.

quantité de poivrons augmente. Par contre, accroître la quantité d'anchois ne l'affecte d'aucune façon.

La saturation

Nous désirons parfois étudier une situation caractérisée par un phénomène de **saturation**. Dans ce cas, il y a un panier qui est préféré à tous les autres. Plus le consommateur s'en « rapproche », plus il est satisfait. Supposons par exemple que le consommateur ait un panier préféré $(\bar{x}_1, \bar{x}_2)$ et que plus il s'éloigne de ce panier, moins il est satisfait. Nous disons que $(\bar{x}_1, \bar{x}_2)$ est le **point de saturation** ou le **point idéal**. Les courbes d'indifférence ont l'allure de celles représentées à la figure 3.7. Le point préféré est $(\bar{x}_1, \bar{x}_2)$ et à mesure que nous nous éloignons de ce point idéal, nous nous situons sur des courbes d'indifférence « inférieures ».

Dans ce cas, les courbes d'indifférence ont une pente négative quand le consommateur dispose de « trop peu » ou de « trop » de chacun des deux biens et une pente positive quand il a « trop » d'un des deux biens et « trop peu » de l'autre. Quand il a trop d'un bien, celui-ci devient un bien indésirable et une diminution de la quantité de ce bien permet au consommateur de se rapprocher du « point idéal ». S'il a trop des deux biens, ceux-ci sont tous les deux des biens indésirables et une réduction de la quantité de chacun d'eux rapproche le consommateur de son point idéal.

Supposons par exemple que les deux biens soient respectivement des gâteaux au chocolat et de la glace. Vous pourriez aimer consommer chaque semaine une certaine

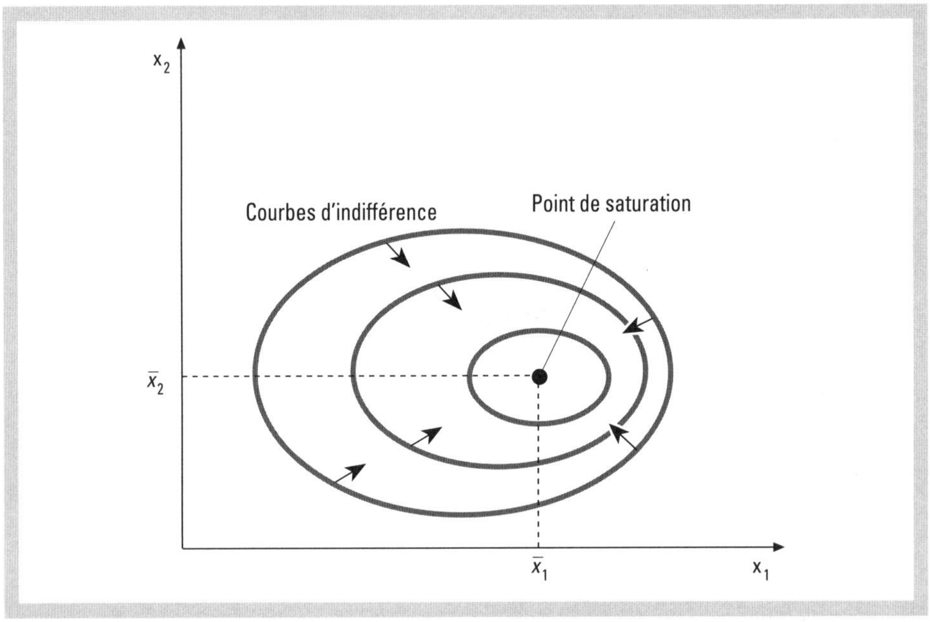

Figure 3.7 ***La saturation.***

Le panier $(\bar{x}_1, \bar{x}_2)$ est le point de saturation ou le point idéal. Les courbes d'indifférence forment des cercles autour de ce point.

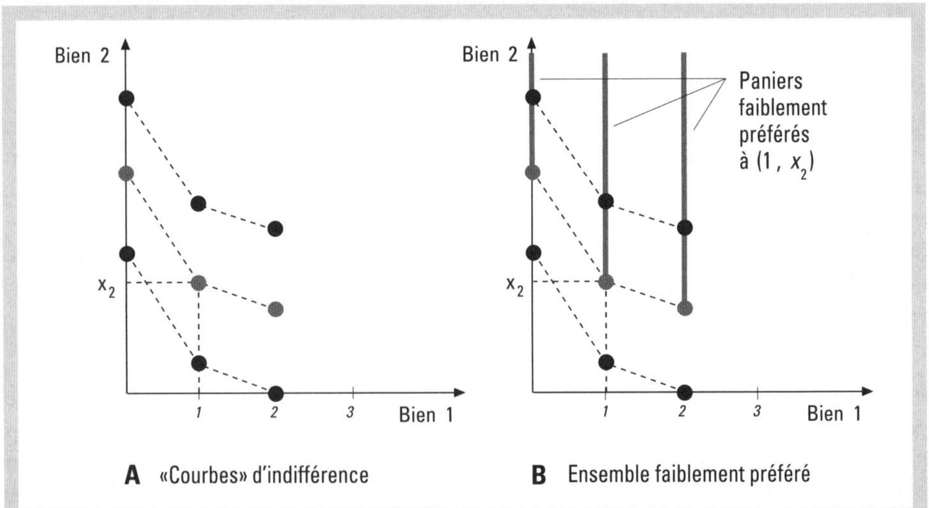

Figure 3.8 ***Un bien discret.***

Le bien 1 est disponible uniquement en nombre entier. Dans la partie A, les droites en traits discontinus relient les paniers qui sont indifférents les uns aux autres et, dans la partie B, les droites verticales représentent les paniers qui sont au moins aussi bons que le panier indiqué.

quantité optimale de gâteaux au chocolat et de glace. Des quantités légèrement inférieures réduiraient votre niveau de satisfaction, de même que des quantités légèrement supérieures.

Si vous réfléchissez, la plupart des biens sont comme les gâteaux au chocolat et la glace : vous pouvez avoir trop de presque n'importe quel bien. Mais les gens ne *choisiront* généralement pas volontairement d'avoir trop d'un bien. Pourquoi choisiriez-vous plus que ce que vous désirez avoir ? La zone intéressante du point de vue du choix économique est donc la zone où, pour la plupart des biens, les quantités sont *inférieures* à ce que vous désirez. Les individus ne se préoccupent que des choix de ce type et, dès lors, nous ne considérerons que de tels choix.

Les biens discrets

Les unités que nous utilisons généralement pour mesurer les biens nous permettent de considérer des fractions : vous pouvez consommer en moyenne 12,43 litres de lait par mois même si vous achetez le lait par bouteilles d'un litre. Mais nous désirons parfois analyser les préférences à l'égard de biens qui ne s'expriment naturellement qu'en unités discrètes.

Par exemple, considérons la demande des consommateurs pour les automobiles. Nous pourrions définir la demande d'automobiles en termes de temps d'utilisation d'un véhicule, ce qui nous donnerait une variable continue. Toutefois, dans de nombreuses situations, c'est le nombre réel de véhicules demandés qui nous intéresse.

Il n'y a aucune difficulté à utiliser la théorie des préférences pour décrire le comportement de choix pour ce type de bien discret. Supposons que x_2 représente la dépense pour les autres biens et que x_1 soit un **bien discret** disponible uniquement en nombre entier. Nous avons illustré à la figure 3.8 des « courbes » d'indifférence et un ensemble faiblement préféré correspondant à ce type de bien : les paniers indifférents à un panier donné forment un ensemble de points discrets et l'ensemble des paniers au moins aussi bons que le panier initial est constitué d'un ensemble de segments de droite.

Selon le problème particulier envisagé, il convient de prendre en compte ou non le caractère discret d'un bien. Si le consommateur choisit seulement 1 ou 2 unités d'un bien au cours de la période d'analyse considérée, il peut être judicieux de tenir compte de la nature discrète de ce bien. Si par contre le consommateur choisit 30 ou 40 unités du bien, on peut probablement, en toute quiétude, le considérer comme un bien continu.

3.5 LES PRÉFÉRENCES NORMALES

Nous venons d'étudier quelques exemples de courbes d'indifférence. Comme nous l'avons vu, de nombreux types de préférences, réalistes ou pas, peuvent être représentés à l'aide de ces graphiques simples. Il est cependant intéressant de se concentrer sur un petit nombre de formes générales de courbes d'indifférence. Dans cette section, nous allons formuler quelques hypothèses générales supplémentaires au sujet des préférences et nous en préciserons les implications sur l'allure des courbes d'indifférence. Ces hypothèses ne sont pas les seules possibles ; dans certaines situations, nous pourrions désirer en poser d'autres. Mais les hypothèses que nous allons formuler définissent les **courbes d'indifférence d'allure normale**.

Tout d'abord, nous supposerons en général que l'individu préfère consommer plus que moins ; c'est-à-dire que tous les biens sont des *biens désirables*. Plus précisément, si (x_1, x_2) est un panier de biens et (y_1, y_2), un autre panier avec au moins autant de chacun des deux biens et strictement plus d'un des deux, alors $(y_1, y_2) \succ (x_1, x_2)$. Cette hypothèse est parfois connue sous le nom de « **monotonicité des préférences** ». Comme suggéré lors de la discussion du phénomène de saturation, on préfère avoir plus que moins probablement jusqu'à un certain seuil. Par conséquent, l'hypothèse de monotonicité signifie seulement que nous examinons des situations pour lesquelles ce seuil n'est *pas encore* atteint, c'est-à-dire avant qu'il n'y ait saturation et donc quand on *préfère encore* consommer plus que moins. L'économie ne serait pas un sujet d'étude très intéressant dans un monde où chacun consommerait tous les biens à satiété.

Qu'implique la monotonicité pour la forme des courbes d'indifférence ? Elle implique que les courbes ont une pente *négative*. Considérons la figure 3.9. Si nous partons d'un panier (x_1, x_2) et que nous nous déplaçons vers le haut et la droite, nous devons

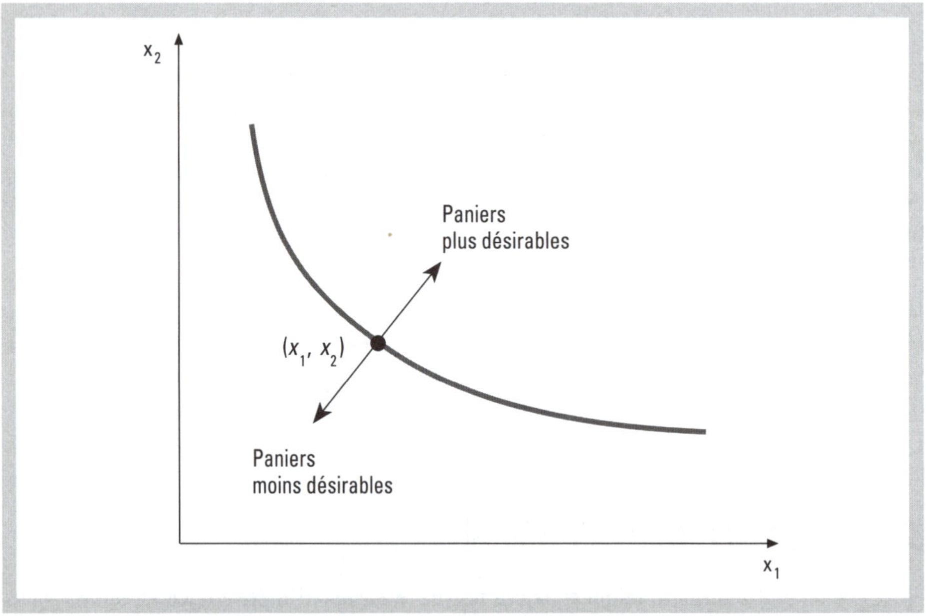

Figure 3.9 ***Les préférences monotones.***

Le consommateur préfère avoir plus des deux biens. Un panier comprenant des quantités inférieures des deux biens est moins désirable.

nous diriger vers une position préférée. Si nous nous déplaçons vers le bas et la gauche, nous devons nous diriger vers une situation moins désirable. Dès lors, si nous nous dirigeons vers une position vis-à-vis de laquelle le consommateur est *indifférent*, nous devons nous déplacer soit vers la droite et le bas, soit vers la gauche et le haut. Les courbes d'indifférence doivent donc avoir une pente négative.

Nous allons ensuite supposer que les paniers intermédiaires sont préférés aux paniers extrêmes : si nous prenons deux paniers de biens (x_1, x_2) et (y_1, y_2) sur la même courbe d'indifférence et que nous considérons une moyenne pondérée de ces deux paniers, par exemple

$$\left(\frac{1}{2}x_1 + \frac{1}{2}y_1, \frac{1}{2}x_2 + \frac{1}{2}y_2\right)$$

ce panier moyen est soit au moins aussi désiré, soit strictement préféré à chacun des extrêmes. Ce panier moyen est composé des quantités moyennes de bien 1 et de bien 2 présentes dans les paniers X et Y. Il est par conséquent situé à mi-chemin sur le segment de droite qui relie ces deux paniers.

Nous allons en fait supposer qu'il en est ainsi pour tout facteur de pondération t compris entre 0 et 1 et pas uniquement pour $1/2$. Nous supposons donc que si $(x_1, x_2) \sim (y_1, y_2)$, alors

$$(tx_1 + (1-t)y_1, tx_2 + (1-t)y_2) \succeq (x_1, x_2)$$

pour tout t tel que $0 \leqslant t \leqslant 1$. Cette moyenne pondérée des deux paniers donne un poids t au panier X et un poids $1 - t$ au panier Y. La distance entre X et le panier moyen correspond par conséquent à une fraction t de la distance séparant X et Y sur le segment de droite qui les relie.

Que signifie cette hypothèse en termes graphiques ? Elle implique que l'ensemble des paniers faiblement préférés à (x_1, x_2) est un **ensemble convexe**. Supposons que (y_1, y_2) et (x_1, x_2) soient des paniers vis-à-vis desquels le consommateur est indifférent. Si les moyennes sont préférées aux extrêmes, toutes les moyennes pondérées de (x_1, x_2) et (y_1, y_2) sont faiblement préférées à (x_1, x_2) et à (y_1, y_2). Or un ensemble convexe a la propriété suivante : pour toute paire de points appartenant à cet ensemble, le segment de droite qui relie ces deux points est entièrement inclus dans l'ensemble.

La figure 3.10A représente un exemple de préférences convexes tandis que les figures 3.10B et 3.10C reproduisent deux exemples de préférences non convexes. La figure 3.10C présente des préférences qui sont tellement non convexes que nous pourrions les qualifier de « concaves ».

Peut-on imaginer des préférences non convexes ? Mes préférences pour la glace et les olives pourraient en constituer un exemple. J'aime la glace et les olives, mais je n'aime pas les consommer ensemble. Si je considère ma consommation au cours de la prochaine heure, je pourrais être indifférent entre 3 kilos de glace et 1 kilo d'olives ou

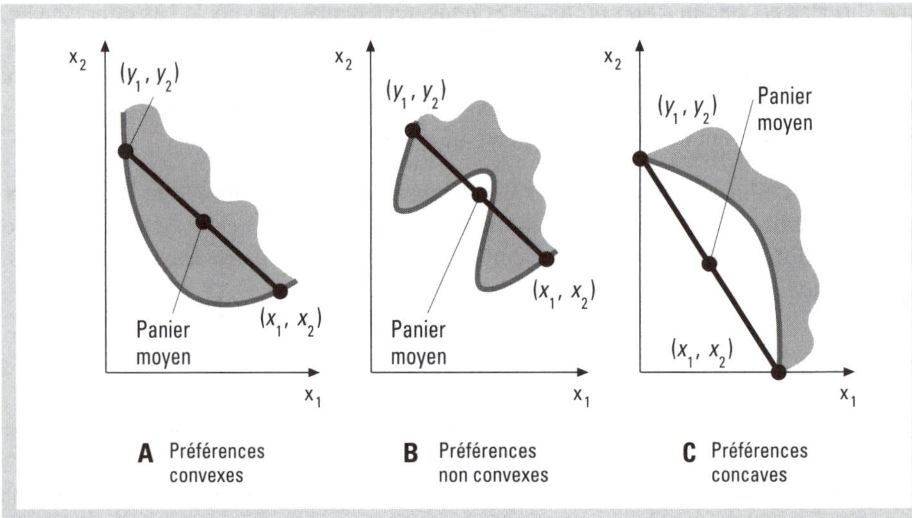

Figure 3.10 ***Quelques types de préférences.***

La partie A reproduit des préférences convexes, la partie B des préférences non convexes et la partie C des préférences « concaves ».

3 kilos d'olives et 1 kilo de glace. Mais je préfère l'un ou l'autre de ces deux paniers plutôt qu'une consommation de 2 kilos de chaque bien ! Il s'agit du type de préférences illustré à la figure 3.10C.

Pourquoi supposer que les préférences normales sont convexes ? Parce que la plupart des biens sont consommés ensemble. Les types de préférences illustrés par les figures 3.10B et 3.10C impliquent que le consommateur préférerait, au moins jusqu'à un certain point, se spécialiser et ne consommer qu'un des deux biens. Mais dans la plupart des cas, le consommateur préfère diversifier sa consommation et consommer une certaine quantité des deux biens, plutôt que de se spécialiser dans la consommation d'un seul des deux biens.

En fait, si nous considérons mes préférences à l'égard de ma consommation *mensuelle* de glace et d'olives plutôt qu'à l'égard de ma consommation immédiate, elles ressemblent davantage à la figure 3.10A qu'à la figure 3.10C. Je préfère consommer chaque mois une certaine quantité de glace et une certaine quantité d'olives — certes, à des moments différents — plutôt que de n'avoir qu'un des deux biens pendant tout un mois. Enfin, une extension de l'hypothèse de convexité est l'hypothèse de **stricte convexité**. Cela signifie que la moyenne pondérée de deux paniers vis-à-vis desquels le consommateur est indifférent est *strictement* préférée aux deux paniers extrêmes. Pour des préférences convexes, les courbes d'indifférence peuvent inclure des segments de droite alors que pour des préférences *strictement* convexes, les courbes d'indifférence ont toujours une allure « incurvée ». Les préférences à l'égard de deux biens substituts parfaits sont convexes mais pas strictement convexes.

3.6 LE TAUX MARGINAL DE SUBSTITUTION

Il sera souvent utile de considérer la pente d'une courbe d'indifférence en un point particulier. C'est en fait tellement utile que cette pente porte un nom : la pente de la courbe d'indifférence est connue sous le nom de « **taux marginal de substitution** » (**TmS**). Ce nom provient du fait que le taux marginal de substitution mesure le taux auquel le consommateur est disposé à substituer un bien à l'autre.

Supposons que nous retirions au consommateur une petite quantité Δx_1 de bien 1. Nous lui donnons ensuite Δx_2, une quantité juste suffisante pour le ramener sur sa courbe d'indifférence ; il est ainsi aussi satisfait après qu'avant la substitution de x_2 à x_1. Le rapport $\Delta x_2/\Delta x_1$ mesure le *taux* auquel le consommateur accepte de substituer le bien 2 au bien 1.

Supposons maintenant que Δx_1 soit une très petite variation, une variation marginale. Le taux $\Delta x_2/\Delta x_1$ mesure alors le taux *marginal* de substitution du bien 2 au bien 1. À mesure que Δx_1 se réduit, $\Delta x_2/\Delta x_1$ tend vers la pente de la courbe d'indifférence, comme illustré à la figure 3.11.

Quand nous écrivons le rapport $\Delta x_2/\Delta x_1$, le dénominateur et le numérateur correspondent toujours à de très petits nombres, c'est-à-dire à des variations *marginales* par rapport au panier initial. Ce rapport qui définit le taux marginal de substitution, mesure

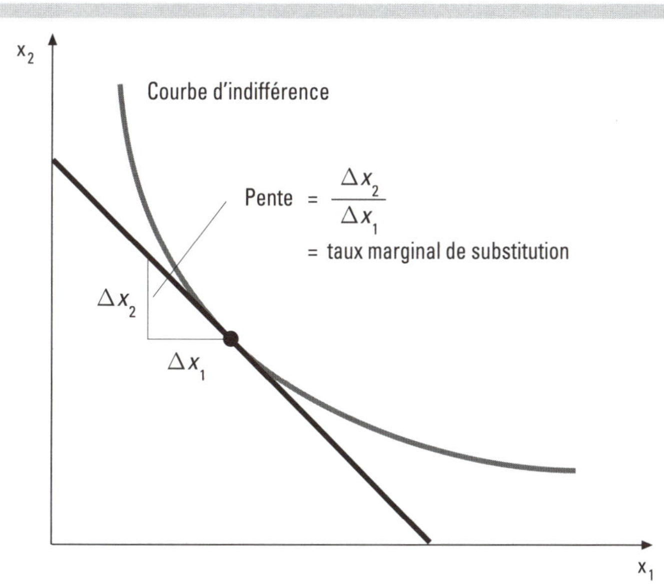

Figure 3.11 ***Le taux marginal de substitution (TmS).***

Le taux marginal de substitution mesure la pente de la courbe d'indifférence.

donc toujours la pente de la courbe d'indifférence, c'est-àdire le taux auquel le consommateur est prêt à substituer un petit peu de bien 2 à un petit peu de bien 1.

Il peut paraître surprenant que le taux marginal de substitution soit en principe un nombre *négatif*. Mais nous avons déjà vu que la monotonicité des préférences implique une pente négative pour les courbes d'indifférence. Puisque le TmS est la mesure numérique de la pente d'une courbe d'indifférence, il ne peut évidemment être que négatif.

Le taux marginal de substitution mesure un aspect intéressant du comportement du consommateur. Supposons que le consommateur ait des préférences normales, c'est-à-dire monotones et convexes, et qu'il consomme actuellement le panier (x_1, x_2). Nous lui proposons le marché suivant : il peut substituer le bien 1 au bien 2 ou le bien 2 au bien 1 à un « taux d'échange » constant E quelles que soient les quantités échangées.

En d'autres termes, si le consommateur donne Δx_1 unités de bien 1, il peut obtenir en contrepartie $E\ \Delta x_1$ unités de bien 2. Ou, inversement, s'il donne Δx_2 unités de bien 2, il peut avoir $\Delta x_2/E$ unités de bien 1. Graphiquement, cela permet au consommateur d'atteindre n'importe quel point sur une droite de pente $-E$ passant par le panier (x_1, x_2). Cette situation est représentée à la figure 3.12. Un déplacement vers le haut et vers la gauche au départ du point (x_1, x_2) signifie que le bien 1 est échangé contre le bien 2. Un déplacement vers le bas et vers la droite correspond à une substitution du bien 1 au bien 2. Dans les deux cas, le taux d'échange est égal à E. Puisqu'un échange signifie toujours donner d'un bien pour recevoir de l'autre, le *taux* d'échange E correspond à une *pente* égale à $-E$.

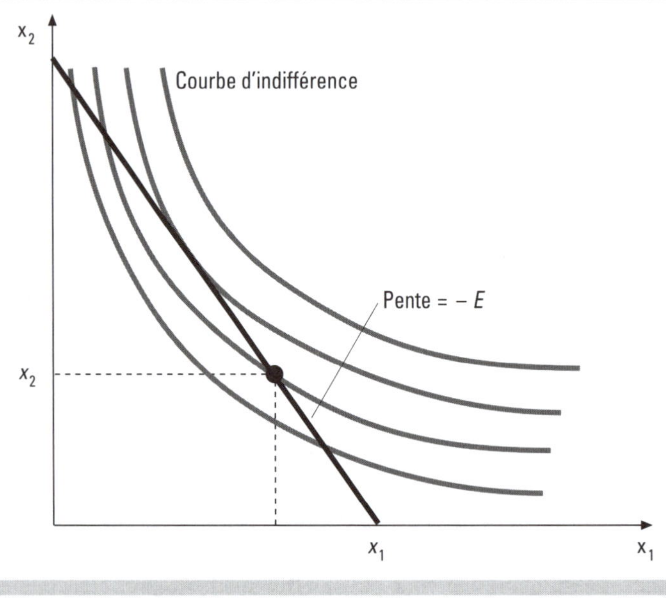

Figure 3.12 ***Un échange à un taux donné.***

Le consommateur peut échanger les biens à un taux *E*. Il peut par conséquent se déplacer le long d'une droite de pente – *E*.

Nous pouvons maintenant nous demander quel devrait être le taux d'échange pour que le consommateur préfère rester en (x_1, x_2). Pour répondre à cette question, notons simplement que chaque fois que la droite d'échange *coupe* la courbe d'indifférence, il existe quelques points sur cette droite qui sont préférés à (x_1, x_2), c'est-à-dire qui sont situés au-dessus de la courbe d'indifférence. Dès lors, s'il ne doit y avoir aucun mouvement au départ de (x_1, x_2), la droite d'échange doit être tangente à la courbe d'indifférence. Autrement dit, la pente de la droite d'échange, $-E$, doit être égale à la pente de la courbe d'indifférence au point (x_1, x_2). Pour tout autre taux d'échange, la droite couperait la courbe d'indifférence et cela permettrait au consommateur d'atteindre un point plus désirable.

La pente de la courbe d'indifférence, c'est-à-dire le taux marginal de substitution, mesure donc le taux pour lequel le consommateur est indifférent entre l'échange et le non-échange. Pour tout taux d'échange différent du TmS, le consommateur désire substituer un bien à un autre. Mais si le taux d'échange est égal au TmS, le consommateur préfère ne pas modifier sa situation.

3.7 AUTRES INTERPRÉTATIONS DU TmS

Le TmS mesure donc le taux pour lequel le consommateur est indifférent à une substitution de bien 1 au bien 2. Alternativement, le TmS indique que le consommateur est juste prêt à donner Δx_1 unités de bien 1 en « paiement » de Δx_2 unités de bien 2. C'est pour cette raison qu'on dit parfois que la pente de la courbe d'indifférence mesure la **propension marginale à payer**.

Si le bien 2 représente la consommation de « tous les autres biens » et est mesuré en euros susceptibles d'être dépensés pour ces biens, l'interprétation du TmS en termes de propension marginale à payer devient particulièrement naturelle. Le taux marginal de substitution du bien 2 au bien 1 correspond à la quantité d'euros que vous acceptez de ne plus dépenser pour tous les autres biens afin de consommer un peu plus de bien 1. Le TmS mesure ainsi la propension marginale à renoncer à des euros pour consommer une quantité marginale supplémentaire de bien 1. Mais renoncer à des euros équivaut évidemment à payer pour consommer plus de bien 1.

En utilisant cette interprétation du TmS, il faut être prudent avec les mots « marginale » et « propension ». Le TmS mesure la quantité de bien 2 que vous êtes *disposés* à payer pour une augmentation *marginale* de bien 1. La quantité que vous *devez* en fait payer pour une consommation supplémentaire donnée peut être différente du montant que vous êtes disposés à payer. Ce que vous devez payer dépend du prix du bien en question. Ce que vous êtes disposés à payer ne dépend pas du prix mais est déterminé par vos préférences.

De même, la somme que vous êtes prêts à payer pour un changement important de consommation peut être différent de ce que vous êtes disposés à payer pour un changement marginal. Le montant que vous payez effectivement pour consommer davantage d'un bien dépend à la fois de vos préférences pour ce bien et des prix auxquels vous êtes confrontés. Par contre, ce que vous êtes disposés à payer pour une petite quantité supplémentaire du bien ne dépend que de vos préférences.

3.8 LE COMPORTEMENT DU TAUX MARGINAL DE SUBSTITUTION

Il est parfois utile de spécifier la forme des courbes d'indifférence en décrivant le comportement du taux marginal de substitution. Par exemple, dans le cas des « substituts parfaits », les courbes d'indifférence sont caractérisées par un taux marginal de substitution constant et égal à – 1. Le cas des « biens neutres » correspond à un taux marginal de substitution toujours égal à l'infini. Les préférences pour des « compléments parfaits » sont caractérisées par un TmS qui ne prend que deux valeurs : 0 ou l'infini.

Nous avons déjà souligné le fait que l'hypothèse de monotonicité implique que les courbes d'indifférence doivent avoir une pente négative. Dans ce cas, le TmS requiert toujours une réduction de la consommation d'un bien pour obtenir davantage de l'autre bien.

Le cas des courbes d'indifférence convexes met en évidence un autre aspect du comportement du TmS. Pour des courbes d'indifférence strictement convexes, le taux marginal de substitution, c'est-à-dire la pente de la courbe d'indifférence, décroît (en valeur absolue) quand x_1 augmente. Les courbes d'indifférence convexes se caractérisent donc par **un taux marginal de substitution décroissant**. Cela signifie que la quantité de bien 1 à laquelle une personne est disposée à renoncer pour une quantité supplémentaire de bien 2 s'accroît à mesure que la quantité de bien 1 augmente. Exprimée de cette façon, la convexité des courbes d'indifférence semble très naturelle : plus vous avez d'un bien, plus vous êtes disposés à en échanger une partie contre l'autre bien. (Mais rappelez-vous l'exemple de la glace et des olives ; pour quelques paires de biens, cette hypothèse peut ne pas être vérifiée !)

RÉSUMÉ

1. Les économistes supposent qu'un consommateur peut classer les différentes possibilités de consommation. La façon dont celui-ci classe les différents paniers de consommation décrit ses préférences.

2. Les courbes d'indifférence peuvent être utilisées pour représenter divers types de préférences.

3. Les préférences « normales » sont monotones (on préfère consommer plus que moins) et convexes (les paniers intermédiaires sont préférés aux paniers extrêmes).

4. Le taux marginal de substitution mesure la pente de la courbe d'indifférence. Il peut être interprété comme mesurant ce que l'individu est disposé à donner de bien 2 pour obtenir davantage de bien 1.

PROBLÈMES À RÉSOUDRE

3.1 Si nous observons qu'un consommateur choisit (x_1, x_2) alors que (y_1, y_2) est également accessible à ce moment-là, peut-on conclure que $(x_1, x_2) \succ (y_1, y_2)$?

3.2 Considérons un groupe de personnes A, B, C,... et la relation « au moins aussi grand que » comme par exemple « A est au moins aussi grand que B ». Cette relation est-elle transitive ? Est-elle complète ?

3.3 Prenons le même groupe de personnes et considérons la relation « strictement plus grand que ». Cette relation est-elle transitive ? Réflexive ? Complète ?

3.4 Un entraîneur de football déclare que face à deux attaquants A et B, il préfère toujours le plus grand et le plus rapide. Cette relation de préférence est-elle transitive ? Est-elle complète ?

3.5 Une courbe d'indifférence peut-elle se couper elle-même ? Par exemple, la figure 3.2 pourrait-elle représenter une seule courbe d'indifférence ?

3.6 La figure 3.2 peut-elle représenter une seule courbe d'indifférence si les préférences sont monotones ?

3.7 Si les poivrons et les anchois sont tous les deux des biens indésirables, les courbes d'indifférence ont-elles une pente positive ou négative ?

3.8 Pourquoi la convexité des préférences signifie-t-elle que « les paniers intermédiaires sont préférés aux paniers extrêmes » ?

3.9 Quel est votre taux marginal de substitution entre les pièces de 1 euro et les billets de 5 euros ?

3.10 Si le bien 1 est « neutre », quel est son taux marginal de substitution vis-à-vis du bien 2 ?

3.11 Existe-t-il d'autres biens pour lesquels vos préférences pourraient être concaves ?

4

L'UTILITÉ

À l'époque victorienne, les philosophes et les économistes parlaient allègrement de l'« utilité » comme d'un indicateur du bien-être général d'un individu. L'utilité était considérée comme une mesure numérique du bonheur individuel et il était dès lors naturel d'imaginer que les consommateurs effectuaient leurs choix de façon à maximiser leur utilité, c'est-à-dire à être le plus heureux possible.

Toutefois, ces économistes dits « classiques » n'ont jamais réellement expliqué comment mesurer l'utilité. De quelle façon pouvons-nous évaluer la « quantité » d'utilité associée à différents choix ? L'utilité d'une personne est-elle la même que celle d'une autre ? Que signifierait le fait de dire qu'un bonbon supplémentaire me donne deux fois plus d'utilité qu'une carotte supplémentaire ? Le concept d'utilité ne correspond-il qu'à ce que maximisent les individus ?

Du fait de ces problèmes, les économistes ont abandonné le concept, maintenant dépassé, d'une utilité correspondant à une mesure du bonheur. La théorie du comportement du consommateur a été reformulée entièrement en termes de **préférences du consommateur** et l'utilité est désormais conçue uniquement comme *une façon de décrire les préférences*.

Les économistes sont progressivement arrivés à la conclusion que, dans l'analyse des comportements de choix, la seule chose qui compte, c'est qu'un panier procure une utilité supérieure à un autre tandis que la grandeur de l'écart entre les niveaux d'utilité n'importe pas. Auparavant, les préférences étaient définies en termes d'utilité : dire qu'un panier (x_1, x_2) était préféré à un panier (y_1, y_2) signifiait que le panier X procurait un niveau d'utilité supérieur au panier Y. Mais maintenant nous avons tendance à inverser la relation : les *préférences* du consommateur constituent la base fondamentale de l'analyse des choix et l'utilité n'est qu'une manière de représenter les préférences.

Une **fonction d'utilité** est une façon d'attribuer une valeur aux différents paniers de consommation de telle sorte que les paniers plus désirables reçoivent des valeurs supérieures à ceux qui le sont moins. En d'autres termes, un panier (x_1, x_2) est préféré à un panier (y_1, y_2) si et seulement si le niveau d'utilité de (x_1, x_2) est supérieur à celui de (y_1, y_2) : en utilisant les symboles, $(x_1, x_2) \succ (y_1, y_2)$ si et seulement si $u(x_1, x_2) > u(y_1, y_2)$.

La seule chose qui importe dans la façon dont une fonction d'utilité attribue des valeurs, c'est le *classement* des paniers de biens. La valeur de la fonction d'utilité n'est intéressante que dans la mesure où elle *classe* les différents paniers ; la grandeur de l'écart entre des niveaux d'utilité correspondant à deux paniers différents n'a aucune importance. Comme on ne se préoccupe que du classement — de l'ordre — établi entre les paniers de biens, on dit que l'utilité est un **concept ordinal**.

Considérons par exemple le tableau 4.1. Il présente plusieurs façons d'attribuer des niveaux d'utilité à trois paniers. Chacune établit le même classement entre les paniers. Dans cet exemple, le consommateur préfère A à B et B à C. Nous avons trois fonctions d'utilité qui décrivent les mêmes préférences puisqu'elles attribuent toutes une valeur plus élevée à A qu'à B et une valeur plus petite à C qu'à B.

Tableau 4.1 ***Trois façons différentes d'attribuer des niveaux d'utilité***

Panier	U_1	U_2	U_3
A	3	17	– 1
B	2	10	– 2
C	1	0,002	– 3

Comme seul le classement des paniers importe, il n'existe pas une façon unique d'attribuer des niveaux d'utilité aux différents paniers. Si nous pouvons trouver une façon d'attribuer de tels niveaux, il en existe en fait une infinité. Si $u(x_1, x_2)$ permet d'associer un niveau d'utilité à chaque panier (x_1, x_2), il en est de même si nous multiplions $u(x_1, x_2)$ par 2 (ou par tout autre nombre positif).

La multiplication par 2 est un exemple de **transformation monotone**. Une telle transformation modifie un ensemble de nombres en un autre ensemble de nombres tout en respectant leur classement.

Une transformation monotone est représentée habituellement par une fonction $f(u)$ qui transforme chaque nombre u en un autre nombre $f(u)$ de telle sorte que le classement entre les nombres soit respecté, c'est-à-dire que $u_1 > u_2$ implique $f(u_1) > f(u_2)$. Une transformation monotone et une fonction monotone sont des concepts équivalents.

Comme exemples de transformation monotone, citons la multiplication par un nombre positif (par ex. $f(u) = 3u$), l'addition d'un nombre quelconque (par ex. $f(u) = u + 17$) ou encore le fait de porter la fonction u à une puissance impaire (par ex. $f(u) = u^3$), etc.[1]

Le taux de variation de $f(u)$ suite à une variation de u peut être mesuré par la variation de f divisée par la variation de u :

$$\frac{\Delta f}{\Delta u} = \frac{f(u_2) - f(u_1)}{u_2 - u_1}.$$

Pour une transformation monotone, $f(u_2) - f(u_1)$ a toujours le même signe que $u_2 - u_1$. Une fonction monotone a donc toujours un taux de variation positif. Cela signifie que le graphe d'une fonction monotone a toujours une pente positive comme à la figure 4.1A.

Si $f(u)$ est *une* transformation monotone *quelconque* d'une fonction d'utilité, alors $f(u(x_1, x_2))$ est une autre fonction d'utilité qui représente les mêmes préférences que la fonction u.

[1] Ce que nous appelons « transformation monotone » correspond en fait à proprement parler à une « transformation monotone croissante » par opposition à une « transformation monotone décroissante » qui *inverse* l'ordre du classement.

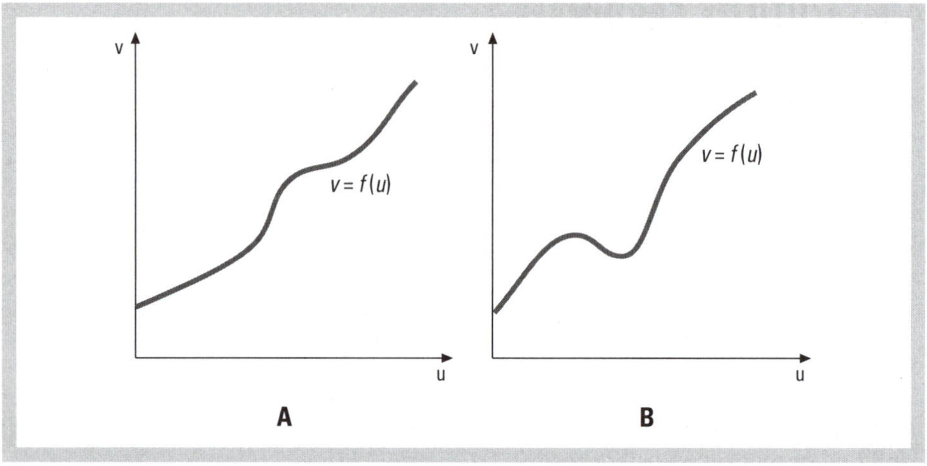

Figure 4.1 ***Une transformation monotone croissante.***

La partie A représente une fonction monotone, c'est-à-dire une fonction qui est toujours croissante. La partie B représente une fonction qui n'est **pas** monotone puisqu'elle est parfois croissante, parfois décroissante.

Pourquoi ? Ce résultat peut être démontré de la façon suivante :

1. Dire que $u(x_1, x_2)$ représente une relation de préférences signifie que
$$u(x_1, x_2) > u(y_1, y_2) \quad \text{si et seulement si} \quad (x_1, x_2) \succ (y_1, y_2).$$
2. Mais si $f(u)$ est une transformation monotone, il s'ensuit que
$$u(x_1, x_2) > u(y_1, y_2) \quad \text{si et seulement si} \quad f(u(x_1, x_2)) > f(u(y_1, y_2)).$$
3. Donc $f(u(x_1, x_2)) > f(u(y_1, y_2))$ si et seulement si $(x_1, x_2) \succ (y_1, y_2)$ de sorte que la fonction $f(u)$ représente les mêmes préférences que la fonction d'utilité initiale $u(x_1, x_2)$.

Pour résumer, on peut énoncer le principe suivant : *toute transformation monotone d'une fonction d'utilité représente les mêmes préférences que la fonction d'utilité initiale*.

D'un point de vue graphique, une fonction d'utilité permet d'attribuer des valeurs aux courbes d'indifférence. Puisque tous les paniers situés sur une courbe d'indifférence donnée doivent avoir la même utilité, une fonction d'utilité associe des valeurs aux différentes courbes de telle manière que ces valeurs augmentent au fur et à mesure que les courbes s'éloignent de l'origine. De ce point de vue, une transformation monotone n'est qu'une modification des valeurs associées aux courbes d'indifférence. Tant que des valeurs plus élevées sont associées aux courbes d'indifférence composées de paniers plus désirables, la relation représente les mêmes préférences.

4.1 L'UTILITÉ CARDINALE

Certaines théories de l'utilité, appelées **théories de l'utilité cardinale**, attribuent toutefois une signification à la valeur de l'utilité. Dans ce cas, la grandeur de l'écart entre les niveaux d'utilité associés à deux paniers de biens est censée avoir une certaine signification.

Nous savons comment déterminer si une personne préfère un panier à un autre : il suffit de la laisser choisir entre les deux et de regarder lequel elle choisit. Nous pouvons donc attribuer une utilité ordinale aux deux paniers : il suffit d'associer au panier choisi une utilité plus élevée qu'à l'autre. En attribuant ainsi des valeurs, nous définissons une fonction d'utilité. Nous avons donc un critère pour déterminer si un individu associe une utilité supérieure ou inférieure à un panier par rapport à un autre.

Mais comment savoir si une personne aime un panier deux fois plus qu'un autre ? D'ailleurs, comment pourriez-vous dire que *vous* aimez un panier deux fois plus qu'un autre ?

On pourrait proposer différents critères pour ce type de relation : un individu aime un panier deux fois plus qu'un autre s'il est prêt à le payer deux fois plus cher. Ou il aime un panier deux fois plus qu'un autre s'il est prêt à courir deux fois plus loin pour l'obtenir, ou à attendre deux fois plus longtemps, ou à courir deux fois plus de risques.

Tous ces critères sont dans une certaine mesure corrects puisqu'ils permettraient d'attribuer des niveaux d'utilité tels que l'écart entre les nombres ait une signification opérationnelle. Mais ces critères ne sont cependant pas réellement convaincants. Ils correspondent chacun à une interprétation possible de ce que signifie le fait de désirer une chose deux fois plus qu'une autre, mais aucune interprétation n'apparaît comme particulièrement adéquate.

Mais même si nous trouvions une façon qui nous paraîtrait convaincante d'attribuer des niveaux d'utilité, à quoi cela servirait-il dans l'étude des comportements de choix ? Pour déterminer quel panier est choisi, nous avons uniquement besoin de savoir lequel est préféré, lequel a l'utilité la plus élevée. Connaître la grandeur de l'écart n'apporte rien à l'étude des choix. Puisqu'une conception cardinale de l'utilité n'est pas nécessaire pour étudier les comportements de choix et que, de toute façon, il n'existe pas de critère convaincant pour attribuer des niveaux d'utilité cardinale, nous nous limiterons à une conception purement ordinale de l'utilité.

4.2 CONSTRUIRE UNE FONCTION D'UTILITÉ

Mais sommes-nous réellement sûrs qu'il est possible d'attribuer une utilité ordinale ? Partant d'un ordre de préférences, pouvons-nous toujours trouver une fonction d'utilité qui classe les paniers de biens dans le même ordre que ces préférences ? Existe-t-il une fonction d'utilité correspondant à tout ordre de préférences réaliste ?

En fait, tous les types de préférences ne peuvent pas être représentés par une fonction d'utilité. Considérons par exemple un individu dont les préférences ne sont pas transitives de sorte que $A \succ B \succ C \succ A$. La fonction d'utilité correspondant à ces préférences devrait attribuer des nombres $u(A)$, $u(B)$ et $u(C)$ tels que $u(A) > u(B) > u(C) > u(A)$. C'est évidemment impossible.

Toutefois, si nous éliminons les cas anormaux comme celui des préférences non transitives, nous pouvons généralement trouver une fonction d'utilité qui représente les préférences. Nous allons illustrer cela par un exemple dans cette section. Un autre sera examiné au chapitre 14.

Partons de l'ensemble de courbes d'indifférence reproduit à la figure 4.2. Une fonction d'utilité permet d'attribuer des valeurs aux courbes d'indifférence de telle sorte que les courbes d'indifférence supérieures correspondent à des valeurs plus élevées. Comment faire ?

Une façon simple de faire cela consiste à tracer la ligne diagonale représentée sur la figure et à attribuer à chaque courbe d'indifférence une valeur égale à la distance mesurée le long de cette ligne depuis l'origine.

S'agit-il effectivement d'une fonction d'utilité ? Il n'est pas difficile de voir que, si les préférences sont monotones, chaque courbe d'indifférence n'est coupée qu'une seule fois par la diagonale. Dès lors, à chaque panier correspond une seule valeur et les paniers situés sur des courbes d'indifférence supérieures se voient attribuer des valeurs plus élevées. C'est tout ce qui est nécessaire pour avoir une fonction d'utilité.

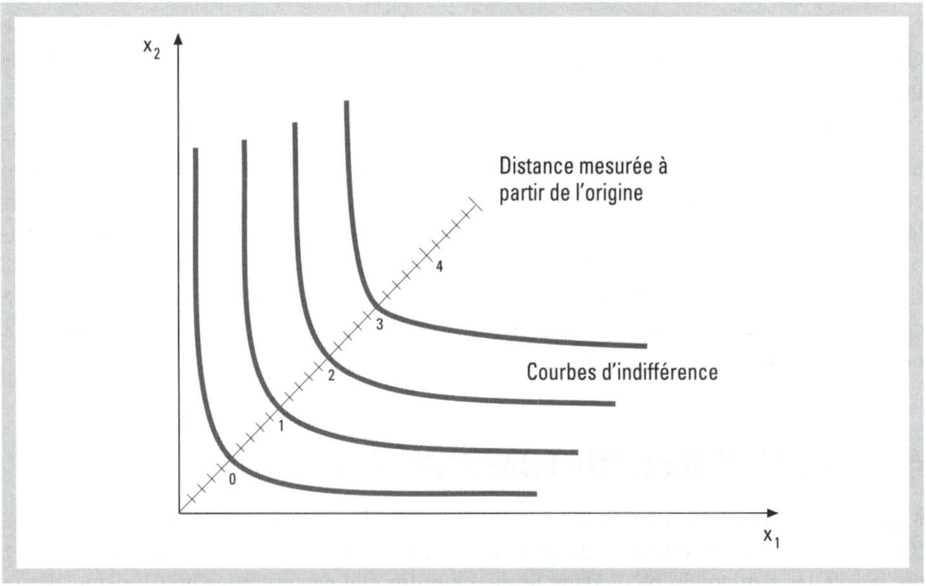

Figure 4.2 ***Construction d'une fonction d'utilité à partir des courbes d'indifférence.***

On trace une diagonale et on attribue à chaque courbe d'indifférence une valeur égale à la distance mesurée le long de cette droite à partir de l'origine.

Nous disposons donc d'une méthode pour associer des valeurs aux courbes d'indifférence, du moins quand les préférences sont monotones. Cette méthode n'est pas toujours la plus naturelle, mais elle a en tout cas le mérite de montrer que le concept d'utilité ordinale est très général : presque tous les types de préférences « réalistes » peuvent être représentés par une fonction d'utilité.

4.3 QUELQUES EXEMPLES DE FONCTIONS D'UTILITÉ

Au chapitre 3, nous avons donné quelques exemples de préférences ainsi que les courbes d'indifférence qui les représentent. Nous pouvons également représenter ces préférences par des fonctions d'utilité. À partir d'une fonction d'utilité $u(x_1, x_2)$, il est relativement facile de tracer les courbes d'indifférence : il suffit d'indiquer tous les points (x_1, x_2) tels que $u(x_1, x_2)$ est égal à une constante. En termes mathématiques, l'ensemble des points (x_1, x_2) tels que $u(x_1, x_2)$ est égal à une constante s'appelle *une courbe de niveau*. Pour des valeurs différentes de la constante, on obtient des courbes d'indifférence différentes.

Exemple : Déterminer les courbes d'indifférence à partir d'une fonction d'utilité

Considérons la fonction d'utilité $u(x_1, x_2) = x_1x_2$. Comment se présentent les courbes d'indifférence ?

Nous savons qu'une courbe d'indifférence est simplement l'ensemble des valeurs x_1 et x_2 telles que $k = x_1x_2$ pour une constante k donnée. En exprimant x_2 en fonction de x_1, nous voyons qu'une courbe d'indifférence est définie par la formule suivante :

$$x_2 = \frac{k}{x_1}.$$

Cette courbe est reproduite à la figure 4.3 pour $k = 1, 2, 3, ...$

Considérons maintenant un autre exemple. Prenons la fonction d'utilité $v(x_1, x_2) = x_1^2 x_2^2$. Quelle est l'allure des courbes d'indifférence ? Il est aisé de vérifier que :

$$v(x_1, x_2) = x_1^2 x_2^2 = (x_1 x_2)^2 = [u(x_1, x_2)]^2.$$

La fonction d'utilité $v(x_1, x_2)$ est donc simplement le carré de la fonction d'utilité $u(x_1, x_2)$. Puisque $u(x_1, x_2)$ ne peut pas être négatif, $v(x_1, x_2)$ est une transformation monotone de la fonction d'utilité $u(x_1, x_2)$. Cela implique que la fonction d'utilité $v(x_1, x_2) = x_1^2 x_2^2$ doit avoir exactement les mêmes courbes d'indifférence que celles reproduites à la figure 4.3. Les valeurs associées aux courbes d'indifférence sont différentes — elles étaient 1, 2, 3, ... et elles deviennent 1, 4, 9, ... — mais l'ensemble des paniers correspondant à $v(x_1, x_2) = 9$ est exactement le même que celui correspondant à $u(x_1, x_2) = 3$. La fonction $v(x_1, x_2)$ décrit exactement les mêmes préférences que $u(x_1, x_2)$ puisqu'elle *classe* tous les paniers dans le même ordre.

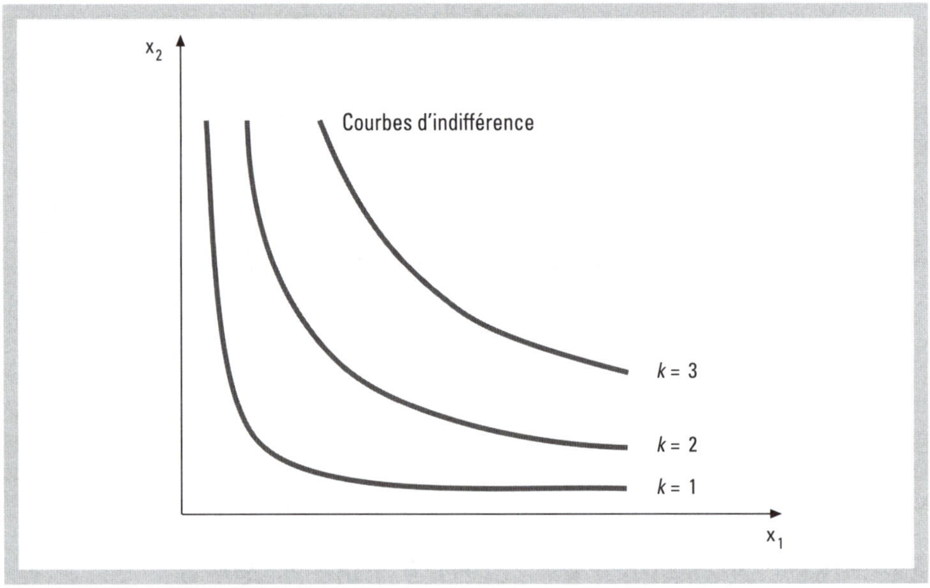

Figure 4.3 ***Courbes d'indifférence.***

Les courbes d'indifférence $k = x_1 x_2$ pour différentes valeurs de k.

Procéder de façon inverse, c'est-à-dire trouver une fonction d'utilité qui représente des courbes d'indifférence données, est plus difficile. Deux méthodes existent. La première est mathématique : les courbes d'indifférence étant données, nous cherchons une fonction constante le long de chaque courbe d'indifférence qui attribue des valeurs plus élevées à des courbes d'indifférence supérieures.

La seconde méthode est plus intuitive : étant donné la description des préférences, nous tentons d'imaginer ce que le consommateur essaie de maximiser, c'est-à-dire à quelle combinaison de biens correspond l'objectif qui guide ses choix. Cette méthode peut paraître un peu vague mais elle deviendra plus compréhensible en considérant quelques exemples.

Les substituts parfaits

Rappelez-vous l'exemple des crayons rouges et des crayons bleus. Dans cet exemple, le consommateur ne se préoccupe que du nombre total de crayons. Il est dès lors logique de mesurer l'utilité par le nombre total de crayons. Nous pouvons par conséquent proposer à titre provisoire la fonction d'utilité suivante : $u(x_1, x_2) = x_1 + x_2$. Cette fonction est-elle correcte ? Posez-vous seulement deux questions : la fonction est-elle constante le long des courbes d'indifférence ? Attribue-t-elle des valeurs plus élevées à des paniers qui sont préférés ? La réponse à ces deux questions est affirmative ; nous avons bien une fonction d'utilité.

Naturellement, nous pouvons utiliser d'autres fonctions d'utilité, le *carré* du nombre de crayons, par exemple. La fonction d'utilité $v(x_1, x_2) = (x_1 + x_2)^2 = x_1^2 + 2x_1x_2 + x_2^2$ représente également les préférences dans le cas des substituts parfaits, de même que n'importe quelle transformation monotone de la fonction $u(x_1, x_2)$.

Qu'en est-il si le consommateur est disposé à substituer les biens à un taux différent de 1 pour 1 ? Supposons par exemple que le consommateur demande deux unités de bien 2 en échange d'une unité de bien 1. Cela signifie qu'il attribue *deux fois* plus de valeur au bien 1 qu'au bien 2. La fonction d'utilité peut prendre alors la forme $u(x_1, x_2) = 2x_1 + x_2$. Elle correspond à des courbes d'indifférence de pente -2. De manière générale, les préférences pour des substituts parfaits peuvent être représentées par une fonction d'utilité de la forme

$$u(x_1, x_2) = ax_1 + bx_2.$$

Les paramètres a et b sont des nombres positifs. Ils mesurent la « valeur » que le consommateur attribue aux biens 1 et 2. La pente d'une courbe d'indifférence est égale à $-a/b$.

Les compléments parfaits

C'est le cas des souliers gauches et des souliers droits. Le consommateur ne se préoccupe que des *paires* de souliers. Il est dès lors logique de prendre le nombre de paires de souliers comme fonction d'utilité. Le nombre de paires complètes de souliers est la valeur *minimum* du nombre de souliers droits x_1 et du nombre de souliers gauches x_2. La fonction d'utilité pour des compléments parfaits a par conséquent la forme $u(x_1, x_2) = \min\{x_1, x_2\}$.

Pour vérifier que ceci est correct, prenons un panier de biens, par exemple (10, 10). Si nous ajoutons une unité de bien 1, nous obtenons (11, 10), ce qui devrait nous laisser sur la même courbe d'indifférence. Est-ce exact ? Oui, puisque $\min\{10, 10\} = \min\{11, 10\} = 10$.

Donc $u(x_1, x_2) = \min\{x_1, x_2\}$ est bien une des fonctions d'utilité qui permet de décrire le cas des compléments parfaits. Mais comme d'habitude, n'importe quelle transformation monotone conviendrait aussi.

Qu'en est-il quand l'individu désire consommer les biens dans un rapport différent de 1 pour 1 ? Par exemple s'il prend toujours deux morceaux de sucre dans une tasse de café ? Si x_1 est le nombre de tasses de café disponibles et x_2 est le nombre de morceaux de sucre, le nombre de tasses correctement sucrées est égal à $\min\{x_1, \frac{1}{2}x_2\}$.

Il y a en fait une petite astuce qui mérite un peu d'attention. Si le nombre de tasses de café est supérieur à la moitié du nombre de morceaux de sucre, nous savons que nous ne pourrons pas mettre deux sucres dans chaque tasse et que nous n'aurons que $\frac{1}{2}x_2$ tasses de café correctement sucrées. (Pour vous en convaincre, remplacez x_1 et x_2 par des nombres.)

Évidemment, toute transformation monotone de cette fonction d'utilité décrira les mêmes préférences. Nous pourrions par exemple tout multiplier par 2 pour éliminer la fraction et obtenir la fonction $u(x_1, x_2) = \min\{2x_1, x_2\}$.

De façon générale, une fonction d'utilité qui décrit les préférences pour des compléments parfaits s'écrit comme suit :

$$u(x_1, x_2) = \min\{ax_1, bx_2\}.$$

Les paramètres a et b sont des nombres positifs qui indiquent les proportions dans lesquelles les biens sont consommés.

Les préférences quasi linéaires

Il s'agit d'un type de préférences que nous n'avons pas encore rencontré. Considérons un individu dont les courbes d'indifférence sont des translations verticales les unes des autres comme à la figure 4.4. Cela signifie que toutes les courbes d'indifférence sont obtenues simplement par un déplacement vertical et parallèle d'une seule courbe d'indifférence. Il s'ensuit que l'équation d'une courbe d'indifférence a la forme $x_2 = k - v(x_1)$ avec une constante k différente pour chaque courbe d'indifférence. Cette équation indique que la hauteur d'une courbe d'indifférence est une fonction de x_1, $-v(x_1)$, plus une constante k. Des valeurs plus élevées de k donnent des courbes d'indifférence supérieures. (Le signe négatif n'est qu'une convention ; nous en verrons l'intérêt par la suite.)

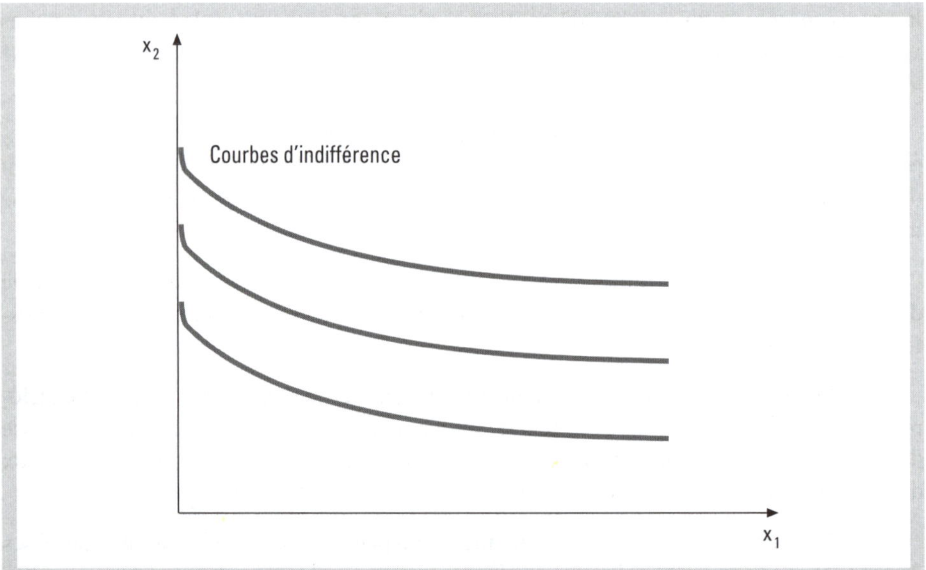

Figure 4.4 ***Les préférences quasi linéaires.***

Toutes les courbes d'indifférence sont des translations verticales d'une courbe d'indifférence particulière.

Dans l'attribution des valeurs aux courbes d'indifférence, un candidat logique est la constante k, c'est-à-dire la hauteur de la courbe d'indifférence mesurée le long de l'axe vertical. En résolvant pour k et en posant k égal à l'utilité, nous obtenons

$$u(x_1, x_2) = k = v(x_1) + x_2.$$

Dans ce cas, la fonction d'utilité est linéaire par rapport au bien 2 mais (éventuellement) non linéaire par rapport au bien 1 ; d'où le nom d'**utilité quasi linéaire**, ce qui signifie utilité « partiellement linéaire ». Des exemples particuliers d'utilité quasi linéaire sont $u(x_1, x_2) = \sqrt{x_1} + x_2$ et $u(x_1, x_2) = \ln x_1 + x_2$. Les fonctions d'utilité quasi linéaire ne sont pas particulièrement réalistes mais elles sont très faciles à utiliser. Nous le verrons à plusieurs reprises dans la suite de cet ouvrage.

Les préférences Cobb-Douglas

Une autre fonction d'utilité couramment employée est la fonction d'utilité **Cobb-Douglas**[2] :

$$u(x_1, x_2) = x_1^c x_2^d$$

où c et d sont des nombres positifs qui décrivent les préférences du consommateur.

La fonction d'utilité Cobb-Douglas sera utile dans plusieurs exemples. Les préférences représentées par cette fonction ont l'allure générale reproduite à la figure 4.5. Dans la partie A, les courbes d'indifférence sont tracées dans le cas où $c = 1/2$ et $d = 1/2$ et dans la partie B, en supposant que $c = 1/5$ et $d = 4/5$. Nous constatons que des valeurs différentes des paramètres c et d impliquent des formes différentes pour les courbes d'indifférence.

Les courbes d'indifférence Cobb-Douglas correspondent exactement aux belles courbes d'indifférence monotones et convexes que nous avons qualifiées de « normales » au chapitre 3. Les préférences Cobb-Douglas constituent en fait l'exemple classique des courbes d'indifférence à allure normale. La formule qui les définit est presque l'expression algébrique la plus simple qui génère de telles préférences. La fonction Cobb-Douglas sera très utile pour illustrer par des exemples algébriques les concepts économiques que nous étudierons par la suite.

Évidemment, une transformation monotone de la fonction d'utilité Cobb-Douglas représente exactement les mêmes préférences. Il est intéressant d'en considérer deux exemples. Premièrement, si nous prenons le logarithme naturel (ou népérien) de l'utilité, le produit se transforme en somme. Nous obtenons alors

$$v(x_1, x_2) = \ln(x_1^c x_2^d) = c \ln x_1 + d \ln x_2.$$

---

[2] Paul Douglas est un économiste du XXe siècle, de l'Université de Chicago, qui fut par la suite Sénateur des États-Unis. Charles Cobb est un mathématicien du Amberst College. La fonction Cobb-Douglas a été initialement utilisée pour analyser le comportement de la production.

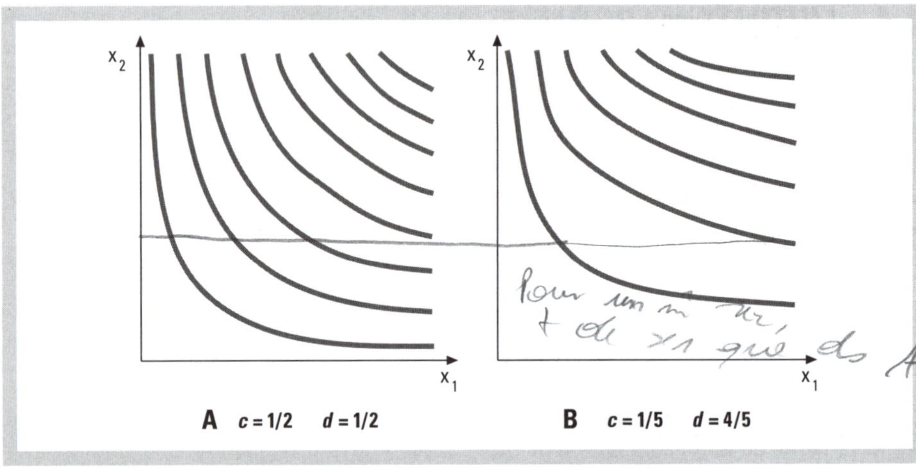

Figure 4.5 ***Les courbes d'indifférence Cobb-Douglas.***

Les paramètres c et d prennent les valeurs (1/2, 1/2) dans la partie A et (1/5, 4/5) dans la partie B.

Les courbes d'indifférence pour cette fonction d'utilité sont totalement identiques à celles correspondant à la fonction Cobb-Douglas initiale puisque le logarithme est une transformation monotone. (Pour un bref rappel concernant les logarithmes naturels, voir l'annexe mathématique à la fin de cet ouvrage.)

Comme second exemple, considérons tout d'abord la fonction d'utilité Cobb-Douglas suivante :

$$v(x_1, x_2) = x_1^c x_2^d.$$

Si nous portons cette fonction à la puissance $1/(c+d)$, nous obtenons

$$x_1^{\frac{c}{c+d}} x_2^{\frac{d}{c+d}}.$$

En définissant

$$a = \frac{c}{c+d},$$

nous pouvons écrire la fonction d'utilité comme suit :

$$v(x_1, x_2) = x_1^a x_2^{1-a}.$$

Cela signifie que nous pouvons toujours prendre une transformation monotone de la fonction d'utilité Cobb-Douglas qui rende la somme des exposants égale à l'unité. Nous verrons par la suite que cette propriété peut faire l'objet d'une interprétation intéressante.

La fonction d'utilité Cobb-Douglas peut donc être écrite sous diverses formes ; il est utile d'apprendre à les reconnaître car ce type de préférences est très souvent utilisé dans les exemples.

4.4 L'UTILITÉ MARGINALE

Considérons un individu qui consomme un panier de biens (x_1, x_2). Quelle est la variation d'utilité de cet individu s'il reçoit un peu plus de bien 1 ? Ce taux de variation est appelé l'« **utilité marginale** » du bien 1. Nous le notons Um_1 et nous le définissons sous la forme d'un ratio :

$$Um_1 = \frac{\Delta U}{\Delta x_1} = \frac{u(x_1 + \Delta x_1, x_2) - u(x_1, x_2)}{\Delta x_1}$$

qui mesure le taux de variation de l'utilité (ΔU) découlant d'une petite variation de la quantité de bien 1 (Δx_1). Soulignons que la quantité de bien 2 est maintenue constante dans ce calcul[3].

Cette définition implique que pour calculer la variation d'utilité consécutive à une petite variation de la consommation de bien 1, nous pouvons tout simplement multiplier la variation de la consommation par l'utilité marginale du bien :

$$\Delta U = Um_1 \Delta x_1.$$

L'utilité marginale du bien 2 est définie de façon similaire :

$$Um_2 = \frac{\Delta U}{\Delta x_2} = \frac{u(x_1, x_2 + \Delta x_2) - u(x_1, x_2)}{\Delta x_2}.$$

Notons que la quantité de bien 1 est maintenue constante quand nous calculons l'utilité marginale du bien 2. Nous pouvons évaluer la variation d'utilité consécutive à une modification de la consommation de bien 2 par la formule suivante :

$$\Delta U = Um_2 \Delta x_2.$$

Il est important de réaliser que la valeur de l'utilité marginale dépend de la valeur de l'utilité. Elle dépend de la mesure particulière adoptée pour l'utilité. Si nous multiplions l'utilité par 2, l'utilité marginale sera également multipliée par 2. Dans ce cas, nous aurons toujours une fonction d'utilité parfaitement correcte, qui représente les mêmes préférences ; seule l'échelle adoptée pour mesurer l'utilité est modifiée.

Cela implique que l'utilité marginale n'a en elle-même aucun contenu comportemental. Comment calculer l'utilité marginale à partir des comportements de choix du consommateur ? En fait, ce n'est pas possible. Les comportements de choix ne fournissent d'information que sur la façon dont un consommateur *classe* les différents paniers. L'utilité marginale dépend de la fonction d'utilité particulière adoptée pour traduire le classement des préférences. Sa valeur n'a pas de signification particulière. Toutefois, comme nous allons le voir dans la section suivante, l'utilité marginale peut être utilisée pour calculer une grandeur qui, elle, a un contenu comportemental.

---

[3] Voir l'annexe de ce chapitre pour une analyse de l'utilité marginale à l'aide du calcul différentiel.

4.5 UTILITÉ MARGINALE ET TmS

La fonction d'utilité $u(x_1, x_2)$ peut être utilisée pour mesurer le taux marginal de substitution défini au chapitre 3. Rappelons que le taux marginal de substitution mesure la pente de la courbe d'indifférence en un panier donné ; il peut être interprété comme le taux auquel le consommateur est disposé à substituer une petite quantité de bien 2 au bien 1.

Cette interprétation nous donne une façon simple de calculer le taux marginal de substitution. Considérons une variation de la consommation de chaque bien $(\Delta x_1, \Delta x_2)$ qui maintienne l'utilité constante, c'est-à-dire un changement dans la consommation qui corresponde à un déplacement le long de la courbe d'indifférence. Nous devons donc avoir

$$Um_1 \Delta x_1 + Um_2 \Delta x_2 = \Delta U = 0.$$

La solution de cette expression pour la pente de la courbe est

$$\text{TmS} = \frac{\Delta x_2}{\Delta x_1} = -\frac{Um_1}{Um_2}. \quad (4.1)$$

Notons que nous avons l'indice 2 au numérateur et l'indice 1 au dénominateur dans le membre de gauche et l'inverse dans le membre de droite. Ne confondez pas !

Le signe algébrique du TmS est négatif : si vous recevez davantage de bien 1, vous devez *renoncer* à une certaine quantité de bien 2 pour rester au même niveau d'utilité. Toutefois, ce signe négatif est très encombrant. Aussi les économistes définissent-ils souvent le TmS comme la valeur absolue du ratio, c'est-à-dire qu'ils considèrent le TmS comme une grandeur positive. Nous adopterons cette convention tant qu'il n'y a pas de confusion possible.

Venons-en maintenant à la partie intéressante du calcul du TmS : le taux marginal de substitution peut être mesuré en observant le comportement effectif de l'individu ; il s'agit en fait du *taux d'échange* pour lequel l'individu est indifférent entre l'échange et le statu quo. C'est ainsi que nous l'avons défini au chapitre 3.

La fonction d'utilité et donc la fonction d'utilité marginale ne sont pas uniques. Toute transformation monotone d'une fonction d'utilité nous donne une autre fonction d'utilité tout aussi valable. Si par exemple nous multiplions l'utilité par 2, l'utilité marginale est également multipliée par 2. La valeur de l'utilité marginale dépend donc du choix de la fonction d'utilité qui, elle, est arbitraire. Elle n'est pas déterminée uniquement par le comportement ; elle dépend en fait de la fonction d'utilité choisie pour décrire le comportement.

Mais le *rapport* des utilités marginales nous donne une grandeur observable, en l'occurrence le taux marginal de substitution. Le rapport des utilités marginales est indépendant de la transformation particulière de la fonction d'utilité choisie. Examinons ce qui se passe quand l'utilité est multipliée par 2. Le taux marginal de substitution devient

$$\text{TmS} = -\frac{2Um_1}{2Um_2}.$$

Les facteurs 2 se compensent, laissant le TmS inchangé.

On observe la même chose pour n'importe quelle transformation monotone de la fonction d'utilité. Prendre une transformation monotone équivaut simplement à changer les valeurs associées aux courbes d'indifférence alors que le calcul du taux marginal de substitution est relatif à un déplacement le long d'une même courbe d'indifférence. Bien que les utilités marginales soient affectées par les transformations monotones, leur *rapport* est indépendant de la représentation particulière des préférences.

4.6 UTILITÉ ET MODES DE TRANSPORT

Une fonction d'utilité est fondamentalement une façon de décrire le comportement de choix : si un panier de biens X est choisi quand un panier Y est également accessible, alors X doit avoir une utilité supérieure à Y. En étudiant les choix effectués par les consommateurs, nous pouvons estimer une fonction d'utilité qui décrit leur comportement.

Cette idée a été largement utilisée dans le domaine de l'économie des transports pour étudier les choix des modes de déplacement. Dans la plupart des grandes villes, les voyageurs ont le choix pour se rendre à leur lieu de travail entre les transports en commun et la conduite d'un véhicule particulier. Chaque alternative peut être vue comme un panier composé de diverses caractéristiques : temps de parcours, temps d'attente, coût financier, confort, facilité, etc. Nous pourrions définir x_1 comme le temps de parcours correspondant à chaque mode de transport, x_2 comme le temps d'attente pour chaque mode, etc.

Si $(x_1, x_2, ..., x_n)$ représente les valeurs des n caractéristiques pour la conduite d'un véhicule privé et $(y_1, y_2, ..., y_n)$, celles relatives à l'utilisation du bus, nous pouvons construire un modèle dans lequel le consommateur décide de conduire son véhicule ou de prendre le bus selon qu'il préfère l'un ou l'autre panier de caractéristiques.

Plus précisément, supposons que les préférences du consommateur moyen vis-à-vis des caractéristiques des modes de transport puissent être représentées par une fonction d'utilité de la forme suivante :

$$U(x_1, x_2, ..., x_n) = \beta_1 x_1 + \beta_2 x_2 + ... + \beta_n x_n$$

où les coefficients β_1, β_2, ... sont des paramètres inconnus. N'importe quelle transformation monotone de cette fonction d'utilité conviendrait évidemment tout aussi bien pour décrire le comportement de choix, mais la forme linéaire est particulièrement intéressante pour l'estimation statistique.

Supposons maintenant que nous observions un certain nombre de consommateurs semblables qui choisissent entre la voiture et le bus sur base des conditions particulières de temps, de coût, etc. auxquelles ils sont confrontés. Il existe des méthodes statistiques pour déterminer les valeurs des coefficients $\beta_i (i = 1, ..., n)$ qui correspondent le mieux possible à la structure des choix observés pour un ensemble de consommateurs. Ces méthodes statistiques permettent d'estimer la fonction d'utilité pour divers modes de transport.

Ainsi, dans un ouvrage publié en 1975[4], Domenich et McFadden ont présenté la fonction d'utilité suivante :

$$U = -0{,}147TW - 0{,}0411TT - 2{,}24C \qquad (4.2)$$

avec

TW = le temps total de marche pour se rendre du point de départ au véhicule (bus ou automobile) et du véhicule au point de destination,

TT = le temps total du parcours en minutes,

C = le coût financier total du voyage en dollars.

La fonction d'utilité estimée dans le livre de Domenich et McFadden décrivait correctement le choix entre automobile et bus pour 93 % des ménages considérés dans leur échantillon.

Les coefficients associés aux variables de l'équation (4.2) indiquent le poids qu'un ménage moyen attribue aux différentes caractéristiques du déplacement, c'est-à-dire l'utilité marginale de chaque caractéristique. Le *rapport* entre deux coefficients mesure le taux marginal de substitution entre les deux caractéristiques correspondantes. Par exemple, le rapport entre l'utilité marginale du temps de marche et celle du temps de parcours indique que le temps de marche est considéré par le consommateur moyen comme trois fois plus désagréable que le temps de parcours. En d'autres termes, le consommateur est disposé à effectuer 3 minutes supplémentaires pendant le parcours pour marcher une minute de moins.

De même, le rapport entre le coût et le temps de voyage indique le taux d'échange entre ces deux variables pour le consommateur moyen. Dans cette étude, le consommateur moyen évalue une minute de temps de déplacement à $0{,}0411/2{,}24 = 0{,}0183$ \$ par minute, soit 1,1 \$ l'heure. Par comparaison, le salaire horaire pour le voyageur moyen dans l'échantillon au moment de l'étude (1967) était d'environ 2,85 \$.

De telles estimations peuvent être très intéressantes pour déterminer s'il convient de réaliser ou non certains changements dans les transports en commun. Dans la fonction d'utilité présentée ci-dessus, un des facteurs importants expliquant le choix du mode de transport est le temps de déplacement. Les responsables des transports en commun peuvent

[4] Domenich, Thomas, and McFadden, Daniel, *Urban Travel Demand*, North-Holland Publishing Company, 1975. La procédure d'estimation utilisée dans cet ouvrage tenait compte de plusieurs variables sociodémographiques en plus des variables strictement économiques considérées dans cette section. McFadden a reçu en 2000 le Prix Nobel d'Économie pour le travail réalisé en vue de développer des techniques d'estimation de ce type de modèles.

ajouter des bus pour réduire le temps de déplacement. Mais cela représente un certain coût et on peut se demander si le nombre de voyageurs supplémentaires justifie la dépense.

Si nous disposons d'une fonction d'utilité et d'un échantillon d'individus, nous pouvons prévoir qui utilisera l'automobile et qui choisira le bus. Cela nous permet de déterminer approximativement si les recettes supplémentaires seront suffisantes pour couvrir les coûts additionnels.

En outre, nous pouvons utiliser le taux marginal de substitution pour estimer la *valeur* que chaque consommateur attribue à une réduction du temps de déplacement. Nous avons vu que, dans l'étude de Domenich et McFadden, le voyageur moyen (en 1967) évalue le temps de déplacement au taux horaire de 1,1 $. Le voyageur est donc prêt à payer environ 0,37 $ pour réduire son temps de voyage de 20 minutes. Nous avons ainsi une mesure du bénéfice en dollars qui découle d'un service de bus plus rapide. Ce bénéfice doit être comparé au coût que représente un service de bus plus rapide pour déterminer si l'amélioration du service est justifiée. Une mesure quantitative du bénéfice est certainement un facteur important pour prendre des décisions rationnelles en matière de transports publics.

RÉSUMÉ

1. Une fonction d'utilité est simplement une façon de représenter ou de synthétiser un ordre de préférences. Les valeurs numériques des niveaux d'utilité n'ont pas de signification intrinsèque.

2. Toute transformation monotone d'une fonction d'utilité représente dès lors les mêmes préférences que la fonction initiale.

3. Le taux marginal de substitution (Tms) peut être calculé à partir de la fonction d'utilité, à l'aide de la formule $\text{TmS} = \Delta x_2/\Delta x_1 = -Um_1/Um_2$.

PROBLÈMES À RÉSOUDRE

4.1 Dans ce chapitre, nous avons dit qu'élever un nombre à une puissance impaire est une transformation monotone. Qu'en est-il pour une puissance paire ? S'agit-il d'une transformation monotone ? (Conseil : considérez le cas $f(u) = u^2$.)

4.2 Parmi les transformations suivantes, lesquelles sont des transformations monotones ?

(1)	$u = 2v - 13$	(2)	$u = -1/v^2$
(3)	$u = 1/v^2$	(4)	$u = \ln v$
(5)	$u = -e^{-v}$	(6)	$u = v^2$
(7)	$u = v^2$ pour $v > 0$	(8)	$u = v^2$ pour $v < 0$.

4.3 Dans ce chapitre, nous avons dit que pour des préférences monotones, une diagonale partant de l'origine ne coupe chaque courbe d'indifférence qu'une seule fois. Pouvez-vous prouver cela de façon rigoureuse ? (Conseil : considérez ce qui se passerait si la diagonale coupait une courbe à deux reprises.)

4.4 Quel type de préférences est représenté par une fonction d'utilité de la forme $u(x_1, x_2) = \sqrt{x_1 + x_2}$?
Qu'en est-il de la fonction d'utilité $v(x_1, x_2) = 13x_1 + 13x_2$?

4.5 Quel type de préférences est représenté par une fonction d'utilité de la forme $u(x_1, x_2) = x_1 + \sqrt{x_2}$?
La fonction d'utilité $v(x_1, x_2) = x_1^2 + 2x_1\sqrt{x_2} + x_2$ est-elle une transformation monotone de $u(x_1, x_2)$?

4.6 Considérez la fonction d'utilité $u(x_1, x_2) = \sqrt{x_1 x_2}$.
Quel type de préférences représente-t-elle ?
La fonction d'utilité $v(x_1, x_2) = x_1^2 x_2$ est-elle une transformation monotone de $u(x_1, x_2)$?
Et la fonction d'utilité $v(x_1, x_2) = x_1^2 x_2^2$?

4.7 Expliquez pourquoi une transformation monotone d'une fonction d'utilité ne modifie pas le taux marginal de substitution ?

ANNEXE

Précisons tout d'abord ce que signifie le concept d'« utilité marginale ». Comme toujours en économie, le terme « marginal » implique simplement une dérivée. L'utilité marginale du bien 1 est donc simplement égale à

$$Um_1 = \lim_{\Delta x_1 \to 0} \frac{u(x_1 + \Delta x_1, x_2) - u(x_1, x_2)}{\Delta x_1} = \frac{\partial u(x_1, x_2)}{\partial x_1}.$$

Nous utilisons ici la dérivée partielle puisque l'utilité marginale du bien 1 se calcule en maintenant constante la quantité de bien 2.

Nous pouvons maintenant redéfinir le taux marginal de substitution en utilisant le calcul mathématique. Nous le ferons de deux façons différentes en ayant recours dans un cas, aux différentielles et dans l'autre, aux fonctions implicites.

En ce qui concerne la première de ces deux méthodes, considérons une variation (dx_1, dx_2) qui maintient l'utilité constante. Nous désirons donc que

$$du = \frac{\partial u(x_1, x_2)}{\partial x_1} dx_1 + \frac{\partial u(x_1, x_2)}{\partial x_2} dx_2 = 0.$$

Le premier terme mesure l'augmentation d'utilité consécutive à une petite variation dx_1 et le second, l'augmentation d'utilité consécutive à une petite variation dx_2. Ces variations doivent respecter le fait que la variation totale d'utilité, du, est nulle. En résolvant pour dx_2/dx_1, nous obtenons

$$\frac{dx_2}{dx_1} = -\frac{\partial u(x_1, x_2) / \partial x_1}{\partial u(x_1, x_2) / \partial x_2}.$$

Cette expression correspond exactement à l'équation (4.1).

En ce qui concerne la seconde méthode, représentons la courbe d'indifférence par une fonction $x_2(x_1)$. Pour chaque valeur de x_1, la fonction $x_2(x_1)$ indique la quantité de x_2 nécessaire pour rester sur une courbe d'indifférence donnée. Cette fonction $x_2(x_1)$ doit donc satisfaire l'identité suivante :

$$u(x_1, x_2(x_1)) \equiv k,$$

où k est le niveau d'utilité associé à la courbe d'indifférence considérée.

Nous pouvons différentier les deux membres de cette identité par rapport à x_1 pour obtenir

$$\frac{\partial u(x_1, x_2)}{\partial x_1} + \frac{\partial u(x_1, x_2)}{\partial x_2} \frac{\partial x_2(x_1)}{\partial x_1} = 0.$$

Puisque x_1 apparaît à deux endroits différents dans l'identité précédente, une variation de x_1 affecte la fonction de deux façons différentes. Nous devons donc calculer la dérivée par rapport à x_1 en chacun de ces endroits.

En résolvant cette équation pour $\partial x_2(x_1) / \partial x_1$ nous obtenons

$$\frac{\partial x_2(x_1)}{\partial x_1} = -\frac{\partial u(x_1, x_2) / \partial x_1}{\partial u(x_1, x_2) / \partial x_2}.$$

Cette expression est identique à celle obtenue précédemment.

L'utilisation de la fonction implicite constitue une méthode un peu plus rigoureuse mais la méthode basée sur les différentielles est plus directe tant que l'on ne commet pas d'erreurs.

Prenons maintenant une transformation monotone de la fonction d'utilité : $v(x_1, x_2) = f(u(x_1, x_2))$. Calculons le TmS pour cette fonction d'utilité. En utilisant la règle de dérivation d'une fonction composée, nous obtenons

$$\begin{aligned} \text{TmS} &= -\frac{\partial v / \partial x_1}{\partial v / \partial x_2} = -\frac{\partial f / \partial u}{\partial f / \partial u} \frac{\partial u / \partial x_1}{\partial u / \partial x_2} \\ &= -\frac{\partial u / \partial x_1}{\partial u / \partial x_2} \end{aligned}$$

puisque les termes $\partial f / \partial u$ du dénominateur et du numérateur s'annulent. Nous avons ainsi vérifié que le TmS est indépendant de la valeur de l'utilité.

Cela nous donne une méthode intéressante pour déterminer si des fonctions d'utilité différentes représentent ou non des préférences identiques. Il suffit de calculer les taux marginaux de substitution correspondant à deux fonctions d'utilité différentes. S'ils sont identiques, les deux fonctions d'utilité correspondent aux mêmes courbes d'indifférence. Si l'utilité augmente en outre dans la même direction pour les deux fonctions, les préférences doivent alors être identiques.

Exemple : Les préférences Cobb-Douglas

Le taux marginal de substitution pour des préférences Cobb-Douglas est facile à calculer en utilisant les formules établies ci-dessus.

Si nous choisissons la représentation logarithmique :

$$u(x_1, x_2) = c \ln x_1 + d \ln x_2,$$

nous avons

$$\begin{aligned} \text{TmS} &= -\frac{\partial u(x_1, x_2) / \partial x_1}{\partial u(x_1, x_2) / \partial x_2} \\ &= -\frac{c / x_1}{d / x_2} = -\frac{c}{d} \frac{x_2}{x_1}. \end{aligned}$$

Notons que, dans ce cas, le taux marginal de substitution ne dépend que du rapport des deux paramètres et des quantités des deux biens.

Si nous optons pour la représentation avec exposants :

$$u(x_1, x_2) = x_1^c x_2^d,$$

nous obtenons

$$\begin{aligned} \text{TmS} &= -\frac{\partial u(x_1, x_2) / \partial x_1}{\partial u(x_1, x_2) / \partial x_2} \\ &= -\frac{c x_1^{c-1} x_2^d}{d x_1^c x_2^{d-1}} = -\frac{c x_2}{d x_1}. \end{aligned}$$

Le résultat est identique. Cela illustre à nouveau le fait qu'une transformation monotone ne modifie pas le taux marginal de substitution.

5

LE CHOIX

Dans ce chapitre, nous allons réunir l'ensemble budgétaire et la théorie des préférences afin d'étudier le choix optimal des consommateurs. Nous avons dit précédemment que le modèle économique du choix du consommateur suppose que les gens choisissent le meilleur panier parmi ceux qu'ils peuvent acquérir. Nous pouvons maintenant reformuler cela en termes plus « professionnels » en disant que « les consommateurs choisissent le panier qu'ils préfèrent dans leur ensemble budgétaire ».

5.1 LE CHOIX OPTIMAL

La figure 5.1 présente un exemple classique. Nous avons tracé sur une même figure l'ensemble budgétaire et plusieurs courbes d'indifférence d'un consommateur. Nous désirons identifier dans l'ensemble budgétaire, le panier situé sur la courbe d'indifférence la plus élevée. Les préférences étant normales, c'est-à-dire le consommateur préférant consommer plus que moins, nous pouvons limiter notre attention aux paniers situés *sur* la droite de budget et ignorer ceux situés *en dessous* de celle-ci.

Partons du coin inférieur droit de la droite de budget et déplaçons-nous vers la gauche. En nous déplaçant ainsi le long de la droite, nous atteignons des courbes d'indifférence de plus en plus élevées. Nous nous arrêtons quand nous atteignons la courbe d'indifférence la plus élevée qui ne fait que toucher la droite. Sur la figure, le panier associé à la courbe d'indifférence la plus élevée, qui ne fait que toucher la droite de budget, est noté (x_1^*, x_2^*).

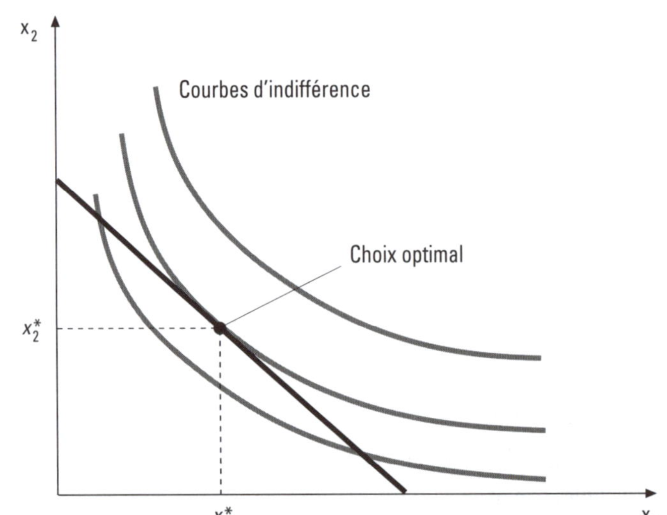

Figure 5.1 ***Le choix optimal.***

Le choix optimal de consommation est situé en un point où la courbe d'indifférence est tangente à la droite de budget.

Le panier (x_1^*, x_2^*) constitue le **choix optimal** du consommateur. L'ensemble des paniers qu'il préfère à (x_1^*, x_2^*), c'est-à-dire l'ensemble des paniers situés au-dessus de sa courbe d'indifférence, n'a pas d'intersection avec l'ensemble des paniers qui lui sont accessibles, c'est-à-dire ceux situés en dessous de la droite de budget. Le panier (x_1^*, x_2^*) est donc le meilleur panier que le consommateur puisse acquérir.

Soulignons une caractéristique importante du panier optimal : celui-ci se situe au point de tangence entre la courbe d'indifférence et la droite de budget. En fait, il ne peut en être autrement : si la courbe d'indifférence n'était pas tangente à la droite de budget, elle la couperait et dès lors, il existerait nécessairement sur la droite de budget un autre panier situé au-dessus de la courbe d'indifférence ; cela signifierait que le panier initialement considéré n'était pas un panier optimal.

Tout choix optimal respecte-t-il nécessairement cette condition de tangence ? *Pas toujours*, mais cette condition s'applique aux cas les plus intéressants. Par contre, la courbe d'indifférence ne peut jamais couper la droite de budget. Dans quels cas cette dernière condition implique-t-elle la tangence ? Nous allons tout d'abord envisager les exceptions.

Premièrement, la courbe d'indifférence peut ne pas avoir de tangente, comme l'exemple de la figure 5.2 : la courbe d'indifférence forme un coude à l'endroit où se situe le choix optimal. On ne peut donc pas définir une tangente puisque la définition mathématique d'une tangente requiert qu'il n'y ait qu'une seule droite tangente en un point. Ce

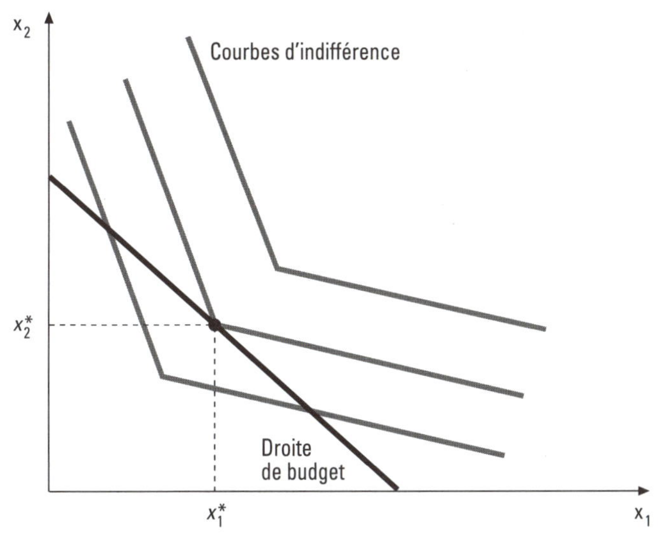

Figure 5.2 ***Les préférences coudées.***

Le panier de consommation optimal est situé en un point où la courbe d'indifférence n'a pas de tangente.

cas n'est cependant pas très gênant. Il n'a pas beaucoup de signification d'un point de vue économique.

La deuxième exception est plus intéressante. Supposons que le panier optimal soit situé en un point où la consommation d'un bien est nulle, comme à la figure 5.3. La pente de la courbe d'indifférence et la pente de la droite de budget sont dans ce cas différentes, mais la courbe d'indifférence ne *coupe* pas la droite de budget. Nous dirons que l'optimum de la figure 5.3 constitue une **solution de coin** tandis que l'optimum de la figure 5.1 constitue une **solution intérieure**.

Si nous sommes disposés à éliminer le cas des « préférences coudées », nous pouvons oublier l'exemple de la figure 5.2. Et si nous sommes en outre disposés à nous limiter aux solutions *intérieures*, nous pouvons ignorer l'autre exemple. Avec une solution intérieure et des courbes d'indifférence non coudées, la pente de la courbe d'indifférence et la pente de la droite de budget doivent être égales car si elles étaient différentes, la courbe d'indifférence couperait la droite de budget et le choix ne serait pas optimal.

Nous avons établi une condition nécessaire d'optimalité. Si le choix optimal implique la consommation de quantités positives des deux biens — s'il s'agit donc d'une solution intérieure —, la courbe d'indifférence est nécessairement tangente à la droite de budget. Mais cette condition de tangence est-elle aussi une condition *suffisante* pour qu'un panier soit optimal ? Si nous trouvons un point où la courbe d'indifférence est tangente à la droite de budget, sommes-nous sûrs d'avoir un panier optimal ?

Considérons la figure 5.4. Trois paniers satisfont la condition de tangence ; tous constituent des solutions intérieures, mais seuls deux d'entre eux sont optimaux. Donc, de façon générale, la condition de tangence est seulement une condition nécessaire et non une condition suffisante.

Il existe toutefois un cas important pour lequel la condition de tangence est une condition suffisante : c'est le cas des préférences convexes. Quand les préférences sont convexes, tout point qui satisfait la condition de tangence est nécessairement un point optimal. Graphiquement, cela se comprend aisément : puisque les courbes d'indifférence convexes s'incurvent en s'écartant de la droite de budget, elles ne peuvent pas revenir en arrière pour toucher une nouvelle fois la droite.

La figure 5.4 nous montre également que, de façon générale, il peut y avoir plusieurs paniers optimaux qui satisfont la condition de tangence. Toutefois, la convexité permet à nouveau d'introduire une restriction. Si les courbes d'indifférence sont *strictement* convexes, c'est-à-dire si elles ne comprennent pas de segments de droite, il n'y a qu'un seul panier optimal pour chaque droite de budget. Ce résultat peut être démontré mathématiquement, mais il apparaît aussi de manière assez évidente en examinant la figure.

La condition d'égalité entre le taux marginal de substitution et la pente de la droite de budget pour avoir une solution intérieure est évidente en termes graphiques, mais

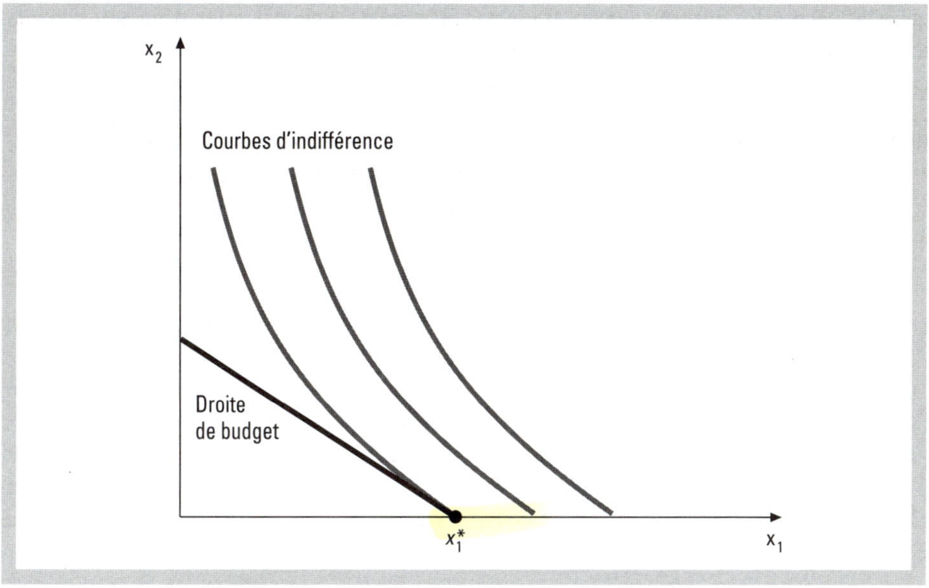

Figure 5.3 ***Une solution de coin.***

La consommation optimale implique une consommation nulle de bien 2. La courbe d'indifférence n'est pas tangente à la droite de budget.

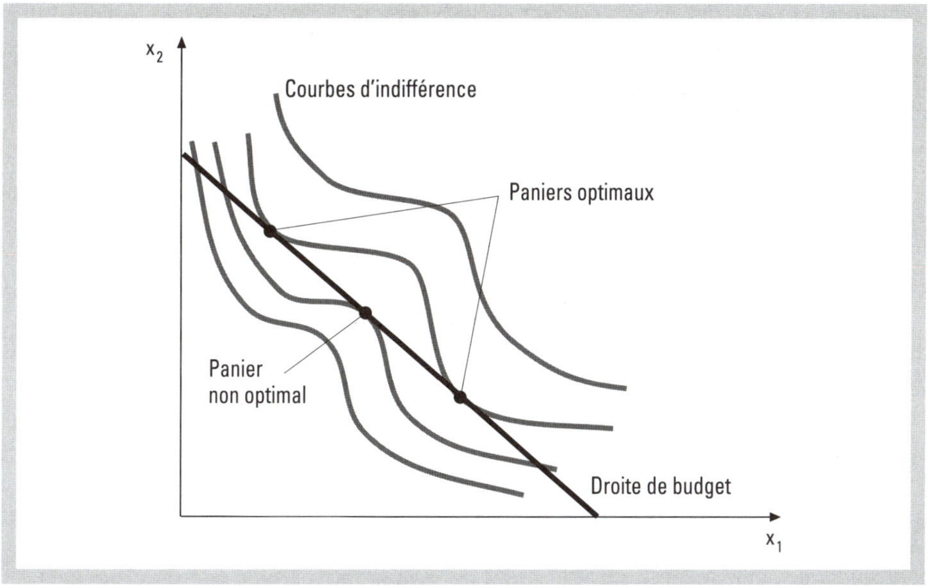

Figure 5.4 ***Plusieurs points de tangence.***

Il y a trois points de tangence, mais seuls deux d'entre eux sont des paniers optimaux. La condition de tangence est donc nécessaire mais pas suffisante.

que signifie-t-elle en termes économiques ? Rappelons une des interprétations du taux marginal de substitution : c'est le taux d'échange pour lequel le consommateur ne désire pas modifier sa consommation. Or le marché offre au consommateur un taux d'échange égal à $-p_1/p_2$: s'il renonce à une unité de bien 1, il peut acheter p_1/p_2 unités de bien 2. Si le consommateur a un panier qu'il est juste disposé à conserver, le taux marginal de substitution correspondant à ce panier doit être égal à ce taux d'échange :

$$\text{TmS} = -\frac{p_1}{p_2}.$$

Une autre façon d'établir cette égalité est d'examiner ce qui se passerait si le taux marginal de substitution était différent du rapport des prix. Supposons par exemple que le TmS vale $\Delta x_2 / \Delta x_1 = -1/2$ et que le rapport des prix soit de $1/1$. Cela signifie que le consommateur est disposé à renoncer à 2 unités de bien 1 pour obtenir 1 unité de bien 2. Or le marché est prêt à les échanger à un taux de 1 contre 1. Par conséquent, le consommateur désirera certainement renoncer à un peu de bien 1 pour acheter un peu plus de bien 2. Quand le taux marginal de substitution est différent du rapport des prix, le consommateur ne peut pas détenir le panier optimal.

5.2 LA DEMANDE DU CONSOMMATEUR

Les quantités optimales de biens 1 et 2 pour des prix et un revenu donnés constituent ce que l'on appelle le **panier demandé par le consommateur**. En principe, quand les prix et le revenu se modifient, le choix optimal du consommateur se modifie également. La **fonction de demande** est la fonction qui relie le choix optimal (les quantités demandées) aux différentes valeurs de prix et de revenus.

Nous écrirons les fonctions de demande comme dépendant à la fois des prix et du revenu : $x_1(p_1, p_2, m)$ et $x_2(p_1, p_2, m)$. Pour chaque ensemble différent de prix et de revenu, il y aura une combinaison différente de biens correspondant au choix optimal du consommateur. Des préférences différentes conduiront à des fonctions de demande différentes, comme nous le verrons rapidement à l'aide de quelques exemples. Notre objectif principal dans les quelques chapitres qui suivent est d'étudier le comportement de ces fonctions de demande, c'est-à-dire les modifications des choix optimaux quand les prix et le revenu changent.

5.3 QUELQUES EXEMPLES

Appliquons le modèle de choix du consommateur que nous venons de développer, aux exemples de préférences décrits au chapitre 3. Nous suivrons la même démarche pour chaque exemple : tracer les courbes d'indifférence et la droite de budget et ensuite trouver le point où la plus haute courbe d'indifférence touche la droite de budget.

Les substituts parfaits

Le cas des substituts parfaits est illustré à la figure 5.5. Nous avons trois cas possibles. Si $p_2 > p_1$, la pente de la droite de budget est plus faible que la pente des courbes d'indifférence et le panier optimal est situé au point où le consommateur dépense tout son revenu pour acheter du bien 1. Si $p_1 > p_2$, le consommateur n'achète que du bien 2. Enfin si $p_1 = p_2$, il y a plusieurs choix optimaux : toutes les combinaisons de biens 1 et 2 qui satisfont la contrainte budgétaire sont alors optimales. La fonction de demande pour le bien 1 se présente dès lors comme suit :

$$x_1 = \begin{cases} m/p_1 & \text{quand } p_1 < p_2 ; \\ \text{n'importe quel nombre compris entre 0 et } m/p_1 & \text{quand } p_1 = p_2 ; \\ 0 & \text{quand } p_1 > p_2 . \end{cases}$$

Ces résultats sont-ils réalistes ? En fait, ils indiquent simplement que, si deux biens sont des substituts parfaits, le consommateur achètera le moins cher. Si les deux biens ont le même prix, le consommateur répartira indifféremment sa consommation entre les deux biens.

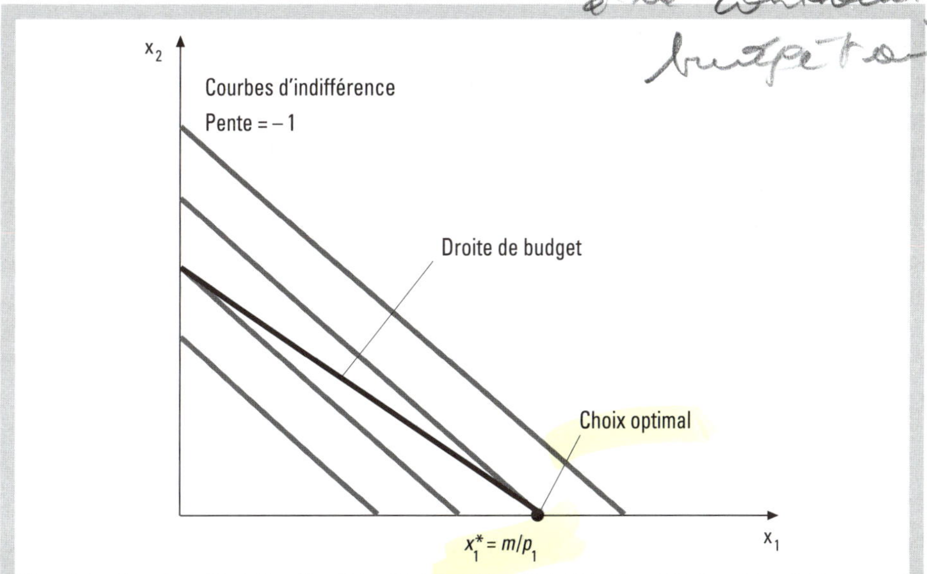

Figure 5.5 ***Le choix optimal pour des substituts parfaits.***

Si les biens sont des substituts parfaits, le choix optimal sera généralement une solution de coin.

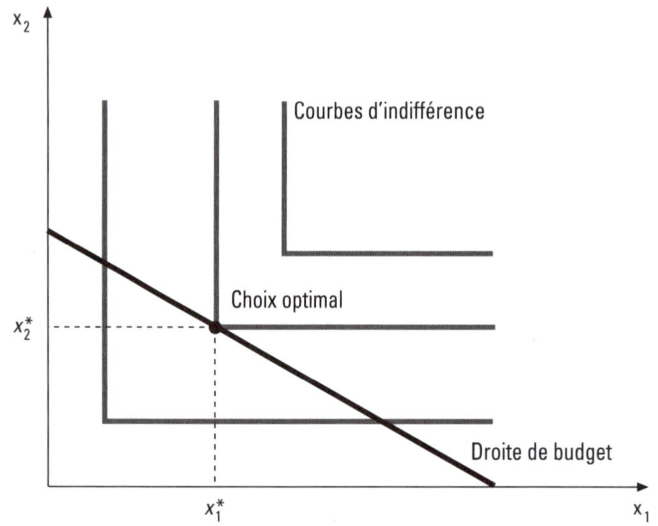

Figure 5.6 ***Le choix optimal pour des compléments parfaits.***

Si deux biens sont des compléments parfaits, les quantités demandées se situeront toujours sur la diagonale puisque le choix optimal requiert que x_1 soit égal à x_2.

Les compléments parfaits

Le cas des compléments parfaits est illustré à la figure 5.6. Le choix optimal doit toujours se situer sur la diagonale qui correspond à l'achat de quantités identiques des deux biens, et cela quels que soient les prix. Dans notre exemple, cela signifie que les individus (avec deux jambes) achètent les souliers par paire[1].

Déterminons algébriquement le choix optimal. Nous savons que le consommateur achète la même quantité de bien 1 et de bien 2, quels que soient les prix. Notons cette quantité x. Celle-ci doit respecter la contrainte budgétaire suivante :

$$p_1 x + p_2 x = m.$$

La solution pour x nous donne la quantité optimale des biens 1 et 2 :

$$x_1 = x_2 = x = \frac{m}{p_1 + p_2}.$$

La fonction de demande est ici assez intuitive. Puisque le consommateur consomme toujours les deux biens ensemble, c'est comme s'il dépensait tout son revenu pour un bien unique dont le prix serait $p_1 + p_2$.

[1] Ne vous tracassez pas. Nous dégagerons des résultats plus intéressants par la suite.

Les biens neutres et les biens indésirables

Dans le cas d'un bien neutre, le consommateur dépense tout son revenu pour le bien qu'il apprécie et il n'achète pas du bien neutre. Il en est de même si un des biens est un bien indésirable. Si le bien 1 est un bien désirable et le bien 2, un bien indésirable, les fonctions de demande sont les suivantes :

$$x_1 = \frac{m}{p_1} \quad \text{et} \quad x_2 = 0.$$

Les biens discrets

Supposons que le bien 1 soit un bien discret disponible uniquement en nombre entier et que le bien 2 corresponde à la dépense relative à tous les autres biens. Si le consommateur choisit 1, 2, 3,... unités de bien 1, il choisit implicitement les paniers de consommation $(1, m - p_1)$, $(2, m - 2p_1)$, $(3, m - 3p_1)$ et ainsi de suite. Nous n'avons qu'à comparer les niveaux d'utilité associés à chacun de ces paniers pour déterminer celui qui offre l'utilité la plus élevée.

Alternativement, nous pouvons recourir à une analyse sur base des courbes d'indifférence, comme à la figure 5.7. À nouveau, le panier optimal est celui situé sur la « courbe » d'indifférence la plus haute. Si le prix du bien 1 est très élevé, l'individu choisira de ne pas consommer de ce bien ; quand le prix diminue, il trouvera optimal d'en consommer une unité. En règle générale, l'individu choisira de consommer davantage d'unités de bien 1 à mesure que son prix diminue.

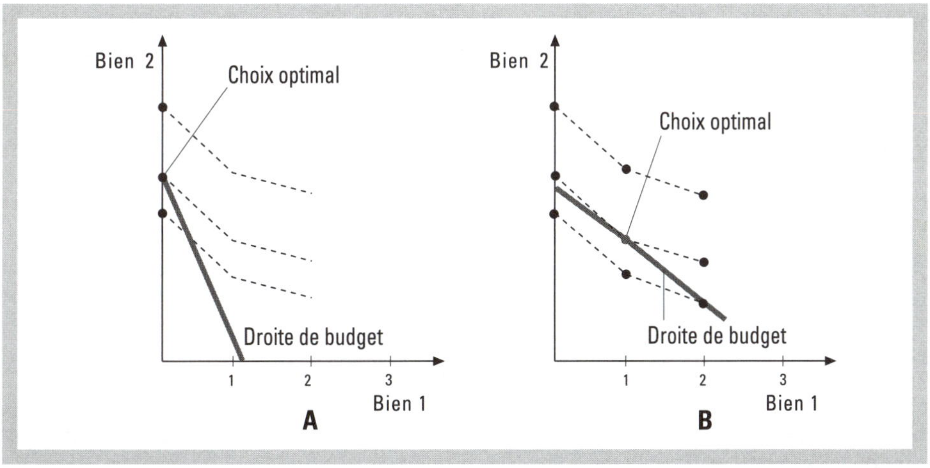

Figure 5.7 ***Biens discrets.***

Dans la partie A, la demande de bien 1 est nulle ; dans la partie B, elle est égale à une unité.

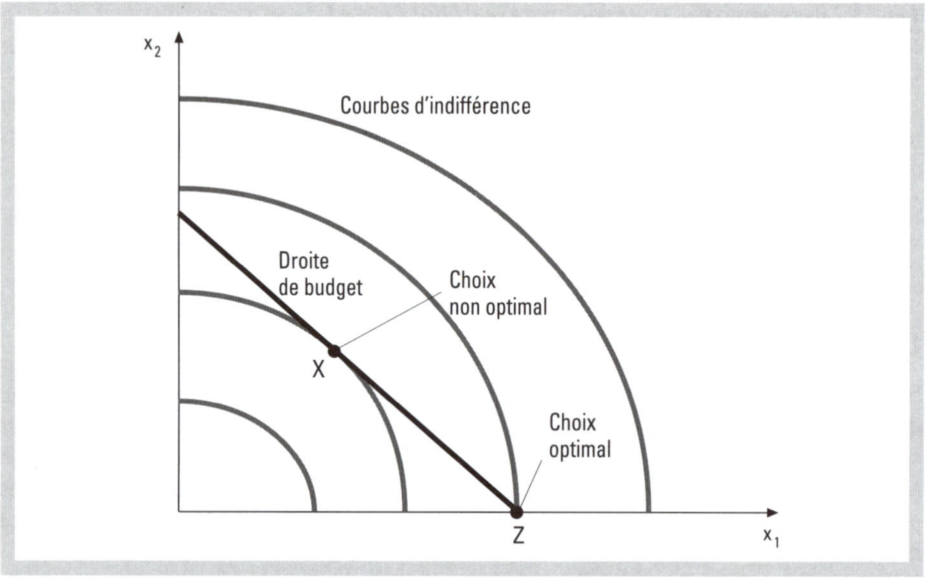

Figure 5.8 ***Le choix optimal pour des préférences concaves.***

Le choix optimal est le point *Z*, qui est une solution de coin, et non le point *X*, qui est un point de tangence intérieur, car *Z* se situe sur une courbe d'indifférence supérieure.

Les préférences concaves

Considérons la situation représentée à la figure 5.8. Le panier *X* est-il optimal ? Non ! Le choix optimal pour ce type de préférences sera toujours une solution de coin, comme par exemple le panier *Z*. Réfléchissons à ce que signifient des préférences non convexes. Si vous avez de l'argent pour acheter de la glace et des olives et que vous n'aimez pas les consommer ensemble, vous dépenserez tout votre argent soit pour l'un, soit pour l'autre.

Les préférences Cobb-Douglas

Supposons maintenant que la fonction d'utilité revête la forme Cobb-Douglas : $u(x_1, x_2) = x_1^c x_2^d$. Dans l'annexe de ce chapitre, nous utiliserons le calcul mathématique pour déterminer les choix optimaux correspondant à cette fonction d'utilité. Les fonctions de demande que l'on peut ainsi obtenir sont les suivantes :

$$x_1 = \frac{c}{c+d}\frac{m}{p_1} \quad \text{et} \quad x_2 = \frac{d}{c+d}\frac{m}{p_2}.$$

On utilise souvent ces fonctions dans les exemples algébriques. Il serait dès lors intéressant de les mémoriser.

Les préférences Cobb-Douglas possèdent une propriété intéressante. Considérons la part de revenu qu'un consommateur ayant de telles préférences consacre à l'achat de bien 1. S'il consomme x_1 unités de bien 1, cela lui coûte p_1x_1 et, par conséquent, il consacre une fraction p_1x_1/m de son revenu au bien 1. En remplaçant x_1 par la fonction de demande, nous obtenons

$$\frac{p_1}{m}x_1 = \frac{p_1}{m}\frac{c}{c+d}\frac{m}{p_1} = \frac{c}{c+d}.$$

De même, la part de revenu consacrée au bien 2 est égale à $d/(c+d)$.

Un consommateur ayant des préférences Cobb-Douglas consacre toujours une part fixe de son revenu à chaque bien. Cette part est déterminée par l'exposant de la fonction Cobb-Douglas.

C'est pour cette raison qu'il est souvent commode d'opter pour une fonction Cobb-Douglas dont la somme des exposants est égale à l'unité. Si $u(x_1, x_2) = x_1^a x_2^{1-a}$, nous pouvons directement interpréter a comme la part du revenu consacrée au bien 1. Nous écrirons dès lors généralement les préférences Cobb-Douglas sous cette forme.

5.4 L'ESTIMATION DES FONCTIONS D'UTILITÉ

Nous avons vu différentes formes de préférences et de fonctions d'utilité et nous avons examiné les types de comportement de demande engendrés par ces préférences. Mais en réalité, nous devons généralement procéder dans l'ordre inverse : nous observons un comportement de demande et notre problème consiste à déterminer quelle forme de préférences a engendré le comportement observé.

Supposons par exemple que nous observions les choix effectués par un consommateur à différents niveaux de prix et de revenu, comme au tableau 5.1. Ce tableau présente les quantités demandées de deux biens pour des niveaux de prix et de revenu observés au cours de différentes années. Nous avons aussi calculé la part de revenu consacrée à chacun des deux biens au cours de chaque année en utilisant les formules $s_1 = p_1x_1/m$ et $s_2 = p_2x_2/m$.

Tableau 5.1 ***Quelques données décrivant le comportement de consommation***

Année	p_1	p_2	m	x_1	x_2	s_1	s_2	Utilité
1	1	1	100	25	75	0,25	0,75	57,0
2	1	2	100	24	38	0,24	0,76	33,9
3	2	1	100	13	74	0,26	0,74	47,9
4	1	2	200	48	76	0,24	0,76	67,8
5	2	1	200	25	150	0,25	0,75	95,8
6	1	4	400	100	75	0,25	0,75	80,6
7	4	1	400	24	304	0,24	0,76	161,1

Dans cet exemple, les parts de revenu consacrées aux deux biens apparaissent relativement constantes. Il y a de faibles variations d'une année à l'autre, mais elles peuvent vraisemblablement être négligées. La part moyenne consacrée au bien 1 est d'environ 1/4 et celle consacrée au bien 2 est d'environ 3/4. Une fonction d'utilité de la forme $u(x_1, x_2) = x_1^{\frac{1}{4}} x_2^{\frac{3}{4}}$ peut dès lors correspondre assez bien à ces observations. En effet, une telle fonction d'utilité génèrerait un comportement très proche de celui observé. Pour notre facilité, nous avons calculé le niveau d'utilité associé à chaque observation sur base de la fonction d'utilité estimée.

Tout ce que nous pouvons dire à ce stade, c'est que le comportement observé *paraît correspondre* à celui d'un consommateur qui maximise une fonction $x_1^{\frac{1}{4}} x_2^{\frac{3}{4}}$. Il se peut que des observations supplémentaires nous conduisent à rejeter cette hypothèse. Mais sur base des données disponibles, ce modèle de comportement optimal semble convenir assez bien.

Cette analyse a d'importantes implications car nous pouvons désormais employer la fonction d'utilité« estimée » pour évaluer l'impact de mesures de politique économique. Supposons par exemple que le gouvernement envisage d'instaurer un système de taxes qui implique pour le consommateur des prix (2, 3) et un revenu de 200. Sur base de nos estimations, les quantités demandées vaudraient dans ce cas :

$$x_1 = \frac{1}{4} \frac{200}{2} = 25$$

$$x_2 = \frac{3}{4} \frac{200}{3} = 50.$$

Quant au niveau d'utilité associé à ces quantités, il serait de

$$u(x_1, x_2) = 25^{\frac{1}{4}} 50^{\frac{3}{4}} \approx 42.$$

Cela signifie que la nouvelle politique fiscale procurerait au consommateur un niveau de satisfaction plus élevé qu'au cours de l'année 6 mais plus faible qu'au cours de l'année 5. Nous pouvons donc utiliser les comportements de choix observés pour évaluer les conséquences sur le consommateur de mesures de politique économique.

Il s'agit là d'une démarche très importante en science économique. Il est par conséquent utile d'en examiner une nouvelle fois le raisonnement. À partir d'observations sur les choix effectués, nous essayons de déterminer l'allure de la fonction qui a éventuellement été maximisée. Dès que nous avons une estimation de cette fonction, nous pouvons l'utiliser à la fois pour prédire les comportements de choix dans de nouvelles situations et pour évaluer l'effet de propositions qui modifient l'environnement économique.

Évidemment, le cas que nous venons d'envisager est un cas très simple. En général, nous n'avons pas de données détaillées sur les choix individuels de consommation. Par contre, nous disposons souvent de données sur des groupes d'individus : jeunes, ménages de la classe moyenne, personnes âgées, etc. Ces groupes peuvent avoir des préférences différentes à l'égard des divers biens et cela se reflète dans leurs structures de consommation. Nous pouvons estimer une fonction d'utilité qui décrit leurs structures de consommation et ensuite utiliser cette fonction d'utilité estimée pour prédire la demande et évaluer l'impact de mesures de politique économique.

Dans l'exemple simple que nous venons de décrire, les parts consacrées aux biens étaient relativement constantes de sorte que la fonction d'utilité Cobb-Douglas convenait assez bien. Dans d'autres cas, il faut recourir à des formes de fonction d'utilité plus complexes. Les calculs peuvent alors devenir très compliqués au point de requérir l'utilisation de l'informatique. Cependant, la démarche reste fondamentalement la même.

5.5 LES IMPLICATIONS DE LA CONDITION TmS

Les données empiriques concernant le comportement de demande nous fournissent donc des renseignements importants sur les préférences qui ont engendré ce comportement. Il s'agit là d'une idée fondamentale. Si nous disposons de suffisamment d'observations sur les choix du consommateur, nous pouvons souvent estimer la fonction d'utilité qui a généré ces choix.

Mais même quand nous n'observons qu'un *seul* choix du consommateur pour un ensemble donné de prix, nous pouvons dégager des conclusions intéressantes en ce qui concerne l'effet sur le niveau d'utilité du consommateur de variations de sa consommation. Examinons cela.

Sur des marchés bien organisés, tous les individus sont en principe confrontés à des prix approximativement identiques. Prenons par exemple deux biens : le beurre et le lait. Si tous les individus sont confrontés aux mêmes prix pour le beurre et le lait, que tous ont un comportement d'optimisation et qu'il existe une solution intérieure pour chacun d'eux..., ils doivent tous avoir le même taux marginal de substitution entre le beurre et le lait.

Ceci découle directement de notre analyse antérieure. Le marché offre à tous les individus le même taux d'échange pour le beurre et le lait et chaque individu ajuste sa consommation de biens de façon à égaliser sa propre évaluation marginale « interne » des deux biens à l'évaluation « externe » du marché.

Il est important de souligner que cette règle est indépendante du revenu et des goûts. Les individus peuvent évaluer leur consommation *totale* des deux biens de façon très différente. Certaines personnes peuvent consommer beaucoup de beurre et peu de lait et d'autres l'inverse. Certaines personnes fortunées peuvent consommer beaucoup de beurre et beaucoup de lait et d'autres peuvent ne consommer que des petites quantités des deux biens. Mais tous les individus qui consomment des quantités positives des deux biens doivent avoir le même taux marginal de substitution. Ils doivent tous être d'accord sur ce qu'un bien vaut par rapport à l'autre, sur ce qu'ils sont prêts à sacrifier d'un bien pour recevoir un peu plus de l'autre.

Le fait que les rapports des prix mesurent les taux marginaux de substitution est très important parce que cela nous fournit une méthode pour estimer les variations possibles des paniers de consommation. Supposons, par exemple, que le prix du lait soit de 1 € le litre et que le prix du beurre soit de 2 € le kilo. Cela signifie que les individus qui consomment du beurre et du lait doivent avoir un taux marginal de substitution de 2 : ils doivent recevoir 2 litres de lait pour accepter de renoncer à la consommation de 1 kilo de beurre. Ou inversement, ils doivent recevoir 1 kilo de beurre pour renoncer à 2 litres de lait. Tous les individus qui consomment des quantités positives des deux biens évaluent de la même façon une variation marginale des quantités consommées.

Supposons maintenant qu'un inventeur découvre un nouveau procédé pour transformer le lait en beurre : avec 3 litres de lait, on peut désormais obtenir 1 kilo de beurre et il n'y a aucun autre sous-produit utile. À la question de savoir s'il y a un marché pour ce procédé, on peut répondre sans hésitation. Puisque les individus ne sont prêts à sacrifier que 2 litres de lait pour obtenir 1 kilo de beurre, pourquoi accepteraient-ils d'échanger 3 litres de lait contre 1 kilo de beurre ? Ils n'accepteront évidemment pas cet échange et cette invention n'a aucune valeur.

Mais que se passerait-il si l'inventeur découvrait un procédé permettant la transformation inverse, c'est-à-dire d'obtenir 3 litres de lait à partir de 1 kilo de beurre ? Y a-t-il un marché pour ce procédé ? La réponse est évidemment affirmative ! Les prix du marché pour le lait et le beurre indiquent que les individus sont prêts à échanger 1 kilo de beurre contre 2 litres de lait. Dès lors, obtenir 3 litres de lait pour 1 kilo de beurre est plus avantageux que ce qu'offre actuellement le marché.

Les prix du marché indiquent que le premier procédé n'est pas rentable : il produit 2 € de beurre en utilisant 3 € de lait. Dire qu'il n'est pas rentable n'est qu'une autre façon d'exprimer le fait que les individus attribuent plus de valeur aux inputs qu'aux outputs. Par contre, le second procédé produit 3 € de lait en utilisant seulement 2 € de beurre. Il est donc rentable puisque les individus attribuent plus de valeur aux outputs qu'aux inputs.

Il ressort de cette analyse que les prix permettent d'évaluer des mesures de politique économique qui influencent la consommation puisque les prix mesurent le taux auquel les individus sont disposés à substituer un bien à un autre. Les prix ne sont pas des nombres arbitraires ; ils reflètent la façon dont les individus évaluent à la marge les biens consommés. Il s'agit là d'une des idées les plus fondamentales et les plus importantes en économie.

Si nous observons le comportement de choix d'un individu pour des prix donnés, cela nous donne le TmS en un point de consommation. Si les prix se modifient et que nous observons le nouveau choix de l'individu, nous obtenons une autre valeur pour le TmS. Plus nous disposons d'observations sur le comportement de choix, plus nous récoltons d'informations sur la forme des préférences qui ont engendré le comportement de choix observé.

5.6 LE CHOIX DES TAXES

Les rudiments de la théorie du consommateur étudiés jusqu'à présent suffisent pour dégager des conclusions intéressantes et importantes. Cette section est consacrée à un bel exemple portant sur le choix entre deux types de taxes. Nous avons vu qu'une **taxe à l'unité** est une taxe sur la quantité consommée d'un bien, comme par exemple une taxe de 15 centimes par gallon d'essence. Un **impôt sur le revenu** est simplement une taxe sur le revenu. Si le gouvernement désire récolter un certain montant de recettes, est-il préférable de le faire via une taxe à l'unité ou via un impôt sur le revenu ? Utilisons les résultats que nous avons obtenus pour répondre à cette question.

Tout d'abord, analysons l'effet d'une taxe à l'unité. Supposons que la contrainte budgétaire initiale soit la suivante :

$$p_1x_1 + p_2x_2 = m.$$

Que devient la contrainte budgétaire si nous taxons la consommation de bien 1 au taux t ? La réponse est simple. Du point de vue du consommateur, c'est exactement comme si le prix du bien 1 augmentait d'un montant t. La nouvelle contrainte budgétaire s'écrit dès lors

$$(p_1 + t)x_1 + p_2x_2 = m. \tag{5.1}$$

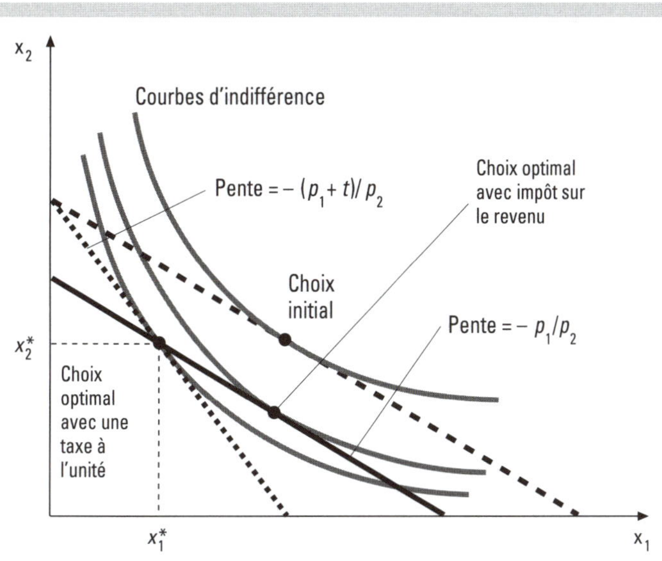

Figure 5.9 ***Le choix entre un impôt sur le revenu et une taxe à l'unité.***

Nous considérons ici une taxe à l'unité qui procure une recette R^* et un impôt sur le revenu qui permet de prélever le même montant. Le niveau de satisfaction du consommateur est plus élevé avec l'impôt sur le revenu puisqu'il peut choisir un point situé sur une courbe d'indifférence supérieure.

Une taxe à l'unité accroît donc le prix au consommateur. La figure 5.9 présente l'effet d'une variation de prix sur la demande. À ce stade, nous ne savons pas encore avec certitude si la taxe va augmenter ou diminuer la consommation de bien 1. On peut toutefois s'attendre à une diminution. Quelle que soit la situation, nous savons que le choix optimal (x_1^*, x_2^*) doit respecter la contrainte budgétaire suivante :

$$(p_1 + t)x_1^* + p_2 x_2^* = m. \tag{5.2}$$

Les recettes prélevées grâce à cette taxe s'élèvent à $R^* = t x_1^*$.

Considérons maintenant un impôt sur le revenu qui permette de prélever la même recette. La contrainte budgétaire serait

$$p_1 x_1 + p_2 x_2 = m - R^*$$

ou, en remplaçant R^*,

$$p_1 x_1 + p_2 x_2 = m - t x_1^*.$$

Où se situe cette droite de budget sur la figure 5.9 ?

Il est facile de voir qu'elle a la même pente que la droite de budget initiale, $-p_1/p_2$, mais le problème est de déterminer sa localisation. La droite de budget avec impôt sur le revenu doit passer par le point (x_1^*, x_2^*). Pour vérifier cela, il suffit d'introduire (x_1^*, x_2^*) dans la contrainte budgétaire avec impôt sur le revenu et de voir si cette valeur respecte la contrainte.

Est-il exact que

$$p_1 x_1^* + p_2 x_2^* = m - t x_1^* ?$$

Oui, puisqu'il s'agit d'un simple réarrangement de l'équation (5.2).

Le panier (x_1^*, x_2^*) est donc situé sur la droite de budget avec impôt sur le revenu : il est *accessible* au consommateur. Mais est-ce un choix optimal ? Il est facile de voir que non. Au point (x_1^*, x_2^*), le taux marginal de substitution vaut $-(p_1 + t)/p_2$. Mais l'impôt sur le revenu permet d'échanger à un taux de $-p_1/p_2$. Dès lors, la droite de budget coupe la courbe d'indifférence au point (x_1^*, x_2^*) ; cela implique qu'il existe un point sur la droite qui est préféré à (x_1^*, x_2^*).

L'impôt sur le revenu est donc clairement supérieur à une taxe à l'unité dans la mesure où l'on peut prélever le même montant de recettes sur le consommateur et le maintenir à un niveau de satisfaction plus élevé en cas d'impôt sur le revenu qu'en cas de taxe à l'unité.

C'est un résultat intéressant qui mérite d'être retenu. Mais il convient aussi d'en saisir les limites. Premièrement, il ne s'applique qu'à *un* consommateur. Nous avons démontré que, pour un consommateur donné, il existe un impôt sur le revenu qui permet de prélever le même montant qu'une taxe à l'unité tout en laissant au consommateur un niveau de satisfaction plus élevé. Mais le montant de cet impôt sur le revenu différera en général d'un individu à l'autre. Un impôt sur le revenu *uniforme* pour tous les consommateurs n'est donc pas nécessairement meilleur qu'une taxe à l'unité *uniforme* pour tous les consommateurs. (Pensons au cas d'une personne qui ne consomme pas de bien 1 ; cette personne préfère certainement la taxe à l'unité à un impôt sur le revenu uniforme.)

Deuxièmement, nous avons supposé que le revenu n'était pas affecté par l'impôt sur le revenu. Celui-ci était en fait une taxe forfaitaire, c'est-à-dire une taxe qui modifie uniquement le montant total que le consommateur peut dépenser, mais qui n'affecte pas les choix qu'il fait. C'est une hypothèse irréaliste. Si le revenu est le fruit du travail du consommateur, on peut s'attendre à ce que l'impôt engendre un certain découragement et que, par conséquent, le revenu net d'impôt diminue d'un montant supérieur à celui prélevé par l'impôt.

Troisièmement, nous avons complètement ignoré la réaction de l'offre à la taxe. Nous avons montré comment la demande réagit à une variation de la taxe. Mais l'offre réagit aussi et une analyse complète devrait tenir compte également de cette réaction.

RÉSUMÉ

1. Le choix optimal du consommateur est le panier qui, dans l'ensemble budgétaire du consommateur, se situe sur la courbe d'indifférence la plus élevée.

2. En général, le panier optimal est caractérisé par la condition d'égalité entre la pente de la courbe d'indifférence (le taux marginal de substitution) et la pente de la droite de budget.

3. Si nous observons plusieurs comportements de choix, il peut être possible d'estimer une fonction d'utilité susceptible d'avoir engendré le type de choix observé. Une telle fonction d'utilité peut être employée pour prédire des choix futurs et estimer l'utilité pour les consommateurs de nouvelles mesures de politique économique.

4. Si tous les individus sont confrontés aux mêmes prix pour les deux biens, ils auront tous le même taux marginal de substitution et ils seront tous disposés à échanger les deux biens dans les mêmes termes.

PROBLÈMES À RÉSOUDRE

5.1 Si deux biens sont des substituts parfaits, quelle est la fonction de demande pour le bien 2 ?

5.2 Supposons que les courbes d'indifférence soient des droites de pente $-b$. Pour des prix p_1, p_2 et un revenu m donnés, quels seront les choix optimaux du consommateur ?

5.3 Supposons qu'un consommateur prenne toujours 2 morceaux de sucre avec chaque tasse de café. Si le prix d'un morceau de sucre s'élève à p_1 et celui d'une tasse de café à p_2 et que le consommateur dépense m euros pour le sucre et le café, quelles quantités achètera-t-il ?

5.4 Admettons que vous ayiez des préférences non convexes vis-à-vis de la glace et des olives, comme celles décrites dans le texte. Vous êtes confrontés à des prix p_1 et p_2 et votre budget s'élève à m euros. Déterminez les différents choix optimaux possibles.

5.5 Si un consommateur a une fonction d'utilité $u(x_1, x_2) = x_1 x_2^4$, quelle fraction de son revenu va-t-il consacrer au bien 2 ?

5.6 Pour quel type de préférences le niveau de satisfaction du consommateur est-il exactement le même qu'il y ait une taxe à l'unité ou un impôt sur le revenu ?

ANNEXE

Il est très utile de pouvoir résoudre le problème de maximisation de l'utilité et d'obtenir ainsi des exemples algébriques de fonctions de demande. Nous l'avons fait dans ce chapitre pour des cas simples tels que les substituts parfaits et les compléments parfaits. Dans cette annexe, nous allons voir comment procéder dans des cas plus généraux.

Tout d'abord, nous désirons en général représenter les préférences du consommateur par une fonction d'utilité $u(x_1, x_2)$. Nous avons vu au chapitre 4 qu'il ne s'agit pas d'une hypothèse très restrictive ; la plupart des préférences normales peuvent être représentées par une fonction d'utilité.

En fait, nous *savons* déjà comment résoudre le problème du choix optimal. Il suffit de rassembler les éléments des trois derniers chapitres. Nous avons vu dans ce chapitre qu'un choix optimal (x_1, x_2) doit respecter la condition

$$\text{TmS}(x_1, x_2) = -\frac{p_1}{p_2} \tag{5.3}$$

et nous avons vu dans l'annexe du chapitre 4 que le TmS peut être exprimé comme le rapport des dérivées de la fonction d'utilité. En effectuant le remplacement et en supprimant les signes négatifs, nous obtenons

$$\frac{\partial u(x_1, x_2)/\partial x_1}{\partial u(x_1, x_2)/\partial x_2} = \frac{p_1}{p_2}. \tag{5.4}$$

Nous savons (cf. chapitre 2) que le choix optimal doit également respecter la contrainte budgétaire

$$p_1x_1 + p_2x_2 = m. \tag{5.5}$$

Nous avons ainsi deux équations — la condition TmS et la contrainte budgétaire — et deux inconnues, x_1 et x_2. Il suffit de résoudre ces deux équations pour obtenir le choix optimal des deux biens, x_1 et x_2, en fonction des prix et du revenu. Il existe plusieurs façons de résoudre un tel système de deux équations à deux inconnues. Une méthode sûre, bien qu'elle ne soit pas toujours la plus simple, consiste à résoudre la contrainte budgétaire pour l'une des inconnues et à la substituer ensuite dans la condition TmS.

Écrivons la contrainte budgétaire sous la forme

$$x_2 = \frac{m}{p_2} - \frac{p_1}{p_2}x_1 \tag{5.6}$$

et substituons cette expression dans l'équation (5.4). Nous obtenons

$$\frac{\partial u(x_1, m/p_2 - (p_1/p_2)x_1)/\partial x_1}{\partial u(x_1, m/p_2 - (p_1/p_2)x_1)/\partial x_2} = \frac{p_1}{p_2}.$$

Cette expression à l'aspect compliqué ne comporte qu'une seule inconnue, x_1. Elle peut en général être résolue pour x_1 en fonction de (p_1, p_2, m). La solution pour x_2 en fonction des prix et du revenu est obtenue en utilisant la contrainte budgétaire.

Nous pouvons aussi dégager la solution d'un problème de maximisation de l'utilité de façon plus systématique en utilisant les conditions de maximisation. Pour ce faire, il faut tout d'abord écrire le problème de la maximisation de l'utilité sous la forme d'un problème de maximisation sous contrainte :

$$\max_{x_1, x_2} u(x_1, x_2)$$

$$\text{s.c. } p_1x_1 + p_2x_2 = m.$$

Ce problème indique que nous devons déterminer les valeurs de x_1 et x_2 qui remplissent deux conditions : premièrement, elles doivent respecter la contrainte et deuxièmement, elles doivent fournir une valeur de $u(x_1, x_2)$ supérieure à toutes les autres combinaisons (x_1, x_2) qui respectent la contrainte.

Il y a deux méthodes intéressantes pour résoudre ce type de problème. La première méthode consiste simplement à résoudre la contrainte pour une des variables en fonction de l'autre et à la substituer ensuite dans la fonction d'objectif.

Par exemple, pour toute valeur de x_1, la quantité de x_2 nécessaire pour respecter la contrainte est donnée par la fonction linéaire suivante :

$$x_2(x_1) = \frac{m}{p_2} - \frac{p_1}{p_2}x_1. \tag{5.7}$$

Substituons maintenant $x_2(x_1)$ dans la fonction d'utilité pour obtenir le problème de maximisation *sans contrainte* suivant :

$$\max_{x_1} u(x_1, m/p_2 - (p_1/p_2)x_1).$$

Nous avons désormais un problème de maximisation sans contrainte, fonction de la seule variable x_1 ; nous avons utilisé la fonction $x_2(x_1)$ pour nous assurer que la valeur de x_2 respectera toujours la contrainte budgétaire, quelle que soit la valeur de x_1.

Nous pouvons résoudre ce type de problème en différentiant simplement par rapport à x_1 et en annulant le résultat ainsi obtenu selon la méthode habituelle. Ce procédé nous donne une condition de maximisation du premier ordre de la forme suivante :

$$\frac{\partial u(x_1, x_2(x_1))}{\partial x_1} + \frac{\partial u(x_1, x_2(x_1))}{\partial x_2} \frac{dx_2}{dx_1} = 0. \tag{5.8}$$

Le premier terme correspond à l'effet direct sur l'utilité d'une augmentation de x_1.Le second terme est composé de deux éléments : le taux de croissance de l'utilité quand x_2 augmente, $\partial u / \partial x_2$, multiplié par dx_2 / dx_1, qui correspond au taux de (dé)croissance de x_2 nécessaire pour respecter l'équation budgétaire malgré l'accroissement de x_1. Nous pouvons différentier (5.7) pour calculer cette dernière dérivée :

$$\frac{dx_2}{dx_1} = -\frac{p_1}{p_2}.$$

Substituant cette expression dans l'équation (5.8), nous obtenons

$$\frac{\partial u(x_1^*, x_2^*) / \partial x_1}{\partial u(x_1^*, x_2^*) / \partial x_2} = \frac{p_1}{p_2}.$$

Cette expression indique simplement qu'au niveau du choix optimal (x_1^*, x_2^*), le taux marginal de substitution entre les biens 1 et 2 doit être égal au rapport des prix. C'est exactement la même condition que celle obtenue précédemment : la pente de la courbe d'indifférence doit être égale à la pente de la droite de budget. Évidemment, le choix optimal doit également respecter la contrainte budgétaire $p_1 x_1^* + p_2 x_2^* = m$. Cela nous donne à nouveau deux équations à deux inconnues. La seconde méthode pour résoudre le problème de maximisation sous contrainte passe par l'utilisation du **multiplicateur de Lagrange**. Pour commencer, nous devons définir une fonction auxiliaire appelée *fonction de Lagrange* (ou lagrangien) :

$$L = u(x_1, x_2) - \lambda(p_1 x_1 + p_2 x_2 - m).$$

La nouvelle variable λ est connue sous le nom de **multiplicateur de Lagrange** parce qu'elle multiplie la contrainte. Le théorème de Lagrange dit qu'un choix optimal (x_1^*, x_2^*) doit respecter les trois conditions du premier ordre suivantes :

$$\frac{\partial L}{\partial x_1} = \frac{\partial u(x_1^*, x_2^*)}{\partial x_1} - \lambda p_1 = 0$$

$$\frac{\partial L}{\partial x_2} = \frac{\partial u(x_1^*, x_2^*)}{\partial x_2} - \lambda p_2 = 0$$

$$\frac{\partial L}{\partial \lambda} = p_1 x_1^* + p_2 x_2^* - m = 0.$$

Ces trois équations se prêtent à plusieurs commentaires intéressants. Tout d'abord, notons qu'il s'agit simplement des dérivées de la fonction de Lagrange par rapport à x_1, x_2 et λ que l'on pose égales à zéro. La dérivée par rapport à λ correspond simplement à la contrainte budgétaire. Nous avons maintenant un système de trois équations à trois inconnues x_1, x_2 et λ. Nous espérons obtenir les solutions pour x_1 et x_2 en fonction de p_1, p_2 et m.

Tous les manuels d'analyse mathématique présentent la démonstration du théorème de Lagrange. Celui-ci est fréquemment utilisé dans les analyses économiques avancées mais, dans le cadre de cet ouvrage, nous n'avons besoin de connaître que l'exposé du théorème et la façon de l'utiliser.

Dans le cas présent, il est intéressant de noter que si nous divisons la première condition par la deuxième, nous obtenons

$$\frac{\partial u(x_1^*,x_2^*)/\partial x_1}{\partial u(x_1^*,x_2^*)/\partial x_2}=\frac{p_1}{p_2}.$$

Il s'agit à nouveau de l'égalité entre le TmS et le rapport des prix. La contrainte budgétaire nous donne une seconde équation de sorte que nous revenons à un système de deux équations à deux inconnues.

Exemple : Les fonctions de demande Cobb-Douglas

Au chapitre 4, nous avons introduit la **fonction d'utilité Cobb-Douglas** :

$$u(x_1,x_2)=x_1^c x_2^d.$$

Puisque les fonctions d'utilité sont définies à une transformation monotone près, il est commode de prendre le logarithme de cette expression et de travailler avec la forme suivante :

$$\ln u(x_1,x_2)=c\ln x_1+d\ln x_2.$$

Essayons de trouver les fonctions de demande pour x_1 et x_2 qui correspondent à cette fonction d'utilité. Le problème à résoudre est le suivant :

$$\max_{x_1,x_2}\ c\ln x_1+d\ln x_2$$

$$\text{s.c. } p_1x_1+p_2x_2=m.$$

Il y a au moins trois façons de résoudre ce problème.

Une première méthode consiste simplement à écrire la condition TmS et la contrainte budgétaire. En utilisant l'expression du TmS établie au chapitre 4, nous pouvons écrire le système d'équation suivant :

$$\frac{cx_2}{dx_1}=\frac{p_1}{p_2}$$

$$p_1x_1+p_2x_2=m.$$

Nous devons résoudre ce système de deux équations à deux inconnues pour obtenir le choix optimal de x_1 et de x_2. Pour résoudre ce système, nous pouvons substituer la seconde équation dans la première. Nous obtenons ainsi

$$\frac{c(m/p_2-x_1p_1/p_2)}{dx_1}=\frac{p_1}{p_2}$$

ou, après multiplication croisée,

$$c(m-x_1p_1)=dp_1x_1.$$

En réarrangeant cette équation, nous obtenons

$$cm = (c + d)p_1x_1$$

ou

$$x_1 = \frac{c}{c + d}\frac{m}{p_1}.$$

Il s'agit de la fonction de demande de bien 1. Pour obtenir la fonction de demande de bien 2, il suffit de substituer dans la contrainte budgétaire :

$$\begin{aligned} x_2 &= \frac{m}{p_2} - \frac{p_1}{p_2}\frac{c}{c + d}\frac{m}{p_1} \\ &= \frac{d}{c + d}\frac{m}{p_2}. \end{aligned}$$

La deuxième méthode consiste à substituer la contrainte budgétaire dans le problème de maximisation initial a fin de l'écrire sous la forme suivante :

$$\max_{x_1} \; c \ln x_1 + d \ln(m / p_2 - x_1p_1 / p_2).$$

La condition du premier ordre est

$$\frac{c}{x_1} - d\frac{p_2}{m - p_1x_1}\frac{p_1}{p_2} = 0.$$

Après quelques transformations algébriques — que vous devriez vous exercer à faire —, nous obtenons la solution

$$x_1 = \frac{c}{c + d}\frac{m}{p_1}.$$

En la substituant dans la contrainte budgétaire $x_2 = m / p_2 - x_1p_1 / p_2$, nous obtenons

$$x_2 = \frac{d}{c + d}\frac{m}{p_2}.$$

Il s'agit des fonctions de demande pour les deux biens. Elles sont heureusement identiques à celles obtenues par la première méthode.

Enfin, nous pouvons utiliser la méthode de Lagrange. Nous écrivons la fonction de Lagrange

$$L = c \ln x_1 + d \ln x_2 - \lambda(p_1x_1 + p_2x_2 - m)$$

que nous différentions pour obtenir les trois conditions du premier ordre suivantes :

$$\begin{aligned} \frac{\partial L}{\partial x_1} &= \frac{c}{x_1} - \lambda p_1 = 0 \\ \frac{\partial L}{\partial x_2} &= \frac{d}{x_2} - \lambda p_2 = 0 \\ \frac{\partial L}{\partial \lambda} &= p_1x_1 + p_2x_2 - m = 0. \end{aligned}$$

Il s'agit maintenant de résoudre ce système d'équations ! La meilleure méthode consiste à dégager d'abord la solution pour λ puis ensuite pour x_1 et x_2. Après transformation et multiplication croisée des deux premières équations, nous obtenons

$$c = \lambda p_1 x_1$$
$$d = \lambda p_2 x_2.$$

En additionnant ces équations :

$$c + d = \lambda(p_1 x_1 + p_2 x_2) = \lambda m.$$

Cela donne

$$\lambda = \frac{c+d}{m}.$$

Enfin, en substituant cette expression dans les deux premières équations et en résolvant pour x_1 et x_2, nous obtenons à nouveau

$$x_1 = \frac{c}{c+d}\frac{m}{p_1}$$

$$x_2 = \frac{d}{c+d}\frac{m}{p_2}.$$

6

LA DEMANDE

Dans le chapitre précédent, nous avons présenté le modèle de base de choix du consommateur, à savoir comment la maximisation de l'utilité sous la contrainte budgétaire permet de définir le choix optimal. Nous avons vu que le choix optimal du consommateur dépend de son revenu et du prix des biens. Nous avons aussi étudié quelques exemples afin de déterminer le choix optimal pour quelques types simples de préférences.

Les **fonctions de demande** du consommateur expriment les quantités optimales consommées de chaque bien en fonction des prix et du revenu auxquels le consommateur est confronté. Nous les écrivons comme suit :

$$x_1 = x_1(p_1, p_2, m)$$
$$x_2 = x_2(p_1, p_2, m).$$

Les membres de gauche représentent les quantités demandées. Les membres de droite représentent les fonctions qui relient les quantités demandées aux prix et au revenu.

Dans ce chapitre, nous allons examiner comment la demande d'un bien se modifie en cas de variation des prix et du revenu. Étudier comment un choix se modifie suite à un changement dans l'environnement économique revient à effectuer ce que l'on appelle une analyse de **statique comparative**, comme nous l'avons définie au chapitre 1. Le terme « comparative » signifie que nous désirons comparer deux situations : celle avant et celle après la modification de l'environnement économique. Le terme « statique » signifie que nous ne considérons pas le processus d'ajustement que le passage d'un choix à l'autre peut impliquer, mais uniquement la situation d'équilibre final.

Dans le cas du consommateur, il n'y a que deux types de variables qui affectent le choix optimal : les prix et le revenu. La statique comparative dans la théorie du consommateur porte par conséquent sur les réactions de la demande à des variations de prix et de revenu.

6.1 LES BIENS NORMAUX ET LES BIENS INFÉRIEURS

Étudions tout d'abord la réaction de la demande d'un consommateur à une modification de son revenu. Nous désirons comparer les choix optimaux pour des niveaux de revenu différents. Dans cette analyse, nous maintenons les prix constants et nous n'étudions que la modification de la demande due à une variation du revenu.

Nous connaissons l'effet sur la droite de budget d'une augmentation du revenu quand les prix sont maintenus constants : la droite se déplace vers le haut, parallèlement à elle-même. Quel est dès lors l'effet de ce déplacement sur la demande ?

Nous pourrions penser que normalement, la demande de chaque bien va augmenter suite à l'accroissement de revenu, comme illustré à la figure 6.1. Les économistes, avec un manque particulier d'imagination, appellent de tels biens, des biens **normaux**. Si

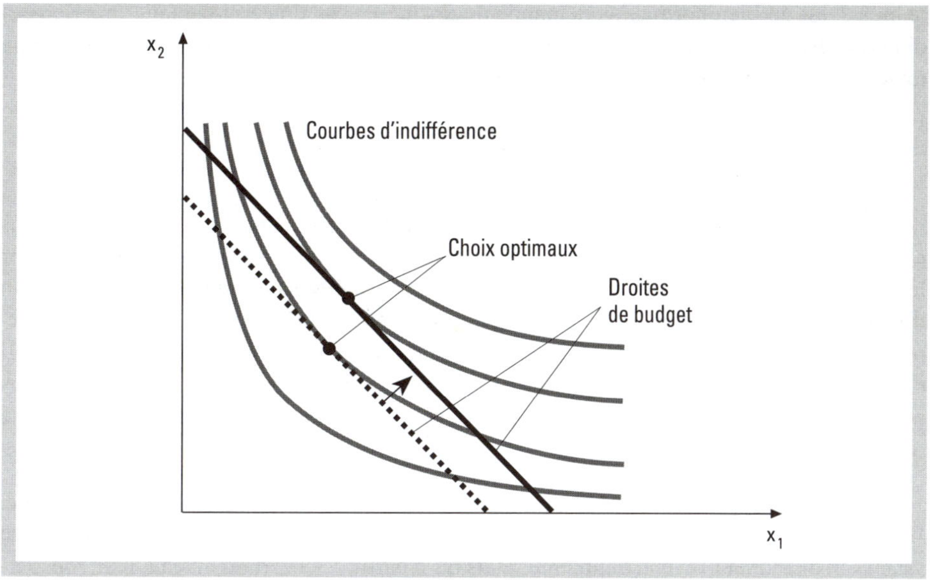

Figure 6.1 ***Biens normaux.***

La demande des deux biens s'accroît quand le revenu augmente. Les deux biens sont par conséquent des biens normaux.

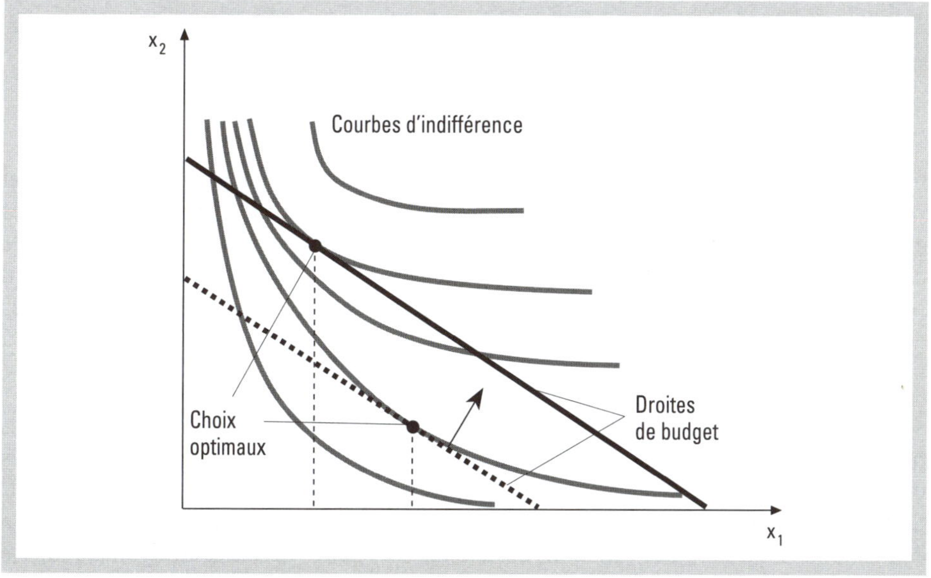

Figure 6.2 ***Un bien inférieur.***

Le bien 1 est un bien inférieur. Cela signifie que la demande pour ce bien diminue quand le revenu augmente.

le bien 1 est un bien normal, sa demande augmente en cas d'accroissement du revenu et diminue en cas de réduction du revenu. Pour un bien normal, la quantité demandée évolue toujours dans le même sens que le revenu :

$$\frac{\Delta x_1}{\Delta m} > 0.$$

Si on qualifie des biens de normaux, c'est qu'il doit *pouvoir* exister des biens « anormaux ». La figure 6.2 présente des courbes d'indifférence d'allure normale pour lesquelles une augmentation du revenu se traduit par une *diminution* de la consommation d'un des biens. Un tel bien est appelé un bien **inférieur**. Il pourrait être qualifié d'« anormal » mais en y réfléchissant, les biens inférieurs ne sont pas du tout exceptionnels. Il existe de nombreux biens dont la demande diminue quand le revenu augmente ; nous pourrions citer comme exemples, la soupe, le saucisson, les cabanes ou presque n'importe quel bien de faible qualité.

Le fait qu'un bien soit inférieur ou non dépend du niveau de revenu considéré. Il se pourrait très bien que des gens particulièrement pauvres consomment davantage de saucisson quand leur revenu augmente, mais qu'à partir d'un certain niveau, leur consommation de saucisson diminue si leur revenu continue d'augmenter. Puisqu'en réalité, la consommation de biens peut augmenter ou diminuer quand le revenu s'accroît, il est réconfortant que la théorie économique tienne compte de ces deux possibilités.

6.2 LE CHEMIN D'EXPANSION DU REVENU ET LA COURBE D'ENGEL

Nous avons vu qu'une augmentation du revenu correspond à un déplacement parallèle et vers le haut de la droite de budget. Nous pouvons relier les différents paniers demandés à mesure que la droite de budget se déplace vers le haut. Ce faisant, nous traçons une courbe appelée « **chemin d'expansion du revenu** ». Cette courbe représente simplement les paniers demandés à chaque niveau de revenu, comme illustré à la figure 6.3A. Si les deux biens sont des biens normaux, le chemin d'expansion a une pente positive comme à la figure 6.3A.

Pour chaque niveau de revenu m, il existe un choix optimal pour les différents biens. Considérons pour différentes valeurs de prix et du revenu, uniquement les quantités optimales de bien 1, $x_1(p_1, p_2, m)$. Il s'agit simplement de la fonction de demande du bien 1. Si nous maintenons les prix inchangés et que nous considérons les modifications de la demande consécutives à des variations du revenu, nous obtenons une courbe connue sous le nom de « **courbe d'Engel** ». La courbe d'Engel est une représentation de la demande d'un des biens en fonction du revenu, tous les prix étant maintenus constants. La figure 6.3B présente un exemple de courbe d'Engel.

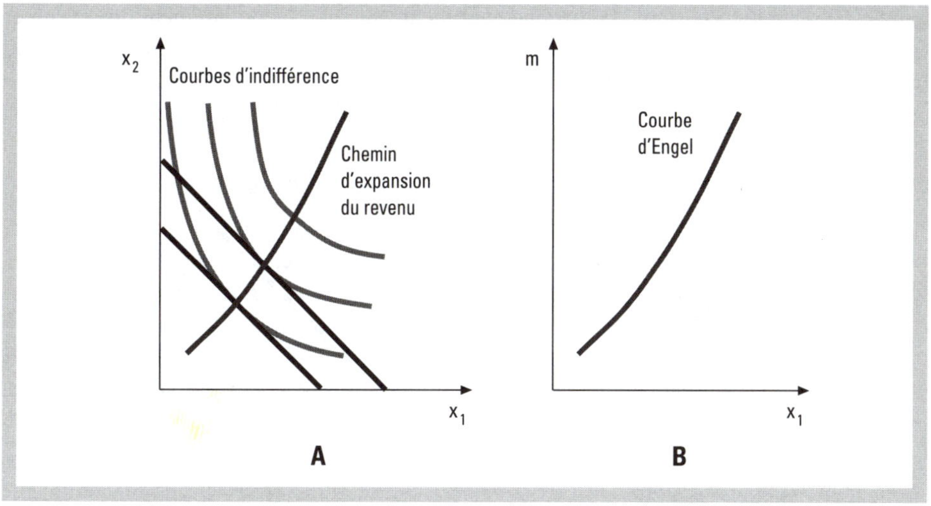

Figure 6.3 ***Les modifications de la demande en cas de variation du revenu.***

(A) Le chemin d'expansion du revenu représente les choix optimaux pour les différents niveaux de revenu, mais à prix constants.
(B) Quand nous traçons la relation existant entre le choix optimal de bien 1 et le revenu *m*, nous obtenons la courbe d'Engel (pour le bien 1).

6.3 QUELQUES EXEMPLES

Envisageons quelques types de préférences déjà considérés au chapitre 5 et examinons les chemins d'expansion du revenu et les courbes d'Engel qui y correspondent.

Les substituts parfaits

Le cas des substituts parfaits est illustré à la figure 6.4. Si $p_1 < p_2$, le consommateur se spécialise dans la consommation de bien 1 ; une augmentation du revenu entraîne par conséquent un accroissement de la consommation de ce bien. Le chemin d'expansion du revenu se confond avec l'axe horizontal comme représenté à la figure 6.4A.

Puisque, dans ce cas, la demande pour le bien 1 est égale à $x_1 = m/p_1$, la courbe d'Engel est une droite de pente p_1 comme à la figure 6.4B. (Puisque m est mesuré sur l'axe vertical et x_1 sur l'axe horizontal, nous pouvons écrire $m = p_1 x_1$; ceci indique clairement que la pente vaut p_1.)

Les compléments parfaits

Le comportement de la demande pour des compléments parfaits est illustré à la figure 6.5. Puisque le consommateur achète toujours des quantités identiques des deux biens, le chemin d'expansion du revenu est une diagonale passant par l'origine, comme à la figure 6.5A.

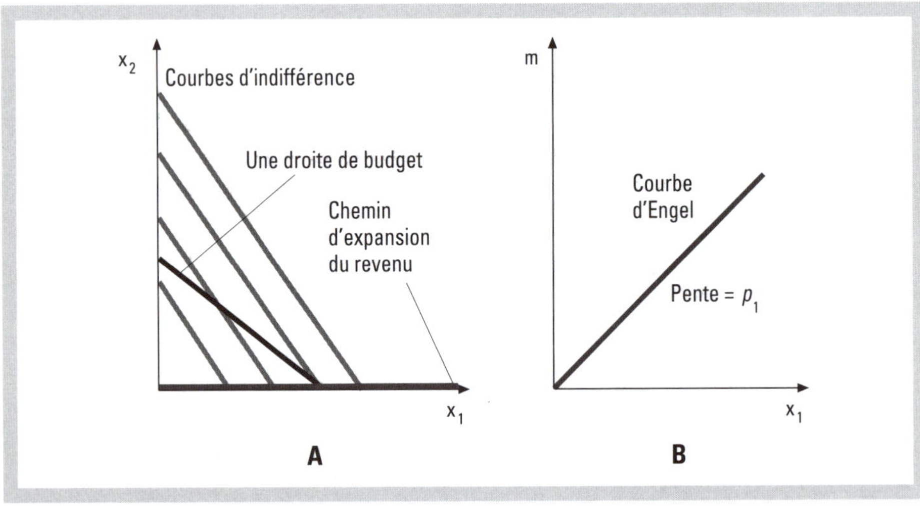

Figure 6.4 ***Les substituts parfaits.***

Le chemin d'expansion du revenu (A) et la courbe d'Engel (B) pour des substituts parfaits.

Nous avons vu que la demande pour le bien 1 est égale à $x_1 = m/(p_1 + p_2)$; la courbe d'Engel est par conséquent une droite de pente $p_1 + p_2$ comme à la figure 6.5B.

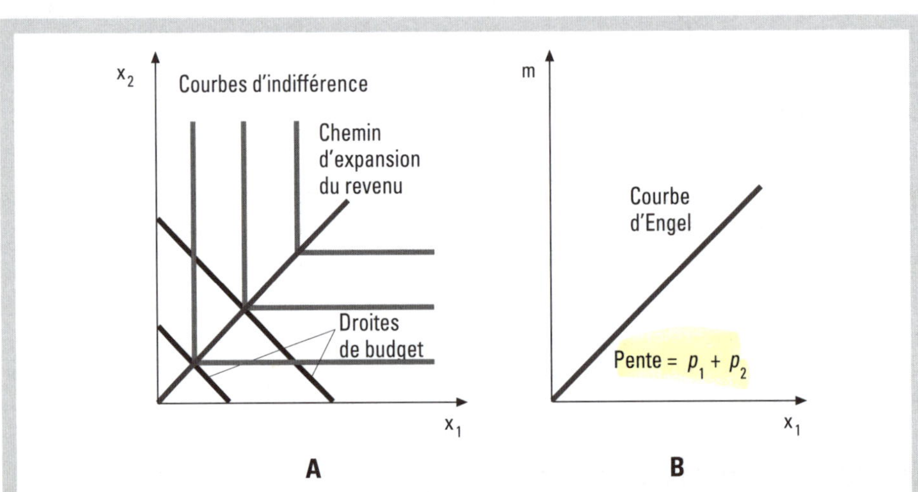

Figure 6.5 ***Les compléments parfaits.***

Le chemin d'expansion du revenu (A) et la courbe d'Engel (B) pour des compléments parfaits.

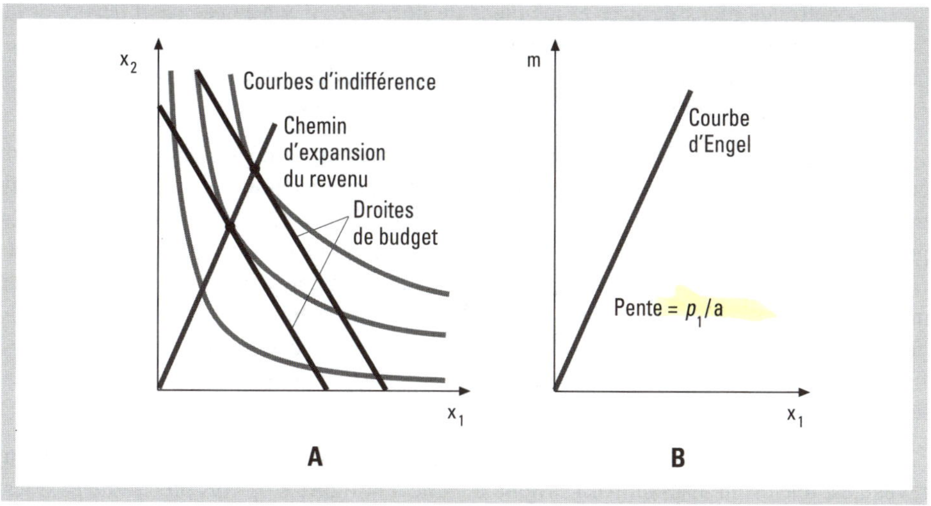

Figure 6.6 ***Les préférences Cobb-Douglas.***

Le chemin d'expansion du revenu (A) et la courbe d'Engel (B) pour des préférences Cobb-Douglas.

Les préférences Cobb-Douglas

Dans le cas de préférences Cobb-Douglas, il est plus facile d'utiliser l'expression algébrique des fonctions de demande pour déterminer leur allure graphique. Si $u(x_1,x_2) = x_1^a x_2^{1-a}$, la fonction de demande pour le bien 1 est $x_1 = am/p_1$. Pour une valeur fixe de p_1, il s'agit d'une fonction *linéaire* de m. Si m double, la demande double ; si m triple, la demande triple et ainsi de suite. En fait, en multipliant m par un nombre positif quelconque t, on multiplie simplement la demande par ce nombre.

La demande pour le bien 2 est $x_2 = (1 - a)m/p_2$. Elle est donc également linéaire. Le fait que les demandes des deux biens soient des fonctions linéaires du revenu implique que le chemin d'expansion du revenu est une droite passant par l'origine (voir figure 6.6A). La courbe d'Engel pour le bien 1 quant à elle, est une droite de pente p_1/a (voir figure 6.6B).

Les préférences homothétiques

Tous les exemples de chemins d'expansion du revenu et de courbes d'Engel que nous avons vus jusqu'à présent sont particulièrement simples puisqu'il s'agit de droites. Mais, en réalité, les courbes d'Engel ne sont pas nécessairement des droites. En général, quand le revenu augmente, la demande d'un bien peut croître plus ou moins rapidement que le revenu. Si la demande d'un bien croît proportionnellement plus que le revenu, on parle d'un **bien de luxe** ; si la demande croît proportionnellement moins que le revenu, on parle d'un **bien de nécessité**.

Entre les biens de luxe et les biens de nécessité, il y a le cas des biens dont la demande augmente dans la même proportion que le revenu. C'est ce type de biens que nous avons en fait observé dans les trois exemples précédents. Quelle caractéristique des préférences du consommateur explique un tel comportement ?

Supposons que les préférences du consommateur ne dépendent que du rapport entre les biens 1 et 2. Cela signifie que si le consommateur préfère (x_1, x_2) à (y_1, y_2), il préfère automatiquement $(2x_1, 2x_2)$ à $(2y_1, 2y_2)$, $(3x_1, 3x_2)$ à $(3y_1, 3y_2)$ et ainsi de suite, puisque le rapport entre les biens 1 et 2 est le même pour tous ces paniers. En fait, le consommateur préfère (tx_1, tx_2) à (ty_1, ty_2) pour toute valeur positive t. Les préférences qui ont cette propriété sont appelées des **préférences homothétiques**. Il n'est pas difficile de montrer que les trois types de préférences étudiés précédemment (les substituts parfaits, les compléments parfaits et le cas Cobb-Douglas) sont des exemples de préférences homothétiques.

Si le consommateur a des préférences homothétiques, le chemin d'expansion du revenu est une droite passant par l'origine comme à la figure 6.7. Plus précisément, si les préférences sont homothétiques, cela implique que, quand le revenu augmente ou diminue d'une fraction t, le panier demandé augmente ou diminue de cette même fraction. Ce résultat peut être démontré de façon rigoureuse, mais il est assez évident à partir de la figure. Si une courbe d'indifférence est tangente à la droite de budget au point (x_1^*, x_2^*), la courbe d'indifférence passant par (tx_1^*, tx_2^*) est tangente à la droite de budget correspondant aux mêmes prix, mais à un niveau de revenu t fois supérieur. Cela implique en outre que les courbes d'Engel sont également des droites. Si le revenu double, la demande de chaque bien double.

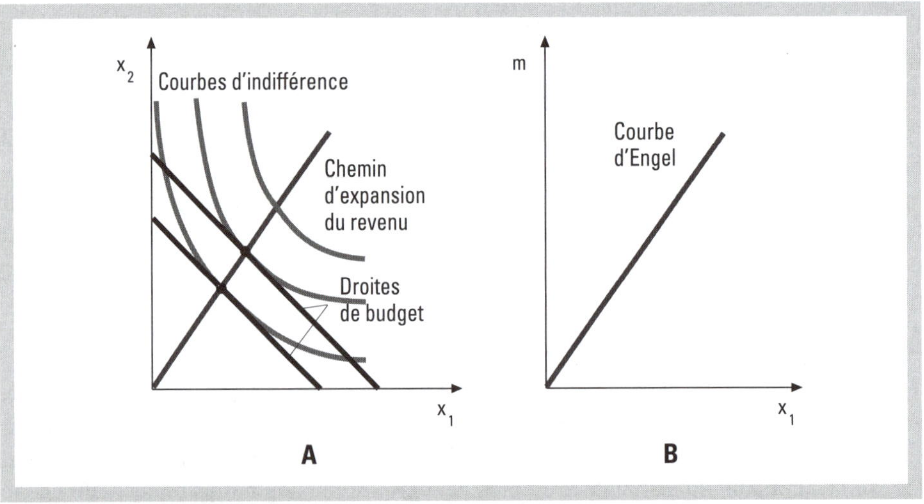

Figure 6.7 ***Les préférences homothétiques.***

Le chemin d'expansion du revenu (A) et la courbe d'Engel (B) pour des préférences homothétiques.

Les préférences homothétiques sont très utiles pour illustrer certaines analyses par des exemples parce que les effets de revenu sont très simples. Mais pour la même raison, elles ne sont malheureusement pas très réalistes !

Les préférences quasi linéaires

Les préférences quasi linéaires impliquent également une forme particulière pour le chemin d'expansion du revenu et les courbes d'Engel. Rappelons tout d'abord la définition des préférences quasi linéaires donnée au chapitre 4. C'est une situation dans laquelle toutes les courbes d'indifférence sont obtenues par simple « déplacement » vertical d'une courbe d'indifférence particulière (voir figure 6.8). En d'autres termes, la fonction d'utilité a la forme suivante : $u(x_1, x_2) = v(x_1) + x_2$. Que se passe-t-il si nous déplaçons la droite de budget vers le haut ? Si une courbe d'indifférence est tangente à la droite de budget en un panier (x_1^*, x_2^*), une autre courbe d'indifférence doit être tangente en $(x_1^*, x_2^* + k)$ pour toute constante k. L'augmentation de revenu ne modifie pas du tout la demande de bien 1 et la totalité du revenu supplémentaire est consacrée à la consommation de bien 2. Si les préférences sont quasi linéaires, nous disons parfois que « l'effet de revenu est nul » pour le bien 1. La courbe d'Engel pour ce bien est par conséquent une droite verticale : quand le revenu augmente, la demande pour le bien 1 reste inchangée.

Dans quelle situation pourrait-on observer un tel comportement ? Supposons que le bien 1 corresponde à la quantité de crayons consommée et que le bien 2 représente l'argent disponible pour les autres biens. Au départ il se peut que je consacre la totalité de mon revenu à l'achat de crayons, mais quand mon revenu augmente suffisamment, je cesse d'acheter des crayons supplémentaires et la totalité de l'augmentation de mon revenu

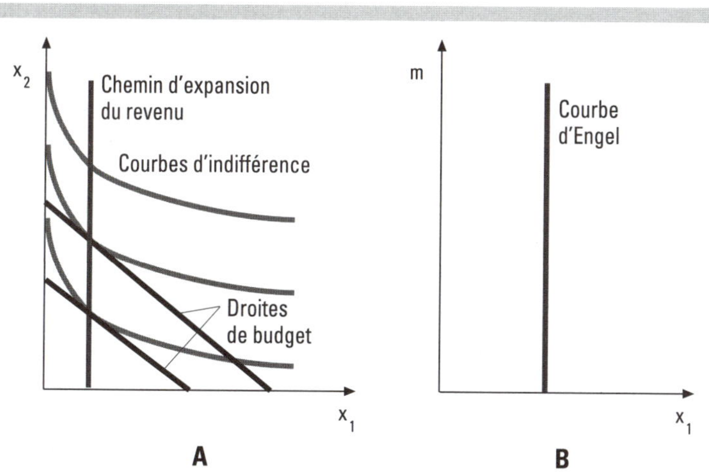

Figure 6.8 ***Les préférences quasi linéaires.***

Le chemin d'expansion du revenu (A) et la courbe d'Engel (B) pour des préférences quasi linéaires.

est consacrée aux autres biens. D'autres exemples pourraient être le sel ou le dentifrice. Quand nous étudions le choix entre un bien particulier qui représente une part négligeable du budget du consommateur et tous les autres biens, l'hypothèse de quasi linéarité peut être acceptable, du moins quand le revenu du consommateur est suffisamment élevé.

6.4 LES BIENS ORDINAIRES ET LES BIENS DE GIFFEN

Considérons maintenant les variations de prix. Supposons une diminution du prix du bien 1, le prix du bien 2 et le revenu restant inchangés. Quelle est la variation de la quantité demandée de bien 1 ? L'intuition nous dit que la demande de bien 1 devrait augmenter quand son prix diminue. Il s'agit en fait du cas habituel illustré à la figure 6.9.

Quand le prix du bien 1 diminue, la droite de budget s'aplatit. En d'autres termes, l'ordonnée à l'origine reste inchangée et l'abscisse se déplace vers la droite. À la figure 6.9, le choix optimal de bien 1 se déplace également vers la droite : la quantité demandée de ce bien augmente. Mais en est-il toujours ainsi ? La demande d'un bien doit-elle toujours augmenter quand le prix diminue, quel que soit le type de préférences du consommateur ?

La réponse est en fait négative. Il est théoriquement possible de trouver des préférences d'allure normale pour lesquelles une diminution du prix du bien 1 entraîne une réduction de la demande de ce bien. Un tel type de bien est appelé un **bien de Giffen** d'après le nom de l'économiste qui le premier, au XIXe siècle, mit en exergue cette possibilité. Un exemple est donné à la figure 6.10.

Comment expliquer un tel comportement en termes économiques ? Quel type de préférences peut engendrer le comportement particulier illustré à la figure 6.10 ? Supposons que vous consommiez de la soupe et du lait. Vous consommez actuellement 7 bols de soupe et 7 tasses de lait par semaine. Le prix de la soupe vient à diminuer. Si vous continuez à consommer 7 bols de soupe par semaine, il vous restera de l'argent pour acheter davantage de lait. En fait, avec l'argent économisé suite à la diminution du prix de la soupe, vous pourriez décider de consommer encore plus de lait et de réduire votre consommation de soupe. La baisse du prix de la soupe a libéré de l'argent qui peut être consacré aux autres biens. Mais avec ce pouvoir d'achat supplémentaire, vous pourriez éventuellement décider de réduire votre consommation de soupe ! La variation du prix est dans une certaine mesure *équivalente* à une variation de revenu. Bien que le revenu *nominal* reste constant, une modification du prix d'un bien affecte le pouvoir d'achat et par conséquent, la demande.

Le cas des biens de Giffen est donc envisageable d'un point de vue théorique, mais il est peu vraisemblable. La plupart des biens sont des biens ordinaires dont la demande diminue quand le prix augmente. Nous verrons par la suite pourquoi il en est ainsi.

Par ailleurs, ce n'est pas par hasard que nous avons utilisé la soupe comme exemple à la fois d'un bien inférieur et d'un bien de Giffen. Il existe une relation très étroite entre ces deux types de biens comme nous le verrons dans un chapitre ultérieur.

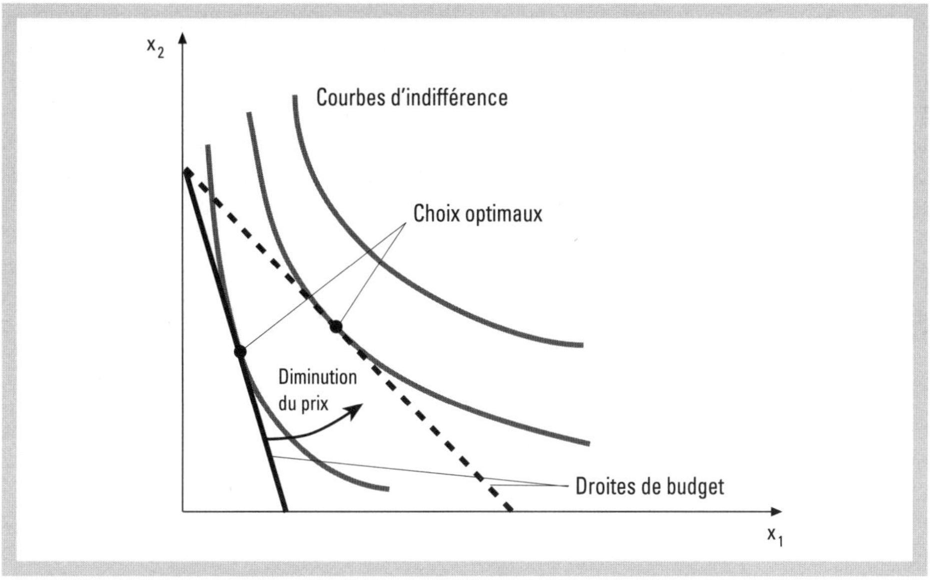

Figure 6.9 ***Un bien ordinaire.***

Ordinairement, la demande d'un bien augmente quand son prix diminue.

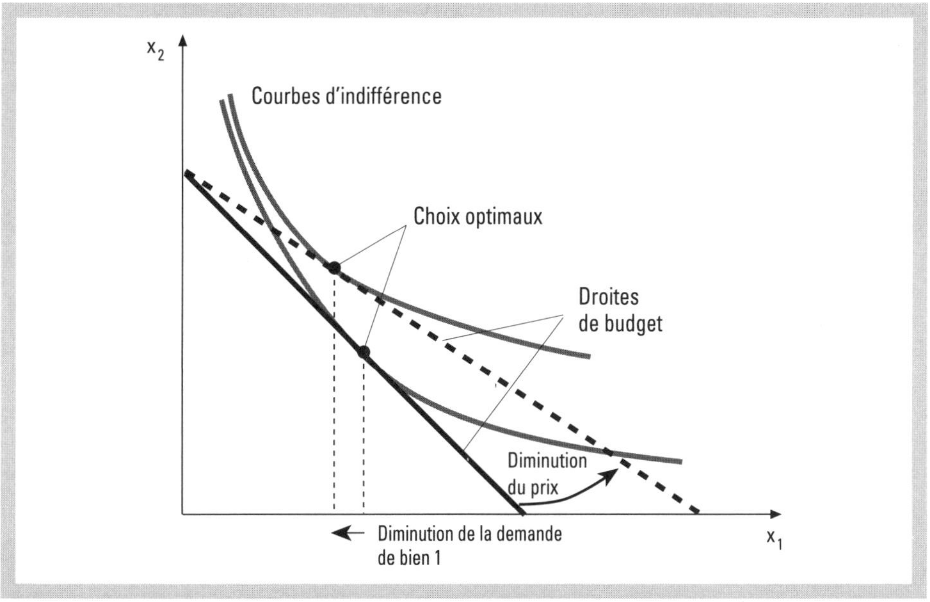

Figure 6.10 ***Un bien de Giffen.***

La diminution du prix du bien 1 entraîne une réduction de la demande de ce bien.

À ce stade, notre présentation de la théorie du consommateur peut vous donner l'impression que presque tout peut arriver : si le revenu augmente, la demande d'un bien peut augmenter ou diminuer et, si le prix augmente, la demande peut croître ou décroître. La théorie du consommateur est-elle compatible avec *n'importe quel* type de comportement ? Ou au contraire, le modèle économique du consommateur exclut-il certains types de comportement ? En fait, le modèle de maximisation *impose* des restrictions sur le comportement des consommateurs. Ces restrictions seront examinées dans le chapitre suivant.

6.5 LE CHEMIN D'EXPANSION DU PRIX ET LA COURBE DE DEMANDE

Supposons que le prix du bien 1 se modifie et que le prix du bien 2 et le revenu restent inchangés. Graphiquement, cela signifie que la droite de budget pivote. Nous pouvons joindre les différents points optimaux pour tracer le **chemin d'expansion du prix**. Cette courbe est illustrée à la figure 6.11A. Elle représente les paniers demandés aux différents prix.

Cette évolution peut être représentée autrement. En maintenant à nouveau constants le prix du bien 2 et le revenu, nous pouvons indiquer le niveau optimal de consommation de bien 1 correspondant aux différentes valeurs de p_1. Nous obtenons ainsi la **courbe de demande** reproduite à la figure 6.11B. La courbe de demande représente la fonction de demande $x_1(p_1, p_2, m)$ quand p_2 et m sont fixés à des niveaux prédéterminés.

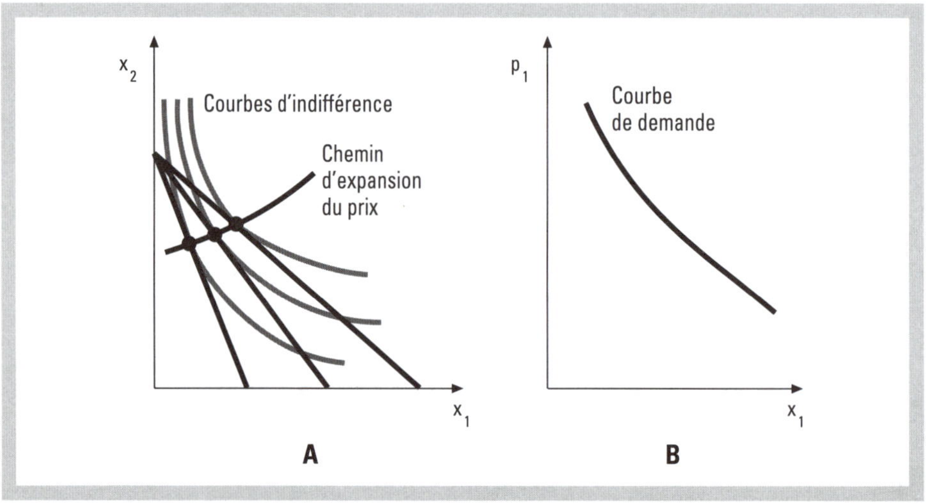

Figure 6.11 ***Le chemin d'expansion du prix et la courbe de demande.***

La partie A présente un chemin d'expansion du prix qui donne les choix optimaux quand le prix du bien 1 se modifie. La partie B présente la courbe de demande correspondante. Celle-ci relie la quantité optimale de bien 1 à son prix.

Ordinairement, quand le prix d'un bien augmente, la demande pour ce bien diminue. Le prix et la quantité d'un bien varient donc en sens *opposé*, ce qui implique que la courbe de demande a généralement une pente négative. En termes de taux de variation, nous avons donc en général

$$\frac{\Delta x_1}{\Delta p_1} < 0.$$

Cette expression signifie simplement que les courbes de demande ont généralement une pente négative.

Toutefois, nous avons vu que, dans le cas des biens de Giffen, la demande pour un bien peut diminuer quand son prix décroît. Il est dès lors possible, quoique peu fréquent, qu'une courbe de demande ait une pente positive.

6.6 QUELQUES EXEMPLES

Examinons quelques exemples de courbes de demande en utilisant les types de préférences étudiés au chapitre 3.

Les substituts parfaits

Le chemin d'expansion du prix et la courbe de demande pour des substituts parfaits (le cas des crayons rouges et des crayons bleus) sont illustrés à la figure 6.12. Comme nous

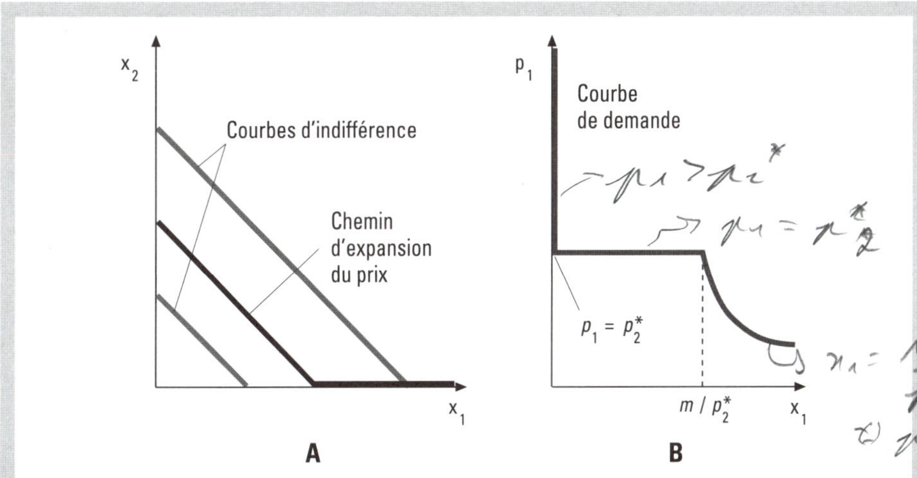

Figure 6.12 ***Les substituts parfaits.***

Le chemin d'expansion du prix (A) et la courbe de demande (B) pour des substituts parfaits.

l'avons vu au chapitre 5, la demande pour le bien 1 est nulle quand $p_1 > p_2$, elle peut prendre n'importe quelle valeur sur la droite de budget quand $p_1 = p_2$ et elle vaut m/p_1 quand $p_1 < p_2$. Le chemin d'expansion du prix représente ces diverses possibilités.

Pour déterminer la courbe de demande, nous maintenons constant le prix du bien 2 à un niveau p_2^* et nous traçons la demande de bien 1 en fonction de son prix. Nous obtenons ainsi la courbe reproduite à la figure 6.12B.

Les compléments parfaits

Le cas des compléments parfaits (l'exemple des souliers droits et des souliers gauches) est illustré à la figure 6.13. Nous savons que, quels que soient les prix, un consommateur demande des quantités identiques des deux biens. Son chemin d'expansion du prix correspond par conséquent à la bissectrice de la figure 6.13A.

Nous avons vu au chapitre 5 que la demande de bien 1 est égale à

$$x_1 = \frac{m}{p_1 + p_2}.$$

En maintenant p_2 et m constants et en traçant la relation entre x_1 et p_1, nous obtenons la courbe reproduite à la figure 6.13B.

Un bien discret

Supposons que le bien 1 soit un bien discret. Si p_1 est très élevé, le consommateur préfère ne pas acheter de ce bien ; si p_1 est suffisamment faible, il en achète une unité. À un certain

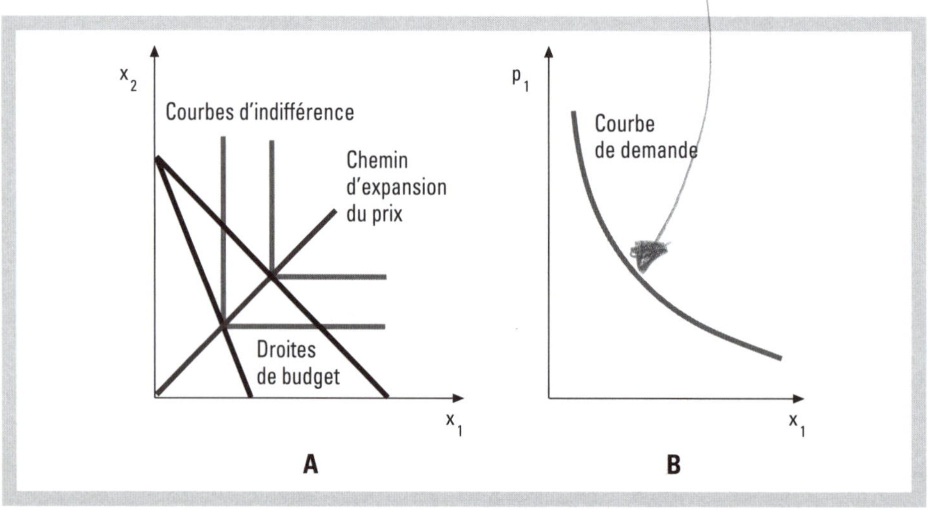

Figure 6.13 ***Les compléments parfaits.***

Le chemin d'expansion du prix (A) et la courbe de demande (B) pour des compléments parfaits.

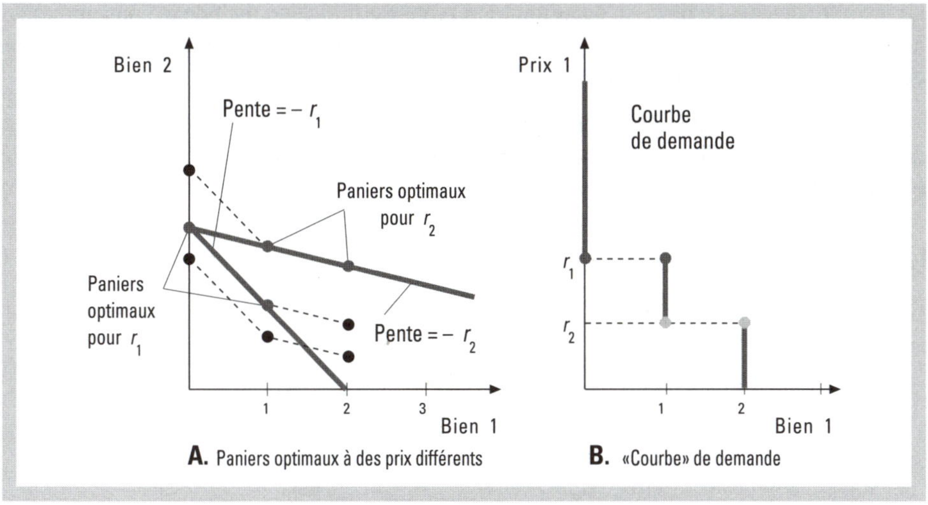

Figure 6.14 ***Un bien discret.***

À mesure qu'on considère des prix de plus en plus faibles pour le bien 1, on finit par rencontrer un prix, le prix de réserve, auquel le consommateur est indifférent entre le fait d'acheter ou non du bien 1. Si le prix continue à diminuer, il demandera davantage d'unités du bien discret.

prix r_1, l'individu est indifférent entre le fait d'acheter ou de ne pas acheter du bien 1. Le prix correspondant à cette situation d'indifférence est appelé le **prix de réserve**[1]. Les courbes d'indifférence et la courbe de demande sont illustrées à la figure 6.14.

Cette figure indique clairement que le comportement de demande peut être décrit comme une séquence de prix de réserve pour lesquels le consommateur est indifférent vis-à-vis de l'achat d'une unité supplémentaire du bien. Au prix r_1, il désire acquérir une unité ; si le prix diminue et devient r_2, il achète une seconde unité et ainsi de suite.

Ces prix peuvent être définis à partir de la fonction d'utilité. Par exemple, r_1 est le prix auquel il est indifférent pour l'individu d'acheter 0 ou 1 unité de bien 1 ; ce prix doit dès lors satisfaire l'équation suivante :

$$u(0, m) = u(1, m - r_1). \tag{6.1}$$

De même, r_2 doit respecter l'équation

$$u(1, m - r_2) = u(2, m - 2r_2). \tag{6.2}$$

[1] Ce terme provient des marchés de vente aux enchères. Quand quelqu'un désirait vendre quelque chose aux enchères, il fixait en général un prix minimum auquel il était disposé à vendre le bien. Si la meilleure offre était inférieure à ce prix fixé, le vendeur se réservait le droit d'acheter lui-même le bien. On a appelé ce prix, le prix de réserve du vendeur et ce terme a été utilisé par la suite pour désigner le prix auquel quelqu'un est disposé à acheter ou vendre un bien.

Le membre de gauche de cette équation représente l'utilité découlant de la consommation d'une unité de bien 1 au prix r_2 et le membre de droite, l'utilité correspondant à la consommation de deux unités au prix r_2.

Si la fonction d'utilité est quasi linéaire, les formules qui définissent les prix de réserve se simplifient. Si $u(x_1, x_2) = v(x_1) + x_2$ et $v(0) = 0$, nous pouvons écrire l'équation (6.1) comme suit :

$$v(0) + m = m = v(1) + m - r_1.$$

Puisque $v(0) = 0$, nous pouvons résoudre cette équation pour r_1 :

$$r_1 = v(1). \tag{6.3}$$

De même, nous pouvons écrire l'équation (6.2) de la façon suivante :

$$v(1) + m - r_2 = v(2) + m - 2r_2.$$

Ceci nous donne

$$r_2 = v(2) - v(1).$$

En procédant de la même façon, le prix de réserve pour la troisième unité est égal à

$$r_3 = v(3) - v(2).$$

Et ainsi de suite.

Le prix de réserve mesure chaque fois l'augmentation d'utilité nécessaire pour inciter le consommateur à consommer une unité supplémentaire du bien. Nous pouvons dire, en termes approximatifs, que les prix de réserve mesurent les utilités marginales associées aux différents niveaux de consommation de bien 1. L'hypothèse d'utilité marginale décroissante implique que la séquence des prix de réserve doit décroître : $r_1 > r_2 > r_3 \ldots$

La structure particulière de la fonction d'utilité quasi linéaire explique que les prix de réserve ne dépendent pas de la consommation de bien 2. Il s'agit là évidemment d'un cas particulier, mais il simplifie grandement la description du comportement de demande. Il suffit de voir où se situe un prix p donné dans la liste des prix de réserve. Supposons par exemple qu'il soit compris entre r_6 et r_7. Le fait que p soit inférieur à r_6 signifie que le consommateur est disposé à acheter 6 unités de bien 1 à un prix de p euros et $p > r_7$ implique que l'individu ne désire pas payer p euros pour acheter une septième unité de ce bien.

Ce raisonnement intuitif peut être vérifié analytiquement. Supposons que le consommateur demande 6 unités de bien 1. Nous désirons démontrer que nous avons dans ce cas, $r_6 \geqslant p \geqslant r_7$.

Si le consommateur maximise son utilité, nous avons nécessairement

$$u(6)+m-6p \geqslant u(x_1)+m-px_1$$

pour toute valeur possible de x_1. En particulier, nous devons avoir

$$u(6)+m-6p \geqslant u(5)+m-5p.$$

En transformant cette équation, nous obtenons

$$r_6 = u(6)-u(5) \geqslant p.$$

C'est la première inégalité que nous désirions vérifier.

Par le même raisonnement,

$$u(6)+m-6p \geqslant u(7)+m-7p.$$

Après transformations, nous obtenons

$$p \geqslant u(7)-u(6) = r_7.$$

Nous avons ainsi établi l'autre inégalité.

6.7 LES SUBSTITUTS ET LES COMPLÉMENTS

Nous avons déjà employé les termes « substituts » et « compléments », mais il est maintenant utile d'en donner une définition précise. Puisque nous avons déjà étudié à plusieurs reprises le cas des substituts et des compléments *parfaits*, il paraît logique de considérer maintenant le cas des « imparfaits ».

Examinons tout d'abord les substituts. Nous avons dit que les crayons rouges et les crayons bleus pouvaient être considérés comme des substituts parfaits, du moins pour quelqu'un qui ne se préoccupe pas de la couleur de ses crayons. Mais qu'en est-il pour les crayons et les stylos ? C'est un exemple de substituts imparfaits. C'est-à-dire que les stylos et les crayons sont, jusqu'à un certain point, substituables bien qu'ils ne soient pas des substituts aussi parfaits que les crayons rouges par rapport aux crayons bleus.

De même, nous avons dit que les souliers droits et les souliers gauches étaient des compléments parfaits. Mais qu'en est-il si nous considérons une paire de souliers par rapport à une paire de chaussettes ? Les souliers droits et les souliers gauches sont presque toujours consommés ensemble tandis que les souliers et les chaussettes sont *habituellement* consommés ensemble. Les biens complémentaires sont des biens qui, comme les souliers et les chaussettes, sont généralement, mais pas toujours, consommés ensemble.

Maintenant que nous avons exposé l'idée de base des compléments et substituts, nous pouvons en donner une définition économique précise. Rappelons que la demande de bien 1 par exemple, est généralement fonction du prix des deux biens ; c'est pourquoi nous écrivons $x_1(p_1, p_2, m)$. Nous pouvons dès lors nous demander quel est l'impact sur la demande de bien 1 d'une variation du prix du bien 2 : la demande va-t-elle augmenter ou diminuer ?

Si la demande de bien 1 augmente quand le prix du bien 2 s'accroît, nous disons que le bien 1 est un **substitut** du bien 2. En termes de taux de variation, le bien 1 est un substitut du bien 2 si

$$\frac{\Delta x_1}{\Delta p_2} > 0.$$

L'idée est ici que le consommateur se tourne vers la consommation de bien 1 quand le bien 2 devient plus cher ; il *substitue* le bien moins cher au bien devenu plus cher.

Par contre, si la demande de bien 1 diminue quand le prix du bien 2 augmente, nous disons que le bien 1 est un **complément** du bien 2. Cela signifie que

$$\frac{\Delta x_1}{\Delta p_2} < 0.$$

Les compléments sont des biens qui sont consommés ensemble, comme le café et le sucre, de sorte que la consommation des deux biens tend à diminuer quand le prix d'un des biens augmente.

Le cas des substituts et des compléments parfaits illustrent bien ces définitions : $\Delta x_1 / \Delta p_2$ est positif (ou nul) pour les substituts parfaits et négatif pour les compléments parfaits.

À ce stade de l'analyse, il convient de formuler deux remarques. Tout d'abord, le cas de deux biens est assez particulier en ce qui concerne les compléments et les substituts. Puisque le revenu est fixe, si le consommateur dépense plus pour le bien 1, il doit dépenser moins pour le bien 2. Cela entraîne certaines restrictions quant aux types de comportements possibles. Par contre, quand il y a plus que deux biens, ces restrictions ne sont guère importantes.

Par ailleurs, bien qu'il semble judicieux de définir les substituts et les compléments sur base du comportement de demande des consommateurs, cela soulève quelques difficultés dans des environnements économiques plus généraux. Par exemple, si nous utilisons les définitions données ci-dessus dans des situations comportant plus que deux biens, il est parfaitement possible que le bien 1 soit un substitut du bien 3, mais que le bien 3 soit un complément du bien 1. À cause de ces situations particulières, on utilise généralement dans les analyses plus poussées une définition quelque peu différente des substituts et des compléments. Les définitions données précédemment correspondent en fait à ce que l'on appelle les **substituts bruts** et les **compléments bruts** ; elles suffisent à nos besoins.

6.8 LA FONCTION DE DEMANDE INVERSE

Si nous maintenons p_2 et m fixes et que nous représentons la relation entre x_1 et p_1, nous obtenons la **courbe de demande**. Celle-ci est généralement envisagée comme une relation décroissante (des prix plus élevés entraînant une réduction de la demande) bien que le contraire puisse être observé dans le cas des biens de Giffen.

Quand la courbe de demande est décroissante, ce qui est généralement le cas, il est intéressant de considérer **la fonction de demande inverse**. La fonction de demande inverse exprime le prix en fonction de la quantité. Autrement dit, pour chaque niveau de demande de bien 1, la fonction de demande inverse mesure le prix du bien 1 nécessaire pour que le consommateur choisisse ce niveau de consommation. Cette fonction mesure donc la même relation que la fonction de demande directe mais simplement sous un autre angle. La figure 6.15 reproduit une fonction de demande inverse ou une fonction de demande directe selon le point de vue adopté.

Reprenons, par exemple, la fonction de demande Cobb-Douglas pour le bien 1 : $x_1 = am/p_1$. Nous pourrions aussi écrire la relation entre le prix et la quantité de la façon suivante : $p_1 = am/x_1$. La première expression correspond à la fonction de demande directe et la seconde à la fonction de demande inverse.

La fonction de demande inverse a une interprétation économique intéressante. Rappelons que tant que les quantités consommées des deux biens sont positives, le choix

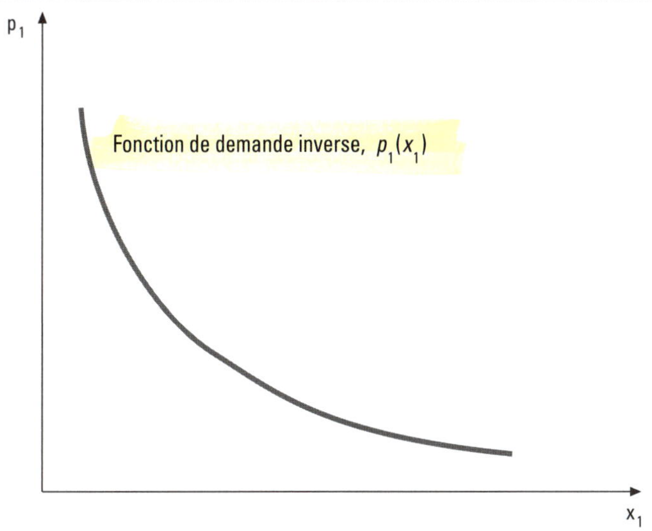

Figure 6.15 ***La fonction de demande inverse.***

Si nous interprétons la fonction de demande comme exprimant le prix en fonction de la quantité, nous avons une fonction de demande inverse.

optimal doit respecter la condition d'égalité entre le taux marginal de substitution et le rapport des prix :

$$|\text{TmS}| = \frac{p_1}{p_2}.$$

Cela implique que, par exemple, au niveau optimal de la demande de bien 1, nous devons avoir

$$p_1 = p_2|\text{TmS}|. \tag{6.4}$$

Le prix du bien 1 doit donc être proportionnel à la valeur absolue du taux marginal de substitution entre les deux biens.

Supposons pour simplifier, le prix du bien 2 égal à l'unité. L'équation (6.4) nous dit qu'au niveau optimal de la demande, le prix du bien 1 mesure la quantité de bien 2 à laquelle l'individu est prêt à renoncer pour obtenir un peu plus de bien 1. Dans ce cas, la fonction de demande inverse mesure simplement la valeur absolue du TmS. Pour tout niveau optimal de x_1, la fonction de demande inverse nous donne la quantité de bien 2 que le consommateur désire obtenir en compensation d'une petite réduction de bien 1. Ou, en inversant le raisonnement, la fonction de demande inverse mesure la quantité de bien 2 que le consommateur est prêt à sacrifier suite à une petite augmentation de bien 1 pour conserver le même niveau de satisfaction.

Si le bien 2 représente le montant consacré aux autres biens, nous pouvons interpréter le taux marginal de substitution comme le nombre d'euros auxquels l'individu est prêt à renoncer pour obtenir un petit peu plus de bien 1. Nous avons suggéré antérieurement que, dans ce cas, le taux marginal de substitution mesure la propension marginale à payer. Puisque le prix du bien 1 est ici égal au TmS, le prix du bien 1 mesure lui-même la propension marginale à payer.

Pour chaque quantité x_1, la fonction de demande inverse mesure la quantité d'euros que le consommateur est disposé à donner pour avoir un peu plus de bien 1 ; ou, alternativement, la quantité d'euros que le consommateur était disposé à donner pour la dernière unité de bien 1 qu'il a achetée. Pour une quantité suffisamment petite de bien 1, ces deux définitions sont équivalentes.

Interprétée de cette façon, la courbe de demande inverse a une nouvelle signification. Quand la quantité x_1 est très petite, le consommateur est prêt à donner une forte somme, c'est-à-dire à renoncer à beaucoup d'autres biens, pour obtenir un petit peu plus de bien 1. À mesure que x_1 s'accroît, le consommateur est disposé à donner un montant moins important à la marge pour acquérir un peu plus de bien 1. Par conséquent, la propension marginale à payer, c'est-à-dire la propension marginale à sacrifier du bien 2 pour du bien 1, diminue à mesure que la consommation de bien 1 augmente.

RÉSUMÉ

1. La fonction de demande du consommateur pour un bien dépend en général du prix de tous les biens et du revenu.

2. Un bien normal est un bien dont la demande augmente quand le revenu s'accroît. Un bien inférieur est un bien dont la demande diminue quand le revenu s'accroît.

3. Un bien ordinaire est un bien dont la demande décroît quand son prix augmente. Un bien de Giffen est un bien dont la demande croît quand son prix augmente.

4. Si la demande de bien 1 augmente quand le prix du bien 2 s'accroît, le bien 1 est un substitut du bien 2. Si la demande de bien 1 diminue quand le prix du bien 2 s'accroît, le bien 1 est un complément du bien 2.

5. La fonction de demande inverse mesure le prix auquel une quantité donnée est demandée. La hauteur de la courbe de demande pour un niveau donné de consommation mesure la propension marginale à payer pour une unité additionnelle du bien à ce niveau de consommation.

PROBLÈMES À RÉSOUDRE

6.1 Si l'individu ne consomme que deux biens et dépense la totalité de son revenu, les deux biens peuvent-ils être tous les deux des biens inférieurs ?

6.2 Montrez que les substituts parfaits constituent un exemple de préférences homothétiques.

6.3 Montrez que les préférences Cobb-Douglas constituent un exemple de préférences homothétiques.

6.4 Le chemin d'expansion du revenu est à la courbe d'Engel ce que le chemin d'expansion du prix est à... ?

6.5 Si les préférences sont concaves, l'individu consommera-t-il toujours simultanément des deux biens ?

6.6 Les hamburgers et les petits pains sont-ils des substituts ou des compléments ?

6.7 Quelle est la forme de la fonction de demande inverse pour le bien 1 si les deux biens sont des compléments parfaits ?

6.8 Vrai ou faux ? Si la fonction de demande est $x_1 = -p_1$, la fonction de demande inverse est $x = -\frac{1}{p_1}$.

ANNEXE

Quand les préférences revêtent une forme particulière, les fonctions de demande qui en découlent ont également une forme particulière. Au chapitre 4, nous avons décrit les préférences quasi linéaires. Ce type de préférences implique des courbes d'indifférence parallèles les unes aux autres. Elles peuvent être représentées par une fonction d'utilité de la forme

$$u(x_1, x_2) = v(x_1) + x_2.$$

Le problème de maximisation pour cette fonction d'utilité s'écrit comme suit :

$$\max_{x_1, x_2} \; v(x_1) + x_2$$

$$\text{s.c. } p_1 x_1 + p_2 x_2 = m.$$

En exprimant x_2 en fonction de x_1 sur base de la contrainte budgétaire et en substituant cette expression dans la fonction d'objectif, nous obtenons

$$\max_{x_1} \; v(x_1) + m/p_2 - p_1 x_1/p_2.$$

Par différentiation, nous dégageons la condition du premier ordre

$$v'(x_1^*) = \frac{p_1}{p_2}.$$

La fonction de demande du bien 1 possède une propriété intéressante : elle doit être indépendante du revenu comme nous l'avons vu à partir des courbes d'indifférence. La courbe de demande inverse s'écrit comme suit :

$$p_1(x_1) = v'(x_1) p_2.$$

La fonction de demande inverse pour le bien 1 est donc la dérivée de la fonction d'utilité multipliée par p_2. Lorsque nous avons la fonction de demande pour le bien 1, celle pour le bien 2 se déduit directement de la contrainte budgétaire.

Calculons par exemple les fonctions de demande pour la fonction d'utilité suivante :

$$u(x_1, x_2) = \ln x_1 + x_2.$$

L'application de la condition du premier ordre nous donne

$$\frac{1}{x_1} = \frac{p_1}{p_2}.$$

La fonction de demande directe pour le bien 1 est

$$x_1 = \frac{p_2}{p_1}$$

et la fonction de demande inverse est

$$p_1(x_1) = \frac{p_2}{x_1}.$$

La fonction de demande directe pour le bien 2 s'obtient en substituant $x_1 = p_2/p_1$ dans la contrainte budgétaire :

$$x_2 = \frac{m}{p_2} - 1.$$

Il convient de formuler une remarque au sujet de ces fonctions de demande. Dans cet exemple, la demande pour le bien 1 est indépendante du revenu. Il s'agit là d'une propriété générale des fonctions de demande quasi linéaires : la demande pour le bien 1 reste constante quand le revenu varie. Néanmoins, ce n'est vrai que pour certaines valeurs du revenu. Une fonction de demande ne peut pas être indépendante du revenu *quel que soit celui-ci* ; après tout, si le revenu est nul, toutes les demandes sont nulles. La fonction de demande quasi linéaire dérivée ci-dessus n'est valable que si une quantité positive de chaque bien est consommée.

Dans cet exemple, si $m < p_2$, la consommation optimale de bien 2 est nulle. À mesure que le revenu s'accroît, l'utilité marginale de la consommation de bien 1 décroît. Quand $m = p_2$, l'utilité marginale de la dépense d'un revenu supplémentaire pour acquérir du bien 1 est exactement égale à l'utilité marginale de la dépense d'un revenu supplémentaire pour acquérir du bien 2. Au-delà de ce niveau, le consommateur dépense la totalité de son revenu supplémentaire pour acquérir du bien 2.

Dès lors la meilleure façon de définir la demande de bien 2 est

$$x_2 = \begin{cases} 0 & \text{quand } m \leqslant p_2 \\ \dfrac{m}{p_2} - 1 & \text{quand } m > p_2 \end{cases}$$

Pour une analyse plus approfondie des fonctions de demande quasi linéaires, voir Varian, Hal, *Microeconomic analysis*, New York, Norton, 1992 (3ème édition).

7

LES PRÉFÉRENCES RÉVÉLÉES

Au chapitre 6, nous avons vu comment utiliser les informations concernant les préférences et la contrainte budgétaire du consommateur pour déterminer sa demande. Dans ce chapitre, nous inversons la démarche ; nous allons montrer comment utiliser les informations sur la demande du consommateur pour obtenir des renseignements concernant ses préférences. Jusqu'à présent, nous avons examiné ce que les préférences impliquent au niveau du comportement des individus. Mais en réalité, les préférences ne sont pas directement observables : nous devons découvrir les préférences des individus en observant leur comportement. Nous allons développer dans ce chapitre quelques instruments permettant de mener à bien une telle analyse.

Pour déterminer les préférences des individus en observant leur comportement, nous devons supposer que les préférences restent inchangées au cours de la période d'observation. Sur de très longues périodes, cette hypothèse n'est pas très réaliste. Mais pendant un mois ou un trimestre, qui sont les périodes généralement considérées par les économistes, il semble peu probable que les goûts du consommateur changent radicalement. Nous adopterons dès lors l'hypothèse que les préférences du consommateur sont stables au cours de la période pendant laquelle nous observons son comportement.

7.1 LE CONCEPT DES PRÉFÉRENCES RÉVÉLÉES

Nous admettrons dans ce chapitre que les préférences — quelles qu'elles soient — sont strictement convexes. Ceci implique qu'il n'y a qu'un *seul* panier demandé pour chaque budget. Cette hypothèse n'est pas nécessaire pour expliquer la théorie des préférences révélées, mais elle en facilite l'exposé.

Considérons la figure 7.1. Nous y avons représenté le panier (x_1, x_2) demandé par le consommateur et un autre panier quelconque (y_1, y_2) qui est en dessous de sa droite de budget. Supposons que ce consommateur optimise son comportement comme nous l'avons étudié précédemment. Que pouvons-nous dire des préférences du consommateur concernant ces deux paniers de biens ?

Le panier (y_1, y_2) est clairement accessible étant donné le budget du consommateur : celui-ci aurait pu l'acheter s'il l'avait voulu ; il lui serait même resté de l'argent. Puisque (x_1, x_2) est le panier *optimal*, il doit être meilleur que tous les autres paniers que le consommateur peut acquérir. En particulier, il doit être meilleur que (y_1, y_2).

Le même raisonnement peut être tenu pour tout autre panier situé sur ou en dessous de la droite de budget. Puisque les autres paniers *auraient pu* être achetés avec le même budget mais qu'ils ne l'ont pas été, celui qui *a été* finalement acheté doit être le meilleur. C'est ici que nous utilisons l'hypothèse d'*unicité* du panier demandé pour chaque budget. Si les préférences ne sont pas strictement convexes, c'est-à-dire si les courbes d'indifférence contiennent des segments de droite, il se peut que d'autres paniers situés sur la droite de budget soient aussi bons que le panier demandé. Cette complication peut être surmontée sans trop de difficultés, mais il est plus simple de l'écarter.

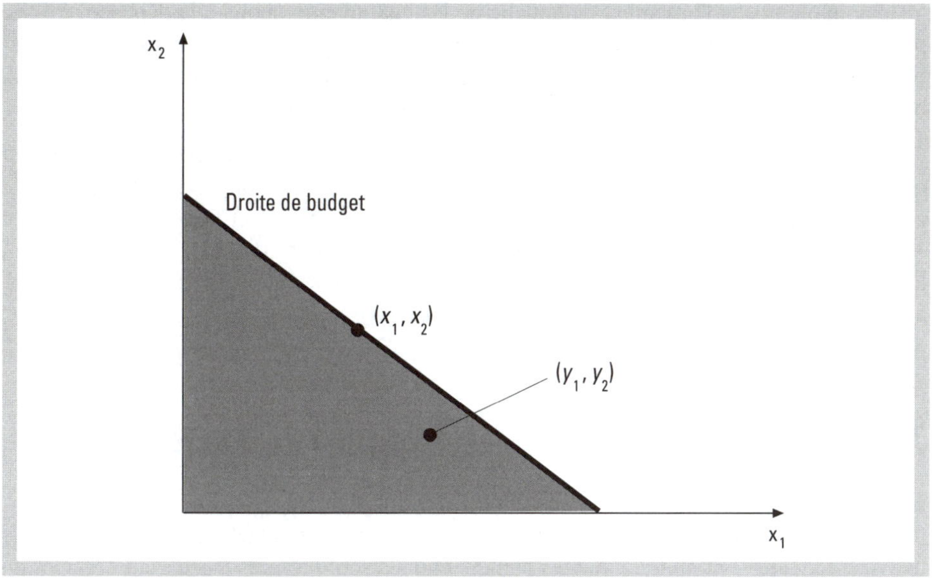

Figure 7.1 ***Les préférences révélées.***

Le panier (x_1, x_2) choisi par le consommateur est révélé préféré au panier (y_1, y_2) qui aurait pu être choisi.

À la figure 7.1, tous les paniers situés dans la zone grisée, en dessous de la droite de budget, sont moins bons que le panier demandé (x_1, x_2). En effet, ils auraient pu être choisis, mais ils ont été rejetés au profit de (x_1, x_2). Nous pouvons traduire cette discussion graphique des préférences révélées en termes algébriques.

Soit (x_1, x_2), le panier acheté aux prix (p_1, p_2) par un consommateur ayant un revenu m. Que signifie le fait que (y_1, y_2) soit accessible à ces prix et à ce revenu ? Simplement que (y_1, y_2) respecte la contrainte budgétaire :

$$p_1 y_1 + p_2 y_2 \leqslant m.$$

Puisque le panier (x_1, x_2) est effectivement acheté étant donné le budget considéré, il doit satisfaire strictement la contrainte budgétaire :

$$p_1 x_1 + p_2 x_2 = m.$$

En réunissant ces deux expressions, dire que (y_1, y_2) est accessible pour un budget (p_1, p_2, m) signifie que

$$p_1 x_1 + p_2 x_2 \geqslant p_1 y_1 + p_2 y_2.$$

Si cette inégalité est vérifiée et que (y_1, y_2) est un panier différent de (x_1, x_2), nous dirons que (x_1, x_2) est **directement révélé préféré** à (y_1, y_2).

Notons que le membre de gauche de l'inégalité correspond à la dépense réalisée pour acheter le panier *effectivement choisi* aux prix (p_1, p_2). Les préférences révélées établissent donc une relation entre le panier effectivement demandé étant donné un certain budget et les paniers qui *auraient pu être* achetés avec le même budget.

L'expression « préférences révélées » est quelque peu trompeuse. À proprement parler, ceci n'a rien à voir avec les préférences. Cependant, nous avons vu que, si le consommateur optimise ses choix, les deux idées sont étroitement liées. Au lieu de dire « X est révélé préféré à Y », il serait plus judicieux de dire « X est choisi par rapport à Y ». Dire que X est révélé préféré à Y signifie tout simplement que X est choisi alors que Y aurait pu l'être, c'est-à-dire que $p_1x_1 + p_2x_2 \geqslant p_1y_1 + p_2y_2$.

7.2 DES PRÉFÉRENCES RÉVÉLÉES AUX PRÉFÉRENCES

Nous pouvons résumer la section précédente très simplement. Notre modèle du comportement du consommateur — les gens choisissent les meilleurs paniers parmi ceux qu'ils peuvent acquérir — implique que les paniers choisis sont préférés à ceux qui auraient pu l'être. Ou, en utilisant les termes de la section précédente, si (x_1, x_2) est *directement révélé préféré* à (y_1, y_2), (x_1, x_2) est en fait *préféré* à (y_1, y_2).

Énonçons ce principe de façon plus formelle :

Le principe des préférences révélées. *Soit* (x_1, x_2), *le panier choisi aux prix* (p_1, p_2) *et* (y_1, y_2), *un autre panier tel que* $p_1x_1 + p_2x_2 \geqslant p_1y_1 + p_2y_2$. *Si le consommateur choisit le panier qu'il préfère parmi ceux qu'il peut acquérir, il faut que* $(x_1, x_2) \succ (y_1, y_2)$.

À première vue, ce raisonnement peut paraître circulaire. Si X est révélé préféré à Y, cela ne signifie-t-il pas automatiquement que X est préféré à Y ? La réponse est négative. « Révélé préféré » signifie seulement que X a été choisi alors que Y était accessible ; « préféré » signifie que le consommateur classe X au-dessus de Y. Si le consommateur choisit les meilleurs paniers qui lui sont accessibles, les préférences révélées impliquent les préférences, mais c'est une conséquence du modèle de comportement ; cela ne découle pas de la définition des concepts.

C'est pour cette raison qu'il serait préférable de dire qu'un panier est « choisi par rapport à » un autre, comme suggéré ci-dessus. Nous pourrions alors énoncer le principe des préférences révélées comme suit : « si un panier X est choisi par rapport à un panier Y, X est préféré à Y ». Cet énoncé indique de façon claire comment le modèle de comportement nous permet d'obtenir des renseignements concernant les préférences à partir des choix observés.

Quelle que soit la terminologie utilisée, le point essentiel est clairement le suivant : si nous observons qu'un panier est choisi alors qu'un autre est également accessible, nous avons appris quelque chose concernant les préférences vis-à-vis de ces deux paniers, à savoir que le premier est préféré au second.

Supposons maintenant que (y_1, y_2) soit un panier demandé aux prix (q_1, q_2) et qu'il soit révélé préféré à un autre panier (z_1, z_2). Cela signifie que

$$q_1 y_1 + q_2 y_2 \geqslant q_1 z_1 + q_2 z_2.$$

Nous savons dès lors que $(x_1, x_2) \succ (y_1, y_2)$ et que $(y_1, y_2) \succ (z_1, z_2)$. Par l'hypothèse de transitivité, nous pouvons conclure que $(x_1, x_2) \succ (z_1, z_2)$.

Ce raisonnement est illustré à la figure 7.2. Les préférences révélées et la transitivité nous permettent d'établir que (x_1, x_2) est meilleur que (z_1, z_2) aux yeux du consommateur qui effectue les choix illustrés par cette figure.

Il est logique dans ce cas de dire que (x_1, x_2) est **indirectement révélé préféré** à (z_1, z_2). Évidemment, la série des choix observés peut contenir plus que trois paniers : si le panier A est directement révélé préféré à B, B à C, C à D, ... et ainsi de suite jusque M, le panier A est indirectement révélé préféré à M. Le nombre de comparaisons directes n'est pas limité.

Si un panier est révélé préféré à un autre panier, soit directement, soit indirectement, nous dirons que le premier panier est **révélé préféré** au second. Le concept des préférences révélées est simple mais d'une portée étonnante. La simple observation des choix d'un consommateur peut nous fournir un tas d'informations concernant ses préférences. Considérons par exemple la figure 7.2. Nous y observons plusieurs paniers demandés

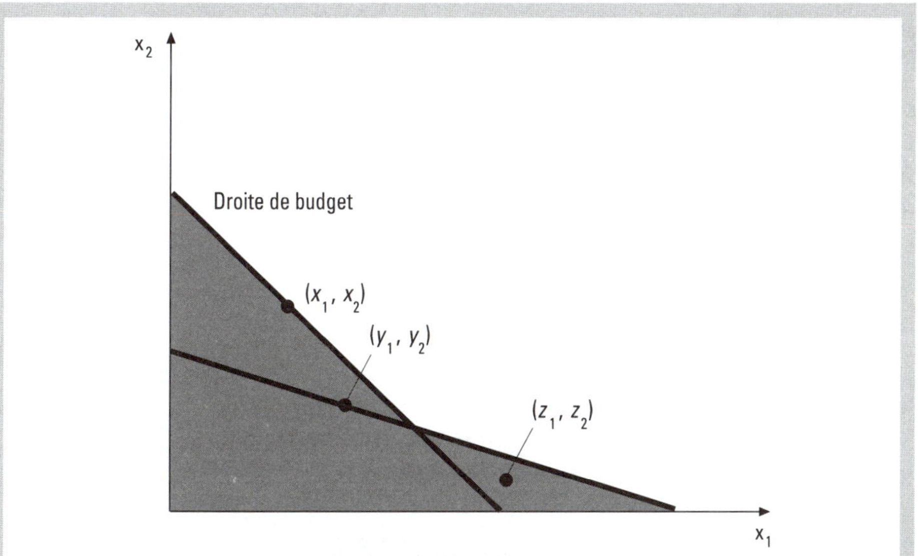

Figure 7.2 ***Les préférences révélées indirectes.***

Le panier (x_1, x_2) est indirectement révélé préféré au panier (z_1, z_2).

pour des budgets différents. Nous pouvons conclure de ces observations que (x_1, x_2) étant révélé préféré, soit directement, soit indirectement, à tous les autres paniers situés dans la zone grisée, le consommateur qui a fait ces différents choix, *préfère* (x_1, x_2) à tous ces autres paniers. Une autre façon d'exprimer cela est de noter que, quelle que soit la courbe d'indifférence passant par (x_1, x_2), elle doit être située au-dessus de la zone grisée.

7.3 DÉCOUVRIR LES PRÉFÉRENCES

En observant les choix du consommateur, nous pouvons apprendre certaines choses au sujet de ses préférences. Plus nous disposons d'observations, meilleure est l'estimation des préférences que nous pouvons obtenir.

L'information concernant les préférences peut être très importante pour des décisions de politique économique. La plupart de ces décisions impliquent un arbitrage entre certains types de biens : si le gouvernement impose une taxe sur les souliers et subventionne les vêtements, il est vraisemblable que la demande de vêtements augmentera tandis que la demande de souliers diminuera. Pour évaluer l'intérêt d'une telle politique, il est important d'avoir une idée des préférences des consommateurs vis-à-vis des souliers et des vêtements. Par l'observation de leurs choix et en utilisant les préférences révélées ou d'autres méthodes apparentées, nous pouvons obtenir de tels renseignements.

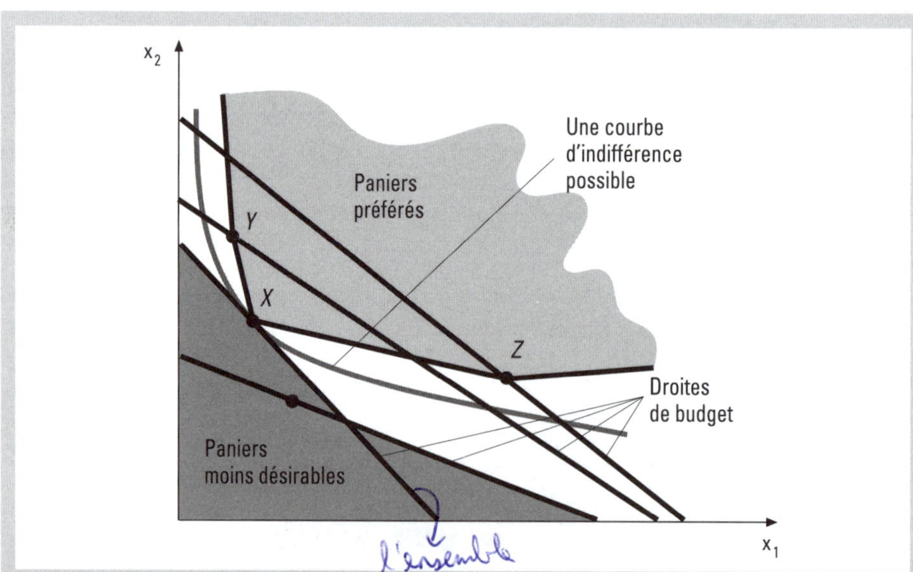

Figure 7.3 ***Cerner une courbe d'indifférence.***

La zone grisée supérieure correspond à des paniers préférés à *X* et la zone grisée inférieure correspond à des paniers révélés inférieurs à *X*. La courbe d'indifférence passant par *X* doit se situer dans la région comprise entre les deux zones grisées.

Si nous acceptons de formuler des hypothèses supplémentaires sur les préférences du consommateur, nous pouvons obtenir une estimation plus précise de la forme des courbes d'indifférence. Supposons, par exemple, que nous observions deux paniers *Y* et *Z* qui sont révélés préférés à *X*, comme à la figure 7.3. Postulons la convexité des préférences. Cela implique que tous les paniers qui sont des moyennes pondérées de *Y* et *Z* sont également préférés à *X*. Si nous admettons que les préférences sont monotones, tous les paniers contenant des quantités supplémentaires des deux biens par rapport à *X*, *Y* et *Z* (ou par rapport à une moyenne pondérée de ceux-ci) sont également préférés à *X*.

La zone des « paniers moins désirables » à la figure 7.3 correspond à l'ensemble des paniers par rapport auxquels *X* est révélé préféré. Il s'agit en fait de tous les paniers qui coûtent moins que *X* ainsi que de tous les paniers qui coûtent moins que les paniers moins chers que *X* et ainsi de suite. À la figure 7.3, nous pouvons donc conclure que, sur base des préférences du consommateur qui a effectué ces choix, tous les paniers situés dans la zone grisée supérieure sont meilleurs que *X* et que tous ceux situés dans la zone grisée inférieure sont moins bons que *X*. La courbe d'indifférence passant par *X* doit se situer entre les deux zones grisées. Nous avons ainsi réussi à cerner d'assez près la courbe d'indifférence uniquement en appliquant l'idée des préférences révélées ainsi qu'un petit nombre d'hypothèses simples concernant les préférences.

7.4 L'AXIOME FAIBLE DES PRÉFÉRENCES RÉVÉLÉES

L'analyse que nous venons de mener suppose que le consommateur *a* des préférences et qu'il choisit toujours le meilleur panier de biens qui lui est accessible. Si le consommateur ne se comporte pas de cette façon, les « estimations » des courbes d'indifférence présentées ci-dessus n'ont aucun sens. On peut dès lors se demander ce qui nous permettrait d'affirmer que le comportement d'un consommateur correspond au modèle d'optimisation ou, alternativement, quel type d'observations nous permettrait de conclure que l'individu *n'*optimise *pas* son comportement.

Considérons la figure 7.4. Un individu qui maximise son niveau de satisfaction pourrait-il effectuer les deux choix indiqués ? Sur base des préférences révélées, nous pouvons tirer deux conclusions : (1) (x_1, x_2) est préféré à (y_1, y_2) et (2) (y_1, y_2) est préféré à (x_1, x_2). C'est évidemment absurde. À la figure 7.4, le consommateur a choisi (x_1, x_2) alors que (y_1, y_2) était accessible, indiquant ainsi qu'il préfère (x_1, x_2) à (y_1, y_2) ; mais, d'un autre côté, il a choisi (y_1, y_2) alors que (x_1, x_2) était accessible, indiquant ainsi que (y_1, y_2) est préféré à (x_1, x_2).

Clairement, ce consommateur ne poursuit pas comme objectif la maximisation de son niveau de satisfaction. Soit il ne choisit pas le meilleur panier accessible, soit un autre aspect du problème que nous n'avons pas observé, s'est modifié. Peut-être les goûts du consommateur, ou un autre élément de son environnement économique, se sont-ils modifiés. En tout cas, ces observations sont en contradiction avec le modèle de choix du consommateur dans un environnement inchangé.

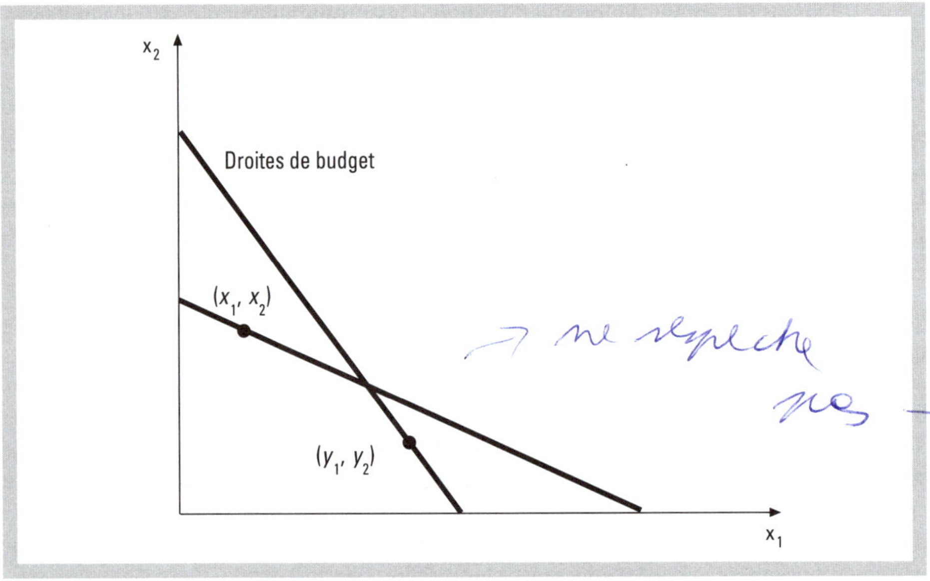

Figure 7.4 ***Violation de l'axiome faible des préférences révélées.***

Un consommateur qui choisit à la fois (x_1, x_2) et (y_1, y_2) viole l'axiome faible des préférences révélées.

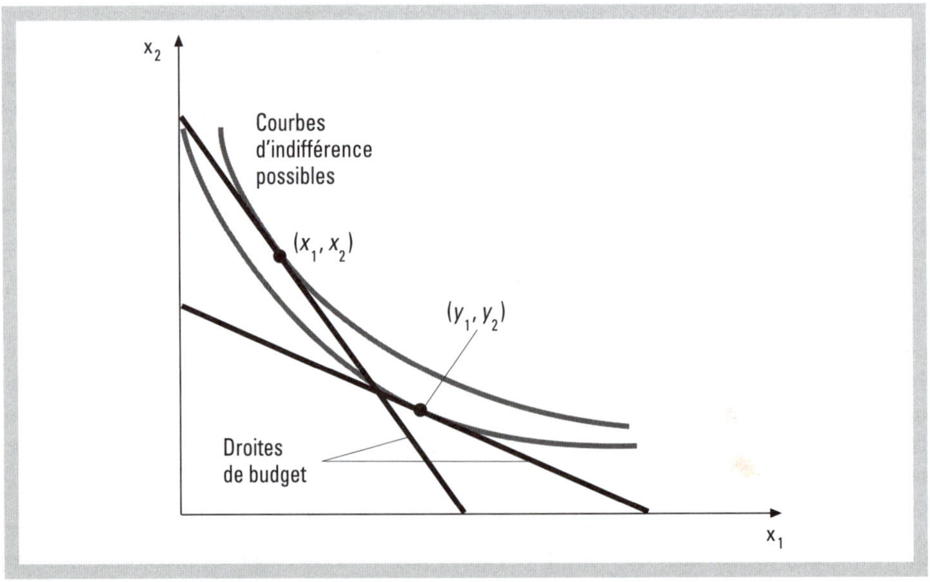

Figure 7.5 ***L'axiome faible des préférences révélées est respecté.***

Sont représentés sur cette figure des choix respectant l'axiome faible des préférences révélées ainsi que quelques courbes d'indifférence possibles.

La théorie du consommateur exclut de telles observations. Si le consommateur choisit ce qu'il y a de meilleur parmi ce qui lui est accessible, alors ce qui est accessible mais qui n'est pas choisi doit être nécessairement moins désirable que ce qui a été choisi. Les économistes ont érigé ce principe simple en un axiome fondamental de la théorie du consommateur :

L'axiome faible des préférences révélées. *Si* (x_1, x_2) *est directement révélé préféré à* (y_1, y_2) *et que les deux paniers ne sont pas identiques, alors* (y_1, y_2) *ne peut pas être directement révélé préféré à* (x_1, x_2).

En d'autres termes, lorsque le panier (x_1, x_2) est acheté à des prix (p_1, p_2), que le panier (y_1, y_2) est acheté à des prix (q_1, q_2) et que nous avons

$$p_1 x_1 + p_2 x_2 \geqslant p_1 y_1 + p_2 y_2,$$

nous ne pouvons *pas* avoir

$$q_1 y_1 + q_2 y_2 \geqslant q_1 x_1 + q_2 x_2.$$

Autrement dit : si le panier *Y* est accessible lorsque le panier *X* est acheté, le panier *X* ne peut pas être accessible quand le panier *Y* est acheté.

À la figure 7.4, le consommateur *viole* cet axiome faible. Nous savons dès lors que ses choix ne peuvent pas correspondre à un comportement d'optimisation.

Il n'est pas possible de tracer à la figure 7.4, un ensemble de courbes d'indifférence qui permettent aux deux paniers d'être des choix optimaux. Par contre, à la figure 7.5, le consommateur respecte l'axiome faible des préférences révélées et il est possible de trouver des courbes d'indifférence pour lesquelles les choix sont optimaux. Un exemple de courbes d'indifférence est représenté sur la figure.

7.5 VÉRIFIER L'AXIOME FAIBLE DES PRÉFÉRENCES RÉVÉLÉES

Il est important de comprendre que l'axiome faible des préférences révélées est nécessairement respecté par un consommateur qui choisit toujours ce qu'il y a de meilleur parmi les paniers qui lui sont accessibles. Cet axiome est une conséquence logique du modèle et il peut dès lors être utilisé pour vérifier qu'un consommateur particulier, ou une entité économique que nous voulons analyser en tant que consommateur, se comporte de façon cohérente avec notre modèle économique.

Comment pouvons-nous vérifier empiriquement l'axiome faible des préférences révélées ? Supposons que nous observions plusieurs paniers choisis à des prix différents. Notons (p_1^t, p_2^t), les prix de l'observation *t* et (x_1^t, x_2^t), le choix correspondant. Pour prendre un exemple particulier, considérons les données du tableau 7.1.

Tableau 7.1 ***Quelques données de consommation***

Observation	p_1	p_2	x_1	x_2
1	1	2	1	2
2	2	1	2	1
3	1	1	2	2

Sur base de ces données, nous pouvons calculer le coût de chaque panier aux différents prix, comme nous l'avons fait au tableau 7.2. Par exemple, l'élément de la troisième ligne et de la première colonne mesure ce que le consommateur devrait dépenser pour acquérir le premier panier compte tenu du troisième ensemble de prix.

Les éléments de la diagonale du tableau 7.2 mesurent les montants dépensés pour les différents choix effectivement réalisés par le consommateur. Les éléments non diagonaux d'une ligne correspondent à la dépense que le consommateur aurait dû consentir pour acquérir d'autres paniers. Nous pouvons ainsi vérifier que, par exemple, le panier 3 est révélé préféré au panier 1 en observant que l'élément de la troisième ligne et de la première colonne (le coût du panier 1 aux prix 3) est inférieur à l'élément de la troisième ligne, troisième colonne (le montant effectivement dépensé par le consommateur pour acquérir le panier 3). Dans ce cas particulier, le panier 1 était accessible quand le panier 3 a été acheté ; cela signifie que le panier 3 est révélé préféré au panier 1. Pour indiquer cette relation, nous plaçons un astérisque au-dessus de l'élément de la troisième ligne, première colonne.

De manière générale, nous notons d'un astéristique l'élément de la ligne s et de la colonne t si cet élément est inférieur au montant de la ligne s et de la colonne s.

Nous pouvons utiliser ce tableau pour déterminer si l'axiome faible des préférences révélées est violé ou non. Il y a violation de l'axiome faible des préférences révélées si, pour deux observations t et s, il y a un astérisque *à la fois* au-dessus de l'élément de la ligne s et de la colonne t et au-dessus de l'élément de la ligne t et de la colonne s.

Tableau 7.2 ***Coût de chaque panier aux différents prix***

		Paniers		
		1	2	3
Prix	1	5	4*	6
	2	4*	5	6
	3	3*	3*	4

Cela signifierait en effet que le panier acheté en s est révélé préféré à celui acheté en t et vice versa.

Nous pouvons à ce stade utiliser un ordinateur (ou un assistant) pour vérifier s'il existe de telles paires d'observations. S'il y en a, les choix ne sont pas cohérents avec la théorie du consommateur. Soit la théorie ne s'applique pas à ce consommateur, soit quelque chose d'autre dont nous n'avons pas tenu compte s'est modifié dans l'environnement de ce consommateur. Déterminer si un ensemble de choix observés est cohérent avec la théorie économique du consommateur peut donc être aisément vérifié grâce à l'axiome faible des préférences révélées.

Au tableau 7.2, nous observons qu'il y a des astérisques à la première ligne, deuxième colonne ainsi qu'à la deuxième ligne, première colonne. Cela signifie que le panier 2 aurait pu être choisi quand le consommateur a effectivement acheté le panier 1 et vice versa. L'axiome est par conséquent violé. Nous pouvons donc conclure que les données des tableaux 7.1 et 7.2 ne peuvent pas correspondre à un consommateur doté de préférences stables et qui choisit toujours les paniers les plus désirables parmi ceux qui lui sont accessibles.

7.6 L'AXIOME FORT DES PRÉFÉRENCES RÉVÉLÉES

L'axiome faible des préférences révélées nous donne une condition que l'on peut vérifier empiriquement et qui doit être respectée par tous les consommateurs qui optimisent leur comportement. Il existe toutefois une condition plus forte, qui s'avère parfois utile.

Nous avons déjà noté que si un panier X est révélé préféré à un panier Y et que celui-ci est révélé préféré à un panier Z, alors X doit être préféré à Z. Si le consommateur a des préférences cohérentes, nous ne devrions jamais observer une séquence de choix qui révélerait que Z est préféré à X.

L'axiome faible des préférences révélées requiert que, si X est *directement* révélé préféré à Y, nous ne devrions jamais observer que Y est *directement* révélé préféré à X. L'**axiome fort des préférences révélées** requiert le même type de condition, mais pour les préférences révélées indirectement.

L'axiome fort des préférences révélées. *Si (x_1, x_2) est révélé préféré à (y_1, y_2) directement ou indirectement et que (y_1, y_2) est différent de (x_1, x_2), alors (y_1, y_2) ne peut pas être révélé préféré directement ou indirectement à (x_1, x_2).*

Si un comportement observé correspond au modèle d'optimisation, il doit respecter l'axiome fort. Si le consommateur optimise son comportement et que (x_1, x_2) est révélé préféré à (y_1, y_2), soit directement, soit indirectement, nous devons nécessairement avoir $(x_1, x_2) \succ (y_1, y_2)$. Si nous avions (x_1, x_2) révélé préféré à (y_1, y_2) et (y_1, y_2) révélé préféré à (x_1, x_2), cela impliquerait que $(x_1, x_2) \succ (y_1, y_2)$ et $(y_1, y_2) \succ (x_1, x_2)$; ce qui est totalement contradictoire. Nous devrions conclure dans ce cas que le consommateur n'optimise pas son comportement, ou qu'un autre aspect de l'environnement du consommateur tel que ses goûts, les autres prix, etc., s'est modifié.

Nous pouvons dire, en termes approximatifs, que la transitivité des préférences du consommateur implique la transitivité des préférences *révélées*. L'axiome fort des préférences révélées découle *nécessairement* du modèle d'optimisation : si un consommateur choisit toujours les paniers accessibles les plus désirables, son comportement doit respecter l'axiome fort des préférences révélées. Le plus surprenant est que tout comportement qui respecte cet axiome peut être interprété comme découlant d'un comportement d'optimisation dans la mesure où, si les choix observés respectent l'axiome fort des préférences révélées, nous pouvons toujours trouver des préférences d'allure normale *susceptibles d'avoir* engendré ces choix. Cet axiome apparaît ainsi comme une condition *suffisante* pour qu'un comportement corresponde au modèle d'optimisation : si les choix observés satisfont cet axiome, il est toujours possible de trouver des préférences pour lesquelles les choix observés sont les choix optimaux. Démontrer cette affirmation dépasse malheureusement l'objet de cet ouvrage, mais il convient d'en saisir toute la portée.

L'axiome fort des préférences révélées nous fournit en fait *toutes* les contraintes imposées sur le comportement du consommateur par le modèle d'optimisation. Si les choix observés satisfont cet axiome, nous pouvons « construire » des préférences qui pourraient avoir engendré ces choix. L'axiome fort est donc une condition à la fois nécessaire et suffisante pour que des choix observés soient compatibles avec le modèle économique de comportement du consommateur.

Cela signifie-t-il que les préférences que nous pouvons « construire » ont effectivement engendré les choix observés ? Évidemment pas. Comme pour toute proposition scientifique, nous ne pouvons que montrer que le comportement observé n'est pas incompatible avec la proposition. Nous ne pouvons pas prouver que le modèle économique est correct. Nous ne pouvons que dégager les conséquences du modèle et examiner si elles sont compatibles avec les choix observés.

7.7 VÉRIFIER L'AXIOME FORT DES PRÉFÉRENCES RÉVÉLÉES

Supposons que nous disposions d'un tableau comme le tableau 7.2 et qu'il y ait un astérisque au-dessus de l'élément de la ligne t et de la colonne s si l'observation t est directement révélée préférée à l'observation s. Comment pouvons-nous utiliser ce tableau pour vérifier l'axiome fort des préférences révélées ?

Le plus simple est d'abord de transformer le tableau. Considérons le tableau 7.3. Celui-ci est construit comme le tableau 7.2 mais à partir de chiffres différents. Les astérisques indiquent des préférences révélées directes. Nous allons préciser la signification des astérisques mis entre parenthèses.

Regardons de façon systématique tous les éléments de ce tableau et examinons si certaines séries d'observations rendent un panier indirectement révélé préféré à un autre.

Tableau 7.3 ***Vérifier l'axiome fort des préférences révélées***

		Paniers		
		1	2	3
Prix	1	20	10*	22(*)
	2	21	20	15*
	3	12	15	10

Par exemple, le panier 1 est directement révélé préféré au panier 2 puisqu'il y a un astérisque au-dessus de l'élément de la première ligne, deuxième colonne. Le panier 2 est de son côté directement révélé préféré au panier 3 puisqu'il y a un astérisque au-dessus de l'élément de la deuxième ligne, troisième colonne. Le panier 1 est donc *indirectement* révélé préféré au panier 3 et pour indiquer cela, nous notons d'un astérisque entre parenthèses l'élément de la première ligne, troisième colonne.

Avec un grand nombre d'observations, il faut examiner toutes les séries possibles quelle qu'en soit la longueur pour déterminer si une observation est indirectement révélée préférée à une autre. Bien que cette opération ne soit pas évidente, il existe des programmes informatiques simples qui permettent de calculer les relations de préférences révélées indirectes à partir d'un tableau donnant les relations de préférences révélées directes. L'ordinateur peut placer un astérisque au-dessus de l'élément (s, t) si l'observation s est révélée préférée à l'observation t par l'intermédiaire d'une série quelconque d'observations.

Une fois ce calcul effectué, nous pouvons facilement tester l'axiome fort des préférences révélées. Il suffit de voir si on peut trouver un couple d'éléments, l'un situé à la ligne t et à la colonne s, l'autre situé à la ligne s et à la colonne t, ayant *tous deux* des astérisques. Cela signifierait que l'observation t est révélée préférée, directement ou indirectement, à l'observation s et qu'en même temps, celle-ci est révélée préférée à l'observation t. Dans ce cas, l'axiome ne serait donc pas respecté.

Par contre, si on ne trouve pas d'observations qui violent l'axiome fort des préférences révélées, les données empiriques sont cohérentes avec la théorie économique du consommateur. Elles pourraient correspondre à des choix effectués par un consommateur doté de préférences normales se comportant de façon optimale. Nous avons ainsi un test totalement opérationnel pour examiner si un consommateur particulier agit ou non de façon cohérente avec la théorie économique.

Ce point est important parce que nous pouvons analyser plusieurs types d'unités économiques en tant que consommateurs. Pensons par exemple à un ménage composé de plusieurs personnes. Leurs choix de consommation maximisent-ils l'« utilité du ménage » ? Si nous disposons de données sur les choix de consommation du ménage, nous pouvons utiliser l'axiome fort des préférences révélées pour répondre à cette question. Les institutions sans but lucratif comme les hôpitaux et les universités constituent un autre type d'unités économiques dont nous pourrions étudier le comportement de consommation. Les universités maximisent-elles une fonction d'utilité en procédant à leurs choix économiques ? Si nous disposons d'une série de choix économiques effectués par une université confrontée à différents prix, nous pouvons en principe répondre à ce genre de question.

7.8 LES NOMBRES INDICES

Partons de l'observation des paniers de consommation d'un individu au cours de deux périodes différentes. Nous désirons les comparer. Nous utiliserons l'indice b pour la période de base et l'indice t pour l'autre période. Comment comparer la consommation « moyenne » au cours de la période t à celle de la période de base ?

Supposons qu'à la période t, les prix soient (p_1^t, p_2^t) et que le consommateur choisisse (x_1^t, x_2^t). Au cours de la période de base, les prix sont (p_1^b, p_2^b) et le choix du consommateur est (x_1^b, x_2^b). Nous désirons connaître le changement intervenu dans la consommation « moyenne ».

Si w_1 et w_2 sont des « facteurs de pondération » utilisés pour calculer la moyenne, nous pouvons considérer un indice de quantité du type suivant :

$$I_q = \frac{w_1 x_1^t + w_2 x_2^t}{w_1 x_1^b + w_2 x_2^b}.$$

Si I_q est supérieur à l'unité, nous pouvons dire que la consommation « moyenne » a augmenté de la période b à la période t ; si I_q est inférieur à l'unité, elle a diminué.

Mais quels facteurs de pondération utiliser ? Un choix logique serait de prendre les prix des biens en question puisqu'ils mesurent d'une certaine façon l'importance relative des deux biens. Mais il existe deux ensembles de prix : lequel faut-il utiliser ?

Si nous utilisons les prix de la période de base comme facteurs de pondération, nous obtenons ce qu'on appelle un indice de **Laspeyres**. Si nous utilisons les prix de la période t, nous obtenons un indice de **Paasche**. Ces deux indices permettent de saisir l'évolution de la consommation « moyenne » ; ils font simplement intervenir des facteurs de pondération différents pour le calcul de la moyenne.

En remplaçant les facteurs de pondération par les prix de la période t, nous voyons que l'**indice de quantité de Paasche** s'écrit comme suit :

$$P_q = \frac{p_1^t x_1^t + p_2^t x_2^t}{p_1^t x_1^b + p_2^t x_2^b}.$$

En utilisant les prix de la période b, nous obtenons l'**indice de quantité de Laspeyres** :

$$L_q = \frac{p_1^b x_1^t + p_2^b x_2^t}{p_1^b x_1^b + p_2^b x_2^b}.$$

Les indices de Paasche et de Laspeyres peuvent nous fournir des renseignements très intéressants au sujet de la satisfaction du consommateur. Supposons un indice de quantité de Paasche supérieur à l'unité :

$$P_q = \frac{p_1^t x_1^t + p_2^t x_2^t}{p_1^t x_1^b + p_2^t x_2^b} > 1.$$

Que pouvons-nous dire de la satisfaction du consommateur au moment t par rapport à sa satisfaction au moment b ?

La réponse est fournie par les préférences révélées. Multiplions les deux membres de l'inégalité par le dénominateur du membre de gauche. Nous obtenons

$$p_1^t x_1^t + p_2^t x_2^t > p_1^t x_1^b + p_2^t x_2^b.$$

Cette expression indique immédiatement que le consommateur doit avoir un niveau de satisfaction plus élevé à la période t qu'à la période b puisqu'il aurait pu consommer le panier (x_1^b, x_2^b) à la période t, mais qu'il a choisi de ne pas le faire.

Qu'en est-il si l'indice de Paasche est *inférieur* à l'unité ? Nous avons dans ce cas :

$$p_1^t x_1^t + p_2^t x_2^t < p_1^t x_1^b + p_2^t x_2^b.$$

Cette inégalité indique que le panier (x_1^b, x_2^b) n'était pas accessible quand le consommateur a choisi le panier (x_1^t, x_2^t). Mais elle ne fournit aucun renseignement sur le classement des paniers aux yeux du consommateur. Le simple fait qu'un panier coûte davantage que ce que vous pouvez vous permettre, ne signifie pas que vous préférez ce panier à celui que vous consommez effectivement.

Des conclusions similaires peuvent être tirées à partir de l'indice de Laspeyres. Supposons celui-ci *inférieur* à 1 :

$$L_q = \frac{p_1^b x_1^t + p_2^b x_2^t}{p_1^b x_1^b + p_2^b x_2^b} < 1.$$

En multipliant par le dénominateur, nous obtenons

$$p_1^b x_1^b + p_2^b x_2^b > p_1^b x_1^t + p_2^b x_2^t.$$

Cette expression signifie que le panier (x_1^b, x_2^b) est révélé préféré au panier (x_1^t, x_2^t) et que le consommateur atteint un niveau de satisfaction plus élevé à la période b qu'à la période t.

7.9 LES INDICES DE PRIX

Les indices de prix s'obtiennent de façon similaire. De manière générale, un indice de prix est une moyenne pondérée des prix :

$$I_p = \frac{p_1^t w_1 + p_2^t w_2}{p_1^b w_1 + p_1^b w_2}$$

Dans ce cas, il est logique de prendre les quantités comme facteurs de pondération pour calculer les moyennes. Nous obtenons deux indices différents selon le choix des facteurs de pondération. Si nous choisissons les quantités de la période t, nous obtenons l'**indice de prix de Paasche** :

$$P_p = \frac{p_1^t x_1^t + p_2^t x_2^t}{p_1^b x_1^t + p_2^b x_2^t}.$$

Si nous prenons les quantités de la période de base, nous obtenons l'**indice de prix de Laspeyres** :

$$L_p = \frac{p_1^t x_1^b + p_2^t x_2^b}{p_1^b x_1^b + p_2^b x_2^b}.$$

Supposons un indice de prix de Paasche inférieur à 1 ; que pouvons-nous en déduire par application des préférences révélées en ce qui concerne la satisfaction du consommateur au cours des périodes b et t ?

Les préférences révélées ne nous fournissent en fait aucun renseignement. En effet, il y a désormais des prix différents au numérateur et au dénominateur de sorte qu'on ne peut effectuer aucune comparaison sur base des préférences révélées.

Définissons un nouvel indice pour la variation de la dépense totale de consommation :

$$M = \frac{p_1^t x_1^t + p_2^t x_2^t}{p_1^b x_1^b + p_2^b x_2^b}.$$

Il s'agit du rapport entre les dépenses totales des périodes t et b.

Supposons maintenant que l'indice de prix de Paasche soit supérieur à M :

$$P_p = \frac{p_1^t x_1^t + p_2^t x_2^t}{p_1^b x_1^t + p_2^b x_2^t} > \frac{p_1^t x_1^t + p_2^t x_2^t}{p_1^b x_1^b + p_2^b x_2^b}.$$

Après suppression des numérateurs et multiplication croisée, nous obtenons :

$$p_1^b x_1^b + p_2^b x_2^b > p_1^b x_1^t + p_2^b x_2^t.$$

Cette inégalité indique que le panier choisi à la période b est révélé préféré au panier choisi à la période t. Si l'indice de prix de Paasche est supérieur à l'indice des dépenses totales, le consommateur doit donc avoir un niveau de satisfaction plus élevé à la période *b* qu'à la période *t*.

C'est assez intuitif. Après tout, si les prix augmentent davantage que les revenus de la période *b* à la période *t*, on peut s'attendre à une diminution du niveau de satisfaction du consommateur. L'analyse des préférences révélées confirme cette intuition.

Un raisonnement similaire peut être tenu pour l'indice de prix de Laspeyres. Si cet indice est inférieur à *M*, le consommateur doit avoir un niveau de satisfaction plus élevé à la période *t* qu'à la période *b*. De nouveau, cela confirme simplement l'idée intuitive que le consommateur devrait atteindre un niveau de satisfaction plus élevé si les prix augmentent moins que le revenu. Dans le cas des indices de prix, peu importe que l'indice soit inférieur ou supérieur à l'unité, ce qui compte c'est qu'il soit supérieur ou inférieur à l'indice des dépenses totales.

Exemple : L'indexation des allocations de Sécurité Sociale

Nombre de personnes âgées ont comme unique source de revenu, des allocations de Sécurité Sociale. Pour cette raison, le gouvernement a essayé à plusieurs reprises d'ajuster les allocations de Sécurité Sociale afin de maintenir leur pouvoir d'achat constant même quand les prix se modifient. Puisque le montant des paiements est dans ce cas adapté aux variations d'un indice de prix ou d'un indice du coût de la vie, ce type de système porte le nom d'**indexation**.

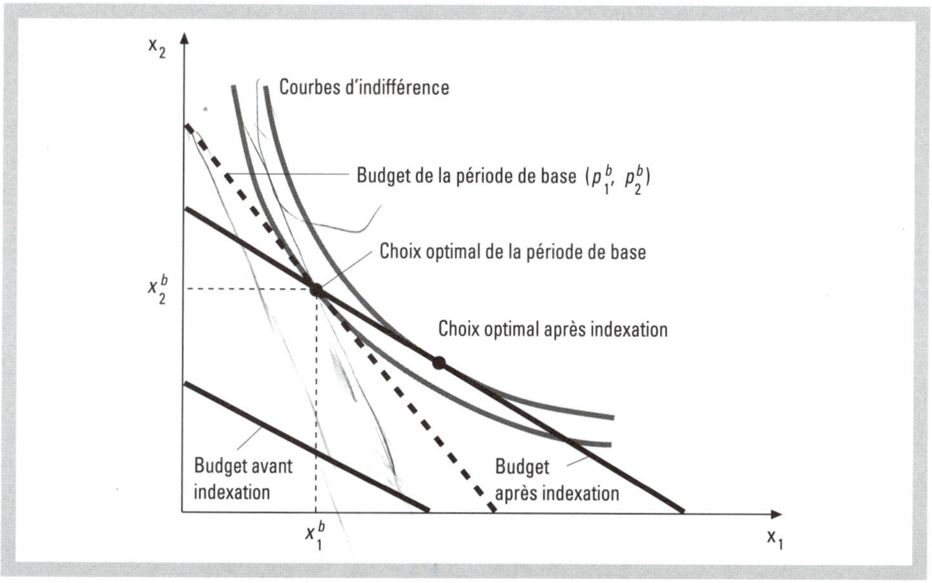

Figure 7.6 ***Sécurité Sociale.***

Une variation de prix augmente généralement le niveau de satisfaction du consommateur par rapport à l'assuré de base.

On a proposé notamment le système d'indexation suivant. Au cours d'une année de base b, les économistes mesurent le panier de consommation moyen des personnes âgées. Au cours des années ultérieures, les allocations de Sécurité Sociale sont ajustées de telle sorte que le « pouvoir d'achat » de la personne âgée « moyenne » reste constant, c'est-à-dire que le bénéficiaire moyen des allocations soit juste capable d'acheter le panier de consommation accessible au cours de l'année b. Ce système est illustré à la figure 7.6.

Ce système d'indexation a un résultat curieux : la personne âgée « moyenne » atteindra presque toujours un niveau de satisfaction supérieur à celui qu'elle avait au cours de l'année de base. Supposons que l'année b soit choisie comme année de base pour l'indice de prix. Le panier (x_1^b, x_2^b) est le choix optimal aux prix (p_1^b, p_2^b). Cela signifie que la droite de budget pour les prix (p_1^b, p_2^b) doit être tangente à la courbe d'indifférence passant par le point (x_1^b, x_2^b).

Supposons maintenant que les prix se modifient. Plus précisément, admettons que les prix augmentent de telle sorte que la droite de budget, en l'absence de Sécurité Sociale, se déplace vers la gauche et pivote. Le déplacement vers la gauche est dû à l'augmentation des prix ; la rotation correspond à la modification des prix relatifs. Le système d'indexation proposé augmente les allocations de Sécurité Sociale de telle façon que le panier initial (x_1^b, x_2^b) soit accessible aux nouveaux prix. Cela implique que la droite de budget coupe la courbe d'indifférence et que par conséquent, il existe sur cette droite un autre panier strictement préféré à (x_1^b, x_2^b). Le consommateur peut dès lors généralement choisir un panier meilleur que celui acquis au cours de la période de base.

RÉSUMÉ

1. Si un panier est choisi alors qu'un autre est également accessible, nous disons que le premier est révélé préféré au second.

2. Si le consommateur choisit toujours les paniers qu'il préfère parmi ceux qui lui sont accessibles, les paniers choisis doivent être préférés aux autres paniers accessibles qui n'ont pas été choisis.

3. L'observation des choix des consommateurs nous permet de « découvrir » ou d'estimer les préférences qui sous-tendent ces choix. Plus nous disposons d'observations, plus précise peut être notre estimation des préférences qui ont engendré ces choix.

4. L'axiome faible des préférences révélées et l'axiome fort des préférences révélées sont des conditions que les choix du consommateur doivent nécessairement respecter pour être cohérents avec le modèle économique d'optimisation des choix.

PROBLÈMES À RÉSOUDRE

7.1 Pour des prix $(p_1, p_2) = (1, 2)$, un consommateur demande $(x_1, x_2) = (1, 2)$ et pour des prix $(q_1, q_2) = (2, 1)$, il demande $(y_1, y_2) = (2, 1)$. Ce comportement est-il cohérent avec le modèle de comportement optimal ?

7.2 Pour des prix $(p_1, p_2) = (2, 1)$, un consommateur demande $(x_1, x_2) = (1, 2)$ et pour des prix $(q_1, q_2) = (1, 2)$, il demande $(y_1, y_2) = (2, 1)$. Ce comportement est-il cohérent avec le modèle de comportement optimal ?

7.3 Dans l'exercice précédent, quel est le panier préféré par le consommateur, le panier X ou le panier Y ?

7.4 Nous avons vu qu'une indexation des allocations de Sécurité Sociale permet en général aux bénéficiaires d'atteindre un niveau de satisfaction au moins aussi élevé qu'au cours de l'année de base. Quel type de changements de prix maintiendrait inchangé le niveau de satisfaction des bénéficiaires quelles que soient leurs préférences ?

7.5 De même, quel type de préférences maintiendrait inchangé le niveau de satisfaction des bénéficiaires *quel que soit* le changement de prix ?

8

L'ÉQUATION DE SLUTSKY

Les économistes étudient souvent l'effet sur le comportement du consommateur d'une modification de son environnement économique. L'objet de ce chapitre est d'étudier l'impact de la variation du prix d'un bien sur le choix d'un consommateur. On s'attend généralement à ce que la demande d'un bien diminue lorsque son prix augmente. Toutefois, nous avons vu au chapitre 6 qu'il peut exister des biens dont la demande optimale *décroît* quand le prix diminue. C'est ce que nous appelons des **biens de Giffen**.

Les biens de Giffen sont des biens très particuliers et, avant tout, une curiosité d'ordre théorique. Il existe cependant d'autres situations où les variations de prix peuvent avoir des effets « pervers » mais qui, à la réflexion, ne sont pas sans fondement. Ainsi on considère généralement que les gens travailleront plus s'ils reçoivent un salaire plus élevé. Mais si votre salaire horaire passe de 10 € à 1 000 €, travaillerez-vous réellement davantage ? Ne pourriez-vous pas décider de travailler quelques heures en moins et d'utiliser l'argent que vous gagnez à faire d'autres choses ? Et si votre salaire horaire passe à 1 000 000 €, n'allez-vous pas travailler moins ?

Pensez également à l'effet sur votre demande de pommes d'une augmentation de leur prix. Vous allez vraisemblablement consommer moins de pommes. Mais comment réagira une famille qui récolte des pommes et en vend ? Si le prix des pommes augmente, son revenu peut augmenter à un point tel qu'elle estime pouvoir consommer davantage de pommes. Pour ce type de consommateurs, un accroissement du prix des pommes pourrait donc conduire à une augmentation de leur consommation.

Que se passe-t-il dans ces différents cas ? Comment expliquer que les variations de prix puissent avoir des effets incertains sur la demande ? Nous allons étudier ces questions dans ce chapitre et le suivant.

8.1 L'EFFET DE SUBSTITUTION

La variation du prix d'un bien entraîne deux types d'effets : il y a, d'une part, une modification du taux auquel vous pouvez échanger un bien contre un autre et, d'autre part, une variation du pouvoir d'achat total que représente votre revenu. Si, par exemple, le prix du bien 1 diminue, vous devez renoncer à une moindre quantité de bien 2 pour acheter du bien 1. La variation du prix du bien 1 a donc modifié le taux auquel le marché vous permet de « substituer » du bien 2 au bien 1. Les termes d'échange entre les deux biens que le marché offre au consommateur ont été modifiés.

Parallèlement, si le prix du bien 1 diminue, vous pouvez acheter davantage de ce bien 1 pour un même revenu. Le pouvoir d'achat que celui-ci représente a donc augmenté. Bien que vous disposiez du même nombre d'euros, vous pouvez acheter une quantité supérieure.

Le premier effet — la variation de la demande due à une modification du taux d'échange entre deux biens — est appelé **l'effet de substitution**. Le second effet — la variation de la demande due à une modification du pouvoir d'achat — est appelé **l'effet**

de revenu. Il s'agit là de définitions approximatives. Pour donner des définitions plus précises de ces deux effets, nous devons les analyser de façon plus détaillée.

Pour ce faire, nous décomposons la variation du prix en deux temps : nous considérons dans un premier temps la variation des prix relatifs en ajustant le revenu nominal de façon à maintenir son pouvoir d'achat constant ; nous laissons ensuite le pouvoir d'achat se modifier en maintenant constants les prix relatifs.

Cette décomposition apparaît clairement à la figure 8.1. Le prix du bien 1 a diminué. Cela implique une rotation de la droite de budget autour de l'ordonnée à l'origine m/p_2 ; la pente de la droite a diminué (en valeur absolue). Nous pouvons décomposer le déplacement de la droite de budget en deux temps : tout d'abord, la *rotation* de la droite autour du panier *initialement* demandé et ensuite le *déplacement parallèle* de cette nouvelle droite jusqu'à ce qu'elle atteigne le *nouveau* panier demandé.

Cette opération « rotation-déplacement parallèle » permet de décomposer aisément la variation de la demande en deux parties. La première étape — la rotation — correspond à une modification de la pente de la droite de budget, le pouvoir d'achat étant maintenu constant ; dans la seconde étape, le pouvoir d'achat se modifie et la pente reste constante. Cette décomposition n'est qu'une construction théorique ; le consommateur observe simplement la variation du prix et choisit en conséquence un nouveau panier.

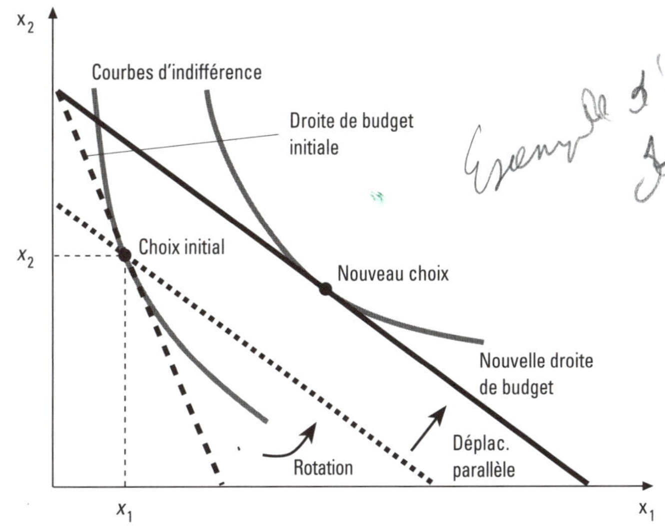

Figure 8.1 ***Rotation et déplacement parallèle.***

Quand le prix du bien 1 se modifie et que le revenu reste constant, la droite de budget pivote autour de l'ordonnée à l'origine. Nous décomposons ce mouvement en deux étapes : dans un premier temps, une rotation de la droite de budget autour du choix initial et ensuite un déplacement parallèle et vers le haut de la droite vers le nouveau panier demandé.

Mais pour analyser la modification des choix du consommateur, il est utile d'imaginer que la droite de budget se déplace en deux temps : d'abord une rotation, puis un déplacement parallèle.

Quelle est la signification économique de ces deux étapes ? Considérons tout d'abord la droite obtenue après la rotation. Celle-ci a la même pente et par conséquent les mêmes prix relatifs que la droite de budget finale. Mais le revenu nominal qui lui est associé est différent puisque l'ordonnée à l'origine est différente. Le panier de consommation initial (x_1, x_2) étant sur la droite obtenue après rotation, ce panier est juste accessible au consommateur. Par conséquent, celui-ci dispose d'un pouvoir d'achat inchangé dans la mesure où il est capable d'acheter le panier initial.

Calculons l'ajustement de revenu nécessaire pour que le panier de biens initial soit juste accessible. Notons m', le revenu nominal associé à la droite après rotation. Puisque (x_1, x_2) est accessible à la fois pour (p_1, p_2, m) et (p_1', p_2, m'), nous avons

$$m' = p_1'x_1 + p_2x_2$$

et

$$m = p_1x_1 + p_2x_2.$$

En soustrayant la seconde équation de la première, nous obtenons

$$m' - m = x_1[p_1' - p_1].$$

Cette équation indique que la variation du revenu nominal nécessaire pour que le panier initial soit accessible aux nouveaux prix est égale à la consommation initiale de bien 1 multipliée par la variation du prix. Représentons par $\Delta p_1 = p_1' - p_1$, la variation du prix 1 et par $\Delta m = m' - m$, la variation de revenu nécessaire pour que le panier initial soit juste accessible. Nous avons entre ces deux variations la relation suivante :

$$\Delta m = x_1 \Delta p_1. \tag{8.1}$$

Notons que la variation du revenu et la variation du prix vont toujours dans le même sens : si le prix s'accroît, nous devons augmenter le revenu pour que le panier reste accessible au consommateur.

Illustrons cela à l'aide d'un exemple numérique. Supposons que l'individu consomme initialement 20 bâtons de chocolat par semaine et qu'un bâton coûte 50 centimes. Si le prix du bâton augmente de 10 centimes, c'est-à-dire si $\Delta p_1 = 0{,}60 - 0{,}50 = 0{,}10$, quelle est la variation du revenu nécessaire pour que le panier initial reste accessible ?

Nous pouvons appliquer la formule donnée précédemment. Si le consommateur a 2 € de revenu supplémentaire, il peut acheter le même nombre de bâtons, c'est-à-dire une vingtaine. La formule donne en effet

$$\Delta m = \Delta p_1 \times x_1 = 0{,}10 \times 20 = 2\ €.$$

Nous avons donc une définition de la droite de budget obtenue après rotation : cette droite correspond en fait aux nouveaux prix et à un revenu ajusté de Δm. Notons que si le prix du bien 1 diminue, l'ajustement du revenu est négatif : quand un prix diminue, le pouvoir d'achat du consommateur augmente et par conséquent il faut diminuer le revenu du consommateur pour maintenir son pouvoir d'achat inchangé. Par contre, quand un prix augmente, le pouvoir d'achat diminue et il faut augmenter le revenu pour maintenir le pouvoir d'achat constant.

Bien que (x_1, x_2) demeure accessible, ce panier ne sera généralement plus le panier optimal pour la nouvelle droite de budget obtenue après la rotation. À la figure 8.2, le panier optimal pour cette droite de budget est noté *Y*. Il s'agit donc du panier optimal quand les prix varient, mais que le revenu en euros est ajusté de façon à ce que le panier initial reste accessible. Le passage de *X* à *Y* est appelé l'**effet de substitution**. Il indique de combien l'individu « substitue » un bien à l'autre quand un prix se modifie, mais que le pouvoir d'achat reste constant.

Plus précisément, l'effet de substitution Δx_1^s est la variation de la demande de bien 1 quand le prix de ce bien et le revenu deviennent respectivement p_1' et m' :

$$\Delta x_1^s = x_1(p_1', m') - x_1(p_1, m).$$

Afin de déterminer l'effet de substitution, nous devons utiliser la fonction de demande du consommateur pour calculer les choix optimaux pour (p_1', m') et (p_1, m). L'ampleur de la variation de la demande de bien 1 dépend de la forme des courbes d'indifférence du consommateur. Mais quand on dispose de la fonction de demande, il suffit d'introduire dans cette fonction les valeurs numériques considérées pour calculer l'effet de substitution. (Évidemment, la demande de bien 1 peut dépendre aussi du prix du bien 2, mais celui-ci est maintenu constant pendant l'exercice. Pour simplifier les expressions, nous pouvons dès lors l'omettre dans la fonction de demande.)

L'effet de substitution est parfois appelé la variation de la **demande compensée** parce que l'augmentation du prix est compensée par l'octroi au consommateur d'un supplément de revenu juste suffisant pour qu'il puisse acheter le panier initial. Évidemment, si le prix diminue, le consommateur « bénéficie » d'une compensation qui correspond en fait à une diminution de son revenu. Nous utiliserons en principe le terme « substitution » dans un souci de cohérence, mais le terme « compensation » est aussi fréquemment utilisé.

Exemple : Calcul de l'effet de substitution

Considérons un consommateur dont la fonction de demande pour le lait est la suivante :

$$x_1 = 10 + \frac{m}{10 p_1}.$$

Il dispose initialement d'un revenu hebdomadaire de 120 € et le prix d'un litre de lait est 3 €. Sa demande de lait est par conséquent égale à $10 + 120/(10 \times 3) = 14$ litres par semaine.

Supposons maintenant que le prix du lait passe à 2 €. Sa demande au nouveau prix est $10+120/(10\times 2)=16$ litres par semaine. La variation *totale* de la demande est de + 2 litres.

Pour calculer l'effet de substitution, nous devons tout d'abord évaluer la variation de revenu nécessaire pour que la consommation initiale de lait soit juste accessible quand le prix d'un litre de lait est 2 €. Nous appliquons la formule (8.1) :

$$\Delta m = x_1 \Delta p_1 = 14 \times (2-3) = -14 \text{ €}.$$

Le niveau de revenu nécessaire pour maintenir le pouvoir d'achat constant est par conséquent $m' = m + \Delta m = 120 - 14 = 106$. Quelle est la demande de lait du consommateur pour le nouveau prix (2 €) et ce niveau de revenu (106 €) ? Il suffit d'introduire ces valeurs dans la fonction de demande pour obtenir

$$x_1(p_1', m') = x_1(2, 106) = 10 + \frac{106}{10\times 2} = 15{,}3.$$

L'effet de substitution est par conséquent égal à

$$\Delta x_1^s = x_1(2, 106) - x_1(3, 120) = 15{,}3 - 14 = 1{,}3.$$

8.2 L'EFFET DE REVENU

Venons-en maintenant à la seconde étape : le déplacement parallèle de la droite de budget. Son interprétation économique est facile. Nous savons qu'un déplacement parallèle d'une droite de budget est un mouvement qui correspond à une modification du revenu quand les prix relatifs restent inchangés. La seconde étape est par conséquent appelée l'*effet de revenu.* Nous modifions simplement le revenu du consommateur qui passe de m' à m en maintenant les prix constants et égaux à (p_1', p_2). À la figure 8.2, cette modification entraîne le passage du point (y_1, y_2) au point (z_1, z_2). Il est logique d'appeler ce mouvement l'effet de revenu, puisque nous ne modifions que le revenu, les prix restant égaux aux nouveaux prix.

Plus précisément, l'effet de revenu Δx_1^n est la variation de la demande du bien 1 quand le revenu passe de m' à m et que le prix du bien 1 reste fixe et égal à p_1' :

$$\Delta x_1^n = x_1(p_1', m) - x_1(p_1', m').$$

Nous avons déjà étudié l'effet de revenu à la section 6.1. Nous avons vu que l'effet de revenu peut opérer dans les deux sens : il va tendre à augmenter ou diminuer la demande du bien 1 selon que celui-ci est un bien normal ou inférieur.

Quand le prix d'un bien décroît, nous devons diminuer le revenu de façon à maintenir le pouvoir d'achat constant. S'il s'agit d'un bien normal, une diminution du revenu

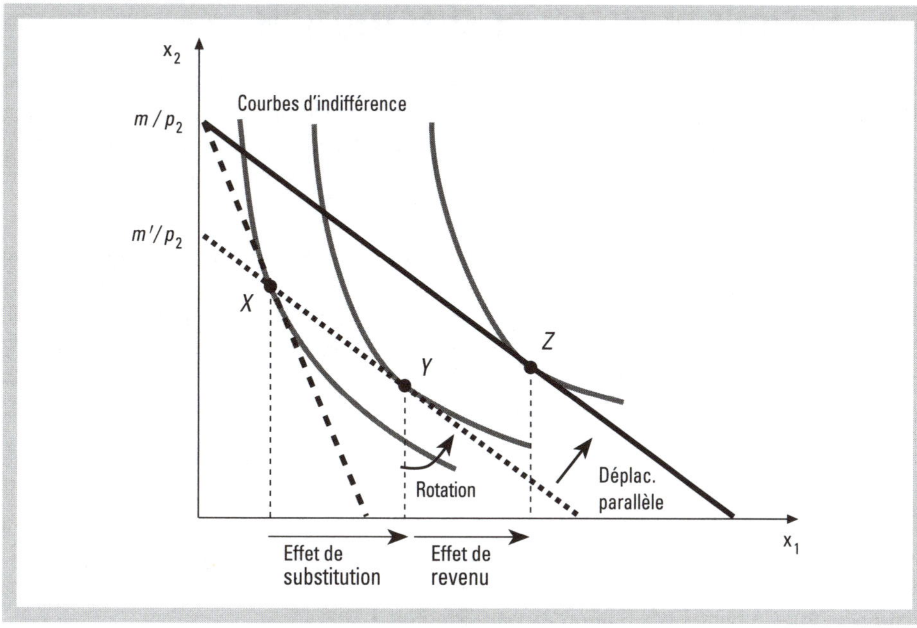

Figure 8.2 ***Effet de substitution et effet de revenu.***

La rotation donne l'effet de substitution et le déplacement parallèle, l'effet de revenu.

entraîne une diminution de la demande. S'il s'agit d'un bien inférieur, la diminution du revenu entraîne une augmentation de la demande.

Exemple : Calcul de l'effet de revenu

Dans l'exemple précédent, nous avions

$$x_1(p_1', m) = x_1(2, 120) = 16$$

$$x_1(p_1', m') = x_1(2, 106) = 15{,}3.$$

L'effet de revenu est par conséquent égal à

$$\Delta x_1^n = x_1(2, 120) - x_1(2, 106) = 16 - 15{,}3 = 0{,}7.$$

Comme le lait est un bien normal pour ce consommateur, sa demande de lait augmente quand le revenu croît.

8.3 LE SIGNE DE L'EFFET DE SUBSTITUTION

Nous venons de voir que l'effet de revenu peut être positif ou négatif selon que le bien est un bien normal ou inférieur. Qu'en est-il de l'effet de substitution ? Si le prix d'un bien diminue, comme à la figure 8.2, la variation de la demande de ce bien due à l'effet de substitution *doit* être non négative. Autrement dit, si $p_1 > p_1'$, nous *devons* avoir $x_1(p_1', m') \geqslant x_1(p_1, m)$ ou encore $\Delta x_1^s \geqslant 0$.

Pour prouver cela, considérons à la figure 8.2, les points de la droite obtenue après rotation qui contiennent une quantité de bien 1 inférieure à celle du panier X. Tous ces paniers étaient accessibles aux prix initiaux (p_1, p_2), mais ils n'ont pas été achetés. C'est le panier X qui a été choisi. Si parmi tous les paniers accessibles, le consommateur choisit toujours le meilleur, X doit être préféré à tous les paniers situés sur la droite obtenue après rotation et inclus dans l'ensemble budgétaire initial.

Cela implique que le choix optimal correspondant à la droite après rotation ne peut pas être situé en dessous de la droite de budget initiale. Il doit s'agir soit de X, soit d'un point à droite de X. La consommation de bien 1 doit donc être au moins égale à la consommation initiale, conformément à ce que nous voulions démontrer. À la figure 8.2, le choix optimal sur la droite après rotation est le panier Y ; celui-ci implique une consommation accrue de bien 1 par rapport au panier initial X.

L'effet de substitution agit toujours dans le sens contraire à la variation du prix. L'*effet de substitution* est donc qualifié de *négatif* puisque la variation de la demande due à l'effet de substitution est de signe contraire à la variation de prix : si le prix augmente, l'effet de substitution entraîne une diminution de la demande du bien.

8.4 LA VARIATION TOTALE DE LA DEMANDE

La variation totale de la demande, Δx_1, est la variation due au changement de prix, le revenu étant maintenu constant :

$$\Delta x_1 = x_1(p_1', m) - x_1(p_1, m).$$

Nous avons vu de quelle façon cette variation peut être décomposée en deux effets : l'effet de substitution et l'effet de revenu. En utilisant les symboles définis précédemment :

$$\begin{aligned} \Delta x_1 &= \Delta x_1^s + \Delta x_1^n \\ x_1(p_1', m) - x_1(p_1, m) &= [x_1(p_1', m') - x_1(p_1, m)] \\ &\quad + [x_1(p_1', m) - x_1(p_1', m')]. \end{aligned}$$

Cette équation indique que la variation totale de la demande est égale à la somme de l'effet de substitution et de l'effet de revenu. Cette équation est connue sous le nom d'**identité de Slutsky**[1]. Soulignons qu'il s'agit d'une identité vérifiée pour toutes valeurs p_1, p_1', m et m'.

[1] Du nom d'Eugène Slutsky (1880-1948), un économiste russe ayant étudié la théorie de la demande.

Le premier et le quatrième termes du membre de droite s'annulent de sorte que le membre de droite est *toujours* égal au membre de gauche.

L'**équation de Slutsky** n'est pas seulement une identité algébrique. Son intérêt découle de l'interprétation des deux termes du membre de droite : l'effet de substitution et l'effet de revenu. Nous pouvons notamment utiliser ce que nous savons concernant les signes de ces deux effets pour déterminer le signe de l'effet total.

Alors que l'effet de substitution doit toujours être négatif, c'est-à-dire de signe contraire à la variation du prix, l'effet de revenu peut avoir n'importe quel signe. L'effet total peut dès lors être négatif ou positif. Toutefois si le bien est un bien normal, les deux effets vont dans le même sens. Une augmentation du prix implique une diminution de la demande suite à l'effet de substitution. Cette augmentation de prix est par ailleurs équivalente à une diminution du revenu qui, dans le cas d'un bien normal, implique également une réduction de la demande. Les deux effets se renforcent. En utilisant les symboles, la variation de la demande d'un bien normal suite à une augmentation de son prix s'écrit comme suit :

$$\begin{array}{ccccc} \Delta x_1 & = & \Delta x_1^s & + & \Delta x_1^n. \\ (-) & & (-) & & (-) \end{array}$$

(Les signes moins en dessous des différents termes de cette expression indiquent que ceux-ci sont négatifs.)

Attention au signe de l'effet de revenu ! Une augmentation du prix implique une diminution du pouvoir d'achat et par conséquent, pour un bien normal une réduction de sa demande.

Par contre, pour un bien inférieur, il se pourrait que l'effet de revenu domine l'effet de substitution de sorte que la variation totale de la demande suite à une augmentation du prix soit positive. Nous aurions dans ce cas

$$\begin{array}{ccccc} \Delta x_1 & = & \Delta x_1^s & + & \Delta x_1^n. \\ (+) & & (-) & & (+) \end{array}$$

Si le second terme du membre de droite — l'effet de revenu — est suffisamment important, la variation totale de la demande peut être positive. Cela impliquerait qu'une augmentation du prix pourrait se traduire par une *augmentation* de la demande. Il s'agit du cas « pervers » des biens de Giffen décrit précédemment : une augmentation du prix réduit le pouvoir d'achat du consommateur à un point tel qu'il accroît sa consommation de biens inférieurs.

L'identité de Slutsky indique toutefois qu'on ne peut observer cette situation que pour des biens inférieurs : si le bien est normal, les effets de substitution et de revenu se renforcent et la variation de la demande va toujours dans la « bonne » direction.

Un bien de Giffen doit nécessairement être un bien inférieur. Toutefois, un bien inférieur n'est pas nécessairement un bien de Giffen : l'effet de revenu doit non seulement

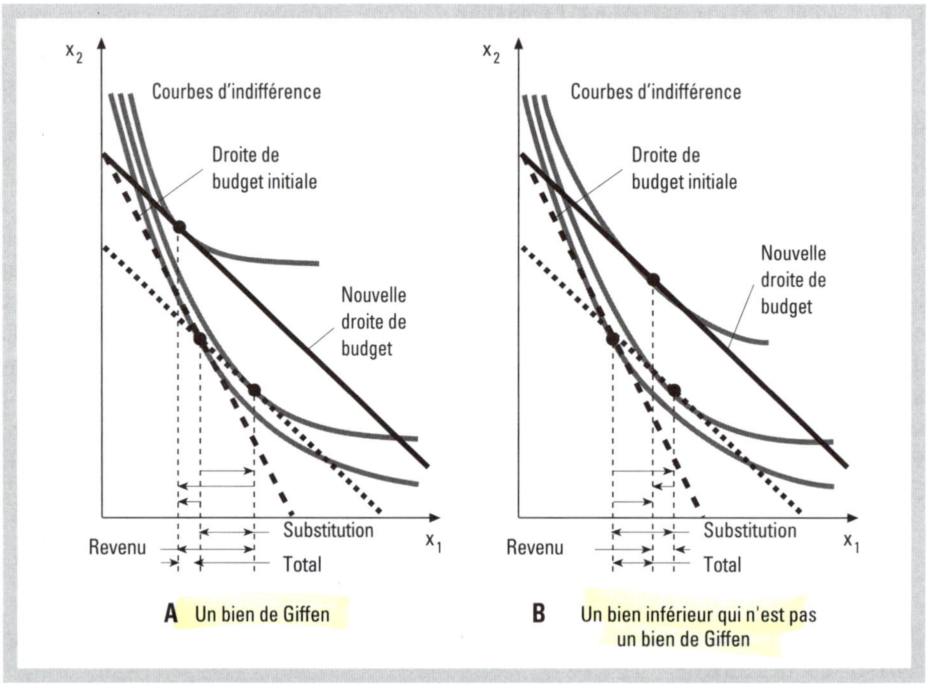

Figure 8.3 ***Biens inférieurs.***

La partie A représente un bien suffisamment inférieur pour être un bien de Giffen. La partie B représente un bien inférieur pour lequel l'effet de revenu n'est pas fort assez pour engendrer un bien de Giffen.

avoir le « mauvais » signe, mais il doit en outre être suffisamment important pour dominer le « bon » signe de l'effet de substitution. C'est pour cette raison qu'on ne rencontre en réalité que très rarement des biens de Giffen : non seulement ils doivent être des biens inférieurs, mais ils doivent être *fortement* inférieurs.

La figure 8.3 illustre cette situation. L'opération habituelle « rotation-déplacement parallèle » a été utilisée pour déterminer les effets de substitution et de revenu. Dans les deux cas, le bien 1 est un bien inférieur et l'effet de revenu est par conséquent négatif. À la figure 8.3A, l'effet de revenu est suffisamment important pour dominer l'effet de substitution et engendrer un bien de Giffen. À la figure 8.3B, l'effet de revenu est plus faible et le bien 1 réagit normalement à la variation de son prix.

8.5 LES TAUX DE VARIATION

Nous venons de voir que les effets de substitution et de revenu peuvent être représentés graphiquement en combinant un mouvement de rotation et un déplacement parallèle. Ils peuvent aussi être exprimés algébriquement par l'**identité de Slutsky** :

$$\Delta x_1 = \Delta x_1^s + \Delta x_1^n.$$

Cette identité indique simplement que la variation totale de la demande est la somme de l'effet de substitution et de l'effet de revenu. L'identité de Slutsky est ici exprimée en variations absolues, mais il est plus fréquent de l'exprimer en *taux* de variation. Quand nous exprimons l'identité de Slutsky en taux de variation, il est plus facile de définir Δx_1^m comme la valeur *négative* de l'effet de revenu :

$$\Delta x_1^m = x_1(p_1', m') - x_1(p_1', m) = -\Delta x_1^n.$$

L'identité de Slutsky s'écrit dès lors comme suit :

$$\Delta x_1 = \Delta x_1^s - \Delta x_1^m.$$

Si nous divisons les deux membres par Δp_1, nous obtenons

$$\frac{\Delta x_1}{\Delta p_1} = \frac{\Delta x_1^s}{\Delta p_1} - \frac{\Delta x_1^m}{\Delta p_1}. \tag{8.2}$$

Le premier terme du membre de droite est le taux de variation de la demande quand le prix varie et que le revenu est ajusté de façon à ce que le panier initial reste accessible ; c'est l'effet de substitution. Nous pouvons par ailleurs transformer le second terme : puisque nous avons une variation de revenu au numérateur, il est intéressant d'avoir également une variation de revenu au dénominateur.

Rappelons que la variation de revenu, Δm, et la variation de prix, Δp_1, sont reliées par la formule suivante :

$$\Delta m = x_1 \Delta p_1.$$

La solution pour Δp_1 est

$$\Delta p_1 = \frac{\Delta m}{x_1}.$$

Si nous substituons cette expression dans le dernier terme de l'équation (8.2), nous obtenons comme formule finale :

$$\frac{\Delta x_1}{\Delta p_1} = \frac{\Delta x_1^s}{\Delta p_1} - \frac{\Delta x_1^m}{\Delta m} x_1.$$

Nous avons ainsi exprimé l'identité de Slutsky en taux de variation. Nous pouvons interpréter les termes de cette identité comme suit :

$$\frac{\Delta x_1}{\Delta p_1} = \frac{x_1(p_1', m) - x_1(p_1, m)}{\Delta p_1}$$

est le taux de variation de la demande quand le prix varie et que le revenu est maintenu fixe ;

$$\frac{\Delta x_1^s}{\Delta p_1} = \frac{x_1(p_1', m') - x_1(p_1, m)}{\Delta p_1}$$

est le taux de variation de la demande quand le prix varie et que le revenu est ajusté de façon à ce que le panier initial reste juste accessible ; c'est l'effet de substitution ; enfin

$$\frac{\Delta x_1^m}{\Delta m} x_1 = \frac{x_1(p_1', m') - x_1(p_1', m)}{m' - m} x_1 \tag{8.3}$$

est le taux de variation de la demande quand le revenu varie et que les prix restent fixes ; c'est l'effet de revenu.

L'effet de revenu est lui-même composé de deux éléments : la variation de la demande quand le revenu varie est multipliée par la quantité initialement demandée. Quand le prix connaît une variation Δp_1, la modification de la demande due à l'effet de revenu est égale à

$$\Delta x_1^m = \frac{x_1(p_1', m') - x_1(p_1', m)}{\Delta m} x_1 \Delta p_1.$$

Mais le dernier terme, $x_1 \Delta p_1$, correspond exactement à la variation de revenu nécessaire pour que le panier initial reste accessible. En effet, $x_1 \Delta p_1 = \Delta m$ de sorte que la variation de la demande due à l'effet de revenu se ramène à l'expression suivante

$$\Delta x_1^m = \frac{x_1(p_1', m') - x_1(p_1', m)}{\Delta m} \Delta m.$$

Ce résultat correspond exactement à ce que nous avions antérieurement.

8.6 LA LOI DE LA DEMANDE

Au chapitre 5, nous nous sommes préoccupés du fait que la théorie du consommateur ne semblait pas contenir de message particulier : la demande pouvait croître ou décroître quand un prix augmentait et elle pouvait croître ou décroître quand le revenu augmentait. Une théorie qui ne limite pas d'une *certaine* façon les comportements observés n'est pas vraiment une théorie. Un modèle qui est compatible avec tous les comportements n'a pas réellement de contenu.

Nous savons cependant que la théorie du consommateur a un certain contenu : nous avons vu que les choix d'un individu qui optimise son comportement doivent respecter l'axiome fort des préférences révélées. De plus, nous avons vu que toute variation de prix peut être décomposée en deux parties : un effet de substitution toujours négatif — c'est-à-dire de signe contraire à la variation du prix — et un effet de revenu dont le signe diffère selon que le bien considéré est normal ou inférieur.

Bien que la théorie du consommateur n'impose pas de restrictions sur les variations de la demande en cas de modification du prix ou du revenu, elle en impose quant à la façon dont ces deux types de variation interagissent. En particulier, nous pouvons exprimer la loi de la demande comme suit :

La loi de la demande. *Si la demande d'un bien augmente quand le revenu s'accroît, la demande de ce bien doit décroître quand son prix augmente.*

Cette loi découle directement de l'équation de Slutsky : si la demande d'un bien augmente avec le revenu, ce bien est normal et, dans ce cas, les effets de substitution et de revenu se renforcent de sorte qu'une augmentation du prix se traduit nécessairement par une réduction de la demande.

8.7 EXEMPLES D'EFFET DE REVENU ET D'EFFET DE SUBSTITUTION

Envisageons maintenant quelques exemples de variations de prix pour des types particuliers de préférences et décomposons la variation de la demande en un effet de substitution et un effet de revenu.

Commençons par le cas des compléments parfaits. La figure 8.4 illustre la décomposition de Slutsky. Quand la droite de budget pivote autour du point initialement choisi, le choix optimal reste le même ; l'effet de substitution est par conséquent nul. La variation de la demande est exclusivement due à l'effet de revenu.

La figure 8.5 illustre quant à elle, le cas des substituts parfaits. Quand la droite de budget pivote, le panier demandé passe de l'axe vertical à l'axe horizontal. Il n'y a plus de mouvement à opérer via l'effet de revenu ! La totalité de la variation de la demande est donc due à l'effet de substitution.

Comme troisième exemple, considérons le cas des préférences quasi linéaires. Cette situation est quelque peu particulière. Nous avons déjà vu qu'une modification du revenu n'entraîne aucune variation de la consommation de bien 1 quand les préférences sont quasi linéaires. Cela implique que la totalité de la variation de la demande de bien 1 est due à l'effet de substitution et que l'effet de revenu est nul comme illustré à la figure 8.6.

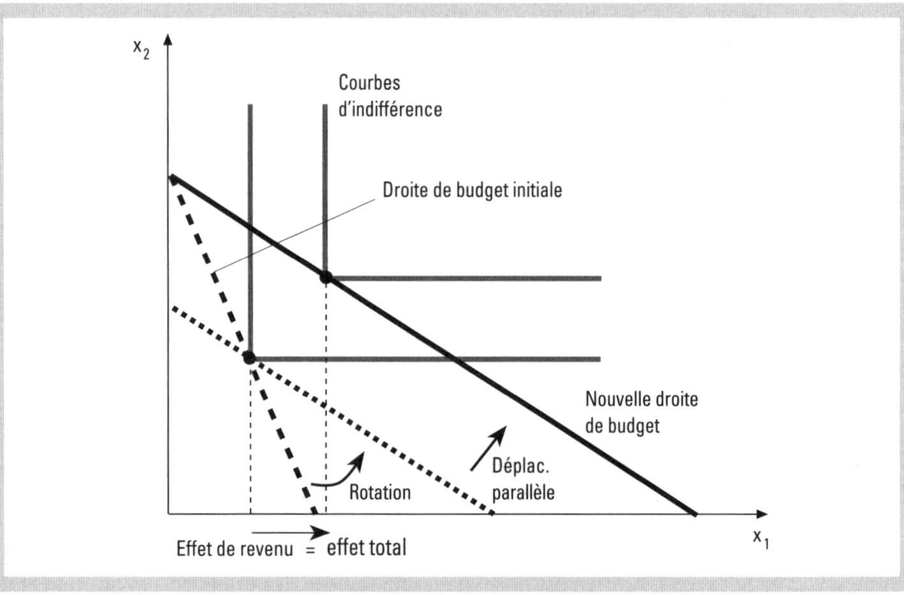

Figure 8.4 ***Compléments parfaits.***

La décomposition de Slutsky pour des compléments parfaits.

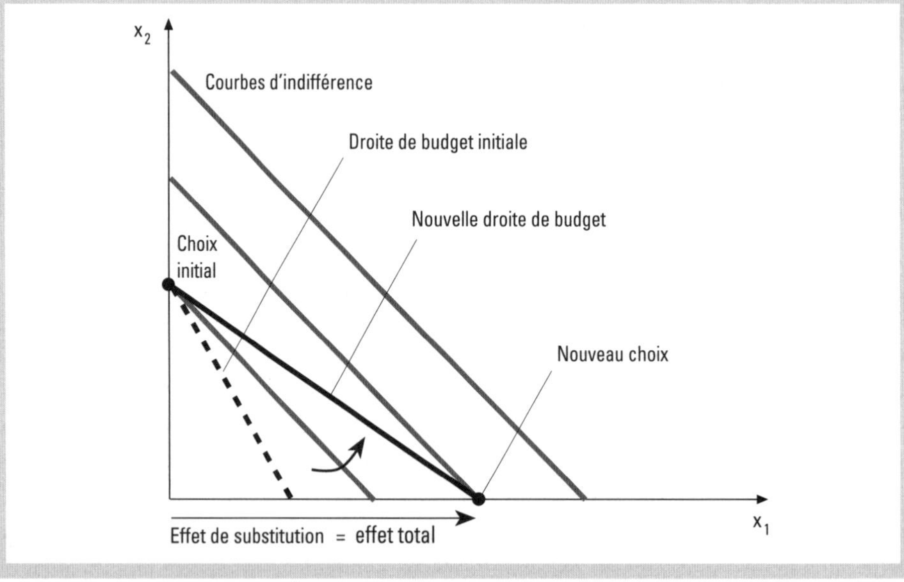

Figure 8.5 ***Substituts parfaits.***

La décomposition de Slutsky pour des substituts parfaits.

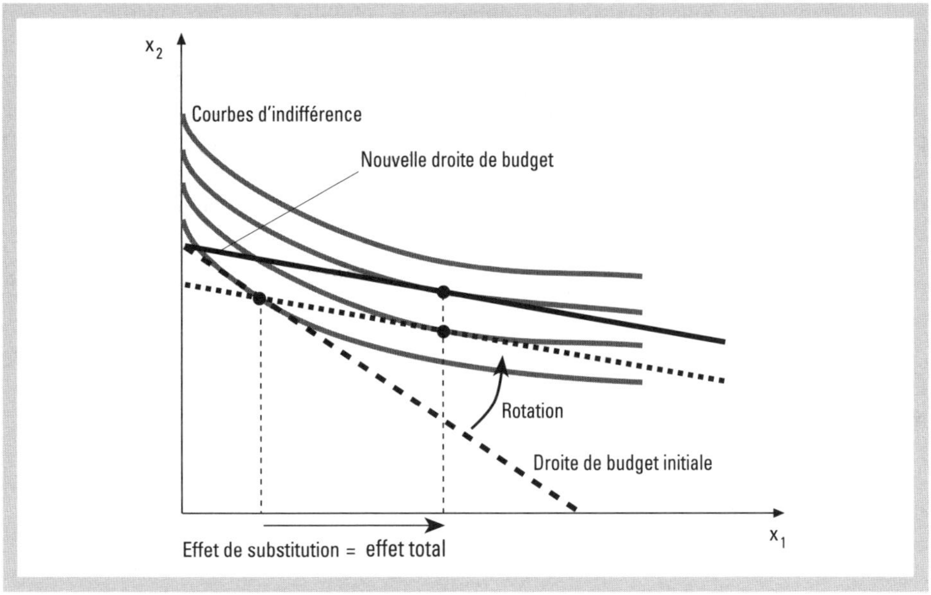

Figure 8.6 ***Préférences quasi linéaires.***

Pour des préférences quasi linéaires, la totalité de la variation de la demande est due à l'effet de substitution.

Exemple : Ristourner une taxe

En 1974, l'Organisation des Pays Exportateurs de Pétrole (O.P.E.P.) décida un embargo pétrolier à l'encontre des États-Unis. L'O.P.E.P. réussit à stopper toutes les livraisons de pétrole à destination des ports des États-Unis pendant plusieurs semaines. La vulnérabilité des U.S.A. face à ces ruptures de livraisons inquiéta le Congrès et le Président. Plusieurs plans furent dès lors proposés pour réduire la dépendance des U.S.A. à l'égard des importations de pétrole.

Un de ces plans proposait une taxe sur l'essence. Une augmentation du prix de l'essence était censée amener les consommateurs à réduire leur consommation d'essence et cette réduction de la demande devait entraîner une diminution de la demande de pétrole étranger.

Toutefois, une augmentation brutale de la taxe sur l'essence aurait atteint les consommateurs en un point sensible, leur portefeuille, et ce plan était dès lors politiquement irréalisable. Il fut par conséquent proposé que les recettes issues de la taxe sur la consommation de carburant soient ristournées aux consommateurs sous la forme de paiements directs en espèces ou via la réduction d'autres taxes. On critiqua cette proposition en argumentant que celle-ci n'aurait aucun effet sur la demande parce que les consommateurs, en récupérant le produit de la taxe, pourraient utiliser cet argent pour acheter davantage d'essence. Que nous dit l'analyse économique à ce sujet ?

Supposons pour simplifier le problème que la totalité de la taxe sur l'essence soit supportée par les consommateurs de sorte que le prix de l'essence augmente exactement du montant de la taxe. (En principe, seule une partie de la taxe échoit aux consommateurs mais, pour le moment, ignorons cette complication.) Supposons que la taxe augmente le prix de l'essence de p à $p' = p + t$ et que le consommateur moyen réagisse en réduisant sa demande de x à x'. Le consommateur moyen paie l'essence t euros plus chère et consomme x' litres d'essence après l'imposition de la taxe. Le montant de la taxe prélevé sur le consommateur moyen est par conséquent égal à

$$R = tx' = (p' - p)x'.$$

Notons que ce montant dépend de la consommation *finale* d'essence x' et non de la consommation initiale x. Si y représente le montant total dépensé pour tous les autres biens et que son prix est posé égal à l'unité, la contrainte budgétaire initiale est

$$px + y = m \tag{8.4}$$

et la contrainte budgétaire avec le système de taxe et de ristourne est

$$(p+t)x' + y' = m + tx'. \tag{8.5}$$

Dans la contrainte budgétaire (8.5), le consommateur moyen choisit les variables du membre de gauche — la consommation des deux biens — mais pas les variables du membre de droite — son revenu et la ristourne du gouvernement —, qui sont considérées comme fixes. La ristourne dépend de ce que font tous les consommateurs et non du comportement du seul consommateur moyen. Dans le cas particulier ici considéré, la ristourne est égale au montant de la taxe prélevée sur le consommateur moyen, mais c'est parce que celui-ci correspond à la moyenne et non en raison d'une quelconque relation de cause à effet.

Si nous éliminons les termes tx' dans les deux membres de l'équation (8.5), nous obtenons

$$px' + y' = m.$$

Ainsi (x', y') est un panier qui était accessible sous la contrainte budgétaire initiale mais qui a été rejeté en faveur de (x, y). Le panier (x, y) doit dès lors être préféré à (x', y') : les consommateurs voient leur niveau de satisfaction diminuer suite au système de taxe et de ristourne. C'est peut-être la raison pour laquelle il ne fut jamais appliqué !

L'équilibre qui résulte d'un tel système est illustré à la figure 8.7. La taxe accroît le prix du bien 1 et la ristourne augmente le revenu nominal. Le panier initial n'est plus accessible et le niveau de satisfaction du consommateur diminue. Dans le cas de la taxe avec ristourne, l'individu choisit de consommer moins d'essence et plus des « autres biens ».

Que pouvons-nous dire en ce qui concerne la consommation d'essence ? Le consommateur moyen pourrait acquérir la même quantité d'essence qu'auparavant mais, en raison de la taxe, l'essence coûte plus cher et en général, le consommateur finira par en consommer moins.

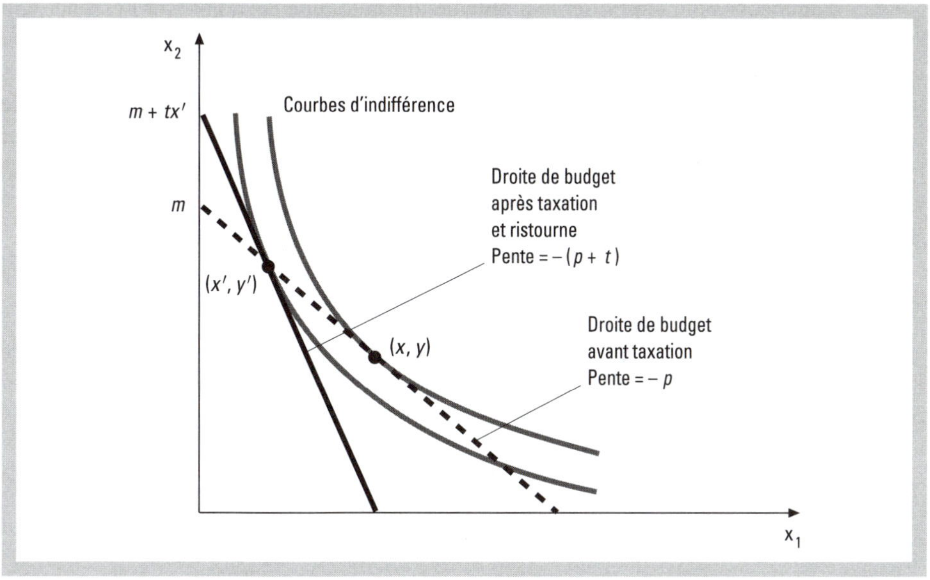

Figure 8.7 ***Ristourner une taxe.***

Taxer un consommateur et lui ristourner le montant de la taxe diminue sa satisfaction.

Exemple : La tarification en temps réel volontaire

La production d'électricité souffre d'un problème de capacité important : la production est relativement bon marché jusqu'au seuil de capacité au-delà duquel, par définition, il est impossible de produire davantage. Construire de nouvelles capacités coûte très cher de sorte qu'il est très intéressant d'un point de vue économique de trouver des façons de réduire l'utilisation de l'électricité en période de pointe.

Dans les États à climat chaud comme la Géorgie, environ 30 % de l'utilisation de l'électricité en période de pointe sont dus au conditionnement d'air. En outre, il est relativement facile de prévoir la température un jour à l'avance de sorte que les utilisateurs potentiels ont le temps d'ajuster leur demande en réglant la climatisation sur une température supérieure, en portant des vêtements légers, etc. Le défi est dès lors de définir un système de tarification qui incite les utilisateurs qui peuvent réduire leur consommation d'électricité à la réduire effectivement.

Une façon d'atteindre cet objectif est l'utilisation d'une tarification en temps réel. Dans un programme de tarification en temps réel, les utilisateurs industriels importants sont équipés d'instruments de mesure spéciaux qui permettent de faire varier le prix de l'électricité de minute en minute en fonction des signaux envoyés par le producteur d'électricité. Quand la demande d'électricité se rapproche de la capacité, le producteur accroît le prix afin d'encourager les utilisateurs à réduire leur consommation. Le système de prix est établi en fonction de la demande totale d'électricité.

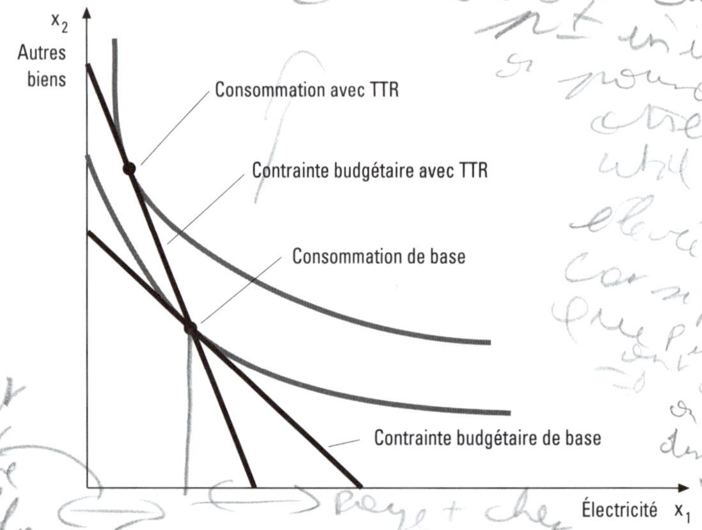

Figure 8.8 ***La tarification en temps réel volontaire.***

Les utilisateurs paient des prix plus élevés pour l'électricité supplémentaire quand le prix en temps réel s'accroît, mais ils bénéficient également de ristournes calculées sur base des mêmes prix s'ils réduisent leur consommation. Il en résulte une rotation à partir de la consommation de base et la satisfaction des consommateurs s'accroît.

L'entreprise de production de Géorgie, Georgia Power, prétend exploiter le programme de tarification en temps réel le plus important du monde. En 1999, elle a pu réduire la demande de 750 mégawatts les jours à prix élevé en amenant quelques consommateurs importants à réduire leur demande de 60 %.

Georgia Power a introduit quelques adaptations intéressantes dans le modèle de base de la tarification en temps réel. Dans le système de tarification, on attribue aux consommateurs une quantité de base qui correspond à leur consommation normale. Quand l'offre d'électricité est trop faible et que le prix en temps réel augmente, ces consommateurs sont confrontés à un prix plus élevé pour la partie de leur consommation d'électricité qui excède la quantité de base. Mais ils reçoivent également une ristourne s'ils réussissent à réduire leur consommation d'électricité en deçà de leur quantité de base.

La figure 8.8 montre l'impact sur la droite de budget des consommateurs. L'axe vertical mesure « l'argent à dépenser pour toutes les choses autres que l'électricité » et l'axe horizontal mesure « la consommation d'électricité ». En temps normal, les consommateurs choisissent leur consommation d'électricité de façon à maximiser l'utilité sous la contrainte budgétaire déterminée par le prix de base de l'électricité. Le résultat de ce choix est la consommation de base.

Quand la température augmente, le prix en temps réel s'accroît et l'électricité devient plus onéreuse. Mais cette augmentation de prix est une bonne chose pour les

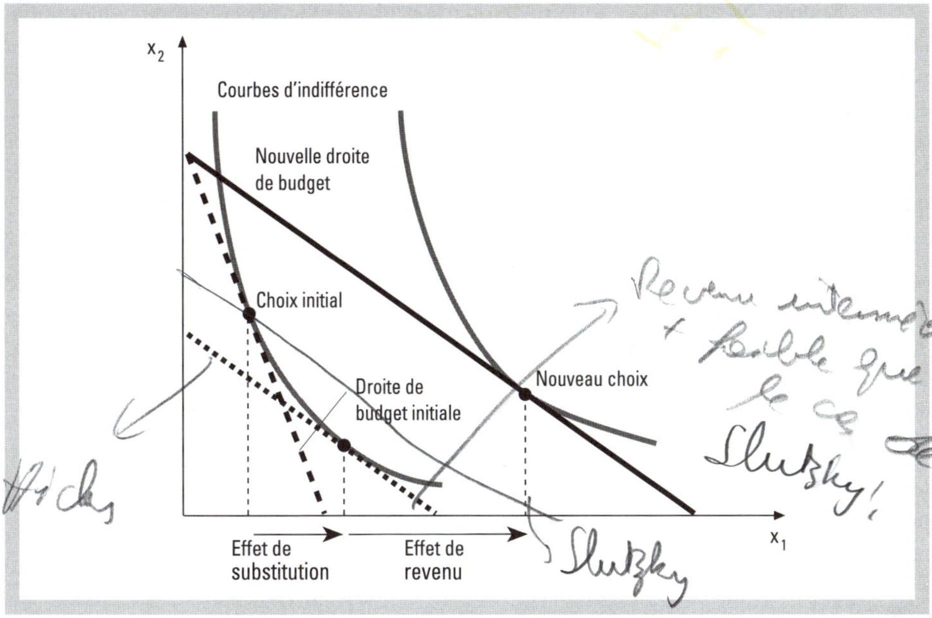

Figure 8.9 ***L'effet de substitution de Hicks.***

Nous faisons ici pivoter la droite de budget le long de la courbe d'indifférence plutôt qu'autour du panier initial.

consommateurs qui peuvent réduire leur consommation puisqu'ils reçoivent une ristourne basée sur le prix en temps réel, élevé, pour chaque kilowatt économisé. Si la consommation reste au niveau de la quantité de base, la facture de l'utilisateur ne change pas.

Il n'est pas difficile de voir que ce système de tarification est un déplacement de Slutsky à partir de la quantité de base. Nous pouvons dès lors être sûrs que l'utilisation de l'électricité diminuera et que le niveau de satisfaction des consommateurs sera au moins aussi élevé avec les prix en temps réel qu'avec les prix de base. Le programme a d'ailleurs été assez bien accueilli avec plus de 1 600 participants volontaires.

8.8 UN AUTRE EFFET DE SUBSTITUTION

Les économistes appellent « effet de substitution », la variation de la demande quand les prix se modifient mais que le pouvoir d'achat du consommateur reste constant de sorte que le panier initial demeure accessible. En fait, il s'agit là d'*une* des définitions de l'effet de substitution qu'on appelle l'**effet de substitution de Slutsky**.

Il existe une autre définition, tout aussi intéressante, connue sous le nom d'**effet de substitution de Hicks**[2].

2 Du nom de Sir John Hicks, lauréat anglais du Prix Nobel d'Économie.

Supposons qu'au lieu de faire pivoter la droite de budget autour du panier initial de consommation, nous la faisions « rouler » le long de la courbe d'indifférence passant par le panier initial, comme à la figure 8.9. Nous considérons ainsi un consommateur confronté à une nouvelle droite de budget qui correspond aux mêmes prix relatifs que la droite de budget finale mais à un revenu différent. Le pouvoir d'achat associé à cette nouvelle droite ne permet plus d'acheter le panier initial, mais il permet d'acquérir un panier qui lui est *indifférent*.

L'effet de substitution de Hicks maintient donc constante l'*utilité* plutôt que le pouvoir d'achat. L'effet de substitution de Slutsky donne au consommateur une somme d'argent qui lui permet de retourner à son niveau initial de consommation alors que l'effet de substitution de Hicks lui donne une somme qui lui permet de rester sur sa courbe d'indifférence initiale. Malgré cette différence, l'effet de substitution de Hicks doit lui aussi être négatif, c'est-à-dire qu'il doit opérer dans le sens contraire de la variation du prix.

On peut le prouver en recourant à nouveau aux préférences révélées. Soit (x_1, x_2), le panier demandé aux prix (p_1, p_2) et (y_1, y_2), le panier demandé à un autre ensemble de prix (q_1, q_2). Supposons que le revenu du consommateur soit tel que celui-ci est indifférent entre (x_1, x_2) et (y_1, y_2). Aucun de ces deux paniers ne peut donc être révélé préféré à l'autre.

Les préférences révélées impliquent que les deux inégalités suivantes ne peuvent *pas* être correctes :

$$p_1x_1 + p_2x_2 > p_1y_1 + p_2y_2$$

$$q_1y_1 + q_2y_2 > q_1x_1 + q_2x_2.$$

Par contre, *sont* correctes les deux relations suivantes :

$$p_1x_1 + p_2x_2 \leqslant p_1y_1 + p_2y_2$$

$$q_1y_1 + q_2y_2 \leqslant q_1x_1 + q_2x_2.$$

En additionnant ces inégalités et en réarrangeant les termes, nous obtenons

$$(q_1 - p_1)(y_1 - x_1) + (q_2 - p_2)(y_2 - x_2) \leqslant 0.$$

Cette relation définit une règle générale concernant les variations de la demande quand les prix se modifient et que le revenu est ajusté de façon à maintenir le consommateur sur la même courbe d'indifférence. Dans le cas particulier considéré, seul le premier prix varie. Si $q_2 = p_2$, nous obtenons

$$(q_1 - p_1)(y_1 - x_1) \leqslant 0.$$

Cette équation indique que la variation de la demande doit être de signe opposé à la variation du prix conformément à ce que nous désirions démontrer.

La variation totale de la demande est toujours égale à la somme de l'effet de substitution et de l'effet de revenu, mais il s'agit cette fois de l'effet de substitution de

Hicks. Puisque cet effet est également négatif, l'équation de Slutsky conserve exactement la même forme et la même interprétation. Les deux définitions de l'effet de substitution sont utiles et, selon le problème particulier traité, il peut être préférable de recourir à l'une ou à l'autre. On peut aussi montrer que pour des petites variations de prix, les deux effets de substitution sont virtuellement identiques.

8.9 LES COURBES DE DEMANDE COMPENSÉE

Nous avons vu comment la quantité demandée se modifie en cas de variation de prix dans trois situations différentes : quand le revenu est maintenu inchangé (le cas habituel), quand le pouvoir d'achat est maintenu inchangé (l'effet de substitution de Slutsky) et enfin quand c'est l'utilité qui est maintenue inchangée (l'effet de substitution de Hicks). Nous pouvons établir la relation existant entre prix et quantité demandée quelle que soit la variable maintenue constante. À chaque cas correspond une courbe de demande différente : respectivement la courbe de demande habituelle, la courbe de demande de Slutsky et la courbe de demande de Hicks.

L'analyse de ce chapitre indique que les courbes de demande de Slutsky et de Hicks sont toujours décroissantes et que la courbe de demande habituelle est décroissante pour les biens normaux. Toutefois, l'analyse de Giffen montre qu'il est théoriquement possible que la courbe de demande habituelle pour un bien inférieur soit croissante.

La courbe de demande de Hicks — quand l'utilité est maintenue constante — est parfois appelée la **courbe de demande compensée**. Cette terminologie paraît naturelle quand nous tenons compte du fait que la courbe de demande de Hicks est construite en ajustant le revenu quand le prix varie de façon à maintenir l'utilité constante. Le consommateur est donc « compensé » pour la variation du prix et son utilité est la même en tout point de la courbe de demande de Hicks. Ce n'est pas le cas avec la courbe de demande habituelle. En effet, quand nous considérons cette courbe, le consommateur a un niveau de satisfaction moindre quand les prix sont plus élevés puisque son revenu est constant.

La courbe de demande compensée s'avère particulièrement utile dans les cours plus avancés, notamment dans l'analyse coût-bénéfice. Dans ce type d'analyse, nous nous demandons souvent quelles sommes il faut donner aux consommateurs pour les compenser d'un changement de politique donné. L'importance de ces sommes procure une évaluation intéressante du coût de ce changement de politique. Toutefois, le calcul effectif des courbes de demande compensée requiert davantage de mathématique que ce que nous avons développé dans cet ouvrage.

RÉSUMÉ

1. Quand le prix d'un bien diminue, il y a deux effets sur la consommation. La modification des prix relatifs incite le consommateur à demander davantage du bien devenu moins cher. La hausse du pouvoir d'achat due à la baisse du prix peut augmenter ou diminuer la consommation du bien selon que celui-ci est un bien normal ou inférieur.

2. La variation de la demande due à la modification des prix relatifs est appelée l'effet de substitution. La variation de la demande due à la modification du pouvoir d'achat est appelée l'effet de revenu.

3. L'effet de substitution correspond à la variation de la demande quand les prix se modifient et que le pouvoir d'achat est maintenu constant, c'est-à-dire quand le panier initial demeure accessible. Pour maintenir le pouvoir d'achat constant, le revenu nominal doit être ajusté. L'ajustement nécessaire du revenu nominal est égal à $\Delta m = x_1 \Delta p_1$.

4. L'équation de Slutsky stipule que la variation totale de la demande est égale à la somme de l'effet de substitution et de l'effet de revenu.

5. La loi de la demande stipule que les biens normaux ont des courbes de demande de pente négative.

PROBLÈMES À RÉSOUDRE

8.1 Supposons qu'un consommateur estime que deux biens sont des substituts parfaits. Pouvez-vous modifier les prix de telle sorte que la totalité de la variation de la demande soit due à l'effet de revenu ?

8.2 L'effet de substitution est-il toujours négatif si les préférences sont concaves ?

8.3 Dans le cas de la taxe sur l'essence, que se passerait-il si la ristourne était basée sur la consommation initiale d'essence x au lieu de la consommation finale x' ?

8.4 Dans l'hypothèse décrite dans la question précédente, le gouvernement ristournerait-il une somme supérieure ou inférieure aux recettes fiscales qu'il recevrait ?

8.5 Le niveau de satisfaction des consommateurs augmenterait-il ou diminuerait-il si on appliquait un système de taxe et de ristourne selon l'hypothèse de la question 8.3 ?

ANNEXE

Nous allons utiliser l'analyse mathématique pour établir l'équation de Slutsky. Considérons la définition de l'effet de substitution de Slutsky : on ajuste le revenu de façon à ce que le consommateur ait un revenu juste suffisant pour acquérir le panier de consommation initial que nous notons $(\bar{x}_1, \bar{x}_2)$. Si les prix sont (p_1, p_2), le choix effectif du consommateur, compte tenu de l'ajustement de son revenu, dépend de (p_1, p_2) et de $(\bar{x}_1, \bar{x}_2)$. Nous appelons cette relation la **fonction de demande de Slutsky** et nous l'écrivons $x_1^s(p_1, p_2, \bar{x}_1, \bar{x}_2)$.

Le panier $(\bar{x}_1, \bar{x}_2)$ est le panier demandé pour des prix $\bar{p}_1$ et $\bar{p}_2$ et un revenu m. La fonction de demande de Slutsky nous donne la demande du consommateur pour d'autres prix (p_1, p_2) et un revenu égal à $p_1\bar{x}_1 + p_2\bar{x}_2$. Cette fonction qui dépend de $p_1, p_2, \bar{x}_1$ et $\bar{x}_2$ correspond donc à la fonction de demande habituelle pour des prix (p_1, p_2) et un revenu $p_1\bar{x}_1 + p_2\bar{x}_2$:

$$x_1^s(p_1, p_2, \bar{x}_1, \bar{x}_2) \equiv x_1(p_1, p_2, p_1\bar{x}_1, p_2\bar{x}_2).$$

Cette équation précise que la demande de Slutsky pour des prix (p_1, p_2) est la quantité que le consommateur demanderait s'il avait assez d'argent pour acheter le panier initial $(\bar{x}_1, \bar{x}_2)$. Cela correspond exactement à la définition de la fonction de demande de Slutsky.

Si nous différentions cette identité par rapport à p_1, en utilisant la règle de dérivation d'une fonction composée, nous obtenons

$$\frac{\partial x_1^s(p_1, p_2, \bar{x}_1, \bar{x}_2)}{\partial p_1} = \frac{\partial x_1(p_1, p_2, \bar{m})}{\partial p_1} + \frac{\partial x_1(p_1, p_2, \bar{m})}{\partial m}\bar{x}_1$$

ou, après transformation,

$$\frac{\partial x_1(p_1, p_2, \bar{m})}{\partial p_1} = \frac{\partial x_1^s(p_1, p_2, \bar{x}_1, \bar{x}_2)}{\partial p_1} - \frac{\partial x_1(p_1, p_2, \bar{m})}{\partial m}\bar{x}_1.$$

Il s'agit en fait de l'équation de Slutsky exprimée en termes de dérivées. Cette équation indique que l'effet total d'une variation de prix est composé d'un effet de substitution (le revenu étant ajusté de telle façon que le panier $(\bar{x}_1, \bar{x}_2)$ demeure accessible) et d'un effet de revenu. Nous savons que l'effet de substitution est négatif et que le signe de l'effet de revenu est différent selon que le bien est normal ou inférieur. Comme vous pouvez le constater, l'équation que nous venons d'établir est identique à celle considérée dans le corps du chapitre sous réserve que les Δ sont remplacés par des signes de dérivation.

Qu'en est-il de l'effet de substitution de Hicks ? Nous pouvons également établir une équation de Slutsky pour cet effet de substitution. La fonction de demande « *hicksienne* » est représentée par $x_1^h(p_1, p_2, \bar{u})$. Elle mesure la demande de bien 1 pour des prix (p_1, p_2) lorsque le revenu est ajusté de façon à maintenir l'*utilité* à son niveau initial $\bar{u}$. Dans ce cas, on peut démontrer que l'équation de Slutsky revêt la forme suivante :

$$\frac{\partial x_1(p_1, p_2, m)}{\partial p_1} = \frac{\partial x_1^h(p_1, p_2, \bar{u})}{\partial p_1} - \frac{\partial x_1(p_1, p_2, m)}{\partial m}\bar{x}_1.$$

La preuve repose sur le fait que, pour des variations infinitésimales des prix,

$$\frac{\partial x_1^h(p_1, p_2, \bar{u})}{\partial p_1} = \frac{\partial x_1^s(p_1, p_2, \bar{x}_1, \bar{x}_2)}{\partial p_1}$$

c'est-à-dire que, pour des variations de prix d'une ampleur correspondant à des dérivées, les effets de substitution de Hicks et de Slutsky sont identiques. La démonstration de ce résultat n'est pas très difficile mais elle implique quelques concepts qui vont au-delà de l'objet du présent ouvrage. Une démonstration relativement simple est présentée dans Varian, Hal, *Microeconomic Analysis*, 3rd edition, Norton, New York, 1992.

Exemple : Ristourner une petite taxe

Nous pouvons utiliser l'équation de Slutsky exprimée en termes de dérivées pour déterminer les réactions à une petite variation d'une taxe quand les recettes fiscales sont ristournées aux consommateurs.

Supposons, comme précédemment, que le prix augmente du montant total de la taxe. Soit x, la quantité d'essence, p, le prix initial et t, le montant de la taxe. La variation de la consommation est égale à

$$dx = \frac{\partial x}{\partial p} t + \frac{\partial x}{\partial m} tx.$$

Le premier terme mesure la réaction de la demande à la variation du prix, multipliée par le montant de cette variation ; ce qui nous donne l'effet-prix de la taxe. Le second terme correspond à la réaction de la demande à une variation du revenu, multipliée par le montant de cette variation ; le revenu augmente du montant des recettes fiscales ristournées au consommateur.

Utilisons maintenant l'équation de Slutsky pour décomposer le premier terme du membre de droite en un effet de substitution et un effet de revenu :

$$dx = \frac{\partial x^s}{\partial p} t - \frac{\partial x}{\partial m} tx + \frac{\partial x}{\partial m} tx = \frac{\partial x^s}{\partial p} t.$$

L'effet de revenu disparaît et seul subsiste l'effet de substitution. Lever une petite taxe et en ristourner le produit revient en fait à imposer un changement de prix et à ajuster le revenu de telle façon que le panier de consommation initial demeure accessible — du moins tant que la taxe est suffisamment petite pour que l'expression en termes de dérivées reste une approximation valable.

9

ACHETER ET VENDRE

Dans le modèle simple du consommateur considéré dans les chapitres précédents, le revenu du consommateur était fixe. En réalité, les gens gagnent leur revenu en vendant des biens qui leur appartiennent : des biens qu'ils ont produits, des avoirs qu'ils ont accumulés ou, le plus souvent, leur propre travail. Dans ce chapitre, nous allons examiner comment adapter le modèle précédent pour décrire ce type de comportement.

9.1 DEMANDES NETTES ET DEMANDES BRUTES

Comme précédemment, nous nous limitons à un modèle à deux biens. Nous supposons que le consommateur dispose au départ d'une **dotation** des deux biens que nous notons (ω_1, ω_2). Ce sont les quantités des deux biens que le consommateur détient *avant* d'entrer sur le marché. Pensons à un fermier qui va au marché avec ω_1 carottes et ω_2 pommes de terre. Le fermier examine les prix pratiqués sur le marché et choisit les quantités des deux biens qu'il désire acheter et vendre.

Il convient ici de faire une distinction entre les **demandes brutes** du consommateur et ses **demandes nettes**. La demande brute est la quantité d'un bien que le consommateur finit effectivement par consommer : ce sont les quantités qu'il ramène du marché. La demande nette est la différence entre ce que l'individu finit par consommer (sa demande brute) et sa dotation initiale. La demande nette d'un bien est simplement la quantité vendue ou achetée. Si nous notons (x_1, x_2) les demandes brutes, les demandes nettes sont égales à $(x_1 - \omega_1, x_2 - \omega_2)$. Remarquons que si les demandes brutes sont en principe des valeurs positives, les demandes nettes peuvent être positives ou négatives. La demande nette du bien 1 est négative si le consommateur désire consommer moins de bien 1 qu'il n'en a, c'est-à-dire s'il désire *offrir* du bien 1 sur le marché. Une demande nette négative correspond simplement à la quantité offerte.

Dans l'analyse économique, ce sont les demandes brutes qui sont les plus importantes puisque ce sont elles qui comptent finalement aux yeux des consommateurs. Mais les demandes nettes correspondent à ce qui s'exprime sur le marché et, par conséquent, elles sont plus proches de ce que le profane entend par demande ou offre.

9.2 LA CONTRAINTE BUDGÉTAIRE

En premier lieu, il faut considérer la forme de la contrainte budgétaire. Quelle contrainte pèse sur la consommation finale du consommateur ? En fait, la valeur du panier de biens que l'individu ramène à la maison doit être égale à la valeur du panier qu'il a emmené au marché. Sous forme algébrique :

$$p_1x_1 + p_2x_2 = p_1\omega_1 + p_2\omega_2.$$

Alternativement, la droite de budget peut être exprimée en termes de demandes nettes :

$$p_1(x_1 - \omega_1) + p_2(x_2 - \omega_2) = 0.$$

Si $(x_1 - \omega_1)$ est positif, nous disons que le consommateur est un acheteur net ou un **demandeur net** de bien 1 ; si $(x_1 - \omega_1)$ est négatif, nous disons qu'il est un **vendeur net** ou un **offreur net** de bien 1. La contrainte budgétaire stipule que la valeur des biens que l'individu achète doit être égale à la valeur de ce qu'il vend.

Nous pouvons aussi exprimer la droite de budget sous une forme similaire à celle utilisée dans les chapitres précédents. Nous avons, dans ce cas, deux équations :

$$p_1x_1 + p_2x_2 = m$$
$$m = p_1\omega_1 + p_2\omega_2.$$

Quand les prix sont fixes, la valeur de la dotation, et par conséquent le revenu nominal du consommateur, sont fixes.

Comment se présente graphiquement la droite de budget ? Lorsque les prix sont fixes, le revenu nominal l'est également et nous avons une équation budgétaire identique à celle que nous avions auparavant. La pente doit à nouveau être égale à $-p_1/p_2$, de sorte que le seul problème est la localisation de la droite.

Pour déterminer celle-ci, il suffit de constater que la dotation initiale est toujours située sur la droite de budget. En effet, le panier $x_1 = \omega_1$ et $x_2 = \omega_2$ est une des valeurs (x_1, x_2) qui respectent la contrainte budgétaire. La dotation est toujours juste accessible puisque le montant qui peut être dépensé est précisément la valeur de cette dotation.

La droite de budget a donc une pente égale à $-p_1/p_2$ et passe par le point de dotation. Cette droite est représentée à la figure 9.1.

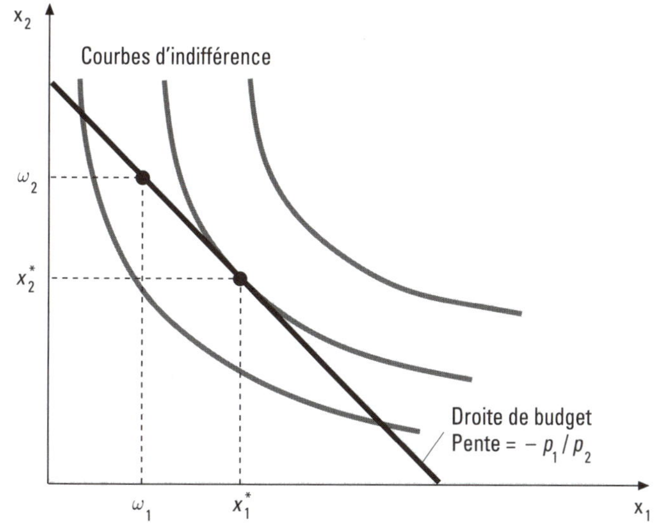

Figure 9.1 ***La droite de budget.***

La droite de budget passe par la dotation initiale et a une pente égale à $-p_1/p_2$.

En tenant compte de la contrainte budgétaire, le consommateur peut choisir son panier optimal exactement comme précédemment. La figure 9.1 présente un exemple de panier optimal : (x_1^*, x_2^*). Celui-ci doit satisfaire à nouveau la condition d'égalité du taux marginal de substitution et du rapport des prix.

Dans l'exemple de la figure 9.1, $x_1^* > \omega_1$ et $x_2^* < \omega_2$. Le consommateur est donc un acheteur net de bien 1 et un vendeur net de bien 2. Les demandes nettes sont simplement les quantités nettes des deux biens que le consommateur achète ou vend. En fonction des prix relatifs des deux biens, le consommateur peut en général décider d'être soit un acheteur, soit un vendeur.

9.3 MODIFICATION DE LA DOTATION INITIALE

Dans notre analyse des choix du consommateur, nous avons examiné l'effet sur le panier optimal d'une variation du revenu nominal quand les prix restaient inchangés. Nous pouvons procéder à une analyse similaire en étudiant l'effet sur le panier optimal d'une variation de la *dotation* quand les prix restent inchangés.

Supposons par exemple que la dotation passe de (ω_1, ω_2) à une autre valeur (ω_1', ω_2') telle que

$$p_1\omega_1 + p_2\omega_2 > p_1\omega_1' + p_2\omega_2'.$$

Cette inégalité signifie que la nouvelle dotation (ω_1', ω_2') a une valeur moindre que la précédente, c'est-à-dire que le revenu nominal que le consommateur peut obtenir en vendant la nouvelle *dotation* est inférieur à celui dont il disposait auparavant.

Cette situation est illustrée à la figure 9.2A : la droite de budget se déplace vers l'intérieur. Puisque nous avons exactement la même situation qu'une réduction du revenu nominal, nous pouvons tirer les deux mêmes conclusions. Premièrement, le niveau de satisfaction du consommateur est nécessairement inférieur avec la dotation (ω_1', ω_2') puisque l'ensemble des possibilités de consommation s'est réduit. Deuxièmement, la demande de chaque bien va diminuer ou augmenter selon que le bien est normal ou inférieur.

Si par exemple, le bien 1 est un bien normal et que la valeur de la dotation se réduit, nous pouvons conclure que la demande de bien 1 diminuera.

La figure 9.2B illustre le cas d'une augmentation de la valeur de la dotation. En suivant le même raisonnement, nous concluons que la droite de budget se déplace vers l'extérieur et que le consommateur voit sa satisfaction augmenter. En termes algébriques, si la dotation passe de (ω_1, ω_2) à (ω_1', ω_2') et que $p_1\omega_1 + p_2\omega_2 < p_1\omega_1' + p_2\omega_2'$, le nouvel ensemble budgétaire du consommateur doit contenir l'ancien. Ceci implique que le choix optimal dans le nouvel ensemble budgétaire doit être préféré au panier optimal correspondant à l'ancien.

Il convient d'insister sur ce point. Au chapitre 7, nous avons souligné que le simple fait qu'un panier de consommation coûte plus qu'un autre ne signifie pas qu'il lui est

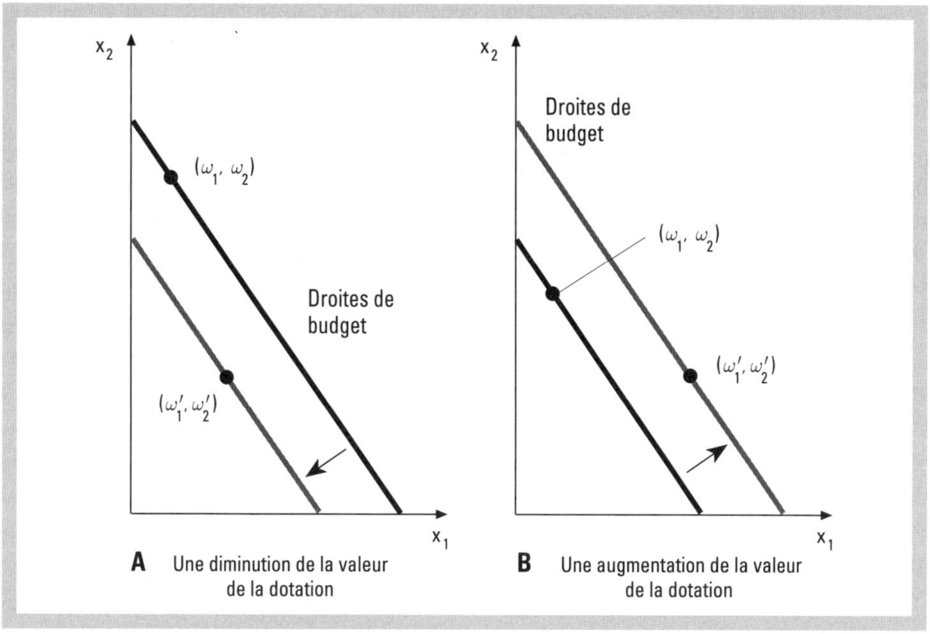

Figure 9.2 ***Variations de la valeur de la dotation.***

Dans le cas A, la valeur de la dotation diminue. Elle augmente dans le cas B.

préféré. Mais cela ne vaut que pour des paniers qui doivent être *consommés*. Si un individu peut vendre un panier sur le marché à des prix constants, il préférera toujours le panier qui a la valeur la plus élevée puisqu'il lui donne un revenu plus important et davantage de possibilités de consommation. Il préférera dès lors toujours la *dotation* ayant la valeur la plus élevée. Cette simple observation permettra de dégager des enseignements importants.

Il convient d'envisager une dernière possibilité : que se passe-t-il si $p_1\omega_1 + p_2\omega_2 > p_1\omega_1' + p_2\omega_2'$? Dans ce cas, la contrainte budgétaire n'est pas modifiée. Le niveau de satisfaction du consommateur est le même pour (ω_1, ω_2) que pour (ω_1', ω_2') et son choix optimal ne varie pas. La dotation s'est simplement déplacée le long de la droite de budget initiale.

9.4 LES VARIATIONS DE PRIX

Lors de l'analyse des réactions de la demande à des variations de prix, nous avons raisonné en supposant que le revenu nominal restait inchangé. Cette hypothèse n'est plus acceptable maintenant que le revenu nominal est déterminé par la valeur de la dotation : si la valeur d'un bien que le consommateur vend se modifie, son revenu nominal en est évidemment affecté. Quand le consommateur dispose d'une dotation initiale, une variation de prix implique donc automatiquement une variation de revenu.

Examinons d'abord cette situation graphiquement. Si le prix du bien 1 diminue, nous savons que la droite de budget s'aplatit. Puisque la dotation initiale reste accessible, la droite doit pivoter autour de la dotation initiale, comme illustré à la figure 9.3.

Dans cet exemple, le consommateur est au départ un vendeur de bien 1 et il le reste après la *diminution* du prix. Que pouvons-nous dire concernant son niveau de satisfaction ? À la figure 9.3, l'individu est désormais situé sur une courbe d'indifférence inférieure. Mais en est-il toujours ainsi ? Nous pouvons répondre à cette question en appliquant le principe des préférences révélées.

Si le consommateur reste un offreur, son nouveau panier de consommation doit être situé sur la partie grisée de la nouvelle droite de budget. Mais ce segment était inclus dans l'ensemble budgétaire initial : tous les paniers situés sur ce segment étaient accessibles avant le changement de prix. Par application des préférences révélées, ces paniers sont donc moins satisfaisants que le panier initial. Nous pouvons dès lors conclure que si le prix d'un bien que le consommateur vend diminue et que celui-ci décide de rester vendeur, son niveau de satisfaction doit décroître.

Et si le prix d'un bien vendu par le consommateur diminue et que celui-ci décide de devenir acheteur de ce bien ? Dans ce cas, le niveau de satisfaction du consommateur peut augmenter ou diminuer. Nous ne pouvons rien dire de précis.

Envisageons maintenant la situation d'un consommateur qui est un acheteur net d'un bien. Si le consommateur est un acheteur net d'un bien dont le prix *augmente* et qu'il

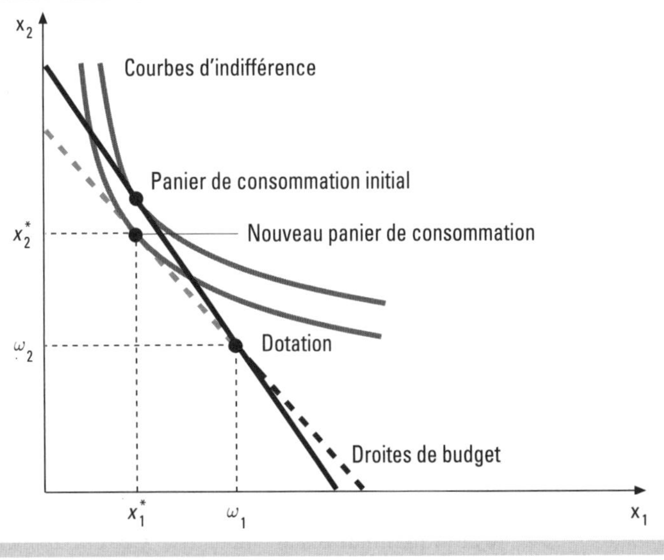

Figure 9.3 ***Diminution du prix du bien 1.***

Suite à la diminution du prix du bien 1, la droite de budget pivote autour de la dotation. Si le consommateur reste un offreur, son niveau de satisfaction doit être inférieur.

décide de rester acheteur, son niveau de satisfaction doit nécessairement diminuer. Mais si l'augmentation de prix l'amène à devenir un vendeur, le résultat est indéterminé : sa satisfaction peut augmenter ou diminuer. Tout ceci découle d'une simple application des préférences révélées, comme dans les cas précédents, mais nous vous conseillons de tracer vous-même une figure pour vous assurer que vous comprenez le raisonnement.

Les préférences révélées nous permettent aussi de dégager quelques conclusions intéressantes en ce qui concerne la décision de rester acheteur ou de devenir vendeur quand les prix varient. Supposons comme à la figure 9.4, que le consommateur soit un acheteur net de bien 1 et que le prix de ce bien diminue. Dans ce cas, la droite de budget s'aplatit.

Comme d'habitude, nous ne savons pas avec certitude si le consommateur achète plus ou moins de bien 1 ; cela dépend de ses préférences. Toutefois, nous pouvons dire qu'il *continue à être un acheteur net de bien 1 et qu'il ne devient pas un vendeur net.*

En effet, envisageons ce qui se passerait si le consommateur décidait de devenir vendeur. Il se situerait alors quelque part sur la partie grisée de la nouvelle droite de budget représentée à la figure 9.4. Mais ces paniers étaient accessibles avec la droite de budget initiale et ils avaient été rejetés en faveur de (x_1^*, x_2^*). Celui-ci doit donc être préféré à tous les points situés sur ce segment de droite. Avec la *nouvelle* droite de budget, (x_1^*, x_2^*) reste accessible. Dès lors, quel que soit le choix du consommateur compte tenu de la nouvelle contrainte, il doit être préféré à (x_1^*, x_2^*) et par conséquent préféré aux paniers situés sur la

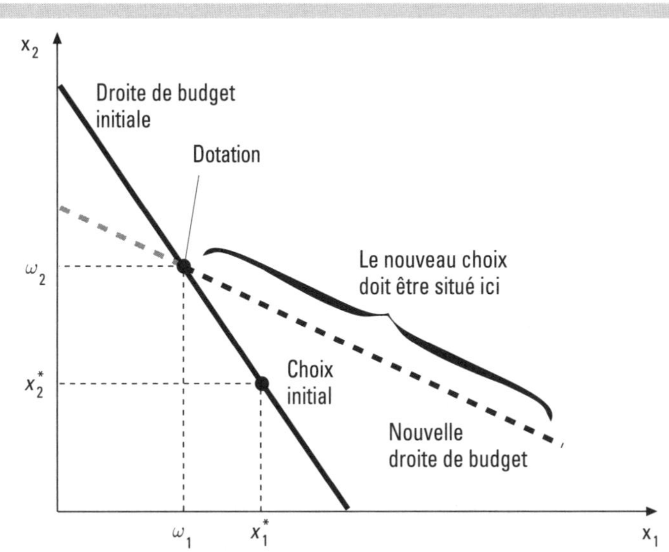

Figure 9.4 ***Une diminution du prix du bien 1.***

Si un individu est acheteur d'un bien dont le prix du bien diminue, il reste acheteur net de ce bien.

partie grisée de la nouvelle droite de budget. Sa consommation de x_1 doit donc se situer à droite du point de dotation et l'individu doit rester demandeur net de bien 1.

De nouveau, le même raisonnement s'applique à l'individu qui est vendeur net d'un bien : si le prix du bien qu'il vend *augmente*, il ne décidera pas de devenir *acheteur*. Nous ne pouvons pas déterminer avec certitude s'il consommera plus ou moins du bien en question, mais nous savons qu'il continuera à en vendre si le prix augmente.

9.5 CHEMINS D'EXPANSION ET COURBES DE DEMANDE

Au chapitre 6, nous avons vu que les chemins d'expansion des prix représentent les diverses combinaisons des deux biens qu'un consommateur peut demander ; quant aux courbes de demande, elles représentent les relations existant entre le prix et la quantité demandée d'un bien. Nous pouvons définir exactement les mêmes courbes quand le consommateur dispose d'une dotation initiale des deux biens.

Considérons par exemple la figure 9.5. Elle présente le chemin d'expansion du prix et la courbe de demande pour un consommateur particulier. Le chemin d'expansion passe toujours par le point de dotation initiale parce que ce point correspondra au panier

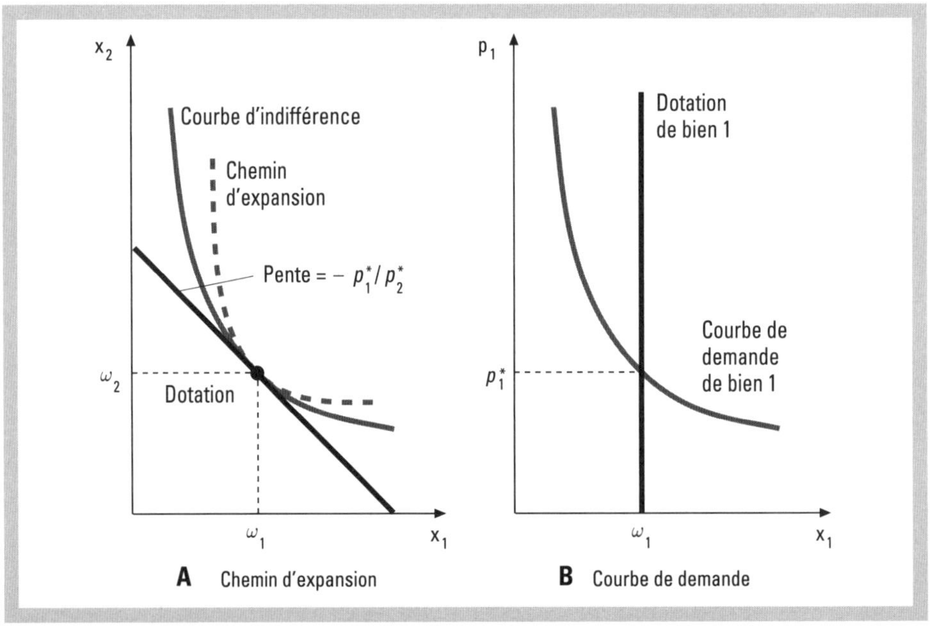

Figure 9.5 ***Le chemin d'expansion du prix et la courbe de demande.***

Cette figure illustre les deux façons de reproduire graphiquement la relation entre le panier demandé et les prix quand le consommateur dispose d'une dotation initiale.

effectivement demandé à un certain prix ; autrement dit, pour un ensemble particulier de prix, le consommateur choisira de ne procéder à aucun échange.

Comme nous l'avons vu, le consommateur peut décider d'être un acheteur net de bien 1 pour certains prix et un vendeur net pour d'autres. Le chemin d'expansion passera dès lors à gauche et à droite du point de dotation initiale.

La courbe de demande représentée à la figure 9.5 est la courbe de demande brute ; elle mesure la quantité totale de bien 1 que l'individu choisit de consommer. La courbe de demande nette est reproduite à la figure 9.6.

Soulignons qu'en général, la demande nette de bien 1 sera négative pour certains prix. Si le prix du bien 1 augmente considérablement, le consommateur choisira de devenir un vendeur de ce bien. À un certain prix, il cessera d'être un acheteur net de bien 1 pour devenir un offreur net.

On représente généralement la courbe d'offre dans le cadran positif bien qu'il soit plus logique de considérer l'offre comme étant tout simplement une demande négative. Nous nous plierons à la tradition et nous représenterons la courbe d'offre nette de la façon habituelle, c'est-à-dire comme un montant positif (voir figure 9.6).

Mathématiquement, la demande nette de bien 1, $d_1(p_1, p_2)$, est la différence entre la demande brute $x_1(p_1, p_2)$ et la dotation de bien 1 quand cette différence est positive, c'est-à-dire quand le consommateur désire une quantité de bien 1 supérieure à celle dont il dispose :

$$d_1(p_1, p_2) = \begin{cases} x_1(p_1, p_2) - \omega_1 & \text{si positif ;} \\ 0 & \text{autrement.} \end{cases}$$

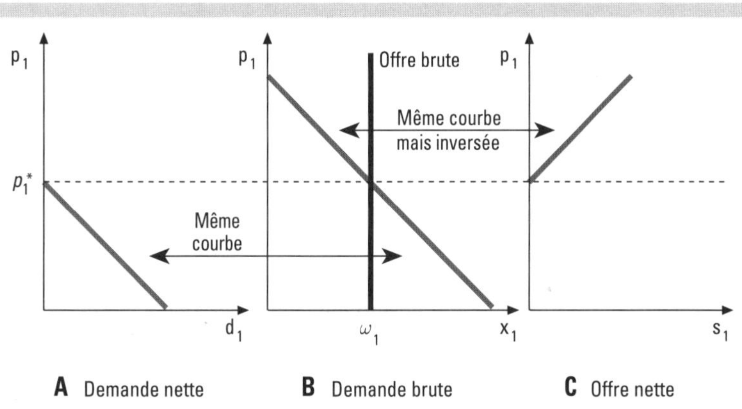

Figure 9.6 ***Demande brute, demande nette et offre nette.***

Cette figure illustre le comportement d'offre et de demande en utilisant les demandes brute et nette.

La courbe d'offre nette est la différence entre la quantité de bien 1 dont dispose le consommateur et la quantité qu'il désire consommer quand *cette* différence est positive :

$$s_1(p_1, p_2) = \begin{cases} \omega_1 - x_1(p_1, p_2) & \text{si positif ;} \\ 0 & \text{autrement.} \end{cases}$$

Toutes les propriétés que nous avons établies au niveau du comportement de demande s'appliquent directement au comportement d'offre d'un consommateur parce que l'offre est simplement une demande négative. Si la courbe de demande *brute* a toujours une pente négative, la courbe de demande nette a une pente négative et la courbe d'offre, une pente positive. En effet, si une augmentation du prix rend la demande nette plus négative, l'offre nette est davantage positive.

9.6 UN RÉEXAMEN DE L'ÉQUATION DE SLUTSKY

Les applications du principe des préférences révélées que nous venons de voir sont intéressantes, mais elles ne répondent pas vraiment à la question fondamentale qui est de savoir quel est l'effet sur la demande d'un bien d'une variation de son prix. Nous avons vu au chapitre 8 que, si le revenu nominal est maintenu constant et que le bien est normal, une diminution du prix doit entraîner une augmentation de la demande.

L'élément de cette phrase qui pose problème est : « le revenu nominal est maintenu constant ». La situation que nous analysons maintenant implique nécessairement une variation du revenu nominal puisque la valeur de la dotation se modifie quand l'un des prix varie.

Au chapitre 8, nous avons présenté l'équation de Slutsky. Elle permet de décomposer la variation de la demande suite à une variation de prix en un effet de substitution et un effet de revenu. L'effet de revenu correspondait à la modification du pouvoir d'achat consécutive à la variation de prix. Mais à présent, quand un prix varie, le pouvoir d'achat se modifie pour deux raisons distinctes. La première est issue de la définition initiale de l'équation de Slutsky. Dans le cas d'une diminution de prix par exemple, vous pouvez acheter exactement la même quantité qu'initialement tout en gardant une partie de votre revenu. Nous appelons désormais cet effet, l'**effet de revenu ordinaire**. Mais le second effet est nouveau. Quand le prix d'un bien varie, la valeur de votre dotation se modifie et par conséquent votre revenu aussi. Par exemple, si vous êtes offreur net du bien, une diminution du prix réduit directement votre revenu nominal puisque vous ne pouvez plus vendre votre dotation pour le même montant qu'auparavant. Nous avons donc les deux effets déjà envisagés au chapitre 8 plus un nouvel effet de revenu qui correspond à l'impact des prix sur la valeur de la dotation. Nous appelons cet effet, l'**effet de revenu de la dotation**.

Dans la première version de l'équation de Slutsky, le revenu nominal dont vous disposiez était fixe. Maintenant, nous devons tenir compte de l'impact sur votre revenu nominal d'une modification de la valeur de votre dotation. Quand nous calculons l'effet sur la demande d'une variation de prix, l'équation de Slutsky prendra dès lors la forme suivante :

variation totale de la demande = variation due à l'effet de substitution
+ variation due à l'effet de revenu ordinaire
+ variation due à l'effet de revenu de la dotation.

Les deux premiers effets nous sont familiers. Comme auparavant, nous notons Δx_1, la variation totale de la demande, Δx_1^s, la variation de la demande due à l'effet de substitution et Δx_1^m, la variation de la demande due à l'effet de revenu ordinaire. Nous pouvons substituer ces symboles dans l'« équation verbale » donnée ci-dessus pour écrire l'équation de Slutsky en termes de taux de variation :

$$\frac{\Delta x_1}{\Delta p_1} = \frac{\Delta x_1^s}{\Delta p_1} - x_1 \frac{\Delta x_1^m}{\Delta m} + \text{effet de revenu de la dotation.} \tag{9.1}$$

À quoi ressemble le dernier terme ? Nous allons dégager une expression explicite pour ce terme mais avant cela, réfléchissons à ce qui se passe. Quand la valeur de la dotation varie, le revenu nominal se modifie et cette modification affecte la demande. L'effet de revenu de la dotation est dès lors composé de deux éléments :

effet de revenu de la dotation = variation de la demande quand le revenu se modifie
× modification du revenu quand le prix varie. (9.2)

Envisageons tout d'abord le second élément. Puisque le revenu est égal à

$$m = p_1\omega_1 + p_2\omega_2,$$

nous avons

$$\frac{\Delta m}{\Delta p_1} = \omega_1.$$

Cette expression nous donne la variation du revenu nominal quand le prix du bien 1 se modifie : si vous avez 10 unités de bien 1 à vendre et que le prix augmente d'un euro, votre revenu nominal augmente de 10 euros.

Le premier terme de l'équation (9.2) mesure simplement la variation de la demande en cas de modification du revenu. Nous avons déjà une expression pour ce terme : c'est $\Delta x_1^m / \Delta m$, la variation de la demande rapportée à la variation du revenu. Nous obtenons dès lors pour l'effet de revenu de la dotation l'expression suivante :

$$\text{effet de revenu de la dotation} = \frac{\Delta x_1^m}{\Delta m}\frac{\Delta m}{\Delta p_1} = \frac{\Delta x_1^m}{\Delta m}\omega_1. \tag{9.3}$$

En insérant l'équation (9.3) dans l'équation (9.1), nous obtenons la forme finale de l'équation de Slutsky :

$$\frac{\Delta x_1}{\Delta p_1} = \frac{\Delta x_1^s}{\Delta p_1} + (\omega_1 - x_1)\frac{\Delta x_1^m}{\Delta m}.$$

Cette équation peut être utilisée pour répondre à la question posée antérieurement. Nous savons que le signe de l'effet de substitution est toujours négatif, c'est-à-dire de signe contraire à la variation de prix. Supposons le bien normal de m sorte que $\Delta x_1^m / \Delta m > 0$. Le signe de l'effet de revenu total diffèrera dès lors selon que l'individu est demandeur net ou offreur net du bien en question. S'il est demandeur net d'un bien normal et que le prix augmente, il achètera nécessairement moins du bien. S'il est offreur net d'un bien normal, le signe de la variation totale de la demande est indéterminé : il dépend de l'ampleur relative de l'effet de revenu total, qui est positif, par rapport à l'effet de substitution, qui est négatif.

Comme auparavant, chaque effet peut être représenté graphiquement, mais la figure devient compliquée. Examinons la figure 9.7 qui illustre la décomposition de Slutsky d'une variation de prix. La variation totale de la demande de bien 1 correspond au passage du point A au point C. Il s'agit de la somme de trois mouvements différents : l'effet de substitution, c'est-à-dire le passage du point A au point B, et de deux effets de revenu. D'abord, l'effet de revenu ordinaire, c'est-à-dire le passage du point Bau point D, qui correspond à la variation de la demande *quand le revenu nominal est maintenu constant* ; il s'agit du même effet de revenu que celui examiné au chapitre 8. Mais puisque la valeur de la dotation se modifie quand les prix varient, il y a maintenant un effet de revenu supplémentaire : la variation de la valeur de la dotation implique une modification du revenu nominal. Celle-ci entraîne un déplacement de la droite de budget vers l'origine

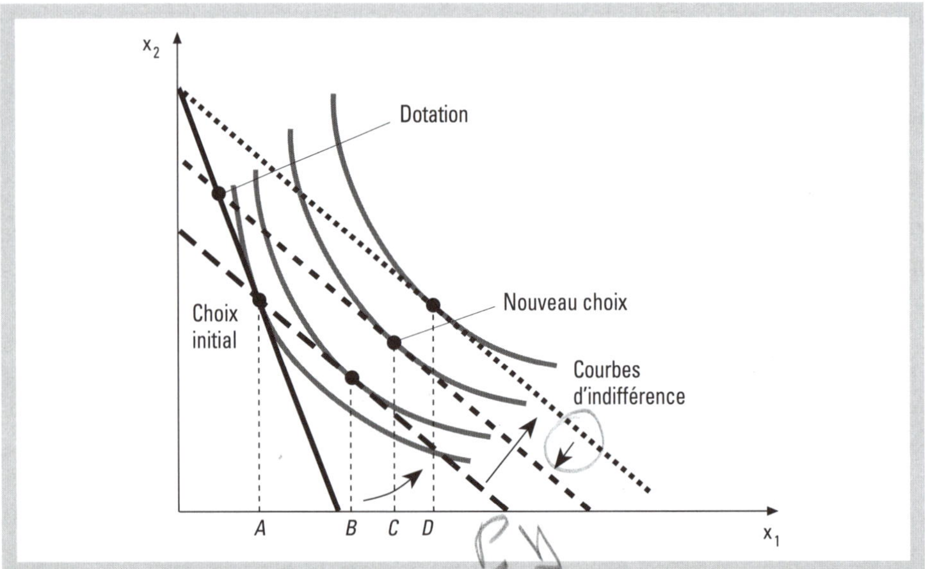

Figure 9.7 ***Un réexamen de l'équation de Slutsky.***

L'effet d'une variation du prix est décomposé en un effet de substitution (A à B), un effet de revenu ordinaire (B à D) et un effet de revenu de la dotation (D à C).

de façon à ce qu'elle passe par le point de dotation. Cet effet de revenu de la dotation est mesuré par le passage du point D au point C.

9.7 L'UTILISATION DE L'ÉQUATION DE SLUTSKY

Envisageons comme au début du chapitre 8, le cas d'un consommateur qui vend des pommes et des oranges qu'il récolte sur quelques arbres plantés dans son jardin. Nous avons dit que si le prix des pommes augmente, le consommateur pourrait en fait consommer plus de pommes. Nous pouvons facilement démontrer cela en utilisant l'équation de Slutsky telle que nous venons de l'adapter. Si nous notons x_a, la demande de pommes du consommateur et p_a, le prix des pommes, nous savons que

$$\frac{\Delta x_a}{\Delta p_a} = \underset{(-)}{\frac{\Delta x_a^s}{\Delta p_a}} + \underset{(+)}{(\omega_a - x_a)} \underset{(+)}{\frac{\Delta x_a^m}{\Delta m}}.$$

Cette équation indique que la variation totale de la demande de pommes suite à une modification de leur prix est égale à l'effet de substitution plus l'effet de revenu. L'effet de substitution opère dans la « bonne » direction : une augmentation du prix réduit la demande de pommes. Mais si les pommes constituent un bien normal pour ce consommateur, l'effet de revenu opère dans la « mauvaise » direction. Puisque le consommateur est offreur net de pommes, une augmentation du prix accroît son revenu nominal de sorte que l'effet de revenu le pousse à en consommer davantage. Si cet effet est assez fort pour dominer l'effet de substitution, nous pouvons obtenir le résultat « pervers », c'est-à-dire une augmentation de la demande de pommes suite à une hausse de leur prix.

Exemple : Le calcul de l'effet de revenu de la dotation

Prenons un petit exemple numérique. Considérons un fermier qui produit 40 litres de lait par semaine. Le prix du lait est initialement de 3 € le litre. Sa propre demande de lait est

$$x_1 = 10 + \frac{m}{10p_1}.$$

Puisqu'il produit 40 litres à 3 € le litre, son revenu est de 120 € par semaine. Sa demande initiale de lait vaut par conséquent $x_1 = 14$. Supposons maintenant que le prix du lait passe à 2 € le litre. Son revenu nominal devient $m' = 2 \times 40 = 80$ € et sa demande s'élève à $x_1' = 10 + 80/20 = 14$.

Si son revenu nominal était resté égal à 120 €, il aurait acheté $x_1 = 10 + 120/10 \times 2 = 16$ litres de lait à 2 € le litre. L'effet de revenu de la dotation, c'est-à-dire la variation de la demande due à la variation de la valeur de la dotation, est donc de -2. L'effet de substitution et l'effet de revenu ordinaire pour ce problème ont été calculés au chapitre 8.

9.8 L'OFFRE DE TRAVAIL

Appliquons le concept de dotation à l'analyse de la décision d'offre de travail d'un individu. Le consommateur peut choisir de travailler beaucoup et d'avoir ainsi un haut niveau de consommation ou de travailler peu et d'avoir une faible consommation. Le niveau de consommation et le travail sont déterminés par l'interaction des préférences du consommateur et de sa contrainte budgétaire.

La contrainte budgétaire

Supposons tout d'abord que le consommateur reçoive, qu'il travaille ou pas, un certain revenu nominal M. Il peut s'agir de revenus provenant par exemple d'investissements ou de parents. Nous appellerons ce revenu, le **revenu non salarial** du consommateur. (Il pourrait être nul, mais nous désirons envisager la possibilité qu'il soit positif.)

Notons C, la quantité consommée par l'individu et p, le prix de la consommation. Si nous désignons par w, le taux de salaire et L, la quantité de travail offerte, nous avons la contrainte budgétaire suivante :

$$pC = M + wL.$$

Cette équation indique que la valeur de la consommation doit être égale à la somme du revenu non salarial et du revenu salarial.

Essayons de comparer cette expression aux exemples de contrainte budgétaire envisagés précédemment. La principale différence réside dans le fait que le consommateur choisit un des éléments du membre de droite de l'équation : l'offre de travail. Nous pouvons évidemment le faire passer dans le membre de gauche :

$$pC - wL = M.$$

C'est mieux, mais nous avons un signe négatif dans le membre de gauche alors que normalement nous avons des signes positifs. Comment résoudre ce problème ? Supposons que l'offre de travail soit limitée à 24 heures par jour, 7 jours par semaine ou quelque chose d'autre compatible avec les unités de mesure utilisées. Notons $\bar{L}$, ce temps de travail maximum. En ajoutant $w\bar{L}$ aux deux membres de l'équation, nous obtenons

$$pC + w(\bar{L} - L) = M + w\bar{L}.$$

Définissons $\bar{C} = M/p$. C'est la quantité que l'individu pourrait consommer s'il ne travaillait pas du tout. $\bar{C}$ est par conséquent sa dotation en consommation et nous pouvons écrire :

$$pC + w(\bar{L} - L) = p\bar{C} + w\bar{L}.$$

Nous avons désormais une équation fort semblable à celles que nous avons examinées précédemment. Il y a deux variables de décision dans le membre de gauche et deux variables de dotation dans le membre de droite. La variable $\overline{L} - L$ peut être interprétée comme la quantité de « loisir », c'est-à-dire le temps qui n'est pas consacré au travail. Utilisons la variable R (comme dans relaxation !) pour désigner le loisir : $R = \overline{L} - L$. La quantité totale de temps disponible pour le loisir est $\overline{R} = \overline{L}$ et la contrainte budgétaire devient

$$pC + wR = p\overline{C} + w\overline{R}.$$

Cette équation a une forme identique à la toute première contrainte budgétaire considérée dans ce chapitre. Elle se prête toutefois à une interprétation beaucoup plus intéressante. Elle indique que la valeur totale de la consommation et du loisir d'un individu doit être égale à la valeur de sa dotation en consommation et en temps, sa dotation en temps étant évaluée sur base du taux de salaire. Celui-ci est non seulement le prix du travail, il est aussi le prix du *loisir*.

En effet, si votre taux de salaire horaire est de 10 € et que vous décidez de consommer une heure de loisir supplémentaire, combien celle-ci vous coûte-t-elle ? Elle vous coûte 10 € en perte de revenu ; c'est le prix de la consommation d'une heure supplémentaire de loisir. Le taux de salaire est souvent considéré comme le *coût d'opportunité* du loisir.

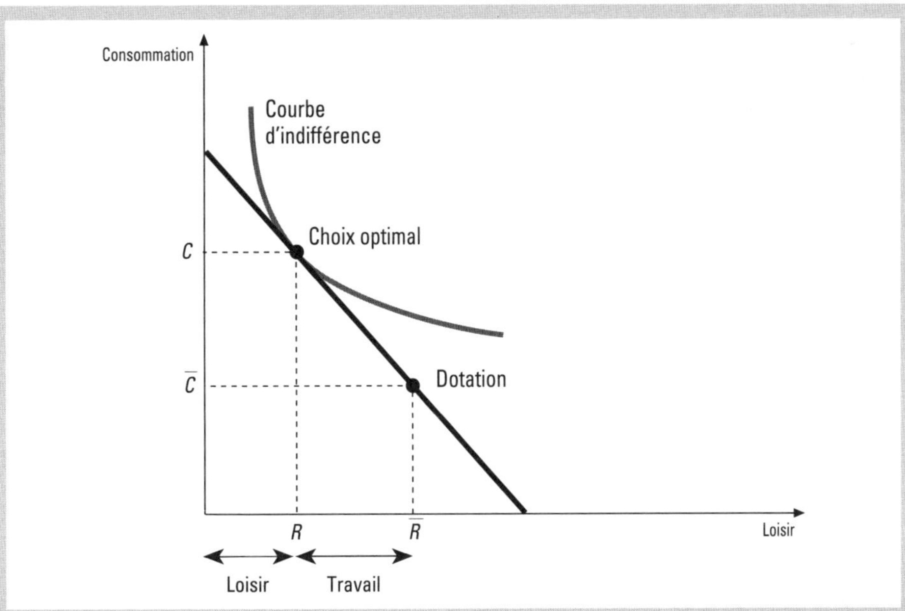

Figure 9.8 ***Offre de travail.***

Le choix optimal définit la demande de loisir mesurée de gauche à droite à partir de l'origine et l'offre de travail mesurée de droite à gauche à partir du point de dotation initiale.

Le membre de droite de la contrainte budgétaire est parfois appelé le *revenu total* ou *revenu implicite*. Il mesure la valeur totale de ce dont dispose le consommateur, c'est-à-dire sa dotation en consommation, s'il en a une, et sa dotation en temps. Le *revenu implicite* est différent du *revenu mesuré* qui est simplement le revenu que le consommateur reçoit en échange d'une partie de son temps.

Cette contrainte budgétaire est intéressante parce qu'elle se présente sous la même forme que celles vues auparavant. Elle passe par le point de dotation $(\bar{L}, \bar{C})$ et a une pente égale à $-w/p$. Le point de dotation correspond à ce qu'aurait le consommateur s'il ne procédait à aucun échange. La pente de la droite de budget nous donne le taux auquel le marché échange un bien contre l'autre.

Le choix optimal correspond au point où le taux marginal de substitution — le taux d'échange entre consommation et loisir — est égal à w/p, le *salaire réel*, comme illustré à la figure 9.8. Aux yeux de l'individu, la valeur de la consommation supplémentaire obtenue en travaillant un peu plus doit être exactement égale à la valeur de la perte de loisir nécessaire pour générer cette consommation. Le salaire réel est la quantité de consommation que l'individu peut acquérir s'il renonce à une heure de loisir.

9.9 STATIQUE COMPARATIVE DE L'OFFRE DE TRAVAIL

Examinons dans un premier temps comment se modifie l'offre de travail d'un individu en cas de variation de son revenu nominal, les prix et le salaire étant maintenus constants. S'il gagne à la loterie et que ses revenus non salariaux augmentent considérablement, quel sera l'impact sur son offre de travail et sa demande de loisir ?

En général, l'offre de travail diminue lorsque le revenu nominal augmente. En d'autres termes, le loisir est vraisemblablement un bien normal : quand le revenu nominal s'accroît, la consommation de loisir augmente. Ce comportement semble étayé par de nombreuses observations et analyses empiriques. Nous considérerons dès lors comme acquis, le fait que le loisir est un bien normal.

Qu'est-ce que cela implique au niveau de la réaction de l'offre de travail à des variations du taux de salaire ? Quand le taux de salaire s'accroît, plusieurs effets entrent en jeu : le rendement d'une heure de travail supplémentaire augmente ; le coût du loisir s'accroît. Nous pouvons isoler ces effets et les analyser en utilisant les concepts d'effet de revenu et d'effet de substitution ainsi que l'équation de Slutsky.

Quand le taux de salaire augmente, le loisir devient plus cher et les gens vont en consommer moins (effet de substitution). Puisque le loisir est un bien normal, nous pourrions nous attendre à ce qu'une augmentation du taux de salaire implique nécessairement une diminution de la demande de loisir, c'est-à-dire une augmentation de l'offre de travail. Ceci découle de l'équation de Slutsky donnée au chapitre 8 : la courbe de demande d'un bien normal doit avoir une pente négative. Si le loisir est un bien normal, la courbe d'offre de travail devrait donc avoir une pente positive.

Cette analyse est en fait incorrecte. Intuitivement, il ne semble pas normal qu'une augmentation du salaire conduise *toujours* à un accroissement de l'offre de travail. Si le salaire augmente considérablement, le revenu supplémentaire pourrait très bien être consacré à une augmentation de la consommation de loisir. Comment peut-on réconcilier ce comportement assez vraisemblable avec l'analyse théorique précédente ?

Si l'analyse théorique fournit une réponse incorrecte, c'est que probablement nous l'avons mal appliquée. La décomposition de Slutsky que nous avons effectuée précédemment nous donne la variation de la demande *à condition de maintenir constant le revenu nominal*. Mais si le taux de salaire varie, le revenu nominal s'en trouve nécessairement modifié. La variation de la demande découlant de cette modification du revenu nominal constitue un effet de revenu supplémentaire — l'effet de revenu de la dotation — qui s'ajoute à l'effet de revenu ordinaire.

Si nous appliquons la forme *appropriée* de l'équation de Slutsky donnée précédemment dans ce chapitre, nous obtenons l'expression suivante :

$$\frac{\Delta R}{\Delta w} = \underset{(-)}{\text{effet de substitution}} + \underset{(+)}{(\bar{R} - R)} \underset{(+)}{\frac{\Delta R}{\Delta m}}. \tag{9.4}$$

Dans cette expression, l'effet de substitution est, comme toujours, nécessairement négatif et $\Delta R/\Delta m$ est positif puisque nous supposons que le loisir est un bien normal. Mais $(\bar{R} - R)$ est également positif de sorte que le signe de l'ensemble de l'expression est indéterminé. Contrairement au cas classique de la demande du consommateur, la pente de la demande de loisir a un signe indéterminé même s'il s'agit d'un bien normal. À mesure que le taux de salaire augmente, les gens peuvent travailler plus ou travailler moins.

Pourquoi cette indétermination ? Quand le taux de salaire augmente, l'effet de substitution pousse à travailler davantage afin de substituer de la consommation au loisir. Mais en même temps, la valeur de la dotation s'accroît et ce revenu supplémentaire peut très bien être consommé sous forme de loisir supplémentaire. Lequel de ces deux effets domine est une question empirique que la théorie seule ne peut pas résoudre. Nous devons observer les comportements d'offre de travail des individus pour déterminer quel est l'effet dominant.

Quand l'augmentation du taux de salaire entraîne une diminution de l'offre de travail, nous avons une **courbe d'offre de travail renversée**. L'équation de Slutsky nous dit que ce cas est plus vraisemblable quand la valeur de $(\bar{R} - R)$ est importante, c'est-à-dire quand l'offre de travail est élevée. Quand $\bar{R} = R$, l'individu ne consomme que du loisir de sorte qu'une augmentation du taux de salaire engendre uniquement un effet de substitution et, par conséquent, l'offre de travail s'accroît. Mais à mesure que l'offre de travail augmente, tout accroissement du taux de salaire donne au consommateur un revenu supplémentaire pour toutes les heures qu'il travaille et, au-delà d'un certain niveau, il peut très bien décider d'utiliser ce revenu supplémentaire pour « acheter » plus de loisir, c'est-à-dire pour *réduire* son offre de travail.

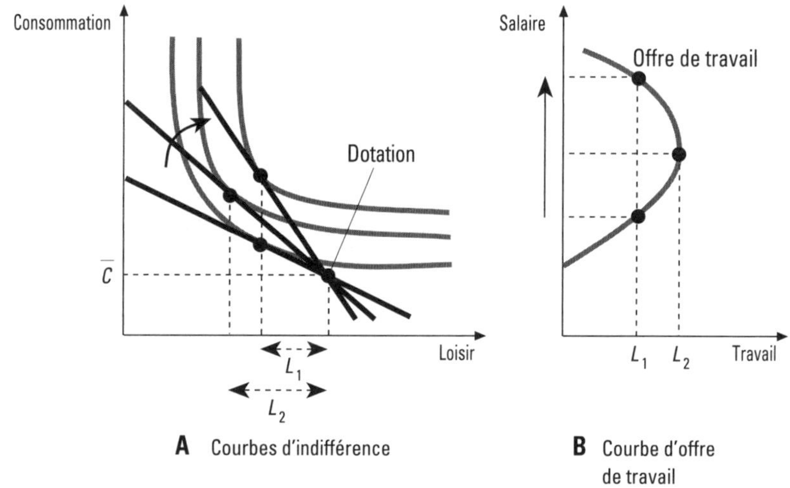

Figure 9.9 ***Une courbe d'offre de travail renversée.***

À mesure que le taux de salaire augmente, l'offre de travail croît de L_1 à L_2. Mais une augmentation supplémentaire du taux de salaire entraîne une réduction de l'offre de travail en dessous de L_2.

La figure 9.9 présente une courbe d'offre de travail renversée. Quand le taux de salaire est faible, l'effet de substitution domine l'effet de revenu ; une augmentation du salaire réduit la demande de loisir et accroît l'offre de travail. Mais pour des taux de salaire plus élevés, l'effet de revenu peut dominer l'effet de substitution et une augmentation du salaire *réduit* l'offre de travail.

Exemple : Heures supplémentaires et offre de travail

Considérons un travailleur qui a choisi d'offrir une certaine quantité de travail $L^* = \overline{R} - R^*$ à un taux de salaire w, comme reproduit à la figure 9.10. Supposons maintenant que l'entreprise lui offre un salaire plus élevé $w' > w$ pour les heures supplémentaires qu'il accepte d'effectuer. Elle lui offre donc un **tarif majoré pour heures supplémentaires**.

À la figure 9.10, cela implique une augmentation de la pente de la droite de budget pour le travail effectué au-delà de L^*. Nous savons que dans ce cas, si on applique le raisonnement classique des préférences révélées, le travailleur choisira d'offrir davantage de travail : les choix correspondant à une quantité de travail inférieure à L^* étaient accessibles avant que la proposition d'heures supplémentaires ne soit formulée et ils ont été rejetés.

Notons qu'un tarif majoré pour heures supplémentaires implique nécessairement une augmentation de l'offre de travail alors qu'une augmentation du taux de salaire pour

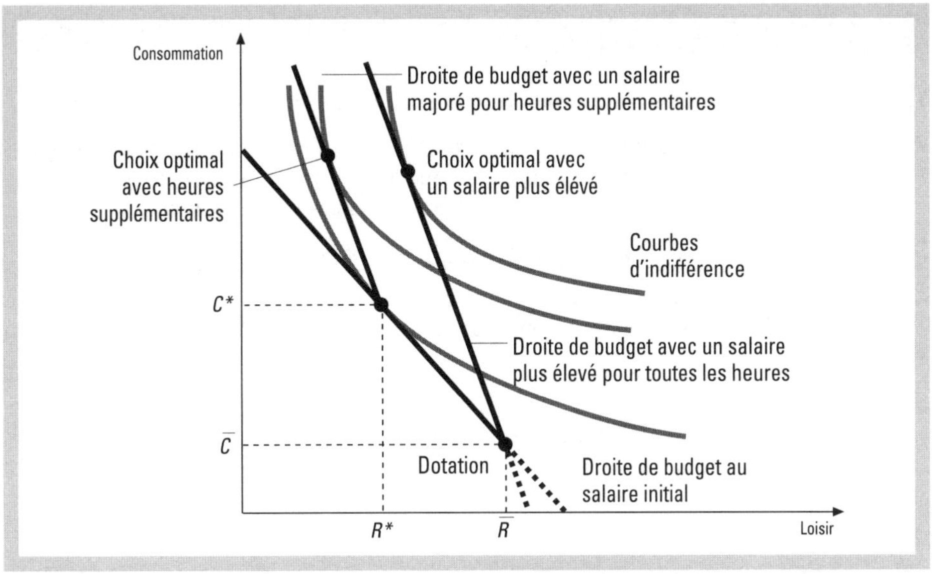

Figure 9.10 ***Tarif majoré pour heures supplémentaires et augmentation du salaire de base.***

Une augmentation du salaire par le biais d'un tarif majoré pour heures supplémentaires entraîne nécessairement un accroissement de l'offre de travail alors qu'une augmentation du taux de salaire de base pourrait amener une réduction de l'offre de travail.

toutes les heures travaillées a un effet indéterminé (conformément à l'analyse précédente, l'offre de travail peut soit augmenter, soit diminuer). Il en est ainsi parce que l'effet d'un tarif majoré pour heures supplémentaires correspond essentiellement à un effet de substitution — la modification du choix optimal découle d'une *rotation* de la droite de budget autour du point initialement choisi. Le tarif majoré offre un salaire plus élevé pour les heures effectuées *en plus* alors qu'une augmentation du taux de salaire de base procure des revenus supplémentaires pour *toutes* les heures travaillées. Une augmentation du salaire de base implique à la fois un effet de substitution et un effet de revenu alors que le tarif majoré n'engendre qu'un effet de substitution. La figure 9.10 illustre cette situation. Une augmentation du salaire de base entraîne une *diminution* de l'offre de travail alors que le tarif majoré pour heures supplémentaires implique un accroissement de l'offre de travail.

RÉSUMÉ

1. Les consommateurs perçoivent des revenus en vendant leur dotation de biens.
2. La demande brute d'un bien est la quantité que l'individu consomme effectivement. La demande nette est la quantité que le consommateur achète. La demande nette est donc la différence entre la demande brute et la dotation.
3. La contrainte budgétaire a une pente $-p_1/p_2$ et passe par le point de dotation.
4. Quand un prix varie, la valeur de la dotation que le consommateur peut vendre se modifie et cela engendre un effet de revenu supplémentaire dans l'équation de Slutsky.
5. L'offre de travail est un exemple intéressant d'interaction entre les effets de substitution et de revenu. Du fait de ces deux effets, l'impact sur l'offre de travail d'une variation du taux de salaire est indéterminé.

PROBLÈMES À RÉSOUDRE

9.1 Si les demandes nettes d'un consommateur sont $(5, -3)$ et que sa dotation est $(4, 4)$, quelles sont ses demandes brutes ?

9.2 Les prix sont $(p_1, p_2) = (2, 3)$ et l'individu consomme $(x_1, x_2) = (4, 4)$. Il existe un marché parfait sur lequel les deux biens peuvent être achetés et vendus sans coût. L'individu préfère-t-il nécessairement consommer le panier $(y_1, y_2) = (3, 5)$? Préfère-t-il nécessairement posséder le panier (y_1, y_2) ?

9.3 Les prix sont $(p_1, p_2) = (2, 3)$ et l'individu consomme $(x_1, x_2) = (4, 4)$. Les prix varient et deviennent $(q_1, q_2) = (2, 4)$. Le niveau de satisfaction de l'individu pourrait-il être supérieur avec ces nouveaux prix ?

9.4 Les U.S.A. importent actuellement environ la moitié du pétrole qu'ils consomment. Le reste provient de la production intérieure. Le prix du pétrole pourrait-il augmenter au point d'accroître la satisfaction des U.S.A. ?

9.5 Supposons que, par un miracle quelconque, le nombre d'heures dans une journée passe de 24 à 30 (par chance, cela se passerait juste avant la session d'examen). Quel serait l'impact sur la contrainte budgétaire ?

9.6 Si le loisir est un bien inférieur, que pouvez-vous en conclure au sujet de la pente de la courbe d'offre de travail ?

ANNEXE

Dans ce chapitre, nous avons dérivé l'équation de Slutsky assez rapidement. Quand nous avons examiné l'effet sur la demande d'une variation de la valeur nominale de la dotation, nous avons dit qu'il était égal à $\Delta x_1^m / \Delta m$. Dans la version précédente de l'équation de Slutsky, cette expression correspondait au taux de variation de la demande suite à la modification du revenu nécessaire pour pouvoir consommer le panier initial. Mais cela n'est pas nécessairement égal au taux de variation de la demande suite à une modification de la valeur de la dotation. Examinons ce point un peu plus en détail.

Supposons que le prix du bien 1 passe de p_1 à p_1' et désignons par m'', le nouveau revenu nominal au prix p_1' découlant de la modification de la valeur de la dotation. Supposons aussi que le prix du bien 2 reste inchangé de sorte que nous puissions l'omettre comme argument de la fonction de demande.

Compte tenu de la définition de m'', nous savons

$$m'' - m = \Delta p_1 \omega_1.$$

Par ailleurs, nous avons l'identité suivante :

$$\begin{aligned}
\frac{x_1(p_1', m'') - x_1(p_1, m)}{\Delta p_1} &= \\
&+ \frac{x_1(p_1', m') - x_1(p_1, m)}{\Delta p_1} \quad \text{(effet de substitution)} \\
&- \frac{x_1(p_1', m') - x_1(p_1', m)}{\Delta p_1} \quad \text{(effet de revenu ordinaire)} \\
&+ \frac{x_1(p_1', m'') - x_1(p_1', m)}{\Delta p_1} \quad \text{(effet de revenu de la dotation).}
\end{aligned}$$

(Il suffit d'annuler les termes de signe opposé figurant dans le membre de droite.)

Par définition de l'effet de revenu ordinaire,

$$\Delta p_1 = \frac{m' - m}{x_1}$$

et, par définition de l'effet de revenu de la dotation,

$$\Delta p_1 = \frac{m'' - m}{\omega_1}.$$

En substituant dans l'identité précédente, nous pouvons écrire l'équation de Slutsky sous la forme suivante :

$$\begin{aligned}
\frac{x_1(p_1', m'') - x_1(p_1, m)}{\Delta p_1} &= \\
&+ \frac{x_1(p_1', m') - x_1(p_1, m)}{\Delta p_1} \quad \text{(effet de substitution)} \\
&- \frac{x_1(p_1', m') - x_1(p_1', m)}{m' - m} x_1 \quad \text{(effet de revenu ordinaire)} \\
&+ \frac{x_1(p_1', m'') - x_1(p_1', m)}{m'' - m} \omega_1 \quad \text{(effet de revenu de la dotation).}
\end{aligned}$$

En utilisant la symbole Δ, nous obtenons

$$\frac{\Delta x_1}{\Delta p_1} = \frac{\Delta x_1^s}{\Delta p_1} - \frac{\Delta x_1^m}{\Delta m} x_1 + \frac{\Delta x_1^\omega}{\Delta m} \omega_1.$$

Seul le dernier terme est nouveau. Il est égal à la variation de la demande de bien 1 suite à une modification du revenu multipliée par la *dotation* de bien 1. Il s'agit précisément de l'effet de revenu de la dotation.

Envisageons une toute petite variation du prix et la toute petite variation du revenu qui lui est associée. Dans ce cas, les fractions figurant dans les deux effets de revenu sont virtuellement identiques puisque le *taux* de variation du bien 1 quand le revenu passe de m à m' devrait être approximativement égal au taux de variation quand le revenu passe de m à m''. Nous pouvons dès lors rassembler les deux derniers termes comme suit :

$$\frac{\Delta x_1^m}{\Delta m}(\omega_1 - x_1).$$

Nous pouvons maintenant écrire l'équation de Slutsky sous la même forme comme celle établie précédemment :

$$\frac{\Delta x_1}{\Delta p_1} = \frac{\Delta x_1^s}{\Delta p_1} + (\omega_1 - x_1)\frac{\Delta x_1^m}{\Delta m}.$$

Si nous désirons écrire l'équation de Slutsky en termes de dérivées, il suffit de prendre les limites de cette expression. Ou, si vous préférez, nous pouvons calculer directement l'équation correcte en utilisant les dérivées partielles. Soit $x_1(p_1, m(p_1))$, la demande de bien 1 quand nous maintenons le prix du bien 2 constant et que nous tenons compte de la relation $m(p_1) = p_1\omega_1 + p_2\omega_2$ existant entre le revenu nominal et le prix du bien 1. Nous pouvons alors écrire

$$\frac{dx_1(p_1, m(p_1))}{dp_1} = \frac{\partial x_1(p_1, m)}{\partial p_1} + \frac{\partial x_1(p_1, m)}{\partial m}\frac{dm(p_1)}{dp_1}. \tag{9.5}$$

Compte tenu de la définition de $m(p_1)$, nous savons que la variation du revenu suite à une variation du prix est égale à

$$\frac{\partial m(p_1)}{\partial p_1} = \omega_1 \tag{9.6}$$

et, par l'équation de Slutsky, nous savons que la variation de la demande suite à une variation du prix, en maintenant le revenu nominal constant, est égale à

$$\frac{\partial x_1(p_1, m)}{\partial p_1} = \frac{\partial x_1^s(p_1)}{\partial p_1} - \frac{\partial x(p_1, m)}{\partial m} x_1. \tag{9.7}$$

En insérant les équations (9.6) et (9.7) dans (9.5), nous obtenons

$$\frac{dx_1(p_1, m(p_1))}{dp_1} = \frac{\partial x_1^s(p_1)}{\partial p_1} + \frac{\partial x(p_1, m)}{\partial m}(\omega_1 - x_1).$$

Nous avons ainsi écrit l'équation de Slutsky sous la forme désirée.

10

LES CHOIX INTERTEMPORELS

Dans ce chapitre, nous poursuivons notre analyse du comportement du consommateur en examinant les décisions qui impliquent une épargne et une consommation au cours de différentes périodes de temps. Nous parlons dans ce cas de **choix intertemporels**.

10.1 LA CONTRAINTE BUDGÉTAIRE

Imaginons un consommateur qui choisit les quantités d'un bien qu'il va consommer au cours de deux périodes. Nous considérerons généralement que ce bien est un bien composite comme défini au chapitre 2, mais si vous le souhaitez, vous pouvez imaginer qu'il s'agit d'un bien particulier. Nous représenterons les quantités consommées au cours des deux périodes par (c_1, c_2) et nous supposerons que les prix sont égaux à l'unité au cours de chaque période. Les sommes dont le consommateur dispose au cours des deux périodes seront notées (m_1, m_2).

Supposons au départ que le seul moyen dont dispose le consommateur pour transférer de l'argent de la période 1 à la période 2 soit une épargne qui ne procure aucun intérêt. Supposons aussi, dans un premier temps, qu'il n'ait pas la possibilité d'emprunter de sorte que le montant maximum qu'il peut dépenser au cours de la première période est m_1. Dans ce cas, sa contrainte budgétaire correspond à celle représentée à la figure 10.1.

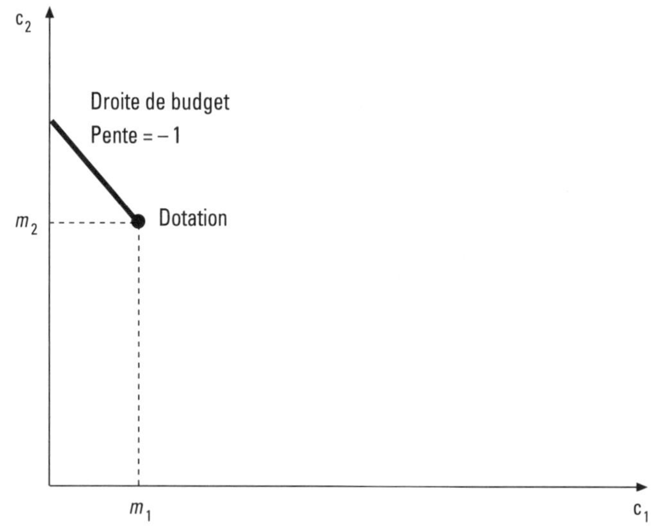

Figure 10.1 ***La contrainte budgétaire.***

Cette contrainte budgétaire correspond à une situation caractérisée par un taux d'intérêt nul et l'absence de toute possibilité d'emprunt. Moins l'individu consomme au cours de la période 1, plus il peut consommer au cours de la période 2.

Nous voyons qu'il y a deux types de choix possibles. Le consommateur peut choisir de consommer (m_1, m_2), ce qui signifie qu'il consomme simplement son revenu au cours de chaque période. Mais il peut alternativement décider de consommer moins que son revenu au cours de la première période. Dans ce cas, il épargne une partie de sa consommation de la période 1 pour en disposer plus tard.

Admettons maintenant que le consommateur puisse emprunter et prêter de l'argent à un certain taux d'intérêt r. Dégageons la contrainte budgétaire en continuant de supposer que les prix sont égaux à 1 au cours de chaque période. Si l'individu décide d'épargner, sa consommation c_1 au cours de la période 1 est inférieure au revenu m_1 de cette période. Dans ce cas, il perçoit des intérêts sur le montant épargné, $m_1 - c_1$, à un taux r. Le montant qu'il peut dépenser au cours de la seconde période est égal à

$$\begin{aligned} c_2 &= m_2 + (m_1 - c_1) + r(m_1 - c_1) \\ &= m_2 + (1+r)(m_1 - c_1). \end{aligned} \tag{10.1}$$

Cette équation indique que le montant que l'individu peut consommer au cours de la période 2 est égal à la somme de son revenu, du montant épargné au cours de la période 1 et des intérêts perçus sur cette épargne.

Si nous supposons maintenant que le consommateur emprunte, sa consommation au cours de la période 1 est supérieure au revenu de cette période. L'individu emprunte si $c_1 > m_1$ et les intérêts qu'il doit *payer* au cours de la seconde période sont donnés par $r(c_1 - m_1)$. Évidemment, il doit également rembourser le montant emprunté $c_1 - m_1$. Ceci implique que sa contrainte budgétaire s'écrit

$$\begin{aligned} c_2 &= m_2 - r(c_1 - m_1) + (c_1 - m_1) \\ &= m_2 + (1+r)(m_1 - c_1). \end{aligned}$$

Cette équation est totalement identique à celle obtenue précédemment. Si $m_1 - c_1$ est positif, l'individu perçoit des intérêts sur son épargne ; si $m_1 - c_1$ est négatif, il paie des intérêts sur son emprunt.

Si $c_1 = m_1$, nécessairement $c_2 = m_2$ et le consommateur n'est ni un prêteur, ni un emprunteur. Nous pourrions dire que sa position de consommation est le « point de Polonius »[1].

Nous pouvons réécrire la contrainte budgétaire pour la présenter sous deux autres formes qui nous seront utiles :

$$(1+r)c_1 + c_2 = (1+r)m_1 + m_2 \tag{10.2}$$

et

$$c_1 + \frac{c_2}{1+r} = m_1 + \frac{m_2}{1+r}. \tag{10.3}$$

[1] « N'emprunte ni ne prête ; car prêter c'est souvent perdre et l'argent et l'ami, et emprunter use l'esprit d'épargne. » *Hamlet*, Acte I, scène III ; Polonius donne un conseil à son fils.

Ces deux équations ont la forme générale suivante :

$$p_1x_1 + p_2x_2 = p_1m_1 + p_2m_2.$$

Dans l'équation (10.2), $p_1 = 1 + r$ et $p_2 = 1$. Dans l'équation (10.3), $p_1 = 1$ et $p_2 = 1/(1 + r)$.

Nous dirons que l'équation (10.2) exprime la contrainte budgétaire en termes de **valeurs futures** et que l'équation (10.3) l'exprime en termes de **valeurs présentes**. Nous utilisons cette terminologie parce que, dans la première contrainte budgétaire, le prix de la consommation future est égal à l'unité tandis que dans la seconde, c'est le prix de la consommation présente qui est égal à l'unité. Dans la première contrainte, le prix de la période 1 est mesuré *par rapport* à celui de la période 2 alors que dans la seconde, c'est l'inverse.

L'interprétation graphique des valeurs présentes et futures est fournie par la figure 10.2. La valeur présente d'une dotation monétaire répartie sur deux périodes est la somme qui, reçue au cours de la première période, engendrerait le même ensemble budgétaire. Cette somme correspond exactement à l'intersection de la droite de budget avec l'axe horizontal, c'est-à-dire au montant maximum qu'il est possible de consommer au cours de la période 1. En examinant la contrainte budgétaire, on vérifie aisément que ce

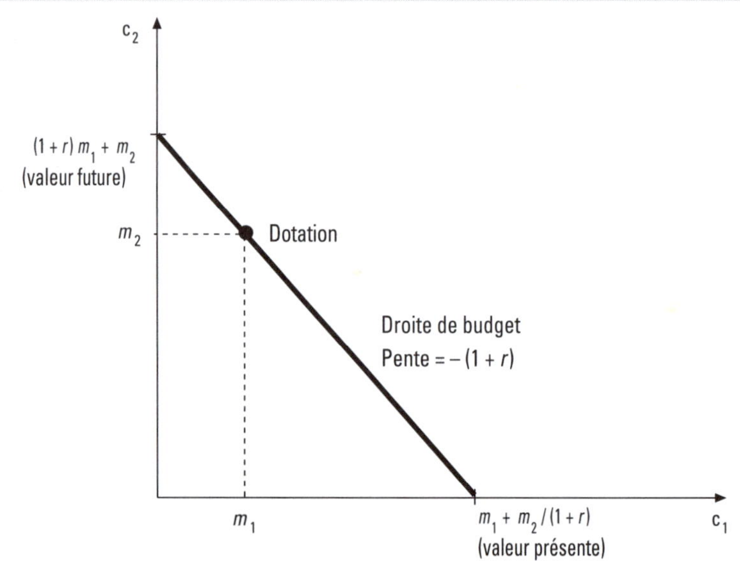

Figure 10.2 ***Valeur présente et valeur future.***

L'ordonnée à l'origine de la contrainte budgétaire mesure la valeur future et l'abscisse mesure la valeur présente.

montant est égal à $\bar{c}_1 = m_1 + m_2/(1+r)$. Il s'agit en fait de la valeur présente de la dotation.

De même, l'ordonnée à l'origine est le montant maximum qu'il est possible de consommer au cours de la seconde période, c'est-à-dire quand $c_1 = 0$. De nouveau, nous pouvons résoudre la contrainte budgétaire pour dégager $\bar{c}_2 = (1+r)m_1 + m_2$ qui correspond à la valeur future de la dotation.

La formulation en termes de valeurs présentes est la façon la plus intéressante d'exprimer la contrainte budgétaire intertemporelle puisqu'elle mesure le futur par rapport au présent, ce qui est la façon la plus naturelle de considérer un tel problème.

Notons qu'on peut aisément déterminer la forme de la contrainte budgétaire à partir de n'importe quelle équation. La droite de budget passe par le point (m_1, m_2) puisque ce point est toujours une solution *accessible* et elle a une pente égale à $-(1 + r)$.

10.2 LES PRÉFÉRENCES POUR LA CONSOMMATION

Considérons maintenant la représentation des préférences du consommateur à l'aide des courbes d'indifférence. La forme de ces courbes indique les préférences du consommateur à l'égard de la consommation au cours de différentes périodes.

Si nous traçons des courbes d'indifférence de pente constante, par exemple égale à -1, nous représentons les préférences d'un consommateur qui ne se préoccupe pas de savoir s'il consomme aujourd'hui ou demain. Son taux marginal de substitution entre aujourd'hui et demain est égal à -1.

Si nous traçons des courbes d'indifférence qui correspondent au cas des compléments parfaits, elles reflètent les goûts d'un individu qui désire consommer des montants identiques aujourd'hui et demain. Un tel consommateur ne désire pas substituer la consommation d'une période à l'autre, quel que soit l'intérêt que cela pourrait représenter pour lui.

Comme d'habitude, le cas intermédiaire des courbes d'indifférence d'allure normale est la situation la plus réaliste. Le consommateur est disposé à substituer une certaine quantité de consommation présente pour obtenir un certain niveau de consommation demain. La quantité qu'il est disposé à substituer dépend de sa structure de consommation.

La convexité des préférences est très logique dans ce contexte puisqu'elle implique que l'individu consomme une quantité« moyenne » au cours de chaque période plutôt que beaucoup aujourd'hui et rien demain ou le contraire.

10.3 STATIQUE COMPARATIVE

Compte tenu de la contrainte budgétaire du consommateur et de ses préférences intertemporelles, nous pouvons analyser le choix optimal (c_1, c_2). Si l'individu choisit un point tel que $c_1 < m_1$, nous dirons qu'il est **prêteur** et si $c_1 > m_1$, nous dirons qu'il est **emprunteur**. Le cas d'un emprunteur est illustré à la figure 10.3A et celui d'un prêteur à la figure 10.3B. Considérons maintenant la réaction d'un consommateur à une variation du taux d'intérêt. L'équation (10.1) indique qu'une augmentation du taux d'intérêt fait pivoter la droite de budget et en accroît la pente : pour une réduction donnée de c_1, la consommation au cours de la seconde période est d'autant plus importante que le taux d'intérêt est plus élevé. Puisque la dotation initiale reste évidemment toujours un panier de consommation possible, la droite pivote autour du point correspondant à cette dotation.

Nous pouvons aussi dégager quelques indications quant à l'impact d'une variation du taux d'intérêt sur la décision d'être prêteur ou emprunteur. Il y a deux cas selon que l'individu est initialement prêteur ou emprunteur. Supposons tout d'abord qu'il est prêteur. Dans ce cas, si le taux d'intérêt augmente, l'individu doit rester prêteur.

La figure 10.4 permet de démontrer ce point. Si le consommateur est initialement prêteur, son panier de consommation est situé à gauche du point correspondant à la dotation. Si le taux d'intérêt augmente, est-il possible que le consommateur se déplace vers un nouveau panier de consommation situé à la *droite* du point de dotation ?

Évidemment non, parce que cela violerait le principe des préférences révélées : les paniers à la droite du point de dotation étaient déjà accessibles au consommateur dans

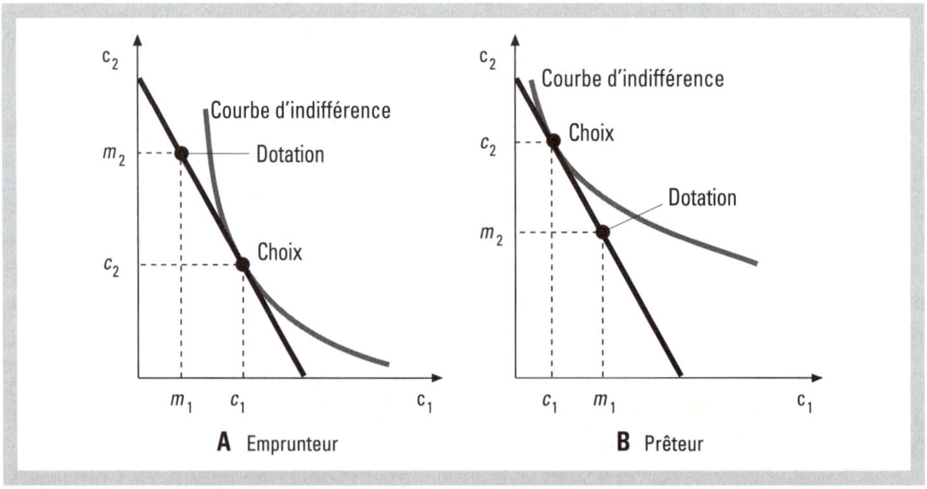

Figure 10.3 ***Emprunteur et prêteur.***

La partie A illustre le cas d'un emprunteur puisque $c_1 > m_1$ et la partie B celui d'un prêteur puisque $c_1 < m_1$.

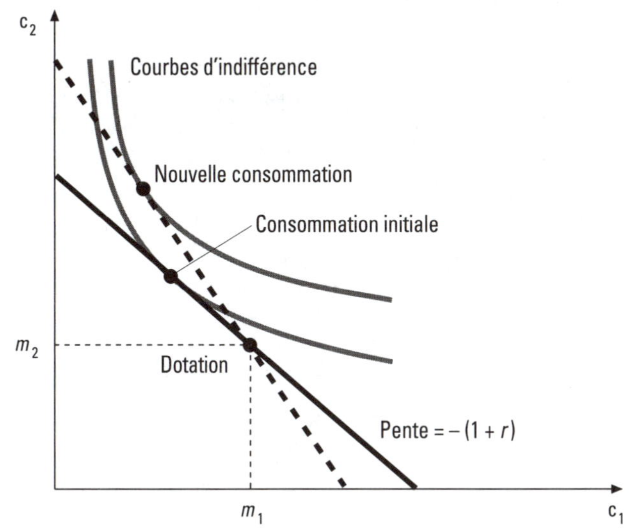

Figure 10.4 ***Quand le taux d'intérêt augmente, un individu qui est au départ prêteur, le reste.***

Une augmentation du taux d'intérêt entraîne une rotation de la droite de budget autour du point de dotation et accroît la pente de cette droite. Les préférences révélées impliquent que le nouveau panier de consommation doit être situé à gauche du point de dotation.

le cadre de son ensemble budgétaire initial et ils n'ont pas été choisis. Puisque le panier optimal initial est toujours accessible avec la nouvelle droite de budget, le nouveau panier optimal doit être un point à l'*extérieur* de l'ensemble budgétaire initial. Il doit donc être situé à gauche du point de dotation. Le consommateur doit par conséquent rester prêteur lorsque le taux d'intérêt augmente.

Pour les emprunteurs, nous pouvons dégager une conclusion similaire : un consommateur qui est au départ emprunteur, le reste si le taux d'intérêt diminue. (Vous devriez tracer une figure similaire à la figure 10.4 et voir si vous pouvez démontrer ce point.)

Une personne qui au départ prête de l'argent, reste donc prêteur si le taux d'intérêt augmente. Si au contraire elle est initialement dans une position d'emprunteur, elle continue à emprunter si le taux d'intérêt diminue. Mais si une personne est initialement prêteur et que le taux d'intérêt diminue, elle peut très bien décider de devenir emprunteur ; de même, une augmentation du taux d'intérêt peut amener un emprunteur à devenir prêteur. Les préférences révélées ne nous fournissent aucun renseignement dans ces deux cas.

Les préférences révélées peuvent aussi être utilisées pour déterminer l'effet sur le niveau de satisfaction du consommateur d'une variation du taux d'intérêt. Si le consommateur est initialement emprunteur et que, le taux d'intérêt augmentant, il décide de le rester, son niveau de satisfaction s'en trouve nécessairement réduit. Le raisonnement, illustré

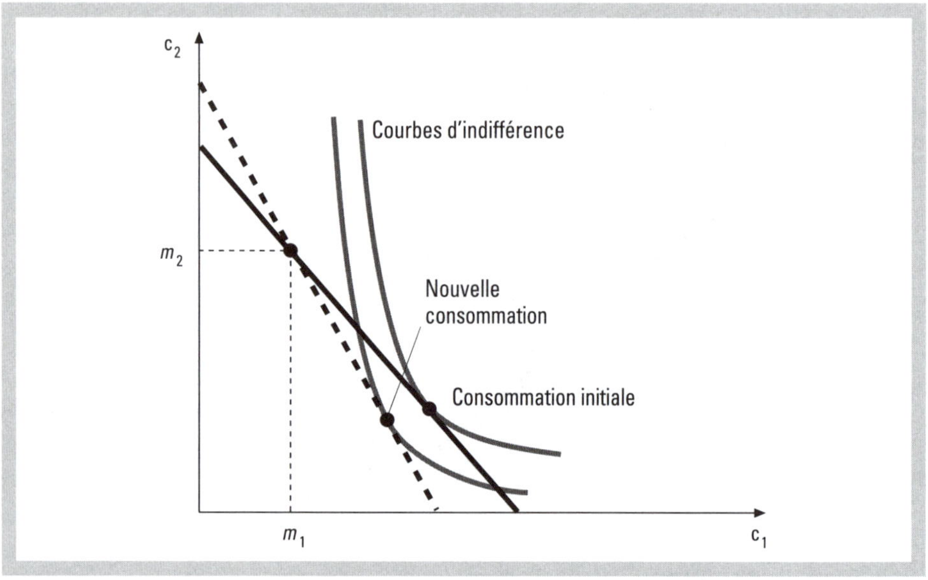

Figure 10.5 ***Le niveau de satisfaction d'un emprunteur diminue quand le taux d'intérêt augmente.***

Quand le taux d'intérêt auquel est confronté un emprunteur augmente et que l'individu décide de rester emprunteur, son niveau de satisfaction doit nécessairement diminuer.

à la figure 10.5, est le suivant : si le consommateur reste emprunteur, il doit se situer en un point qui était accessible dans l'ensemble budgétaire initial mais qui avait été rejeté ; son niveau de satisfaction doit donc diminuer.

10.4 L'ÉQUATION DE SLUTSKY ET LES CHOIX INTERTEMPORELS

L'équation de Slutsky peut être utilisée pour décomposer la variation de la demande consécutive à une variation du taux d'intérêt en un effet de revenu et un effet de substitution, exactement comme au chapitre 9. Supposons que le taux d'intérêt augmente. Quels en seront les effets sur la consommation des deux périodes ?

Il est plus facile dans ce cas d'utiliser la contrainte budgétaire exprimée en termes de valeurs futures plutôt qu'en valeurs présentes. L'augmentation du taux d'intérêt est équivalente en termes de valeurs futures à un accroissement du prix de la consommation présente par rapport à la consommation future. L'équation de Slutsky s'écrit

$$\underset{(?)}{\frac{\Delta c_1^t}{\Delta p_1}} = \underset{(-)}{\frac{\Delta c_1^s}{\Delta p_1}} + \underset{(?)}{(m_1 - c_1)} \underset{(+)}{\frac{\Delta c_1^m}{\Delta m}}.$$

L'effet de substitution opère, comme toujours, dans le sens contraire à la variation du prix. Dans le cas présent, puisque le prix de la consommation de la période 1 augmente, l'effet de substitution implique que le consommateur devrait consommer moins au cours de la première période. C'est ce qu'indique le signe négatif placé en dessous de l'effet de substitution. Si nous admettons que la consommation est un bien normal, le dernier terme — la variation de la demande consécutive à une modification du revenu — est positif. C'est pourquoi nous avons indiqué un signe positif en dessous de ce terme. Le signe de l'ensemble de l'expression dépend donc du signe de $(m_1 - c_1)$. Si la personne est emprunteur, ce terme est négatif et toute l'expression est dès lors nécessairement négative : une augmentation du taux d'intérêt réduit la consommation présente d'un emprunteur.

Comment expliquer cela ? Quand le taux d'intérêt augmente, il y a toujours un effet de substitution qui tend à réduire la consommation présente. Pour un emprunteur, une augmentation du taux d'intérêt implique en outre qu'il devra payer demain davantage d'intérêts. Ceci le pousse à emprunter moins et par conséquent à consommer moins au cours de la première période.

Pour un prêteur, le sens de la réaction est indéterminé. L'effet total est la somme d'un effet de substitution négatif et d'un effet de revenu positif. Pour un prêteur, une augmentation du taux d'intérêt peut procurer un revenu supplémentaire tellement important qu'il désire accroître même sa consommation présente.

Les effets d'une variation du taux d'intérêt ne sont pas très compliqués. Il y a un effet de substitution et un effet de revenu comme pour la variation de n'importe quel autre prix. Mais sans un instrument comme l'équation de Slutsky pour isoler les différents effets, ceux-ci seraient difficiles à saisir. À l'aide de cette équation, la détermination des effets est au contraire assez évidente.

10.5 L'INFLATION

Dans les sections précédentes, nous avons considéré un bien de « consommation » général. Renoncer à Δc unités de consommation présente procure $(1 + r)\Delta c$ unités de consommation future. Dans cette analyse, il y a donc l'hypothèse implicite que le « prix » de la consommation ne se modifie pas : il n'y a ni inflation, ni déflation.

Il n'est toutefois pas difficile d'adapter l'analyse pour traiter une situation d'inflation. Supposons que le bien de consommation ait désormais un prix différent au cours de chaque période. Il est commode de poser le prix de la consommation présente égal à l'unité et de noter p_2 le prix de la consommation future. Pour notre facilité également, nous considérerons par ailleurs que la dotation est mesurée en unités du bien de consommation de sorte que la valeur monétaire de la dotation de la période 2 est $p_2 m_2$. Par conséquent, le montant que le consommateur peut dépenser au cours de cette seconde période est égal à

$$p_2 c_2 = p_2 m_2 + (1+r)(m_1 - c_1)$$

et la quantité de consommation correspondante est égale à

$$c_2 = m_2 + \frac{1+r}{p_2}(m_1 - c_1).$$

Cette équation est très proche de l'équation donnée précédemment ; nous avons simplement remplacé $(1 + r)$ par $(1 + r)/p_2$.

Introduisons explicitement le taux d'inflation dans cette équation budgétaire. Le taux d'inflation π est simplement le taux de croissance des prix. Comme $p_1 = 1$, nous avons

$$p_2 = 1 + \pi.$$

Ce qui nous donne

$$c_2 = m_2 + \frac{1+r}{1+\pi}(m_1 - c_1).$$

Si nous définissons maintenant le **taux d'intérêt réel** ρ de la façon suivante :

$$1 + \rho = \frac{1+r}{1+\pi},$$

la contrainte budgétaire peut s'écrire sous la forme

$$c_2 = m_2 + (1+\rho)(m_1 - c_1).$$

$1 + \rho$ mesure la quantité supplémentaire que vous pourrez consommer au cours de la période 2 si vous diminuez votre *consommation* au cours de la période 1. C'est pourquoi nous parlons de taux d'intérêt *réel* : ce taux donne la quantité supplémentaire que vous pourrez consommer et non le nombre d'euros supplémentaires.

Le taux d'intérêt exprimé en euros est appelé le **taux d'intérêt nominal**. Comme nous venons de le voir, ces deux taux d'intérêt sont liés par la relation suivante :

$$1 + \rho = \frac{1+r}{1+\pi}.$$

Pour obtenir une expression explicite pour ρ, cette relation peut s'écrire

$$\begin{aligned}\rho &= \frac{1+r}{1+\pi} - 1 = \frac{1+r}{1+\pi} - \frac{1+\pi}{1+\pi} \\ &= \frac{r-\pi}{1+\pi}.\end{aligned}$$

Nous avons là une expression exacte pour le taux d'intérêt réel, mais on utilise souvent une approximation. Si le taux d'inflation n'est pas trop important, le dénominateur n'est que légèrement supérieur à l'unité. Par conséquent, on calcule souvent le taux d'intérêt réel de façon approximative à l'aide de la formule

$$\rho \approx r - \pi.$$

Le taux d'intérêt réel est simplement égal au taux d'intérêt nominal moins le taux d'inflation. (Le symbole $\approx$ signifie « approximativement égal ».) C'est assez logique : si le taux d'intérêt vaut 18 %, mais que les prix augmentent de 10 %, le taux d'intérêt réel, c'est-à-dire la quantité supplémentaire que vous pourrez consommer au cours de la période suivante si vous diminuez votre consommation maintenant, sera environ de 8 %.

Quand nous élaborons des plans de consommation, nous regardons évidemment toujours vers le futur. Nous connaissons en général le taux d'intérêt nominal pour la période suivante, mais le taux d'inflation pour cette même période nous est inconnu. Le taux d'intérêt réel est dès lors généralement défini comme la différence entre le taux d'intérêt nominal actuel et le taux d'inflation *attendu*. Cela implique que si les gens prévoient des valeurs différentes pour le taux d'inflation de l'année suivante, leur évaluation du taux d'intérêt réel sera différente. Ces différences seront toutefois peu importantes si le taux d'inflation peut être prévu de manière relativement précise.

10.6 VALEUR PRÉSENTE : UNE ANALYSE PLUS DÉTAILLÉE

Revenons maintenant aux deux expressions de la contrainte budgétaire présentées à la section 10.1, à savoir les équations (10.2) et (10.3) :

$$(1+r)c_1 + c_2 = (1+r)m_1 + m_2$$

et

$$c_1 + \frac{c_2}{1+r} = m_1 + \frac{m_2}{1+r}.$$

Considérons simplement les membres de droite de ces deux expressions. Nous avons dit que le premier représentait la valeur future de la dotation et que le second en donnait la valeur présente.

Examinons tout d'abord le concept de valeur future. Si nous pouvons emprunter et prêter à un taux d'intérêt r, quel est l'équivalent futur d'un euro aujourd'hui ? La réponse est évidemment $(1 + r)$ euros. C'est-à-dire qu'un euro aujourd'hui peut devenir $(1 + r)$ euros au cours de la période suivante simplement en le prêtant à une banque au taux d'intérêt r. En d'autres termes, $(1 + r)$ euros au cours de la période suivante est équivalent à un euro aujourd'hui puisque c'est ce qu'il faut payer au cours de la période suivante pour acheter, c'est-à-dire emprunter, un euro aujourd'hui. La valeur $(1 + r)$ est simplement le prix d'un euro aujourd'hui par rapport à un euro demain. On peut facilement vérifier cela sur base de la première contrainte budgétaire exprimée en termes d'euros futurs : les euros de la seconde période ont un prix égal à 1 et c'est par rapport à eux que sont exprimés les euros de la première période.

Qu'en est-il des valeurs présentes ? C'est exactement l'inverse : tout est exprimé en euros actuels. Combien vaut un euro au cours de la période suivante en termes d'euros actuels ? La réponse est $1/(1 + r)$ euro parce que $1/(1 + r)$ euro peut devenir 1 euro au cours de la seconde période simplement en épargnant ce montant à un taux d'intérêt r. La *valeur présente* d'un euro disponible au cours de la période suivante est $1/(1 + r)$.

Le concept de valeur présente nous permet de formuler d'une autre façon la contrainte budgétaire relative à un problème de consommation intertemporelle : un plan de consommation est accessible si *la valeur présente de la consommation égale la valeur présente du revenu.*

L'idée de valeur présente a une implication importante étroitement liée à un point soulevé au chapitre 9 : si le consommateur peut librement acheter et vendre les biens à des prix constants, il préfèrera toujours la dotation qui a la valeur la plus élevée. En situation de choix intertemporel, ce principe implique que *si un consommateur peut librement emprunter et prêter à un taux d'intérêt constant, il préfèrera toujours l'ensemble de revenu qui a la valeur présente la plus élevée.*

Ces deux propositions découlent du même raisonnement : une dotation qui a une valeur plus importante correspond à une droite de budget plus élevée ; le nouvel ensemble budgétaire contient l'ancien. Le consommateur dispose donc de toutes les possibilités de consommation contenues dans l'ancien ensemble budgétaire et de quelques autres supplémentaires. Les économistes disent parfois qu'une dotation qui a une valeur présente plus élevée **domine** toute autre dotation dont la valeur présente est moindre. En effet, le consommateur peut consommer davantage au cours de *chaque* période en vendant la dotation dont la valeur présente est plus élevée.

Évidemment, si la valeur présente d'une dotation est plus élevée, il en est de même de sa valeur future. La valeur présente est toutefois la façon la plus commode de mesurer le pouvoir d'achat d'une dotation monétaire répartie sur plusieurs périodes. C'est elle qui mérite par conséquent le plus d'attention de notre part.

10.7 ANALYSE DE LA VALEUR PRÉSENTE DANS LE CAS DE PLUSIEURS PÉRIODES

Envisageons maintenant un modèle à trois périodes. Supposons que nous puissions emprunter ou prêter à un taux d'intérêt r au cours de chaque période et que ce taux d'intérêt reste constant au cours des trois périodes. Le prix de la consommation de la période 2 exprimé en termes de consommation de la période 1 est dès lors exactement comme auparavant $1/(1 + r)$.

Qu'en est-il du prix de la consommation de la période 3 ? Si j'investis 1 euro aujourd'hui, il vaudra $(1 + r)$ euros au cours de la deuxième période et, si cet argent reste investi, il vaudra $(1 + r)^2$ euros au cours de la troisième période. Dès lors, si je commence en investissant aujourd'hui $1/(1 + r)^2$ euro, j'aurai 1 euro au cours de la troisième période.

Le prix de la consommation de la période 3 par rapport à la consommation de la période 1 est donc $1/(1+r)^2$. Chaque euro de consommation au cours de la période 3 me coûte $1/(1+r)^2$ euro aujourd'hui. La contrainte budgétaire revêt dès lors la forme suivante :

$$c_1 + \frac{c_2}{1+r} + \frac{c_3}{(1+r)^2} = m_1 + \frac{m_2}{1+r} + \frac{m_3}{(1+r)^2}.$$

C'est exactement le même type de contrainte budgétaire que celle examinée auparavant. Le prix de la consommation de la période t en termes de consommation actuelle est égal à

$$p_t = \frac{1}{(1+r)^{t-1}}.$$

En évaluant les dotations sur base de ces prix, tout consommateur préférera comme auparavant la dotation qui a la valeur présente la plus élevée puisqu'une telle dotation implique nécessairement des possibilités budgétaires plus importantes.

Nous avons dégagé la contrainte budgétaire sous l'hypothèse d'un taux d'intérêt constant, mais il est facile de généraliser l'expression dans le cas de taux d'intérêt variables. Supposons par exemple que le taux d'intérêt perçu à la période 2 sur l'épargne de la période 1 s'élève à r_1 et que celui perçu de la période 2 à la période 3 s'élève à r_2. Un euro de la période 1 devient $(1 + r_1)(1 + r_2)$ euros à la période 3 et par conséquent, la valeur présente d'un euro de la période 3 est $1/(1 + r_1)(1 + r_2)$. La forme correcte de la contrainte budgétaire est par conséquent

$$c_1 + \frac{c_2}{1+r_1} + \frac{c_3}{(1+r_1)(1+r_2)} = m_1 + \frac{m_2}{1+r_1} + \frac{m_3}{(1+r_1)(1+r_2)}.$$

Cette expression n'est pas difficile à manipuler, mais nous nous contenterons le plus souvent de considérer le cas d'un taux d'intérêt constant.

Le tableau 10.1 donne la valeur présente d'un euro disponible T années plus tard pour différents taux d'intérêt. Il convient de souligner la vitesse avec laquelle la valeur présente diminue pour des taux d'intérêt pourtant « réalistes ». Par exemple, pour un taux d'intérêt de 10 %, la valeur présente d'un euro dans vingt ans n'est que de 15 centimes.

Tableau 10.1 ***Valeur présente d'un euro T années plus tard***

	Années							
Taux	**1**	**2**	**5**	**10**	**15**	**20**	**25**	**30**
0,05	0,95	0,91	0,78	0,61	0,48	0,37	0,30	0,23
0,10	0,91	0,83	0,62	0,39	0,24	0,15	0,09	0,06
0,15	0,87	0,76	0,50	0,25	0,12	0,06	0,03	0,02
0,20	0,83	0,69	0,40	0,16	0,06	0,03	0,01	0,00

10.8 UTILISATION DE LA VALEUR PRÉSENTE

Énonçons tout d'abord un principe général important : *la valeur présente est la seule façon correcte de convertir un flux de paiements en euros d'aujourd'hui.* Ce principe découle directement de la définition de la valeur présente : celle-ci mesure la valeur de la dotation monétaire du consommateur. Tant que le consommateur peut emprunter et prêter librement à un taux d'intérêt constant, une dotation qui a une valeur présente plus élevée permet une consommation *accrue* au cours de chaque période. Quelles que soient vos préférences intertemporelles, vous préférerez toujours le flux de revenus qui a la valeur présente la plus élevée parce qu'il vous offre davantage de possibilités de consommation au cours de chaque période.

La figure 10.6 illustre ce raisonnement. Le panier de consommation (m_1', m_2') est moins intéressant que la dotation initiale du consommateur (m_1, m_2) puisqu'il est situé en dessous de la courbe d'indifférence qui passe par le point de dotation. Toutefois le consommateur préfère avoir comme dotation (m_1', m_2') plutôt que (m_1, m_2) s'il peut emprunter et prêter au taux d'intérêt r. En effet, avec (m_1', m_2') comme dotation, il peut consommer un panier tel que (c_1, c_2) qui est nettement préféré à sa consommation actuelle.

L'utilisation de la valeur présente s'avère très utile quand il s'agit d'évaluer des flux de revenus générés par différents investissements. Si vous désirez comparer deux investissements qui engendrent des flux de revenus différents, pour déterminer quel est le meilleur,

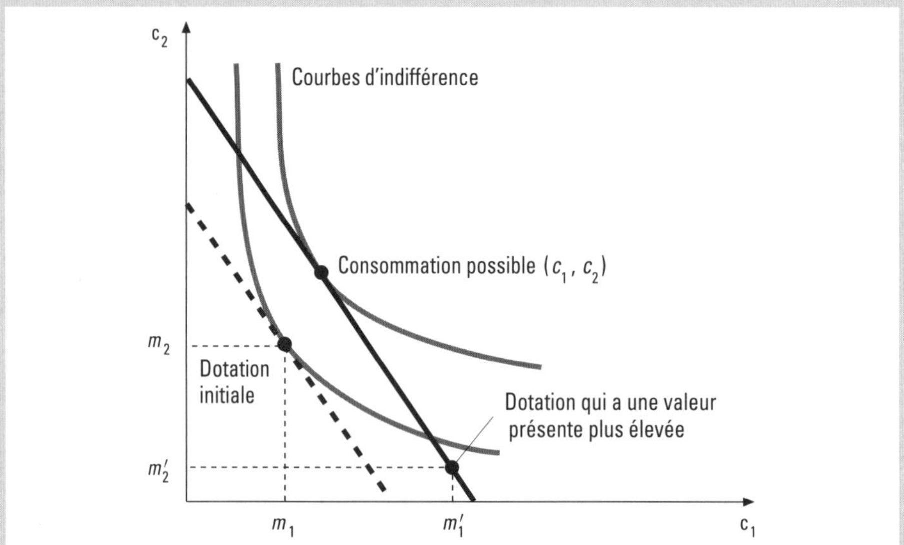

Figure 10.6 ***Une valeur présente plus élevée.***

Une dotation avec une valeur présente plus élevée offre davantage de possibilités de consommation au cours de chaque période si le consommateur peut emprunter et prêter au taux d'intérêt du marché.

il suffit de calculer les deux valeurs présentes et de choisir l'investissement qui a la valeur la plus élevée. Celui-ci vous offrira toujours davantage de possibilités de consommation.

On doit parfois effectuer un flux de paiements au fil du temps pour acheter un flux de revenus. Par exemple, on peut acheter un appartement en empruntant auprès d'une banque et en effectuant des remboursements hypothécaires au cours d'un certain nombre d'années. Supposons qu'un flux de revenus (M_1, M_2) puisse être acheté en effectuant un flux de paiements (P_1, P_2).

Dans ce cas, nous pouvons évaluer l'investissement en comparant la valeur présente du flux de revenus à la valeur présente du flux de paiements. Si

$$M_1 + \frac{M_2}{1+r} > P_1 + \frac{P_2}{1+r},$$

la valeur présente du flux de revenus est supérieure à la valeur présente de son coût. Il s'agit par conséquent d'un bon investissement : il accroîtra la valeur présente de la dotation.

Une méthode équivalente pour évaluer un investissement consiste à utiliser le concept de **valeur présente nette** ou **valeur nette actualisée**. Pour ce faire, il convient de calculer les « cash flows » *nets* des différentes périodes et de les actualiser. Dans l'exemple précédent, les « cash flows » nets sont ($M_1 - P_1$, $M_2 - P_2$) et la valeur présente nette est par conséquent égale à

$$VPN = M_1 - P_1 + \frac{M_2 - P_2}{1+r}.$$

En comparant cette expression à l'équation (10.4), nous voyons que l'investissement devrait être réalisé si et seulement si sa valeur présente nette est positive. Le calcul de la valeur présente nette est très commode puisque nous pouvons additionner au cours de chaque période les flux négatifs et positifs et ensuite actualiser l'ensemble des résultats.

Exemple : Évaluer un flux de paiements

Considérons deux investissements, A et B. L'investissement A rapporte 100 € aujourd'hui et 200 € dans un an. L'investissement B rapporte lui 0 € maintenant, mais 310 € l'année suivante. Quel est le meilleur investissement ?

La réponse dépend du taux d'intérêt. Si le taux d'intérêt est nul, la réponse est claire ; il suffit d'additionner les revenus. En effet, dans ce cas, le calcul de la valeur présente se ramène à la simple addition des paiements. La valeur présente de l'investissement A est dès lors

$$VP_A = 100 + 200 = 300$$

et celle de l'investissement B,

$$VP_B = 0 + 310 = 310.$$

L'investissement B est donc le plus avantageux.

Mais nous obtenons une réponse différente si le taux d'intérêt est suffisamment élevé. Supposons par exemple que le taux d'intérêt s'élève à 20 %. Les valeurs présentes sont dès lors les suivantes :

$$VP_A = 100 + \frac{200}{1{,}20} = 266{,}67$$

$$VP_B = 0 + \frac{310}{1{,}20} = 258{,}33.$$

Le meilleur investissement est désormais l'investissement A ; il rapporte plus rapidement davantage d'argent que B et par conséquent, il a une valeur présente plus élevée quand le taux d'intérêt est suffisamment élevé.

Exemple : Le véritable coût d'une carte de crédit

Emprunter de l'argent avec une carte de crédit coûte cher : de nombreuses compagnies déclarent appliquer des taux d'intérêt annuels de 15 à 21 % ; toutefois du fait de la méthode de calcul de ces charges financières, le véritable taux d'intérêt pour les dettes contractées avec les cartes de crédit est beaucoup plus élevé.

Supposons que le propriétaire d'une carte de crédit effectue avec celle-ci un achat de 2000 € le premier jour du mois et que la charge financière soit de 1,5 % par mois. Si le consommateur paie la totalité du montant à la fin du mois, il ne doit pas payer de charge financière. Si par contre il ne paie rien du tout, il devra supporter une charge financière de $2000\,€ \times 0{,}015 = 30\,€$ au début du mois suivant.

Que se passe-t-il si le consommateur paie 1.800 € sur les 2000 € le dernier jour du mois ? Dans ce cas le consommateur a emprunté seulement 200 € de sorte que la charge financière devrait être de 3 €. Toutefois de nombreuses compagnies de cartes de crédit demandent au consommateur une somme nettement supérieure parce qu'elles calculent les charges financières sur base de la « situation mensuelle moyenne » même si une partie de la dette est payée à la fin du mois. Dans notre exemple, la situation mensuelle moyenne serait d'environ 2000 € (30 jours avec une dette de 2000 € et un jour avec une dette de 200 €). La charge financière pour le consommateur sera dès lors légèrement inférieure à 30 € bien qu'il n'ait emprunté que 200 €. Calculé sur base du montant effectivement emprunté, le taux d'intérêt est de 15 % par mois !

Exemple : La durée des droits d'auteur

La Constitution des États-Unis autorise le Congrès à accorder des brevets et des droits d'auteur. Il s'agit de garantir aux auteurs et inventeurs pour une période de temps limitée un droit exclusif sur leurs écrits et découvertes. Mais que signifie « pour une période de temps limitée » ? La durée d'un brevet est fixée à 20 ans aux États-Unis. La situation est différente pour les droits d'auteur.

La première loi sur les droits d'auteur, adoptée par le Congrès en 1790, fixe une durée de 14 ans avec une prolongation éventuelle de 14 ans. Par la suite, la durée a été fixée à 28 ans en 1831, avec une possibilité d'extension pour une nouvelle durée de 28 ans ajoutée en 1909. En 1962, la durée devint 47 ans puis 67 ans en 1978. En 1967, la durée fut définie comme la durée de vie de l'auteur plus 50 ans et une loi votée en 1998 a porté la durée à la vie de l'auteur plus 70 ans pour les individus.

Nous pouvons nous interroger sur le point de savoir si « vie de l'auteur plus 70 ans » devrait être considéré comme une durée limitée. Nous pouvons aussi nous interroger sur les incitants additionnels que l'extension de 1998 a apportés aux auteurs pour créer des œuvres.

Considérons un exemple simple. Supposons un taux d'intérêt de 7 %. La prolongation de la durée de 80 à 100 ans augmente la valeur présente des premières 80 années de 0,33 %. Les 20 années supplémentaires n'ont presque aucun effet sur la valeur présente des droits d'auteur au moment de la création parce qu'elles s'ajoutent loin dans l'avenir. Elles n'apportent qu'un tout petit incitant supplémentaire à la création.

Au vu de cette très faible valeur additionnelle, quel intérêt a pu motiver les défenseurs de cette extension ? La réponse est que cette loi de 1998 a prolongé les durées de façon rétroactive de sorte que les œuvres proches de l'expiration se sont vus dotées d'un nouveau délai.

Par exemple, nombreux sont ceux qui ont souligné l'intérêt considérable de cette prolongation pour Disney puisque la protection dont bénéficie le premier film avec Mickey Mouse était presque arrivée à son terme.

De telles prolongations rétroactives n'ont aucun sens d'un point de vue économique puisque ce qui compte ce sont les incitants pour les auteurs au moment de la création. S'il n'y avait pas eu une prolongation rétroactive, personne n'aurait demandé une extension de la durée des droits d'auteur du fait de la très faible valeur économique des années supplémentaires de protection.

10.9 LES OBLIGATIONS

Les **titres** sont des instruments financiers qui donnent droit à certains flux de revenus. Il existe de nombreux types de titres financiers parce que les gens désirent différents types de paiements. Les marchés financiers offrent aux gens la possibilité d'échanger différents « cash flows » au fil du temps. Ces « cash flows » sont généralement utilisés pour financer la consommation au cours de l'une ou l'autre période.

Nous allons examiner, dans cette section, un type particulier de titres, à savoir les **obligations**. Les obligations sont émises par les gouvernements et les entreprises. Il s'agit essentiellement d'un moyen d'emprunter de l'argent. L'emprunteur, c'est-à-dire la personne qui émet l'obligation, promet de payer un montant fixe x (le **coupon**) au cours de chaque période jusqu'à une certaine date T (la date d'**échéance**) et à cette date, il s'engage à payer au détenteur de l'obligation un montant F (la **valeur faciale**).

Le flux de revenus d'une obligation est donc $(x, x, x, x, ..., F)$. Si le taux d'intérêt est constant, la valeur présente d'une telle obligation est facile à calculer. Elle est égale à

$$VP = \frac{x}{(1+r)} + \frac{x}{(1+r)^2} + \cdots + \frac{F}{(1+r)^T}.$$

Notons que la valeur présente d'une obligation diminue quand le taux d'intérêt augmente. Pourquoi ? Quand le taux d'intérêt augmente, le prix actuel d'un euro disponible dans le futur diminue. Dès lors, les revenus futurs de l'obligation valent moins aujourd'hui.

Il y a un marché bien organisé pour les obligations. La valeur du marché pour les obligations importantes fluctue en fonction des modifications du taux d'intérêt puisque la valeur présente du flux de revenus que procure l'obligation se modifie.

Un type intéressant d'obligations est celles qui procurent des revenus indéfiniment. On appelle de telles obligations des **obligations à perpétuité**. Considérons une obligation à perpétuité qui procure chaque année et indéfiniment un revenu de x €. Pour déterminer la valeur de ce titre, nous devons calculer la somme infinie suivante :

$$VP = \frac{x}{(1+r)} + \frac{x}{(1+r)^2} + \cdots.$$

Le « truc » pour résoudre cette expression consiste à mettre en évidence le facteur $1/(1+r)$. Nous obtenons alors

$$VP = \frac{1}{1+r}\left[x + \frac{x}{(1+r)} + \frac{x}{(1+r)^2} + \cdots\right].$$

Le terme entre crochets est égal à x plus la valeur présente. En substituant et en résolvant pour VP, nous obtenons

$$\begin{aligned} VP &= \frac{1}{(1+r)}[x + VP] \\ &= \frac{x}{r}. \end{aligned}$$

Cette méthode n'est pas difficile, mais il existe une méthode simple pour obtenir directement la solution. De quelle somme V avez-vous besoin à un taux d'intérêt r pour recevoir x € indéfiniment ? Écrivons l'équation

$$Vr = x.$$

Les intérêts sur V doivent égaler x. La valeur de cet investissement est dès lors égale à

$$V = \frac{x}{r}.$$

La valeur présente d'une obligation à perpétuité qui procure un revenu de x € indéfiniment doit donc être égale à x/r.

Il est facile de voir directement qu'une augmentation du taux d'intérêt réduit la valeur d'une obligation à perpétuité. Supposons par exemple qu'une obligation soit émise quand le taux d'intérêt s'élève à 10 %. Si elle procure un revenu de 10 € par an indéfiniment, sa valeur actuelle doit être de 100 € puisque 100 € génèrent 10 € d'intérêts annuels.

Supposons maintenant que le taux d'intérêt augmente et passe à 20 %. La valeur de l'obligation doit tomber à 50 €, puisqu'il suffit de 50 € pour avoir un revenu annuel de 10 € à un taux d'intérêt de 20 %.

La formule pour l'obligation à perpétuité peut être utilisée pour calculer une valeur approximative pour des obligations à long terme. Si, par exemple, le taux d'intérêt est de 10 %, un euro dans 30 ans ne vaudra que 6 centimes. Avec les valeurs habituellement rencontrées pour les taux d'intérêt, 30 ans peut être considéré comme l'infini.

Exemple : Remboursement d'un emprunt par mensualités

Supposons que vous empruntiez 1000 € et que vous vous engagiez à rembourser cette somme en 12 mensualités de 100 €. Quel taux d'intérêt payez-vous ?

À première vue, il semble que le taux d'intérêt soit de 20 % : vous empruntez 1000 € et vous remboursez 1 200 €. Ce raisonnement est en fait incorrect. Vous n'empruntez pas 1000 € pour une année entière. Vous empruntez 1 000 € pour un mois puis vous remboursez 100 €. Vous n'empruntez dès lors plus que 900 € et vous devez payer des intérêts pendant un mois sur 900 €. Vous empruntez cette somme pendant un mois et vous remboursez de nouveau 100 €. Et ainsi de suite.

Le flux de paiements que vous désirez évaluer est le suivant :

$$(1\,000, -100, -100, \ldots, -100).$$

Vous pouvez trouver le taux d'intérêt qui annule la valeur présente de ce flux de paiements en utilisant une calculatrice ou un micro-ordinateur. Le taux d'intérêt effectif que vous payez sur cet emprunt, remboursé par mensualités, est d'environ 35 % !

10.10 L'IMPÔT

Aux États-Unis, les revenus du capital, c'est-à-dire les intérêts, sont taxés comme les autres revenus ; le même taux d'impôt s'applique aux revenus du capital et aux revenus du travail. Supposons que votre taux marginal d'imposition soit égal à t de sorte que vos impôts augmentent de $t\Delta m$ pour chaque dollar *supplémentaire* de revenu Δm. Si vous investissez X dollars, vous recevrez un revenu en intérêts de rX. Mais il vous faudra payer des taxes pour un montant de trX sur ce revenu. Votre revenu net d'impôt ne sera donc que de $(1 - t)rX$. Nous appelons le taux $(1 - t)r$, le **taux d'intérêt après impôt**.

Qu'en est-il si vous décidez d'emprunter X dollars plutôt que de les prêter ? Il vous faudra alors payer rX d'intérêts. Aux États-Unis, certaines catégories de paiements d'intérêts sont fiscalement déductibles et d'autres pas. Par exemple, les intérêts correspondant à un emprunt hypothécaire sont déductibles, mais pas ceux correspondant à un emprunt ordinaire à la consommation. Par ailleurs, les entreprises peuvent déduire la plupart des intérêts qu'elles paient.

Si un paiement d'intérêts est fiscalement déductible, il peut être soustrait de vos revenus et les impôts ne sont dus que sur le solde. Ainsi si vous versez rX dollars d'intérêts, vos impôts sont réduits d'un montant trX. Le coût total des X dollars empruntés est dès lors $rX - trX = (1 - t)rX$.

Pour des individus ayant les mêmes taux d'imposition, le taux d'intérêt après impôt est donc le même qu'ils soient prêteurs ou emprunteurs. L'impôt sur l'épargne réduit les montants que les gens désirent épargner, mais les « subventions » dont bénéficie l'emprunt accroissent les montants que les gens désirent emprunter.

Exemple : Bourses d'étude et épargne

De nombreux étudiants aux États-Unis reçoivent sous une forme ou sous une autre, une aide financière pour leur permettre de couvrir le coût que représentent les études universitaires. Le montant de l'aide financière qu'un étudiant reçoit dépend de nombreux facteurs, mais un facteur important est la capacité de sa famille à payer elle-même ce type de dépense. La plupart des universités américaines utilisent une mesure standard de la capacité à payer calculée par le College Entrance Examination Board (CEEB).

Si un étudiant sollicite une aide financière, sa famille doit remplir un questionnaire qui décrit sa situation financière. Le CEEB utilise les informations relatives au revenu et aux actifs des parents pour construire une mesure du « revenu disponible ajusté ». Les parents doivent normalement contribuer aux dépenses universitaires pour une fraction de leur revenu disponible ajusté qui varie de 22 % à 47 % selon l'importance de leur revenu. Ainsi en 1985, les parents disposant d'un revenu total avant impôts d'environ 35 000 $ devaient normalement contribuer aux dépenses universitaires pour une somme d'environ 7000 $.

Les dollars supplémentaires d'actifs que les parents accumulent augmentent la contribution qu'ils doivent normalement apporter et diminuent l'importance de l'aide financière que leur enfant peut espérer recevoir. La formule utilisée par le CEEB impose en fait une taxe sur les parents qui épargnent pour couvrir l'éducation universitaire de leurs enfants. Martin Feldstein, Président du National Bureau of Economic Research et Professeur d'Économie à l'Université d'Harvard a calculé l'importance de cette taxe[2].

Considérons la situation de parents qui envisagent d'épargner un dollar supplémentaire au moment où leur fille entre à l'université. Pour un taux d'intérêt de 6 %, la valeur future d'un dollar dans 4 ans est 1,26 $. En tenant compte des taxes fédérales et d'État qui doivent être acquittées sur les revenus en intérêts, un dollar procurera 1,19 $

[2] Feldstein, Martin, « College Scholarship Rules and Private Savings », *American Economic Review*, 85, 3 (juin 1995).

de revenu après impôts dans 4 ans. Toutefois, puisque ce dollar d'épargne supplémentaire accroît les actifs totaux des parents, le montant de l'aide que leur fille va recevoir diminuera au cours de chacune de ses quatre années d'études universitaires. La « taxe sur l'éducation » a pour effet de réduire la valeur future du dollar à seulement 87 cents dans quatre ans. C'est équivalent à un impôt sur le revenu de 150 % !

Feldstein a également analysé le comportement d'épargne d'un échantillon de ménages de la classe moyenne avec des enfants n'ayant pas encore l'âge de la scolarité universitaire. Il a estimé qu'un ménage disposant d'un revenu annuel de 40 000 $ et ayant 2 enfants en âge d'entrer à l'université épargnait environ 50 % de moins du fait de la combinaison des taxes fédérales, d'État et sur l'éducation auxquelles il est confronté.

10.11 LE CHOIX DU TAUX D'INTÉRÊT

Jusqu'à présent, nous avons parlé« du taux d'intérêt ». En réalité, il existe de nombreux taux d'intérêt : il y a les taux nominaux, les taux réels, les taux avant impôt, les taux après impôt, les taux à court terme, les taux à long terme, etc. Quel taux faut-il utiliser pour calculer la valeur présente ?

Pour répondre à cette question, il faut se reporter aux fondements de l'analyse. L'idée de la valeur présente vient de ce que nous voulons pouvoir convertir une somme d'argent disponible à un certain moment en une somme équivalente à un autre moment. « Le taux d'intérêt » est le taux de rendement d'un investissement qui nous permet d'opérer cette conversion.

Si nous avons le choix entre plusieurs taux d'intérêt, nous devons rechercher celui qui a les caractéristiques les plus proches du flux de paiements que nous essayons d'évaluer. Si le flux de paiements n'est pas taxé, nous devrions utiliser un taux d'intérêt après impôt. Si le flux de paiements s'étend sur 30 ans, nous devrions utiliser un taux d'intérêt à long terme. Si le flux de paiement est incertain, nous devrions utiliser le taux d'intérêt sur un investissement qui présente les mêmes caractéristiques de risque. (Nous reviendrons par la suite sur ce point.)

Le taux d'intérêt mesure le **coût d'opportunité** du capital, c'est-à-dire la valeur des usages alternatifs de l'argent. Chaque flux de paiements devrait donc être comparé à la meilleure alternative ayant des caractéristiques similaires en termes d'impôt, de risque et de liquidité.

RÉSUMÉ

1. La contrainte budgétaire pour un choix intertemporel de consommation peut être exprimée en termes de valeur présente ou de valeur future.
2. Les résultats de statique comparative dégagés antérieurement pour les problèmes généraux de choix s'appliquent également aux choix intertemporels de consommation.
3. Le taux d'intérêt réel mesure la quantité supplémentaire que vous pouvez consommer dans le futur en renonçant aujourd'hui à une certaine consommation.
4. Un consommateur qui peut emprunter et prêter à un taux d'intérêt constant devrait toujours préférer la dotation qui a la valeur présente la plus élevée.

PROBLÈMES À RÉSOUDRE

10.1 Quelle est la valeur présente d'un million d'euros disponible dans 20 ans si le taux d'intérêt est de 20 % ?

10.2 Si le taux d'intérêt augmente, la pente de la contrainte budgétaire intertemporelle augmente-t-elle ou diminue-t-elle ?

10.3 L'hypothèse de biens parfaitement substituables est-elle acceptable dans le cas d'achats intertemporels de nourriture ?

10.4 Un consommateur, qui est initialement prêteur, le reste après une diminution des taux d'intérêt. Le niveau de satisfaction de ce consommateur a-t-il augmenté ou diminué suite à la baisse des taux d'intérêt ? Si le consommateur devient emprunteur après la diminution des taux d'intérêt, son niveau de satisfaction a-t-il augmenté ou diminué ?

10.5 Quelle est la valeur présente de 100 € perçus dans un an si le taux d'intérêt est de 10 % ? Quelle en est la valeur présente si le taux d'intérêt est de 5 % ?

11

LES MARCHÉS DES ACTIFS

Les **actifs** sont des biens qui procurent un flux de services au fil du temps. Ils peuvent fournir un flux de services de consommation, comme par exemple des services de logement, ou un flux financier qui peut être utilisé pour acheter des biens de consommation. Les actifs qui procurent un flux financier sont appelés des **actifs financiers**.

Les obligations dont nous avons parlé au chapitre précédent sont des exemples d'actifs financiers. Le flux de services qu'elles procurent est un flux de paiements d'intérêts. D'autres catégories d'actifs financiers, comme les actions des sociétés, génèrent d'autres flux de revenus. Dans ce chapitre, nous allons examiner le fonctionnement des marchés des actifs sous l'hypothèse d'une certitude absolue quant aux flux futurs de services que l'actif procure.

11.1 LES TAUX DE RENDEMENT

Sous cette hypothèse extrême de certitude absolue, les taux de rendement des différents actifs sont reliés les uns aux autres par un principe simple : s'il n'y a aucune incertitude quant aux flux de revenus engendrés par les différents actifs, ceux-ci doivent tous avoir le même taux de rendement. La raison en est évidente : si un actif avait un taux de rendement supérieur à un autre et que ces deux actifs étaient identiques à tous les autres points de vue, personne ne désirerait acheter l'actif qui a le taux de rendement le plus faible. Par conséquent, à l'équilibre, tous les actifs effectivement détenus doivent procurer le même taux de rendement.

Analysons le processus d'ajustement des taux d'intérêt. Considérons un actif A dont le prix actuel est p_0. On s'attend à ce que le prix de cet actif soit demain égal à p_1. Tous les individus connaissent avec certitude le prix actuel et le prix futur. Par commodité, nous supposons qu'il n'y a ni dividende, ni autre paiement en espèces entre les périodes 0 et 1. Nous admettons en outre qu'il y a un autre actif B que l'on peut détenir entre les périodes 0 et 1 et qui procure un taux d'intérêt r. Considérons maintenant deux plans d'investissement : soit investir un euro dans l'actif A et le vendre au cours de la période suivante, soit investir un euro dans l'actif B et percevoir r euros d'intérêts.

Quelles sont les valeurs de ces deux investissements à la fin de la première période ? Demandons-nous tout d'abord combien d'unités d'actif A, il faut acheter pour réaliser un investissement d'un euro. Si x représente ce nombre d'unités, nous avons l'équation suivante :

$$p_0 x = 1$$

ou

$$x = \frac{1}{p_0}.$$

Il s'ensuit que la valeur future d'un investissement d'un euro dans cet actif est égale à

$$VF = p_1 x = \frac{p_1}{p_0}.$$

D'un autre côté, si nous investissons un euro dans l'actif B, nous aurons $1 + r$ euros au cours de la période suivante. Si, à l'équilibre, les actifs A et B sont tous les deux détenus, un euro investi dans chacun de ces actifs doit avoir la même valeur au cours de la seconde période. Nous avons donc comme condition d'équilibre :

$$1+r=\frac{p_1}{p_0}.$$

Que se passe-t-il si cette égalité n'est pas respectée ? Il existe alors un moyen simple de gagner de l'argent. Par exemple, si

$$1+r>\frac{p_1}{p_0},$$

les gens qui possèdent l'actif A peuvent vendre une unité pour p_0 au cours de la première période et investir le produit de cette vente dans l'actif B. Au cours de la seconde période, leur investissement dans l'actif B vaudra $p_0(1 + r)$, ce qui est supérieur à p_1 compte tenu de l'équation précédente. Dès lors, ils sont sûrs de disposer au cours de la seconde période d'une somme suffisante pour racheter l'actif A et revenir au point de départ mais avec un peu d'argent en plus.

Ce type d'opération, c'est-à-dire acheter une certaine quantité d'un actif et vendre un peu d'un autre pour réaliser un profit sûr, est appelé un **arbitrage sans risque** ou, plus brièvement, un **arbitrage**. Tant que certaines personnes souhaitent acheter des « choses sûres », on peut s'attendre à ce que des marchés bien organisés éliminent rapidement toutes possibilités d'arbitrage. Dès lors, une autre façon d'exprimer notre condition d'équilibre est de dire qu'il *ne devrait subsister aucune possibilité d'arbitrage*. Nous appellerons cette condition, la **condition de non arbitrage**.

Mais comment l'arbitrage opère-t-il effectivement pour éliminer les inégalités entre taux de rendement ? Dans l'exemple donné ci-dessus, nous avons dit que si $1 + r > p_1/p_0$, toutes les personnes qui détiennent l'actif A désirent le vendre au cours de la première période puisqu'elles sont sûres d'avoir une somme suffisante pour le racheter au cours de la seconde période. Mais à qui vont-elles le vendre ? Qui désire en acheter ? Il y a un tas de gens qui désirent vendre l'actif A au prix p_0, mais personne n'est assez fou pour l'acheter à ce prix.

Ceci implique que l'offre est supérieure à la demande et que, par conséquent, le prix va diminuer. De combien va-t-il diminuer ? Il diminuera suffisamment pour satisfaire la condition de non arbitrage, c'est-à-dire jusqu'à ce que $1 + r = p_1/p_0$.

11.2 ARBITRAGE ET VALEUR PRÉSENTE

La condition de non arbitrage peut s'écrire sous une autre forme intéressante en opérant une multiplication croisée :

$$p_0=\frac{p_1}{1+r}.$$

Le prix actuel d'un actif doit donc être égal à sa valeur présente. Nous avons en fait transformé la comparaison des valeurs futures en une comparaison de valeurs présentes. Si la condition de non arbitrage est respectée, les actifs doivent être vendus à leur valeur présente. Toute différence par rapport à la valeur présente offre un moyen sûr de gagner de l'argent.

11.3 AJUSTEMENTS POUR DES DIFFÉRENCES ENTRE LES ACTIFS

La règle de non arbitrage suppose que les services rendus par les divers actifs sont identiques à l'exception d'une éventuelle différence strictement financière. Si les services fournis par les actifs revêtent des caractéristiques différentes, nous devons en tenir compte avant d'affirmer que tous les actifs doivent avoir le même taux de rendement à l'équilibre.

Un actif pourrait par exemple être plus facile à vendre qu'un autre. Nous exprimons parfois cela en disant qu'un actif est plus **liquide** qu'un autre. Dans ce cas, nous devrions ajuster les taux de rendement afin de tenir compte de la difficulté de trouver un acheteur pour un actif. Ainsi une maison qui vaut 100 000 € est probablement un actif moins liquide que des bons du Trésor représentant un montant identique.

De même, un actif pourrait être plus risqué qu'un autre. Un actif peut procurer un taux de rendement certain alors qu'un autre peut présenter un taux de rendement fortement aléatoire. Nous examinerons comment tenir compte des différences en matière de risque au chapitre 13.

Dans ce chapitre, nous désirons envisager deux autres types d'ajustements. Il s'agit, d'une part, de l'ajustement à opérer quand les actifs procurent des rendements en termes de consommation et, d'autre part, de celui découlant de différences dans le traitement fiscal des divers actifs.

11.4 RENDEMENTS EN TERMES DE CONSOMMATION

De nombreux actifs ne procurent que des rendements strictement financiers. Mais il y en a d'autres qui procurent également des avantages en termes de consommation. L'exemple classique est la maison d'habitation. Si vous êtes propriétaire de la maison que vous occupez, vous ne devez pas louer un logement ; une partie du « rendement » lié à la possession de la maison correspond dès lors au fait que vous pouvez l'occuper sans payer de loyer. Ou exprimé différemment, vous vous versez un loyer à vous-même. Cette dernière façon d'exprimer la situation peut paraître étrange, mais elle permet de mettre en exergue un point important.

Il est vrai que vous ne vous versez pas *explicitement* un loyer à vous-même pour avoir le droit d'occuper votre maison, mais il est utile d'imaginer qu'un propriétaire effectue *implicitement* un tel versement. Le **taux de loyer implicite** de votre maison est le taux auquel vous pourriez louer une maison semblable, ou, ce qui revient au même, le taux auquel vous pourriez louer votre maison à quelqu'un d'autre sur le marché. En choisissant de « louer vous-même votre propre maison », vous renoncez à la possibilité de percevoir des loyers et vous supportez ainsi un coût d'opportunité.

Supposons que le loyer implicite de votre maison s'élève à T euros par an. Une partie du rendement de la propriété de votre maison est constituée par le revenu implicite de T euros que votre maison vous procure chaque année, c'est-à-dire la somme que vous devriez dépenser pour vivre dans les mêmes conditions si vous ne possédiez pas la maison.

Mais le taux de rendement ne se réduit pas à cela. Comme les agents immobiliers ne cessent de le proclamer, une maison est aussi un *investissement*. Quand vous achetez une maison, vous dépensez une somme substantielle et vous pouvez raisonnablement en attendre un rendement financier par l'intermédiaire d'une augmentation de la valeur de la maison. L'augmentation de la valeur d'un actif est appelée une **appréciation**.

Représentons par A, l'appréciation attendue exprimée en euros de votre maison au cours d'une année. Le rendement total de la maison est la somme du loyer T et du rendement sur l'investissement A. Si votre maison a initialement coûté P euros, le taux de rendement *total* est égal à

$$h = \frac{T + A}{P}.$$

Ce taux de rendement total est la somme du taux de rendement en termes de consommation T/P et du taux de rendement sur l'investissement A/P.

Représentons par r, le taux de rendement sur les autres actifs financiers. Le taux de rendement total sur l'immeuble devrait à l'équilibre être égal à r :

$$r = \frac{T + A}{P}.$$

Cette relation peut s'expliquer de la façon suivante. Au début de l'année, vous pouvez soit placer P en banque et percevoir un revenu rP, soit investir P dans une maison, épargner un loyer T et gagner un montant A à la fin de l'année. Le rendement total des deux investissements doit être le même. Si $T + A < rP$, il est préférable de placer votre argent en banque et de payer un loyer T. Vous obtiendriez ainsi $rP - T > A$ à la fin de l'année. Si $T + A > rP$, la maison est au contraire le meilleur choix. (Évidemment, nous ignorons ici la commission de l'agent immobilier et les autres frais de transaction liés à l'achat et à la vente.)

Puisque le taux de rendement total doit être égal au taux d'intérêt, le taux de rendement financier A/P sera généralement inférieur au taux d'intérêt. En principe, les actifs qui procurent un gain en termes de consommation auront donc à l'équilibre un taux de rendement financier inférieur aux actifs purement financiers. Cela signifie qu'acheter des biens de consommation tels que des maisons, des peintures ou des bijoux *uniquement* comme actifs financiers, n'est probablement pas une bonne idée puisque leur taux de rendement sera généralement inférieur à celui des actifs purement financiers ; et cela du fait qu'une partie de leur prix correspond au rendement en termes de consommation que procure leur possession. D'un autre côté, si vous attribuez une valeur suffisamment importante à leur rendement en termes de consommation ou si vous pouvez tirer des revenus de location de ces actifs, il peut devenir intéressant de les acheter. Ces actifs peuvent constituer un bon achat sur base de leur rendement *total.*

11.5 LA TAXATION DES RENDEMENTS DES ACTIFS

L'administration fiscale américaine (l'I.R.S.) distingue du point de vue fiscal, deux types de rendement d'actifs. Le premier type est constitué des **dividendes** et des **intérêts** qui sont versés périodiquement, chaque année ou chaque mois, tout au long de la vie de l'actif. Les impôts sur ces revenus en dividendes et en intérêts sont payés au taux d'imposition ordinaire, c'est-à-dire au même taux que pour les revenus du travail.

Le second type de rendement correspond à ce que nous appelons les **gains en capital**. Il y a gain en capital quand un actif est vendu à un prix supérieur à celui auquel il a été acheté. Les gains en capital ne sont taxés que quand l'actif est vendu. En vertu de la loi fiscale actuellement en vigueur aux U.S.A., les gains en capital sont taxés au même taux que les revenus ordinaires, mais diverses propositions ont été faites pour leur réserver un traitement fiscal plus favorable.

On soutient parfois que la taxation des gains en capital au même taux que les revenus ordinaires est une politique « neutre ». Cette assertion peut toutefois être critiquée pour au moins deux raisons. La première est que l'impôt sur les gains en capital n'est payé que quand l'actif est vendu, alors que l'impôt sur les dividendes et les intérêts est payé chaque année. Le fait que l'impôt sur les gains en capital soit reporté jusqu'au moment de la vente implique que le taux d'imposition réel sur ces gains est *inférieur* à celui appliqué sur les autres revenus.

La seconde raison pour laquelle une taxation identique des gains en capital et des revenus ordinaires n'est pas neutre, est que l'impôt sur les gains en capital est basé sur l'augmentation de la valeur *en euros* d'un actif. Si la valeur des actifs augmente simplement à cause de l'inflation, le consommateur peut devoir payer des taxes sur un actif dont la valeur *réelle* n'a pas changé. Supposons par exemple qu'une personne achète un actif pour 100 € et que 10 ans plus tard, celui-ci vaille 200 €. Supposons aussi que le niveau général des prix ait doublé au cours de la même décennie. Cette personne va devoir payer des taxes sur un gain en capital de 100 € alors que le pouvoir d'achat de son actif est resté inchangé. Ceci tend à rendre l'impôt sur les gains en capital plus *élevé* que celui sur les autres revenus. Lequel des deux effets domine est une question controversée.

Outre la taxation différente des dividendes et des gains en capital, il y a d'autres aspects de la législation fiscale qui entraînent un traitement différent des rendements des divers actifs. Par exemple, aux États-Unis, les **bons municipaux**, c'est-à-dire les obligations émises pour les États et les villes, ne sont pas soumis à l'impôt du gouvernement fédéral. Par ailleurs, le rendement en termes de consommation ainsi qu'une partie des gains en capital provenant d'une maison occupée par son propriétaire ne sont pas soumis à l'impôt aux États-Unis.

Dans la comparaison des taux de rendement, la règle de non arbitrage doit être adaptée pour tenir compte des différences dans le traitement fiscal réservé aux divers actifs. Supposons qu'un actif rapporte un taux d'intérêt avant impôt de r_b et qu'un autre procure un taux d'intérêt exempt d'impôt égal à r_e. Si les deux actifs sont détenus par des individus dont le taux d'impôt sur le revenu est t, nous devons avoir

$$(1-t)r_b = r_e.$$

En d'autres termes, le taux de rendement après impôt de chaque actif doit être identique. S'il n'en était pas ainsi, les individus ne désireraient pas détenir les deux actifs ; ils auraient toujours intérêt à ne détenir que l'actif qui leur procure le rendement après impôt le plus élevé. Évidemment, ce raisonnement ignore d'autres différences entre les actifs quant à leur liquidité, leur risque, etc.

11.6 LES BULLES FINANCIÈRES

Supposons que vous envisagiez d'acheter une maison dont vous êtes absolument certain qu'elle vaudra 220 000 € dans un an et que le taux d'intérêt (qui traduit vos opportunités alternatives d'investissement) est de 10 %. Un prix correct pour cette maison serait sa valeur présente, 200 000 €. Considérons maintenant que les choses ne soient pas aussi sûres. Beaucoup de gens pensent que la maison vaudra 220 000 € dans un an mais il n'y a pas de garantie. Nous nous attendons dès lors à ce que le prix de la maison soit quelque peu inférieur à 200 000 € du fait du risque associé à l'achat.

Supposons qu'un an plus tard la maison vaille 240 000 €, c'est-à-dire beaucoup plus qu'anticipé. La valeur de la maison a augmenté de 20 % alors que le taux d'intérêt est de 10 %. Cette observation peut amener les gens à revoir leur anticipation quant à la valeur de la maison dans le futur, peut-être vont-ils anticiper une hausse de 20 % ou plus encore l'année suivante.

Si beaucoup de gens partagent cette vision, ils peuvent faire offre et pousser à la hausse le prix de la maison, ce qui peut amener d'autres à formuler des anticipations encore plus optimistes quant au marché immobilier. Comme nous l'avons vu lors de notre analyse des ajustements de prix, les prix des actifs pour lesquels les gens s'attendent à un taux de rendement supérieur au taux d'intérêt augmentent. Ces prix élevés tendent à réduire la demande actuelle mais peuvent aussi encourager les gens à anticiper un taux de rendement encore plus élevé dans le futur.

Le premier effet — les prix élevés réduisent la demande — tend à stabiliser les prix. Le second effet — les prix élevés conduisent à anticiper des prix encore plus élevés dans le futur — tend à déstabiliser les prix.

C'est un exemple de **bulles financières**. Dans un phénomène de bulle, le prix d'un actif augmente, pour une raison ou une autre, et cela conduit les gens à anticiper des hausses de prix supplémentaires dans le futur. Mais s'ils s'attendent à une hausse significative du prix dans le futur, ils essaient d'acheter maintenant et poussent encore plus les prix à la hausse.

Les marchés financiers peuvent être victimes de telles bulles, en particulier quand les intervenants sont inexpérimentés. Par exemple, en 2000-2001, nous avons observé une hausse anormale des prix des actions technologiques et en 2005-2006, il y a eu une bulle au niveau des prix de l'immobilier aux États-Unis et dans beaucoup d'autres pays.

Toutes les bulles finissent par éclater. Les prix chutent et certaines personnes finissent avec des biens qui valent beaucoup moins que le prix auquel ils les ont achetés.

Pour éviter de telles bulles, il faut regarder les fondements économiques. Au milieu de la bulle immobilière aux États-Unis, le ratio entre le prix d'une maison et le loyer annuel d'une maison comparable a atteint un niveau tout à fait anormal par rapport aux normes historiques. Cet écart reflétait vraisemblablement les anticipations des acheteurs quant à des hausses futures de prix.

De même, le ratio entre les prix immobiliers médians et le revenu médian a atteint des records historiques. Ces deux éléments constituaient des signaux d'alarme et indiquaient que les niveaux de prix n'étaient pas soutenables.

Dire que « cette fois, c'est différent » est peut-être très audacieux, en particulier quand il s'agit de marchés financiers.

11.7 APPLICATIONS

La règle selon laquelle tous les actifs sans risque doivent procurer le même rendement, paraît évidente, mais elle est très importante. Elle a des conséquences particulièrement intéressantes sur le fonctionnement des marchés des actifs.

Les ressources épuisables

Étudions l'équilibre du marché pour une ressource épuisable telle que le pétrole. Imaginons un marché du pétrole concurrentiel avec de nombreux offreurs. Pour simplifier, supposons qu'il n'y ait pas de coûtd'extraction du pétrole. Comment le prix du pétrole va-t-il évoluer au fil du temps ?

Le prix du pétrole doit en fait augmenter à un taux égal au taux d'intérêt. Pour démontrer cela, il suffit de noter que les ressources pétrolières constituent un actif, exactement comme tous les autres actifs. Pour qu'un producteur estime intéressant de détenir du pétrole d'une période à l'autre, celui-ci doit lui procurer un rendement équivalent au rendement financier qu'il pourrait obtenir ailleurs. Si $pt + 1$ et p_t représentent les prix aux moments $t+1$ et t, nous avons dès lors sur le marché du pétrole la condition de non arbitrage suivante :

$$p_{t+1} = (1+r)p_t.$$

Le raisonnement se ramène à une idée simple : le pétrole dans le sol, c'est comme de l'argent en banque. Si de l'argent en banque rapporte un taux de rendement r, le pétrole dans le sol doit rapporter le même taux de rendement. Si le pétrole procurait un taux de rendement plus élevé que l'argent en banque, personne n'extrairait du pétrole ; les producteurs préfèreraient attendre quelque peu, ce qui aurait pour conséquence d'accroître le prix actuel du pétrole. Si le pétrole dans le sol procurait un taux de rendement inférieur à celui de l'argent en banque, les propriétaires de puits de pétrole essaieraient de pomper leur pétrole immédiatement afin de placer leur argent en banque et par là même ils feraient diminuer le prix actuel du pétrole.

Ce raisonnement nous donne l'évolution du prix du pétrole. Mais qu'est-ce qui détermine le niveau du prix ? Celui-ci est en fait déterminé par la demande pour le pétrole. Considérons un modèle très simple pour le côté« demande » du marché.

Supposons que la demande pour le pétrole soit constante et égale à une quantité D de barils chaque année et qu'il y ait une offre mondiale de S barils. Nous avons une réserve totale de $T = S/D$ années de pétrole. Quand le pétrole sera épuisé, il faudra utiliser une autre source d'énergie, par exemple du charbon liquéfié qui peut être produit à un coût constant de C euros par baril. Admettons que le charbon liquéfié soit un substitut parfait du pétrole dans tous les usages possibles.

Dans T années, quand les dernières réserves de pétrole seront sur le point d'être épuisées, quel devra être le prix du pétrole ? Le pétrole devra clairement être vendu à un prix de C euros le baril, c'est-à-dire au prix de son substitut parfait, le charbon liquéfié. Ceci implique que le prix actuel d'un baril de pétrole p_0 doit croître au taux d'intérêt r au cours des T prochaines années pour atteindre le niveau C. Nous avons donc l'équation suivante :

$$p_0(1+r)^T = C$$

ou

$$p_0 = \frac{C}{(1+r)^T}.$$

Cette équation exprime le prix actuel du pétrole en fonction des autres variables du modèle. Nous pouvons maintenant examiner des problèmes intéressants de statique comparative. Par exemple, que se passe-t-il si on découvre une nouvelle réserve de pétrole ? Le nombre T d'années de réserves de pétrole augmente et $(1+r)^T$ croît également, entraînant une diminution de p_0. Une augmentation de l'offre de pétrole diminue donc sans surprise son prix actuel.

Que se passe-t-il si une découverte technologique réduit la valeur de C ? L'équation ci-dessus nous indique que le prix p_0 doit également diminuer. Le prix du pétrole doit être égal au prix de son substitut parfait, le charbon liquéfié, quand celui-ci devient la seule alternative possible.

Quand exploiter une forêt

Admettons que la taille d'une forêt, mesurée par le nombre de troncs d'arbres qu'on peut en extraire, soit fonction du temps : $F(t)$. Supposons en outre que le prix d'un tronc d'arbre soit constant et que le taux de croissance d'un arbre, d'abord élevé, décline progressivement. S'il y a un marché concurrentiel pour les arbres, quand la forêt doit-elle être exploitée ?

Réponse : quand le taux de croissance de la forêt est égal au taux d'intérêt. Auparavant, la forêt procure un taux de rendement supérieur à l'argent placé en banque et après, elle rapporte moins que l'argent en banque. Le moment optimal pour exploiter une forêt est celui où son taux de croissance est égal au taux d'intérêt.

Nous pouvons établir cela de façon plus rigoureuse en considérant la valeur présente d'une forêt exploitée au moment T. Cette valeur présente est égale à

$$VP = \frac{F(T)}{(1+r)^T}.$$

Nous désirons déterminer le valeur de T qui maximise cette valeur présente, c'est-à-dire qui accroît autant que possible la valeur de la forêt. Pour une très petite valeur de T, le taux de croissance de la forêt dépasse le taux d'intérêt, ce qui implique que VP croît au fil du temps et qu'il est avantageux d'attendre un peu plus longtemps. D'un autre côté, pour une très grande valeur de T, la forêt croît plus lentement que le taux d'intérêt de sorte que VP diminue au fil du temps. La valeur T qui maximise la valeur présente correspond donc au moment où le taux de croissance de la forêt est égal au taux d'intérêt.

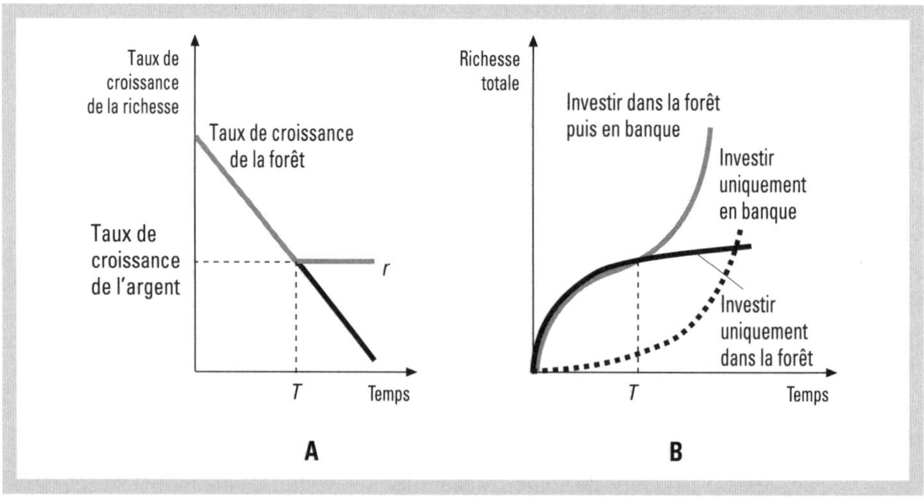

Figure 11.1 ***Exploiter une forêt.***

Le moment optimal pour exploiter une forêt est déterminé par l'égalité entre le taux de croissance de la forêt et le taux d'intérêt.

Ce raisonnement est illustré à la figure 11.1. Dans la partie A, nous avons représenté le *taux* de croissance de la forêt et le *taux* d'intérêt d'un euro placé en banque. Si nous désirons disposer de la somme la plus élevée possible à un moment quelconque du futur, nous devrions toujours investir notre argent dans l'actif qui procure le plus haut rendement possible à chaque instant. Quand la forêt est jeune, elle constitue l'actif le plus intéressant. Quand elle arrive à maturité, son taux de croissance décline et la banque finit, à partir d'un certain moment, par offrir un meilleur rendement.

L'effet sur la richesse totale est illustré à la figure 11.1B. Avant le moment T, la richesse croît plus rapidement lorsqu'elle est investie dans la forêt. Après le moment T, elle croît plus rapidement lorsqu'elle est placée en banque. La stratégie optimale consiste dès lors à investir dans la forêt jusqu'au moment T, à exploiter alors la forêt et placer le revenu en banque.

Exemple : Les prix de l'essence pendant la guerre du Golfe

Au cours de l'été 1990, l'Irak envahit le Koweït. En réponse à cette invasion, les Nations-Unies imposèrent un embargo sur les importations de pétrole en provenance d'Irak. Immédiatement après l'annonce de l'embargo, le prix du pétrole augmenta sur les marchés mondiaux. En même temps, le prix de l'essence à la pompe aux États-Unis s'accrut de façon significative. Suite à cette situation, certains milieux furent accusés de profiter de la guerre et il y eut plusieurs émissions sur l'industrie pétrolière au cours des journaux télévisés du soir.

Ceux qui estimaient que l'augmentation de prix n'était pas justifiée avançaient l'argument qu'il faut au moins 6 semaines pour que le nouveau pétrole à haut prix traverse l'Atlantique et soit transformé en essence. Ils accusaient les compagnies pétrolières de réaliser des profits excessifs en augmentant le prix d'une essence qui avait déjà été produite à partir de pétrole bon marché.

Réfléchissons à cet argument en tant qu'économiste. Supposons que vous possédiez un actif, par exemple de l'essence dans un réservoir qui vaut actuellement un dollar par gallon. Vous savez que dans 6 semaines un gallon d'essence vaudra 1,5 \$. À quel prix allez-vous vendre maintenant votre essence ? Vous seriez évidemment fou de la vendre pour un prix nettement inférieur à 1,5 \$ le gallon. Pour tout prix nettement inférieur à 1,5 \$ le gallon, vous avez intérêt à conserver l'essence dans le réservoir pendant 6 semaines. Nous pouvons appliquer à l'essence dans un réservoir le même raisonnement intertemporel que celui que nous avons tenu concernant l'extraction du pétrole. Le prix futur (correctement actualisé) de l'essence doit être égal au prix actuel de l'essence si vous désirez que des entreprises offrent de l'essence aujourd'hui.

Ce raisonnement tient également parfaitement en termes de bien-être : si le prix de l'essence va augmenter dans un futur proche, n'est-il pas logique d'en consommer moins aujourd'hui ? L'augmentation du prix de l'essence encourage des mesures de conservation immédiate et reflète la rareté véritable de l'essence.

Ironie du sort, la même situation se produisit deux années plus tard en Russie. Celle-ci s'était engagée dans le processus de transition vers une économie de marché. Le pétrole russe était vendu à un prix d'environ 3 $ le baril alors qu'au même moment le prix mondial était de 19 $ le baril. Les producteurs de pétrole anticipèrent qu'ils allaient bientôt être autorisés à augmenter le prix du pétrole et ils essayèrent de maintenir la production de pétrole aussi basse que possible. Un producteur russe déclara : « Avez-vous déjà vu quelqu'un vendre à New York un dollar pour 10 cents ? » Le résultat fut de longues files d'attente devant les pompes à essence pour les consommateurs russes[1].

11.8 LES INSTITUTIONS FINANCIÈRES

Les marchés des actifs permettent aux gens de modifier le profil de leur consommation au cours du temps. Considérons par exemple deux personnes, A et B, dont les dotations présentent initialement des profils différents. Imaginons, par exemple, que A possède 100 € aujourd'hui, mais rien demain, alors que B dispose de 100 € demain et de rien aujourd'hui. Il se pourrait alternativement que chacun ait 50 € aujourd'hui et 50 € demain. Mais ces deux individus pourraient en fait atteindre cette répartition en procédant simplement à un échange : A donnerait aujourd'hui 50 € à B et B donnerait demain 50 € à A.

Dans ce cas particulier, le taux d'intérêt est nul : A prête 50 € à B et ne reçoit en échange que 50 € le jour suivant. Si les individus ont des préférences convexes vis-à-vis de la consommation présente et de la consommation future, ils préfèreront répartir leur consommation au cours du temps plutôt que de consommer tout au cours d'une seule période même si le taux d'intérêt est nul.

Nous pouvons répéter le même genre d'analyse pour d'autres types de dotations en actifs. Nous pourrions envisager la situation d'un individu qui dispose d'une dotation procurant un flux constant de revenus mais qui préfère une somme globale, alors qu'un autre possède cette somme globale et préfère un flux permanent de revenus. Par exemple, un individu de 20 ans pourrait souhaiter disposer immédiatement d'une somme d'argent pour acheter une maison tandis qu'une personne de 60 ans pourrait désirer un flux permanent de revenus pour financer sa retraite. Il est évident que ces deux individus pourraient tirer profit d'un échange de leurs avoirs.

Dans une économie moderne, il existe des institutions financières qui facilitent de tels échanges. Dans le cas décrit ci-dessus, la personne de 60 ans peut placer en banque la somme globale dont elle dispose et la banque peut ensuite la prêter à la personne de 20 ans. Celle-ci effectuera des paiements hypothécaires à la banque qui, à son tour, transfèrera cet argent sous forme d'intérêts à la personne de 60 ans. Évidemment, la banque prendra une commission pour réaliser cet échange, mais si le secteur bancaire est suffisamment concurrentiel, cette commission devrait correspondre approximativement aux coûts effectivement nécessaires pour réaliser cette opération.

[1] Uchitelle, Louis, « Russians Line Up for Gas as Refineries Sit on Cheap Oil », New York Times, 12 juillet 1992, 4.

Les banques ne sont pas les seules institutions financières qui permettent une réallocation de la consommation au cours du temps. Un autre exemple important est le marché boursier. Envisageons le cas d'un entrepreneur qui fonde une entreprise qui prospère. Pour créer l'entreprise, l'entrepreneur a vraisemblablement eu besoin de répondants financiers qui ont mis de l'argent pour l'aider à démarrer, c'est-à-dire pour payer les factures jusqu'au moment où l'argent rentre. Une fois l'entreprise constituée, les propriétaires de celle-ci ont un droit sur les profits qu'elle génèrera dans le futur : ils ont droit à un flux de revenus.

Mais il se peut qu'ils préfèrent recevoir directement une somme d'argent globale en contrepartie de leurs efforts. Dans ce cas, les propriétaires peuvent décider de vendre l'entreprise à d'autres personnes via le marché boursier. Ils émettent des actions de la société qui donnent aux actionnaires droit à une partie des profits futurs de l'entreprise en échange d'une somme d'argent versée directement. Les gens qui désirent acheter une partie du flux de profits de l'entreprise versent une certaine somme aux propriétaires initiaux en contrepartie de leurs actions. De cette façon, les deux parties du marché peuvent réallouer leurs richesses au cours du temps.

Il existe plusieurs autres institutions et marchés qui permettent aux individus d'effectuer des échanges intertemporels. Mais que se passe-t-il lorsque les offres et les demandes ne coïncident pas parfaitement ? Que se passe-t-il s'il y a plus de personnes qui désirent vendre de la consommation future qu'il y en a qui désirent en acheter ? Exactement comme sur n'importe quel marché :si l'offre excède la demande, le prix diminuera. Dans le cas envisagé, c'est le prix de la consommation future qui diminuera. Nous avons vu antérieurement que ce prix était égal à

$$p = \frac{1}{1+r}.$$

Cela signifie que le taux d'intérêt doit augmenter. Cet accroissement du taux d'intérêt va pousser les gens à épargner davantage et à demander moins de consommation immédiate. Et cela ramènera l'égalité entre l'offre et la demande.

RÉSUMÉ

1. À l'équilibre, tous les actifs sans risque doivent procurer le même taux de rendement. S'il n'en était pas ainsi, on pourrait procéder à un arbitrage sans risque.
2. Le fait que tous les actifs doivent procurer le même rendement implique qu'ils seront tous vendus à leur valeur présente.
3. Si les actifs sont taxés de façon différente ou ont des caractéristiques différentes en matière de risque, nous devons comparer leurs taux de rendement après impôt ou leurs taux de rendement ajustés pour le risque.

PROBLÈMES À RÉSOUDRE

11.1 Supposons que l'actif A puisse être vendu 11 € au cours de la période suivante. S'il existe des actifs semblables à A qui procurent un taux de rendement de 10 %, quel doit être le prix actuel de l'actif A ?

11.2 Vous pouvez acheter une maison dont le prix de vente est actuellement de 100 000 €. Cette maison peut être louée 10 000 € par an et vous pouvez la vendre 110 000 € dans un an. Quel est le taux de rendement de cette maison ?

11.3 Les revenus de certains types d'obligations (par exemple, les bons municipaux aux États-Unis) ne sont pas taxables. Si des obligations identiques mais taxables procurent un rendement de 10 % et que tout le monde a un taux marginal d'imposition de 40 %, quel doit être le taux de rendement des obligations non taxables ?

11.4 Une ressource rare dont la demande est constante sera épuisée dans 10 ans. À ce moment, une autre ressource sera disponible à un prix de 40 €. Si le taux d'intérêt s'élève à 10 %, quel doit être aujourd'hui le prix de cette ressource rare ?

ANNEXE

Supposons que vous investissiez un euro dans un actif qui procure un taux d'intérêt r, les intérêts étant payés une fois par an. Après T années, vous aurez donc $(1 + r)^T$ euros. Admettons maintenant que les intérêts soient payés mensuellement. Cela implique que le taux d'intérêt est de $r/12$ et qu'il y aura $12T$ versements de sorte qu'après T années, vous aurez $(1 + r/12)^{12T}$ euros. Si les intérêts sont payés quotidiennement, vous aurez $(1 + r/365)^{365T}$ et ainsi de suite.

De façon générale, si les intérêts sont payés n fois par an, vous aurez $(1 + r/n)^{nT}$ euros après T années. Il est logique de se demander quel est le montant dont vous disposeriez si les intérêts étaient versés *continûment*, c'est-à-dire quelle est la limite de l'expression précédente quand n tend vers l'infini. Nous obtenons dans ce cas l'expression suivante :

$$e^{rT} = \lim_{n \to \infty} (1 + r/n)^{nT}$$

avec e, la base des logarithmes naturels ou népériens ($e = 2{,}7183...$).

Cette formule pour les intérêts composés continus est très utile pour certains calculs. Nous pouvons par exemple vérifier l'assertion que nous avons faite dans ce chapitre selon laquelle le moment optimal pour exploiter une forêt est déterminé par l'égalité entre le taux de croissance de la forêt et le taux d'intérêt. Puisque la forêt vaut $F(T)$ au temps T, la valeur présente de la forêt si elle est exploitée au temps T est égale à

$$V(T) = \frac{F(T)}{e^{rT}} = e^{-rT}F(T).$$

Pour maximiser la valeur présente, il faut différentier cette expression par rapport à T et annuler l'équation qui en résulte :

$$V'(T) = e^{-rT}F'(T) - re^{-rT}F(T) = 0$$

ou

$$F'(T) - rF(T) = 0.$$

Après transformations, nous obtenons le résultat suivant :

$$r = \frac{F'(T)}{F(T)}.$$

Cette équation indique que la valeur optimale de T doit satisfaire la condition d'égalité entre le taux d'intérêt et le taux de croissance de la valeur de la forêt.

12

L'INCERTITUDE

Le risque est présent à tout instant de l'existence, que ce soit au moment de prendre une douche, de traverser la rue ou de réaliser un investissement. Mais il existe des organisations financières telles que le marché des assurances et le marché des actions qui permettent de réduire au moins certains risques. Dans le chapitre suivant, nous étudierons le fonctionnement de ces marchés mais avant cela, il faut analyser le comportement individuel face à des choix impliquant une certaine incertitude.

12.1 LES PERSPECTIVES CONDITIONNELLES DE CONSOMMATION

Maintenant que nous connaissons bien la théorie classique du consommateur, nous allons essayer de l'utiliser pour étudier les choix en présence d'incertitude. La première question à examiner est la définition même de l'objet du choix de l'individu.

Le consommateur se préoccupe vraisemblablement de la **distribution de probabilité** d'obtenir différents paniers de biens. Une distribution de probabilité est en fait une liste de résultats (dans le cas présent, des paniers de consommation) et des probabilités associées à ces résultats. Quand un consommateur décide du montant de son assurance automobile ou d'un investissement en bourse, il tient compte de la distribution de probabilité des différentes situations possibles.

Supposons par exemple que vous disposiez actuellement de 100 € et que vous vous demandiez si vous devez acheter le billet de loterie portant le numéro 13. Si le numéro 13 sort, le porteur du billet gagne 200 €. Le billet coûte par ailleurs 5 €. Il y a deux possibilités : le billet sort ou ne sort pas.

Votre richesse initiale, c'est-à-dire le montant que vous possédez si vous n'achetez pas le billet, s'élève à 100 € que le numéro 13 sorte ou non. Mais si vous achetez le billet à 5 €, vous aurez une distribution de richesse : vous aurez 295 € si le numéro 13 sort et 95 € s'il ne sort pas. La distribution de probabilité initiale de votre richesse dans les différentes situations a été modifiée suite à l'achat du billet de loterie. Examinons ce point plus en détail.

Pour simplifier, nous limiterons notre analyse à des jeux de hasard financiers. Évidemment, il n'y a pas que l'argent qui compte ; ce sont en fait les biens de consommation que l'argent permet d'acheter qui constituent les objets ultimes des choix des individus. Considérer uniquement des résultats financiers simplifie l'analyse, mais les mêmes principes s'appliquent aux jeux portant sur des biens. Pour notre facilité également, nous nous limiterons à des situations très simples où il n'y a qu'un nombre limité d'issues possibles.

Nous venons d'envisager le cas d'une loterie. Considérons maintenant le cas d'une assurance. Supposons qu'un individu possède initialement des actifs pour une valeur de 35 000 €, mais qu'il y ait un risque qu'il perde 10 000 €. Par exemple, sa voiture peut être volée ou une tempête peut endommager sa maison. Supposons que la probabilité que cet événement se produise soit égale à $p = 0{,}01$. L'individu est donc confronté à la distribution de probabilité suivante : avec une probabilité d'un pourcent, il aura des actifs pour une valeur de 25 000 € et avec une probabilité de 99 %, il aura des actifs pour une valeur de 35 000 €.

Les assurances fournissent la possibilité de modifier cette distribution de probabilité. Supposons qu'il existe un contrat d'assurance qui garantisse un versement de 100 € si la perte se produit, en échange d'une prime d'un euro. Évidemment, la prime doit être payée que la perte survienne ou non. Si la personne décide d'acheter une police d'assurance couvrant une perte de 10 000 €, elle devra payer 100 €. Dans ce cas, elle aura une chance sur cent d'avoir 34 900 € (35 000 € d'actifs − 10 000 € de perte + 10 000 € de versement de la compagnie d'assurance − 100 € de prime) et 99 chances sur cent d'avoir 34 900 € (35 000 € d'actifs − 100 € de prime). Elle finira ainsi avec la même richesse quels que soient les événements. Elle est complètement assurée contre la perte.

De façon générale, si cette personne achète K € d'assurance et doit payer une prime de γK, elle est confrontée au jeu suivant :

- avec une probabilité de 0,01, elle aura 25 000 € $+ K - \gamma K$
- et avec une probabilité de 0,99, elle aura 35 000 € $- \gamma K$.

Pour quel montant cette personne va-t-elle décider de s'assurer ? Cela dépend de ses préférences. Elle peut être très prudente et choisir d'acheter un montant élevé d'assurance ou elle peut aimer le risque et n'acheter aucune assurance. Les gens ont des préférences différentes à l'égard des distributions de probabilité, de la même façon qu'ils ont des préférences différentes à l'égard de la consommation de biens ordinaires.

Une approche très commode pour analyser la prise de décision en présence d'incertitude consiste simplement à considérer l'argent disponible dans les différentes situations comme étant des biens différents. Une somme de mille euros après une lourde perte peut représenter quelque chose de fort différent que la même somme quand on n'a subi aucune perte. Évidemment, cette idée ne s'applique pas qu'à l'argent : un cornet de glace est une chose fort différente selon que la journée est ensoleillée et chaude ou pluvieuse et froide. En général, une même personne attribuera une valeur différente aux biens de consommation en fonction des circonstances dans lesquelles ces biens sont disponibles.

Considérons les différents résultats d'un événement aléatoire comme étant différents **états de la nature**. Dans l'exemple de l'assurance donné ci-dessus, il y a deux états de la nature : la perte se produit ou ne se produit pas. Mais en général, il peut y avoir de nombreux états de la nature. Nous appelons **perspective conditionnelle de consommation**, la description de ce qui sera consommé dans les différents états de la nature, c'est-à-dire dans les différents résultats possibles de l'événement aléatoire. Dire qu'une chose est *conditionnelle* signifie qu'elle dépend de quelque chose qui n'est pas encore certain. Une perspective conditionnelle de consommation dépend donc de l'issue d'un événement quelconque. Dans le cas de l'assurance, les perspectives conditionnelles de consommation sont définies sur base du contrat d'assurance : il s'agit des sommes dont l'individu disposera selon que la perte se produit ou non. Si nous considérons l'alternative jours ensoleillés – jours pluvieux, les perspectives conditionnelles de consommation sont simplement ce qui sera consommé dans les différentes situations météorologiques possibles.

Les gens ont des préférences à l'égard des différentes perspectives de consommation exactement comme ils en ont à l'égard de leur consommation effective. Il auront certainement un niveau de satisfaction actuel plus élevé s'ils sont complètement assurés. Les gens choisissent en fonction de leurs préférences à l'égard de la consommation dans les différentes circonstances et leurs comportements peuvent être analysés en utilisant la théorie des choix développée dans les chapitres précédents.

Pour ce faire, il suffit d'interpréter une perspective conditionnelle de consommation comme un panier de consommation ordinaire. Nous pouvons considérer que les préférences sont définies à l'égard des différentes perspectives de consommation, les « termes de l'échange »étant donnés par la contrainte budgétaire. Et nous pouvons dès lors modéliser le comportement du consommateur en considérant que celui-ci choisit la meilleure perspective de consommation qui lui est accessible exactement comme auparavant.

Analysons le problème de l'achat d'une police d'assurance à l'aide des courbes d'indifférence. Il y a deux états de la nature : la perte se produit ou ne se produit pas. Les consommations conditionnelles correspondent aux montants dont l'individu dispose dans les différentes situations. La figure 12.1 illustre ce problème.

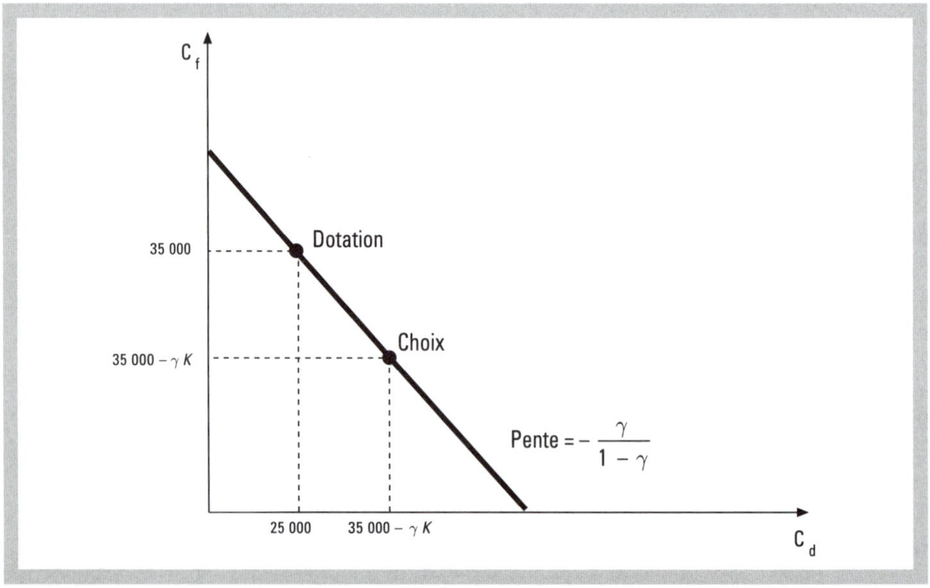

Figure 12.1 ***Assurance.***

La droite de budget associée à l'achat d'une assurance. La prime d'assurance γ nous permet de renoncer à une certaine consommation dans l'issue favorable (C_f) afin d'accroître la consommation dans l'issue défavorable (C_d).

Sa consommation conditionnelle est initialement de 25 000 € dans l'issue « défavorable », c'est-à-dire si la perte se produit, et de 35 000 € dans l'issue « favorable », c'est-à-dire si la perte ne se produit pas. L'assurance lui offre la possibilité de s'éloigner de ce point de dotation initiale. S'il achète K € d'assurance, il réduit ses possibilités de consommation de γK € dans l'issue favorable en échange d'une possibilité de consommation supplémentaire de $(K - \gamma K)$ € dans l'issue défavorable. La consommation à laquelle il renonce en cas d'issue favorable divisée par la consommation supplémentaire qu'il peut obtenir en cas d'issue défavorable est égale à

$$\frac{\Delta C_f}{\Delta C_d} = -\frac{\gamma K}{K - \gamma K} = -\frac{\gamma}{1-\gamma}.$$

Il s'agit de la pente de la droite de budget passant par sa dotation initiale. C'est exactement comme si le prix de la consommation dans l'issue favorable était de $1 - \gamma$ et le prix de la consommation dans l'issue défavorable de γ.

Nous pouvons tracer les courbes d'indifférence qu'un individu peut avoir à l'égard de sa consommation conditionnelle. De nouveau, la convexité des courbes d'indifférence paraît naturelle : elle implique que l'individu préfère un niveau identique de consommation dans les deux issues possibles plutôt qu'une quantité très importante dans un cas et une quantité très faible dans l'autre.

Compte tenu des courbes d'indifférence à l'égard de la consommation dans les différents états de la nature, nous pouvons déterminer le montant d'assurance que l'individu va choisir d'acheter. Comme d'habitude, ce montant optimal est caractérisé par une condition de tangence : le taux marginal de substitution entre la consommation dans les différents états de la nature doit être égal au prix auquel il est possible d'échanger la consommation de ces deux états.

Maintenant que nous avons un modèle de choix optimal, nous pouvons appliquer tous les éléments de l'analyse développée dans les chapitres précédents. Nous pouvons examiner l'effet sur la demande d'assurance d'une variation du prix de l'assurance, d'une variation de la richesse du consommateur, etc. La théorie du comportement du consommateur est parfaitement appropriée pour modéliser les comportements que ce soit en situation de certitude ou d'incertitude.

Exemple : Les « bons catastrophe »

Nous avons vu que l'assurance permet de transférer des ressources des bons états de la nature vers les mauvais. Évidemment, il y a deux parties dans ces transactions : ceux qui achètent l'assurance et ceux qui la vendent. Nous allons maintenant nous concentrer sur le côté « vente ».

Le côté« vente » du marché de l'assurance est divisé en une composante de détail qui traite directement avec les acheteurs finaux et une composante de gros dans laquelle les assureurs vendent des risques à d'autres parties. Cette composante de gros du marché est appelée le **marché de la réassurance**.

En général, le marché de la réassurance s'appuie sur des investisseurs importants comme les fonds de pension pour assurer la couverture financière des risques. Mais certains réassureurs s'appuient sur de gros investisseurs individuels. Lloyd's de Londres, un des consortiums de réassurance les plus connus, utilisent généralement des investisseurs privés.

Récemment, le secteur de la réassurance a expérimenté des « **bons catastrophe** » qui, d'après certains, constituent une méthode de réassurance plus flexible. Ces bons, généralement vendus à de grandes institutions, sont très souvent liés à des catastrophes naturelles telles que tremblements de terre et typhons.

Un intermédiaire financier, par exemple une société de réassurance ou une banque d'investissement, émet un bon lié à un événement assurable particulier, par exemple un tremblement de terre impliquant des demandes d'indemnisation pour 500 millions d'euros. S'il n'y a pas de tremblement de terre, les investisseurs reçoivent un taux d'intérêt généreux. Mais si le tremblement de terre survient et que les demandes d'indemnisation dépassent le montant spécifié sur le bon, les investisseurs sacrifient intérêts et principal.

Les bons catastrophe sont intéressants à plusieurs points de vue. Ils permettent une large répartition des risques et peuvent être sous-divisés indéfiniment, permettant à chaque investisseur de ne supporter qu'une petite partie du risque. L'argent couvrant l'assurance est payé à l'avance de sorte qu'il n'y a pas de défaut de paiement pour l'assuré.

Du point de vue de l'économiste, les bons catastrophe constituent une forme particulière des **titres conditionnels** (« state contingent securities »), c'est-à-dire des titres qui ne rapportent que si et seulement si un événement particulier survient. Ce concept a été introduit initialement par Kenneth J. Arrow, Prix Nobel d'Économie, dans un article publié en 1952 et qui fut longtemps considéré comme étant seulement d'intérêt théorique. Mais il est apparu par la suite que toutes les sortes d'« options » et autres titres dérivés pouvaient être mieux comprises en se référant aux titres conditionnels. Maintenant, les experts de Wall Street s'appuient en fait sur un travail vieux de 50 ans quand ils créent de nouveaux titres dérivés « exotiques » comme les bons catastrophe.

12.2 FONCTIONS D'UTILITÉ ET PROBABILITÉS

Si le consommateur a des préférences normales à l'égard de la consommation dans les différentes circonstances, nous pouvons, comme nous l'avons fait dans d'autres contextes, utiliser une fonction d'utilité pour décrire ces préférences. Cependant, le fait que nous considérions maintenant des choix en présence d'incertitude introduit un élément particulier dans l'analyse. En général, la valeur qu'une personne attribue à la consommation dans un état de la nature par rapport à la consommation dans un autre état, dépend de la *probabilité* que cet état survienne effectivement. En d'autres termes, le taux auquel je suis disposé à substituer ma consommation en cas de pluie à ma consommation dans l'éventualité contraire dépend d'une certaine façon de la probabilité que j'attribue au fait qu'il pleuve. Les préférences pour la consommation dans les différents états de la nature dépendent des estimations de l'individu quant à la probabilité des différents états.

C'est pour cette raison que nous écrivons la fonction d'utilité comme dépendant non seulement des niveaux de consommation, mais aussi des probabilités. Considérons deux états mutuellement exclusifs tels que la pluie ou le soleil, ou encore perte ou pas de perte, etc. Soit $c1$ et $c2$, les consommations dans les états 1 et 2 et π_1 et π_2, les probabilités que les états 1 et 2 se réalisent effectivement.

Si les deux états sont mutuellement exclusifs, c'est-à-dire si un seul état peut se réaliser, nous avons $\pi_2 = 1 - \pi_1$. Nous conserverons toutefois les deux probabilités afin de maintenir la symétrie des notations.

Compte tenu de ces notations, la fonction d'utilité à l'égard de la consommation dans les états 1 et 2 peut s'écrire comme suit : $u(c_1, c_2, \pi_1, \pi_2)$. Cette fonction représente les préférences de l'individu à l'égard de la consommation dans les différents états de la nature.

Exemple : Quelques exemples de fonction d'utilité

Nous pouvons utiliser presque tous les exemples de fonction d'utilité vus jusqu'à présent dans un contexte de certitude. Un beau cas est celui des substituts parfaits. En présence d'incertitude, il semble logique de pondérer chaque consommation par la probabilité qu'elle se réalise de sorte que nous obtenons la fonction suivante :

$$u(c_1, c_2, \pi_1, \pi_2) = \pi_1 c_1 + \pi_2 c_2.$$

Dans un contexte d'incertitude, cette expression est appelée la **valeur attendue**. Il s'agit simplement du niveau moyen de consommation qu'il est possible d'obtenir.

Un autre exemple de fonction que nous pouvons utiliser pour étudier les choix en situation d'incertitude est la fonction Cobb-Douglas :

$$u(c_1, c_2, \pi, 1-\pi) = c_1^{\pi} c_2^{1-\pi}.$$

L'utilité associée à une combinaison de paniers de consommation dépend ici des consommations de façon non linéaire.

Comme d'habitude, nous pouvons prendre une transformation monotone de la fonction d'utilité tout en continuant à représenter les mêmes préférences. La transformation logarithmique de la fonction Cobb-Douglas s'avèrera très utile par la suite. Elle nous donne une fonction d'utilité de la forme

$$\ln u(c_1, c_2, \pi_1, \pi_2) = \pi_1 \ln c_1 + \pi_2 \ln c_2.$$

12.3 L'UTILITÉ ATTENDUE

La fonction d'utilité peut revêtir la forme suivante :

$$u(c_1, c_2, \pi_1, \pi_2) = \pi_1 v(c_1) + \pi_2 v(c_2).$$

Cette forme particulièrement intéressante définit l'utilité comme la somme pondérée d'une fonction de la consommation de chaque état, $v(c_1)$ et $v(c_2)$, les facteurs de pondération étant les probabilités π_1 et π_2.

Nous avons déjà vu deux exemples de fonctions d'utilité ayant cette forme. Il s'agit, tout d'abord, des substituts parfaits, c'est-à-dire de la fonction d'utilité correspondant à la valeur attendue ; la fonction $v(c)$ se ramène dans ce cas à c. Quant à la fonction d'utilité Cobb-Douglas, elle n'a pas cette forme au départ, mais elle prend une forme linéaire avec $v(c) = \ln c$ quand nous l'exprimons en termes de logarithmes.

Si un des états est certain, c'est-à-dire si par exemple $\pi_1 = 1$, la fonction $v(c_1)$ correspond à l'utilité d'une consommation certaine dans l'état 1. De même, si $\pi_2 = 1$, $v(c_2)$ est l'utilité de la consommation dans l'état 2.

L'expression

$$\pi_1 v(c_1) + \pi_2 v(c_2)$$

correspond donc à l'utilité moyenne, c'est-à-dire à l'espérance mathématique des utilités associées aux différents niveaux de consommation (c_1, c_2).

L'espérance mathématique des utilités est souvent désignée comme « l'utilité attendue ».C'est pourquoi nous appelons une fonction d'utilité qui revêt cette forme particulière, une **fonction d'utilité attendue** ou une **fonction d'utilité de von Neumann-Morgenstern**[1].

Quand nous disons que les préférences d'un consommateur peuvent être représentées par une fonction d'utilité attendue, ou qu'elles ont la propriété de l'utilité attendue, cela signifie que nous pouvons choisir une fonction d'utilité qui revêt la forme additive décrite ci-dessus. Évidemment, nous pouvons aussi choisir une autre forme ; toute transformation monotone d'une fonction d'utilité attendue est une fonction d'utilité qui décrit les mêmes préférences. Mais la forme additive s'avère particulièrement intéressante. Si les préférences d'un consommateur sont décrites par la fonction $\pi_1 \ln c_1 + \pi_2 \ln c_2$, elles peuvent également être représentées par $c_1^{\pi_1} c_2^{\pi_2}$. Mais la première forme possède la propriété de l'utilité attendue alors que la seconde pas.

1 John von Neumann fut une des grands figures des mathématiques du XXe siècle. Il a aussi apporté des contributions importantes à la physique, à l'informatique et à la théorie économique. Oscar Morgenstern fut professeur d'économie à l'Université de Princeton. En collaboration avec von Neumann, il a participé au développement de la théorie mathématique des jeux.

D'un autre côté, la fonction d'utilité attendue peut faire l'objet de certains types de transformations monotones tout en conservant la propriété de l'utilité attendue. Nous dirons qu'une fonction $v(u)$ est une **transformation affine positive** si elle peut s'écrire sous la forme suivante : $v(u) = au + b$ avec $a > 0$. Une transformation affine positive consiste simplement à multiplier la fonction par un nombre positif et à lui ajouter une constante. Si nous soumettons une fonction d'utilité attendue à une transformation affine positive, non seulement la fonction qui en résulte représente les mêmes préférences (c'est évident parce qu'une transformation affine positive n'est qu'un cas particulier de transformation monotone), mais elle conserve aussi la propriété de l'utilité attendue.

Les économistes disent qu'une fonction d'utilité attendue est « unique à une transformation affine près ». Cela signifie simplement que vous pouvez lui appliquer une transformation affine ; vous obtiendrez une autre fonction d'utilité attendue qui représente les mêmes préférences. Mais tout autre type de transformation détruit la propriété de l'utilité attendue.

12.4 POURQUOI L'UTILITÉ ATTENDUE EST-ELLE RÉALISTE ?

L'utilité attendue est une représentation commode des préférences, mais est-elle réaliste ? Pour quelles raisons pensons-nous que les préférences à l'égard de choix incertains correspondent à la structure particulière de la fonction d'utilité attendue ? Il y a en fait des arguments très convaincants pour utiliser l'espérance mathématique de la fonction d'utilité comme objectif pour les problèmes de choix en présence d'incertitude.

Le fait que les résultats d'un choix aléatoire sont des biens qui seront consommés dans des circonstances différentes signifie qu'*un seul* de ces résultats se réalisera finalement. Votre maison brûlera ou ne brûlera pas ; il pleuvera ou il y aura du soleil. La façon dont nous avons spécifié le problème de choix implique qu'une seule des diverses issues possibles surviendra et que, par conséquent, une seule des perspectives conditionnelles de consommation se réalisera effectivement.

Ce point a en fait une conséquence très importante. Supposons que vous envisagiez d'acheter une police d'assurance incendie pour votre maison pour l'année prochaine. Pour prendre votre décision, vous allez tenir compte de votre richesse dans trois situations différentes : votre richesse actuelle (c_0), votre richesse si la maison brûle (c_1) et votre richesse si elle ne brûle pas (c_2). (Évidemment, vous vous préoccupez en réalité de vos possibilités de consommation dans chacune de ces trois situations, mais nous utilisons simplement la richesse comme indicateur de votre consommation.) Si π_1 représente la probabilité que votre maison brûle et π_2, celle qu'elle ne brûle pas, vos préférences à l'égard de ces trois niveaux de consommation peuvent en général être représentées par une fonction d'utilité $u(\pi_1, \pi_2, c_0, c_1, c_2)$.

Considérons l'arbitrage entre votre richesse actuelle et l'une des deux issues possibles, à savoir la somme que vous êtes disposé à sacrifier maintenant pour avoir un peu plus d'argent si votre maison brûle. *Cette décision devrait être indépendante du niveau de consommation que vous atteindriez si l'autre issue se produisait, c'est-à-dire du niveau de votre richesse si votre maison n'était pas détruite.* En effet, votre maison brûlera ou ne brûlera pas. Si elle brûle, la valeur d'une somme supplémentaire dans cette circonstance ne devrait pas dépendre de la richesse que vous auriez eue si la maison *n'avait pas* brûlé. Le passé est le passé. Ce qui *ne s'est pas produit* ne devrait pas affecter la valeur de la consommation dans la situation qui s'est produite.

Notons qu'il s'agit d'une *hypothèse* concernant les préférences individuelles. Elle peut être violée. Quand les individus considèrent un choix entre deux biens, ils tiennent généralement compte de la quantité dont ils disposent d'un troisième bien. Par exemple, votre choix entre le thé et le café peut dépendre de la quantité de crème dont vous disposez. Mais il en est ainsi parce que vous consommez le café avec de la crème. Si vous considérez une situation où vous jetez un dé et où vous obtenez *soit* du café, *soit* du thé, *soit* de la crème, la quantité de crème que vous pouvez obtenir ne devrait pas affecter vos préférences entre le café et le thé. Pourquoi ? Parce que vous obtenez un bien ou l'autre : si vous recevez de la crème, le fait que vous auriez pu recevoir du thé ou du café ne compte plus.

Dans les choix en situation d'incertitude, il y a une sorte d'« indépendance » naturelle entre les différents résultats parce qu'ils doivent être consommés séparément dans des états de la nature différents. Les choix que les gens prévoient de faire dans un état de la nature devraient être indépendants des choix qu'ils prévoient de faire dans les autres états. Cette hypothèse est appelée l'**hypothèse d'indépendance**. Elle implique que la fonction d'utilité pour des perspectives conditionnelles de consommation doit revêtir une forme très particulière : elle doit être additive vis-à-vis des différentes consommations conditionnelles.

En d'autres termes, si c_1, c_2 et c_3 représentent la consommation dans différents états de la nature et π_1, π_2 et π_3, les probabilités que ces trois états de la nature se réalisent, quand l'hypothèse d'indépendance est satisfaite, la fonction d'utilité doit avoir la forme suivante :

$$U(c_1, c_2, c_3) = \pi_1 u(c_1) + \pi_2 u(c_2) + \pi_3 u(c_3).$$

C'est ce que nous avons appelé une fonction d'utilité attendue. Notons qu'une telle fonction satisfait la propriété selon laquelle le taux marginal de substitution entre deux biens est indépendant de la quantité du troisième bien. Le taux marginal de substitution entre les biens 1 et 2 est égal à

$$\begin{aligned} \text{TmS}_{12} &= \frac{\Delta U(c_1, c_2, c_3)/\Delta c_1}{\Delta U(c_1, c_2, c_3)/\Delta c_2} \\ &= \frac{\pi_1 \Delta u(c_1)/\Delta c_1}{\pi_2 \Delta u(c_2)/\Delta c_2}. \end{aligned}$$

Ce TmS ne dépend que des quantités de biens 1 et 2 dont l'individu dispose et non de celle du bien 3.

12.5 L'AVERSION POUR LE RISQUE

Nous avons dit précédemment que la fonction d'utilité attendue, c'est-à-dire l'espérance mathématique des utilités, présentait des caractéristiques très intéressantes pour analyser les choix en présence d'incertitude. Dans cette section, nous allons en donner un exemple.

Appliquons le modèle de l'utilité attendue à un problème de choix simple. Un consommateur dispose actuellement de 10 €. Il envisage de participer à un jeu qui lui donne une chance sur deux de gagner 5 € et une chance sur deux de perdre 5 €. Sa richesse est dès lors aléatoire : il disposera finalement d'une richesse de 5 € avec une probabilité de 50 % et de 15 € avec une probabilité de 50 %. La *valeur attendue* de sa richesse, c'est-à-dire l'espérance mathématique de sa richesse s'élève à 10 € et l'utilité attendue de la richesse, c'est-à-dire l'espérance mathématique de l'utilité de la richesse, est égale à

$$\frac{1}{2}u(15)+\frac{1}{2}u(5).$$

La figure 12.2 illustre cette situation. L'utilité attendue de la richesse est la moyenne des deux nombres $u(15)$ et $u(5)$; elle est indiquée par $0{,}5u(15) + 0{,}5u(5)$ sur la figure. Nous avons aussi indiqué l'utilité de la valeur attendue de la richesse, à savoir $u(10)$. Nous

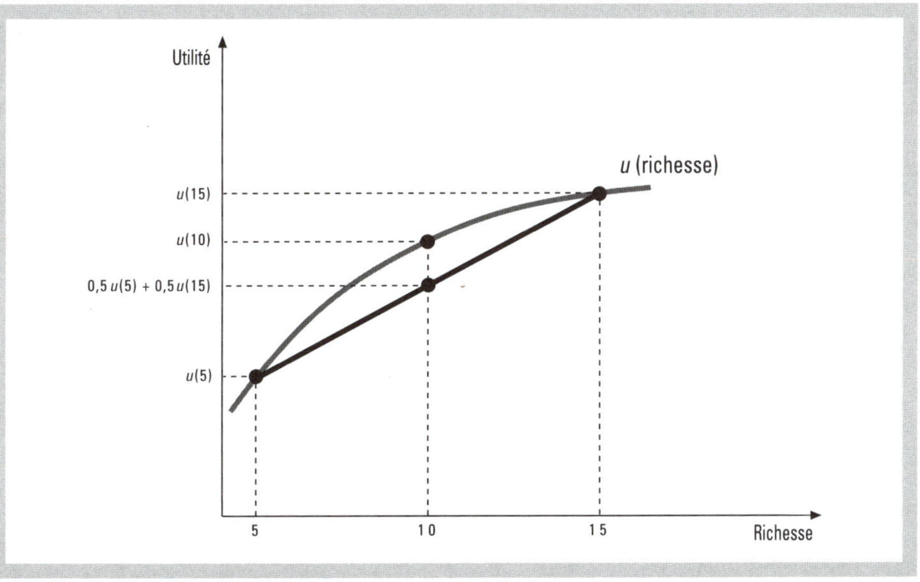

Figure 12.2 ***L'aversion pour le risque.***

Pour un individu qui manifeste de l'aversion pour le risque, l'utilité de la valeur attendue de la richesse, $u(10)$, est supérieure à son utilité attendue, $0{,}5u(5) + 0{,}5u(15)$.

observons que sur la figure, l'utilité attendue de la richesse est moindre que l'utilité de sa valeur attendue. C'est-à-dire que nous avons

$$u\left(\frac{1}{2}15+\frac{1}{2}5\right)=u(10)>\frac{1}{2}u(15)+\frac{1}{2}u(5).$$

Nous dirons dans ce cas que l'individu manifeste de l'**aversion pour le risque** puisqu'il préfère avoir l'espérance mathématique du gain de la richesse plutôt que de participer effectivement au jeu. Évidemment, il se pourrait que les préférences de l'individu soient telles qu'il préfère une distribution aléatoire de sa richesse plutôt que recevoir la valeur attendue de la richesse ; nous dirons alors que le consommateur manifeste un **goût pour le risque**. Ce cas est illustré à la figure 12.3.

Notons la différence entre les figures 12.2 et 12.3. Le consommateur qui manifeste de l'aversion pour le risque a une fonction d'utilité *concave* : sa pente se réduit à mesure que la richesse augmente. L'individu qui manifeste du goût pour le risque a une fonction d'utilité *convexe* : sa pente augmente à mesure que la richesse s'accroît. La convexité (ou la concavité) de la fonction d'utilité mesure donc l'attitude du consommateur à l'égard du risque. En général, plus une fonction d'utilité est concave, plus l'individu manifeste de l'aversion pour le risque et plus la fonction d'utilité est convexe, plus l'individu manifeste du goût pour le risque.

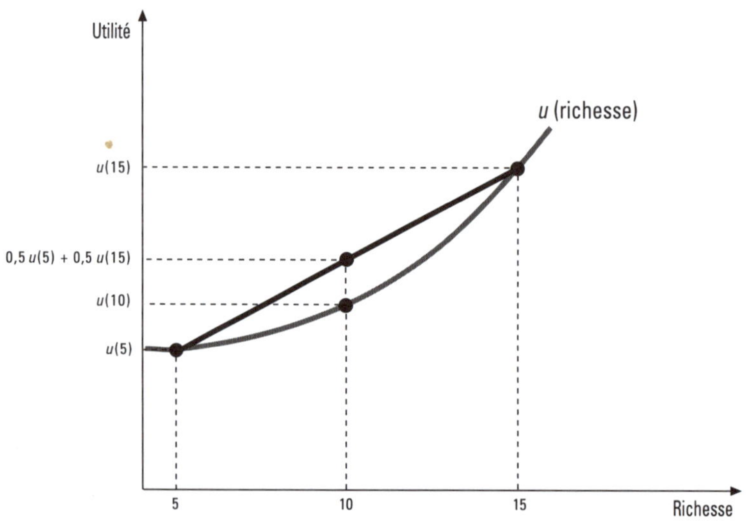

Figure 12.3 ***Le goût pour le risque.***

Pour un individu qui manifeste du goût pour le risque, l'utilité attendue de la richesse, $0{,}5u(5) + 0{,}5u(15)$, est supérieure à l'utilité de sa valeur attendue, $u(10)$.

La situation intermédiaire est celle d'une fonction d'utilité linéaire. Dans ce cas, le consommateur est **neutre vis-à-vis du risque** : l'utilité attendue de la richesse est égale à l'utilité de sa valeur attendue. Dans ce cas, le consommateur ne se préoccupe pas du risque encouru ; seule compte la valeur attendue de la richesse.

Exemple : La demande d'assurance

Appliquons le modèle de l'utilité attendue à l'exemple de la demande d'assurance présenté antérieurement. Rappelons que, dans cet exemple, la personne dispose d'un patrimoine de 35 000 € et qu'elle peut encourir une perte de 10 000 €. La probabilité d'une telle perte est de 1 % et l'achat de K € d'assurance coûte γK. En examinant ce problème de choix à l'aide des courbes d'indifférence, nous avons vu que le choix optimal est déterminé par la condition que le taux marginal de substitution entre la consommation dans les deux états (perte ou pas de perte) soit égal à $\gamma/(1-\gamma)$. Soit π, la probabilité que la perte intervienne et $1-\pi$, la probabilité qu'elle n'intervienne pas.

Si l'état 1 est celui où il n'y a pas de perte, le patrimoine dans cet état s'élève à

$$c_1 = 35\,000 - \gamma K$$

et le patrimoine dans l'état 2, c'est-à-dire quand il y a perte, est égal à

$$c_2 = 35\,000 - 10\,000 + K - \gamma K.$$

Le choix optimal du consommateur est déterminé par la condition que son taux marginal de substitution entre la consommation dans les deux états soit égal au rapport des prix :

$$\text{TmS} = -\frac{\pi \Delta u(c_2)/\Delta c_2}{(1-\pi)\Delta u(c_1)/\Delta c_1} = -\frac{\gamma}{1-\gamma}. \qquad (12.1)$$

Envisageons maintenant le contrat d'assurance du point de vue de la compagnie d'assurance. Elle doit payer K avec une probabilité π et elle ne paie rien avec une probabilité $(1-\pi)$. Peu importe ce qui se passe, elle perçoit une prime d'un montant γK. Le « profit attendu » P, c'est-à-dire l'espérance mathématique des profits de la compagnie d'assurance, est par conséquent égal à

$$P = \gamma K - \pi K - (1-\pi)\cdot 0 = \gamma K - \pi K.$$

Supposons qu'en moyenne, la compagnie d'assurance ne dégage ni profit, ni perte sur le contrat. C'est-à-dire qu'elle offre une assurance à un taux « équitable », le terme « équitable » signifiant que la valeur attendue du contrat d'assurance est égale à son coût. Nous avons dès lors

$$P = \gamma K - \pi K = 0.$$

Ce qui implique que $\gamma = \pi$.

En insérant cette valeur dans l'équation (12.1), nous obtenons

$$\frac{\pi \Delta u(c_2)/\Delta c_2}{(1-\pi)\Delta u(c_1)/\Delta c_1} = \frac{\pi}{1-\pi}.$$

Si nous supprimons les π, le montant optimal d'assurance doit respecter la condition suivante :

$$\frac{\Delta u(c_1)}{\Delta c_1} = \frac{\Delta u(c_2)}{\Delta c_2}. \tag{12.2}$$

Cette équation stipule que *l'utilité marginale d'un euro supplémentaire en cas de perte doit être égale à l'utilité marginale d'un euro quand il n'y a pas perte.*

Supposons que le consommateur manifeste de l'aversion pour le risque de sorte que son utilité marginale de la richesse diminue à mesure que celle-ci augmente. Par conséquent, si $c_1 > c_2$, l'utilité marginale de c_1 est inférieure à l'utilité marginale de c_2 et vice versa. En fait, si les utilités marginales du revenu en c_1 et en c_2 sont égales, comme le stipule l'équation (12.2), nous devons avoir $c_1 = c_2$. En appliquant les formules pour c_1 et c_2, nous obtenons

$$35\,000 - \gamma K = 25\,000 + K - \gamma K.$$

Ceci implique que $K = 10\,000$. Quand un consommateur qui manifeste de l'aversion pour le risque a la possibilité de souscrire une police d'assurance à un taux « équitable », il choisira donc toujours de s'assurer complètement.

Il en est ainsi parce que l'utilité de la richesse dans chaque état dépend seulement de la richesse totale dont le consommateur dispose dans cet état, et non de ce qu'il *pourrait* avoir dans d'autres circonstances. Si les richesses totales que le consommateur a dans chaque état sont identiques, il en est nécessairement de même des utilités marginales.

Pour résumer : si un consommateur maximise l'espérance mathématique de l'utilité et manifeste de l'aversion pour le risque, son choix optimal sera de s'assurer complètement lorsqu'on lui offre une assurance « équitable » pour se protéger contre un sinistre.

12.6 LA DIVERSIFICATION

Envisageons maintenant un autre sujet qui implique également l'incertitude : les avantages de la diversification. Supposons que vous envisagiez la possibilité d'investir 100 € dans deux sociétés différentes, une qui produit des lunettes solaires et une qui produit des imperméables. Les prévisions météorologiques à long terme indiquent que l'été prochain a autant de chances d'être pluvieux qu'ensoleillé. Comment investir votre argent ? Ne serait-il pas intéressant de répartir vos avoirs et de placer de l'argent dans chaque compagnie ? En diversifiant vos placements, vous pouvez obtenir un rendement qui est plus certain et par conséquent préférable si vous manifestez de l'aversion pour le risque.

Supposons par exemple que les actions des deux sociétés soient actuellement vendues à un prix unitaire de 10 €. Si l'été est pluvieux, une action de la société qui produit des imperméables vaudra 20 € et une action de l'autre compagnie ne vaudra que 5 €. Si au contraire l'été est ensoleillé, les résultats seront inversés : une action de la société qui produit des lunettes solaires vaudra 20 € et une action de l'autre société ne vaudra que 5 €. Si vous investissez la totalité des 100 € dans la compagnie qui produit des lunettes solaires, vous avez une chance sur deux d'obtenir 200 € et une chance sur deux d'obtenir 50 €. Il en est de même si vous investissez la totalité de votre capital dans l'autre société. Dans les deux cas, vous aurez un résultat moyen de 125 €.

Examinons maintenant ce qui se passe si vous placez la moitié de votre capital dans chaque société. Si l'été est ensoleillé, vous percevrez 100 € sur l'investissement dans la compagnie qui produit les lunettes solaires et 25 € sur l'investissement dans la société qui produit des imperméables. Mais si l'été est pluvieux, vous percevrez 100 € sur l'investissement réalisé dans la compagnie qui produit des imperméables et 25 € sur l'investissement dans l'autre société. Dans les deux cas, vous finissez avec 125 €. En diversifiant votre investissement dans les deux sociétés, vous parvenez donc à réduire le risque total encouru sur l'investissement tout en conservant le même résultat moyen.

La diversification est assez simple dans cet exemple parce que les valeurs des deux actifs sont corrélées négativement de façon parfaite : quand la valeur d'un actif augmente, la valeur de l'autre diminue. De telles paires d'actifs peuvent être extrêmement intéressantes parce qu'elles permettent de réduire le risque de façon très importante ; mais elles sont hélas très difficiles à trouver. La valeur de la plupart des actifs évoluent de concert : quand la valeur d'une action de General Motors est élevée, il en est de même d'une action de Ford et d'une action de Goodrich. Mais tant que les valeurs des actifs ne sont pas corrélées positivement de façon parfaite, il est possible de dégager un certain bénéfice en procédant à une diversification.

12.7 LA RÉPARTITION DU RISQUE

Revenons maintenant à l'exemple de l'assurance. Nous avons considéré le cas d'un individu qui disposait de 35 000 €, mais qui courait le risque d'une perte de 10 000 € avec une probabilité de 1 %. Supposons maintenant qu'il y ait 1 000 individus placés dans la même situation. En moyenne, il y aura donc chaque année 10 pertes pour un montant total de 100 000 €. Chacune des 1 000 personnes est confrontée à une *perte attendue* de 10 000 € $\times$ 0,01, soit 100 € chaque année. Supposons que la probabilité qu'une personne subisse une perte n'affecte pas la probabilité que les autres individus subissent des pertes. En d'autres termes, nous supposons que les risques sont *indépendants*.

Chaque individu a donc une richesse attendue de

$$35\,000\text{ €} \times 0{,}99 + 25\,000\text{ €} \times 0{,}01 = 34\,900\text{ €}.$$

Mais chaque individu encourt un risque plus important : il est confronté à une probabilité de 1 % de perdre 10 000 €.

Supposons que chaque individu décide de *diversifier* le risque qu'il encourt. Comment faire ? Réponse : en vendant une partie du risque aux autres individus. Admettons que les 1 000 consommateurs décident de s'assurer les uns les autres. Si quelqu'un subit une perte de 10 000 €, chacun des 1 000 consommateurs lui versera 10 €. De cette façon, la malheureuse personne dont la maison a brûlé, est indemnisée et les autres consommateurs ont l'esprit en paix parce qu'ils savent qu'ils seront indemnisés si c'est eux qui subissent le sinistre. Nous avons là un exemple de *répartition des risques* : chaque consommateur répartit son risque sur les autres individus et réduit de cette façon, le risque qu'il court.

En moyenne chaque année, il y aura dix incendies de sorte qu'en moyenne chacun des 1 000 individus devra payer annuellement 100 € Mais il ne s'agit que d'une moyenne. Au cours de certaines années, il pourrait y avoir 12 incendies et au cours d'autres années, seulement 8. La probabilité est très petite qu'un individu ait en fait à payer plus de 200 € au cours d'une année donnée, mais malgré tout, le risque existe.

Toutefois, même ce risque peut être diversifié. Admettons que les propriétaires se mettent d'accord pour payer chaque année 100 €, qu'il y ait ou pas d'incendies. Ils peuvent ainsi constituer un fonds de réserve qui peut être utilisé au cours des années où les incendies sont nombreux. Ils payent systématiquement 100 € chaque année et en moyenne, cet argent sera suffisant pour indemniser les propriétaires dont la maison a brûlé.

Comme vous pouvez le constater, nous avons maintenant quelque chose qui ressemble fort à une compagnie d'assurance mutuelle. Nous pourrions ajouter quelques éléments supplémentaires : la compagnie d'assurance investit l'argent rassemblé dans son fonds de réserve et perçoit des intérêts sur ses placements, ..., mais les caractéristiques fondamentales d'une compagnie d'assurance mutuelle sont clairement présentes.

12.8 LE RÔLE DE LA BOURSE

Le marché des actions joue un rôle semblable à celui du marché de l'assurance dans la mesure où il permet de répartir les risques. Au chapitre 11, nous avons montré que le marché des actions permet aux propriétaires initiaux des entreprises de transformer un flux de revenus réparti au cours du temps en une somme d'argent immédiate. Le marché des actions leur permet aussi de transformer une position risquée, consistant à avoir la totalité de leur patrimoine investie dans une seule entreprise, en une situation où ils disposent d'une somme globale qu'ils peuvent investir dans plusieurs actifs. Les propriétaires initiaux de l'entreprise ont intérêt à émettre des actions de leur société afin de pouvoir répartir le risque lié à celle-ci sur un grand nombre d'actionnaires.

De même, les nouveaux actionnaires de la société peuvent utiliser le marché des actions pour réallouer leur risque. Si la société dont ils détiennent des actions poursuit une politique qu'ils estiment trop risquée ou trop prudente, ils peuvent vendre ces actions et en acheter d'autres.

Dans le cas de l'assurance, un individu était capable d'annuler le risque en souscrivant une police d'assurance. Pour un coût forfaitaire de 100 €, l'individu pouvait s'assurer complètement contre un sinistre de 10 000 €. Il en était ainsi parce qu'il n'y avait fondamentalement aucun risque au niveau global : la probabilité qu'un sinistre ait lieu était de 1 % de sorte qu'en moyenne, 10 personnes sur 1 000 subissaient une perte ; le seul problème résidait dans le fait que nous ne savions pas qui subirait les pertes.

Dans le cas du marché des actions, il y a un risque au niveau global. Au cours d'une année, l'ensemble du marché peut être favorable, mais au cours d'une autre année, il peut être très défavorable. Ce risque doit être supporté par quelqu'un. Le marché des actions offre la possibilité aux personnes qui ne désirent pas assumer ce risque, de transférer les investissements incertains vers des personnes qui sont, elles, disposées à courir ce risque.

Évidemment, peu de personnes en dehors de celles jouant à Las Vegas *aiment* courir des risques ; la plupart des personnes manifestent de l'aversion pour le risque. Aussi le marché des actions permet-il de transférer le risque des individus qui ne désirent pas l'assumer, vers des individus qui sont disposés à le courir, à condition d'être suffisamment indemnisés pour cela. Nous développerons davantage cette idée dans le chapitre suivant.

RÉSUMÉ

1. Nous pouvons considérer la consommation dans différents états de la nature comme des biens de consommation et l'ensemble de l'analyse développée dans les chapitres précédents peut être appliquée aux choix en présence d'incertitude.
2. La fonction d'utilité qui synthétise le comportement de choix en situation d'incertitude peut toutefois avoir une structure spéciale. En particulier, si la fonction d'utilité est linéaire dans les probabilités, l'utilité attribuée à un jeu est simplement l'« utilité attendue », c'est-à-dire l'espérance mathématique des utilités associées aux divers résultats.
3. La concavité ou la convexité de la fonction d'utilité attendue décrit l'attitude du consommateur à l'égard du risque. Si la fonction est concave, le consommateur manifeste de l'aversion pour le risque ; si elle est convexe, le consommateur manifeste du goût pour le risque.
4. Des organisations financières comme le marché des assurances et le marché des actions permettent aux consommateurs de diversifier et de répartir les risques.

PROBLÈMES À RÉSOUDRE

12.1 Comment peut-on atteindre des paniers de consommation situés à gauche du point de dotation à la figure 12.1 ?

12.2 Parmi les fonctions d'utilité suivantes, quelles sont celles qui possèdent la propriété de l'utilité attendue :

(a) $u(c_1, c_2, \pi_1, \pi_2) = a(\pi_1 c_1 + \pi_2 c_2)$

(b) $u(c_1, c_2, \pi_1, \pi_2) = \pi_1 c_1 + \pi_2 c_2^2$

(c) $u(c_1, c_2, \pi_1, \pi_2) = \pi_1 \ln c_1 + \pi_2 \ln c_2 + 17$.

12.3 On offre à un individu qui manifeste de l'aversion pour le risque le choix entre un jeu qui rapporte 1 000 € avec une probabilité de 25 % et 100 € avec une probabilité de 75 % et un paiement immédiat de 325 €. Que va-t-il choisir ?

12.4 Que fera-t-il si le paiement immédiat est de 320 € ?

12.5 Tracer une fonction d'utilité qui correspond à un comportement de goût pour le risque pour de petits jeux et d'aversion pour le risque pour des jeux plus importants.

12.6 Pourquoi peut-il être plus difficile pour un groupe de voisins de s'auto-assurer contre l'inondation que contre l'incendie ?

ANNEXE

Examinons un problème simple pour illustrer les principes de maximisation de l'utilité attendue. Supposons que le consommateur dispose d'un patrimoine w et qu'il envisage d'investir un montant x dans un actif à risque. Celui-ci procure un rendement r_f en cas de résultat « favorable » et un rendement r_d en cas de résultat « défavorable ». Le taux r_f peut être considéré comme un rendement positif (la valeur de l'actif augmente) et r_d comme un rendement négatif (la valeur de l'actif diminue).

Le patrimoine du consommateur dans les deux situations est dès lors le suivant :

$$w_f = (w - x) + x(1 + r_f) = w + xr_g$$
$$w_d = (w - x) + x(1 + r_d) = w + xr_b.$$

Supposons que la bonne situation survienne avec une probabilité π et que la mauvaise situation se produise avec une probabilité $1 - \pi$. Si le consommateur décide d'investir x dollars dans l'actif à risque, son utilité attendue sera dès lors

$$EU(x) = \pi u(w + xr_f) + (1 - \pi)u(w + xr_d).$$

L'individu désire choisir x de façon à maximiser cette expression.

En la différentiant par rapport à x, nous déterminons la façon dont l'utilité se modifie lorsque x varie :

$$EU'(x) = \pi u'\left(w + xr_f\right)r_f + (1 - \pi)u'\left(w + xr_d\right)r_d. \tag{12.3}$$

La dérivée seconde de l'utilité par rapport à x est égale à

$$EU''(x) = \pi u''(w + xr_f)r_f^2 + (1 - \pi)u''(w + xr_d)r_d^2. \tag{12.4}$$

Si le consommateur manifeste de l'aversion pour le risque, sa fonction d'utilité est concave ; ceci implique que $u''(w) < 0$ pour tout niveau de richesse. Dès lors, la dérivée seconde de l'utilité attendue est nécessairement négative. L'utilité attendue est une fonction concave de x.

Considérons la variation de l'utilité attendue pour le premier dollar investi dans l'actif à risque. Cette variation correspond simplement à l'équation (12.3) évaluée lorsque $x = 0$:

$$EU'(0) = \pi u'(w)r_f + (1 - \pi)u'(w)r_d$$
$$= u'(w)[\pi r_f + (1 - \pi)r_d].$$

L'expression entre crochets est le **rendement attendu** de l'actif. Si le rendement attendu de l'actif est négatif, l'utilité attendue doit décroître quand le premier euro est investi dans cet actif. Mais puisque la dérivée seconde de l'utilité attendue est négative du fait de la concavité, l'utilité doit nécessairement continuer à décroître si on investit des euros supplémentaires.

Nous avons ainsi établi qu'un individu qui manifeste de l'aversion pour le risque atteint son niveau maximum *d'utilité attendue* pour $x^* = 0$ si la *valeur attendue* du jeu est négative.

Par contre, si le rendement attendu d'un actif est positif, une valeur positive de x augmente l'utilité attendue. L'individu désire toujours investir un petit peu dans l'actif à risque, quelle que soit l'importance de son aversion pour le risque.

La figure 12.4 représente l'utilité attendue en fonction de x. Dans la partie A, le rendement attendu est négatif et le choix optimal est $x^* = 0$. Dans la partie B, le rendement attendu est positif sur un

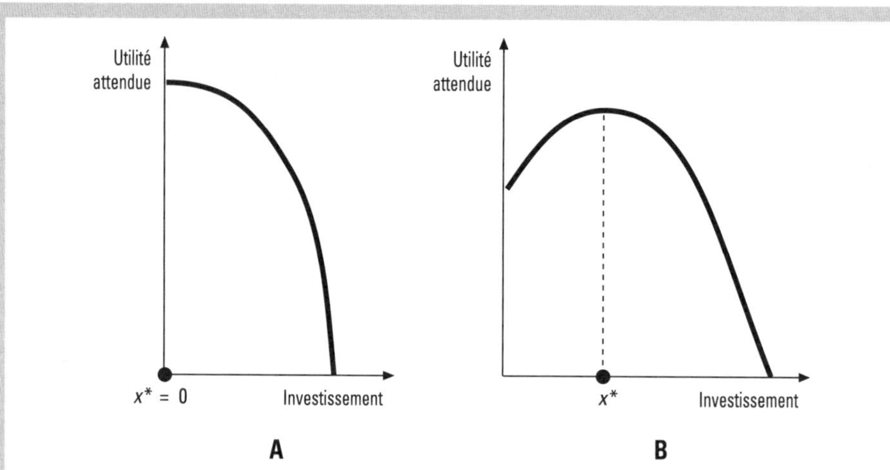

Figure 12.4 ***Quel montant investir dans un actif à risque ?***

Dans la partie A, l'investissement optimal est nul mais dans la partie B, le consommateur désire investir un montant positif.

certain domaine de variation de sorte que le consommateur désire investir une quantité x positive dans l'actif à risque.

Le montant optimal de l'investissement pour le consommateur est déterminé par la condition que la dérivée de l'utilité attendue par rapport à x soit nulle. Puisque la dérivée seconde de l'utilité est nécessairement négative du fait de la concavité, nous obtiendrons nécessairement un maximum global.

Posant (12.3) égal à zéro, nous avons

$$EU'(x) = \pi u'(w + xr_f)r_f + (1-\pi)u'(w + xr_d)r_d = 0 \qquad (12.5)$$

Cette équation définit le choix optimal de x pour le consommateur en question.

Exemple : L'effet de la taxation sur l'investissement en actifs à risque

Quel est l'impact sur un investissement dans un actif à risque si on taxe son rendement ? Si l'individu paie des impôts à un taux t, les rendements après impôts sont $(1 - t)r_f$ et $(1 - t)r_d$. Dès lors, la condition du premier ordre déterminant l'investissement optimal est

$$\begin{aligned} EU'(x) &= \pi u'(w + x(1-t)r_f)(1-t)r_f + (1-\pi)u'(w + x(1-t)r_d)(1-t)r_d \\ &= 0. \end{aligned}$$

En supprimant les termes $(1 - t)$, nous avons

$$EU'(x) = \pi u'(w + x(1-t)r_f)r_f + (1-\pi)u'(w + x(1-t)r_d)r_d = 0. \qquad (12.6)$$

Notons x^*, la solution du problème de maximisation en l'absence de taxation, c'est-à-dire quand $t = 0$, et notons $\hat{x}$, la solution du problème de maximisation en présence d'impôt. Quelle relation y a-t-il entre x^* et $\hat{x}$?

À première vue, on peut s'attendre à ce que x^* soit supérieur à $\hat{x}$, c'est-à-dire que la taxation d'un actif à risque tende à décourager l'investissement dans cet actif. Mais c'est en fait totalement faux ! Taxer un actif à risque de la façon que nous venons de décrire, va au contraire *encourager* l'investissement !

En réalité, il existe une relation précise entre x^* et $\hat{x}$:

$$\hat{x} = \frac{x^*}{1-t}.$$

Pour prouver cela, il suffit de noter que la valeur $\hat{x}$ satisfait la condition du premier ordre pour le choix optimal quand il y a taxation. En substituant la relation précédente dans l'équation (12.6), nous obtenons

$$\begin{aligned} EU'(\hat{x}) &= \pi u'(w + \frac{x^*}{1-t}(1-t)r_f)r_f \\ &\quad + (1-\pi)u'(w + \frac{x^*}{1-t}(1-t)r_d)r_d \\ &= \pi u'(w + x^* r_f)r_f + (1-\pi)u'(w + x^* r_d)r_d \\ &= 0. \end{aligned}$$

La dernière égalité découle du fait que x^* est la solution optimale quand il n'y a pas d'impôt.

Que se passe-t-il ici ? Comment se fait-il que l'imposition d'une taxe puisse augmenter le montant investi dans l'actif à risque ? En fait, quand on impose une taxe, l'individu retire un gain moindre dans la situation favorable, mais il subit également *une perte moindre dans l'état défavorable*. En multipliant son investissement initial par $1/(1 - t)$, le consommateur peut disposer du même rendement *après impôt* que ce qu'il avait avant que la taxe ne soit prélevée. L'impôt réduit le rendement attendu, mais il réduit également le risque : en augmentant son investissement, le consommateur peut obtenir exactement le même flux de revenus qu'auparavant et ainsi supprimer complètement l'effet de la taxe. Une taxe sur un actif à risque représente une taxe sur le gain quand le gain est positif, mais elle représente un subside sur la perte quand le rendement est négatif.

13

LES ACTIFS À RISQUE

Dans le chapitre précédent, nous avons examiné un modèle de comportement individuel en présence d'incertitude et le rôle de deux mécanismes économiques qui permettent de faire face à cette incertitude : le marché des assurances et le marché des actions. Dans ce chapitre, nous allons explorer davantage la façon dont les marchés boursiers permettent d'affecter le risque. Pour ce faire, il est intéressant de considérer un modèle simplifié du comportement en présence d'incertitude.

13.1 L'UTILITÉ DE LA MOYENNE ET DE LA VARIANCE

Dans le chapitre précédent, nous avons examiné le modèle de l'utilité attendue. Une approche alternative des choix en situation d'incertitude consiste à représenter les distributions de probabilité qui sont les objets de choix, par un petit nombre de paramètres et à considérer la fonction d'utilité comme définie vis-à-vis de ces paramètres. L'exemple le plus connu de cette approche est le **modèle de la moyenne et de la variance**. Au lieu de considérer que les préférences d'un consommateur dépendent de l'ensemble de la distribution de probabilité de sa richesse dans les différentes situations possibles, ce modèle suppose que ses préférences peuvent être définies sur base d'un petit nombre de statistiques qui synthétisent la distribution de probabilité de sa richesse.

Considérons une variable aléatoire w qui prend des valeurs w_s ($s = 1, ..., S$) avec des probabilités π_s. La moyenne d'une distribution de probabilité est simplement égale à

$$\mu_w = \sum_{s=1}^{S} \pi_s w_s .$$

Il s'agit tout simplement de la formule de la moyenne : chaque résultat w_s est pondéré par la probabilité qu'il se produise et l'ensemble des résultats est additionné.

La **variance** d'une distribution de probabilité est la valeur moyenne de $(w - \mu_w)^2$:

$$\sigma_w^2 = \sum_{s=1}^{S} \pi_s (w_s - \mu_w)^2 .$$

La variance mesure la « dispersion » de la distribution et constitue une mesure acceptable du risque. Une autre mesure du risque est l'**écart-type**, noté σ_w, qui est simplement la racine carrée de la variance : $\sigma_w = \sqrt{\sigma_w^2}$.

La moyenne d'une distribution de probabilité donne la valeur autour de laquelle la distribution est centrée. La variance d'une distribution indique la « dispersion » de la distribution, c'est-à-dire la mesure dans laquelle cette distribution est « dispersée » autour de sa moyenne. La figure 13.1 présente deux distributions de probabilité avec des moyennes et variances différentes.

Le modèle de la moyenne et de la variance suppose que l'utilité d'une distribution de probabilité qui procure à l'investisseur des ressources w_s avec des probabilités π_s peut

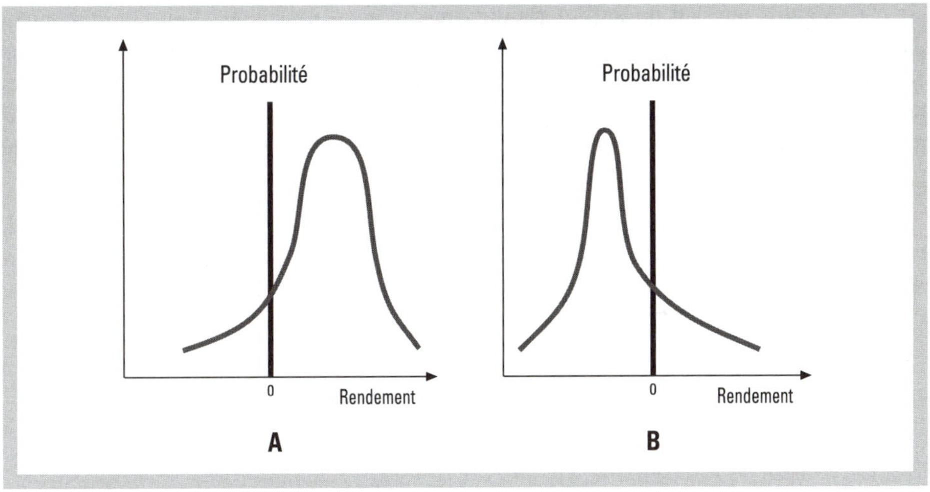

Figure 13.1 ***Moyenne et variance.***

La distribution de probabilité reproduite dans la partie A a une moyenne positive tandis que celle représentée dans la partie B a une moyenne négative. La distribution A est plus « dispersée » que la distribution B ; ce qui signifie qu'elle a une variance plus importante.

être exprimée comme une fonction de la moyenne et de la variance de cette distribution : $u(\mu_w,\sigma_w^2)$. Ou, si cela est plus commode, qu'elle peut être exprimée comme une fonction de la moyenne et de l'écart-type : $u(\mu_w,\sigma_w)$. Puisque la variance et l'écart-type sont tous deux des mesures du « risque » de la distribution de la richesse, les deux formules sont envisageables.

Ce modèle peut être considéré comme une simplification du modèle de l'utilité attendue développé dans le chapitre précédent. Si les choix à effectuer peuvent être définis complètement par leur moyenne et leur variance, une fonction d'utilité définie sur base de la moyenne et de la variance permet de classer les choix de la même façon qu'une fonction d'utilité attendue. De plus, même si la distribution de probabilité ne peut pas être définie complètement par sa moyenne et sa variance, le modèle de la moyenne et de la variance peut constituer une approximation acceptable du modèle de l'utilité attendue.

Nous formulerons l'hypothèse naturelle selon laquelle, toutes autres choses étant égales, un plus haut taux de rendement attendu est quelque chose de désirable et une plus grande variance, quelque chose d'indésirable. Il s'agit là simplement d'une autre façon de formuler l'hypothèse selon laquelle les individus manifestent généralement de l'aversion pour le risque.

Utilisons le modèle de la moyenne et de la variance pour analyser un problème simple de gestion de portefeuille. Imaginons que vous puissiez investir dans deux actifs différents. Un de ces actifs, l'**actif sans risque**, procure toujours un taux de rendement fixe r_f. Il pourrait s'agir par exemple d'un bon du Trésor qui procure un taux d'intérêt fixe quels que soient les événements.

L'autre actif est un **actif à risque**. Imaginez qu'il s'agisse d'un investissement dans un grand fonds commun de placement qui achète des actions. Si le marché des actions est favorable, votre investissement sera intéressant. Si le marché des actions est défavorable, votre investissement ne sera pas intéressant. Soit m_s, le rendement de cet actif dans l'état de la nature s et π_s, la probabilité que cet état s survienne. Nous noterons r_m, le rendement attendu de cet actif à risque et σ_m, l'écart-type de ce rendement.

Évidemment, vous n'êtes pas obligé de choisir un des deux actifs. En général, vous pouvez répartir votre patrimoine entre les deux actifs. Si vous détenez une fraction x de votre patrimoine dans l'actif à risque et une fraction $(1 - x)$ dans l'actif sans risque, le rendement attendu sur l'ensemble de votre portefeuille est égal à

$$\begin{aligned} r_x &= \sum_{s=1}^{S}(xm_s + (1-x)r_f)\pi_s \\ &= x\sum_{s=1}^{S} m_s\pi_s + (1-x)r_f\sum_{s=1}^{S}\pi_s. \end{aligned}$$

Puisque $\sum \pi_s = 1$, nous avons

$$r_x = xr_m + (1 - x)r_f.$$

Le rendement attendu sur le portefeuille est donc une moyenne pondérée des deux rendements attendus.

La variance du rendement de votre portefeuille est égale à

$$\sigma_x^2 = \sum_{s=1}^{S}(xm_s + (1-x)r_f - r_x)^2\pi_s.$$

En remplaçant r_x, nous obtenons

$$\begin{aligned} \sigma_x^2 &= \sum_{s=1}^{S}(xm_s - xr_m)^2\pi_s \\ &= \sum_{s=1}^{S} x^2(m_s - r_m)^2\pi_s \\ &= x^2\sigma_m^2. \end{aligned}$$

L'écart-type du rendement du portefeuille correspond dès lors à

$$\sigma_x = \sqrt{x^2\sigma_m^2} = x\sigma_m.$$

Il est naturel de supposer que $r_m > r_f$, puisqu'un investisseur qui manifeste de l'aversion pour le risque ne détiendra jamais un actif à risque si ce dernier procure un rendement attendu inférieur à celui de l'actif sans risque. Dès lors, si vous choisissez d'affecter une part plus importante de votre patrimoine à l'actif à risque, vous obtiendrez un plus haut taux de rendement attendu, mais vous courez aussi plus de risques. C'est ce qu'illustre la figure 13.2.

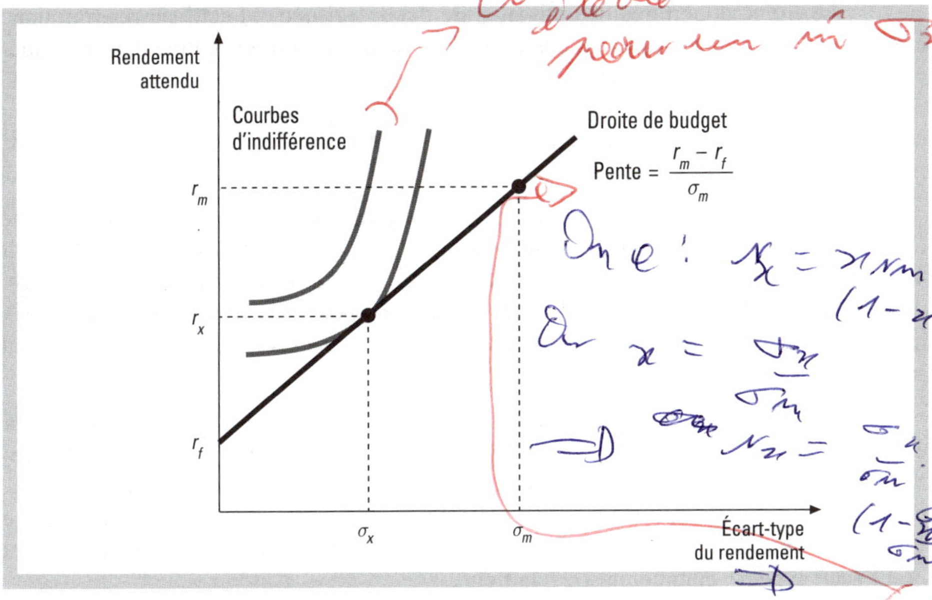

Figure 13.2 ***Risque et rendement.***

La droite de budget mesure le coût que représente un taux de rendement attendu plus important en termes d'augmentation de l'écart-type du rendement. Au niveau du choix optimal, la courbe d'indifférence doit être tangente à cette droite de budget.

Si vous fixez $x = 1$, la totalité de votre patrimoine est placée dans l'actif à risque et le rendement attendu et l'écart-type sont (r_m, σ_m). Si vous prenez $x = 0$, la totalité de votre patrimoine est placée dans l'actif sûr et le rendement attendu et l'écart-type seront alors $(r_f, 0)$. Si vous choisissez une valeur x comprise entre 0 et 1, vous vous trouvez quelque part sur la droite reliant ces deux points extrêmes. Cette droite donne la contrainte budgétaire qui définit le taux d'échange du marché entre risque et rendement.

Puisque nous supposons que les préférences des individus ne dépendent que de la moyenne et de la variance de leur richesse, nous pouvons tracer des courbes d'indifférence qui représentent leurs préférences vis-à-vis du risque et du rendement. Si les individus manifestent de l'aversion pour le risque, ils préfèrent un taux de rendement attendu plus élevé et un écart-type plus faible. Cela signifie que l'écart-type constitue un « bien indésirable ». Les courbes d'indifférence ont dès lors une pente positive, comme celles reproduites à la figure 13.2.

Au niveau de la combinaison optimale du risque et du rendement, la pente de la courbe d'indifférence doit être égale à la pente de la droite du budget, comme à la figure 13.2. Nous pourrions appeler cette dernière pente, le prix du risque, puisqu'elle mesure le taux auquel le risque et le rendement peuvent être échangés dans le cadre des choix de portefeuille. En examinant la figure 13.2, il apparaît que le **prix du risque** est égal à

$$p = \frac{r_m - r_f}{\sigma_m}. \tag{13.1}$$

Le choix de portefeuille optimal entre l'actif à risque et l'actif sûr pourrait donc être caractérisé par la condition que le taux marginal de substitution entre risque et rendement soit égal au prix du risque :

$$\text{TmS} = -\frac{\Delta U / \Delta\sigma}{\Delta U / \Delta\mu} = \frac{r_m - r_f}{\sigma_m}. \tag{13.2}$$

Supposons maintenant que de nombreux individus soient confrontés au même choix entre ces deux actifs. Pour chaque individu, le taux marginal de substitution doit être égal au prix du risque. Dès lors, à l'équilibre, tous les individus auront le même TmS : quand les individus ont suffisamment de possibilités pour échanger les risques, le prix du risque d'équilibre doit être le même pour tous les individus. Le risque est à cet égard semblable à n'importe quel autre bien.

Nous pouvons utiliser les concepts développés dans les chapitres précédents pour examiner l'impact sur les choix de portefeuille d'une modification des données du problème. Toutes les notions de biens normaux, biens inférieurs, préférences révélées, etc., peuvent être intégrées dans le présent modèle. Supposons, par exemple, qu'un individu se voie offrir la possibilité d'acquérir un nouvel actif à risque y dont le rendement moyen est r_y et l'écart-type σ_y, comme illustré à la figure 13.3.

Si l'individu a maintenant la possibilité d'investir dans l'actif x ou dans l'actif y, lequel va-t-il choisir ? L'ensemble budgétaire initial et le nouvel ensemble budgétaire sont tous deux représentés à la figure 13.3. Notons que toutes les combinaisons de risque

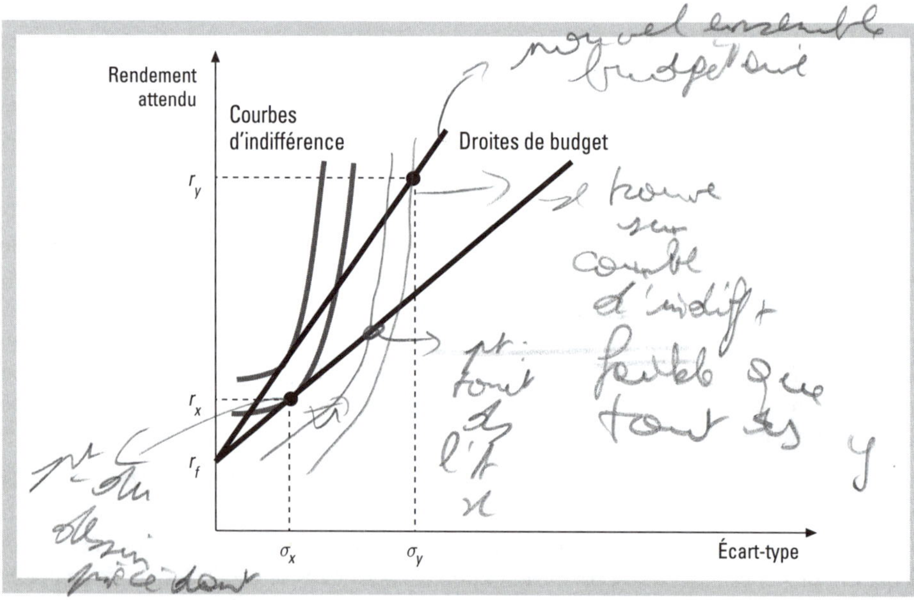

Figure 13.3 ***Les préférences entre risque et rendement.***

L'actif défini par la combinaison y de risque et de rendement est préféré à l'actif défini par la combinaison x.

et de rendement qui étaient accessibles dans l'ensemble budgétaire initial, le sont encore dans le nouvel ensemble budgétaire puisque le nouveau contient l'ancien. Par conséquent, l'individu préfère investir dans l'actif *y* et l'actif sans risque plutôt que dans l'actif *x* et l'actif sans risque.

Le fait que le consommateur puisse choisir le montant d'actif à risque qu'il désire posséder, est très important dans ce raisonnement. Si l'individu se trouvait confronté à un choix « tout ou rien »,c'est-à-dire s'il était obligé d'investir la totalité de son patrimoine soit dans *x*, soit dans *y*, nous pourrions avoir un résultat très différent. Dans l'exemple de la figure 13.3, le consommateur préférerait investir la totalité de son patrimoine dans *x* plutôt que dans *y*, puisque *x* se situe sur une courbe d'indifférence plus élevée que *y*. Mais s'il peut combiner l'actif à risque avec l'actif sans risque, il préférera toujours combiner *y* plutôt que *x* avec l'actif sûr.

13.2 MESURER LE RISQUE

Nous disposons maintenant d'un modèle qui définit le prix du risque... mais comment pouvons-nous mesurer le « niveau » de risque d'un actif ? La première chose qui vient vraisemblablement à l'esprit est d'utiliser l'écart-type du rendement d'un actif puisque, après tout, nous supposons que l'utilité dépend de la moyenne et de la variance de la richesse.

Dans l'exemple précédent où il n'y a qu'un seul actif à risque, cette démarche est tout à fait correcte : le « niveau » de risque d'un actif à risque est égal à son écart-type. Mais s'il y a plusieurs actifs à risque, l'écart-type n'est plus une mesure appropriée du niveau de risque d'un actif.

Il en est ainsi parce que l'utilité d'un consommateur dépend de la moyenne et de la variance de sa richesse totale et non de la moyenne et de la variance d'un actif particulier qu'il pourrait détenir. Ce qui importe, c'est la façon dont les rendements des différents actifs qu'un consommateur possède, *interagissent* pour générer la moyenne et la variance de sa richesse totale. Comme dans les autres domaines de l'économie, la valeur d'un actif particulier est déterminée par son impact marginal sur l'utilité totale et non par la valeur que cet actif représenterait s'il était détenu seul. Exactement comme la valeur d'une tasse supplémentaire de café peut dépendre de la quantité de crème disponible, le montant qu'un individu est disposé à payer pour une part supplémentaire d'un actif à risque dépend de la façon dont cet actif interagit avec les autres actifs dans le portefeuille.

Supposons par exemple que vous envisagiez l'achat de deux actifs et que vous sachiez qu'il n'y a que deux résultats possibles. L'actif A vaut 10 € ou – 5 € et l'actif B vaut – 5 € ou 10 €. Mais quand l'actif A vaut 10 €, l'actif B vaut – 5 € et vice versa. En d'autres termes, les valeurs des deux actifs sont corrélées *négativement* : quand l'un a une valeur élevée, l'autre a une valeur faible.

Supposons que la probabilité de ces deux situations soit identique de sorte que la valeur moyenne de chaque actif est de 2,5 €. Si vous ne vous préoccupez pas du tout du risque et que vous devez détenir un seul des deux actifs, le prix maximum que vous êtes disposé à payer pour chacun d'eux est 2,5 €, c'est-à-dire leur valeur attendue. Et si vous manifestez de l'aversion pour le risque, vous n'accepterez de payer qu'un prix inférieur à 2,5.

Mais qu'en est-il si vous pouvez détenir simultanément les deux actifs ? Si vous pouvez détenir une part de chaque actif, vous obtiendrez 5 € quelle que soit la situation qui prévaut puisque, quand un actif vaut 10 €, l'autre vaut – 5 €. Dès lors, la somme que vous êtes disposé à payer pour acheter *les deux* actifs est 5 €.

Cet exemple indique clairement que la valeur d'un actif dépend en règle générale de la façon dont cet actif est corrélé avec les autres. Les actifs dont la valeur évolue en sens opposé, c'est-à-dire qui sont corrélés négativement entre eux, sont très intéressants parce qu'ils réduisent le risque total. En règle générale, la valeur d'un actif tend à dépendre beaucoup plus de la corrélation de son rendement avec les autres actifs que de sa propre variance. Le niveau de risque d'un actif dépend donc de la corrélation de celui-ci avec les autres actifs.

Il est intéressant de mesurer le risque d'un actif par rapport au risque de l'ensemble du marché des actifs. Nous appelons le β d'une action, le risque d'une action par rapport au risque du marché. Si i indique une action particulière, nous désignons par β_i son risque par rapport à l'ensemble du marché. En termes approximatifs, nous pouvons définir β_i comme suit :

$$\beta_i = \frac{\text{risque de l'actif } i}{\text{risque du marché des actifs}}.$$

Si une action a un β égal à 1, elle présente exactement le même risque que l'ensemble du marché : quand le marché augmente de 10 %, l'action augmente en moyenne de 10 %. Si une action a un β inférieur à l'unité, l'action augmente de moins de 10 % quand le marché augmente de 10 %. Le β d'une action peut être estimé par des méthodes statistiques qui permettent de déterminer la sensibilité des variations d'une variable par rapport à une autre. De nombreuses agences de conseil en investissement peuvent fournir les estimations du β d'une action[1].

13.3 LE RISQUE DE CONTREPARTIE

Les institutions financières prêtent de l'argent non seulement aux individus mais aussi aux autres institutions. Il y a toujours un risque qu'une institution emprunteuse ne puisse pas rembourser son emprunt. Ce risque est appelé le **risque de contrepartie**.

[1] Pour ceux qui connaissent un petit peu la statistique, le β d'une action est défini par la formule suivante :

$$\beta_i = \text{cov}(\tilde{r}_i, \tilde{r}_m) / \text{var}(\tilde{r}_m).$$

Le β_i est donc la covariance du rendement de l'action et du rendement du marché divisée par la variance du rendement du marché.

Pour voir comment cela fonctionne, imaginons 3 banques, A, B et C. La banque A doit à B un milliard d'euros, B doit 1 milliard à C et C doit 1 milliard à A. Supposons maintenant que la banque A n'aie plus d'argent et ne soit plus capable de rembourser son emprunt. La banque B a un milliard de moins et peut à son tour ne plus être capable de payer C. La banque C, à son tour, ne peut plus payer A et aggrave ainsi encore plus la situation de la banque A. Ce type d'effet est appelé une **contagion financière** ou un **risque systémique**. C'est une version très simplifiée de ce qui s'est passé avec les institutions financières à l'automne 2008.

Quelle est la solution ? Une façon de traiter ce type de problème est d'avoir un « prêteur en dernier ressort », qui en général est une banque centrale. La banque A peut aller à la banque centrale et demander un emprunt d'urgence d'un milliard. Elle rembourse sa dette à la banque B qui à son tour paie la banque C qui rembourse la banque A. Celle-ci a dès lors assez de ressources pour rembourser l'emprunt d'urgence à la banque centrale.

Il s'agit évidemment d'un exemple extrêmement simplifié. Au départ, il n'y a avait aucune dette nette entre les 3 banques. Si on les avait mises ensemble pour comparer leurs actifs et leurs dettes, elles seraient certainement arrivées à ce constat. Quand toutefois les actifs et dettes sont répartis entre des milliers d'institutions financières, il peut être difficile de déterminer les positions nettes. C'est la raison pour laquelle il peut être nécessaire d'avoir des prêteurs en dernier ressort.

13.4 L'ÉQUILIBRE DU MARCHÉ POUR DES ACTIFS À RISQUE

Nous pouvons maintenant établir la condition d'équilibre pour un marché avec des actifs à risque. Rappelons que sur un marché comportant uniquement des actifs sans risque, nous avons établi que tous les actifs devaient procurer le même taux de rendement. Nous avons ici un principe similaire : tous les actifs, après ajustement pour le risque, doivent procurer le même taux de rendement.

Le problème est évidemment l'ajustement pour le risque. Comment faire ? La solution découle de l'analyse du choix optimal que nous avons développée. Rappelons que nous avons étudié le choix d'un portefeuille optimal contenant un actif sans risque et un. Ce dernier a été interprété comme un fonds commun de placement, c'est-à-dire un portefeuille diversifié incluant de nombreux actifs à risque. Dans cette section, nous supposons que ce portefeuille contient *tous* les actifs à risque.

Nous pouvons dès lors considérer que le rendement attendu sur ce portefeuille d'actifs à risque est égal au rendement attendu du marché r_m et que l'écart-type de son rendement est égal au risque du marché σ_m. Quant au rendement de l'actif sûr, il est égal à r_f, le rendement sans risque.

L'équation (13.1) nous a donné le prix du risque p :

$$p = \frac{r_m - r_f}{\sigma_m}.$$

Nous avons dit précédemment que β_i représentait le niveau de risque d'un actif particulier i par rapport au risque total du marché. Ceci implique que pour mesurer le risque *total* d'un actif i, nous devons multiplier β_i par le risque du marché σ_m. Le risque total d'un actif i est donc égal à $\beta_i \sigma_m$.

Qu'en est-il du coût de ce risque ? Il suffit de multiplier le risque total $\beta_i \sigma_m$ par le prix du risque. Cela nous donne l'*ajustement pour le risque* :

$$\begin{aligned}\text{ajustement pour le risque} &= \beta_i \sigma_m p \\ &= \beta_i \sigma_m \frac{r_m - r_f}{\sigma_m} \\ &= \beta_i (r_m - r_f).\end{aligned}$$

Nous pouvons maintenant établir la condition d'équilibre sur des marchés d'actifs à risque : à l'équilibre, tous les actifs doivent donner le même taux de rendement ajusté pour le risque. Le raisonnement est totalement identique à celui développé au chapitre 12 : si un actif procurait un taux de rendement ajusté pour le risque plus élevé qu'un autre, tout le monde désirerait détenir cet actif ; dès lors à l'équilibre, tous les taux de rendement ajustés pour le risque doivent être identiques.

Si deux actifs i et j ont des rendements attendus r_i et r_j et des β égaux à β_i et β_j, nous devons nécessairement avoir à l'équilibre, l'équation suivante :

$$r_i - \beta_i (r_m - r_f) = r_j - \beta_j (r_m - r_f).$$

Cette équation indique qu'à l'équilibre, les rendements ajustés pour le risque des deux actifs doivent être identiques. Quant à l'ajustement pour le risque, il est égal au risque total de l'actif multiplié par le prix du risque.

On peut exprimer cette condition d'équilibre d'une autre façon. Par définition, l'actif sans risque doit avoir un β_f nul. Il en est ainsi parce qu'il ne présente aucun risque et que β mesure le niveau de risque de l'actif. Pour tout actif quelconque i, nous devons donc avoir

$$r_i - \beta_i (r_m - r_f) = r_f - \beta_f (r_m - r_f) = r_f.$$

Après transformation, cette équation devient :

$$r_i = r_f + \beta_i (r_m - r_f).$$

Le rendement attendu d'un actif particulier doit par conséquent être égal au rendement de l'actif sans risque augmenté de l'ajustement pour le risque ou « prime de risque ». Cette prime correspond au rendement supplémentaire que les gens demandent pour assumer le risque que l'actif présente. Cette équation est le résultat principal du « **Capital Asset Pricing Model (CAPM)** », qui est très utilisé dans l'étude des marchés financiers.

13.5 COMMENT S'AJUSTENT LES RENDEMENTS

Lors de l'étude des marchés des actifs en situation de certitude, nous avons montré de quelle façon les prix des actifs s'ajustaient afin d'égaliser les taux de rendement. Examinons maintenant le même processus d'ajustement, mais dans le cas des marchés d'actifs à risque.

Sur base du modèle que nous venons de développer, le rendement attendu d'un actif particulier doit être égal au rendement sans risque plus la prime de risque :

$$r_i = r_f + \beta_i (r_m - r_f).$$

À la figure 13.4, nous avons représenté cette droite avec différentes valeurs de β sur l'axe horizontal et différents rendements attendus sur l'axe vertical. Conformément à notre modèle, tous les actifs détenus à l'équilibre doivent être situés sur cette droite. Celle-ci est appelée la **droite du marché**.

Que se passerait-il si le rendement attendu et le β d'un actif n'étaient pas situés sur la droite du marché ? Le rendement attendu d'un actif est la variation attendue de son prix divisée par son prix actuel :

$$r_i = \text{valeur attendue (espérance mathématique) de } \frac{p_i - p_0}{p_0}.$$

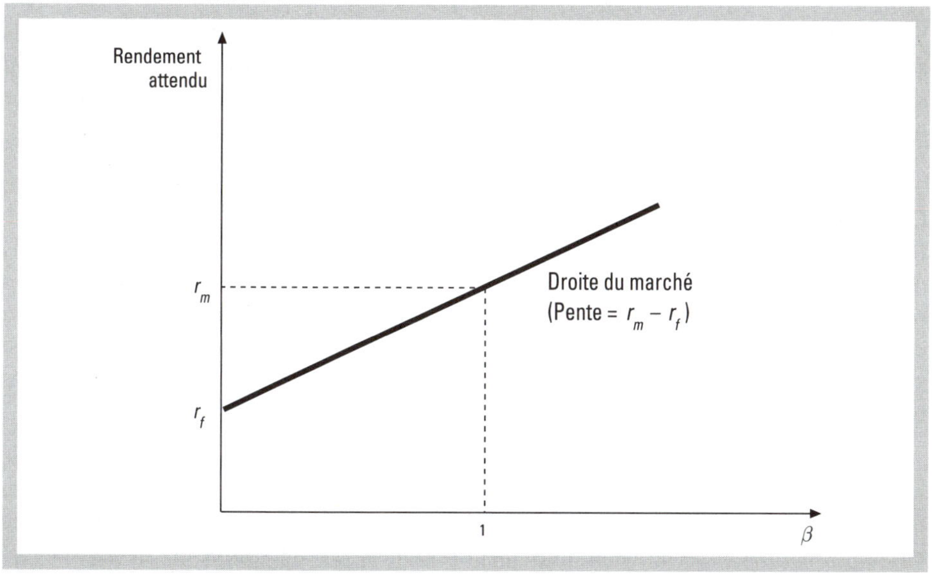

Figure 13.4 ***La droite du marché.***

Elle représente les combinaisons de rendement attendu et de β pour les divers actifs détenus à l'équilibre.

C'est exactement la définition que vous avions antérieurement sous réserve de l'ajout du mot « attendu ». Nous devons maintenant ajouter ce terme « attendu » puisque le prix futur d'un actif est incertain.

Supposons que nous trouvions un actif dont le rendement attendu ajusté pour le risque est supérieur au taux de rendement sans risque :

$$r_i - \beta_i(r_m - r_f) > r_f.$$

Cet actif est une très bonne affaire. Il procure un rendement ajusté pour le risque supérieur au taux sans risque.

Quand les gens s'apercevront de l'existence de cet actif, ils désireront en acheter. Ils pourraient souhaiter le conserver pour eux-mêmes ou l'acheter pour le vendre ensuite à d'autres personnes mais, puisque cet actif offre un meilleur arbitrage entre le risque et le rendement que les autres actifs, il y a nécessairement un marché pour lui.

Mais à mesure que les gens essaieront de se procurer cet actif, ils provoqueront une augmentation de son prix actuel : p_0 augmentera. Par conséquent, le rendement attendu $r_i = (p_i - p_0)/p_0$ diminuera. Jusqu'à quel point va-t-il diminuer ? Il va diminuer suffisamment pour ramener le taux de rendement attendu au niveau de la droite du marché.

Acheter un actif situé au-dessus de la droite du marché constitue donc une bonne affaire. Et cela parce que, quand les gens se rendront compte qu'il procure compte tenu de son risque un rendement plus élevé que les actifs qu'ils détiennent actuellement, ils provoqueront une augmentation du prix de cet actif.

Toute cette analyse repose sur l'hypothèse selon laquelle tous les individus sont d'accord quant au niveau de risque des différents actifs. S'ils ne sont pas d'accord sur les rendements attendus et les β des divers actifs, le modèle devient beaucoup plus compliqué.

Exemple : La valeur à risque

Il est parfois intéressant de déterminer le risque d'un ensemble donné d'actifs. Par exemple, supposons qu'une banque détienne un portefeuille d'actions. Elle peut souhaiter estimer la probabilité que la valeur du portefeuille diminue de plus d'un million d'euros au cours d'une journée. Si cette probabilité est de 5 %, on dira que ce portefeuille a une **valeur à risque** d'un million à 5 % pour un jour. Généralement les VaR sont calculées pour un jour ou deux semaines en utilisant des probabilités de perte de 1 % ou 5 %.

D'un point de vue théorique, l'idée de la VaR est attractive, mais il est difficile de l'estimer. Toutefois, comme l'analyste financier Philippe Jorion l'a souligné, l'intérêt principal de la VaR réside dans la mise en place d'une méthodologie structurée de prise en compte des risques. Les institutions qui développent le processus de calcul de leur VaR sont obligées de prendre en compte leur exposition aux risques financiers et de mettre en place une fonction de gestion des risques spécifique. Le processus de calcul de la VaR peut être plus important que la valeur elle-même.

La VaR est complètement déterminée par la distribution de probabilité de la valeur du portefeuille et celle-ci dépend de la corrélation entre les actifs en portefeuille. En général, les actifs sont corrélés positivement ce qui signifie que leurs prix évoluent ensemble à la hausse ou à la baisse. Plus grave encore, la distribution des prix des actifs tend à avoir une « queue de distribution épaisse », c'est-à-dire une probabilité relativement élevée de mouvements de prix extrêmes. Idéalement il faut estimer la VaR en utilisant un long historique de mouvements de prix mais en pratique cela peut être difficile en particulier pour les actifs nouveaux et exotiques.

À l'automne 2008, beaucoup d'institutions financières ont découvert que leur estimation de la VaR était beaucoup trop optimiste puisque les prix des actifs ont chuté beaucoup plus qu'anticipé. Cela est dû notamment au fait que les estimations statistiques étaient basées sur des échantillons très petits, rassemblés au cours d'une période stable d'activité économique. Les VaR estimées sous-évaluaient le véritable risque des actifs en cause.

Exemple : Le classement des fonds communs de placement

Le « Capital Asset Pricing Model » peut être utilisé afin de comparer différents investissements en termes de risque et de rendement. Un type fort répandu d'investissement est le fonds commun de placement. Il s'agit de grandes organisations qui reçoivent de l'argent d'investisseurs individuels et qui utilisent cet argent pour acheter et vendre des actions de sociétés. Les profits générés par ces investissements sont ensuite redistribués aux investisseurs individuels.

L'avantage d'un fonds commun de placement est que votre argent est géré par des professionnels. Le désavantage est que vous devez rémunérer cette gestion. Les commissions ne sont toutefois généralement pas très importantes et la plupart des petits investisseurs ont vraisemblablement intérêt à utiliser un fonds commun.

Mais comment choisir le fonds dans lequel investir ? Vous désirez évidemment un fonds qui procure une espérance de rendement élevée. Mais vous désirez vraisemblablement aussi un fonds commun qui comporte un minimum de risque. La question est dès lors : quel niveau de risque êtes-vous prêt à accepter pour obtenir un taux de rendement attendu élevé ?

Vous pourriez examiner la performance passée des divers fonds communs et calculer le rendement annuel moyen et le β — le niveau de risque — de chaque fonds. Puisque nous n'avons pas donné la définition précise du β, il peut être difficile de le calculer. Mais certains ouvrages fournissent les β des fonds communs de placement.

Si vous indiquez sur un graphique les rendements attendus et les β, vous pouvez obtenir une figure semblable à la figure 13.5[2]. Remarquons que les fonds qui procurent

[2] Voir Jensen, Michael « The Performance of Mutual Funds in the Period 1945-1964 », *Journal of Finance*, 23, May 1968, 389–416, pour une discussion plus détaillée de la façon d'utiliser les instruments présentés dans ce chapitre afin de déterminer la performance des fonds communs de placement. Mark Grinblatt et Sheridan Titman ont analysé des données plus récentes dans « Mutual Fund Performance : An Analysis of Quarterly Portfolio Holdings », *The Journal of Business*, 62, July 1989, 393–416.

des rendements attendus élevés présentent généralement un haut risque. Les rendements attendus élevés sont là en compensation du risque couru par les individus.

À l'aide de ce graphique, il est intéressant de comparer le recours à une gestion professionnelle avec une stratégie très simple consistant à investir une partie de votre argent dans un « **fonds indice** ». Il existe différents indices de l'activité du marché boursier comme l'indice Dow-Jones ou l'indice « Standard and Poor ». Ces indices correspondent en principe au rendement attendu d'un certain ensemble d'actions au cours d'une journée donnée. L'indice « Standard and Poor » par exemple, est basé sur la performance moyenne de 500 grandes actions américaines.

Un « **fonds indice** » est un fonds commun de placement composé des actions qui constituent l'indice. Cela signifie que vous êtes assuré presque par définition d'obtenir la performance moyenne des actions incluses dans l'indice. Comme il n'est pas très difficile de réaliser la performance moyenne — du moins par rapport à une tentative de faire mieux que la moyenne —, les « fonds indice » représentent en principe des frais de gestion peu élevés. Un « fonds indice »étant composé d'un grand nombre d'actifs à risque, il a un β fort proche de l'unité ; il est approximativement aussi risqué que l'ensemble du marché parce que le « fonds indice » est constitué de presque toutes les actions négociées sur le marché.

Comparons un « fonds indice » avec un fonds commun de placement classique. Rappelons que la comparaison doit être effectuée à la fois en termes de risque et en termes de rendement de l'investissement. Pour ce faire, nous pouvons indiquer sur un graphique

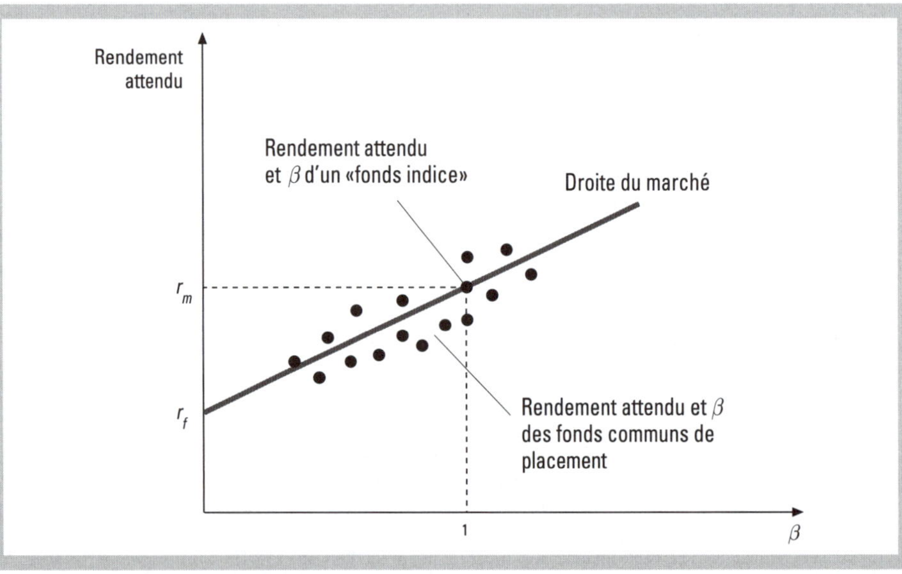

Figure 13.5 ***Les fonds communs de placement.***

Comparaison des rendements d'un investissement dans des fonds communs de placement avec la droite du marché.

le rendement attendu et le β d'un « fonds indice Standard and Poor », et tracer la droite reliant ce point au taux sans risque, comme à la figure 13.5. Vous pouvez obtenir n'importe quelle combinaison de risque et de rendement située sur cette droite simplement en décidant des montants que vous investissez dans l'actif sans risque et dans le « fonds indice ».

Comptons maintenant le nombre de fonds communs de placement situés en dessous de cette droite. Ces fonds offrent des combinaisons de risque et de rendement moins avantageuses que celles accessibles par une combinaison du « fonds indice » et de l'actif sans risque. Quand on procède ainsi, il s'avère généralement que la grande majorité des combinaisons risque-rendement offertes par les fonds communs de placement sont situées en dessous de la droite. Le nombre de fonds situés au-dessus de la droite n'est pas supérieur à ce que nous pourrions attendre du seul fait du hasard.

Ce résultat ne devrait cependant pas nous surprendre outre mesure. La concurrence sur le marché boursier est extrêmement vive. Tout le monde est perpétuellement à la recherche d'actions sous-évaluées afin d'en acquérir. Cela signifie qu'en moyenne, les actions sont généralement négociées à leur valeur réelle. S'il en est ainsi, essayer de réaliser une meilleure performance que la moyenne est une stratégie peu réaliste — en fait presqu'impossible.

RÉSUMÉ

1. Nous pouvons utiliser les concepts d'ensemble budgétaire et de courbe d'indifférence développés antérieurement pour analyser le choix d'un investissement en actifs à risque et en actifs sans risque.

2. Le taux marginal de substitution entre le risque et le rendement doit être égal à la pente de la droite de budget. On appelle cette pente, le prix du risque.

3. Le niveau de risque d'un actif dépend dans une large mesure de sa corrélation avec les autres actifs. Un actif qui évolue dans un sens opposé aux autres actifs permet de réduire le risque global du portefeuille.

4. Le niveau de risque d'un actif rapporté au risque du marché est appelé le β de l'actif.

5. La condition d'équilibre fondamentale sur les marchés des actifs est que les rendements ajustés pour le risque doivent être identiques.

6. Le risque de contrepartie, qui est le risque que l'autre partie d'une transaction ne paie pas, peut aussi être un facteur de risque important.

PROBLÈMES À RÉSOUDRE

13.1 Si le taux de rendement sans risque est de 6 % et qu'un actif à risque est disponible avec un rendement de 9 % et un écart-type de 3 %, quel taux de rendement maximum pouvez-vous obtenir si vous êtes disposé à accepter un écart-type de 2 % ? Quel pourcentage de vos ressources devriez-vous investir dans cet actif à risque ?

13.2 Quel est le prix du risque dans l'exercice précédent ?

13.3 Si une action a un β de 1,5, que le rendement sur le marché est de 10 % et que le taux de rendement sans risque est de 5 %, quel taux de rendement attendu cette action devrait-elle offrir sur base du « Capital Asset Pricing Model » ? Si la valeur attendue de l'action est de 100 €, à quel prix cette action devrait-elle être vendue aujourd'hui ?

14

LE SURPLUS DU CONSOMMATEUR

Dans les chapitres précédents, nous avons vu de quelle façon la fonction de demande d'un consommateur peut être dégagée à partir de ses préférences ou de sa fonction d'utilité. Mais en pratique, nous sommes généralement confrontés au problème inverse : comment pouvons-nous estimer les préférences ou l'utilité à partir de l'observation du comportement de demande ?

Nous avons déjà examiné ce problème à deux reprises. Au chapitre 5, nous avons montré comment estimer les paramètres d'une fonction d'utilité à partir de l'observation du comportement de demande. Dans l'exemple de Cobb-Douglas envisagé dans ce chapitre, nous avons pu estimer une fonction d'utilité correspondant au comportement observé, simplement en calculant la part budgétaire moyenne consacrée à chaque bien. Nous avons pu ensuite utiliser cette fonction d'utilité pour évaluer des variations de consommation.

Au chapitre 7, nous avons montré comment l'analyse des préférences révélées peut être utilisée pour estimer des préférences susceptibles d'avoir engendré certains choix observés. Les courbes d'indifférence ainsi estimées peuvent également être utilisées pour évaluer des variations de consommation.

Dans ce chapitre, nous allons examiner d'autres méthodes permettant d'estimer l'utilité à partir de l'observation du comportement de demande. Bien que certaines de ces méthodes soient moins générales que les deux approches présentées antérieurement, elles s'avèreront utiles dans plusieurs applications que nous analyserons par la suite.

Nous commencerons par un cas particulier de comportement de demande pour lequel il est très facile d'obtenir une estimation de l'utilité. Nous considérerons ensuite des cas plus généraux de préférences et de comportement de demande.

14.1 LA DEMANDE POUR UN BIEN DISCRET

Commençons par examiner le cas d'une demande pour un bien discret caractérisée par une fonction d'utilité quasi linéaire comme celle décrite au chapitre 6. Supposons que la fonction d'utilité prenne la forme $v(x) + y$ et que le bien x soit accessible uniquement en quantité discrète. Imaginons par ailleurs que le bien y corresponde à la somme d'argent susceptible d'être consacrée aux autres biens. Le prix de y est donc égal à l'unité et le prix du bien x est noté p.

Nous avons vu au chapitre 6 que, dans ce cas, le comportement du consommateur peut être décrit en fonction des prix de réserve : $r_1 = v(1) - v(0)$, $r_2 = v(2) - v(1)$, etc. La relation entre les prix de réserve et la demande est très simple : si l'individu demande n unités du bien discret, alors $r_n \geqslant p \geqslant r_{n+1}$.

Afin de vérifier cela, prenons l'exemple suivant. Supposons qu'au prix p, le consommateur choisisse de consommer 6 unités du bien x. L'utilité associée à la consommation du panier $(6, m - 6p)$ doit dès lors être supérieure ou égale à l'utilité associée à la consommation de n'importe quel autre panier $(x, m - px)$:

$$v(6) + m - 6p \geqslant v(x) + m - px. \tag{14.1}$$

En particulier, cette inégalité doit être vérifiée pour $x = 5$; ce qui nous donne

$$v(6) + m - 6p \geqslant v(5) + m - 5p.$$

Après transformation, nous obtenons $v(6) - v(5) = r_6 \geqslant p$.

L'équation (14.1) doit également être vérifiée pour $x = 7$:

$$v(6) + m - 6p \geqslant v(7) + m - 7p \;;$$

ce qui nous donne la relation suivante :

$$p \geqslant v(7) - v(6) = r_7.$$

Ce raisonnement montre que si l'individu demande 6 unités du bien x, le prix de ce bien doit être compris entre r_6 et r_7. En règle générale, s'il demande n unités du bien x au prix p, alors $r_n \geqslant p \geqslant r_{n+1}$. C'est en fait ce que nous désirions démontrer. La liste des prix de réserve contient toute l'information nécessaire pour décrire le comportement de demande. Le graphique des prix de réserve a une forme en « escalier » comme à la figure 14.1. Cet « escalier » représente précisément la courbe de demande pour le bien discret.

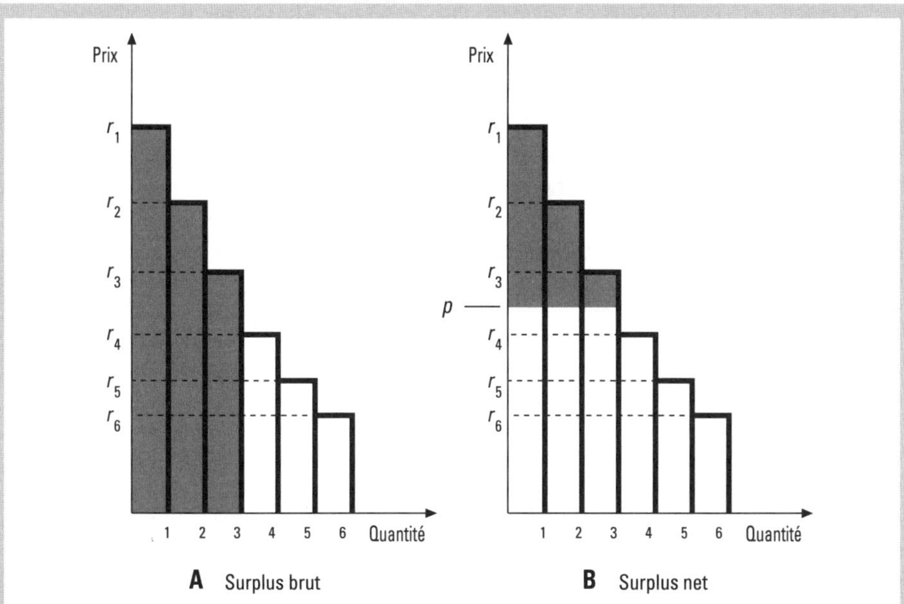

Figure 14.1 ***Prix de réserve et surplus du consommateur.***

Dans la partie A, le bénéfice brut est représenté par la surface située en dessous de la courbe de demande. Il mesure l'utilité associée à la consommation du bien x. Le surplus net du consommateur est représenté dans la partie B. Il mesure l'utilité nette associée à la consommation du bien x quand celui-ci doit être acheté à un prix constant p.

14.2 ESTIMER L'UTILITÉ À PARTIR DE LA DEMANDE

Nous venons de voir comment estimer la courbe de demande à partir des prix de réserve ou de la fonction d'utilité. Mais nous pouvons également faire l'opération inverse. Si nous avons la courbe de demande, nous pouvons estimer la fonction d'utilité, du moins dans le cas particulier de l'utilité quasi linéaire.

D'une certaine façon, il ne s'agit que d'une opération arithmétique très simple. Les prix de réserve sont définis comme la différence entre deux niveaux d'utilité :

$$\begin{aligned} r_1 &= v(1) - v(0) \\ r_2 &= v(2) - v(1) \\ r_3 &= v(3) - v(2) \\ &\vdots \end{aligned}$$

Si nous désirons calculer par exemple $v(3)$, il suffit d'additionner membre à membre ces équations pour obtenir :

$$r_1 + r_2 + r_3 = v(3) - v(0).$$

Il est commode de poser égale à 0, l'utilité de la consommation d'une quantité nulle du bien : $v(0) = 0$. Dans ce cas, $v(n)$ est simplement la somme des n premiers prix de réserve.

Cette démarche se prête à une interprétation graphique intéressante qui est illustrée à la figure 14.1A. L'utilité associée à la consommation de n unités du bien discret est simplement la surface des n premiers bâtonnets qui constituent la fonction de demande. En effet, la hauteur de chaque bâtonnet est le prix de réserve associé au niveau de demande considéré et la base de chaque bâtonnet est égale à 1. Cette surface est parfois appelée le **bénéfice brut** ou le **surplus brut du consommateur** associé à la consommation du bien.

Notons qu'il s'agit uniquement de l'utilité associée à la consommation du bien 1. L'utilité de la consommation dépend des quantités de bien 1 *et* de bien 2 que l'individu consomme. S'il choisit n unités du bien discret, il lui reste $m - pn$ euros pour acheter d'autres biens. Son utilité totale est dès lors égale à

$$v(n) + m - pn.$$

Cette utilité peut également être interprétée comme une surface : il suffit de prendre la surface représentée à la figure 14.1A, d'en soustraire les dépenses relatives au bien discret et d'ajouter m.

L'expression $v(n) - pn$ est appelée le **surplus du consommateur** ou le **surplus net du consommateur**. Elle mesure les bénéfices nets découlant de la consommation de n unités du bien discret, c'est-à-dire l'utilité $v(n)$ moins la réduction des dépenses de consommation pour les autres biens. Le surplus du consommateur est représenté à la figure 14.1B.

14.3 AUTRES INTERPRÉTATIONS DU SURPLUS DU CONSOMMATEUR

Le surplus du consommateur peut être interprété différemment. Soit p, le prix du bien discret. La valeur que le consommateur attribue à la première unité de ce bien est r_1. Mais, pour cette première unité consommée, il ne doit payer que p, ce qui lui procure un « surplus » de $r_1 - p$. Il évalue la deuxième unité à r_2 mais, à nouveau, il ne doit payer que p. Cette deuxième unité lui procure donc un surplus de $r_2 - p$. Si nous additionnons ces surplus sur l'ensemble des n unités que l'individu décide de consommer, nous obtenons le surplus total de ce consommateur :

$$SC = r_1 - p + r_2 - p + \cdots + r_n - p = r_1 + \cdots + r_n - np.$$

Puisque la somme des prix de réserve correspond exactement à l'utilité de la consommation du bien 1, nous pouvons aussi écrire cette équation sous la forme suivante :

$$SC = v(n) - pn.$$

Il existe encore une autre interprétation du surplus du consommateur. Supposons que l'individu consomme n unités du bien discret et paie pour cela pn euros. Quelle somme serait nécessaire pour amener ce consommateur à renoncer à consommer ce bien ? Représentons cette somme par R. Elle doit satisfaire l'équation suivante :

$$v(0) + m + R = v(n) + m - pn.$$

Puisque par définition $v(0) = 0$, cette équation se ramène à

$$R = v(n) - pn.$$

Cette expression correspond exactement au surplus du consommateur. Le surplus du consommateur mesure donc la somme que le consommateur exigerait pour renoncer à l'ensemble de la consommation d'un bien.

14.4 DU SURPLUS DU CONSOMMATEUR AU SURPLUS DES CONSOMMATEURS

Jusqu'à présent, nous avons considéré le cas d'un consommateur particulier. S'il y a plusieurs consommateurs, nous pouvons additionner le surplus de chacun d'eux afin d'obtenir une mesure agrégée du **surplus des consommateurs**. Soulignons la distinction entre les deux concepts : le surplus du consommateur correspond au surplus d'un consommateur particulier ; le surplus des consommateurs se réfère à la somme des surplus d'un certain nombre de consommateurs.

Le surplus des consommateurs constitue une mesure intéressante des gains agrégés découlant des échanges, exactement comme le surplus d'un consommateur mesure les gains individuels.

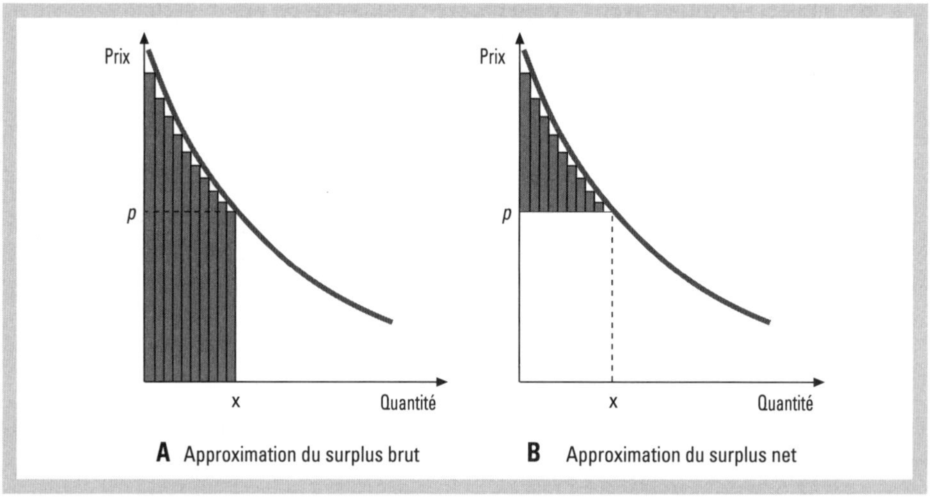

Figure 14.2 ***Approximation d'une demande continue.***

Le surplus du consommateur associé à une courbe de demande continue est approximativement égal au surplus du consommateur associé à une approximation discrète de cette courbe de demande.

14.5 APPROXIMATION D'UNE DEMANDE CONTINUE

Nous avons vu que la surface située en dessous de la courbe de demande pour un bien discret mesure l'utilité de la consommation de ce bien. Nous pouvons étendre cette analyse au cas d'un bien disponible en quantités continues en utilisant une courbe de demande en escalier comme approximation de la courbe de demande continue. La surface située en dessous de la courbe de demande continue est alors approximativement égale à la surface située en dessous de la courbe de demande en escalier.

La figure 14.2 présente un exemple. Dans l'annexe de ce chapitre, nous montrons comment utiliser l'analyse mathématique pour calculer la surface exacte située en dessous d'une courbe de demande.

14.6 L'UTILITÉ QUASI LINÉAIRE

Il est important d'examiner le rôle que l'utilité quasi linéaire joue dans cette analyse. En général, le prix auquel un consommateur est disposé à acheter une quantité donnée de bien 1 dépend de la somme dont il dispose pour la consommation des autres biens. Cela signifie que les prix de réserve pour le bien 1 dépendent généralement de la quantité consommée de bien 2.

Mais dans le cas particulier de l'utilité quasi linéaire, les prix de réserve sont indépendants de la somme que le consommateur peut dépenser pour les autres biens.

Les économistes disent qu'avec l'utilité quasi linéaire, il n'y a pas d'« effet de revenu » puisque les variations de revenu n'affectent pas la demande. C'est ce qui nous permet de calculer l'utilité d'une façon aussi simple. Mesurer l'utilité par la surface située en dessous de la courbe de demande n'est *parfaitement* correct que quand la fonction d'utilité est quasi linéaire.

Toutefois, cette mesure peut souvent constituer une bonne approximation. Pour les biens dont la demande n'est que faiblement influencée par des modifications de revenu, les effets de revenu n'ont guère d'importance. Dans ce cas, la variation du surplus du consommateur constitue une approximation raisonnable de la variation de l'utilité du consommateur[1].

14.7 L'INTERPRÉTATION DE LA VARIATION DU SURPLUS DU CONSOMMATEUR

En général, le niveau absolu du surplus du consommateur ne suscite pas grand intérêt. Par contre, on désire souvent connaître la variation du surplus du consommateur résultant d'un changement de politique quelconque. Par exemple, supposons que le prix d'un bien passe de p' à p''. Quel en est l'effet sur le surplus du consommateur ?

À la figure 14.3, nous avons représenté la variation du surplus du consommateur suite à une variation de prix. La variation du surplus du consommateur est la différence entre deux surfaces quasi triangulaires. Par conséquent, elle a une forme quasi trapézoïdale. Ce trapèze est en fait constitué de deux parties : le rectangle noté R et une surface quasi triangulaire notée T.

Le rectangle mesure la réduction du surplus résultant du fait que le consommateur paie désormais davantage pour toutes les unités qu'il continue de consommer. Suite à l'augmentation du prix, le consommateur continue de consommer x'' unités du bien et chaque unité coûte désormais $p'' - p'$ de plus. Cela signifie qu'il doit dépenser $(p'' - p')x''$ de plus pour consommer x'' unités du bien.

Mais cette dépense supplémentaire ne mesure pas la perte totale de bienêtre. Suite à l'augmentation du prix du bien x, le consommateur a décidé de réduire sa consommation. Le triangle T mesure la valeur de cette diminution de la consommation du bien x. La perte totale pour le consommateur est la somme de ces deux effets ; R mesure la perte correspondant au fait de devoir payer davantage pour les unités qu'il continue de consommer et T mesure la perte correspondant à la réduction de sa consommation.

[1] Évidemment, la variation du surplus du consommateur ne constitue qu'une façon de représenter la variation de l'utilité. La variation de la racine carrée du surplus du consommateur pourrait en constituer une autre tout aussi correcte, mais l'usage veut que le surplus du consommateur soit devenu la mesure standard de l'utilité.

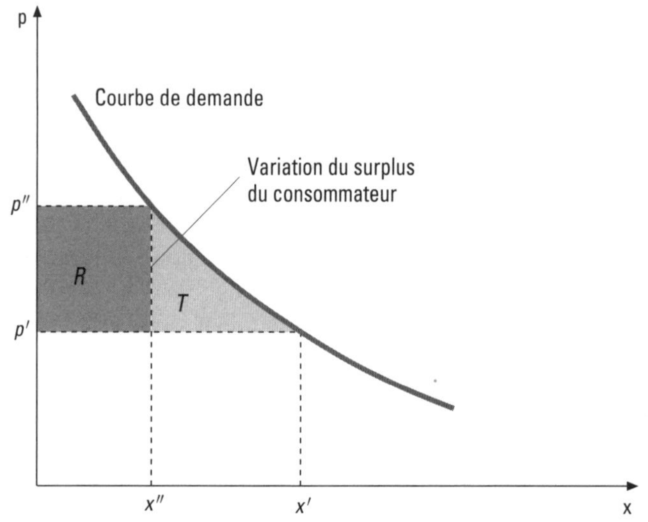

Figure 14.3 ***Variation du surplus du consommateur.***

La variation du surplus du consommateur est la différence entre deux surfaces quasi triangulaires. Par conséquent, elle a une forme quasi trapézoïdale.

Exemple : La variation du surplus du consommateur

Question : Considérons la courbe de demande linéaire suivante : $D(p) = 20 - 2p$. Quand le prix passe de 2 à 3, quel est l'effet sur le surplus du consommateur ?

Réponse : Quand $p = 2$, $D(2) = 16$ et quand $p = 3$, $D(3) = 14$. Nous désirons par conséquent calculer la surface d'un trapèze dont la hauteur est 1 et les bases 14 et 16. Ce trapèze est équivalent à un rectangle de hauteur 1 et de base 14 (dont la surface est 14) plus un triangle de hauteur 1 et de base 2 (dont la surface est 1). La surface totale est donc égale à 15.

14.8 VARIATION COMPENSATOIRE ET VARIATION ÉQUIVALENTE

La théorie du surplus du consommateur s'applique parfaitement dans le cas de l'utilité quasi linéaire. Mais même si l'utilité n'est pas quasi linéaire, le surplus du consommateur peut encore constituer une mesure acceptable du bien-être du consommateur dans de nombreuses applications. Généralement, les erreurs de mesure des courbes de demande sont plus importantes que les erreurs d'approximation découlant de l'utilisation du surplus du consommateur.

Toutefois, dans certaines applications, il peut être préférable de ne pas utiliser d'approximation. Dans cette section, nous allons présenter une façon de mesurer « les variations d'utilité » sans recourir au surplus du consommateur. En fait, nous allons traiter deux problèmes différents. Le premier concerne l'estimation de l'utilité quand nous pouvons observer un certain nombre de choix du consommateur. Le second concerne la façon dont nous pouvons mesurer l'utilité en unités monétaires.

Nous avons déjà examiné le problème de l'estimation. Au chapitre 5, nous avons montré à l'aide d'un exemple comment estimer une fonction d'utilité Cobb-Douglas. Dans cet exemple, les parts budgétaires étaient relativement constantes et les parts budgétaires moyennes pouvaient être utilisées comme estimateurs des paramètres Cobb-Douglas. Si le comportement de demande ne présente pas cette caractéristique particulière, nous devons choisir une fonction d'utilité plus compliquée. Cependant, le principe reste exactement le même : si nous avons assez d'observations sur le comportement de demande et que le comportement correspond à la maximisation d'un objectif, nous pouvons généralement estimer la fonction qui est maximisée.

Avec une estimation de la fonction d'utilité qui décrit le comportement de choix observé, il est possible d'évaluer l'impact de propositions de modification en matière de prix et de niveaux de consommation. Fondamentalement, c'est le maximum que nous puissions espérer faire. Ce sont les préférences du consommateur qui importent. Toute fonction d'utilité qui décrit ces préférences convient aussi bien qu'une autre.

Néanmoins, dans certaines applications, il peut être intéressant d'utiliser des mesures monétaires particulières de l'utilité. Par exemple, nous pourrions nous demander combien nous devrions donner au consommateur pour le dédommager d'un changement dans sa consommation. Une telle mesure correspond fondamentalement à une variation d'utilité, mais elle mesure cette variation en unités monétaires. Quelles sont les méthodes permettant d'effectuer ce genre de mesure ?

Considérons la situation représentée à la figure 14.4. Le consommateur est confronté initialement à des prix $(p_1^*, 1)$ et consomme un panier (x_1^*, x_2^*). Le prix du bien 1 augmente de p_1^* à $\hat{p}_1$ et la consommation de l'individu devient $(\hat{x}_1, \hat{x}_2)$. Quelle perte cette variation de prix représente-t-elle pour le consommateur ?

Pour répondre à cette question, on peut se demander quelle somme nous devrions donner au consommateur *après* la variation de prix pour qu'il ait exactement le même niveau de satisfaction que celui qu'il avait auparavant. Graphiquement, le problème est de déplacer vers le haut la nouvelle droite de budget de façon à la rendre tangente à la courbe d'indifférence qui passe par le panier de consommation initial. La variation de revenu nécessaire pour ramener le consommateur sur sa courbe d'indifférence initiale est appelée la **variation compensatoire** du revenu puisqu'il s'agit de la variation de revenu qui « compense » exactement la variation de prix aux yeux du consommateur. La variation compensatoire mesure la somme supplémentaire que le gouvernement devrait donner au consommateur pour le dédommager exactement de la variation de prix.

Une autre façon de mesurer l'impact d'une variation de prix en termes monétaires est de se demander quelle somme nous devrions retirer au consommateur *avant* la variation

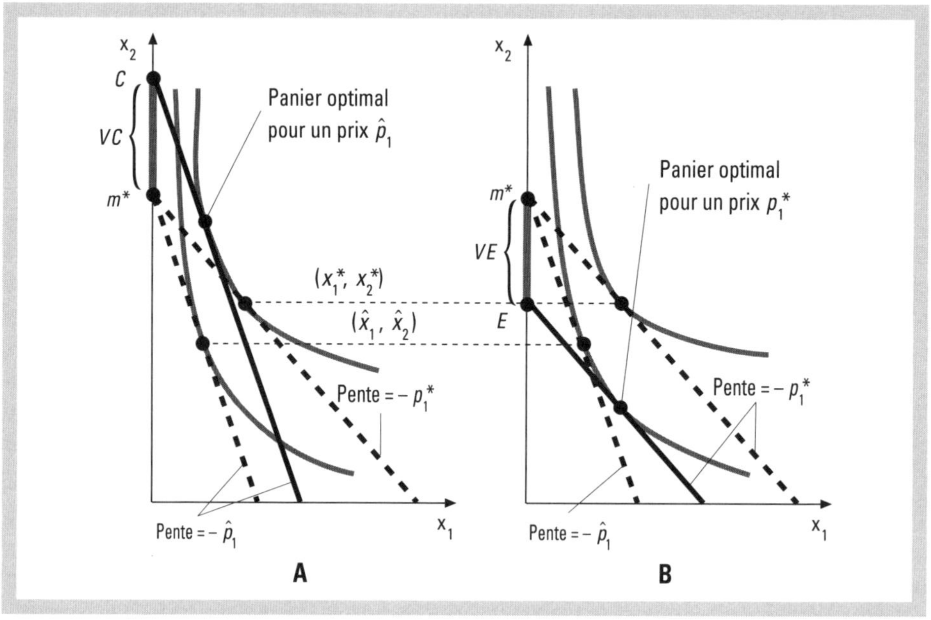

Figure 14.4 ***Variation compensatoire et variation équivalente.***

La partie A représente la variation compensatoire (*VC*) et la partie B, la variation équivalente (*VE*).

de prix pour qu'il ait le même niveau de satisfaction que celui qu'il atteindrait *après* cette variation. Cette somme est appelée la **variation équivalente** du revenu puisqu'il s'agit de la variation de revenu qui est équivalente en termes de variation d'utilité à la modification du prix. À la figure 14.4, il s'agit de déplacer vers le bas la droite de budget initiale pour qu'elle devienne tangente à la courbe d'indifférence qui passe par le nouveau panier de consommation. La variation équivalente mesure le montant maximum que le consommateur serait disposé à payer pour éviter la variation de prix.

En général, la somme que le consommateur serait disposé à payer pour éviter une variation de prix, est différente de la somme qu'il devrait recevoir comme dédommagement pour cette variation de prix. Cela provient du fait que le consommateur attribue des valeurs différentes à un euro s'il est confronté à des prix différents, puisqu'il achète des consommations différentes. Graphiquement, les variations compensatoire et équivalente sont simplement deux façons différentes de mesurer la distance entre deux courbes d'indifférence. Dans les deux cas, la distance qui sépare deux courbes d'indifférence se mesure par l'écart entre leurs tangentes. Cette mesure dépend en principe de la pente des tangentes, c'est-à-dire des prix que nous choisissons pour définir les droites de budget.

Les variations compensatoire et équivalente sont cependant égales dans un cas important : celui de l'utilité quasi linéaire. Dans ce cas, les courbes d'indifférence sont parallèles, de sorte que la distance entre n'importe quelle paire de courbes d'indifférence

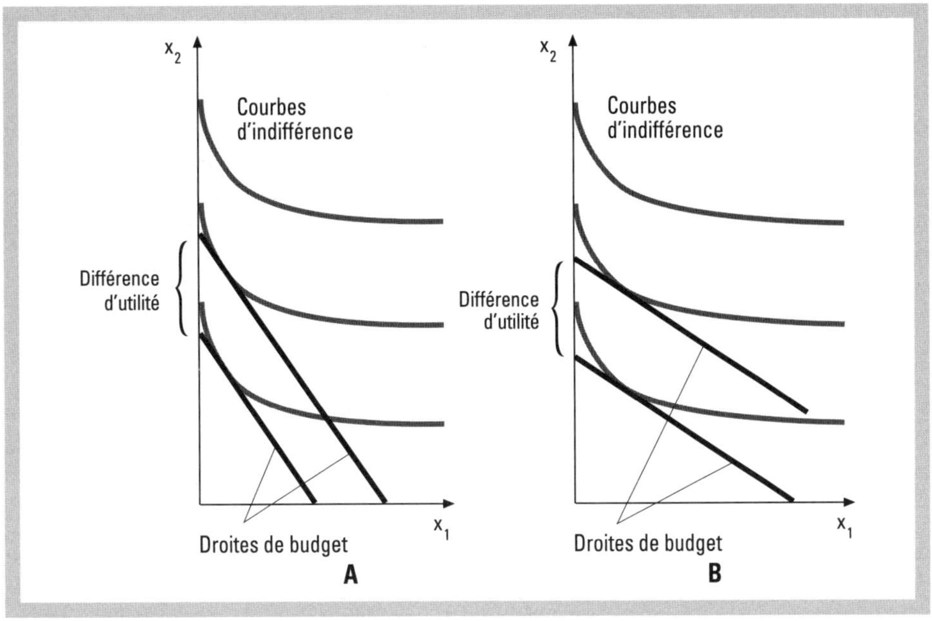

Figure 14.5 ***Les préférences quasi linéaires.***

Dans le cas des préférences quasi linéaires, la distance entre deux courbes d'indifférence est indépendante de la pente des droites de budget.

est la même, quel que soit l'endroit où cette distance est mesurée, comme illustré à la figure 14.5. Quand l'utilité est quasi linéaire, la variation compensatoire, la variation équivalente et la variation du surplus du consommateur donnent toutes les trois la même mesure de la valeur monétaire d'une variation de prix.

Exemple : Les variations compensatoire et équivalente

Supposons qu'un consommateur ait une fonction d'utilité

$$u(x_1, x_2) = x_1^{1/2} x_2^{1/2}.$$

Initialement, il est confronté à des prix (1, 1) et il dispose d'un revenu de 100. Le prix du bien 1 passe à 2. Quelles sont les variations compensatoire et équivalente ?

Nous savons que les fonctions de demande pour une fonction d'utilité Cobb-Douglas sont

$$x_1 = \frac{m}{2p_1}$$

et

$$x_2 = \frac{m}{2p_2}.$$

En utilisant ces formules, nous voyons que les demandes du consommateur passent de $(x_1^*, x_2^*) = (50, 50)$ à $(\hat{x}_1, \hat{x}_2) = (25, 50)$.

Pour calculer la variation compensatoire, nous nous posons la question suivante : de quel revenu le consommateur aurait-il besoin aux prix (2, 1) pour avoir le même niveau de satisfaction que celui qu'il avait en consommant le panier (50, 50) ? Si les prix sont (2, 1) et que le consommateur dispose d'un revenu m, nous pouvons substituer ces valeurs dans les fonctions de demande pour déterminer le panier optimal $(m/4, m/2)$ choisi par le consommateur. En égalisant l'utilité de ce panier à l'utilité du panier (50, 50), nous obtenons

$$\left(\frac{m}{4}\right)^{\frac{1}{2}}\left(\frac{m}{2}\right)^{\frac{1}{2}} = 50^{\frac{1}{2}}50^{\frac{1}{2}}.$$

La solution est $m = 100\sqrt{2} \approx 141$. Le consommateur aurait donc besoin d'environ $141 - 100 = 41$ euros en plus après la variation de prix pour avoir le même niveau de satisfaction qu'auparavant.

Afin de calculer la variation équivalente, nous nous posons la question suivante : de quel revenu le consommateur aurait-il besoin aux prix (1, 1) pour avoir le même niveau de satisfaction qu'en consommant le panier (25, 50) ? Si m représente ce revenu, en suivant le même raisonnement que précédemment, nous obtenons

$$\left(\frac{m}{2}\right)^{\frac{1}{2}}\left(\frac{m}{2}\right)^{\frac{1}{2}} = 25^{\frac{1}{2}}50^{\frac{1}{2}}.$$

La solution est $m = 50\sqrt{2} \approx 70$. Si le consommateur avait un revenu de 70 € aux prix initiaux, il aurait donc exactement le même niveau de satisfaction que celui correspondant aux nouveaux prix et à un revenu de 100 €. La variation équivalente du revenu est donc d'environ $100 - 70 = 30$ €.

Exemple : Variations compensatoire et équivalente dans le cas de préférences quasi linéaires

Supposons que le consommateur ait une fonction d'utilité quasi linéaire $v(x_1) + x_2$. Nous savons que dans ce cas, la demande de bien 1 dépend uniquement du prix de ce bien de sorte que nous l'écrivons sous la forme suivante : $x_1(p_1)$. Supposons que le prix passe de p_1^* à $\hat{p}_1$. Quelles sont les variations compensatoire et équivalente ?

Au prix p_1^*, le consommateur choisit $x_1^* = x_1(p_1^*)$ et il a une utilité de $v(x_1^*) + m - p_1^* x_1^*$. Au prix $\hat{p}_1$, le consommateur choisit $\hat{x}_1 = x_1(\hat{p}_1)$ et a une utilité $v(\hat{x}_1) + m - \hat{p}_1\hat{x}_1$.

Soit C, la variation compensatoire. Il s'agit de la somme supplémentaire dont le consommateur aurait besoin après la variation de prix pour conserver le même niveau de satisfaction qu'auparavant. En égalisant les deux niveaux d'utilité, nous obtenons

$$v(\hat{x}_1) + m + C - \hat{p}_1\hat{x}_1 = v(x_1^*) + m - p_1^* x_1^*.$$

La solution est

$$C = v(x_1^*) - v(\hat{x}_1) + \hat{p}_1\hat{x}_1 - p_1^*x_1^*.$$

Soit E, la variation équivalente. Il s'agit de la somme qui peut être retirée au consommateur avant la variation de prix et qui le laisse au même niveau d'utilité que celui qu'il aurait après cette variation. La variation équivalente doit donc satisfaire l'équation suivante :

$$v(x_1^*) + m - E - p_1^*x_1^* = v(\hat{x}_1) + m - \hat{p}_1\hat{x}_1.$$

La solution est

$$E = v(x_1^*) - v(\hat{x}_1) + \hat{p}_1\hat{x}_1 - p_1^*x_1^*.$$

Dans le cas de l'utilité quasi linéaire, les variations compensatoire et équivalente sont donc identiques. En outre, elles sont égales à la variation du surplus (net) du consommateur :

$$\Delta SC = [v(x_1^*) - p_1^*x_1^*] - [v(\hat{x}_1) - \hat{p}_1\hat{x}_1].$$

14.9 LE SURPLUS DU PRODUCTEUR

La courbe de demande mesure la quantité demandée à chaque niveau de prix. La **courbe d'offre** mesure la quantité offerte à chaque prix. Exactement comme la surface *en dessous* de la courbe de demande mesure le surplus dont bénéficient les demandeurs d'un bien, la surface située *au-dessus* de la courbe d'offre mesure le surplus dont bénéficient les offreurs d'un bien.

Nous avons appelé la surface en dessous de la courbe de demande, le surplus du consommateur. Par analogie, la surface au-dessus de la courbe d'offre est appelée le **surplus du producteur**. Les termes « surplus du consommateur » et « surplus du producteur » peuvent parfois prêter à confusion car en fait, il importe peu de savoir qui consomme et qui produit. Il serait préférable d'utiliser les termes « surplus du demandeur » et « surplus de l'offreur », mais nous sacrifierons à la tradition en utilisant la terminologie classique.

Supposons que nous ayions une courbe d'offre pour un bien particulier. Cette courbe mesure simplement la quantité du bien offerte aux différents prix possibles. Le bien pourrait être offert par un individu qui le possède ou par une firme qui le produit. Nous adopterons la seconde interprétation afin de « coller »à la terminologie classique. La figure 14.6 présente la courbe d'offre du producteur. Si le producteur peut vendre x^* unités de son produit sur un marché à un prix p^*, quel est son surplus ?

Il est beaucoup plus facile de mener l'analyse en utilisant la fonction d'offre *inverse* du producteur : $p_s(x)$. Cette fonction mesure quel devrait être le prix pour amener le producteur à offrir x unités du bien.

Considérons la fonction d'offre inverse pour un bien discret. Dans ce cas, le producteur est disposé à vendre la première unité du bien à un prix $p_s(1)$, mais il reçoit en fait le prix du marché p^* pour cette unité. De même, il est disposé à vendre la deuxième unité pour $p_s(2)$, mais il obtient pour celle-ci le prix p^*. Nous pouvons continuer le raisonnement jusqu'à la dernière unité vendue ; le producteur est disposé à vendre cette unité à un prix $p_s(x^*) = p^*$.

La différence entre la somme minimum pour laquelle le producteur serait disposé à vendre les x^* unités et la somme pour laquelle il les vend effectivement est le **surplus net du producteur**. Il s'agit de la surface triangulaire reproduite à la figure 14.6 A.

Exactement comme pour le surplus du consommateur, nous pouvons nous demander quelle est la variation du surplus du producteur si le prix augmente de p' à p''. En général, la variation du surplus est la différence entre deux surfaces triangulaires. Elle a dès lors généralement une forme quasi trapézoïdale comme illustrée à la figure 14.6 B. Comme pour le surplus du consommateur, la surface quasi trapézoïdale est composée d'une surface rectangulaire R et d'une surface quasi triangulaire T. Le rectangle mesure le gain correspondant au fait que les unités antérieurement vendues au prix p' le sont désormais à un prix plus élevé p''. La surface quasi triangulaire mesure le gain correspondant à la vente d'unités supplémentaires au prix p''. Ceci est analogue à la variation du surplus du consommateur considérée antérieurement.

Bien qu'on appelle généralement ce type de variation une augmentation du surplus du producteur, il s'agit en fait fondamentalement d'une augmentation du surplus des consommateurs qui possèdent la firme générant la courbe d'offre. Le surplus du producteur est étroitement lié à l'idée de profit. Toutefois, pour expliciter cette relation, nous devons attendre d'avoir étudié de façon plus détaillée le comportement de la firme.

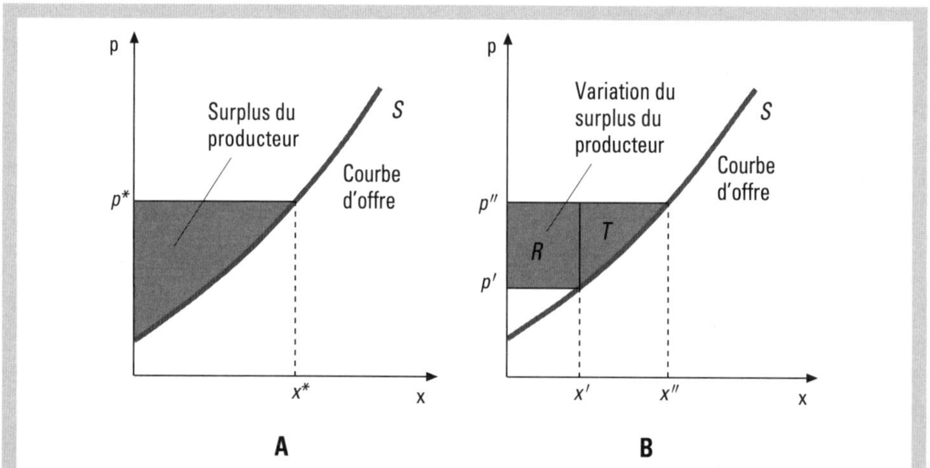

Figure 14.6 ***Le surplus du producteur.***

Le surplus net du producteur est la surface triangulaire à gauche de la courbe d'offre dans la partie A et la variation du surplus du producteur est la surface trapézoïdale de la partie B.

14.10 L'ANALYSE COÛT-BÉNÉFICE

Nous pouvons utiliser la méthode du surplus du consommateur que nous venons de développer, pour calculer les bénéfices et les coûts de diverses politiques économiques.

Analysons par exemple, l'impact d'un prix-plafond. Considérons la situation représentée à la figure 14.7. En l'absence d'intervention, le prix serait p_0 et la quantité vendue, q_0.

Les autorités estiment que ce prix est trop élevé et elles imposent un prix plafond, p_c. Cela réduit la quantité que les offreurs sont disposés à vendre. Ils offrent désormais q_c, ce qui ramène le surplus des producteurs à la zone grisée.

Maintenant que seule la quantité q_c est disponible pour les consommateurs, qui va l'acquérir ?

Une hypothèse est que l'output ira aux consommateurs qui ont les plus fortes dispositions à payer. Soit p_e, le **prix effectif** qui induirait les consommateurs à demander $q_e = q_c$. Si toute personne qui est disposée à payer plus que p_e reçoit le bien en question, le surplus des consommateurs correspond à la zone grisée.

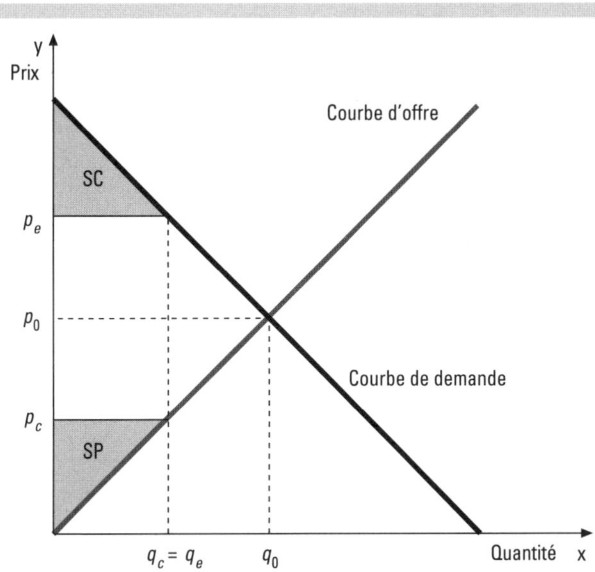

Figure 14.7 ***Un prix-plafond.***

Le prix-plafond *pc* réduit l'offre à q_e. Il réduit le surplus des consommateurs à SC et le surplus des producteurs à SP. Le prix effectif du bien, p_e, est le prix qui assure l'équilibre du marché. La figure montre également ce qui se passe en cas de rationnement, le prix du coupon-ration étant $p_e - p_c$.

Notons que la perte de surplus des consommateurs et des producteurs est donnée par la surface trapézoïdale au milieu de la figure. C'est la différence entre les surplus des consommateurs et des producteurs en situation de marché concurrentiel et les surplus avec prix-plafond.

Supposer que le bien va aux consommateurs qui ont les plus fortes dispositions à payer est beaucoup trop optimiste dans la plupart des situations. Nous devons dès lors nous attendre à ce qu'en général, la zone trapézoïdale soit la limite inférieure de la perte de surplus des consommateurs et des producteurs en cas de prix-plafond.

Rationnement

La figure que nous venons d'examiner peut aussi être utilisée pour évaluer les pertes sociales dues au rationnement. Au lieu de fixer le prix-plafond en p_c, supposons que les autorités émettent des coupons-rations qui ne permettent d'acquérir que q_c unités. Pour acheter une unité du bien, un consommateur doit payer p_c au vendeur et fournir un coupon-ration.

Si les coupons-rations sont négociables, ils seront vendus à un prix $p_e - p_c$. Le prix d'achat total sera égal à p_e qui est le prix qui assure l'équilibre du marché pour le bien en question.

14.11 CALCULER LES GAINS ET LES PERTES

Si nous disposons d'estimations des courbes de demande et d'offre du marché pour un bien particulier, il n'est pas en principe difficile de calculer la perte de surplus des consommateurs consécutive à des modifications dans la politique gouvernementale. Supposons par exemple que le gouvernement décide de modifier la fiscalité relative à un bien particulier. Cela implique une variation du prix pour les consommateurs et, par conséquent, une variation de la quantité consommée. Nous pouvons calculer le surplus des consommateurs associé à différentes propositions fiscales et voir quelle réforme génère la perte la plus faible.

Ce calcul constitue souvent une information utile pour évaluer diverses méthodes de taxation. Cependant, cette approche présente deux défauts. Tout d'abord, comme nous l'avons mentionné antérieurement, le calcul du surplus du consommateur n'est valable que pour des formes particulières de préférences, c'est-à-dire des préférences qui peuvent être représentées par une fonction d'utilité quasi linéaire. Rappelons que ce type de fonction d'utilité peut constituer une approximation acceptable pour des biens dont le niveau de consommation est peu sensible à des variations de revenu. Mais, pour des biens dont la consommation est étroitement liée au revenu, l'utilisation du surplus du consommateur peut être inappropriée.

Deuxièmement, en calculant cette perte, nous agrégeons l'ensemble des consommateurs et des producteurs. Nous obtenons une estimation du « coût » d'une mesure politique uniquement au niveau d'un « consommateur représentatif » abstrait. Dans de nombreux cas, on désire non seulement connaître le coût moyen pour l'ensemble de la population mais aussi identifier les agents économiques qui supportent les coûts. Le succès ou l'échec politique des propositions de réforme dépend souvent davantage de la *répartition* des gains et des pertes que du gain moyen ou de la perte moyenne.

On peut facilement calculer le surplus du consommateur. Toutefois, nous avons vu qu'il n'est pas beaucoup plus difficile de calculer la valeur exacte de la variation compensatoire ou de la variation équivalente correspondant à une variation de prix. Si nous disposons d'estimations des fonctions de demande de chaque ménage — ou du moins des fonctions de demande pour un échantillon représentatif des ménages — nous pouvons calculer l'impact d'une mesure politique sur chaque ménage en termes de variation compensatoire ou équivalente. Nous obtenons ainsi une mesure des « bénéfices » ou des « coûts » qu'une proposition de réforme implique pour chaque ménage.

Mervyn King, professeur d'économie à la « London School of Economics », a donné un bel exemple de cette approche en analysant les implications d'une réforme de la fiscalité sur les logements en Grande-Bretagne dans son article « Welfare Analysis of Tax Reforms Using Household Data », *Journal of Public Economics*, 21, 1983, pp. 183–214.

King a examiné tout d'abord les dépenses de logement de 5 895 ménages et il a estimé une fonction de demande décrivant le plus fidèlement possible leurs achats de services de logement. Ensuite, à l'aide de cette fonction de demande, il a déterminé la fonction d'utilité de chaque ménage. Enfin, sur base cette fonction d'utilité, il a calculé ce que chaque ménage gagnerait ou perdrait en fonction de certaines modifications de la fiscalité sur les logements en Grande-Bretagne. La mesure utilisée par King correspond à la variation équivalente définie dans ce chapitre. King a envisagé une réforme fiscale qui consiste pour l'essentiel, d'une part, en la suppression des déductions fiscales accordées pour les habitations occupées par leur propriétaire, d'autre part, en une augmentation des loyers des habitations sociales, les recettes additionnelles engendrées par ces modifications étant ristournées aux ménages sous la forme de transferts proportionnels à leurs revenus.

King a conclu que 4 888 des 5 895 ménages bénéficieraient de ce type de réforme. Mais surtout, il a pu identifier explicitement quels ménages subiraient une perte significative suite à cette réforme fiscale. Il a par exemple estimé que 94 % des ménages disposant des revenus les plus élevés bénéficieraient de la réforme alors que seulement 58 % des ménages disposant des revenus les plus faibles en bénéficieraient. Grâce à des informations de ce type, on pourrait prendre des dispositions particulières permettant la mise au point d'une réforme fiscale qui satisfasse des objectifs redistributifs.

RÉSUMÉ

1. Dans le cas d'un bien discret et d'une utilité quasi linéaire, l'utilité associée à la consommation de *n* unités du bien discret correspond exactement à la somme des *n* premiers prix de réserve.

2. Cette somme est le bénéfice brut découlant de la consommation du bien. Si nous soustrayons le montant dépensé pour acheter le bien, nous obtenons le surplus du consommateur.

3. La variation du surplus du consommateur correspondant à une variation du prix a une forme quasi trapézoïdale. Elle peut être interprétée comme la variation de l'utilité découlant de la variation du prix.

4. En règle générale, nous pouvons utiliser la variation compensatoire et la variation équivalente du revenu pour mesurer l'impact d'une variation de prix en termes monétaires.

5. Si l'utilité est quasi linéaire, la variation compensatoire, la variation équivalente et la variation du surplus du consommateur sont identiques. Même si l'utilité n'est pas quasi linéaire, la variation du surplus du consommateur peut constituer une bonne approximation de l'impact de la variation du prix sur l'utilité d'un consommateur.

6. Dans le cas du comportement d'offre, nous pouvons définir un surplus du producteur qui mesure les bénéfices nets pour l'offreur découlant de la production d'une quantité donnée d'output.

PROBLÈMES À RÉSOUDRE

14.1 Un bien peut être produit sur un marché concurrentiel à un coût unitaire de 10 €. Il y a 100 consommateurs, chacun étant disposé à payer 12 € pour une seule unité du bien. (Des unités supplémentaires n'ont aucune valeur à leurs yeux.) Quel est le prix d'équilibre et la quantité vendue ? Le gouvernement impose une taxe de 1 € par unité. Quelle est la charge morte de cette taxe ?

14.2 Supposons que la courbe de demande d'un bien soit égale à $D(p) = 10 - p$. Quel est le bénéfice brut découlant de la consommation de 6 unités de ce bien ?

14.3 Dans l'exemple précédent, si le prix du bien passe de 4 à 6, quelle est la variation du surplus du consommateur ?

14.4 Supposons qu'un individu consomme 10 unités d'un bien discret et que le prix unitaire augmente de 5 à 6. Malgré cet accroissement du prix, le consommateur continue de consommer 10 unités du bien discret. Quelle perte cette variation de prix entraîne-t-elle au niveau du surplus du consommateur ?

ANNEXE

Utilisons l'analyse mathématique pour étudier de façon rigoureuse le surplus du consommateur. Considérons tout d'abord le problème de maximisation de l'utilité quasi linéaire :

$$\max_{x,y} \; v(x)+y$$
$$\text{s.c. } px+y=m.$$

En utilisant la contrainte budgétaire, nous obtenons

$$\max_{x} \; v(x)+m-px.$$

La condition du premier ordre de ce problème est

$$v'(x)=p.$$

Cela signifie que la fonction de demande inverse $p(x)$ est définie comme suit :

$$p(x)=v'(x). \tag{14.2}$$

Notons l'analogie avec le cas discret analysé dans ce chapitre : le prix auquel le consommateur est juste disposé à consommer x unités est égal à l'utilité marginale.

Puisque la courbe de demande inverse mesure la dérivée de l'utilité, il suffit d'intégrer la fonction de demande inverse pour obtenir la fonction d'utilité.

Cette intégration donne

$$v(x)=v(x)-v(0)=\int_0^x v'(t)\,dt=\int_0^x p(t)\,dt.$$

L'utilité associée à la consommation du bien x correspond donc exactement à la surface située en dessous de la courbe de demande.

Exemple : Quelques fonctions de demande

Supposons la fonction de demande linéaire $x(p) = a - bp$. La variation du surplus du consommateur quand le prix passe de p à q est alors donnée par

$$\int_p^q (a-bt)\,dt=\left[at-b\frac{t^2}{2}\right]_p^q=a(q-p)-b\frac{q^2-p^2}{2}.$$

Une autre fonction de demande souvent utilisée, et que nous examinerons plus en détail au chapitre suivant, a la forme $x(p) = Ap^{\varepsilon}$ avec $\varepsilon < 0$ et A, une constante donnée. Quand le prix passe de p à q, la variation du surplus du consommateur est

$$\int_p^q At^{\varepsilon}\,dt=A\left[\frac{t^{\varepsilon+1}}{\varepsilon+1}\right]_p^q=A\frac{q^{\varepsilon+1}-p^{\varepsilon+1}}{\varepsilon+1},$$

pour $\varepsilon \neq -1$. Quand $\varepsilon = -1$, cette fonction de demande est égale à $x(p) = A/p$; cette forme est fort proche de la fonction de demande Cobb-Douglas $x(p) = am/p$. La variation du surplus du consommateur pour la fonction de demande Cobb-Douglas est

$$\int_p^q \frac{am}{t}\,dt=am[\ln t]_p^q=am(\ln q-\ln p).$$

Tableau 14.1 *Comparaison de VC, SC et VE*

p_1	VC	SC	VE
1	0,00	0,00	0,00
2	7,18	6,93	6,70
3	11,61	10,99	10,40
4	14,87	13,86	12,94
5	17,46	16,09	14,87

Exemple : Variation compensatoire, variation équivalente et surplus du consommateur

Dans ce chapitre, nous avons calculé les variations compensatoire et équivalente pour la fonction d'utilité Cobb-Douglas. Dans l'exemple précédent, nous avons évalué la variation du surplus du consommateur pour cette même fonction d'utilité Cobb-Douglas. Comparons maintenant ces trois mesures monétaires de l'impact sur l'utilité d'une variation du prix.

Supposons que le prix du bien 1 augmente, passant de 1 à 2, puis à 3, ... tandis que le prix du bien 2 reste fixe et égal à l'unité et que le revenu reste égal à 100. Le tableau 14.1 présente la variation équivalente (VE), la variation compensatoire (VC) et la variation du surplus du consommateur (SC) pour la fonction d'utilité Cobb-Douglas

$$u(x_1, x_2) = x_1^{1/10} x_2^{9/10}.$$

Remarquons que la variation du surplus du consommateur est toujours comprise entre la variation compensatoire et la variation équivalente et que la différence entre ces trois mesures est relativement faible. On peut montrer que ces deux observations sont vérifiées dans des conditions assez générales. Voir Willig, Robert, « Consumer's Surplus without Apology », *American Economic Review*, 66, 1976, pp. 589–597.

15

LA DEMANDE DU MARCHÉ

Dans les chapitres précédents, nous avons examiné comment modéliser le choix d'un consommateur individuel. Nous allons voir à présent comment additionner les choix individuels pour obtenir la **demande du marché**. Une fois la courbe de demande du marché obtenue, nous examinerons certaines de ses propriétés et notamment la relation entre demande et recette.

15.1 DE LA DEMANDE INDIVIDUELLE À LA DEMANDE DU MARCHÉ

Utilisons $x_i^1(p_1, p_2, m_i)$ et $x_i^2(p_1, p_2, m_i)$ pour représenter les fonctions de demande du consommateur i pour les biens 1 et 2. Supposons qu'il y ait n consommateurs. La **demande du marché** pour le bien 1, que nous appellerons aussi la **demande agrégée** pour le bien 1, est dès lors la somme des demandes individuelles sur l'ensemble des consommateurs :

$$X^1(p_1, p_2, m_1, \ldots, m_n) = \sum_{i=1}^{n} x_i^1(p_1, p_2, m_i).$$

L'équation pour le bien 2 est totalement similaire.

Puisque la demande d'un individu pour un bien donné dépend des prix et de son revenu nominal, la demande agrégée dépend en général des prix et de la *distribution* des revenus. Toutefois, il est parfois commode de considérer la demande agrégée comme la demande d'un « consommateur représentatif » disposant d'un revenu égal à la somme de l'ensemble des revenus individuels. Les conditions qui permettent de procéder de la sorte sont assez strictes mais l'examen de cette question va au-delà de l'objet du présent ouvrage.

Si nous adoptons l'hypothèse du consommateur représentatif, la fonction de demande agrégée a la forme suivante : $X^1(p_1, p_2, M)$ où M est la somme des revenus des consommateurs individuels. Sous cette hypothèse, la demande agrégée dans l'économie correspond exactement à la demande d'un individu confronté à des prix (p_1, p_2) et disposant d'un revenu M.

Si nous maintenons fixes tous les revenus nominaux, ainsi que le prix du bien 2, nous pouvons comme à la figure 15.1 représenter la relation entre la demande agrégée du bien 1 et son prix. Notons que cette courbe est tracée en maintenant constants tous les autres prix et les revenus. Si ces prix ou ces revenus se modifient, la courbe de demande agrégée se déplace.

Par exemple, si les biens 1 et 2 sont des substituts, nous savons que, quel que soit le prix du bien 1, une augmentation du prix du bien 2 entraîne une augmentation de la demande du bien 1. Cela signifie qu'une augmentation du prix du bien 2 entraîne un déplacement de la courbe de demande agrégée du bien 1 vers la droite. De même, si les biens 1 et 2 sont complémentaires, une augmentation du prix du bien 2 entraîne un déplacement vers la gauche de la courbe de demande agrégée du bien 1.

Toutes autres choses étant maintenues égales pour un individu, si le bien 1 est un bien normal, une augmentation de son revenu tend à accroître sa demande et, par

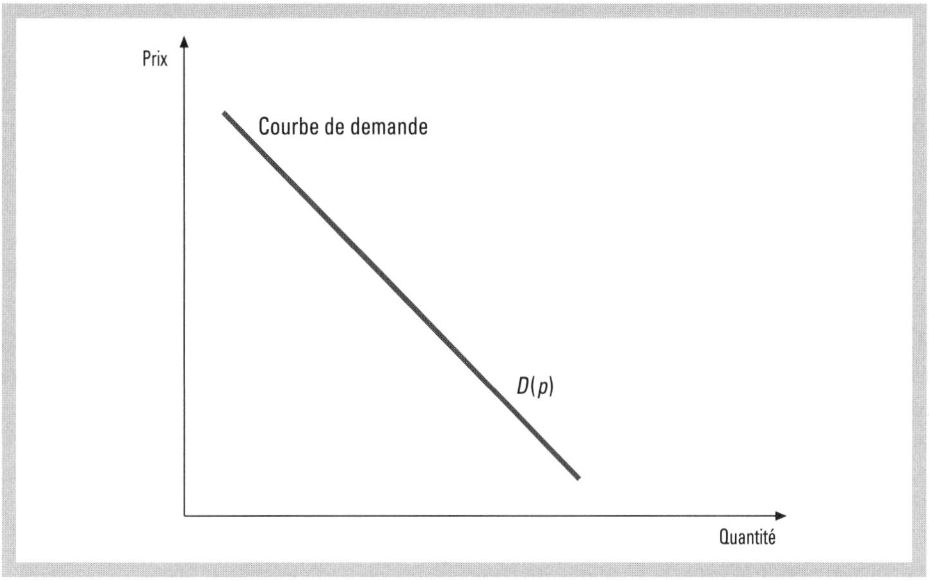

Figure 15.1 ***La courbe de demande du marché.***

La courbe de demande du marché est la somme des courbes de demande individuelle.

conséquent, à déplacer la courbe de demande agrégée vers la droite. Si nous adoptons le modèle du consommateur représentatif et que nous supposons que le bien 1 est un bien normal, tout changement économique qui accroît le revenu agrégé augmente la demande du bien 1.

15.2 LA FONCTION DE DEMANDE INVERSE

Nous pouvons interpréter la courbe de demande agrégée comme exprimant la quantité en fonction du prix ou, inversement, le prix en fonction de la quantité. Quand nous désirons insister sur cette dernière interprétation, nous parlons parfois de **fonction de demande inverse** $P(X)$. Cette fonction indique quel devrait être le prix du bien 1 sur le marché pour que la demande de ce bien soit de X unités.

Nous avons vu que le prix d'un bien mesure le taux marginal de substitution entre celui-ci et tous les autres biens, c'est-à-dire que le prix représente la propension marginale à payer pour une unité supplémentaire du bien pour toute personne demandant de ce bien. Si tous les consommateurs sont confrontés aux mêmes prix pour les divers biens, ils ont tous le même taux marginal de substitution au niveau de leurs choix optimaux. La fonction de demande inverse $P(X)$ mesure donc le taux marginal de substitution ou la propension marginale à payer pour *tous* les consommateurs qui achètent ce bien.

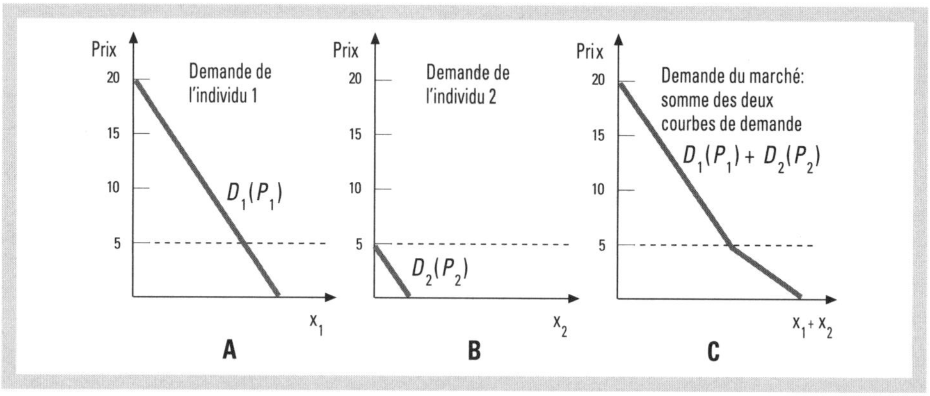

Figure 15.2 ***La somme de deux courbes de demande «linéaire».***

Puisque les courbes de demande ne sont linéaires que pour des quantités positives, la courbe de demande du marché présente généralement un coude.

L'interprétation graphique de cette opération de sommation est assez évidente. Notons que nous additionnons les courbes de demande ou d'offre *horizontalement* : pour un prix donné, nous additionnons les quantités demandées par les individus et ces quantités sont évidemment mesurées sur l'axe horizontal.

Exemple : L'addition de courbes de demande « linéaire »

Supposons que la courbe de demande d'un individu particulier soit égale à $D_1(p) = 20 - p$ et que celle d'un autre individu soit $D_2(p) = 10 - 2p$. Quelle est la fonction de demande du marché ? Nous devons ici être quelque peu attentifs à la signification de ce que nous appelons des fonctions de demande « linéaire ». Puisqu'une quantité négative d'un bien n'a généralement aucun sens, les fonctions de demande individuelle ont *en fait* les formes suivantes :

$$D_1(p) = \max\{20 - p, 0\}$$
$$D_2(p) = \max\{10 - 2p, 0\}.$$

Ce que les économistes appellent des courbes de demande « linéaire » ne sont pas en réalité des fonctions linéaires ! La somme de ces deux courbes de demande correspond à la courbe reproduite à la figure 15.2. Notons que pour un prix égal à 5, la courbe présente un coude.

15.3 LES BIENS DISCRETS

Si un bien est disponible uniquement en quantités discrètes, nous avons vu que la demande pour ce bien au niveau d'un consommateur individuel peut être définie à partir des prix de réserve du consommateur. Examinons maintenant la demande du marché pour ce type

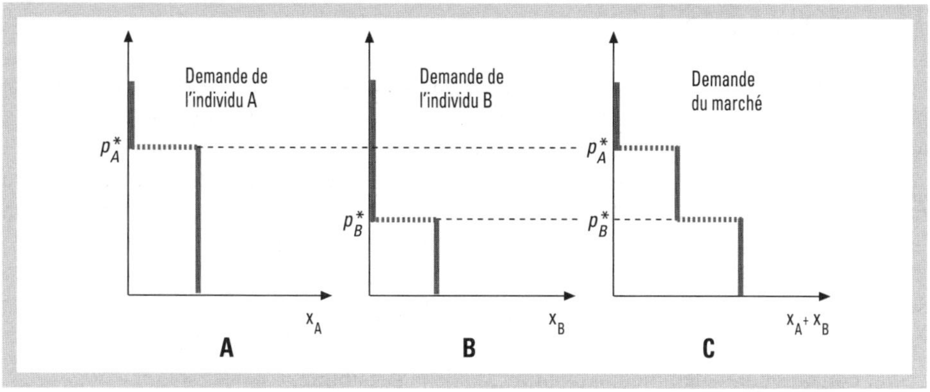

Figure 15.3 ***La demande du marché pour un bien discret.***

La courbe de demande du marché est la somme des courbes de demande pour tous les consommateurs sur le marché. Dans le cas représenté ici, il y a deux consommateurs, A et B.

de biens. Pour simplifier l'analyse, nous nous limitons au cas où le bien est disponible uniquement en quantité égale à un ou à zéro.

Dans ce cas, la demande d'un consommateur est complètement définie par son prix de réserve, c'est-à-dire le prix pour lequel il est juste disposé à acheter une unité. À la figure 15.3, nous avons reproduit les courbes de demande pour deux consommateurs, A et B, et la demande du marché qui correspond à la somme de ces deux courbes de demande. Notons que la courbe de demande du marché doit, dans ce cas, être « décroissante » puisque qu'une diminution du prix du marché doit accroître le nombre de consommateurs qui sont disposés à payer au moins ce prix.

15.4 LA MARGE EXTENSIVE ET LA MARGE INTENSIVE

Dans les chapitres précédents, nous avons principalement étudié le choix d'un individu qui consomme des quantités positives de chaque bien. Quand le prix varie, l'individu décide de consommer plus ou moins d'un bien ou de l'autre. Toutefois, il continue à consommer une quantité positive de chaque bien. Les économistes disent parfois qu'il s'agit dans ce cas, d'un ajustement à la **marge intensive**.

Dans le modèle du prix de réserve, les consommateurs décident d'entrer ou non sur le marché d'un des biens. On parle parfois dans ce cas, d'un ajustement à la **marge extensive**. La pente de la courbe de demande agrégée est influencée par les deux types de décision.

Nous avons vu que pour les biens normaux, l'ajustement à la marge intensive opère dans la « bonne » direction : quand le prix augmente, la quantité demandée diminue. Il en est de même pour l'ajustement à la marge extensive. Nous pouvons dès lors nous attendre à ce que les courbes de demande agrégée aient généralement une pente négative.

15.5 L'ÉLASTICITÉ

Au chapitre 6, nous avons vu comment dégager une courbe de demande à partir des préférences d'un consommateur. Il est souvent intéressant de disposer d'une mesure de la « sensibilité » de la demande à une variation donnée des prix ou du revenu. La première solution qui vient à l'esprit consiste à utiliser la pente de la courbe de demande comme mesure de la sensibilité. En effet, la pente d'une courbe de demande est, par définition, la variation de la quantité demandée divisée par la variation du prix :

$$\text{pente de la courbe de demande} = \frac{\Delta q}{\Delta p},$$

ce qui correspond évidemment à une mesure de la sensibilité.

Mais, si la pente de la courbe de demande est effectivement une mesure de la sensibilité, elle présente cependant certains défauts. L'inconvénient majeur de cette mesure est qu'elle dépend des unités dans lesquelles la demande et les prix sont mesurés. Si la demande est mesurée en tonnes plutôt qu'en kilos, la pente est mille fois plus raide. Plutôt que de devoir chaque fois préciser les unités de mesure, il est préférable d'utiliser une mesure de la sensibilité indépendante de ces unités. Les économistes ont choisi d'utiliser une mesure appelée **élasticité**.

L'**élasticité de la demande par rapport au prix**, ε, est définie comme la variation relative (en pourcentage) de la quantité divisée par la variation relative (en pourcentage) du prix. Une augmentation du prix de 10 % correspond à la même variation relative que le prix soit mesuré en dollars ou en euros. Mesurer les augmentations en pourcentage permet de définir l'élasticité indépendamment des unités.

En utilisant les symboles, la définition de l'élasticité est

$$\varepsilon = \frac{\Delta q / q}{\Delta p / p}.$$

En réarrangeant cette définition, nous obtenons l'expression de l'élasticité la plus couramment utilisée :

$$\varepsilon = \frac{p \Delta q}{q \Delta p}.$$

L'élasticité peut donc être définie comme le rapport du prix à la quantité, multiplié par la pente de la courbe de demande. Dans l'annexe de ce chapitre, nous définirons l'élasticité en termes de dérivée de la fonction de demande, ce qui constitue la façon la plus intéressante d'exprimer l'élasticité, si l'analyse mathématique vous est familière.

Le signe de l'élasticité de la demande est en principe négatif puisque les courbes de demande ont normalement une pente négative. Toutefois, comme il n'est pas pratique de devoir dire qu'une élasticité est égale à *moins* quelque chose, on parle généralement d'une élasticité de 2 ou de 3. Nous essayerons dans cet ouvrage de conserver les signes corrects en ayant recours à la valeur absolue de l'élasticité, mais il faut faire attention au fait qu'oralement, le signe négatif est souvent omis.

Les valeurs négatives posent un autre problème quand nous comparons des ordres de grandeur. Est-ce qu'une élasticité de – 3 est plus élevée ou plus faible qu'une élasticité de – 2 ? D'un point de vue algébrique, – 3 est inférieur à – 2, mais les économistes disent souvent qu'une demande avec une élasticité de – 3 est « plus élastique » qu'une demande avec une élasticité de – 2. Dans cet ouvrage, nous éviterons ce genre d'ambiguïté en comparant les élasticités en fonction de leur valeur absolue.

Exemple : L'élasticité d'une courbe de demande linéaire

Considérons la courbe de demande linéaire $q = a - bp$ représentée à la figure 15.4. La pente de cette droite est une constante. En introduisant cette pente dans la formule de l'élasticité, nous obtenons

$$\varepsilon = \frac{-bp}{q} = \frac{-bp}{a - bp}.$$

Pour $p = 0$, l'élasticité de la demande est nulle. Pour $q = 0$, l'élasticité de la demande est égale à (moins) l'infini. Pour quel prix l'élasticité de la demande est-elle égale à – 1 ? Pour répondre à cette question, écrivons l'équation suivante

$$\frac{-bp}{a - bp} = -1.$$

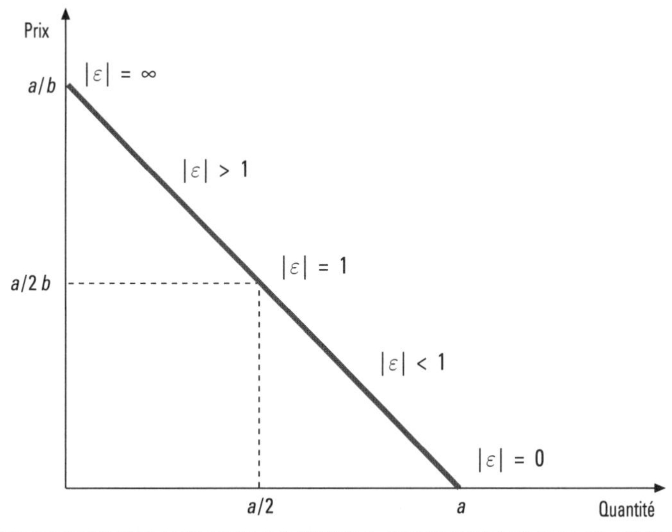

Figure 15.4 ***L'élasticité d'une courbe de demande linéaire.***

L'élasticité est infinie à l'ordonnée à l'origine, égale à 1 au milieu de la courbe et nulle au point d'abscisse.

La solution est

$$p = \frac{a}{2b}.$$

Cette valeur correspond exactement au milieu de la courbe de demande, comme nous pouvons le voir sur la figure 15.4.

15.6 L'ÉLASTICITÉ ET LA DEMANDE

On dit d'un bien dont l'élasticité de la demande est supérieure à 1 en valeur absolue qu'il a une **demande élastique**. Si l'élasticité est inférieure à 1 en valeur absolue, on dit qu'il a une **demande inélastique**. Enfin, si l'élasticité est exactement égale à – 1, on parle d'une **demande d'élasticité unitaire**.

Une courbe de demande élastique est une courbe pour laquelle la quantité demandée est très sensible au prix : si on augmente le prix de 1 %, la quantité demandée décroît de plus de 1 %. Il suffit donc d'interpréter l'élasticité comme la sensibilité de la quantité demandée au prix pour se rappeler aisément ce que signifient les termes élasticité et inélasticité.

De façon générale, l'élasticité de la demande d'un bien dépend dans une large mesure du nombre de substituts proches que ce bien possède. Prenons un cas extrême : nos habituels crayons rouges et crayons bleus. Supposons que tout le monde considère ces biens comme des substituts parfaits. Pour que chacun de ces biens soit effectivement acheté, il faut que leurs prix soient identiques. Que deviendrait la demande de crayons rouges si leur prix augmentait mais que le prix des crayons bleus restait inchangé ? Évidemment, elle deviendrait nulle ; la demande de crayons rouges est très élastique car il existe un substitut parfait.

Si un bien a beaucoup de substituts proches, il faut s'attendre à ce que sa courbe de demande soit très sensible à des variations de prix. Par contre, si un bien ne possède que peu de substituts proches, il peut avoir une demande assez inélastique.

15.7 L'ÉLASTICITÉ ET LA RECETTE

La **recette** est simplement le prix d'un bien multiplié par la quantité vendue de ce bien. Si le prix d'un bien augmente, la quantité vendue diminue et la recette peut dès lors augmenter ou diminuer. L'évolution de la recette dépend évidemment de la sensibilité de la demande à la variation du prix. Si la demande diminue fortement quand le prix augmente, la recette diminue. Si la demande ne diminue que faiblement quand le prix augmente, la recette augmente. Le signe de la variation de la recette dépend donc de l'élasticité de la demande.

Il y a en effet une relation très importante entre l'élasticité de la demande par rapport au prix et la variation de la recette. La définition de la recette est

$$R = pq.$$

Supposons que le prix et la quantité se modifient et deviennent respectivement $p + \Delta p$ et $q + \Delta q$. Nous avons une nouvelle recette égale à

$$\begin{aligned} R' &= (p + \Delta p)(q + \Delta q) \\ &= pq + q\Delta p + p\Delta q + \Delta p\Delta q. \end{aligned}$$

En soustrayant R de R' nous avons

$$\Delta R = q\Delta p + p\Delta q + \Delta p\Delta q.$$

Pour des petites valeurs de Δp et Δq, nous pouvons sans problème ignorer le dernier terme et ne conserver que l'expression suivante :

$$\Delta R = q\Delta p + p\Delta q.$$

Celle-ci indique que la variation de la recette est approximativement égale à la quantité multipliée par la variation du prix plus le prix initial multiplié par la variation de la quantité. Si nous désirons une expression pour le taux de variation de la recette par rapport à la variation du prix, il suffit de diviser la relation précédente par Δp :

$$\frac{\Delta R}{\Delta p} = q + p\frac{\Delta q}{\Delta p}.$$

Cette analyse est représentée graphiquement à la figure 15.5. La recette est simplement la surface du rectangle : prix fois quantité. Quand le prix augmente, nous ajoutons une surface rectangulaire au sommet, qui est approximativement égale à $q\Delta p$, mais nous soustrayons une surface sur le côté, qui est approximativement égale à $p\Delta q$. Pour des petites variations, c'est exactement l'expression obtenue précédemment. (L'élément omis, $\Delta p\Delta q$, correspond au petit rectangle situé à l'angle ; ce rectangle est très petit par rapport aux autres éléments.) Quand le résultat net de ces deux effets est-il positif ? Ou, en d'autres termes, quand l'inégalité suivante est-elle satisfaite :

$$\frac{\Delta R}{\Delta p} = p\frac{\Delta q}{\Delta p} + q(p) > 0\ ?$$

Après transformation, cette inégalité peut s'écrire sous la forme suivante :

$$\frac{p}{q}\frac{\Delta q}{\Delta p} > -1.$$

Le membre de gauche de cette expression est égal à $\varepsilon(p)$ qui est une grandeur négative. En multipliant par -1, nous inversons le sens de l'inégalité :

$$|\varepsilon(p)| < 1.$$

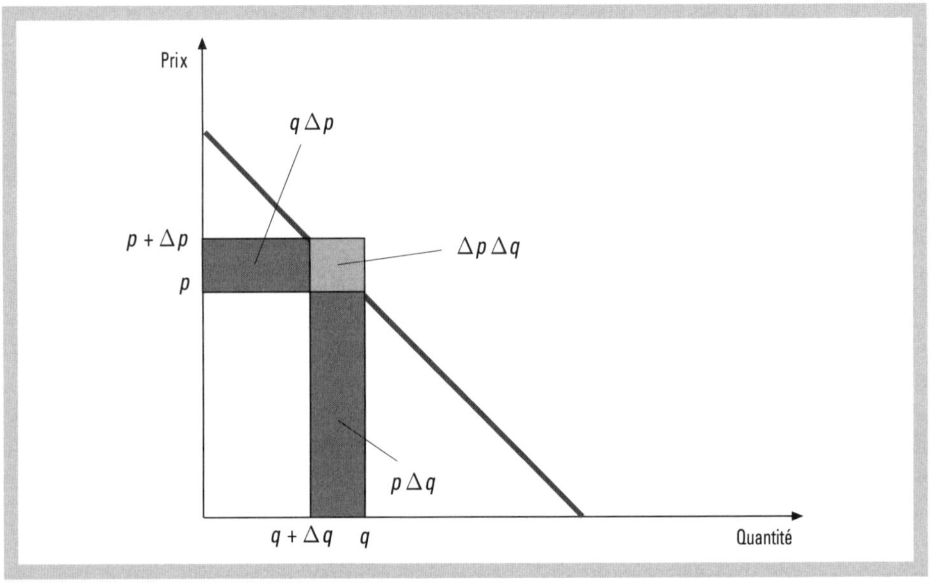

Figure 15.5 ***La variation de la recette consécutive à une variation du prix.***

La variation de la recette est la différence entre le rectangle supérieur ($q\Delta p$) et le rectangle latéral ($p\Delta q$).

Suite à une augmentation du prix, la recette augmente si l'élasticité de la demande est inférieure à 1 en valeur absolue. De même, la recette diminue si l'élasticité de la demande est supérieure à 1 en valeur absolue.

Une autre façon de voir cette relation est d'écrire la variation de la recette comme nous l'avons fait précédemment :

$$\Delta R = p\Delta q + q\Delta p > 0.$$

En réarrangeant cette expression, nous obtenons la condition suivante :

$$-\frac{p}{q}\frac{\Delta q}{\Delta p} = |\varepsilon(p)| < 1.$$

Enfin, nous pouvons reprendre l'expression $\Delta R/\Delta p$ et la transformer comme suit :

$$\begin{aligned}\frac{\Delta R}{\Delta p} &= q + p\frac{\Delta q}{\Delta p} \\ &= q\left[1 + \frac{p}{q}\frac{\Delta q}{\Delta p}\right] \\ &= q[1 + \varepsilon(p)].\end{aligned}$$

Puisque l'élasticité de la demande est normalement négative, nous pouvons aussi écrire cette expression sous la forme suivante :

$$\frac{\Delta R}{\Delta p} = q[1 - |\varepsilon(p)|].$$

Cette formule permet de voir facilement comment la recette réagit à une variation du prix : si la valeur absolue de l'élasticité est supérieure à 1, $\Delta R/\Delta p$ doit être négatif et vice versa.

Il n'est pas difficile de retenir le contenu intuitif de ces relations mathématiques. Si la demande est très sensible au prix, c'est-à-dire très élastique, une augmentation du prix réduit la demande à un point tel que la recette diminue. Si la demande est très insensible au prix, c'est-à-dire très inélastique, une augmentation du prix n'influence guère la demande et la recette globale augmente. La ligne de partage correspond à une élasticité de -1. Pour cette valeur, si le prix augmente de 1 %, la quantité diminue de 1 %, de sorte que la recette totale reste inchangée.

Exemple : Grèves et profits

En 1979, le Syndicat des Travailleurs Agricoles appela à la grève contre les producteurs de laitues en Californie. La grève fut un réel succès : la production de laitues fut réduite d'environ 50 %. Mais la réduction de l'offre de laitues engendra inévitablement une augmentation du prix de la laitue. En fait, durant la grève, le prix de la laitue augmenta d'environ 400 %. Puisque la production était réduite de moitié et que les prix avaient quadruplé, le résultat net fut que les profits des producteurs augmentèrent environ de 100 % ![1]

On peut évidemment s'interroger sur les raisons qui conduisirent les producteurs à finalement résoudre la grève. Pour répondre à cette question, il faut tenir compte des réactions de l'offre tant à court qu'à long terme. La plupart des laitues consommées aux États-Unis pendant les mois d'hiver sont cultivées dans l'Imperial Valley (Californie). Quand l'offre de laitues provenant de cette vallée fut réduite de façon importante au cours de l'hiver 1979, il ne fut pas possible de les remplacer par des laitues provenant d'autres régions et par conséquent le prix du marché de la laitue grimpa. Si la grève avait duré plusieurs saisons, les producteurs auraient planté des laitues dans d'autres régions. Cette augmentation de l'offre d'autres régions aurait amené une réduction du prix de la laitue qui finalement serait revenu à son niveau normal et par conséquent les profits des producteurs de l'Imperial Valley auraient été réduits considérablement.

15.8 LES DEMANDES À ÉLASTICITÉ CONSTANTE

Pour quel type de courbe de demande avons-nous une élasticité de la demande constante ? Dans le cas d'une courbe de demande linéaire, l'élasticité de la demande varie de 0 à

[1] Carter, Colin, et al., « Agricultural Labor Strikes and Farmers' Incomes », *Economic Inquiry*, 25, 1987, p. 121-133.

l'infini ; ce n'est évidemment pas ce que l'on peut qualifier de constant ! Par conséquent, ce n'est pas la réponse à notre question.

Nous pouvons utiliser le calcul de la recette présenté ci-dessus pour obtenir un exemple de demande à élasticité constante. Nous savons que si au prix p, l'élasticité est égale à – 1, la recette reste inchangée quand le prix varie faiblement. Dès lors, si la recette reste constante pour toute variation de prix, la courbe de demande doit avoir partout une élasticité de – 1.

Il est facile de le vérifier. Nous désirons simplement que le prix et la quantité soient reliés par la formule suivante :

$$pq = \overline{R}.$$

Par conséquent,

$$q = \frac{\overline{R}}{p}$$

est la définition d'une fonction de demande ayant une élasticité constante de – 1. Cette fonction $q = \overline{R}/p$ est représentée graphiquement à la figure 15.6. Prix fois quantité est constant le long de cette courbe de demande.

La formule générale pour une demande ayant une élasticité constante ε est la suivante :

$$q = Ap^{\varepsilon}$$

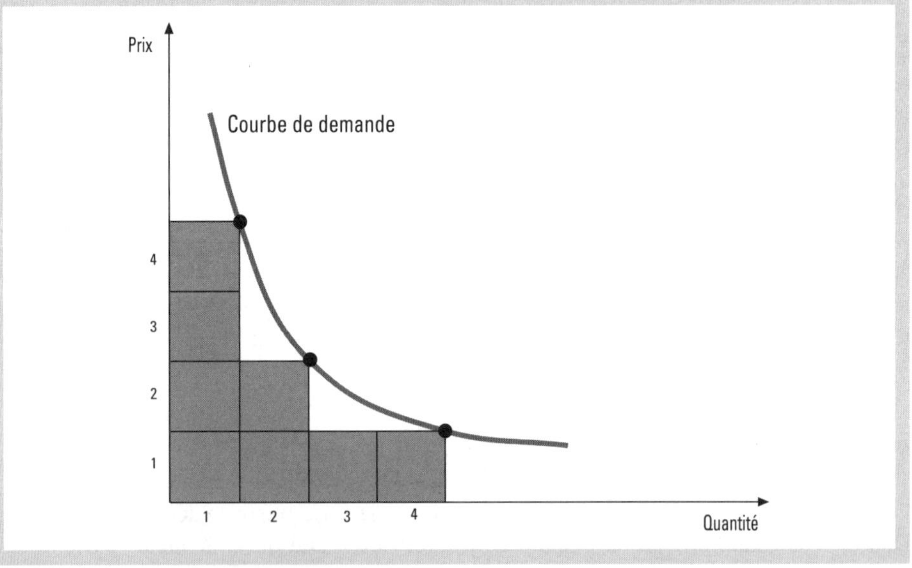

Figure 15.6 ***Demande à élasticité unitaire.***

Le produit « prix × quantité » est constant en tout point de cette courbe de demande. La courbe de demande a une élasticité constante de – 1.

où A est une constante positive quelconque. Puisque ε est l'élasticité, il s'agit en principe d'une valeur négative. Cette formule sera utile dans plusieurs des exemples que nous examinerons par la suite.

Une façon intéressante d'exprimer une courbe de demande à élasticité constante consiste à en prendre le logarithme et à écrire

$$\ln q = \ln A + \varepsilon \ln p.$$

Le logarithme de q dépend dans ce cas de façon linéaire du logarithme de p.

15.9 L'ÉLASTICITÉ ET LA RECETTE MARGINALE

À la section 15.7, nous avons étudié comment la recette varie quand le prix d'un bien est modifié. Toutefois, il est souvent intéressant d'examiner comment la recette varie quand c'est la quantité du bien qui est modifiée. C'est notamment utile pour analyser les décisions de production des entreprises.

Nous avons vu que, pour des petites variations des prix et quantité, la variation de la recette est égale à

$$\Delta R = p\Delta q + q\Delta p.$$

Si nous divisons les deux membres de cette expression par Δq, nous obtenons la définition de la **recette marginale** :

$$Rm = \frac{\Delta R}{\Delta q} = p + q\frac{\Delta p}{\Delta q}.$$

Nous pouvons transformer utilement cette expression. Celle-ci peut s'écrire comme suit :

$$\frac{\Delta R}{\Delta q} = p\left[1 + \frac{q\Delta p}{p\Delta q}\right].$$

À quoi correspond le second terme à l'intérieur des crochets ? Ce n'est pas l'élasticité, mais c'est une expression qui en est proche. C'est en fait l'inverse de l'élasticité :

$$\frac{1}{\varepsilon} = \frac{1}{\dfrac{p\Delta q}{q\Delta p}} = \frac{q\Delta p}{p\Delta q}.$$

La recette marginale peut par conséquent s'exprimer comme suit :

$$\frac{\Delta R}{\Delta q} = p(q)\left[1 + \frac{1}{\varepsilon(q)}\right].$$

(Nous avons ici adopté les notations $p(q)$ et $\varepsilon(q)$ pour nous rappeler que tant le prix que l'élasticité dépendent en général du niveau de l'output).

Quand la valeur négative de l'élasticité risque d'introduire une certaine confusion, nous écrirons parfois cette expression sous la forme suivante :

$$\frac{\Delta R}{\Delta q} = p(q)\left[1 - \frac{1}{|\varepsilon(q)|}\right].$$

Par conséquent, si l'élasticité de la demande est égale à – 1, la recette marginale est nulle, c'est-à-dire que la recette ne se modifie pas quand l'output augmente. Si la demande est inélastique, $|\varepsilon|$ est inférieur à 1, ce qui implique que $1/|\varepsilon|$ est supérieur à 1 ; dès lors, $1-1/|\varepsilon|$ est négatif et la recette diminue quand l'output augmente.

Cette relation est très intuitive. Si la demande n'est pas très sensible au prix, vous devez réduire considérablement le prix pour augmenter l'output, de sorte que la recette diminue. Ce raisonnement est totalement cohérent avec la discussion menée antérieurement quant à l'impact sur la recette d'une variation du prix puisqu'une augmentation de la quantité implique une diminution du prix et vice versa.

Exemple : Fixer un prix

Supposons que vous deviez fixer un prix pour un produit que vous fabriquez et que vous disposiez d'une bonne estimation de la courbe de demande pour ce produit. Supposons en outre que votre objectif est de fixer un prix qui maximise les profits, c'est-à-dire la recette moins les coûts. Vous ne désirerez jamais dans ce cas, fixer un prix pour lequel l'élasticité de la demande est inférieure à 1, c'est-à-dire un prix pour lequel la demande est inélastique.

Pourquoi ? Considérons ce qui se passe si vous décidez d'augmenter votre prix. Vos recettes augmentent, puisque la demande est inélastique, et la quantité vendue diminue. Mais puisque la quantité vendue diminue, vos coûts de production doivent également diminuer ou du moins ils ne peuvent pas augmenter. Votre profit total doit dès lors augmenter. Votre profit ne peut donc pas être maximum si vous opérez dans la partie inélastique de la courbe de demande.

15.10 LES COURBES DE RECETTE MARGINALE

Nous avons vu dans la section précédente que la recette marginale est égale à

$$\frac{\Delta R}{\Delta q} = p(q) + \frac{\Delta p(q)}{\Delta q} q$$

ou

$$\frac{\Delta R}{\Delta q} = p(q)\left[1 - \frac{1}{|\varepsilon(q)|}\right].$$

Nous verrons par la suite qu'il est utile de représenter graphiquement les courbes de recette marginale. Notons tout d'abord que, quand la quantité est nulle, la recette marginale est simplement égale au prix : pour la première unité vendue du bien, la recette supplémentaire que vous obtenez est simplement le prix. Mais ensuite, la recette marginale est inférieure au prix puisque $\Delta p/\Delta q$ est négatif.

Examinons ce qui se passe. Si vous décidez de vendre une unité supplémentaire, vous devez diminuer le prix de toutes les unités d'output vendues. La recette perçue sur toutes ces unités va donc diminuer. Par conséquent, la recette obtenue en vendant une unité supplémentaire est inférieure au prix de cette unité.

Considérons le cas particulier d'une fonction de demande (inverse) linéaire :

$$p(q) = a - bq.$$

La pente de cette fonction de demande inverse est constante :

$$\frac{\Delta p}{\Delta q} = -b.$$

Par conséquent, la recette marginale est égale à :

$$\begin{aligned}\frac{\Delta R}{\Delta q} &= p(q) + \frac{\Delta p(q)}{\Delta q} q \\ &= p(q) - bq \\ &= a - bq - bq \\ &= a - 2bq.\end{aligned}$$

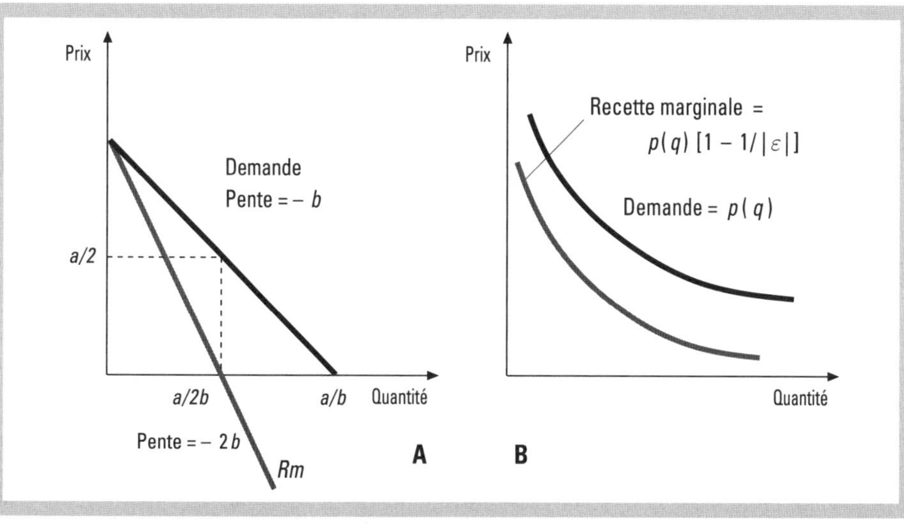

Figure 15.7 ***La recette marginale.***

(A) La recette marginale pour une courbe de demande linéaire.
(B) La recette marginale pour une courbe de demande à élasticité constante.

Elle est représentée à la figure 15.7A. par la courbe Rm. Cette courbe de recette marginale a la même ordonnée à l'origine que la courbe de demande, mais elle a une pente deux fois plus importante. La recette marginale est négative quand $q > a/2b$. La quantité $a/2b$ est celle pour laquelle l'élasticité est égale à -1 ; pour toute quantité supérieure, la demande est inélastique, ce qui implique une recette marginale négative.

La courbe de demande à élasticité constante nous donne un autre cas particulier de courbe de recette marginale. Si l'élasticité de la demande est constante et égale à $\varepsilon(q) = \varepsilon$, la courbe de recette marginale a la forme suivante :

$$Rm = p(q)\left[1 - \frac{1}{|\varepsilon|}\right].$$

Puisque le terme entre crochets est constant, la courbe de recette marginale est une fraction constante de la courbe de demande inverse. Quand $|\varepsilon| = 1$, la recette marginale est constante et égale à 0. Quand $|\varepsilon| > 1$, la courbe de recette marginale est située en dessous de la courbe de demande inverse, comme illustrée à la figure 15.7B. Quand $|\varepsilon| < 1$, la recette marginale est négative.

15.11 L'ÉLASTICITÉ PAR RAPPORT AU REVENU

Rappelons que l'élasticité de la demande par rapport au prix est définie comme suit :

$$\text{élasticité de la demande par rapport au prix} = \frac{\text{variation (en \%) de la quantité demandée}}{\text{variation (en \%) du prix}}$$

Nous obtenons ainsi une mesure indépendante des unités, de la façon dont la quantité demandée réagit à une variation du prix.

L'élasticité de la demande par rapport au revenu est utilisée pour représenter la façon dont la quantité demandée réagit à une variation de revenu. Elle se définit comme suit :

$$\text{élasticité de la demande par rapport au revenu} = \frac{\text{variation (en \%) de la quantité demandée}}{\text{variation (en \%) du revenu}}$$

Rappelons qu'un bien normal est un bien dont la demande augmente quand le revenu s'accroît. Dès lors, pour ce type de bien, l'élasticité de la demande par rapport au revenu est positive. Un bien inférieur est un bien dont la demande diminue quand le revenu augmente ; pour ce type de bien, l'élasticité de la demande par rapport au revenu est négative. Les économistes parlent parfois également de biens de luxe. Il s'agit de biens dont l'élasticité de la demande par rapport au revenu est supérieure à l'unité : une augmentation du revenu de 1 % engendre une augmentation supérieure à 1 % de la demande d'un bien de luxe.

En pratique cependant les élasticités par rapport au revenu tendent à se rassembler autour de l'unité. Nous pouvons en voir la raison en examinant la contrainte budgétaire. Écrivons cette contrainte pour deux niveaux de revenu différents :

$$p_1x_1' + p_2x_2' = m'$$
$$p_1x_1^0 + p_2x_2^0 = m^0.$$

Soustrayons la seconde équation de la première et désignons comme d'habitude les différences par Δ :

$$p_1\Delta x_1 + p_2\Delta x_2 = \Delta m.$$

Multiplions maintenant le prix i par x_i/x_i et divisons les deux membres par m :

$$\frac{p_1x_1}{m}\frac{\Delta x_1}{x_1} + \frac{p_2x_2}{m}\frac{\Delta x_2}{x_2} = \frac{\Delta m}{m}.$$

Finalement, divisons les deux membres par $\Delta m/m$ et représentons par $s_i = p_i x_i/m$ la part des dépenses consacrée au bien i. Nous obtenons l'équation finale suivante :

$$s_1\frac{\Delta x_1/x_1}{\Delta m/m} + s_2\frac{\Delta x_2/x_2}{\Delta m/m} = 1.$$

Cette équation indique que la moyenne pondérée des élasticités par rapport au revenu est égale à l'unité, quand les parts des dépenses sont utilisées comme facteurs de pondération. Les biens de luxe qui ont une élasticité par rapport au revenu supérieure à 1 doivent être « contrebalancés » par des biens qui ont une élasticité par rapport au revenu inférieure à 1 pour qu'en moyenne les élasticités par rapport au revenu soient égales à 1.

RÉSUMÉ

1. La courbe de demande du marché est simplement la somme des courbes de demande individuelle.
2. Le prix de réserve mesure le prix auquel un consommateur est juste indifférent entre le fait d'acheter et de ne pas acheter un bien.
3. La fonction de demande mesure la quantité demandée en fonction du prix. La fonction de demande inverse mesure le prix en fonction de la quantité. Une même courbe de demande peut être interprétée des deux façons.
4. L'élasticité de la demande mesure la sensibilité de la quantité demandée vis-à-vis du prix. Formellement, on la définit comme la variation relative de la quantité divisée par la variation relative du prix.

5. Si en un point donné de la courbe de demande, la valeur absolue de l'élasticité est inférieure à 1, on dit que la demande est *inélastique* en ce point. Si la valeur absolue de l'élasticité est supérieure à 1 en un point donné, la demande est dite *élastique* en ce point. Si la valeur absolue de l'élasticité de la demande en un point est exactement égale à l'unité, on dit que la demande a une *élasticité unitaire* en ce point.

6. Si la demande est inélastique, une augmentation de la quantité implique une diminution de la recette. Si la demande est élastique, une augmentation de la quantité implique une augmentation de la recette.

7. La recette marginale est la recette additionnelle que l'on obtient en augmentant la quantité vendue. L'expression reliant recette marginale et élasticité est

$$Rm = p\left[1+\frac{1}{\varepsilon}\right] = p\left[1-\frac{1}{|\varepsilon|}\right].$$

8. Si la fonction de demande inverse est une fonction linéaire $p(q) = a - bq$, la recette marginale est égale à

$$Rm = a - 2bq.$$

9. L'élasticité par rapport au revenu mesure la sensibilité de la quantité demandée vis-à-vis du revenu. Formellement, on la définit comme la variation relative de la quantité divisée par la variation relative du revenu.

PROBLÈMES À RÉSOUDRE

15.1 Si la courbe de demande du marché est égale à $D(p) = 100 - 0{,}5p$, quelle est la fonction de demande inverse ?

15.2 La fonction de demande d'un toxicomane pour une drogue peut être trèsinélastique. Cependant, la fonction de demande du marché peut être très élastique. Comment expliquer cela ?

15.3 Si $D(p) = 12 - 2p$, quel prix maximise la recette ?

15.4 Supposons que la courbe de demande pour un bien soit égale à $D(p) = 100/p$. Quel prix maximise la recette ?

15.5 Vrai ou faux ? Dans un modèle à deux biens, si un bien est un bien inférieur, l'autre doit être un bien de luxe.

ANNEXE

En termes de dérivée, l'élasticité de la demande par rapport au prix est définie comme suit :

$$\varepsilon = \frac{p}{q}\frac{dq}{dp}.$$

Dans ce chapitre, nous avons dit que l'expression d'une courbe de demande à élasticité constante était $q = Ap^{\varepsilon}$. Pour vérifier cette expression, il suffit de la différentier par rapport au prix :

$$\frac{dq}{dp} = \varepsilon A p^{\varepsilon - 1}$$

et de multiplier par le rapport prix/quantité :

$$\frac{p}{q}\frac{dq}{dp} = \frac{p}{Ap^{\varepsilon}}\varepsilon A p^{\varepsilon-1} = \varepsilon.$$

Les différents termes, à l'exception de ε, se compensent parfaitement. CQFD.

Une courbe de demande linéaire s'écrit comme suit : $q(p) = a - bp$. L'élasticité de la demande en un point p est égale à

$$\varepsilon = \frac{p}{q}\frac{dq}{dp} = \frac{-bp}{a - bp}.$$

Quand p est égal à 0, l'élasticité est nulle. Quand q est égal à 0, l'élasticité est infinie.

La recette est égale à $R(p) = pq(p)$. Pour déterminer comment la recette se modifie quand p varie, différentions la recette par rapport à p :

$$R'(p) = pq'(p) + q(p).$$

Supposons que la recette augmente quand p s'accroît. Nous avons alors

$$R'(p) = p\frac{dq}{dp} + q(p) > 0$$

et, après transformation,

$$\varepsilon = \frac{p}{q}\frac{dq}{dp} > -1.$$

Puisque dq/dp est négatif, en multipliant par -1, nous obtenons :

$$|\varepsilon| < 1.$$

Par conséquent, si la recette augmente quand le prix s'accroît, nous devons être situés sur une partie inélastique de la courbe de demande.

Exemple : La courbe de Laffer

Dans cette section, nous allons effectuer quelques calculs simples en termes d'élasticité pour analyser un problème particulièrement intéressant, celui de l'évolution des recettes fiscales en fonction du taux de taxation.

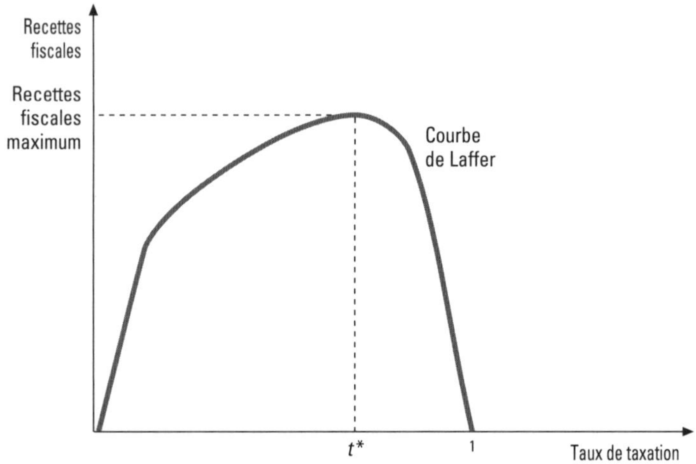

Figure 15.8 ***La courbe de Laffer.***

Une forme possible pour la courbe de Laffer qui relie les taux de taxation et les recettes fiscales.

Représentons graphiquement les recettes fiscales en fonction du taux de taxation. Si le taux de taxation est égal à 0, les recettes fiscales sont nulles ; si le taux de taxation est égal à 1, personne ne désirera demander ou offrir le bien en question, de sorte que les recettes fiscales seront également nulles. Dès lors, à mesure que le taux de taxation augmente, les recettes doivent tout d'abord augmenter puis ensuite diminuer. (Évidemment, elles pourraient augmenter et diminuer plusieurs fois entre 0 et 1. Nous ignorerons toutefois cette possibilité afin de simplifier l'analyse). La courbe qui relie les taux de taxation et les recettes fiscales est connue sous le nom de **courbe de Laffer**. Elle est reproduite à la figure 15.8.

L'enseignement essentiel qui peut être tiré de la courbe de Laffer est le suivant : pour un taux de taxation suffisamment élevé, une hausse supplémentaire de ce taux finit par *réduire* les recettes. L'augmentation du taux de taxation entraîne une telle diminution de l'offre du bien que les recettes fiscales diminuent. On parle dans ce cas de l'effet de Laffer, par référence à l'économiste qui a popularisé ce graphique au début des années 1980. Selon certains, l'intérêt de la courbe de Laffer réside dans le fait qu'il est possible de l'expliquer à un parlementaire en une demi-heure et qu'il peut en parler pendant 6 mois. En effet, la courbe de Laffer a joué un rôle important dans le débat sur les effets de l'allègement fiscal de 1980 (aux États-Unis). Ce sont les termes « suffisamment élevé » qui constituent l'élément central du raisonnement précédent. En effet, quel doit être le taux de taxation pour que l'effet de Laffer entre en action ?

Pour répondre à cette question, considérons un modèle simple du marché du travail. Supposons que les entreprises ne demandent pas de travail si le salaire est supérieur à $\bar{w}$ et qu'elles demandent une quantité indéterminée de travail si le salaire est exactement égal à $\bar{w}$. La courbe de demande de travail est donc horizontale pour un salaire $\bar{w}$. Supposons que la courbe d'offre de travail $S(p)$ ait, comme d'habitude, une pente positive. L'équilibre sur le marché du travail est illustré à la figure 15.9.

Si nous imposons un taux de taxation t sur les revenus du travail et que l'entreprise paie un salaire $\bar{w}$, le travailleur ne reçoit que $w = (1 - t)\bar{w}$. Dès lors, la courbe d'offre de travail se déplace vers la

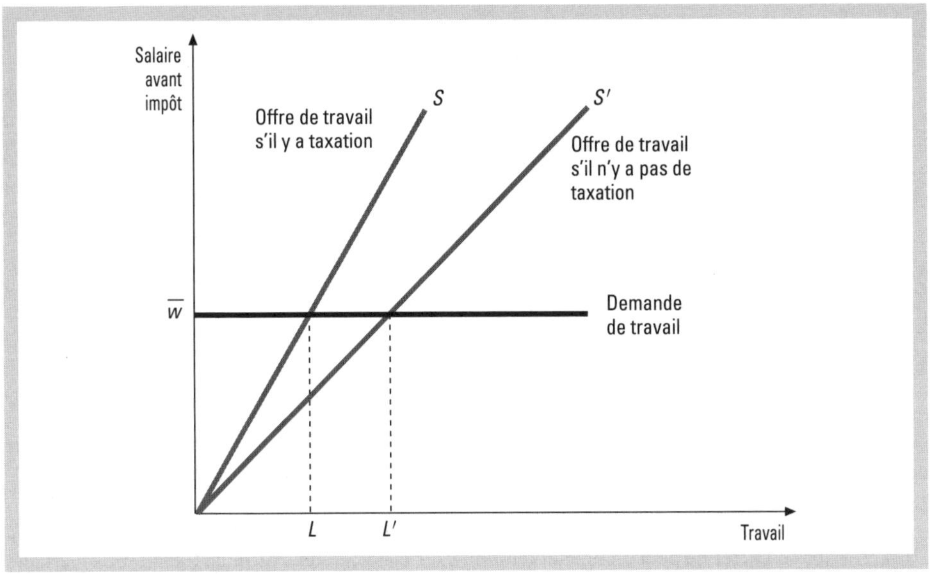

Figure 15.9 ***Le marché du travail.***

L'équilibre sur le marché du travail avec une courbe de demande de travail horizontale. Quand le revenu du travail est taxé, l'offre de travail est moindre quel que soit le salaire.

gauche et la quantité de travail vendue diminue, comme à la figure 15.9. Le salaire net d'impôt a diminué et cela a découragé l'offre de travail.

Les recettes fiscales T sont données par la formule suivante :

$$T = t\overline{w}S(w)$$

où $w = (1-t)\overline{w}$ et $S(w)$ représente l'offre de travail.

Afin de déterminer comment les recettes fiscales sont affectées par une modification du taux de taxation, différentions cette expression par rapport à t :

$$\frac{dT}{dt} = \left[-t\frac{dS(w)}{dw}\overline{w} + S(w)\right]\overline{w}. \tag{15.1}$$

Remarquons que nous avons utilisé la règle de dérivation d'une fonction composée, ainsi que le fait que $dw/dt = -\overline{w}$. On observe l'effet de Laffer quand les recettes diminuent lorsque t augmente, c'est-à-dire quand l'expression (15.1) est négative. Cela implique clairement que l'offre de travail doit être assez élastique, c'est-à-dire qu'elle doit diminuer considérablement lorsque la taxation s'accroît. Essayons de déterminer quelles sont les valeurs de l'élasticité qui rendent cette expression négative.

Pour que l'équation (15.1) soit négative, nous devons avoir

$$-t\frac{dS(w)}{dw}\overline{w} + S(w) < 0$$

ou encore

$$t\frac{dS(w)}{dw}\overline{w} > S(w).$$

En divisant les deux membres par $tS(w)$, nous obtenons

$$\frac{dS(w)}{dw}\frac{\overline{w}}{S(w)} > \frac{1}{t}.$$

En multipliant les deux membres par $(1 - t)$ et en utilisant le fait que $w = (1 - t)\overline{w}$, nous dégageons l'inégalité suivante :

$$\frac{dS}{dw}\frac{w}{S} > \frac{1-t}{t}.$$

Le membre de gauche de cette expression est l'élasticité de l'offre de travail. Nous avons donc démontré qu'on ne peut observer l'effet de Laffer que si l'élasticité de l'offre de travail est supérieure à $(1 - t)/t$.

Prenons un cas extrême et supposons que le taux de taxation sur les revenus du travail soit de 50 %. L'effet de Laffer ne peut alors intervenir que si l'élasticité de l'offre de travail est supérieure à l'unité. Cela signifie qu'une diminution du salaire de 1 % conduirait à une diminution de l'offre de travail de plus de 1 %. Il s'agit d'une très forte sensibilité.

De nombreux économètres ont procédé à des estimations de l'élasticité de l'offre de travail. La plus grande valeur qui a été obtenue est de l'ordre de 0,2. L'effet de Laffer paraît donc fort peu vraisemblable pour les taux de taxation en vigueur aux États-Unis. Mais, dans d'autres pays, comme par exemple en Suède, les taux de taxation sont beaucoup plus élevés et certaines observations tendent à indiquer que l'effet de Laffer peut s'y être produit[2].

Exemple : Une autre expression pour l'élasticité

L'élasticité peut être exprimée sous une autre forme qui peut parfois s'avérer utile. L'élasticité peut en effet être également définie comme suit :

$$\frac{d\ln Q}{d\ln P}.$$

Pour prouver cela, il convient d'appliquer plusieurs fois la règle de dérivation d'une fonction composée. Notons tout d'abord que

$$\begin{aligned}\frac{d\ln Q}{d\ln P} &= \frac{d\ln Q}{dQ}\frac{dQ}{d\ln P} \\ &= \frac{1}{Q}\frac{dQ}{d\ln P}\end{aligned} \tag{15.2}$$

[2] Voir Stuart, Charles E., « Swedish Tax Rates, Labor Supply, and Tax Revenues », *Journal of Political Economy*, 89, 5, October 1981, p. 1020-38.

Observons également que

$$\frac{dQ}{dP} = \frac{dQ}{d\ln P}\frac{d\ln P}{dP} = \frac{dQ}{d\ln P}\frac{1}{P},$$

ce qui implique

$$\frac{dQ}{d\ln P} = P\frac{dQ}{dP}.$$

En substituant cette expression dans l'équation (15.2), nous obtenons

$$\frac{d\ln Q}{d\ln P} = \frac{1}{Q}\frac{dQ}{dP}P = \varepsilon,$$

ce qui correspond à ce que nous voulions démontrer.

L'élasticité mesure donc la pente de la courbe de demande tracée sur un graphique doublement logarithmique, c'est-à-dire la façon dont le logarithme de la quantité varie quand le logarithme du prix se modifie.

16

L'ÉQUILIBRE

Nous avons vu dans plusieurs chapitres précédents comment utiliser l'information disponible sur les préférences et les prix pour déterminer les courbes de demande individuelle. Au chapitre 15, nous avons additionné ces courbes de demande individuelle pour obtenir les courbes de demande du marché. À présent, nous allons examiner comment utiliser ces courbes de demande du marché pour déterminer le prix d'équilibre du marché.

Au chapitre 1, nous avons dit que l'analyse microéconomique reposait sur deux principes fondamentaux : le principe d'optimisation et le principe d'équilibre. Jusqu'à présent, nous avons étudié des applications du principe d'optimisation, à savoir ce que nous pouvons déduire de l'hypothèse selon laquelle les individus choisissent leur consommation optimale dans leur ensemble budgétaire. Dans les chapitres suivants, nous continuerons à utiliser le principe de l'optimisation pour étudier le comportement de maximisation du profit des entreprises. Enfin, nous combinerons le comportement des consommateurs et des entreprises pour étudier les situations d'équilibre qui résultent de leur interaction sur le marché.

Cependant, avant d'entrer dans le vif de l'analyse, il paraît intéressant à ce stade de donner quelques exemples du principe d'équilibre, c'est-à-dire de la façon dont les prix s'ajustent afin de rendre compatibles les décisions de demande et d'offre des agents économiques. Pour ce faire, nous allons devoir examiner rapidement l'autre côté du marché, c'est-à-dire le côté de l'offre.

16.1 L'OFFRE

Nous avons déjà vu quelques exemples de courbes d'offre. Au chapitre 1, nous avons considéré une courbe d'offre d'appartements qui était verticale. Au chapitre 9, nous avons examiné des situations dans lesquelles les consommateurs choisissaient d'être offreurs nets ou demandeurs nets des biens qu'ils possédaient. Nous avons aussi analysé les décisions d'offre de travail.

Dans tous ces cas, la courbe d'offre mesurait simplement la quantité d'un bien qu'un consommateur était disposé à offrir aux différents prix du marché possibles. En fait, il s'agit de la définition de la courbe d'offre : pour chaque p, nous déterminons $S(p)$, la quantité du bien qui est offerte. Dans les quelques chapitres qui suivent, nous examinerons le comportement d'offre des firmes. Toutefois, dans de nombreuses situations, il n'est pas vraiment nécessaire de connaître le comportement d'optimisation qui est à la base de la courbe d'offre ou de la courbe de demande. Dans de nombreux cas, l'existence d'une relation fonctionnelle entre le prix et la quantité que les consommateurs désirent demander ou offrir à ce prix suffit pour établir des résultats importants.

16.2 L'ÉQUILIBRE DU MARCHÉ

Supposons qu'il y ait un certain nombre de consommateurs d'un bien particulier. Nous pouvons additionner leurs courbes de demande individuelle pour obtenir la courbe de demande du marché. De même, si nous avons un certain nombre d'offreurs indépendants de ce bien, nous pouvons additionner leur courbe d'offre individuelle pour obtenir la **courbe d'offre du marché**.

Les demandeurs et offreurs individuels sont censés prendre les prix pour des données, c'est-à-dire des éléments non soumis à leur contrôle. Ils déterminent simplement leurs comportements optimaux en tenant compte de ces prix. Un marché où chaque agent économique prend les prix du marché comme des données sur lesquelles il n'exerce aucun contrôle, est appelé un **marché concurrentiel**.

La justification habituelle de l'hypothèse de marché concurrentiel est que chaque consommateur et chaque producteur représente une petite part de l'ensemble du marché et qu'il a dès lors un effet négligeable sur le prix du marché. Par exemple, chaque producteur de blé prend le prix du marché comme étant plus ou moins indépendant de ses actions quand il détermine la quantité de blé qu'il désire produire et offrir sur le marché.

Bien que le prix du marché soit indépendant de l'action de chaque agent *individuel* sur un marché concurrentiel, ce sont les actions de l'ensemble des agents qui déterminent le prix du marché. Le **prix d'équilibre** d'un bien est le prix pour lequel l'offre du bien égale la demande. Graphiquement, il s'agit du prix pour lequel les courbes de demande et d'offre se coupent.

Si $D(p)$ représente la courbe de demande du marché et $S(p)$, la courbe d'offre du marché, le prix d'équilibre p^* est la solution de l'équation

$$D(p^*) = S(p^*).$$

La solution de cette équation, p^*, est le prix pour lequel la demande du marché est égale à l'offre du marché.

Pourquoi p^* est-il un prix d'équilibre ? Un équilibre est une situation dans laquelle chaque agent choisit l'action qu'il préfère. De plus, à l'équilibre, le comportement de chaque individu doit être compatible avec celui des autres. À tout prix différent d'un prix d'équilibre, les comportements de certains agents seraient irréalisables et, dès lors, ces comportements devraient être modifiés. On peut donc s'attendre à ce qu'un prix qui ne correspond pas à un prix d'équilibre ne se maintienne pas car certains agents auraient intérêt à modifier leur comportement.

Les courbes de demande et d'offre représentent les choix optimaux des agents économiques. Par ailleurs, le fait qu'elles s'égalisent à un prix p^* implique que les comportements des demandeurs et des offreurs sont compatibles. À tout prix *autre* que celui pour lequel la demande égale l'offre, ces deux conditions ne sont *pas* remplies.

Considérons par exemple un prix $p' < p^*$ pour lequel la demande est supérieure à l'offre. Certains offreurs se rendront compte qu'en s'adressant aux individus dont la demande n'est pas satisfaite, ils peuvent vendre leurs biens à un prix supérieur au prix p' en vigueur. À mesure que le nombre d'offreurs qui se rendent compte de cette situation augmente, le prix du marché s'accroît jusqu'au niveau qui égalise la demande et l'offre.

De même, si $p' > p^*$, la demande est inférieure à l'offre et, par conséquent, certains offreurs ne peuvent pas vendre la quantité qu'ils escomptaient. La seule façon pour eux de vendre plus d'output, est de l'offrir à un prix moindre. Mais si tous les offreurs vendent un bien identique, et si certains proposent de le vendre à un prix inférieur, les autres offreurs doivent adopter ce prix. L'offre excédentaire exerce donc une pression à la baisse sur le prix du marché. Le marché n'est à l'équilibre que quand la quantité que les gens désirent acheter à un prix donné égale la quantité que les gens désirent vendre à ce prix.

16.3 DEUX CAS PARTICULIERS

Il existe deux cas particuliers d'équilibre du marché qui méritent d'être mentionnés parce qu'on les rencontre fréquemment. Le premier cas est celui d'une offre fixe : la quantité offerte est un nombre donné, indépendant du prix ; en d'autres termes, la courbe d'offre est verticale. Dans ce cas, la *quantité* d'équilibre est totalement déterminée par les conditions d'offre et le *prix* d'équilibre est totalement déterminé par les conditions de demande.

Le cas opposé est celui où la courbe d'offre est complètement horizontale. Si un secteur d'activité a une courbe d'offre parfaitement horizontale, il offre n'importe quelle quantité désirée d'un bien à un prix constant. Dans ce cas, le *prix* d'équilibre est déterminé par les conditions d'offre tandis que la *quantité* d'équilibre est déterminée par la courbe de demande.

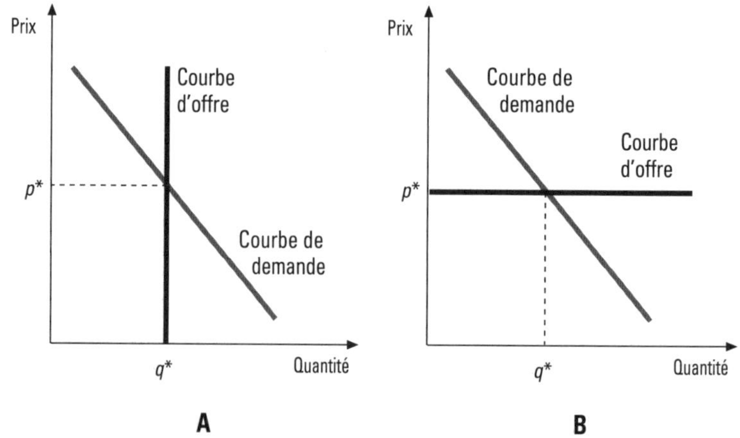

Figure 16.1 ***Cas particuliers d'équilibre.***

Dans le cas A, la courbe d'offre est verticale et le prix d'équilibre est déterminé uniquement par la courbe de demande. Dans le cas B, la courbe d'offre est horizontale et le prix d'équilibre est déterminé uniquement par la courbe d'offre.

Ces deux cas sont illustrés à la figure 16.1. Dans ces deux situations particulières, le prix et la quantité peuvent être déterminés séparément mais, en règle générale, le prix d'équilibre et la quantité d'équilibre sont déterminés conjointement par les courbes d'offre et de demande.

16.4 COURBES DE DEMANDE ET D'OFFRE INVERSES

Nous pouvons analyser l'équilibre du marché d'une façon quelque peu différente et qui s'avère souvent utile. Nous avons déjà précisé que les courbes de demande individuelle sont généralement interprétées comme exprimant les quantités optimales demandées en fonction du prix pratiqué. Mais nous pouvons également les interpréter comme des fonctions de demande inverse qui mesurent le *prix* qu'un individu est disposé à payer pour acquérir une quantité donnée d'un bien. De même, les courbes d'offre peuvent être interprétées comme mesurant les quantités offertes en fonction du prix, mais elles peuvent également être interprétées comme mesurant le *prix* qui doit prévaloir pour qu'une quantité donnée soit offerte.

Nous pouvons raisonner de la même façon en ce qui concerne les courbes de demande du *marché* et d'offre du *marché*. Les interprétations sont exactement les mêmes que celles que nous venons de donner. Si nous raisonnons en termes de fonctions inverses, le prix d'équilibre est déterminé par la quantité pour laquelle le montant que les demandeurs sont disposés à payer pour consommer cette quantité ; il est égal au prix que les offreurs doivent recevoir afin d'offrir cette même quantité.

Ainsi, si nous notons $P_S(q)$, la fonction d'offre inverse et $P_D(q)$, la fonction de demande inverse, l'équilibre est déterminé par la condition

$$P_S(q^*) = P_D(q^*).$$

Exemple : L'équilibre avec des courbes linéaires

Supposons que les courbes d'offre et de demande soient toutes les deux linéaires :

$$D(p) = a - bp$$
$$S(p) = c + dp.$$

Les coefficients (a, b, c, d) sont les paramètres qui déterminent les ordonnées à l'origine et les pentes de ces courbes linéaires. Le prix d'équilibre peut être déterminé en résolvant l'équation suivante :

$$D(p) = a - bp = c + dp = S(p).$$

La solution est

$$p^* = \frac{a-c}{d+b}.$$

La quantité d'équilibre demandée (et offerte) est

$$\begin{aligned} D(p^*) &= a - bp^* \\ &= a - b\frac{a-c}{b+d} \\ &= \frac{ad+cb}{b+d}. \end{aligned}$$

Nous pouvons aussi résoudre ce problème en utilisant les fonctions de demande et d'offre inverses. Tout d'abord nous devons déterminer la fonction de demande inverse. À quel prix demande-t-on une quantité q ? Il suffit de substituer q à $D(p)$ et de résoudre pour p ; nous obtenons

$$q = a - bp.$$

Dès lors,

$$P_D(q) = \frac{a-q}{b}.$$

De la même façon, nous obtenons

$$P_S(q) = \frac{q-c}{d}.$$

En égalisant le prix de demande et le prix d'offre et en résolvant pour la quantité d'équilibre, nous avons

$$\begin{aligned} P_D(q) = \frac{a-q}{b} &= \frac{q-c}{d} = P_S(q) \\ q^* &= \frac{ad+cb}{b+d}. \end{aligned}$$

Notons que cette solution est identique à la précédente, aussi bien pour le prix d'équilibre que pour la quantité d'équilibre.

16.5 STATIQUE COMPARATIVE

Après avoir déterminé un équilibre en utilisant la condition d'égalité de l'offre et de la demande (ou d'égalité du prix de demande et du prix d'offre), nous pouvons examiner comment cet équilibre varie quand les courbes de demande et d'offre se modifient. Par exemple, il est facile de voir que si la courbe de demande se déplace vers la droite de façon parallèle — on demande une quantité fixe supplémentaire quel que soit le prix — le prix et la quantité d'équilibre doivent tous les deux augmenter. Si par ailleurs, la courbe d'offre se déplace vers la droite, la quantité d'équilibre augmente, mais le prix d'équilibre diminue.

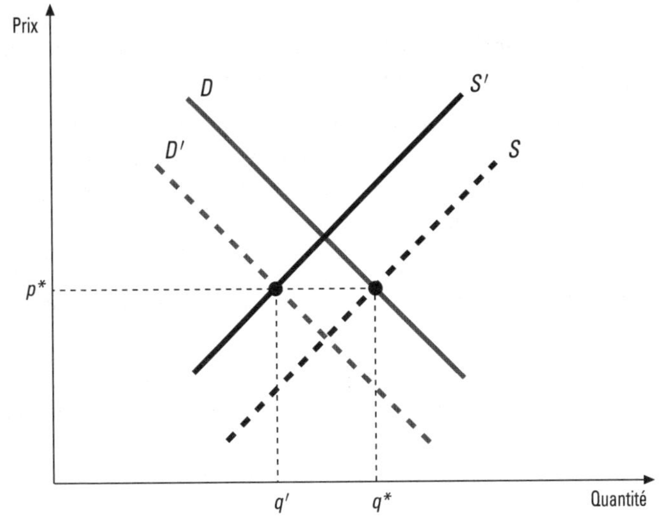

Figure 16.2 *Le déplacement des deux courbes.*

Les courbes de demande et d'offre se déplacent toutes les deux vers la gauche d'un montant identique. Le prix d'équilibre demeure par conséquent inchangé.

Que se passe-t-il si les deux courbes se déplacent vers la droite ? La quantité devra dans ce cas nécessairement augmenter, mais la variation du prix est indéterminée : elle peut être positive ou négative.

Exemple : Le déplacement des deux courbes

Question : Considérons le marché concurrentiel des appartements décrit au chapitre 1. Représentons le prix et la quantité d'équilibre sur ce marché par p^* et q^*. Supposons enfin qu'un agent immobilier convertisse m appartements en « condominiums » qui sont achetés par les personnes qui habitent ces appartements. Comment varie le prix d'équilibre ?

Réponse : Le nouvel équilibre est illustré à la figure 16.2. Les courbes d'offre et de demande se déplacent toutes les deux vers la gauche d'un montant *identique*. Le prix demeure par conséquent inchangé et la quantité vendue diminue simplement de m.

Mathématiquement, le nouveau prix d'équilibre est déterminé par

$$D(p) - m = S(p) - m.$$

Cette équation a évidemment la même solution que la condition initiale d'égalité de la demande et de l'offre.

16.6 LES TAXES

L'introduction d'une taxe sur un marché constitue un exercice très intéressant tant au point de vue de l'analyse de statique comparative que de la politique économique.

En matière de taxation, le point fondamental est que, dès qu'une taxe est présente sur un marché, on doit prendre en considération *deux* prix : le prix que le demandeur paie et le prix que l'offreur reçoit. La différence entre ces deux prix — le prix de demande et le prix d'offre — est égale au montant de la taxe.

On peut prélever différents types de taxes. Les deux exemples que nous considérons ici sont les **taxes à l'unité** et les **taxes à la valeur** (aussi appelées taxes *ad valorem*).

Une taxe à l'unité est une taxe levée par unité vendue ou achetée. Un bel exemple de ce type de taxes est la taxe sur l'essence. La taxe sur l'essence est aux États-Unis d'environ 12 cents par gallon. Si les demandeurs payent $P_D = 1{,}50$ \$ par gallon d'essence, l'offreur reçoit $P_S = 1{,}50 - 0{,}12 = 1{,}38$ \$ par gallon. De façon générale, si t est le montant de la taxe par unité vendue, nous avons

$$P_D = P_S + t.$$

Une taxe à la valeur est une taxe exprimée en pourcentage. Les taxes sur les ventes constituent l'exemple le plus courant de ce type de taxes. Si l'État prélève une taxe de 5 % sur les ventes, quand le consommateur paie 1,05 \$ (toutes taxes comprises) pour un bien, l'offreur reçoit 1 \$. De manière générale, si le taux de la taxe est τ, alors

$$P_D = (1 + \tau)P_S.$$

Considérons l'impact sur un marché quand on prélève une taxe à l'unité. Supposons tout d'abord que l'offreur soit obligé de payer la taxe, comme dans le cas de la taxe sur l'essence. La quantité offerte dépend dès lors du montant que l'offreur reçoit effectivement après avoir payé la taxe, c'est-à-dire du prix de l'offre, tandis que la quantité demandée dépend du prix de la demande, c'est-à-dire du montant que le demandeur paie. Le montant que l'offreur reçoit est égal au montant que le demandeur paie moins la taxe. Cela nous donne deux équations :

$$D(P_D) = S(P_S)$$
$$P_S = P_D - t.$$

En substituant la seconde équation dans la première, nous obtenons la condition d'équilibre :

$$D(P_D) = S(P_D - t).$$

Alternativement, nous pouvons transformer la seconde équation pour obtenir $P_D = P_S + t$ et après substitution

$$D(P_S + t) = S(P_S).$$

Ces deux méthodes sont correctes ; vous pouvez utiliser l'une ou l'autre selon le cas particulier que vous considérez.

Supposons maintenant que ce soit le demandeur, et non plus l'offreur, qui doive payer la taxe. Nous écrivons

$$P_D - t = P_S.$$

Le montant payé par le demandeur moins la taxe est donc égal au prix reçu par l'offreur. En substituant dans la condition d'égalité de l'offre et de la demande, nous obtenons

$$D(P_D) = S(P_D - t).$$

Cette équation est en fait totalement identique à celle obtenue dans le cas où l'offreur paie la taxe. En ce qui concerne le prix d'équilibre auquel sont confrontés les demandeurs et les offreurs, peu importe qui doit payer la taxe ; seul compte le fait que la taxe doit être payée par quelqu'un.

En fait, cela n'est pas étonnant. Pensons à la taxe sur l'essence. La taxe est intégrée dans le prix affiché. Mais si le prix était affiché hors taxes et que la taxe sur l'essence était ajoutée comme un montant supplémentaire à payer par le demandeur, pensez-vous que la quantité d'essence demandée serait différente ? En fait, le prix final pour le consommateur est le même quelle que soit la façon dont la taxe est prélevée. Tant que les consommateurs peuvent déterminer le coût net que représentent pour eux les biens qu'ils achètent, peu importe la façon dont la taxe est prélevée.

Il est même possible de démontrer cela de façon plus simple en utilisant les fonctions de demande et d'offre inverses. La quantité d'équilibre échangée est la quantité q^* pour laquelle le prix de demande *moins la taxe* est exactement égal au prix d'offre. En utilisant les symboles :

$$P_D(q^*) - t = P_S(q^*).$$

Si la taxe est prélevée sur les offreurs, la condition est que le prix d'offre *plus le montant de la taxe* doit être égal au prix de demande :

$$P_D(q^*) = P_S(q^*) + t.$$

Ces deux équations sont identiques, de sorte que nous aurons les mêmes prix et les mêmes quantités d'équilibre.

Examinons enfin la représentation graphique de ce problème. Il est plus facile d'utiliser les fonctions de demande et d'offre inverses. Nous désirons déterminer la quantité pour laquelle la courbe $P_D(q) - t$ coupe la courbe $P_S(q)$. Pour localiser ce point, il suffit de déplacer la courbe de demande vers le bas d'un montant t et de voir où cette nouvelle courbe de demande coupe la courbe d'offre initiale. Alternativement, nous pouvons déterminer la quantité pour laquelle $P_D(q)$ égale $P_S(q) + t$. Pour ce faire, il suffit de déplacer la courbe d'offre vers le haut du montant de la taxe. Ces deux méthodes nous donnent la solution correcte pour la quantité d'équilibre. Elles sont illustrées à la figure 16.3.

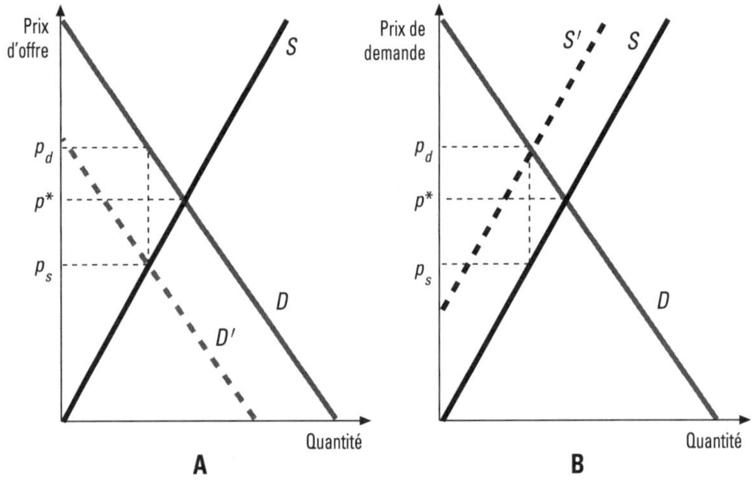

Figure 16.3 ***Le prélèvement d'une taxe.***

Afin d'étudier l'impact d'une taxe, nous pouvons déplacer la courbe de demande vers le bas comme dans la partie A ou déplacer la courbe d'offre vers le haut comme dans la partie B. Les prix d'équilibre payés par les demandeurs et reçus par les offreurs sont identiques dans les deux cas.

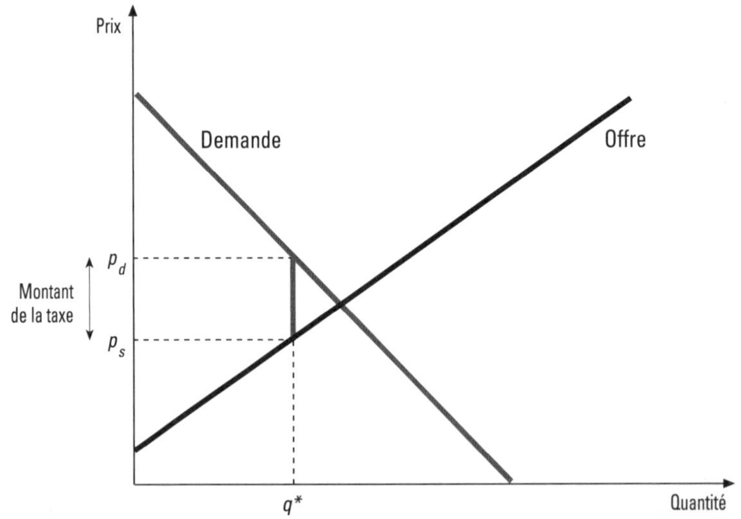

Figure 16.4 ***Une autre méthode pour déterminer l'impact d'une taxe.***

Déplacer le segment de droite le long de la courbe d'offre jusqu'au moment où il touche la courbe de demande.

Cette représentation graphique nous permet de voir aisément dans quel sens opèrent les effets de la taxe. La quantité vendue doit diminuer, le prix payé par les demandeurs doit augmenter et le prix reçu par les offreurs doit diminuer.

La figure 16.4 présente une autre méthode pour déterminer l'impact d'une taxe. Pensons à la définition de l'équilibre du marché. Nous désirons déterminer une quantité q^* telle que, quand les offreurs sont confrontés à un prix P_s et les demandeurs à un prix $P_d = P_s + t$, la quantité q^* est demandée par les demandeurs et offerte par les offreurs. Représentons la taxe t par un segment de droite vertical et déplaçons ce segment le long de la courbe d'offre jusqu'au moment où il touche la courbe de demande. Ce point correspond à notre quantité d'équilibre !

Exemple : Les taxes avec une demande et une offre linéaires

Supposons que les courbes de demande et d'offre soient toutes deux linéaires. Si nous prélevons une taxe sur ce marché, l'équilibre est déterminé par les équations

$$a - bP_D = c + dP_S$$

et

$$P_D = P_S + t.$$

En substituant la seconde équation dans la première, nous obtenons

$$a - b(P_S + t) = c + dP_S.$$

La solution pour le prix d'offre d'équilibre P_S^* est

$$P_S^* = \frac{a - c - bt}{d + b}.$$

Le prix de demande d'équilibre P_D^* est alors égal à $P_S^* + t$:

$$\begin{aligned} P_D^* &= \frac{a - c - bt}{d + b} + t \\ &= \frac{a - c + dt}{d + b}. \end{aligned}$$

Remarquons que le prix payé par le demandeur augmente et que le prix reçu par l'offreur diminue. L'ampleur des variations de prix dépend de la pente des courbes de demande et d'offre.

16.7 LE TRANSFERT D'UNE TAXE

On entend souvent dire que taxer les producteurs ne diminue pas leurs profits car ils peuvent transférer la taxe sur les consommateurs. Comme nous venons de le voir, une taxe ne devrait pas être considérée comme une taxe sur les entreprises ou sur les consommateurs. Les taxes sont en fait prélevées sur les transactions *entre* les entreprises et les consommateurs. En général, une taxe augmente le prix payé par les consommateurs et diminue le prix reçu par les entreprises. La mesure dans laquelle une taxe peut être transférée dépend dès lors des caractéristiques de la demande et de l'offre.

C'est très facile à voir dans des situations extrêmes, comme dans le cas d'une courbe d'offre parfaitement horizontale ou d'une courbe d'offre parfaitement verticale. Nous parlons dans ces cas, d'une offre **parfaitement élastique** et d'une offre **parfaitement inélastique**.

Certaines implications de ces deux types particuliers d'offre ont déjà été analysées dans ce chapitre. Rappelons qu'un secteur dont la courbe d'offre est horizontale, offre n'importe quelle quantité désirée du bien pour un prix précis et une quantité nulle pour tout prix inférieur. Dans ce cas, le prix est totalement déterminé par la courbe d'offre et la quantité vendue est déterminée par la demande. Si un secteur a une courbe d'offre verticale, la quantité vendue est fixe et le prix d'équilibre du bien est totalement déterminé par la demande.

Considérons le prélèvement d'une taxe sur un marché caractérisé par une courbe d'offre parfaitement élastique. Comme nous l'avons déjà vu, le prélèvement d'une taxe correspond à un déplacement de la courbe d'offre vers le haut du montant de la taxe, comme illustré à la figure 16.5A.

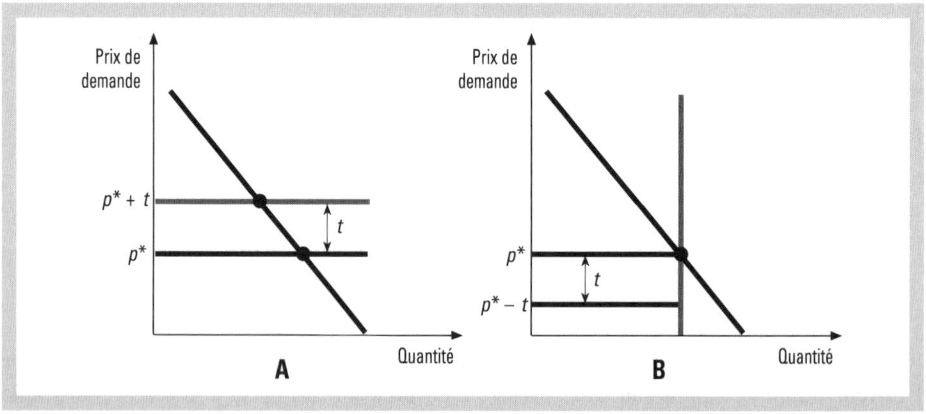

Figure 16.5 ***Cas particuliers de taxation.***

(A) Dans le cas d'une courbe d'offre parfaitement élastique, la totalité de la taxe est transférée aux consommateurs.
(B) Dans le cas d'une offre parfaitement inélastique, la totalité de la taxe est supportée par les offreurs.

Dans le cas d'une courbe d'offre parfaitement élastique, il est aisé de voir que le prix payé par le consommateur augmente exactement du montant de la taxe. Le prix d'offre reste exactement le même qu'avant l'instauration de la taxe et les demandeurs finissent par payer toute la taxe. Il n'est pas difficile de comprendre ce résultat si on réfléchit à la signification d'une courbe d'offre horizontale. En effet, celle-ci signifie que le secteur est disposé à offrir n'importe quelle quantité d'un bien à un prix particulier p^* et une quantité nulle pour tout prix inférieur. Dès lors, si à l'équilibre une quantité positive quelconque du bien est vendue, les offreurs doivent recevoir p^*. Il s'agit en fait du prix d'offre d'équilibre. Quant au prix de demande, il est égal à $p^* + t$.

Le cas opposé est illustré à la figure 16.5B. Si la courbe d'offre est verticale et que nous « déplaçons la courbe d'offre vers le haut », nous ne changeons rien à la représentation graphique. La courbe d'offre « glisse » simplement le long d'elle-même et la quantité offerte est la même avec ou sans la taxe. Dans ce cas, ce sont les demandeurs qui déterminent le prix d'équilibre du bien. Or, ils sont disposés à payer un certain montant p^* pour l'offre disponible de ce bien, avec ou sans taxe. Ils finissent donc par payer p^* et les offreurs reçoivent $p^* - t$. La totalité de la taxe est supportée par les offreurs.

Cette situation est souvent considérée comme paradoxale. Mais elle ne l'est pas en réalité. Si les offreurs pouvaient augmenter leur prix après le prélèvement de la taxe tout en continuant à vendre la totalité de la quantité fixée, ils auraient augmenté leur prix avant que la taxe ne soit prélevée, gagnant ainsi davantage d'argent ! Si la courbe de demande ne se modifie pas, la seule façon d'augmenter le prix est de réduire l'offre. Si une politique n'affecte ni l'offre ni la demande, elle ne peut évidemment pas affecter le prix.

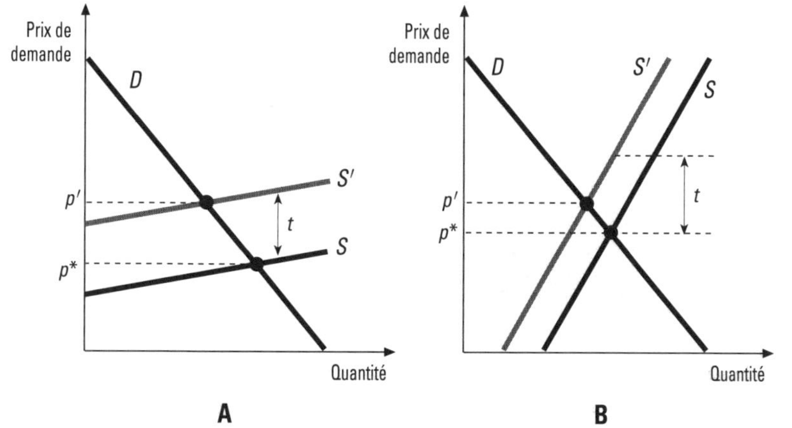

Figure 16.6 ***Le transfert d'une taxe.***

(A) Si la courbe d'offre est presque horizontale, une grande partie de la taxe est transférée.
(B) Si elle est presque verticale, seule une petite partie de la taxe est transférée.

Après avoir analysé ces deux cas extrêmes, nous pouvons à présent examiner la situation intermédiaire dans laquelle la courbe d'offre a une pente positive sans être parfaitement verticale. Dans ce cas, le montant de la taxe qui est transféré dépend de l'importance de la pente de la courbe d'offre par rapport à celle de la courbe de demande. Si la courbe d'offre est presque horizontale, la presque totalité de la taxe est transférée aux consommateurs. Par contre, si elle est presque verticale, seule une toute petite partie de la taxe est transférée. Deux exemples sont présentés à la figure 16.6.

16.8 LA « CHARGE MORTE » D'UNE TAXE

Nous venons de voir qu'une taxe augmente en général le prix payé par les demandeurs et diminue le prix reçu par les offreurs. Cela implique évidemment un coût pour les demandeurs et les offreurs mais, du point de vue de l'économiste, le coût réel d'une taxe correspond à la réduction de l'output.

La diminution de l'output est le coût social de la taxe. Analysons ce coût social à l'aide des concepts de surplus des consommateurs et des producteurs développés au chapitre 14. Considérons tout d'abord la figure 16.7. Celle-ci présente le prix de demande et le prix d'offre d'équilibre après l'imposition d'une taxe t.

Cette taxe a provoqué une réduction de l'output. Utilisons les concepts de surplus des consommateurs et des producteurs pour évaluer la perte sociale. La perte de surplus

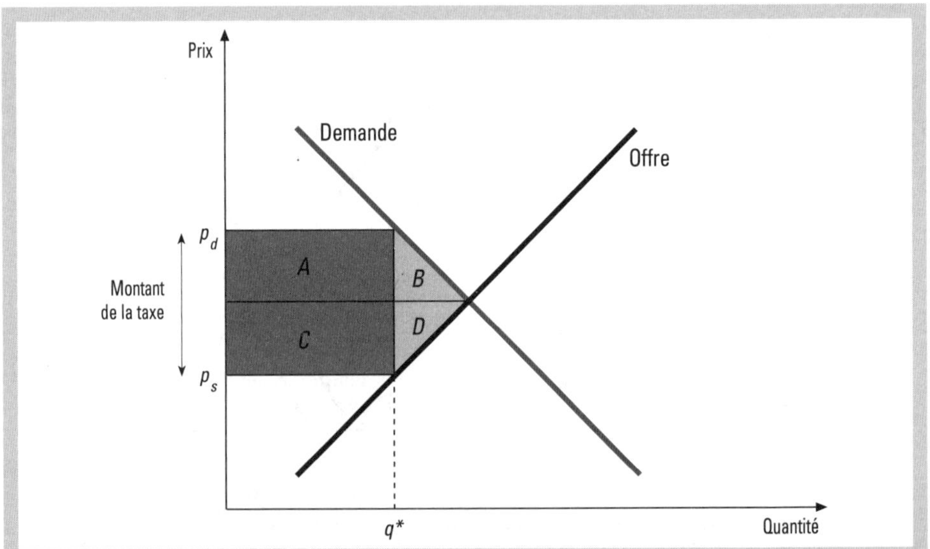

Figure 16.7 ***La « charge morte » d'une taxe.***

La surface $B + D$ mesure la « charge morte » de la taxe.

des consommateurs correspond aux surfaces $A + B$ et la perte de surplus des producteurs aux surfaces $C + D$. Nous avons examiné des pertes du même type au chapitre 14.

Puisque nous désirons évaluer le coût social de la taxe, il semble logique d'additionner les surfaces $A + B$ et $C + D$ pour obtenir la perte totale pour les consommateurs et les producteurs. Toutefois, nous avons ignoré un agent économique, à savoir le gouvernement.

En effet, le gouvernement *bénéficie* de recettes fiscales. Et naturellement, les consommateurs qui utilisent les services publics financés par ces recettes fiscales en retirent également un avantage. Mais nous ne pouvons pas réellement déterminer l'importance de cet avantage tant que nous ne savons pas comment les recettes fiscales sont dépensées.

Supposons que les recettes fiscales soient simplement restituées aux consommateurs et aux producteurs ou, ce qui revient au même, que les services financés par ces recettes fiscales aient exactement la même valeur que les montants dépensés.

Dans ce cas, le bénéfice net pour le gouvernement est la surface $A + C$, c'est-à-dire la recette fiscale totale. Puisque la diminution des surplus des producteurs et des consommateurs est un coût net et que la recette fiscale du gouvernement est un bénéfice net, le coût net total de la taxe correspond à la somme algébrique des surfaces suivantes : la perte de surplus des consommateurs, $-(A + B)$, la perte de surplus des producteurs, $-(C + D)$, et le gain en recettes fiscales, $+(A + C)$.

Le résultat net correspond à la surface $-(B + D)$. Celle-ci est appelée la « **charge morte** » de la taxe (en anglais : *deadweight loss*) ou la **charge excédentaire** de la taxe. Cette dernière expression est particulièrement explicite.

Rappelons-nous l'interprétation de la perte de surplus des consommateurs. C'est le montant que les consommateurs sont prêts à payer pour éviter la taxe, c'est-à-dire sur le graphique, la surface $A + B$. De même, les producteurs sont disposés à payer $C + D$ pour éviter la taxe. Ensemble, ils sont donc disposés à payer $A + B + C + D$ pour éviter une taxe qui procure $A + C$ euros de recettes. La *charge excédentaire* de la taxe est par conséquent égale à $B + D$.

Quelle est l'origine de cette charge excédentaire ? Fondamentalement, c'est la perte de valeur subie par les consommateurs et les producteurs, suite à la réduction des ventes du bien taxé. On ne peut pas taxer ce qui n'existe pas[1]. Le gouvernement ne perçoit aucune recette sur les unités du bien qui ne sont plus vendues. Du point de vue de la collectivité, c'est une perte pure, une charge morte.

Nous pouvons aussi évaluer la charge morte en partant directement de sa définition, c'est-à-dire en mesurant simplement la valeur sociale de la diminution de l'output. Supposons que nous partions de l'ancien équilibre et que nous nous déplacions vers la gauche. Pour la première unité perdue, il y a égalité entre le prix auquel un consommateur

[1] En tout cas, le gouvernement n'a pas encore trouvé le moyen de le faire, mais il réfléchit à la question !

était disposé à l'acheter et le prix auquel un offreur était disposé à la vendre. Il n'y a donc virtuellement aucune perte sociale puisque cette unité était la dernière unité vendue.

Déplaçons-nous maintenant davantage vers la gauche. Le prix de demande mesure le montant qu'un individu est disposé à payer pour recevoir une unité du bien et le prix d'offre mesure le prix auquel un individu est disposé à offrir cette unité. La différence est la valeur perdue sur l'unité en question. Si nous additionnons ces valeurs pour les différentes unités qui ne sont plus produites et consommées à cause de la taxe, nous obtenons sa charge morte.

Exemple : Le marché des emprunts

Les montants empruntés et prêtés dans une économie sont largement influencés par le taux d'intérêt en vigueur. Sur le marché des emprunts, c'est le taux d'intérêt qui joue le rôle du prix. Soit $D(r)$, la demande d'emprunts des emprunteurs et $S(r)$, l'offre d'emprunts des prêteurs. Le taux d'intérêt d'équilibre r^* est alors déterminé par la condition d'égalité de l'offre et de la demande :

$$D(r^*) = S(r^*). \tag{16.1}$$

Introduisons maintenant des taxes dans ce modèle. Que devient le taux d'intérêt d'équilibre ?

Aux États-Unis, les individus qui prêtent de l'argent doivent payer un impôt sur les revenus en intérêts qu'ils perçoivent. Si tout le monde a le même taux de taxation t, le taux d'intérêt après impôt auquel les prêteurs sont confrontés est $(1 - t)r$. Dès lors, l'offre d'emprunts qui dépend du taux d'intérêt après impôt, est égale à $S((1 - t)r)$.

Par ailleurs, les dispositions fiscales permettent à de nombreux emprunteurs de déduire leurs charges d'intérêts, de sorte que si les emprunteurs sont confrontés au même taux d'intérêt que les prêteurs, le taux d'intérêt après impôt qu'ils doivent payer est $(1 - t)r$. La demande d'emprunts est dès lors égale à $D((1 - t)r)$. L'équation qui détermine le taux d'intérêt en cas d'impôt est par conséquent

$$D((1-t)r') = S((1-t)r'). \tag{16.2}$$

Observons que si r^* est la solution de l'équation (16.1), $r^* = (1-t)r'$ doit constituer la solution de l'équation (16.2). Nous avons donc

$$r^* = (1-t)r'$$

ou

$$r' = \frac{r^*}{(1-t)}.$$

Le taux d'intérêt en cas d'impôt est donc supérieur à r^* d'un facteur $1/(1 - t)$. Par conséquent, le taux d'intérêt *après impôt* $(1-t)r'$ est égal à r^*, le taux d'intérêt avant taxation !

La figure 16.8 permet de mieux comprendre ce raisonnement. Soumettre les revenus en intérêts à l'impôt entraîne une rotation de la courbe d'offre d'emprunts d'un facteur $1/(1 - t)$, mais rendre les charges d'intérêts déductibles de l'impôt entraîne également un déplacement vers le haut de la courbe de demande d'emprunts d'un facteur $1/(1 - t)$. Le résultat net est que le taux d'intérêt du marché augmente exactement d'un facteur $1/(1 - t)$.

Nous pouvons également examiner ce problème en utilisant les fonctions de demande et d'offre inverses. Soit $r_e(q)$, la fonction de demande inverse des emprunteurs. Cette fonction donne le taux d'intérêt après impôt compatible avec un niveau d'emprunts égal à q. Par ailleurs, désignons par $r_p(q)$, la fonction d'offre inverse des prêteurs. Le montant prêté à l'équilibre est dès lors déterminé par la condition

$$r_e(q^*) = r_p(q^*). \tag{16.3}$$

À présent, introduisons la taxation. Pour rendre l'analyse plus intéressante, supposons que les emprunteurs et les prêteurs soient confrontés à des taux de taxation différents notés respectivement t_e et t_p. Si le taux d'intérêt du marché est r, le taux après impôt auquel les emprunteurs sont confrontés est $(1 - t_e)r$; le montant qu'ils choisissent d'emprunter est dès lors déterminé par l'équation

$$(1 - t_e)r = r_e(q)$$

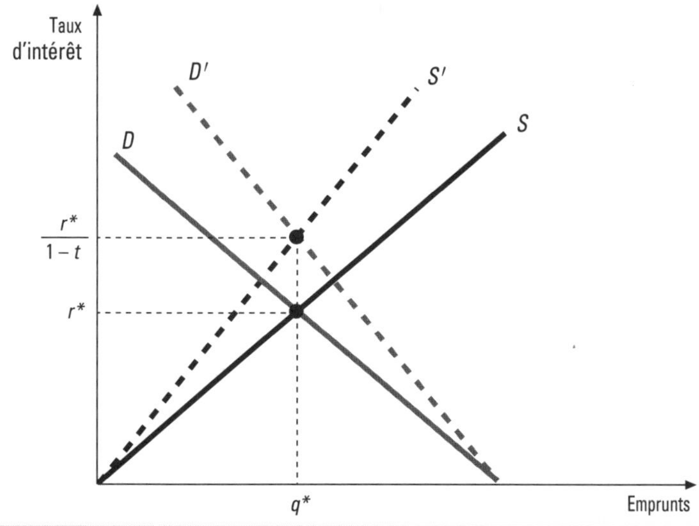

Figure 16.8 ***L'équilibre sur le marché des emprunts.***

Si les emprunteurs et les prêteurs sont confrontés au même taux de taxation, le taux d'intérêt après impôt et le montant emprunté restent inchangés.

ou

$$r = \frac{r_e(q)}{1 - t_e}. \tag{16.4}$$

De même, le taux d'intérêt après impôt auquel les prêteurs sont confrontés est $(1 - t_p)r$. Le montant qu'ils choisissent de prêter est dès lors déterminé par l'équation

$$(1 - t_p)r = r_p(q)$$

ou

$$r = \frac{r_p(q)}{1 - t_p}. \tag{16.5}$$

En combinant les équations (16.4) et (16.5), nous obtenons la condition d'équilibre :

$$r = \frac{r_e(\hat{q})}{1 - t_e} = \frac{r_p(\hat{q})}{1 - t_p}. \tag{16.6}$$

Cette équation montre que si les emprunteurs et les prêteurs sont confrontés au même taux de taxation $t_e = t_p$, alors $\hat{q} = q^*$. Mais que se passe-t-il s'ils sont confrontés à des taux de taxation différents ? On peut aisément se rendre compte que la législation fiscale subventionne les emprunteurs et taxe les prêteurs. Quel en est l'effet net ? Si les emprunteurs sont confrontés à un prix plus élevé que les prêteurs, le système correspond à une taxe nette sur l'emprunt. Mais si les emprunteurs sont confrontés à un prix plus faible que les prêteurs, il s'agit alors d'une subvention nette. En transformant la condition d'équilibre (équation (16.6)), nous pouvons écrire

$$r_e(\hat{q}) = \frac{1 - t_e}{1 - t_p} r_p(\hat{q}).$$

Dès lors, les emprunteurs sont confrontés à un prix plus élevé que les prêteurs si

$$\frac{1 - t_e}{1 - t_p} > 1.$$

Ce qui implique $t_p > t_e$. Si le taux de taxation sur les prêteurs est supérieur à celui sur les emprunteurs, le système est une taxe nette sur l'emprunt, mais si $t_p < t_e$, il s'agit d'une subvention nette.

Exemple : L'aide alimentaire

Au XIXe siècle, en Angleterre, les riches aidaient les pauvres durant les années de mauvaise récolte via le système suivant : ils achetaient la récolte de grain, en consommaient une quantité fixe et vendaient le reste aux pauvres à la moitié du prix d'achat. À première vue, ce système semble très favorable aux pauvres. Toutefois, un examen attentif permet de réfuter cette conclusion intuitive.

En effet, la seule façon d'accroître le niveau de satisfaction des pauvres est de leur permettre de consommer davantage de grain. Or, lorsque la récolte est réalisée, la quantité de grain disponible est fixe. Dès lors, comment une telle intervention aurait-elle pu accroître le niveau de satisfaction des pauvres ?

En réalité, les pauvres ne bénéficiaient pas de cette intervention car, avec ou sans celle-ci, ils finissaient par payer le grain exactement au même prix. Pour s'en rendre compte, il suffit de modéliser l'équilibre avec et sans cette intervention. Soit $D(p)$, la courbe de demande des pauvres, K, la quantité demandée par les riches et S, la quantité fixe offerte au cours d'une année de mauvaise récolte. Par hypothèse, l'offre de grain et la demande des riches sont fixes. Sans l'intervention charitable des riches, le prix d'équilibre est déterminé par l'égalité de la demande totale et de l'offre totale :

$$D(p^*) + K = S.$$

Quand les riches interviennent, le prix d'équilibre est déterminé par

$$D\left(\frac{\hat{p}}{2}\right) + K = S.$$

Nous observons donc que si p^* constitue la solution de la première équation, $\hat{p} = 2p^*$ est la solution de la seconde. Dès lors, quand les riches proposent d'acheter le grain et de le distribuer aux pauvres à moitié prix, le prix du marché est simplement doublé et les pauvres payent le même prix qu'auparavant !

En fait, ce n'est pas vraiment surprenant. Si la demande des riches et l'offre de grain sont fixes, la quantité que les pauvres peuvent consommer l'est également. Dès lors, le prix d'équilibre auquel les pauvres sont confrontés est déterminé totalement par leur propre courbe de demande ; le prix d'équilibre est donc le même quelle que soit la façon dont le grain est distribué aux pauvres.

Exemple : Les subventions en Irak

Les subventions, même celles accordées pour la « bonne cause », peuvent être difficiles à supprimer parce qu'elles créent des groupes politiques qui prennent appui sur elles. C'est vrai dans tous les pays, mais le cas de l'Irak est particulièrement éclairant. Ainsi en 2005, les subventions pour le pétrole et la nourriture représentaient environ un tiers du budget du gouvernement irakien[2].

La presque totalité du budget du gouvernement provient des exportations de pétrole. Comme il y a très peu de capacité de raffinage dans le pays, l'Irak importe de l'essence à 30-35 centimes le litre pour le vendre à la population à 1,5 centime. Une partie importante de l'essence est vendue sur le marché noir et entre en contrebande en Turquie où le prix du litre d'essence est d'un dollar.

---

[2] Glanz, James, « Despite Crushing Costs, Iraqi Cabinet Lets Big Subsidies Stand », *New York Times*, 11 août 2005.

La nourriture et le gasoil bénéficient aussi de larges subventions et les politiciens hésitent à les supprimer du fait de l'instabilité de la situation politique. Quand le Yémen a supprimé des subventions du même type, il y a eu des émeutes dans les rues avec plusieurs douzaines de morts. Une étude de la Banque Mondiale a conclu que les subventions représentaient plus de la moitié du PIB irakien et d'après le Ministre des Finances, Ali Abdulameer Allawi, « elles ont atteint le niveau où elles deviennent insensées. Elles faussent l'économie de façon grotesque et créent les plus mauvais incitants qu'on puisse imaginer ».

16.9 L'EFFICACITÉ AU SENS DE PARETO

Une situation économique est **efficace au sens de Pareto** s'il n'est pas possible d'accroître la satisfaction d'un individu sans réduire celle d'un autre. L'efficacité au sens de Pareto est une chose souhaitable — s'il est possible d'accroître le niveau de satisfaction d'un groupe de personnes, pourquoi ne pas le faire ? — mais l'efficacité n'est pas le seul objectif de la politique économique. Par exemple, l'efficacité n'a presque rien à voir avec la distribution du revenu et la justice économique.

L'efficacité est cependant un objectif important. Il est donc intéressant de se demander dans quelle mesure un marché concurrentiel est efficace au sens de Pareto. Un marché concurrentiel, comme n'importe quel mécanisme économique, doit déterminer deux choses : quelle quantité produire et qui la reçoit. Sur un marché concurrentiel, le niveau de production d'un bien est déterminé à partir des sommes que les gens sont disposés à payer pour acheter ce bien et des montants que les gens doivent recevoir pour accepter de l'offrir.

Considérons la figure 16.9. Pour toute quantité produite inférieure à q^*, la quantité de concurrence parfaite, il existe au moins un producteur qui est disposé à offrir une unité supplémentaire du bien à un prix inférieur au prix qu'un consommateur est disposé à payer pour cette unité. Si le bien est produit et échangé entre ces deux personnes pour un montant compris entre le prix de demande et le prix d'offre, le niveau de satisfaction des deux individus augmente. Dès lors, toute quantité inférieure à la quantité d'équilibre ne peut être efficace au sens de Pareto puisqu'il existe au moins deux personnes dont le niveau de satisfaction pourrait augmenter.

De même, pour tout output supérieur à q^*, le montant qu'un consommateur est disposé à payer pour une unité supplémentaire du bien est inférieur au prix nécessaire pour que cette unité soit offerte. Par conséquent, seule la quantité d'équilibre du marché q^* est une quantité efficace au sens de Pareto, c'est-à-dire une quantité pour laquelle la propension à payer pour une unité supplémentaire est exactement égale au prix qu'il faut payer pour que cette unité additionnelle soit offerte.

Un marché concurrentiel engendre donc une quantité d'output efficace au sens de Pareto. Mais comment cette quantité est-elle répartie entre les consommateurs ? Sur un marché concurrentiel, tous paient le même prix pour un bien ; le taux marginal de

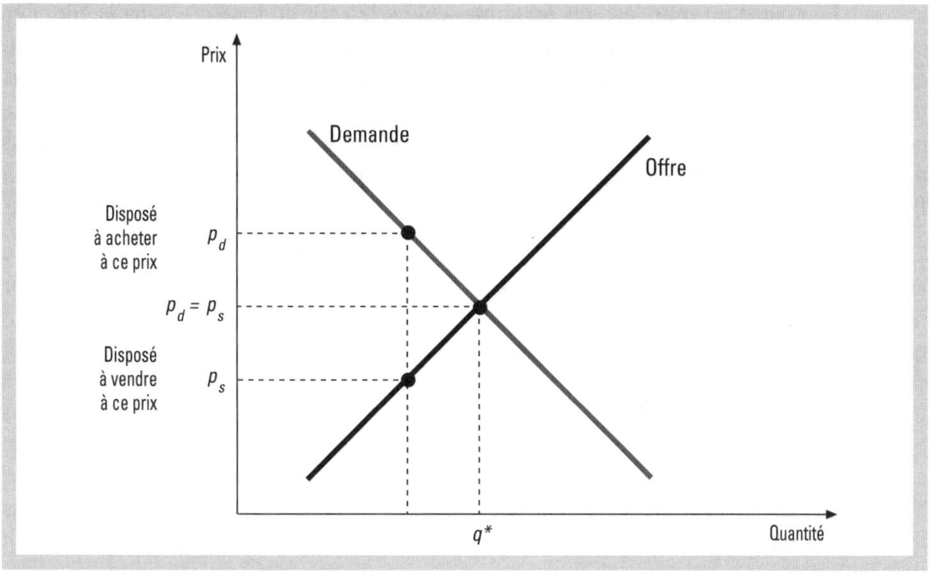

Figure 16.9 ***L'efficacité au sens de Pareto.***

Un marché concurrentiel engendre une quantité d'output efficace au sens de Pareto parce que pour cette quantité q^*, le prix qu'un individu est disposé à payer pour acheter une unité supplémentaire du bien est égal au prix qu'un offreur doit recevoir pour accepter de vendre cette unité supplémentaire du bien.

substitution entre ce bien et « tous les autres biens » est égal au prix et seules les personnes disposées à payer ce prix peuvent acheter le bien.

Que se passerait-il si le bien était réparti de telle façon que tous les taux marginaux de substitution entre ce bien et « tous les autres biens » ne soient pas identiques ? Dans ce cas, il devrait y avoir au moins deux personnes qui attribuent des valeurs différentes à une unité marginale du bien. Il se pourrait, par exemple, qu'une personne évalue une unité supplémentaire à 5 € et une autre à 4 €. Si la personne qui attribue la valeur la plus basse vend une petite quantité du bien à la personne qui attribue la valeur la plus élevée à un prix entre 4 et 5 €, les deux consommateurs auront un niveau de satisfaction plus élevé. Dès lors, toute affectation des ressources caractérisée par des taux marginaux de substitution différents ne peut être efficace au sens de Pareto.

Exemple : Faire la queue

Une méthode d'affectation des ressources fréquemment utilisée consiste à demander aux individus de faire la queue. Nous pouvons analyser ce mécanisme d'affectation des ressources en employant les mêmes instruments que ceux que nous avons développés pour analyser le mécanisme du marché. Envisageons un exemple concret : supposons que votre université distribue des billets pour assister à un match de championnat de basket. Les personnes qui font la queue pourront recevoir un billet gratuit.

Le coût d'un billet est dès lors simplement le coût de l'attente dans la file. Les personnes qui souhaitent vivement voir le match de basket camperont devant le bureau où a lieu la distribution des billets afin d'être sûres d'en obtenir un. Celles qui ne sont pas très intéressées par le match peuvent arriver quelques minutes avant que le bureau n'ouvre en espérant qu'il restera quelques billets. La propension à payer pour un billet n'est plus mesurée en euros mais plutôt en temps d'attente puisque les billets seront distribués en fonction de la propension à attendre.

Est-ce que l'attente dans une file engendre une affectation des billets efficace au sens de Pareto ? Demandez-vous s'il est possible que quelqu'un qui a attendu pour obtenir un billet puisse souhaiter le vendre à quelqu'un qui n'a pas fait la queue. En fait on observera souvent ce type de situation simplement parce que la propension à attendre et la propension à payer diffèrent d'un individu à l'autre. Si quelqu'un est disposé à faire la queue pour acheter un billet et ensuite le vendre à quelqu'un d'autre, l'affectation des billets en fonction de la propension à attendre n'exploite pas tous les gains d'échange, c'est-à-dire que certaines personnes seront généralement encore disposées à échanger les billets après que ceux-ci aient été distribués. Puisque l'attente dans une file n'exploite pas tous les gains d'échange, ce système n'engendre généralement pas un résultat efficace au sens de Pareto.

Si vous affectez un bien en utilisant un prix exprimé en euros, les euros payés par les demandeurs bénéficieront aux offreurs du bien. Si vous affectez un bien en utilisant le temps d'attente, les heures passées à attendre dans la file ne bénéficient à personne. Le temps d'attente impose un coût aux acheteurs du bien et ne génère aucun bénéfice pour les offreurs. L'attente dans une file est une forme de « charge morte » ; les personnes qui font la queue paient « un prix », mais personne d'autre ne retire le moindre bénéfice du prix qu'elles paient.

RÉSUMÉ

1. La courbe d'offre mesure la quantité d'un bien que les gens sont disposés à offrir aux différents prix.

2. Un prix d'équilibre est un prix pour lequel la quantité que les gens désirent offrir égale la quantité que les gens désirent demander.

3. L'étude des modifications du prix et de la quantité d'équilibre suite à un changement dans les courbes de demande et d'offre est un autre exemple de statique comparative.

4. Quand un bien est taxé, il y a toujours deux prix : le prix payé par les demandeurs et le prix reçu par les offreurs. La différence entre ces deux prix correspond au montant de la taxe.

5. La mesure dans laquelle une taxe est transférée aux consommateurs dépend de l'importance relative des pentes des courbes de demande et d'offre. Si la courbe d'offre est horizontale, la totalité de la taxe est transférée aux consommateurs ;

si la courbe d'offre est verticale, la totalité de la taxe est supportée par les offreurs.

6. La « charge morte » d'une taxe (en anglais : *deadweight loss*) est la perte nette de surplus des consommateurs et des producteurs qui découle du prélèvement de la taxe. Elle mesure la valeur de l'output qui n'est plus vendu suite au prélèvement de la taxe.

7. Une situation est efficace au sens de Pareto s'il n'est pas possible d'accroître le niveau de satisfaction d'un groupe de personnes sans réduire celui d'un autre groupe.

8. Sur un marché, la quantité d'output efficace au sens de Pareto est la quantité pour laquelle les courbes d'offre et de demande se coupent. C'est en ce point que le montant que les demandeurs sont disposés à payer pour une unité supplémentaire d'output égale le prix auquel les offreurs sont disposés à offrir une unité additionnelle d'output.

PROBLÈMES À RÉSOUDRE

16.1 Quel est l'effet d'un subside sur un marché caractérisé par une courbe d'offre horizontale ? Et si la courbe d'offre est verticale ?

16.2 Supposons la courbe de demande verticale et la courbe d'offre croissante. Si on prélève une taxe sur ce marché, qui va la supporter en réalité : les demandeurs ou les offreurs ?

16.3 Supposons que tous les consommateurs considèrent les crayons rouges et les crayons bleus comme des substituts parfaits. La courbe d'offre des crayons rouges est supposée croissante. Soit p_r et p_b, les prix des crayons rouges et crayons bleus. Que se passe-t-il si le gouvernement lève une taxe uniquement sur les crayons rouges ?

16.4 Les États-Unis importent environ la moitié du pétrole dont ils ont besoin. Supposons que les producteurs étrangers de pétrole soient disposés à fournir aux États-Unis n'importe quelle quantité souhaitée à un prix constant de 25 $ le baril. Quel serait l'impact sur le prix du pétrole domestique d'une taxe à l'importation de 5 $ le baril ?

16.5 Supposons la courbe d'offre verticale. Quelle est la « charge morte » d'une taxe sur un tel marché ?

16.6 Compte tenu des dispositions fiscales relatives aux prêts et aux emprunts qui ont été décrites dans ce chapitre, quel est le montant des recettes fiscales lorsque les emprunteurs et les prêteurs sont confrontés au même taux de taxation ?

16.7 Ces dispositions fiscales procurent-elles un montant positif ou négatif de recettes si $t_p < t_e$?

17

LES VENTES AUX ENCHÈRES

Les ventes aux enchères sont une des formes les plus anciennes de marché. On peut remonter au moins à 500 avant J.-C. Aujourd'hui toutes sortes de marchandises, des ordinateurs usagés aux fleurs coupées, sont vendues aux enchères.

Les économistes ont commencé à s'intéresser aux enchères au début des années 1970 quand l'OPEP augmenta le prix du pétrole. Le Ministère de l'Intérieur des États-Unis décida de tenir des enchères pour vendre les droits de forage dans les zones côtières que l'on pensait contenir de vastes quantités de pétrole. Le gouvernement demanda aux économistes comment organiser ces enchères et les firmes privées engagèrent des économistes comme consultants pour les aider à mettre au point une stratégie d'offre. Cela stimula le développement de recherches importantes quant à l'organisation des enchères et aux stratégies.

Plus récemment, la Commission fédérale des Communications (FCC) a décidé de vendre aux enchères l'usage d'une partie des bandes radio pour les téléphones cellulaires, les « organiseurs personnels » et d'autres moyens de communications. De nouveau, les économistes ont joué un rôle majeur dans la mise au point à la fois des enchères et des stratégies utilisées par les offreurs. Ces ventes aux enchères ont été considérées comme une politique publique très réussie puisqu'elles ont généré pour le gouvernement américain des recettes de plus de 23 milliards de dollars.

D'autres pays ont également utilisé les enchères pour leurs projets de privatisation. Par exemple, l'Australie a vendu de cette façon plusieurs centrales électriques appartenant au gouvernement et la Nouvelle-Zélande a vendu aux enchères une partie de son réseau téléphonique public.

Les enchères à destination des consommateurs ont également connu leurs premiers développements sur Internet. Il y a des centaines de ventes aux enchères sur Internet pour la vente d'objets de collection, d'équipements informatiques, de voyages ou d'autres biens. OnSale prétend être le système de vente aux enchères le plus important sur Internet ; il fait état pour 1997 de ventes de marchandises pour plus de 41 millions de dollars.

17.1 LES TYPES DE VENTES AUX ENCHÈRES

La classification économique des enchères se base sur deux éléments : 1°) quelle est la nature du bien vendu ? et 2°) quelles sont les règles en matière d'offre ? En ce qui concerne la nature du bien, les économistes distinguent, d'une part, les **enchères à valeur privée**, d'autre part, les **enchères à valeur commune**.

Dans une vente aux enchères à valeur privée, chaque participant attribue une valeur éventuellement différente au bien en question. Un objet d'art particulier peut valoir 500 euros pour un collectionneur, 200 pour un autre et 50 pour un troisième en fonction de leurs goûts. Dans une enchère à valeur commune, le bien en question a fondamentalement la même valeur pour tous les offreurs bien que ceux-ci puissent avoir des évaluations différentes de cette valeur commune. La vente aux enchères des droits de forage en mer mentionnés précédemment avait cette caractéristique : une zone donnée a une certaine quantité de pétrole ou pas. Les différentes compagnies pétrolières peuvent avoir eu des évaluations différentes quant à la quantité de pétrole présente sur base des résultats de leurs études géologiques, mais le pétrole avait la même valeur de marché quel que soit le vainqueur de l'enchère.

Nous consacrerons l'essentiel de ce chapitre à la discussion des enchères à valeur privée parce qu'elles constituent le cas le plus familier. À la fin de ce chapitre, nous présenterons quelques caractéristiques des enchères à valeur commune.

Les règles en matière d'offre

Le mécanisme d'offre le plus répandu pour une vente aux enchères est ce que l'on appelle l'**enchère anglaise**. Le commissaire-priseur commence avec un **prix de réserve** qui est le prix le plus bas auquel le vendeur du bien accepte de le vendre.[1] Les participants offrent successivement des prix plus élevés. Généralement, chaque nouvelle offre doit proposer une **surenchère** minimale. Quand plus personne ne souhaite augmenter l'offre, le bien est attribué à celui qui a offert le montant le plus élevé.

Une autre forme d'enchères est appelée l'**enchère hollandaise** parce qu'elle est utilisée aux Pays-Bas pour la vente des fromages et des fleurs coupées. Dans ce cas, le commissaire-priseur commence avec un prix élevé et le diminue progressivement étape par étape jusqu'à ce que quelqu'un accepte d'acheter le bien. En réalité, le « commissaire-priseur » est souvent un système mécanique, par exemple une roue avec un pointeur qui indique des valeurs de plus en plus basses à mesure que l'enchère continue. Les enchères hollandaises peuvent se dérouler très rapidement, ce qui constitue un de leurs avantages majeurs.

Une troisième forme d'enchères est l'**enchère sous pli scellé**. Dans ce cas, chaque participant écrit son offre sur un papier et le met sous pli scellé. Les enveloppes sont rassemblées et ouvertes et le bien est attribué à la personne qui a proposé l'offre la plus élevée. Elle paie le montant offert au commissaire-priseur. Toutefois, s'il y a un prix de réserve et que toutes les offres sont inférieures à ce prix, il se peut que personne n'acquière le bien.

Les enchères sous pli scellé sont utilisées fréquemment pour les travaux de construction. Les personnes qui souhaitent qu'un travail soit réalisé demandent des offres à plusieurs contractants possibles avec comme règle d'attribution du marché que le travail sera attribué à celui qui a proposé l'offre la plus basse.

Enfin, une variante de l'enchère sous pli scellé est connue sous le nom d'**enchère philatéliste** ou **enchère de Vickrey**. Le premier nom est dû au fait que ce type d'enchères a été au départ utilisé par les collectionneurs de timbres ; le second nom a été donné en l'honneur de William Vickrey qui a reçu le Prix Nobel d'économie en 1996 pour son travail de pionnier en matière d'analyse des mécanismes d'enchères. L'enchère de Vickrey se présente comme une enchère sous pli scellé avec toutefois une différence importante :

[1] Voir la note relative au prix de réserve dans le chapitre 6.

le bien est attribué à la personne qui a offert le montant le plus élevé, mais celle-ci paie le prix proposé en second. En d'autres termes, la personne qui a offert le montant le plus élevé reçoit le bien, mais elle ne paie que le montant offert par celle qui a formulé la seconde offre. Bien qu'à première vue, ce mécanisme paraît quelque peu étrange, nous verrons par la suite qu'il présente quelques propriétés intéressantes.

17.2 LE CHOIX D'UN SYSTÈME D'ENCHÈRES

Supposons que nous ayons un objet particulier à vendre aux enchères et qu'il y ait n offreurs avec des valeurs (privées) $v_1, ..., v_n$. Pour simplifier, nous supposons que toutes les valeurs sont positives et que le vendeur a une valeur nulle. Notre objectif est de choisir un système d'enchères pour vendre cet objet.

C'est un cas particulier de **choix d'un mécanisme économique**. Dans le cas d'une vente aux enchères, il y a deux objectifs naturels que nous pouvons avoir à l'esprit :

- l'**efficacité de Pareto**. L'objectif serait de choisir un système d'enchères qui produit un résultat efficace au sens de Pareto ;
- la **maximisation du profit**. L'objectif serait ici de produire pour le vendeur le profit attendu le plus élevé possible.

La maximisation du profit apparaît assez évidente, mais que signifie l'efficacité de Pareto dans ce contexte ? Il n'est pas difficile de voir que l'efficacité de Pareto implique que le bien soit vendu à la personne qui lui attribue la valeur la plus élevée. Pour voir cela, supposons que la personne 1 ait la valeur la plus élevée et que la personne 2 attribue au bien une valeur un petit peu inférieure. Si la personne 2 reçoit le bien, il existe une façon simple d'accroître la satisfaction des deux personnes : il suffit de transférer le bien de la personne 2 à la personne 1 et que la personne 1 paie à la personne 2 un prix compris entre v_1 et v_2. Cela montre qu'attribuer le bien à quelqu'un d'autre que la personne avec la valeur la plus élevée ne peut pas être efficace au sens de Pareto.

Si le vendeur connaît les valeurs $v_1, ..., v_n$, la mise au point du système d'enchères est assez évidente. Dans le cas de la maximisation du profit, le vendeur devrait simplement attribuer le bien à la personne qui a la valeur la plus élevée et lui faire payer cette valeur. Si l'objectif poursuivi est l'efficacité de Pareto, la personne avec la valeur la plus élevée devrait également recevoir le bien, mais le prix payé pourrait correspondre à n'importe quelle somme comprise entre la valeur attribuée par cette personne et zéro, puisque la distribution du surplus n'a pas d'importance au regard de l'efficacité de Pareto.

Nous avons un cas plus intéressant quand le vendeur ne connaît pas les valeurs des acheteurs. Comment pouvons-nous réaliser l'efficacité ou la maximisation du profit dans ce cas ?

Considérons tout d'abord l'efficacité de Pareto. Il n'est pas difficile de voir qu'une enchère anglaise permet de réaliser l'objectif poursuivi : la personne avec la valeur la plus élevée finira par recevoir le bien. Il faut juste réfléchir un petit peu plus pour déterminer le prix que la personne paiera : ce sera la valeur attribuée par la personne qui formule la seconde offre augmentée éventuellement de la surenchère minimale. Illustrons cela par un cas particulier. Supposons que la valeur la plus élevée soit 100 euros, la seconde offre, 80 euros et la surenchère minimale 5 euros. La personne qui attribue la valeur de 100 euros sera disposée à offrir 85 euros alors que la personne qui n'attribue qu'une valeur de 80 euros ne sera pas disposée à offrir ce montant. Comme nous l'avons dit antérieurement, la personne qui attribue la valeur la plus élevée reçoit le bien à un prix égal à la seconde offre augmentée peut-être de la surenchère minimale. Nous continuons à dire « peut-être » parce que si les deux joueurs offrent 80 euros, il y aura ex aequo et le résultat exact dépendra des règles utilisées pour résoudre cette situation.

Qu'en est-il de la maximisation du profit ? Le problème devient plus compliqué à analyser parce qu'il dépend de ce que le vendeur croit être les valeurs des acheteurs. Pour voir ce qui se passe, supposons que nous n'ayons que deux offreurs qui peuvent attribuer au bien soit une valeur de 10 euros, soit une valeur de 100 euros. Supposons que ces deux cas soient tout aussi probables l'un que l'autre, de sorte qu'il y ait quatre situations avec des probabilités identiques, pour les valeurs attribuées par les offreurs 1 et 2 : (10, 10), (10, 100), (100, 10), (100, 100). Finalement, supposons que la surenchère minimale soit de 1 euro et qu'en cas d'ex aequo, on joue à pile ou face.

Dans cet exemple, les offres victorieuses dans les quatre cas décrits précédemment sont (10, 11, 11, 100) et l'individu qui attribue la valeur la plus élevée recevra toujours le bien. Le revenu attendu pour le vendeur est de 33 euros, soit $\frac{1}{4}(10+11+11+100)$.

Le vendeur pourrait-il faire mieux que cela ? Oui, s'il fixe un prix de réserve approprié. Dans ce cas, le prix de réserve qui maximise le profit est de 100 euros. Les trois quarts du temps, le vendeur vendra le bien à ce prix et une fois sur quatre, il n'y aura pas d'offre victorieuse. Cela produit un revenu attendu de 75 euros, beaucoup plus élevé que le revenu attendu obtenu par une enchère anglaise sans prix de réserve.

Notons que cette politique n'est pas efficace au sens de Pareto puisque une fois sur quatre, personne ne reçoit le bien. Ceci est analogue à la « charge morte » du monopole et le problème apparaît pour exactement la même raison.

L'introduction d'un prix de réserve est très important si vous êtes intéressé par la maximisation du profit. En 1990, le gouvernement de Nouvelle-Zélande a vendu aux enchères l'usage d'une partie des bandes radios pour la radio, la télévision et les téléphones cellulaires en utilisant une enchère de Vickrey. Dans un cas, l'offre victorieuse fut de 100.000 dollars NZ alors que la seconde offre n'était que de 6 dollars NZ ! Cette dernière offre pouvait peut-être conduire à un résultat efficace au sens de Pareto, mais certainement pas à la maximisation des recettes !

Nous avons vu qu'une enchère anglaise avec un prix de réserve nul garantit l'efficacité au sens de Pareto. Mais qu'en est-il de l'enchère hollandaise ? La réponse est : pas nécessairement. Pour voir cela, considérons deux offreurs qui attribuent des valeurs de 100 euros et 80 euros. Si la personne qui attribue la valeur la plus élevée croit (erronément !) que la seconde offre est de 70 euros, elle prévoira d'attendre jusqu'à ce que le commissaire-priseur atteigne par exemple 75 euros avant de formuler une offre. Mais à ce moment là, il sera trop tard parce que la personne avec la seconde offre aura déjà acheté le bien à 80 euros. En général, rien ne garantit que le bien soit vendu à la personne qui attribue la valeur la plus élevée.[2]

Le même résultat s'applique à une enchère sous pli scellé. L'enchère optimale pour chaque participant dépend de ce qu'il croit être les valeurs des autres participants. Et si ses estimations ne sont pas correctes, le bien peut facilement être vendu à quelqu'un qui n'attribue pas la valeur la plus élevée.

Finalement, considérons une enchère de Vickrey, à savoir la variante d'une enchère sous pli scellé impliquant que la personne qui offre le montant le plus élevé reçoit le bien, mais ne doit payer que le second prix. Premièrement, nous pouvons observer que si chacun offre sa vraie valeur pour le bien en question, celui-ci finira par être vendu à la personne qui attribue la valeur la plus élevée et celle-ci paiera un prix égal à la valeur attribuée par la personne avec la deuxième valeur. C'est fondamentalement le même résultat que l'enchère anglaise (à la surenchère minimale près, qui peut être arbitrairement petite).

Mais est-il optimal de déclarer votre valeur exacte dans une enchère de Vickrey ? Nous avons vu que dans une enchère classique sous pli scellé, ce n'est généralement pas le cas. Mais l'enchère de Vickrey est différente : la réponse surprenante est qu'il est toujours dans l'intérêt de chaque participant d'écrire sa vraie valeur.

Pour en voir la raison, considérons un exemple particulier avec deux participants qui ont des valeurs ν_1 et ν_2 et qui écrivent des offres d'un montant b_1 et b_2. Le gain attendu pour l'offreur n° 1 est :

$$\text{Prob}(b_1 \geqslant b_2)[\nu_1 - b_2],$$

où « Prob » signifie « probabilité ».

Le premier terme de cette expression est la probabilité que le joueur 1 ait l'offre la plus élevée ; le second terme est le surplus du consommateur dont bénéficie le joueur 1 s'il gagne. (Si b_1 est inférieur à b_2, le joueur 1 reçoit un surplus nul de sorte qu'il n'est pas nécessaire de considérer le terme contenant prob$(b_1 \leqslant b_2)$).

Supposons que ν_1 soit supérieur à b_2. Alors l'offreur 1 souhaite que sa probabilité de gagner soit la plus élevée possible, ce qu'il peut faire en fixant $b_1 = \nu_1$. Supposons, par contre, que ν_1 soit inférieur à b_2. Alors l'offreur 1 souhaite que sa probabilité de gagner soit la plus petite possible, ce qu'il peut faire en fixant $b_1 = \nu_1$. Dans les deux cas, la stratégie optimale de l'offreur 1 est de fixer son offre exactement au niveau de sa valeur ! L'honnêteté est la meilleure politique... en tout cas dans une enchère de Vickrey !

[2] D'un autre côté, si les estimations de tous les participants sont correctes, même si elles ne sont correctes qu'en moyenne et que tous les offreurs jouent de façon optimale, les différents systèmes d'enchères analysés précédemment s'avèrent être « stratégiquement équivalents », en ce sens qu'ils produisent le même résultat à l'équilibre. Pour l'analyse de ce point, voir P. Milgrom, « Auctions and Bidding : A Primer », *Journal of Economic Perpectives*, 3(3), 1989, 3-22 et P. Klemperer, « Auction Theory : A Guide to the Literature », *Economic Surveys*, 13(3), 1999, 227-286.

Une enchère de Vickrey présente comme caractéristique intéressante qu'elle permet d'obtenir fondamentalement le même résultat qu'une enchère anglaise, mais sans itération. C'est apparemment la raison pour laquelle elle a été utilisée par les philatélistes. Ils vendaient leurs timbres lors de leurs rencontres en utilisant des enchères anglaises et par l'intermédiaire de leurs journaux en utilisant des enchères sous pli scellé. Quelqu'un remarqua qu'une enchère sous pli scellé donne le même résultat qu'une enchère anglaise si on utilise la règle de la seconde offre. Par la suite, Vickrey mena une analyse détaillée des enchères philatélistes et démontra que la vérité était la stratégie optimale et qu'une enchère philatéliste était stratégiquement équivalente à une enchère anglaise.

17.3 LES AUTRES FORMES D'ENCHÈRES

On considérait l'enchère de Vickrey comme présentant un intérêt limité jusqu'au moment où les enchères sur Internet devinrent populaires. L'entreprise de ventes aux enchères sur Internet la plus importante au monde, eBay, déclare avoir près de 30 millions d'utilisateurs enregistrés et ceux-ci ont échangé en 2000 des marchandises pour une valeur de 5 milliards d'euros.

Les enchères organisées par eBay durent plusieurs jours, voire plusieurs semaines et il est difficile pour les utilisateurs de suivre le processus d'enchères de façon permanente. Afin d'éviter un suivi permanent, eBay a introduit un **agent offreur** automatique qui est appelé **offreur par procuration (*proxy bidder*)**. Les utilisateurs communiquent à leur agent-offreur une offre initiale et le montant maximum qu'ils sont disposés à payer pour un objet. Au cours du processus d'enchères, l'agent-offreur augmente automatiquement l'offre de l'acheteur de la surenchère minimale quand nécessaire, aussi longtemps que l'offre n'excède pas le montant maximum fixé par l'acheteur.

Il s'agit fondamentalement d'une enchère de Vickrey : chaque utilisateur révèle à son agent-offreur le prix maximum qu'il est disposé à payer. Théoriquement l'acheteur qui introduit l'offre la plus élevée emportera l'objet, mais il ne devra payer que la seconde offre (augmentée de la surenchère minimale pour résoudre la situation d'ex aequo). Conformément à l'analyse développée précédemment, chaque acheteur a intérêt à révéler la valeur exacte qu'il attribue à l'objet en vente.

En pratique, le comportement d'offre est un peu différent de celui prédit dans le modèle de Vickrey. Souvent les acheteurs attendent presque la fin de l'enchère pour introduire leur offre. Ce comportement s'explique pour deux raisons différentes : le souci de ne pas révéler trop tôt son intérêt dans l'enchère et l'espoir de faire une bonne affaire dans une enchère avec un petit nombre de participants. Le modèle de l'agent-offreur semble toutefois convenir très bien aux acheteurs et l'enchère de Vickrey, que l'on considérait comme étant uniquement d'intérêt théorique, est devenue la méthode préférée pour la première entreprise mondiale de vente aux enchères sur Internet !

Il existe d'autres formes d'enchères plus originales encore. Un exemple particulier est l'**enchère-escalade**. Dans ce type d'enchères, celui qui a offert le montant le plus élevé emporte le bien, mais le vainqueur ainsi que celui qui a formulé la seconde offre doivent tous les deux payer le montant qu'ils ont offert.

Supposons que vous vendiez 1 euro dans une enchère-escalade. Plusieurs personnes offrent initialement 10 ou 15 centimes, mais finalement la plupart se retirent. Quand l'offre la plus élevée se rapproche de 1 euro, les acheteurs commencent à réfléchir au problème auquel ils sont confrontés. Si un acheteur offre 90 centimes et un autre 85 centimes, ce dernier réalisera que s'il continue à participer à l'enchère, il paiera 85 centimes mais ne recevra rien. Par contre, s'il monte à 95 centimes, il gagnera 5 centimes.

Mais dès qu'il aura augmenté son offre à 95 centimes, celui qui offre 90 centimes, peut raisonner de la même façon. En fait, il a intérêt à offrir plus que 1 euro. Si, par exemple, il offre 1,05 € et gagne, il ne perdra que 5 centimes au lieu de 90 centimes ! Il n'est pas rare que l'offre victorieuse atteigne 5 ou 6 €.

Une autre forme d'enchères apparentée est la **vente aux enchères où tout le monde paie**. Imaginez un politicien véreux qui annonce qu'il vendra son vote dans les conditions suivantes : tous les « lobbyistes » contribuent à la campagne, mais il votera pour les propositions qui sont soutenues par celui qui aura apporté la plus forte contribution. Il s'agit fondamentalement d'une enchère où tout le monde paie, mais où seul celui qui a payé le plus reçoit ce qu'il souhaite !

Exemple : Les offres tardives sur eBay

L'analyse classique des mécanismes d'enchères nous enseigne que le système d'offreur par procuration d'eBay devrait amener les gens à offrir pour un objet la valeur réelle qu'il présente à leurs yeux. Celui qui offre la valeur la plus élevée obtient l'objet en payant un montant correspondant (essentiellement) à la seconde offre, exactement comme dans une enchère de Vickrey. Mais dans les faits, les choses ne se passent pas exactement ainsi. Dans beaucoup de cas, les participants attendent presque jusqu'à la dernière minute pour introduire leur offre. Selon une étude, 37 pour-cent des offres sont formulées au cours de la dernière minute et 12 pour-cent dans les 10 dernières secondes. Pourquoi autant d'« offres tardives » ?

Il y a au moins deux explications à ce phénomène. Patrick Bajari et Ali Hortaçsu, deux experts en mécanismes d'enchères, prétendent que pour certaines enchères, les gens préfèrent ne pas introduire leur offre trop tôt de façon à éviter d'influencer à la hausse le prix de vente. En principe, eBay affiche l'identification de l'offreur et les offres effectives (pas les offres maximales) pour les objets mis en vente. Si vous êtes un expert en timbres rares avec un nom bien connu sur eBay, vous pouvez souhaiter de ne pas introduire trop tôt votre offre de façon à ne pas révéler votre intérêt pour un timbre particulier.

Cette explication s'applique bien à des objets de collection comme les timbres ou les pièces de monnaie, mais les offres tardives concernent aussi des objets standards comme des composants d'ordinateur. Al Roth et Axel Ockenfels suggèrent pour leur part que les offres tardives permettent d'éviter des guerres d'enchères.

Supposons que vous formuliez une offre pour un DVD avec un prix de réserve de 2 euros et qu'il y ait un autre amateur. Il se peut que vous évaluiez tous les deux le DVD à 10 euros. Si vous formulez rapidement tous les deux une offre en déclarant le montant exact maximum de 10 euros que vous êtes prêts à payer, même si l'enchère se termine en votre faveur, vous finirez par payer 10 euros puisque c'est également le montant maximum que l'autre est prêt à payer. Vous pouvez « gagner », mais vous ne bénéficierez d'aucun surplus du consommateur !

Par contre, supposons que vous attendiez tous les deux jusqu'à ce que l'enchère soit presque finie et que vous offriez 10 euros quelques secondes avant la fin. Sur eBay, on appelle cela « *sniping* ». Dans ce cas, il y a de fortes chances qu'une des deux offres ne soit pas prise en compte et que le gagnant paie seulement le prix de réserve de 2 euros. Offrir un montant important à la dernière minute rend le résultat aléatoire. Un des joueurs fait une bonne affaire et l'autre n'obtient rien. Mais le résultat n'est pas nécessairement si mauvais : si les offres avaient été introduites plus tôt, un des joueurs finirait par payer son montant maximum et l'autre n'obtiendrait rien.

Dans cette analyse, les offres tardives constituent une forme de « collusion implicite ». En attendant avant de formuler une offre et en permettant au hasard de jouer un rôle, les offreurs finissent par obtenir en moyenne un meilleur résultat que s'ils avaient formulé leurs offres plus tôt.

17.4 LES ENCHÈRES DE POSITION

Une **enchère de position** concerne une position dans une file ou sur une page web. Tous les joueurs classent les positions dans le même ordre mais ils peuvent les évaluer de façon différente. Tout le monde sera d'accord pour dire qu'il est préférable d'être en tête plutôt qu'à la fin d'une file mais le prix que chacun est disposé à payer pour être en tête peut différer d'un individu à l'autre.

Un bel exemple d'enchères de position est le système utilisé par les moteurs de recherche tels que Google, Microsoft et Yahoo pour vendre les espaces publicitaires. Dans ce cas, tous les publicitaires sont d'accord pour dire que la meilleure position est la première, la seconde position est le deuxième choix et ainsi de suite. Toutefois les publicités proposent souvent des choses différentes de sorte que le profit attendu d'un visiteur sur la page web peut varier d'un cas à l'autre.

Nous allons développer une version simplifiée de la vente aux enchères d'espaces publicitaires *online*. Ce modèle reprend les caractéristiques fondamentales des différents systèmes mis en place par les moteurs de recherche, chaque système présentant des différences dans des aspects plus secondaires.

Supposons qu'il y ait s espaces ($s = 1, \ldots, S$) où des publicités peuvent être présentées. Soit x_s, le nombre attendu de clics qu'une publicité peut recevoir dans l'espace s. Nous supposons que les espaces sont classés en fonction du nombre de clics attendus : $x_1 > x_2 > \ldots > x_s$.

Chaque publicitaire attribue une valeur par clic qui est fonction du profit attendu qu'il peut retirer d'un visiteur sur une page web. Soit v_s, la valeur par clic d'un publicitaire dont la publicité est présentée dans l'espace s.

Chaque publicitaire propose une offre b_s qui peut être interprétée comme le montant qu'il est disposé à payer pour l'espace s. Le meilleur espace (espace 1) est alloué au publicitaire qui formule l'offre la plus haute ; le second espace (espace 2) est alloué à celui qui formule la seconde offre et ainsi de suite.

Le prix qu'un publicitaire paie pour un espace est déterminé par l'offre formulée par le publicitaire en-dessous de lui. C'est une variation du modèle des enchères de Vickrey décrit précédemment, qui est parfois appelée **les enchères au second prix généralisé**.

Dans un tel modèle, le publicitaire 1 paie b_2 par clic, le publicitaire 2 paie b_3 par clic et ainsi de suite. La justification de ce système est que si un publicitaire paie le prix qu'il propose, il est incité à réduire son offre jusqu'au moment où il bat tout juste celui qui le suit. En fixant le prix payé par un publicitaire pour l'espace s au niveau de l'offre formulée par le publicitaire qui a l'espace $s + 1$, chacun finit par payer l'offre minimum nécessaire pour conserver sa position.

En rassemblant tous les éléments ensemble, nous voyons que le profit du publicitaire pour l'espace s est égal à $(v_s - b_{s+1})x_s$. C'est la valeur attribuée aux connexions moins leurs coûts. Quel est l'équilibre de ce mécanisme d'enchères ? En extrapolant les enchères de Vickrey, nous pourrions nous attendre à ce que chaque publicitaire propose sa vraie valeur. Nous obtiendrons ce résultat s'il n'y a qu'une seule position à attribuer, mais en règle générale, ce ne sera pas le cas.

Deux offreurs

Considérons le cas de 2 positions et de 2 offreurs. Nous supposons que celui qui offre le plus enregistre x_1 connexions et paie l'offre formulée par le second publicitaire, c'est-à-dire b_2. Celui-ci reçoit l'espace 2 et paie un prix de réserve r.

Supposons que votre valeur soit v et que vous offrez b. Si $b > b_2$, vous recevez un résultat de $(v - b_2)x_1$ et si $b < b_2$, vous recevez $(v - r)x_2$. Votre résultat attendu est dès lors

$$\text{prob}(b > b_2)(v - b_2)x_1 + [1 - \text{prob}(b > b_2)](v - r)x_2.$$

Nous pouvons réécrire le résultat attendu comme suit :

$$(v - r)x_2 + \text{prob}(b > b_2)[v(x_1 - x_2) + rx_2 - b_2 x_1]. \tag{17.1}$$

Notons que quand le terme entre crochets est positif (c'est-à-dire quand vous faites un profit), vous souhaitez que la probabilité que $b > b_2$ soit la plus élevée possible et quand le terme est négatif (c'est-à-dire quand vous faites une perte), vous souhaitez que la probabilité que $b > b_2$ soit la plus faible possible.

Cela peut facilement s'arranger. Il suffit de déposer une offre qui respecte la formule suivante : $bx_1 = v(x_1 - x_2) + rx_2$.

Maintenant il est facile de voir que quand $b > b_2$, le terme entre crochets dans l'expression (17.1) est positif et quand $b \leqslant b_2$ il est négatif ou nul. Dès lors cette offre emportera les enchères exactement quand vous le souhaitez et vous ne gagnerez pas quand vous souhaitez perdre.

Notons que ce comportement d'offre est une stratégie dominante : chaque offreur souhaite déposer une offre en conformité avec cette formule, indépendamment de ce que l'autre propose.

Cela signifie évidemment que les enchères finissent par donner la première place à celui qui lui attribue la valeur la plus élevée.

Il est aussi facile d'interpréter ce qui se passe. S'il y a deux offreurs et deux positions, le second offreur recevra toujours la seconde position et paiera rx_2. La confrontation concerne uniquement les connexions supplémentaires que le premier offreur reçoit. Il gagnera ces connexions supplémentaires mais il devra seulement payer le montant minimum nécessaire pour battre le second offreur. Vous voyez que dans ce mécanisme d'enchères, vous ne souhaitez proposer votre vraie valeur par clic mais un montant qui reflète votre vraie valeur des connexions supplémentaires que vous recevez.

Plus de deux offreurs

Que se passe-t-il quand il y a plus de 2 offreurs ? Dans ce cas, il n'y aura généralement pas un équilibre de stratégie dominante mais il y aura un équilibre en prix. Considérons un cas avec 3 positions et 3 offreurs.

L'offreur dans la position 3 paie un prix de réserve r. À l'équilibre, il ne souhaite pas monter en deuxième position de sorte que

$$(v_3 - r)x_3 \geqslant (v_3 - p_2)x_2$$

ou

$$v_3(x_2 - x_3) \leqslant p_2 x_2 - rx_3.$$

Cette inégalité signifie que si l'offreur préfère la position 3 à la position 2, la valeur des connexions supplémentaires qu'il reçoit en position 2 doit être inférieure à leur coût. Cette inégalité nous donne une limite sur le coût des connexions en position 2

$$p_2 x_2 \leqslant rx_3 + v_3(x_2 - x_3). \tag{17.2}$$

En appliquant le même raisonnement à l'offreur en position 2, nous obtenons

$$p_1 x_1 \leqslant p_2 x_2 + v_2(x_1 - x_3). \tag{17.3}$$

En substituant l'inégalité (17.2) dans l'inégalité (17.3) nous avons

$$p_1x_1 \leqslant rx_3 + v_3(x_2 - x_3) + v_2(x_1 - x_2)(l7 - 4).$$

La recette totale de cette enchère est$p_1x_1 + p_2x_2 + p_3x_3$. En additionnant les inégalités (17.2) et (17.3) et la recette de la position 3 nous obtenons

$$R = v_2(x_1 - x_2) + 2v_3(x_2 - x_3) + 3rx_3.$$

Nous avons jusqu'à présent considéré 3 offreurs pour 3 positions. Et s'il y avait 4 offreurs pour 3 positions ? Dans ce cas, le prix de réserve est remplacé par la valeur pour le quatrième offreur. La logique est que le quatrième offreur souhaite acheter toutes les connexions qui excèdent sa valeur, exactement comme dans les enchères de Vickrey standard. Cela nous donne pour la recette l'expression suivante.

$$R' = 3v_4x_3 + 2v_3(x_2 - x_3) + v_2(x_1 - x_2).$$

Cette expression se prête à quelques commentaires. Tout d'abord la concurrence dans les enchères pour les moteurs de recherche concerne en fait les connexions supplémentaires : combien de connexions additionnelles vous recevez si vous concourez pour une meilleure position. Deuxièmement, plus l'écart entre les connexions est grand, plus la recette est élevée. Troisièmement, quand $v_4 > r$, la recette est plus élevée. Cela signifie simplement que la concurrence pousse la recette vers le haut.

Les indices de qualité

En pratique, les offres sont multipliées par un **indice de qualité** pour obtenir un classement. La publicité avec le score (offre × qualité) le plus élevé reçoit la première position, la publicité avec le second score reçoit la seconde position et ainsi de suite. Chaque publicité paie le prix minimum par clic nécessaire pour conserver sa position. Si nous notons par q_s la qualité de la publicité en position s, les publicités sont classées dans l'ordre suivant : $b_1q_1 > b_2q_2 > b_3q_3$.

Le prix que paie la publicité en position 1 est juste suffisant pour conserver sa position, c'est-à-dire que $p_1q_1 = b_2q_2$ ou $p_1 = b_2q_2/q_1$ (Il peut être nécessaire de départager les *ex-aequo*).

La qualité des publicités prend en compte plusieurs composantes. Toutefois la composante principale est généralement l'historique des connexions reçues par cette publicité de sorte que le classement des publicités est généralement basé sur le ratio suivant

$$\frac{\text{coût}}{\text{connexions}} \times \frac{\text{connexions}}{\text{apparitions}} = \frac{\text{coût}}{\text{apparitions}}.$$

Ainsi la publicité qui reçoit la première place est celle qui est disposée à payer le plus par apparition (c'est-à-dire par présence) plutôt que par clic. Tout cela est très logique quand vous y réfléchissez. Supposons qu'un publicitaire est disposé à payer 10 € par connexion mais qu'il est vraisemblable qu'il ne recevra qu'une connexion par jour. Un autre publicitaire est disposé à payer 1 € par connexion mais il enregistrera 100 connexions par jour. Qui sera en première position ?

Classer les publicités de cette manière est également dans l'intérêt des utilisateurs. Si deux publicités offrent le même montant, c'est celle que les utilisateurs regardent le plus qui obtient la première position. Les utilisateurs peuvent voter en cliquant pour les publicités qu'ils trouvent le plus utile.

17.5 LES PROBLÈMES POSÉS PAR LES ENCHÈRES

Nous avons vu que les enchères anglaises (ou les enchères de Vickrey) ont comme propriété intéressante de générer des résultats efficaces au sens de Pareto. Il s'agit donc de candidats attractifs comme mécanismes d'allocation des ressources. En fait, la plupart des mises aux enchères des bandes radios par la FCC ont été des variantes de l'enchère anglaise.

Mais les enchères anglaises ne sont pas parfaites. Il peut y avoir de la collusion. L'exemple de la constitution de syndicats d'achats dans les ventes aux enchères décrit au chapitre 24 montre comment les antiquaires à Philadelphie s'entendaient pour définir leur stratégie d'offre sur les marchés.

Il y a aussi plusieurs façons de manipuler le résultat d'une enchère. Dans l'analyse développée précédemment, nous avons supposé que les offres impliquaient pour l'offreur l'obligation de payer. Toutefois, certains systèmes d'enchères autorisent les offreurs à se retirer une fois connues les offres victorieuses. Une telle option permet la manipulation. Par exemple en 1993, le gouvernement australien mit aux enchères des licences pour les services de télévision par satellite en utilisant un système classique d'enchère sous pli scellé. Une compagnie appelée Ucom gagna une de ces licences avec une offre de 212 millions de dollars australiens. Quand le gouvernement annonça la victoire d'Ucom, ils déclarèrent forfait laissant le gouvernement attribuer la licence à la seconde offre qui était également Ucom ! Ils déclarèrent forfait sur cette offre également ; quatre mois plus tard après plusieurs autres déclarations de forfait, ils payèrent 117 millions de dollars australiens pour la licence, soit 95 millions de dollars australiens de moins que l'offre victorieuse initiale. La licence fut finalement attribuée à l'offreur qui avait formulé la proposition la plus élevée, mais au second prix proposé ; la faiblesse des règles de mise aux enchères occasionna toutefois un délai d'au moins un an supplémentaire pour l'introduction de la TV à payage en Australie.[3]

[3] Voir John McMillan, « Selling Spectrum Rights », *Journal of Economic Perspectives*, 8 (3), 1994, 145-152 pour les détails de cette histoire et la façon dont les leçons tirées de cette expérience furent utilisées dans la mise au point des enchères des bandes radio aux États-Unis. Cet article décrit également l'exemple néo-zélandais mentionné précédemment.

Exemple : Des offres factices

Une méthode répandue pour manipuler les enchères consiste pour le vendeur à introduire des offres factices. De telles manipulations sont également présentes dans les enchères *online*.

Selon un article récent[4], un bijoutier new-yorkais qui vendait *online* sur ebay une grande quantité de bijoux de platine, or et diamant sans prix de réserve, a distribué un mémo à ses employés en leur demandant d'introduire des offres pour augmenter le prix final de la vente. D'après les débats judiciaires, les employés ont formulé plus de 232 000 offres au cours d'une période d'un an générant une augmentation moyenne des prix de 20 %. Le bijoutier a finalement accepté de payer 400 000 \$ pour clore l'affaire.

17.6 LA MALÉDICTION DU VAINQUEUR

Examinons maintenant les **enchères à valeur commune**. Dans ce cas, le bien a la même valeur pour tous les offreurs. Toutefois, chaque participant peut avoir une estimation différente de cette valeur commune. Pour insister sur ce point, représentons la valeur (estimée) de l'offreur *i* par $\nu + \varepsilon_i$ où ν est la valeur commune, la valeur correcte, et ε_i est le « terme d'erreur » associé à l'estimation de l'offreur *i*.

Examinons une enchère sous pli scellé dans ce contexte. Quelle offre devrait formuler le participant *i* ? Pour développer un peu d'intuition, voyons ce qui se passe si chaque participant offre sa valeur estimée. Dans ce cas, la personne avec la valeur ε_i la plus élevée, ε_{max}, reçoit le bien. Mais tant que ε_{max} est supérieur à 0, cette personne paie plus que ν, c'est-à-dire la valeur exacte du bien ; c'est ce que l'on appelle la **malédiction du vainqueur**. Si vous gagnez l'enchère, c'est parce que vous avez surestimé la valeur du bien en vente. En d'autres termes, vous n'avez gagné que parce que vous étiez trop optimiste !

La stratégie optimale dans une enchère à valeur commune comme celle-ci, consiste à offrir un montant inférieur à votre valeur estimée et plus il y a d'offreurs, plus vous devriez diminuer votre propre offre. Si vous avez l'offre la plus élevée quand il y a cinq participants, vous êtes relativement optimiste, mais si vous formulez l'offre la plus élevée parmi vingt participants, vous êtes extrêmement optimiste. Plus il y a de participants, plus vous devez être prudent quant à votre estimation personnelle de la vraie valeur du bien en question.

La malédiction du vainqueur semble avoir opéré dans la mise aux enchères des bandes radio par la FCC en mai 1996 pour des services de communications personnelles. NextWave Personal Communication Inc. formula l'offre la plus élevée dans cette vente aux enchères pour un montant de 4,2 milliards de dollars pour les 63 licences et les emporta toutes. Toutefois, en janvier 1998, la société se déclara en cessation de paiements après avoir constaté son incapacité à payer les montants en question.

---

[4] Barnaby J. Feder, « Jeweler to Pay \$ 400.000 in Online Auction Fraud Settlement », *New York Times*, 9 Juin 2007.

17.7 LE PROBLÈME DE LA STABILITÉ DU MARIAGE

Il existe de nombreux exemples de **modèles d'appariement** (« *two-sided matching models* ») où les consommateurs correspondent l'un à l'autre. Les hommes peuvent être appariés avec les femmes via un service de rencontre, les étudiants peuvent être appariés avec les universités, les internes avec les hôpitaux, etc.

Quels sont les bons algorithmes pour réaliser de tels appariements ? Existe-t-il toujours des résultats « stables » ? Nous allons analyser ci-après un mécanisme simple pour réaliser des appariements qui soient stables dans un sens bien défini.

Supposons qu'il y ait *n* hommes et un nombre identique de femmes et que nous devons les mettre en correspondance les uns avec les autres en tant que partenaires de danse. Chaque femme peut classer les hommes selon ses préférences et il en est de même des hommes. Par souci de facilité, supposons qu'il n'y ait pas d'*ex-aequo* et que chacun préfère danser que rester sur les bancs.

On s'attend vraisemblablement à ce que l'appariement des partenaires de danse soit « stable ». La définition de la stabilité, dans ce contexte, est qu'il n'y ait pas de couple qui se préfère l'un l'autre à leurs partenaires actuels. En d'autres termes, si un homme préfère une autre femme à son partenaire actuelle, cette femme ne doit pas préférer cet homme à son partenaire — elle préfère conserver son partenaire actuel.

Existe-t-il toujours un appariement stable ? Si oui, comment le trouver ? La réponse est que, contrairement à l'impression laissée par les séries télévisées et les romances, il existe toujours des appariements stables et il est relativement facile de les trouver.

L'algorithme le plus célèbre en la matière est appelé l'**algorithme d'acceptation différée**[5]. Il se décline de la façon suivante :

Étape 1 Chaque homme invite sa partenaire préférée.

Étape 2 Chaque femme enregistre la liste des invitations reçues sur son carnet de danse.

Étape 3 Quand tous les hommes ont invité leur partenaire préférée, chaque femme rejette (gentiment) toutes les invitations reçues à l'exception de celle qui a sa préférence.

Étape 4 Les hommes dont l'invitation a été rejetée invitent la partenaire préférée parmi celles qui restent.

Étape 5 Retour à l'étape 2 ou fin de l'algorithme quand chaque femme a reçu une invitation.

Cet algorithme donne toujours un appariement stable. Supposons, *a contrario*, qu'il existe un homme qui préfère une autre femme à sa partenaire actuelle. Il l'aurait dans ce cas invitée à danser avant d'inviter sa partenaire actuelle. Si cette autre femme préfère également cet homme à son partenaire actuel, elle aurait rejeté ce dernier plus tôt dans le

[5] Gale David and Lloyd Shpley, « College Admissions and the Stability of Marriage », *American Mathematical Monthly,* 69, 9-15, 1962.

processus. Cet algorithme donne le meilleur appariement stable possible pour les hommes dans la mesure où chaque homme préfère le résultat de cette mise en correspondance à n'importe quel autre appariement stable. Évidemment, si nous inversons les rôles des femmes et des hommes, nous obtiendrons le meilleur appariement stable pour les femmes.

Bien que cet algorithme ait été présenté sur un ton badin, des mécanismes d'appariement du type de cet algorithme sont utilisés pour affecter les étudiants aux différentes écoles à Boston et New York, les internes aux hôpitaux au niveau des États-Unis et même des donneurs d'organe aux receveurs.

17.8 LA DÉFINITION DES MÉCANISMES

Les enchères et le modèle d'appariement que nous avons analysés dans ce chapitre sont des exemples de **mécanismes économiques**. L'idée d'un tel mécanisme est de définir un « jeu » ou un « marché » qui produira un résultat souhaité.

On peut, par exemple, souhaiter définir un mécanisme pour vendre une peinture. Un mécanisme naturel serait ici une mise aux enchères. Mais même avec les enchères, il y a plusieurs choix. Le mécanisme d'enchères devrait-il être défini de façon à maximiser l'efficacité (c'est-à-dire s'assurer que la peinture échoit à la personne qui lui attribue le plus de valeur) ou à maximiser la recette attendue pour le vendeur même s'il y a un risque que la peinture ne soit pas vendue ?

Nous avons vu précédemment qu'il y a plusieurs types d'enchères, chacun avec des avantages et des inconvénients. Quel est le meilleur dans des circonstances données ?

La définition d'un mécanisme est fondamentalement l'inverse de la **théorie des jeux**. En théorie des jeux, nous partons avec la description des règles du jeu et nous souhaitons déterminer quel sera le résultat. Quand nous définissons un mécanisme, nous partons avec la description du résultat souhaité et nous essayons de définir un jeu qui permet de l'atteindre[6].

La définition des mécanismes n'est pas limitée aux problèmes des enchères et des appariements. Elle implique aussi les **mécanismes de vote** et les mécanismes relatifs aux **biens publics** tels que décrits au chapitre 35 et les mécanismes d'**externalités** présentés au chapitre 33.

Généralement dans un mécanisme, nous prenons en compte le nombre d'agents (par exemple consommateurs ou entreprises) qui possèdent une information privée. Dans le cas des enchères, cette information privée pourrait être la valeur qu'ils attribuent au bien mis en vente. Dans un problème avec des entreprises, l'information privée pourrait être leurs fonctions de coût.

[6] Le Prix Nobel d'Économie 2007 a été attribué à Leo Hurwicz, Roger Myerson et Eric Maskin pour leurs contributions à la définition des mécanismes économiques.

Les agents transmettent un message concernant leur information privée à un « centre » que nous pourrions interpréter comme étant un « commissaire-priseur ». Le centre analyse les messages et communique un résultat : qui reçoit le bien en question, quel output les entreprises devraient produire, combien les différentes parties doivent payer ou être payée et ainsi de suite.

Les principales décisions dans la définition d'un mécanisme sont 1) quel type de message devrait être adressé au centre et 2) quelle règle le centre devrait-il utiliser pour déterminer le résultat. Le problème est généralement soumis à des contraintes de ressources d'un type ou d'un autre (par exemple il n'y a qu'un bien à vendre) et à la contrainte que les individus agissent dans leur propre intérêt. Cette dernière contrainte est connue comme étant la **contrainte de compatibilité du mécanisme incitatif**.

Il peut y avoir aussi d'autres contraintes. Par exemple, nous pouvons souhaiter une participation volontaire des agents dans le mécanisme, ce qui requiert qu'ils obtiennent au moins un résultat aussi bon en participant qu'en ne participant pas. Par souci de facilité, nous ignorerons cette contrainte.

Pour vous donner un aperçu de la façon dont on définit un mécanisme, considérons le problème simple avec deux agents consistant à allouer un bien indivisible à l'un des deux. Soit $(x_1, x_2) = (1, 0)$ si l'agent 1 reçoit le bien et $(x_1, x_2) = (0, 1)$ si l'agent 2 le reçoit. Soit p, le prix payé pour ce bien.

Nous supposons que le message que chaque agent envoie au centre contient simplement une évaluation du bien en question. Ce mécanisme est connu sous le nom de **mécanisme de révélation directe**. Le centre attribue alors le bien à l'agent qui lui a communiqué l'évaluation la plus élevée et il lui fait payer un prix p.

Quelles sont les contraintes sur p ? Supposons que l'agent 1 ait l'évaluation la plus élevée. Son message au centre devrait être tel que le résultat qui en découle devrait être au moins aussi élevé que celui qu'il retirerait en envoyant le même message que l'agent 2 (qui reçoit un résultat nul). En d'autres termes, $v_1 - p \geqslant 0$.

De même, l'agent 2 doit retirer de son message un résultat au moins aussi élevé que celui qu'il retirerait en envoyant le même message que l'agent 1 (qui reçoit le bien en question). En d'autres termes, $0 \geqslant v_2 - p$

En réunissant ces deux conditions, nous obtenons $v_1 \geqslant p \geqslant v_2$. Le prix fixé par le centre doit être compris entre la première et la seconde évaluations.

Pour déterminer quel prix le centre doit fixer, il faut prendre en compte les objets concernés ainsi que les informations à sa disposition. Si le centre croit que v_1 peut être arbitrairement proche de v_2 et qu'il souhaite attribuer le bien à la personne qui formule l'offre la plus élevée, il doit fixer un prix de v_2.

Nous retrouvons en fait les **enchères de Vickrey** décrites précédemment : chaque partie formule une offre et le bien est attribué à la personne qui formule l'offre la plus élevée mais pour un prix égal à la seconde offre. C'est clairement le mécanisme intéressant pour le problème particulier ici envisagé.

RÉSUMÉ

1. Les ventes aux enchères sont utilisées depuis des milliers d'années pour la vente des biens.
2. Si la valeur de chaque offreur est indépendante de celle des autres participants, l'enchère est dite une enchère à valeur privée. Si la valeur du bien vendu est fondamentalement la même pour tous les participants, l'enchère est appelée enchère à valeur commune.
3. Les formes d'enchères les plus classiques sont l'enchère anglaise, l'enchère hollandaise, l'enchère sous pli scellé et l'enchère de Vickrey.
4. Les enchères anglaise et de Vickrey ont comme caractéristique intéressante le fait de générer des résultats efficaces au sens de Pareto.
5. Les enchères visant à maximiser le profit impliquent en principe un choix stratégique de prix de réserve.
6. Malgré leurs avantages comme mécanisme de marché, les enchères sont soumises à un risque de collusion et à d'autres formes de comportement stratégique.

PROBLÈMES À RÉSOUDRE

17.1 Considérons la vente aux enchères d'édredons anciens à des collectionneurs. S'agit-il d'une enchère à valeur privée ou à valeur commune ?

17.2 Supposons qu'il n'y ait que deux offreurs dont les valeurs sont 8 euros et 10 euros avec une surenchère de 1 euro, quel devrait-être le prix de réserve dans le cadre d'une enchère anglaise visant à maximiser le profit ?

17.3 Supposons que nous ayons deux copies de l'« Introduction à la microéconomie » à vendre à trois étudiants enthousiastes. Comment pouvons-nous utiliser une enchère sous pli scellé qui garantisse que ce soit les deux acheteurs avec les deux valeurs les plus élevées qui reçoivent les ouvrages ?

17.4 Considérons l'exemple d'Ucom développé dans le corps de ce chapitre. Ce système d'enchères était-il efficace ? Maximisait-il le profit ?

17.5 Un théoricien des jeux remplit un pot avec des petites pièces et le vend aux enchères le premier jour de cours en utilisant une enchère anglaise. S'agit-il d'une enchère à valeur privée ou à valeur commune ? Pensez-vous que le vainqueur tirera généralement un profit ?

18

LA TECHNOLOGIE

C'est avec ce chapitre que débute l'étude du comportement de la firme. La première chose à faire est d'examiner les contraintes auxquelles la firme est soumise. Quand une firme effectue des choix, elle est confrontée à de nombreuses contraintes. Celles-ci lui sont imposées par ses clients, par ses concurrents et par la nature. Dans ce chapitre, nous allons considérer les contraintes imposées par la nature, à savoir le fait qu'il n'existe que certaines façons de produire les outputs à partir des inputs : les choix techniques sont limités. Nous allons étudier comment les économistes représentent ces contraintes techniques.

Si vous comprenez la théorie du consommateur, la théorie de la production sera très facile parce qu'on utilise les mêmes outils d'analyse. En fait, la théorie de la production est beaucoup plus facile que la théorie du consommateur parce que l'output d'un processus de production est en principe observable alors que l'« output » de la consommation (l'utilité) n'est pas directement observable.

18.1 INPUTS ET OUTPUTS

On appelle **facteurs de production**, les inputs utilisés dans le processus de production. Ceux-ci sont souvent classés en grandes catégories telles que la terre, le travail, le capital et les matières premières. Ce que signifient travail, terre et matières premières est assez évident, mais le capital peut constituer un concept nouveau. Les **biens de capital** sont les inputs qui sont eux-mêmes des biens produits. Fondamentalement, ce sont des machines d'une sorte ou d'une autre : tracteurs, bâtiments, ordinateurs... Parfois le terme « capital » est utilisé pour désigner l'argent utilisé pour démarrer ou faire tourner une affaire. Nous utiliserons toujours le terme « **capital financier** » pour désigner ce concept et le terme « biens de capital » ou « **capital physique** » pour les facteurs de production qui sont eux-mêmes des biens produits.

Généralement, nous considérons les inputs et les outputs comme des flux et nous les mesurons comme tels : une certaine quantité de travail par semaine et un certain nombre d'heures-machine par semaine produisent une certaine quantité hebdomadaire d'output.

Toutefois, il n'est généralement pas nécessaire d'utiliser les classifications que nous venons de donner. Nous pouvons présenter la plupart des éléments que nous désirons mettre en évidence en matière de technologie sans faire référence aux *types* d'inputs et d'outputs, en ne prenant en compte que les quantités d'inputs et d'outputs.

18.2 LA DESCRIPTION DES CONTRAINTES TECHNIQUES

La nature impose aux entreprises des **contraintes techniques** : seules certaines combinaisons d'inputs permettent de produire une quantité donnée d'output et l'entreprise doit se limiter à des plans de production techniquement réalisables.

La façon la plus simple de décrire les plans de production réalisables consiste à en dresser la liste, c'est-à-dire à dresser la liste de toutes les combinaisons d'inputs et d'outputs qui sont techniquement réalisables. L'ensemble de toutes les combinaisons d'inputs et d'outputs qui correspondent à un processus de production techniquement réalisable est appelé un **ensemble de production**.

Supposons par exemple que nous n'ayons qu'un seul input mesuré par x et un output mesuré par y. Dans ce cas, l'ensemble de production pourrait avoir la forme représentée à la figure 18.1. Dire qu'un point particulier (x, y) est dans l'ensemble de production signifie simplement qu'il est techniquement possible de produire une quantité y d'output si nous avons une quantité x d'input. L'ensemble de production représente les choix techniquement possibles à la disposition de l'entreprise.

Dans la mesure où les inputs représentent un coût pour l'entreprise, il est logique de ne considérer que l'*output maximum possible* pour un niveau donné d'input. Il s'agit de la frontière de l'ensemble de production illustré à la figure 18.1. La fonction qui décrit la frontière de cet ensemble est appelée la **fonction de production**. Elle mesure l'output maximum qu'il est possible d'obtenir à partir d'une quantité donnée d'input.

Évidemment le concept de fonction de production s'applique tout aussi bien quand il y a plusieurs inputs. Si par exemple nous considérons le cas de deux inputs, la fonction de production $f(x_1, x_2)$ mesure la quantité maximum d'output y qu'il est possible d'obtenir si on a x_1 unités du facteur 1 et x_2 unités du facteur 2.

Dans le cas de deux inputs, une façon commode de représenter les relations de production est connue sous le nom d'**isoquante**. Une isoquante est l'ensemble de toutes

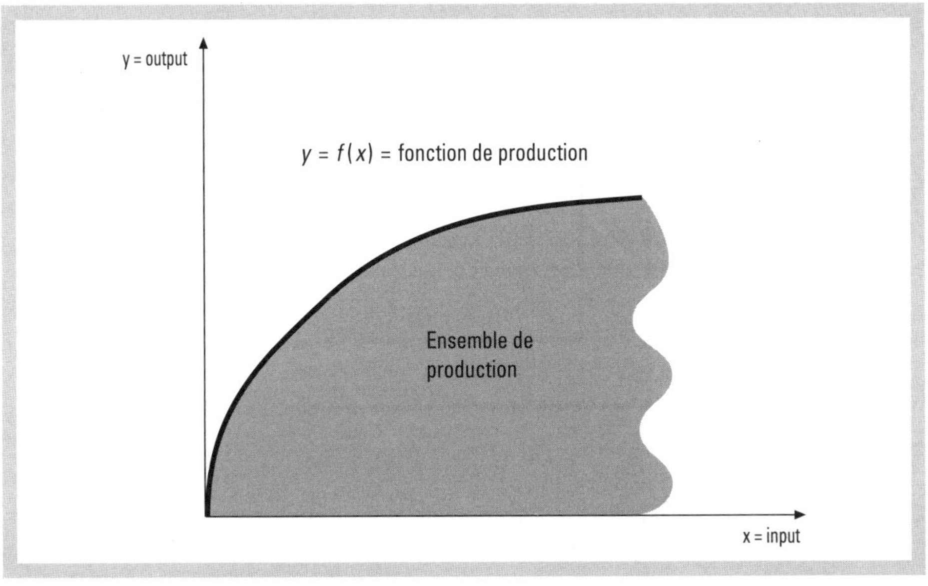

Figure 18.1 ***Un ensemble de production.***

Cette figure représente une forme possible d'ensemble de production.

les combinaisons possibles d'inputs 1 et 2 qui sont juste suffisantes pour produire une quantité donnée d'output.

Les isoquantes ressemblent aux courbes d'indifférence. Comme nous l'avons vu précédemment, une courbe d'indifférence représente les différents paniers de consommation qui sont juste suffisants pour engendrer un certain niveau d'utilité. Il y a toutefois une différence importante entre les courbes d'indifférence et les isoquantes. Les isoquantes correspondent au niveau d'output qui peut être produit et non à un niveau d'utilité. Le niveau des isoquantes est dès lors déterminé par la technologie et non par des règles quelque peu arbitraires comme dans le cas de l'utilité.

18.3 EXEMPLES DE TECHNOLOGIE

Nous pouvons facilement analyser les isoquantes dans la mesure où nous avons déjà étudié les courbes d'indifférence. Nous allons considérer quelques exemples de technologie ainsi que les isoquantes qui y correspondent.

Les proportions fixes

Supposons que nous creusions des trous et que pour creuser un trou nous devions utiliser un homme et une pelle. Disposer de pelles supplémentaires ou d'hommes supplémentaires

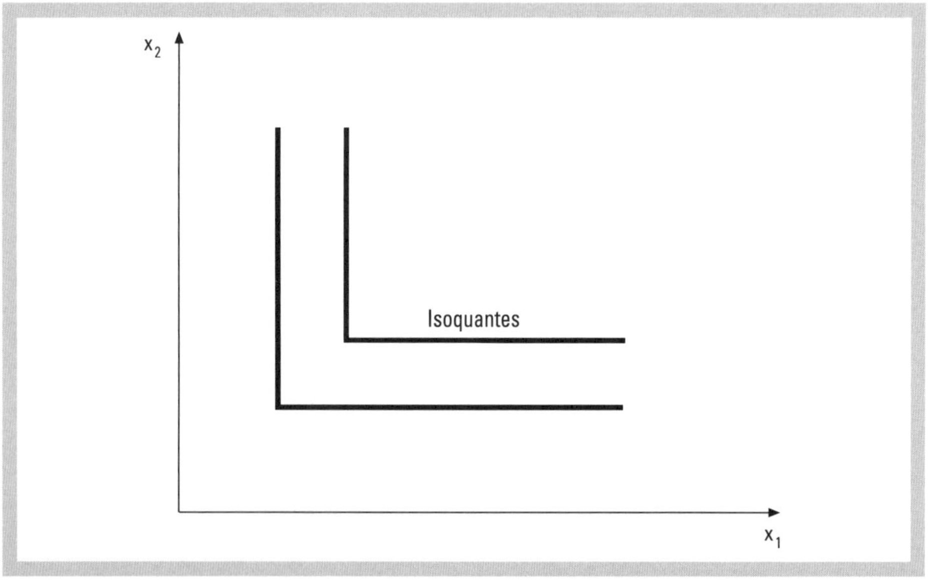

Figure 18.2 ***Proportions fixes.***

Cette figure représente les isoquantes pour des inputs utilisés en proportions fixes.

ne sert à rien. Le nombre total de trous que nous pouvons réaliser est dès lors égal à la valeur minimum du nombre d'hommes et du nombre de pelles dont nous disposons. Nous écrivons la fonction de production comme suit : $f(x_1, x_2) = \min\{x_1, x_2\}$. Les isoquantes se présentent comme celles reproduites à la figure 18.2. Elles correspondent exactement aux courbes d'indifférence obtenues pour des compléments parfaits dans la théorie du consommateur.

Les substituts parfaits

Supposons maintenant que nous réalisions un travail à domicile et que les inputs soient des crayons rouges et des crayons bleus. La quantité produite de travail à domicile ne dépend que du nombre total de crayons de sorte que nous écrivons la fonction de production comme suit : $f(x_1, x_2) = x_1 + x_2$. Les isoquantes correspondent exactement aux courbes d'indifférence obtenues pour des substituts parfaits dans la théorie du consommateur. Elles sont illustrées à la figure 18.3.

La fonction Cobb-Douglas

Si la fonction de production revêt la forme $f(x_1, x_2) = Ax_1^a x_2^b$, nous disons qu'il s'agit d'une **fonction de production Cobb-Douglas**. C'est exactement la même forme fonctionnelle que les préférences Cobb-Douglas que nous avons étudiées antérieurement. La valeur numérique de la fonction d'utilité n'avait pas d'importance de sorte que nous

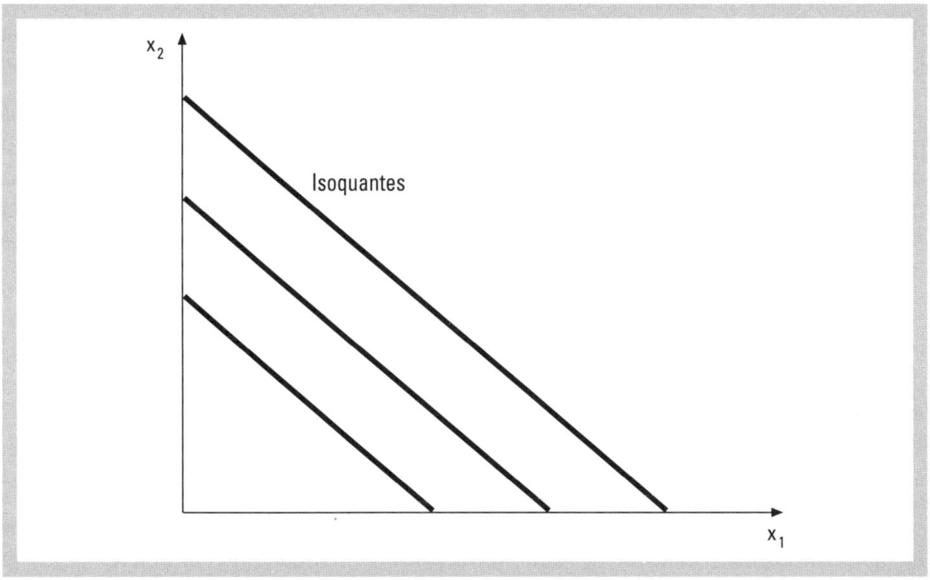

Figure 18.3 ***Les substituts parfaits.***

Cette figure représente les isoquantes pour des substituts parfaits.

avions posé $A = 1$ ainsi que généralement $a + b = 1$. Mais la valeur de la fonction de production a de l'importance de sorte que nous devons permettre à ces paramètres de prendre différentes valeurs. Le paramètre A mesure d'une certaine façon l'échelle de production, c'est-à-dire la quantité d'output obtenue en utilisant une unité de chaque input. Les paramètres a et b mesurent l'impact sur la quantité d'output d'une variation des inputs. Nous examinerons l'importance de ces paramètres plus en détail par la suite. Notons que dans certains exemples, nous poserons $A = 1$ afin de simplifier les calculs.

Les isoquantes Cobb-Douglas revêtent une forme d'allure normale, comme les courbes d'indifférence Cobb-Douglas ; la fonction de production Cobb-Douglas est virtuellement l'exemple le plus simple d'isoquantes d'allure normale.

18.4 LES PROPRIÉTÉS DE LA TECHNOLOGIE

Comme dans la théorie du consommateur, on suppose généralement que la technologie présente un certain nombre de propriétés. Tout d'abord on suppose généralement que les technologies sont **monotones** : si vous augmentez la quantité d'au moins un des inputs, il devrait être possible de produire au moins la même quantité d'output que ce que vous produisiez initialement. Cette propriété est parfois appelée la propriété de **libre disposition** parce que si la firme peut disposer sans coût des différents inputs, le fait de disposer d'inputs supplémentaires ne peut pas lui nuire.

En second lieu, on suppose souvent que la technologie est **convexe**. Cela signifie que s'il est possible de produire y unités d'output de deux façons différentes, (x_1, x_2) et (z_1, z_2), leur moyenne pondérée permet de produire *au moins* y unités d'output.

Un argument en faveur de la convexité des technologies est le suivant. Supposons que vous disposiez d'un processus permettant de produire une unité d'output en utilisant a_1 unités du facteur 1 et a_2 unités du facteur 2 et que vous disposiez d'un autre processus permettant de produire également une unité d'output en utilisant b_1 unités de facteur 1 et b_2 unités de facteur 2. Nous appelons ces deux façons de produire l'output, les **techniques de production**.

Supposons en outre que vous puissiez librement modifier l'échelle de production de sorte que $(100a_1, 100a_2)$ et $(100b_1, 100b_2)$ permettent de produire 100 unités d'output. Notons maintenant que si vous disposez de $25a_1 + 75b_1$ unités du facteur 1 et de $25a_2 + 75b_2$ unités du facteur 2, vous pouvez toujours produire 100 unités d'output : il suffit de produire 25 unités d'output en utilisant la technique « a » et 75 unités d'output avec la technique « b ».

Ce raisonnement est illustré à la figure 18.4. En choisissant la proportion dans laquelle vous utilisez chacune des deux techniques de production, vous pouvez produire une quantité donnée d'output de différentes façons. En particulier, chaque combinaison d'inputs située sur la droite reliant $(100a_1, 100a_2)$ et $(100b_1, 100b_2)$ permet de produire 100 unités d'output.

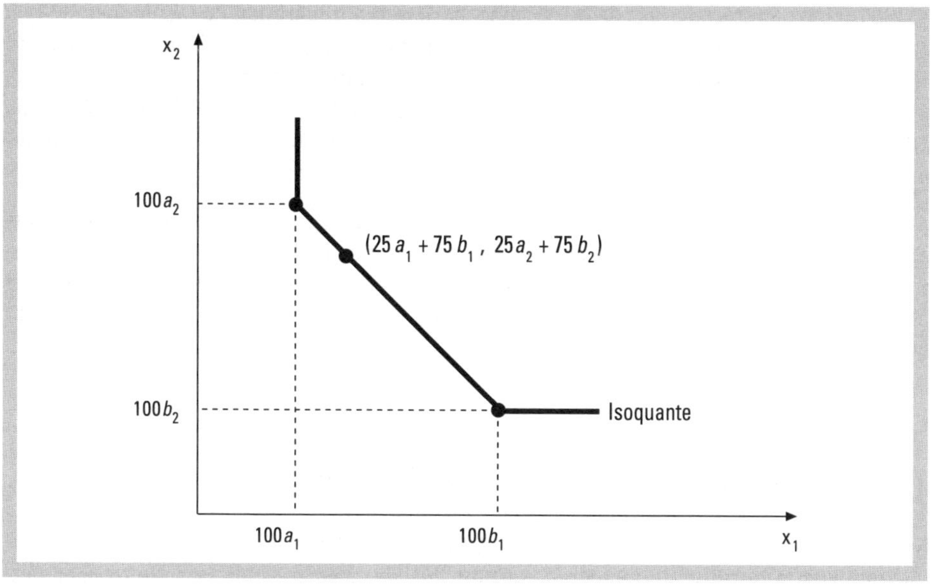

Figure 18.4 ***La convexité.***

Si on peut utiliser des techniques de production de façon indépendante, leurs moyennes pondérées sont également réalisables. Cela implique que les isoquantes ont une forme convexe.

Quand vous avez ce type de technologie, dont vous pouvez modifier facilement l'échelle de production tant vers le haut que vers le bas, et qui est caractérisée par l'absence d'interférences entre les divers processus de production, la convexité est une hypothèse fort naturelle.

18.5 LE PRODUIT MARGINAL

Supposons que nous opérions en un point donné (x_1, x_2) et que nous envisagions d'utiliser un petit peu plus de facteur 1, tout en maintenant fixe la quantité de facteur 2 au niveau x_2. Quelle quantité supplémentaire d'output allons-nous obtenir par unité additionnelle de facteur 1 ? Nous devons examiner la variation d'output par rapport à une variation unitaire du facteur 1 :

$$\frac{\Delta y}{\Delta x_1} = \frac{f(x_1 + \Delta x_1, x_2) - f(x_1, x_2)}{\Delta x_1}.$$

Nous appelons cette expression, le **produit marginal du facteur 1**. Le produit marginal du facteur 2 est défini de façon identique et nous les noterons respectivement : $Pm_1(x_1, x_2)$ et $Pm_2(x_1, x_2)$.

Nous interpréterons parfois le concept de produit marginal de façon quelque peu approximative comme étant l'output supplémentaire obtenu en utilisant « une » unité additionnelle de facteur 1. Cette interprétation est satisfaisante tant qu'une unité constitue une quantité relativement faible par rapport à la quantité totale de facteur 1 utilisée. Mais nous devrions nous rappeler que le produit marginal est un taux : c'est la quantité supplémentaire d'output par unité additionnelle d'input.

Le concept de produit marginal correspond exactement au concept d'utilité marginale que nous avons défini dans le cadre de notre étude de la théorie du consommateur, à l'exception toutefois du caractère ordinal de l'utilité. Nous considérons ici un output physique. Le produit marginal d'un facteur est par conséquent un nombre précis qui peut en principe être observé.

18.6 LE TAUX DE SUBSTITUTION TECHNIQUE

Supposons que nous opérions en un point donné (x_1, x_2) et que nous envisagions de réduire quelque peu la quantité de facteur 1 et d'utiliser une quantité additionnelle de facteur 2 juste suffisante pour produire la même quantité d'output y. De quelle quantité supplémentaire Δx_2 de facteur 2 avons-nous besoin si nous réduisons la quantité de facteur 1 d'un petit montant Δx_1 ? Cette quantité correspond exactement à la pente de l'isoquante ; nous appellerons cette pente, le **taux de substitution technique**[1] et nous la désignerons par $\mathrm{TST}(x_1, x_2)$.

Le taux de substitution technique mesure l'arbitrage entre deux inputs au niveau de la production. Il mesure le taux auquel la firme doit substituer un input par l'autre tout en maintenant constante la quantité d'output.

Pour obtenir une formule pour le TST, nous pouvons utiliser la même démarche que celle utilisée pour déterminer la pente de la courbe d'indifférence. Considérons une variation des quantités de facteurs 1 et 2 telle que l'output reste constant. Nous avons dès lors

$$\Delta y = Pm_1(x_1, x_2)\Delta x_1 + Pm_2(x_1, x_2)\Delta x_2 = 0.$$

En résolvant cette expression, nous obtenons :

$$\mathrm{TST}(x_1, x_2) = \frac{\Delta x_2}{\Delta x_1} = -\frac{Pm_1(x_1, x_2)}{Pm_2(x_1, x_2)}.$$

Cette expression est semblable à la définition du taux marginal de substitution.

[1] Il s'agit à proprement parler du taux marginal de substitution technique (N.d.T.).

18.7 LA DÉCROISSANCE DU PRODUIT MARGINAL

Supposons que nous disposions d'une certaine quantité des facteurs 1 et 2 et que nous envisagions d'accroître la quantité de facteur 1 tout en maintenant fixe la quantité de facteur 2. Qu'est-ce que cela implique pour le produit marginal du facteur 1 ?

Dans la mesure où la technologie est monotone, nous savons que l'output total augmente si nous augmentons la quantité de facteur 1. Mais nous nous attendons assez naturellement à ce que l'output augmente à un taux décroissant. Considérons un exemple particulier : le cas d'une exploitation agricole.

Un homme exploitant un hectare de terre agricole peut produire 250 boisseaux de maïs. Si nous ajoutons un homme supplémentaire tout en conservant la même surface, nous pouvons obtenir 500 boisseaux de maïs de sorte que le produit marginal d'un travailleur supplémentaire est de 250. Ajoutons encore des travailleurs supplémentaires sur ce même hectare. Chaque travailleur peut produire un output supplémentaire, mais la quantité supplémentaire de maïs produite par un travailleur additionnel finira par être inférieure à 250 boisseaux. Après avoir ajouté 4 ou 5 personnes, l'output additionnel par travailleur tombera à 240, 230, 220 ou même encore moins. Si nous avons des centaines de personnes travaillant ensemble sur cet hectare de terre, un travailleur supplémentaire peut même provoquer une diminution de l'output !

En principe nous nous attendons donc à ce que le produit marginal d'un facteur diminue à mesure que la quantité utilisée de ce facteur augmente. Nous appelons cela la **loi du produit marginal décroissant**. Il ne s'agit pas réellement d'une « loi » ; il s'agit simplement d'une caractéristique habituelle de la plupart des processus de production.

Il est important de souligner que la loi du produit marginal décroissant ne s'applique que lorsque tous les autres inputs sont maintenus fixes. Dans l'exemple de l'exploitation agricole, nous avons considéré une variation du seul input travail et nous avons maintenu constantes les quantités de terre et de matières premières.

18.8 LA DÉCROISSANCE DU TAUX DE SUBSTITUTION TECHNIQUE

Une autre hypothèse concernant la technologie, étroitement liée à la précédente, est celle de la **décroissance du taux de substitution technique**. Cela signifie que si nous augmentons la quantité de facteur 1 et que nous ajustons la quantité de facteur 2 de façon à rester sur la même isoquante, le taux de substitution technique diminue. En termes approximatifs, l'hypothèse de décroissance du TST implique que la pente d'une isoquante doit décroître en valeur absolue à mesure que nous nous déplaçons le long d'une isoquante en considérant des quantités x_1 plus importantes ; elle doit par contre augmenter si nous considérons des quantités x_2 plus élevées. Les isoquantes doivent par conséquent avoir une forme convexe du même type que les courbes d'indifférence habituelles.

Il y a une étroite relation entre l'hypothèse de décroissance du taux de substitution technique et celle de décroissance du produit marginal, mais ces deux hypothèses ne sont pas totalement identiques. L'hypothèse de décroissance du produit marginal porte sur la variation du produit marginal quand nous augmentons la quantité d'un facteur en *maintenant les autres facteurs constants*. La décroissance du TST concerne la variation du rapport des produits marginaux, c'est-à-dire la pente de l'isoquante, quand nous augmentons la quantité d'un facteur et que *nous réduisons celle de l'autre facteur de façon à rester sur la même isoquante*.

18.9 LE COURT TERME ET LE LONG TERME

Revenons maintenant à notre première idée de la technologie, c'est-à-dire une simple liste des plans de production réalisables. Nous pouvons souhaiter distinguer les plans de production *immédiatement* réalisables de ceux qui sont réalisables *dans le futur*.

À **court terme**, certains facteurs de production sont fixés à des niveaux prédéterminés. Le fermier que nous avons considéré précédemment pourrait par exemple n'envisager que des plans de production qui impliquent une quantité fixe de terre si c'est tout ce qui lui est accessible. Évidemment s'il disposait de davantage de terre, il pourrait produire plus de maïs, mais à court terme, il est limité par la quantité de terre dont il dispose.

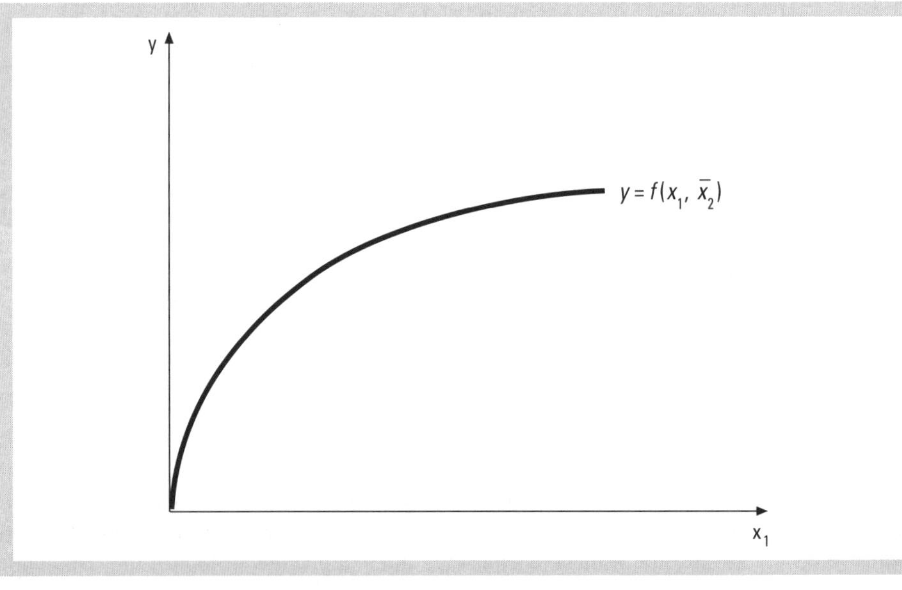

Figure 18.5 ***La fonction de production.***

Cette figure présente une forme possible de la fonction de production à court terme.

Par contre, à **long terme**, le fermier est libre d'acheter davantage de terre ou de vendre une partie de la terre qu'il possède. Il peut ajuster le niveau de son input « terre » de façon à maximiser son profit.

La distinction que l'économiste opère entre le long terme et le court terme est donc la suivante : à court terme, certains facteurs de production sont fixes (la quantité de terre est fixe, la taille de l'usine est fixe, le nombre de machines est fixe, etc.) ; à long terme, la quantité de *tous* les facteurs de production peut être modifiée.

Cette analyse n'implique aucun intervalle de temps particulier. La spécification de ce que sont le long terme et le court terme dépend du type de choix étudié.

À court terme, certains facteurs au moins sont fixés à des niveaux donnés mais à long terme, les quantités utilisées de ces facteurs peuvent être modifiées.

Supposons que le facteur 2, par exemple, soit fixé à court terme à un niveau $\bar{x}_2$. La fonction de production de court terme s'écrit dès lors $f(x_1, \bar{x}_2)$. Nous pouvons représenter graphiquement la relation fonctionnelle entre l'output et x_1 comme à la figure 18.5.

Notons que sur ce graphique, la fonction de production à court terme devient de plus en plus aplatie à mesure que la quantité de facteur 1 augmente. Cela correspond à nouveau à la loi du produit marginal décroissant. Évidemment, il se peut très bien qu'il y ait une phase initiale de rendements marginaux croissants, c'est-à-dire une phase où le produit marginal du facteur 1 augmente à mesure que la quantité de ce facteur s'accroît. Si nous considérons le cas du fermier qui accroît la quantité de travail, il se pourrait que les premiers travailleurs additionnels augmentent l'output de plus en plus parce qu'ils seraient notamment capables de se diviser les tâches de façon efficace. Mais étant donné que la quantité de terre est fixe, le produit marginal du travail finira par diminuer.

18.10 LES RENDEMENTS D'ÉCHELLE

Envisageons un autre type de modification. Au lieu d'augmenter la quantité d'un input en maintenant constante la quantité de l'autre input, augmentons la quantité de *tous* les inputs de la fonction de production. En d'autres termes, multiplions par un même facteur constant la quantité de tous les inputs : doublons par exemple à la fois la quantité de facteur 1 et celle de facteur 2.

Si nous doublons la quantité de chaque input, quelle quantité d'output allons-nous obtenir ? Le résultat le plus vraisemblable est que nous obtiendrons deux fois plus d'output. Dans ce cas, nous parlons de **rendements d'échelle constants**. En termes de fonction de production, cela signifie que doubler la quantité de chaque input engendre une quantité double d'output. Quand nous avons deux inputs, nous pouvons exprimer cela mathématiquement comme suit :

$$2f(x_1, x_2) = f(2x_1, 2x_2).$$

De manière générale, si nous modifions l'échelle de tous les inputs d'un certain facteur t, les rendements d'échelle constants impliquent que la quantité d'output est multipliée par t :

$$tf(x_1, x_2) = f(tx_1, tx_2).$$

Il s'agit d'un résultat vraisemblable pour la raison suivante : il devrait en principe être possible pour la firme de *reproduire* ce qu'elle faisait auparavant. Si la firme dispose d'une quantité double de chaque input, elle peut tout simplement installer deux usines l'une à côté de l'autre et par conséquent produire deux fois plus d'output. Si elle dispose d'une quantité triple de chaque input, elle peut installer trois usines et ainsi de suite.

Notons qu'il est parfaitement possible qu'une technologie soit caractérisée à la fois par des rendements d'échelle constants et un produit marginal décroissant pour chaque facteur. Les **rendements d'échelle** correspondent à ce qui se passe quand vous augmentez *tous* les inputs tandis que le produit marginal décroissant correspond à une situation dans laquelle vous augmentez un des inputs et que vous maintenez constants les autres.

Les rendements d'échelle constants constituent le cas le plus naturel du fait de l'argument de reproduction, mais cela ne signifie pas que d'autres situations soient exclues. Par exemple, il se pourrait que si vous multipliez les deux inputs par un facteur t, l'output soit multiplié par un facteur supérieur à t. Dans ce cas, nous parlons de **rendements d'échelle croissants**. Mathématiquement des rendements d'échelle croissants signifient que

$$f(tx_1, tx_2) > tf(x_1, x_2)$$

pour tout $t > 1$.

Un bel exemple de technologie caractérisée par des rendements d'échelle croissants est celui d'un oléoduc. Si nous doublons le diamètre d'un oléoduc, nous devons utiliser une quantité double de matériel mais la section de l'oléoduc augmente d'un facteur 4. Nous pourrons donc transporter plus du double de pétrole à travers cet oléoduc.

(Évidemment, nous ne pouvons pas pousser cet exemple trop loin. Si nous continuons à doubler le diamètre de l'oléoduc, celui-ci finira par s'écrouler sous son propre poids. Les rendements d'échelle croissants ne sont généralement valables que pour certaines valeurs d'output.)

L'autre cas à considérer est celui des **rendements d'échelle décroissants** pour lequel

$$f(tx_1, tx_2) < tf(x_1, x_2)$$

pour tout $t > 1$.

Ce cas est quelque peu particulier. Si l'output fait moins que doubler quand nous doublons la quantité de chaque input, nous devons avoir commis une erreur. Après tout, nous pourrions simplement reproduire ce que nous faisions auparavant !

Une situation de rendements d'échelle décroissants provient généralement du fait que nous avons oublié de tenir compte d'un input. Si nous doublons la quantité de tous les inputs sauf un, nous ne pouvons pas reproduire exactement ce que nous faisions auparavant et nous ne pouvons pas obtenir automatiquement une quantité double d'output. Une situation de rendements d'échelle décroissants est fondamentalement un phénomène de court terme, un facteur étant maintenu fixe.

Une technologie peut évidemment présenter différents types de rendements d'échelle selon le niveau de production. Il se peut que pour de faibles niveaux de production, la technologie présente des rendements d'échelle croissants (si tous les inputs sont multipliés par un petit facteur t, l'output est multiplié par un facteur supérieur à t). Par la suite, pour des niveaux d'output plus importants, il se peut qu'une multiplication de l'échelle par un facteur t implique simplement une augmentation de l'output par ce même facteur t.

Exemple : Les centres de données

Les **centres de données** sont de grands bâtiments qui abritent des milliers d'ordinateurs utilisés pour des tâches telles que le service des pages web. Les entreprises Internet comme Google, Yahoo, Microsoft, Amazon ont construit des milliers de centres de données à travers le monde.

Un centre de données consiste en plusieurs centaines de boîtiers qui contiennent les cartes mères des ordinateurs, semblables à celles de votre ordinateur de bureau. En général ces systèmes sont conçus de façon à pouvoir facilement modifier l'échelle et la puissance des centres de données en ajoutant ou en retirant des boîtiers d'ordinateurs.

Le raisonnement en termes de reproduction développé précédemment implique ici que la fonction de production pour les services informatiques est caractérisée par des rendements d'échelle constants : pour doubler l'output, il faut simplement doubler les inputs.

Exemple : Copier exactement !

Intel gère des dizaines d'usines qui produisent, assemblent, trient et testent des chips informatiques de très haut niveau technologique. La fabrication des chips est un processus tellement délicat qu'Intel a eu des difficultés à gérer la qualité dans un environnement aussi hétérogène. Même des petites différences dans l'organisation des usines, par exemple en matière de procédure de nettoyage ou de longueur des canalisations de refroidissement, peuvent avoir des impacts importants sur le résultat des processus de fabrication.

Pour gérer ces aspects très délicats, Intel a mis en place un processus « copier exactement ». Selon Intel, la directive « copier exactement » prescrit que tout ce qui pourrait affecter le processus ou la façon dont il se déploie doit être recopié jusque dans les moindres détails sauf s'il est physiquement impossible de le faire ou si le changement génère un bénéfice concurrentiel très important.

Cela implique que toutes les usines Intel se ressemblent énormément et qu'il s'agit d'une décision délibérée. Comme le raisonnement de la reproduction le suggère, la façon la plus simple d'accroître la production chez Intel est de reproduire les processus de production actuels aussi fidèlement que possible.

RÉSUMÉ

1. Les contraintes techniques de l'entreprise sont représentées par l'ensemble de production qui donne les différentes combinaisons d'inputs et d'outputs techniquement réalisables et par la fonction de production qui donne la quantité maximum d'output associée à des quantités données d'inputs.

2. Les isoquantes constituent une autre façon de représenter les contraintes techniques auxquelles est confrontée une entreprise. Les isoquantes sont des courbes qui indiquent l'ensemble des combinaisons d'inputs permettant de produire un niveau donné d'output.

3. Nous supposons en général que les isoquantes sont convexes et monotones, exactement comme les préférences d'allure normale.

4. Le produit marginal mesure l'output supplémentaire par unité additionnelle d'un input, tous les autres inputs étant maintenus constants. Nous supposons en général que le produit marginal d'un input diminue quand la quantité utilisée de cet input augmente.

5. Le taux de substitution technique mesure la pente d'une isoquante. Nous supposons généralement que le TST diminue quand nous nous déplaçons vers la droite le long d'une isoquante. Il s'agit d'une autre manière d'exprimer le fait que les isoquantes ont une forme convexe.

6. À court terme, certains inputs sont fixes tandis qu'à long terme, tous les inputs sont variables.

7. Les rendements d'échelle concernent la façon dont l'output varie quand on modifie l'*échelle* de production. Si les quantités de tous les inputs sont multipliées par un certain facteur t et que l'output est multiplié par ce même facteur, nous avons des rendements d'échelle constants. (Si l'output est multiplié par un facteur supérieur à t, nous avons des rendements d'échelle croissants et s'il est multiplié par un facteur inférieur à t, nous avons des rendements d'échelle décroissants).

PROBLÈMES À RÉSOUDRE

18.1 Considérons la fonction de production $f(x_1, x_2) = x_1^2 x_2^2$. Cette fonction présente-t-elle des rendements d'échelle constants, croissants ou décroissants ?

18.2 Considérons la fonction de production $f(x_1, x_2) = 4x_1^{\frac{1}{2}} x_2^{\frac{1}{3}}$. Cette fonction présente-t-elle des rendements d'échelle constants, croissants ou décroissants ?

18.3 La fonction de production Cobb-Douglas est égale à $f(x_1, x_2) = Ax_1^a x_2^b$. Le type de rendements d'échelle correspondant à cette fonction dépend en fait de la valeur de $a + b$. Quelles sont les valeurs de $a + b$ qui sont associées aux différents types de rendements d'échelle ?

18.4 Le taux de substitution technique entre les facteurs x_2 et x_1 est de -4. Si on désire produire la même quantité d'output en réduisant l'utilisation du facteur 1 de trois unités, de combien d'unités supplémentaires du facteur 2 doit-on disposer ?

18.5 Vrai ou faux ? En l'absence de la loi du produit marginal décroissant, l'offre mondiale de produits alimentaires pourrait être produite dans un pot de fleurs.

18.6 Est-il possible qu'un processus de production soit caractérisé à la fois par la décroissance du produit marginal d'un input et par des rendements d'échelle croissants ?

19

LA MAXIMISATION DU PROFIT

Dans le chapitre précédent, nous avons examiné comment représenter les choix techniques auxquels la firme est confrontée. Dans ce chapitre, nous allons présenter un modèle analysant la façon dont l'entreprise choisit la quantité qu'elle produit et la méthode de production qu'elle adopte. Le modèle que nous allons utiliser est le modèle de maximisation du profit : la firme choisit un plan de production de façon à maximiser ses profits. Dans ce chapitre, nous supposons que la firme est confrontée à des prix fixes pour ses inputs et ses outputs. Nous avons dit précédemment qu'un marché sur lequel les producteurs individuels n'exercent aucun contrôle sur les prix est appelé par les économistes, un **marché concurrentiel**. Nous désirons donc étudier le problème de maximisation du profit d'une firme confrontée à des marchés concurrentiels pour les facteurs de production qu'elle utilise et les outputs qu'elle produit.

19.1 LES PROFITS

Les **profits** sont définis comme la différence entre les recettes et les coûts. Supposons que la firme produise n outputs $(y_1, ..., y_n)$ et utilise m inputs $(x_1, ..., x_m)$. Représentons par $(p_1, ..., p_n)$, les prix des outputs et par $(w_1, ..., w_m)$, les prix des inputs.

Les profits π que la firme réalise peuvent être définis comme suit :

$$\pi = \sum_{i=1}^{n} p_i y_i - \sum_{i=1}^{m} w_i x_i .$$

Le premier terme correspond à la recette et le second, au coût.

Dans la définition du coût, nous devons veiller à inclure *tous* les facteurs de production utilisés par l'entreprise, évalués à leur prix du marché. Généralement cela ne pose pas de problèmes particuliers, mais quand un même individu est propriétaire de l'entreprise et y travaille, nous pouvons oublier certains facteurs de production.

Par exemple, si un individu travaille dans sa propre entreprise, son travail est un input et il doit être compté comme un élément du coût. Son taux de salaire est simplement le prix du marché pour son travail, c'est-à-dire ce qu'il *obtiendrait* s'il vendait son travail sur le marché extérieur. De même, si un agriculteur possède une terre agricole et l'utilise dans la production, cette terre devrait être évaluée à son prix du marché pour déterminer les coûts économiques.

Comme nous l'avons vu, on parle généralement de **coût d'opportunité** pour désigner ce type de coût économique. Cette appellation vient de l'idée que si, par exemple, vous utilisez votre travail dans un emploi donné, vous renoncez à l'opportunité de l'employer ailleurs ; les salaires auxquels vous renoncez constituent par conséquent une partie du coût de production. Il en est de même dans le cas de la terre : l'agriculteur a l'opportunité de louer sa terre à quelqu'un d'autre, mais il choisit de renoncer à ce loyer pour se louer la terre à lui-même ; les loyers auxquels il renonce constituent une partie du coût d'opportunité de sa production.

La définition économique du profit exige d'évaluer tous les inputs et outputs à leur coût d'opportunité. Les profits calculés par les comptables ne correspondent pas nécessairement aux profits économiques parce qu'ils utilisent les coûts historiques (les prix auxquels les facteurs ont été achetés) plutôt que les coûts économiques (les coûts des facteurs s'ils étaient achetés maintenant). Le terme « profit » peut être utilisé de diverses façons, mais nous l'utiliserons toujours sur base de sa définition économique.

On peut rencontrer un autre problème suite à des confusions au niveau des échelles de temps. Généralement, les inputs sont mesurés en termes de *flux* : autant d'heures de travail par semaine et autant d'heures-machine par semaine produisent autant d'output par semaine. Les prix des facteurs doivent dès lors être mesurés en unités correspondant à l'achat de tels flux. Les salaires sont exprimés naturellement en euros par heure. La notion correspondante pour les machines est le **taux d'usage** (*rental rate*), c'est-à-dire le prix auquel il est possible de louer une machine pendant une certaine période de temps.

Dans de nombreux cas, il n'existe pas de marché de location bien organisé pour les machines puisque les firmes achètent généralement leurs biens d'équipement. Il faut dès lors calculer le taux d'usage implicite en examinant combien cela coûterait d'acheter une machine en début de période et de la vendre ensuite en fin de période.

19.2 L'ORGANISATION DES ENTREPRISES

Dans une économie capitaliste, les entreprises appartiennent aux individus. Elles ne sont que des entités légales ; fondamentalement, ce sont les propriétaires des entreprises qui sont responsables de leur comportement et ce sont eux qui retirent les bénéfices et supportent les coûts qui découlent de ce comportement.

De manière générale, les entreprises peuvent être organisées sous forme d'une propriété individuelle, d'un partenariat ou d'une société. Nous parlons de **propriété individuelle** quand une entreprise appartient à un seul individu et de **partenariat** quand elle appartient à plusieurs individus. Une **société** appartient généralement aussi à plusieurs individus, mais elle dispose d'une existence légale différente de celle de ses propriétaires. Un partenariat dure aussi longtemps que les partenaires sont en vie et sont d'accord pour maintenir cette collaboration tandis qu'une société peut avoir une vie plus longue que celle de n'importe lequel de ses propriétaires. C'est pour cette raison que la plupart des grandes entreprises sont organisées sous forme de sociétés.

Les propriétaires de ces divers types d'entreprise peuvent poursuivre différents objectifs dans la gestion de l'entreprise. Dans le cas d'une propriété individuelle ou d'un partenariat, les propriétaires jouent généralement un rôle direct dans la gestion effective des activités quotidiennes de l'entreprise de sorte qu'en gérant celle-ci, ils peuvent réaliser directement leurs objectifs. Généralement, les propriétaires sont intéressés par la maximisation du profit de leur entreprise, mais s'ils poursuivent d'autres objectifs que le profit, ils peuvent vraisemblablement les réaliser également.

Dans le cas d'une société, les propriétaires ne sont souvent pas les gestionnaires de l'entreprise. Il y a donc une séparation entre la propriété et le contrôle. Les propriétaires de la société doivent définir les objectifs que les gestionnaires vont poursuivre dans la gestion de l'entreprise. Ils doivent ensuite essayer d'examiner si les gestionnaires poursuivent effectivement les objectifs qui leur sont assignés. Dans ce cas aussi, l'objectif le plus fréquent est la maximisation du profit. Comme nous allons le voir, cet objectif, s'il est correctement interprété, conduit vraisemblablement les gestionnaires de l'entreprise à prendre des décisions qui sont dans l'intérêt des propriétaires de la firme.

19.3 PROFITS ET VALEUR BOURSIÈRE DE L'ENTREPRISE

Le processus de production utilisé par une entreprise s'étend généralement sur plusieurs périodes. Certains inputs installés à la période t ne fournissent un flux complet de services qu'au cours de périodes ultérieures. Par exemple, l'usine construite par une entreprise peut durer 50 ou 100 ans. Dans ce cas, un input acquis au cours d'une certaine période permet de produire un output au cours de plusieurs périodes ultérieures.

Dans une telle situation, il faut évaluer un flux de coûts et un flux de revenus à travers le temps. Comme nous l'avons vu au chapitre 10, la façon correcte de réaliser une telle opération consiste à recourir au concept de valeur présente. Quand les gens peuvent emprunter et prêter sur les marchés financiers, le taux d'intérêt peut être utilisé pour définir le prix de la consommation au cours de différentes périodes. Les firmes ont accès aux mêmes types de marchés financiers et le taux d'intérêt peut donc être utilisé exactement de la même façon pour évaluer des décisions d'investissement.

Considérons un monde sans incertitude dans lequel le flux des profits futurs d'une entreprise est parfaitement connu de tous. Dans ce cas, la valeur présente de ces profits correspond à la **valeur présente de la firme**. C'est ce qu'un individu serait disposé à payer pour acheter l'entreprise.

Comme mentionné antérieurement, la plupart des grandes entreprises sont organisées sous forme de sociétés ; cela signifie qu'elles appartiennent simultanément à plusieurs individus. Chaque société émet des actions qui représentent la propriété de parts dans la société. Celle-ci distribue de temps en temps des dividendes aux détenteurs des actions, ces dividendes représentant une part des profits de l'entreprise. Les parts de propriété de la société sont achetées et vendues sur le **marché boursier**. Le prix d'une part représente la valeur présente du flux de dividendes que les gens s'attendent à recevoir de la société. La valeur boursière de l'ensemble des actions d'une firme correspond à la valeur présente du flux de profits attendu de la part de la firme. Par conséquent, l'objectif de la firme, c'est-à-dire la maximisation de la valeur présente du flux de ses profits, peut aussi être défini comme étant l'objectif de maximisation de la valeur boursière de ses actions. En l'absence d'incertitude, ces deux objectifs sont identiques.

Les propriétaires de la firme désirent généralement que celle-ci choisisse les plans de production qui maximisent la valeur boursière de l'entreprise puisque ces plans maximisent la valeur des parts qu'ils détiennent. Nous avons vu au chapitre 10 que, quelles que soient les préférences intertemporelles d'un individu, il préfère toujours la dotation qui a la valeur présente la plus élevée. En maximisant la valeur boursière de ses actions, une entreprise augmente autant que possible les ensembles budgétaires de ses actionnaires et par conséquent, elle agit au mieux des intérêts de l'ensemble de ses actionnaires.

S'il y a incertitude quant au flux de profits d'une entreprise, donner comme instruction aux gestionnaires de maximiser les profits ne signifie pas grand chose. Doivent-ils maximiser les profits attendus ? Doivent-ils maximiser l'utilité attendue des profits ? Quelle attitude doivent-ils adopter vis-à-vis des investissements à risque ? Il est difficile de définir l'objectif de maximisation du profit quand il y a incertitude. La maximisation de la *valeur boursière* a, par contre, toujours une signification dans un monde incertain. Si les gestionnaires d'une entreprise essaient de maximiser la valeur des actions de l'entreprise, ils maximisent la satisfaction de ses propriétaires, c'est-à-dire des actionnaires. La maximisation de la valeur boursière donne donc à l'entreprise une fonction d'objectif bien définie dans presque tous les environnements économiques envisageables.

Malgré ces remarques relatives à la dimension temporelle et à l'incertitude, nous nous contenterons généralement d'examiner des problèmes de maximisation du profit beaucoup plus simples, à savoir des situations caractérisées par un output unique et certain et une période de temps unique. Cette situation simple nous permet toutefois de dégager des conclusions importantes. Elle nous permet aussi de développer une intuition correcte pour étudier des modèles plus généraux de comportement de l'entreprise. La plupart des idées que nous allons examiner s'appliquent aisément à des modèles plus généraux.

19.4 LES FRONTIÈRES DE L'ENTREPRISE

Les responsables des entreprises se posent constamment la question : faut-il faire ou faut-il acheter ? En d'autres termes, l'entreprise doit-elle faire en interne ou doit-elle acheter auprès d'un fournisseur externe ? La question est en fait très large car elle concerne non seulement les biens matériels mais aussi les services. On pourrait même considérer que cette question s'applique à presque toutes les décisions que prend une entreprise.

Une entreprise doit-elle avoir sa propre cafétéria ? son service de sécurité ? son service de photocopie ? son assurance voyage ? Évidemment de telles décisions doivent prendre en compte de nombreux facteurs, dont la taille. Un petit magasin avec douze employés ne va vraisemblablement pas avoir sa propre cafétéria. Mais il pourrait recourir à un service extérieur pour la sécurité en fonction du coût, des aptitudes et de la composition de l'équipe de travail.

Même une grande organisation qui pourrait très bien disposer d'une cafétéria, pourrait décider d'en avoir une ou pas selon les alternatives disponibles. Les employés d'une entreprise située au centre ville disposent de nombreuses opportunités pour manger, contrairement aux employés d'une entreprise située dans une banlieue déserte.

Le choix sera aussi influencé par le type de concurrence qui prévaut pour la fourniture externe des biens et services, à savoir s'ils sont fournis par un monopole ou sur un marché concurrentiel. De façon générale, les responsables des entreprises préfèrent acheter les biens et services sur un marché concurrentiel si c'est possible. Le second choix est un monopole interne et la plus mauvaise solution en termes de prix et de qualité du service est le recours à un monopole externe.

Prenons comme exemple les services de photocopie. La situation idéale est d'avoir des dizaines de fournisseurs qui se font concurrence pour assurer le service. Cela vous donnera des prix bas et un service de grande qualité. Si votre école est suffisamment grande ou si elle est située dans une zone urbaine, vous pouvez bénéficier d'une telle concurrence, mais pour les petites écoles rurales, le choix est beaucoup plus réduit et les prix souvent plus élevés. C'est la même chose dans le monde des affaires. Un environnement très concurrentiel offre beaucoup de choix aux clients. Par contre, un service de photocopie interne peut être moins intéressant. Même si les prix sont bas, le service peut être lent. Mais la solution la moins attractive est certainement de devoir faire appel à un fournisseur externe unique. Le monopole interne peut offrir un mauvais service mais au moins l'argent reste dans l'entreprise.

Ce qui est fait au sein de l'entreprise évolue au gré des changements technologiques. Il y a quarante ans, les firmes assuraient beaucoup de services elles-mêmes. Maintenant elles tendent à recourir à l'extérieur autant que possible. Les services de restauration, de photocopie et de sécurité sont souvent fournis par des organisations externes spécialisées dans ce type d'activité. Cette spécialisation permet souvent à ces organisations de fournir à leurs utilisateurs des services de meilleure qualité et à des prix inférieurs.

19.5 FACTEURS FIXES ET FACTEURS VARIABLES

Au cours d'une période de temps donnée, il peut être très difficile d'ajuster certains inputs. Très souvent, la firme peut être contractuellement obligée d'employer certains inputs à des niveaux déterminés. C'est notamment le cas si l'entreprise loue un bâtiment, c'est-à-dire si elle est légalement obligée d'acheter une certaine quantité d'espace au cours de la période considérée. Nous appelons un facteur de production dont la quantité est fixe pour l'entreprise, un **facteur fixe**. Si au contraire l'entreprise peut utiliser différentes quantités d'un même facteur, nous appelons celui-ci un **facteur variable**.

Comme nous l'avons vu au chapitre 18, le court terme est défini comme la période de temps au cours de laquelle il y a des facteurs fixes, c'est-à-dire des facteurs qui ne peuvent être utilisés qu'en quantités fixes. Par contre, à long terme, l'entreprise est libre de faire varier tous ses facteurs de production : tous ses facteurs sont donc des facteurs variables. Il n'y a pas de frontière rigide entre le court terme et le long terme. Les périodes de temps que ces deux notions recouvrent dépendent du problème examiné. Ce qui est important, c'est que certains facteurs de production sont fixes à court terme et variables à long terme. Puisqu'à long terme, tous les facteurs sont variables, une entreprise est toujours libre de décider de n'utiliser aucun input et de ne produire aucun output, c'est-à-dire de se retirer du marché. Les profits minimums qu'une entreprise peut réaliser à long terme sont par conséquent des profits nuls.

À court terme, l'entreprise est obligée d'employer certains facteurs même si elle décide de ne produire aucun output. Il est dès lors parfaitement possible que l'entreprise réalise des profits *négatifs* à court terme.

Par définition, les facteurs fixes sont des facteurs de production qui doivent être rémunérés même si l'entreprise décide de ne rien produire : si une entreprise a un contrat de location à long terme pour un bâtiment, elle doit payer la location au cours de chaque période, qu'elle décide ou non de produire au cours de la période. Mais il existe d'autres facteurs qui ne doivent être rémunérés que si l'entreprise décide de produire une quantité positive d'output. C'est par exemple le cas de l'électricité utilisée pour l'éclairage. Si l'entreprise ne produit aucun output, elle ne doit rien éclairer mais si elle produit une quantité positive d'output, elle doit acheter une quantité fixe d'électricité à des fins d'éclairage.

De tels facteurs sont appelés des **facteurs quasi fixes**. Ce sont des facteurs de production qui doivent être utilisés en quantité fixe indépendamment de l'output de l'entreprise tant que celui-ci est positif. Il est parfois utile de distinguer facteurs fixes et facteurs quasi fixes quand on analyse le comportement économique de l'entreprise.

19.6 LA MAXIMISATION DU PROFIT À COURT TERME

Considérons le problème de maximisation du profit à court terme quand l'output 2 est fixé à un niveau donné $\overline{x}_2$. Soit $f(x_1, x_2)$, la fonction de production de l'entreprise, p, le prix de l'output et w_1 et w_2, les prix des deux inputs. Le problème de maximisation du profit auquel la firme est confrontée peut dès lors s'écrire comme suit :

$$\max_{x_1} pf(x_1, \overline{x}_2) - w_1x_1 - w_2\overline{x}_2.$$

Il n'est pas difficile de déterminer la condition de choix optimal du facteur 1.

Si x_1^* est la quantité de facteur 1 qui maximise le profit, le prix de l'output multiplié par le produit marginal du facteur 1 doit être égal au prix du facteur 1. En utilisant les symboles :

$$pPm_1(x_1^*, \overline{x}_2) = w_1.$$

En d'autres termes, *la valeur du produit marginal (ou produit marginal en valeur) d'un facteur doit être égale à son prix.*

Pour comprendre cette règle, réfléchissez à ce qui se passe si vous décidez d'employer un petit peu plus de facteur 1. Si vous ajoutez une petite quantité de ce facteur Δx_1, vous produisez une quantité supplémentaire d'output $\Delta y = Pm_1 \Delta x_1$, qui vaut $pPm_1 \Delta x_1$. Mais cette production marginale coûte $w_1 \Delta x_1$. Si la valeur du produit marginal est supérieure à son coût, vous pouvez augmenter les profits en augmentant l'input 1. Si la valeur du produit marginal est inférieure à son coût, vous pouvez augmenter les profits en diminuant l'input 1.

Si les profits de l'entreprise sont maximums, ils ne devraient pas augmenter quand vous augmentez ou diminuez l'input 1. Les choix des inputs et outputs qui maximisent le profit doivent donc être tels que la valeur du produit marginal, $pPm_1(x_1^*, \overline{x}_2)$, soit égale au prix du facteur, w_1.

Nous pouvons établir cette condition graphiquement. Considérons la figure 19.1. La courbe représente la fonction de production quand le facteur 2 est fixé au niveau $\overline{x}_2$. En utilisant y pour représenter l'output de l'entreprise, les profits sont égaux à

$$\pi = py - w_1 x_1 - w_2 \overline{x}_2 .$$

Cette expression peut être résolue pour y afin d'exprimer l'output en fonction de x_1 :

$$y = \frac{\pi}{p} + \frac{w_2}{p}\overline{x}_2 + \frac{w_1}{p}x_1 . \tag{19.1}$$

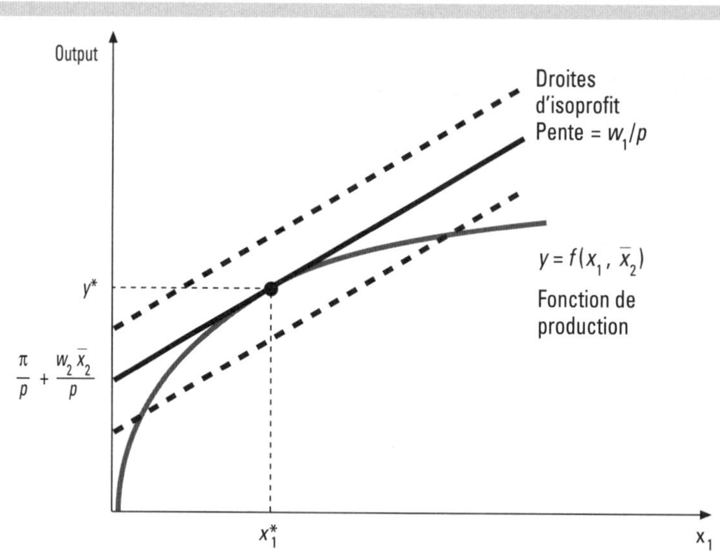

Figure 19.1 ***La maximisation du profit.***

L'entreprise choisit la combinaison d'input et d'output qui touche la droite d'isoprofit la plus élevée possible. Dans ce cas-ci, le point qui maximise le profit est (x_1^*, y^*).

Cette équation définit une **droite d'isoprofit**. Cette droite représente simplement toutes les combinaisons d'inputs et d'output qui procurent un niveau constant de profits π. Si π varie, on obtient un ensemble de droites parallèles qui ont toutes une pente de w_1/p et une ordonnée à l'origine égale à $\pi / p + w_2\overline{x}_2 / p$, cette ordonnée correspondant aux profits plus les coûts fixes de l'entreprise.

Les coûts fixes sont fixes, de sorte que la seule chose qui varie réellement quand on passe d'une droite d'isoprofit à une autre, c'est le niveau des profits : des niveaux de profits plus élevés sont associés aux droites d'isoprofit ayant des ordonnées à l'origine plus élevées.

Le problème de maximisation du profit consiste par conséquent à trouver le point sur la fonction de production qui est associé à la droite d'isoprofit la plus élevée. Ce point est représenté à la figure 19.1. Comme d'habitude, il est caractérisé par une condition de tangence : la pente de la fonction de production doit être égale à la pente de la droite d'isoprofit. Puisque la pente de la fonction de production est le produit marginal et que la pente de la droite d'isoprofit est w_1/p, cette condition peut également s'écrire comme suit :

$$Pm_1 = \frac{w_1}{p}.$$

Nous retrouvons ainsi la condition établie auparavant.

19.7 STATIQUE COMPARATIVE

Nous pouvons utiliser la figure 19.1 pour analyser comment les choix des inputs et des outputs d'une entreprise se modifient quand leurs prix varient. Nous pouvons ainsi procéder à des analyses de **statique comparative** du comportement de la firme.

Comment, par exemple, le choix optimal du facteur 1 se modifie-t-il si le prix w_1 varie ? En nous référant à l'équation (19.1) qui définit la droite d'isoprofit, nous voyons qu'une augmentation de w_1 accroît la pente de la droite d'isoprofit, comme illustré à la figure 19.2A. Quand la droite d'isoprofit est plus raide, la position de tangence doit se situer davantage vers la gauche. La quantité optimale du facteur 1 doit par conséquent diminuer. Cela signifie simplement que lorsque le prix du facteur 1 augmente, la quantité de ce facteur doit diminuer : les courbes de demande des facteurs doivent être décroissantes.

De même, si le prix de l'output diminue, la droite d'isoprofit doit également devenir plus raide, comme illustré à la figure 19.2B. En utilisant le même raisonnement que dans le paragraphe précédent, la quantité de facteur 1 qui maximise le profit va diminuer. Si la quantité de facteur 1 diminue et que la quantité de facteur 2 est fixe à court terme (par hypothèse), la quantité offerte d'output doit diminuer. Cela nous donne un autre résultat de

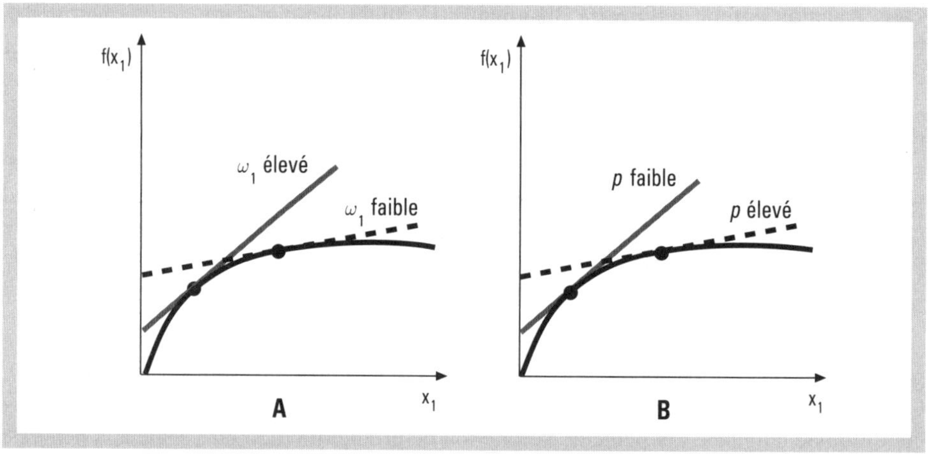

Figure 19.2 ***Statistique comparative.***

La partie A indique qu'une augmentation de w_1 réduit la demande de facteur 1. La partie B montre qu'une augmentation du prix de l'output accroît la demande de facteur 1 et par conséquent augmente l'offre d'output.

statique comparative : une diminution du prix de l'output doit réduire l'offre de celui-ci. En d'autres termes, la courbe d'offre doit être croissante.

Finalement, nous pouvons nous demander ce qui se passe lorsque le prix du facteur 2 se modifie. Puisque nous procédons à une analyse de court terme, une modification du prix du facteur 2 n'entraîne pas de variation de la quantité de facteur 2 choisie par la firme ; à court terme, la quantité de facteur 2 est fixée au niveau $\overline{x}_2$. Une variation du prix du facteur 2 n'a aucun effet sur la pente de la droite d'isoprofit. Par conséquent, le choix optimal de facteur 1 ne varie pas et il en est de même pour l'offre d'output. La seule chose qui varie, ce sont les profits que l'entreprise réalise.

19.8 LA MAXIMISATION DU PROFIT À LONG TERME

À long terme, l'entreprise est libre de choisir la quantité de tous ses inputs. Dès lors, le problème de maximisation du profit à long terme peut s'écrire comme suit :

$$\max_{x_1, x_2} pf(x_1, x_2) - w_1 x_1 - w_2 x_2.$$

C'est fondamentalement le même problème que la situation de court terme que nous venons d'analyser, sous réserve que maintenant les deux facteurs peuvent varier.

La condition qui définit les choix optimaux est fondamentalement la même que celle établie précédemment, sous réserve que maintenant nous devons l'appliquer à *chaque* facteur. Nous avons vu que la valeur du produit marginal du facteur 1 doit être égale à son prix, quelle que soit la quantité de facteur 2. La même condition doit maintenant s'appliquer pour *chaque* facteur :

$$pPm_1(x_1^*, x_2^*) = w_1$$
$$pPm_2(x_1^*, x_2^*) = w_2.$$

Si l'entreprise choisit les quantités optimales des facteurs 1 et 2, la valeur du produit marginal (ou produit marginal en valeur) de chaque facteur doit être égale à son prix. À l'optimum, les profits de l'entreprise ne peuvent pas augmenter quand la quantité d'un input se modifie.

Le raisonnement est identique à celui utilisé lors de l'analyse de la maximisation du profit à court terme. Si la valeur du produit marginal du facteur 1 par exemple était supérieure au prix de ce facteur, utiliser un petit peu plus de facteur 1 permettrait de produire Pm_1 d'output en plus et cette quantité serait vendue pour pPm_1 euros. Si la valeur de cet output était supérieure au coût de la quantité de facteur utilisée pour le produire, il serait évidemment intéressant d'utiliser davantage de ce facteur.

Ces deux conditions nous donnent deux équations à deux inconnues, x_1^* et x_2^*. Si nous savons comment les produits marginaux se modifient en fonction de x_1 et x_2, nous pouvons résoudre ce système d'équations en exprimant le choix optimal de chaque facteur en fonction des prix. Les équations ainsi obtenues sont appelées les **courbes de demande de facteurs**.

19.9 LES COURBES DE DEMANDE DE FACTEURS INVERSES

Les **courbes de demande de facteurs** d'une entreprise mesurent la relation existant entre la quantité d'un facteur qui maximise le profit et son prix. Nous avons vu comment déterminer les quantités qui maximisent le profit : pour des prix donnés (p, w_1, w_2), il suffit de trouver les demandes de facteurs x_1^* et x_2^* telles que la valeur du produit marginal de chaque facteur soit égale à son prix.

La **courbe de demande de facteur inverse** mesure la même relation mais sous un angle différent. Elle mesure quel doit être le prix du facteur pour qu'une quantité donnée d'input soit demandée. Si nous considérons le choix optimal du facteur 2 comme donné, nous pouvons tracer graphiquement la relation existant entre le choix optimal du facteur 1 et son prix, comme à la figure 19.3. Il s'agit simplement de la représentation graphique de l'équation suivante :

$$pPm_1(x_1, x_2^*) = w_1.$$

Cette courbe a une pente négative du fait de l'hypothèse de décroissance du produit marginal. Cette courbe représente quel devrait être le prix du facteur 1 pour que l'entreprise demande une quantité donnée de ce facteur, la quantité de facteur 2 étant maintenue fixe au niveau x_2^*.

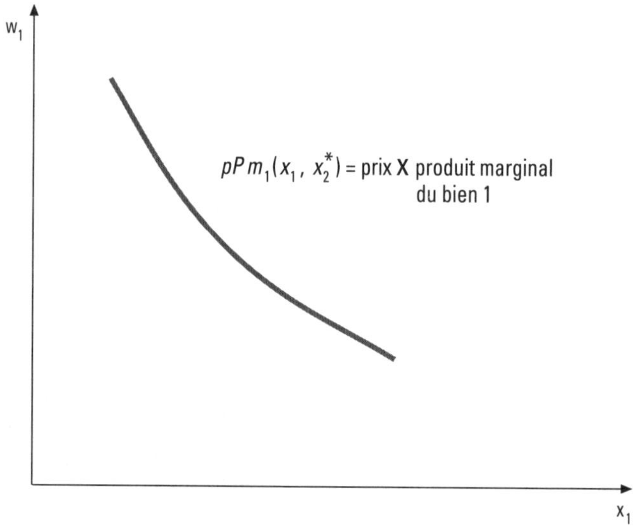

Figure 19.3 ***La courbe de demande de facteur inverse.***

Cette courbe mesure quel devrait être le prix du facteur 1 pour que x_1 unités soient demandées si la quantité de l'autre facteur est maintenue fixe au niveau x_2^*.

19.10 LA MAXIMISATION DU PROFIT ET LES RENDEMENTS D'ÉCHELLE

Il existe une relation importante entre la maximisation du profit en situation concurrentielle et les rendements d'échelle. Supposons qu'une entreprise ait choisi l'output $y^* = f(x_1^*, x_2^*)$ correspondant au profit maximum à long terme et que cet output soit produit en utilisant les quantités d'inputs (x_1^*, x_2^*).

Les profits de l'entreprise sont, dans ce cas, définis comme suit :

$$\pi^* = py^* - w_1 x_1^* - w_2 x_2^*.$$

Supposons que la fonction de production de cette entreprise soit caractérisée par des rendements d'échelle constants et qu'elle réalise à l'équilibre des profits positifs. Considérons maintenant ce qui se passerait si nous doublions la quantité utilisée des inputs. Compte tenu de l'hypothèse de rendements d'échelle constants, le niveau de l'output doublerait. Mais que deviendraient les profits ?

Il n'est pas difficile de voir que les profits doubleraient également. Mais cela serait en contradiction avec l'hypothèse que le choix initial maximisait les profits ! Nous avons en fait dégagé cette contradiction en supposant que les profits initiaux étaient positifs ; si le niveau initial des profits était nul, il n'y aurait aucun problème : deux fois zéro, c'est toujours zéro.

Ce raisonnement montre qu'à long terme, les profits d'une entreprise concurrentielle qui connaît des rendements d'échelle constants pour chaque niveau d'output, ne peuvent être que nuls. (Évidemment, si une entreprise réalise des profits négatifs à long terme, elle devrait se retirer du marché.)

La plupart des gens trouvent ce résultat surprenant. Alors que les entreprises s'efforcent de maximiser les profits, comment se fait-il qu'elles ne peuvent réaliser que des profits nuls à long terme ?

Imaginons ce qui se passerait au niveau d'une entreprise qui essayerait de croître indéfiniment. On pourrait observer trois situations différentes. Premièrement, la firme pourrait devenir tellement grande qu'elle ne pourrait pas fonctionner de façon réellement efficace. Cela signifierait que l'entreprise n'a pas réellement des rendements d'échelle constants pour tout niveau d'output. Suite à des problèmes de coordination, elle pourrait finir par connaître une phase de rendements d'échelle décroissants.

Deuxièmement, la firme pourrait devenir tellement grande qu'elle dominerait complètement le marché de son produit. Dans ce cas, il n'y aurait plus aucune raison qu'elle se comporte de façon concurrentielle, c'est-à-dire qu'elle prenne le prix de l'output comme donné. Au contraire, il serait logique pour une telle entreprise d'essayer d'utiliser sa taille afin d'influencer le prix du marché. Le modèle de maximisation du profit en situation concurrentielle ne correspond plus logiquement au comportement de cette entreprise, puisque celle-ci n'aurait effectivement plus de concurrents. Nous examinerons des modèles de comportement de la firme plus appropriés à ce genre de situations quand nous analyserons le monopole.

Troisièmement, si une entreprise peut réaliser des profits positifs avec une technologie caractérisée par des rendements d'échelle constants, tout autre entreprise ayant accès à la même technologie peut faire de même. Si une entreprise désire accroître son output, il en va de même des autres firmes. Mais si toutes les firmes augmentent leur output, cela entraînera certainement une diminution du prix de l'output et une réduction des profits de toutes les entreprises du secteur.

19.11 LA PROFITABILITÉ RÉVÉLÉE

Quand une entreprise qui maximise son profit choisit ses quantités d'inputs et d'outputs, elle révèle deux choses : tout d'abord que les quantités d'inputs et d'outputs choisies représentent un plan de production réalisable et deuxièmement, que ces quantités sont plus profitables que les autres plans de production réalisables que la firme aurait pu choisir. Examinons ces deux points de façon plus détaillée.

Supposons que nous observions les quantités choisies par l'entreprise pour deux ensembles différents de prix. Au moment *t*, elle est confrontée à des prix (p^t, w_1^t, w_2^t) et choisit (y^t, x_1^t, x_2^t). Au moment s, elle est confrontée aux prix (p^s, w_1^s, w_2^s) et choisit (y^s, x_1^s, x_2^s). Si la fonction de production de l'entreprise ne s'est pas modifiée entre les moments s et t et que l'entreprise maximise son profit, nous devons avoir

$$p^t y^t - w_1^t x_1^t - w_2^t x_2^t \geqslant p^t y^s - w_1^t x_1^s - w_2^t x_2^s \tag{19.2}$$

et

$$p^s y^s - w_1^s x_1^s - w_2^s x_2^s \geqslant p^s y^t - w_1^s x_1^t - w_2^s x_2^t. \tag{19.3}$$

En d'autres termes, les profits que l'entreprise réalise quand elle est confrontée aux prix de la période t doivent être supérieurs à ce qu'ils auraient été en utilisant le plan de production de la période $s$et vice versa. Si une de ces deux inégalités était violée, il ne pourrait pas s'agir d'une entreprise qui maximise son profit (avec une technologie qui ne change pas).

Si nous observons deux périodes pour lesquelles ces inégalités ne sont pas respectées, nous savons donc que l'entreprise ne maximise pas ses profits au cours d'une des deux périodes au moins. Le respect de ces deux inégalités constitue en fait un axiome du comportement de maximisation du profit et nous l'appellerons l'**axiome faible du comportement de maximisation du profit (AFMP)**.

Si les choix de l'entreprise satisfont cet axiome, nous pouvons dégager une conclusion de statique comparative intéressante quant à la façon dont les demandes de facteurs et les offres d'output se modifient suite à une variation des prix. En transposant les deux membres de l'équation (19.3), nous obtenons

$$-p^s y^t + w_1^s x_1^t + w_2^s x_2^t \geqslant -p^s y^s + w_1^s x_1^s + w_2^s x_2^s. \tag{19.4}$$

Si maintenant nous ajoutons l'équation (19.4) à l'équation (19.2), nous obtenons

$$\begin{aligned}&(p^t - p^s)y^t - (w_1^t - w_1^s)x_1^t - (w_2^t - w_2^s)x_2^t \\ &\geqslant (p^t - p^s)y^s - (w_1^t - w_1^s)x_1^s - (w_2^t - w_2^s)x_2^s\end{aligned} \tag{19.5}$$

et après transformation,

$$(p^t - p^s)(y^t - y^s) - (w_1^t - w_1^s)(x_1^t - x_1^s) - (w_2^t - w_2^s)(x_2^t - x_2^s) \geqslant 0. \tag{19.6}$$

Enfin, si nous définissons la variation de prix $\Delta p = (p^t - p^s)$, la variation de l'output $\Delta y = (y^t - y^s)$ et ainsi de suite, nous pouvons écrire l'équation suivante :

$$\Delta p \Delta y - \Delta w_1 \Delta x_1 - \Delta w_2 \Delta x_2 \geqslant 0. \tag{19.7}$$

Cette équation constitue notre résultat final. Elle indique que la variation du prix de l'output multipliée par la variation de l'output moins la variation du prix de chaque facteur multipliée par la variation de la quantité du facteur correspondant doit être non négative. Cette équation découle uniquement de la définition de la maximisation du profit.

Elle contient cependant tous les résultats de statique comparative concernant le comportement de maximisation du profit !

Considérons, par exemple, une variation du prix de l'output, les prix des facteurs restant constants. Si $\Delta w_1 = \Delta w_2 = 0$, l'équation (19.7) devient

$$\Delta p \Delta y \geqslant 0.$$

Ainsi, si le prix de l'output augmente ($\Delta p > 0$), la variation correspondante de l'output doit être non négative ($\Delta y \geqslant 0$). La courbe d'offre d'une firme concurrentielle qui maximise son profit doit par conséquent avoir une pente positive (ou à la limite, nulle).

De même, si le prix de l'output et celui du facteur 2 restent constants, l'équation (19.7) devient

$$-\Delta w_1 \Delta x_1 \geqslant 0$$

ou

$$\Delta w_1 \Delta x_1 \leqslant 0.$$

Si le prix du facteur 1 augmente ($\Delta w_1 > 0$), l'équation (19.7) implique que la demande de facteur 1 diminue (ou à la limite qu'elle reste inchangée) ($\Delta x_1 \leqslant 0$). La courbe de demande de facteur doit par conséquent être une fonction décroissante du prix du facteur : les courbes de demande de facteurs ont une pente négative.

La simple inégalité contenue dans l'AFMP et son implication, c'est-à-dire l'équation (19.7), nous donnent de fortes restrictions observables sur le comportement de l'entreprise. Nous pouvons naturellement nous demander si toutes les restrictions imposées sur le comportement de l'entreprise par le modèle de maximisation du profit sont ainsi prises en compte ou en d'autres termes, si, en présence des choix d'une entreprise qui satisfont l'AFMP, il est possible d'estimer la technologie pour laquelle les choix observés maximisent le profit. La réponse est en fait affirmative. La figure 19.4 montre comment estimer une telle technologie.

Afin d'illustrer graphiquement le raisonnement, supposons qu'il n'y ait qu'un output et qu'un input. Nous observons un choix au cours de la période t et un autre au cours de la période s que nous indiquons respectivement par $(p^t, w_1^t, y_1^t, x_1^t)$ et $(p^s, w_1^s, y_1^s, x_1^s)$. Au cours de chaque période, nous pouvons calculer les profits π^s et π^t et nous pouvons également représenter graphiquement toutes les combinaisons de y et de x_1 qui engendrent ces profits.

Autrement dit, nous traçons les deux droites d'isoprofit suivantes :

$$\pi^t = p^t y - w_1^t x_1$$

et

$$\pi^s = p^s y - w_1^s x_1.$$

Les points situés au-dessus de la droite d'isoprofit de la période t correspondent à des profits supérieurs à π^t aux prix de la période t et les points situés au-dessus de la droite d'isoprofit de la période s correspondent à des profits supérieurs à π^s aux prix de la

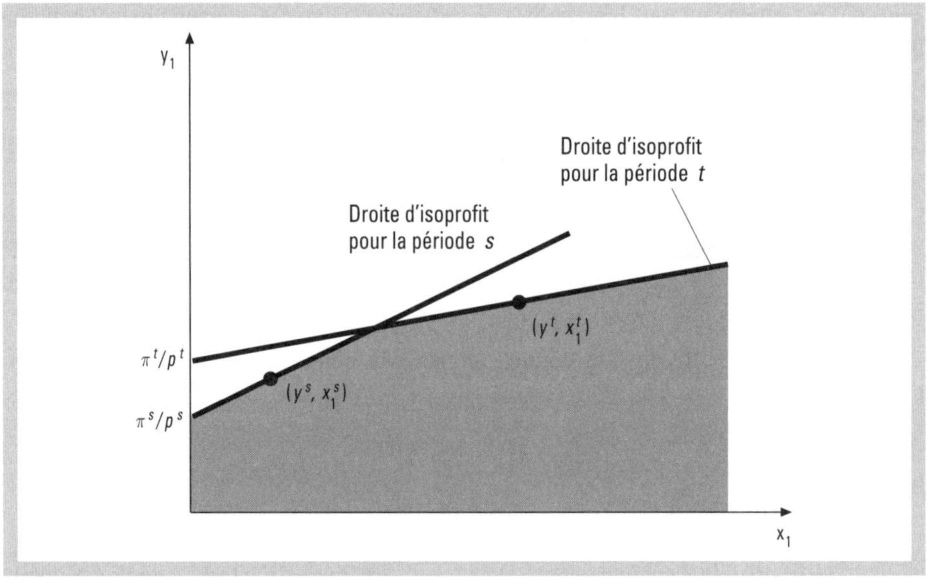

Figure 19.4 ***Estimation d'une technologie possible.***

Si les choix observés maximisent le profit pour chaque ensemble de prix, nous pouvons estimer la forme de la technologie qui a engendré ces choix en utilisant les droites d'isoprofit.

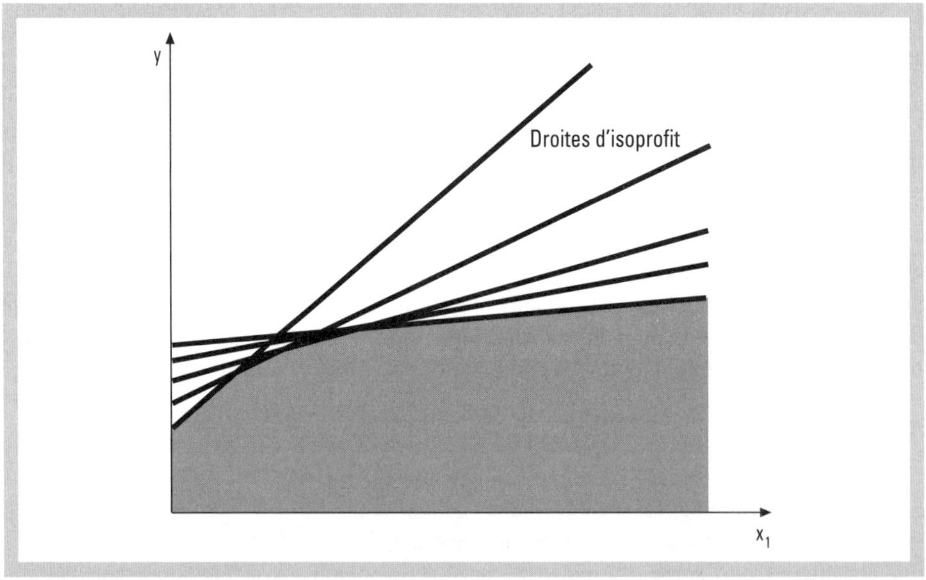

Figure 19.5 ***Estimer la technologie.***

Plus nous disposons d'observations, plus précise sera l'estimation de la fonction de production que nous pouvons dégager.

période s. L'AFMP requiert que le choix de la période t soit situé en dessous de la droite d'isoprofit de la période s et que le choix de la période s soit situé en dessous de la droite d'isoprofit de la période t. Si cette condition est satisfaite, il n'est pas difficile de dégager une technologie pour laquelle (y^t, x_1^t) et (y^s, x_1^s) sont des choix qui maximisent le profit. Il suffit de prendre la zone grisée en dessous de ces deux droites. Cette zone comprend tous les choix qui engendrent des profits inférieurs aux choix observés pour les deux ensembles de prix. Il est facile de prouver graphiquement que compte tenu de cette technologie, les choix observés sont ceux qui maximisent le profit. Aux prix (p^t, w_1^t), le choix (y^t, x_1^t) est situé sur la droite d'isoprofit la plus élevée possible et il en va de même du choix de la période s.

Quand les choix observés respectent l'AFMP, nous pouvons donc estimer une technologie qui pourrait avoir engendré les observations. Dès lors, tout choix observé compatible avec l'AFMP pourrait être un choix qui maximise le profit. Plus nous disposons d'observations concernant des choix effectués par l'entreprise, plus précise sera l'estimation de la fonction de production que nous pouvons obtenir. Ceci est illustré à la figure 19.5.

Cette estimation de la fonction de production peut être utilisée pour prédire le comportement de la firme dans d'autres environnements. Elle peut aussi servir à d'autres usages dans l'analyse économique.

Exemple : Comment les agriculteurs réagissent-ils au soutien des prix agricoles ?

Le gouvernement américain dépense actuellement entre 40 et 60 milliards de dollars chaque année pour aider les agriculteurs. Une large part de ce montant est utilisée pour subventionner la production de divers produits tels que le lait, le blé, le maïs, le soja ou le coton. À plusieurs reprises, on a essayé de réduire ou d'éliminer ces subventions. L'effet de l'élimination de ces subventions serait de réduire le prix perçu par les agriculteurs pour leur production.

Les agriculteurs soutiennent parfois que l'élimination des subventions pour le lait par exemple ne réduirait pas l'offre totale de lait puisque les éleveurs choisiraient d'*accroître* leurs troupeaux et leur offre de lait afin de maintenir leur niveau de vie constant.

Si les agriculteurs se comportent de façon à maximiser leurs profits, cette situation est en fait impossible. Comme nous l'avons vu, le modèle de maximisation du profit *implique* qu'une diminution du prix d'un output entraîne une réduction de son offre : si Δp est négatif, Δy doit être également négatif.

Il est certainement possible que les petites exploitations agricoles familiales aient des objectifs autres que la simple maximisation des profits. Mais les plus grandes fermes qui constituent une sorte d'« industrie agricole » ont plus vraisemblablement comme objectif la maximisation du profit. Par conséquent, si la réaction « perverse » à l'élimination des subventions que nous avons mentionnée précédemment se produit, elle ne pourrait se produire que sur une petite échelle.

19.12 LA MINIMISATION DU COÛT

Si une firme maximise ses profits et choisit d'offrir un output donné y, elle doit minimiser le coût de production de y. S'il n'en était pas ainsi, il existerait une façon plus économique de produire y unités d'output, ce qui signifierait qu'au départ, la firme ne maximisait pas ses profits.

Cette simple constatation s'avère être fort intéressante pour analyser le comportement de la firme. Il est commode en effet de décomposer le problème de la maximisation du profit en deux étapes : tout d'abord d'examiner comment minimiser les coûts de production d'un niveau désiré d'output y ; ensuite de déterminer quel est le niveau d'output qui correspond au profit maximum. Nous entamerons cette analyse dans le chapitre suivant.

RÉSUMÉ

1. Le profit est la différence entre les recettes et les coûts. Dans cette définition, il est important de mesurer tous les coûts en utilisant les prix du marché appropriés.
2. Les facteurs fixes sont les facteurs dont la quantité est indépendante du niveau de l'output ; les facteurs variables sont les facteurs dont les quantités utilisées varient en fonction du niveau de l'output.
3. À court terme, certains facteurs doivent être utilisés en quantités prédéterminées. À long terme, tous les facteurs peuvent varier.
4. Si une entreprise maximise ses profits, la valeur du produit marginal (ou produit marginal en valeur) de chaque facteur variable doit être égale à son prix.
5. Le modèle de maximisation du profit implique que la fonction d'offre d'une entreprise concurrentielle doit être une fonction croissante du prix de l'output et que la fonction de demande de chaque facteur doit être une fonction décroissante de son prix.
6. Si une entreprise concurrentielle est caractérisée par des rendements d'échelle constants, ses profits maximums à long terme sont nuls.

PROBLÈMES À RÉSOUDRE

19.1 À court terme, si le prix du facteur fixe augmente, comment évoluent les profits ?

19.2 Si une entreprise est caractérisée par des rendements d'échelle croissants quel que soit son volume de production, comment évoluent ses profits si l'échelle de production double et que les prix restent inchangés ?

19.3 Si une firme est caractérisée par des rendements d'échelle décroissants quel que soit son niveau de production et que nous la divisons en deux firmes plus petites de taille identique, comment évoluent les profits globaux ?

19.4 Un jardinier explique : « En utilisant seulement un euro de semence, j'ai fait pousser des produits pour plus de 20 euros ! ». En dehors du fait que l'essentiel de la production est constituée de courgettes, quels autres commentaires un économiste cynique ferait-il à propos de cette situation ?

19.5 Est-ce que la maximisation des profits d'une firme correspond toujours à la maximisation de la valeur boursière de la firme ?

19.6 Si $pPm_1 > w_1$, la firme doit-elle augmenter ou diminuer la quantité de facteur 1 pour accroître ses profits ?

19.7 Supposons qu'une firme maximise ses profits à court terme avec un facteur variable x_1 et un facteur fixe x_2. Si le prix de x_2 diminue, comment évolue la quantité de x_1 utilisée par l'entreprise ? Comment évoluent les profits de la firme ?

19.8 Une firme concurrentielle qui maximise son profit et réalise des profits positifs à l'équilibre de long terme peut-elle ou non avoir une technologie caractérisée par des rendements d'échelle constants ?

ANNEXE

Le problème de maximisation du profit de la firme s'écrit comme suit :

$$\max_{x_1, x_2} pf(x_1, x_2) - w_1 x_1 - w_2 x_2.$$

Les conditions du premier ordre sont les suivantes :

$$p\frac{\partial f(x_1^*, x_2^*)}{\partial x_1} - w_1 = 0$$

$$p\frac{\partial f(x_1^*, x_2^*)}{\partial x_2} - w_2 = 0.$$

Ces deux équations correspondent exactement aux conditions relatives au produit marginal données dans le chapitre. Examinons le comportement de maximisation du profit avec une fonction de production Cobb-Douglas. Considérons la fonction Cobb-Douglas suivante :

$$f(x_1, x_2) = x_1^a x_2^b.$$

Les deux conditions du premier ordre deviennent

$$pax_1^{a-1} x_2^b - w_1 = 0$$

$$pbx_1^a x_2^{b-1} - w_2 = 0.$$

En multipliant la première équation par x_1 et la seconde par x_2, nous obtenons

$$pax_1^a x_2^b - w_1 x_1 = 0$$

$$pbx_1^a x_2^b - w_2 x_2 = 0.$$

En utilisant $y = x_1^a x_2^b$ pour représenter le niveau d'output de cette entreprise, nous pouvons écrire ces deux équations comme suit :

$$pay = w_1 x_1$$

$$pby = w_2 x_2.$$

Les solutions pour x_1 et x_2 sont

$$x_1^* = \frac{apy}{w_1}$$

$$x_2^* = \frac{apy}{w_2}.$$

Cela nous donne les demandes des deux facteurs en fonction de l'output optimal. Mais nous devons encore déterminer le choix optimal de l'output. En insérant les demandes optimales de facteurs dans la fonction de production Cobb-Douglas, nous obtenons l'expression suivante :

$$\left(\frac{pay}{w_1}\right)^a \left(\frac{pby}{w_2}\right)^b = y.$$

Après transformation, cette expression devient

$$\left(\frac{pa}{w_1}\right)^a \left(\frac{pb}{w_2}\right)^b y^{a+b} = y$$

ou encore

$$y = \left(\frac{pa}{w_1}\right)^{a/1-a-b} \left(\frac{pb}{w_2}\right)^{b/1-a-b}$$

Nous avons ainsi la fonction d'offre de la firme Cobb-Douglas. Cette fonction et les fonctions de demande de facteurs dégagées antérieurement nous donnent la solution complète du problème de maximisation du profit. Notons que quand l'entreprise est caractérisée par des rendements d'échelle constants, c'est-à-dire quand $a + b = 1$, la fonction d'offre n'est pas définie. Tant que les prix de l'output et des inputs sont compatibles avec des profits nuls, une entreprise avec une technologie Cobb-Douglas est indifférente vis-à-vis de la quantité qu'elle offre.

20

LA MINIMISATION DU COÛT

Notre objectif est d'étudier le comportement des firmes qui maximisent le profit tant sur des marchés concurrentiels que non concurrentiels. Dans le chapitre précédent, nous avons commencé l'analyse du comportement de maximisation du profit dans un environnement concurrentiel en examinant directement le problème de maximisation du profit.

Il est toutefois intéressant de procéder de façon plus indirecte. Notre stratégie consistera à décomposer le problème de maximisation du profit en deux parties. Tout d'abord nous examinerons comment minimiser les coûts de production d'un niveau donné d'output et ensuite nous analyserons comment choisir le niveau d'output le plus profitable. Dans ce chapitre, nous considérons la première étape, c'est-à-dire la minimisation des coûts de production d'un niveau donné d'output.

20.1 LA MINIMISATION DU COÛT

Supposons que nous disposions de deux facteurs de production dont les prix sont w_1 et w_2 et que nous désirions déterminer la façon la moins coûteuse de produire un niveau donné d'output y. Si x_1 et x_2 mesurent les quantités utilisées des deux facteurs et que $f(x_1, x_2)$ représente la fonction de production de l'entreprise, nous pouvons écrire le problème comme suit :

$$\min_{x_1, x_2} w_1x_1 + w_2x_2$$

$$\text{s.c. } f(x_1,x_2) = y.$$

Il faut garder à l'esprit les remarques formulées dans le chapitre précédent pour ce type d'analyse : il faut inclure *tous* les coûts de production dans le calcul des coûts et veiller à ce que les divers éléments soient mesurés sur base d'une échelle temporelle cohérente.

La solution de ce problème de minimisation du coût, c'est-à-dire le coût minimum nécessaire pour réaliser le niveau désiré d'output, dépend de w_1, w_2 et y de sorte que nous l'écrirons sous la forme suivante : $c(w_1, w_2, y)$. Cette fonction est appelée la **fonction de coût**. Elle est très importante. La fonction de coût $c(w_1, w_2, y)$ mesure le coût minimum de production de y unités d'output quand les prix des facteurs sont (w_1, w_2).

Pour comprendre la solution de ce problème, représentons sur un même graphique les coûts et les contraintes techniques auxquelles est confrontée l'entreprise. Les isoquantes nous donnent les contraintes techniques, c'est-à-dire toutes les combinaisons de x_1 et de x_2 qui permettent de produire y.

Supposons que nous désirions représenter graphiquement toutes les combinaisons d'inputs qui correspondent à un certain niveau de coût C. Nous pouvons écrire cela de la façon suivante :

$$w_1x_1 + w_2x_2 = C.$$

Ce qui, après transformation, peut s'exprimer comme suit :

$$x_2 = \frac{C}{w_2} - \frac{w_1}{w_2} x_1.$$

Il est facile de voir qu'il s'agit d'une droite de pente $-w_1/w_2$ et d'ordonnée à l'origine C/w_2. Si nous modifions la valeur de C, nous obtenons un ensemble de **droites d'isocoût**. Tous les points d'une droite d'isocoût correspondent au même coût C et les droites d'isocoût plus élevées sont associées à des coûts plus élevés.

Notre problème de minimisation du coût peut dès lors être exprimé dans les termes suivants : il s'agit de trouver le point sur l'isoquante associé à la droite d'isocoût la plus basse possible. Un tel point est représenté à la figure 20.1.

Notons que si la solution optimale implique l'utilisation d'une quantité positive de chaque facteur et que l'isoquante est une courbe continue d'allure normale, le point correspondant à la minimisation du coût est caractérisé par une condition de tangence : la pente de l'isoquante doit être égale à la pente de la courbe d'isocoût ou, en utilisant la terminologie du chapitre 18, *le taux de substitution technique doit être égal au rapport des prix des facteurs* :

$$-\frac{Pm_1(x_1^*, x_2^*)}{Pm_2(x_1^*, x_2^*)} = \text{TST}(x_1^*, x_2^*) = -\frac{w_1}{w_2}. \tag{20.1}$$

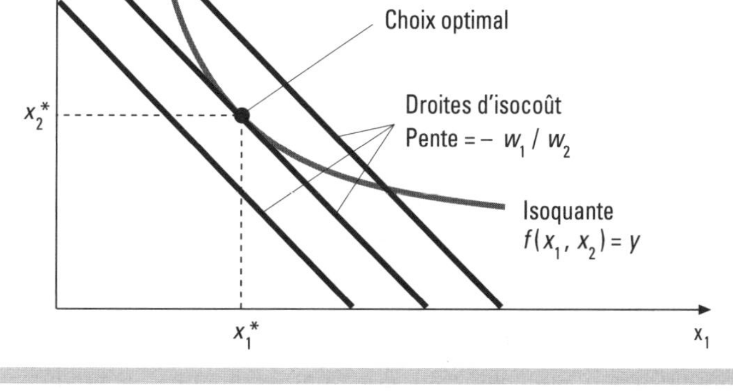

Figure 20.1 ***La minimisation du coût.***

Le choix des facteurs qui minimise le coût de production peut être déterminé en recherchant le point sur l'isoquante associé à la courbe d'isocoût la plus basse.

(Dans le cas d'une solution de coin, c'est-à-dire quand un des deux facteurs n'est pas utilisé, cette condition de tangence n'est pas nécessairement respectée. De même, si la fonction de production présente des coudes, la condition de tangence n'a plus de signification. Ces exceptions sont identiques à celles examinées dans la théorie du consommateur, de sorte que nous n'insisterons pas sur ces cas dans ce chapitre.)

L'algèbre qui sous-tend l'équation (20.1) n'est pas difficile. Considérons un changement dans la structure de production $(\Delta x_1, \Delta x_2)$ qui maintient l'output constant. Un tel changement doit respecter la condition suivante :

$$Pm_1(x_1^*, x_2^*)\Delta x_1 + Pm_2(x_1^*, x_2^*)\Delta x_2 = 0. \qquad (20.2)$$

Notons que Δx_1 et Δx_2 doivent être de signe contraire ; si la quantité utilisée de facteur 1 augmente, la quantité utilisée de facteur 2 doit décroître pour maintenir l'output constant.

Si nous sommes au niveau du coût minimum, ce changement ne peut pas diminuer les coûts, de sorte que nous avons

$$w_1\Delta x_1 + w_2\Delta x_2 \geqslant 0. \qquad (20.3)$$

Considérons maintenant la variation $(-\Delta x_1, -\Delta x_2)$. Celle-ci permet également de produire un niveau constant d'output et ne peut pas non plus réduire les coûts. Cela implique

$$-w_1\Delta x_1 - w_2\Delta x_2 \geqslant 0. \qquad (20.4)$$

En rassemblant les équations (20.3) et (20.4), nous obtenons

$$w_1\Delta x_1 + w_2\Delta x_2 = 0. \qquad (20.5)$$

La solution des équations (20.2) et (20.5) pour $\Delta x_2/\Delta x_1$ est

$$\frac{\Delta x_2}{\Delta x_1} = -\frac{w_1}{w_2} = -\frac{Pm_1(x_1^*, x_2^*)}{Pm_2(x_1^*, x_2^*)}.$$

Il s'agit en fait de la condition de minimisation du coût que nous avons établie antérieurement par un raisonnement graphique.

Notons que la figure 20.1 présente une certaine ressemblance avec la solution du problème de choix du consommateur représenté antérieurement. Bien que les solutions paraissent identiques, il ne s'agit pas réellement du même type de problème. Dans le problème du consommateur, la droite est la contrainte budgétaire et le consommateur se déplace le long de la contrainte budgétaire pour trouver la position qu'il préfère. Dans le problème du producteur, l'isoquante est la contrainte technique et le producteur se déplace le long de l'isoquante pour déterminer la position optimale.

Le choix des inputs qui correspond au coût minimum pour la firme dépend en général des prix des inputs et du niveau de l'output que l'entreprise désire réaliser.

Nous exprimons dès lors ces choix sous la forme suivante : $x_1(w_1, w_2, y)$ et $x_2(w_1, w_2, y)$. Ces fonctions sont appelées les **fonctions de demande conditionnelle de facteurs** ou **fonctions de demande dérivée de facteurs**. Elles mesurent la relation existant entre le choix optimal des facteurs, les prix et l'output, *conditionnel* au fait que la firme produise un niveau donné d'output y.

Notez attentivement la différence entre les demandes *conditionnelles* de facteurs et les demandes de facteurs correspondant à la maximisation du profit examinées au chapitre précédent. Les demandes conditionnelles de facteurs donnent les choix qui minimisent le coût pour un *niveau* donné d'output ; les demandes de facteurs correspondant à la maximisation du profit donnent les choix qui maximisent le profit pour un *prix* donné de l'output.

Les demandes conditionnelles de facteurs ne sont généralement pas observées directement. Il s'agit d'un concept abstrait. Ces demandes nous donnent quelle *serait* la quantité de chaque facteur utilisée par l'entreprise si celle-ci désirait produire un niveau donné d'output de la façon la moins coûteuse possible. Les fonctions de demande conditionnelle sont néanmoins intéressantes parce qu'elles permettent de séparer le problème de la détermination du niveau optimal de l'output de celui de la détermination de la méthode de production la plus efficace en termes de coût.

Exemple : La minimisation des coûts pour des technologies particulières

Considérons une technologie où les facteurs sont des compléments parfaits c'est-à-dire que $f(x_1, x_2) = \min\{x_1, x_2\}$. Pour produire y unités d'output, il faut y unités de x_1 et y unités de x_2. Le coût minimum de production est par conséquent égal à

$$c(w_1, w_2, y) = w_1 y + w_2 y = (w_1 + w_2)y.$$

Qu'en est-il si nous avons des substituts parfaits ? Considérons la fonction de production suivante : $f(x_1, x_2) = x_1 + x_2$. Puisque les facteurs 1 et 2 sont des substituts parfaits dans la production, il est évident que l'entreprise utilisera le facteur le moins cher. Le coût minimum de production d'y unités d'output sera dès lors égal au minimum de la valeur prise par $w_1 y$ et $w_2 y$. En d'autres termes :

$$c(w_1, w_2, y) = \min\{w_1 y, w_2 y\} = \min\{w_1, w_2\}y.$$

Finalement, considérons la technologie Cobb-Douglas représentée par l'expression $f(x_1, x_2) = Ax_1^a x_2^b$. Dans ce cas, nous pouvons démontrer mathématiquement que la fonction de coût aura la forme suivante :

$$c(w_1, w_2, y) = Kw_1^{\frac{a}{a+b}} w_2^{\frac{b}{a+b}} y^{\frac{1}{a+b}}$$

où K est une constante qui dépend de a, b et A. Les détails du calcul sont présentés en annexe.

20.2 LA MINIMISATION DU COÛT RÉVÉLÉE

L'hypothèse selon laquelle l'entreprise choisit ses facteurs de façon à minimiser le coût de production de l'output a des implications quant à la façon dont les choix observés se modifient quand les prix des facteurs varient.

Supposons que nous observions deux ensembles de prix (w_1^t, w_2^t) et (w_1^s, w_2^s) ainsi que les choix correspondants de la firme. Supposons également que ces deux choix produisent le même niveau d'output y. Dans ce cas, si chaque choix minimise le coût aux prix qui lui sont associés, nous devons avoir

$$w_1^t x_1^t + w_2^t x_2^t \leqslant w_1^t x_1^s + w_2^t x_2^s$$

et

$$w_1^s x_1^s + w_2^s x_2^s \leqslant w_1^s x_1^t + w_2^s x_2^t.$$

Si la firme choisit toujours la façon la moins coûteuse de produire y unités d'output, ses choix aux temps t et s doivent satisfaire ces inégalités. Nous appellerons ces inégalités l'**axiome faible de minimisation du coût (AFMC)**.

Écrivons la seconde équation comme suit :

$$-w_1^s x_1^t - w_2^s x_2^t \leqslant -w_1^s x_1^s - w_2^s x_2^s$$

et additionnons cette équation à la première pour obtenir

$$(w_1^t - w_1^s)x_1^t + (w_2^t - w_2^s)x_2^t \leqslant (w_1^t - w_1^s)x_1^s + (w_2^t - w_2^s)x_2^s.$$

Cette expression peut être transformée pour nous donner l'inégalité suivante :

$$(w_1^t - w_1^s)(x_1^t - x_1^s) + (w_2^t - w_2^s)(x_2^t - x_2^s) \leqslant 0.$$

Si nous utilisons le symbole Δ pour représenter les variations des demandes et des prix de facteurs, nous obtenons

$$\Delta w_1 \Delta x_1 + \Delta w_2 \Delta x_2 \leqslant 0.$$

Cette équation découle uniquement du comportement de minimisation des coûts. Elle implique certaines restrictions quant à la façon dont les choix de l'entreprise peuvent se modifier quand les prix des inputs varient et que l'output reste constant.

Par exemple, si le prix du premier facteur augmente et que le prix du second reste constant, alors $\Delta w_2 = 0$ et cette inégalité devient

$$\Delta w_1 \Delta x_1 \leqslant 0.$$

Si le prix du facteur 1 augmente, cette inégalité implique que la demande de facteur 1 doit décroître ; les fonctions de demande conditionnelle de facteurs doivent donc être décroissantes.

Que pouvons-nous dire de la variation du coût minimum quand les paramètres du problème se modifient ? Il est facile de voir que le coût doit augmenter si le prix d'un des facteurs augmente : si un facteur devient plus cher et que le prix de l'autre reste constant, le coût minimum ne peut pas diminuer et en principe il augmentera. De même, si la firme choisit de produire davantage d'output et que les prix restent constants, les coûts de l'entreprise devront augmenter.

20.3 LES RENDEMENTS D'ÉCHELLE ET LA FONCTION DE COÛT

Au chapitre 18, nous avons examiné la notion de rendements d'échelle au niveau de la fonction de production. Rappelons qu'une technologie a des rendements d'échelle croissants, décroissants ou constants selon que $f(tx_1, tx_2)$ est respectivement supérieur, inférieur ou égal à $tf(x_1, x_2)$ pour tout $t > 1$. Il existe en fait une « belle » relation entre les rendements d'échelle au niveau de la fonction de production et le comportement de la fonction de coût.

Supposons d'abord que nous ayons le cas normal des rendements d'échelle constants. Imaginons que nous résolvions le problème de minimisation du coût de production d'une unité d'output afin de disposer de la **fonction de coût unitaire** $c(w_1, w_2, 1)$.

Demandons-nous maintenant quelle est la façon la moins chère de produire y unités d'output. La réponse est simple : il suffit d'utiliser des quantités de facteurs y fois supérieures à celles utilisées pour produire une unité. Cela signifie que le coût minimum de production de y unités d'output est simplement $c(w_1, w_2, 1)y$. Dans le cas des rendements d'échelle constants, la fonction de coût est linéaire par rapport à l'output.

Qu'en est-il si nous avons des rendements d'échelle croissants ? Dans ce cas, les coûts augmentent moins que proportionnellement par rapport à l'output. Si la firme double son niveau de production, ses coûts augmenteront *moins* que proportionnellement tant que le prix des facteurs restent constants. Il s'agit d'une conséquence logique de l'idée des rendements d'échelle croissants : si la firme utilise deux fois plus d'inputs, son output augmentera plus que proportionnellement. Dès lors si elle désire produire le double d'output, la quantité utilisée de chaque input devra augmenter de moins du double.

Doubler les quantités utilisées de chaque input entraîne automatiquement un doublement des coûts. Dès lors le fait de pouvoir utiliser chaque input en quantités inférieures au double des quantités initiales implique que les coûts augmentent de moins du double. Cela signifie simplement que le coût augmente moins que proportionnellement par rapport à l'output.

De même, si la technologie présente des rendements d'échelle décroissants, le coût augmente plus que proportionnellement par rapport à l'output. Si l'output double, les coûts augmentent de plus du double.

Ces éléments peuvent être exprimés à partir de la **fonction de coût moyen**. La fonction de coût moyen est simplement le coût par unité pour produire y unités d'output :

$$CM(y) = \frac{c(w_1, w_2, y)}{y}.$$

Si la technologie présente des rendements d'échelle constants, nous avons vu que la fonction de coût avait la forme $c(w_1, w_2, y) = c(w_1, w_2, 1)y$. Cela signifie que la fonction de coût moyen est égale à

$$CM(w_1, w_2, y) = \frac{c(w_1, w_2, 1)y}{y} = c(w_1, w_2, 1).$$

En d'autres termes, le coût par unité d'output est constant quel que soit le niveau d'output que l'entreprise désire produire.

Si l'entreprise présente des rendements d'échelle croissants, les coûts augmentent moins que proportionnellement par rapport à l'output de sorte que les coûts moyens diminuent avec l'output : si l'output augmente, le coût moyen de production tend à diminuer.

De même, si la technologie présente des rendements d'échelle décroissants, le coût moyen augmente quand l'output augmente.

Comme nous l'avons vu auparavant, une technologie particulière peut avoir des *phases* de rendements d'échelle croissants, constants ou décroissants et l'output peut augmenter plus rapidement, aussi rapidement ou moins rapidement que l'échelle de production de l'entreprise pour des niveaux de production différents. De même, la fonction de coût peut augmenter moins rapidement, aussi rapidement ou plus rapidement que l'output pour des niveaux de production différents. Cela implique que la fonction de coût moyen peut décroître, rester constante ou augmenter pour des niveaux d'output différents. Dans le chapitre suivant, nous examinerons ces possibilités plus en détail.

Dans la suite de notre analyse, nous allons examiner principalement l'évolution de la fonction de coût par rapport à la variable d'output. Dans la plupart des cas, nous considérerons les prix des facteurs comme fixés à des niveaux prédéterminés et nous envisagerons les coûts comme dépendant uniquement du niveau d'output choisi par l'entreprise. Nous écrirons dès lors dans la suite de cet ouvrage, la fonction de coût comme une fonction dépendant uniquement de l'output : $c(y)$.

20.4 LES COÛTS À LONG TERME ET À COURT TERME

La fonction de coût est définie comme le coût minimum de production d'un niveau donné d'output. Mais il est souvent important de distinguer les coûts minimums selon que la firme peut ajuster tous ses facteurs de production ou uniquement certains d'entre eux.

Nous avons défini le court terme comme la période de temps pendant laquelle certains facteurs de production doivent être utilisés en quantités fixes. À long terme, tous les facteurs peuvent être modifiés. La **fonction de coût à court terme** est par conséquent définie comme le coût minimum de production d'un niveau donné d'output quand on ajuste uniquement les facteurs de production variables. La **fonction de coût à long terme** donne le coût minimum de production d'un niveau donné d'output quand on peut ajuster *tous* les facteurs de production.

Supposons qu'à court terme, le facteur 2 soit fixé à un niveau prédéterminé $\overline{x}_2$, mais qu'il puisse varier à long terme. La fonction de coût à court terme est par conséquent définie par

$$c_s(y, \overline{x}_2) = \min_{x_1} w_1 x_1 + w_2 \overline{x}_2$$

$$\text{s.c. } f(x_1, \overline{x}_2) = y.$$

Notons qu'en général, à court terme, le coût minimum de production de y unités d'output dépend de la quantité et du coût du facteur fixe disponible.

Dans le cas de deux facteurs, le problème de minimisation est facile à résoudre : il suffit de trouver la plus petite quantité de x_1 telle que $f(x_1, \overline{x}_2) = y$.

Toutefois, quand il y a plusieurs facteurs de production variables à court terme, le problème de minimisation du coût implique des calculs plus élaborés.

La fonction de demande à court terme pour le facteur 1 est la quantité de facteur 1 qui minimise les coûts. De façon générale, elle dépend des prix des facteurs et des quantités des facteurs fixes de sorte que nous écrivons les demandes de facteurs à court terme comme suit :

$$x_1 = x_1^s(w_1, w_2, \overline{x}_2, y)$$

$$x_2 = \overline{x}_2.$$

Ces équations indiquent simplement que si par exemple la taille du bâtiment est fixée à court terme, le nombre de travailleurs que la firme désire engager pour un niveau donné de prix et un choix d'output donné dépend en général de la taille du bâtiment.

Notons que par définition de la fonction de coût à court terme, nous avons

$$c_s(y, \overline{x}_2) = w_1 x_1^s(w_1, w_2, \overline{x}_2, y) + w_2 \overline{x}_2.$$

Ceci indique simplement que le coût minimum de production de l'output y est le coût associé au choix des inputs qui minimise le coût. C'est une question de définition, mais c'est néanmoins important.

La fonction de coût à long terme de notre exemple est définie par

$$c(y) = \min_{x_1, x_2} w_1 x_1 + w_2 x_2$$

$$\text{s.c. } f(x_1, x_2) = y.$$

Ici les deux facteurs peuvent être modifiés. Les coûts à long terme dépendent uniquement du niveau de l'output que l'entreprise désire produire ainsi que des prix des facteurs. Nous représenterons la fonction de coût à long terme par $c(y)$ et nous écrirons les fonctions de demande de facteurs à long terme sous la forme suivante :

$$x_1 = x_1(w_1, w_2, y)$$
$$x_2 = x_2(w_1, w_2, y).$$

Nous pouvons également écrire la fonction de coût à long terme comme suit :

$$c(y) = w_1 x_1(w_1, w_2, y) + w_2 x_2(w_1, w_2, y).$$

Exactement comme dans le cas précédent, cette équation indique simplement que les coûts minimums sont les coûts que l'entreprise supporte en utilisant les combinaisons de facteurs qui minimisent les coûts.

Il existe une relation intéressante entre les fonctions de coût à court terme et à long terme et nous l'utiliserons d'ailleurs dans le chapitre suivant. Pour notre facilité, supposons que les prix des facteurs soient fixés à des niveaux prédéterminés et écrivons les demandes de facteurs à long terme sous la forme suivante :

$$x_1 = x_1(y)$$
$$x_2 = x_2(y).$$

La fonction de coût à long terme peut dès lors également s'écrire comme suit :

$$c(y) = c_s(y, x_2(y)).$$

Pour vérifier cela, il suffit de réfléchir à la signification de cette équation. Elle indique que le coût minimum, lorsque tous les facteurs sont variables, est simplement le coût minimum quand le facteur 2 est fixé *au niveau qui minimise le coût à long terme*. Il s'en suit que la demande à long terme pour le facteur variable, c'est-à-dire le choix qui minimise le coût, est égale à

$$x_1(w_1, w_2, y) = x_1^s(w_1, w_2, x_2(y), y).$$

Cette équation indique que la quantité de facteur variable qui minimise le coût à long terme est la quantité que la firme choisirait à court terme si elle disposait de la quantité de facteur fixe qui minimise le coût à long terme.

20.5 LES COÛTS FIXES ET QUASI FIXES

Au chapitre 19, nous avons fait la distinction entre facteurs fixes et quasi fixes. Les facteurs fixes sont des facteurs qui doivent être rémunérés qu'un output soit produit ou non. Les facteurs quasi fixes doivent être rémunérés uniquement si la firme décide de produire une quantité positive d'output.

Il est logique dès lors de définir les coûts fixes et les coûts quasi fixes de façon similaire. Les **coûts fixes** sont les coûts associés aux facteurs fixes : ils sont indépendants du niveau de l'output et en particulier ils doivent être assumés que l'entreprise produise ou non un output. Les **coûts quasi fixes** sont des coûts qui sont également indépendants du niveau de l'output, mais qui ne doivent être supportés que si la firme produit une quantité positive d'output.

À long terme, par définition, il n'y a pas de coûts fixes. Toutefois, il peut facilement exister des coûts quasi fixes à long terme. S'il faut dépenser une somme d'argent fixe avant qu'un output quelconque ne puisse être produit, il existe des coûts quasi fixes.

20.6 LES COÛTS PERDUS

Les coûts perdus sont un autre type de coûts fixes. Il est plus facile d'expliquer le concept en partant d'un exemple. Supposons que vous ayiez décidé de louer un bureau pour un an. Le loyer mensuel que vous vous êtes engagé à payer est un coût fixe puisque vous devez le payer quel que soit l'output produit. Supposons maintenant que vous décidiez de repeindre le bureau et d'acheter un nouveau mobilier. Le coût de la peinture est un coût fixe, mais c'est aussi un coût perdu puisque c'est une somme payée et qui ne peut être récupérée. Par contre, le coût d'achat du mobilier n'est pas totalement perdu puisque vous pouvez le revendre après usage. Seule la différence entre le coût du nouveau mobilier et le prix de vente du mobilier usagé est un coût perdu.

Pour développer cet exemple de façon plus précise, imaginons que vous empruntiez 20 000 € au début de l'année à un taux d'intérêt de 10 %. Vous signez un contrat de location pour un bureau et payez 12 000 € d'avance pour la location annuelle. Vous dépensez 6000 € pour meubler le bureau et 2000 € pour le repeindre. À la fin de l'année, vous remboursez les 20 000 € augmentés de 2000 € d'intérêts et vous vendez le mobilier usagé pour 5000 €. Les coûts perdus totaux comprennent les 12 000 € de loyer, les 2000 € d'intérêts, les 2000 € pour la peinture, mais seulement 1000 € pour le mobilier puisque la dépense initiale pour le mobilier a été récupérée à concurrence de 5000 €.

La différence entre les coûts perdus et les coûts récupérables peut être très importante. Une dépense de 100 000 € pour acheter cinq camionnettes paraît une somme importante, mais si elles peuvent être revendues sur le marché des occasions pour 80 000 €, le coût perdu n'est réellement que de 20 000 €. Par contre, si l'on dépense 100 000 € pour acquérir une presse faite sur mesure pour estampiller des souvenirs et qui a une valeur de revente nulle, la situation est très différente ; dans ce cas la totalité de la dépense est perdue.

La meilleure solution pour éviter les erreurs est de s'assurer que toutes les dépenses soient bien mesurées en flux : combien coûte une activité pendant un an ? De cette façon, on oubliera moins facilement la valeur de revente des biens d'équipement et on établira plus facilement la distinction entre coûts perdus et coûts récupérables.

RÉSUMÉ

1. La fonction de coût $c(w_1, w_2, y)$ mesure les coûts minimums de production d'un niveau donné d'output pour des prix de facteurs donnés.
2. Le comportement de minimisation du coût impose un certain nombre de restrictions sur les choix que les entreprises effectuent. Ces restrictions peuvent être observées. En particulier, les fonctions de demande conditionnelle de facteurs auront une pente négative.
3. Il existe une relation étroite entre le type de rendements d'échelle que présente une technologie et le comportement de la fonction de coût. Les rendements d'échelle croissants impliquent un coût moyen décroissant, les rendements d'échelle décroissants un coût moyen croissant et les rendements d'échelle constants un coût moyen constant.
4. Les coûts perdus sont des coûts non récupérables.

PROBLÈMES À RÉSOUDRE

20.1 Démontrer qu'une entreprise qui maximise son profit minimise toujours ses coûts.

20.2 Si une entreprise produit avec $Pm_1/w_1 > Pm_2/w_2$, que peut-elle faire pour réduire ses coûts tout en conservant le même niveau d'output ?

20.3 Supposons qu'une firme qui minimise ses coûts utilise deux inputs qui sont des substituts parfaits. Si les prix des deux inputs sont identiques, quelles sont les fonctions de demande conditionnelle pour ces inputs ?

20.4 Une firme qui minimise son coût utilise du papier. Le prix du papier augmente. L'entreprise réagit en modifiant sa demande pour certains inputs, mais maintient son output inchangé. Que se passe-t-il au niveau de la demande de papier pour la firme ?

20.5 Si une entreprise utilise n inputs ($n > 2$), quelle inégalité la théorie de la minimisation du coût révélée implique-t-elle en ce qui concerne la variation des prix des facteurs (Δw_i) et la variation des demandes (Δx_i) pour un niveau donné d'output ?

ANNEXE

Étudions le problème de minimisation du coût défini dans ce chapitre en utilisant les techniques d'optimisation introduites au chapitre 5. Il s'agit d'un problème de minimisation sous contrainte de la forme suivante :

$$\min_{x_1, x_2} w_1x_1 + w_2x_2$$

$$\text{s.c. } f(x_1, x_2) = y.$$

Rappelons que nous disposons de plusieurs techniques pour résoudre ce type de problème. Nous pouvons tout d'abord substituer la contrainte dans la fonction d'objectif. Cette technique peut être utilisée quand nous avons une forme fonctionnelle particulière pour $f(x_1, x_2)$, mais elle n'est pas d'un grand usage dans le cas général.

La seconde méthode est celle des multiplicateurs de Lagrange et elle fonctionne bien. Pour appliquer cette méthode, écrivons la fonction de Lagrange :

$$L = w_1x_1 + w_2x_2 - \lambda(f(x_1, x_2) - y)$$

et différentions la par rapport à x_1, x_2 et l. Les conditions du premier ordre s'écrivent :

$$w_1 - \lambda\frac{\partial f(x_1, x_2)}{\partial x_1} = 0$$

$$w_2 - \lambda\frac{\partial f(x_1, x_2)}{\partial x_2} = 0$$

$$f(x_1, x_2) - y = 0.$$

La dernière condition est simplement la contrainte. Nous pouvons transformer les deux premières équations et diviser la première par la seconde pour obtenir

$$\frac{w_1}{w_2} = \frac{\partial f(x_1, x_2)/\partial x_1}{\partial f(x_1, x_2)/\partial x_2}.$$

Remarquons qu'il s'agit de la même condition du premier ordre que celle dérivée dans le corps du chapitre : le taux marginal de substitution technique doit être égal au rapport des prix des facteurs.

Appliquons cette méthode à la fonction de production Cobb-Douglas

$$f(x_1, x_2) = x_1^a x_2^b.$$

Le problème de minimisation du coût est dans ce cas

$$\min_{x_1, x_2} w_1x_1 + w_2x_2$$

$$\text{s.c. } x_1^a x_2^b = y.$$

Nous avons ici une forme fonctionnelle particulière et nous pouvons résoudre le problème en utilisant soit la méthode par substitution, soit la méthode de Lagrange. La méthode par substitution consiste tout d'abord à résoudre la contrainte pour x_2 en fonction de x_1 :

$$x_2 = (yx_1^{-a})^{1/b}$$

et ensuite à substituer cette expression dans la fonction d'objectif pour obtenir le problème de minimisation sans contrainte suivant :

$$\min_{x_1} w_1x_1 + w_2(yx_1^{-a})^{1/b}.$$

Nous pouvons maintenant différentier cette expression par rapport à x_1 et comme d'habitude annuler le résultat. L'équation ainsi obtenue peut être résolue pour obtenir x_1 en fonction de w_1, w_2 et y, c'est-à-dire pour obtenir la demande conditionnelle de facteur x_1. Il n'est pas difficile de procéder de la sorte, mais l'algèbre est quelque peu compliquée ; aussi, nous n'en donnerons pas les détails.

Nous allons par contre résoudre le problème par la méthode de Lagrange. Les trois conditions du premier ordre sont

$$w_1 = \lambda a x_1^{a-1} x_2^b$$

$$w_2 = \lambda b x_1^a x_2^{b-1}$$

$$y = x_1^a x_2^b.$$

Multiplions la première équation par x_1 et la seconde par x_2 pour obtenir

$$w_1x_1 = \lambda a x_1^a x_2^b = \lambda a y$$

$$w_2x_2 = \lambda b x_1^a x_2^b = \lambda b y.$$

Dès lors,

$$x_1 = \lambda \frac{ay}{w_1} \tag{20.6}$$

$$x_2 = \lambda \frac{by}{w_2}. \tag{20.7}$$

Maintenant utilisons la troisième équation pour dégager la solution pour λ. En substituant les solutions pour x_1 et x_2 dans la troisième condition du premier ordre, nous obtenons

$$\left(\frac{\lambda a y}{w_1}\right)^a \left(\frac{\lambda b y}{w_2}\right)^b = y.$$

Nous pouvons résoudre cette équation pour λ. Il s'agit d'une expression plutôt compliquée :

$$\lambda = \left(a^{-a} b^{-b} w_1^a w_2^b y^{1-a-b}\right)^{\frac{1}{a+b}}.$$

Cette expression combinée aux équations (20.6) et (20.7) nous donne les solutions finales pour x_1 et x_2. Les fonctions de demande de facteurs s'écrivent comme suit :

$$x_1(w_1, w_2, y) = \left(\frac{a}{b}\right)^{\frac{b}{a+b}} w_1^{\frac{-b}{a+b}} w_2^{\frac{b}{a+b}} y^{\frac{1}{a+b}}$$

$$x_2(w_1, w_2, y) = \left(\frac{a}{b}\right)^{-\frac{b}{a+b}} w_1^{\frac{a}{a+b}} w_2^{\frac{-a}{a+b}} y^{\frac{1}{a+b}}.$$

La fonction de coût minimum peut être obtenue en écrivant les coûts de l'entreprise quand celle-ci choisit les quantités qui minimisent le coût de production, c'est-à-dire :

$$c(w_1, w_2, y) = w_1 x_1(w_1, w_2, y) + w_2 x_2(w_1, w_2, y).$$

Après quelques manipulations algébriques fastidieuses, nous obtenons

$$c(w_1, w_2, y) = \left[\left(\frac{a}{b}\right)^{\frac{b}{a+b}} + \left(\frac{a}{b}\right)^{\frac{-a}{a+b}}\right] w_1^{\frac{a}{a+b}} w_2^{\frac{b}{a+b}} y^{\frac{1}{a+b}}.$$

(Nous ne présentons cette formule que dans le but de montrer comment on peut obtenir une solution explicite au problème de minimisation du coût par application de la méthode des multiplicateurs de Lagrange.)

Notons que les coûts augmentent plus que proportionnellement, proportionnellement, ou moins que proportionnellement par rapport à l'output quand $a + b$ est inférieur, égal ou supérieur à 1. Ce résultat est logique puisque la technologie Cobb-Douglas présente des rendements d'échelle décroissants, constants ou croissants selon la valeur de $a + b$.

21

LES COURBES DE COÛT

Dans le chapitre précédent, nous avons décrit le comportement de minimisation du coût d'une entreprise. Nous allons poursuivre cette analyse en utilisant une représentation graphique importante, la courbe de coût. Les **courbes de coût** peuvent être utilisées pour représenter graphiquement la fonction de coût d'une entreprise et elles sont importantes dans l'étude de la détermination du choix optimal de l'output.

21.1 LES COÛTS MOYENS

Considérons la fonction de coût décrite dans le chapitre précédent. Il s'agit de la fonction $c(w_1, w_2, y)$ qui donne le coût minimum de production d'un niveau d'output y quand les prix des facteurs sont (w_1, w_2). Dans la suite de ce chapitre, nous prendrons les prix des facteurs comme fixes de sorte que nous pourrons écrire le coût comme une fonction de y uniquement : $c(y)$.

Une partie des coûts de l'entreprise sont indépendants du niveau de son output. Comme nous l'avons vu au chapitre 20, il s'agit des coûts fixes. Les coûts fixes sont les coûts qui doivent être supportés quel que soit le niveau d'output de l'entreprise. Par exemple, celle-ci pourrait devoir effectuer des versements afin de rembourser un emprunt hypothécaire quel que soit le niveau de son output.

Les autres coûts se modifient quand l'output varie : ce sont les coûts variables. Les coûts totaux de l'entreprise peuvent toujours être définis comme la somme des coûts variables $c_v(y)$ et des coûts fixes F :

$$c(y) = c_v(y) + F.$$

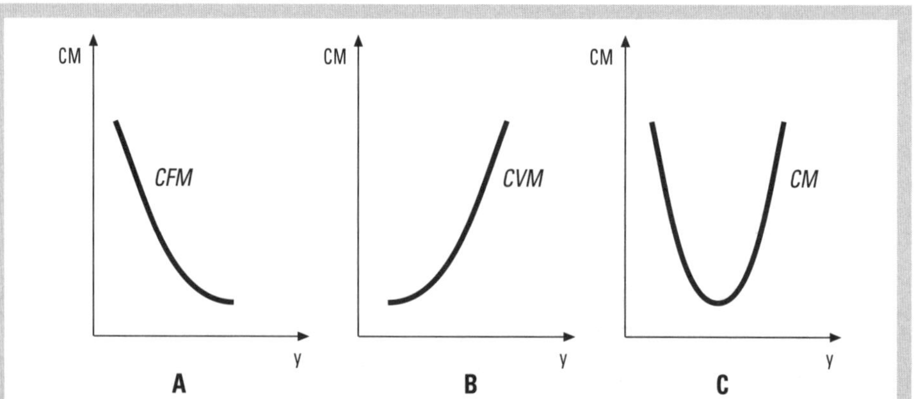

Figure 21.1 ***Représentation de la courbe de coût moyen.***

(A) Les coûts fixes moyens diminuent quand l'output augmente.
(B) Les coûts variables moyens finissent par augmenter quand l'output s'accroît.
(C) La combinaison de ces deux effets engendre une courbe de coût moyen qui a une forme en U.

La **fonction de coût moyen** (*CM*) mesure le coût par unité d'output. La **fonction de coût variable moyen** mesure les coûts variables par unité d'output et la **fonction de coût fixe moyen** mesure les coûts fixes par unité d'output. En appliquant l'équation précédente, nous pouvons écrire

$$CM(y) = \frac{c(y)}{y} = \frac{c_v(y)}{y} + \frac{F}{y} = CVM(y) + CFM(y)$$

avec *CVM* pour les coûts variables moyens et *CFM* pour les coûts fixes moyens. À quoi ressemblent ces fonctions ? Le cas le plus facile est certainement celui de la fonction de coût fixe moyen : quand $y = 0$, il est infini et à mesure que y augmente, le coût fixe moyen diminue et tend vers 0. Cette situation est illustrée à la figure 21.1A.

Considérons maintenant la fonction de coût variable. Commençons par un niveau d'output nul et considérons la production d'une unité. Le coût variable moyen pour $y = 1$ est simplement le coût variable correspondant à la production de cette unité. Portons maintenant le volume de production à deux unités.

Nous nous attendons à ce que, au pire, les coûts variables doublent de sorte que les coûts variables moyens restent constants. Si nous pouvons organiser la production de façon plus efficace quand l'échelle de production augmente, les coûts variables moyens peuvent même diminuer au départ. Mais par la suite, nous nous attendons à ce que les coûts variables moyens augmentent parce que, s'il existe des facteurs fixes, ceux-ci finiront par peser sur le processus de production.

Supposons par exemple que les coûts fixes correspondent à des paiements de loyers ou aux remboursements d'un emprunt hypothécaire pour un bâtiment dont la taille est fixe. À mesure que la production augmente, les coûts variables moyens, c'est-à-dire les coûts de production par unité, peuvent rester constants pendant un certain temps. Mais quand la capacité du bâtiment sera atteinte, les coûts augmenteront considérablement engendrant une courbe de coût variable moyen semblable à celle représentée à la figure 21.1B.

La courbe de coût moyen est la somme de ces deux courbes ; elle aura par conséquent une forme en U comme illustrée à la figure 21.1C. La diminution initiale des coûts moyens est due à la diminution des coûts fixes moyens et l'augmentation finale des coûts moyens est imputable à l'accroissement des coûts variables moyens. La combinaison de ces deux effets engendre une forme en U comme illustrée sur le graphique.

21.2 LES COÛTS MARGINAUX

Il existe une autre courbe de coût intéressante : la **courbe de coût marginal**. La courbe de coût marginal mesure la *variation* des coûts engendrée par une variation donnée de l'output. C'est-à-dire que pour un niveau donné d'output y, nous pouvons nous demander comment les coûts vont évoluer si l'output varie d'une quantité Δy :

$$Cm(y) = \frac{\Delta c(y)}{\Delta y} = \frac{c(y + \Delta y) - c(y)}{\Delta y}.$$

Nous pourrions aussi définir les coûts marginaux sur base de la fonction de coût variable :

$$Cm(y) = \frac{\Delta c_v(y)}{\Delta y} = \frac{c_v(y+\Delta y) - c_v(y)}{\Delta y}.$$

Cette expression est équivalente à la première définition puisque $c(y) = c_v(y) + F$ et que les coûts fixes F ne se modifient pas quand y varie.

Souvent, Δy correspond à une unité d'output de sorte que le coût marginal indique la variation des coûts suite à la production d'une unité supplémentaire d'output. Si nous considérons la production d'un bien discret, le coût marginal de production de y unités d'output est simplement $c(y) - c(y - 1)$. Il s'agit là d'une façon commode d'interpréter le coût marginal, mais cette interprétation peut parfois être trompeuse. Rappelons-nous que le coût marginal mesure un *taux de variation* : la variation des coûts divisée par une variation de l'output. Si la variation de l'output est égale à une unité, le coût marginal correspond à une simple variation du coût, mais il s'agit en fait du taux de variation lorsque l'output augmente d'une unité.

Comment pouvons-nous tracer cette courbe de coût marginal sur la figure présentée antérieurement ? Nous pouvons tout d'abord noter que les coûts variables étant par définition nuls quand nous produisons une quantité nulle d'output, pour la première unité produite, nous avons

$$Cm(1) = \frac{c_v(1) + F - c_v(0) - F}{1} = \frac{c_v(1)}{1} = CVM(1).$$

Le coût marginal de la première unité d'output est donc égal au coût variable moyen correspondant à la production d'une unité d'output.

Supposons maintenant que nous opérions dans une phase de production caractérisée par des coûts variables *moyens* décroissants. Dans ce cas, les coûts *marginaux* doivent être inférieurs aux coûts variables moyens. Il en est ainsi puisque c'est en ajoutant un nombre inférieur à la moyenne que l'on peut diminuer cette moyenne.

Considérons une série de nombres représentant les coûts moyens pour différents niveaux d'output. Si la moyenne est décroissante, le coût de chaque unité additionnelle produite doit être inférieur à la moyenne jusqu'à ce point. Pour diminuer une moyenne, il faut ajouter des nombres inférieurs à cette moyenne.

De même, si nous opérons dans une phase de production caractérisée par des coûts variables moyens croissants, les coûts marginaux doivent être supérieurs aux coûts variables moyens ; ce sont des coûts marginaux plus élevés qui accroissent la moyenne.

Nous savons ainsi que la courbe de coût marginal doit être située en dessous de la courbe de coût variable moyen à gauche de son point minimum et au-dessus de cette courbe, à droite de ce point minimum. Cela implique que la courbe de coût marginal doit couper la courbe de coût variable moyen en son point minimum.

Exactement le même type de raisonnement s'applique pour la courbe de coût moyen. Si les coûts moyens sont décroissants, les coûts marginaux doivent être inférieurs

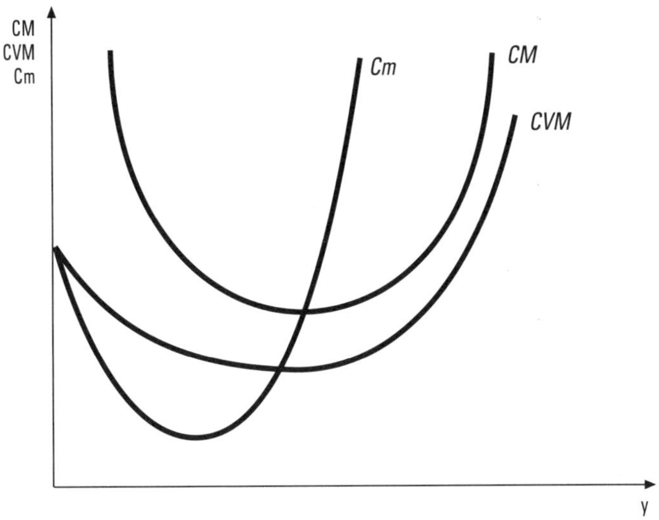

Figure 21.2 ***Les courbes de coût.***

Sur cette figure sont représentées la courbe de coût moyen (*CM*), la courbe de coût variable moyen (*CVM*) et la courbe de coût marginal (*Cm*).

et si les coûts moyens sont croissants, les coûts marginaux plus élevés augmentent les coûts moyens. Ces observations nous permettent de tracer la courbe de coût marginal comme à la figure 21.2.

Nous pouvons passer en revue quelques points importants :

- La courbe de coût variable moyen peut, selon le cas, avoir ou non au départ une pente négative, mais elle finira par avoir une pente positive dans la mesure où il existe des facteurs fixes qui constituent des contraintes au niveau de la production.
- La courbe de coût moyen diminue dans une première phase suite à la décroissance des coûts fixes moyens, mais elle augmentera par la suite du fait de la croissance des coûts variables moyens.
- Le coût marginal est égal au coût variable moyen pour la première unité d'output.
- La courbe de coût marginal passe par le point minimum de la courbe de coût variable moyen et par le point minimum de la courbe de coût moyen.

21.3 LES COÛTS MARGINAUX ET LES COÛTS VARIABLES

Il existe d'autres relations entre ces diverses courbes. Il y en a une en particulier qui n'est pas très évidente : il s'avère en effet que la surface située en dessous de la courbe de coût

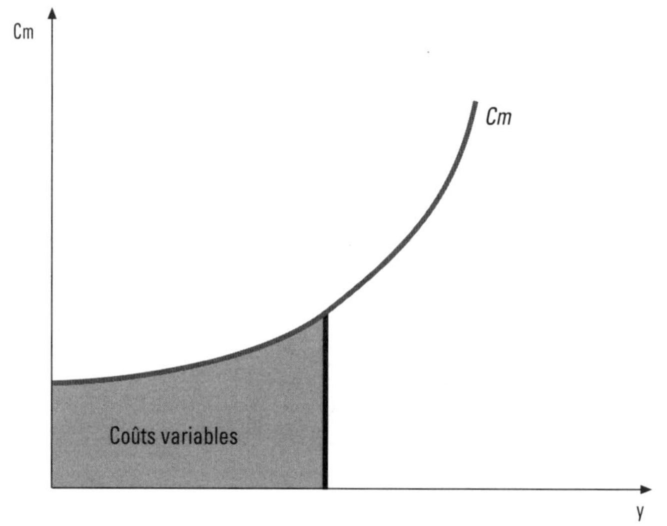

Figure 21.3 ***Coût marginal et coûts variables.***

La surface située en dessous de la courbe de coût marginal mesure les coûts variables.

marginal jusqu'au niveau d'output y mesure le coût variable de production de y unités d'output. Pourquoi ?

La courbe de coût marginal mesure le coût de production de chaque unité supplémentaire d'output. Si nous additionnons le coût de production de chaque unité d'output, nous obtenons le coût total de production à l'exception des coûts fixes.

Nous pouvons développer ce raisonnement de façon rigoureuse quand l'output est produit en quantités discrètes. Notons tout d'abord que

$$c_v(y) = [c_v(y) - c_v(y-1)] + [c_v(y-1) - c_v(y-2)] + \cdots + [c_v(1) - c_v(0)].$$

Cette expression est correcte puisque $c_v(0) = 0$ et que tous les termes intermédiaires s'annulent, c'est-à-dire que le second terme s'annule avec le troisième, le quatrième avec le cinquième et ainsi de suite. Mais chaque élément entre crochets est le coût marginal correspondant à un niveau différent d'output :

$$c_v(y) = Cm(y) + Cm(y-1) + \cdots + Cm(1).$$

Chacun de ces éléments correspond donc à la surface d'un rectangle de hauteur $Cm(y)$ et de base unitaire. En additionnant tous ces rectangles, nous obtenons la surface située en dessous de la courbe de coût marginal comme illustré à la figure 21.3.

Exemples de courbes de coût

Considérons la fonction de coût $c(y) = y^2 + 1$. À partir de cette fonction, nous pouvons dégager les courbes de coût suivantes :

- coûts variables : $c_v(y) = y^2$;
- coûts fixes : $c_f(y) = 1$;
- coûts variables moyens : $CVM(y) = \frac{y^2}{y} = y$;
- coûts fixes moyens : $CFM(y) = \frac{1}{y}$;
- coûts moyens : $CM(y) = \frac{y^2+1}{y} = y + \frac{1}{y}$;
- coûts marginaux : $Cm(y) = 2y$.

Toutes ces fonctions sont évidentes à l'exception de la dernière qui ne pose en fait aucune difficulté si l'on connaît le calcul mathématique. Si la fonction de coût est $c(y) = y^2 + F$, la fonction de coût marginal est égale à $Cm(y) = 2y$.

À quoi ressemblent ces courbes de coût ? La façon la plus simple de les tracer est tout d'abord de représenter la courbe de coût variable moyen qui est une droite de pente unitaire. Il est également facile de tracer la courbe de coût marginal qui est aussi une droite, mais de pente égale à 2.

La courbe de coût moyen atteint son minimum lorsque le coût moyen est égal au coût marginal, c'est-à-dire quand

$$y + \frac{1}{y} = 2y.$$

La solution de cette équation nous donne $y_{\min} = 1$. Le coût moyen pour $y = 1$ est égal à 2 et il en est de même du coût marginal. Toutes ces courbes sont représentées à la figure 21.4.

Exemple : Les courbes de coût marginal pour deux usines

Supposons deux usines ayant deux fonctions de coût différentes : $c_1(y_1)$ et $c_2(y_2)$. Vous désirez produire y unités d'output de la façon la moins coûteuse possible. En général, vous désirez produire une certaine quantité d'output dans chaque usine. Le problème est de déterminer la quantité que vous devriez produire dans chacune des deux usines.

Écrivons le problème de minimisation :

$$\min_{y_1, y_2} c_1(y_1) + c_2(y_2)$$

$$\text{s.c. } y_1 + y_2 = y.$$

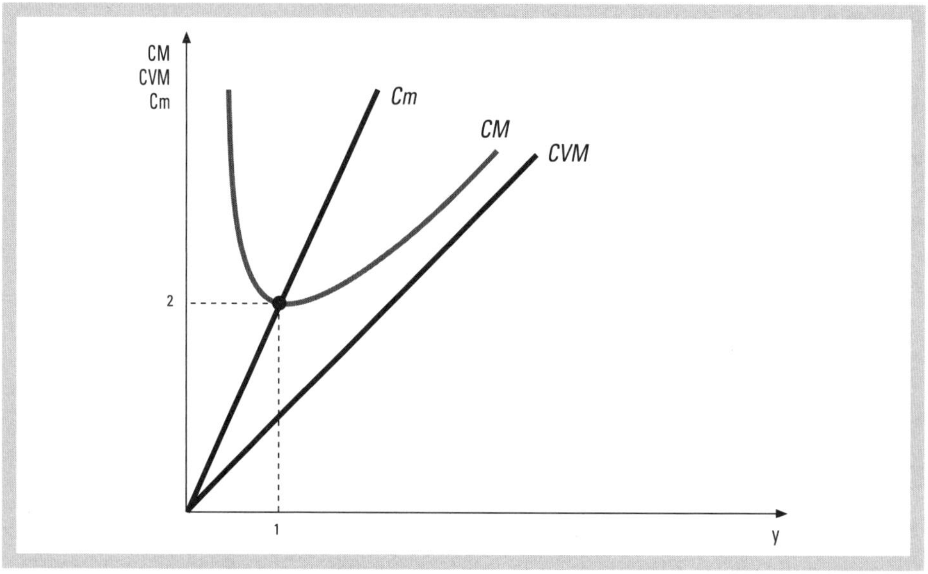

Figure 21.4 ***Courbes de coût.***

Cette figure représente les courbes de coût pour $c(y) = y^2 + 1$.

Comment résoudre ce problème ? Pour avoir une répartition optimale de l'output entre les deux usines, les coûts marginaux de production doivent être identiques dans l'usine 1 et l'usine 2. Pour démontrer cela, supposons que les coûts marginaux soient différents ; dans une telle situation, il serait intéressant de déplacer une petite quantité d'output de l'usine où le coût marginal est le plus élevé vers l'usine où le coût marginal est plus bas. Si la répartition de l'output est optimale, un déplacement d'output d'une usine vers l'autre ne peut pas réduire les coûts.

Soit $c(y)$, la fonction de coût donnant la façon la plus économique de produire y unités d'output, c'est-à-dire le coût de production de y unités en tenant compte d'une répartition optimale de l'output entre les deux usines. Le coût marginal de production d'une unité supplémentaire d'output doit être le même quelle que soit l'usine dans laquelle vous la produisez.

Représentons les deux courbes de coût marginal $Cm_1(y_1)$ et $Cm_2(y_2)$ à la figure 21.5. La courbe de coût marginal pour les deux usines considérées globalement est simplement la somme horizontale des deux courbes de coût marginal, comme illustré à la figure 21.5C.

Pour un niveau donné de coût marginal, disons c, vous produirez y_1^* et y_2^* tel que $Cm(y_1^*) = Cm(y_2^*) = c$ et vous aurez ainsi une production totale de $y_1^* + y_2^*$. La quantité d'output produite à un coût marginal c est donc simplement la somme des outputs pour lesquels le coût marginal de chaque usine est égal à c ; en d'autres termes, il s'agit de la somme horizontale des courbes de coût marginal.

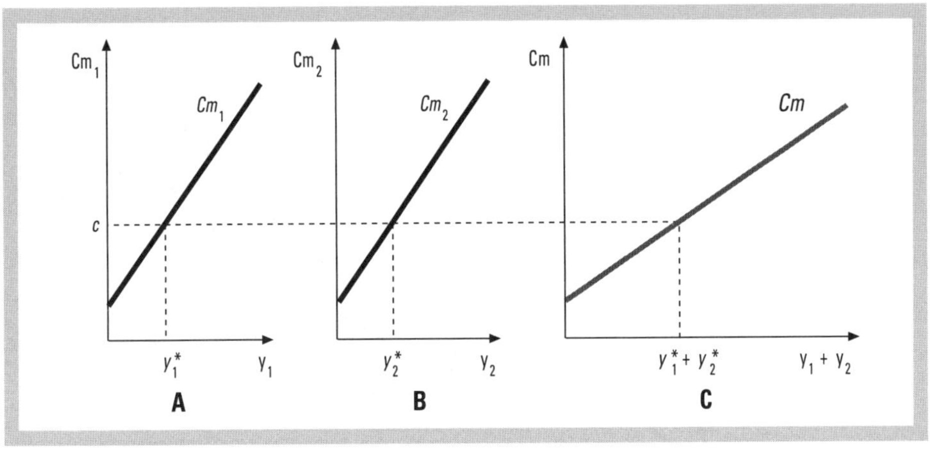

Figure 21.5 ***Coûts marginaux pour une entreprise avec deux usines.***

La courbe de coût marginal total représentée dans la partie droite est la somme horizontale des courbes de coût marginal pour les deux usines reproduites dans les parties gauches.

21.4 LES COURBES DE COÛT POUR LES ENCHÈRES ONLINE

Nous avons examiné au chapitre 17 un modèle d'enchères pour les publicités sur les moteurs de recherche. Rappelons-en les éléments essentiels. Quant un utilisateur introduit une recherche sur un moteur, celle-ci est mise en relation avec des mots-clés choisis par les publicitaires. Ces derniers sont impliqués dans un mécanisme d'enchères. Celui qui a formulé l'offre la plus élevée reçoit la première position, la seconde offre donne droit à la seconde position et ainsi de suite. Plus la position est privilégiée, plus la publicité enregistre un nombre élevé de clics, toutes autres choses (dont la qualité de la publicité) étant égales.

Dans le modèle d'enchères examiné antérieurement, nous avons supposé que chaque publicitaire pouvait formuler une offre spécifique pour chaque mot-clé. En pratique, un publicitaire formule une seule offre qui est utilisée dans toutes les enchères auxquelles il participe.

Le fait que les prix sont déterminés par un système d'enchères n'est pas important pour un publicitaire. Ce qui importe, c'est la relation entre le nombre de connexions qu'une publicité enregistre x et le coût de ces connexions $c(x)$.

Celle-ci est en fait tout simplement la fonction de coût total. Quand un publicitaire connaît la fonction de coût, il peut déterminer le nombre de connexions qu'il souhaite acquérir. Si v représente la valeur d'une connexion, le problème de maximisation du profit s'écrit comme suit :

$$\max_x vx - c(x).$$

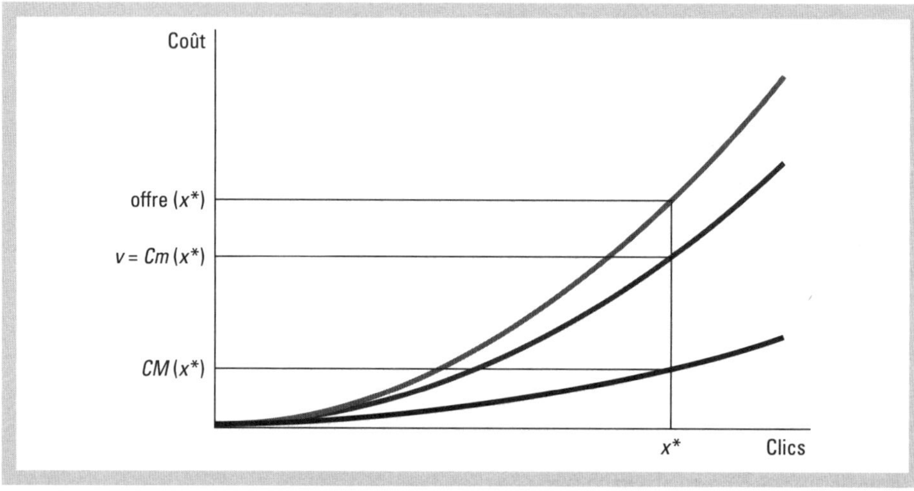

Figure 21.6 ***Les courbes de coût des connexions***

Le nombre de clics qui maximise le profit est celui où il y a égalité entre la valeur *v* et le coût marginal. Ce nombre détermine l'offre appropriée et le coût moyen par clic.

Comme nous l'avons vu, la solution optimale implique l'égalité entre la valeur et le coût marginal. Quand un publicitaire a déterminé le nombre de connexions qui maximise son profit, il peut formuler une offre qui impliquera ce nombre de connexions.

Le processus est représenté à la figure 21.6. Nous y avons tracé les courbes de coût marginal et de coût moyen ainsi qu'une nouvelle courbe qui illustre l'offre formulée.

Comment déterminer la courbe de coût ? Le publicitaire peut essayer avec plusieurs offres et enregistrer le nombre de connexions et le coût qui en résulte. Alternativement le moteur de recherche peut fournir une estimation de la fonction de coût en utilisant l'information retirée des différentes enchères.

Supposons par exemple que nous désirions estimer ce qui se passerait si un publicitaire augmentait son offre par connexion de 50 centimes à 80 centimes. Le moteur de recherche peut regarder dans toutes les enchères auxquelles le publicitaire participe, le changement de position induit et le nombre de connexions complémentaires qu'il peut s'attendre à recevoir dans la nouvelle position.

21.5 LES COÛTS À LONG TERME

Dans l'analyse précédente, nous avons considéré les coûts fixes de l'entreprise comme des coûts correspondant à des rémunérations de facteurs que l'entreprise ne pouvait pas ajuster à court terme. À long terme, une entreprise peut par contre choisir le niveau de ses facteurs fixes ; ceux-ci ne sont plus fixes.

Évidemment, il peut encore exister des facteurs quasi fixes à long terme. C'est-à-dire qu'il se peut qu'une technologie soit caractérisée par le fait que certains coûts doivent être supportés pour produire n'importe quel niveau positif d'output. Mais à long terme, il n'y a pas de coûts fixes dans la mesure où il est toujours possible de produire une quantité nulle d'output à un coût nul, c'est-à-dire qu'il est toujours possible de se retirer du marché. Si, à long terme, il y a des facteurs quasi fixes, la courbe de coût moyen aura tendance à avoir une forme en U exactement comme à court terme. Mais à long terme, il est toujours possible de produire une quantité nulle d'output à un coût nul, par définition du long terme.

La notion de long terme dépend évidemment du problème que nous analysons. Si nous considérons que le facteur fixe est la taille de l'usine, le long terme est la période de temps nécessaire à l'entreprise pour modifier la taille de son usine. Si le facteur fixe correspond aux obligations contractuelles relatives au paiement des salaires, le long terme correspond à la période de temps nécessaire à l'entreprise pour modifier son volume d'emploi.

Pour envisager un cas particulier, considérons que le facteur fixe correspond à la taille de l'entreprise et représentons le par k. La fonction de coût à court terme de l'entreprise, compte tenu du fait qu'elle dispose d'une usine de k m^2, est représentée par $C_{CT}(y, k)$ avec l'indice CT pour indiquer le court terme. (Ici k joue le même rôle que $\overline{x}_2$ au chapitre 20.)

Pour un niveau donné d'output, il existe une taille optimale de l'usine qui permet de produire ce niveau d'output. Représentons cette taille optimale de l'usine par $k(y)$. Il s'agit de la demande conditionnelle de facteur de l'entreprise pour la taille de son usine en fonction de l'output. (Évidemment, cette demande dépend également du prix de la taille de l'usine et des prix des autres facteurs de production, mais nous avons omis ces arguments.) Dans ce cas, comme nous l'avons vu au chapitre 20, la fonction de coût à long terme de l'entreprise est égale à $C_{CT}(y, k(y))$. Il s'agit du coût total de production d'un niveau d'output y, étant donné que la firme peut ajuster la taille de son usine de façon optimale. La fonction de coût à long terme de l'entreprise est simplement la fonction de coût à court terme évaluée au choix optimal des facteurs fixes :

$$c(y) = C_{CT}(y, k(y)).$$

Examinons comment cela se présente graphiquement (figure 21.7). Prenons un niveau d'output y^* et notons $k^* = k(y^*)$, la taille optimale de l'usine pour ce niveau d'output. La fonction de coût à court terme pour une usine de taille k^* est égale à $C_{CT}(y, k^*)$ et la fonction de coût à long terme est donnée par $c(y) = C_{CT}(y, k(y))$, exactement comme auparavant.

Nous pouvons maintenant souligner un point important : le coût de production à court terme d'un output y doit toujours être supérieur ou égal au coût de production à long terme de y. Pourquoi ? À court terme, l'entreprise dispose d'une usine qui a une taille déterminée tandis qu'à long terme, elle est libre d'ajuster la taille de son usine. Puisque la taille k^* constituera toujours un choix possible à long terme pour l'entreprise,

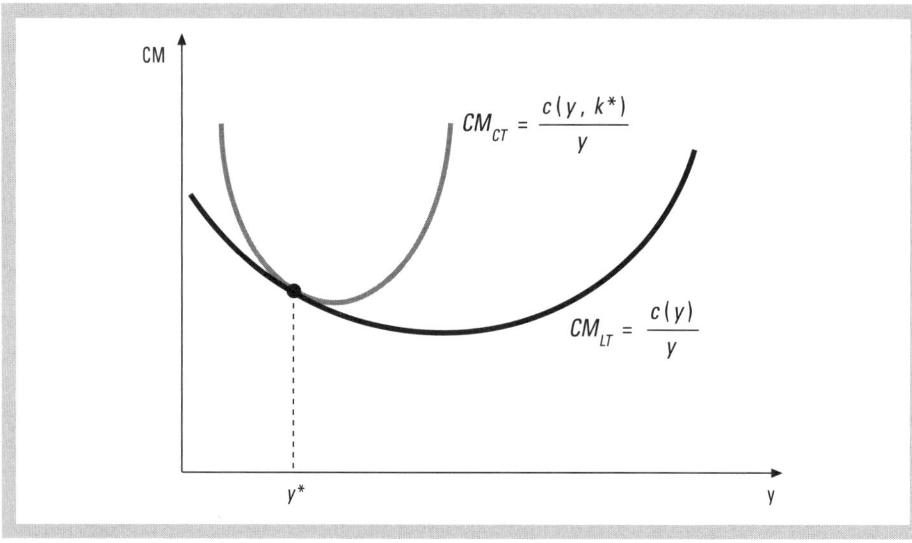

Figure 21.7 ***Les coûts moyens à court terme et à long terme.***

La courbe de coût moyen à court terme doit être tangente à la courbe de coût moyen à long terme.

son comportement optimal pour produire y unités d'output doit correspondre à des coûts inférieurs ou égaux à $c(y, k^*)$. Cela signifie que l'entreprise doit pouvoir faire au moins aussi bien quand elle peut ajuster la taille de son usine que quand celle-ci est fixe. Nous avons donc, pour tout y :

$$c(y) \leqslant C_{CT}(y, k^*).$$

En fait pour un niveau particulier de y, à savoir y^*, nous savons que

$$c(y^*) = C_{CT}(y^*, k^*).$$

Il en est ainsi parce qu'en y^*, la taille *optimale* de l'usine est k^*. Dès lors en y^*, les coûts à long terme et à court terme sont identiques.

Si le coût à court terme est toujours supérieur ou égal au coût à long terme et que ces coûts sont identiques pour un niveau particulier d'output, les coûts moyens à court terme et à long terme présentent les mêmes propriétés : $CM(y) \leqslant CM_{CT}(y, k^*)$ et $CM(y^*) = CM_{CT}(y^*, k^*)$. Cela implique que la courbe de coût moyen à court terme doit toujours être située au-dessus de la courbe de coût moyen à long terme et que ces courbes se touchent en un point y^*. La courbe de coût moyen à long terme (CM_{LT}) et la courbe de coût moyen à court terme (CM_{CT}) doivent dès lors être tangentes en ce point, comme représenté à la figure 21.7.

Nous pouvons développer le même type de raisonnement pour des niveaux d'output autres que y^*. Considérons des outputs $y_1, y_2, ..., y_n$ et les tailles d'usine correspondantes

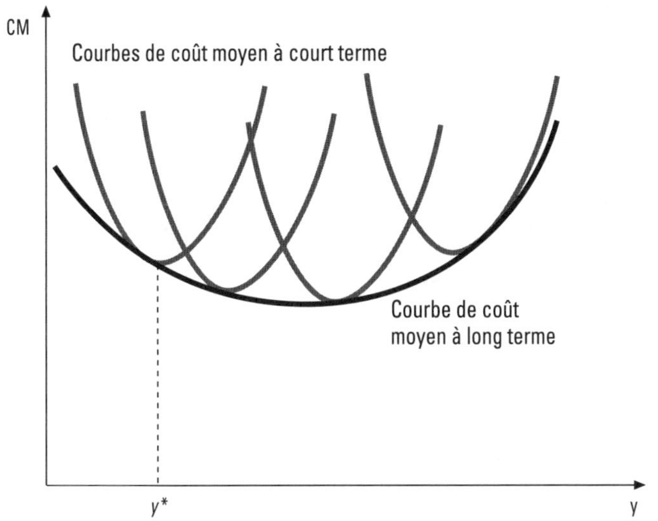

Figure 21.8 ***Coûts moyens à court terme et à long terme.***

La courbe de coût moyen à long terme est l'enveloppe inférieure des courbes de coût moyen à court terme.

$k_1 = k(y_1), k_2 = k(y_2), ..., k_n = k(y_n)$. Nous pouvons dans ce cas obtenir une représentation graphique semblable à celle de la figure 21.8. Nous pouvons résumer cette figure en disant que la courbe de coût moyen à long terme est la **courbe enveloppe inférieure** des courbes de coût moyen à court terme.

21.6 QUAND L'USINE NE PEUT PRENDRE QU'UN PETIT NOMBRE DE TAILLES DIFFÉRENTES

Dans la discussion précédente, nous avons implicitement supposé que nous pouvions choisir un série continue de tailles pour l'usine. Dans ce cas, à chaque niveau d'output, correspond une taille unique optimale pour l'usine. Mais nous pouvons aussi examiner ce qui se passerait si nous devions choisir entre un petit nombre de tailles différentes pour l'usine.

Supposons par exemple que nous n'ayons que quatre choix possibles : k_1, k_2, k_3 et k_4. Nous avons tracé à la figure 21.9, les quatre courbes de coût moyen différentes associées à ces quatre tailles.

Comment pouvons-nous tracer la courbe de coût moyen à long terme ? Rappelons-nous que la courbe de coût moyen à long terme est la courbe de coût obtenue en ajustant

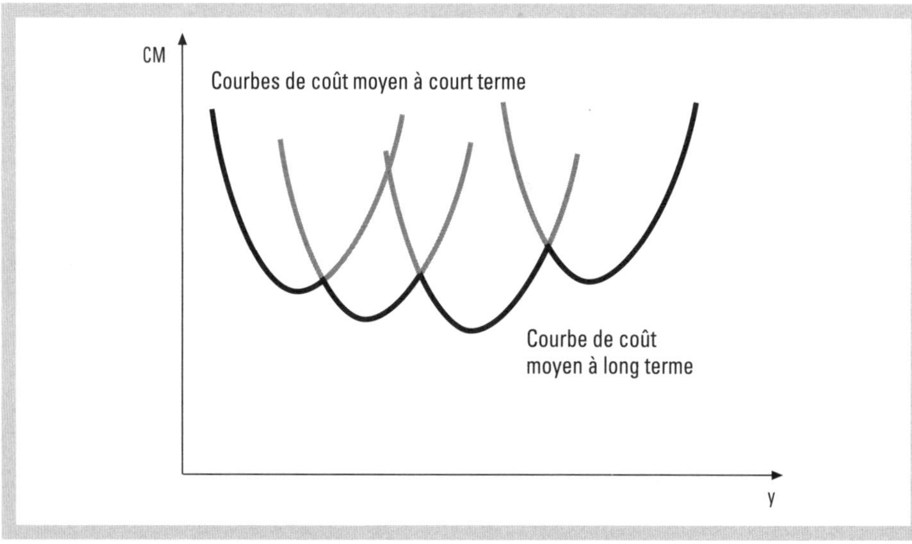

Figure 21.9 ***Quand l'usine ne peut prendre qu'un petit nombre de tailles différentes.***

La courbe de coût à long terme est la courbe enveloppe inférieure des courbes de coût à court terme, exactement comme dans le cas précédent.

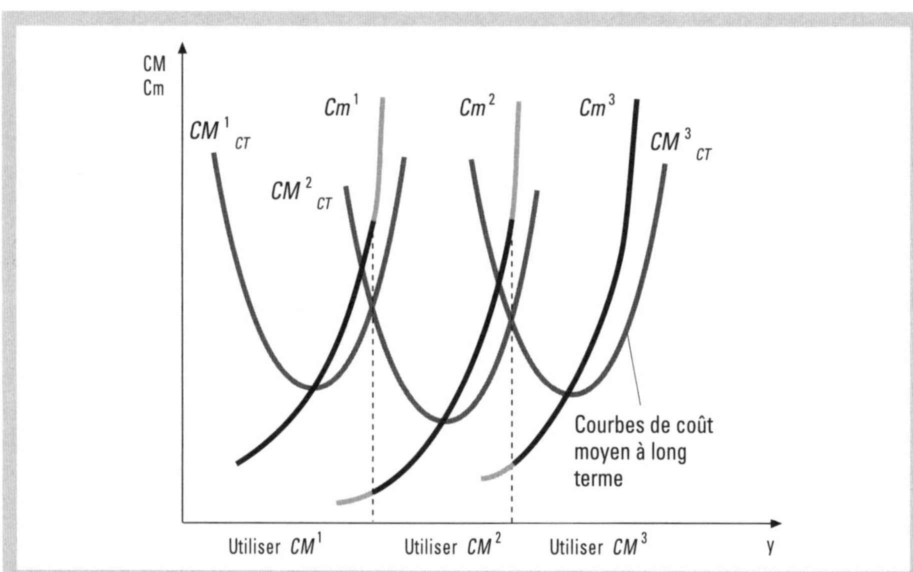

Figure 21.10 ***Coûts marginaux à long terme.***

Quand le facteur fixe ne peut prendre qu'un petit nombre de valeurs différentes, l'entreprise choisit la quantité de facteur fixe qui minimise les coûts moyens. La courbe de coût marginal à long terme est dès lors composée de divers segments des courbes de coût marginal à court terme qui sont associées aux différentes valeurs du facteur fixe.

k de façon optimale. Dans ce cas, il n'est pas difficile de tracer la courbe : puisqu'il n'y a que quatre tailles possibles pour l'usine, il suffit de choisir celle qui correspond aux coûts les plus bas. En d'autres termes, pour tout niveau d'output y, nous n'avons qu'à choisir la taille de l'usine qui permet de produire au moindre coût ce niveau d'output.

La courbe de coût moyen à long terme est donc la courbe enveloppe inférieure des coûts moyens à court terme, comme illustré à la figure 21.9. Notons que cette figure nous permet de dégager les mêmes observations qualitatives que la figure 21.8 : les coûts moyens à court terme sont toujours supérieurs ou égaux aux coûts moyens à long terme et ils sont identiques quand la demande à long terme pour le facteur fixe est égale à la quantité de facteur fixe disponible.

21.7 LES COÛTS MARGINAUX À LONG TERME

Nous avons vu dans la section précédente que la courbe de coût moyen à long terme est la courbe enveloppe inférieure des courbes de coût moyen à court terme. Qu'est-ce que cela implique au niveau des coûts marginaux ? Envisageons tout d'abord le cas où l'usine ne peut prendre qu'un petit nombre de tailles différentes. Dans une telle situation, la courbe de coût marginal à long terme correspond à certaines parties des courbes de coût marginal à court terme, comme illustré à la figure 21.10. Pour chaque niveau d'output, nous

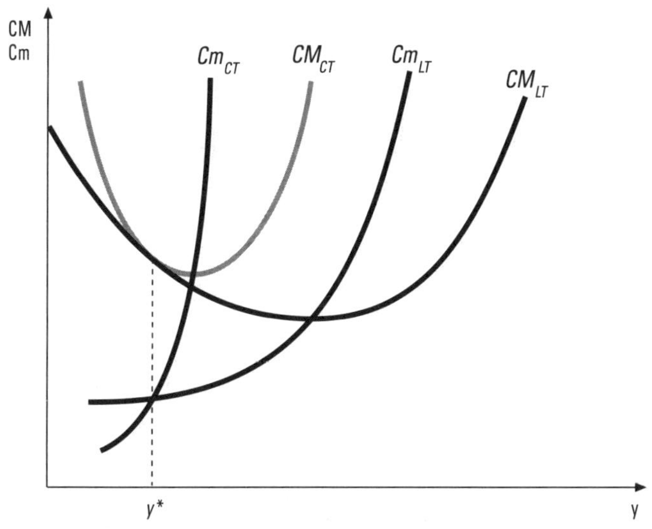

Figure 21.11 ***Coûts marginaux à long terme.***

Cette figure illustre la relation existant entre les coûts marginaux à long terme et à court terme quand le facteur fixe peut prendre une série continue de valeurs.

examinons sur quelle courbe de coût moyen à court terme nous opérons et ensuite nous prenons la courbe de coût marginal associée à cette courbe de coût moyen.

Le raisonnement est le même, quel que soit le nombre de tailles différentes que l'usine peut prendre, de sorte que le cas continu se présente comme à la figure 21.11. Le coût marginal à long terme pour un niveau d'output y doit être égal au coût marginal à court terme associé à la taille optimale de l'usine pour produire une quantité y.

RÉSUMÉ

1. Les coûts moyens sont composés des coûts variables moyens et des coûts fixes moyens. Les coûts fixes moyens diminuent toujours avec l'output tandis que les coûts variables moyens tendent à croître. Le résultat net est une courbe de coût moyen qui revêt une forme en U.

2. La courbe de coût marginal est située en dessous de la courbe des coûts moyens quand ceux-ci sont décroissants et elle est située au-dessus de la courbe des coûts moyens quand ceux-ci sont croissants. Les coûts marginaux doivent dès lors être égaux aux coûts moyens quand ceux-ci sont minimum.

3. La surface située en dessous de la courbe de coût marginal mesure les coûts variables.

4. La courbe de coût moyen à long terme est la courbe enveloppe inférieure des courbes de coût moyen à court terme.

PROBLÈMES À RÉSOUDRE

21.1 Quelles sont les assertions correctes ? (1) Les coûts fixes moyens n'augmentent jamais avec l'output ; (2) les coûts moyens totaux sont toujours supérieurs ou égaux aux coûts variables moyens ; (3) le coût moyen ne peut jamais augmenter quand le coût marginal est décroissant.

21.2 Une firme produit un output identique dans deux usines différentes. Si le coût marginal dans la première usine est supérieur au coût marginal dans la seconde, qu'est-ce que l'entreprise peut faire pour réduire ses coûts tout en conservant le même niveau d'output ?

21.3 Vrai ou faux ? À long terme, une entreprise opère toujours au niveau minimum des coûts moyens de production quand son usine a la taille optimale pour produire une quantité donnée d'output.

ANNEXE

Dans ce chapitre, nous avons déclaré que pour la première unité d'output le coût variable moyen est égal au coût marginal, ce qui, en termes mathématiques, s'écrit sous la forme suivante :

$$\lim_{y \to 0} \frac{c_v(y)}{y} = \lim_{y \to 0} c'(y).$$

Le membre de gauche de cette expression n'est pas défini lorsque $y = 0$, mais sa limite est définie et peut être calculée en utilisant la règle de l'Hospital selon laquelle la limite d'une fraction dont le numérateur et le dénominateur tendent tous deux vers zéro est égale à la limite des dérivées du numérateur et du dénominateur. En appliquant cette règle, nous obtenons

$$\lim_{y \to 0} \frac{c_v(y)}{y} = \frac{\lim_{y \to 0} dc_v(y)/dy}{\lim_{y \to 0} dy/dy} = \frac{c'(0)}{1}$$

CQFD.

Nous avons aussi déclaré que la surface située en dessous de la courbe de coût marginal correspond au coût variable. Il est facile de le démontrer en utilisant le théorème fondamental du calcul mathématique. Puisque

$$Cm(y) = \frac{dc_v(y)}{dy},$$

nous savons que la surface située en dessous de la courbe de coût marginal est égale à

$$c_v(y) = \int_0^y \frac{dc_v(x)}{dx} dx = c_v(y) - c_v(0) = c_v(y).$$

L'analyse graphique de la relation entre les courbes de coût marginal à long terme et à court terme est assez facile, mais que signifie-t-elle en termes économiques ? En fait c'est en raisonnant mathématiquement que l'on peut obtenir l'explication intuitive la plus intéressante. Le raisonnement est simple. Le coût marginal de production est simplement la variation du coût qui découle d'une variation de l'output. À court terme, la taille de l'usine (ou quelque chose d'autre) doit être maintenue fixe tandis qu'à long terme, elle peut être modifiée. Dès lors, le coût marginal à long terme est composé de deux parties : la variation des coûts quand la taille de l'usine est maintenue fixe plus la variation des coûts quand la taille de l'usine est ajustée. Mais quand la taille de l'usine est choisie de façon optimale, ce dernier terme doit être nul ! Les coûts marginaux à long terme et à court terme doivent par conséquent être identiques.

La démonstration mathématique requiert l'utilisation de la règle de dérivation d'une fonction composée. Considérons la définition donnée dans le chapitre :

$$c(y) \equiv C_{CT}(y, k(y)).$$

En différentiant par rapport à y, nous obtenons

$$\frac{dc(y)}{dy} = \frac{\partial C_{CT}(y,k)}{\partial y} + \frac{\partial C_{CT}(y,k)}{\partial k} \frac{\partial k(y)}{\partial y}.$$

Pour un niveau particulier d'output y^* et pour la taille optimale de l'usine $k^* = k(y^*)$ qui lui est associée, nous savons que

$$\frac{\partial C_{CT}(y^*, k^*)}{\partial k} = 0.$$

Il s'agit en fait de la condition du premier ordre nécessaire pour que k^* soit la taille de l'usine qui minimise le coût de production de y^*. Le second terme de l'expression disparaît donc et nous ne conservons que le coût marginal à court terme :

$$\frac{dc(y^*)}{dy} = \frac{\partial C_{CT}(y^*, k^*)}{\partial k}.$$

22

L'OFFRE DE LA FIRME

Dans ce chapitre, nous allons examiner comment dégager la courbe d'offre d'une firme concurrentielle à partir de sa fonction de coût en utilisant le modèle de maximisation du profit. La première étape consiste à décrire les conditions du marché sur lequel la firme opère.

22.1 LES CONDITIONS DU MARCHÉ

Chaque entreprise est confrontée à deux décisions importantes : le choix de la quantité qu'elle devrait produire et le choix du prix qu'elle devrait pratiquer. Si une firme qui maximise son profit n'était pas soumise à certaines contraintes, elle pratiquerait un prix arbitrairement élevé et produirait une quantité d'output arbitrairement importante. Mais aucune firme ne se trouve dans un tel environnement sans contraintes. En général, deux types de contraintes pèsent sur les décisions d'une entreprise.

Une entreprise est tout d'abord confrontée à des **contraintes techniques** représentées de façon synthétique par la fonction de production. Il n'y a qu'un certain nombre de combinaisons d'outputs et d'inputs qui sont réalisables. Même la firme la plus avide de profits doit respecter les réalités techniques. Nous avons déjà discuté la façon dont nous pouvons synthétiser les contraintes techniques et nous avons vu comment les contraintes techniques engendrent des **contraintes d'ordre économique** synthétisées par la fonction de coût.

Maintenant ajoutons une nouvelle contrainte, ou plus exactement réintroduisons dans une nouvelle perspective une contrainte déjà mentionnée antérieurement. Il s'agit de la **contrainte du marché**. Une firme peut produire tout ce qui est physiquement réalisable et elle peut fixer le prix qu'elle désire, mais elle ne peut vendre que ce que les gens sont disposés à acheter.

Si elle fixe un certain prix p, elle vendra une certaine quantité d'output x. Nous appelons la relation entre le prix qu'une entreprise pratique et la quantité qu'elle vend, *la courbe de demande pour l'entreprise*.

S'il n'y avait qu'une seule entreprise sur le marché, il serait très facile de définir la courbe de demande pour l'entreprise : elle correspondrait exactement à la courbe de demande du marché décrite dans les chapitres précédents portant sur le comportement des consommateurs. En effet, la courbe de demande du marché mesure la quantité d'un bien que les gens désirent acheter aux différents prix : la courbe de demande représente donc les contraintes du marché auxquelles est confrontée une entreprise qui constitue à elle seule l'offre totale sur le marché.

S'il y a d'autres firmes sur le marché, les contraintes auxquelles une firme individuelle est confrontée seront différentes. Dans ce cas, l'entreprise doit prévoir la façon dont les *autres* entreprises sur le marché se comporteront quand elle choisira son prix et son output.

Il ne s'agit pas d'un problème facile à résoudre, ni pour les entreprises, ni pour les économistes. Il existe beaucoup de possibilités différentes que nous essayerons d'examiner de façon systématique. Nous utiliserons l'expression « **conditions du marché** » pour décrire la façon dont les entreprises réagissent les unes vis-à-vis des autres quand elles prennent leurs décisions en matière de prix et d'output.

Dans ce chapitre, nous allons examiner les conditions du marché les plus simples, celles de la **concurrence parfaite**. C'est une situation très intéressante en elle-même, mais il est également très intéressant de la comparer à d'autres formes de marché. Nous présenterons tout d'abord la façon dont les économistes définissent la concurrence parfaite et nous essayerons ensuite de justifier cette définition.

22.2 LA CONCURRENCE PARFAITE

Pour un profane, le terme « concurrence » évoque l'idée d'une rivalité intense. C'est pourquoi les étudiants sont souvent surpris du fait que les économistes définissent la concurrence comme une situation où les firmes sont si passives : nous disons qu'un marché est de **concurrence parfaite** ou parfaitement concurrentiel si chaque entreprise suppose que le prix du marché est indépendant du niveau de son output. Sur un marché de concurrence parfaite, chaque firme ne doit donc se préoccuper que de la quantité d'output qu'elle désire produire. Quelle que soit la quantité produite, celle-ci ne peut être achetée qu'à un seul prix, le prix en vigueur sur le marché.

Dans quel environnement une telle situation peut-elle constituer une hypothèse réaliste au niveau de l'entreprise ? Supposons que nous ayons un secteur d'activité constitué de nombreuses entreprises qui produisent un bien identique et que chaque entreprise représente une petite partie du marché. Un bon exemple serait le marché du blé. Il y a des milliers de fermiers qui produisent du blé aux États-Unis et même les plus importants d'entre eux ne produisent qu'une fraction infinitésimale de l'offre totale. Dans ce cas, il est réaliste pour chaque firme de ce secteur d'activité de prendre le prix du marché comme prédéterminé. Un producteur de blé ne doit pas se préoccuper de fixer un prix pour son blé. S'il désire vendre une quantité quelconque, il doit la vendre au prix du marché. Il **prend le prix comme donné** : en ce qui le concerne, le prix constitue une donnée et il ne doit se préoccuper que de la détermination de la quantité qu'il désire produire.

Ce type de situation (un produit identique et beaucoup de petites entreprises) est un exemple classique dans lequel il est réaliste de considérer que les entreprises se comportent en prenant le prix comme donné. Mais il existe d'autres situations où ce type de comportement peut être envisagé. Même s'il n'y a qu'un petit nombre d'entreprises sur le marché, celles-ci peuvent considérer qu'elles n'exercent aucune influence sur le prix du marché.

Imaginez le cas d'un bien périssable dont l'offre est fixe : par exemple, le cas du poisson frais ou des fleurs coupées sur une place de marché. Même s'il n'ya que trois ou quatre vendeurs sur le marché, chacun doit prendre les prix des *autres* comme donnés. Si les clients n'achètent qu'au prix le plus bas, c'est le prix le plus bas offert sur le marché qui sera le prix du marché. Si un autre vendeur souhaite écouler ses produits, il doit adopter le prix du marché. Dans ce type de situation, le comportement concurrentiel, à savoir considérer le prix du marché comme non soumis au contrôle de l'entreprise, paraît donc tout aussi plausible.

Nous pouvons décrire la relation entre prix et quantité perçue par une entreprise concurrentielle grâce à un graphique comme celui de la figure 22.1. Cette courbe de demande est très simple. Une firme concurrentielle suppose qu'elle ne vendra rien si elle pratique un prix supérieur au prix du marché. Si elle vend au prix du marché, elle peut vendre n'importe quelle quantité désirée et si elle vend en dessous du prix du marché, elle obtiendra la totalité de la demande du marché à ce prix.

Comme d'habitude, vous pouvez interpréter cette courbe de demande de deux façons. Si vous considérez la quantité en fonction du prix, cette courbe indique que vous pouvez vendre la quantité que vous désirez au prix du marché ou en dessous de celui-ci. Si vous envisagez le prix en fonction de la quantité, cette courbe indique que, quelle que soit la quantité que vous vendez, le prix du marché ne dépend pas de vos ventes.

(Évidemment, il n'en est pas réellement ainsi pour *n'importe quelle* quantité. Le prix doit être indépendant de votre output pour toute quantité que vous pourriez envisager de vendre. Dans le cas des fleurs coupées, le prix doit être indépendant de la quantité vendue tant que celle-ci est inférieure ou égale au stock disponible, c'est-à-dire la quantité maximum que le vendeur peut envisager de vendre.)

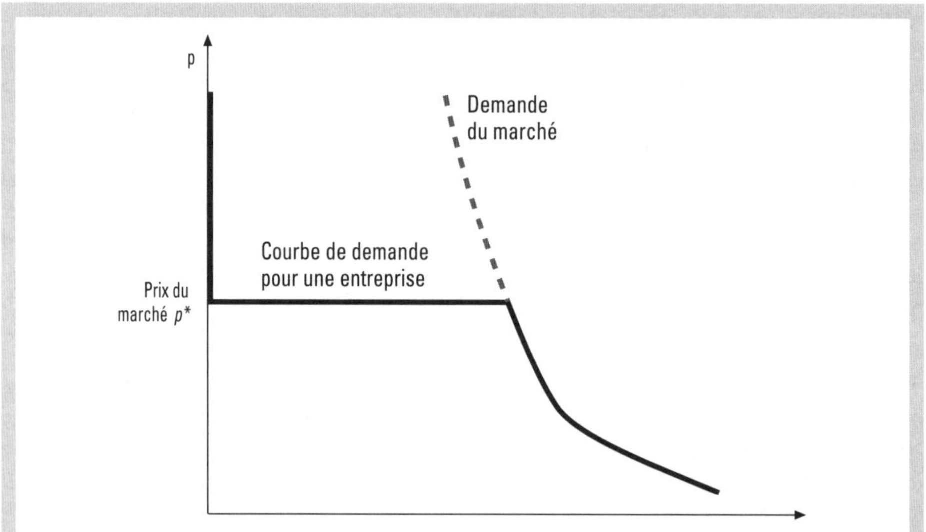

Figure 22.1 ***La courbe de demande pour une firme concurrentielle.***

La demande pour l'entreprise est une droite horizontale au niveau du prix du marché. Pour des prix plus élevés, la firme ne vend rien et pour des prix inférieurs au prix du marché, elle est confrontée à l'ensemble de la courbe de demande du marché.

Il est important de comprendre la différence entre la « courbe de demande pour une entreprise » et la « courbe de demande du marché ». La courbe de demande du marché mesure la relation entre le prix du marché et la quantité totale vendue. La courbe de demande pour une firme mesure la relation entre le prix du marché et l'output de *cette firme particulière*.

La courbe de demande du marché dépend du comportement des consommateurs. La courbe de demande pour une entreprise dépend non seulement du comportement des consommateurs, mais également du comportement des autres entreprises. La justification habituelle du modèle concurrentiel est qu'il existe de nombreuses petites entreprises, chacune confrontée à une courbe de demande qui est essentiellement horizontale. Mais même s'il n'y a que deux firmes sur le marché, si l'une d'elles décide de pratiquer un prix fixe quel qu'il soit, l'autre entreprise sera confrontée à une courbe de demande concurrentielle comme celle reproduite à la figure 22.1. Le modèle concurrentiel peut donc s'appliquer dans un ensemble plus large de circonstances qu'il n'y paraît à première vue.

22.3 LA DÉCISION D'OFFRE D'UNE ENTREPRISE CONCURRENTIELLE

Utilisons ce que nous avons appris sur les courbes de coût pour déterminer la courbe d'offre d'une entreprise concurrentielle. Par définition, une entreprise concurrentielle ignore son influence sur le prix du marché. Le problème de maximisation auquel elle est confrontée est donc le suivant :

$$\max_{y} py - c(y).$$

Cela signifie simplement que la firme concurrentielle désire maximiser son profit, c'est-à-dire la différence entre ses recettes, py, et ses coûts, $c(y)$.

Quel niveau d'output une entreprise concurrentielle choisira-t-elle de produire ? Réponse : Elle produira la quantité pour laquelle la recette marginale égale le coût marginal, c'est-à-dire la quantité pour laquelle la recette supplémentaire perçue sur une unité additionnelle d'output est exactement égale au coût supplémentaire de production d'une unité additionnelle. Si cette condition n'était pas respectée, l'entreprise pourrait augmenter son profit en modifiant son volume de production.

Dans le cas d'une entreprise concurrentielle, la recette marginale est simplement le prix. Pour vérifier cela, demandons-nous quelle recette supplémentaire reçoit une entreprise concurrentielle quand elle augmente son output de Δy. Nous avons

$$\Delta R = p\Delta y$$

puisque par hypothèse, p ne varie pas. Dès lors, la recette supplémentaire par unité d'output est égale à

$$\frac{\Delta R}{\Delta y} = p.$$

Il s'agit en fait de l'expression pour la recette marginale.

Une entreprise concurrentielle choisit donc un niveau d'output y pour lequel le coût marginal auquel cette entreprise est confrontée est juste égal au prix du marché. En utilisant les symboles,

$$p = Cm(y).$$

Pour un prix du marché donné p, nous désirons trouver le niveau d'output pour lequel les profits sont maximum. Si le prix est supérieur au coût marginal pour un output donné y, l'entreprise peut accroître ses profits en produisant un petit peu plus d'output. Pour un prix supérieur au coût marginal, nous avons

$$p - \frac{\Delta c}{\Delta y} > 0.$$

Dès lors, une augmentation de l'output de Δy implique que

$$p\Delta y - \frac{\Delta c}{\Delta y}\Delta y > 0.$$

En simplifiant, nous obtenons

$$p\Delta y - \Delta c > 0.$$

Ceci signifie que l'augmentation des recettes découlant de l'output supplémentaire est supérieure à l'augmentation des coûts ; par conséquent, les profits doivent augmenter.

Nous pouvons mener un raisonnement similaire quand le prix est inférieur au coût marginal. Dans ce cas, une réduction de l'output augmente les profits puisque les recettes perdues sont plus que compensées par la réduction des coûts.

Au niveau optimal de l'output, une entreprise doit donc produire une quantité pour laquelle le prix est égal au coût marginal. Quel que soit le niveau du prix du marché p, l'entreprise choisira un niveau de production y tel que $p = Cm(y)$. La courbe de coût marginal d'une entreprise concurrentielle correspond donc exactement à sa courbe d'offre. En d'autres termes, le prix du marché est égal au coût marginal tant que la firme produit un volume d'output correspondant au profit maximum.

22.4 UNE PREMIÈRE EXCEPTION

La courbe de coût marginal d'une entreprise concurrentielle ne correspond peut-être pas toujours *exactement* à sa courbe d'offre. Il y a deux cas particuliers. Le premier est celui que l'on rencontre quand il existe plusieurs niveaux d'output pour lesquels le prix est égal au coût marginal, comme illustré à la figure 22.2. Sur cette figure, il y a deux niveaux d'output pour lesquels le prix égale le coût marginal. Lequel l'entreprise va-t-elle choisir ?

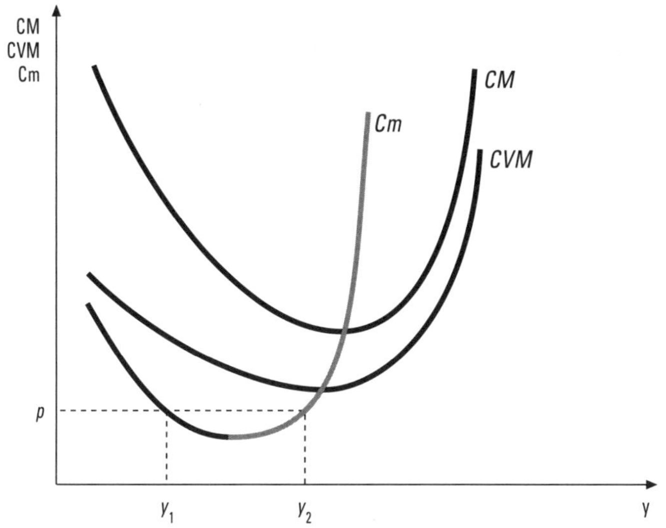

Figure 22.2 ***Coût marginal et offre.***

Bien qu'il y ait deux niveaux d'output pour lesquels le prix est égal au coût marginal, la quantité offerte qui maximise le profit ne peut être située que sur la partie croissante de la courbe de coût marginal.

On peut facilement déterminer la solution. Considérons la première intersection ; la courbe de coût marginal est décroissante en ce point. Si nous augmentons faiblement le niveau d'output, les coûts de chaque unité additionnelle d'output vont diminuer. C'est ce que signifie la décroissance de la courbe de coût marginal. Mais le prix du marché demeure inchangé. Dès lors, le profit doit nécessairement augmenter.

Nous pouvons ainsi éliminer les niveaux d'output pour lesquels la courbe de coût marginal est décroissante. Pour de tels niveaux d'output, une augmentation de la production doit toujours augmenter les profits. La courbe d'offre d'une firme concurrentielle doit donc coïncider avec la partie croissante de la courbe de coût marginal. Cela signifie que la courbe d'offre elle-même doit toujours être croissante. On ne peut pas avoir le cas d'un « bien de Giffen » pour les courbes d'offre.

L'égalité du prix et du coût marginal est une condition *nécessaire* pour la maximisation du profit, mais elle n'est pas, en général, une condition *suffisante*. Ce n'est pas parce que nous trouvons un point où le prix égale le coût marginal que nous avons trouvé le point qui correspond au profit maximum. Mais si nous trouvons le point correspondant au profit maximum, nous savons qu'en ce point le prix doit être égal au coût marginal.

22.5 UNE SECONDE EXCEPTION

La discussion précédente suppose implicitement qu'il est toujours profitable de produire. Mais il se pourrait que la meilleure stratégie pour une firme soit de ne rien produire. Puisqu'il est toujours possible de produire un niveau d'output nul, nous devons comparer notre « candidat » pour la maximisation du profit avec le choix consistant à ne rien produire.

Si une entreprise produit un output nul, elle doit toujours supporter ses coûts fixes F. Les profits correspondant à une production nulle sont par conséquent simplement égaux à $-F$. Les profits découlant de la production d'un niveau d'output y sont $py - c_v(y) - F$. Par conséquent, la firme a intérêt à quitter le marché dès que

$$-F > py - c_v(y) - F,$$

c'est-à-dire dès que les « profits » correspondant à une production nulle et au seul paiement des coûts fixes sont supérieurs aux profits correspondant au niveau de production qui égalise le prix et le coût marginal. En réarrangeant cette inégalité, nous obtenons la **condition de fermeture** :

$$CVM(y) = \frac{c_v(y)}{y} > p.$$

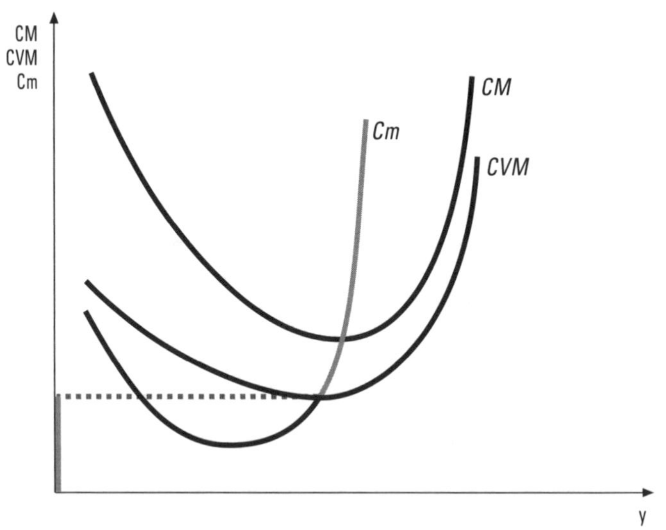

Figure 22.3 ***Coût variable moyen et offre.***

La courbe d'offre est la partie croissante de la courbe de coût marginal située au-dessus de la courbe de coût variable moyen. La firme ne choisira pas de produire en un point de la courbe du coût marginal situé en dessous de la courbe de coût variable moyen parce qu'elle réaliserait un profit supérieur (une perte moindre) en ne produisant rien.

Si les coûts variables moyens sont supérieurs à p, l'entreprise n'a pas intérêt à produire. C'est logique puisque cela signifie que les recettes provenant de la vente de l'output y ne couvrent même pas les coûts variables de production $c_v(y)$. Dans ce cas, la firme a intérêt à quitter le marché. Si elle ne produit rien, elle supporte une perte d'un montant égal à ses coûts fixes, mais sa perte serait supérieure si elle continuait à produire.

Cette discussion indique que seule la partie de la courbe de coût marginal située au-dessus de la courbe de coût variable moyen constitue des points possibles pour la courbe d'offre. Si le point pour lequel il y a égalité entre le prix et le coût marginal est situé en dessous de la courbe de coût variable moyen, le choix optimal de l'entreprise consiste à ne rien produire.

Nous disposons maintenant d'une représentation de la courbe d'offre comme celle illustrée à la figure 22.3. La firme concurrentielle produit le long de la partie de la courbe de coût marginal qui est croissante et située au-dessus de la courbe de coût variable moyen.

Exemple : Les prix des systèmes d'exploitation

Il faut un système d'exploitation pour faire fonctionner un ordinateur et la plupart des producteurs vendent leurs ordinateurs avec les systèmes d'exploitation déjà installés. Au début des années 1980 il y eut une lutte entre plusieurs producteurs de systèmes d'exploitation pour dominer le marché des micro-ordinateurs compatibles avec les PC d'IBM. Il était de pratique courante à l'époque, pour les producteurs de systèmes d'exploitation, de faire payer le producteur d'ordinateur pour chaque copie du système d'exploitation installée sur un micro-ordinateur vendu.

Microsoft Corporation offrit une proposition alternative consistant à faire payer le producteur sur base du nombre de micro-ordinateurs construits par lui. Microsoft fixa son prix suffisamment bas pour que son offre soit attrayante pour les producteurs.

Soulignons l'intelligence de la stratégie de prix de Microsoft : dès la signature du contrat avec un producteur, le coût marginal de l'installation de MS-DOS sur un ordinateur déjà construit était nul. Par contre, l'installation d'un système concurrent pouvait coûter de 50 à 100 €. Le producteur de « hardware » (et finalement l'utilisateur) payait évidemment le système d'exploitation de Microsoft, mais la structure de prix stipulée dans le contrat rendait MS-DOS particulièrement attractif par rapport à ses concurrents. En conséquence, Microsoft finit par être le système d'exploitation normal installé sur les micro-ordinateurs et son taux de pénétration dans le marché dépassa les 90 %.

22.6 LA FONCTION D'OFFRE INVERSE

Nous avons vu que la courbe d'offre d'une firme concurrentielle est déterminée par la condition d'égalité entre le prix et le coût marginal. Comme précédemment, nous pouvons interpréter cette relation entre le prix et l'output de deux façons : nous pouvons considérer l'output comme étant une fonction du prix — c'est ce que nous faisons généralement — ou considérer la « fonction d'offre inverse » qui donne le prix en fonction de l'output.

Cette dernière façon d'interpréter cette relation nous permet de dégager un point intéressant. Puisque le prix égale le coût marginal en tout point de la courbe d'offre, le prix du marché doit être une mesure du coût marginal pour chaque entreprise opérant dans un secteur d'activité. Une entreprise produisant beaucoup et une entreprise produisant peu doivent avoir le même coût marginal si elles maximisent toutes deux leur profit. Le coût total de production de chaque entreprise peut être très différent, mais le coût marginal de production doit toujours être le même.

L'équation $p = Cm(y)$ nous donne directement la fonction d'offre inverse, c'est-à-dire le prix en fonction de l'output. Cette interprétation de la courbe d'offre peut s'avérer très utile d'un point de vue pratique.

22.7 PROFIT ET SURPLUS DU PRODUCTEUR

Quand nous disposons du prix du marché, nous pouvons calculer le choix optimal de production à partir de la condition $p = Cm(y)$. Pour ce choix optimal, nous pouvons calculer le profit de la firme. À la figure 22.4, la surface du grand rectangle est simplement p^*y^*, c'est-à-dire la recette totale. La surface $y^*CM(y^*)$ mesure les coûts totaux puisque

$$yCM(y) = y\frac{c(y)}{y} = c(y).$$

Le profit correspond donc simplement à la différence entre ces deux surfaces.

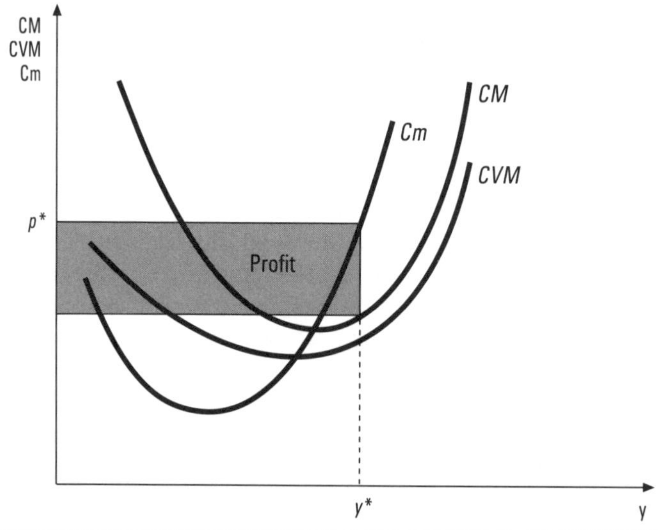

Figure 22.4 ***Le profit.***

Le profit correspond à la différence entre la recette totale et les coûts totaux, c'est-à-dire au rectangle grisé.

Rappelons notre discussion du **surplus du producteur** au chapitre 14. Nous avons défini le surplus du producteur comme la surface située à gauche de la courbe d'offre par analogie au surplus du consommateur qui correspond à la surface située à gauche de la courbe de demande. Il s'avère que le surplus du producteur est étroitement lié au profit de l'entreprise. Plus précisément, le surplus du producteur est égal aux recettes moins les coûts variables ou, de façon équivalente, au profit augmenté des coûts fixes :

profit $= py - c_v(y) - F$

surplus du producteur $= py - c_v(y)$

La façon la plus directe de mesurer le surplus de producteur consiste à examiner la différence entre le rectangle qui correspond à la recette totale et le rectangle $y^*CVM(y^*)$, comme à la figure 22.5A. Mais il existe d'autres façons de mesurer le surplus du producteur, en utilisant, par exemple la courbe de coût marginal.

L'analyse du chapitre 21 nous a appris que la surface située en dessous de la courbe de coût marginal mesure les coûts variables totaux. En effet, la surface en dessous

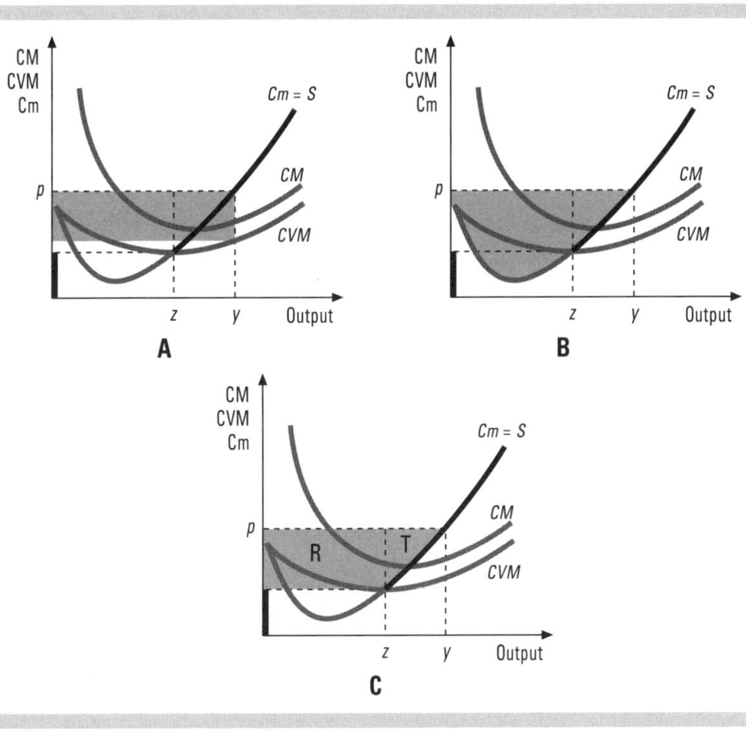

Figure 22.5 ***Le surplus du producteur.***

Nous avons ici trois façons équivalentes de mesurer le surplus du producteur. La partie A présente un rectangle mesurant la différence entre recette et coût variable. La partie B présente la surface située au-dessus de la courbe de coût marginal. La partie C utilise d'abord le rectangle jusqu'à l'output z (surface R) puis la surface située au-dessus de la courbe de coût marginal (surface T).

de la courbe de coût marginal correspond au coût de production de la première unité plus le coût de production de la deuxième unité et ainsi de suite. Pour obtenir le surplus du producteur, nous pouvons donc soustraire la surface située en dessous de la courbe de coût marginal du rectangle correspondant aux recettes et nous obtenons la surface illustrée à la figure 22.5B.

Enfin, il est également possible de combiner ces deux méthodes. Nous pouvons utiliser la méthode par les rectangles jusqu'au point où le coût marginal égale le coût variable moyen puis utiliser la surface située au-dessus de la courbe de coût marginal comme à la figure 22.5C. Cette dernière méthode est la plus intéressante dans de nombreuses applications puisque c'est simplement la surface située à gauche de la courbe d'offre. Soulignons que cette méthode est en concordance avec la définition du surplus du producteur donnée au chapitre 14.

En fait, nous sommes rarement intéressés par le surplus *total* du producteur ; nous sommes plus souvent intéressés par la *variation* du surplus du producteur. La variation du surplus du producteur quand la firme modifie son output de y^* à y' est généralement une surface de forme trapézoïdale comme celle illustrée à la figure 22.6.

Notons que la variation du surplus du producteur suite à la modification de la production de y^* à y' est simplement la variation du profit quand on se déplace de y^* à y' puisque par définition les coûts fixes ne varient pas. Nous pouvons donc mesurer l'impact

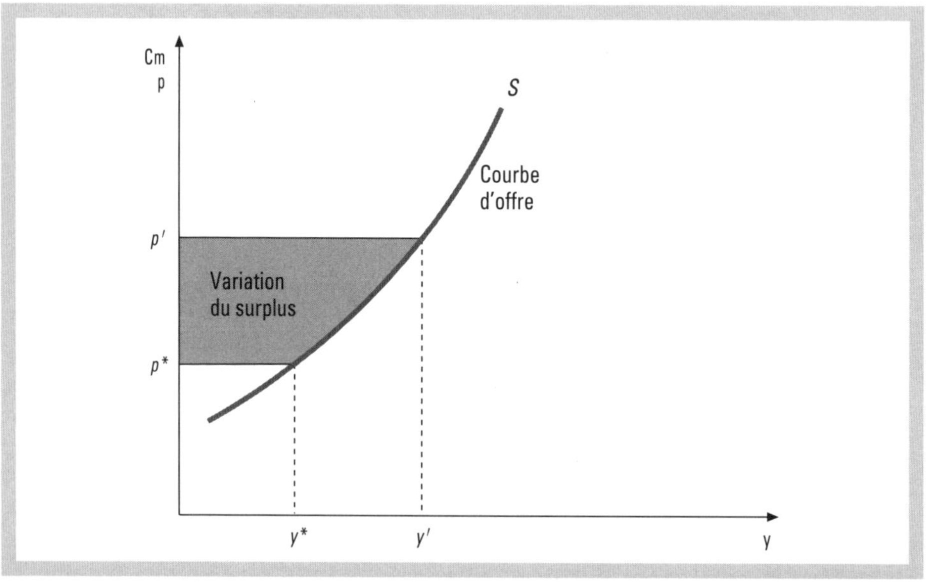

Figure 22.6 ***La variation du surplus du producteur.***

Puisque la courbe d'offre correspond à la partie croissante de la courbe de coût marginal, la variation du surplus du producteur a en général une forme approximativement trapézoïdale.

sur le profit d'une variation de l'output à partir de l'information contenue dans la courbe de coût marginal et sans devoir faire référence à la courbe de coût moyen.

Exemple : La courbe d'offre pour une fonction de coût particulière

À quoi ressemble la courbe d'offre dans l'exemple donné dans le chapitre précédent, c'est-à-dire quand la fonction de coût est $c(y) = y^2 + 1$? Dans cet exemple, la courbe de coût marginal est toujours située au-dessus de la courbe de coût variable moyen et elle est toujours croissante. Dès lors, la règle de l'égalité entre le prix et le coût marginal nous donne directement la courbe d'offre. En substituant $2y$ pour le coût marginal, nous obtenons la formule

$$p = 2y.$$

Cette expression nous donne la fonction d'offre inverse, c'est-à-dire le prix en fonction de l'output. En résolvant pour l'output en fonction du prix, nous obtenons

$$S(p) = y = \frac{p}{2}.$$

Il s'agit de l'expression de la courbe d'offre. Elle est illustrée à la figure 22.7.

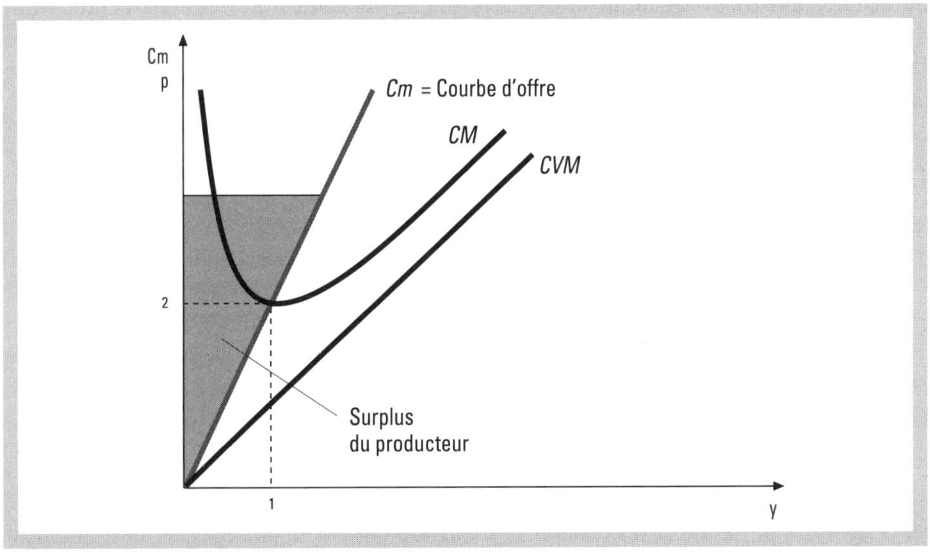

Figure 22.7 ***Un exemple particulier de courbe d'offre.***

Cette figure présente la courbe d'offre et le surplus du producteur quand la fonction de coût est $c(y) = y^2 + 1$.

Si nous substituons cette fonction d'offre dans la définition du profit, nous pouvons calculer le profit maximum pour tout prix p. Ce calcul nous donne

$$\begin{aligned}\pi(p) &= py - c(y) = p\frac{p}{2} - \left(\frac{p}{2}\right)^2 - 1 \\ &= \frac{p^2}{4} - 1.\end{aligned}$$

Quelle relation y a-t-il entre le profit maximum et le surplus du producteur ? À la figure 22.7, nous voyons que le surplus du producteur, c'est-à-dire la surface à gauche de la courbe d'offre entre un prix nul et un prix p, est un triangle de base $y = p/2$ et de hauteur p. La surface de ce triangle est donc égale à

$$S = \frac{1}{2}\left(\frac{p}{2}\right)p = \frac{p^2}{4}.$$

En comparant ceci avec le profit, nous voyons que le surplus du producteur est égal au profit plus les coûts fixes, comme indiqué précédemment.

22.8 LA COURBE D'OFFRE À LONG TERME D'UNE ENTREPRISE

La fonction d'offre à long terme de l'entreprise indique la quantité que celle-ci produirait de façon optimale si elle pouvait ajuster la taille de son usine ou n'importe quel autre facteur fixe à court terme. En d'autres termes, la courbe d'offre à long terme est donnée par

$$p = Cm_{LT}(y) = Cm(y, k(y)).$$

La courbe d'offre à court terme est, quant à elle, définie par la condition d'égalité entre le prix et le coût marginal pour un niveau donné de k :

$$p = Cm(y, k).$$

Remarquons la différence entre ces deux expressions. La courbe d'offre à court terme correspond au coût marginal d'un niveau donné d'output quand k est maintenu fixe. La courbe d'offre à long terme, par contre, correspond au coût marginal de production quand k est ajusté de façon optimale.

À propos de la relation entre les coûts marginaux à court terme et à long terme, nous savons à présent que les coûts marginaux à court terme et à long terme coïncident au niveau de production y^* quand la quantité du facteur fixe associée au coût marginal à court terme est le choix optimal k^*. Les courbes d'offre à court terme et à long terme de l'entreprise coïncident donc en y^* comme à la figure 22.8.

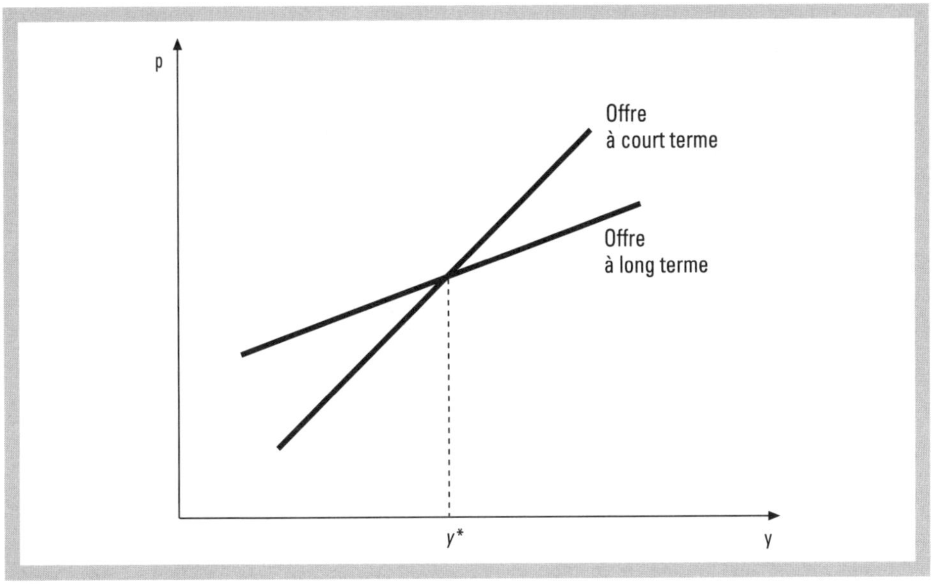

Figure 22.8 ***Les courbes d'offre à court terme et à long terme.***

En général, la courbe d'offre à long terme est plus élastique que la courbe d'offre à court terme.

À court terme, l'entreprise dispose de certains facteurs en quantités fixes ; à long terme, ces facteurs sont variables. Par conséquent, quand le prix de l'output varie, la firme a davantage de possibilités d'ajustement à long terme qu'à court terme. Cela suggère que la courbe de coût à long terme est plus sensible au prix, c'est-à-dire plus élastique, que la courbe d'offre à court terme, comme illustré également à la figure 22.8.

Que dire encore au sujet de la courbe d'offre à long terme ? Le long terme est défini comme la période de temps au cours de laquelle l'entreprise peut ajuster tous ses inputs. À long terme, la firme peut notamment choisir de rester ou non dans le secteur d'activité. Puisqu'à long terme, l'entreprise peut toujours réaliser un profit nul en quittant le marché, le profit qu'elle réalise à l'équilibre à long terme doit être positif ou nul :

$$py - c(y) \geqslant 0.$$

Ce qui signifie que

$$p \geqslant \frac{c(y)}{y}.$$

À long terme, le prix doit donc être supérieur ou égal au coût moyen. La partie pertinente de la courbe d'offre à long terme est dès lors la partie croissante de la courbe de coût marginal située au-dessus de la courbe de coût moyen à long terme, comme illustré à la figure 22.9.

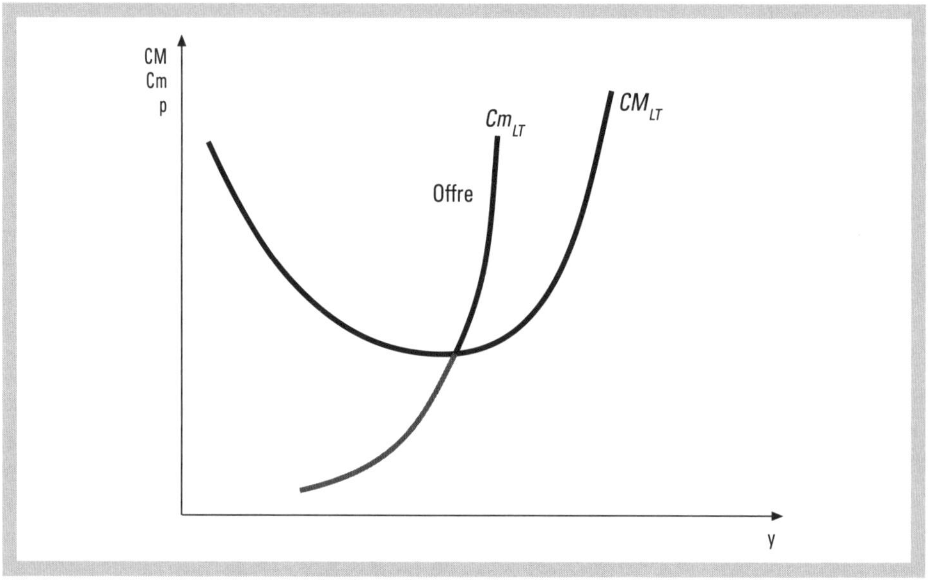

Figure 22.9 ***La courbe d'offre à long terme.***

La courbe d'offre à long terme est la partie croissante de la courbe de coût marginal à long terme, située au-dessus de la courbe de coût moyen.

Ceci est complètement cohérent avec l'analyse à court terme. À long terme, tous les coûts sont variables de sorte que la condition de court terme selon laquelle le prix doit être supérieur au coût variable moyen est équivalente à la condition de long terme d'un prix supérieur au coût moyen.

22.9 LES COÛTS MOYENS À LONG TERME CONSTANTS

Nous avons un cas particulièrement intéressant quand la technologie de l'entreprise est caractérisée à long terme par des rendements d'échelle constants. La courbe d'offre à long terme correspond à la courbe de coût marginal à long terme qui, dans le cas d'un coût moyen constant, est confondue avec la courbe de coût moyen à long terme. Nous avons dès lors la situation illustrée à la figure 22.10 ; la courbe d'offre à long terme est une droite horizontale correspondant à c_{min}, le niveau du coût moyen constant.

Cette courbe d'offre signifie que l'entreprise est disposée à offrir n'importe quelle quantité d'output à un prix égal à c_{min}, une quantité infiniment grande à un prix supérieur à c_{min} et un output nul à un prix p inférieur à c_{min}. Si nous reprenons le raisonnement qui consiste à reproduire plusieurs fois une même unité de production quand les rendements d'échelle sont constants, une telle situation est tout à fait logique. Des rendements d'échelle constants impliquent que si vous pouvez produire une unité pour c_{min} euros, vous

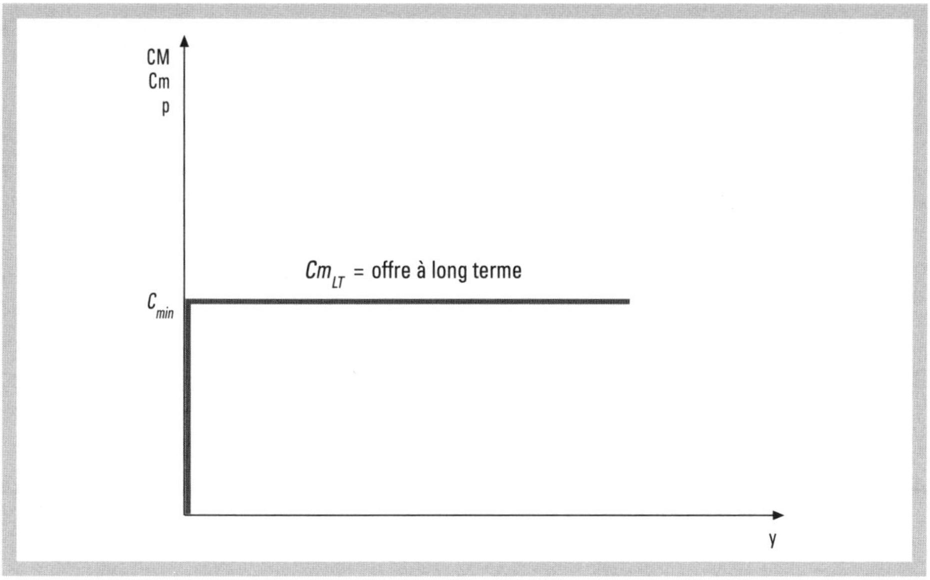

Figure 22.10 ***Les coûts moyens constants.***

Quand les coûts moyens sont constants, la courbe d'offre à long terme est une droite horizontale.

pouvez produire *n* unités pour $nc_{\min}$ euros. Dès lors, vous êtes disposé à offrir n'importe quelle quantité d'output à un prix égal à $c_{\min}$ et une quantité infiniment grande pour tout prix supérieur à $c_{\min}$.

Par contre, si $p < c_{\min}$, vous ne pouvez même pas couvrir le coût d'une unité d'output et par conséquent, vous ne pouvez évidemment pas couvrir le coût de *n* unités d'output. Pour tout prix inférieur à $c_{\min}$, vous désirez donc offrir une quantité nulle d'output.

RÉSUMÉ

1. La relation entre le prix qu'une entreprise pratique et l'output qu'elle vend est appelée la courbe de demande pour l'entreprise. Par définition, une entreprise concurrentielle est confrontée à une courbe de demande horizontale dont la hauteur est déterminée par le prix du marché, c'est-à-dire le prix pratiqué par les autres entreprises sur le marché.
2. La courbe d'offre (à court terme) d'une entreprise concurrentielle est la partie de sa courbe de coût marginal (à court terme) qui est croissante et située au-dessus de la courbe de coût variable moyen.
3. La variation du surplus du producteur quand le prix du marché passe de p_1 à p_2 est la surface située à gauche de la courbe de coût marginal entre p_1 et p_2. Cette surface mesure également la variation du profit de l'entreprise.
4. La courbe d'offre à long terme d'une entreprise est la partie de sa courbe de coût marginal à long terme qui est croissante et située au-dessus de sa courbe de coût moyen à long terme.

PROBLÈMES À RÉSOUDRE

22.1 La fonction de coût d'une entreprise est égale à $c(y) = 10y^2 + 1000$. Quelle est sa courbe d'offre ?

22.2 La fonction de coût d'une entreprise est égale à $c(y) = 10y^2 + 1000$. Pour quel output son coût moyen est-il minimum ?

22.3 Si la courbe d'offre est égale à $S(p) = 100 + 20p$, quelle est l'expression pour la courbe d'offre inverse ?

22.4 La fonction d'offre d'une entreprise est égale à $S(p) = 4p$. Ses coûts fixes valent 100. Si le prix passe de 10 à 20, quelle est la variation de son profit ?

22.5 Si la fonction de coût à long terme est $c(y) = y^2 + 1$, quelle est la courbe d'offre à long terme de l'entreprise ?

22.6 Classez chacun des éléments suivants comme une contrainte technique ou une contrainte de marché : le prix des inputs, le nombre d'autres entreprises sur le marché, la quantité d'output produite et la possibilité de produire davantage à partir des quantités d'inputs actuellement utilisées.

22.7 Quelle est l'hypothèse fondamentale qui caractérise un marché de concurrence parfaite ?

22.8 Sur un marché de concurrence parfaite, la recette marginale d'une entreprise est toujours égale à quoi ? Quel output une firme qui maximise son profit sur un tel marché va-t-elle réaliser ?

22.9 Si les coûts variables moyens sont supérieurs au prix du marché, quel output l'entreprise devrait-elle produire ? Que devrait-elle produire s'il n'y avait pas de coûts fixes ?

22.10 Une entreprise en concurrence parfaite peut-elle avoir intérêt à produire un output positif même si elle perd de l'argent ? Si oui, dans quelles circonstances ?

22.11 Sur un marché de concurrence parfaite, quelle relation y a-t-il entre le prix du marché et le coût de production de toutes les entreprises du secteur d'activité ?

ANNEXE

Nous pouvons présenter le contenu de ce chapitre de façon très simple en utilisant le calcul mathématique. Le problème de maximisation du profit est le suivant :

$$\max_y py - c(y)$$
$$\text{s.c. } y \geqslant 0.$$

Les conditions nécessaires qui définissent l'offre optimale y^* sont la condition du premier ordre suivante :

$$p - c'(y^*) = 0$$

et la condition du second ordre

$$-c''(y^*) \leqslant 0.$$

La condition du premier ordre indique que le prix est égal au coût marginal et la condition du second ordre stipule que le coût marginal doit être croissant. Évidemment, cela suppose que $y^* > 0$. Si le prix est inférieur au coût variable moyen en y^*, l'entreprise a intérêt à ne rien produire. Pour définir la courbe d'offre d'une entreprise concurrentielle, nous devons tout d'abord déterminer tous les points qui satisfont les conditions du premier et second ordre puis les comparer les uns aux autres ainsi qu'à une situation d'offre nulle pour sélectionner le point qui correspond aux profits les plus importants. Nous obtiendrons ainsi l'offre qui maximise les profits.

23

L'OFFRE DE LA BRANCHE

Nous avons vu comment dégager la courbe d'offre d'une entreprise à partir de sa courbe de coût marginal. Mais sur un marché concurrentiel, il y a en principe beaucoup d'entreprises, de sorte que la courbe d'offre de l'ensemble d'une branche d'activité correspond à la somme des offres de toutes les entreprises individuelles. Dans ce chapitre, nous allons analyser la **courbe d'offre de la branche**.

23.1 L'OFFRE DE LA BRANCHE À COURT TERME

Commençons par étudier une branche d'activité avec un nombre fixe de firmes, n. Soit $S_i(p)$, la courbe d'offre de l'entreprise i. La **courbe d'offre de la branche** ou **courbe d'offre du marché** est dès lors égale à

$$S(p) = \sum_{i=1}^{n} S_i(p).$$

Il s'agit de la somme des courbes d'offre individuelles. Graphiquement, nous prenons pour chaque prix la somme des quantités offertes par chaque entreprise ; ce qui nous donne une somme *horizontale* des courbes d'offre comme à la figure 23.1.

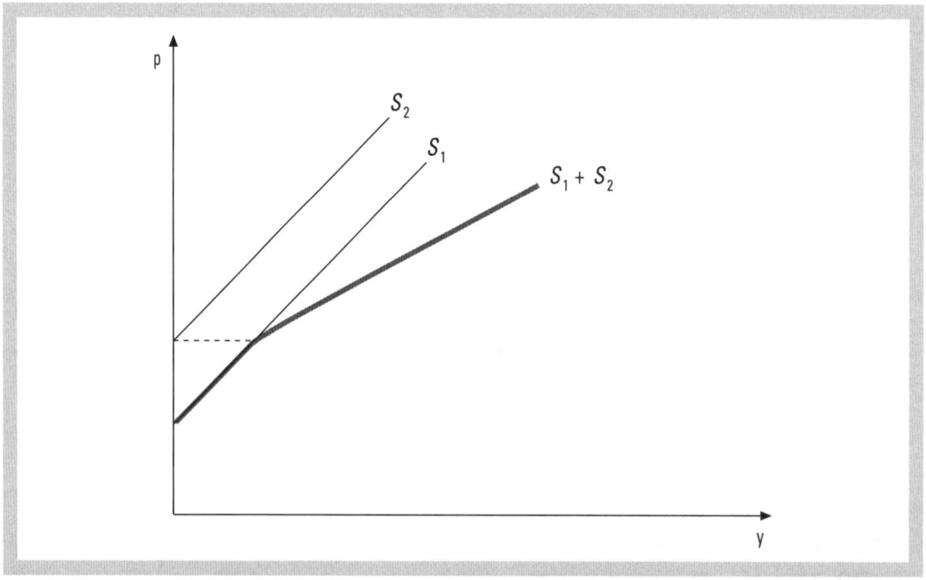

Figure 23.1 ***La courbe d'offre de la branche.***

La courbe d'offre de la branche ($S_1 + S_2$) est la somme des courbes d'offre individuelles (S_1 et S_2).

23.2 L'ÉQUILIBRE DE LA BRANCHE À COURT TERME

Afin de déterminer l'équilibre de la branche, prenons la courbe d'offre du marché et cherchons l'intersection de cette courbe avec la courbe de demande du marché. Cela nous donne un prix d'équilibre, p^*.

Compte tenu de ce prix d'équilibre, nous pouvons retourner à la situation des firmes individuelles et examiner leurs niveaux d'output et de profit. Une situation classique avec trois firmes A, B et C est illustrée à la figure 23.2. Dans cet exemple, la firme A a choisi une combinaison de prix et d'output qui est située sur sa courbe de coût moyen. Cela signifie que

$$p = \frac{c(y)}{y}.$$

En effectuant une multiplication croisée et après transformation, nous obtenons

$$py - c(y) = 0.$$

La firme A réalise donc un profit nul.

La firme B a choisi un point caractérisé par un prix supérieur au coût moyen : $p > c(y)/y$. Cela signifie qu'elle réalise un profit positif en situation d'équilibre à court terme. Quant à la firme C, le prix est inférieur à son coût moyen, de sorte qu'elle réalise un profit négatif, c'est-à-dire une perte.

De façon générale, les combinaisons de prix et d'output situées au-dessus de la courbe de coût moyen impliquent des profits positifs tandis que les combinaisons situées

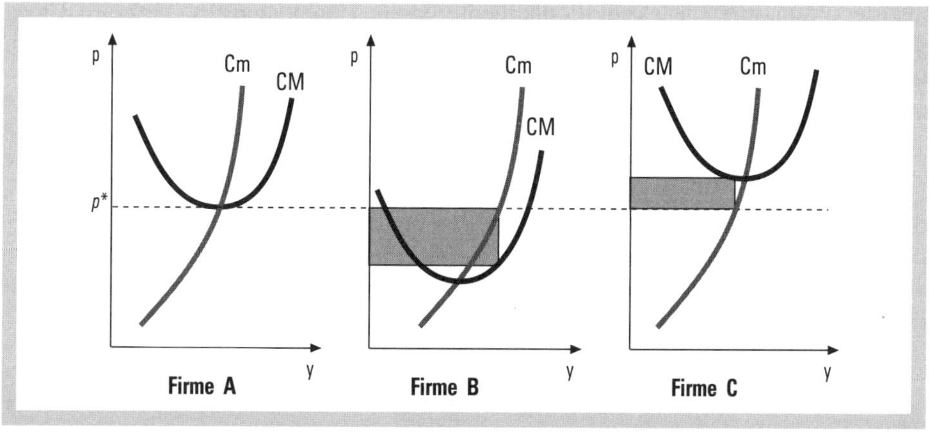

Figure 23.2 ***L'équilibre à court terme.***

Cette figure présente un exemple d'équilibre à court terme avec trois firmes. La firme A réalise un profit nul, la firme B un profit positif et la firme C un profit négatif, c'est-à-dire une perte.

en dessous de la courbe de coût moyen correspondent à des profits négatifs. Même si une entreprise réalise un profit négatif, il peut être préférable pour elle de rester dans la branche à court terme si la combinaison de prix et d'output est située au-dessus de la courbe de coût *variable* moyen. En effet, dans ce cas, elle réalise moins de pertes en restant dans la branche qu'en produisant un output nul.

23.3 L'ÉQUILIBRE DE LA BRANCHE À LONG TERME

À long terme, les entreprises peuvent ajuster leurs facteurs fixes. Elles peuvent choisir la taille de leur usine, leur équipement en capital ou tout ce qui permet de maximiser leurs profits à long terme. Cela signifie simplement qu'elles se déplacent de leurs courbes de coût à court terme vers leurs courbes de coût à long terme ; ceci n'ajoute aucune difficulté analytique supplémentaire : nous utilisons simplement les courbes d'offre à long terme telles que déterminées par les courbes de coût marginal à long terme.

Toutefois un élément supplémentaire peut intervenir à long terme. Si une entreprise réalise des pertes à long terme, elle n'a aucune raison de rester dans la branche ; nous nous attendons à voir cette entreprise *sortir* de la branche puisque de cette manière, elle peut annuler ses pertes. Il s'agit là tout simplement d'une autre façon de dire que la seule partie intéressante de la courbe d'offre d'une entreprise à long terme est la partie qui est située *sur ou au-dessus* de la courbe de coût moyen puisque ces points correspondent à des profits non négatifs.

De même, si une entreprise réalise un profit, nous nous attendons à ce que des *entrées* dans la branche interviennent. En effet, la courbe de coût est supposée inclure le coût de tous les facteurs nécessaires à la production de l'output, mesurés à leur prix du marché, c'est-à-dire à leur coût d'opportunité. Si une entreprise réalise un profit à long terme, cela signifie que *n'importe qui* peut entrer sur le marché, acquérir les mêmes facteurs de production et produire la même quantité d'output au même prix.

Dans la plupart des secteurs d'activité concurrentiels, il n'y a pas de restriction à l'entrée dans la branche pour de nouvelles firmes. Quand tel est le cas, nous disons que la branche est caractérisée par une **entrée libre**. Toutefois dans certaines branches, il y a des **barrières à l'entrée** telles que des licences ou des restrictions légales sur le nombre d'entreprises qui peuvent opérer dans le secteur. Par exemple, les règles en matière de vente d'alcool dans de nombreux états américains interdisent l'entrée libre dans le secteur de la vente d'alcool au détail.

Ces deux effets de long terme, c'est-à-dire l'acquisition de facteurs fixes différents et le phénomène d'entrée et de sortie, sont étroitement liés entre eux. Une entreprise déjà présente dans un secteur d'activité peut décider d'acquérir une nouvelle usine ou un nouveau magasin et de produire davantage d'output. Par ailleurs, une nouvelle entreprise peut entrer dans la branche en acquérant une nouvelle usine et en produisant un certain volume d'output. La seule différence entre ces deux situations est que dans un cas, c'est une firme déjà existante et dans l'autre, une nouvelle firme qui possède les nouvelles capacités de production.

Évidemment, dans la mesure où de nouvelles entreprises entrent dans la branche — et que celles qui perdent de l'argent en sortent — la quantité totale produite se modifie et cela implique une variation du prix du marché. Celle-ci affecte à son tour les profits ainsi que l'intérêt que peut représenter l'entrée ou la sortie de la branche. Comment se présente dès lors l'équilibre final dans une branche caractérisée par une entrée libre ?

Examinons une situation dans laquelle toutes les entreprises ont les mêmes fonctions de coût à long terme, $c(y)$. Compte tenu de cette fonction de coût, nous pouvons calculer le niveau d'output pour lequel les coûts moyens sont minimums. Nous désignons cet output par y^*. Soit $p^* = c(y^*)/y^*$, la valeur minimum du coût moyen. Cette valeur est importante puisque c'est le prix le plus bas qui peut être pratiqué sur le marché tout en permettant aux entreprises de couvrir leurs coûts.

Nous pouvons maintenant représenter graphiquement les courbes d'offre de la branche pour des nombres différents d'entreprises opérant sur le marché. La figure 23.3 reproduit les courbes d'offre de la branche quand il y a 1, 2, 3 ou 4 firmes sur le marché. (Nous ne considérons que 4 firmes dans cet exemple ; en réalité, si la branche est concurrentielle, nous nous attendons à ce qu'il y ait beaucoup plus d'entreprises dans une branche concurrentielle.) Notons que, puisque toutes les entreprises ont la même courbe d'offre, la quantité totale offerte s'il y a 2 entreprises sur le marché est simplement le double de ce qu'elle serait s'il n'y avait qu'une firme ; quand il y a 3 firmes sur le marché, l'offre totale est simplement 3 fois l'offre d'une firme et ainsi de suite.

Ajoutons maintenant deux courbes supplémentaires sur le graphique : une droite horizontale à un niveau p^*, c'est-à-dire au prix minimum correspondant à des profits non négatifs, et la courbe de demande du marché. Considérons les intersections de la courbe de demande et des courbes d'offre pour $n = 1, 2, 3$ ou 4 firmes. Si des entreprises entrent dans la branche quand on réalise des profits positifs, l'intersection pertinente est celle correspondant au prix le plus bas compatible avec des *profits non négatifs*. Sur la figure 23.3, il s'agit du prix p' qui correspond à la présence de trois entreprises sur le marché. Si une entreprise supplémentaire entre sur le marché, les profits deviennent négatifs. Dans ce cas, le nombre maximum de firmes concurrentielles que cette branche peut accepter est égal à trois.

23.4 LA COURBE D'OFFRE À LONG TERME

La méthode présentée dans la section précédente, qui consiste à tracer les courbes d'offre de la branche pour les différents nombres possibles d'entreprises qui pourraient opérer sur le marché et à regarder ensuite le nombre le plus important d'entreprises compatible avec des profits non négatifs, est une démarche parfaitement rigoureuse et facile à appliquer. Toutefois, il est possible d'utiliser une approximation intéressante qui donne généralement des résultats très proches de la réponse correcte.

Examinons s'il est possible de définir *une* courbe d'offre de la branche à partir des n courbes dont nous disposons. La première chose à noter est que nous pouvons éliminer tous les points de la courbe d'offre situés en dessous de p^* puisqu'ils ne peuvent pas correspondre à des situations de production à long terme. Mais nous pouvons aussi éliminer certains points des courbes d'offre situés *au-dessus* de p^*.

Nous supposons généralement que la courbe de demande du marché est décroissante. La courbe de demande la plus raide possible est par conséquent une droite verticale. Cela implique que des points tel que A sur la figure 23.3, ne pourront jamais être observés parce que n'importe quelle courbe de demande décroissante passant par A doit croiser une autre courbe d'offre associée à un nombre plus important d'entreprises. C'est ce qu'illustre sur la figure 23.3 la courbe de demande hypothétique D' qui passe par le point A.

Nous pouvons donc éliminer une partie de chaque courbe d'offre parce que ces points ne peuvent pas correspondre à des positions d'équilibre à long terme. Tous les points de la courbe d'offre pour une entreprise qui sont situés à la droite du point d'intersection de la courbe d'offre pour deux entreprises et de la droite correspondant à p^*, ne peuvent pas correspondre à des équilibres à long terme. De même, tous les points de la courbe d'offre pour deux entreprises situés à la droite du point d'intersection de la courbe d'offre pour trois entreprises et de la droite p^*, ne peuvent pas correspondre à des équilibres à long terme... Il en est de même pour tous les points de la courbe d'offre pour n entreprises, situés à la droite du point d'intersection de la courbe d'offre pour $n + 1$ entreprises et de la droite p^*.

L'équilibre à long terme peut en fait survenir sur les segments des courbes d'offre qui sont indiqués en grisé sombre à la figure 23.4. Le segment de droite en grisé sombre associé à n entreprises indique toutes les combinaisons de prix et d'output au niveau de la branche pouvant correspondre à un équilibre à long terme avec n entreprises. Notons que ces segments de droite ont une pente de plus en plus faible à mesure que nous considérons des outputs de plus en plus importants au niveau de la branche, c'est-à-dire quand il y a de plus en plus d'entreprises dans la branche.

Pourquoi la pente de ces segments de droite diminue-t-elle de plus en plus ? S'il y a une entreprise sur le marché et que le prix augmente de Δp, cette entreprise produira Δy en plus. Mais s'il y a n entreprises sur le marché et que le prix augmente de Δp, *chaque* entreprise produira Δy d'output supplémentaire, de sorte que nous aurons au total $n\Delta y$ d'output supplémentaire. Ceci signifie que la pente de la courbe d'offre devient de plus en plus faible à mesure qu'il y a davantage d'entreprises sur le marché parce que l'offre d'output est de plus en plus sensible au prix.

Quand nous considérons un nombre suffisamment important d'entreprises sur le marché, la pente de la courbe d'offre est en fait très faible. Suffisamment faible en réalité pour que l'on puisse supposer que cette pente est nulle, c'est-à-dire que la courbe d'offre à long terme de la branche est une droite horizontale correspondant à un prix égal au coût moyen minimum. Il s'agit là d'une approximation fort imparfaite s'il n'ya à long terme qu'un petit nombre d'entreprises dans la branche. Mais l'hypothèse d'un petit nombre d'entreprises se comportant de façon concurrentielle est vraisemblablement aussi une

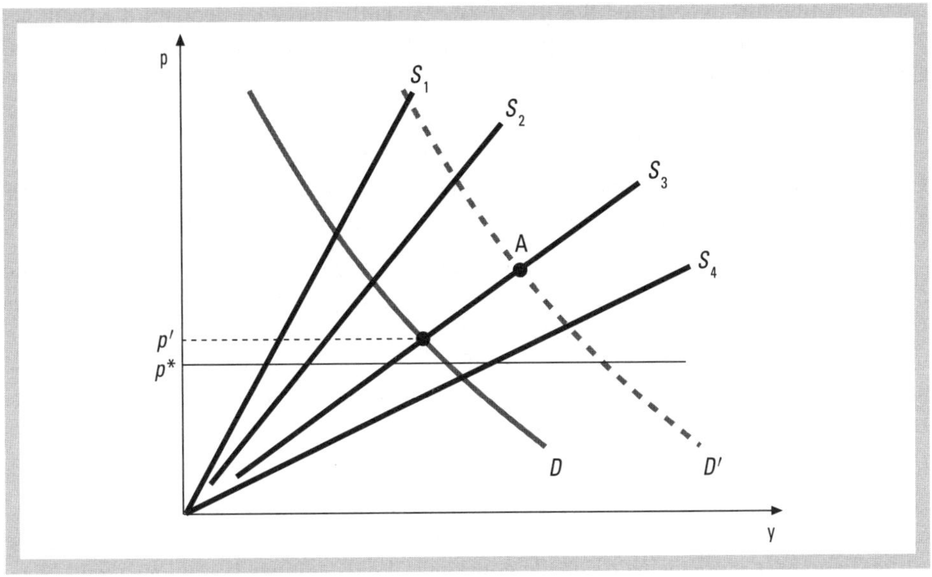

Figure 23.3 ***Les courbes d'offre de la branche en cas d'entrée libre.***

Les courbes d'offre pour 1, 2, 3, ou 4 firmes. Le prix d'équilibre p' correspond à l'intersection la plus basse possible des courbes de demande et d'offre, tout en étant supérieur ou égal à p^*.

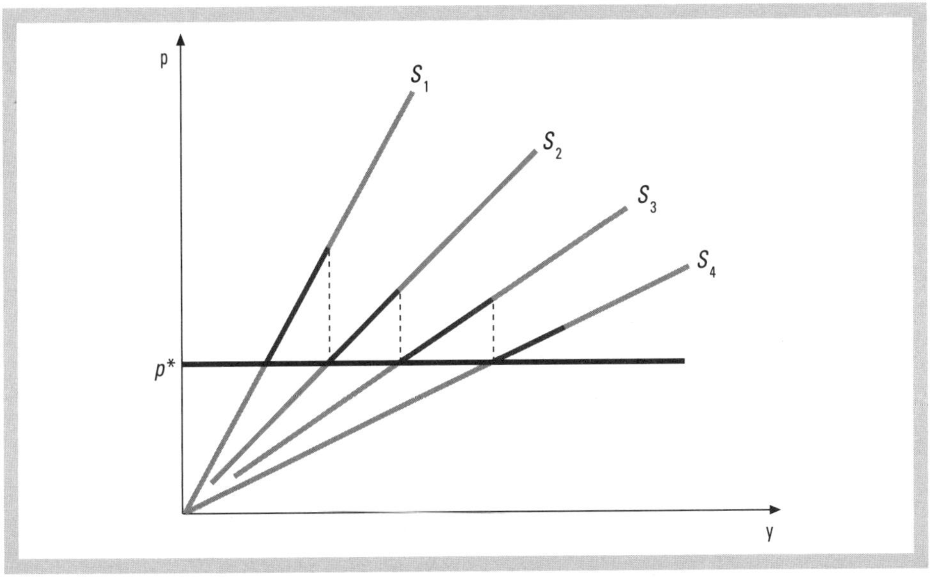

Figure 23.4 ***La courbe d'offre à long terme.***

Nous pouvons éliminer les parties des courbes d'offre qui ne peuvent pas correspondre à long terme à des points d'intersection avec une courbe de demande du marché décroissante, c'est-à-dire l'ensemble des points situés sur chaque courbe d'offre à droite des segments en traits discontinus.

approximation fort imparfaite ! S'il y a un nombre suffisamment important d'entreprises à long terme, le prix d'équilibre ne peut pas être fort différent du coût moyen minimum. Cette situation est illustrée à la figure 23.5.

Ce résultat a une conséquence importante : dans une branche concurrentielle avec entrée libre, les profits ne peuvent pas être fort différents de zéro. S'il y a des profits relativement importants dans une branche avec entrée libre, d'autres entreprises seront incitées à entrer dans la branche et par conséquent, les profits tendront vers zéro.

Rappelons que la prise en compte correcte des coûts économiques implique que nous mesurions tous les facteurs de production à leurs prix du marché. Quand *tous* les facteurs et leurs prix sont correctement mesurés, n'importe qui peut reproduire exactement une entreprise qui réalise des profits positifs. N'importe qui peut entrer sur un marché ouvert et acheter les facteurs de production nécessaires pour produire le même output de la même façon que la firme considérée.

Dans une branche avec entrée et sortie libre, la courbe d'offre à long terme est essentiellement horizontale en un prix égal au coût moyen minimum. Cela correspond exactement au type de courbe d'offre à long terme que nous avons lorsqu'une entreprise particulière a des rendements d'échelle constants. Il ne s'agit pas là d'un accident. Nous avons soutenu le fait que les rendements d'échelle constants constituaient une hypothèse raisonnable parce qu'une entreprise peut toujours faire plusieurs fois ce qu'elle fait déjà. Mais une autre entreprise peut tout aussi bien reproduire l'activité de l'entreprise

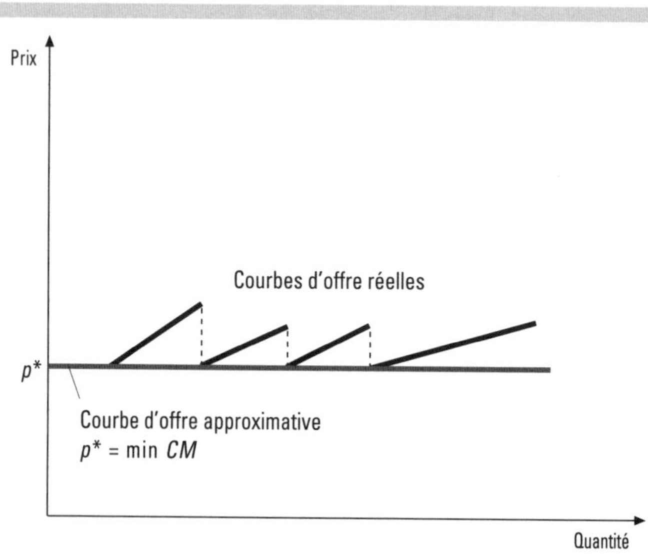

Figure 23.5 ***Une approximation de la courbe d'offre à long terme.***

La courbe d'offre à long terme est approximativement horizontale en un prix égal au coût moyen minimum.

considérée ! Augmenter la production en construisant une nouvelle usine identique à celle qui existe déjà, cela revient exactement au même que si une nouvelle entreprise entre sur le marché avec des capacités de production identiques à celles de l'entreprise déjà sur le marché. La courbe d'offre à long terme d'une branche d'activité concurrentielle avec entrée libre se présente dès lors de façon identique à une courbe d'offre à long terme d'une entreprise avec des rendements d'échelle constants ; il s'agit en fait d'une droite horizontale en un prix égal au coût moyen minimum.

Exemple : Taxation à long terme et à court terme

Considérons une branche d'activité avec entrée et sortie libre. Supposons qu'initialement cette branche soit à l'équilibre de long terme avec un nombre fixe d'entreprises et des profits nuls, comme illustré à la figure 23.6. À court terme, avec un nombre fixe d'entreprises, la courbe d'offre de la branche est croissante, tandis qu'à long terme, avec un nombre variable d'entreprises, la courbe d'offre est horizontale en un prix égal au coût moyen minimum.

Que se passe-t-il si nous imposons une taxe sur ce secteur ? Utilisons l'analyse graphique développée au chapitre 16 : afin de déterminer le nouveau prix payé par les demandeurs, nous déplaçons la courbe d'offre du montant de la taxe.

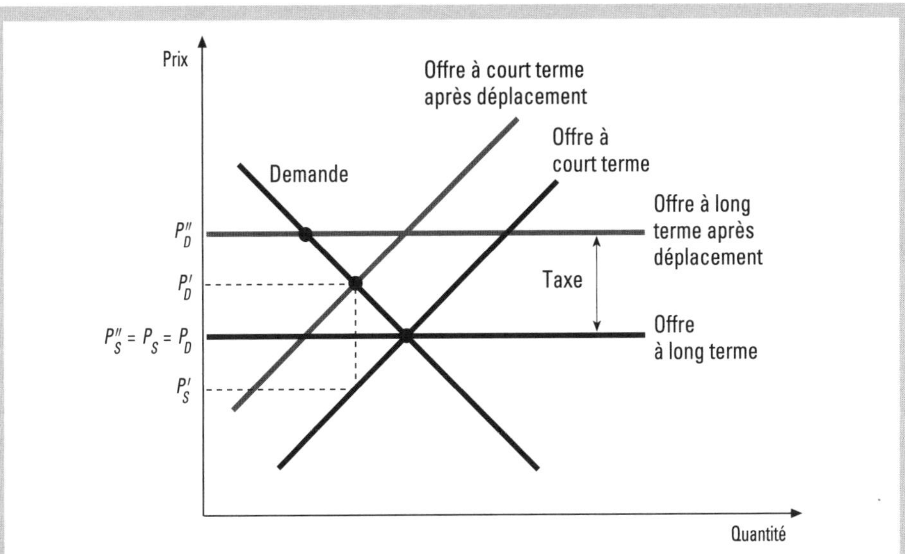

Figure 23.6 ***Taxation à court terme et à long terme.***

À court terme, avec un nombre fixe d'entreprises, la courbe d'offre de la branche a une pente positive, de sorte qu'une partie de la taxe est supportée par les consommateurs et une partie l'est par les entreprises. À long terme, la courbe d'offre de la branche est horizontale, de sorte que la totalité de la taxe est supportée par les consommateurs.

En règle générale, les consommateurs sont confrontés à un prix plus élevé et les producteurs reçoivent un prix plus faible. Mais avant l'imposition de la taxe, les producteurs ne parvenaient déjà qu'à couvrir leurs coûts. Par conséquent, après la taxation, ils doivent perdre de l'argent. Ces pertes amèneront certaines entreprises à quitter la branche d'activité. L'offre d'output sera par conséquent réduite et le prix payé par les consommateurs augmentera.

À long terme, l'offre de la branche correspond à une courbe d'offre horizontale. Pour que l'offre corresponde à cette courbe, les firmes doivent recevoir un prix égal au coût moyen minimum, c'est-à-dire exactement ce qu'elles recevaient avant que la taxe ne soit prélevée. Le prix payé par les consommateurs doit par conséquent augmenter du montant total de la taxe.

À la figure 23.6, l'équilibre initial est situé au point où $P_D = P_S$. Quand on impose la taxe, la courbe d'offre à court terme se déplace parallèlement à elle-même du montant de cette taxe et le prix d'équilibre payé par les demandeurs augmente pour devenir P_D'. Le prix d'équilibre reçu par les offreurs devient $P_S' = P_D' - t$. Mais il s'agit là seulement d'une situation à court terme, c'est-à-dire quand il y a un nombre fixe d'entreprises dans la branche. Du fait de l'entrée et de la sortie libre, la courbe d'offre à *long terme* du secteur d'activité est horizontale en $PD = PS =$ coût moyen minimum. Dès lors, à long terme, le déplacement vers le haut de la courbe d'offre implique le transfert total de la taxe vers les consommateurs.

En résumé : dans une branche avec entrée libre, une taxe augmente dans un premier temps, le prix payé par les consommateurs d'un montant inférieur à celui de la taxe puisqu'une partie de celle-ci est supportée par les producteurs, mais à long terme, la taxe pousse certaines entreprises à quitter la branche ; ce qui réduit l'offre et les consommateurs finissent par payer la totalité de la taxe.

23.5 LA SIGNIFICATION DES PROFITS NULS

Dans un secteur d'activité avec entrée libre, les profits tendent vers zéro parce que de nouvelles entreprises entrent dans la branche : quand les profits sont positifs, il est intéressant pour une nouvelle entreprise d'entrer afin de s'octroyer une partie de ces profits. Quand les profits sont nuls, cela ne signifie pas que la branche disparaît ; cela signifie simplement qu'elle cesse de croître car il n'est plus intéressant désormais d'entrer dans ce secteur d'activité.

Dans un équilibre à long terme avec profits nuls, tous les facteurs de production sont payés à leur prix du marché, c'est-à-dire à un prix identique à celui qu'ils pourraient recevoir ailleurs. Le propriétaire de l'entreprise, par exemple, continue à recevoir une rémunération pour son temps de travail ou pour la somme d'argent qu'il a investie dans l'entreprise (ou pour n'importe quelle autre contribution aux activités de la firme). C'est la même chose pour tous les facteurs de production. L'entreprise continue à gagner de l'argent, c'est-à-dire à gagner l'argent juste nécessaire pour acheter les inputs qu'elle utilise.

Chaque facteur de production gagne dans cette branche une somme identique à celle qu'il pourrait gagner ailleurs. Il n'y a donc pas de rémunérations supplémentaires, c'est-à-dire de profits purs, susceptibles d'attirer de nouveaux facteurs de production dans cette branche. Mais il n'y a rien non plus qui les pousse à quitter la branche. Les branches d'activité en équilibre de long terme avec profits nuls sont des branches qui ont atteint leur niveau de maturité ; elles ne font vraisemblablement pas la première page de *Business Week*, mais elles constituent la base de l'économie.

Rappelons que les profits économiques sont définis en utilisant les prix du marché pour tous les facteurs de production. Les prix du marché mesurent les coûts d'opportunité de ces facteurs, c'est-à-dire ce qu'ils pourraient gagner ailleurs. Toute somme d'argent gagnée en plus de ces rémunérations de facteurs est un profit économique pur. Mais dès que quelqu'un trouve un profit économique pur, d'autres personnes essayeront d'entrer dans la branche et d'obtenir elles aussi une partie de ce profit. Ce sont ces manœuvres visant à s'approprier les profits économiques qui finissent par ramener ceux-ci à un niveau nul dans une branche concurrentielle avec entrée libre.

Dans certains milieux, l'objectif de profit est considéré avec un certain dédain. Mais quand vous réfléchissez en termes purement économiques, les profits fournissent tout simplement les signaux corrects en ce qui concerne l'allocation des ressources. Si une entreprise réalise des profits positifs, cela signifie que les gens attribuent à l'output de cette firme une valeur supérieure à celle attribuée aux inputs. Dans ce cas, n'est-il pas logique que davantage d'entreprises produisent ce type d'output ?

23.6 FACTEURS FIXES ET RENTE ÉCONOMIQUE

Quand il y a entrée libre, les profits tendent vers zéro à long terme. Mais l'entrée n'est pas libre dans toutes les branches. Dans certaines branches, le nombre d'entreprises est fixe.

Souvent, il en est ainsi parce que certains facteurs de production ne sont disponibles qu'en quantités fixes. Nous avons dit qu'à long terme, une entreprise individuelle peut acheter ou vendre ses facteurs fixes. Mais certains facteurs peuvent être fixes pour *l'ensemble de l'économie*, même à long terme.

L'exemple le plus évident est celui des industries extractives : le pétrole présent dans le sol est un input nécessaire à l'industrie qui extrait le pétrole et la quantité de pétrole qui peut être extraite est fixe. Nous pouvons tenir le même raisonnement pour le charbon, le gaz, les métaux précieux ou n'importe quelle ressource naturelle du même type. L'agriculture est un autre exemple ; il n'y a qu'une quantité donnée de terre susceptible d'être utilisée pour l'agriculture.

Un exemple plus original d'un tel type de facteur est le talent. Il n'y a qu'un certain nombre de personnes qui possèdent le talent nécessaire pour devenir un athlète ou un comique professionnel. L'entrée peut être « libre » dans de telles activités, mais uniquement pour ceux qui sont suffisamment bons pour y entrer !

Il y a d'autres cas où le facteur fixe n'est pas fixe par nature, mais en vertu de la loi. Dans certaines branches, il est nécessaire de posséder une licence ou un permis et le nombre de ces permis peut être fixé par la loi. Les activités de taxis dans de nombreuses villes américaines sont réglementées de cette façon. Les licences pour la vente d'alcool constituent un autre exemple.

Si le nombre d'entreprises dans la branche est soumis à de telles restrictions, c'est-à-dire que de nouvelles entreprises ne peuvent pas entrer librement dans cette activité, il se peut que les firmes de cette branche réalisent des profits positifs à long terme et qu'aucun mécanisme économique ne pousse les profits vers zéro.

Mais cette apparence est trompeuse. En fait, il existe un mécanisme économique qui pousse les profits vers zéro. Si une entreprise opère en un point où ses profits sont positifs à long terme, c'est probablement parce que nous n'avons pas correctement mesuré la valeur du marché du facteur qui entrave l'entrée.

Ici, il est important de se remémorer la définition économique des coûts : chaque facteur de production doit être évalué à son *prix du marché*, c'est-à-dire à son coût d'opportunité. Si un fermier réalise des profits positifs après avoir soustrait tous ses coûts de production, c'est probablement parce que le coût de sa terre n'a pas été déduit.

Supposons que nous parvenions à évaluer tous les inputs de l'exploitation agricole à l'exception de la terre et que nous ayons finalement un profit de π euros par an. Quelle somme la terre vaudrait-elle sur un marché libre ? Quelle somme un individu quelconque serait-il disposé à payer pour louer cette terre pendant un an ?

La réponse est qu'il serait disposé à louer cette terre pour π euros par an, soit les profits que cette terre procure. Il n'est pas nécessaire de connaître quoi que ce soit en ce qui concerne l'exploitation d'un domaine agricole pour louer cette terre et gagner π euros. Le travail du fermier a été comptabilisé à son prix du marché ; cela signifie que vous pouvez louer les services du fermier et réaliser un profit de π euros. La valeur du marché de cette terre, c'est-à-dire le niveau concurrentiel de son loyer, est donc simplement π. Les profits économiques de l'exploitation agricole sont par conséquent nuls.

Notons que le prix de location que nous venons de déterminer peut n'avoir absolument aucun rapport avec le coût historique de la ferme. Ce qui importe, ce n'est pas le montant pour lequel vous avez acheté la ferme, mais bien le montant pour lequel vous pouvez la vendre ; c'est lui qui détermine le coût d'opportunité.

Dès qu'un facteur fixe empêche l'entrée dans une branche, il y a un prix de location d'équilibre pour ce facteur. Même quand il y a des facteurs fixes, il est toujours possible d'entrer dans une branche en achetant une entreprise qui y est déjà présente. Toute entreprise dans la branche peut se vendre et le coût d'opportunité de ne pas faire cela est un coût de production qui doit être pris en compte.

Dès lors, dans un certain sens, c'est toujours la *possibilité* d'entrer qui pousse les profits vers zéro. En effet, il y a deux façons d'entrer dans une branche : constituer une nouvelle entreprise ou acheter une entreprise déjà présente dans le secteur d'activité. Si une nouvelle entreprise a la possibilité d'acheter tout ce qui est nécessaire pour produire dans une branche tout en réalisant un profit, c'est ce que cette firme fera. Mais si certains facteurs sont en quantités fixes, la concurrence entre les entrants potentiels pour acquérir ces facteurs, poussera les prix de ceux-ci vers le haut jusqu'à un point où le profit sera nul.

Exemple : Les licences de taxi à New York

Nous avons vu antérieurement qu'une licence pour exploiter un taxi à New York coûtait environ 100 000 $. Toutefois, en 1986, les chauffeurs de taxi ne gagnaient qu'environ 400 $ pour une semaine de 50 heures. La Commission des Taxis de New York soutint qu'un tel salaire était trop faible pour attirer des chauffeurs qualifiés et qu'il fallait augmenter les tarifs des taxis pour attirer de meilleurs chauffeurs.

Un économiste objecterait qu'une augmentation des tarifs n'aurait virtuellement aucun effet sur le salaire net des chauffeurs. Le seul impact serait un accroissement de la valeur d'une licence de taxi. Nous pouvons vérifier cela par une analyse des chiffres de la Commission concernant les coûts d'exploitation d'un taxi. En 1986, le taux de location était de 55 $ pour une pause de jour et 65 $ pour une pause de nuit. Le chauffeur qui louait le taxi payait l'essence et gagnait un revenu journalier net d'environ 80 $.

Mais combien gagnait le propriétaire de la licence de taxi ? Si on suppose que le taxi peut être loué pour deux pauses à raison de 320 jours par an, le revenu locatif s'élève à 38 400 $. Les assurances, dépréciation, entretien, etc. s'élevaient à environ 21 100 $ par an. Cela laisse un profit net de 17 300 $ par an et comme la licence coûtait environ 100 000 $, nous obtenons un rendement total d'environ 17 %.

Une augmentation des tarifs de taxi autorisés se répercuterait directement dans la valeur de la licence. Une augmentation des tarifs impliquant une recette supplémentaire de 10 000 $ par an entrainerait un accroissement de la valeur de la licence d'environ 60 000 $. Le taux de salaire des chauffeurs de taxi — qui est déterminé sur le marché du travail — resterait inchangé[1].

23.7 LA RENTE ÉCONOMIQUE

Les situations examinées dans la section précédente sont des exemples de **rente économique**. On définit une rente économique comme étant la partie des rémunérations versées à un facteur de production qui dépasse la rémunération minimum nécessaire pour que ce facteur soit offert.

Reprenons l'exemple du pétrole examiné précédemment. Afin de produire du pétrole, il faut du travail, des machines et des nappes de pétrole ! Supposons que le coût du pompage du pétrole à partir d'un puits existant soit de 1 $ le baril. Dans ce cas, tout prix supérieur à 1 $ le baril incite les entreprises à offrir du pétrole à partir des puits existants. Mais le prix du pétrole est en fait beaucoup plus élevé que 1 $ le baril. Les gens désirent

[1] Ces chiffres sont tirés d'un éditorial non signé du *New York Times*, 17 avril 1986.

du pétrole pour diverses raisons et ils sont disposés à payer un prix supérieur à son coût de production pour en obtenir. La différence entre le prix du pétrole et son coût de production est une rente économique.

Pourquoi d'autres firmes n'entrent-elles pas dans ce secteur d'activité ? En fait, elles essaient, mais il n'y a qu'une quantité donnée de pétrole disponible. Le pétrole est vendu pour un prix supérieur à son coût de production parce qu'il est en offre limitée.

Considérons maintenant les licences de taxi. Comme feuilles de papier, ces licences ne coûtent presque rien. Mais à New York, une licence de taxi peut être vendue pour 100 000 $! Pourquoi les gens n'entrent-ils pas dans cette branche et ne produisent-ils pas plus de licences de taxi ? La raison est que l'entrée est illégale ; la ville de New York contrôle l'offre de licences.

Les terres agricoles constituent encore un autre exemple de rente économique. La quantité totale de terre est fixe. L'offre de terres est exactement la même, que le prix de l'are soit 0 ou 1000. Dès lors, pour l'essentiel, les rémunérations de la terre constituent une rente économique.

Du point de vue de l'ensemble de l'économie, c'est le prix des produits agricoles qui détermine la valeur des terres agricoles, mais du point de vue de l'agriculteur individuel, la valeur de sa terre est un coût de production qui entre dans la détermination du prix de son produit.

Ce point est illustré à la figure 23.7. Sur cette figure, *CVM* représente la courbe de coût moyen pour l'ensemble des facteurs de production à l'*exception* du coût de la terre. (Nous supposons que la terre est le seul facteur fixe.) Si le prix de la récolte réalisée sur cette terre est p^*, le « profit » attribuable à la terre est mesuré par la surface du rectangle : il s'agit de la rente économique. C'est à ce prix que la terre serait louée sur un marché concurrentiel. C'est le montant nécessaire pour que le profit soit nul.

La courbe *CM* représente le coût moyen en *incluant* la valeur de la terre. Si nous mesurons la valeur de la terre correctement, le profit économique lié aux activités de la ferme est nul. Puisqu'à l'équilibre, la rente associée à cette terre est le montant nécessaire pour que le profit soit nul, nous avons

$$p^*y^* - c_v(y^*) - \text{rente} = 0$$

La rente est par conséquent égale à

$$\text{rente} = p^*y^* - c_v(y^*). \tag{23.1}$$

C'est exactement ce que nous avons appelé antérieurement le surplus du producteur. En fait, il s'agit du même concept appréhendé simplement d'un point de vue différent. Nous pouvons donc mesurer également la rente en prenant la surface située à gauche de la courbe de coût marginal comme nous l'avons vu antérieurement.

Compte tenu de la définition de la rente donnée par l'équation (23.1), il est maintenant facile de voir pourquoi nous avons dit auparavant que c'est le prix d'équilibre qui détermine la rente et non l'inverse. La firme offre sur base de sa courbe de coût marginal

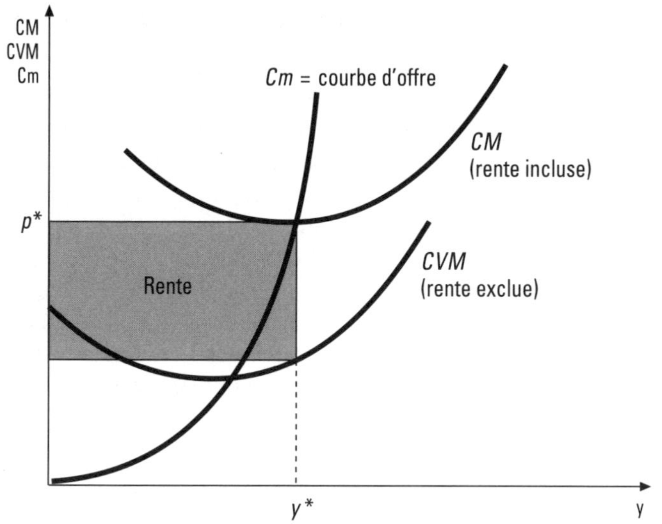

Figure 23.7 ***La rente économique pour la terre.***

La surface du rectangle représente la rente économique associée à la terre.

qui est indépendante des dépenses relatives aux facteurs fixes et la rente s'ajuste de façon à ce que les profits soient nuls.

23.8 LES TAUX D'USAGE ET LES PRIX

Puisque nous mesurons l'output en unités de flux, c'est-à-dire en quantités d'output par unité de temps, nous devons veiller à mesurer les profits et les rentes en euros par unité de temps. C'est pour cette raison que dans l'analyse précédente, nous avons parlé de rente annuelle pour la terre comme pour une licence de taxi.

Si la terre ou la licence est à vendre plutôt qu'à louer, le prix d'équilibre est la valcur présente du flux de paiements liés à son usage. Il s'agit de la conséquence directe du raisonnement classique selon lequel les actifs engendrant un flux de rémunérations doivent être vendus à leur valeur présente sur un marché concurrentiel.

Exemple : Les licences de vente d'alcool

Aux États-Unis, chaque État définit sa politique propre en matière de vente d'alcool. Quelques États ont un monopole pour l'alcool ; d'autres émettent des licences pour ceux qui désirent vendre de l'alcool. Dans quelques cas, les licences sont émises contre paiement d'un montant financier ; dans les autres cas, le nombre de licences est fixe. Ainsi, dans le Michigan, le nombre de licences pour la vente de bière et de vin à des fins de consommation sur place est limité à raison de une licence pour 1 500 résidents.

Après chaque recensement fédéral, un Conseil de Contrôle des Alcools au niveau de l'État octroie les licences supplémentaires aux communautés dont la population a augmenté. (Aucune licence n'est cependant retirée aux communautés dont la population a diminué.) Cette rareté artificielle des licences a créé un marché très actif pour les licences dans beaucoup de communautés en forte expansion. Par exemple en 1983 Ann Arbor, dans le Michigan, disposait de 66 licences d'alcool. Six nouvelles licences furent octroyées après le recensement de 1980 et 33 demandeurs s'activèrent pour les obtenir. À cette époque la valeur du marché pour une licence de vente d'alcool était d'environ 80 000 $. Un journal local écrivit que « la demande dépasse l'offre pour les licences de vente d'alcool ».Qu'il y ait demande excédentaire quand on donne pour un prix nul un actif valant 80 000 $ ne constituait pas une surprise pour les économistes locaux !

De nombreuses propositions ont été formulées pour assouplir le contrôle de la vente d'alcool dans le Michigan en autorisant l'État à émettre des licences supplémentaires. Toutefois aucune de ces propositions ne s'est transformée en loi suite à l'opposition de divers groupes politiques. Certains de ces groupes s'opposent à la consommation d'alcool pour des raisons de santé publique ou pour des motifs religieux. D'autres groupes ont des mobiles quelque peu différents. Par exemple un des opposants les plus acharnés aux propositions d'assouplissement est la Michigan Licensed Beverage Association, un groupe qui représente les vendeurs de boissons alcoolisées du Michigan. Bien qu'à première vue il paraisse paradoxal que ce groupe s'oppose à la libéralisation de la vente d'alcool, après une petite réflexion on peut imaginer un motif possible : émettre davantage de licences diminuerait sans aucun doute la valeur de revente des licences existantes, imposant ainsi de sévères pertes en capital aux détenteurs actuels des licences.

23.9 LA POLITIQUE DES RENTES

Souvent, l'existence d'une rente économique découle de restrictions légales à l'entrée dans une branche d'activité. Nous avons antérieurement mentionné deux exemples : les licences de taxi et les licences pour débits de boisson. Dans ces deux cas, le nombre de licences est fixé par la loi qui limite l'entrée dans la branche et crée ainsi des rentes économiques.

Supposons que les autorités de la ville de New York désirent augmenter le nombre de taxis en circulation. Comment va évoluer la valeur du marché des licences de taxi existantes ? Cette valeur va évidemment diminuer. Cette diminution de valeur va toucher les taximen au niveau de leur portefeuille et il est vraisemblable que des pressions vont s'exercer à l'encontre d'une telle mesure.

Le gouvernement fédéral américain limite aussi artificiellement l'output de certains produits de manière à créer une rente. Par exemple, le gouvernement fédéral a décidé que le tabac ne pouvait être cultivé que sur certaines terres. La valeur de ces terres est dès lors déterminée par la demande pour les produits du tabac. Un puissant groupe de pression s'oppose à toute tentative d'éliminer ce système de licences. Une fois que le gouvernement crée une rareté artificielle, il est très difficile de l'éliminer. Les bénéficiaires de cette rareté artificielle, c'est-à-dire les gens qui ont acquis le droit d'exercer des activités dans la branche, s'opposent vigoureusement à toute tentative d'ouvrir la branche.

Les personnes qui exercent des activités dans un secteur dont l'entrée est limitée légalement, peuvent parfois consacrer des ressources considérables pour conserver leur avantage. Les dépenses des groupes de pression, les frais d'avocat, le coût des relations publiques, etc. peuvent être très importants. Du point de vue de la société, ce type de dépenses est un pur gaspillage social. Il ne s'agit pas de véritables coûts de production ; ils ne permettent pas de produire une quantité d'output supplémentaire. Les efforts des groupes de pression ne visent qu'à déterminer quels seront les bénéficiaires de l'argent associé à l'output existant.

Pour désigner les efforts déployés pour conserver ou acquérir des droits sur des facteurs en offre fixe, on parle parfois de « **recherche de rentes** ». Du point de vue de la société, il s'agit d'une pure « charge morte » puisque ces efforts ne créent pas d'output supplémentaire ; ils n'influencent que la valeur du marché des facteurs de production existants.

Exemple : Affermer le gouvernement

On ne peut relever qu'un seul point positif à propos du programme de subvention à l'agriculture aux États-Unis : il donne une source inépuisable d'exemples pour les manuels d'économie. Chaque nouvelle réforme du programme agricole pose de nouveaux problèmes. « Si vous désirez trouver les failles dans un programme, il vous suffit de le donner aux agriculteurs. Personne n'est plus imaginatif pour trouver des façons d'exploiter les failles ! » a déclaré un jour Terry Bar, Vice-Président du Conseil National des Coopératives Agricoles[2].

Jusqu'en 1996, le programme de subvention à l'agriculture aux États-Unis reposait fondamentalement sur un soutien des prix : le gouvernement fédéral garantissait un prix minimum pour une récolte et il prenait en charge la différence si le prix descendait en dessous de ce prix minimum. Afin de bénéficier de ce programme, un exploitant agricole devait accepter de ne pas cultiver une partie de ses terres.

En fonction de la nature même de ce programme d'action, c'étaient les grands exploitants agricoles qui retiraient la plupart des bénéfices. D'après une estimation, 13 % des subventions fédérales directes bénéficiaient à 1 % des agriculteurs dont le chiffre d'affaires annuel dépassait les 500 000 $. Le Food Security Act de 1985 limita fortement les subventions aux grands exploitants agricoles. En conséquence, les agriculteurs divisèrent leurs exploitations en louant la terre à des investisseurs locaux. Ceux-ci acquéraient des parcelles suffisamment importantes pour bénéficier des subventions, mais trop petites pour

[2] Cité dans Robbins, William, « Limits on Subsidies to Big Farms Go Away. Sending Costs Climbing », *New York Times*, 15 juin 1987, p. A1.

entrer dans le champ des restrictions concernant les grandes exploitations. Une fois la terre acquise, les investisseurs demandaient pour bénéficier d'un programme gouvernemental qui indemnisait l'investisseur pour ne pas cultiver la terre. Cette pratique fut appelée aux États-Unis « Affermer le gouvernement » (*Farming the Government*). Une étude a indiqué que la loi de 1985 qui visait à restreindre les subventions aux grandes exploitations agricoles a eu comme résultat l'introduction de 31 000 nouvelles demandes pour des subventions agricoles dont le coût fut de l'ordre de 2,3 milliards de dollars. Remarquons que l'objectif affiché du programme, à savoir limiter les subventions gouvernementales payées aux grands exploitants agricoles, n'a pas été atteint. Quand les exploitants agricoles louent leur terre à de petits agriculteurs, le prix du marché pour les locations dépend de la générosité des subventions fédérales. Plus celles-ci sont importantes, plus le loyer d'équilibre que les grands exploitants agricoles reçoivent est élevé. Ce sont toujours les individus qui possèdent au départ la terre qui bénéficient des subventions puisque c'est fondamentalement la valeur de ce que rapporte la terre qui détermine sa valeur du marché, qu'il s'agisse du produit d'une exploitation agricole ou de l'« affermage » du gouvernement.

Le Farm Act de 1996 a promis l'élimination de la plupart des subventions agricoles d'ici 2002. Toutefois, le budget fédéral de 1998 a réintroduit plus de 6 milliards de dollars de subventions agricoles fédérales. On voit ainsi une nouvelle fois combien il est difficile de concilier politique et économie.

23.10 LA POLITIQUE DE L'ÉNERGIE

Nous allons terminer ce chapitre en développant un exemple qui utilise certains concepts que nous venons de présenter.

En 1974, l'organisation des pays exportateurs de pétrole (l'O.P.E.P.) imposa une augmentation importante du prix du pétrole. Les pays qui n'avaient pas de production intérieure de pétrole n'avaient que peu de choix en matière de politique énergétique ; le prix du pétrole et les prix des biens produits à l'aide de celui-ci ne pouvaient qu'augmenter.

À cette époque, les États-Unis produisaient environ la moitié de leur consommation intérieure de pétrole et le Congrès estima qu'il était anormal que les producteurs intérieurs perçoivent des « profits inattendus », résultant d'une augmentation non contrôlée du prix. (Le terme « profits inattendus » (*windfall profits*) désigne une augmentation des profits due à un événement extérieur par opposition à une augmentation des profits due à des décisions de production.) Le Congrès mit dès lors au point un plan bizarre visant à essayer de maintenir à un niveau relativement bas le prix des produits dérivés du pétrole. Nous allons analyser l'effet de ce programme sur le marché de l'essence, car ce produit est le dérivé le plus important.

Une double tarification pour le pétrole

Le plan adopté par le Congrès consistait à pratiquer ce qu'on appelle une « double tarification » pour le pétrole et il se présentait plus ou moins de la façon suivante. Le pétrole importé était vendu à son prix du marché quel que fût celui-ci, mais le pétrole domestique, c'est-à-dire le pétrole produit à partir des puits en exploitation avant 1974, était vendu à son ancien prix, c'est-à-dire au prix auquel il était vendu avant l'augmentation décidée par l'O.P.E.P. En termes approximatifs, nous pouvons dire que le pétrole importé était vendu à un prix d'environ 15 $ le baril alors que le pétrole domestique était vendu aux alentours de 5 $. L'idée était que le prix moyen du pétrole devait dans ce cas, être d'environ 10 $ le baril et que cela permettrait de maintenir le prix de l'essence à un niveau relativement bas.

Ce système aurait-il pu fonctionner ? Considérons le problème du point de vue des producteurs d'essence. À quoi ressemble la courbe d'offre d'essence ? Pour répondre à cette question, nous devons nous demander à quoi ressemble la courbe de coût marginal pour l'essence.

Que feriez-vous si vous étiez un raffineur ? Évidemment, vous essayeriez d'utiliser tout d'abord le pétrole domestique meilleur marché. Ce n'est qu'après avoir épuisé l'offre de pétrole domestique, que vous vous tourneriez vers le pétrole importé qui est plus cher. Dès lors, la courbe de coût marginal agrégée pour l'essence, c'est-à-dire la courbe d'offre de la branche, doit ressembler à celle illustrée à la figure 23.8. La courbe présente un saut quand la production intérieure de pétrole est épuisée et que l'on commence à

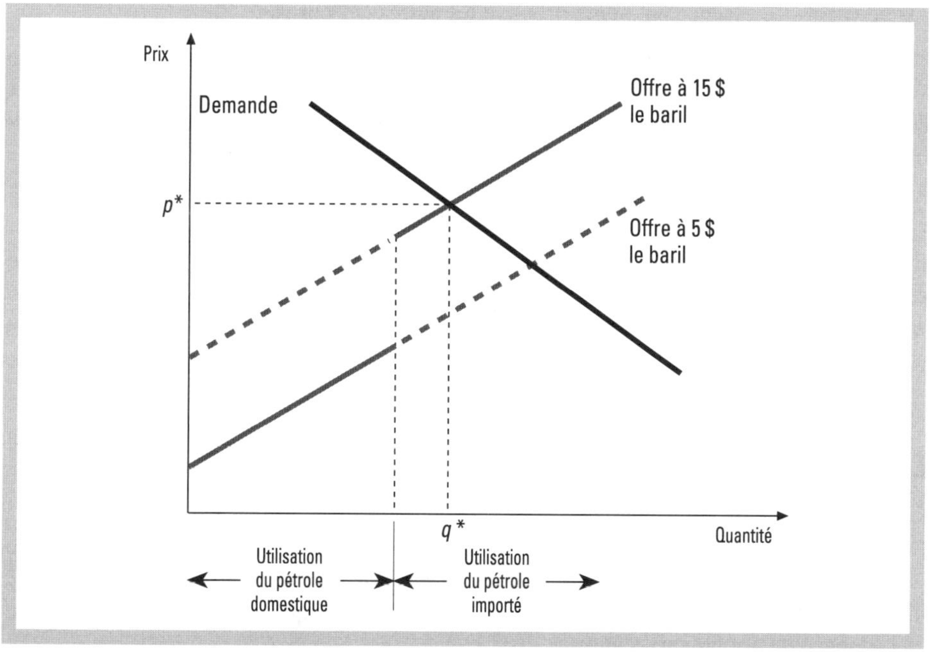

Figure 23.8 ***La courbe d'offre d'essence.***

Avec un système de double tarification pour le pétrole, la courbe d'offre d'essence présente une discontinuité, sautant de la courbe d'offre inférieure à la courbe d'offre supérieure quand le pétrole le moins cher est épuisé.

utiliser du pétrole importé. Avant ce point, le prix du pétrole domestique mesure le prix du facteur pertinent pour la production de l'essence. Après ce point, c'est le prix du pétrole importé qui est le prix du facteur pertinent.

La figure 23.8 représente les courbes d'offre de l'essence dans l'hypothèse où tout le pétrole serait vendu au prix mondial de 15 $ le baril et dans celle où tout le pétrole serait vendu au prix intérieur de 5 $ le baril. Si le pétrole domestique est effectivement vendu à 5 $ le baril et que le pétrole étranger est vendu à 15 $ le baril, la courbe d'offre de l'essence correspond à la courbe d'offre associée à un prix de 5 $ le baril jusqu'au moment où l'ensemble du pétrole domestique, meilleur marché, est épuisé ; elle correspond ensuite à la courbe d'offre associée à un prix de 15 $ le baril.

Cherchons maintenant l'intersection de cette courbe d'offre avec la courbe de demande du marché pour déterminer le prix d'équilibre comme l'indique la figure 23.8. Celle-ci révèle un élément important : le prix de l'essence est exactement le même dans le système à double tarification que ce qu'il serait si l'ensemble du pétrole était vendu au prix du pétrole importé ! Le prix de l'essence est déterminé par le coût *marginal* de production et le coût *marginal* est déterminé par le coût du pétrole importé.

Si vous réfléchissez à cela une minute, c'est parfaitement compréhensible. Les sociétés pétrolières vendent leur produit au prix que le marché accepte. Ce n'est pas parce que vous êtes suffisamment chanceux pour obtenir du pétrole bon marché que vous n'allez pas vendre votre essence au même prix que les autres entreprises.

Supposons à ce stade que l'ensemble du pétrole soit vendu à un seul prix et que l'équilibre soit atteint en un prix p^*. Le gouvernement intervient alors et diminue le prix des 100 premiers barils de pétrole que chaque raffineur utilise. Est-ce que cela va modifier l'offre ? Absolument pas. Pour influencer l'offre, vous devez modifier les incitants à la marge. La seule façon de diminuer le prix de l'essence, c'est d'augmenter l'offre, c'est-à-dire de diminuer le coût marginal du pétrole.

Le système de double tarification pour le pétrole consiste en fait en un transfert des producteurs de pétrole domestique vers les raffineurs de pétrole domestique. Les producteurs domestiques obtiennent 10 $ de moins pour leur pétrole et les profits auxquels ils doivent renoncer échoient aux raffineurs. Ce système n'a aucun effet sur l'offre d'essence et, par conséquent, il ne peut exercer aucune influence sur le prix de l'essence.

Le contrôle des prix

Les mécanismes économiques que nous venons de décrire furent assez vite perçus. Le Département de l'Énergie réalisa rapidement qu'il ne pouvait pas laisser les forces du marché déterminer le prix de l'essence dans ce système de double tarification, puisque le libre jeu du marché conduisait à un prix de l'essence identique à celui qui aurait prévalu en l'absence de double tarification.

On instaura dès lors un contrôle sur le prix de l'essence. Chaque raffineur fut obligé de fixer un prix pour son essence sur base de ses coûts de production, ceux-ci étant principalement déterminés par le coût du pétrole qu'il pouvait acheter.

Les quantités disponibles de pétrole domestique bon marché variaient en fonction de la localisation. Dans le Texas, les raffineurs étaient proches de la source principale de production domestique et, dès lors, ils pouvaient acheter des quantités importantes de pétrole bon marché. Suite au contrôle des prix, le prix de l'essence au Texas était relativement faible. En Nouvelle Angleterre, par contre, presque tout le pétrole devait être importé et, par conséquent, le prix de l'essence était assez élevé.

Lorsqu'un produit peut être vendu à des prix différents, il est logique pour les entreprises d'essayer de le vendre au prix le plus élevé. De nouveau, le Département de l'Énergie dut intervenir pour empêcher que de l'essence soit expédiée sans contrôle des régions à bas prix vers les régions à prix élevés. Cette intervention eut pour conséquence la série de célèbres pénuries d'essence que l'on connut au milieu des années 70. Périodiquement, l'offre d'essence diminuait dans une région du pays et il ne restait que peu d'essence disponible quel que soit le prix. Un système de marché libre pour les produits pétroliers n'aurait jamais engendré une telle situation ; les pénuries étaient entièrement imputables au système de double tarification utilisé pour le prix du pétrole, associé au contrôle des prix.

Les économistes attirèrent l'attention sur ce point, mais cela n'eut pas beaucoup d'effet au niveau politique. Les pressions exercées par les raffineurs d'essence eurent par contre une influence. Une grande partie du pétrole domestique était vendue sur base de contrats à long terme et certains raffineurs pouvaient en acquérir de grandes quantités tandis que d'autres ne pouvaient acheter que du pétrole importé, plus cher. Ceux-ci objectèrent naturellement que cette situation était injuste et le Congrès mit au point un autre système pour distribuer le pétrole domestique bon marché de façon plus équitable.

Le système d'autorisation

On appela ce nouveau système, le système d'autorisation (*entitlement program*). Il se présentait approximativement comme suit. Chaque fois qu'un raffineur achetait un baril de pétrole importé à un prix élevé, il obtenait un coupon qui lui permettait d'acheter une certaine quantité de pétrole domestique bon marché. La quantité que le raffineur était autorisé à acheter dépendait des conditions d'offre, mais nous supposerons que la proportion était de un pour un : chaque baril de pétrole importé acheté à 15 $ permettait l'achat d'un baril de pétrole domestique à 5 $.

Qu'impliquait ce système pour le prix marginal du pétrole ? Celui-ci était maintenant simplement une moyenne pondérée des prix du pétrole domestique et du pétrole importé ; dans le cas de la proportion un pour un, le prix était de 10 $. L'effet sur la courbe d'offre d'essence est illustré à la figure 23.9.

Ce système impliquait donc une diminution du coût marginal du pétrole et, par conséquent, une diminution du prix de l'essence. Mais qui payait cette diminution : les producteurs de pétrole domestique ! Les États-Unis importaient du pétrole qui coûtait 15 $ le baril en dollars réels, mais ils prétendaient qu'il ne coûtait que 10 $. Les producteurs de pétrole domestique étaient obligés de vendre leur pétrole à un prix inférieur au prix en vigueur sur le marché mondial. Les importations de pétrole étaient subventionnées et les producteurs de pétrole domestique obligés de supporter le coût de la subvention !

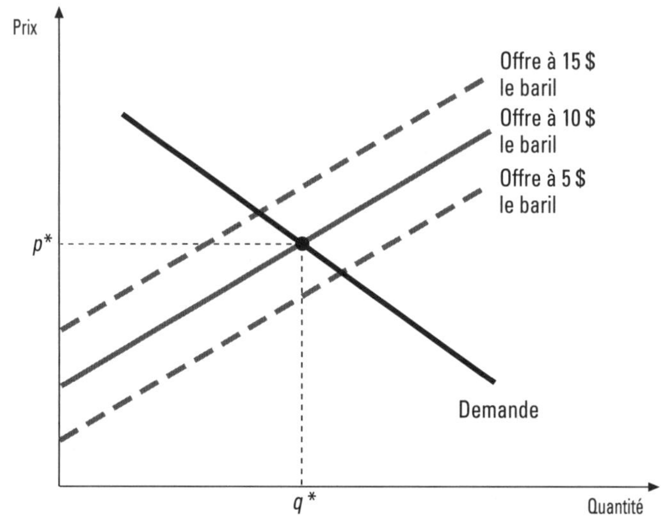

Figure 23.9 ***Le système d'autorisation.***

Avec le système d'autorisation (« entitlement program »), la courbe d'offre d'essence était située entre la courbe d'offre dans l'hypothèse où l'ensemble du pétrole serait fourni au prix importé et celle dans l'hypothèse où l'ensemble du pétrole serait fourni au prix domestique.

Par la suite, les États-Unis abandonnèrent également ce système et instaurèrent une taxe sur la production de pétrole domestique de façon à ce que les producteurs intérieurs ne bénéficient pas de profits inattendus dus à l'action de l'O.P.E.P. Évidemment, une telle taxe décourageait la production intérieure de pétrole et, par conséquent, augmentait le prix de l'essence, mais cela était apparemment acceptable pour le Congrès à cette époque.

23.11 TAXE CARBONE VERSUS PLAFONNEMENT ET ÉCHANGE

Soucieux du réchauffement climatique, de nombreux climatologues pressent les gouvernements pour qu'ils définissent des politiques visant à réduire les émissions de carbone. Deux de ces politiques sont particulièrement intéressantes d'un point de vue économique : la **taxe carbone** et le **système de plafonnement et d'échange**.

Une taxe carbone impose une taxe sur les émissions de carbone tandis que le système de plafonnement et d'échange implique l'octroi de licences d'émissions de carbone qui peuvent être échangées sur un marché organisé. Nous allons développer un modèle simple pour comparer ces deux systèmes.

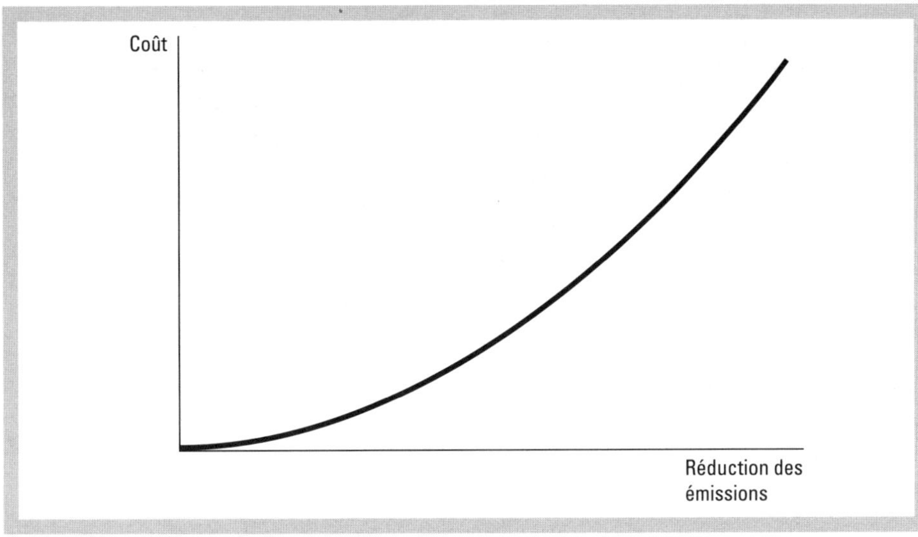

Figure 23.10 ***Fonction de coût pour les émissions.***

La courbe représente le coût associé aux réductions des émissions.

Production optimale d'émissions

Nous commencerons par examiner le problème de la production au moindre coût d'une quantité donnée d'émissions. Supposons deux firmes dont les émissions de carbone sont représentées par $(\bar{x}_1, \bar{x}_2)$. La firme i peut réduire son niveau d'émission de x à un coût $c_i(x_i)$. La figure 23.10 présente une fonction de coût possible.

L'objectif est de réduire les émissions d'un montant donné T de la façon la moins coûteuse possible. Ce problème de minimisation peut s'écrire comme suit

$$\min_{x_1, x_2} c_1(x_1) + c_2(x_2)$$

$$\text{s.c. } x_1 + x_2 = T.$$

Si le gouvernement connaissait la fonction de coût, il pourrait en principe résoudre ce problème de minimisation et assigner à chaque entreprise un niveau spécifique de réductions des émissions. C'est toutefois impossible s'il y a des milliers d'émetteurs. Le défi consiste dès lors à trouver une méthode décentralisée basée sur les marchés qui permette d'atteindre une solution optimale.

Examinons le problème d'optimisation. Il est clair qu'au niveau de la solution optimale, le coût marginal de réduction des émissions doit être le même pour chaque firme. S'il n'en était pas ainsi, il serait intéressant d'augmenter les émissions dans la firme avec les coûts marginaux les plus bas et de diminuer les émissions dans la firme

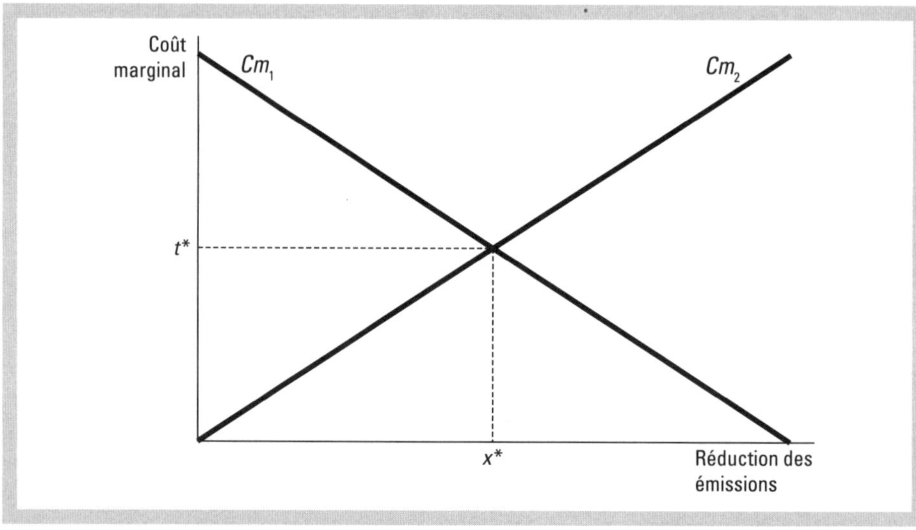

Figure 23.11 ***Équilibre sur un marché avec plafonnement et échange.***

La valeur t^* donne la taxe carbone optimale et le prix des licences d'émission.

avec les coûts marginaux les plus élevés. Cela réduirait les coûts sans modifier le volume d'émissions.

Nous avons ainsi un principe simple : au niveau de la solution optimale, le coût marginal des réductions d'émissions doit être le même dans toutes les entreprises. Dans un modèle à deux firmes, nous pouvons facilement déterminer graphiquement le point optimal. Soit $Cm_1(x_1)$ le coût marginal de réduction des émissions de x_1 pour la firme 1 et exprimons le coût marginal de réduction des émissions pour la firme 2 en fonction du résultat de l'entreprise 1 : $Cm_2(T - x_1)$ en supposant que l'objectif T est atteint. Nous avons représenté ces deux courbes à la figure 23.11. Le point d'intersection détermine la répartition optimale des réductions d'émissions entre les deux entreprises, sous la contrainte de la réalisation de l'objectif de réduction T.

Une taxe carbone

Au lieu de résoudre directement le problème de minimisation des coûts, considérons une solution décentralisée qui utilise une taxe carbone. Dans ce cadre, le gouvernement fixe un taux de taxation t sur les émissions de carbone.

Si la position initiale de la firme 1 est x_1 et qu'elle réduit ses émissions de x_1, elle finira avec des émissions de $(x_1 - x_1)$. Si elle paie t par unité émise, sa facture fiscale s'élèvera à $t(x_1 - x_1)$.

Confrontée à cette taxe, la firme voudrait choisir un niveau de réduction d'émissions qui minimise le coût total de production : le coût de réduction des émissions plus le montant de la taxe carbone sur les émissions qui restent. Le problème de minimisation des coûts est par conséquent le suivant :

$$\min_{x_1} C_1(x_1) + t(x_1 - x_1).$$

Clairement, la firme souhaite réduire les émissions jusqu'au moment où le coût marginal de réductions supplémentaires est juste égal à la taxe carbone, c'est-à-dire $t = Cm_1(x_1)$.

Si la taxe carbone est t^* comme déterminé à la figure 23.11, l'objectif de réduction totale T est atteint. La taxe carbone nous donne ainsi une façon décentralisée d'obtenir le résultat optimal.

Plafonnement et échange

Supposons alternativement qu'il n'y ait pas de taxe carbone mais que le gouvernement distribue des **licences d'émissions** négociables. Chaque licence autorise la firme qui la détient à produire un niveau donné d'émissions de carbone. Le gouvernement détermine le nombre de licences de façon à atteindre l'objectif de réduction.

Imaginons un marché pour ces biens sur lequel chaque firme peut acheter une licence pour émettre x unités de carbone à un prix p par unité. Pour la firme 1, le coût de réduction de ses émissions de x_1 est dès lors $C_1(x_1) + p(x_1' - x_1)$. Clairement, la firme fixera son niveau de production de façon telle que le prix d'une licence égal le coût marginal : $p = Cm_1(x_1)$. En d'autres termes, elle choisira le niveau d'émission de carbone tel que le coût de réduction des émissions de carbone d'une unité est juste égal au coût épargné en n'achetant pas une licence.

La courbe de coût marginal nous donne donc l'offre des émissions en fonction des prix. Le prix d'équilibre est le prix pour lequel l'offre totale d'émissions est égale à la quantité cible T. Le prix associé est le même que le taux de la taxe carbone optimale t^* à la figure 23.11.

Mais comment distribuer les licences ? Le gouvernement pourrait vendre les licences aux entreprises. C'est dans ce cas fondamentalement la même situation que celle basée sur la taxe carbone. Le gouvernement pourrait fixer un prix et vendre le nombre de licences demandées à ce prix. Alternativement, il pourrait fixer un niveau cible d'émissions et mettre aux enchères les permis, en laissant les entreprises déterminer elles-mêmes le prix. C'est un type de systèmc « plafonnement et échange ». Ces deux politiques conduisent fondamentalement au même prix de marché.

Une autre possibilité serait pour le gouvernement de distribuer les licences aux entreprises sur base d'une formule donnée. Cellc-ci pourrait être basée sur divers critères mais vraisemblablement une raison importante pour distribuer gratuitement les permis est le fait qu'ainsi le gouvernement peut disposer d'un soutien politique pour ce programme. Les permis peuvent être distribués sur base de critères objectifs, comme par exemple le nombre de travailleurs. Mais ils peuvent aussi être distribués aux firmes qui ont le plus soutenu financièrement certaines causes politiques.

Du point de vue économique, peu importe que le gouvernement détienne les licences et les vendent aux firmes (ce qui revient fondamentalement au système de la taxe carbone) ou les distribue aux firmes qui à leur tour les vendent entre elles (ce qui est fondamentalement le système de plafonnement et échange).

Si un système de plafonnement et échanges est créé, les firmes trouveront intéressant d'investir pour recevoir des permis d'émissions. Par exemple, elles peuvent essayer de convaincre les parlementaires. Les dépenses réalisées à cette fin font partie du coût d'un tel système, comme expliqué précédemment dans l'analyse des efforts de « **recherches de rentes** ».

Évidemment, le système de taxe carbone peut aussi être l'objet de pressions. Les firmes chercheront certainement à obtenir des exemptions spéciales à la taxe carbone pour une raison ou une autre, mais on peut argumenter que le système de taxe carbone est vraisemblablement moins sujet à des manipulations politiques qu'un système de plafonnement et échange.

RÉSUMÉ

1. La courbe d'offre à court terme d'une branche d'activité est simplement la somme horizontale des courbes d'offre des firmes individuelles opérant dans cette branche.
2. La courbe d'offre à long terme d'une branche doit prendre en compte le phénomène de sortie et d'entrée des firmes dans la branche.
3. S'il y a entrée et sortie libre, l'équilibre à long terme implique un nombre d'entreprises égal au nombre maximum compatible avec des profits non négatifs. Cela signifie que la courbe d'offre à long terme est essentiellement horizontale à un prix égal au coût moyen minimum.
4. S'il existe des facteurs qui empêchent l'entrée de firmes dans une branche profitable, ces facteurs bénéficient de rentes économiques. La rente perçue est déterminée par le prix de l'output de la branche.

PROBLÈMES À RÉSOUDRE

23.1 Si $S_1(p) = p - 10$ et $S_2(p) = p - 15$, à quel prix la courbe d'offre de la branche présente-t-elle un coude ?

23.2 À court terme, la demande pour les cigarettes est totalement inélastique. Supposons qu'à long terme, elle soit parfaitement élastique. Quel est l'effet d'une taxe sur le prix que les consommateurs paient à court terme et à long terme ?

23.3 Vrai ou faux ? Les magasins proches du campus universitaire pratiquent des prix plus élevés parce qu'ils doivent payer des rentes importantes.

23.4 Vrai ou faux ? Dans une branche à l'équilibre de long terme, aucune entreprise ne fait des pertes.

23.5 Sur base du modèle présenté dans ce chapitre, qu'est-ce qui détermine le nombre d'entrées et de sorties dans une branche d'activité particulière ?

23.6 Le modèle d'entrée dans la branche présenté dans ce chapitre implique-t-il une courbe d'offre de la branche à long terme plus raide ou plus aplatie lorsque le nombre de firmes de cette branche augmente ?

23.7 Un chauffeur de taxi new yorkais semble réaliser des profits positifs à long terme après avoir pris en compte consciencieusement ses coûts d'exploitation et de travail. Est-ce contraire au modèle concurrentiel ? Expliquez.

24

LE MONOPOLE

Dans les chapitres précédents, nous avons analysé le comportement d'un secteur d'activité concurrentiel, c'est-à-dire une structure de marché qui est très vraisemblable quand il y a un grand nombre de petites entreprises. Dans ce chapitre, nous nous tournons vers le cas extrême opposé ; nous allons considérer un secteur d'activité où il n'y a qu'une seule entreprise, c'est-à-dire un **monopole**.

Quand il n'y a qu'une entreprise sur un marché, il est fort peu vraisemblable que celle-ci prenne le prix du marché pour une donnée. Au contraire, un monopole aura en principe conscience de son influence sur le prix du marché et choisira le prix et l'output qui maximisent ses profits totaux.

Évidemment, il ne peut pas choisir le prix et l'output de façon indépendante ; pour un prix donné, le monopole ne peut vendre que ce que le marché accepte. S'il choisit un prix élevé, il ne peut vendre qu'une petite quantité. Le comportement de demande des consommateurs constitue une contrainte pour le monopoleur quand celui-ci choisit le prix et la quantité.

Nous pouvons considérer que le monopoleur fixe le prix et laisse les consommateurs choisir la quantité qu'ils désirent acheter à ce prix, mais nous pouvons tout aussi bien considérer que le monopoleur choisit la quantité et laisse les consommateurs décider quel prix ils payeront pour cette quantité. La première approche est probablement plus naturelle, mais la seconde s'avère plus intéressante d'un point de vue analytique. Ces deux approches sont évidemment équivalentes quand nous les menons de façon correcte.

24.1 LA MAXIMISATION DU PROFIT

Commençons par étudier le problème de maximisation du profit du monopoleur. Utilisons $p(y)$ pour représenter la fonction de demande inverse du marché et $c(y)$ pour représenter la fonction de coût. Soit $r(y) = p(y)y$, la fonction de recette du monopoleur. Le problème de maximisation du profit du monopoleur revêt dès lors la forme suivante :

$$\max_y \; r(y) - c(y).$$

La condition d'optimalité correspondant à ce problème est évidente : au niveau de l'output optimal, nous devons avoir l'égalité entre la recette marginale et le coût marginal. Si la recette marginale était inférieure au coût marginal, l'entreprise aurait intérêt à diminuer son output puisque la diminution du coût serait plus importante que la diminution des recettes. Si la recette marginale était supérieure au coût marginal, l'entreprise aurait au contraire intérêt à augmenter son output. Le seul output que l'entreprise n'a pas intérêt à modifier est celui qui correspond à l'égalité de la recette marginale et du coût marginal.

En termes algébriques, nous pouvons écrire la condition d'optimisation comme suit :

$$Rm = Cm$$

ou

$$\frac{\Delta r}{\Delta y} = \frac{\Delta c}{\Delta y}.$$

Une entreprise concurrentielle doit respecter la même condition $Rm = Cm$, mais pour une telle entreprise, la recette marginale est égale au prix et cette condition se ramène à l'égalité entre le prix et le coût marginal.

Dans le cas d'un monopoleur, l'expression de la recette marginale est quelque peu plus compliquée. Si le monopoleur décide d'accroître son output de Δy, cette décision a deux effets sur ses profits. Tout d'abord, le monopoleur vend davantage d'output et perçoit en contrepartie une recette de $p\Delta y$, mais par ailleurs il diminue le prix de Δp et il reçoit ce prix plus faible pour l'ensemble de la production qu'il vendait.

Dès lors, l'effet total sur la recette d'une modification de l'output de Δy est égal à

$$\Delta r = p\Delta y + y\Delta p.$$

La variation de la recette divisée par la variation de l'output, c'est-à-dire la recette marginale, est par conséquent égale à

$$\frac{\Delta r}{\Delta y} = p + \frac{\Delta p}{\Delta y} y.$$

(Il s'agit exactement du même raisonnement que celui mené lors de l'analyse de la recette marginale au chapitre 15. Vous pouvez, si vous le désirez, revoir cette analyse avant de continuer.)

Alternativement, nous pouvons considérer que le monopoleur choisit simultanément son output et son prix, en tenant compte évidemment de la contrainte imposée par la courbe de demande. Si le monopoleur désire vendre davantage d'output, il doit diminuer son prix. Mais cette réduction du prix implique un prix plus faible pour toutes les unités qu'il vend et pas uniquement pour les unités supplémentaires. D'où le terme $y\Delta p$.

En concurrence parfaite, une entreprise qui diminuerait son prix en dessous de celui pratiqué par les autres entreprises s'emparerait immédiatement de la totalité du marché au détriment de ses concurrents. Mais dans le cas du monopole, celui-ci détient déjà la totalité du marché ; quand il diminue son prix, il doit prendre en compte l'effet de la diminution du prix sur toutes les unités qu'il vend.

Conformément à l'analyse du chapitre 15, nous pouvons aussi exprimer la recette marginale en termes d'élasticité grâce à la formule suivante :

$$Rm(y) = p(y)\left[1 + \frac{1}{\varepsilon(y)}\right].$$

Nous pouvons dès lors écrire la condition d'égalité de la recette marginale et du coût marginal comme suit :

$$p(y)\left[1 + \frac{1}{\varepsilon(y)}\right] = Cm(y). \tag{24.1}$$

Puisque l'élasticité est en principe négative, nous pouvons également écrire cette équation sous la forme suivante :

$$p(y)\left[1-\frac{1}{|\varepsilon(y)|}\right]=Cm(y).$$

À partir de ces équations, il est facile de voir le lien avec le cas concurrentiel : en concurrence parfaite, l'entreprise est confrontée à une courbe de demande horizontale, c'est-à-dire à une courbe de demande infiniment élastique. Cela signifie que $1/\varepsilon = 1/\infty = 0$, de sorte que la version appropriée de cette équation pour une entreprise concurrentielle est simplement la condition d'égalité entre le prix et le coût marginal.

Remarquons qu'un monopoleur ne choisira jamais un niveau de production pour lequel la courbe de demande est *inélastique*. En effet, si $|\varepsilon| < 1$, $1/|\varepsilon| > 1$ et la recette marginale est négative ; il est dès lors impossible d'égaliser recette marginale et coût marginal. La signification de ce point apparaît clairement quand nous réfléchissons à ce qu'implique une courbe de demande inélastique : si $|\varepsilon| < 1$, une réduction de l'output augmente les recettes, mais par ailleurs une réduction de l'output doit également diminuer les coûts totaux, de sorte que le profit doit nécessairement augmenter. Par conséquent, tout point pour lequel $|\varepsilon| < 1$ ne peut pas correspondre au profit maximum pour un monopoleur puisque celui-ci pourrait augmenter son profit en produisant une quantité moindre. Il s'ensuit que le point correspondant au profit maximum ne peut correspondre qu'à un point pour lequel nous avons $|\varepsilon| \geqslant 1$.

24.2 COURBE DE DEMANDE LINÉAIRE ET MONOPOLE

Supposons que le monopoleur soit confronté à une courbe de demande linéaire :

$$p(y) = a - by.$$

La fonction de recette est dès lors

$$r(y) = p(y)y = ay - by^2$$

et la fonction de recette marginale est

$$Rm(y) = a - 2by.$$

(Cette expression découle de la formule donnée à la fin du chapitre 15. Il est facile de la dégager par le calcul mathématique. Si vous ne maîtrisez pas le calcul mathématique, contentez-vous de mémoriser cette formule puisque nous l'utiliserons assez fréquemment.)

Notons que la fonction de recette marginale a la même ordonnée à l'origine a que la courbe de demande mais qu'elle a une pente deux fois plus importante. Ceci nous permet de tracer facilement la courbe de recette marginale. Nous savons que l'ordonnée à l'origine est a. Pour obtenir l'intersection avec l'axe horizontal, il suffit de prendre la moitié de l'intersection de la courbe de demande avec l'axe horizontal. Ensuite nous relions

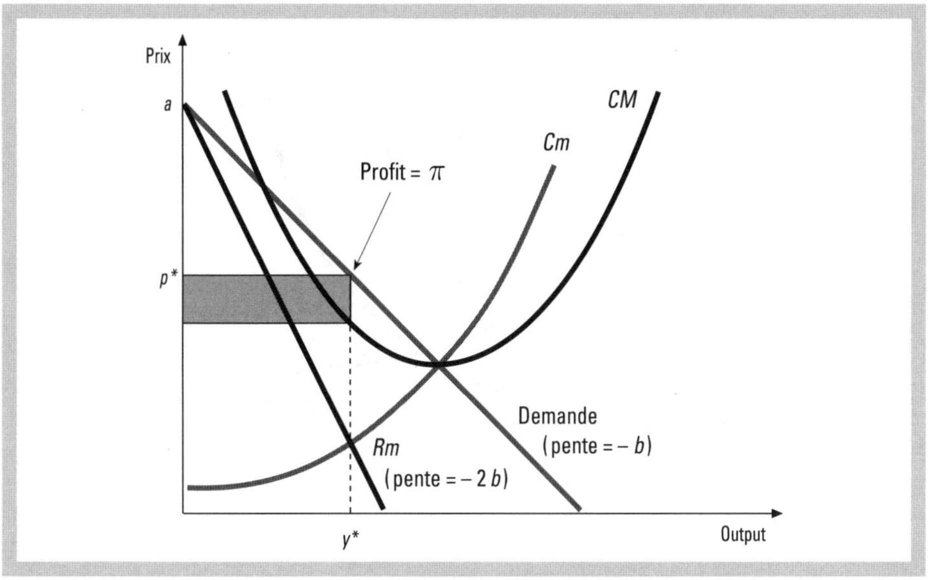

Figure 24.1 ***Monopole avec une courbe de demande linéaire.***

L'output correspondant au profit maximum du monopoleur est celui pour lequel la recette marginale est égale au coût marginal.

l'ordonnée et l'abscisse par une droite. La figure 24.1 présente un exemple de courbe de demande et de courbe de recette marginale. L'output optimal y^* est celui pour lequel la courbe de recette marginale coupe la courbe de coût marginal. Le monopoleur pratique le prix le plus élevé qu'il peut obtenir pour cet output, $p(y^*)$. Celui-ci procure au monopoleur une recette égale à $p(y^*)y^*$ dont nous soustrayons le coût total $c(y^*) = CM(y^*)y^*$ afin d'obtenir la surface du profit comme illustré à la figure 24.1.

24.3 LE « MARKUP PRICING »

Nous pouvons utiliser la formule en termes d'élasticité pour exprimer sous une autre forme la politique de prix optimale du monopoleur. En transformant l'équation (24.1), nous obtenons

$$p(y) = \frac{Cm(y^*)}{1 - 1/|\varepsilon(y)|}. \tag{24.2}$$

Cette expression indique que le prix du marché est supérieur au coût marginal et que le taux de majoration (le *markup*) dépend de l'élasticité de la demande. Ce taux de majoration est égal à

$$\frac{1}{1 - 1/|\varepsilon(y)|}. \tag{24.3}$$

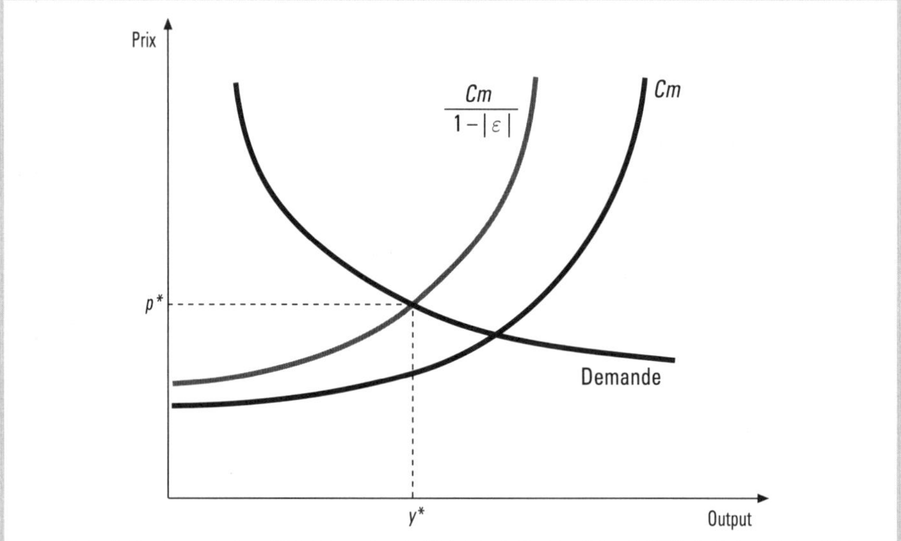

Figure 24.2 ***Monopole avec une demande à élasticité constante.***

Pour localiser le niveau d'output correspondant au profit maximum, nous cherchons le niveau d'output pour lequel la courbe $Cm/(1-1/|\varepsilon|)$ coupe la courbe de demande.

Puisque le monopoleur opère toujours dans une zone où la courbe de demande est élastique, nous sommes sûrs que $|\varepsilon| > 1$ et le taux de majoration est donc supérieur à 1.

Dans le cas d'une courbe de demande à élasticité constante, cette formule est particulièrement simple puisque $\varepsilon(y)$ est une constante. Un monopoleur qui est confronté à une telle courbe de demande pratique un prix égal au coût marginal multiplié par un taux de majoration *constant*. La figure 24.2 illustre cette situation. La courbe désignée par $Cm/(1-1/|\varepsilon|)$ est égale à la courbe de coût marginal multipliée par un facteur constant ; le niveau optimal de l'output est celui pour lequel $p = Cm/(1-1/|\varepsilon|)$.

Exemple : L'effet des taxes sur un monopoleur

Considérons une entreprise avec des coûts marginaux constants et demandons-nous quel est l'effet sur le prix pratiqué par le monopoleur quand on prélève une taxe à l'unité. Il est évident que les coûts marginaux augmentent du montant de la taxe, mais quel est l'effet sur le prix du marché ?

Examinons tout d'abord le cas d'une courbe de demande linéaire illustré à la figure 24.3. Quand la courbe de coût marginal Cm se déplace vers le haut du montant de la taxe pour devenir $Cm + t$, l'intersection de la recette marginale et du coût marginal se déplace vers la gauche. Puisque la courbe de demande a une pente égale à la moitié de celle de la courbe de recette marginale, le prix augmente de la moitié de la taxe.

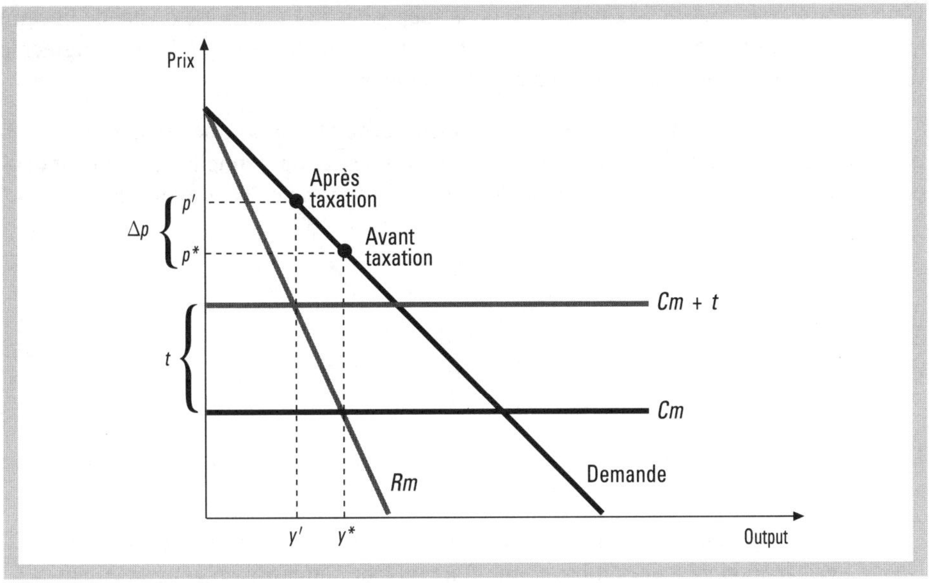

Figure 24.3 ***Demande linéaire et taxation.***

Prélèvement d'une taxe sur un monopoleur confronté à une demande linéaire. Remarquons que le prix augmente d'un montant égal à la moitié de la taxe.

Il est facile de déterminer cela mathématiquement. La condition d'égalité entre la recette marginale et le coût marginal augmenté de la taxe s'écrit

$$a - 2by = c + t.$$

La solution pour y est

$$y = \frac{a - c - t}{2b}.$$

Dès lors, la variation de l'output est égale à

$$\frac{\Delta y}{\Delta t} = -\frac{1}{2b}.$$

Puisque la courbe de demande est

$$p(y) = a - by,$$

le prix varie de $-b$ multiplié par la variation de l'output :

$$\frac{\Delta p}{\Delta t} = -b \times -\frac{1}{2b} = \frac{1}{2}.$$

Nous avons ici un facteur $1/2$ parce que nous supposons une courbe de demande linéaire et des taux marginaux constants. Ces deux hypothèses impliquent que le prix augmente d'un montant inférieur à la taxe. Mais en est-il toujours ainsi ?

La réponse est en fait négative. De façon générale, le prix peut augmenter d'un montant supérieur ou inférieur à la taxe. Considérons un exemple simple, celui d'un monopoleur confronté à une courbe de demande à élasticité constante. Nous avons dans ce cas

$$p = \frac{c+t}{1-1/|\varepsilon|}$$

de sorte que

$$\frac{\Delta p}{\Delta t} = \frac{1}{1-1/|\varepsilon|}.$$

Cette expression est nécessairement supérieure à 1. Dans ce cas, le monopoleur transfère au consommateur un montant supérieur à la taxe.

Nous pouvons considérer un autre type de taxe, à savoir une taxe sur les profits. Dans ce cas, le monopoleur doit payer une fraction τ de son profit au gouvernement.

Le problème de maximisation auquel il est confronté est dès lors

$$\max_{y}\ (1-\tau)[p(y)y - c(y)].$$

Mais la valeur de y qui maximise le profit maximise également $(1 - \tau)$ fois le profit. Dès lors, une taxe sur les profits purs n'a aucun effet sur le choix de l'output par un monopoleur.

24.4 L'INEFFICACITÉ DU MONOPOLE

Un secteur d'activité concurrentiel opère en un point où le prix est égal au coût marginal. Un monopole opère par contre en un point où le prix est supérieur au coût marginal. Dès lors, en règle générale, le prix sera plus élevé et l'output plus faible si une entreprise adopte un comportement monopolistique plutôt qu'un comportement parfaitement concurrentiel. Par conséquent, les consommateurs bénéficieront généralement d'un niveau de satisfaction moindre quand un secteur d'activité est organisé sous la forme d'un monopole plutôt que sous la forme concurrentielle.

Mais pour les mêmes raisons, l'entreprise préfère le monopole à la concurrence parfaite ! Si nous prenons en compte à la fois l'entreprise et les consommateurs, il n'est pas évident de déterminer si la « meilleure » formule est la concurrence parfaite ou le monopole. On doit en fait effectuer un jugement de valeur quant au bien-être relatif des consommateurs et des propriétaires des entreprises. Toutefois, nous allons voir que nous pouvons argumenter à l'encontre du monopole sur base du seul critère d'efficacité.

Considérons la situation de monopole représentée à la figure 24.4. Supposons que nous puissions contraindre d'une quelconque façon et sans coût cette entreprise à se comporter comme un concurrent parfait et à prendre le prix du marché comme fixé de façon exogène. Dans ce cas, nous aurions (p_c, y_c) pour le prix et l'output concurrentiels. Alternativement, si l'entreprise prend conscience de son influence sur le prix du marché et choisit son niveau d'output de façon à maximiser son profit, nous aurions le prix et l'output de monopole (p_m, y_m).

Rappelons qu'une allocation économique est efficace au sens de Pareto s'il n'est pas possible d'accroître la satisfaction de quelqu'un sans réduire celle de quelqu'un d'autre. Le niveau d'output produit en monopole est-il efficace au sens de Pareto ?

Rappelons-nous également la définition de la fonction de demande inverse. Pour chaque niveau d'output, $p(y)$ mesure la somme que les gens sont disposés à payer pour une unité additionnelle du bien. Puisque $p(y)$ est supérieur à $Cm(y)$ pour tous les outputs compris entre y_m et y_c, il existe toute une série d'outputs pour lesquels les gens sont disposés à payer pour une unité du bien un montant supérieur à son coût de production. Il existe donc clairement des possibilités pour une amélioration au sens de Pareto !

Considérons par exemple l'output y_m optimal pour le monopole. Puisque $p(y_m) > Cm(y_m)$, nous savons qu'il existe quelqu'un qui est disposé à payer pour une unité supplémentaire d'output un montant supérieur à ce que cette unité coûterait à l'entreprise.

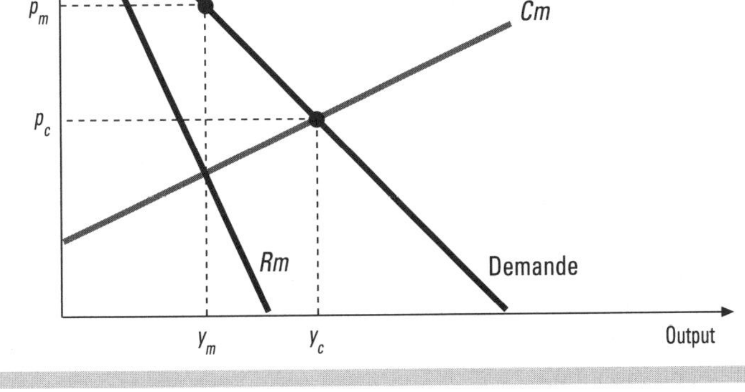

Figure 24.4 ***L'inefficacité du monopole.***

Un monopole produit une quantité d'output inférieure à ce qui serait produit en concurrence parfaite. Par conséquent, un monopole est inefficace au sens de Pareto.

Supposons que l'entreprise produise cette unité additionnelle et la vende à cette personne pour un prix p tel que $p(y_m) > p > Cm(y_m)$. Le consommateur a un niveau de satisfaction supérieur puisqu'il était disposé à payer $p(y_m)$ pour cette unité de consommation et que celle-ci lui est vendue pour $p < p(y_m)$. De même, cette unité coûte au monopoleur $Cm(y_m)$ et celui-ci la vend pour $p > Cm(y_m)$. Toutes les autres unités d'output sont vendues au même prix que précédemment, de sorte que rien d'autre n'est modifié. Grâce à la vente de cette unité supplémentaire d'output, chaque partie reçoit un surplus supplémentaire, c'est-à-dire que chaque partie sur le marché voit son niveau de satisfaction augmenter et que personne d'autre n'est pénalisé. Nous avons ainsi trouvé une amélioration au sens de Pareto.

Il est intéressant d'examiner la raison de cette inefficacité. Le niveau d'output efficace est celui pour lequel la propension à payer pour une unité supplémentaire d'output est juste égale au coût marginal de production de cette unité. Une entreprise concurrentielle respecte cette égalité. Mais un monopoleur prend également en compte l'effet de l'augmentation de l'output sur les recettes provenant des unités **inframarginales** et ces unités inframarginales n'ont rien à voir avec l'efficacité. Un monopoleur serait toujours disposé à vendre une unité additionnelle à un prix inférieur à celui qu'il pratique actuellement s'il n'avait pas à diminuer le prix de toutes les autres unités inframarginales qu'il vend actuellement.

24.5 LA CHARGE MORTE DU MONOPOLE

Maintenant que nous savons qu'un monopole est inefficace, nous pourrions souhaiter connaître l'ampleur de cette inefficacité. Est-il possible de mesurer la perte totale d'efficacité imputable à un monopole ? Nous savons comment mesurer ce que perdent les consommateurs du fait qu'ils doivent payer p_m au lieu de p_c : il suffit de regarder la variation du surplus des consommateurs. De même pour l'entreprise, nous savons comment mesurer ce que représente en termes de profit supplémentaire le fait de pratiquer un prix p_m plutôt que p_c : il suffit d'utiliser la variation du surplus du producteur.

La façon la plus logique de combiner ces deux valeurs consiste à traiter de façon symétrique l'entreprise, ou plus exactement les propriétaires de l'entreprise, et les consommateurs et d'additionner le profit de la firme et le surplus des consommateurs. La variation du profit de l'entreprise, c'est-à-dire la variation du surplus du producteur, mesure la somme que les propriétaires seraient disposés à payer pour obtenir le prix plus élevé qu'ils pratiquent en situation de monopole tandis que la variation du surplus des consommateurs mesure la somme que les consommateurs devraient recevoir pour être dédommagés de ce prix plus élevé. La différence entre ces deux grandeurs devrait dès lors mesurer le bénéfice net ou le coût net du monopole.

La figure 24.5 représente la variation des surplus du producteur et des consommateurs suite à un déplacement de l'output de la position de monopole à la position concurrentielle. Le surplus du monopoleur diminue de A suite à la réduction du prix sur les unités

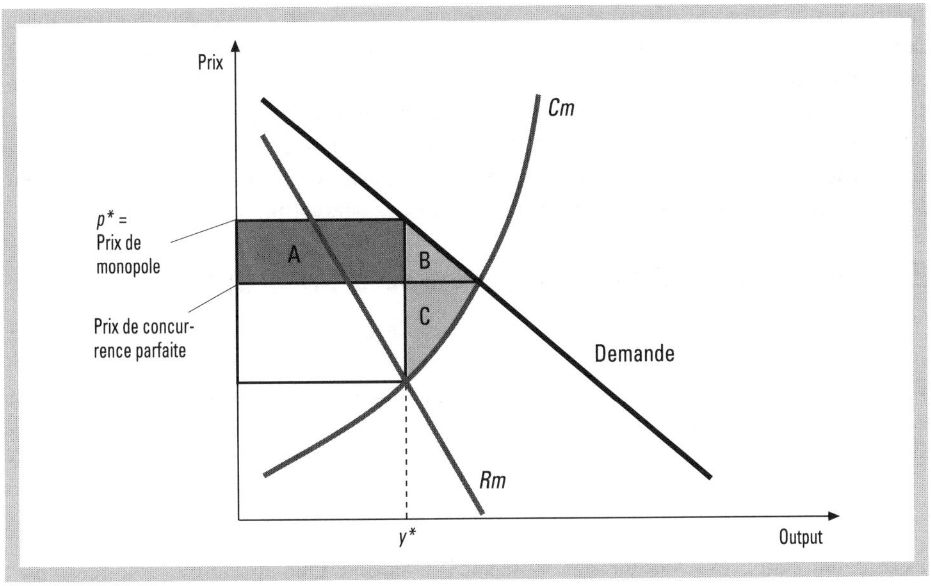

Figure 24.5 ***La charge morte du monopole.***

La charge morte du monopole est représentée par la surface $B + C$.

qu'il vendait déjà, mais le surplus augmente par ailleurs de C du fait des profits que l'entreprise obtient sur les unités supplémentaires qu'elle vend désormais.

Le surplus des consommateurs augmente lui de A puisque les consommateurs obtiennent toutes les unités qu'ils achetaient auparavant, à un prix inférieur. Il augmente également de B puisque les consommateurs obtiennent un surplus sur les unités additionnelles qui sont désormais vendues. La surface A correspond donc simplement à un transfert du monopoleur aux consommateurs ; une des deux parties voit son niveau de satisfaction augmenter et l'autre diminuer, mais le surplus total ne varie pas. La surface $B + C$ représente par contre une réelle augmentation du surplus ; elle mesure la valeur que les consommateurs et le producteur attribuent à l'output supplémentaire qui serait produit.

On appelle la surface $B + C$, la **charge morte** du monopole. Elle mesure la perte de satisfaction des gens découlant du fait qu'ils payent le prix du monopole plutôt que le prix concurrentiel. La charge morte du monopole, tout comme la charge morte d'une taxe, mesure la perte d'output en évaluant chaque unité perdue d'output au prix que les gens sont disposés à payer pour celle-ci.

Pour vérifier que la charge morte mesure effectivement la valeur de l'output perdu, il suffit de partir du point de monopole et d'imaginer que l'on produise une unité supplémentaire. La valeur de cette unité marginale d'output correspond exactement au prix du marché. Le coût de production de cette unité additionnelle est le coût marginal. La « valeur sociale » de la production d'une unité supplémentaire est donc simplement le prix moins le coût marginal. Considérons maintenant la valeur de l'unité d'output suivante ; de nouveau, sa valeur sociale est l'écart entre le prix et le coût marginal correspondant à ce niveau d'output ; et ainsi de suite. À mesure que nous nous déplaçons de l'output de monopole vers le niveau concurrentiel, nous additionnons les écarts entre la courbe de demande et la courbe de coût marginal afin de dégager la valeur des unités d'output perdues à cause du monopole. La surface totale entre les deux courbes, située entre l'output de monopole et l'output concurrentiel correspond à la charge morte.

Exemple : La durée de vie optimale d'un brevet

Un **brevet** permet aux inventeurs de bénéficier de façon exclusive de leur invention pour une période de temps limitée. Il donne donc une certaine forme de monopole limité. On offre ce type de protection pour encourager l'innovation. En effet, s'il n'y avait pas un tel système de brevet, il est vraisemblable que les individus et les firmes seraient peu disposés à investir beaucoup en recherche et développement puisque toute nouvelle découverte serait imitée par les concurrents.

Aux États-Unis, la durée de vie d'un brevet est de 17 ans. Pendant cette période, les détenteurs du brevet ont un monopole sur l'invention. Quand le brevet expire, tout le monde est libre d'utiliser la technique couverte par celui-ci. Si on augmente la durée de vie du brevet, on accroît les bénéfices que peuvent retirer les inventeurs et par conséquent, ceux-ci seront davantage incités à investir en recherche et développement. Toutefois, plus on allonge la durée du monopole, plus on accroît sa charge morte. Une longue durée de vie pour un brevet présente l'avantage d'encourager l'innovation mais présente l'inconvénient de prolonger la situation de monopole. La durée de vie « optimale » d'un brevet est la durée qui équilibre ces deux effets contradictoires.

Le problème de la détermination de la durée de vie optimale d'un brevet a été examiné par William Nordhaus de l'Université de Yale[1]. Comme cet auteur l'a souligné, le problème est très complexe et implique beaucoup de relations inconnues. Toutefois, des calculs simples peuvent donner quelques indications quant à la concordance éventuelle de la durée de vie actuelle d'un brevet avec l'estimation des avantages et inconvénients décrits ci-avant.

D'après Nordhaus, pour les inventions à tout venant, une durée de vie de 17 ans serait efficace à environ 90 %, c'est-à-dire qu'elle permettrait de réaliser 90 % de la valeur maximum du surplus des consommateurs. Sur base de ces chiffres, il ne semble donc pas y avoir de raison particulière pour procéder à des changements importants dans le système actuel de brevet.

Exemple : La multiplication des brevets

La protection de la propriété intellectuelle qu'offrent les brevets facilite l'innovation, mais il peut y avoir des abus. Certains observateurs estiment que l'application des droits de

[1] Nordhaus, William, *Invention, Growth, and Welfare*, Cambridge, MA, M.I.T. Press, 1969.

propriété intellectuelle aux processus de production, aux *software* et dans bien d'autres domaines a conduit à une réduction de la qualité des brevets.

On peut voir les brevets comme présentant trois dimensions : la longueur, la largeur et la hauteur. La « longueur » est la durée de la protection offerte par le brevet. La « largeur » est l'étendue de la protection. La « hauteur » est le degré d'originalité utilisé pour déterminer si un brevet protège une idée nouvelle. Malheureusement, seule la longueur est facilement quantifiée. Les deux autres aspects, l'étendue et la nouveauté, peuvent être assez subjectifs. Comme au cours des dernières années, il est devenu beaucoup plus facile d'acquérir des nouveaux brevets, de nombreuses entreprises ont investi dans des portefeuilles de brevets sur presque tous les aspects de leur activité. Une entreprise qui souhaite entrer sur un marché et concurrencer une entreprise qui y est déjà active et qui dispose d'un large éventail de brevets peut se trouver embarrassée par cette **multiplication de brevets**.

Investir dans l'acquisition de portefeuilles de brevets peut être important même pour des entreprises déjà bien installées. En 2004, Microsoft a payé 440 millions de dollars à InterTrust Technology pour obtenir un portefeuille de brevets en matière de sécurité informatique et il a signé un pacte de 10 ans avec Sun Microsystems impliquant un paiement de 900 millions de dollars pour résoudre des litiges relatifs à des brevets. Au cours des années 2003 et 2004, Microsoft a obtenu plus de 1000 brevets.

Pourquoi accorder une telle importance à la multiplication des brevets ? Pour des grandes entreprises comme Microsoft, l'intérêt premier réside dans l'utilisation des brevets comme monnaie d'échange dans les accords entre détenteurs de licences. Les brevets détenus par les entreprises jouent le même rôle que les missiles nucléaires détenus par les États-Unis et l'URSS à l'époque de la guerre froide. Ils avaient chacun suffisamment de missiles pointés sur l'adversaire pour garantir une destruction mutuelle en cas d'attaque d'un côté. Personne ne pouvait dès lors prendre le risque d'attaquer.

C'est la même chose avec la multiplication des brevets. Si IBM essayait d'attaquer HP pour non respect de brevet, HP sortirait ses propres brevets et contre-attaquerait IBM pour non respect des brevets sur un autre aspect de la technologie. Même les entreprises qui ne souhaitent pas particulièrement protéger les différents aspects de leur activité, sont forcées de le faire pour avoir les munitions nécessaires pour se défendre en cas d'attaque.

Le côté « bombe nucléaire » des portefeuilles de brevets est en quelque sorte une « première injonction ». Dans certaines circonstances, une entreprise peut être contrainte par la justice d'arrêter de vendre quelque chose qui ne respecte pas le brevet d'une autre entreprise. Et cela peut être extrêmement coûteux. En 1986, Kodak a dû arrêter totalement son activité de photographie instantanée suite à une ordonnance judiciaire et elle a été condamnée à payer un milliard de dollars pour non respect de brevets.

Une ordonnance d'arrêt de la production représente une terrible menace, mais c'est totalement inopérant contre les entreprises qui ne produisent rien. InterTrust, par exemple, ne vend rien et la totalité de ses recettes proviennent de l'octroi de brevets. Il peut donc menacer les autres entreprises en cas de non respect des brevets sans crainte d'une contre-attaque.

Exemple : La gestion de l'offre de pommes de terre

Chacun connaît l'Organisation des Pays Exportateurs de Pétrole (O.P.E.P.), un cartel pétrolier international qui essaie d'influencer le prix du pétrole en fixant des quotas de production. Normalement coordonner la production pour pousser le prix vers le haut est illégal aux États-Unis, mais il y a quelques secteurs qui sont exemptés des lois anti-trust.

Un exemple intéressant est celui des producteurs agricoles. La loi Capper-Volsted de 1922 a exempté spécifiquement les fermiers des lois anti-trust fédérales. Il en est résulté la création de nombreux « comités de commercialisation agricole » qui essaient de réguler volontairement l'offre des produits agricoles.

Par exemple, l'Union des producteurs de pommes de terre, constituée en mars 2005, rassemble des producteurs qui représentent plus de 60 % des superficies agricoles affectées à la pomme de terre aux États-Unis. En 2005, elle prétend avoir réduit la production de pommes de terre de 6,8 millions de sacs, chacun pesant environ 50 kilos. Selon le *Wall Street Journal*, c'est l'équivalent d'environ 1,3 milliards de sachets de frites[2].

24.6 LE MONOPOLE NATUREL

Nous avons vu précédemment que l'output d'une branche, efficace au sens de Pareto, est celui pour lequel le prix égale le coût marginal. Un monopoleur produit une quantité pour laquelle la recette marginale égale le coût marginal ; il produit dès lors un output trop faible. On pourrait croire qu'il est assez facile de réglementer un monopole pour éliminer l'inefficacité : la seule chose à faire serait de fixer un prix égal au coût marginal et la maximisation du profit ferait le reste. Malheureusement, cette analyse ignore un aspect important du problème : il se pourrait que, pour un tel prix, le monopoleur réalise un profit négatif.

La figure 24.6 illustre ce problème. Le point minimum de la courbe de coût moyen est situé à droite de la courbe de demande et l'intersection de la courbe de demande et du coût marginal est située en dessous de la courbe de coût moyen. Bien que le niveau d'output y_{cm} soit efficace, il ne permet pas de dégager un profit. Si la réglementation fixe ce niveau d'output, le monopoleur préfèrera par conséquent quitter le marché.

Ce type de situation s'observe fréquemment au niveau des services d'utilité publique. Pensons par exemple à une société de distribution de gaz. La production implique des coûts fixes très importants correspondant à la construction et à l'entretien du réseau de distribution ; elle implique par ailleurs un coût marginal très faible pour fournir des unités supplémentaires de gaz puisque, une fois le réseau de distribution installé, distribuer un peu plus de gaz ne coûte pas très cher. De même, une société de téléphone locale est confrontée à des coûts fixes très importants pour installer les câbles et les centraux, mais le coût marginal d'une unité supplémentaire de services téléphoniques est très faible. Quand

[2] Timothy W. Martin, « This Spurd's Not for You », *Wall Street Journal*, 26 septembre 2009.

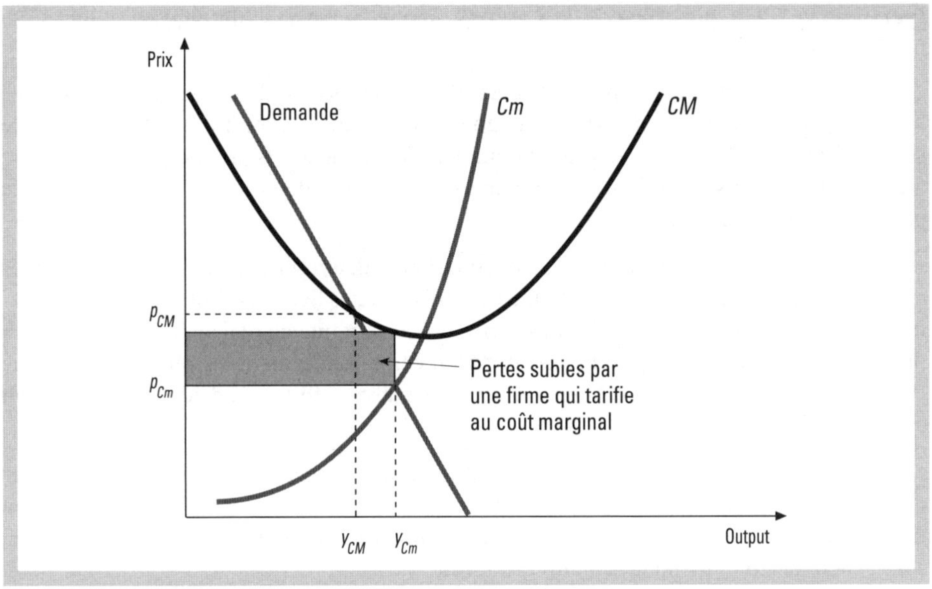

Figure 24.6 ***Un monopole naturel.***

Si un monopole naturel produit l'output pour lequel le prix égale le coût marginal, il réalise le niveau efficace de production *yCm*, mais il ne peut pas couvrir ses coûts. S'il est obligé par contre de produire l'output *yCM* pour lequel le prix égale le coût moyen, il couvre alors ses coûts, mais il produit un output inférieur à la quantité efficace.

vous avez des coûts fixes importants et des coûts marginaux faibles, vous pouvez facilement obtenir le type de situation illustré à la figure 24.6. On appelle ce type de situation, un **monopole naturel**.

S'il n'est pas souhaitable de laisser un monopole naturel pratiquer le prix de monopole du fait de l'inefficacité au sens de Pareto, mais si par ailleurs il est impossible de l'obliger de produire au prix concurrentiel parce que cela impliquerait un profit négatif, que pouvons-nous faire ? Dans la plupart des cas, les pouvoirs publics réglementent ou produisent eux-mêmes les services caractérisés par un monopole naturel. L'approche adoptée diffère d'un pays à l'autre. Dans certains pays, le service du téléphone est géré par le gouvernement alors que dans d'autres, il est géré par des entreprises privées qui sont contrôlées par le gouvernement. Ces deux approches ont leurs avantages et leurs inconvénients.

Examinons par exemple le cas de la réglementation d'un monopole naturel par le gouvernement. Si la firme ne peut pas obtenir de subventions, elle doit réaliser un profit non négatif ; ce qui signifie qu'elle doit opérer sur ou au-dessus de la courbe de coût moyen. Si elle doit fournir un service à toute personne disposée à payer pour celui-ci, elle doit également opérer sur la courbe de demande. Dès lors, le niveau de production auquel on s'attend logiquement pour une telle entreprise soumise à contrôle est un point tel que (p_{CM}, y_{CM}) représenté à la figure 24.6. En ce point, l'entreprise vend son produit au coût moyen de production de sorte qu'elle couvre ses coûts, mais elle produit un output inférieur au niveau efficace.

Cette solution est souvent adoptée comme une forme de tarification raisonnable pour un monopole naturel. L'organisme gouvernemental de contrôle fixe les prix que le service d'utilité publique est autorisé à pratiquer. Idéalement, ces prix devraient permettre à l'entreprise de juste équilibrer ses comptes, c'est-à-dire de produire en un point où le prix égale le coût moyen.

Le problème pour les contrôleurs consiste à déterminer quels sont les véritables coûts de l'entreprise. Généralement, une Commission des Services d'utilité publique examine les coûts du monopoleur afin de déterminer le coût moyen réel et de fixer ensuite un prix qui couvre ces coûts. (Évidemment, parmi ces coûts figurent les rémunérations que l'entreprise doit verser à ses actionnaires et à ses autres créditeurs en échange de l'argent qu'ils lui ont prêté.)

Aux États-Unis, ces comités de contrôle fonctionnent au niveau des États fédérés et au niveau local. En règle générale, l'électricité, le gaz naturel et le téléphone fonctionnent de cette façon. D'autres monopoles naturels comme par exemple les câbles de télévision, sont généralement réglementés au niveau local.

Une autre solution au problème du monopole naturel consiste pour le gouvernement à fournir lui-même les services. La solution idéale dans ce cas consiste à fournir une quantité de services telle que le prix soit égal au coût marginal et à allouer une subvention globale permettant de maintenir l'entreprise en activité. Cette formule est souvent pratiquée pour les réseaux de transports publics locaux, c'est-à-dire les bus et métros. Les subventions globales peuvent refléter non pas un fonctionnement inefficace en soi, mais plutôt simplement les coûts fixes importants associés à de tels services d'utilité publique.

Mais il se pourrait en fait que ces subventions correspondent de nouveau à une certaine inefficacité ! Le problème quand le gouvernement exploite lui-même le monopole, c'est qu'il est presque aussi difficile de mesurer les coûts du service public que quand il s'agit des coûts d'entreprises privées soumises à contrôle. Les commissions de contrôle gouvernementales qui surveillent le fonctionnement des sociétés privées chargées des services d'utilité publique soumettent souvent celles-ci à des interrogatoires serrés afin de les obliger à justifier les données en matière de coûts, alors qu'une administration publique peut échapper à un tel examen attentif. Les fonctionnaires qui gèrent les monopoles publics peuvent finalement rendre moins de comptes au public que des gestionnaires privés soumis à contrôle.

24.7 QUELLES SONT LES CAUSES DES MONOPOLES ?

Si nous disposons de l'information nécessaire en matière de coûts et de demande, dans quelles conditions allons-nous nous attendre à ce qu'un secteur d'activité particulier s'organise sous la forme concurrentielle ou sous la forme d'un monopole ? D'une manière générale, la réponse dépend de la relation existant entre la courbe de coût moyen et la courbe de demande. Un facteur fondamental est la taille de l'**échelle efficace minimum** (*minimum efficient scale* – MES), c'est-à-dire le niveau d'output qui minimise le coût moyen, comparée à l'ampleur de la demande.

Considérons la figure 24.7 où nous avons représenté les courbes de coût moyen et les courbes de demande du marché pour deux biens. Dans le premier cas, il y a place sur le marché pour beaucoup d'entreprises, chacune pratiquant un prix proche de p^* et fonctionnant sur la base d'une échelle relativement petite. Sur le second marché, une seule entreprise peut réaliser un profit positif. Nous nous attendons donc à ce que le premier marché puisse fonctionner sans problème comme un marché de concurrence parfaite alors que le second devrait fonctionner comme un monopole.

La forme de la courbe de coût moyen, qui est elle-même déterminée par la technologie qui lui est sous-jacente, est donc un facteur important pour déterminer si un marché fonctionnera de façon concurrentielle ou comme un monopole. Si l'échelle efficace minimum de production, c'est-à-dire le niveau d'output qui minimise le coût moyen, est petite par rapport à l'importance du marché, nous pouvons nous attendre à ce que les conditions de la concurrence parfaite prévalent.

Notons qu'il s'agit d'un raisonnement en termes *relatifs* : ce qui importe, c'est la dimension de l'échelle efficace minimum par rapport à la taille du marché. Nous ne pouvons pas faire grand chose en ce qui concerne cette échelle qui est déterminée par la technologie. Mais la politique économique peut influencer la taille du marché. Si un pays décide de pratiquer une politique commerciale internationale de libre échange et que les entreprises

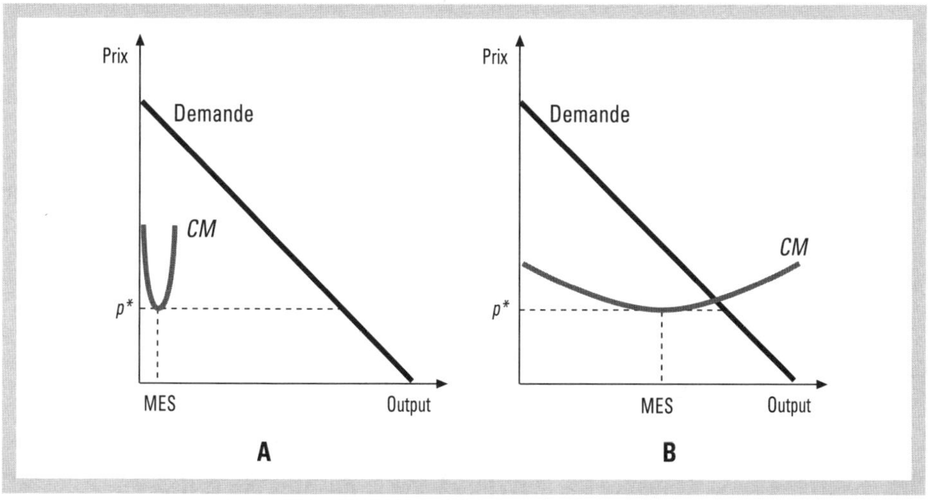

Figure 24.7 ***Comparaison de la demande et de l'échelle efficace minimum.***

(A) Si la demande est importante par rapport à l'échelle efficace minimum, on s'attend à avoir un marché concurrentiel.
(B) Si elle est petite au contraire, on peut avoir une situation de monopole.

sont confrontées à la compétition internationale, ces entreprises auront beaucoup moins de possibilités pour influencer les prix. Inversement, si un pays adopte une politique commerciale protectionniste, de sorte que la taille du marché est limitée au seul marché national, il est beaucoup plus vraisemblable qu'il y ait des pratiques monopolistiques.

S'il y a monopole parce que l'échelle efficace minimum est importante par rapport à la taille du marché et s'il est impossible d'augmenter la taille du marché, le secteur d'activité peut être soumis à réglementation ou à d'autres formes d'intervention de la part du gouvernement. Évidemment, une telle réglementation ou intervention ne se fait pas non plus sans coût. Les comités de contrôle nécessitent de l'argent et les efforts de l'entreprise pour satisfaire les exigences de ces comités peuvent également être relativement coûteux. Du point de vue de la société, il conviendrait de savoir si la charge morte du monopole est supérieur aux coûts du contrôle.

Nous pouvons également avoir un monopole si plusieurs entreprises différentes dans une branche d'activité sont capables de former une coalition et de limiter l'output de façon à augmenter les prix et par conséquent leurs profits. Quand les firmes forment une telle coalition et essaient de réduire l'output et d'accroître le prix, nous disons que le secteur est organisé sous la forme d'un **cartel**.

La loi interdit de constituer un cartel. La Division Antitrust du Département de la Justice et le Service de la Concurrence de la Federal Trade Commission sont chargés de rechercher des preuves éventuelles de comportements non concurrentiels dans le chef des entreprises. Si le gouvernement peut établir qu'un groupe d'entreprises a essayé de limiter l'output ou s'est engagé dans d'autres pratiques anticoncurrentielles, ces entreprises peuvent être obligées de payer de lourdes amendes.

Enfin, un secteur d'activité peut avoir une entreprise dominante uniquement pour des raisons historiques. Si une entreprise est entrée la première sur un marché, il se peut qu'elle ait un avantage en termes de coût suffisant pour être capable de décourager d'autres entreprises d'entrer dans la branche. Supposons par exemple qu'il y ait des coûts d'équipement très importants pour entrer dans un secteur d'activité. Dans ce cas, l'entreprise qui opère déjà dans ce secteur peut, dans certaines conditions, être capable de convaincre les entrants potentiels qu'elle diminuerait ses prix de façon extrêmement importante s'ils essayaient d'entrer dans la branche. En empêchant ainsi l'entrée de nouvelles firmes, une entreprise peut finir par dominer un marché. Nous étudierons au chapitre 28 une situation où le prix est déterminé de façon à empêcher l'entrée dans une branche.

Exemple : Les diamants sont éternels

Le cartel diamantaire De Beers fut fondé en 1930 par Sir Ernest Oppenheimer, un exploitant de mines sud-africain. Depuis lors, il n'a cessé de croître jusqu'à devenir un des cartels mondiaux les plus florissants. De Beers représente plus de 80 % de la production annuelle mondiale de diamants et a réussi à maintenir son quasi monopole depuis plusieurs décennies. Au fil des années, De Beers a développé plusieurs mécanismes pour maintenir son contrôle du marché diamantaire.

Tout d'abord, il conserve des stocks considérables de diamants de divers types. Si un producteur essaie de vendre en dehors du cartel, De Beers peut inonder rapidement le marché avec le même type de diamants, punissant ainsi celui qui essaie de quitter le cartel. Ensuite les quotas des grands producteurs sont basés sur une proportion des ventes totales. Quand le marché est faible, le quota de production de chacun est réduit proportionnellement, ce qui accroît automatiquement la rareté et les prix.

Troisièmement, De Beers est présent au niveau de l'exploitation minière, mais aussi au niveau du commerce de gros de la production diamantaire. Sur le marché de gros, les diamants sont vendus aux tailleurs par boîte et chaque boîte contient un assortiment de diamants : les acheteurs prennent la totalité de la boîte ou rien ; ils ne peuvent pas choisir des pierres individuelles. Si le marché est faible pour une dimension particulière de diamants, De Beers peut réduire le nombre de diamants de ce type offerts dans les boîtes, ce qui les rend plus rares. Enfin, De Beers peut influencer l'orientation de la demande finale pour les diamants grâce à des dépenses publicitaires annuelles de l'ordre de 110 millions d'euros. La publicité peut à nouveau être ajustée de façon à encourager la demande pour les types et dimensions dont l'offre est relativement limitée[3].

Exemple : Constitution de syndicats d'achat dans les ventes aux enchères

Adam Smith a dit que « les gens d'un même métier ne se réunissent que rarement, même pour des réjouissances et divertissements, mais la conversation finit par la mise au point d'une conspiration contre le public ou d'une quelconque machination pour augmenter les prix ». La constitution des syndicats d'achat dans les ventes aux enchères est un bon exemple de l'observation d'Adam Smith. En 1988, le Ministère de la Justice accusa 12 antiquaires de Philadelphie de violation des lois antitrust du fait de leur participation dans ce type particulier de « conspiration contre le public »[4].

Les antiquaires furent accusés de participer à des « chaînes d'offre » ou « syndicats d'achat » dans les ventes aux enchères de mobiliers anciens. Les membres d'un syndicat désignaient un des leurs pour formuler des offres d'achats pour certains objets. Si celui-ci parvenait à acquérir un objet, les membres du syndicat organisaient une nouvelle vente aux enchères, mais privée, au cours de laquelle ils concouraient les uns contre les autres pour l'objet. Cette pratique permettait aux membres du syndicat d'acquérir les biens à des prix nettement inférieurs à ceux qu'ils auraient dû payer s'ils avaient participé aux enchères séparément. Dans de nombreux cas, les prix au terme de la vente privée étaient de 50 à 100 % supérieurs aux prix payés aux vendeurs initiaux des biens.

---

[3] Pour une brève description du marché diamantaire, voir : « The cartel lives to face another threat », *The Economist*, 10 janvier 1987, p. 58-60. Pour une analyse plus détaillée, voir : Epstein, Edward J., *Cartel*, New York, Putnam, 1978.

[4] Voir Meg Cox, « At Many Auctions, Illegal Biddings Thrives As a Longtime Practice Among Dealers », *Wall Street Journal*, 19 février 1988.

Les antiquaires furent surpris par l'action du Ministère de la Justice. À leurs yeux, la constitution de syndicats d'achat était une pratique courante dans leur métier et ils ne pensaient pas qu'elle était illégale. Elle résultait d'une tradition de collaboration mutuelle et être invité à participer à un syndicat était une « marque de reconnaissance ». Un des antiquaires déclara que le jour où il fut autorisé à se joindre à un syndicat fut un grand jour pour lui. Il fallait être membre d'un syndicat pour être considéré réellement comme un antiquaire. Les négociants étaient à ce point naïfs qu'ils avaient conservé traces de leurs paiements dans les enchères privées et ces informations furent utilisées contre eux par le Ministère de la Justice.

Le Ministère de la Justice soutint que si les antiquaires coopéraient pour réduire le prix reçu par les vendeurs, il s'agissait d'une pratique illégale. Cette thèse prévalut contre celle des négociants. Onze antiquaires plaidèrent coupable et furent condamnés à des amendes de 1 000 à 50 000 $ avec sursis. Le douzième antiquaire qui affronta le tribunal fut reconnu coupable avec une peine de 30 jours d'emprisonnement et 30 000 $ d'amende.

Exemple : La fixation des prix sur les marchés des mémoires d'ordinateurs

Vous avez dans votre ordinateur des DRAM (« *dynamic random access memory* »). Ce sont les barrettes de mémoire vive de votre ordinateur. Il s'agit en fait d'un produit largement non différencié et le marché pour les DRAM est (généralement) très concurrentiel. Toutefois plusieurs producteurs de DRAM ont été accusés de fixer les prix et de demander aux producteurs d'ordinateurs de payer des prix supérieurs à ce qu'ils auraient été dans des conditions purement concurrentielles. Apple Computer, Compaq, Dell, Gateway, HP et IBM figuraient apparemment parmi les victimes de cette pratique.

Le Département de la Justice des États-Unis a commencé l'examen du dossier en 2002. En septembre 2004, Infineon, un producteur allemand de DRAM, a plaidé coupable et a accepté de payer une amende de 160 millions de dollars. C'est la troisième plus grosse amende jamais imposée par la division « antitrust » du Département de la Justice.

D'après les documents du tribunal, Infineon était accusé« d'avoir participé à des réunions, conversions et communications avec des concurrents avec pour objet de discuter des prix des DRAM à vendre à certains clients ; de s'être entendu sur les niveaux de prix des DRAM à vendre à certains clients ; d'avoir échangé des informations sur les ventes de DRAM à certains clients dans le but de contrôler et d'appliquer les prix convenus ».

Par la suite, quatre dirigeants de Infineon ont été condamnés à des peines de prison et à de lourdes amendes. L'instruction est toujours en cours et d'autres mises en accusation pourraient suivre. Les autorités de la concurrence considèrent que la fixation des prix est quelque chose de très grave et les conséquences pour les entreprises et les personnes impliquées peuvent être très lourdes.

RÉSUMÉ

1. Quand il n'y a qu'une seule entreprise dans un secteur, on dit qu'il s'agit d'un monopole.

2. Un monopoleur opère en un point où la recette marginale est égale au coût marginal. Il pratique dès lors un prix qui est majoré par rapport au coût marginal et l'importance de cette majoration (le *markup*) dépend de l'élasticité de la demande.

3. Puisqu'un monopoleur pratique un prix supérieur au coût marginal, il produit une quantité d'output inefficace. L'importance de cette inefficacité peut être mesurée par la « charge morte », c'est-à-dire la perte nette de surplus des consommateurs et du producteur.

4. Il y a monopole naturel quand une entreprise ne peut pas produire le niveau d'output efficace sans perdre de l'argent. De nombreux services d'utilité publique sont des monopoles naturels et c'est pourquoi ils sont réglementés par le gouvernement.

5. Les conditions techniques de production déterminent en partie si une branche d'activité est concurrentielle ou organisée sous la forme d'un monopole. Si l'échelle efficace minimum est importante par rapport à la demande, il est vraisemblable que le marché sera organisé sous la forme d'un monopole. Mais si l'échelle efficace minimum est petite par rapport à la demande, il y a place pour de nombreuses entreprises dans la branche et par conséquent, il y a un espoir pour que la structure de marché soit concurrentielle.

PROBLÈMES À RÉSOUDRE

24.1 La courbe de demande du marché pour l'héroïne est supposée fort inélastique. Quant à l'offre d'héroïne, supposons qu'elle soit monopolisée par la Mafia censée avoir comme objectif la maximisation du profit. Ces deux hypothèses sont-elles compatibles ?

24.2 Un monopoleur est confronté à une courbe de demande égale à $D(p) = 100 - 2p$. Sa fonction de coût est $c(y) = 2y$. Quel est son niveau optimal d'output et de prix ?

24.3 Un monopoleur est confronté à une courbe de demande égale à $D(p) = 10p^{-3}$. Sa fonction de coût est $c(y) = 2y$. Quel est son niveau optimal d'output et de prix ?

24.4 Si $D(p) = 100/p$ et $c(y) = y^{2}$, quel est l'output optimal pour le monopoleur ? (Soyez attentif.)

24.5 Un monopoleur produit un output pour lequel $|\varepsilon| = 3$. Le gouvernement impose une taxe de 6 € par unité d'output. Si la courbe de demande à laquelle est confronté le monopoleur est linéaire, de combien va augmenter le prix ?

24.6 Quelle est la réponse à la question précédente si la courbe de demande à laquelle est confronté le monopoleur a une élasticité constante ?

24.7 Si la courbe de demande à laquelle est confronté un monopoleur a une élasticité constante de 2, quel est l'écart entre le coût marginal et le prix pratiqué par le monopoleur ?

24.8 Le gouvernement envisage de subventionner les coûts marginaux du monopoleur décrit dans la question précédente. Quel niveau de subvention le gouvernement devrait-il choisir s'il désire que le monopoleur produise la quantité d'output socialement optimale ?

24.9 Montrez mathématiquement qu'un monopoleur fixe toujours son prix au-dessus du coût marginal.

24.10 Vrai ou faux ? Imposer une taxe à l'unité sur un monopoleur entraîne toujours une augmentation du prix du marché d'un montant égal à celui de la taxe.

24.11 Quels sont les problèmes auxquels est confronté un comité de contrôle quand il essaye d'obliger un monopoleur à pratiquer le prix correspondant à la concurrence parfaite ?

24.12 Quels types de conditions économiques et technologiques conduisent à la formation de monopoles ?

ANNEXE

Définissons la fonction de recette comme suit :

$$r(y) = p(y)y.$$

Le problème de maximisation du profit du monopoleur s'écrit dès lors :

$$\max r(y) - c(y).$$

La condition de maximisation du premier ordre correspondant à ce problème est simplement

$$r'(y) - c'(y) = 0.$$

Ceci implique que la recette marginale doit être égale au coût marginal au niveau optimal de l'output.

La différentiation de la fonction de recette nous donne

$$r'(y) = p(y) + p'(y)y.$$

En substituant cela dans la condition du premier ordre du monopoleur, nous obtenons l'expression alternative suivante :

$$p(y) + p'(y)y = c'(y).$$

La condition du second ordre pour la maximisation du profit du monopoleur est

$$r''(y) - c''(y) \leqslant 0.$$

Ceci implique :

$$c''(y) \geqslant r''(y),$$

c'est-à-dire que la pente de la courbe de coût marginal doit être supérieure à la pente de la courbe de recette marginale.

25

LE COMPORTEMENT DU MONOPOLE

Sur un marché concurrentiel, il y a en principe de nombreuses firmes qui vendent un produit identique. Si une de ces firmes essaie de vendre son produit à un prix supérieur au prix du marché, les consommateurs abandonneront cette entreprise et se tourneront vers ses concurrents. Sur un marché de monopole, il n'y a qu'une seule firme qui vend un produit donné. Quand le monopoleur accroît son prix, il perd une partie mais pas la totalité de ses clients.

En réalité, la plupart des secteurs d'activité sont situés quelque part entre ces deux extrêmes. Si un distributeur d'essence dans une petite ville augmente le prix de vente de son essence et qu'il perd la plupart de ses clients, nous pouvons raisonnablement considérer que cette entreprise doit se comporter comme une entreprise concurrentielle. Si un restaurant dans la même ville augmente son prix et ne perd que quelques clients, nous pouvons raisonnablement considérer que ce restaurant détient un certain pouvoir de monopole.

Si une firme a un certain pouvoir de monopole, elle a davantage de possibilités de choix qu'une entreprise dans un secteur d'activité parfaitement concurrentiel. Par exemple, elle peut utiliser des stratégies plus compliquées de prix et de marketing qu'une entreprise dans un secteur d'activité concurrentiel. Ou elle peut différencier son produit de ceux vendus par ses concurrents de façon à accroître encore son pouvoir de marché. Dans ce chapitre, nous allons examiner comment les entreprises peuvent développer et exploiter leur pouvoir de marché.

25.1 LA DISCRIMINATION EN TERMES DE PRIX

Nous avons expliqué antérieurement qu'un monopole produit une quantité d'output inefficace parce qu'il limite l'output à un niveau où les gens sont disposés à payer pour une quantité supplémentaire un montant supérieur à son coût de production. Le monopoleur ne désire pas produire cette quantité *supplémentaire* parce que cela diminuerait le prix qu'il peut obtenir pour l'*ensemble* de sa production.

Mais si un monopoleur pouvait vendre différentes unités d'output à des prix différents, la situation serait autre. Quand la firme peut vendre différentes unités d'output à des prix différents, on parle de **discrimination en termes de prix** et les économistes distinguent généralement trois types de discrimination en termes de prix :

La **discrimination au premier degré** correspond à une situation où le monopoleur vend les différentes unités d'output à des prix différents et où ces prix peuvent différer d'une personne à l'autre. On parle parfois dans ce cas de **discrimination parfaite en termes de prix**.

La **discrimination au deuxième degré** implique que le monopoleur vend les différentes unités d'output à des prix différents, mais que tous les individus qui achètent une quantité identique du bien paient le même prix. En d'autres termes, les prix diffèrent selon les quantités achetées, mais pas selon les individus. Les ristournes accordées pour des achats en grandes quantités constituent l'exemple le plus fréquent de ce type de pratique.

La **discrimination au troisième degré** correspond à une situation où le monopoleur pratique des prix différents selon la personne qui achète, mais chaque unité d'output vendue à une même personne est vendue au même prix. Il s'agit en fait de la forme la plus fréquente de discrimination en termes de prix. Comme exemples, nous pouvons citer les tarifs préférentiels pour personnes âgées, pour les étudiants, etc.

Examinons chacune de ces situations pour voir ce que la science économique enseigne quant à la façon dont la discrimination en termes de prix fonctionne.

25.2 LA DISCRIMINATION AU PREMIER DEGRÉ

En cas de **discrimination au premier degré** ou **discrimination parfaite**, chaque unité est vendue à l'individu qui lui attribue la valeur la plus élevée et au prix maximum que cet individu est disposé à payer pour cette unité.

À la figure 25.1 nous avons représenté les courbes de demande de deux consommateurs. Nous pouvons interpréter cette figure à partir du modèle de demande avec prix de réserve dans lequel les individus choisissent des quantités discrètes des biens et chaque marche sur la courbe de demande représente un changement dans la propension à payer pour des unités supplémentaires du bien. Nous avons également représenté les courbes de coût marginal (constant).

Un producteur qui peut discriminer parfaitement en termes de prix vendra chaque unité du bien au prix le plus élevé possible, c'est-à-dire au prix de réserve de chaque consommateur. Puisque chaque unité est vendue à chaque consommateur à son prix de réserve, ce marché ne génère aucun surplus pour les consommateurs. C'est le producteur qui bénéficie de la totalité du surplus. À la figure 25.1, les surfaces grisées représentent les

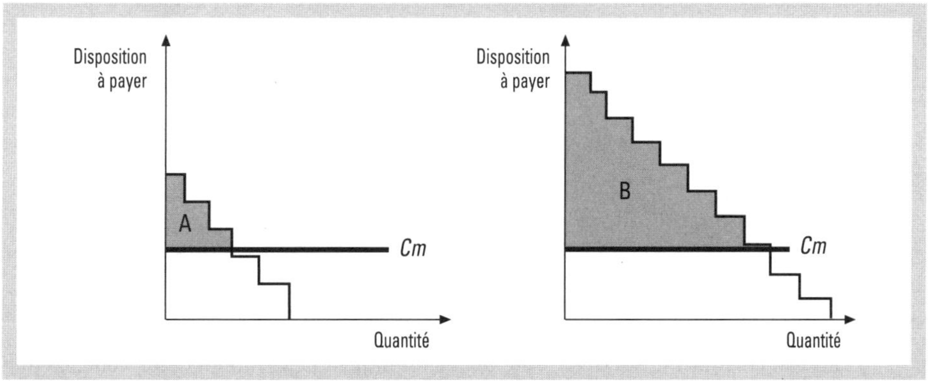

Figure 25.1 ***La discrimination en termes de prix au premier degré.***

Sont représentées les courbes de demande de deux consommateurs de même que la courbe de coût marginal constant. Le producteur vend chaque unité de bien au prix le plus élevé possible, ce qui lui procure le profit maximum.

surplus dont bénéficie le monopoleur. Sur un marché concurrentiel ordinaire, ces surfaces représenteraient le surplus des consommateurs, mais en cas de discrimination parfaite en termes de prix, le monopoleur peut s'approprier ce surplus.

Puisque le producteur bénéficie de la totalité du surplus sur le marché, il souhaite s'assurer que ce surplus soit le plus élevé possible. En d'autres termes, l'objectif du producteur est de maximiser ses profits (le surplus du producteur) sous la contrainte que les consommateurs soient disposés à acheter le bien. Cela implique que le résultat sera efficace au sens de Pareto puisqu'il ne sera pas possible d'améliorer à la fois la position des consommateurs et celle du producteur : le profit du producteur ne peut pas être augmenté puisqu'il correspond déjà au profit maximum et le surplus des consommateurs ne peut pas être augmenté sans réduire le profit du producteur.

Considérons maintenant l'approximation sous forme continue de la courbe de demande représentée à la figure 25.2. Nous voyons qu'un monopoleur qui discrimine parfaitement en termes de prix doit produire un output pour lequel le prix égale le coût marginal : si le prix était supérieur au coût marginal, cela signifierait qu'il existe une personne disposée à payer un montant supérieur au coût de production pour une unité supplémentaire d'output. Dès lors, pourquoi ne pas produire cette unité supplémentaire et la vendre à cette personne à son prix de réserve, augmentant ainsi les profits ?

Exactement comme dans le cas d'un marché de concurrence parfaite, la somme des surplus des producteurs et des consommateurs est maximisée. Toutefois, en cas de discrimination parfaite en termes de prix, le producteur finit par bénéficier de la totalité du surplus engendré sur le marché !

Nous avons interprété la discrimination au premier degré comme une situation dans laquelle chaque unité est vendue au prix le plus élevé possible. Mais nous pourrions aussi l'interpréter comme une situation dans laquelle une quantité fixe du bien est vendue

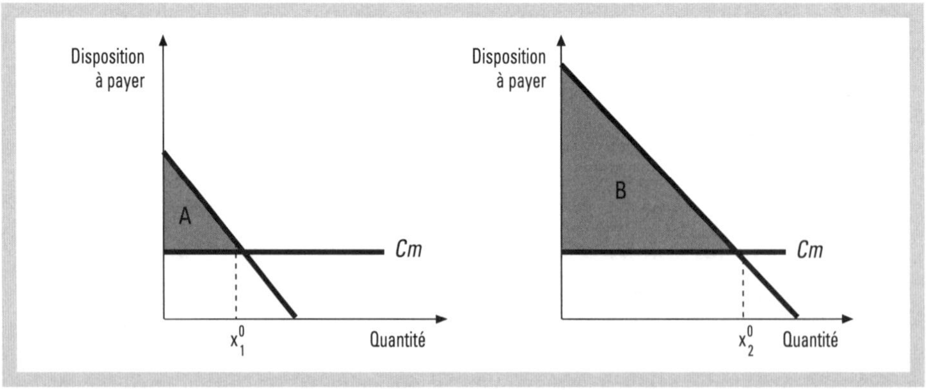

Figure 25.2 ***La discrimination en termes de prix au premier degré avec courbes de demande continues.***

Sont représentées les courbes de demande continues de deux consommateurs de même que la courbe de coût marginal constant. Le producteur maximise son profit en produisant un output pour lequel le prix égale le coût marginal comme sur un marché de concurrence parfait.

à un prix « à prendre ou à laisser ». Dans le cas représenté à la figure 25.2, le monopoleur proposerait à la personne 1 d'acheter x_1^0 unités du bien à un prix égal à la surface située en dessous de sa courbe de demande et à la personne 2 d'acheter x_2^0 unités du bien à un prix égal à la surface située en dessous de sa courbe de demande. Comme antérieurement, les deux consommateurs ne bénéficieraient finalement d'aucun surplus et le monopoleur recevrait la totalité du surplus ($A + B$).

La discrimination parfaite est un concept théorique comme le suggère le qualificatif « parfait », mais il s'agit d'un concept intéressant d'un point de vue analytique. En effet, il nous donne un système d'allocation des ressources autre qu'un marché de concurrence parfaite qui réalise comme celui-ci une allocation efficace au sens de Pareto. Il n'existe que très peu d'exemples concrets de discrimination parfaite en termes de prix. L'exemple le plus proche pourrait être un médecin d'une petite ville qui pratiquerait pour ses patients des prix différents sur base de leur capacité à payer.

Exemple : Des cas concrets de discrimination au premier degré

Comme mentionné antérieurement, la discrimination en termes de prix au premier degré est essentiellement un concept théorique. Il est difficile d'identifier des exemples concrets dans lesquels chaque personne paie un prix différent. On pourrait éventuellement prendre comme exemples des situations où les prix sont le résultat d'une négociation comme les ventes d'automobiles ou la vente d'antiquités. Il ne s'agit toutefois pas d'exemples parfaits.

Une compagnie aérienne, Southwest Airlines, a récemment introduit un système appelé Ding qui essaie de faire quelque chose qui s'apparente fort à de la discrimination au premier degré.[1]

Ce système utilise intelligemment Internet. L'utilisateur installe un programme sur son ordinateur et la compagnie aérienne lui envoie régulièrement des offres de tarifs préférentiels. Les offres sont annoncées par un « ding », d'où le nom du système. Selon un observateur, les tarifs offerts par Ding sont inférieurs d'environ 30 pour-cent. Mais ces bas tarifs vont-ils se maintenir ? On pourrait aussi utiliser ce système pour offrir des tarifs plus élevés, mais cela semble peu vraisemblable compte tenu du caractère très concurrentiel du secteur aérien. Il est facile de retourner aux systèmes habituels de vente des tickets si les prix se mettent à monter.

25.3 LA DISCRIMINATION AU DEUXIÈME DEGRÉ

On parle aussi, dans ce cas, de **tarification non linéaire** parce que la discrimination au deuxième degré implique que le prix par unité d'output n'est pas constant mais dépend de la quantité achetée. Cette forme de discrimination est fréquemment utilisée dans le cas des

[1] Elliott, Christopher, « Your Very Own Personal Air Fare », *New York Times*, 9 août 2005.

services d'utilité publique. Par exemple, le prix unitaire de l'électricité dépend souvent de la quantité achetée. Dans d'autres secteurs, on accorde parfois des prix réduits pour des achats importants.

Considérons à nouveau le cas représenté à la figure 25.2. Nous avons vu que le monopoleur souhaite vendre une quantité x_1^0 à la personne 1 à un prix égal à la surface située en dessous de sa courbe de demande (A + coût) et de même, une quantité x_2^0 à la personne 2 à un prix B + coût. Mais pour déterminer les prix corrects, le monopoleur doit connaître les courbes de demande des consommateurs, c'est-à-dire qu'il doit connaître exactement la propension à payer de chaque personne. Même si le monopoleur dispose de certaines informations quant à la distribution statistique de la disposition à payer — il sait par exemple que les étudiants universitaires sont disposés à payer une somme moindre pour un ticket de cinéma que les jeunes cadres dynamiques — il peut être difficile de distinguer un jeune cadre dynamique d'un étudiant universitaire quand ils font la queue au guichet.

De même un agent d'une compagnie aérienne peut savoir que les voyageurs pour affaires sont disposés à payer un prix plus élevé pour un billet d'avion que les touristes, mais il est souvent difficile de savoir si une personne particulière est un touriste ou un voyageur pour affaires. Si le simple fait de passer d'un costume en flanelle grise à des shorts bermuda permet d'économiser 500 € en frais de voyages, les règles vestimentaires dans les milieux d'affaires pourraient changer très rapidement !

Le problème avec l'exemple de discrimination au premier degré représenté à la figure 25.2, c'est que la personne 2 qui a la plus forte propension à payer, peut prétendre être la personne 1, c'est-à-dire la personne avec la plus faible propension à payer. Le vendeur peut être dans l'impossibilité pratique de distinguer les deux personnes.

Pour contourner ce problème, on peut offrir sur le marché des ensembles prix-quantités différents. Un ensemble sera destiné à la personne avec une forte demande et un autre au second individu avec une demande faible. Il se peut souvent que le monopoleur puisse concevoir des ensembles prix-quantités qui amènent les consommateurs à choisir l'ensemble qui leur est destiné ; dans le jargon des économistes, le monopoleur conçoit des ensembles prix-quantités qui amènent les consommateurs à s'auto-sélectionner.

Pour voir comment cela fonctionne, nous avons représenté à la figure 25.3 le même type de courbes de demande que celles représentées à la figure 25.2, mais cette fois tracées l'une au-dessus de l'autre. Nous avons également supposé un coût marginal nul afin de simplifier le raisonnement.

Comme antérieurement le monopoleur souhaite offrir x_1^0 au prix A et x_2^0 au prix $A + B + C$. Il bénéficie ainsi de la totalité du surplus et du profit le plus élevé possible. Malheureusement pour le monopoleur, ces combinaisons prix-quantités ne sont pas compatibles avec l'auto-sélection. Le consommateur avec une forte demande préfère choisir la quantité x_1^0 et payer le prix A, ce qui lui donne un surplus égal à la surface B, ce qui est mieux que le surplus nul qu'il aurait s'il choisissait x_2^0.

Une solution pour le monopoleur consiste à offrir x_2^0 à un prix $A + C$. Dans ce cas, le consommateur avec une forte demande trouvera optimal de choisir x_2^0 et de recevoir un

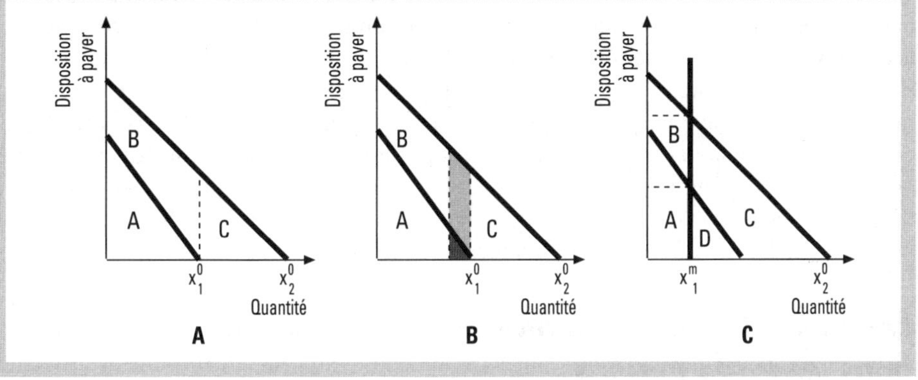

Figure 25.3 ***La discrimination en termes de prix au second degré.***

Sont représentées les courbes de demande de deux consommateurs ; le producteur a par hypothèse un coût marginal nul. La partie A représente le problème de l'auto-sélection. La partie B montre ce qui se passe si le monopoleur réduit l'output destiné au consommateur 1 et la partie C présente la solution qui maximise le profit.

surplus brut égal à $A + B + C$. Il paiera $A + C$ au monopoleur et bénéficiera d'un surplus net égal à B, exactement ce qu'il aurait eu s'il avait choisi x_1^0. Ce faisant le monopoleur bénéficie généralement d'un profit plus élevé que ce qu'il aurait eu en n'offrant qu'une seule combinaison prix-quantités.

Mais l'histoire ne s'arrête pas ici. Le monopoleur peut faire davantage pour augmenter ses profits. Supposons qu'au lieu d'offrir x_1^0 à un prix A au consommateur avec une faible demande, le monopoleur lui offre une quantité légèrement moindre à un prix légèrement inférieur à A. Cela réduit les profits que le monopoleur retire de son commerce avec la personne 1 d'un montant correspondant au petit triangle noir représenté à la figure 25.3B. Par contre, puisque l'ensemble destiné à la personne 1 est désormais moins attrayant pour la personne 2, le monopoleur peut maintenant fixer un prix plus élevé pour x_2^0 aux dépens de la personne 2 ! En réduisant x_1^0, le monopoleur diminue quelque peu la surface A (triangle noir), mais agrandit la surface C (triangle + surface grise). Le résultat net est une augmentation des profits du monopoleur.

En continuant dans cette direction, le monopoleur désirera diminuer la quantité offerte à la personne 1 jusqu'à un point où le profit perdu sur la personne 1 découlant d'une réduction supplémentaire de l'output est juste égal au profit gagné sur la personne 2. Dans ce cas, illustré à la figure 25.3C, il y a égalité entre les bénéfices et coûts marginaux de la réduction de la quantité. La personne 1 choisit x_1^m et paie A ; la personne 2 choisit x_2^0 et paie $A + C + D$. La personne 1 a finalement un surplus nul et la personne 2 un surplus égal à B, exactement ce qu'elle aurait eu en choisissant de consommer x_1^m.

En pratique, le monopoleur encourage souvent cette auto-sélection en ajustant non pas la quantité du bien comme dans cet exemple, mais plutôt sa qualité. Les quantités dans le modèle que nous venons d'examiner peuvent être réinterprétées comme des qualités et le raisonnement reste le même. En général, le monopoleur souhaitera réduire la qualité offerte à la partie la moins intéressante de son marché de façon à ne pas gaspiller les ventes sur le segment le plus intéressant de son marché. Sans consommateurs « lucratifs », les consommateurs les moins porteurs se verraient offrir une qualité supérieure, mais ils ne retireraient toujours aucun surplus. Sans consommateurs moins porteurs, les consommateurs « lucratifs » auraient des surplus nuls de sorte qu'il est dans leur intérêt qu'il y ait des consommateurs moins porteurs. Il en est ainsi parce que le monopoleur doit diminuer le prix pour les consommateurs les plus « lucratifs » afin de les décourager de choisir le produit destiné aux consommateurs les moins porteurs.

Exemple : La discrimination en termes de prix dans les tarifs aériens

Les compagnies aériennes ont bien réussi dans le domaine de la discrimination en termes de prix bien que les représentants du secteur préfèrent utiliser le terme *yield management*. Le modèle présenté antérieurement s'applique assez bien au problème des compagnies aériennes : il y a fondamentalement deux types de consommateurs, les voyageurs pour affaires et les voyageurs individuels, qui ont généralement des propensions à payer fort différentes. Bien que plusieurs compagnies aériennes se concurrencent sur le marché américain, il n'y a souvent qu'une ou deux compagnies aériennes qui assurent les liaisons entre deux villes particulières. Ces compagnies aériennes ont dès lors une liberté considérable dans la fixation des prix.

Nous avons vu que la politique de prix optimal du monopoleur qui traite avec deux groupes de consommateurs consiste à vendre à un prix élevé sur le marché caractérisé par une forte propension à payer et à offrir un produit de moindre qualité sur le marché caractérisé par une plus faible propension à payer. La moindre qualité est destinée à dissuader le consommateur avec une forte propension à payer d'acheter le bien le moins cher.

La façon dont les compagnies aériennes appliquent concrètement cela consiste à offrir un « tarif sans contrainte » pour les voyages d'affaires et un « tarif avec contraintes » pour les autres voyages. Le tarif avec contraintes requiert généralement un achat anticipé, un séjour la nuit du samedi, etc. Les contraintes ont évidemment pour objectif de permettre la discrimination entre les voyageurs pour affaires avec forte demande et les voyageurs individuels plus sensibles au prix. En offrant un produit de moindre qualité — les tarifs avec contraintes — les compagnies aériennes peuvent vendre leurs billets à un prix beaucoup plus élevé aux consommateurs qui ont besoin de modalités de voyages flexibles.

Un tel système peut être utile d'un point de vue social : sans possibilité de discriminer en termes de prix, une entreprise pourrait décider qu'il est optimal de ne vendre que sur les marchés caractérisés par une forte demande.

Les compagnies aériennes discriminent également en termes de prix en distinguant la première classe de la classe économique. Les voyageurs en première classe paient leur billet beaucoup plus cher, mais ils reçoivent un service de meilleure qualité : davantage d'espace, une meilleure nourriture et davantage d'attention. Les voyageurs en classe économique par ailleurs reçoivent un service de moindre qualité dans ces différents aspects. Ce type de discrimination par la qualité est une caractéristique des services de transports depuis longtemps comme en témoignent les commentaires suivants de Jules Dupuit, économiste français du XIXe siècle au sujet des tarifs des chemins de fer :

« Ainsi, ce n'est pas à cause des quelques milliers de francs qu'il serait nécessaire de dépenser pour couvrir les wagons de 3e classe ou pour en rembourrer les banquettes, que telle compagnie a des wagons découverts et des banquettes de bois ; ... Son but est d'empêcher le voyageur qui peut payer le wagon de 2e classe d'aller dans celui de troisième. On frappe sur le pauvre, non pas qu'on ait envie de le faire souffrir personnellement, mais pour faire peur au riche... Enfin, c'est encore pour ce même motif que les compagnies, après s'être montrées presque cruelles pour les voyageurs de 3e classe, avares pour ceux de seconde, deviennent prodigues pour ceux de première. Après avoir refusé le nécessaire au pauvre, on donne le superflu au riche. »[2]

La prochaine fois que vous volerez en classe économique, vous serez peut-être quelque peu consolé de savoir que les voyages en chemins de fer au XIXe siècle en France étaient encore plus inconfortables !

Exemple : Les prix des médicaments

La dose mensuelle d'un antidépresseur appelé Zoloft est vendue 29,74 $ en Autriche, 32,91 $ au Luxembourg, 40,97 $ au Mexique et 64,67 $ aux États-Unis. Pourquoi de telles différences ? Les entreprises pharmaceutiques, comme toutes les entreprises, fixent les prix en fonction des conditions de marché. Les pays plus pauvres ne peuvent pas payer autant que des pays plus riches et par conséquent, les prix des médicaments y sont plus faibles.

Mais ce n'est pas la seule explication. Le pouvoir de négociation diffère aussi fortement d'un pays à l'autre. Les prix des médicaments sont souvent inférieurs au Canada, qui a un système national de santé, par rapport aux États-Unis où il n'ya pas de système centralisé de prestations de soins de santé.

Certains ont proposé d'obliger les entreprises pharmaceutiques à pratiquer un prix unique au niveau mondial. Outre l'épineuse question de la mise en œuvre d'une telle obligation, on peut s'interroger sur ses conséquences. Globalement les prix mondiaux vont-ils augmenter ou diminuer ? La réponse dépend de la taille relative du marché. Un médicament contre la malaria trouve son marché essentiellement dans les pays pauvres. Si on oblige les entreprises pharmaceutiques à pratiquer un prix unique, elles vendront vraisemblablement ce médicament à un prix faible. Par contre, un médicament contre une maladie qui frappe principalement les habitants des pays riches sera vraisemblablement vendu à un prix élevé et il sera trop cher pour les habitants des pays pauvres.

[2] Dupuit J., « De l'influence des péages sur l'utilité des voies de communication », dans *Annales des Ponts et Chaussées*, Paris, XVII, 1849, p. 234-235, cité dans Ekelund R.B., « Price Discrimination and Product Differentiation in Economic Theory : An Early Analysis », dans *Quarterly Journal of Economics*, 84 (1970), p. 268-78.

En principe, passer d'une discrimination en prix à un régime de prix unique augmente certains prix et en diminue d'autres. Certains acheteurs voient leur position s'améliorer, d'autres se dégrader. Dans certains cas, un offreur peut même cesser d'offrir un bien sur certains marchés s'il est contraint d'appliquer un prix unique.

25.4 LA DISCRIMINATION AU TROISIÈME DEGRÉ

Rappelons que cela signifie que le monopoleur pratique des prix différents selon les individus qui achètent, mais que chaque unité du bien vendue à un groupe donné d'acheteurs l'est au même prix. La discrimination au troisième degré est la forme la plus fréquente de discrimination en prix. Comme exemples, nous pourrions citer les réductions pour étudiants au cinéma ou les tarifs préférentiels pour personnes âgées. Comment le monopoleur détermine-t-il les prix optimaux qu'il pratique sur chaque marché ?

Admettons que le monopoleur soit capable de distinguer deux groupes d'individus et qu'il puisse vendre un même produit à ces deux groupes à un prix différent. Nous supposons que les consommateurs sur chacun des deux marchés ne peuvent pas revendre le bien. Représentons par $p_1(y_1)$ et $p_2(y_2)$, les fonctions de demande inverse pour les groupes 1 et 2 et par $c(y_1 + y_2)$, le coût de production de l'output. Le problème de maximisation du profit auquel est confronté le monopoleur s'écrit dès lors de la façon suivante :

$$\max_{y_1, y_2} p_1(y_1)y_1 + p_2(y_2)y_2 - c(y_1 + y_2).$$

La solution optimale doit respecter les conditions suivantes :

$$Rm_1(y_1) = Cm(y_1 + y_2)$$
$$Rm_2(y_2) = Cm(y_1 + y_2).$$

En d'autres termes, le coût marginal de production d'une unité supplémentaire d'output doit être égal à la recette marginale sur chaque marché. Si la recette marginale sur le marché 1 était supérieure au coût marginal, il serait intéressant d'accroître l'output sur le marché 1. Le même raisonnement s'applique au marché 2. Puisque le coût marginal est le même sur les deux marchés, la recette marginale doit évidemment être également la même sur les deux marchés. Un bien doit donc entraîner la même augmentation de recette qu'il soit vendu sur le marché 1 ou le marché 2.

Nous pouvons utiliser la formule habituelle de la recette marginale en termes d'élasticité pour écrire les conditions de maximisation du profit comme suit :

$$p_1(y_1)\left[1 - \frac{1}{|\varepsilon_1(y_1)|}\right] = Cm(y_1 + y_2)$$

$$p_2(y_2)\left[1 - \frac{1}{|\varepsilon_2(y_2)|}\right] = Cm(y_1 + y_2)$$

où $\varepsilon_1(y_1)$ et $\varepsilon_2(y_2)$ représentent les élasticités de la demande sur les deux marchés évaluées au niveau des outputs qui maximisent le profit.

Remarquons maintenant que si $p_1 > p_2$, nous devons avoir

$$1-\frac{1}{|\varepsilon_1(y_1)|}<1-\frac{1}{|\varepsilon_2(y_2)|}.$$

Ceci implique que

$$\frac{1}{|\varepsilon_1(y_1)|}>\frac{1}{|\varepsilon_2(y_2)|}$$

ou encore que

$$|\varepsilon_2(y_2)|>|\varepsilon_1(y_1)|.$$

Le marché avec le prix le plus élevé doit donc avoir l'élasticité de la demande la plus faible. Après réflexion, c'est assez logique. Une demande élastique est une demande sensible au prix. Une entreprise qui discrimine en termes de prix pratiquera par conséquent un prix faible pour le groupe qui est sensible au prix et un prix élevé pour le groupe qui est relativement insensible au prix. Elle maximise de cette façon son profit total.

Nous avons suggéré antérieurement que les ristournes accordées aux personnes âgées et aux étudiants constituaient de bons exemples de discrimination au troisième degré. Nous pouvons maintenant voir pourquoi ces groupes obtiennent des ristournes. Il est vraisemblable que les étudiants et les personnes âgées sont plus sensibles au prix que le consommateur moyen et qu'ils ont par conséquent des demandes plus élastiques dans la zone de prix pertinente. Une entreprise qui maximise son profit discriminera par conséquent en termes de prix en faveur de ces groupes de consommateurs.

Exemple : Les courbes de demande linéaire

Considérons le cas d'une entreprise confrontée à deux marchés avec des courbes de demande linéaire, $x_1 = a - bp_1$ et $x_2 = c - dp_2$. Supposons par souci de simplicité que les coûts marginaux soient nuls. Si l'entreprise peut discriminer en termes de prix, elle produira un volume d'output tel que la recette marginale soit nulle sur chaque marché. Elle choisira donc une combinaison de prix et d'outputs située à mi-chemin sur chaque courbe de demande, les outputs étant égaux à $x_1^* = a/2$ et $x_2^* = c/2$ et les prix à $p_1^* = a/2b$ et $p_2^* = c/2d$.

Supposons maintenant que l'entreprise soit au contraire obligée de vendre au même prix sur les deux marchés. Elle serait dans ce cas confrontée à une courbe de demande égale à $x = (a + c) - (b + d)p$ et produirait à mi-chemin sur sa courbe de demande ; ceci impliquerait un output $x^* = (a + c)/2$ et un prix $p^* = (a + c)/2(b + d)$. L'output total est donc le même que l'entreprise puisse ou non discriminer en termes de prix. (Il s'agit là d'une caractéristique particulière de la courbe de demande linéaire qui ne s'applique pas au cas général.)

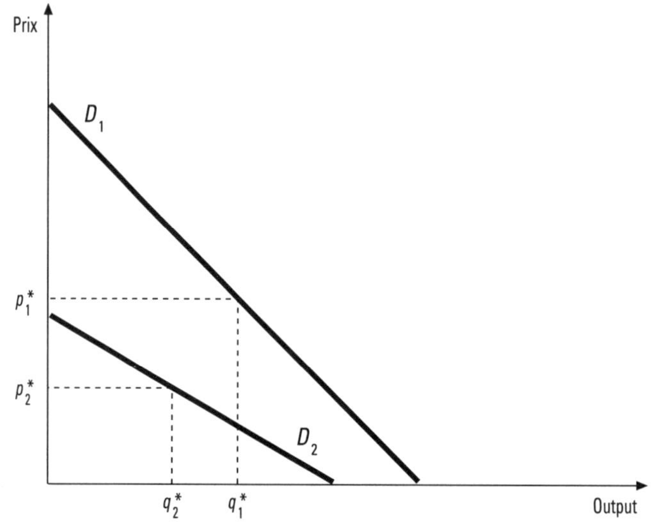

Figure 25.4 ***La discrimination en termes de prix avec demandes linéaires.***

Si le monopoleur ne peut pratiquer qu'un seul prix, il choisira un prix p_1^* et ne vendra que sur le marché 1. Mais s'il peut discriminer en termes de prix, il vendra également sur le marché 2 à un prix p_2^*.

Il existe toutefois une exception importante. Nous avons supposé que quand le monopoleur choisit un prix unique optimal, il vend une quantité positive d'output sur chaque marché. Il se pourrait très bien qu'au prix correspondant au profit maximum, le monopoleur n'écoule sa production que sur un seul marché comme illustré à la figure 25.4.

Nous avons sur cette figure deux courbes de demande linéaire. Puisque le coût marginal est supposé nul, le monopoleur désire produire en un point où l'élasticité de la demande est égale à – 1 et nous savons qu'il en est ainsi au milieu de la courbe de demande du marché. Le prix p_1^* est donc le prix correspondant au profit maximum, c'est-à-dire qu'une diminution supplémentaire du prix réduirait les recettes sur le marché 1. Si la demande sur le marché 2 est très faible, le monopoleur peut désirer ne pas diminuer davantage son prix pour vendre sur ce marché et il ne vendra finalement son produit que sur le marché le plus important.

Dans ce cas, permettre une discrimination en termes de prix augmente de façon certaine l'output total puisque le monopoleur estimera qu'il est intéressant de vendre sur les deux marchés s'il peut pratiquer un prix différent sur chacun d'eux.

Exemple : Calculer la discrimination optimale en termes de prix

Supposons qu'un monopoleur soit confronté à deux marchés avec les courbes de demande suivantes :

$$D_1(p_1) = 100 - p_1$$
$$D_2(p_2) = 100 - 2p_2.$$

Admettons que le coût marginal soit constant et égal à 20 € par unité. Si le monopoleur peut discriminer en termes de prix, quel prix devrait-il pratiquer sur chaque marché afin de maximiser son profit ? Quel prix unique devrait-il choisir s'il ne peut pas discriminer ?

Pour résoudre le problème de discrimination en termes de prix, calculons tout d'abord les fonctions de demande inverse :

$$p_1(y_1) = 100 - y_1$$
$$p_2(y_2) = 50 - y_2/2.$$

L'égalité de la recette marginale et du coût marginal sur chaque marché nous donne les deux équations suivantes :

$$100 - 2y_1 = 20$$
$$50 - y_2 = 20.$$

Les solutions sont $y_1^* = 40$ et $y_2^* = 30$. En substituant dans les fonctions de demande inverse, nous obtenons les prix $p_1^* = 60$ et $p_2^* = 35$.

Si le monopoleur doit pratiquer le même prix sur chaque marché, nous calculons tout d'abord la demande totale :

$$D(p) = D_1(p_1) + D_2(p_2) = 200 - 3p.$$

La fonction de demande inverse est par conséquent

$$p(y) = \frac{200}{3} - \frac{y}{3}.$$

La condition d'égalité de la recette marginale et du coût marginal

$$\frac{200}{3} - \frac{2}{3}y = 20$$

nous donne comme solution, $y^* = 70$ et $p^* = 43\frac{1}{3}$.

Conformément à ce que nous avons dit dans la section précédente, il est important de vérifier que ce prix engendre des demandes non négatives sur chaque marché. Il est toutefois aisé de vérifier qu'il en est bien ainsi.

Exemple : La discrimination en termes de prix dans les revues scientifiques

La plupart des communications écrites par les chercheurs universitaires sont publiées dans des revues scientifiques. Ces revues sont vendues par abonnement aux bibliothèques et aux chercheurs individuels. On observe très fréquemment des prix d'abonnement différents pour les bibliothèques et les particuliers. En règle générale, nous nous attendons à ce que la demande des bibliothèques soit beaucoup plus inélastique que la demande des individus et, conformément aux prédictions de l'analyse économique, les prix des abonnements pour les bibliothèques sont généralement beaucoup plus importants que les prix des abonnements individuels. Souvent, les abonnements des bibliothèques sont deux à trois fois plus chers que les abonnements pour les particuliers.

Plus récemment, certaines maisons d'édition ont commencé à discriminer en termes de prix sur le plan géographique. En 1984, quand le dollar U.S. atteignit une valeur sans précédent par rapport à la livre anglaise, de nombreuses maisons d'édition britanniques commencèrent à pratiquer des prix différents pour les abonnés U.S. et les abonnés européens. On pouvait s'attendre à ce que la demande U.S. soit plus inélastique. Puisque le prix en dollars des revues britanniques était relativement faible suite au taux de change, une augmentation de 10 % du prix U.S. devait entraîner une diminution proportionnelle de la demande plus faible qu'une augmentation semblable du prix britannique. En termes de maximisation du profit, il était donc logique pour les maisons d'édition britanniques d'augmenter le prix de leurs revues pour le groupe qui avait la plus faible élasticité de la demande, c'est-à-dire les abonnés U.S. Selon une étude réalisée en 1984, les bibliothèques nord-américaines payaient pour leurs revues en moyenne 67 % de plus que les bibliothèques britanniques et 34 % de plus que les bibliothèques des autres parties du monde[3].

On peut trouver une preuve supplémentaire de la discrimination en termes de prix en examinant la structure des augmentations de prix. Selon une étude de la Bibliothèque de l'Université de Michigan, « ...les maisons d'édition ont analysé de façon précise leur nouvelle stratégie en matière de prix. Il semble y avoir une corrélation directe entre l'utilisation en bibliothèque et l'ampleur de l'écart de prix. Plus l'usage est important, plus l'écart l'est également[4]. »

En 1986, le taux de change s'était modifié en faveur de la livre et les prix en dollars des revues britanniques avaient augmenté de façon importante. Suite à l'augmentation des prix, une opposition sérieuse s'est élevée contre les prix plus élevés pratiqués aux U.S.A. La conclusion du rapport de la Bibliothèque de l'Université de Michigan illustre cette opposition : « On s'attend à ce qu'un vendeur avec un pouvoir de monopole

[3] Hamaker, C. et D. Astle, « Recent Pricing Patterns in British Journal Publishing », *Library Acquisitions : Practice and Theory*, 8,4, Printemps 1984, p. 225–32.

[4] Traduction d'un extrait de l'étude réalisée par Robert Houbeck pour la Bibliothèque de l'Université de Michigan et publiée dans le volume 2, n° 1 du *University Library Update*, Avril 1986.

sur un produit pratique des prix en fonction de la demande. En tant que consommateur, l'Université doit, quant à elle, décider si elle continue de payer jusqu'à 114 % de plus que ses équivalents britanniques pour un produit identique. »

25.5 LA VENTE JUMELÉE DE PLUSIEURS BIENS

Les firmes choisissent souvent de vendre les biens en groupes, c'est-à-dire de vendre des ensembles de biens complémentaires. Comme exemple intéressant de cette pratique de *bundling* on peut mentionner ce que l'on appelle souvent un « logiciel intégré » ou une « suite bureautique » (*software suite*). Il s'agit d'un ensemble de différents outils *software* vendus en un seul paquet : un traitement de texte, un tableau et un outil de présentation. Comme autre exemple, on peut citer un magazine qui consiste en un ensemble d'articles qui pourraient, en principe, être vendus séparément. En outre, ces magazines sont souvent vendus par abonnement ce qui n'est, en fait, qu'une façon de regrouper plusieurs numéros.

La vente jumelée de plusieurs biens peut s'expliquer par des économies de coûts : il est souvent moins cher de vendre plusieurs biens en un seul ensemble que de les vendre séparément. Elle peut aussi s'expliquer par les complémentarités entre les biens : les programmes informatiques vendus ensemble sont « compatibles » ; ils fonctionnent souvent mieux que les programmes pirates.

Mais certains comportements du consommateur peuvent également expliquer cette pratique. Considérons un exemple simple. Supposons qu'il y ait deux types de consommateurs et deux composantes informatiques : un traitement de texte et un tableur. Les consommateurs de type A sont disposés à payer 120 € pour le traitement de texte et 100 € pour le tableur. Les consommateurs de type B ont des préférences inverses : ils sont disposés à payer 100 € pour le traitement de texte et 120 € pour le tableur. Ces éléments d'information sont résumés au tableau 25.1.

Supposons que vous vendiez ces produits. Par souci de simplification, admettons que le coût marginal soit négligeable de sorte que votre objectif est de maximiser vos recettes. Posons, en outre, l'hypothèse prudente que les propensions à payer pour l'ensemble constitué des deux composantes est simplement la somme des propensions à payer de chaque composante.

Tableau 25.1 ***Propensions à payer pour les composantes informatiques***

Type de consommateurs	Traitement de texte	Tableur
Type A	120 €	100 €
Type B	100 €	120 €

Examinons maintenant les profits obtenus en suivant deux stratégies commerciales différentes. Supposons tout d'abord que vous vendiez chaque composante séparément. Pour maximiser les recettes, il faut fixer le prix de chaque composante à 100 €. Ce faisant, vous vendez deux copies du traitement de texte et deux copies du tableur et vous recevez une recette totale de 400 €.

Mais qu'en est-il si vous vendez les deux composantes ensemble ? Dans ce cas vous pouvez vendre chaque ensemble à 220 € et vous recevrez une recette totale de 440 €. La vente conjointe est clairement la meilleure stratégie !

Quelle est la raison de tout cela ? Rappelons que quand vous vendez un bien à différentes personnes, le prix est déterminé par l'acheteur qui a la propension à payer la plus basse. Plus les évaluations des acheteurs sont constrastées, plus faible sera le prix que vous devrez pratiquer pour vendre un nombre donné d'objets. Dans ce cas, vendre de façon jumelée le traitement de texte et le tableur réduit la dispersion de la propension à payer ce qui permet au monopoleur de pratiquer un prix plus élevé pour l'ensemble des biens.

Exemple : Les « suites bureautiques » (software suite)

Microsoft, Lotus et les autres producteurs de software ont pratiqué la vente jumelée pour la plupart de leurs logiciels d'application. Par exemple, en 1993, Microsoft offrait un ensemble appelé« Microsoft Office » composé d'un traitement de texte, d'un tableur, d'un outil de présentation et d'une base de données à un prix au détail conseillé de 750 $. (Le prix « soldé » était d'environ 450 $). Si les composantes étaient achetées séparément, le prix total s'élevait à 1565 $! Lotus offrait à un prix presque identique son ensemble « Smart Suite » et le prix total de ces composantes achetées séparément était de 1730 $.

D'après un article de Steve Lohr paru le 15 octobre 1993 dans le *New York Times*, la moitié des produits informatiques de Microsoft ont été vendus par ensembles et ont engendré des recettes annuelles de plus d'un milliard de dollars.

Ces « suites bureautiques » correspondent bien au modèle de ventes jumelées. Les préférences pour les produits informatiques sont très hétérogènes. Certaines personnes utilisent tous les jours un traitement de texte et n'utilisent un tableur qu'occasionnellement. D'autres ont un usage inverse. Si vous désirez vendre un tableur à un grand nombre d'utilisateurs, vous devez le vendre à un prix attractif pour un utilisateur occasionnel. De même pour le traitement de texte : c'est la propension à payer de l'utilisateur marginal qui détermine le prix du marché. En regroupant deux produits, vous réduisez la dispersion de la propension à payer et vous pouvez augmenter vos profits totaux.

L'analyse que nous venons de mener ne décrit évidemment pas tous les aspects du marché des suites bureautiques. Il faut tenir compte d'autres éléments tels que la garantie de bon fonctionnement de l'ensemble des composantes individuelles ; elles sont complémentaires sous cet aspect. En outre, le succès d'un logiciel dépend fortement du nombre d'utilisateurs et la vente jumelée permet d'accroître les parts de marché. Il s'agit d'un phénomène d'externalité de réseau que nous examinerons dans un chapitre ultérieur.

25.6 LES TARIFS EN DEUX PARTIES

Envisageons le problème de tarification auquel sont confrontés les propriétaires d'un parc d'attraction. Ils peuvent fixer un prix pour les billets d'entrée au parc et un autre prix pour les attractions. Comment devraient-ils fixer ces deux prix s'ils désirent maximiser les profits ? Soulignons que la demande pour l'accès au parc et la demande pour les attractions sont liées : le prix que les gens sont disposés à payer pour entrer dans le parc dépend du prix qu'ils devront payer pour les attractions. Ce type de tarification est appelé un **tarif en deux parties**[5].

Il y a de nombreux autres exemples de tarifs en deux parties. Polaroid vend ses appareils photographiques à un prix donné et ses films à un autre. Les personnes qui doivent décider si elles achètent ou non l'appareil photographique tiennent vraisemblablement compte du prix du film. Une société qui produit des rasoirs et des lames vend le rasoir à un prix et les lames à un autre et de nouveau le prix qu'elle fixe pour les lames influence la demande pour les rasoirs et vice versa.

Examinons la solution de ce problème de tarification en considérant l'exemple étudié initialement, à savoir ce qu'on appelle le **dilemme de Disneyland**. Comme d'habitude, nous formulons quelques hypothèses simplificatrices. Tout d'abord, nous supposons qu'il n'y a qu'un seul type d'attraction à Disneyland. Deuxièmement, nous supposons que les gens ne souhaitent aller à Disneyland que pour les attractions et qu'enfin ils ont tous les mêmes préférences à leur égard.

À la figure 25.5, nous avons représenté la courbe de demande et la courbe de coût marginal (constant) pour les attractions. Comme d'habitude la courbe de demande est décroissante : si Disneyland fixe un prix élevé pour les attractions, les consommateurs les utiliseront peu. Supposons que Disneyland fixe un prix p^*, comme indiqué à la figure 25.5, auquel correspond une demande de x^* attractions. Quel prix peut-on pratiquer pour l'entrée au parc compte tenu que les attractions coûtent p^* ?

La propension totale à payer pour x^* attractions est mesurée par le surplus des consommateurs. Par conséquent, le montant maximum que les propriétaires du parc peuvent demander pour l'entrée correspond à la surface indiquée par « surplus des consommateurs »à la figure 25.5. Le profit total du monopoleur est la somme de cette surface et du profit sur les attractions, $(p^* - Cm)x^*$.

Il n'est pas difficile de voir que le profit total est maximisé quand le prix des attractions est égal au coût marginal. Nous avons vu antérieurement que c'est ce prix qui génère le surplus maximum pour les consommateurs et les producteurs. Puisque le monopoleur va demander aux consommateurs leur surplus, la politique de maximisation du profit consiste à fixer pour les attractions un prix égal au coût marginal et un prix d'entrée correspondant au surplus du consommateur qui en résulte.

[5] Voir l'article classique de Oi, Walter, « A Disneyland Dilemma : Two-Part Tariffs for a Mickey Mouse Monopoly », *Quarterly Journal of Economics*, 85, 1971, p. 77-96.

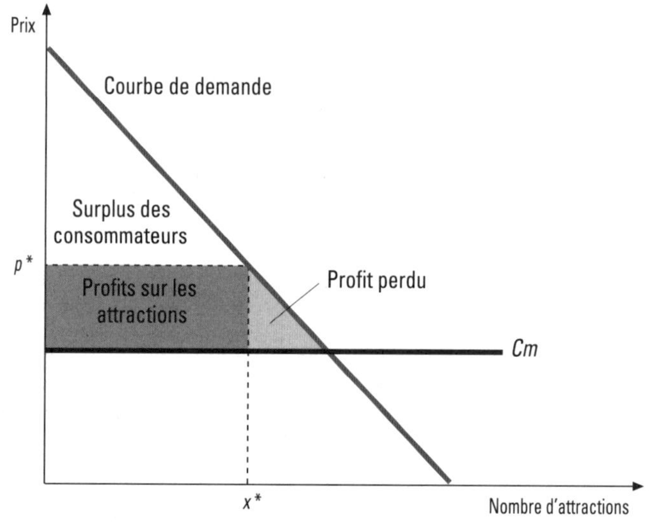

Figure 25.5 ***Le dilemme de Disneyland.***

Si les propriétaires d'un parc fixent un prix p^* pour les attractions, la demande sera de x^* attractions. Le surplus des consommateurs mesure le prix que les propriétaires peuvent demander pour l'entrée au parc. Les profits totaux de la firme sont maximisés quand le prix des attractions est égal au coût marginal.

En fait, c'est la politique que Disneyland et la plupart des autres parcs d'attractions suivent. Il y a un prix d'entrée et les attractions à l'intérieur du parc sont gratuites. Il en est ainsi parce que le coût marginal des attractions est inférieur au coût de transaction qu'implique la perception d'un prix séparé pour chaque attraction.

25.7 LA CONCURRENCE MONOPOLISTIQUE

Nous avons défini un monopole comme un secteur d'activité dans lequel il n'y a qu'un seul grand producteur. Mais nous avons été quelque peu imprécis quant à ce que signifie exactement un secteur d'activité. Un secteur peut être défini comme comprenant toutes les firmes qui produisent un bien particulier. Mais, dans ce cas, qu'entend-on par « un bien » ? En effet, une seule entreprise produit du Coca-Cola ; est-ce que cela implique que cette entreprise est un monopoleur ?

La réponse est certainement négative. L'entreprise Coca-Cola doit affronter la concurrence des autres producteurs de boissons non alcoolisées. Nous devrions en fait définir un secteur d'activité comme étant l'ensemble des entreprises qui produisent des biens que les consommateurs considèrent comme de proches substituts. Chaque entreprise dans un secteur peut produire un bien particulier, par exemple une marque particulière, mais les consommateurs considèrent jusqu'à un certain point les différentes marques comme des substituts.

Bien qu'une entreprise puisse disposer juridiquement d'un monopole sur ses marques et que par conséquent les autres entreprises ne puissent pas produire *exactement* le même bien, celles-ci peuvent généralement produire des biens *similaires*. Pour une entreprise donnée, les décisions de production de ses concurrents constituent un élément extrêmement important à prendre en compte quand il s'agit de décider avec précision quelle quantité produire et quel prix pratiquer.

La courbe de demande pour une entreprise dépend dès lors généralement des décisions de production et des prix pratiqués par les autres entreprises qui produisent des biens similaires. La pente de la courbe de demande pour une entreprise dépend de la mesure dans laquelle les produits des autres entreprises sont similaires à ce qu'elle réalise elle-même. Si un grand nombre d'entreprises dans un secteur d'activité produisent des biens *identiques*, la courbe de demande pour chacune des entreprises est essentiellement horizontale. Chaque entreprise doit vendre son produit au prix pratiqué par les autres firmes. Toute firme qui essaierait de pratiquer un prix supérieur à celui des autres entreprises qui vendent des biens identiques perdrait rapidement tous ses clients.

Par contre, si une entreprise a le droit exclusif de vendre un produit particulier, elle peut être capable d'augmenter son prix sans perdre la totalité de ses clients. Certains de ceux-ci peuvent se tourner vers les produits réalisés par les entreprises concurrentes, mais pas tous. Le nombre de clients qui se tournent ainsi vers les produits des concurrents dépend du degré de ressemblance existant aux yeux des consommateurs entre ces produits et celui réalisé par l'entreprise, c'est-à-dire de l'élasticité de la courbe de demande de l'entreprise.

Si une entreprise réalise un profit en vendant un bien sur un marché donné et que les autres entreprises ne sont pas autorisées à reproduire parfaitement ce bien, celles-ci peuvent toutefois trouver profitable d'entrer sur ce marché et de produire un bien similaire quoique différent. Les économistes appellent ce phénomène la **différenciation du produit**, c'est-à-dire que chaque entreprise essaie de différencier son produit par rapport à celui des autres entreprises du même secteur. Plus une entreprise réussit à différencier son produit par rapport aux produits similaires vendus par les autres firmes, plus elle dispose d'un pouvoir de monopole, c'est-à-dire plus la courbe de demande pour son produit est inélastique. Considérons par exemple l'industrie des boissons non alcoolisées. Dans ce secteur d'activité, un certain nombre d'entreprises produisent des biens similaires quoique non identiques. Chaque bien a ses amateurs parmi les consommateurs et, par conséquent, chaque entreprise a un certain pouvoir de marché.

Un secteur d'activité comme celui que nous venons de décrire présente certaines caractéristiques propres à la concurrence parfaite et au monopole ; c'est pour cette raison que nous parlons dans ce cas, de **concurrence monopolistique**. Le secteur est monopolistique dans la mesure où chaque entreprise est confrontée à une courbe de demande décroissante pour son produit. Elle a par conséquent un certain pouvoir de marché puisqu'elle peut fixer son propre prix au lieu d'accepter passivement le prix du marché comme une entreprise concurrentielle. D'un autre côté, il y a concurrence entre les entreprises pour attirer les consommateurs à la fois en termes de prix et de type de bien vendu. En outre, il n'y a aucune restriction limitant l'entrée de nouvelles entreprises dans un secteur d'activité en concurrence monopolistique. Sur base de ces deux aspects, le secteur est semblable à un secteur concurrentiel.

La concurrence monopolistique est probablement la forme de marché la plus fréquente. Malheureusement, c'est également la forme la plus difficile à analyser. Les cas extrêmes du monopole pur et de la concurrence parfaite sont beaucoup plus simples et peuvent parfois être utilisés comme première approximation pour des modèles plus élaborés de la concurrence monopolistique. Quand on procède à une analyse détaillée d'un marché de concurrence monopolistique, les caractéristiques spécifiques des produits et de la technologie et la nature des choix stratégiques à la disposition des entreprises sont extrêmement importantes. On ne peut pas raisonnablement modéliser de façon synthétique un marché de concurrence monopolistique contrairement à ce que nous avons fait pour les cas plus simples de la concurrence parfaite et du monopole pur. On doit, en effet, prendre en considération les caractéristiques institutionnelles du secteur particulier que l'on étudie. Dans les deux chapitres suivants, nous allons présenter certaines méthodes utilisées par les économistes pour analyser les choix stratégiques, mais pour une étude détaillée de la concurrence monopolistique, l'étudiant devra attendre des cours plus poussés.

Nous pouvons toutefois dégager une conclusion intéressante qui découle de la condition d'entrée libre de la concurrence monopolistique. À mesure qu'un nombre de plus en plus important d'entreprises entrent dans la branche correspondant à un type particulier de biens, à quel changement pouvons-nous nous attendre au niveau de la courbe de demande d'une firme déjà présente ? Tout d'abord, nous pouvons nous attendre à un déplacement vers le bas de la courbe de demande puisque pour un prix donné, cette entreprise ne pourra plus vendre qu'un nombre de plus en plus réduit d'unités d'output à mesure que de nouvelles firmes entrent dans la branche. Deuxièmement, nous pouvons nous attendre à ce que la courbe de demande pour une entreprise donnée devienne plus élastique puisqu'il y a davantage d'entreprises produisant des biens de plus en plus semblables. L'entrée dans la branche de nouvelles entreprises avec des produits similaires tend donc à déplacer les courbes de demande des firmes existantes vers la gauche et à les aplatir.

Si de nouvelles entreprises continuent à entrer dans la branche aussi longtemps qu'elles s'attendent à réaliser un profit, nous pouvons définir l'équilibre de la branche de la façon suivante :

1. Chaque entreprise opère en une combinaison de prix et d'output située sur sa courbe de demande.

2. Chaque entreprise maximise son profit compte tenu de la courbe de demande à laquelle elle est confrontée.

3. Le phénomène d'entrée dans la branche pousse le profit de chaque entreprise vers zéro.

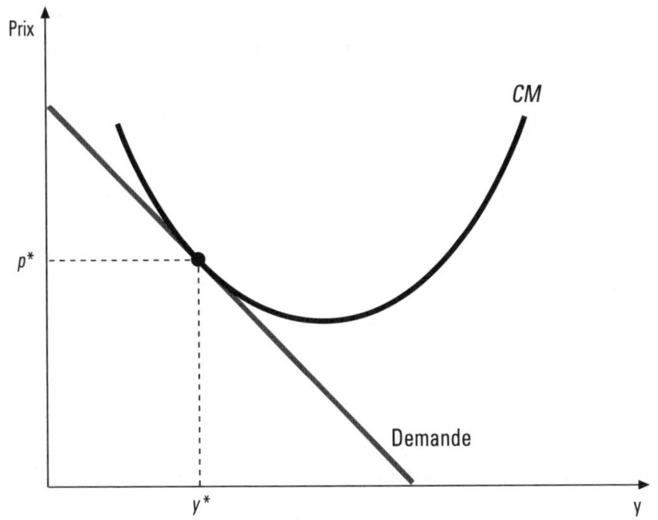

Figure 25.6 ***La concurrence monopolistique.***

En situation d'équilibre de concurrence monopolistique avec profit nul, la courbe de demande et la courbe de coût moyen doivent être tangentes.

Ces trois éléments impliquent une relation graphique très particulière entre la courbe de demande et la courbe de coût moyen : la courbe de demande et la courbe de coût moyen doivent être tangentes l'une à l'autre.

Ce raisonnement est illustré à la figure 25.6. Le point 1 ci-dessus précise que la combinaison d'output et de prix doit être située quelque part sur la courbe de demande et le point 3 implique que cette combinaison d'output et de prix doit également être sur la courbe de coût moyen. La position de production de l'entreprise doit donc être en un point situé sur les deux courbes. La courbe de demande pourrait-elle couper la courbe de coût moyen ? Non, parce que dans ce cas, il existerait un point sur la courbe de demande situé au-dessus de la courbe de coût moyen et ce point correspondrait à des profits *positifs*[6]. En vertu du point 2, la position de profit nul correspond donc au profit maximum.

Une autre façon de voir cela est d'examiner ce qui se passerait si l'entreprise représentée à la figure 25.6 pratiquait un prix différent de celui qui assure l'équilibre entre recettes et coûts. Pour tout autre prix, qu'il soit supérieur ou inférieur, l'entreprise perdrait de l'argent alors que, pour le prix initial, l'entreprise réalise un profit nul. Ce prix correspond donc bien au profit maximum.

[6] Si $p > c(y)/y$, un simple calcul algébrique indique que $py - c(y) > 0$.

Nous pouvons formuler deux observations importantes concernant l'équilibre de la concurrence monopolistique. Tout d'abord, bien que les profits soient nuls, la situation est inefficace au sens de Pareto. Les profits n'ont rien à voir avec l'efficacité : quand le prix est supérieur au coût marginal, l'efficacité commanderait d'accroître l'output.

Deuxièmement, il est clair que les entreprises opèrent généralement à la gauche du niveau d'output correspondant au coût moyen minimum. On a parfois exprimé cela en disant qu'en concurrence monopolistique, il y avait des capacités excédentaires. S'il y avait moins d'entreprises, chacune pourrait adopter une échelle de production plus efficace, ce qui serait préférable pour les consommateurs. Toutefois, s'il y avait moins d'entreprises, il y aurait également une variété moindre de produits et cela tendrait à réduire le niveau de satisfaction des consommateurs. Il est difficile de déterminer lequel de ces deux effets domine.

25.8 UN MODÈLE DE DIFFÉRENCIATION DU PRODUIT EN TERMES DE LOCALISATION

À Atlantic City, il y a une promenade le long de la plage. Sur cette promenade, il y a plusieurs vendeurs avec des charrettes qui vendent de la crème glacée. Si on donne une concession pour vendre de la glace sur la promenade à un seul vendeur, où celui-ci devrait-il se placer[7] ?

Supposons que les consommateurs soient placés de façon uniforme le long de la plage. D'un point de vue social, il est logique de placer le vendeur de crème glacée de façon à ce que la distance totale parcourue par tous les consommateurs soit minimisée. Il n'est pas difficile de voir que la localisation optimale est dans ce cas, le milieu de la promenade.

Supposons maintenant que nous autorisions deux vendeurs. Admettons aussi que nous fixions le prix qu'ils peuvent pratiquer pour leur crème glacée et demandons-nous simplement où ces deux vendeurs devraient se placer de façon à minimiser la distance totale parcourue. Si chaque consommateur s'adresse au vendeur le plus proche, nous devrions placer un vendeur en un point correspondant au quart de la promenade et l'autre aux trois quarts. Le consommateur qui se trouve au milieu serait indifférent entre les deux vendeurs et chaque vendeur aurait une part de marché égale à la moitié des consommateurs. La figure 25.7A illustre cette situation.

Mais les vendeurs ont-ils intérêt à rester en ces points ? Mettez-vous dans la situation du vendeur *G*. Si vous vous déplacez un petit peu vers la droite, vous volez quelques consommateurs à l'autre vendeur et vous ne perdez aucun de vos consommateurs. En vous déplaçant vers la droite, vous restez en effet le vendeur le plus proche de tous les

[7] Notre présentation est basée sur le modèle classique de Harold Hotelling, « Stability in Competition », *Economic Journal*, Mars 1929.

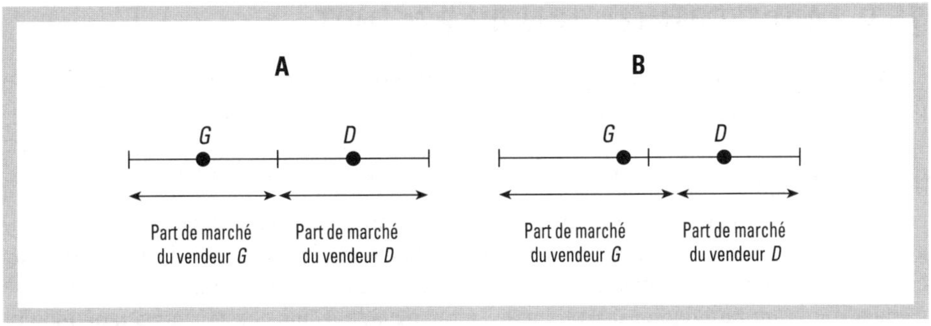

Figure 25.7 ***La concurrence en termes de localisation.***

La partie A montre la localisation optimale d'un point de vue social ; G est situé au quart de la promenade et D aux trois quarts. Mais chaque vendeur aura intérêt à se déplacer vers le milieu. La seule localisation d'équilibre correspond dès lors à une situation où les deux vendeurs sont situés au milieu de la promenade.

consommateurs situés à votre gauche et vous vous rapprochez des consommateurs situés à votre droite. Vous augmentez par conséquent votre part de marché et votre profit.

Mais le vendeur *D* peut raisonner de la même façon, c'est-à-dire qu'en se déplaçant vers la gauche, il vole une partie de vos consommateurs et ne perd aucun des siens ! Cela montre que la localisation optimale d'un point de vue social n'est pas un équilibre. La seule situation d'équilibre est une situation où les deux vendeurs sont situés au milieu de la promenade. Dans ce cas, la concurrence pour obtenir les consommateurs a engendré une localisation *inefficace*.

Le modèle de la promenade peut servir de métaphore pour d'autres problèmes de différenciation des produits. Au lieu de parler de promenade, réfléchissons au choix des types de musique diffusés par deux stations de radio. À un extrême, vous avez la musique classique et à l'autre, vous avez la musique *heavy metal*. Chaque auditeur choisit la station de radio qui correspond le plus à ses goûts.

Si la station classique joue une musique un petit plus orientée vers le milieu des goûts des consommateurs, elle ne perdra pas ses clients classiques, mais elle gagnera une partie des auditeurs ayant des goûts moyens. Si la station *heavy metal* se déplace un petit peu vers le milieu, elle ne perdra aucun amateur de *heavy metal*, mais elle gagnera quelques auditeurs présentant des goûts intermédiaires. À l'équilibre, les deux stations joueront par conséquent le même type de musique et les personnes ayant des goûts plus extrêmes n'apprécieront aucune des deux stations !

25.9 LA DIFFÉRENCIATION DU PRODUIT

Le modèle de la promenade suggère que la concurrence monopolistique engendre une différenciation du produit insuffisante : chaque entreprise désire que son produit soit semblable à celui de l'autre firme afin de lui voler des consommateurs. Il s'agit en fait de marchés sur lesquels il y a trop d'imitations par rapport à ce qui serait optimal.

Ce n'est toutefois pas toujours le cas. Supposons que la promenade soit très longue. Chaque vendeur de crème glacée serait parfaitement heureux en s'installant à l'une des extrémités de la promenade. Leurs zones de marché ne se superposent pas et ils ne gagnent rien à se rapprocher du milieu de la promenade. Dans ce cas, aucun monopoleur n'a intérêt à imiter l'autre et les produits sont aussi différents qu'ils le souhaitent.

On peut concevoir des modèles de concurrence monopolistique pour lesquels la différenciation du produit est excessive. Dans ces modèles, chaque entreprise essaie que les consommateurs pensent que son produit est différent de ceux de ses concurrents afin de créer un pouvoir de marché. Si les entreprises parviennent à convaincre les consommateurs que leur produit n'a pas de proche substitut, elles pourront pratiquer un prix plus élevé.

Cela conduit chaque producteur à investir beaucoup dans la création d'une identité et d'une marque particulière. La poudre à lessiver, par exemple, est un produit assez standardisé. Les fabricants investissent toutefois des sommes très importantes en publicité, proclamant que leur marque lave mieux les vêtements, leur donne un meilleur parfum, rend votre mariage plus heureux et procure une existence plus agréable que les produits de leurs concurrents. Ce « positionnement du produit » correspond, dans le cas des vendeurs de crème glacée, à un choix consistant à être le plus éloigné possible l'un de l'autre afin d'éviter une concurrence frontale.

D'après certains, un tel excès d'investissements dans le positionnement du produit est un gaspillage. C'est peut-être vrai dans certains cas, mais de nouveau, « l'excès de variété » peut simplement être la conséquence du fait que les firmes sont encouragées à offrir un large éventail de produits pour que les consommateurs aient le choix.

25.10 DAVANTAGE DE VENDEURS

Nous avons vu que s'il y a deux vendeurs dont les zones de marché se recouvrent et que chacun vend au même prix, ils finiront au « milieu » de la promenade. Mais que se passerait-il s'il y avait davantage de vendeurs en concurrence en termes de localisation ?

Le cas le plus proche et le plus facile est celui de trois vendeurs. Ce cas donne un résultat plutôt particulier : il peut n'y avoir aucune structure de localisation d'équilibre ! La figure 25.8 illustre cette situation. S'il y a trois vendeurs sur la promenade, l'un d'eux doit être situé entre les deux autres. Comme antérieurement, les deux vendeurs situés à une extrémité ont intérêt à se rapprocher du vendeur central puisqu'ils peuvent voler une partie de ses clients sans perdre les leurs. Mais s'ils se rapprochent trop du vendeur central,

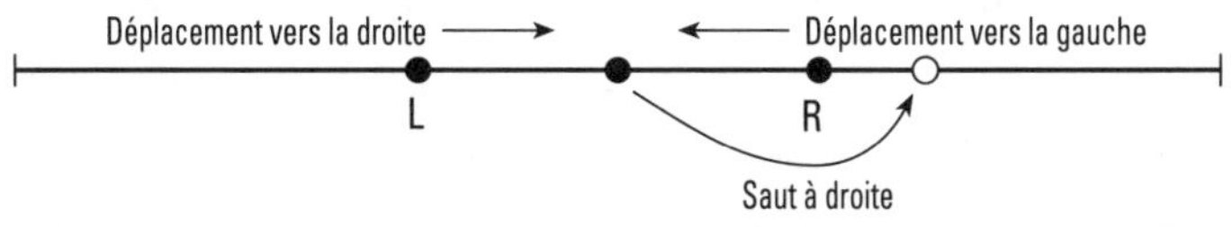

Figure 25.8 ***Il n'y a pas d'équilibre.***

Il n'y pas d'équilibre stratégique dans le modèle de Hotelling avec trois firmes parce que pour chaque structure de localisation, au moins une firme souhaite changer de place.

celui-ci a intérêt à sauter immédiatement à droite de son concurrent de droite ou à gauche de son concurrent de gauche pour lui voler son marché. Quelle que soit la structure de localisation, il est intéressant pour un vendeur de changer de place !

Heureusement, ce résultat « pervers » ne tient que pour le cas avec trois concurrents. S'il y a quatre concurrents ou davantage encore, une structure de localisation d'équilibre se dégagera en général.

RÉSUMÉ

1. En général, le monopoleur a intérêt à pratiquer une discrimination en termes de prix d'une forme ou d'une autre.
2. La discrimination parfaite en termes de prix implique que chaque consommateur doit payer un prix différent du type « à prendre ou à laisser ». Elle engendre un niveau d'output efficace.
3. Si une entreprise peut pratiquer des prix différents sur deux marchés distincts, elle tendra à pratiquer le prix le plus bas sur le marché avec la demande la plus élastique.
4. Si une entreprise peut pratiquer un tarif en deux parties et que les consommateurs sont identiques, elle souhaitera généralement fixer un prix égal au coût marginal et réaliser tous ses profits à partir du droit d'entrée.
5. La structure de marché appelée concurrence monopolistique correspond à une situation dans laquelle il y différenciation du produit, de sorte que chaque entreprise a un certain pouvoir de monopole, mais il y a également entrée libre, de sorte que les profits tendent vers zéro.
6. La concurrence monopolistique peut de façon générale engendrer une différenciation du produit excessive ou au contraire insuffisante.

PROBLÈMES À RÉSOUDRE

25.1 Est-ce qu'un monopole qui n'est soumis à aucune réglementation pourrait d'une façon ou d'une autre produire un niveau d'output efficace au sens de Pareto ?

25.2 Supposons qu'un monopoleur vende à deux groupes d'individus qui ont des courbes de demande à élasticité constante, ces élasticités étant respectivement ε_1 et ε_2. Le coût marginal de production est constant et égal à c. Quel prix sera pratiqué pour chacun des deux groupes ?

25.3 Supposons qu'un propriétaire de parc d'attractions puisse pratiquer une discrimination parfaite en termes de prix au premier degré en appliquant un prix différent pour chaque utilisation des attractions. Toutes les attractions ont un coût marginal nul et tous les consommateurs ont des préférences identiques. Est-il préférable pour le monopoleur de demander un prix pour les attractions et de pratiquer un prix nul pour l'entrée ou au contraire de demander un droit d'entrée et de pratiquer un prix nul pour les attractions ?

25.4 Disneyland offre également une réduction du droit d'entrée aux résidents de la Californie du sud. De quel type de discrimination en termes de prix s'agit-il ? Qu'est-ce que cela implique en ce qui concerne l'élasticité de la demande pour les attractions de Disneyland de la part des californiens du sud ?

26

LES MARCHÉS DE FACTEURS

Quand nous avons examiné les demandes de facteurs au chapitre 19, nous n'avons considéré que le cas d'une entreprise confrontée à un marché concurrentiel pour son produit et à un marché de facteur également concurrentiel. Maintenant que nous avons étudié le comportement du monopole, nous pouvons analyser d'autres formes de comportements au niveau de la demande de facteurs. Par exemple, que se passe-t-il au niveau des demandes de facteurs si une entreprise se comporte comme un monopoleur sur le marché de son produit ? Ou si une entreprise est l'unique demandeur pour l'utilisation de certains facteurs ? Nous allons examiner ces questions et quelques autres questions connexes dans ce chapitre.

26.1 LE MONOPOLE SUR LE MARCHÉ DE L'OUTPUT

Quand une entreprise détermine sa demande de facteur de façon à maximiser son profit, elle désire toujours choisir une quantité telle que la recette marginale découlant de l'engagement d'une petite quantité supplémentaire de ce facteur soit juste égale au coût marginal correspondant à cet engagement. Cela découle du raisonnement habituel : si la recette marginale d'une action quelconque n'est pas égale à son coût marginal, l'entreprise a intérêt à modifier son choix.

Cette règle générale revêt diverses formes particulières selon les hypothèses que nous formulons quant à l'environnement dans lequel l'entreprise opère. Supposons par exemple que l'entreprise soit en position de monopole pour son output. Par souci de simplicité, nous supposons qu'il n'y a qu'un seul facteur de production et nous écrivons la fonction de production comme suit : $y = f(x)$. La recette de l'entreprise dépend de sa production et nous l'écrivons de la façon suivante : $R(y) = p(y)y$ où $p(y)$ représente la fonction de demande inverse. Examinons l'impact sur la recette de l'entreprise d'une augmentation marginale de la quantité de l'input.

Supposons que nous augmentions la quantité de l'input d'un petit montant Δx. Cela entraîne une petite augmentation de l'output, Δy. Le rapport entre l'augmentation de l'output et l'augmentation de l'input est le **produit marginal** du facteur :

$$Pm_x = \frac{\Delta y}{\Delta x} = \frac{f(x+\Delta x) - f(x)}{\Delta x}. \tag{26.1}$$

Cette augmentation de l'output implique une modification de la recette ; la variation de la recette est appelée la **recette marginale** :

$$Rm_y = \frac{\Delta R}{\Delta y} = \frac{R(y+\Delta y) - R(y)}{\Delta x}. \tag{26.2}$$

L'effet sur la recette d'une augmentation marginale de l'input est appelé le **produit marginal en recette**. En examinant les équations (26.1) et (26.2), nous voyons que cet effet est égal à

$$\begin{aligned} PmR_x &= \frac{\Delta R}{\Delta x} = \frac{\Delta R}{\Delta y}\frac{\Delta y}{\Delta x} \\ &= Rm_y \times Pm_x. \end{aligned}$$

En utilisant notre expression habituelle pour la recette marginale, nous pouvons écrire cette équation comme suit :

$$\begin{aligned} PmR_x &= \left[p(y) + \frac{\Delta p}{\Delta y} y\right] Pm_x \\ &= p(y)\left[1 + \frac{1}{\varepsilon}\right] Pm_x \\ &= p(y)\left[1 - \frac{1}{|\varepsilon|}\right] Pm_x. \end{aligned}$$

La première équation correspond à la définition habituelle de la recette marginale. La seconde utilise la définition de la recette marginale en termes d'élasticité que nous avons dégagée au chapitre 15.

Il est aisé de voir que cette expression généralise en fait le cas concurrentiel que nous avons examiné au chapitre 19. L'élasticité de la courbe de demande pour une entreprise individuelle sur un marché de concurrence parfaite est infinie ; dès lors, la recette marginale pour une entreprise concurrentielle est simplement égale au prix. Le produit marginal en recette d'un input pour une entreprise sur un marché de concurrence parfaite est donc simplement la **valeur du produit marginal** (ou produit marginal en valeur) de cet input, pPm_x.

Comparons le produit marginal en recette (dans le cas d'un monopole) et la valeur du produit marginal. Puisque la courbe de demande a une pente négative, nous voyons que le produit marginal en recette est toujours inférieur à la valeur du produit marginal :

$$PmR_x = p\left[1 - \frac{1}{|\varepsilon|}\right] Pm_x \leqslant pPm_x.$$

Tant que la fonction de demande n'est pas parfaitement élastique, PmR_x est strictement inférieur à pPm_x. Cela signifie que pour tout niveau d'emploi d'un facteur, la valeur marginale d'une unité additionnelle est moindre pour un monopoleur que pour une entreprise concurrentielle. Dans la suite de cette section, nous continuerons de traiter ce cas, c'est-à-dire celui d'un monopoleur qui a effectivement un certain pouvoir de monopole.

À première vue, le résultat que nous venons de dégager semble paradoxal puisque un monopoleur réalise des profits plus élevés qu'une entreprise concurrentielle. De ce fait, la quantité totale du facteur a « plus de valeur » pour un monopoleur que pour une entreprise concurrentielle.

Pour résoudre ce paradoxe, il convient de souligner la différence entre valeur totale et valeur marginale. La quantité totale de facteur employée a effectivement plus de valeur pour un monopoleur que pour une entreprise concurrentielle puisque le monopoleur réalise davantage de profits grâce à ce facteur qu'une entreprise concurrentielle. Toutefois, pour un niveau *donné* d'output, une augmentation de l'emploi du facteur augmente l'output et *réduit* le prix qu'un monopoleur peut pratiquer. Par contre, une augmentation de l'output d'une entreprise concurrentielle ne modifie pas le prix que celle-ci peut pratiquer.

Dès lors, à la marge, une petite *augmentation* de l'emploi du facteur a moins de valeur pour le monopoleur que pour une entreprise concurrentielle.

Puisqu'à court terme, une augmentation de la quantité employée du facteur a moins de valeur à la marge pour un monopoleur que pour une entreprise concurrentielle, il est logique que le monopoleur désire généralement employer une quantité d'input moindre. Et en fait, il en est ainsi en règle générale : le monopoleur augmente son profit en réduisant son output et, par conséquent, il engage généralement des quantités moindres d'inputs qu'une entreprise concurrentielle.

Pour déterminer la quantité de facteur qu'une entreprise emploie, nous devons comparer la recette marginale d'une unité additionnelle du facteur au coût marginal d'acquisition de ce facteur. Supposons que l'entreprise soit sur un marché de facteur concurrentiel, de sorte qu'elle puisse acquérir n'importe quelle quantité de facteur à un prix constant w. Dans ce cas, l'entreprise concurrentielle désire acquérir x_c unités du facteur de façon à avoir l'égalité suivante :

$$pPm(x_c) = w.$$

Le monopoleur de son côté désire acquérir x_m unités du facteur de façon à avoir

$$PmR(x_m) = w.$$

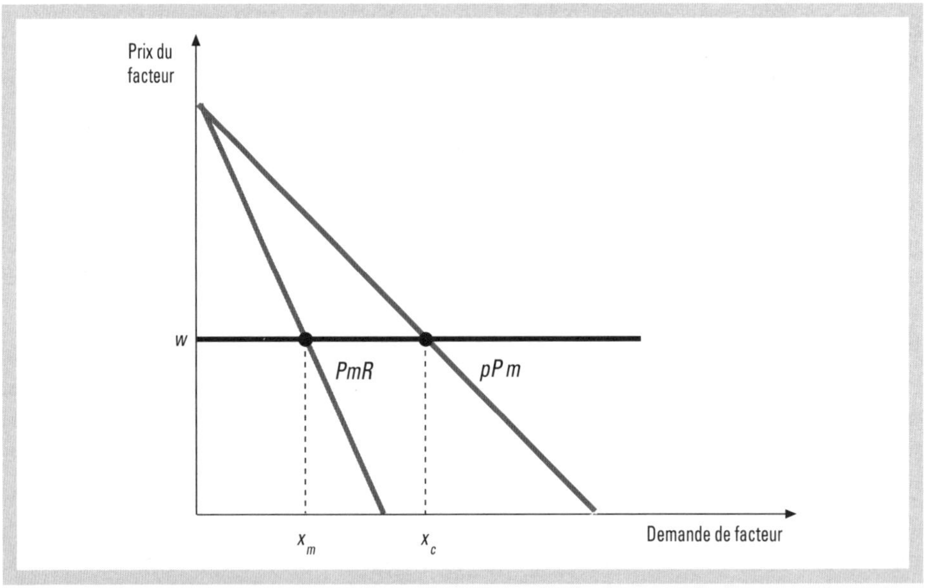

Figure 26.1 ***Demande de facteur d'un monopoleur.***

Puisque la courbe de produit marginal en recette (*PmR*) est située en dessous de la courbe qui mesure la valeur du produit marginal (*pPm*), la demande de facteur d'un monopoleur doit être inférieure à la demande de facteur d'une entreprise identique qui se comporterait de façon concurrentielle.

La figure 26.1 illustre cette situation. Puisque $PmR(x) < pPm(x)$, le point pour lequel $PmR(x_m) = w$ est toujours à gauche du point pour lequel $pPm(x_c) = w$. Le monopoleur achète dès lors moins d'input qu'une entreprise concurrentielle.

26.2 LE MONOPSONE

En cas de monopole, il n'y a qu'un vendeur pour un bien précis. En situation de **monopsone**, il n'y a qu'un acheteur. L'analyse du monopsone est similaire à celle du monopole. Par souci de simplicité, nous supposons par ailleurs que l'acheteur produit un output qui est vendu sur un marché de concurrence parfaite. Comme précédemment, l'entreprise est censée produire un output en utilisant un facteur unique sur la base de la fonction de production $y = f(x)$. Toutefois, contrairement à l'analyse précédente, nous supposons que l'entreprise domine le marché de facteur sur lequel elle intervient et qu'elle est consciente du fait que la quantité de facteur qu'elle demande influence le prix qu'elle doit payer pour ce facteur.

Nous synthétisons cette relation à l'aide de la fonction d'offre (inverse) $w(x)$. L'interprétation de cette fonction est la suivante : si l'entreprise désire acquérir x unités de facteur, elle doit payer un prix $w(x)$. Nous supposons que $w(x)$ est une fonction croissante : plus une entreprise désire employer du facteur x, plus elle doit offrir un prix de facteur important.

Une entreprise sur un marché de facteur concurrentiel est confrontée par définition à une courbe d'offre de facteur horizontale : elle peut acquérir n'importe quelle quantité désirée au prix de facteur en vigueur. Une entreprise en situation de monopsone est par contre confrontée à une courbe d'offre de facteur croissante : plus elle désire engager, plus elle doit offrir un prix de facteur élevé. Une entreprise sur un marché de facteur concurrentiel est *price taker*. Une entreprise en position de monopsone est *price maker*.

Le problème de maximisation du profit pour une entreprise en situation de monopsone est le suivant :

$$\max_x \; pf(x) - w(x)x.$$

La condition de maximisation du profit est que la recette marginale découlant de l'engagement d'une unité supplémentaire du facteur doit être égale au coût marginal de cette unité. Puisque nous avons supposé que le marché de l'output était concurrentiel, la recette marginale est simplement pPm_x. Qu'en est-il du coût marginal ?

La variation totale du coût suite à l'engagement de Δx travailleurs supplémentaires est égale à

$$\Delta c = w\Delta x + x\Delta w.$$

Dès lors, la variation du coût par unité de variation de Δx est

$$\frac{\Delta c}{\Delta x} = Cm_x = w + \frac{\Delta w}{\Delta x}x.$$

L'interprétation de cette expression est semblable à celle de la recette marginale. Quand l'entreprise augmente l'emploi du facteur, elle doit payer $w\Delta x$ en plus pour rémunérer ce facteur. Mais l'augmentation de la demande du facteur accroît son prix de Δw et l'entreprise doit payer ce prix plus élevé pour toutes les unités qu'elle employait auparavant.

Nous pouvons également exprimer le coût marginal d'acquisition des unités additionnelles du facteur comme suit :

$$\begin{aligned} Cm_x &= w\left[1 + \frac{x}{w}\frac{\Delta w}{\Delta x}\right] \\ &= w\left[1 + \frac{1}{\eta}\right] \end{aligned}$$

où η représente maintenant l'élasticité d'*offre* du facteur. Puisque les courbes d'offre sont en principe croissantes, η est un nombre positif. Si la courbe d'offre est *parfaitement* élastique, c'est-à-dire si η est égale à l'infini, nous revenons au cas d'une entreprise confrontée à un marché de facteur concurrentiel. Soulignons la similitude entre ces observations et celles formulées dans le cas analogue du monopole.

Analysons le cas d'une entreprise en position de monopsone confrontée à une courbe d'offre de facteur linéaire. La fonction d'offre inverse a la forme suivante :

$$w(x) = a + bx,$$

de sorte que les coûts totaux sont égaux à

$$C(x) = w(x)x = ax + bx^2$$

et que le coût marginal d'une unité additionnelle d'input est égal à

$$Cm_x(x) = a + 2bx.$$

La figure 26.2 illustre la solution du monopsone. Nous recherchons le point pour lequel la valeur du produit marginal égale le coût marginal pour déterminer x^* et nous regardons ensuite quel doit être en ce point le prix du facteur.

Puisque le coût marginal d'acquisition d'une unité supplémentaire du facteur est supérieur au prix de ce facteur, ce prix est inférieur à ce qu'il aurait été si l'entreprise avait été confrontée à un marché de facteur concurrentiel. L'entreprise engage trop peu de facteur par rapport à un marché concurrentiel. Exactement comme le monopole, un monopsone opère en un point inefficace au sens de Pareto, mais l'inefficacité se situe maintenant sur le marché de facteur et non plus sur le marché de l'output.

Exemple : Un salaire minimum

Supposons que le marché du travail soit concurrentiel et que le gouvernement fixe un salaire minimum supérieur au salaire d'équilibre qui prévaut. Puisque la demande égale l'offre au niveau du salaire d'équilibre, l'offre de travail sera supérieure à la demande pour le salaire minimum qui est plus élevé. Cette situation est illustrée à la figure 26.3A.

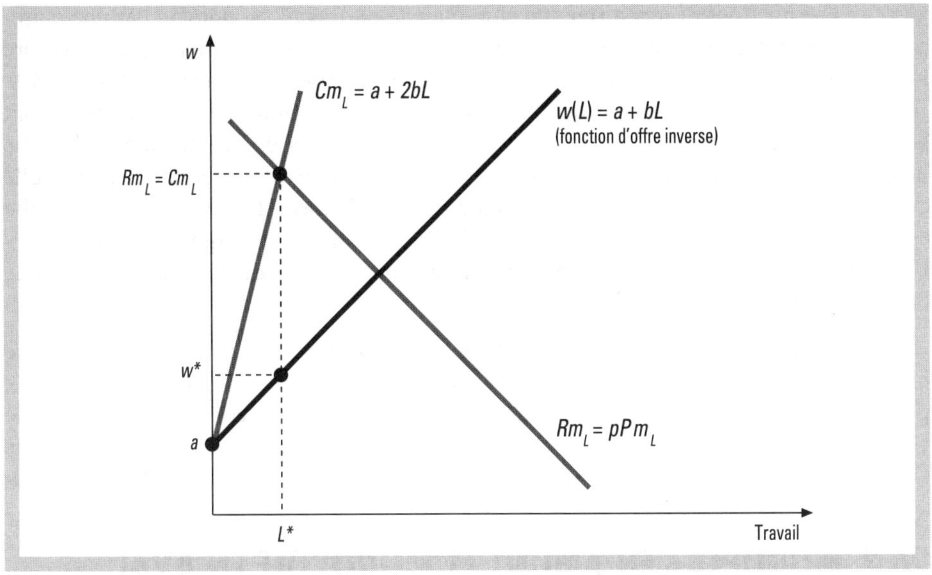

Figure 26.2 ***Le monopsone.***

L'entreprise opère en un point où la recette marginale découlant de l'acquisition d'une unité supplémentaire du facteur égale le coût marginal de cette unité supplémentaire.

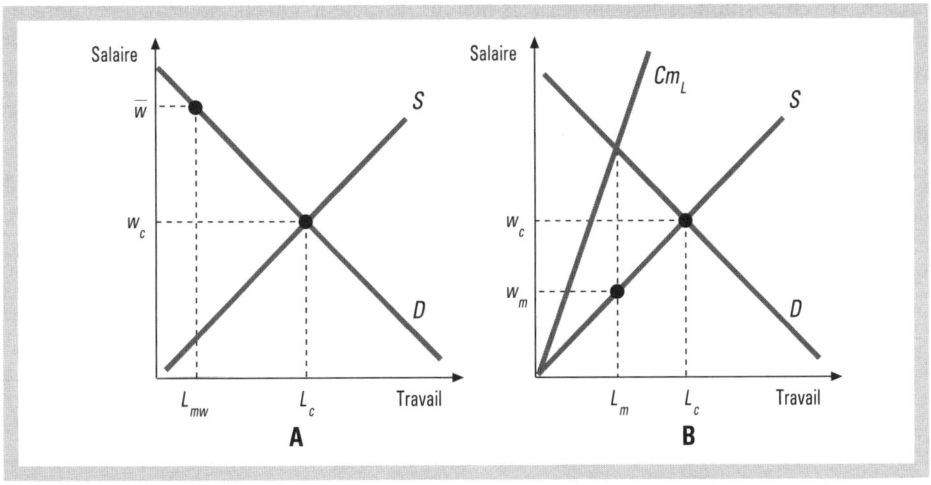

Figure 26.3 ***Un salaire minimum.***

La partie A montre l'effet d'un salaire minimum sur un marché du travail concurrentiel. Au salaire concurrentiel w_c, le niveau de l'emploi est L_c ; au salaire minimum $\overline{w}$, l'emploi n'est que de L_{mw}. La partie B montre l'effet d'un salaire minimum sur un marché du travail en situation de monopsone. Dans ce cas, le salaire est w_m et l'emploi L_m, ce qui est inférieur à l'emploi sur un marché du travail concurrentiel. Si le salaire minimum est fixé en w_c, l'emploi augmente pour devenir L_c.

La situation est très différente si le marché du travail est dominé par une entreprise en position de monopsone. Dans ce cas, il est possible que la fixation d'un salaire minimum puisse en fait *augmenter* l'emploi. Cette situation est également illustrée à la figure 26.3. Si le gouvernement fixe un salaire minimum égal au salaire qui prévaudrait sur un marché concurrentiel, l'entreprise en position de monopsone sait maintenant qu'elle peut engager les travailleurs à un salaire constant w_c. Puisque le taux de salaire auquel elle est confrontée est maintenant indépendant du nombre de travailleurs qu'elle engage, elle emploiera un nombre de travailleurs tel que la valeur du produit marginal soit égale à w_c. En d'autres termes, elle engagera exactement le même nombre de travailleurs que si elle était confrontée à un marché du travail concurrentiel.

La fixation d'un salaire plancher pour une entreprise en position de monopsone correspond exactement à la fixation d'un prix plafond pour un monopoleur ; ces deux politiques obligent l'entreprise à se comporter comme si elle était confrontée à un marché concurrentiel.

26.3 MONOPOLE EN AMONT ET MONOPOLE EN AVAL

Nous avons ainsi examiné deux cas impliquant la concurrence imparfaite et les marchés de facteurs : celui d'une entreprise disposant d'un monopole sur le marché du produit mais confrontée à un marché de facteur concurrentiel et celui d'une entreprise avec un marché du produit concurrentiel mais confrontée à un marché de facteur en situation de monopsone. D'autres situations sont envisageables. L'entreprise pourrait par exemple être confrontée à un vendeur en position de monopole sur le marché de facteur. Ou elle pourrait être confrontée à un acheteur en position de monopsone sur le marché du produit. Il n'est pas très intéressant d'examiner en détail chaque cas ; cela deviendrait rapidement répétitif. Nous allons toutefois examiner une autre situation de marché intéressante dans laquelle un monopole produit un output qui est utilisé comme facteur de production par un autre monopole.

Supposons donc qu'un monopoleur produise un output x à un coût marginal constant c. Nous appelons ce monopoleur, le **monopoleur en amont**. Il vend le facteur x à un autre monopoleur, le **monopoleur en aval**, à un prix k. Le monopoleur en aval utilise le facteur x pour produire un output sur base d'une fonction de production $y = f(x)$. Cet output est ensuite vendu sur un marché de monopole sur lequel la fonction de demande inverse est $p(y)$. Pour illustrer le problème, nous supposons que cette fonction de demande inverse est linéaire : $p(y) = a - by$.

Afin de simplifier les choses, imaginons que la fonction de production soit simplement $y = x$, c'est-à-dire que pour chaque unité d'input x, le monopoleur peut produire une unité d'output y. Nous supposons en outre que le monopoleur en aval n'a pas d'autre coût de production que le prix unitaire k qu'il doit payer au monopoleur en amont. Pour examiner comment ce marché fonctionne, commençons par le monopoleur en aval. Son problème de maximisation du profit est

$$\max_{y} p(y)y - ky = [a - by]y - ky.$$

En égalisant recette marginale et coût marginal, nous avons

$$a - 2by = k,$$

ce qui implique que

$$y = \frac{a-k}{2b}.$$

Puisque le monopoleur demande une unité d'input x pour chaque unité d'output y qu'il produit, cette expression détermine aussi la fonction de demande de facteur :

$$x = \frac{a-k}{2b} \qquad (26.3)$$

Cette fonction nous donne la relation existant entre le prix du facteur k et la quantité de facteur que le monopoleur en aval demande.

Tournons-nous maintenant vers le monopoleur en amont. Il est vraisemblable qu'il a conscience de la situation et qu'il peut déterminer la quantité de bien x qu'il peut vendre aux divers prix k envisageables ; il s'agit simplement de la demande de facteur donnée par l'équation (26.3). Le monopoleur en amont désire choisir x de façon à maximiser son profit.

Nous pouvons déterminer cette quantité de façon relativement aisée. La solution de l'équation (26.3) pour k en fonction de x est

$$k = a - 2bx.$$

La recette marginale associée à cette fonction de demande de facteur est

$$Rm = a - 4bx.$$

En égalisant recette marginale et coût marginal, nous obtenons

$$a - 4bx = c$$

ou

$$x = \frac{a-c}{4b}.$$

Puisque la fonction de production est simplement $y = x$, cette expression nous donne également la quantité totale de produit final réalisé :

$$y = \frac{a-c}{4b}. \qquad (26.4)$$

Il est intéressant de comparer cette quantité à celle qui serait réalisée par un monopoleur unique qui intégrerait les deux entreprises en position de monopole. Supposons que l'entreprise en aval et l'entreprise en amont fusionnent, de sorte que nous ayons un seul monopoleur confronté à une fonction de demande inverse pour son produit égale à

$p = a - by$ et à un coût marginal constant c par unité produite. La condition d'égalité de la recette marginale et du coût marginal est

$$a - 2by = c.$$

L'output correspondant à la maximisation du profit est par conséquent égal à

$$y = \frac{a-c}{2b}. \tag{26.5}$$

En comparant les équations (26.4) et (26.5), nous voyons que le monopoleur intégré produit *deux fois* plus d'output que les monopoleurs non intégrés. Cette situation est illustrée à la figure 26.4. Sur cette figure, nous trouvons la courbe de demande finale à laquelle est confronté le monopoleur en aval, $p(y)$, ainsi que la courbe de recette marginale correspondant à cette fonction de demande. Cette courbe de recette marginale est en fait la fonction de demande à laquelle est confronté le monopoleur en amont. Quant à la courbe de recette marginale correspondant à cette dernière fonction de demande, elle est par conséquent quatre fois plus raide que la courbe de demande finale ; c'est pourquoi l'output sur un tel marché est la moitié de ce qu'il serait sur un marché intégré.

Évidemment, le fait que la courbe de recette marginale soit exactement quatre fois plus raide que la courbe de demande finale est spécifique au cas d'une courbe de demande

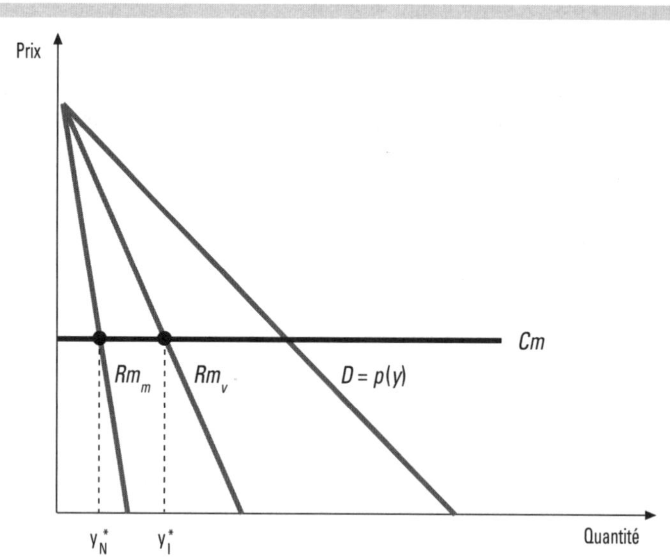

Figure 26.4 ***Monopole en amont et monopole en aval.***

Le monopoleur en aval est confronté à la courbe de demande (inverse) $p(y)$. La recette marginale correspondant à cette courbe de demande est $Rm_v(y)$. Celle-ci constitue par ailleurs la courbe de demande à laquelle est confronté le monopoleur en amont et la courbe de recette marginale qui lui correspond est $Rm_m(y)$. Le monopoleur intégré produit y_I^* alors que le monopoleur non intégré produit y_N^*.

linéaire. Il n'est toutefois pas difficile de voir qu'un monopole intégré produit toujours plus qu'une paire de monopoles en amont et en aval. Dans ce dernier cas, le monopole en amont fixe un prix qui est supérieur au coût marginal et ensuite, le monopole en aval fixe son prix à un niveau au-dessus d'un coût déjà majoré. Il y a une **double majoration**. Le prix est non seulement trop élevé d'un point de vue social ; il est aussi trop élevé du point de vue de la maximisation du profit total du monopole ! Si les deux monopoles fusionnaient, le prix diminuerait et le profit augmenterait.

RÉSUMÉ

1. Une entreprise qui maximise le profit désire toujours égaliser la recette marginale d'une action qu'elle entreprend au coût marginal que celle-ci représente.

2. Dans le cas d'un monopole, la recette marginale correspondant à une augmentation de l'emploi d'un facteur est appelée le produit marginal en recette.

3. Pour un monopoleur, le produit marginal en recette est toujours inférieur à la valeur du produit marginal du fait que la recette marginale correspondant à une augmentation de l'output est toujours inférieure au prix.

4. Tout comme un monopole correspond à un marché avec un seul vendeur, un monopsone correspond à un marché avec un seul acheteur.

5. Pour un monopsone, la courbe de coût marginal d'acquisition d'un facteur est plus raide que la courbe d'offre de ce facteur.

6. Un monopsone emploie dès lors une quantité inférieure et inefficace de facteur de production.

7. Si un monopole en amont vend un facteur à un monopole en aval, le prix final de l'output sera trop élevé suite à un phénomène de double majoration par rapport au coût marginal.

PROBLÈMES À RÉSOUDRE

26.1 Nous avons vu qu'un monopole ne produit jamais en un point où la demande pour l'output est inélastique. Est-ce qu'un monopsone pourrait produire en un point où l'offre de facteur est inélastique ?

26.2 Si nous reprenons l'exemple de fixation d'un salaire minimum envisagé dans ce chapitre, que se passerait-il si le marché du travail était dominé par un monopsone et que le gouvernement fixait un salaire supérieur au salaire concurrentiel ?

26.3 Dans notre analyse des monopoles en amont et en aval, nous avons dégagé des expressions pour l'output total produit. Quelles sont les expressions appropriées pour les prix d'équilibre p et k ?

ANNEXE

Nous pouvons calculer le produit marginal en recette en utilisant la règle de dérivation d'une fonction composée. Soit $y = f(x)$, la fonction de production et $p(y)$, la fonction de demande inverse. La recette exprimée en fonction de l'utilisation du facteur est simplement égale à

$$R(x) = p(f(x))f(x).$$

En différentiant cette expression par rapport à x, nous obtenons

$$\begin{aligned}\frac{dR(x)}{dx} &= p(y)f'(x) + f(x)p'(y)f'(x)\\ &= [p(y) + p'(y)y]f'(x)\\ &= Rm \times Pm.\end{aligned}$$

Examinons le comportement d'une entreprise qui est un concurrent parfait sur le marché de son produit mais qui dispose d'un pouvoir de monopsone sur le marché de son facteur. Si $w(x)$ représente la fonction d'offre de facteur inverse, le problème de maximisation du profit est le suivant :

$$\max_x \; pf(x) - w(x)x.$$

En différentiant par rapport à x, nous obtenons

$$pf'(x) = w(x) + w'(x)x = w(x)\left[1 + \frac{x}{w}\frac{dw}{dx}\right] = w(x)\left[1 + \frac{1}{\eta}\right].$$

Puisque la courbe d'offre de facteur est croissante, le membre de droite de cette expression est supérieur à w. Le monopsone choisira donc d'employer une quantité de facteur inférieure à ce que choisirait une entreprise qui se comporterait de façon concurrentielle sur le marché du facteur.

27

L'OLIGOPOLE

Nous avons jusqu'à présent analysé deux formes importantes de marché : la concurrence parfaite où il y a en principe beaucoup de petits concurrents et le monopole pur où il n'y a qu'une seule grande entreprise sur le marché. Toutefois, la plupart des marchés observés dans la réalité se situent entre ces deux extrêmes. Il y a souvent un certain nombre de concurrents sur le marché, mais pas un nombre suffisant pour considérer que chacun d'eux a un effet négligeable sur le prix. Nous appelons une telle forme de marché, un **oligopole**.

Le modèle de concurrence monopolistique analysé au chapitre 25 est une forme particulière d'oligopole où l'on s'intéresse essentiellement aux aspects « différenciation du produit » et « entrée dans la branche ». Les modèles d'oligopole que nous allons étudier dans ce chapitre se préoccupent pour leur part davantage des interactions stratégiques qui apparaissent dans un secteur d'activité quand il y a un petit nombre d'entreprises.

Il existe plusieurs modèles pertinents parce que les entreprises peuvent adopter différents comportements dans un environnement oligopolistique. On ne peut pas raisonnablement s'attendre à un grand et unique modèle parce que de nombreux types différents de comportement peuvent être observés dans la réalité. Ce que nous désirons, c'est un guide qui nous conduise vers certaines formes possibles de comportement ainsi qu'une indication des facteurs qui peuvent être importants quand il s'agit de décider de l'applicabilité des différents modèles.

Par souci de simplicité, nous nous limiterons généralement au cas de deux entreprises ; on appelle une telle situation, un **duopole**. Le cas du duopole nous permettra d'appréhender une grande partie des caractéristiques importantes des entreprises engagées dans une interaction stratégique, sans les complications en termes de notation qu'impliquent les modèles avec un nombre plus important d'entreprises. Nous nous limiterons aussi à l'analyse de situations où chaque entreprise produit un bien identique. Cela nous permettra d'éviter les problèmes de différenciation du produit et nous pourrons ainsi nous concentrer uniquement sur les interactions stratégiques.

27.1 CHOISIR UNE STRATÉGIE

S'il y a deux entreprises sur le marché et que celles-ci produisent un bien homogène, il y a quatre variables à prendre en considération : le prix que chaque entreprise pratique et la quantité que chacune produit.

Quand une entreprise prend ses décisions en matière de prix et de quantité, elle peut déjà connaître les choix effectués par l'autre entreprise. Si une firme fixe son prix avant l'autre, nous l'appelons le **« leader » en prix** et l'autre, le **« suiveur » en prix** ou *price follower*. De même, une des entreprises peut choisir sa quantité en premier lieu ; il s'agit dans ce cas d'un **« leader » en quantité** et l'autre entreprise est un **« suiveur » en quantité** ou *quantity follower*. Dans ces différents cas, les interactions stratégiques constituent un **jeu séquentiel**[1].

[1] Nous examinerons la théorie des jeux plus en détail dans le chapitre suivant, mais il semble approprié d'introduire ici ces exemples particuliers.

Il se peut par contre qu'une entreprise ne soit pas au courant des décisions prises par l'autre entreprise quand elle effectue ses choix. Dans ce cas, elle doit prévoir le choix de l'autre entreprise afin de prendre elle-même une décision judicieuse. C'est un cas de **jeu simultané**. De nouveau, il y a deux possibilités : les entreprises peuvent chacune choisir simultanément leurs prix ou leurs quantités.

Ce type de classification nous donne donc quatre possibilités : un « leadership » en quantité, un « leadership » en prix, une détermination simultanée des quantités et une détermination simultanée des prix. Chacun de ces quatre types d'interaction engendre un ensemble différent de problèmes stratégiques.

Il existe encore une autre forme possible d'interaction que nous examinerons également. Les firmes, au lieu de se concurrencer d'une façon ou d'une autre, peuvent être capables de former une **coalition**. Dans ce cas, les deux entreprises peuvent se mettre d'accord pour déterminer les prix et les quantités qui maximisent la somme de leurs profits. On appelle ce type de collusion, un **jeu coopératif**.

Exemple : Aligner les prix

Il est courant de voir des publicités où les vendeurs promettent « Nous vous rembourserons si vous trouvez moins cher ailleurs ». Ces messages sont généralement considérés comme des signes d'un marché avec une forte concurrence. Toutefois, ce type d'offre peut aussi être utilisé pour affaiblir la concurrence.

Supposons deux magasins de pneus, les Pneus de l'Est et les Pneus de l'Ouest qui chacun vendent le même type de pneus pour 50 €. Si les Pneus de l'Est réduisent leur prix à 45 € alors que les Pneus de l'Ouest maintiennent le prix à 50 €, nous nous attendons à ce que certains clients dans la zone ouest décident de voyager quelques minutes supplémentaires pour économiser 5 €. Les Pneus de l'Est vendront donc plus de pneus à un prix moindre. Si l'augmentation des ventes est suffisamment importante pour contrebalancer la diminution de prix, les profits augmenteront.

C'est la logique fondamentale de la concurrence : si les consommateurs sont suffisamment sensibles au prix, un vendeur qui réduit son prix voit ses ventes et son profit augmenter.

Mais supposons qu'au lieu de réduire leur prix, les Pneus de l'Ouest continuent de pratiquer un prix de 50 € en ajoutant la promesse de rembourser tout client qui trouve moins cher ailleurs. Que se passe-t-il si les Pneus de l'Est réduisent le prix proposé ?

Dans ce cas, ceux qui trouvent plus commode d'aller aux Pneus de l'Ouest peuvent se contenter d'apporter une publicité du concurrent et ils paieront le prix réduit. Les Pneus de l'Est n'attirent dès lors pas de nouveaux clients et ils perdent des recettes puisqu'ils vendent essentiellement le même nombre de pneus mais à un prix réduit.

27.2 LE « LEADERSHIP » EN QUANTITÉ

Dans le cas du « leadership » en quantité, une entreprise choisit avant l'autre entreprise. Ce type de situation est parfois appelé le **modèle de Stackelberg**[2] en l'honneur du premier économiste qui a étudié de façon systématique les interactions entre « leader » et « follower ».

Le modèle de Stackelberg est souvent utilisé pour décrire des secteurs d'activité dans lesquels il y a une entreprise dominante ou un « leader » naturel. Par exemple, IBM est souvent considéré comme une entreprise dominante dans l'industrie informatique. Dans ce secteur, on observe fréquemment que les petites entreprises se comportent de la façon suivante : elles attendent qu'IBM annonce de nouveaux produits et ensuite elles tiennent compte des choix d'IBM pour prendre leurs propres décisions de production. Dans ce cas, nous pouvons souhaiter modéliser l'industrie informatique en supposant qu'IBM joue le rôle de « leader » à la Stackelberg et que les autres entreprises du secteur sont des « followers » à la Stackelberg.

Examinons maintenant en détail le modèle théorique. Supposons que la firme 1 soit le « leader » et qu'elle choisisse de produire une quantité y_1. L'entreprise 2 réagit en choisissant une quantité y_2. Chaque entreprise sait que le prix d'équilibre sur le marché dépend de la quantité totale d'output produite. Nous utilisons la fonction de demande inverse $p(Y)$ pour indiquer le prix d'équilibre en fonction de l'output du secteur $Y = y_1 + y_2$.

Quel output le « leader » devrait-il choisir pour maximiser son profit ? La réponse dépend de la façon dont le « leader » pense que le « follower » réagira à son choix. Normalement, le « leader » devrait s'attendre à ce que le « follower » essaie de maximiser également son profit en tenant compte du choix effectué par le « leader ». Afin de prendre une décision judicieuse quant à sa propre production, celui-ci doit donc prendre en considération le problème de maximisation du profit du « follower ».

Le problème du « follower »

Nous supposons que le « follower » désire maximiser son profit :

$$\max_{y_2} p(y_1 + y_2)y_2 - c_2(y_2).$$

Le profit du « follower » dépend de l'output choisi par le « leader », mais du point de vue du « follower », l'output du « leader » est prédéterminé, c'est-à-dire que la production du « leader » a déjà été fixée et que le « follower » la considère comme une donnée.

Le « follower » désire choisir un niveau d'output tel que la recette marginale soit égale au coût marginal :

$$Rm_2 = p(y_1 + y_2) + \frac{\Delta p_2}{\Delta y_2} y_2 = Cm_2.$$

[2] Heinrich von Stackelberg, économiste allemand, publia en 1934 un travail sur l'organisation des marchés qui eut un grand retentissement : *Marktform und Gleichgewicht.*

La recette marginale s'interprète de façon habituelle. Quand le « follower » augmente son output, il accroît ses recettes du fait qu'il vend davantage d'output au prix du marché, mais il entraîne une diminution du prix de Δp et cela réduit son profit sur toutes les unités qu'il vendait antérieurement à un prix plus élevé.

Il est important d'observer que le problème de maximisation du profit du « follower » dépend du choix effectué par le « leader ». Nous écrivons cette relation comme suit :

$$y_2 = f_2(y_1).$$

La fonction $f_2(y_1)$ nous indique que l'output qui maximise le profit du « follower » est fonction du choix du « leader ». Nous appelons cette fonction, la **fonction de réaction** puisqu'elle nous dit comment le « follower » réagit à l'output choisi par le « leader ».

Dérivons une fonction de réaction dans le cas simple d'une courbe de demande linéaire. Dans ce cas, la fonction de demande (inverse) revêt la forme suivante : $p(y_1 + y_2) = a - b(y_1 + y_2)$. Par commodité, nous supposons que les coûts sont nuls.

La fonction de profit de l'entreprise 2 s'écrit par conséquent comme suit :

$$\pi_2(y_1, y_2) = [a - b(y_1 + y_2)y_2]$$

ou

$$\pi_2(y_1, y_2) = ay_2 - by_1y_2 - by_2^2.$$

Nous pouvons utiliser cette expression pour tracer les **courbes d'isoprofit** de la figure 27.1. Il s'agit de courbes représentant les combinaisons de y_1 et de y_2 qui engendrent un niveau constant de profit pour l'entreprise 2. En d'autres termes, ces courbes d'isoprofit sont constituées de tous les points (y_1, y_2) qui satisfont des équations de la forme :

$$ay_2 - by_1y_2 - by_2^2 = \bar{\pi}_2.$$

Remarquons que le profit de l'entreprise 2 augmente à mesure que nous nous déplaçons vers des courbes d'isoprofit situées davantage vers la gauche. Il en est ainsi puisque si nous fixons l'output de l'entreprise 2 à un certain niveau, le profit de cette entreprise augmente quand nous diminuons l'output de l'entreprise 1. Le profit réalisé par l'entreprise 2 atteindra le niveau le plus élevé possible quand cette entreprise est en position de monopole, c'est-à-dire quand l'entreprise 1 choisit de produire un niveau d'output nul.

Pour chaque niveau d'output que l'entreprise 1 peut choisir, l'entreprise 2 désire fixer son propre niveau de production de façon à avoir le plus de profit possible. Cela signifie que pour chaque valeur de y_1, l'entreprise 2 prend la valeur de y_2 qui est sur la courbe d'isoprofit située le plus possible à gauche, comme illustré à la figure 27.1. Ce point satisfait comme d'habitude une condition de tangence : la pente de la courbe d'isoprofit doit être verticale au niveau du choix optimal. L'ensemble des points de tangence définit la courbe de réaction de l'entreprise 2, $f_2(y_1)$.

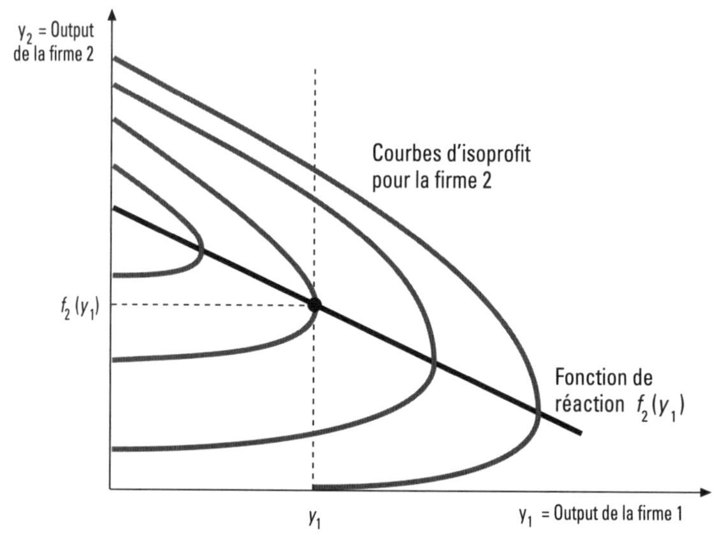

Figure 27.1 ***Détermination d'une courbe de réaction.***

La courbe de réaction donne l'output du «follower», c'est-à-dire de la firme 2, qui maximise le profit de cette entreprise pour tout niveau d'output choisi par le «leader», c'est-à-dire la firme 1. Pour chaque valeur de y_1, le «follower» choisit le niveau d'output $f_2(y_1)$ associé à la courbe d'isoprofit située le plus possible à gauche.

Pour déterminer mathématiquement ce résultat, nous avons besoin d'une expression pour la recette marginale associée à la fonction de profit de l'entreprise 2. Cette expression est en fait la suivante :

$$Rm_2(y_1, y_2) = a - by_1 - 2by_2.$$

(Il est facile de dégager cette expression par calcul mathématique. Si vous ne connaissez pas le calcul mathématique, vous n'avez qu'à prendre ce résultat pour du pain bénit). En égalisant la recette marginale et le coût marginal qui dans cet exemple est nul, nous obtenons

$$a - by_1 - 2by_2 = 0.$$

On peut résoudre cette équation pour dégager la courbe de réaction de l'entreprise 2 :

$$y_2 = \frac{a - by_1}{2b}.$$

Cette courbe de réaction correspond à la droite reproduite à la figure 27.1.

Le problème du « leader »

Maintenant que nous avons examiné comment le « follower » choisit son output *compte tenu* du choix du « leader », tournons-nous vers le problème de maximisation du profit de ce dernier.

Il est vraisemblable que le « leader » est également au courant du fait que ses décisions influencent l'output choisi par le « follower ». Cette relation est synthétisée par la fonction de réaction $f_2(y_1)$. Dès lors, quand le « leader » choisit son output, il devrait tenir compte de l'influence qu'il exerce sur le « follower ».

Le problème de maximisation du profit pour le « leader » est par conséquent le suivant :

$$\max_{y_1} p(y_1 + y_2)y_1 - c_1(y_1)$$

avec

$$y_2 = f_2(y_2).$$

En substituant la seconde équation dans la première, nous obtenons

$$\max_{y_1} p[y_1 + f_2(y_1)]y_1 - c_1(y_1).$$

Remarquons que le « leader » prend en compte le fait que quand il choisit l'output y_1, l'output total produit est égal à $y_1 + f_2(y_1)$, c'est-à-dire son propre output *plus* celui produit par le « follower ».

Quand le « leader » envisage de modifier son output, il doit tenir compte de l'influence qu'il exerce sur le « follower ». Examinons cela dans le cas de la courbe de demande linéaire définie précédemment. Nous avons vu que la fonction de réaction était égale à

$$f_2(y_1) = y_2 = \frac{a - by_1}{2b}. \qquad (27.1)$$

Puisque nous avons supposé que les coûts marginaux étaient nuls, le profit du « leader » est égal à

$$\pi_1(y_1, y_2) = p(y_1 + y_2)y_1 = ay_1 - by_1^2 - by_1y_2. \qquad (27.2)$$

Mais l'output du « follower » y_2 dépend du choix du « leader » par l'intermédiaire de la fonction de réaction $y_2 = f_2(y_1)$.

En substituant l'équation (27.1) dans l'équation (27.2), nous obtenons

$$\begin{aligned}\pi_1(y_1, y_2) &= ay_1 - by_1^2 - by_1 f_2(y_1)\\ &= ay_1 - by_1^2 - by_1\frac{a - by_1}{2b}.\end{aligned}$$

Après simplification, cette expression devient

$$\pi_1(y_1, y_2) = \frac{a}{2}y_1 - \frac{b}{2}y_1^2.$$

La recette marginale correspondant à cette fonction est égale à

$$Rm = \frac{a}{2} - by_1.$$

En égalisant cette expression au coût marginal qui est nul dans notre exemple, nous obtenons pour y_1 la solution suivante :

$$y_1^* = \frac{a}{2b}.$$

Afin de déterminer l'output du « follower », nous substituons tout simplement y_1 dans la fonction de réaction :

$$y_2^* = \frac{a - by_1^*}{2b} = \frac{a}{4b}.$$

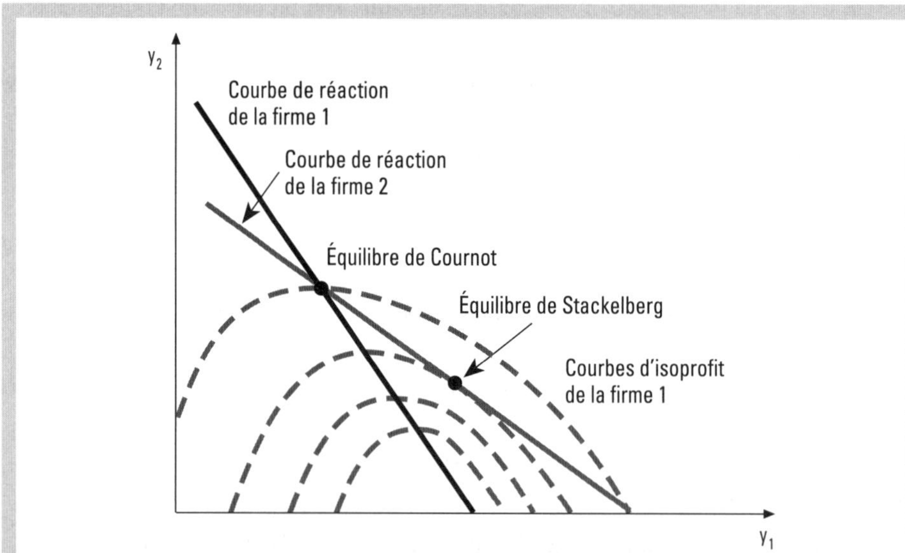

Figure 27.2 ***L'équilibre de Stackelberg.***

La firme 1, le «leader», choisit le point situé sur la courbe de réaction de la firme 2 qui touche sa courbe d'isoprofit la plus basse possible, c'est-à-dire le point qui génère le profit le plus élevé possible pour la firme 1.

Ces deux équations nous donnent l'output total du secteur

$$y_1^* + y_2^* = \frac{3a}{4b}.$$

La solution de Stackelberg peut également être représentée de façon graphique en utilisant les courbes d'isoprofit reproduites à la figure 27.2. Cette figure illustre également l'équilibre de Cournot qui sera étudié à la section 27.5. Nous avons indiqué sur cette figure les courbes de réaction des deux firmes et les courbes d'isoprofit de la firme 1. Celles-ci ont la même forme générale que les courbes d'isoprofit de la firme 2 ; elles ont simplement subi une rotation de quatre-vingt-dix degrés. À mesure que l'on considère des courbes d'isoprofit de plus en plus basses, le profit réalisé par l'entreprise 1 est de plus en plus élevé puisque le profit de l'entreprise 1 augmente quand l'output de l'entreprise 2 diminue.

L'entreprise 2 se comporte comme un « follower », ce qui signifie qu'elle choisit son output sur base de sa fonction de réaction $f_2(y_1)$. La firme 1, quant à elle, désire choisir la combinaison d'outputs située sur la courbe de réaction, qui lui procure le plus de profit possible ; elle sélectionne par conséquent le point sur la courbe de réaction qui touche la courbe d'isoprofit *la plus basse*, comme indiqué à la figure 27.2. Le raisonnement habituel en matière de maximisation implique que la courbe de réaction doit être tangente à la courbe d'isoprofit en ce point.

27.3 LE « LEADERSHIP » EN PRIX

Au lieu de fixer la quantité, le « leader » peut fixer le prix. Afin de prendre une décision judicieuse quant à la fixation de son prix, le « leader » doit prévoir comment le « follower » se comportera. Nous devons donc examiner tout d'abord le problème de maximisation du profit auquel est confronté le « follower ».

La première chose à noter, c'est qu'à l'équilibre, le « follower » doit toujours avoir le même prix que le « leader ». Cela découle de notre hypothèse que les deux firmes vendent des produits identiques. Si l'une pratiquait un prix différent de l'autre, tous les consommateurs préfèreraient le producteur pratiquant le prix le plus bas et nous ne pourrions pas avoir une situation d'équilibre dans laquelle les deux entreprises produisent des quantités positives.

Supposons que le « leader » ait fixé un prix p. Le « follower » prend ce prix pour une donnée et choisit l'output qui maximise son profit. Il s'agit essentiellement du même comportement que le comportement concurrentiel que nous avons analysé précédemment. Dans le modèle concurrentiel, chaque entreprise estime qu'elle n'exerce aucun contrôle sur le prix parce qu'elle ne constitue qu'une toute petite partie du marché ; dans le modèle du « leadership » en prix, le « follower » considère qu'il ne contrôle pas le prix parce que celui-ci a déjà été fixé par le « leader ».

Le « follower » désire maximiser son profit :

$$\max_{y_2} py_2 - c_2(y_2).$$

Ceci donne la condition familière selon laquelle le « follower » choisit un niveau d'output pour lequel le prix est égal au coût marginal. Cette condition détermine la courbe d'offre pour le « follower », $S(p)$, que nous avons reproduite à la figure 27.3.

Examinons maintenant le problème du « leader ». Il sait que s'il fixe un prix p, le « follower » offrira $S(p)$. Cela signifie que la quantité d'output que le « leader » vendra est égale à $R(p) = D(p) - S(p)$. Nous appelons cette quantité, la **courbe de demande résiduelle** du « leader ».

Supposons que le « leader » ait un coût marginal de production constant c. Le profit qu'il réalise pour un prix p est dès lors égal à

$$\pi_1(p) = (p-c)[D(p) - S(p)] = (p-c)R(p).$$

Afin de maximiser son profit, le « leader » désire choisir une combinaison de prix et d'output telle que la recette marginale soit égale au coût marginal. Mais la recette marginale doit être celle associée à la courbe de demande *résiduelle*, c'est-à-dire la courbe qui

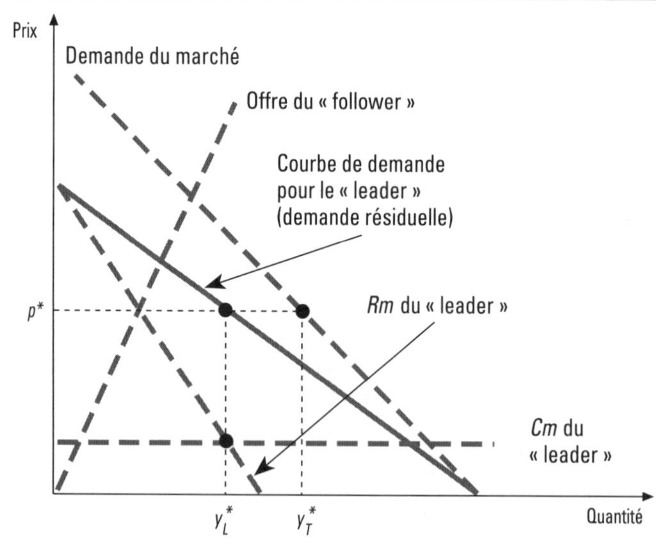

Figure 27.3 ***Le «leader» en prix.***

La courbe de demande à laquelle le « leader » est confronté est la courbe de demande du marché moins la courbe d'offre du « follower ». Le « leader » égalise la recette marginale et le coût marginal pour déterminer la quantité optimale qu'il offre y_L^*. La quantité totale offerte sur le marché est y_T^* et le prix d'équilibre est p^*.

mesure effectivement la quantité d'output que la firme 1 peut vendre à un prix donné. À la figure 27.3, la courbe de demande résiduelle est linéaire ; la courbe de recette marginale qui lui est associée a par conséquent la même ordonnée à l'origine mais une pente deux fois plus importante.

Examinons un exemple algébrique simple. Supposons que la fonction de demande inverse soit $D(p) = a - bp$. La fonction de coût du « follower » est $c_2(y_2) = y_2^2/2$ et celle du « leader », $c_1(y_1) = cy_1$.

Pour tout prix p, le « follower » désire réaliser un niveau de production tel que le prix soit égal au coût marginal. Si la fonction de coût est $c_2(y_2) = y_2^2/2$, on peut montrer que la courbe de coût marginal est $Cm_2(y_2) = y_2$. L'égalité du prix et du coût marginal nous donne

$$p = y_2.$$

Nous obtenons donc comme solution pour la courbe d'offre du « follower »,la relation suivante :

$$y_2 = S(p) = p.$$

La courbe de demande pour le « leader », c'est-à-dire la courbe de demande résiduelle, est égale à

$$R(p) = D(p) - S(p) = a - bp - p = a - (b+1)p.$$

À partir de maintenant, le problème est identique à celui du monopole ordinaire. La solution pour p en fonction de l'output du « leader » y_1 est

$$p = \frac{a}{b+1} - \frac{1}{b+1}y_1. \tag{27.3}$$

Il s'agit de la fonction de demande inverse à laquelle est confronté le « leader ». La courbe de recette marginale qui lui est associée a la même ordonnée à l'origine et une pente deux fois plus importante. Elle est par conséquent égale à

$$Rm = \frac{a}{b+1} - \frac{2}{b+1}y_1.$$

L'égalité de la recette marginale et du coût marginal nous donne l'équation suivante :

$$Rm = \frac{a}{b+1} - \frac{2}{b+1}y_1 = c = Cm.$$

En résolvant cette équation, nous obtenons pour l'output qui maximise le profit du « leader » le résultat suivant :

$$y_1^* = \frac{a - c(b+1)}{2}.$$

Nous pourrions continuer et substituer cette expression dans l'équation (27.3) pour obtenir le prix d'équilibre, mais cette équation n'est pas particulièrement intéressante.

27.4 UNE COMPARAISON DU « LEADERSHIP » EN PRIX ET DU « LEADERSHIP » EN QUANTITÉ

Nous avons vu comment calculer le prix et l'output d'équilibre dans le cas d'un « leadership » en quantité et d'un « leadership » en prix. Ces deux modèles déterminent des combinaisons différentes de prix et d'output d'équilibre ; ils correspondent à des situations différentes.

Le cas de la fixation de la quantité peut correspondre à une situation où l'entreprise choisit sa capacité de production. Quand une entreprise fixe une quantité, elle choisit en fait ce qu'elle sera capable d'offrir sur le marché. Si une entreprise peut réaliser la première un investissement en capacité, on peut alors logiquement la considérer comme un « leader » en quantité.

Supposons par contre que nous considérions un marché sur lequel les choix de capacité ne sont pas importants, mais où une des entreprises distribue un catalogue de prix. Il est naturel dans ce cas de considérer que cette entreprise fixe le prix. Ses concurrents peuvent alors prendre le prix catalogue pour une donnée et sur cette base, prendre leurs propres décisions en matière de prix et d'offre.

Savoir si le modèle du « leadership » en prix est ou n'est pas plus réaliste que celui du « leadership » en quantité ne relève pas d'une analyse théorique. Pour choisir le modèle le plus approprié, nous devons examiner comment les entreprises prennent effectivement leurs décisions.

27.5 LA FIXATION SIMULTANÉE DES QUANTITÉS

Un des problèmes que pose le modèle du « leader-follower » est qu'il est nécessairement asymétrique : une entreprise peut prendre ses décisions avant l'autre. Dans certaines situations, une telle hypothèse n'est pas réaliste. Supposons par exemple que les deux entreprises essaient *simultanément* de choisir les quantités qu'elles vont produire. Chaque entreprise doit dans ce cas prévoir quel sera l'output de l'autre firme pour prendre elle-même une décision judicieuse.

Dans cette section, nous allons analyser un modèle à une période dans lequel chaque entreprise doit prévoir l'output choisi par l'autre entreprise. Sur base de cette anticipation, chaque entreprise choisit l'output qui maximise son propre profit. Nous recherchons un équilibre en termes d'anticipations, c'est-à-dire une situation où les anticipations de chaque entreprise quant au comportement de l'autre firme se trouvent confirmées. On appelle ce modèle, le **modèle de Cournot**, du nom du mathématicien français qui, au XIXe siècle, en analysa le premier les implications[3].

[3] Augustin Cournot est né en 1801. Son livre *Researches into the Mathematical Principles of the Theory of Wealth* a été publié en 1838.

Pour commencer, supposons que la firme 1 s'attende à ce que la firme 2 produise y_2^e unités d'output. (L'indice e indique qu'il s'agit d'un output *attendu*.) Si la firme 1 décide de produire y_1 unités d'output, elle s'attend à ce que l'output total soit $Y = y_1 + y_2^e$ et que cet output implique un prix du marché égal à $p(Y) = p(y_1 + y_2^e)$.

Le problème de maximisation du profit de la firme 1 est par conséquent le suivant :

$$\max_{y_1} p(y_1 + y_2^e)y_1 - c(y_1).$$

Pour toute anticipation relative à l'output de la firme 2, y_2^e, il existe un niveau optimal d'output pour la firme 1, y_1. Nous écrivons la relation fonctionnelle existant entre l'*output attendu* de l'entreprise 2 et le *choix optimal* de l'entreprise 1 comme suit :

$$y_1 = f_1(y_2^e).$$

Il s'agit simplement de la fonction de réaction que nous avons analysée antérieurement dans ce chapitre. Dans notre analyse initiale, la fonction de réaction donnait l'output du « follower » en fonction du choix du « leader ». Ici, elle donne le choix optimal d'une firme en fonction de ses *anticipations* relatives au choix de l'autre entreprise. Bien que l'interprétation de la fonction de réaction soit différente dans les deux cas, la définition mathématique est exactement la même.

Nous pouvons également dégager la fonction de réaction de la firme 2 :

$$y_2 = f_2(y_2^e).$$

Celle-ci donne le choix optimal de production de la firme 2 pour une anticipation donnée de l'output de la firme 1, y_1^e.

Chaque entreprise choisit donc son niveau d'output *en supposant* que l'output de l'autre firme est selon le cas, y_1^e ou y_2^e. Mais les anticipations des entreprises ne se vérifieront pas pour n'importe quelle valeur dey_1^e et y_2^e, c'est-à-dire qu'en général, le niveau *optimal* de l'output de la firme 1, y_1, sera différent de l'output auquel la firme 2 *s'attend*, y_1^e.

Cherchons une combinaison d'outputs (y_1^*, y_2^*) telle que y_1^* soit le niveau optimal d'output que l'entreprise 1 choisit en supposant que la firme 2 produise y_2^* et que y_2^* soit le niveau optimal d'output que la firme 2 choisit en supposant que la firme 1 produise y_1^*. En d'autres termes, les outputs (y_1^*, y_2^*) vérifient les deux équations suivantes :

$$y_1^* = f_1(y_2^*)$$
$$y_2^* = f_2(y_1^*) .$$

On appelle une telle combinaison d'outputs, un **équilibre de Cournot**. À l'équilibre de Cournot, chaque firme maximise son profit compte tenu de ses anticipations concernant le choix de production de l'autre entreprise et ses anticipations sont réalisées à l'équilibre, c'est-à-dire que chaque entreprise choisit de produire une quantité optimale d'output qui correspond à ce que l'autre firme s'attend à ce qu'elle produise. À l'équilibre de Cournot, aucune entreprise ne trouve profitable de modifier son output quand elle découvre le choix effectivement fait par l'autre entreprise. La figure 27.2 nous donne un exemple d'équilibre de Cournot. Celui-ci correspond simplement à la paire d'outputs pour lesquels les deux courbes de réaction se coupent. En ce point, chaque entreprise produit un niveau d'output qui maximise son profit en tenant compte de l'output choisi par l'autre entreprise.

27.6 UN EXEMPLE D'ÉQUILIBRE DE COURNOT

Rappelons-nous le cas de la fonction de demande linéaire avec coût marginal nul que nous avons analysé auparavant. Nous avons vu que, dans ce cas, la fonction de réaction de la firme 2 revêt la forme suivante :

$$y_2 = \frac{a - by_1^e}{2b}.$$

Puisque dans cet exemple, la firme 1 est exactement identique à la firme 2, sa fonction de réaction a la même forme :

$$y_1 = \frac{a - by_2^e}{2b}.$$

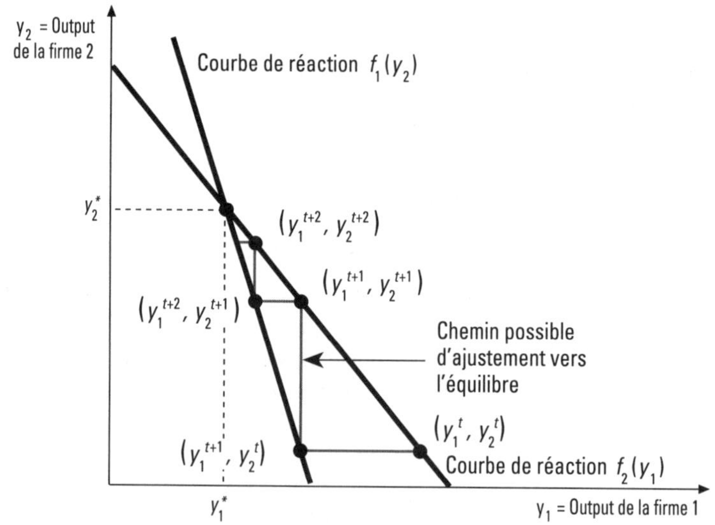

Figure 27.4 *L'équilibre de Cournot.*

Chaque entreprise maximise son profit en tenant compte de ses anticipations concernant l'output choisi par l'autre entreprise. L'équilibre de Cournot correspond au point (y_1^*, y_2^*) où les deux courbes de réaction se coupent.

Ces deux courbes de réaction sont représentées à la figure 27.4. L'intersection des deux droites nous donne l'équilibre de Cournot. En ce point, chaque entreprise maximise son profit en tenant compte de ses anticipations relatives au comportement de l'autre entreprise et les anticipations de chaque entreprise concernant le comportement de la firme concurrente se réalisent et correspondent aux comportements *réels*.

Pour calculer algébriquement l'équilibre de Cournot, nous recherchons le point (y_1, y_2) pour lequel chaque entreprise fait ce que l'autre s'attend à ce qu'elle fasse. En posant $y_1 = y_1^e$ et $y_2 = y_2^e$, nous obtenons un système de deux équations à deux inconnues :

$$y_1 = \frac{a - by_2}{2b}$$

$$y_2 = \frac{a - by_1}{2b}.$$

Puisque dans cet exemple, les deux entreprises sont identiques, elles produiront à l'équilibre la même quantité d'output. Nous pouvons dès lors substituer $y_1 = y_2$ dans une des deux équations précédentes pour obtenir

$$y_1 = \frac{a - by_1}{2b}.$$

La solution est

$$y_1^* = \frac{a}{3b}.$$

Puisque les deux entreprises sont identiques, nous avons également

$$y_2^* = \frac{a}{3b}.$$

Quant à l'output total du secteur, il est égal à

$$y_1^* + y_2^* = \frac{2a}{3b}.$$

27.7 L'AJUSTEMENT VERS L'ÉQUILIBRE

Nous pouvons utiliser la figure 27.4 pour décrire un processus d'ajustement vers l'équilibre. Supposons qu'à la période t, les entreprises produisent des outputs (y_1^t, y_2^t) qui ne sont pas nécessairement les outputs d'équilibre. Si la firme 1 s'attend à ce que la firme 2 continue à produire y_2^t au cours de la période suivante, elle désirera choisir l'output qui, compte tenu de cette croyance, maximise son profit, c'est-à-dire $f_1(y_2^t)$. Le choix de la firme 1 au cours de la période $t + 1$ sera par conséquent

$$y_1^{t+1} = f_1(y_2^t).$$

La firme 2 peut raisonner de la même façon, de sorte que le choix de la firme 2 au cours de la période suivante sera

$$y_2^{t+1} = f_2(y_1^t).$$

Ces équations décrivent comment chaque firme ajuste son output en tenant compte du choix de l'autre entreprise. La figure 27.4 montre les adaptations successives des outputs des entreprises qu'implique ce comportement. On peut interpréter ce graphique de la façon suivante : prenons tout d'abord un point de production quelconque (y_1^t, y_2^t) ; étant donné le niveau d'output de la firme 2, la firme 1 choisit au cours de la période suivante un niveau de production optimal $y_1^{t+1} = f_1(y_2^t)$; nous trouvons ce point sur le graphique en nous déplaçant horizontalement vers la gauche jusqu'à ce que nous rencontrions la courbe de réaction de la firme 1.

Si la firme 2 s'attend à ce que la firme 1 continue à produire y_1^{t+1}, sa réponse optimale est de produire y_2^{t+1}. Nous trouvons ce point en nous déplaçant verticalement vers le haut jusqu'à ce que nous touchions la fonction de réaction de la firme 2. En continuant à nous déplacer le long des escaliers, nous obtenons la séquence des choix de production des deux firmes. Dans l'exemple ici considéré, le processus d'ajustement converge vers l'équilibre de Cournot. Nous disons dans ce cas que l'équilibre de Cournot est un **équilibre stable**.

Malgré l'attrait intuitif que présente ce processus d'ajustement, il soulève certaines difficultés. Chaque entreprise suppose que l'output de l'autre firme est fixe d'une période à l'autre alors qu'en fait les deux entreprises modifient continuellement leur volume de production. Les anticipations des entreprises concernant le choix de production de la firme concurrente ne se réalisent effectivement qu'à l'équilibre. C'est pourquoi nous ignorerons généralement la question de savoir comment on atteint l'équilibre et nous nous concentrerons uniquement sur le problème du comportement des entreprises à l'équilibre.

27.8 L'ÉQUILIBRE DE COURNOT QUAND IL Y A UN GRAND NOMBRE D'ENTREPRISES

Envisageons maintenant un équilibre de Cournot avec plusieurs entreprises et non pas uniquement deux. Nous supposons que chaque firme anticipe les niveaux de production que vont choisir toutes les autres entreprises du secteur et nous essayons de définir l'output d'équilibre.

Admettons qu'il y ait n entreprises et représentons par $Y = y_1 + ... + y_n$, l'output total du secteur. La condition d'égalité entre la recette marginale et le coût marginal pour l'entreprise i est

$$p(Y) + \frac{\Delta p}{\Delta Y} y_i = Cm(y_i).$$

Si nous mettons $p(Y)$ en évidence et multiplions le second terme par Y/Y, nous pouvons écrire cette équation sous la forme suivante :

$$p(Y)\left[1+\frac{\Delta p}{\Delta Y}\frac{Y}{p(Y)}\frac{y_i}{Y}\right]=Cm(y_i).$$

En utilisant la définition de l'élasticité de la courbe de demande agrégée et en représentant par $s_i = y_i/Y$, la part de l'entreprise i dans l'output total du marché, cette équation s'écrit comme suit :

$$p(Y)\left[1-\frac{s_i}{|\varepsilon(Y)|}\right]=Cm(y_i) \qquad (27.4)$$

ou encore :

$$p(Y)\left[1-\frac{1}{|\varepsilon(Y)|/s_i}\right]=Cm(y_i).$$

Cela ressemble à l'expression obtenue pour le monopole à l'exception du terme s_i. Nous pouvons interpréter $\varepsilon(Y)/s_i$ comme étant l'élasticité de la courbe de demande à laquelle la firme est confrontée : plus la part de marché de l'entreprise est faible, plus la courbe de demande à laquelle elle est confrontée est élastique.

Si la part de marché de l'entreprise est égale à 1, c'est-à-dire si elle est en position de monopole, la courbe de demande pour l'entreprise est la courbe de demande du marché et la condition correspond exactement à celle obtenue pour le monopole. Si par contre l'entreprise représente une très petite partie d'un grand marché, sa part de marché est presque nulle et la courbe de demande pour l'entreprise est presque horizontale. La condition correspond dans ce cas à celle obtenue pour un concurrent parfait, c'est-à-dire à l'égalité du prix et du coût marginal.

On peut donc justifier le modèle de la concurrence parfaite examiné au chapitre 22 de la façon suivante : s'il y a un grand nombre d'entreprises, l'influence de chaque firme sur le prix du marché est négligeable et dès lors, l'équilibre de Cournot est fondamentalement identique à celui de la concurrence parfaite.

27.9 LA FIXATION SIMULTANÉE DES PRIX

Dans le modèle de Cournot que nous venons d'examiner, nous avons supposé que les firmes choisissaient les quantités et laissaient le marché déterminer le prix. Une autre approche consiste à partir de l'idée que les entreprises fixent les prix et laissent le marché déterminer la quantité vendue. On appelle ce modèle, la **concurrence à la Bertrand**[4].

[4] Joseph Bertrand, qui est également un mathématicien français, développa son propre modèle à l'occasion d'une présentation des travaux de Cournot.

Quand une entreprise choisit son prix, elle doit anticiper le prix fixé par l'autre entreprise du secteur. Exactement comme dans le cas de l'équilibre de Cournot, nous désirons trouver une paire de prix telle que chaque prix maximise le profit compte tenu du choix effectué par l'autre entreprise.

À quoi ressemble un **équilibre de Bertrand** ? Quand les entreprises vendent des produits identiques comme nous l'avons supposé jusqu'à présent, l'équilibre de Bertrand a en fait une structure très simple ; il correspond à l'équilibre concurrentiel, c'est-à-dire qu'il implique l'égalité du prix et du coût marginal !

Notons tout d'abord que le prix ne peut jamais être inférieur au coût marginal puisque dans une telle situation, une entreprise augmenterait son profit en produisant moins. Considérons donc une situation où le prix est supérieur au coût marginal. Supposons que les deux entreprises vendent l'output à un certain prix $\hat{p}$ supérieur au coût marginal. Examinons la position de la firme 1. Si elle diminue son prix d'un petit montant ε et que l'autre entreprise maintient son prix inchangé, c'est-à-dire égal à $\hat{p}$, tous les consommateurs préfèreront acheter auprès de la firme 1. En diminuant son prix d'un montant arbitrairement petit, elle peut donc voler tous les clients de l'entreprise 2.

Si la firme 1 s'attend effectivement à ce que la firme 2 pratique un prix $\hat{p}$ supérieur au coût marginal, elle aura toujours intérêt à pratiquer un prix $\hat{p}-\varepsilon$ légèrement inférieur. Mais la firme 2 peut raisonner de la même façon ! Dès lors, un prix supérieur au coût marginal ne peut pas constituer un équilibre et le seul équilibre est l'équilibre concurrentiel.

Ce résultat semble paradoxal quand vous le rencontrez pour la première fois : comment pouvons-nous obtenir un prix concurrentiel s'il n'y a que deux entreprises sur le marché ? Si vous interprétez le modèle de Bertrand comme un modèle d'enchères concurrentielles, le résultat apparaît plus logique. Supposons qu'une entreprise propose aux consommateurs un prix supérieur au coût marginal. Dans ce cas, l'autre entreprise peut toujours réaliser un profit en proposant un prix plus bas. Le seul prix que les entreprises ne peuvent donc pas diminuer en formulant une offre alternative, c'est un prix égal au coût marginal.

Quand des entreprises participent à un système d'enchères concurrentielles et qu'elles ne peuvent pas former une coalition, on observe souvent des prix qui sont beaucoup plus bas que ceux qui pourraient être obtenus par d'autres moyens. Ce phénomène est simplement un exemple de la logique de la concurrence à la Bertrand.

27.10 LA COLLUSION

Dans les modèles que nous avons examinés jusqu'à présent, les entreprises agissaient de façon indépendante. Mais si elles forment une coalition de façon à déterminer conjointement leurs outputs, ces modèles ne sont plus très appropriés. Si la collusion est possible, les entreprises ont intérêt à choisir l'output qui maximise les profits totaux du secteur puis à se répartir ces profits entre elles. Quand les entreprises se rassemblent et essaient de fixer les prix et les outputs de façon à maximiser les profits totaux du secteur, nous disons qu'elles forment un **cartel**. Comme nous l'avons vu au chapitre 24, un cartel est simplement un groupe d'entreprises qui forment une coalition de façon à se comporter comme un monopole unique et à maximiser la somme de leurs profits.

Le problème de maximisation du profit pour les deux entreprises consiste dès lors à choisir leurs outputs y_1 et y_2 afin de maximiser les profits totaux du secteur :

$$\max_{y_1, y_2} p(y_1 + y_2)[y_1 + y_2] - c_1(y_1) - c_2(y_2).$$

Ceci nous donne les conditions d'optimalité suivantes :

$$p(y_1^* + y_2^*) + \frac{\Delta p}{\Delta Y}[y_1^* + y_2^*] = Cm_1(y_1^*)$$

$$p(y_1^* + y_2^*) + \frac{\Delta p}{\Delta Y}[y_1^* + y_2^*] = Cm_2(y_2^*).$$

L'interprétation de ces conditions est intéressante. Si la firme 1 envisage d'accroître son output de Δy_1, elle est confrontée aux deux effets habituels : le profit supplémentaire découlant de la vente d'un output supplémentaire et la diminution du profit consécutive à la réduction du prix. Mais dans ce second effet, elle tient désormais compte de l'impact de la réduction du prix à la fois sur son propre output et sur l'output de l'autre firme. Il en est ainsi parce que l'entreprise est intéressée désormais par la maximisation des profits totaux du secteur et pas uniquement de son seul profit.

Les conditions d'optimalité impliquent que la recette marginale d'une unité supplémentaire d'output doit être la même, quelle que soit la firme qui la produit. Il s'ensuit que $Cm_1(y_1^*) = Cm_2(y_2^*)$, c'est-à-dire qu'il y a égalité des deux coûts marginaux à l'équilibre. Si une entreprise a un avantage en termes de coût, c'est-à-dire si sa courbe de coût marginal est toujours située en dessous de celle de l'autre entreprise, elle produira nécessairement davantage d'output à l'équilibre dans une solution de cartel.

La constitution d'un cartel rencontre toutefois, dans la réalité, une difficulté, à savoir que les entreprises sont en fait toujours tentées de tricher. Supposons par exemple que les deux entreprises produisent les outputs qui maximisent les profits du secteur (y_1^*, y_2^*) et que la firme 1 envisage d'accroître son output de Δy_1. Cette entreprise bénéficierait dans ce cas du profit marginal suivant :

$$\frac{\Delta \pi_1}{\Delta y_1} = p(y_1^* + y_2^*) + \frac{\Delta p}{\Delta Y} y_1^* - Cm_1(y_1^*). \quad (27.5)$$

Or, nous avons vu antérieurement que la condition d'optimalité pour la solution du cartel est

$$p(y_1^* + y_2^*) + \frac{\Delta p}{\Delta Y} y_1^* + \frac{\Delta p}{\Delta Y} y_2^* - Cm_1(y_1^*) = 0.$$

En réarrangeant cette équation, nous pouvons écrire

$$p(y_1^* + y_2^*) + \frac{\Delta p}{\Delta Y} y_1^* - Cm_1(y_1^*) = -\frac{\Delta p}{\Delta Y} y_2^* > 0. \qquad (27.6)$$

L'inégalité finale découle de ce que $\Delta p / \Delta Y$ est une grandeur négative puisque la courbe de demande du marché a une pente négative.

En examinant les équations (27.5) et (27.6), nous voyons que

$$\frac{\Delta \pi_1}{\Delta y_1} > 0.$$

Dès lors, si la firme 1 pense que l'entreprise 2 maintiendra son output inchangé, elle croit pouvoir accroître son profit en augmentant sa propre production. En situation de cartel, les entreprises limitent de commun accord l'output afin de ne pas « pourrir » le marché. Elles tiennent compte de l'effet sur les profits joints de la production d'un output supplémentaire, quelle que soit l'entreprise qui le produit. Mais si chaque entreprise croit que l'autre respectera son quota de production, chacune sera tentée d'accroître son propre profit en augmentant son output de façon unilatérale. Si nous considérons les niveaux de production qui maximisent les profits joints, chaque entreprise a toujours intérêt à augmenter de façon unilatérale son output, si elle s'attend à ce que l'autre firme maintienne sa production inchangée.

Mais la situation est en fait encore plus grave. Si la firme 1 croit que la firme 2 va maintenir son output inchangé, elle estimera qu'elle a intérêt à accroître son propre output. Mais si elle croit que la firme 2 va accroître son output, la firme 1 pourrait souhaiter augmenter sa production la première et réaliser ainsi des profits tant que cela est possible !

Par conséquent, pour maintenir le cartel, les entreprises doivent disposer d'un moyen de détection et de punition des tricheurs. Si elles ne peuvent pas observer la production de leur concurrent, la tentation de frauder peut détruire le cartel. Nous reviendrons sur ce point par la suite.

Pour être sûr que nous ayons compris la solution du cartel, calculons-la dans le cas de coûts marginaux nuls et d'une courbe de demande linéaire, c'est-à-dire dans le même cas que celui considéré lors de l'étude de l'équilibre de Cournot.

La fonction de profit agrégé est la suivante :

$$\pi(y_1, y_2) = [a - b(y_1 + y_2)](y_1 + y_2) = a(y_1 + y_2) - b(y_1 + y_2)^2.$$

L'égalité de la recette marginale et du coût marginal nous donne dès lors

$$a - 2b(y_1^* + y_2^*) = 0.$$

Ceci implique que

$$y_1^* + y_2^* = \frac{a}{2b}.$$

Puisque les coûts marginaux sont nuls, la répartition de l'output entre les deux entreprises n'a pas d'importance. Seule est déterminée la quantité totale d'output au niveau du secteur.

La solution du cartel est représentée à la figure 27.5. Sur cette figure, nous avons indiqué les courbes d'isoprofit des deux firmes et nous avons représenté par une droite l'ensemble des points de tangence entre ces deux ensembles de courbes. Pourquoi cette droite est-elle importante ? Puisque le cartel essaie de maximiser les profits totaux du secteur, les profits marginaux correspondant à la production d'une unité d'output supplémentaire dans les deux entreprises doivent être identiques ; s'il n'en était pas ainsi, l'entreprise la plus profitable devrait produire davantage d'output. Cela implique que les pentes des courbes d'isoprofit doivent être identiques pour les deux entreprises, c'est-à-dire que ces courbes doivent être tangentes l'une à l'autre. Les combinaisons d'outputs qui maximisent les profits totaux du secteur, c'est-à-dire les solutions du cartel, sont par conséquent situées le long de la droite représentée à la figure 27.5.

Cette figure illustre également la tentation que représente la fraude au niveau de la solution du cartel. Considérons par exemple le point correspondant à une répartition égalitaire du marché entre les deux entreprises. Réfléchissez à ce qui se passerait si l'entreprise 1 croyait que l'entreprise 2 va maintenir son output inchangé. Si la firme 1 augmentait sa production et que la firme 2 maintenait son output inchangé, la firme 1 atteindrait une courbe d'isoprofit plus basse, ce qui signifie qu'elle augmenterait son profit. C'est

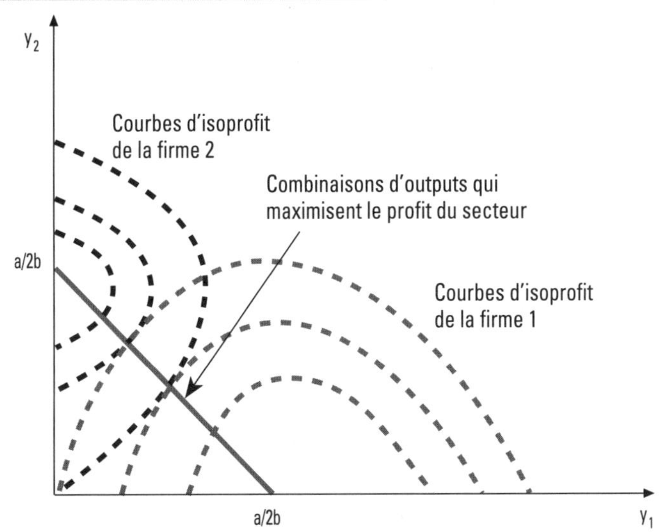

Figure 27.5 ***Un cartel.***

Si les profits du secteur sont maximisés, le profit marginal correspondant à la production d'une unité d'output supplémentaire dans chacune des deux entreprises doit être identique. Cela implique que les courbes d'isoprofit doivent être tangentes l'une à l'autre au niveau des outputs qui maximisent le profit.

exactement ce que nous avons mis en évidence dans l'analyse mathématique qui précède. Si une entreprise croit que l'output de l'autre firme restera inchangé, elle sera tentée d'accroître sa propre production et de réaliser ainsi un profit plus élevé.

27.11 LES STRATÉGIES DE PUNITION

Nous avons vu qu'un cartel est fondamentalement instable en ce sens que chaque firme a toujours intérêt à accroître sa production au-delà du niveau qui maximise le profit agrégé. Pour que le cartel soit une réussite, il faut d'une façon ou d'une autre « stabiliser » le comportement des entreprises. Un moyen consiste pour les firmes à se menacer réciproquement de punition en cas de non-respect des accords du cartel. Dans cette section, nous examinons l'ampleur des punitions nécessaires pour stabiliser le cartel.

Considérons un duopole composé de deux firmes identiques. Si chaque firme produit la moitié de l'output du monopole, le profit total sera maximisé et chaque firme recevra un gain de, par exemple, π_m. Afin de stabiliser ce résultat, une firme annonce à l'autre que : « Si vous respectez le niveau de production qui maximise les profits totaux du secteur, très bien. Mais si je découvre que vous trichez en produisant davantage, je vous punirai en produisant désormais et pour toujours, le niveau d'output de Cournot ». On appelle cela une **stratégie de punition**.

Quand ce type de menace sera-t-il approprié pour stabiliser le cartel ? Nous devons comparer les bénéfices et les coûts des deux branches de l'alternative : tricher ou coopérer. Supposons qu'une firme triche et que la punition soit appliquée. Puisque (par définition) la réponse optimale à un comportement de Cournot est un comportement de Cournot, chaque firme recevra finalement un profit par période de π_c. Évidemment, le gain de Cournot, π_c, est inférieur à celui du cartel, π_m.

Supposons que les deux firmes produisent le niveau de production du monopole de collusion. Mettez-vous dans la position d'une des firmes qui essaie de décider si elle continue ou non de produire son quota. Si vous produisez davantage en vous écartant de votre quota, vous faites un profit de π_d avec $\pi_d > \pi_m$. C'est la tentation classique pour un membre d'un cartel, examinée précédemment : si chaque firme limite son output et hausse le prix, elle a intérêt à rentabiliser ce prix en augmentant sa production.

Mais ce n'est pas la fin de l'histoire parce qu'il y a une punition pour les tricheurs. En produisant l'output du cartel, chaque firme reçoit un flux permanent de gains de π_m. La valeur présente de ce flux, qui débute directement, est égale à

$$\text{Valeur présente du comportement de cartel} = \pi_m + \frac{\pi_m}{r}.$$

Si la firme produit plus que l'output de cartel, elle reçoit une fois le profit π_d, mais l'accord de cartel étant rompu, on en revient par la suite au comportement de Cournot :

$$\text{Valeur présente de la fraude : } \pi_d + \frac{\pi_c}{r}.$$

Quand la valeur présente du respect du cartel sera-t-elle supérieure à la valeur présente de la fraude ? Évidemment quand

$$\pi_m + \frac{\pi_m}{r} > \pi_d + \frac{\pi_c}{r},$$

c'est-à-dire quand $r < \frac{\pi_m - \pi_c}{\pi_d - \pi_m}$.

Remarquons que le numérateur est positif puisque les profits du monopole sont supérieurs aux profits de Cournot et que le dénominateur est également positif puisque la fraude est plus profitable que le respect des quotas de production du monopole.

Cette inégalité indique que tant que le taux d'intérêt est suffisamment faible de sorte que la perspective de la punition future est suffisamment importante, les firmes auront intérêt à respecter leurs quotas de production.

La faiblesse de ce modèle est que la menace du retour pour toujours au comportement de Cournot n'est pas très crédible. Une firme peut certainement croire que l'autre la punira en cas de fraude, mais « pour toujours » est une période fort longue. Pour avoir un modèle plus réaliste, il faudrait envisager des périodes plus courtes de représailles, mais l'analyse devient alors beaucoup plus complexe. Dans le chapitre prochain, nous examinerons quelques modèles de « jeux répétés » qui illustrent quelques-uns des comportements possibles.

Exemple : Contrôle des prix et concurrence

Nous avons vu que chaque membre d'un cartel est toujours tenté de produire plus que son quota. Pour maintenir un cartel, il faut donc trouver une façon de contrôler le comportement des membres en adoptant une stratégie de punition en cas de non-respect de l'output qui maximise les profits joints. En particulier, les entreprises doivent être capables de conserver trace des prix et des niveaux de production des autres firmes du cartel.

Pour acquérir l'information concernant les prix pratiqués par les autres firmes dans la branche d'activité, on peut simplement utiliser les consommateurs pour espionner les autres firmes. On voit fréquemment des entreprises de détail annoncer qu'elles vendront moins cher que n'importe quel autre concurrent. Dans certains cas, une telle offre indique que le secteur de distribution est hautement concurrentiel, mais dans d'autres cas, la même politique peut être utilisée pour obtenir des informations concernant le prix des autres entreprises afin de maintenir un cartel.

Supposons par exemple que deux entreprises conviennent explicitement ou implicitement de vendre un certain modèle de réfrigérateur à 700 €. Comment un des magasins peut-il être sûr que l'autre entreprise ne triche pas et vend le réfrigérateur à 675 € ? Une solution consiste à promettre de pratiquer un prix inférieur à n'importe quel prix qu'un consommateur peut trouver dans une autre entreprise. De cette façon, les consommateurs rapportent toute tentative de ne pas respecter les accords conclus.

Exemple : La limitation volontaire des exportations

Durant les années 80, les compagnies automobiles japonaises ont accepté de limiter volontairement leurs exportations. Cela signifiait qu'elles réduisaient « volontairement » les exportations de véhicules automobiles vers les États-Unis. Le consommateur américain moyen estima qu'il s'agissait d'une grande victoire pour les négociateurs commerciaux américains.

Mais si vous réfléchissez à cette question pendant une minute, les choses apparaissent quelque peu différentes. Lors de notre étude de l'oligopole, nous avons vu que les entreprises dans un secteur d'activité sont confrontées à la difficulté de trouver une façon de limiter l'output afin de maintenir des prix plus élevés et de décourager la concurrence. Comme nous l'avons vu, il est toujours tentant de tricher et de ne pas respecter les accords de production ; chaque cartel doit trouver une méthode pour détecter et prévenir les tricheries.

Il est particulièrement intéressant pour les entreprises si une tierce partie, par exemple le gouvernement, peut assumer ce rôle. Et c'est exactement ce rôle qu'a joué le gouvernement américain pour les constructeurs automobiles japonais ! D'après une estimation, les voitures japonaises importées furent vendues en 1984 à un prix supérieur d'environ 2 500 $ au prix qui aurait prévalu sans limitation volontaire des exportations. En outre, les prix plus élevés pour les voitures importées ont permis aux producteurs américains de vendre leurs propres voitures à un prix supérieur d'environ 1000 $ au prix qu'ils auraient pratiqué autrement[5].

À cause de ces prix plus élevés, les consommateurs américains ont payé environ 10 milliards de dollars en plus pour les véhicules japonais en 1985-1986. Cet argent est allé directement dans la poche des producteurs automobiles japonais. Une grande partie de ces profits supplémentaires ont apparemment été investis pour augmenter les capacités productives, ce qui a permis aux producteurs automobiles japonais de réduire le coût de production des nouveaux véhicules au cours des années ultérieures. Les limitations volontaires des exportations ont réussi à sauver des emplois américains, mais il semble que le coût par emploi sauvé fut d'environ 160 000 $ par an.

Si le seul objectif de la politique de limitation volontaire des exportations était d'améliorer la santé de l'industrie automobile américaine, il existait une solution beaucoup plus simple : il suffisait d'imposer un droit de douane de 2500 $ sur chaque véhicule japonais importé. De cette façon, les recettes dues à la limitation du commerce auraient bénéficié au gouvernement américain plutôt qu'à l'industrie automobile japonaise. Au lieu de transférer vers l'étranger 10 milliards de dollars en 1985-1986, le gouvernement américain aurait pu dépenser cet argent pour des projets destinés à améliorer la santé à long terme de l'industrie automobile américaine.

5 Crandall, Robert, « Import Quotas and the Automobile Industry : The Cost of Protectionism », *The Brookings Review*, été, 1984.

27.12 LA COMPARAISON DES DIVERSES SOLUTIONS

Nous avons ainsi examiné différents modèles de comportement du duopole : le « leadership » en quantité (Stackelberg), le « leadership » en prix, la fixation simultanée des quantités (Cournot), la fixation simultanée des prix (Bertrand) et la solution de collusion. Quelle comparaison pouvons-nous faire entre ces diverses solutions ?

En règle générale, la collusion implique le volume de production le plus faible au niveau du secteur et le prix le plus élevé. L'équilibre de Bertrand, c'est-à-dire l'équilibre concurrentiel, nous donne au contraire l'output le plus élevé et le prix le plus bas. Les autres modèles donnent des résultats intermédiaires entre ces deux extrêmes.

De nombreux autres modèles sont envisageables. Par exemple, nous pourrions envisager un modèle avec deux biens différenciés qui ne constituent pas des substituts parfaits l'un de l'autre. Nous pourrions également considérer un modèle dans lequel les entreprises effectuent des choix de façon séquentielle au fil du temps. Dans un tel modèle, les décisions prises par une entreprise au cours d'une période peuvent influencer les choix ultérieurs de l'autre entreprise.

Nous avons également supposé que chaque entreprise connaît la fonction de demande ainsi que les fonctions de coût des autres entreprises du secteur. En réalité, ces fonctions ne sont jamais connues avec certitude. Chaque entreprise doit en fait procéder à une évaluation de la demande et des conditions de coût auxquelles ses concurrents sont confrontés quand elle doit elle-même prendre des décisions. Toutes ces situations ont été modélisées par les économistes, mais les modèles deviennent beaucoup plus complexes.

RÉSUMÉ

1. Un oligopole est un marché sur lequel il y a un petit nombre d'entreprises qui sont conscientes de leur interdépendance stratégique. Il existe différents types possibles de comportement pour les oligopoles selon la nature exacte de leur interaction.

2. Dans le modèle du « leadership » en quantité (Stackelberg), une entreprise conduit le marché en fixant son output et l'autre entreprise suit. Quand le « leader » choisit un output, il tient compte de la façon dont le « follower » (le « suiveur ») réagira.

3. Dans le modèle du « leadership » en prix, une entreprise fixe son prix et l'autre entreprise choisit la quantité qu'elle désire offrir à ce prix. De nouveau, le « leader » doit tenir compte du comportement du « follower » quand il choisit le prix.

4. Dans le modèle de Cournot, chaque entreprise choisit son output de façon à maximiser son profit, sur base de ses anticipations quant au choix de l'autre firme. À l'équilibre, les anticipations de chaque entreprise concernant le choix de l'autre firme se réalisent.

5. Un équilibre de Cournot dans lequel chaque entreprise a une petite part du marché se caractérise par un prix fort proche du coût marginal, c'est-à-dire que le secteur est presque concurrentiel.
6. Dans le modèle de Bertrand, chaque firme choisit son prix sur base de ses anticipations concernant le prix que l'autre entreprise va choisir. Le seul prix d'équilibre est celui correspondant à l'équilibre concurrentiel.
7. Un cartel consiste en un petit nombre d'entreprises qui forment une coalition pour limiter l'output et maximiser le profit du secteur. En règle générale, un cartel est instable dans la mesure où chaque entreprise est tentée de vendre davantage que le niveau de production convenu si elle croit que les autres entreprises ne réagiront pas.

PROBLÈMES À RÉSOUDRE

27.1 Supposons que nous ayons deux entreprises confrontées à une courbe de demande linéaire $p(Y) = a - bY$ et que chaque entreprise ait des coûts marginaux constants égaux à c. Quel est l'output si nous avons un équilibre de Cournot ?

27.2 Considérons un cartel dans lequel chaque entreprise a des coûts marginaux identiques et constants. Si le cartel maximise les profits totaux du secteur, qu'est-ce que cela implique au niveau de la répartition de l'output entre les entreprises ?

27.3 Est-il possible qu'un « leader » obtienne dans un équilibre de Stackelberg un profit inférieur à celui qu'il obtiendrait dans un équilibre de Cournot ?

27.4 Supposons un équilibre de Cournot avec n entreprises identiques. Montrez que l'élasticité (en valeur absolue) de la courbe de demande du marché doit être supérieure à $1/n$. (Pour démontrer cela, observez que dans le cas d'un monopole, $n = 1$ et que cette règle signifie simplement qu'un monopole opère dans la partie élastique de la courbe de demande. Il suffit d'appliquer au cas présent le raisonnement que nous avons utilisé pour établir cette règle.)

27.5 Tracez un ensemble de courbes de réaction qui engendrent un équilibre instable.

27.6 Les oligopoles produisent-ils un niveau d'output efficace ?

28

LA THÉORIE DES JEUX

Le chapitre précédent sur la théorie de l'oligopole a présenté l'analyse économique classique de l'interaction stratégique entre les entreprises. Mais il ne s'agit en fait que de la partie visible de l'iceberg. Les agents économiques peuvent interagir stratégiquement de diverses façons et nombre d'entre elles ont été étudiées en utilisant l'analyse de la **théorie des jeux**. La théorie des jeux a pour objet une analyse générale de l'interaction stratégique. Elle peut être utilisée pour étudier les jeux de société, la négociation politique et le comportement économique. Dans ce chapitre, nous allons explorer brièvement ce sujet fascinant pour vous donner une idée de la façon dont cette théorie fonctionne et comment elle peut être utilisée pour étudier le comportement économique sur des marchés oligopolistiques.

28.1 LA MATRICE DES PAIEMENTS D'UN JEU

L'interaction stratégique peut impliquer de nombreux joueurs et de nombreuses stratégies, mais nous nous limiterons à des jeux de deux personnes avec un nombre fini de stratégies. Ceci nous permet de représenter le jeu de façon simple à l'aide d'une **matrice des paiements** (*payoff matrix*). Il est plus facile d'envisager un exemple particulier.

Supposons que deux personnes participent à un jeu simple. La personne A écrit soit « haut », soit « bas » sur une feuille de papier. En même temps, mais de façon indépendante, la personne B écrit soit « gauche », soit « droite » sur une autre feuille de papier. On regarde ensuite les deux feuilles et les joueurs reçoivent les paiements indiqués au tableau 28.1. Si A écrit « haut » et B « gauche », nous regardons dans le coin supérieur gauche de la matrice ; la personne A reçoit le premier chiffre indiqué dans la case de cette matrice, soit 1, et la personne B reçoit le second chiffre, soit 2. De même, si A écrit « bas » et B « droite », A reçoit un paiement de 1 et B un paiement de 0.

La personne A a deux stratégies : elle peut choisir « haut » ou « bas ». Ces stratégies pourraient représenter des choix économiques tels que augmenter ou diminuer le prix. Elles pourraient également représenter des choix politiques tels que déclarer ou ne pas déclarer la guerre. La matrice des paiements d'un jeu représente simplement les paiements dont bénéficient les joueurs pour chaque combinaison de stratégies choisies.

Tableau 28.1 ***Propensions à payer pour les composantes informatiques***

		Joueur B	
		Gauche	Droite
Joueur A	Haut	1 , 2	0 , 1
	Bas	2 , 1	1 , 0

Quel sera le résultat de ce type de jeu ? Le jeu représenté au tableau 28.1 a une solution très simple. Du point de vue de la personne A, il est toujours préférable de choisir « bas » puisque dans ce cas, ses gains (2 ou 1) sont toujours supérieurs à ce qu'ils seraient si elle choisissait « haut » (1 ou 0). De même, B a toujours intérêt à choisir « gauche » puisque 2 et 1 sont supérieurs à 1 et 0. Nous nous attendons dès lors à ce que la stratégie d'équilibre consiste pour A à jouer « bas » et pour B à jouer « gauche ».

Dans le cas présent, nous avons une **stratégie dominante**. Chaque joueur a une stratégie optimale qui ne dépend pas de ce que l'autre joueur fait. Quel que soit le choix de B, le joueur A reçoit un gain plus important s'il joue « bas », de sorte qu'il est logique pour lui de jouer « bas ». Parallèlement, quel que soit le choix de A, B obtient un gain plus élevé s'il joue « gauche ». Ces choix dominent donc leurs alternatives et nous avons un équilibre avec des stratégies dominantes.

Si chaque joueur a une stratégie dominante, nous nous attendons à ce que celle-ci constitue le résultat d'équilibre. Il en est ainsi parce qu'une stratégie dominante est la meilleure stratégie, quel que soit le choix de l'autre joueur. Dans notre exemple, nous nous attendons donc au résultat d'équilibre suivant : la personne A joue « bas » et reçoit un paiement d'équilibre de 2 et B joue « gauche » et reçoit un paiement d'équilibre de 1.

28.2 L'ÉQUILIBRE DE NASH

Les équilibres avec stratégie dominante, bien qu'ils constituent des situations idéales, n'existent cependant pas très souvent. Par exemple, le jeu représenté au tableau 28.2 ne possède pas d'équilibre avec stratégie dominante. En effet, quand B choisit « gauche », les gains pour A sont 2 ou 0. Quand B choisit « droite », les gains pour A sont 0 ou 1. Cela signifie que quand B choisit « gauche », A préfère « haut » et quand B choisit « droite », A préfère « bas ». Le choix optimal de A dépend donc de ce qu'il croit que B fera.

Cependant, exiger un équilibre avec stratégie dominante est peut-être un critère trop sévère. Au lieu d'exiger que le choix de A soit optimal *quel que soit* le choix de B, nous pourrions juste demander qu'il soit optimal pour les choix *optimaux* de B. En effet, si B est un joueur intelligent et bien informé, il désirera choisir uniquement des stratégies

Tableau 28.2 ***Un équilibre de Nash***

		Joueur B	
		Gauche	Droite
Joueur A	Haut	2 , 1	0 , 0
	Bas	0 , 0	1 , 2

optimales. (Notons cependant que ce qui est optimal pour B peut dépendre également du choix de A !)

Nous dirons qu'une paire de stratégies est un **équilibre de Nash**[1] si le choix de A est optimal compte tenu du choix de B et si le choix de B est optimal compte tenu du choix de A. Rappelons qu'aucun individu ne sait ce que l'autre va faire quand il doit choisir sa propre stratégie. Mais chaque joueur peut anticiper le choix de l'autre personne. Un équilibre de Nash peut donc être interprété comme un paire d'anticipations relatives au choix de chaque individu telle que personne ne désire modifier son comportement quand le choix de l'autre joueur est effectivement connu.

Dans l'exemple du tableau 28.2, la stratégie (haut, gauche) est un équilibre de Nash. En effet, si A choisit « haut », la meilleure chose que B puisse faire, c'est choisir « gauche » puisque son gain est 1 s'il choisit « gauche » et 0 s'il choisit « droite ». Par ailleurs, si B choisit « gauche », la meilleure chose que A puisse faire, c'est choisir « haut » puisqu'il obtient ainsi un gain de 2 au lieu de 0.

Si A choisit « haut », le choix optimal pour B est donc « gauche » et si B choisit « gauche », le choix optimal pour A est « haut ». Nous avons par conséquent un équilibre de Nash : chaque individu choisit la solution optimale, *étant donné* le choix de l'autre joueur.

L'équilibre de Nash est une généralisation de l'équilibre de Cournot présenté dans le chapitre précédent. Dans ce chapitre, les choix portaient sur des niveaux d'output et chaque entreprise choisissait son niveau d'output en considérant comme fixé le choix de l'autre firme. Chaque entreprise était censée choisir la meilleure solution pour elle-même, en supposant que l'autre firme continuait de produire le niveau d'output qu'elle avait choisi, c'est-à-dire qu'elle conservait la même stratégie. Nous avons donc un équilibre de Cournot quand chaque entreprise maximise son profit en tenant compte du comportement de l'autre entreprise ; c'est exactement la définition d'un équilibre de Nash.

Le concept d'équilibre de Nash est intéressant d'un point de vue logique. Malheureusement, il pose également certains problèmes. Tout d'abord, un jeu peut avoir plus qu'un équilibre de Nash. En fait, au tableau 28.2, les choix (bas, droite) correspondent également à un équilibre de Nash. Vous pouvez le vérifier en utilisant le même raisonnement que précédemment ou en remarquant tout simplement que la structure du jeu est symétrique : les gains de B sont les mêmes dans une solution que les gains de A dans l'autre, de sorte que prouver que (haut, gauche) est un équilibre équivaut à prouver que (bas, droite) constitue également un équilibre.

Le second problème soulevé par le concept d'équilibre de Nash est qu'il existe des jeux qui n'ont pas un équilibre de Nash du type que nous venons de décrire. Considérons

[1] John Nash est un mathématicien américain. Il a formulé ce concept fondamental de la théorie des jeux en 1951. En 1994, il a reçu le Prix Nobel d'Économie, avec Reinhard Selten. Le film *A beautifull mind* réalisé en 2002 et qui a reçu l'Oscar du meilleur film est basé sur la vie de John Nash.

Tableau 28.3 ***Un jeu sans équilibre de Nash (en termes de stratégies pures)***

		Joueur B	
		Gauche	Droite
Joueur A	Haut	0 , 0	0 , –1
	Bas	0 , 0	–1, 3

par exemple le jeu représenté au tableau 28.3. Il n'existe pas dans ce cas un équilibre de Nash du type que nous venons d'examiner. Si A joue « haut », B désire jouer « gauche ». Mais si B joue « gauche », A préfère « bas ». De même, si A joue « bas », B jouera « droite ». Mais si B joue « droite », A jouera « haut ».

28.3 LES STRATÉGIES MIXTES

Toutefois, si nous élargissons notre conception des stratégies, nous pouvons trouver un nouveau type d'équilibre de Nash pour ce jeu. Nous avons jusqu'à présent considéré que chaque joueur choisissait une stratégie une fois pour toutes, c'est-à-dire que chaque agent effectuait un seul choix et s'y tenait. Nous appelons cela une **stratégie pure**.

Mais, on peut envisager le problème d'une autre façon en admettant que les agents peuvent choisir des stratégies *aléatoires*, c'est-à-dire attribuer une probabilité à chaque choix et jouer ces choix sur base de ces probabilités. Par exemple, A pourrait choisir de jouer « haut » une fois sur deux et « bas » une fois sur deux tandis que B pourrait choisir de jouer « gauche » une fois sur deux et « droite » une fois sur deux. Nous appelons ce type de stratégies, une **stratégie mixte**.

Si A et B adoptent les stratégies mixtes que nous venons de décrire, c'est-à-dire s'ils jouent chacun un des choix une fois sur deux, ils auront une probabilité de $1/4$ de finir dans chacune des quatre cases de la matrice des paiements. Le gain moyen de A sera par conséquent de 0 et le gain moyen de B sera de $1/2$.

Un équilibre de Nash avec stratégies mixtes correspond à un équilibre dans lequel chaque agent choisit la fréquence optimale avec laquelle il va jouer ses différentes stratégies, compte tenu des fréquences choisies par l'autre agent.

On peut démontrer que pour le type de jeu que nous analysons dans ce chapitre, il existe toujours un équilibre de Nash avec stratégies mixtes. C'est pour cette raison, mais également parce que ce concept d'équilibre est en lui-même assez réaliste, qu'on l'utilise très souvent dans l'analyse des comportements de jeux. Dans l'exemple du tableau 28.3, on peut démontrer que si A joue « haut » avec une probabilité $3/4$ et « bas » avec une probabilité 1/4 et si B joue « gauche » avec une probabilité 1/2 et « droite » avec une probabilité 1/2, nous avons un équilibre de Nash.

Exemple : Pierre, papier et ciseaux

Mais assez de théorie. Prenons un exemple important : le jeu bien connu « pierre, papier et ciseaux ». Dans ce jeu, les deux joueurs annoncent simultanément leur choix parmi trois possibilités : le poing (la pierre), la paume de la main (le papier) ou les deux premiers doigts (les ciseaux). Les règles sont que la pierre brise les ciseaux, les ciseaux coupent le papier et le papier enveloppe la pierre.

Au cours des années, un nombre d'heures incalculable a été consacré à ce jeu. Il existe même une société (RPS) qui a pour objet la promotion de ce jeu. Elle offre un site *web* et un film documentaire sur les championnats 2003 à Toronto.

Évidemment selon les théoriciens des jeux, la stratégie d'équilibre consiste à choisir au hasard une des trois possibilités. Mais les êtres humains peuvent avoir des difficultés pour effectuer des choix totalement aléatoires. Et si vous pouvez prévoir dans une certaine mesure, les choix de votre adversaire, vous pouvez utiliser cette prévision pour orienter votre propre choix.

Selon les observations quelque peu ironique de Jennifer 8 Lee, la psychologie est d'une importance capitale[2]. Elle écrit dans son article que « la plupart des gens, quand ils ne font pas attention, font spontanément un choix qui reflète leur personnalité. Le papier, considéré comme un choix raffiné, voire passif, est apparemment préféré par les personnes de type littéraire et les journalistes. »

Quel est le choix spontané des économistes ? Peut-être les ciseaux parce que nous aimons couper pour mettre en évidence les forces essentielles qui expliquent le comportement humain. Devriez-vous choisir dès lors de jouer la pierre contre un économiste ? Peut-être, mais restez sur vos gardes...

28.4 LE DILEMME DU PRISONNIER

L'équilibre de Nash présente encore une autre difficulté : il ne conduit pas nécessairement à des résultats efficaces au sens de Pareto. Considérons par exemple le jeu représenté au tableau 28.4. On appelle ce jeu, le **dilemme du prisonnier**. La description originelle de ce jeu est la suivante : on considère deux personnes qui ont commis ensemble un délit et qui, prisonnières, sont interrogées dans des pièces séparées. Chaque prisonnier a le choix entre deux stratégies : soit il avoue et implique par conséquent l'autre prisonnier, soit il nie avoir participé au délit. Si un seul prisonnier avoue, il est libéré et les autorités rejettent

[2] Son deuxième prénom est effectivement « 8 ». « Rock, Paper, Scissors : High Drama in the Tournament Ring » a été publié dans le *New York Times*, le 5 septembre 2004.

Tableau 28.4 ***Le dilemme du prisonnier***

		Joueur B	
		Gauche	Droite
Joueur A	Haut	−3 , −3	0 , −6
	Bas	−6 , 0	−1 , −1

la totalité de la faute sur l'autre prisonnier, le condamnant à 6 mois de prison. Si les deux prisonniers nient toute participation, ils passent tous les deux un mois en prison pour des raisons administratives et si les deux joueurs avouent, ils passent tous les deux trois mois en prison. Le tableau 28.4 reproduit la matrice des paiements correspondant à ce jeu. Les chiffres indiqués dans chaque case représentent l'utilité que chaque agent attribue aux différents séjours en prison et, par souci de simplicité, nous avons mesuré cette utilité par la valeur négative de la longueur du séjour en prison.

Placez-vous dans la position du joueur A. Si B décide de nier avoir commis le délit, il est évidemment préférable pour vous d'avouer puisque vous sortirez libre. De même, si B avoue, vous avez également intérêt à avouer puisque vous serez condamné à 3 mois plutôt qu'à 6 mois. Dès lors, quelle que soit la décision de B, il est préférable pour A d'avouer.

Le joueur B est dans la même situation, c'est-à-dire qu'il a également intérêt à avouer. L'unique équilibre de Nash pour ce jeu consiste dès lors pour les deux joueurs à avouer avoir commis le délit. En fait, si les deux joueurs avouent, nous avons non seulement un équilibre de Nash, mais également un équilibre avec stratégie dominante puisque chaque joueur a le même choix optimal, quelle que soit la décision de l'autre individu.

Mais s'ils pouvaient tous les deux se taire, ils auraient tous les deux un niveau de satisfaction plus élevé ! Si chacun pouvait être sûr que l'autre va se taire et s'ils pouvaient se mettre d'accord pour ne rien dire, ils obtiendraient tous les deux un « gain » de – 1, ce qui représenterait pour chacun d'eux un niveau de satisfaction supérieur. La stratégie (nier, nier) est efficace au sens de Pareto, c'est-à-dire qu'il n'existe aucun autre choix stratégique qui permette d'améliorer la satisfaction des deux joueurs, tandis que la stratégie (avouer, avouer) est inefficace au sens de Pareto.

Malheureusement pour eux, les deux prisonniers ne peuvent pas coordonner leurs actions. Si chacun pouvait avoir confiance en l'autre, ils pourraient tous les deux avoir un niveau de satisfaction plus élevé.

Le dilemme du prisonnier s'applique à une grande variété de situations économiques et politiques. Considérons par exemple le problème du contrôle des armements. Interprétons la stratégie « avouer » comme correspondant à « déployer un nouveau missile » et la stratégie « nier » comme correspondant à « ne pas déployer un nouveau missile ». Notons que les paiements sont assez réalistes. Si mon adversaire déploie son missile, je désire certainement en déployer un également, même si la meilleure stratégie pour chacun de nous consiste à nous mettre d'accord pour ne pas en déployer. Mais s'il n'est pas possible de conclure un accord réellement contraignant, nous finirons chacun par déployer un missile et nous aurons tous les deux un niveau de satisfaction inférieur.

Un autre exemple est celui de la fraude dans un cartel. Interprétons maintenant le fait d'avouer comme étant la décision de « produire plus que votre quota de production » et le fait de nier comme étant la décision de « respecter le quota initial ». Si vous pensez que l'autre firme va respecter son quota, vous avez intérêt à produire plus que votre propre quota. Et si vous pensez que l'autre firme va produire plus que son quota, vous en ferez autant !

Le dilemme du prisonnier a suscité de nombreuses controverses quant à la façon « correcte » ou plus exactement une façon raisonnable de jouer. La réponse semble être différente selon que vous jouez une seule fois ou que vous répétez le jeu un nombre indéfini de fois.

Si le jeu n'est joué qu'une seule fois, la stratégie de la « désertion »,c'est-à-dire dans notre exemple le fait d'avouer, semble être la solution raisonnable. En effet, quelle que soit la décision de votre partenaire, vous obtenez ainsi un niveau de satisfaction plus élevé et vous ne disposez d'aucun moyen pour influencer son comportement.

28.5 LES JEUX RÉPÉTÉS

Dans la section précédente, les joueurs ne se rencontraient qu'une seule fois et ne participaient au jeu du dilemme du prisonnier qu'à une seule occasion. Toutefois, la situation est différente si les mêmes individus répètent le jeu à plusieurs reprises. Dans ce cas, chaque joueur dispose de nouvelles possibilités stratégiques. Si l'autre joueur décide de « déserter »à une occasion, vous pouvez choisir de « déserter » au tour suivant. Vous pouvez dès lors « punir » votre adversaire pour son « mauvais » comportement. Dans un jeu répété, chaque joueur a la possibilité de se bâtir une réputation de coopération et par conséquent, d'encourager l'autre joueur à faire de même.

Ce type de stratégies est viable ou pas selon que le jeu est répété un nombre *fixe* ou un nombre *indéfini* de fois.

Envisageons le premier cas : les deux joueurs savent que le jeu va être répété par exemple 10 fois. Quel va être le résultat ? Considérons le dixième tour. C'est, par hypothèse, la dernière fois que les joueurs participent au jeu. Dans ce cas, chaque joueur va vraisemblablement choisir l'équilibre de la stratégie dominante et par conséquent, déserter. En effet, participer au jeu pour la dernière fois, c'est exactement la même chose que d'y participer à une seule occasion et nous devons dès lors nous attendre au même résultat.

Considérons maintenant ce qui va se passer au neuvième tour. Nous venons de conclure que chaque joueur désertera au dixième tour. Pourquoi dans de telles circonstances, coopérer au neuvième tour ? Si vous coopérez, l'autre joueur pourrait très bien déserter maintenant et profiter de votre bon caractère. Chaque joueur peut raisonner de la même façon et par conséquent, ils déserteront tous les deux.

Envisageons maintenant le huitième tour. Si l'autre personne déserte au neuvième tour, pourquoi coopérer au huitième tour ?... Et ainsi de suite. Si le jeu est répété un nombre fixe et connu de fois, chaque joueur désertera à chaque tour. S'il n'est pas possible d'obliger les individus à coopérer lors du dernier tour, on ne pourra pas imposer la coopération au tour précédent et ainsi de suite.

Les joueurs coopèrent parce qu'ils espèrent que la coopération continuera dans le futur. Mais cela suppose qu'il doit toujours y avoir la perspective d'un jeu futur. Personne ne coopérera lors du dernier tour parce qu'il n'y a pas de perspective de jeu futur. Mais dans ce cas, pourquoi quelqu'un coopère-t-il au tour précédent ? Ou au tour qui précède celui-ci ? Et ainsi de suite : la solution de coopération se détricote à partir de la fin quand nous avons la situation du dilemme du prisonnier avec un nombre connu et fixe de jeux.

Mais si le jeu est répété un nombre indéfini de fois, vous disposez au contraire d'un moyen d'influencer le comportement de votre adversaire : s'il refuse de coopérer cette fois-ci, vous pouvez refuser de coopérer la fois suivante. Tant que les deux parties se préoccupent suffisamment des paiements futurs, la menace d'une non-coopération ultérieure peut suffire à les convaincre de jouer une stratégie efficace au sens de Pareto.

Cela a été démontré de façon convaincante par une série d'expériences menées par Robert Axelrod[3]. Celui-ci a demandé à des douzaines d'experts de la théorie des jeux de présenter leur stratégie préférée dans le cadre d'un dilemme du prisonnier et il a simulé ensuite sur un ordinateur un « tournoi » en opposant ces stratégies les unes aux autres. Il a opposé chaque stratégie à toutes les autres sur l'ordinateur en enregistrant les paiements totaux.

La stratégie gagnante, c'est-à-dire celle qui a dégagé le paiement global le plus élevé, s'est avérée être la stratégie la plus simple. Il s'agit en fait de la stratégie du type « un prêté pour un rendu ». Elle correspond à la démarche suivante : au premier tour, vous coopérez, c'est-à-dire que vous jouez la stratégie « nier » ; aux tours suivants, si votre adversaire a coopéré au tour précédent, vous coopérez, mais s'il a déserté au tour précédent, vous désertez. En d'autres termes, quelle que soit la décision de votre adversaire au tour précédent, vous faites maintenant exactement la même chose.

La stratégie « un prêté pour un rendu » fonctionne très bien parce qu'elle implique une punition immédiate en cas de désertion, mais il s'agit aussi d'une stratégie de pardon : on ne punit chaque joueur qu'une fois par désertion. S'il rentre dans le droit chemin et commence à coopérer, vous le récompensez en coopérant. Cette stratégie constitue en fait un excellent moyen pour obtenir le résultat efficace quand on est confronté à un dilemme du prisonnier répété un nombre indéfini de fois.

[3] Robert Axelrod est un politologue de l'Université de Michigan. Pour un examen approfondi, voir son ouvrage : *The Evolution of Cooperation*, Basic Books, New York, 1984.

28.6 FAIRE RESPECTER UN CARTEL

Au chapitre 27, nous avons analysé le comportement de duopoleurs qui participent à un jeu dont l'objet est la fixation du prix et nous avons établi que si chaque duopoleur peut choisir son prix, le résultat d'équilibre correspond à l'équilibre concurrentiel. Si chaque firme croit que l'autre entreprise va maintenir son prix inchangé, chacune estime avoir intérêt à proposer un prix inférieur. La seule situation où ce comportement n'est pas envisageable, c'est quand chaque entreprise pratique déjà le prix le plus bas possible, c'est-à-dire dans l'exemple que nous avons analysé quand le prix est nul puisque les coûts marginaux sont nuls. En utilisant la terminologie du présent chapitre, une situation où chaque entreprise pratique un prix nul est un équilibre de Nash en termes de stratégies de prix ; c'est ce que nous avons appelé un équilibre de Bertrand au chapitre 27.

La matrice des paiements pour un jeu de duopole en termes de stratégies de prix présente la même structure que le dilemme du prisonnier. Si les deux entreprises pratiquent un prix élevé, elles obtiendront toutes les deux des profits importants. Cela correspond au cas où les deux entreprises coopèrent pour maintenir la solution du monopole. Mais, si une entreprise pratique un prix élevé, l'autre firme a intérêt à réduire légèrement son prix pour s'emparer du marché de la firme concurrente et obtenir ainsi un profit encore plus élevé. Cependant, si les deux entreprises réduisent leurs prix, elles finiront toutes deux par réaliser des profits inférieurs. Quel que soit le prix que votre concurrent pratique, vous avez toujours intérêt à réduire votre prix un petit peu. Et finalement, nous obtenons l'équilibre de Nash quand chaque firme pratique le prix le plus bas possible.

Toutefois, si le jeu est répété un nombre indéfini de fois, il existe d'autres résultats possibles. Supposons qu'une firme décide d'adopter une stratégie « un prêté pour un rendu » : si l'autre firme réduit son prix cette semaine, elle réduit le sien la semaine suivante. Si chaque joueur sait que son adversaire suit une stratégie « un prêté pour un rendu », chacun craindra de réduire son prix et d'entamer ainsi une guerre des prix. La menace implicite présente dans cette stratégie « un prêté pour un rendu » peut amener les entreprises à maintenir des prix élevés.

Les cartels essaient parfois d'utiliser effectivement une telle stratégie. Un exemple célèbre est le *Joint Executive Committee*, un cartel qui fixait le prix du fret par chemin de fer aux États-Unis à la fin du XIXe siècle. La formation de ce cartel est antérieure aux réglementations antitrust aux États-Unis et, à son époque, il était parfaitement légal[4].

Le cartel fixait la part de marché de chaque ligne de chemin de fer dans le transport du fret. Chaque entreprise établissait ses tarifs de façon indépendante et le J.E.C. comptabilisait les quantités de fret transportées par chaque firme. À plusieurs reprises, en 1881, 1884 et 1885, certains membres du cartel estimèrent que d'autres membres, en dépit

[4] Pour une analyse détaillée, voir Porter, Robert, « A Study of Cartel Stability : the Joint Executive Commitee, 1880–1886 », *The Bell Journal of Economics*, 14, 2, Autumn 1983, p. 301–25.

des accords, réduisaient leurs prix pour accroître leurs parts de marché. Au cours de ces périodes, il y eu souvent des guerres de prix. Quand une firme essayait de tricher, toutes les entreprises réduisaient leurs prix pour « punir » les déserteurs. Ce type de stratégie « un prêté pour un rendu » permit apparemment de maintenir l'accord de cartel pendant une certaine période.

Exemple : Un prêté pour un rendu dans les tarifs aériens

Les tarifs aériens fournissent un exemple intéressant de stratégie du type « un prêté pour un rendu ». Les compagnies aériennes offrent souvent des tarifs spéciaux de divers types et de nombreux observateurs de ce secteur estiment que ces tarifs promotionnels peuvent être utilisés comme des signaux à destination des concurrents pour les empêcher de diminuer les prix sur des liaisons importantes.

Ainsi selon un directeur commercial d'une des principales compagnies aériennes américaines, Northwest Airlines décida, il y a quelques années, de réduire ses tarifs de nuit sur les liaisons entre Minneapolis et les villes de la Côte Ouest des États-Unis afin de diminuer le nombre de sièges vides. Continental Airlines interpréta cette décision comme une tentative pour gagner des parts de marché à ses dépens et réagit en réduisant tous ses tarifs au départ de Minneapolis au niveau des tarifs de nuit de Northwest. Cette réduction ne devait cependant durer qu'un ou deux jours.

Vu cette décision, Northwest considéra que Continental n'était pas disposée réellement à livrer bataille sur ce marché, mais qu'elle souhaitait simplement que Northwest supprime les réductions sur ses vols de nuit. Northwest envoya un nouveau message à Continental : elle créa un ensemble de tarifs réduits à destination de la Côte Ouest pour ses vols au départ de Houston, la base de Continental ! Northwest signifiait ainsi qu'elle estimait que ses réductions étaient justifiées et que la réaction de Continental était inappropriée.

Toutes ces réductions de tarifs ne duraient en fait que quelques jours, indiquant ainsi qu'il s'agissait davantage de messages adressés aux concurrents que d'offres en vue d'élargir les parts de marché. Comme l'expliquait un analyste, les tarifs qu'une compagnie aérienne ne souhaite pas offrir « doivent presque toujours avoir une date d'expiration dans l'espoir que les concurrents réagissent finalement et s'accordent ».

Les règles implicites de concurrence sur les marchés aériens de duopole semblent être les suivantes : si l'autre compagnie conserve des tarifs élevés, j'en fais de même ; mais si l'autre compagnie réduit ses tarifs, je réagis selon la stratégie « un prêté pour un rendu » et je diminue mes tarifs. En d'autres termes, les deux compagnies « vivent selon la Règle d'Or » : fais aux autres ce qu'ils te feraient. Cette menace de représailles permet dès lors de maintenir les prix élevés[5].

---

[5] Ces éléments sont tirés de A. Nomani, « Fare Warning ; How Airlines Trade Price Plans », *Wall Street Journal*, 9 octobre 1990, p. B1.

28.7 LES JEUX SÉQUENTIELS

Jusqu'à présent, nous avons envisagé des jeux dans lesquels les deux joueurs agissaient de façon simultanée. Mais, dans de nombreuses situations, un joueur doit bouger le premier et l'autre répond. C'est le cas notamment du modèle de Stackelberg présenté au chapitre 27, dans lequel un joueur est un « leader » et l'autre un « follower ».

Examinons maintenant un jeu séquentiel. Au premier tour, le joueur A doit choisir « haut » ou « bas ». Le joueur B observe le choix de A et choisit alors « gauche » ou « droite ». Le tableau 28.5 présente la matrice des paiements de ce jeu.

Remarquons que quand le jeu se présente sous cette forme, il possède deux équilibres de Nash : (haut, gauche) et (bas, droite). Toutefois, nous allons démontrer qu'un de ces équilibres n'a pas réellement de sens. La matrice des paiements n'indique pas qu'un des joueurs connaît le choix de son adversaire avant d'effectuer son propre choix. Il est dès lors plus intéressant dans ce cas, de considérer un diagramme qui met en évidence la nature asymétrique du jeu.

La figure 28.1 représente le jeu sous une **forme extensive**, c'est-à-dire qu'il indique la structure temporelle des choix. Le joueur A doit choisir le premier « haut » ou « bas » et ensuite le joueur B doit choisir « gauche » ou « droite ». Mais quand B effectue son choix, il connaît la décision de A.

Pour analyser ce jeu, nous partons de la fin et remontons à reculons. Supposons que le joueur A ait déjà pris sa décision et que nous soyons situés sur une des branches de l'arbre du jeu. Si A a choisi « haut », peu importe le choix de B, le paiement est (1, 9). Si A a choisi « bas », le joueur B doit normalement choisir « droite » et le paiement est (2, 1).

Considérons maintenant le choix initial du joueur A. S'il choisit « haut », le résultat est (1, 9) et il reçoit par conséquent un gain de 1. Mais s'il choisit « bas », il reçoit un gain de 2. Il devrait dès lors logiquement choisir « bas ». Les choix d'équilibre de ce jeu sont donc (bas, droite), de sorte que A a un gain de 2 et B un gain de 1.

Les stratégies (haut, gauche) ne constituent pas un équilibre réaliste, c'est-à-dire qu'il ne s'agit pas d'un équilibre compte tenu de l'ordre dans lequel les joueurs doivent

Tableau 28.5 *La matrice des paiements d'un jeu séquentiel*

		Joueur B	
		Gauche	Droite
Joueur A	Haut	1 , 9	0 , 9
	Bas	0 , 0	2 , 1

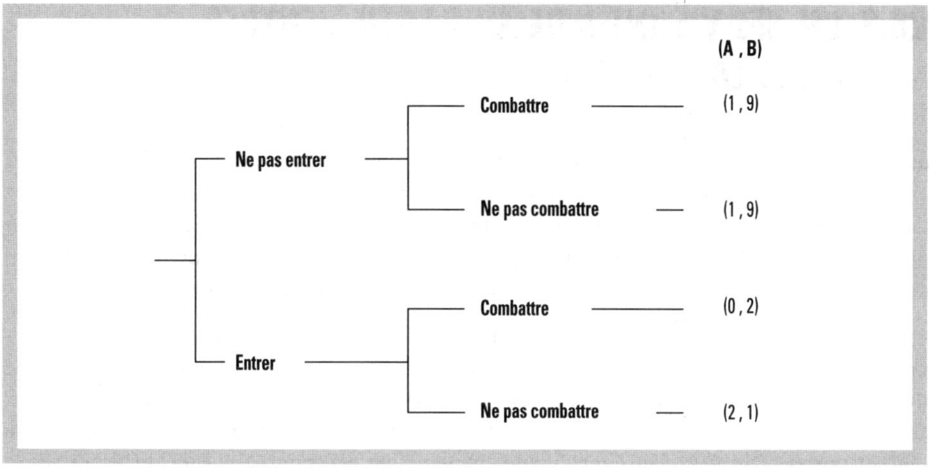

Figure 28.1 ***Un jeu sous sa forme extensive.***

Cette présentation d'un jeu montre l'ordre dans lequel les joueurs choisissent.

effectivement choisir. Il est vrai que si A choisit « haut », B pourrait choisir « gauche », mais il serait stupide pour A de choisir « haut » !

Du point de vue de B, ce résultat est plutôt décevant puisqu'il finit avec un gain de 1 au lieu d'un gain de 9 ! Mais que peut-il faire ?

Il peut en fait *menacer* de jouer « gauche » si A joue « bas ». Si A croit que B mettra sa menace à exécution, il aura intérêt à choisir « haut ». En effet, « haut » lui procure un gain de 1 tandis que « bas » ne lui donne qu'un gain nul si B met sa menace à exécution.

Mais cette menace est-elle crédible ? Après tout, une fois prise la décision du joueur A, rien ne peut la changer. Le joueur B peut alors obtenir soit 0, soit 1 et il peut donc choisir un gain de 1. À moins que B ne puisse convaincre d'une quelconque façon A qu'il mettra effectivement sa menace à exécution, même si cela le pénalise lui-même, il doit simplement se contenter d'un gain inférieur.

Le problème pour le joueur B est que, une fois prise la décision du joueur A, celui-ci s'attend à ce que B agisse de façon rationnelle. Le niveau de satisfaction de B serait plus élevé s'il pouvait se *contraindre* lui-même à jouer « gauche » si A joue « bas ».

Pour s'imposer cette contrainte, B pourrait demander à quelqu'un d'autre de choisir à sa place. Par exemple, B pourrait engager un avocat et lui donner comme instruction de jouer « gauche » si A joue « bas ». Si A est au courant de ces instructions, la situation est complètement différente. En effet, si A connaît les instructions que B a données à son avocat, il sait que s'il joue « bas », il obtiendra finalement un gain nul. Dans ce cas, le choix le plus judicieux qu'il puisse faire consiste à jouer « haut » et B a ainsi augmenté son niveau de satisfaction en *restreignant* ses propres choix.

28.8 UN JEU VISANT À DÉCOURAGER L'ENTRÉE DANS LA BRANCHE

Quand nous avons analysé l'oligopole, nous avons considéré que le nombre d'entreprises dans la branche était fixé. Mais dans de nombreuses situations, de nouvelles firmes peuvent en fait entrer dans la branche. Toutefois, les entreprises déjà présentes dans le secteur d'activité ont évidemment intérêt à essayer d'empêcher de telles entrées. Puisqu'elles sont déjà dans le secteur, elles peuvent agir les premières et ont par conséquent un avantage dans le choix des moyens pour maintenir leurs concurrents en dehors de la branche d'activité.

Considérons par exemple un monopoleur menacé par l'entrée d'une autre entreprise. Celle-ci doit décider si elle entre ou non sur le marché et l'entreprise déjà installée dans la branche doit décider si elle réagit ou non en diminuant son prix. Si le nouveau concurrent potentiel décide de ne pas entrer, il obtient un gain de 1 et le monopoleur obtient un gain de 9. Si au contraire, il décide d'entrer, son gain sera différent selon que l'entreprise déjà installée dans la branche se bat ou non en menant une concurrence vigoureuse. Si elle se bat, nous supposons que les deux joueurs obtiennent finalement un gain nul. Si elle décide au contraire de ne pas se battre, nous supposons que la nouvelle entreprise obtient un gain de 2 et l'entreprise déjà installée, un gain de 1.

Remarquons que ce jeu a exactement la même structure que le jeu séquentiel étudié antérieurement. Il a une structure identique à celle présentée à la figure 28.2. L'entreprise déjà installée est le joueur B et le concurrent potentiel est le joueur A. « Haut » correspond à la stratégie consistant à rester à l'extérieur de la branche tandis que « bas » correspond à l'entrée dans la branche. « Gauche » correspond pour l'entreprise A à une stratégie de combat tandis que « droite » correspond à une stratégie consistant à ne

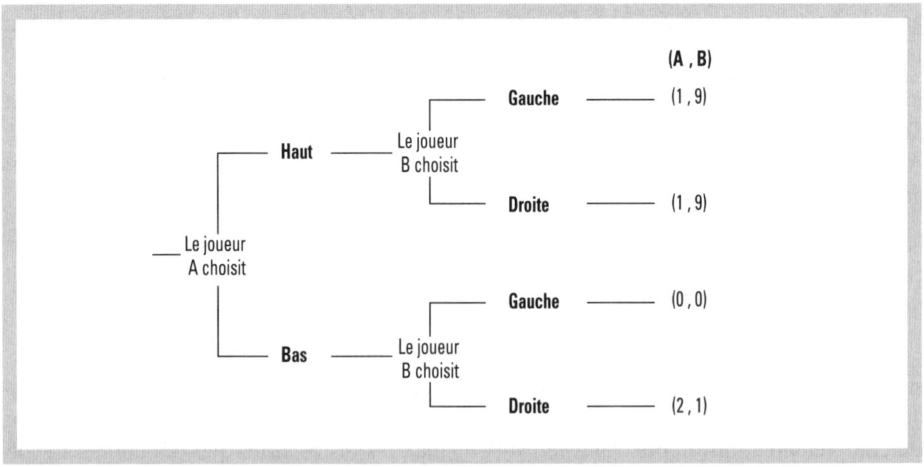

Figure 28.2 ***Le nouveau jeu en cas d'entrée.***

Cette figure représente le jeu en cas d'entrée avec les paiements adaptés.

pas se battre. Comme nous l'avons vu, le résultat d'équilibre consiste pour le concurrent potentiel à entrer et pour l'entreprise déjà installée à ne pas se battre.

Le problème de l'entreprise déjà dans la branche est qu'elle ne peut pas s'obliger elle-même à combattre si l'autre entreprise entre. En effet, dans ce cas, le mal est fait et la seule chose rationnelle que l'entreprise déjà dans la branche peut faire, c'est vivre et laisser vivre. Dans la mesure où le concurrent potentiel prend conscience de cela, il estimera avec raison que toute menace de combat est sans fondement. Mais supposons maintenant que l'entreprise dans la branche puisse acheter une capacité de production supplémentaire qui lui permette de produire davantage d'output au même coût marginal que celui qu'elle connaît actuellement. Évidemment, si elle reste en position de monopole, elle ne désirera pas utiliser cette capacité puisqu'elle produit déjà un output correspondant au profit maximum du monopole. Mais, si l'autre entreprise entre, elle peut désormais accroître son volume de production et cela peut lui permettre de concurrencer de façon beaucoup plus efficace la nouvelle entreprise. En investissant dans une capacité de production supplémentaire, elle diminue le coût que représente pour elle le combat dans l'hypothèse où l'autre entreprise essaie d'entrer. Supposons qu'elle réalise un profit égal à 2 si elle achète la capacité supplémentaire et qu'elle choisit de combattre. Cela modifie l'arbre du jeu qui se présente désormais sous la forme indiquée à la figure 28.2.

Grâce à l'augmentation de la capacité de production, le combat constitue maintenant une menace crédible. Si la nouvelle entreprise entre sur le marché, l'entreprise déjà installée aura un gain de 2 si elle combat et de 1 dans l'hypothèse contraire ; dès lors, elle choisira logiquement de combattre. L'autre entreprise aura par conséquent un gain de 0 si elle entre et un gain de 1 si elle n'entre pas dans le secteur. Elle a par conséquent intérêt à ne pas y entrer.

Mais cela implique que l'entreprise déjà installée reste en position de monopole et qu'elle n'aura jamais à utiliser sa capacité supplémentaire ! Malgré cela, le monopoleur a intérêt à investir dans la capacité supplémentaire de production afin de rendre crédible la menace du combat si une nouvelle entreprise essaie d'entrer sur le marché. En investissant dans une capacité« excédentaire », le monopoleur a signalé au concurrent potentiel qu'il peut défendre de façon efficace son marché.

RÉSUMÉ

1. On peut décrire un jeu en indiquant les paiements dont bénéficient les différents joueurs pour les divers types de choix stratégiques qu'ils peuvent effectuer.

2. Un équilibre avec stratégie dominante est un ensemble de choix tel que le choix de chaque joueur est optimal *quels que soient* les choix des autres joueurs.

3. Un équilibre de Nash est un ensemble de choix tel que le choix de chaque joueur est optimal compte tenu des choix opérés par les autres joueurs.

4. Le dilemme du prisonnier est un type de jeu particulier dans lequel le résultat efficace au sens de Pareto est stratégiquement dominé par un équilibre inefficace.

5. Si le dilemme du prisonnier est répété un nombre indéfini de fois, un jeu rationnel peut aboutir à un équilibre efficace au sens de Pareto.

6. Dans un jeu séquentiel, la structure temporelle des choix est importante. Il est souvent intéressant dans ce type de jeux de trouver une façon de s'obliger soi-même à l'avance à adopter un certain type de comportement.

PROBLÈMES À RÉSOUDRE

28.1 Considérons une stratégie « un prêté pour un rendu » dans le cadre d'un dilemme du prisonnier que l'on répète à plusieurs reprises. Supposons qu'un joueur fasse une erreur et déserte alors qu'il voulait en fait coopérer. Si les deux joueurs continuent à jouer la stratégie « un prêté pour un rendu » après cela, que va-t-il se passer ?

28.2 Les équilibres avec stratégie dominante sont-ils toujours des équilibres de Nash ? Les équilibres de Nash sont-ils toujours des équilibres avec stratégie dominante ?

28.3 Supposons que votre adversaire n'adopte pas la stratégie correspondant à l'équilibre de Nash. Devriez-vous malgré tout suivre la stratégie qui correspond à un tel équilibre ?

28.4 Nous savons qu'un jeu non répété du type « dilemme du prisonnier » conduit à une stratégie dominante qui correspond à l'équilibre de Nash mais qui est inefficace au sens de Pareto. Supposons que les deux prisonniers puissent user de représailles après leurs séjours respectifs en prison. Quels sont les aspects formels du jeu qui sont modifiés ? Pourrions-nous obtenir un résultat efficace au sens de Pareto ?

28.5 Quelle est la stratégie dominante — correspondant à l'équilibre de Nash — dans un jeu répété du type « dilemme du prisonnier » si les deux joueurs savent que le jeu se terminera après avoir été répété un million de fois ? Si, en guise d'expérience, vous demandez à des hommes et des femmes de participer à un tel jeu, vous attendez-vous à ce que les joueurs utilisent cette stratégie ?

28.6 Supposons que dans le jeu séquentiel décrit dans ce chapitre, ce soit le joueur B plutôt que le joueur A qui fasse le premier geste. Tracez la forme extensive du nouveau jeu. Quel est l'équilibre de ce jeu ? Le joueur B préfère-t-il choisir en premier ou en second ?

29

LES APPLICATIONS DE JEUX

Dans le chapitre précédent, nous avons présenté plusieurs concepts fondamentaux de la théorie des jeux et nous les avons illustrés à l'aide de quelques exemples. Dans ce chapitre, nous examinerons quatre questions importantes de la théorie des jeux : la coopération, la concurrence, la coexistence et l'engagement et nous les analyserons dans différents cadres d'interactions stratégiques.

À cette fin, développons tout d'abord le concept de **courbe de meilleure réponse**. Il s'agit d'un instrument analytique important qui peut permettre de déterminer les équilibres en situation de jeu.

29.1 LES COURBES DE MEILLEURE RÉPONSE

Supposons un jeu avec deux personnes et prenez vous-même la place d'un des joueurs. Pour tout choix de l'autre joueur, votre **meilleur choix** est celui qui maximise votre paiement. S'il y a plusieurs choix qui maximisent votre paiement, votre meilleur choix sera l'ensemble de ceux-ci.

Considérons par exemple le jeu représenté au tableau 29.1. Nous l'avons déjà utilisé dans le chapitre précédent pour illustrer le concept d'équilibre de Nash. Si le joueur en colonne choisit « gauche », la meilleure réponse pour le joueur en ligne est de choisir « haut ». Si le joueur en colonne choisit « droite », la meilleure réponse pour le joueur en ligne est de choisir « bas ». De même, la meilleure réponse pour le joueur en colonne est « gauche » si l'autre choisit « haut » et « droite » si l'autre choisit « bas ».

Tableau 29.1 ***Un jeu simple***

		Colonne	
		Gauche	Droite
Ligne	Haut	2 , 1	0 , 0
	Bas	0 , 1	1 , 2

Nous pouvons indiquer ces résultats sous la forme d'un petit tableau :

Choix de colonne :	gauche	droite
Meilleure réponse de ligne :	haut	bas
Choix de ligne :	haut	bas
Meilleure réponse de colonne :	gauche	droite

Notons que si colonne pense que ligne jouera « haut », il souhaitera jouer « gauche » et si ligne pense que colonne jouera « gauche », il souhaitera jouer « haut ». La paire de choix (« haut », « gauche ») est donc mutuellement cohérente, c'est-à-dire que chaque joueur adopte une réponse optimale au choix de l'autre joueur.

Considérons un jeu général de deux personnes dans lequel ligne et colonne ont comme choix possibles respectivement : $l_1, ..., l_L$ et $c_1, ..., c_C$. Pour chaque choix l que ligne fait, représentons par $b_c(l)$, une des meilleures réponses de colonne et, pour chaque choix c que colonne fait, représentons par $b_l(c)$, une des meilleures réponses de ligne. Un **équilibre de Nash** est dès lors une paire de stratégies (l^*, c^*) telle que

$$c^* = b_c(l^*)$$

$$l^* = b_l(c^*)$$

Le concept de l'équilibre de Nash formalise l'idée de « cohérence mutuelle ». Si ligne s'attend à ce que colonne joue « gauche », il choisira de jouer « haut » et si colonne s'attend à ce que ligne joue « haut », il désire ra jouer « gauche ». Les attentes et les actions des joueurs seront mutuellement cohérentes dans un équilibre de Nash.

Notons que dans certains cas, un des joueurs peut être indifférent entre plusieurs solutions. C'est pourquoi nous demandons seulement que c^* et l^* soient une des meilleures réponses respectivement de colonne et de ligne. Si la meilleure réponse est unique pour chaque choix, les courbes de meilleure réponse peuvent être représentées par des fonctions de meilleure réponse. Cette façon d'interpréter le concept d'équilibre de Nash montre clairement qu'il s'agit simplement d'une généralisation de l'équilibre de Cournot présenté au chapitre 27. Dans le cas de l'équilibre de Cournot, la variable de décision est la quantité d'output produite qui est une variable continue et chaque firme choisit l'output qui maximise son profit compte tenu du choix de l'autre firme.

L'équilibre de Bertrand, également présenté au chapitre 27, est un équilibre de Nash avec des stratégies en prix. Chaque firme choisit le prix qui maximise son profit, compte tenu du choix qu'elle pense que l'autre firme fera.

Ces exemples montrent comment la courbe de meilleure réponse généralise les modèles précédents et permet de résoudre d'une façon relativement simple, l'équilibre de Nash. Les courbes de meilleure réponse constituent dès lors un instrument très utile pour trouver l'équilibre d'un jeu.

29.2 LES STRATÉGIES MIXTES

Analysons à l'aide des fonctions de meilleure réponse, le jeu présenté au tableau 29.2.

Nous recherchons tant des équilibres de stratégie mixte que des équilibres de stratégie pure. Soit l, la probabilité que ligne joue « haut » et $(1 - l)$, la probabilité qu'il joue « bas ». De même, c représentera la probabilité que colonne joue « gauche » et $(1 - c)$, la probabilité qu'il joue « droite ».

Tableau 29.2 *Trouver l'équilibre de Nash*

		Colonne	
		Gauche	Droite
Ligne	Haut	2 , 0	0 , 0
	Bas	0 , 0	1 , 2

Calculons le paiement attendu pour ligne s'il choisit la probabilité l de jouer « haut » et que colonne choisit la probabilité c de jouer « gauche ». Les différentes combinaisons sont les suivantes :

Combinaisons	Probabilité	Paiement pour ligne
Haut, gauche	lc	2
Bas, gauche	$(1-l)c$	0
Haut, droite	$l(1-c)$	0
Bas, droite	$(1-l)(1-c)$	1

Pour calculer le paiement attendu pour ligne, nous pondérons les paiements indiqués dans la troisième colonne par les probabilités indiquées dans la deuxième colonne et nous additionnons l'ensemble. Nous obtenons :

$$\begin{aligned}\text{Paiement pour ligne} &= 2lc+(1-l)(1-c)\\ &= 2lc+1-l-c+lc.\end{aligned}$$

Supposons que ligne envisage d'augmenter l de Δl. Quel impact cette augmentation a-t-elle sur le paiement pour ligne ?

$$\begin{aligned}\Delta\,\text{paiement pour ligne} &= 2c\Delta l-\Delta l+c\Delta l\\ &= (3c-1)\Delta l.\end{aligned}$$

Cette expression est positive quand $3c > 1$ et négative quand $3c < 1$. Par conséquent, ligne souhaitera augmenter l tant que $c > 1/3$; il souhaitera diminuer l tant que $c < 1/3$ et il conservera n'importe quelle valeur $l(0 \leqslant l \leqslant 1)$ quand $c = 1/3$.

De même, le paiement pour colonne est le suivant :

$$\text{Paiement pour colonne} = cl+2(1-c)(1-l).$$

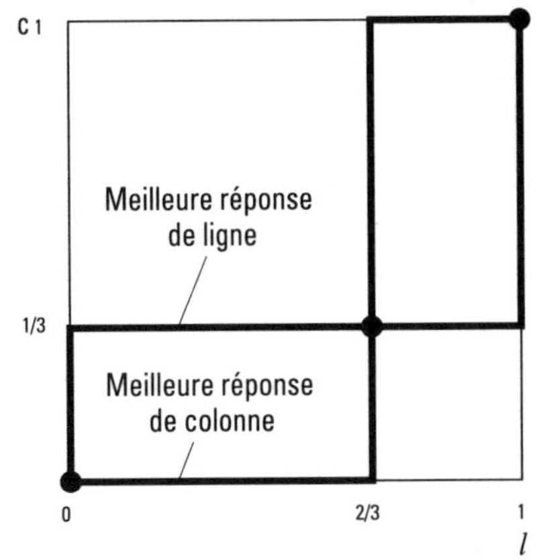

Figure 29.1 ***Courbes de meilleure réponse.***

Les deux courbes représentent les meilleures réponses de ligne et colonne aux choix de l'autre partie. Les intersections de ces courbes sont des équilibres de Nash. Dans le cas représenté, il y a trois équilibres, deux avec des stratégies pures et un avec des stratégies mixtes.

Quand c varie de Δ, le paiement pour colonne se modifie comme suit :

$$\begin{aligned}\text{Paiement pour colonne} &= l\Delta c + 2l\Delta c - 2\Delta c\\ &= (3l-2)\Delta c.\end{aligned}$$

Par conséquent, colonne souhaitera augmenter c quand $l > 2/3$; il souhaitera diminuer c quand $l < 2/3$ et il conservera n'importe quelle valeur $c(0 \leqslant c \leqslant 1)$ quand $l = 2/3$.

Nous pouvons utiliser cette information pour représenter les courbes de meilleure réponse. Prenons tout d'abord ligne. Si colonne choisit $c = 0$, ligne souhaitera diminuer autant que possible l de sorte que $l = 0$ est la meilleure réponse quand $c = 0$. Ce choix restera la meilleure réponse jusqu'en $c = 1/3$, valeur pour laquelle n'importe quelle valeur de l entre 0 et 1 est la meilleure réponse. Enfin pour tout $c > 1/3$, la meilleure réponse de ligne est $l = 1$.

Nous pouvons procéder de même avec colonne et les deux courbes sont représentées à la figure 29.1. Il est facile de voir que ces courbes se croisent en trois points : (0, 0), (2/3, 1/3) et (1, 1), qui correspondent aux trois équilibres de Nash de ce jeu. Deux de ces stratégies sont des stratégies pures et une est une stratégie mixte.

29.3 LES JEUX DE COORDINATION

Armés des instruments que nous venons de présenter, nous pouvons examiner le premier type de jeux : les **jeux de coordination**. Il s'agit de jeux où les paiements pour les joueurs sont les plus élevés quand ils peuvent coordonner leurs stratégies. Le problème, dans la pratique, est de mettre au point des mécanismes qui permettent cette coordination.

La bataille des sexes

L'exemple classique d'un jeu de coordination est ce qu'il est coutume d'appeler la bataille des sexes. Dans ce jeu, un garçon et une fille désirent se rencontrer au cinéma, mais ils n'ont pas convenu du rendez-vous. Hélas, ils ont oublié leurs téléphones cellulaires de sorte qu'ils ne peuvent pas se coordonner en vue du rendez-vous et ils doivent essayer de prévoir quel film l'autre désirera voir.

Le garçon désire voir un film d'action alors que la fille préférerait un film d'art et essai, mais plutôt que de ne pas se rencontrer, ils préfèrent tous les deux aller voir le même film. Les paiements qui correspondent à ces préférences sont représentés au tableau 29.3. Notons l'élément distinctif qui caractérise les jeux de coordination : les paiements sont plus élevés quand les joueurs coordonnent leurs actions.

Quels sont les équilibres de Nash de ce jeu ? Heureusement, il s'agit en fait exactement du même jeu que celui utilisé dans la section précédente pour illustrer les courbes de meilleure réponse. Nous avons vu qu'il y a trois équilibres : ils choisissent tous les deux un film d'action ou ils choisissent tous les deux un film d'art et essai ou enfin ils choisissent chacun leur film préféré avec une probabilité 2/3.

Puisque ces trois choix sont des équilibres possibles, il est difficile de dire ce qui va effectivement se passer. En général, pour résoudre ce type de problème, nous devrons nous référer à des considérations supplémentaires extérieures à la description formelle du jeu. Par exemple, si nous supposons que le film d'art et essai est une destination plus proche pour chacun des deux joueurs, ceux-ci peuvent raisonnablement penser qu'il s'agira du choix d'équilibre.

Tableau 29.3 ***La bataille des sexes***

		Fille	
		Action	Art
Garçon	Action	2 , 0	0 , 0
	Art	0 , 0	1 , 2

Quand les joueurs ont de bonnes raisons de penser qu'un des équilibres est plus « naturel » que les autres, cet équilibre est appelé le **point central du jeu**.

Le dilemme du prisonnier

Le dilemme du prisonnier que nous avons analysé en détail dans le chapitre précédent est aussi un jeu de coordination. Rappelons l'histoire : deux prisonniers peuvent soit avouer un crime, ce qui implique l'autre, soit nier. Les paiements sont représentés au tableau 29.4. La caractéristique essentielle du dilemme du prisonnier est que l'aveu est la stratégie dominante alors que la coordination (ils nient tous les deux) est de loin supérieure en termes de paiements. La coordination permet aux prisonniers de choisir le meilleur paiement, mais le problème est qu'il n'est pas facile de se coordonner quand on ne joue qu'une seule fois.

Une façon de sortir du dilemme du prisonnier est d'élargir le jeu en le répétant. Nous avons vu dans le chapitre précédent que le jeu du dilemme du prisonnier s'il est répété un nombre infini de fois, permet d'atteindre le résultat coopératif grâce à des stratégies telles qu'un prêté pour un rendu dans laquelle les joueurs récompensent la coopération et punissent le manque de coopération lors de leurs actions futures. L'élément stratégique ajouté dans ce cas est le fait que le refus de coopération (avouer) peut impliquer une punition ultérieure.

Nous pouvons également « résoudre » le dilemme du prisonnier en ajoutant la possibilité de signer un contrat. Supposons par exemple que les deux joueurs puissent signer un contrat par lequel ils s'engagent à appliquer la stratégie coopérative. Si l'un des joueurs ne respecte son engagement, il devra payer une amende ou sera puni d'une façon ou d'une autre. Les contrats permettent d'atteindre beaucoup de résultats, mais ils requièrent l'existence d'un cadre légal qui assure leur application. Cela ne pose guère de problèmes dans les négociations commerciales, mais dans d'autres contextes comme les jeux militaires ou les négociations internationales, l'existence d'un tel cadre légal est beaucoup plus problématique.

Les jeux de l'assurance

Considérons la course aux armements que se sont livrés les USA et l'URSS dans les années 1950. Chaque pays pouvait construire des missiles nucléaires ou ne pas en construire. Le

Tableau 29.4 *Le dilemme du prisonnier*

		Joueur B	
		Avoue	Nie
Joueur A	Avoue	–3 , –3	0 , –6
	Nie	–6 , 0	–1 , –1

Tableau 29.5 *Une course aux armements*

		URSS	
		Ne pas construire	Construire
USA	Ne pas construire	4 , 4	1 , 3
	Construire	3 , 1	2 , 2

tableau 29.5 présente des paiements qui peuvent correspondre à ce type de stratégies. Le meilleur choix pour les deux parties est de ne pas construire de missiles, ce qui donne un paiement (4, 4). Mais si un pays ne construit pas de missiles alors que l'autre en construit, ce dernier a un paiement de 3 alors que celui qui n'en construit pas n'a que 1. Si tous les deux construisent des missiles, le paiement est (2, 2).

Il n'est pas difficile de voir qu'il y a deux équilibres de Nash avec stratégies pures : (construire, construire) et (ne pas construire, ne pas construire). Toutefois ce dernier est meilleur pour chacune des deux parties. Le problème est qu'aucun pays ne connaît le choix que fera l'autre. Avant de décider de ne pas construire de missiles, chaque partie souhaite avoir quelque assurance de l'autre.

Pour donner ce type d'assurance, un des joueurs peut par exemple faire le premier geste et permettre à l'autre d'inspecter ses sites. Ce geste peut être unilatéral, du moins si on admet les paiements du jeu. Si un joueur annonce qu'il ne déploiera pas de missiles nucléaires et qu'il donne suffisamment de preuves de ce choix, il sera assuré que l'autre joueur renoncera également à déployer des missiles.

La poule mouillée

Notre dernier exemple de jeu de coordination est basé sur un jeu automobile popularisé par le cinéma. Deux adolescents démarrent des deux extrémités opposées d'une route et foncent droit l'un vers l'autre. Le premier qui fait un écart perd la face. Si aucun ne fait un écart, c'est la collision. Le tableau 29.6 présente des paiements qui peuvent correspondre à ce jeu. Il y a deux équilibres de Nash avec stratégies pures : (ligne fait un écart, colonne pas) et (colonne fait un écart, ligne pas).

Colonne préfère le premier équilibre et ligne le second, mais chaque équilibre est meilleur qu'une collision. Notons la différence entre ce jeu et celui de l'assurance : dans ce dernier jeu, les deux joueurs préféraient faire la même chose (construire ou ne pas construire des missiles) plutôt que faire des choses différentes, dans le cas présent, les deux joueurs préfèrent faire des choses différentes plutôt que faire la même chose (foncer ou faire un écart).

Tableau 29.6 ***La poule mouillée***

		Colonne	
		Faire un écart	Droit devant
Ligne	Faire un écart	0 , 0	–1 , 1
	Droit devant	1 , –1	–2 , –2

Chaque joueur sait que, s'il peut se contraindre lui-même à foncer droit devant, l'autre fera un écart. Mais évidemment chaque joueur sait aussi qu'il serait stupide de faire une collision. Dès lors comment un des joueurs peut-il s'assurer que l'équilibre qu'il préfère se réalisera ?

Une stratégie importante consiste à se contraindre à ne pas changer de comportement. Supposons que ligne bloque ostensiblement le volant de sa voiture avant de démarrer. Colonne, constatant que ligne n'a pas d'autre choix que de foncer droit devant, décidera de faire un écart. Évidemment, si les deux joueurs bloquent leurs volants, le résultat sera désastreux.

Comment se coordonner

Si vous participez à un jeu de coordination, vous pouvez souhaiter amener l'autre joueur :

1) à se coordonner avec vous de façon à atteindre un équilibre que vous aimez tous les deux (le jeu de l'assurance),

2) à se coordonner avec vous de façon à atteindre un équilibre préféré par l'un des deux joueurs (la bataille des sexes),

3) à adopter une stratégie autre que la stratégie d'équilibre (le dilemme du prisonnier),

4) à faire un choix qui conduit au résultat que vous préférez (la poule mouillée).

Dans le jeu de l'assurance, la bataille des sexes et la poule mouillée, le résultat escompté peut être obtenu si un des joueurs fait le premier geste et se contraint à un comportement particulier quelles que soient les circonstances. L'autre joueur peut alors observer le choix et adopter la réponse adéquate. Dans le dilemme du prisonnier, cette stratégie ne marche pas : si un des joueurs choisit de nier, l'autre a intérêt à avouer. Le dilemme du prisonnier peut être « résolu » par la répétition et la contractualisation plutôt que par un processus séquentiel.

29.4 LES JEUX DE CONCURRENCE

La situation opposée à la coopération est la concurrence. C'est le cas célèbre des **jeux à somme nulle**, appelés ainsi parce que le paiement dont bénéficie un joueur est égal aux pertes de l'autre joueur.

La plupart des sports sont en fait des jeux à somme nulle : un point attribué à une équipe correspond à un point soustrait à l'autre équipe. La concurrence est féroce dans de tels jeux parce que les intérêts des joueurs sont diamétralement opposés.

Utilisons le football pour illustrer un jeu à somme nulle. Ligne shoote un penalty et colonne est le gardien de but. Ligne peut tirer à gauche ou à droite ; colonne peut choisir un côté et défendre soit le côté droit soit le côté gauche pour éviter le but.

Nous exprimerons les paiements correspondant à ces stratégies sur base des points escomptés. Évidemment ligne aura davantage de succès si colonne plonge du mauvais côté. D'autre part, le jeu peut ne pas être parfaitement symétrique parce que ligne peut être dans une meilleure position pour tirer dans une direction que dans l'autre et colonne peut être de même dans une meilleure position pour défendre un côté ou l'autre.

Supposons que ligne réussira à marquer le but 80 fois sur 100 s'il tire à gauche et si colonne plonge à droite, mais qu'il ne marquera que 50 fois sur 100 si colonne plonge à gauche. Si ligne tire à droite, nous supposerons qu'il réussira 90 fois sur 100 si colonne plonge à gauche, mais seulement 20 fois sur 100 si colonne plonge à droite. Ces paiements sont illustrés au tableau 29.7.

Notons que les paiements dans chaque cas donnent une somme nulle, ce qui indique que les joueurs ont des objectifs diamétralement opposés. Ligne désire maximiser son paiement escompté et il en est de même pour colonne, ce qui signifie que colonne souhaite minimiser le paiement de ligne.

Évidemment, si colonne sait dans quelle direction ligne tirera, il aura un avantage énorme. Ligne s'efforcera dès lors d'empêcher colonne de prévoir ce qu'il a l'intention de faire. En particulier, il tirera de temps en temps du mauvais côté. En d'autres termes, il s'efforcera de poursuivre une stratégie mixte.

Tableau 29.7 ***Un penalty au football***

		Colonne	
		Plonger à gauche	Plonger à droite
Ligne	Tirer à gauche	50 , –50	80 , –80
	Tirer à droite	90 , –90	20 , –20

Si ligne tire à gauche avec une probabilité p, il bénéficiera d'un paiement attendu de $50p + 90(1 - p)$ quand colonne plonge à gauche et il bénéficiera d'un paiement attendu de $80p + 20(1 - p)$ quand colonne plonge à droite. Ligne souhaite que son paiement escompté soit le plus élevé possible et colonne souhaite au contraire que ce paiement soit le plus faible possible.

Supposons par exemple que ligne choisisse de tirer à gauche la moitié du temps. Si colonne plonge à gauche, ligne aura un paiement attendu de $50 \times 1/2 + 90 \times 1/2 = 70$ et si colonne plonge à droite, ligne aura un paiement attendu de $80 \times 1/2 + 20 \times 1/2 = 50$.

Colonne, évidemment, peut raisonner de la même façon. Si colonne pense que ligne tirera à gauche la moitié du temps, il souhaitera plonger à droite puisque c'est le choix qui minimise le paiement attendu de ligne (et qui, par conséquent, maximise le paiement attendu de colonne).

La figure 29.2 illustre les paiements attendus de ligne pour les différents choix possibles de p. Il s'agit simplement de la représentation graphique des deux fonctions $50p + 90(1 - p)$ et $80p + 20(1 - p)$. Puisque ces deux expressions sont des fonctions linéaires de p, les représentations graphiques sont des droites.

Ligne sait que colonne s'efforcera toujours de minimiser le paiement attendu de son adversaire. Dès lors, pour toute valeur p, le meilleur paiement que ligne peut espérer est le paiement minimum obtenu dans les deux stratégies. Nous avons représenté cela à la figure 29.2 par la ligne épaisse.

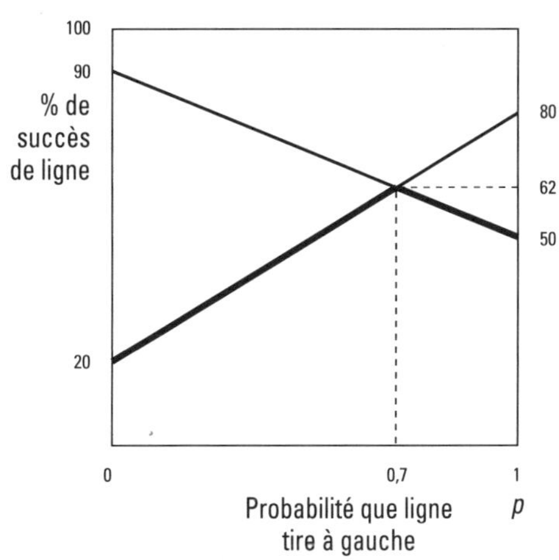

Figure 29.2 ***La stratégie de ligne.***

Les deux courbes représentent les paiements attendus de ligne en fonction de p, la probabilité qu'il tire à gauche. Quelle que soit la valeur p choisie, colonne s'efforcera de minimiser le paiement de ligne.

Quand obtiendrons-nous la valeur maximum de ces paiements minimum ? Évidemment, nous l'obtiendrons au sommet de la ligne épaisse, c'est-à-dire quand les deux droites se croisent. Nous pouvons calculer cette valeur de façon algébrique en déterminant la solution pour p de l'équation suivante :

$$50p + 90(1 - p) = 80p + 20(1 - p).$$

Nous pouvons vérifier que cette solution est $p = 0{,}7$.

Ainsi si ligne tire à gauche 70 fois sur 100 et si colonne répond de façon optimale, ligne bénéficiera d'un paiement attendu de $50 \times 0{,}7 + 90 \times 0{,}3 = 62$.

Qu'en est-il de colonne ? Nous pouvons analyser ses choix de la même façon. Supposons que colonne décide de plonger à gauche avec une probabilité q et de plonger à droite avec une probabilité $(1 - q)$. Le paiement attendu de ligne sera alors $50q + 80(1 - q)$ si colonne plonge à gauche et $90q + 20(1 - q)$ si colonne plonge à droite. Pour toute valeur q, colonne souhaitera minimiser le paiement de ligne. Mais colonne sait que ligne souhaite maximiser ce même paiement.

Ainsi, si colonne choisit de défendre le côté gauche avec une probabilité $1/2$, il sait que le paiement attendu de ligne sera de $50 \times 1/2 + 80 \times 1/2 = 65$ si ligne tire à gauche et de $90 \times 1/2 + 20 \times 1/2 = 55$ si ligne tire à droite. Dans ce cas, ligne choisira évidemment de tirer à gauche.

Les deux paiements sont représentés à la figure 29.3 qui est analogue à la figure précédente. Du point de vue de colonne, c'est le maximum des deux droites qui est pertinent

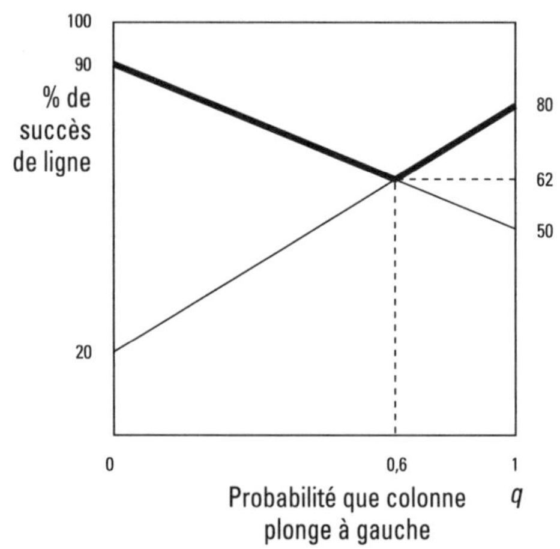

Figure 29.3 ***La stratégie de colonne.***

Les deux droites représentent les paiements attendus de ligne en fonction de q, la probabilité que colonne plonge à gauche. Quelle que soit la valeur q choisie par colonne, ligne s'efforcera de maximiser son propre paiement.

puisque cela traduit le choix optimal de ligne pour chaque valeur choisie de q. Les valeurs maximales sont représentées en trait épais sur la figure. Exactement comme nous l'avons fait précédemment, nous pouvons déterminer la meilleure valeur q pour colonne, c'est-à-dire le point où le paiement maximum de ligne est minimisé. Cela correspond à l'égalité suivante

$$50q + 80(1 - q) = 90q + 20(1 - q),$$

ce qui implique que $q = 0{,}6$.

Nous avons ainsi calculé les stratégies d'équilibre pour chaque joueur. Ligne devrait tirer à gauche avec une probabilité 0,7 et colonne devrait défendre le côté gauche avec une probabilité 0,6. Ces valeurs sont telles que les paiements de ligne et de colonne sont identiques quel que soit le choix de l'autre joueur puisque ces valeurs ont été déterminées en égalisant les paiements des deux stratégies que l'adversaire peut choisir.

Ainsi, quand ligne choisit 0,7, colonne est indifférent entre plonger à gauche et plonger à droite ou plonger à gauche avec une probabilité q. En particulier, colonne est parfaitement heureux en plongeant à gauche avec une probabilité 0,6. De même, si colonne plonge à gauche avec une probabilité 0,6, ligne est indifférent entre tirer à gauche et tirer à droite ou n'importe quelle combinaison des deux. En particulier, il est heureux en tirant à gauche avec une probabilité 0,7. Ainsi ces choix constituent un équilibre de Nash : chaque joueur choisit son comportement optimal compte tenu des choix de l'autre.

À l'équilibre, ligne réussira à marquer le but 62 fois sur 100 et échouera 38 fois sur 100. C'est ce qu'il peut faire de mieux si l'autre joueur répond de façon optimale.

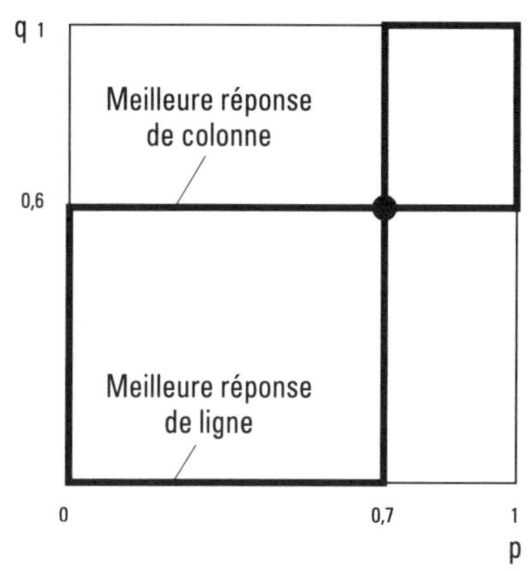

Figure 29.4 ***Les courbes de meilleure réponse.***

Cette figure représente les courbes de meilleure réponse pour ligne et colonne en fonction de *p*, la probabilité que ligne tire à gauche et de *q*, la probabilité que colonne défende le côté gauche.

Mais qu'en est-il si colonne ne répond pas de façon optimale ? Ligne peut-il atteindre un meilleur résultat ? Pour répondre à cette question, nous pouvons utiliser les courbes de meilleure réponse introduite au début de ce chapitre. Nous avons déjà vu que quand p est inférieur à 0,7, colonne souhaite plonger à gauche et quand p est supérieur à 0,7, colonne souhaite plonger à droite. De même, quand q est inférieur à 0,6, ligne souhaite tirer à gauche et quand q est supérieur à 0,6, ligne souhaite tirer à droite.

La figure 29.4 représente ces courbes de meilleure réponse. Notons qu'elles se croisent en un point où $p = 0{,}7$ et $q = 0{,}6$. Les courbes de meilleure réponse sont intéressantes en ce qu'elles disent à chaque joueur ce qu'ils doivent faire pour tout choix fait par l'adversaire, que ce choix soit optimal ou pas. Le seul choix qui est une réponse optimale à un choix optimal est celui qui correspond au point d'intersection des deux courbes, c'est-à-dire l'équilibre de Nash.

29.5 LES JEUX DE COEXISTENCE

Nous avons interprété les stratégies mixtes comme une solution aléatoire. Dans le jeu du tiré de penalty, si la stratégie de ligne est de tirer à gauche avec une probabilité 0,7 et à droite avec une probabilité 0,3, nous pensons naturellement que ligne mélangera ces choix et tirera à gauche 70 fois sur 100 et à droite 30 fois sur 100.

Mais il y a une autre interprétation possible. Supposons que les tireurs et les gardiens soient mis face à face de façon aléatoire et que 70 pour cents des tireurs tirent toujours à gauche et 30 pour cents toujours à droite. Dans ce cas, du point de vue du gardien, c'est exactement la même situation que celle à laquelle il serait confronté si un seul joueur adoptait les deux stratégies de façon aléatoire avec les probabilités spécifiées.

Cette interprétation alternative n'est guère intéressante dans le cas du football. Elle l'est par contre pour analyser le comportement animal. L'idée est que les différents types de comportement animal sont programmés de façon génétique et que l'évolution sélectionne les compositions de population qui sont stables par rapport aux forces de l'évolution. Au cours des dernières années, les biologistes en sont arrivés à considérer que la théorie des jeux constituait un instrument indispensable pour étudier le comportement animal.

Le jeu le plus connu d'interaction animale est le **jeu du faucon et de la colombe**. Il ne s'agit pas d'un jeu entre faucons et colombes (qui aurait un résultat assez prévisible), mais plutôt d'un jeu qui implique une seule espèce animale qui présente deux types de comportement.

Pensons à un chien sauvage. Quand deux chiens sauvages traversent une pièce avec de la nourriture, ils doivent décider s'ils vont partager cette nourriture ou au contraire combattre. Combattre est la stratégie du faucon : un gagnera et l'autre perdra. Le partage est la stratégie de la colombe : cette stratégie donne de bons résultats quand l'autre joueur se comporte également comme une colombe, mais si l'autre joueur se comporte en faucon, le partage est rejeté et la colombe ne recevra rien.

Tableau 29.8 *Le jeu du faucon et de la colombe*

		Colonne	
		Faucon	Colombe
Ligne	Faucon	–2 , –2	4 , 0
	Colombe	0 , 4	2 , 2

Le tableau 29.8 donne un ensemble possible de paiements.

Si les deux chiens sauvages jouent à la colombe, ils finiront avec (2 , 2). Si l'un joue au faucon et l'autre à la colombe, le faucon gagnera tout. Mais si les 2 joueurs jouent au faucon, chaque chien sera blessé sérieusement.

Une situation où tout le monde joue au faucon ne peut évidemment pas être un équilibre parce que si un chien joue à la colombe, il finira avec 0 au lieu de -2. Si tous les chiens jouent à la colombe, il sera intéressant pour l'un d'entre eux de s'éloigner de cette solution et de jouer au faucon. Il va donc y avoir un certain mélange de faucons et de colombes à l'équilibre. À quel type de mélange doit-on s'attendre ?

Supposons que p représente le pourcentage de faucons. Un faucon rencontrera un autre faucon avec une probabilité $p$et une colombe avec une probabilité $1-p$. Le paiement attendu pour un faucon sera dès lors :

$$F=-2p+4(1-p).$$

Le paiement attendu pour une colombe sera :

$$C=2(1-p).$$

Supposons que le type de comportement qui a le paiement le plus élevé se reproduise plus rapidement et que cette tendance à jouer au faucon ou à la colombe se transmette à la progéniture. Dès lors si $F>C$, nous verrons le pourcentage de faucons augmenter dans la population et si $F<C$, nous nous attendons à voir le nombre de colombes augmenter.

La population ne sera à l'équilibre que si les paiements dont bénéficient les colombes et les faucons sont identiques. Cela implique

$$F=-2p+4(1-p)=2(1-p)=C,$$

La solution est $p=1/2$.

Nous avons ainsi déterminé qu'un mélange 50-50 de colombes et de faucons est un équilibre. Cet équilibre est-il stable d'une façon ou d'une autre ? Nous avons

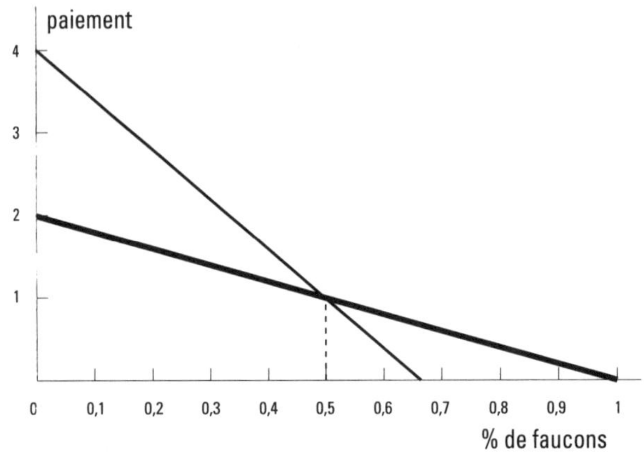

Figure 29.5 ***Les paiements dans le jeu du faucon et de la colombe.***

Le paiement pour une colombe est représenté en trait épais et le paiement pour le faucon en trait fin. Quand $p > 1/2$, le paiement pour le faucon est inférieur à celui pour la colombe et vice-versa, ce qui donne un équilibre stable.

représenté à la figure 29.5 les paiements dont bénéficient un faucon et une colombe en fonction de p, le pourcentage de faucons dans la population. Notons que quand $p > 1/2$, le paiement pour un faucon est inférieur à celui dont bénéficie une colombe ; nous pouvons dès lors nous attendre à ce que les colombes se reproduisent rapidement, nous ramenant ainsi à un équilibre 50-50. De même quand $p < 1/2$, le paiement pour un faucon est supérieur à celui pour une colombe, ce qui amène les faucons à se reproduire plus rapidement.

Ce raisonnement montre que $p = 1/2$ est non seulement un équilibre, mais aussi un équilibre stable face aux forces de l'évolution. C'est sur base de ce type de raisonnement qu'a été établi le concept de **stratégie stable en termes d'évolution** ou SSE[1]. Il est très intéressant de constater qu'une SSE est un équilibre de Nash alors que ces concepts ont été établis à partir de raisonnements assez différents.

Le concept d'équilibre de Nash a été défini pour traiter du calcul par des individus rationnels, chacun essayant de trouver une stratégie adéquate face à la meilleure stratégie que l'autre joueur peut choisir. Le concept de SSE a été établi pour modéliser le comportement animal face aux forces de l'évolution, les stratégies ayant le meilleur résultat se reproduisant plus rapidement. Les équilibres SSE sont aussi des équilibres de Nash, ce qui renforce l'intérêt de ce concept particulier de la théorie des jeux.

[1] Voir John Maynard Smith, *Evolution and the Theory of Games*, (Cambridge University Press, 1982).

29.6 LES JEUX D'ENGAGEMENT

Les exemples précédents de jeux de coopération et de concurrence impliquaient des **choix simultanés**. Chaque joueur devait choisir sans savoir ce que l'autre choisissait ou avait choisi. En fait, les jeux de coordination et de concurrence sont assez évidents si un joueur connaît les choix de l'adversaire.

Dans cette section, nous allons examiner des jeux avec **choix séquentiel**. Une stratégie importante dans de tels jeux est ce que l'on appelle l'**engagement**. Pour voir comment cela fonctionne, retournons au jeu de la poule mouillée présenté antérieurement dans ce chapitre. Nous avons vu que si un des joueurs pouvait se contraindre lui-même à choisir de foncer droit devant, l'autre joueur choisirait de façon optimale à dévier de la route. Dans le jeu de l'assurance, le résultat serait meilleur pour les deux joueurs si l'un des deux pouvait faire le premier pas.

Notons que l'engagement doit être à la fois irréversible et observable par l'autre joueur. L'irréversibilité est une partie essentielle de l'engagement et l'observabilité est fondamentale si l'autre joueur doit être amené à adapter son comportement.

La grenouille et le scorpion

Commençons avec la fable de la grenouille et du scorpion. Ils sont sur le bord de la rivière et essaient de trouver un chemin pour la traverser. « Je sais », dit le scorpion, « je vais monter sur ton dos et tu pourras traverser la rivière à la nage ». La grenouille dit : « Mais que se passe-t-il si tu me piques avec ton dard ? » et le scorpion de lui répondre : « Pourquoi ferais-je cela ? Nous mourrions tous les deux ».

La grenouille est convaincue par les propos du scorpion. Celui-ci monte sur son dos et ils commencent à traverser la rivière. Au milieu de la rivière, en son point le

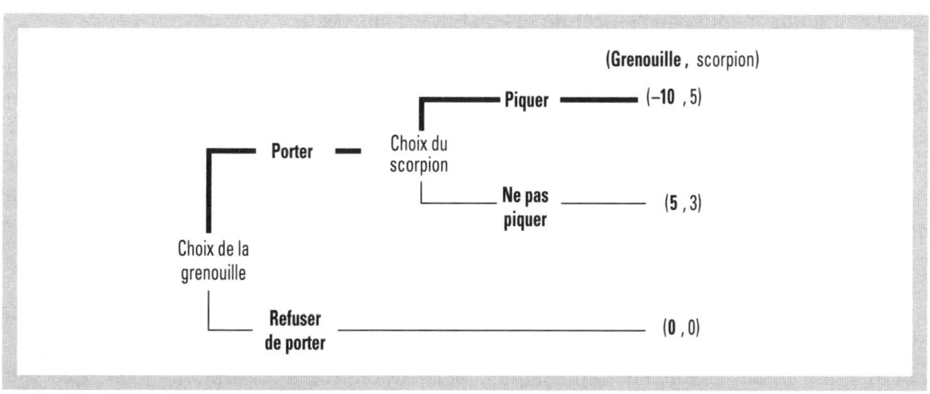

Figure 29.6 ***La grenouille et le scorpion.***

Si la grenouille choisit de transporter le scorpion, le scorpion choisira de la piquer et ils mourront tous les deux.

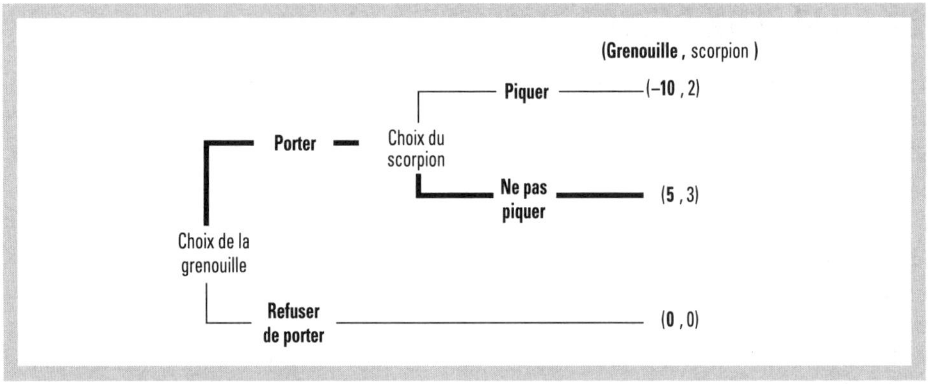

Figure 29.7 *La grenouille et le scorpion.*

Avec ces paiements, si la grenouille choisit de transporter le scorpion, le scorpion ne choisira pas de la piquer et ils traverseront tous les deux la rivière sains et saufs.

plus profond, le scorpion pique la grenouille. Hurlant de douleur, la grenouille s'écrie : « Pourquoi as-tu fait cela ? Nous sommes maintenant tous les deux condamnés ! ». « Hélas », dit le scorpion, comme ils s'enfoncent dans la rivière, « c'est ma nature ».

Examinons cette fable du point de vue de la théorie des jeux. La figure 29.6 représente un jeu séquentiel avec des paiements correspondant à cette fable. Regardons la partie inférieure de l'arbre du jeu. Si la grenouille refuse de porter le scorpion, ils n'obtiennent rien, l'un comme l'autre. Si nous regardons la partie supérieure, nous voyons que si la grenouille transporte le scorpion, elle recevra une utilité 5 pour avoir fait le bien et le scorpion recevra un paiement de 3 pour avoir traversé la rivière. Si la grenouille est piquée, elle recevra un paiement de – 10 et le scorpion recevra un paiement de 5 représentant la satisfaction qui découle du respect de ses instincts naturels.

Considérons pour commencer la dernière phase du jeu : le scorpion doit choisir de piquer ou pas. Piquer représente une utilité supérieure pour le scorpion parce qu'il est dans sa nature de piquer. Dès lors, la grenouille devrait rationnellement refuser de transporter le scorpion. Malheureusement, la grenouille n'a pas compris les paiements du scorpion et apparemment elle pensait que les paiements du scorpion se présentaient comme ceux repris à la figure 29.7. Cette erreur fut malheureusement fatale pour la grenouille.

Une grenouille intelligente devrait trouver une façon d'amener le scorpion à s'engager à ne pas piquer. Elle pourrait par exemple lier son dard ou engager une grenouille mercenaire chargée de représailles contre la famille du scorpion. Quelle que soit la stratégie, la question essentielle pour la grenouille est de modifier les paiements du scorpion de façon à ce que le fait de piquer soit plus coûteux et le fait de ne pas piquer, plus attractif.

Le gentil kidnappeur

Kidnapper contre rançon est une activité économique importante dans certaines parties du monde. En Colombie, on estime qu'il y a plus de 2 000 enlèvements contre rançon chaque année. Dans l'ancienne Union Soviétique, les enlèvements sont passés de 5 en 1992 à 105 en 1999 et beaucoup de victimes sont des hommes d'affaires occidentaux.

Dans certains pays comme l'Italie, il y a des lois qui interdisent le paiement de rançon. Le raisonnement est que si la famille ou les employeurs de la victime peuvent se contraindre eux-mêmes à ne pas payer de rançon, les kidnappeurs n'auront pas de raison d'enlever la victime.

Le problème est évidemment qu'une fois que l'enlèvement a eu lieu, la famille de la victime préfère payer les kidnappeurs, même si c'est illégal. Et prévoir des amendes en cas de paiement de rançon ne constitue pas un moyen très efficace pour éviter ce paiement.

Supposons que des kidnappeurs enlèvent un otage et se rendent compte par la suite qu'ils ne peuvent pas recevoir de rançon. Devraient-ils dans ce cas relâcher l'otage ? Celui-ci promet évidemment de ne pas révéler l'identité des kidnappeurs. Mais respectera-t-il sa promesse ? Dès qu'il sera relâché, il n'a aucun intérêt à le faire et au contraire, il a intérêt à essayer de punir les kidnappeurs. Même si les kidnappeurs souhaitent relâcher l'otage, ils ne peuvent pas le faire par peur d'être identifiés.

La figure 29.8 illustre ce cas. Le kidnappeur n'aime pas tuer l'otage et reçoit dans ce cas, un paiement de – 3. Évidemment, l'otage est dans une situation encore moins favorable et reçoit un paiement de – 10. Si l'otage est relâché et n'identifie pas le kidnappeur ultérieurement, l'otage reçoit un paiement de 3 et le kidnappeur un paiement de 5. Mais si l'otage identifie ultérieurement le kidnappeur, celui-ci reçoit un paiement de – 5 et l'otage un paiement de 5.

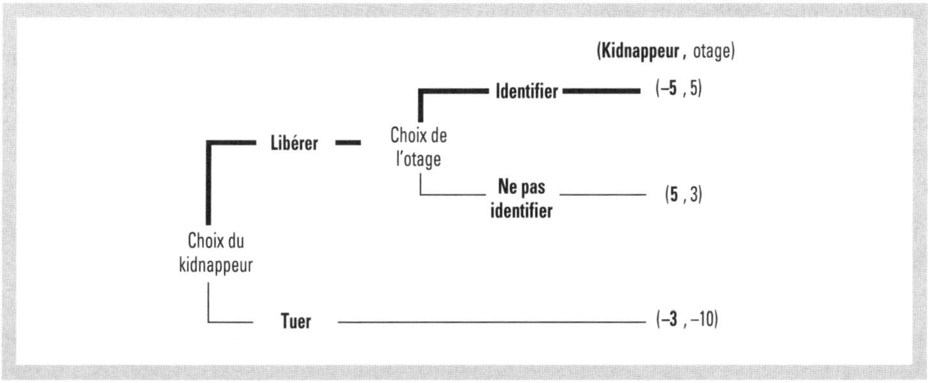

Figure 29.8 ***Le jeu de l'otage.***

Le kidnappeur aimerait relâcher l'otage, mais s'il le fait, l'otage l'identifiera.

Maintenant, c'est l'otage qui est confronté au problème de l'engagement : comment peut-il convaincre les kidnappeurs qu'il ne va pas renier sa promesse et révéler leur identité ?

L'otage doit trouver une façon de changer les paiements du jeu. En particulier, il doit trouver une façon de s'imposer à lui-même un coût s'il identifie les kidnappeurs.

Thomas Schelling, un économiste de l'Université de Maryland qui a étudié de façon intensive l'analyse stratégique dans les jeux dynamiques, suggère que l'otage devrait demander aux kidnappeurs de le photographier dans une situation embarrassante et leur laisser les photos. Cela modifierait effectivement les paiements : s'il décide de révéler ultérieurement l'identité des kidnappeurs, ceux-ci auront la possibilité de dévoiler la photographie embarrassante.

Ce type de stratégie est appelé un « échange d'otages ». Au Moyen Âge, quand deux rois souhaitaient s'assurer qu'un contrat soit respecté, ils s'échangeaient des otages, notamment des membres de leur famille. Si un des rois ne respectait pas l'accord, les otages étaient sacrifiés. Comme aucun des deux ne souhaitait sacrifier des membres de sa famille, ils avaient intérêt à respecter les termes de leur contrat.

Dans le cas de l'enlèvement, la diffusion de la photo embarrassante impose des coûts à l'otage, ce qui implique que celui-ci respectera son engagement de ne pas révéler l'identité des kidnappeurs.

Quand la force est faiblesse

Notre exemple est tiré du monde de la psychologie animale. Il s'avère que les cochons établissent rapidement des relations de dominance – surbordination dans lesquelles le cochon dominant essaie de régenter le cochon en position de surbordination.

Des psychologues mettent deux cochons, un dominant et un dominé, dans une longue porcherie[2]. À une extrémité de la porcherie, il y a un levier qui libère une portion de nourriture à travers un trou situé à l'autre extrémité de la porcherie. La question est la suivante : quel cochon actionnera le levier et lequel mangera la nourriture ?

Le résultat de l'expérience est quelque peu surprenant : c'est le cochon dominant qui pressera le levier alors que le cochon dominé attendra la nourriture. Le cochon dominé mangera l'essentiel de la nourriture et le dominant courra aussi vite qu'il peut à l'autre bout de la porcherie et finira par retirer quelques miettes. Le tableau 29.9 illustre le problème.

Le cochon dominé compare les paiements (0, 4) et (0, 2) et conclut de façon tout à fait intelligente qu'il est préférable de ne pas presser le levier. Puisque le cochon dominé ne presse pas le levier, le dominant n'a pas d'autre choix que de le faire lui-même.

Si le cochon dominant pouvait se contraindre lui-même de ne pas manger toute la nourriture et de récompenser le cochon dominé si celui-ci actionne le levier, il pourrait

[2] La référence originelle est Baldwin et Meese, « Social Behavior in Pigs Studied by Means of Operant Conditioning » (Animal Behavior, 1979). La présentation utilisée ici est tirée de John Maynard Smith, *Evolution and the Theory of Games* (Cambridge University Press, 1982).

Tableau 29.9 *Les cochons pressent les leviers*

		Cochon dominant	
		Ne pas presser le levier	Presser le levier
Cochon dominé	Ne pas presser le levier	0 , 0	4 , 1
	Presser le levier	0 , 5	2 , 3

tirer un plus grand profit de la situation. Le problème est que les cochons n'ont pas de contrat et que le cochon dominant ne peut pas avoir pieds et mains liés !

Exactement comme dans le cas du gentil kidnappeur, le cochon dominant a un problème d'engagement. S'il pouvait se contraindre lui-même à ne pas manger toute la nourriture, il gagnerait davantage.

Épargne et Sécurité sociale

Les problèmes d'engagement ne sont pas limités au monde animal. Il y en a également dans le domaine de la politique économique.

L'épargne en vue de la retraite est un exemple intéressant et actuel. Chacun reconnaîtra qu'épargner est une bonne chose. Malheureusement, peu de gens épargnent effectivement. Une des raisons en est que les individus savent que la société ne les laissera pas mourir de faim de sorte qu'il y a de fortes chances qu'ils bénéficient ultérieurement d'une aide.

Pour formaliser cela sous la forme d'un jeu entre générations, considérons deux stratégies à la disposition de la génération plus âgée : épargner ou dilapider. La génération plus jeune a également deux stratégies : aider leurs parents ou épargner pour sa propre retraite. Le tableau 29.10 illustre le problème.

Tableau 29.10 *Le conflit intergénération sur l'épargne*

		Jeune génération	
		Aider	Ne pas aider
Génération plus âgée	Épargner	3 , –1	1 , 1
	Dilapider	2 , –1	–2 , –2

Si la génération plus âgée épargne et que la jeune génération les aide également, les aînés finiront avec un niveau d'utilité de 3 et les jeunes avec une utilité de – 1. Si la génération plus âgée dilapide ses revenus et que les plus jeunes les aident, les aînés finiront avec une utilité de 2 et les jeunes avec une utilité de – 1.

Si la jeune génération décide de ne pas aider ses parents et que la génération plus âgée épargne, celle-ci finira avec une utilité de 1 et les jeunes avec une utilité de 1. Finalement, si les aînés dilapident leurs revenus et que les jeunes les négligent, chacun finira avec une utilité de – 2, les aînés mourant de faim sous les yeux des plus jeunes.

Il n'est pas difficile de voir que ce jeu a deux équilibres de Nash. Si les aînés choisissent d'épargner, le choix optimal pour les plus jeunes est de les négliger. Mais si les aînés décident de dilapider leurs revenus, le choix optimal pour les plus jeunes est de les aider. Évidemment, si les aînés prennent en compte le fait que les plus jeunes les aideront, le choix optimal est de dilapider !

Toutefois, cette analyse ignore la structure temporelle du jeu : un des « avantages » d'être vieux est que vous êtes amené à faire le premier pas. Si vous tracez l'arbre du jeu, les paiements se présentent comme à la figure 29.9.

Si les aînés épargnent, les jeunes choisiront de les négliger de sorte que les aînés finiront avec un paiement de 1. Si les aînés dilapident, ils savent que les jeunes ne pourront pas supporter de les regarder mourir de faim de sorte que les aînés finiront avec un paiement de 2. Ainsi, les aînés ont intérêt à dilapider sachant qu'ils seront aidés plus tard.

Évidemment, la plupart des pays développés ont maintenant un programme de Sécurité sociale qui oblige chaque génération à épargner pour sa retraite.

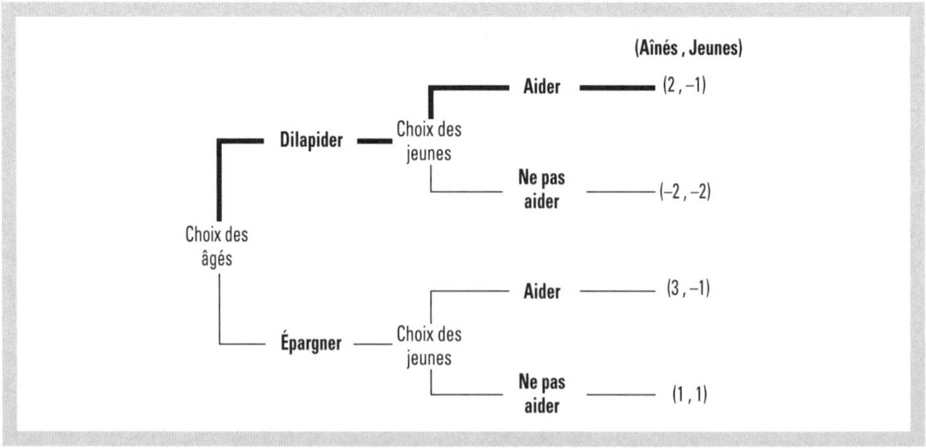

Figure 29.9 ***Le jeu de l'épargne sous sa forme extensive.***

Sachant que la jeune génération les aidera, la génération des aînés choisit de dilapider. L'équilibre parfait du sous-jeu est (aider, dilapider).

Le hold-up

Considérons l'interaction stratégique suivante. Vous engagez un contractant pour construire un entrepôt. Une fois les plans approuvés et la construction presque achevée, vous réalisez que la couleur est horrible et vous demandez au contractant de changer la peinture, ce qui implique une petite dépense. Le contractant revient et dit : « cette modification coûtera 1 500 euros ».

Vous savez que le report de l'achèvement jusqu'au moment où vous aurez trouvé un peintre, vous coûtera au moins ce montant et vous souhaitez réellement la nouvelle couleur de sorte que la mort dans l'âme, vous assumez le coût supplémentaire. Félicitations, vous avez été volé !

Évidemment, il n'y a pas que les contractants qui peuvent se comporter ainsi. Les clients peuvent également « retenir » leurs paiements, occasionnant des tas de problèmes pour le contractant.

La figure 29.10 présente l'arbre du jeu pour le problème du hold-up. Nous supposons que la valeur de la nouvelle peinture aux yeux du propriétaire est de 1 500 euros et que le coût de la peinture est dans les faits, de 200 euros. En considérant tout d'abord l'extrémité supérieure droite de l'arbre, nous constatons que si le contractant obtient un prix de 1 500 euros, il réalisera un profit de 1 300 euros et le client bénéficiera d'une utilité nette de zéro.

Si le client recherche un autre peintre, cela lui coûtera 200 euros pour le peintre et disons 1 400 euros en temps perdu. Il obtient la couleur qu'il souhaite, ce qui vaut à ses yeux 1 500 euros, mais doit payer 1 600 euros en coût direct et coût en temps, ce qui lui laisse une perte nette de 100 euros.

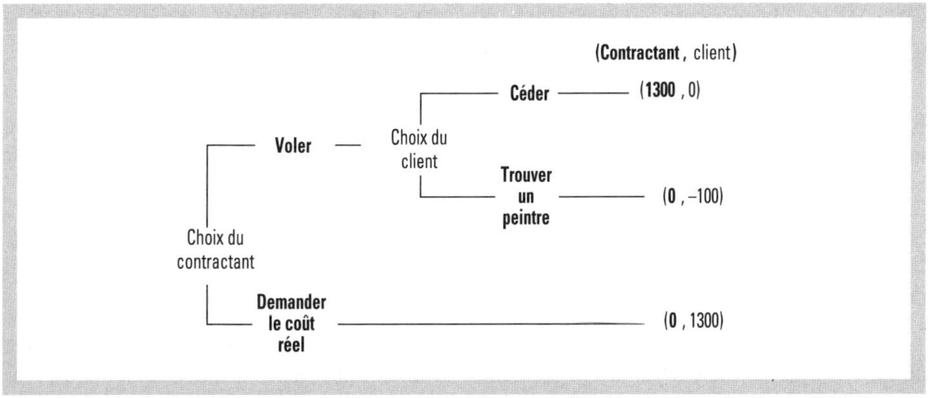

Figure 29.10 ***Le problème du hold-up.***

Le contractant demande un prix élevé pour le changement parce que le client n'a pas d'alternative.

Si le contractant demande au client le coût réel de 200 euros, il ne gagne ni ne perd et le client reçoit une valeur de 1 500 euros pour un prix de 200 euros, ce qui lui donne un paiement net de 1 300 euros.

Comme nous pouvons le voir, le choix optimal pour le contractant est de voler son client et le choix optimal pour le client est de céder. Mais un client intelligent partira du constat que dans chaque projet des changements peuvent survenir ultérieurement et de ce fait, il évitera d'engager des contractants qui ont la réputation d'extorquer de l'argent.

Comment les firmes résolvent-elles les problèmes de hold-up ? Essentiellement par des contrats. Normalement, les contractants négocient un contrat qui spécifie les types de modifications acceptables et comment leur coût sera établi. Parfois même, le contrat spécifie des procédures d'arbitrage ou d'autres procédures pour résoudre les différends. Rédiger des contrats de façon à être simplement sûr qu'il n'y aura pas de hold-up requiert beaucoup de temps, d'énergie et d'argent.

Mais les contrats ne constituent pas la seule solution. Une autre façon pour résoudre le problème du hold-up est l'engagement. Par exemple, le contractant peut signer une déclaration garantissant la réalisation du projet dans le temps prescrit. De nouveau, des termes objectivement spécifiés permettent généralement de définir ce que signifie l'achèvement dans le temps prescrit.

Un autre facteur important est la réputation. Un contractant qui essaie régulièrement de voler ses clients aura évidemment une mauvaise réputation. Il ne sera plus engagé par son client et il n'obtiendra certainement pas de bonnes recommandations. Cet effet de réputation peut être examiné dans un contexte de jeu répété dans lequel voler aujourd'hui représente un coût futur pour le contractant.

29.7 LA NÉGOCIATION

Le problème classique de négociation est le partage d'un euro. Deux joueurs ont un euro qu'ils souhaitent se partager. Comment faire ?

Le problème tel que présenté n'a pas de réponse puisqu'il y a trop peu d'informations pour construire un modèle raisonnable. Le problème dans la modélisation de la négociation consiste à trouver d'autres dimensions sur lesquelles les joueurs peuvent négocier.

Une solution, le **modèle de négociation de Nash**, adopte une approche axiomatique en spécifiant certaines caractéristiques qu'une solution de négociation raisonnable devrait avoir et prouve ensuite qu'il n'y a qu'une solution qui respecte ces axiomes.

Le résultat dépend finalement du degré d'aversion pour le risque des joueurs et de ce qui se passe s'il n'y a pas de négociation. Malheureusement, un développement complet de ce modèle va au-delà du champ de cet ouvrage introductif.

Une approche alternative, le **modèle de négociation de Rubinstein**, considère une conséquence de choix et dégage ensuite la solution pour un équilibre parfait de sous-jeu.

Heureusement, les aspects essentiels de ce modèle peuvent facilement être illustrés par quelques cas simples.

Deux joueurs, Alice et Robert, souhaitent se partager un euro. Ils sont d'accord de ne pas passer plus de trois jours en négociation pour ce partage. Le premier jour, Alice fera une offre et Robert soit l'acceptera soit reviendra le lendemain avec une contre-proposition et le troisième jour, Alice fera une offre finale. Si les joueurs ne parviennent pas à conclure un accord au terme des trois jours, ils n'obtiendront rien.

Nous supposons qu'Alice et Robert diffèrent quant à leur degré d'impatience : Alice escompte les paiements futurs à un taux de α par jour, et Robert escompte les paiements à un taux de β par jour. Finalement, nous supposons que si un joueur est indifférent entre deux offres, il acceptera celle préférée par son adversaire. L'idée est ici que l'adversaire pourrait offrir un montant arbitrairement petit qui amène le joueur à préférer strictement un choix particulier et cette hypothèse nous permet d'approcher ce « montant arbitrairement petit » par zéro. On peut en fait établir que ce type de jeu de négociation n'a qu'un seul équilibre parfait de sous-jeu.

Analysons tout d'abord la fin du jeu, juste avant le dernier jour. À ce moment, Alice peut faire une offre à prendre ou à laisser, à Robert. Clairement, la décision optimale pour Alice consiste à offrir à Robert le montant le plus petit possible qu'il accepterait, ce qui par hypothèse est zéro. Ainsi, si le jeu dure effectivement trois jours, Alice recevra un euro et Robert ne recevra rien (c'est-à-dire un montant arbitrairement petit).

Remontons maintenant à la phase précédente, quand Robert doit proposer une répartition. À ce moment, Robert devrait constater qu'Alice peut retirer un euro au cours de la phase suivante, tout simplement en rejetant son offre. Un euro au cours de la période suivante vaut α pour Alice au cours de cette période, de sorte que toute offre inférieure à α sera automatiquement rejetée. Robert préfère certainement avoir directement $1 - \alpha$ qu'avoir zéro au cours de la période suivante, de sorte qu'il devrait rationnellement offrir α à Alice qui a son tour devrait l'accepter. Ainsi, si le jeu se termine au cours de la seconde phase, Alice reçoit α et Robert, $1 - \alpha$.

Venons-en maintenant au premier jour. À ce moment, Alice doit faire une offre et elle constate que Robert peut obtenir $1 - \alpha$ s'il attend simplement jusqu'au deuxième jour. Alice doit dès lors offrir à Robert un paiement qui représente au moins cette valeur présente si elle souhaite éviter un délai supplémentaire. Elle offre dès lors à Robert $\beta(1 - \alpha)$. Robert trouve cette offre (juste) acceptable et le jeu s'arrête. Le résultat final est dès lors le suivant : le jeu s'arrête dès la première phase, Alice reçoit $1 - \beta(1 - \alpha)$ et Robert reçoit $\beta(1 - \alpha)$.

La partie de droite de la figure 29.11 illustre ce processus dans le cas où $\alpha = \beta < 1$. La ligne diagonale la plus élevée représente les différents paiements possibles au cours du premier jour, c'est-à-dire tous les paiements du type $x_A + x_B = 1$. La diagonale suivante quand on se déplace vers l'origine représente la valeur présente des paiements si le jeu finit au cours de la seconde période : $x_A + x_B = \alpha$. La diagonale la plus proche de l'origine représente la valeur présente des paiements si le jeu finit au cours de la troisième période et l'équation de cette droite est $x_A + x_B = \alpha^2$. La courbe à angle droit représente

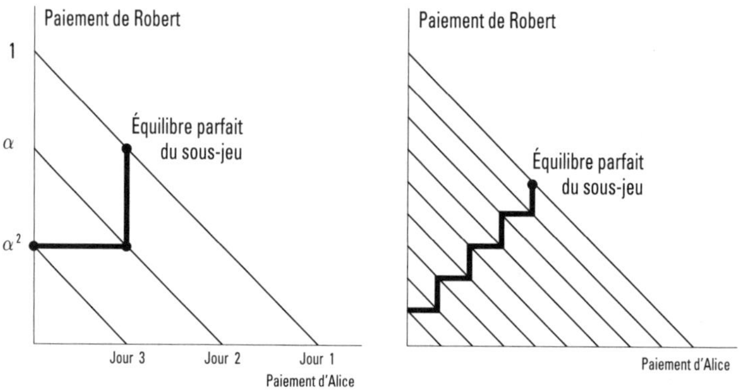

Figure 29.11 ***Un jeu de négociation.***

La droite en trait épais relie les résultats d'équilibre dans les différents sous-jeux. Le point situé sur la diagonale la plus élevée est l'équilibre parfait du sous-jeu.

les répartitions minimales acceptables au cours de chaque période, ce qui conduit à l'équilibre parfait final du sous-jeu. La seconde partie de la figure 29.11 illustre le même type de processus quand il y a davantage de phases de négociation.

On peut naturellement s'interroger sur ce qui se passe dans un jeu infini, c'est-à-dire quand on laisse l'horizon aller jusqu'à l'infini. Dans ce cas, la répartition correspondant à l'équilibre parfait du sous-jeu est la suivante :

$$\text{Paiement pour Alice} = \frac{1-\beta}{1-\alpha\beta}$$

$$\text{Paiement pour Robert} = \frac{\beta(1-\alpha)}{1-\alpha\beta}.$$

Notons que si $\alpha = 1$ et $\beta < 1$, Alice reçoit la totalité du paiement.

Le jeu de l'ultimatum

Le modèle de négociation de Rubinstein est si élégant que les économistes se sont empressés de le tester en laboratoire. Ils ont trouvé hélas qu'élégance ne rythme pas avec réalisme. Il est difficile pour les personnes naïves (c'est-à-dire les non économistes) de prévoir ce qui se passe au-delà d'une ou deux phases.

En outre, il y a d'autres éléments qui occasionnent des difficultés. Pour s'en rendre compte, examinons une version en une étape du modèle de négociation présenté ci-dessus. Alice et Robert doivent toujours se répartir un euro. Alice propose une répartition et si Robert accepte, le jeu est terminé. La question est la suivante : que devrait proposer Alice ?

Sur base de la théorie, elle devrait proposer quelque chose proche de 99 centimes pour Alice et 1 centime pour Robert. Robert devrait accepter, constatant qu'il vaut mieux avoir un centime que rien du tout et Alice devrait rentrer à la maison en étant très contente d'étudier l'économie.

Malheureusement, ce n'est pas ainsi que les choses se passent. Un résultat plus vraisemblable est que Robert dégoûté par cette offre d'un centime, dise « Pas question », et qu'Alice finisse avec rien du tout. Alice constatant cette possibilité devrait faire une offre plus alléchante. Au cours des expériences menées, les étudiants américains ont offert en moyenne environ 45 centimes et cette offre a été acceptée dans la plupart des cas.

Les offreurs se comportent en fait de façon rationnelle en ce sens que l'offre de 45 centimes est assez proche de celle qui maximise le paiement escompté compte tenu de la fréquence de rejet observée. Ce sont en fait les joueurs qui reçoivent l'offre qui se comportent de façon différente de celle prédite par la théorie, puisqu'ils rejettent les petites offres alors que cela réduit leur niveau de satisfaction.

Il y a plusieurs explications à cela. Une d'entre elles est qu'une offre trop petite viole les **normes sociales** de comportement. En effet, les économistes ont observé des différences interculturelles assez significatives dans les comportements dans les jeux de l'ultimatum. Une autre explication, qui n'est pas absurde, est que ceux qui reçoivent l'offre, retirent une certaine utilité positive en rejetant l'offre en réaction à une offre trop petite. Après tout, si vous ne perdez qu'un centime, il est assez attractif de rejeter nettement l'offre qui vous est présentée.

RÉSUMÉ

1. La fonction de meilleure réponse d'un joueur donne son choix optimal en fonction des choix que peuvent faire les autres joueurs.

2. Un équilibre de Nash dans un jeu à deux personnes est une paire de stratégies, la stratégie de chaque joueur étant la meilleure réponse à la stratégie de l'autre.

3. Un équilibre de Nash avec stratégie mixte implique une répartition aléatoire entre différentes stratégies.

4. Parmi les jeux de coordination, retenons :

1) la bataille des sexes où les deux joueurs souhaitent faire la même chose plutôt que des choses différentes ;
2) le dilemme du prisonnier où la stratégie dominante lèse les deux joueurs ;
3) le jeu de l'assurance où le joueur souhaite coopérer tant qu'il pense que l'autre coopérera ;
4) la poule mouillée où chaque joueur souhaite éviter de faire la même chose.

5. Un jeu à somme nulle et à deux personnes est un jeu où les paiements d'un joueur sont les valeurs négatives des paiements de l'autre.

6. Les jeux d'évolution traitent de résultats stables dans un contexte de reproduction de la population.

7. Dans les jeux séquentiels, les parties jouent à tour de rôle. Chaque joueur doit par conséquent raisonner quant à ce que l'autre joueur fera en réponse à ses choix.

8. Dans beaucoup de jeux séquentiels, l'engagement est une question essentielle. Il peut être important de trouver une façon d'imposer à certaines parties de s'engager à suivre des stratégies particulières.

PROBLÈMES À RÉSOUDRE

29.1 Dans un équilibre de Nash avec deux personnes, par rapport à quoi chaque joueur choisit-il une meilleure réponse ? Dans un équilibre avec stratégie dominante, par rapport à quoi chaque joueur choisit-il une meilleure réponse ?

29.2 Considérez les meilleures réponses pour ligne et colonne dans la section sur les stratégies mixtes. Permettent-elles de dégager des fonctions de meilleure réponse ?

29.3 Si les deux joueurs font le même choix dans un jeu de coordination, est-ce une bonne solution pour eux ?

29.4 Dans le corps de ce chapitre, comment a-t-on établi que ligne gagne 62 fois sur cent à l'équilibre ?

29.5 Un contractant dit qu'il a l'intention de « sous-évaluer le prix de départ et faire le bénéfice sur les modifications ».Qu'est-ce que cela signifie ?

30

L'ÉCONOMIE COMPORTEMENTALE

Le modèle économique de choix du consommateur que nous avons étudié antérieurement est simple et élégant et il constitue un point de départ raisonnable pour de nombreux types d'analyse. Il n'épuise cependant pas le sujet et dans de nombreux cas, il est nécessaire d'examiner plus en profondeur le comportement du consommateur pour analyser correctement ses choix.

L'**économie comportementale** a pour objet d'étudier comment les consommateurs choisissent effectivement. Elle utilise certains éléments de psychologie pour prévoir les choix des individus et il est difficile de départager ces prévisions et le modèle économique habituel du consommateur « rationnel ».

Dans ce chapitre, nous allons examiner quelques phénomènes parmi les plus importants identifiés par les économistes comportementalistes et nous comparerons les prévisions basées sur les théories comportementalistes avec celles présentées antérieurement dans cet ouvrage.[1]

30.1 LES EFFETS SUR LE CONSOMMATEUR DE LA FAÇON DONT LES CHOIX SONT AGENCÉS

Dans le modèle de base du comportement du consommateur, les choix sont décrits de façon abstraite : crayons rouges ou crayons bleus et ainsi de suite. Toutefois, dans la vie réelle, les gens sont très influencés par la façon dont les choix leur sont présentés, c'est-à-dire la façon dont ils sont agencés.

Une paire de jeans dans un magasin de vêtements bon marché peut être perçue de façon très différente que la même paire de jeans vendue dans un magasin de luxe. Acheter une action et en vendre une peuvent paraître deux décisions très différentes, même si ces transactions aboutissent à constituer un même portefeuille. Une librairie peut vendre des dizaines de copies d'un livre vendu à un prix de 29,95 euros, alors qu'elle en vendrait beaucoup moins à un prix de 29 euros.

Il s'agit d'exemples d'**effets d'agencement**. Ceux-ci sont clairement présents dans le comportement de choix et les stratégies de marketing sont en fait largement basées sur la compréhension et l'utilisation de tels biais dans le choix du consommateur.

Le dilemme de l'épidémie

Les effets d'agencement sont particulièrement présents dans les choix qui impliquent l'incertitude. Considérons, par exemple, le problème suivant[2] :

---

[1] En rédigeant ce chapitre, je me suis notamment basé sur l'ouvrage de Camerer Colin F., Loewenstein Georges et Rabin Matthew, *Advances in Behavioral Economics*, Princeton University Press, 2001, et tout particulièrement sur le survol introductif par Camerer et Loewenstein. Dans la suite de ce chapitre, d'autres ouvrages sont cités en référence.

[2] Tversky A. et Kahneman D., « The Framing of Decisions and the Psychology of Choice », *Science*, 211, 1981, p. 453-458.

Une grave épidémie menace 600 personnes. On vous propose le choix entre deux traitements, A et B, qui vont engendrer les résultats suivants :

Traitement A : être certain de sauver 200 vies ;

Traitement B : une chance sur trois de sauver 600 vies et deux chances sur trois de n'en sauver aucune.

Quel traitement allez-vous choisir ?

Et quel serait votre choix, si ces choix étaient les suivants :

Traitement C : être certain d'avoir 400 morts ;

Traitement D : deux chances sur trois d'avoir 600 morts et une chance sur trois d'en avoir aucun.

Quand on compare les traitements sur base d'un **agencement positif** (combien de personnes vivront), la plupart des personnes choisissent A alors que la plupart choisissent D plutôt que C quand on procède à la comparaison sur base d'un **agencement négatif**. Et cela même si les résultats A-C et B-D sont exactement les mêmes. Apparemment, quand on présente le problème de façon positive (en termes de vies sauvées), le traitement est plus attractif que quand on le présente de façon négative (en termes de vies perdues). Même des spécialistes peuvent tomber dans le piège. Ainsi, quand des psychologues ont interrogé un groupe de médecins, 72 % d'entre eux choisirent le traitement sûr A plutôt que le traitement risqué B. Mais quand le problème fut présenté de façon négative, seulement 22 % choisirent le traitement C et 72 % choisirent le traitement D.

Peu d'entre nous sont confrontés à des choix de vie et de mort, mais nous pouvons trouver des exemples similaires dans des choix plus anodins comme acheter ou vendre des actions. Un choix rationnel en matière de portefeuille d'investissement devrait idéalement dépendre de l'évaluation des différents résultats possibles plutôt que de la façon dont l'investissement est réalisé. Supposons par exemple que vous receviez 100 actions de la société ConcreteBlocks.com (dont le slogan est « Nous donnons les blocs. Vous payez pour l'emballage et le transport »). Vous pourriez hésiter à vendre ces actions reçues gratuitement malgré le fait que vous n'avez jamais décidé de les acheter de votre propre initiative.

Les gens hésitent à vendre des actions qui perdent de la valeur parce qu'ils pensent qu'elles vont « remonter ». Peut-être remonteront-elles, peut-être pas. Mais vous ne devriez pas laisser le passé déterminer votre portefeuille d'investissement. La bonne question est de savoir si le portefeuille que vous détenez aujourd'hui est le meilleur ou pas.

L'effet du présentateur

L'exemple imaginaire ConcreteBlocks.com permet d'illustrer ce qu'on appelle l'**effet du présentateur**. L'idée est ici que les choix des individus peuvent être influencés par des informations totalement non pertinentes. Dans une étude classique[3], un expérimentateur

[3] Kahneman D. et Tversky A., « Judgment under Uncertainty : Heuristics and Biases », *Science*, 185, 1974, p. 1124-1131.

fait tourner une roue de la fortune et indique à quelqu'un le chiffre qui sort. Il demande ensuite à la personne si le nombre d'États africains aux Nations-Unies est supérieur ou inférieur au chiffre indiqué sur la roue de la fortune. Après avoir enregistré la réponse à la question, on demande ensuite à la personne interrogée 'estimer aussi précisément que possible le nombre d'États africains aux Nations-Unies. Bien que le chiffre sur la roue de la fortune soit évidemment totalement aléatoire, il exerce en fait une influence significative sur les estimations données par les différents individus.

Dans une expérience assez similaire, un groupe d'étudiants d'un MBA ont reçu une bouteille de vin assez chère, puis on leur a demandé s'ils paieraient pour cette bouteille un montant égal aux deux derniers chiffres de leur numéro de Sécurité sociale. Par exemple, si ce numéro est 29, la question fut : paieriez-vous 29 $ pour cette bouteille de vin ? Après avoir enregistré leur réponse, on leur a demandé ensuite le montant maximum qu'ils étaient disposés à payer. Leur réponse à cette dernière question s'est en fait avérée largement influencée par le prix déterminé par les deux derniers chiffres de leur numéro de Sécurité sociale. Par exemple, les étudiants avec un chiffre inférieur ou égal à 50 étaient prêts à payer en moyenne 11,62 $ alors que ceux dont le chiffre était supérieur à 50 étaient disposés à payer en moyenne 19,95 $.

Ces choix apparaissent à nouveau comme de simples jeux de laboratoire. Mais des décisions économiques importantes peuvent aussi être influencées par de petits changements dans la façon dont le choix est agencé.

Considérons un exemple dans le domaine des plans de pension.[4]

Des économistes ont examiné les données relatives à trois entreprises qui offraient à leurs travailleurs une affiliation automatique à un type particulier de plan de pension. Les travailleurs pouvaient décider de ne pas y participer, mais ils devaient exprimer un choix explicite en ce sens. Les économistes ont observé que le taux de participation à ces plans avec affiliation automatique était particulièrement élevé, plus de 85 pour-cent des travailleurs acceptant le choix par défaut de s'affilier à un plan de pension.

C'est une bonne nouvelle. Mais la mauvaise nouvelle est que presque tous les travailleurs ont également choisi par défaut la formule d'investissement, c'est-à-dire en règle générale, un fonds monétaire avec des taux de rendement faibles et une contribution mensuelle peu élevée. Vraisemblablement, les entreprises ont proposé une formule d'investissement par défaut très prudente de façon à éliminer le risque de perte du capital et d'éviter ainsi des recours en justice de la part des travailleurs.

Par la suite, ces mêmes économistes ont examiné ce qui se passait dans une entreprise où il n'y avait pas de choix de plan de pension par défaut : dans le mois de leur engagement, les travailleurs devaient choisir entre l'affiliation à un plan de pension ou le report de cette affiliation. En éliminant les habituels choix par défaut (non affiliation ou affiliation à un fonds avec des taux de rendement faibles), l'approche par « décision active » augmentait les taux de participation de 35 % à 70 % pour les travailleurs nouvellement

[4] Choi James, Laibson David, Madrian Brigitte et Metrick Andrew, « For Better or for Worse : Default Effects and 401(k) Savings Behavior », *NBER working paper*, W8651, 2001.

engagés et, en plus, les travailleurs qui s'affiliaient à un plan de pension choisissaient massivement des taux d'épargne élevés.

Comme l'illustre cet exemple, en définissant de façon judicieuse les programmes d'avantages salariaux complémentaires, on peut influencer considérablement le choix des travailleurs, et de ce fait, avoir un impact important sur le comportement d'épargne.

Choisir à l'avance

Les gens éprouvent souvent des difficultés pour comprendre leur propre comportement et prévoir ce qu'ils vont effectivement choisir dans différentes situations.

Ainsi, un professeur de marketing a procédé à une expérience en offrant à ses étudiants un choix de six snacks pour leurs déjeuners au cours de trois semaines successives[5]. Dans un cas, les étudiants devaient choisir les snacks à l'avance. Dans un autre, ils choisissaient les snacks chaque jour, juste avant de les consommer. On a ainsi pu constater que les étudiants choisissaient une plus grande variété de snacks quand ils devaient choisir à l'avance. En fait, 64 % choisissaient un snack différent chaque semaine alors que ce pourcentage tombait à 9 % quand les étudiants pouvaient choisir le jour même.

Quand les gens doivent effectuer des choix définitifs à l'avance, ils préfèrent apparemment la variété à l'exclusivité. Mais quand ils doivent décider ce qu'ils vont faire effectivement dans l'immédiat, ils choisissent simplement ce qu'ils préfèrent. Et nous sommes tous pétris d'habitudes, même pour nos snacks.

Trop de choix

L'analyse traditionnelle nous enseigne qu'il est préférable d'avoir un large choix. Toutefois, cette conclusion ignore les coûts qu'implique le fait de choisir. Dans les pays développés, les consommateurs peuvent aisément être confrontés à trop de possibilités de choix et, de ce fait, avoir des difficultés à prendre une décision.

Ainsi, deux chercheurs ont procédé à une expérience en proposant aux clients d'un supermarché deux assortiments de confiture[6]. Un présentoir offrait un assortiment de 24 goûts différents et un autre, seulement 6. L'assortiment le plus étendu a attiré davantage de clients, mais il y a eu davantage d'achats à l'autre présentoir. Les clients sont attirés par le choix le plus étendu, mais une trop grande profusion de choix rend difficile pour les clients la prise de décision.

Deux experts en finances se sont interrogés quant à la présence éventuelle du même problème d'« excès de choix » dans les décisions d'investissement. Ils ont en fait constaté qu'il n'y avait pas de différences de satisfaction entre les travailleurs qui avaient

---

[5] Simonon I., « The Effect of Purchase Quantity and Timing on Variety-seeking Behavior », *Journal of Marketing Research*, 17, 1990, p. 150-164.

[6] Iyengar Sheena S. et Lepper Ark R., « When Choice is Demotivating : Can One Desire Too Much of a Good Thing ? », *Journal of Personality and Social Psychology*, 2000.

défini personnellement leur propre portefeuille en vue de leur retraite et leurs collègues qui s'étaient contentés du portefeuille « moyen ». En d'autres termes, la flexibilité associée à la possibilité de définir son propre portefeuille d'investissement en vue de sa retraite ne semblait pas accroître la satisfaction de l'investisseur[7].

La « construction » des préférences

Comment interpréter ces exemples ? Les psychologues et les économistes du comportement soutiennent en fait que les choix ne sont pas guidés par les préférences mais plutôt que les préférences sont « découvertes » en partie par expérience de choix successifs.

Imaginons que nous regardions quelqu'un dans un supermarché qui prend une tomate, puis la dépose, puis la prend à nouveau. Souhaite-t-il acheter la tomate ou non ? La combinaison prix-qualité offerte est-elle acceptable ? Quand vous regardez un comportement de ce type, vous avez quelqu'un qui est « sur la marge » en termes de choix. Selon les interprétations des psychologues, il « découvre » ses préférences.

Le modèle classique considère les préférences comme préexistantes. Dans ce cadre, les préférences expliquent le comportement. Les psychologues voient plutôt les préférences comme quelque chose qui se construit : les gens développent ou créent leurs préférences en choisissant ou en consommant.

L'approche des psychologues décrit vraisemblablement mieux la réalité. Mais les deux approches ne sont pas totalement incompatibles. Comme nous l'avons vu, une fois les préférences découvertes par un processus mystérieux, elles tendent à devenir partie intégrante des choix et les choix, une fois réalisés, tendent à ancrer les décisions. Si vous essayez d'acheter la tomate au client quand celui-ci s'est finalement décidé à la choisir, vous devrez vraisemblablement la payer plus que ce qu'elle lui aura coûté.

30.2 L'INCERTITUDE

Les choix ordinaires sont déjà compliqués, mais les choix en incertitude le sont plus encore. Nous avons déjà vu que les décisions des individus peuvent dépendre de la façon dont les choix sont présentés. Mais il y a beaucoup d'autres biais de comportement dans ce domaine.

La loi des petits nombres

Si vous avez suivi un cours de statistique, vous connaissez vraisemblablement la loi des grands nombres. C'est un principe mathématique qui énonce (approximativement) que la moyenne d'un grand échantillon d'une population tend à se rapprocher de la moyenne de cette population.

[7] Benartzi Shlomo et Thaler Richard, « How Much Is Investor Autonomy Worth ? », *UCLA working paper*, 2001.

La loi des petits nombres est une observation psychologique : les individus ont tendance à être particulièrement influencés par les petits échantillons, en particulier s'ils les expérimentent eux-mêmes.[8]

Considérons la question suivante[9] :

« Une ville est desservie par deux hôpitaux. Dans le grand hôpital, environ 45 enfants naissent chaque jour et dans le petit hôpital, il y a quotidiennement environ 15 naissances. Comme vous le savez, environ la moitié des enfants sont des garçons.

Toutefois, le pourcentage exact varie d'un jour à l'autre. Il est parfois supérieur à 50 %, parfois inférieur. Sur une période d'un an, chaque hôpital a enregistré le nombre de jours au cours desquels plus de 60 % des naissances sont des garçons. D'après vous, lequel des deux hôpitaux a enregistré le nombre de jours le plus élevé ? »

On a demandé à un groupe d'étudiants universitaires de répondre à cette question. 22 % d'entre eux ont déclaré qu'ils pensaient qu'il était plus vraisemblable que ce nombre de jours soit plus élevé pour le grand hôpital alors que 56 % ont déclaré que ce nombre devrait être approximativement le même pour les deux hôpitaux. Seulement 22 % ont répondu correctement que le nombre de jours devrait être plus élevé pour le petit hôpital.

Si la réponse correcte vous semble étrange, supposez que le petit hôpital enregistre quotidiennement 2 naissances et le grand, 100 naissances. Le petit hôpital devrait avoir 100 % de garçons approximativement 1 fois sur quatre alors que cette situation devrait être extrêmement rare dans le grand hôpital.

Les gens s'attendent en fait à ce que les échantillons ressemblent à la population dont ils sont tirés. Ou, en d'autres termes, les gens sous-estiment l'importance effective des fluctuations dans un échantillon.

De même, les gens éprouvent des difficultés à prendre en compte le « hasard ». Ainsi, dans le cadre d'une expérience, on a demandé à des individus d'écrire les résultats d'une série de 150 « pile ou face ». Dans 15 % des séries, les individus ont fait état d'une séquence de 3 piles ou de 3 faces alors que ce type de séquences devrait sortir approximativement dans 25 % des cas. Seulement 3 % des séries mentionnaient une séquence de 4 piles ou de 4 faces alors que la théorie des probabilités nous enseigne qu'une telle séquence devrait sortir dans 12 % des cas.

Tout cela a des implications importantes notamment pour la théorie des jeux. Nous avons vu que dans de nombreuses situations, les individus devraient essayer de

---

8 L'appellation « loi des petits nombres » a été introduite par A. Tversky et D. Kahneman, « Belief in the Law of Small Numbers », *Psychological Bulletin*, 76, 1971, p. 105-110. La suite de cette section se base essentiellement sur un papier de recherche de Matthew Rabin de l'Université de Californie à Berkeley intitulé « Inference by Believers in the Law of Small Numbers ».

9 Tversky A. et Kahneman D., « Judgments of and by Representativeness », dans Kahneman D., Slovic P. et Tversky A., *Judgment under Uncertainty : Heuristics and Biases*, Cambridge University Press, 1982, p. 84-98.

rendre aléatoires leurs choix stratégiques de façon à ce que leurs adversaires soient obligés de faire des prévisions quant aux choix retenus. Mais comme le montre l'analyse psychologique, les individus éprouvent des difficultés avec le hasard. Par ailleurs, ils éprouvent aussi des difficultés dans la détection des comportements non aléatoires, du moins sans un peu de formation en statistique. La question centrale dans les équilibres de stratégie mixte est que les choix ne devraient pas être prévisibles pour les joueurs. La question n'est pas que les choix ne soient pas prévisibles mathématiquement.

Des chercheurs en économie ont étudié les matches de tennis des demi-finales et finales de Wimbledon[10]. Idéalement, les joueurs devraient changer leurs services d'un côté à l'autre de façon à empêcher leur adversaire de prévoir de quel côté vient le service. Toutefois, même les joueurs les plus accomplis ne peuvent pas faire cela aussi souvent qu'on pourrait l'attendre. Selon les chercheurs : « Nos tests indiquent que les joueurs de tennis ne jouent pas de façon aléatoire : ils changent leurs services de gauche à droite et vice versa trop souvent par rapport à un jeu aléatoire. Cette observation est conforme aux recherches expérimentales en psychologie et économie qui indiquent que les personnes qui essayent de se comporter de façon aléatoire ont tendance à changer trop souvent ».

Intégration des actifs et aversion pour la perte

Dans notre analyse de l'utilité attendue, nous avons implicitement supposé que ce qui compte pour les individus, c'est le niveau total de richesse qu'ils auront finalement dans les différentes situations. C'est ce qu'on appelle **l'hypothèse d'intégration des actifs**. Même si cette hypothèse semble raisonnable à la plupart des personnes, elle est difficile à mettre en œuvre même pour des économistes. En règle générale, les gens ont tendance à éviter trop de petits risques et à accepter trop de grands risques.

Supposons que vous gagniez 100 000 euros par an et qu'on vous propose de jouer à « pile ou face ». Si c'est pile, vous gagnez 14 euros et si c'est face, vous perdez 10 euros. Ce pari a une valeur attendue de 2 euros et il a un effet dérisoire sur votre revenu annuel total. À moins que vous n'ayez des scrupules moraux à l'encontre du jeu, c'est un pari fort attractif et vous devriez accepter de jouer. Toutefois, un nombre étonnement élevé de personnes refusent de jouer.

Cette **aversion excessive par rapport au risque** se manifeste également sur les marchés de l'assurance où les gens ont tendance à se « sur-assurer » contre divers petits risques. Par exemple, certaines personnes s'assurent contre la perte de leur téléphone cellulaire alors qu'elles peuvent souvent le remplacer pour un prix modique. De même, les gens achètent des polices d'assurance automobile avec des franchises beaucoup trop faibles par rapport à la rationalité économique.

De façon générale, quand vous prenez des décisions en matière d'assurances, vous devriez prendre en compte le niveau de la « cote » pour le ménage. Si une assurance

[10] Wlaker M. et Wooders J., « Minimax Play at Wimbledon », Université d'Arizona working paper, 1999.

pour un téléphone cellulaire vous coûte 3 euros par mois, c'est-à-dire 36 euros par an et qu'un nouveau téléphone cellulaire coûte 180 euros, la cote est de 36/180, soit 20 %. La police d'assurance pour le téléphone cellulaire accroît votre valeur attendue seulement si la probabilité de perdre votre téléphone est supérieure à 20 % ou si le coût d'un nouveau téléphone est une dépense extrêmement difficile à assumer.

En fait les gens ne manifestent pas réellement de l'**aversion pour le risque**. Ils manifestent plutôt de l'**aversion pour la perte**, c'est-à-dire qu'ils attribuent apparemment un poids excessif au statu quo (le point de départ) et non au résultat final.

Dans une expérience qui a été répétée de nombreuses fois, deux chercheurs donnent des tasses de café à la moitié des membres d'un groupe et leur demandent de préciser le prix le plus bas auquel ils sont disposés à vendre ces tasses[11]. Ils demandent ensuite à ceux qui n'ont pas reçu de tasses, le prix le plus élevé qu'ils sont disposés à payer pour une tasse. Puisque les personnes ont été choisies au hasard, les prix de vente et d'achat devraient être approximativement identiques. L'expérience révèle toutefois que le prix de vente médian est 5,79 $ et le prix d'achat médian est 2,25 $. On observe donc une différence substantielle. Apparemment, les individus qui ont une tasse semblent réticents à s'en défaire. Leurs préférences semblent être influencées par leur dotation, contrairement à la théorie classique du consommateur.

On rencontre un effet du même type dans ce qu'on appelle l'**illusion des coûts perdus**. Une fois que vous avez acheté quelque chose, le montant déboursé est « perdu », c'est-à-dire non récupérable. Votre comportement futur ne devrait par conséquent pas être influencé par les coûts perdus. Mais, hélas, les individus ont tendance à attribuer de l'importance à ce qu'ils ont payé pour quelque chose. Des chercheurs ont ainsi constaté que les loyers demandés par les propriétaires d'appartements à Boston étaient fortement corrélés avec les prix d'achat[12]. Et, comme souligné antérieurement, les détenteurs d'actions sont réticents à réaliser des pertes, même si cela est avantageux d'un point de vue fiscal.

Il est intéressant de constater que les gens ordinaires sont sujets à l'illusion des coûts perdus, mais il est peut-être encore plus intéressant d'observer que les professionnels sont moins concernés par ce problème. Ainsi les auteurs de l'étude relative aux appartements à Boston ont constaté que les individus qui achètent les appartements à des fins d'investissement sont généralement moins influencés par les coûts perdus que les individus qui occupent leurs appartements. De même, les conseillers financiers hésitent rarement à réaliser des pertes, particulièrement si c'est fiscalement avantageux. Le recours à des conseillers professionnels permet de profiter de leur analyse dépassionnée des décisions.

---

[11] Kahneman D., Kitsch J. L. et Thaler R., « Experimental Tests of the Endowment Effect and the Coase Theorem », *Journal of Political Economy*, 98, 1990, p. 1325-1348.

[12] Genesove David et Mayer Christopher, « Loss Aversion and Seller Behavior : Evidence from the Housing Market », *Quarterly Journal of Economics*, 116, 2001, 1233-1260.

30.3 LE TEMPS

On peut donc identifier divers comportements « anormaux » dans les processus de décision qui impliquent l'incertitude. Il en est de même pour les comportements qui impliquent le temps.

L'actualisation

Considérons par exemple l'actualisation temporelle. Un modèle classique en économie est l'**actualisation exponentielle** qui suppose que les individus actualisent le futur sur base d'une fraction constante. Si $u(c)$ est l'utilité de la consommation aujourd'hui, l'utilité de la consommation dans t années dans le futur est égale à $\delta^t u(c)$, avec $\delta < 1$. C'est une spécification mathématique d'utilisation aisée, mais il y a d'autres formules d'actualisation qui semblent mieux correspondre aux données réelles.

Un économiste a mis aux enchères, diverses obligations avec différentes échéances et a constaté que les individus évaluaient les paiements futurs à un niveau inférieur à ce que prédit la théorie de l'actualisation exponentielle. Une théorie alternative, appelée **actualisation hyperbolique**, suggère un facteur d'actualisation de la forme δ^t au lieu du facteur $1/(1 + kt)$. Une propriété particulièrement intéressante de la formule de l'actualisation exponentielle est que le comportement est « temporellement cohérent ». Considérons un individu avec un horizon temporel de trois périodes et une fonction d'utilité de la forme suivante :

$$u(c_1) + \delta u(c_2) + \delta^2 u(c_3).$$

Le taux marginal de substitution entre les périodes 1 et 2 est égal à

$$TmS_{12} = \frac{\delta Um(c_2)}{Um(c_1)}$$

et le taux marginal de substitution entre les périodes 2 et 3 est égal à

$$TmS_{23} = \frac{\delta^2 Um(c_3)}{\delta Um(c_2)} = \frac{\delta Um(c_3)}{Um(c_2)}.$$

Cette dernière expression indique que le taux auquel un individu est disposé à substituer de la consommation de la période 2 pour de la consommation de la période 3 est le même quelle que soit la période au cours de laquelle ce taux est évalué (période 1 ou période 2). Ce n'est pas le cas avec la formule de l'actualisation hyperbolique : un individu avec une actualisation hyperbolique actualise davantage le futur éloigné que le futur rapproché. Cet individu présente donc une **incohérence temporelle** : il peut prévoir aujourd'hui ce qu'il fera plus tard, mais quand le futur est là, il souhaite faire quelque chose d'autre. Imaginez un couple qui décide de dépenser 5 000 euros pour un voyage aux États-Unis plutôt que d'épargner cette somme. Ils rationalisent ce choix en décidant qu'ils commenceront à épargner l'été prochain. Mais quand vient l'été suivant, ils décident en fait de dépenser leur argent pour une croisière.

L'auto-contrôle

L'**auto-contrôle** est un problème assez proche de celui de l'incohérence temporelle. Presque tout le monde est confronté à ce problème dans une certaine mesure. Nous pouvons jurer de compter les calories et de manger moins quand nous sommes sur la balance dans notre salle de bain, mais nos résolutions peuvent facilement se dissiper quand nous sommes assis devant un bon repas. Les personnes rationnelles sont apparemment minces et en bonne santé, contrairement au reste de la population.

Une question importante est de savoir si les gens ont conscience de leurs propres difficultés avec l'auto-contrôle. Si je sais que j'ai tendance à tout remettre au lendemain, je devrais peut-être me rendre compte que si une tâche importante se présente, je devrais l'accomplir directement. Ou si j'ai tendance à accepter trop d'engagements, je devrais peut-être apprendre à dire plus souvent non.

Mais il y a une autre possibilité. Si je sais que je vais vraisemblablement céder demain à la tentation et prendre un second dessert, je peux très bien décider de prendre aujourd'hui déjà un second dessert. La chair est faible, mais l'esprit peut être faible également.

Une façon de traiter ce problème d'auto-contrôle est de trouver un moyen de s'engager soi-même à des actions futures, c'est-à-dire de trouver un moyen de rendre plus coûteux tout écart par rapport à l'action désirée dans le futur. Par exemple, les personnes qui font une déclaration publique concernant leur comportement futur auront moins tendance à s'écarter de leur intention initiale. Il existe des pilules pour alcooliques qui les rendent malades s'ils boivent de l'alcool. Il existe aussi des **moyens d'engagements** pour ceux qui veulent suivre un régime alimentaire : quelqu'un qui a l'estomac artificiellement rétréci aura moins tendance à trop manger.

Les contrats entre individus sont là pour garantir que les gens respecteront leurs intentions, même quand le respect de leurs engagements n'est plus très intéressant pour eux suite à des modifications dans les circonstances. De même, les individus peuvent engager d'autres personnes pour leur imposer des coûts s'ils ne respectent pas leurs intentions initiales, en établissant un contrat entre eux. Quand on engage un diététicien, un moniteur de gym ou un tuteur, on achète une forme d'auto-contrôle.

Exemple : L'excès de confiance

L'**excès de confiance** est un phénomène intéressant lié à la problématique de l'auto-contrôle. Deux économistes, spécialistes en finances, Brad Barber et Terrance Odean, ont étudié la performance de 66 465 ménages qui disposaient de fonds de placement permettant une gestion active. Au cours de la période étudiée, les ménages qui ont effectué peu d'arbitrages ont reçu un taux de rendement de 18 % sur leurs investissements alors que ceux qui avaient été beaucoup plus actifs n'avaient qu'un taux de rendement de 11,3 %.

Un des facteurs les plus importants qui semblent expliquer cet excès de transactions est le genre : les hommes font beaucoup plus de transactions que les femmes. Les psychologues observent régulièrement que les hommes ont tendance à être trop confiants dans leurs propres capacités alors que les femmes ont tendance à être plus réalistes. Les psychologues désignent par « biais d'attribution par mérite personnel », le comportement des hommes. Fondamentalement les hommes (ou du moins certains hommes) ont tendance à attribuer leurs succès à leurs propres mérites plutôt qu'à la chance et ils deviennent ainsi trop confiants. Cet excès de confiance peut avoir des répercussions financières. Dans l'exemple mentionné ci-dessus, les hommes font 45 % de transactions en plus que les femmes et cet excès de transactions se traduit par un taux de rendement moyen inférieur d'un pour-cent pour les hommes. Comme Barber et Odean l'observent : « les transactions peuvent être hasardeuses pour votre richesse ».

30.4 INTERACTION STRATÉGIQUE ET NORMES SOCIALES

Les interactions stratégiques impliquent un ensemble particulièrement intéressant de comportements psychologiques, et peut-être sociologiques. Nous avons étudié la théorie des jeux qui essaient de prédire comment interagissent des joueurs rationnels. Mais existe également un domaine d'études qu'on appelle la **théorie des jeux comportementale** qui essaie d'analyser comment les individus interagissent dans les faits. Et on constate en réalité qu'il y a des écarts importants et systématiques par rapport à la théorie pure.

Le jeu de l'ultimatum

Considérons le **jeu de l'ultimatum** présenté brièvement dans le chapitre précédent. Comme nous l'avons vu, ce jeu implique deux joueurs, un propose et l'autre réagit. Le premier joueur reçoit 10 euros et doit proposer un partage entre le second joueur et lui. Cette proposition est présentée au second joueur qui doit dire s'il accepte ou non. S'il accepte, la somme est partagée. S'il refuse, les deux joueurs se quittent en ne recevant rien.

Considérons tout d'abord ce que feraient des joueurs rationnels. Quand le second joueur prend connaissance du partage proposé, il a une stratégie dominante : accepter tant qu'il reçoit quelque chose. En effet, si on vous propose le choix entre 10 centimes et rien, n'est-il pas préférable d'avoir 10 centimes plutôt que rien du tout ?

Étant donné que le second joueur, s'il est rationnel, va accepter n'importe quelle somme, le premier joueur devrait choisir de lui proposer un montant minimum, par exemple un centime. La théorie des jeux conduit donc à prévoir un partage extrêmement déséquilibré, le premier joueur finissant avec l'essentiel de la somme en jeu.

Ce n'est toutefois pas ainsi que les choses se passent en réalité. Les seconds joueurs tendent à rejeter les propositions qu'ils estiment inéquitables. Les propositions qui prévoient moins de 30 % de la somme en jeu sont rejetées plus d'une fois sur deux.

Évidemment, si le premier joueur tient compte du fait que le second rejettera les propositions « inéquitables », il choisira rationnellement de proposer un partage plus proche de 50-50. En moyenne, le premier joueur reçoit environ 55 % et le second 45 %, 16 % des propositions étant rejetées.

De nombreuses études ont analysé l'impact sur le résultat du jeu, des caractéristiques des joueurs. Ainsi le genre a une influence : les hommes bénéficient en général d'un partage plus favorable, en particulier quand le partage est proposé par les femmes.

Les différences culturelles ont aussi de l'importance. Certaines cultures attribuent en effet davantage d'importance à l'équité et de ce fait, les individus ont tendance à rejeter davantage les propositions perçues comme inéquitables.[13] Il est intéressant de constater que les partages proposés ne varie pas beaucoup selon la région ou la culture, mais qu'il y a des différences systématiques en ce qui concerne les partages considérés comme acceptables.

La taille du gâteau importe également. Si le gâteau est de 10 euros, vous pouvez hésiter à accepter 1 euro. Mais si le gâteau est de 1000 euros, allez-vous rejeter 100 euros ? Apparemment, les joueurs ont des difficultés pour rejeter des propositions qui impliquent des sommes importantes.

On peut aussi modifier quelque peu l'organisation du jeu. Dans une des variantes, appelée **méthode stratégique**, on demande aux seconds joueurs d'indiquer le partage minimum qu'ils accepteront avant de prendre connaissance de la somme qu'on leur propose. Les premiers joueurs savent que la décision sera prise auparavant, mais évidemment ils ne connaissent pas le partage minimum acceptable. Cette variante tend à augmenter les montants proposés par les premiers joueurs. En d'autres termes, elle rend les partages plus égalitaires.

L'équité

L'équité semble préoccuper les intervenants dans le jeu de l'ultimatum. La plupart des individus semblent avoir une inclinaison en faveur d'un partage égalitaire ou du moins pas trop inégalitaire. Ce n'est pas un phénomène uniquement individuel : c'est un phénomène social. Les individus semblent mettre en œuvre des **normes d'équité**, même quand ce n'est pas directement dans leur intérêt.

Considérons par exemple les **jeux avec punition** qui constituent une généralisation des jeux de l'ultimatum avec un troisième joueur qui observe les choix effectués par les deux autres. Ce troisième joueur peut décider de réduire les profits du premier, en supportant personnellement un coût.[14] Les chercheurs ont observé qu'environ 60 % de ces troisièmes joueurs punissaient effectivement ceux qui faisaient des partages inéquitables. Il semble qu'il y ait quelque chose (d'inné ou d'appris) dans l'être humain qui s'oppose

[13] Voir Chuah Swee-Hoon, Hoffman Robert, Jones Martin et Williams Geoffrey, « Do Cultures Clash ? Evidence from Cross-National Ultimatum Game Experiments », *Nottingham University Business School working paper*.

[14] Voir Fehr Ernst et Fishbacher Urs, « Third-party Punishment and Social Norms », *Evolution and Human Behavior*, 25, 2004, p. 63-87.

au comportement inéquitable. Il y a en fait des différences culturelles à l'égard des normes sociales en matière d'équité. Les individus dans certaines sociétés semblent attribuer une grande importance à l'équité alors que dans d'autres sociétés, l'équité a moins d'importance. Toutefois la volonté de punir ceux qui sont inéquitables semble très répandue. D'après certains, cette inclinaison en faveur de résultats équitables est une composante de l'être humain peut-être parce que les individus qui se comportent de façon équitable par rapport aux autres ont plus de chances de survivre et de se reproduire.

30.5 L'ÉVALUATION DE L'ÉCONOMIE COMPORTEMENTALE

Les psychologues, spécialistes des marchés et économistes comportementalistes ont accumulé de nombreux exemples qui démontrent que la théorie de base des choix économiques est fausse ou du moins incomplète.

Certains de ces exemples semblent être des « illusions d'optique ». Ainsi tout comme on constate que la façon dont les choix sont agencés et présentés influence les décisions, la façon dont les chiffres sont tirés influence l'appréciation des tailles et distances. Si les gens prennent le temps d'analyser les choix attentivement, en appliquant comme méthode d'évaluation un raisonnement détaché de toute passion, ils devraient prendre la bonne décision.

Bien qu'il soit indéniable que les individus ne se comportent pas totalement en accord avec les théories de comportement économique les plus simples, on peut toujours répondre qu'aucune théorie est correcte à 100 %. Les psychologues ont aussi observé que les gens ne comprennent pas réellement les principes simples de physique. Exemple : si vous attachez un poids à une corde, que vous le faites tourner autour de votre tête puis le lâchez, dans quelle direction volera le poids ? Beaucoup de gens vont répondre que le poids volera vers l'extérieur en suivant un rayon alors que la bonne réponse est qu'il se déplacera en suivant une tangente au cercle.[15] Et pourtant les gens ont vécu leur vie entière dans un monde physique. S'ils ne comprennent pas toujours comment le monde fonctionne, il n'est pas très étonnant qu'ils ne comprennent pas le monde économique.

Apparemment, notre compréhension intuitive de la physique est suffisante pour la vie courante et même pour les exigences des sports amateurs et professionnels. Un joueur de baseball peut être incapable de décrire comment un ballon va se déplacer, mais il est parfaitement capable de le lancer. De même, on peut soutenir que les gens sont assez bons dans les choix qu'ils doivent faire dans la vie courante, tout en n'étant pas très bons quand il s'agit de développer un raisonnement abstrait quant à ces choix.

Une autre réponse aux anomalies comportementales est que les marchés ont tendance à privilégier le comportement rationnel et à punir l'irrationalité. Même si beaucoup de participants ne se comportent pas rationnellement, ceux qui se comportent

[15] Voir McCloskey M., 1983, « Intuitive Physics », *Scientific American*, Avril, 114-115.

effectivement de façon rationnelle auront le plus d'influence sur les prix et résultats. Cet argument est vraisemblablement correct également. Pensons à l'exemple vu antérieurement où les experts immobiliers semblaient moins influencés par les coûts perdus que les individus ordinaires.

En outre, vous pouvez engager des experts pour vous aider à prendre de meilleures décisions. Les diététiciens et conseillers financiers peuvent vous offrir des conseils objectifs sur la façon de manger et d'investir. Si vous craignez d'être trop gentil en négociation, vous pouvez également engager un bon négociateur.

Si nous reprenons l'exemple de l'illusion d'optique, si nous utilisons des étalons et des règles, c'est parce que nous savons qu'il ne faut pas se fier à nos yeux. De même, quand nous prenons des décisions importantes, il est prudent de consulter les vues d'experts objectifs.

RÉSUMÉ

1. L'économie comportementale traite de la façon dont les individus prennent effectivement leurs décisions.

2. Dans de nombreux cas, le comportement effectif du consommateur est différent de ce que prédit le modèle simple du consommateur rationnel.

3. Les consommateurs font des choix différents selon la façon dont le problème est agencé ou présenté.

4. Le comportement de choix peut devenir particulièrement problématique quand le choix implique l'incertitude.

5. Les consommateurs semblent préférer des partages « équitables » et ils punissent ceux qui se comportent de façon inéquitable.

PROBLÈMES À RÉSOUDRE

30.1 On propose à des individus d'acheter des billets à une loterie. On dit à un groupe qu'ils ont 55 % de chances de gagner et à l'autre qu'ils ont 45 % de chances de perdre. Quel groupe aura davantage tendance à acheter des billets ? Comment appelle-t-on cet effet ?

30.2 Marie planifie la totalité des repas de la semaine pour sa famille alors que Fred fait ses achats chaque jour. Qui aura tendance à diversifier le plus les repas réalisés ?

30.3 Vous êtes le directeur des ressources humaines dans une entreprise de taille moyenne et vous devez décider du nombre de fonds mutuels de placement que vous allez proposer pour le plan de pension de vos travailleurs. Est-il préférable de proposer 10 ou 50 fonds ?

30.4 Quelle est la probabilité qu'une pièce correcte donne une série de trois faces quand on joue à « pile ou face » ?

30.5 John décide d'épargner 5 euros cette semaine et 10 euros la semaine suivante. Mais quand la semaine suivante arrive, il décide d'épargner seulement 8 euros. Quel est le terme utilisé pour désigner ce type de comportement incohérent ?

31

L'ÉCHANGE

Jusqu'à présent, nous avons généralement analysé le marché pour un bien particulier de façon isolée. Nous avons considéré les fonctions de demande et d'offre d'un bien comme dépendant uniquement du prix de ce bien, sans tenir compte du prix des autres biens. Mais en règle générale, les prix des autres biens *influencent* les demandes et les offres des individus pour un bien particulier. Les prix des substituts et compléments d'un bien influencent évidemment la demande de celui-ci et, de façon plus subtile, les prix des biens que les gens vendent influencent le revenu dont ils disposent et par conséquent, les quantités des autres biens qu'ils peuvent acheter. Nous avons jusqu'à présent ignoré l'effet de ces autres prix sur l'équilibre du marché. Quand nous avons analysé les conditions d'équilibre sur un marché particulier, nous n'avons considéré qu'une partie du problème, à savoir comment la demande et l'offre sont influencées par le prix du bien particulier que nous étudions. Nous appelons cela une analyse d'**équilibre partiel**.

Dans ce chapitre, nous allons commencer l'étude de l'**équilibre général**, à savoir comment les conditions de demande et d'offre interagissent sur plusieurs marchés pour déterminer les prix de plusieurs biens. Comme vous pouvez vous y attendre, il s'agit d'un problème complexe et nous devrons adopter plusieurs simplifications pour l'analyser.

Tout d'abord, nous limiterons notre analyse au comportement de marchés concurrentiels, chaque consommateur ou chaque producteur prenant donc les prix pour des données et optimisant son comportement sur cette base. L'étude de l'équilibre général en situation de concurrence imparfaite est très intéressante, mais trop difficile pour être examinée à ce stade.

Deuxièmement, nous adopterons notre hypothèse simplificatrice habituelle qui consiste à ne considérer que le plus petit nombre possible de biens et de consommateurs. Dans le cas présent, nous pouvons en fait mettre en évidence de nombreux phénomènes intéressants en n'utilisant que deux biens et deux consommateurs. Tous les éléments de l'analyse de l'équilibre général que nous allons examiner peuvent être généralisés à un nombre quelconque de consommateurs et de biens, mais leur exposé est plus simple quand on ne considère que deux biens et deux consommateurs.

Troisièmement, nous allons analyser le problème de l'équilibre général en deux temps. Nous envisagerons tout d'abord une économie où les individus ont des dotations fixes de biens et nous examinerons comment ils peuvent échanger ces biens entre eux. Il n'y a à ce stade aucune production et nous parlons dès lors naturellement, dans ce cas, d'échange pur. Quand nous aurons acquis une bonne compréhension des marchés d'**échange pur**, nous examinerons le comportement de production dans un modèle d'équilibre général.

31.1 LA BOÎTE D'EDGEWORTH

Pour analyser l'échange de deux biens entre deux personnes, on peut utiliser un instrument graphique assez commode connu sous le nom de **boîte d'Edgeworth**[1]. Cette boîte

[1] La boîte d'Edgeworth est ainsi nommée en l'honneur de Francis Ysidro Edgeworth (1845-1926), un économiste anglais qui fut l'un des premiers à utiliser cet outil analytique.

nous permet de représenter les dotations et les préférences de deux individus sur un seul graphique simple qui peut être utilisé pour étudier différents résultats du processus d'échange. Pour comprendre comment construire une boîte d'Edgeworth, il est nécessaire d'examiner les courbes d'indifférence et les dotations des individus impliqués.

Appelons les deux individus impliqués, A et B, et les deux biens, 1 et 2. Nous représentons par $X_A = (x_A^1, x_A^2)$, le panier de consommation de A avec x_A^1, la consommation de bien 1 de l'individu A et x_A^2, la consommation de bien 2 de l'individu A. De même, $X_B = (x_B^1, x_B^2)$ représente le panier de consommation de B. Une **paire** de paniers de consommation, X_A et X_B, est appelée une **allocation**. Une allocation est dite **réalisable** si la quantité totale consommée de chaque bien est égale à la quantité totale disponible :

$$x_A^1 + x_B^1 = \omega_A^1 + \omega_B^1$$

$$x_A^2 + x_B^2 = \omega_A^2 + \omega_B^2.$$

Une allocation réalisable intéressante est l'**allocation de dotation initiale** : (ω_A^1, ω_A^2) et (ω_B^1, ω_B^2). Il s'agit de l'allocation avec laquelle les consommateurs démarrent. Elle est composée de la quantité de chaque bien que les consommateurs apportent sur le marché. Ils vont ensuite échanger une certaine quantité d'un des biens contre l'autre et, après échange, ils disposeront d'une allocation que l'on qualifiera de **finale**.

La boîte d'Edgeworth représentée à la figure 31.1 permet d'illustrer graphiquement ces concepts. Nous utilisons tout d'abord le graphique habituel de la théorie du consommateur pour représenter la dotation et les préférences du consommateur A. Nous pouvons également indiquer sur les axes la quantité *totale* de chaque bien dans l'économie, c'est-à-dire la somme des quantités dont les individus A et B disposent. Puisque nous sommes intéressés uniquement par les allocations réalisables des biens entre les deux consommateurs, nous pouvons tracer une boîte qui contient l'ensemble des combinaisons possibles des deux biens que l'individu A peut détenir.

Les paniers contenus dans cette boîte indiquent également les quantités de biens que l'individu B peut détenir. S'il y a 10 unités de bien 1 et 20 unités de bien 2 et que A détient (7,12), B doit détenir (3,8). Nous pouvons représenter la quantité de bien 1 que possède l'individu A par la distance mesurée le long de l'axe horizontal à partir de l'origine située dans le coin inférieur gauche de la boîte et nous pouvons indiquer la quantité de bien 1 que B possède par la distance mesurée le long de ce même axe horizontal, mais à partir du coin supérieur droit. De même, les distances mesurées le long des axes verticaux donnent les quantités de bien 2 détenues par A et B. Les points de la boîte nous donnent donc les paniers que les deux individus peuvent détenir ; ils sont simplement mesurés à partir d'origines différentes. Les points de la boîte d'Edgeworth permettent de représenter l'ensemble des allocations réalisables dans cette économie simplifiée.

Nous pouvons tracer les courbes d'indifférence de A de la façon habituelle, mais les courbes d'indifférence de B revêtent une forme quelque peu différente. Pour représenter celles-ci, nous prenons la représentation graphique habituelle des courbes d'indifférence de B, nous lui mettons la tête en bas et nous la plaçons sur la boîte d'Edgeworth.

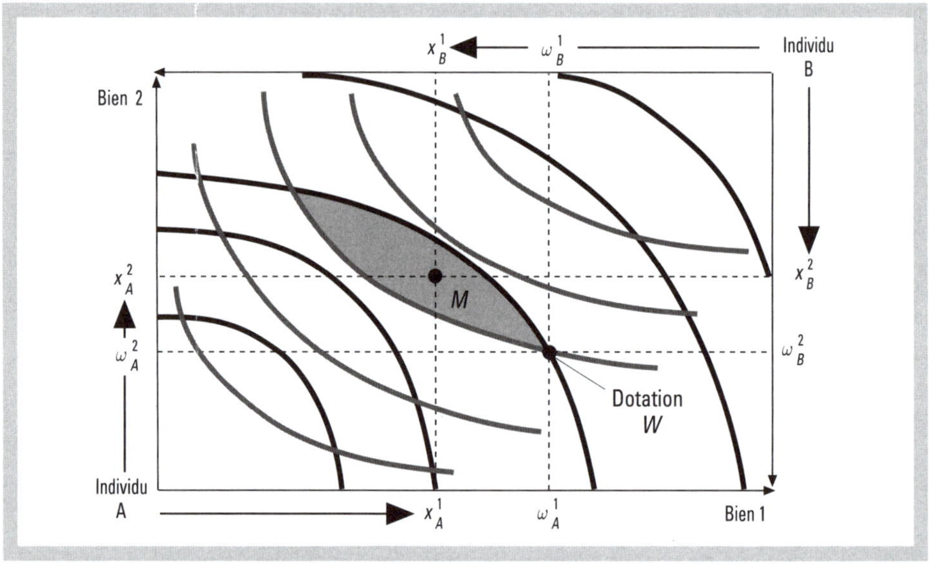

Figure 31.1 ***Une boîte d'Edgeworth.***

La base de la boîte mesure la quantité totale de bien 1 dans l'économie et sa hauteur, la quantité totale de bien 2. Les choix de l'individu A sont mesurés à partir du coin inférieur gauche tandis que ceux de l'individu B sont mesurés à partir du coin supérieur droit.

Cela nous donne les courbes d'indifférence de B reproduites sur la figure 31.1. Si nous partons de l'origine de A dans le coin inférieur gauche et que nous nous déplaçons vers le haut et vers la droite, nous atteignons des allocations qui sont préférées par A. Par contre, à mesure que nous nous déplaçons vers le bas et vers la gauche, nous atteignons des allocations qui sont préférées par B. (Si vous regardez le graphique après avoir fait subir une rotation de 180°à votre livre, ces propos peuvent vous paraître plus évidents.)

La boîte d'Edgeworth permet donc de représenter les paniers de consommation possibles pour les deux consommateurs, c'est-à-dire les allocations réalisables, ainsi que leurs préférences. Elle nous donne par conséquent une description complète des caractéristiques économiques des deux consommateurs.

31.2 L'ÉCHANGE

Maintenant que nous disposons d'une représentation des deux ensembles de préférences et des dotations, nous pouvons commencer à analyser comment les échanges vont s'effectuer. Considérons tout d'abord les dotations initiales des biens qui correspondent au point *W* de la figure 31.1. Examinons les courbes d'indifférence de A et de B qui passent par cette allocation. La zone où A a un niveau de satisfaction supérieur à celui que lui procure sa dotation est composée de tous les paniers situés au-dessus de sa courbe d'indifférence passant par W. De même, la zone où B a un niveau de satisfaction supérieur à celui correspondant à sa dotation est composée de toutes les allocations qui, de son point de vue, sont situées au-dessus de *sa* courbe d'indifférence passant par W. (Il s'agit en fait de *notre* point de vue, des allocations situées *en dessous* de sa courbe d'indifférence, à moins que vous n'ayez toujours votre livre la tête en bas.)

Quelle est la zone où A et B ont *tous les deux* un niveau de satisfaction plus élevé ? Il s'agit évidemment de l'intersection des deux zones précédentes, c'est-à-dire de la zone en forme de lentille reproduite à la figure 31.1. Il est vraisemblable qu'au cours de leurs négociations, les deux personnes impliquées trouveront un échange mutuellement avantageux, c'est-à-dire un échange qui leur permettra d'atteindre un point situé à l'intérieur de cette zone en forme de lentille comme, par exemple, le point M à la figure 31.1.

Le déplacement de W vers M, représenté à la figure 31.1, implique que la personne A renonce a $|x_A^1 - \omega_A^1|$ unités de bien 1 et obtient en échange $|x_A^2 - \omega_A^2|$ unités de bien 2. Il implique également que B acquiert $|x_B^1 - \omega_B^1|$ unités de bien 1 et donne $|x_B^2 - \omega_B^2|$ unités de bien 2.

Il n'y a rien à dire de particulièrement intéressant au sujet de l'allocation M. Toute allocation à l'intérieur de la zone en forme de lentille est envisageable, c'est-à-dire que toute allocation située dans cette zone est une allocation qui augmente le niveau de satisfaction de chaque consommateur par rapport à la dotation initiale. Il nous suffit de supposer que les consommateurs procèdent à un échange leur permettant d'atteindre un point quelconque situé dans cette zone.

Nous pouvons maintenant répéter la même analyse à partir du point M. Nous pouvons tracer les deux courbes d'indifférence passant par ce point, définir ainsi une nouvelle « zone d'avantages mutuels » en forme de lentille et imaginer que les négociateurs se déplacent vers un nouveau point N situé dans cette zone. Et nous pouvons à nouveau répéter cette analyse... Les échanges continueront jusqu'au moment où il ne sera plus possible de procéder à des échanges souhaités à la fois par les deux parties. À quoi ressemble une telle situation ?

31.3 LES ALLOCATIONS EFFICACES AU SENS DE PARETO

La réponse est donnée à la figure 31.2. Au point M, l'ensemble des points situés au-dessus de la courbe d'indifférence de A n'a pas d'intersection avec l'ensemble des points situés au-dessus de la courbe d'indifférence de B. La zone où Aa un niveau de satisfaction supérieur est disjointe de la zone où B a un niveau de satisfaction plus élevé. Cela signifie que tout mouvement qui accroît le niveau de satisfaction d'une des parties diminue nécessairement celui de l'autre partie. Il n'existe donc aucun échange qui soit avantageux pour les deux parties. À partir d'une allocation telle que le point M, il n'existe pas d'échanges qui améliorent les positions des deux individus.

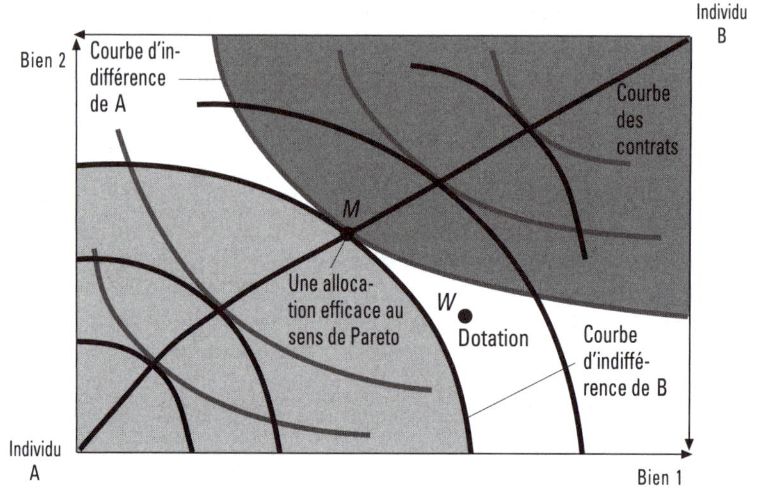

Figure 31.2 ***Une allocation efficace au sens de Pareto.***

Dans le cas d'une allocation efficace au sens de Pareto telle que le point M, chaque individu est situé sur sa courbe d'indifférence la plus élevée possible étant donné la courbe d'indifférence de l'autre individu. La courbe reliant l'ensemble de ces points est appelée la courbe des contrats.

On appelle une telle allocation, une allocation **efficace au sens de Pareto**. L'efficacité au sens de Pareto est en science économique un concept très important qui apparaît sous des déguisements divers.

Une allocation efficace au sens de Pareto peut être définie comme une allocation présentant la propriété suivante :

1. il n'est pas possible d'accroître la satisfaction de toutes les personnes impliquées ; ou
2. il n'est pas possible d'accroître le niveau de satisfaction d'un individu sans réduire le niveau de satisfaction de quelqu'un d'autre ; ou
3. tous les gains d'échange ont été exploités ; ou
4. il n'est pas possible d'effectuer des échanges mutuellement avantageux ; etc.

En fait, nous avons déjà mentionné le concept d'efficacité au sens de Pareto à plusieurs reprises quand nous avons analysé le fonctionnement d'un marché isolé : nous avons défini un niveau d'output efficace au sens de Pareto sur un marché particulier comme étant une quantité d'output pour laquelle la propension marginale à acheter égale la propension marginale à vendre. Si nous considérons un niveau d'output pour lequel ces deux valeurs diffèrent, il est possible d'accroître la satisfaction des deux parties sur le marché en procédant à un échange. Dans ce chapitre, nous allons examiner plus en profondeur le concept d'efficacité au sens de Pareto quand il y a plusieurs biens et plusieurs partenaires.

Remarquons que les allocations efficaces au sens de Pareto possèdent une propriété géométrique simple : les courbes d'indifférence des deux agents doivent être tangentes pour toute allocation efficace au sens de Pareto située à l'intérieur de la boîte. Il est aisé de voir pourquoi. Si les deux courbes d'indifférence ne sont pas tangentes en une allocation située à l'intérieur de la boîte, elles doivent nécessairement se croiser. Mais si elles se croisent, il doit exister un échange mutuellement avantageux de sorte que ce point ne peut pas être efficace au sens de Pareto. (Il est possible d'avoir des allocations efficaces au sens de Pareto sur les bords de la boîte, c'est-à-dire quand un individu a une consommation nulle d'un des biens ; dans ce cas, les courbes d'indifférence ne sont pas tangentes. Mais ce type d'allocation n'est pas important dans le cadre de l'analyse menée ici.)

À partir de la condition de tangence, il est facile de voir qu'il existe un grand nombre d'allocations efficaces au sens de Pareto dans la boîte d'Edgeworth. En fait, à partir d'une courbe d'indifférence quelconque pour l'individu A par exemple, on peut facilement trouver une allocation efficace au sens de Pareto. Il suffit de se déplacer le long de la courbe d'indifférence de A jusqu'à ce que nous trouvions le point qui est préféré par B. Il s'agit d'un point efficace au sens de Pareto et les deux courbes d'indifférence doivent être tangentes en ce point.

L'ensemble de *tous* les points efficaces au sens de Pareto dans une boîte d'Edgeworth est appelé l'**ensemble de Pareto** ou la **courbe des contrats**. Cette dernière appellation découle de l'idée que tous les « contrats finaux » résultant du processus d'échange doivent être situés dans l'ensemble de Pareto. S'il en était autrement, il ne s'agirait pas de contrats finaux parce qu'il serait possible d'améliorer la situation d'une manière ou d'une autre !

Normalement, la courbe des contrats va de l'origine de A à l'origine de B à travers la boîte d'Edgeworth, comme représenté à la figure 31.2. Si nous considérons tout d'abord l'origine de A, l'individu A ne dispose d'aucun bien et B détient tout. C'est efficace au sens de Pareto puisque la seule façon d'accroître la satisfaction de A, c'est de prendre quelque chose à B. À mesure que nous montons sur la courbe des contrats, A obtient davantage et son niveau de satisfaction augmente jusqu'à ce que nous atteignions finalement l'origine de B.

L'ensemble de Pareto représente tous les résultats qui peuvent être obtenus par des échanges mutuellement avantageux à partir de n'importe quel point dans la boîte. Si on nous donne le point de départ, c'est-à-dire les dotations initiales des deux consommateurs, nous pouvons déterminer la partie de l'ensemble de Pareto que chaque consommateur préfère à sa dotation initiale. Il s'agit simplement de la partie de l'ensemble de Pareto qui est située dans la zone en forme de lentille représentée à la figure 31.1. Les allocations situées dans cette zone sont les résultats qui peuvent être obtenus par des échanges mutuels à partir de la dotation initiale particulière représentée sur le graphique. Mais l'ensemble de Pareto, lui, ne dépend pas de la dotation initiale, si ce n'est dans la mesure où celle-ci détermine la quantité totale disponible des deux biens et par là même, les dimensions de la boîte.

31.4 L'ÉCHANGE SUR LE MARCHÉ

L'équilibre du processus d'échange que nous venons de présenter, c'est-à-dire l'ensemble des allocations efficaces au sens de Pareto, est très important, mais la position finale des agents reste encore largement indéterminée. Il en est ainsi parce que ce processus d'échange est très général. Fondamentalement, nous avons uniquement supposé que les deux parties atteignaient *une* allocation qui leur procurait à toutes deux un niveau de satisfaction plus élevé. Si nous considérons un mécanisme d'échange *particulier*, nous disposerons d'une définition plus précise de l'équilibre. Essayons donc de définir un mécanisme d'échange qui simule le résultat d'un marché concurrentiel.

Supposons que nous ayons un troisième individu qui accepte de jouer le rôle de « commissaire-priseur » pour les agents A et B. Le commissaire-priseur choisit un prix pour le bien 1 et un prix pour le bien 2 et les présente aux agents A et B. Chaque agent examine alors la valeur de sa dotation sur base de ces prix (p_1, p_2) et détermine les quantités des biens qu'il désirerait acheter.

Il convient d'être ici attentif au point suivant. S'il n'y a effectivement que deux personnes impliquées dans la transaction, il n'est pas très logique qu'elles se comportent de façon concurrentielle. Au contraire, il est vraisemblable qu'elles vont essayer de négocier les termes de l'échange. Pour contourner cette difficulté, on peut interpréter la boîte d'Edgeworth comme représentant les demandes moyennes dans une économie où il n'y a que deux types de consommateurs, mais de nombreux consommateurs de chaque type. Par ailleurs, on peut souligner le fait que si ce comportement n'est pas réaliste dans le cas de deux personnes, il l'est au contraire parfaitement quand il y a beaucoup de consommateurs, c'est-à-dire dans le cas qui nous intéresse réellement.

Quelle que soit la façon de contourner la difficulté, nous savons comment analyser le problème du choix du consommateur dans une telle situation ; il s'agit en fait simplement du problème classique du choix du consommateur que nous avons analysé au chapitre 5. À la figure 31.3, nous avons indiqué les paniers demandés par les deux agents. (Remarquons que la situation représentée à la figure 31.3 n'est pas une situation d'équilibre puisque la demande d'un agent n'est pas égale à l'offre de l'autre.)

Comme déjà mentionné au chapitre 9, il y a en fait deux concepts pertinents de « demande ». La **demande brute** de l'agent A, pour le bien 1 par exemple, est la quantité totale de bien 1 qu'il désire aux prix en vigueur. La **demande nette** de l'agent A pour le bien 1 est la différence entre cette demande totale et la dotation initiale de bien 1 dont il dispose. Dans le cadre de l'analyse de l'équilibre général, les demandes nettes sont parfois appelées les **demandes excédentaires**. La demande excédentaire de l'agent A pour le bien 1 sera représentée par e_A^1. Si la demande brute de l'agent A est x_A^1 et que sa dotation est ω_A^1, nous avons par définition

$$e_A^1 = x_A^1 - \omega_A^1.$$

Le concept de demande excédentaire est vraisemblablement plus naturel, mais le concept de demande brute est généralement plus utile. Nous emploierons habituellement le terme

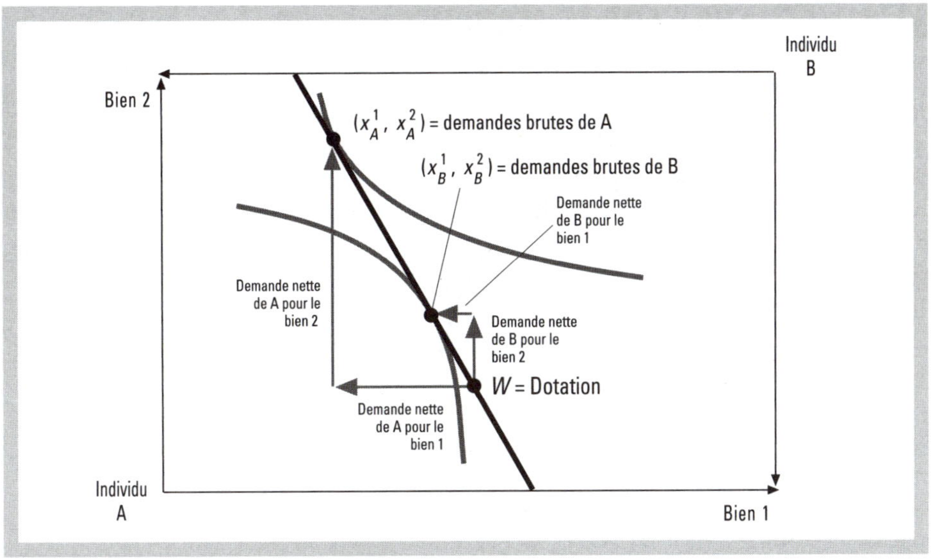

Figure 31.3 ***Demandes brutes et demandes nettes.***

Les demandes brutes sont les quantités que l'individu désire consommer. Les demandes nettes sont les quantités que l'individu désire acheter.

« demande » pour désigner la demande brute et les termes « demande nette » ou « demande excédentaire » dans l'autre cas.

Rien ne garantit que, pour des prix quelconques (p_1, p_2), l'offre soit égale à la demande (quel que soit le concept de demande). En termes de demande nette, cela signifie que la quantité que A désire acheter (ou vendre) ne sera pas nécessairement égale à la quantité que B désire vendre (ou acheter). En termes de demande brute, cela signifie que les quantités totales que A et B désirent détenir des deux biens ne sont pas nécessairement égales aux quantités totales disponibles de ces biens. C'est en fait ce qui se passe dans l'exemple présenté à la figure 31.3 : les agents ne peuvent pas réaliser les transactions qu'ils souhaitent ; les marchés ne sont pas à l'équilibre.

Nous disons dans ce cas, que le marché est en **déséquilibre**. Dans une telle situation, on peut logiquement supposer que le commissaire-priseur va modifier les prix des biens. S'il y a une demande excédentaire pour un des biens, il en augmentera le prix et s'il y a une offre excédentaire pour un bien, il en diminuera le prix.

Supposons que ce processus d'ajustement continue jusqu'à ce que la demande pour chaque bien soit égale à l'offre. À quoi ressemblera la situation finale ?

La réponse est donnée à la figure 31.4. La quantité de bien 1 que A désire acheter est exactement égale à la quantité de bien 1 que B désire vendre et il en est de même pour le bien 2. En d'autres termes, pour chaque bien, la quantité totale que les deux personnes désirent acheter aux prix en vigueur est égale à la quantité totale disponible. Nous disons

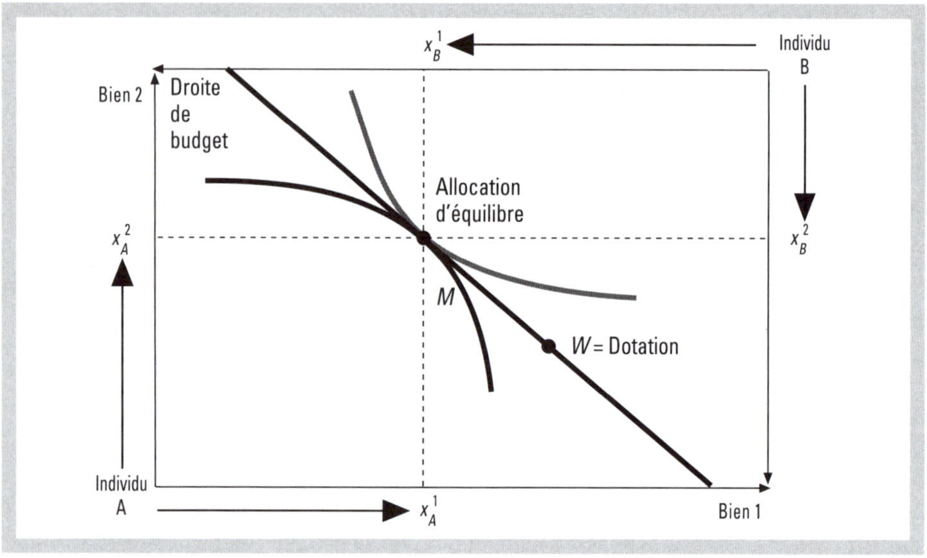

Figure 31.4 ***Équilibre dans la boîte d'Edgeworth.***

À l'équilibre, chaque individu choisit le panier qu'il préfère dans son ensemble budgétaire et les choix absorbent toute l'offre disponible.

dans ce cas que le marché est à l'**équilibre** ou plus précisément, nous appelons cette situation un **équilibre de marché**, un **équilibre concurrentiel** ou encore un **équilibre de Walras**[2]. Toutes ces expressions désignent la même chose : un ensemble de prix tel que chaque consommateur choisisse, parmi les paniers accessibles, celui qu'il préfère et que les choix de tous les consommateurs soient compatibles dans le sens où la demande égale l'offre sur chaque marché.

Nous savons que si chaque agent choisit le meilleur panier qu'il peut acquérir, son taux marginal de substitution entre les deux biens doit être égal au rapport des prix. Mais si tous les consommateurs sont confrontés aux mêmes prix, ils devront tous avoir le même taux marginal de substitution entre les deux biens. Si nous regardons la figure 31.4, un équilibre est caractérisé par le fait que la courbe d'indifférence de chaque individu est tangente à sa droite de budget. Mais puisque la droite de budget des deux agents a une pente égale à $-p_1/p_2$, les courbes d'indifférence des deux agents doivent être tangentes entre elles.

31.5 L'ALGÈBRE DE L'ÉQUILIBRE

Soit $x_A^1(p_1, p_2)$, la fonction de demande de l'agent A pour le bien 1 et $x_B^1(p_1, p_2)$, la fonction de demande de l'agent B pour le bien 1. Si nous définissons des expressions

[2] Léon Walras (1834-1910), économiste français de Lausanne, fut un pionnier de la théorie de l'équilibre général.

analogues pour le bien 2, nous pouvons décrire l'équilibre comme un ensemble de prix (p_1^*, p_2^*) tel que

$$x_A^1(p_1^*, p_2^*) + x_B^1(p_1^*, p_2^*) = \omega_A^1 + \omega_B^1$$
$$x_A^2(p_1^*, p_2^*) + x_B^2(p_1^*, p_2^*) = \omega_A^2 + \omega_B^2.$$

Ces équations stipulent qu'à l'équilibre, la demande totale de chaque bien doit être égale à l'offre totale.

Une autre façon de définir l'équilibre consiste à transformer ces deux équations pour obtenir les expressions suivantes :

$$[x_A^1(p_1^*, p_2^*) - \omega_A^1] + [x_B^1(p_1^*, p_2^*) - \omega_B^1] = 0$$
$$[x_A^2(p_1^*, p_2^*) - \omega_A^2] + [x_B^2(p_1^*, p_2^*) - \omega_B^2] = 0.$$

Ces équations indiquent que pour chaque bien la somme des *demandes nettes* des deux agents doit être nulle. En d'autres termes, la quantité nette que A choisit de demander (ou d'offrir) doit être égale à la quantité nette que B choisit d'offrir (ou de demander).

Il est encore possible de formuler ces équations d'équilibre d'une autre façon en utilisant le concept de **fonction de demande excédentaire agrégée**. Écrivons la fonction de demande nette de bien 1 de l'agent A de la façon suivante :

$$e_A^1(p_1, p_2) = x_A^1(p_1, p_2) - \omega_A^1$$

et définissons $e_B^1(p_1, p_2)$ de façon similaire.

La fonction $e_A^1(p_1, p_2)$ mesure la **demande nette** ou **demande excédentaire** de l'agent A, c'est-à-dire la différence entre la quantité de bien 1 qu'il souhaite consommer et la quantité dont il dispose initialement. Additionnons maintenant les demandes nettes de bien 1 des agents A et B ; nous obtenons

$$\begin{aligned} z_1(p_1, p_2) &= e_A^1(p_1, p_2) + e_B^1(p_1, p_2) \\ &= x_A^1(p_1, p_2) + x_B^1(p_1, p_2) - \omega_A^1 - \omega_B^1. \end{aligned}$$

C'est ce que nous appelons la **demande excédentaire agrégée** pour le bien 1. Il existe une demande excédentaire agrégée pour le bien 2 définie de façon similaire que nous représentons par $z_2(p_1, p_2)$.

Nous pouvons maintenant définir un équilibre (p_1^*, p_2^*) comme une situation où la demande excédentaire agrégée pour chaque bien est nulle :

$$z_1(p_1^*, p_2^*) = 0$$
$$z_2(p_1^*, p_2^*) = 0.$$

En fait, cette définition est plus exigeante que nécessaire. En effet, si la demande excédentaire pour le bien 1 est nulle, la demande excédentaire pour le bien 2 doit nécessairement être nulle. Pour prouver cela, il est utile d'établir au préalable une propriété de la fonction de demande excédentaire agrégée connue sous le nom de **loi de Walras**.

31.6 LA LOI DE WALRAS

En utilisant la notation introduite précédemment, la loi de Walras stipule que

$$p_1 z_1(p_1, p_2) + p_2 z_2(p_1, p_2) \equiv 0,$$

c'est-à-dire que *la valeur de la demande excédentaire agrégée est toujours nulle.* Cela signifie que la valeur de la demande agrégée est nulle pour *tous* les choix possibles de prix et pas uniquement pour les prix d'équilibre.

Pour prouver cela, il convient d'additionner les contraintes budgétaires des deux agents. Considérons tout d'abord l'agent A. Puisque sa demande de biens respecte sa contrainte budgétaire, nous avons

$$p_1 x_A^1(p_1, p_2) + p_2 x_A^2(p_1, p_2) \equiv p_1 \omega_A^1 + p_2 \omega_A^2$$

ou

$$p_1[x_A^1(p_1, p_2) - \omega_A^1] + p_2[x_A^2(p_1, p_2) - \omega_A^2] \equiv 0$$
$$p_1 e_A^1(p_1, p_2) + p_2 e_A^2(p_1, p_2) \equiv 0.$$

Cette équation indique que *la valeur de la demande nette de l'agent A est nulle*, c'est-à-dire que la valeur de la quantité de bien 1 que A désire acheter plus la valeur de la quantité de bien 2 qu'il désire acquérir doit être nulle. (Évidemment, la quantité qu'il désire acheter d'un des biens doit être négative, c'est-à-dire qu'il doit avoir l'intention de vendre une certaine quantité d'un des biens pour acheter davantage de l'autre.)

Nous avons une équation identique pour l'agent B :

$$p_1[x_B^1(p_1, p_2) - \omega_B^1] + p_2[x_B^2(p_1, p_2) - \omega_B^2] \equiv 0$$
$$p_1 e_B^1(p_1, p_2) + p_2 e_B^2(p_1, p_2) \equiv 0.$$

En additionnant les équations pour les agents A et B et en utilisant la définition des demandes agrégées $z_1(p_1, p_2)$ et $z_2(p_1, p_2)$, nous obtenons

$$p_1[e_A^1(p_1, p_2) + e_B^1(p_1, p_2)] + p_2[e_A^2(p_1, p_2) + e_B^2(p_1, p_2)] \equiv 0$$
$$p_1 z_1(p_1, p_2) + p_2 z_2(p_1, p_2) \equiv 0.$$

Nous pouvons maintenant voir quel est le fondement de la loi de Walras : c'est parce que la valeur de la demande excédentaire de chaque agent est nulle que la valeur de la somme de leurs demandes excédentaires est également nulle.

Démontrons maintenant que si la demande est égale à l'offre sur un marché, la demande doit être égale à l'offre sur l'autre marché. Notons tout d'abord que la loi de

Walras s'applique quels que soient les prix puisque chaque consommateur doit toujours respecter sa contrainte budgétaire quels que soient les prix. Elle s'applique dès lors en particulier pour l'ensemble de prix pour lequel la demande excédentaire de bien 1 est nulle :

$$z_1(p_1^*, p_2^*) = 0.$$

D'après la loi de Walras, nous devons également avoir

$$p_1 z_1(p_1^*, p_2^*) + p_2 z_2(p_1^*, p_2^*) = 0.$$

À partir de ces deux équations, nous pouvons aisément vérifier que si $p_2 > 0$, devons avoir

$$z_2(p_1^*, p_2^*) = 0.$$

Ainsi, comme énoncé ci-dessus, si nous trouvons un ensemble de prix (p_1^*, p_2^*) pour lequel la demande de bien 1 est égale à l'offre de bien 1, nous sommes sûrs que la demande de bien 2 est égale à l'offre de ce bien. Alternativement, si nous trouvons un ensemble de prix pour lequel il y a égalité entre la demande et l'offre de bien 2, nous sommes sûrs que le marché 1 est également en équilibre.

De façon générale, si nous avons des marchés pour k biens, il suffit que nous trouvions un ensemble de prix tel que $k - 1$ marchés soient en équilibre, la loi de Walras impliquant que nous aurons automatiquement l'égalité de la demande et de l'offre sur le marché du bien k.

31.7 LES PRIX RELATIFS

Comme nous venons de le voir, la loi de Walras implique qu'il n'y a que $k - 1$ équations indépendantes dans un modèle d'équilibre général avec k biens : s'il y a égalité de l'offre et de la demande sur $k - 1$ marchés, la demande doit être égale à l'offre sur le dernier marché. Mais si nous avons k biens, nous devons déterminer k prix. Comment pouvons-nous avoir une solution pour k prix si nous n'avons que $k - 1$ équations ?

La réponse est qu'il n'y a en réalité que $k - 1$ prix *indépendants*. Nous avons vu au chapitre 2 que si nous multiplions tous les prix et le revenu par un nombre positif t, l'ensemble budgétaire n'est pas modifié et par conséquent, le panier demandé ne varie pas non plus. Dans le modèle d'équilibre général, le revenu de chaque consommateur est simplement la valeur de sa dotation aux prix du marché. Si nous multiplions tous les prix par t $(t > 0)$, nous multiplions automatiquement le revenu de chaque consommateur par t. Dès lors, si nous trouvons un ensemble de prix d'équilibre, (p_1^*, p_2^*), (tp_1^*, tp_2^*) constitue également un ensemble de prix d'équilibre pour tout $t > 0$.

Cela signifie que nous pouvons choisir librement un des prix et le poser égal à une constante. En particulier, il est souvent intéressant de poser un des prix égal à l'unité, de sorte que tous les autres prix peuvent être interprétés comme mesurés par rapport à ce prix unitaire. Comme nous l'avons vu au chapitre 2, on appelle ce prix, un prix **numéraire**. Si nous choisissons le premier prix comme prix numéraire, c'est exactement comme si nous multiplions tous les prix par une constante $t = 1/p_1$.

La condition d'égalité de la demande et de l'offre sur chaque marché ne nous permet de déterminer que les prix relatifs d'équilibre puisque la multiplication de tous les prix par un nombre positif ne modifie pas le comportement de demande et d'offre des individus.

Exemple : Un exemple algébrique d'équilibre

La fonction d'utilité Cobb-Douglas considérée au chapitre 6, a la forme suivante : $u_A(x_A^1, x_A^2) = (x_A^1)^a (x_A^2)^{1-a}$ pour l'individu A et une forme identique pour l'individu B. Nous avons vu dans ce chapitre que ces fonctions d'utilité engendrent les fonctions de demande suivantes :

$$x_A^1(p_1, p_2, m_A) = a\frac{m_A}{p_1}$$

$$x_A^2(p_1, p_2, m_A) = (1-a)\frac{m_A}{p_2}$$

$$x_B^1(p_1, p_2, m_B) = b\frac{m_B}{p_1}$$

$$x_B^2(p_1, p_2, m_B) = (1-b)\frac{m_B}{p_2}$$

où a et b sont les paramètres des fonctions d'utilité des deux consommateurs.

Nous savons qu'à l'équilibre, le revenu monétaire de chaque individu est déterminé par la valeur de sa dotation :

$$m_A = p_1\omega_A^1 + p_2\omega_A^2$$

$$m_B = p_1\omega_B^1 + p_2\omega_B^2.$$

Les demandes excédentaires agrégées pour les deux biens sont par conséquent

$$\begin{aligned} z_1(p_1, p_2) &= a\frac{m_A}{p_1} + b\frac{m_B}{p_1} - \omega_A^1 - \omega_B^1 \\ &= a\frac{p_1\omega_A^1 + p_2\omega_A^2}{p_1} + b\frac{p_1\omega_B^1 + p_2\omega_B^2}{p_1} - \omega_A^1 - \omega_B^1 \end{aligned}$$

et

$$\begin{aligned} z_2(p_1, p_2) &= (1-a)\frac{m_A}{p_2} + (1-b)\frac{m_B}{p_2} - \omega_A^2 - \omega_B^2 \\ &= (1-a)\frac{p_1\omega_A^1 + p_2\omega_A^2}{p_2} + (1-b)\frac{p_1\omega_B^1 + p_2\omega_B^2}{p_2} - \omega_A^2 - \omega_B^2. \end{aligned}$$

Vous devriez vérifier que ces fonctions de demande agrégée respectent effectivement la loi de Walras.

Si nous choisissons p_2 comme prix numéraire, ces équations deviennent

$$z_1(p_1, 1) = a\frac{p_1\omega_A^1 + p_2\omega_A^2}{p_1} + b\frac{p_1\omega_B^1 + p_2\omega_B^2}{p_1} - \omega_A^1 - \omega_B^1$$

$$z_2(p_1,1) = (1-a)(p_1\omega_A^1 + p_2\omega_A^2) + (1-b)(p_1\omega_B^1 + p_2\omega_B^2) - \omega_A^2 - \omega_B^2.$$

Nous n'avons donc fait ici que poser $p_2 = 1$.

Nous disposons maintenant d'une équation pour la demande excédentaire de bien 1, $z_1(p_1, 1)$, et d'une équation pour la demande excédentaire de bien 2, $z_2(p_1, 1)$,chaque équation étant exprimée en fonction de p_1, c'est-à-dire du prix relatif du bien 1. Pour trouver le prix d'*équilibre*, nous annulons une des deux équations et nous recherchons la solution pour p_1. D'après la loi de Walras, nous devrions obtenir le même prix d'équilibre quelle que soit l'équation que nous considérons.

Le prix d'équilibre s'avère être égal à

$$p_1^* = \frac{a\omega_A^2 + b\omega_B^2}{(1-a)\omega_A^1 + (1-b)\omega_B^1}.$$

(Les sceptiques peuvent insérer cette valeur de p_1 dans les équations d'égalité de l'offre et de demande pour vérifier que ces équations sont effectivement respectées.)

31.8 L'EXISTENCE DE L'ÉQUILIBRE

Dans l'exemple précédent, nous avions des équations particulières pour les fonctions de demande de chaque consommateur et nous avons pu déterminer la solution explicite pour les prix d'équilibre. Mais, en général, nous ne disposons pas d'expressions algébriques explicites pour les demandes de chaque consommateur et nous pourrions dès lors nous demander ce qui nous permet d'affirmer qu'il existe un ensemble particulier de prix tel que la demande soit égale à l'offre sur chaque marché. On appelle cette question, celle de l'**existence d'un équilibre concurrentiel**.

L'existence d'un équilibre concurrentiel est une question importante dans la mesure où elle sert de « contrôle de cohérence » pour les divers modèles que nous avons analysés dans les chapitres précédents. À quoi servirait en effet de construire des théories élaborées relatives au fonctionnement d'un équilibre concurrentiel si un tel équilibre n'existait généralement pas ?

Initialement, les économistes observèrent que sur un marché avec k biens, il fallait déterminer $k - 1$ prix relatifs et qu'il y avait $k - 1$ équations d'équilibre prescrivant l'égalité entre la demande et l'offre. Puisque le nombre d'équations était égal au nombre d'inconnues, ils affirmèrent qu'il existait effectivement une solution pour laquelle toutes les équations étaient respectées.

Mais ils se rendirent bientôt compte qu'un tel raisonnement était fallacieux. Le simple fait de compter le nombre d'équations et d'inconnues n'est pas suffisant pour prouver qu'une solution d'équilibre existe. Toutefois, certains instruments mathématiques peuvent être utilisés pour établir l'existence d'un équilibre concurrentiel. L'hypothèse cruciale consiste en fait à supposer que la fonction de demande excédentaire agrégée est une **fonction continue**. Cela signifie, en termes approximatifs, que de petites variations de prix ne devraient engendrer que des petites variations dans la demande agrégée, c'est-à-dire qu'une petite variation de prix ne devrait pas entraîner un grand saut dans la quantité demandée.

Dans quelles conditions les fonctions de demande agrégée sont-elles continues ? Il y a en fait fondamentalement deux types de conditions qui garantissent la continuité. La première est que la fonction de demande de chaque individu soit continue, c'est-à-dire que de petites variations de prix ne conduisent qu'à de petites variations de la demande. Cela requiert en fait que chaque consommateur ait des préférences convexes comme celles analysées au chapitre 3. L'autre condition est plus générale. Même si les consommateurs ont des comportements de demande discontinus, la fonction de demande agrégée est continue tant que chaque consommateur ne représente qu'une petite partie de l'ensemble du marché.

Cette dernière condition est assez intéressante. En effet, l'hypothèse de comportement concurrentiel n'a de sens que quand il y a un grand nombre de consommateurs qui ne représentent chacun qu'une petite partie de l'ensemble du marché. C'est exactement la condition dont nous avons besoin pour que les fonctions de demande agrégée soient continues. Et la continuité est en quelque sorte simplement le passeport qui garantit l'existence d'un équilibre concurrentiel. Les hypothèses fondamentales qui donnent un sens au comportement que nous avons supposé, c'est-à-dire au comportement concurrentiel, garantissent ainsi par la même occasion que la théorie de l'équilibre a effectivement elle aussi un sens.

31.9 L'ÉQUILIBRE ET L'EFFICACITÉ

Nous venons donc d'analyser l'échange sur le marché dans le cadre d'un modèle d'échange pur. Cela nous donne un modèle particulier d'échange qui peut être comparé au modèle général que nous avons examiné au début de ce chapitre. Une question que l'on pourrait se poser quant à l'utilisation d'un marché concurrentiel, c'est de savoir si ce système exploite effectivement tous les gains découlant de l'échange. Après avoir échangé les biens pour atteindre un équilibre concurrentiel où la demande est égale à l'offre sur chaque marché, existe-t-il encore d'autres échanges auxquels les individus désireraient procéder ? En d'autres termes, un équilibre de marché est-il efficace au sens de Pareto ? Les agents désirent-ils procéder à d'autres échanges après avoir échangé les biens aux prix concurrentiels ?

La réponse à cette question apparaît en examinant la figure 31.4 : l'allocation d'équilibre du marché *est* efficace au sens de Pareto. On peut prouver cela de la façon suivante : une allocation dans la boîte d'Edgeworth est efficace au sens de Pareto si l'ensemble des paniers préférés par A n'a pas d'intersection avec l'ensemble des paniers préférés par B. Or, à l'équilibre du marché, l'ensemble des paniers préférés par A doit être situé au-dessus de son ensemble budgétaire et il en est de même pour B (dans ce cas, « au-dessus » signifie « au-dessus du point de vue de B »). Les deux ensembles d'allocations préférées ne peuvent donc pas avoir d'intersection. Cela signifie par conséquent qu'aucune allocation n'est préférée à l'allocation d'équilibre par les deux agents à la fois, de sorte que l'équilibre est efficace au sens de Pareto.

31.10 L'ALGÈBRE DE L'EFFICACITÉ

Nous pouvons également démontrer cela de façon algébrique. Supposons que nous ayons un équilibre de marché qui n'est pas efficace au sens de Pareto. Nous allons montrer que cette hypothèse nous conduit à une contradiction.

Dire qu'un équilibre de marché n'est pas efficace au sens de Pareto signifie qu'il existe une autre allocation réalisable $(y_A^1, y_A^2, y_B^1, y_B^2)$ telle que

$$y_A^1 + y_B^1 = \omega_A^1 + \omega_B^1 \tag{31.1}$$

$$y_A^2 + y_B^2 = \omega_A^2 + \omega_B^2 \tag{31.2}$$

et

$$(y_A^1, y_A^2) \succ_A (x_A^1, x_A^2) \tag{31.3}$$

$$(y_B^1, y_B^2) \succ_B (x_B^1, x_B^2) \tag{31.4}$$

Les deux premières équations indiquent que l'allocation y est réalisable et les deux autres que chaque individu préfère cette allocation à l'allocation x. (Les symboles $\succ_A$ et $\succ_B$ se réfèrent aux préférences des agents A et B.)

Mais, par hypothèse, nous avons un équilibre de marché, c'est-à-dire que chaque agent achète le meilleur panier qu'il peut acquérir. Si (y_A^1, y_A^2) est meilleur que le panier que A choisit, il doit par conséquent coûter plus que ce que A peut dépenser et il en est de même pour B :

$$p_1 y_A^1 + p_2 y_A^2 > p_1 \omega_A^1 + p_2 \omega_A^2$$

$$p_1 y_B^1 + p_2 y_B^2 > p_1 \omega_B^1 + p_2 \omega_B^2.$$

En additionnant ces deux inégalités, nous obtenons

$$p_1(y_A^1 + y_B^1) + p_2(y_A^2 + y_B^2) > p_1(\omega_A^1 + \omega_B^1) + p_2(\omega_A^2 + \omega_B^2).$$

Et en substituant à partir des équations (31.1) et (31.2), cette expression devient

$$p_1(\omega_A^1+\omega_B^1)+p_2(\omega_A^2+\omega_B^2)>p_1(\omega_A^1+\omega_B^1)+p_2(\omega_A^2+\omega_B^2).$$

Il s'agit clairement d'une contradiction puisque le membre de gauche et le membre de droite sont identiques.

Nous avons trouvé cette contradiction en supposant que l'équilibre de marché n'était pas efficace au sens de Pareto. Par conséquent, cette hypothèse doit être fausse et dès lors, tous les équilibres de marché sont efficaces au sens de Pareto. Ce résultat est connu sous le nom de « **Premier Théorème de l'Économie du Bien-être** ».

Le Premier Théorème de l'Économie du Bien-être garantit qu'un marché concurrentiel exploite tous les gains découlant de l'échange : une allocation d'équilibre réalisée grâce à un ensemble de marchés concurrentiels est nécessairement efficace au sens de Pareto. Une telle allocation peut très bien ne présenter aucune autre caractéristique désirable, mais elle est nécessairement efficace. Notons que ce théorème ne dit rien concernant la distribution des gains économiques. L'équilibre du marché pourrait très bien ne pas être une allocation « juste » ; par exemple, si la personne A possède tout au départ, elle possédera tout après l'échange. Cet équilibre est efficace, mais vraisemblablement pas très équitable. L'efficacité est cependant quelque chose d'important et il est rassurant de savoir qu'un système de marché simple, comme celui que nous venons de décrire, permet de réaliser une allocation efficace.

Exemple : Le monopole dans la boîte d'Edgeworth

Pour mieux comprendre le Premier Théorème de l'Économie du Bien-être, il est intéressant de considérer un autre système d'allocation des ressources qui ne conduit pas à des résultats efficaces. Un exemple type est celui d'un système où un consommateur essaie de se comporter comme un monopoleur.

Supposons maintenant qu'il n'y ait pas de commissaire-priseur, que l'agent A fixe les prix pour l'agent B et que celui-ci choisisse la quantité qu'il désire échanger aux prix qui lui sont communiqués. Supposons en outre que A connaisse la courbe de demande de B et essaie de choisir l'ensemble des prix qui lui procure le niveau de satisfaction le plus élevé, compte tenu du comportement de demande de B.

Pour déterminer l'équilibre dans cette situation, il est utile de rappeler la définition du **chemin d'expansion du prix** d'un consommateur. Le chemin d'expansion du prix, que nous avons étudié au chapitre 6, représente tous les choix optimaux du consommateur aux différents prix. Le chemin d'expansion de B représente donc les paniers qu'il achète aux différents prix, c'est-à-dire qu'il décrit le comportement de demande de B. Si nous traçons une droite de budget pour B, le point d'intersection entre la droite de budget et son chemin d'expansion donne la consommation optimale de B.

Si l'agent A souhaite proposer à B les prix qui lui procurent le niveau de satisfaction le plus élevé possible, il devrait rechercher le point sur le chemin d'expansion de B où il a personnellement l'utilité la plus élevée. Ce point est indiqué à la figure 31.5.

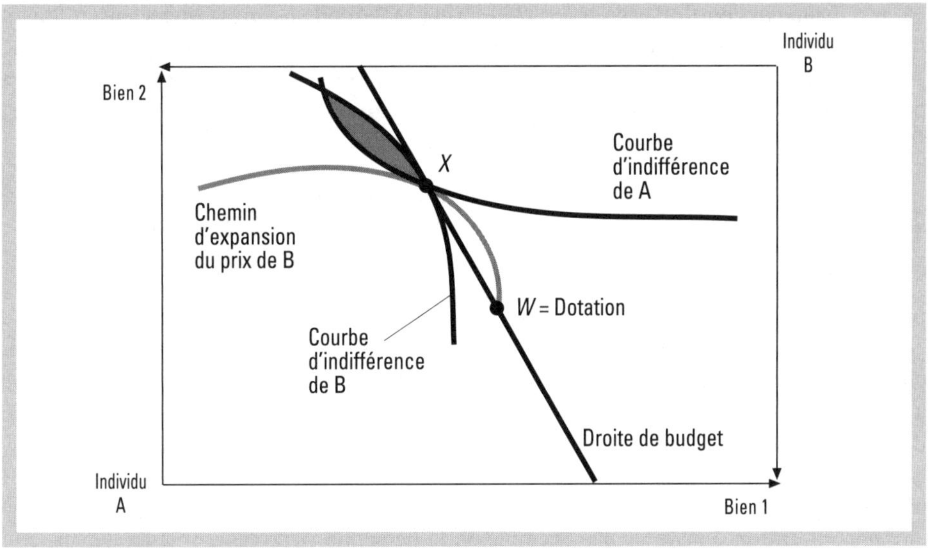

Figure 31.5 ***Le monopole dans la boîte d'Edgeworth.***

A choisit le point sur le chemin d'expansion de B qui lui procure le niveau d'utilité le plus élevé possible.

Ce choix optimal est caractérisé comme d'habitude par une condition de tangence : la courbe d'indifférence de A est tangente au chemin d'expansion de B. Si le chemin d'expansion de B coupait la courbe d'indifférence de A, il existerait un point sur le chemin d'expansion de B qui serait préféré par A et par conséquent, nous ne pourrions pas être au point optimal pour A.

Dès que nous avons identifié ce point, noté X à la figure 31.5, il suffit de tracer une droite de budget allant de ce point au point de dotation. Aux prix correspondant à cette droite de budget, B choisit le panier X et A a le niveau de satisfaction le plus élevé possible.

Cette allocation est-elle efficace au sens de Pareto ? Généralement, la réponse est négative. Pour le voir, il suffit de remarquer que la courbe d'indifférence de A n'est pas tangente à la droite de budget en X et par conséquent, elle n'est pas tangente à la courbe d'indifférence de B. En fait, la courbe d'indifférence de A est tangente au *chemin d'expansion* de B et dès lors, elle ne peut pas être tangente à la courbe d'indifférence de B. L'allocation correspondant à une situation de monopole est donc inefficace au sens de Pareto.

Cette allocation est inefficace au sens de Pareto exactement pour la même raison que celle donnée au chapitre 24 quand nous avons analysé le monopole. À la marge, A désirerait vendre davantage aux prix d'équilibre, mais il ne pourrait le faire qu'en diminuant son prix de vente et cette diminution réduirait le revenu qu'il retire de la vente des unités inframarginales.

Nous avons vu au chapitre 25 qu'un monopoleur parfaitement discriminant produit un niveau d'output efficace. Rappelons qu'un monopoleur discriminant est une personne qui est capable de vendre chaque unité d'un bien à l'individu qui est disposé à payer le montant le plus élevé pour cette unité. À quoi ressemblerait un monopoleur parfaitement discriminant dans la boîte d'Edgeworth ?

La réponse à cette question est donnée à la figure 31.6. Partons de l'allocation de dotation initiale *W* et imaginons que A vende à B chaque unité de bien 1 à un prix différent, c'est-à-dire au prix auquel B est indifférent entre le fait d'acheter et de ne pas acheter cette unité. Après la vente de la première unité, B reste sur la même courbe d'indifférence passant par *W*. Ensuite, A vend la deuxième unité de bien 1 à B au prix maximum que celui-ci accepte de payer. Cela signifie que l'allocation se déplace davantage vers la gauche tout en restant sur la courbe d'indifférence de B qui passe par *W*. L'agent A continue à vendre ainsi des unités à B se déplaçant vers le haut le long de la courbe d'indifférence de B jusqu'au moment où A atteint le point qu'il préfère, c'est-à-dire *X*.

Il est facile de voir que ce point doit être efficace au sens de Pareto. L'agent A a le niveau de satisfaction le plus élevé possible, étant donné la courbe d'indifférence de B. A s'est en fait arrangé pour s'emparer de la totalité du surplus du consommateur B : celui-ci a le même niveau de satisfaction que celui qu'il avait initialement.

Ces deux exemples nous donnent des points de repère intéressants pour notre réflexion concernant le Premier Théorème de l'Économie du Bien-être. Le monopole

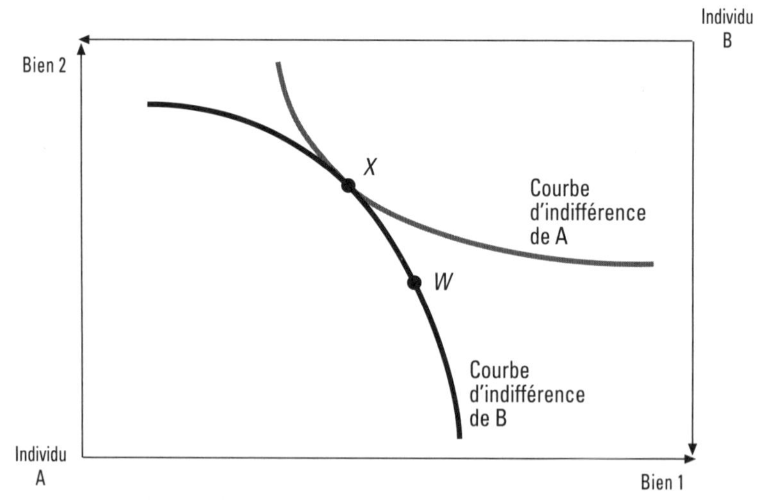

Figure 31.6 ***Un monopoleur parfaitement discriminant.***

A choisit sur la courbe d'indifférence de B passant par le point de dotation le point *X* qui lui procure l'utilité la plus élevée. Ce point doit être efficace au sens de Pareto.

ordinaire est un exemple de système d'allocation des ressources qui engendre des équilibres inefficaces. Le monopole discriminant constitue au contraire un exemple de système, autre que le marché concurrentiel, qui génère des équilibres efficaces.

31.11 L'EFFICACITÉ ET L'ÉQUILIBRE

Le Premier Théorème de l'Économie du Bien-être stipule que l'équilibre sur un ensemble de marchés concurrentiels est efficace au sens de Pareto. Mais qu'en est-il si nous inversons le sens de la causalité ? Si nous partons d'une allocation efficace au sens de Pareto, pouvons-nous trouver des prix tels que cette allocation corresponde à un équilibre de marché ? La réponse s'avère être en fait positive sous certaines conditions.

La figure 31.7 illustre le raisonnement. Partons d'une allocation efficace au sens de Pareto. Nous savons que dans ce cas, l'ensemble des allocations que A préfère à son panier actuel est disjoint de l'ensemble que B préfère. Cela implique évidemment que les deux courbes d'indifférence sont tangentes en cette allocation efficace au sens de Pareto. Traçons la droite qui constitue leur tangente commune, comme à la figure 31.7.

Supposons que cette droite représente les ensembles budgétaires des deux individus. Dans ce cas, si chaque individu choisit le meilleur panier dans son ensemble budgétaire, l'équilibre qui en résulte correspond à l'allocation efficace au sens de Pareto initiale.

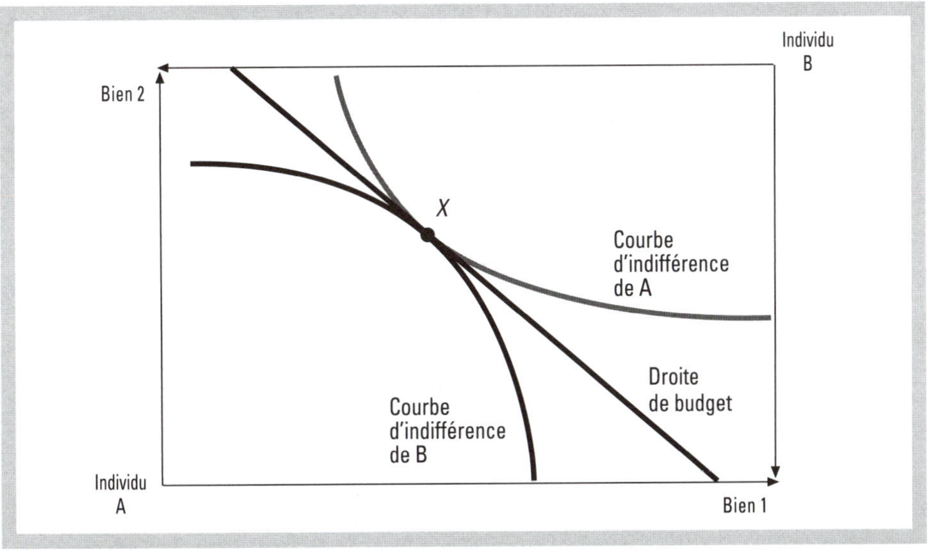

Figure 31.7 ***Le Second Théorème de l'Économie du Bien-être.***

Quand les préférences sont convexes, une allocation efficace au sens de Pareto constitue un équilibre pour un certain ensemble de prix.

Le fait que l'allocation initiale soit efficace nous permet de déterminer automatiquement les prix d'équilibre. Quant à l'allocation de dotation initiale, elle peut correspondre à n'importe lequel des paniers qui engendrent les ensembles budgétaires appropriés, c'est-à-dire à un des paniers situés sur la droite de budget que nous avons tracée.

Pouvons-nous toujours tracer une telle droite de budget ? La réponse est malheureusement négative. La figure 31.8 présente un exemple dans lequel il n'est pas possible de tracer une telle droite. Sur cette figure, le point *X* est efficace au sens de Pareto, mais il n'est pas possible de trouver un ensemble de prix pour lesquels A et B désireraient consommer le panier *X*. Le candidat le plus évident est représenté graphiquement mais, pour cette droite de budget, les demandes optimales de A et B ne sont pas compatibles. L'agent A désire consommer le panier *Y* alors que B désire le panier *X* ; en d'autres termes, pour cet ensemble de prix, la demande n'est pas égale à l'offre.

La différence entre les figures 31.7 et 31.8 est que les préférences représentées sur la première sont convexes, alors que celles représentées sur la seconde ne le sont pas. Si les préférences des deux agents sont convexes, la tangente commune n'aura qu'une intersection avec chaque courbe d'indifférence et par conséquent, tout fonctionnera parfaitement. Cette constatation nous fournit le **Second Théorème de l'Économie du Bien-être** : si tous les agents ont des préférences convexes, il existe toujours un ensemble de prix tel que toute allocation efficace au sens de Pareto soit un équilibre de marché pour des dotations initiales adéquates.

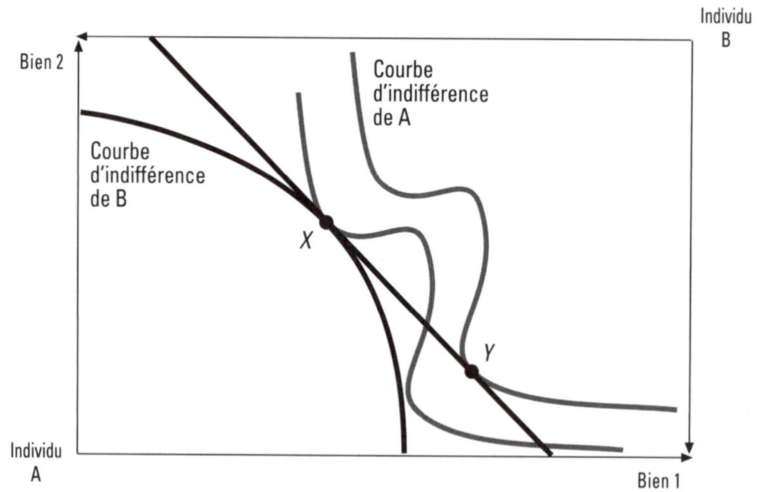

Figure 31.8 ***Une allocation efficace au sens de Pareto qui n'est pas un équilibre.***

Si les préférences ne sont pas convexes, il est possible de trouver des allocations efficaces au sens de Pareto telles que *X* sur cette figure, qui ne peuvent pas être obtenues par des marchés concurrentiels.

La preuve de ce théorème correspond en fait essentiellement au raisonnement graphique que nous venons de tenir. En une allocation efficace au sens de Pareto, l'ensemble des paniers préférés par A est disjoint de l'ensemble des paniers préférés par B. Par conséquent, si les deux agents ont des préférences convexes, nous pouvons tracer une droite entre ces deux ensembles qui les sépare l'un de l'autre. La pente de cette droite nous donne les prix relatifs et n'importe quelle dotation qui place les deux agents sur cette droite nous donne un équilibre de marché final qui correspond à l'allocation efficace au sens de Pareto initiale.

31.12 LES IMPLICATIONS DU PREMIER THÉORÈME DE L'ÉCONOMIE DU BIEN-ÊTRE

Les deux théorèmes de l'économie du bien-être figurent parmi les résultats les plus fondamentaux de la science économique. Nous les avons démontrés uniquement dans le cas simple de la boîte d'Edgeworth, mais ils s'appliquent également à des modèles beaucoup plus complexes avec un nombre quelconque de consommateurs et de biens. Les théorèmes de l'économie du bien-être ont des implications importantes en ce qui concerne les modes d'allocation des ressources.

Considérons le premier théorème. Il stipule que tout équilibre concurrentiel est efficace au sens de Pareto. Il n'y a presque aucune hypothèse explicite dans ce théorème ; il découle presque totalement des définitions. Mais il y a quelques hypothèses implicites. Une hypothèse fondamentale est que les agents ne se préoccupent que de leurs propres consommations de biens et pas de ce que les autres agents consomment. Si un agent se préoccupe de la consommation d'un autre individu, nous disons qu'il y a, dans ce cas, une **externalité de consommation** et nous verrons que quand il y a des externalités de consommation, un équilibre concurrentiel n'est pas nécessairement efficace au sens de Pareto.

Pour prendre un exemple simple, supposons que A se préoccupe de la consommation de cigares de B. Dans ce cas, il n'y a aucune raison particulière pour que nous obtenions une allocation efficace au sens de Pareto quand chaque individu choisit son panier de consommation personnel compte tenu des prix du marché. Quand chaque personne a acheté le meilleur panier qui lui est accessible, il peut encore être possible d'accroître la satisfaction des deux individus, par exemple si A paie B pour que celui-ci fume moins de cigares. Nous analyserons plus en détail les externalités au chapitre 34.

Une autre hypothèse implicite importante du Premier Théorème de l'Économie du Bien-être est que les agents se comportent vraiment de façon concurrentielle. S'il n'y a réellement que deux agents, comme dans l'exemple de la boîte d'Edgeworth, il est peu vraisemblable qu'ils prennent chacun le prix pour une donnée. Au contraire, ils prendront vraisemblablement conscience de leur pouvoir de marché et essaieront de l'utiliser pour améliorer leur situation personnelle. Le concept d'équilibre concurrentiel n'a de sens que quand il y a suffisamment d'agents pour garantir que chacun se comporte de façon concurrentielle.

Finalement, le Premier Théorème de l'Économie du Bien-être n'est pertinent que si un équilibre concurrentiel existe réellement. Conformément au raisonnement que nous avons tenu antérieurement, cela suppose que les consommateurs sont suffisamment petits par rapport à la taille du marché.

Malgré ces restrictions, le Premier Théorème de l'Économie du Bien-être est un résultat assez puissant : si chaque agent s'efforce de maximiser son utilité personnelle, un marché privé engendrera une allocation qui réalise l'efficacité au sens de Pareto.

Ce théorème est intéressant parce qu'il nous donne un système général, à savoir le marché concurrentiel, qui peut être utilisé pour obtenir des résultats efficaces au sens de Pareto. Ce n'est pas tellement important s'il n'y a que deux agents ; il est facile pour deux personnes de se réunir et d'examiner les possibilités d'échanges mutuels. Mais s'il y a des milliers, voire des millions de personnes, une certaine structure doit être imposée au processus d'échange. Le premier théorème indique que les marchés concurrentiels constituent un système particulier qui présente l'avantage de réaliser une allocation efficace au sens de Pareto.

Si nous sommes confrontés à un problème d'allocation de ressources qui implique de nombreux individus, il est intéressant de noter que le recours à des marchés concurrentiels permet de limiter l'information dont chaque agent a besoin. Les seuls éléments qu'un consommateur a besoin de connaître pour prendre ses décisions de consommation, ce sont les prix des biens qu'il envisage de consommer. Sur un marché concurrentiel, les consommateurs n'ont pas besoin de connaître quoi que ce soit concernant la façon dont les biens sont produits, qui possède quels biens, ou encore l'origine des biens. Si chaque individu connaît uniquement les prix des biens, il peut choisir ses demandes et, si le marché fonctionne suffisamment bien pour dégager des prix concurrentiels, nous sommes sûrs d'obtenir un résultat efficace. Le fait que les marchés concurrentiels économisent ainsi l'information nécessaire constitue un argument important en faveur de leur utilisation pour allouer les ressources.

31.13 LES IMPLICATIONS DU SECOND THÉORÈME DE L'ÉCONOMIE DU BIEN-ÊTRE

Le Second Théorème de l'Économie du Bien-être stipule que sous certaines conditions, toute allocation efficace au sens de Pareto peut être réalisée par un équilibre concurrentiel.

Quelle est la portée de théorème ? Il implique en fait que les problèmes de distribution et d'efficacité peuvent être séparés. Quelle que soit l'allocation efficace au sens de Pareto que vous désirez, elle peut être obtenue par l'intermédiaire d'un système de marché. Celui-ci est neutre d'un point de vue distributif ; quelle que soit votre définition d'une « bonne » ou d'une « juste » distribution du bien-être, vous pouvez utiliser les marchés concurrentiels pour la réaliser.

Les prix jouent deux rôles dans un système de marché : un rôle *allocatif* et un rôle *distributif*. Le rôle allocatif des prix consiste à indiquer la rareté relative des biens ; le rôle distributif consiste à déterminer quelle quantité des différents biens les différents agents peuvent acheter. Le Second Théorème de l'Économie du Bien-être indique que ces deux rôles peuvent être séparés : vous pouvez redistribuer les dotations de biens pour définir la fortune des différents agents et ensuite, utiliser les prix pour indiquer la rareté relative.

Les discussions politiques deviennent souvent confuses sur ce point. On entend souvent des arguments en faveur d'interventions au niveau des prix pour des motifs d'équité redistributive. De telles interventions sont cependant en principe peu judicieuses. Comme nous l'avons vu précédemment, une méthode pratique pour réaliser des allocations efficaces, consiste à faire en sorte que chaque agent soit confronté aux coûts sociaux réels de ses actions et qu'il effectue des choix qui réflètent ces coûts. Sur un marché de concurrence parfaite, la décision marginale de consommer plus ou moins d'un bien dépend du prix qui, lui, mesure la façon dont tous les autres individus évaluent ce bien à la marge. Les considérations d'efficacité sont par nature des décisions marginales, c'est-à-dire que chaque personne devrait être confrontée au taux d'échange marginal correct quand elle prend ses décisions de consommation. Quant au choix des *quantités totales* que les différents agents devraient consommer, il s'agit là d'une question totalement différente. Sur un marché concurrentiel, ces quantités sont déterminées par la valeur des ressources qu'une personne peut vendre. D'un point de vue purement théorique, il n'y a aucune raison pour que l'État ne puisse pas transférer les pouvoirs d'achat, c'est-à-dire les dotations, entre les différents consommateurs d'une façon qu'il juge appropriée.

En fait, l'État n'a pas besoin de transférer les dotations en biens. Ce qu'il doit transférer, c'est le pouvoir d'achat des dotations. L'État pourrait taxer un consommateur sur base de la valeur de sa dotation et transférer cet argent à un autre individu. Tant que les taxes sont basées sur la valeur de la *dotation* en biens du consommateur, il n'y a aucune perte d'efficacité. Ce n'est que quand les taxes dépendent des *choix* effectués par un consommateur qu'il y a inefficacité parce que dans ce cas, les taxes affectent ses choix marginaux.

Il est vrai cependant qu'une taxe sur les dotations modifiera généralement le comportement des individus. Mais, conformément au Premier Théorème de l'Économie du Bien-être, quelles que soient les dotations initiales à partir desquelles s'effectue le processus d'échange, celui-ci conduira à une allocation efficace au sens de Pareto. Peu importe dès lors comment on redistribue les dotations, l'allocation d'équilibre, déterminée par les forces du marché, restera efficace au sens de Pareto.

Cette question soulève toutefois des problèmes pratiques. Nous pourrions facilement instaurer une taxe forfaitaire sur les consommateurs. Nous pourrions taxer tous les consommateurs avec des yeux bleus et redistribuer les recettes aux consommateurs avec des yeux bruns. Tant que la couleur des yeux ne peut pas être modifiée, il n'y aura aucune perte d'efficacité. Nous pourrions taxer les consommateurs avec un Q.I. élevé et redistribuer les fonds aux consommateurs avec des Q.I. faibles. De nouveau, tant que le Q.I. peut être mesuré, il n'y aura aucune perte d'efficacité avec ce type de taxe.

Mais le problème est le suivant. Comment mesurons-nous la dotation en biens des individus ? Pour la plupart d'entre eux, leur dotation est constituée essentiellement par leur pouvoir de travail personnel. Les dotations en travail des individus correspondent au travail que ceux-ci *pourraient* envisager de vendre et non à la quantité de travail qu'ils finissent effectivement par vendre. Taxer le travail que les gens décident de vendre sur le marché entraîne des **distorsions**. Si la vente de travail est taxée, il y aura des distorsions au niveau des décisions d'offre de travail des consommateurs ; ils offriront généralement moins de travail que ce qu'ils auraient fait en l'absence de taxation. Par contre, taxer la valeur potentielle du travail, c'est-à-dire la dotation en travail, n'engendre aucune distorsion. La valeur potentielle du travail est par définition un élément qui n'est pas modifié par la taxation. Taxer la valeur de la dotation peut paraître une chose aisée jusqu'au moment où on réalise que cela implique l'identification et la taxation de quelque chose qui *pourrait* être vendu plutôt que la taxation de quelque chose qui est effectivement vendu.

Nous pourrions *imaginer* un système pour prélever ce type de taxe. Imaginons par exemple une société où chaque consommateur devrait donner chaque semaine à l'État une somme équivalente au salaire qu'il gagnerait en travaillant 10 h. Cette taxe serait indépendante du travail effectivement réalisé par l'individu ; elle ne dépendrait que de la dotation en travail et non de la quantité de travail effectivement vendue. Ce type de taxe correspond en fait fondamentalement à un mécanisme de transfert à l'État d'une partie de la dotation en temps de travail de chaque consommateur. L'État pourrait ensuite utiliser cet argent pour fournir divers biens ou pour transférer simplement cet argent à d'autres individus.

D'après le Second Théorème de l'Économie du Bien-être, ce type de taxe forfaitaire n'entraîne aucune distorsion et, en principe, toute allocation efficace au sens de Pareto pourrait être réalisée en opérant une telle redistribution forfaitaire.

Personne toutefois ne milite en faveur d'une telle restructuration radicale du système fiscal. Les décisions d'offre de travail de la plupart des individus sont relativement insensibles aux variations du taux de salaire, de sorte que la perte d'efficacité découlant de la taxation du travail est vraisemblablement peu importante. Mais le message de ce second théorème est important. Les prix devraient être utilisés pour refléter la rareté. Des transferts forfaitaires de richesse devraient être utilisés pour réaliser les objectifs distributifs. Dans une large mesure, ces deux décisions politiques peuvent être séparées. Les préoccupations des individus en ce qui concerne la distribution du bien-être peuvent les amener à plaider en faveur de diverses formes de manipulation des prix. On a par exemple soutenu l'idée que les personnes âgées devraient avoir accès à des services téléphoniques moins chers ou que les petits utilisateurs d'électricité devraient payer des tarifs moins élevés que les grands utilisateurs. Fondamentalement, il s'agit de tentatives visant à redistribuer le revenu par l'intermédiaire du système de prix en offrant à certaines personnes des prix inférieurs à d'autres.

Quand vous réfléchissez à la question, il s'agit en fait d'une méthode terriblement inefficace pour redistribuer le revenu. Si vous souhaitez redistribuer le revenu, pourquoi ne pas simplement le redistribuer ? Si vous donnez à une personne un euro supplémentaire à dépenser, elle pourra décider de consommer davantage des biens qu'elle désire ; elle ne sera pas obligée d'augmenter uniquement la consommation du bien subventionné.

RÉSUMÉ

1. L'équilibre général correspond à l'étude de la façon dont l'économie peut s'ajuster pour qu'il y ait égalité de l'offre et de la demande sur tous les marchés en même temps.

2. La boîte d'Edgeworth est un instrument graphique permettant d'étudier un équilibre général quand il y a deux consommateurs et deux biens.

3. Une allocation est efficace au sens de Pareto quand il n'est pas possible de procéder à une réallocation des biens qui procure à tous les consommateurs au moins le même niveau de satisfaction et un niveau de satisfaction strictement supérieur à un consommateur au moins.

4. La loi de Walras stipule que la valeur de la demande excédentaire agrégée est nulle quels que soient les prix.

5. Une allocation d'équilibre général est une allocation dans laquelle chaque individu choisit le panier de biens qu'il préfère dans l'ensemble de ceux qu'il peut acquérir.

6. Seuls les prix relatifs sont déterminés dans un système d'équilibre général.

7. Si la demande de chaque bien varie de façon continue quand les prix varient, il existe toujours un ensemble de prix tel que la demande soit égale à l'offre sur chaque marché, c'est-à-dire qu'il existe toujours un équilibre concurrentiel.

8. Le Premier Théorème de l'Économie du Bien-être stipule qu'un équilibre concurrentiel est efficace au sens de Pareto.

9. Le Second Théorème de l'Économie du Bien-être stipule qu'à condition que les préférences soient convexes, toute allocation efficace au sens de Pareto peut être réalisée par un équilibre concurrentiel.

PROBLÈMES À RÉSOUDRE

31.1 Est-il possible d'avoir une allocation efficace au sens de Pareto telle qu'un individu ait un niveau de satisfaction moindre que ce qu'il aurait avec une allocation qui n'est pas efficace au sens de Pareto ?

31.2 Est-il possible d'avoir une allocation efficace au sens de Pareto telle que tous les individus aient un niveau de satisfaction moindre que ce qu'ils auraient avec une allocation qui n'est pas efficace au sens de Pareto ?

31.3 Vrai ou faux ? Si nous connaissons la courbe des contrats, nous connaissons le résultat de tous les échanges envisageables.

31.4 Est-il possible d'accroître le niveau de satisfaction d'un individu si nous partons d'une allocation efficace au sens de Pareto ?

31.5 Si la valeur de la demande excédentaire est nulle sur 8 des 10 marchés de biens de l'économie, quelle est la valeur de la demande excédentaire sur les deux marchés restants ?

ANNEXE

Examinons les conditions mathématiques qui définissent les allocations efficaces au sens de Pareto. Par définition, une allocation efficace au sens de Pareto procure à chaque individu le niveau de satisfaction le plus élevé possible, compte tenu de l'utilité de l'autre individu. Prenons dès lors un niveau d'utilité donné $\overline{u}$, pour l'individu B par exemple, et examinons comment donner à l'individu A le niveau de satisfaction le plus élevé possible. Le problème de maximisation est le suivant :

$$\max_{x_A^1, x_A^2, x_B^1, x_B^2} u_A(x_A^1, x_A^2)$$

$$\text{s.c. } u_B(x_B^1, x_B^2) = \overline{u}$$

$$x_A^1 + x_B^1 = \omega^1$$

$$x_A^2 + x_B^2 = \omega^2,$$

où $\omega_1 = \omega_A^1 + \omega_B^1$ correspond à la quantité totale de bien 1 disponible et $\omega_2 = \omega_A^2 + \omega_B^2$ est la quantité équivalente de bien 2. Ce problème de maximisation nous demande donc de trouver l'allocation $(x_A^1, x_A^2, x_B^1, x_B^2)$ qui procure à l'individu A le niveau d'utilité le plus élevé possible, étant donné un niveau d'utilité fixé pour l'individu B et compte tenu du fait que la quantité totale utilisée de chaque bien doit être égale à la quantité totale disponible.

Nous pouvons écrire comme suit la fonction de Lagrange pour ce problème :

$$L = u_A(x_A^1, x_A^2) - \lambda(u_B(x_B^1, x_B^2) - \overline{u})$$
$$- \lambda_1(x_A^1 + x_B^1 - \omega^1) - \lambda_2(x_A^2 + x_B^2 - \omega^2).$$

λ est le multiplicateur de Lagrange associé à la contrainte relative au niveau d'utilité et les μ sont les multiplicateurs de Lagrange associés aux contraintes des ressources. Quand nous différentions par rapport à chacun des biens, nous obtenons quatre conditions du premier ordre qui doivent être respectées à l'optimum :

$$\frac{\partial L}{\partial x_A^1} = \frac{\partial u_A}{\partial x_A^1} - \lambda_1 = 0$$

$$\frac{\partial L}{\partial x_A^2} = \frac{\partial u_A}{\partial x_A^2} - \lambda_2 = 0$$

$$\frac{\partial L}{\partial x_B^1} = -\lambda \frac{\partial u_B}{\partial x_B^1} - \lambda_1 = 0$$

$$\frac{\partial L}{\partial x_B^2} = -\lambda \frac{\partial u_B}{\partial x_B^2} - \lambda_2 = 0.$$

Si nous divisons la première équation par la deuxième et la troisième par la quatrième, nous obtenons

$$\mathrm{TmS}_A = \frac{\partial u_A / \partial x_A^1}{\partial u_A / \partial x_A^2} = \frac{\mu_1}{\mu_2} \tag{31.5}$$

$$\mathrm{TmS}_B = \frac{\partial u_B / \partial x_B^1}{\partial u_B / \partial x_B^2} = \frac{\mu_1}{\mu_2}. \tag{31.6}$$

L'interprétation de ces conditions a été donnée dans le corps du chapitre : en une allocation efficace au sens de Pareto, les taux marginaux de substitution entre les deux biens doivent être identiques. S'il n'en était pas ainsi, il existerait un échange supplémentaire qui permettrait d'améliorer le niveau de satisfaction de tous les consommateurs.

Rappelons les conditions qui doivent être respectées au niveau des choix optimaux des consommateurs. Si A maximise son utilité sous sa contrainte budgétaire, que B fait de même et que les deux consommateurs sont confrontés aux mêmes prix pour les biens 1 et 2, nous devons avoir

$$\frac{\partial u_A / \partial x_A^1}{\partial u_A / \partial x_A^2} = \frac{p_1}{p_2} \tag{31.7}$$

$$\frac{\partial u_B / \partial x_B^1}{\partial u_B / \partial x_B^2} = \frac{p_1}{p_2}. \tag{31.8}$$

Remarquons la ressemblance avec les conditions d'efficacité. Les multiplicateurs de Lagrange dans les conditions d'efficacité, μ_1 et μ_2, correspondent exactement aux prix p_1 et p_2 dans les conditions qui définissent les choix optimaux du consommateur. On appelle parfois les multiplicateurs de Lagrange dans ce type de problème, les **prix implicites** (*shadow prices*) ou **prix d'efficacité**.

Toute allocation efficace au sens de Pareto doit respecter des conditions semblables aux équations (31.5) et (31.6). Tout équilibre concurrentiel doit satisfaire des conditions semblables aux équations (31.7) et (31.8). Les conditions qui définissent l'efficacité au sens de Pareto et celles qui définissent la maximisation individuelle dans un environnement de marché sont donc virtuellement identiques.

32

LA PRODUCTION

Dans le chapitre précédent, nous avons présenté un modèle d'équilibre général dans une économie d'échange pur et nous avons étudié les problèmes d'allocation des ressources quand une quantité fixe de chaque bien est disponible. Dans ce chapitre, nous désirons examiner comment le phénomène de production s'intègre dans la structure de l'équilibre général. Quand la production est possible, les quantités des biens ne sont pas fixes, mais dépendent des prix du marché.

Si l'hypothèse de deux consommateurs et de deux biens vous a déjà semblé un cadre fort restrictif pour étudier le problème de l'échange, réfléchissez à quoi va ressembler le processus de production ! Le nombre minimum de joueurs que nous devons considérer pour avoir un problème intéressant est : un consommateur, une firme et deux biens. Ce type de modèle économique est traditionnellement appelé l'**économie à la Robinson Crusoë** d'après le nom du héros naufragé de Defoe.

32.1 L'ÉCONOMIE À LA ROBINSON CRUSOË

Dans cette économie, Robinson Crusoë joue deux rôles : il est à la fois consommateur et producteur. Robinson peut passer son temps à flâner sur la plage et par conséquent à consommer du loisir, mais il peut alternativement passer son temps à ramasser des noix de coco. Plus il ramasse de noix de coco, plus il a à manger, mais moins il dispose de temps pour améliorer son bronzage.

Les préférences de Robinson pour les noix de coco et le loisir sont illustrées à la figure 32.1. Elles se présentent exactement de la même façon que les préférences pour le loisir et la consommation que nous avons envisagées au chapitre 9, à l'exception que nous mesurons maintenant le travail et non plus le loisir sur l'axe horizontal. Jusqu'à présent, nous n'avons rien ajouté de neuf.

Traçons maintenant la **fonction de production**, c'est-à-dire la fonction qui représente la relation entre la quantité de travail effectuée par Robinson et la quantité de noix de coco qu'il obtient. Cette fonction a généralement la forme indiquée à la figure 32.1. Plus Robinson travaille, plus il a de noix de coco, mais à cause des rendements décroissants, le produit marginal de son travail diminue, c'est-à-dire que le nombre de noix de coco supplémentaires qu'il obtient pour une heure de travail additionnelle diminue à mesure que le nombre d'heures de travail augmente.

Combien d'heures Robinson travaille-t-il et quelle quantité consomme-t-il ? Pour répondre à ces questions, recherchons la courbe d'indifférence la plus élevée qui ne fait que toucher l'ensemble de production. Cela nous donne la meilleure combinaison de travail et de consommation que Robinson peut obtenir étant donné la technique qu'il utilise pour ramasser des noix de coco.

En ce point, la pente de la courbe d'indifférence doit être égale à la pente de la fonction de production en vertu du raisonnement habituel : si ces courbes se coupaient, il existerait un autre point réalisable qui serait préféré. Cela implique que le produit marginal d'une heure supplémentaire de travail doit être égal au taux marginal de substitution entre

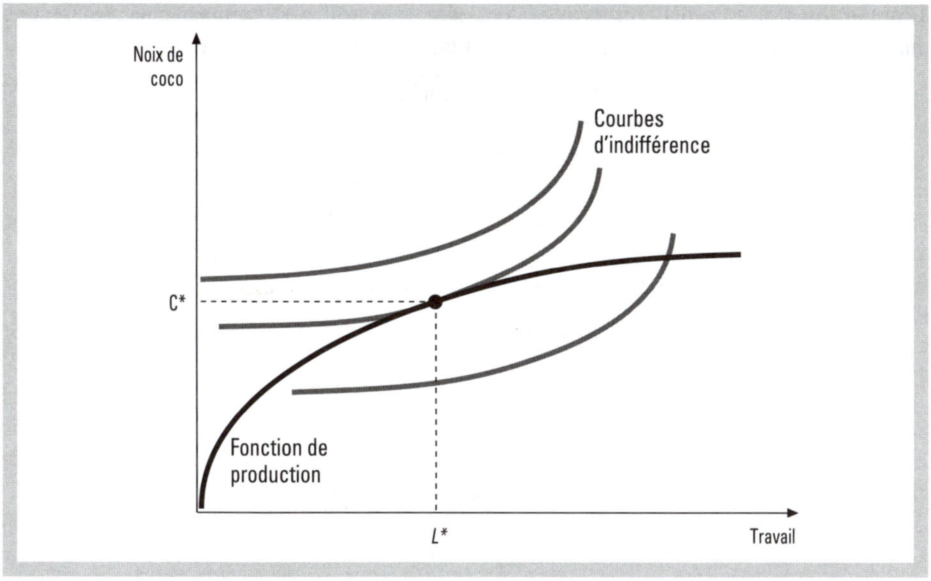

Figure 32.1 ***L'économie à la Robinson Crusoë.***

Les courbes d'indifférence représentent les préférences de Robinson pour les noix de coco et le loisir. La fonction de production représente la relation technique existant entre le temps de travail de Robinson et la quantité de noix de coco qu'il produit.

loisir et noix de coco. Si le produit marginal était supérieur au taux marginal de substitution, Robinson aurait intérêt à renoncer à un petit peu de loisir pour obtenir des noix de coco supplémentaires. Si au contraire le produit marginal était inférieur au taux marginal de substitution, il aurait intérêt à travailler un petit peu moins.

32.2 CRUSOË S.A.

Jusqu'à présent, cette analyse ne constitue qu'une petite extension des modèles que nous avons déjà examinés. Mais ajoutons maintenant un élément neuf. Supposons que Robinson soit fatigué d'être en même temps producteur et consommateur et qu'il décide d'alterner les rôles. Un jour, il agit uniquement comme un producteur et le jour suivant, uniquement comme un consommateur. Pour coordonner ces activités, il décide d'instituer un marché du travail et un marché de la noix de coco.

Il constitue également une entreprise, la « Crusoë s.a. », et il en devient l'unique actionnaire. L'entreprise va examiner le prix du travail et des noix de coco et elle va choisir la quantité de travail qu'elle engage et la quantité de noix de coco qu'elle produit en poursuivant l'objectif de maximisation du profit. Robinson va recevoir, en tant que travailleur, un salaire correspondant à son travail dans l'entreprise ; en tant qu'actionnaire de l'entreprise, il va percevoir le profit et en tant que consommateur, il décidera de la quantité d'output qu'il achète à l'entreprise. (Cette situation doit certainement paraître étrange, mais il n'y a pas beaucoup d'autres choses à faire sur une île déserte.)

Pour conserver trace de ses transactions, Robinson invente une monnaie qu'il appelle « euro » et il choisit, de façon somme toute arbitraire, de fixer le prix d'une noix de coco à un euro la pièce. Les noix de coco constituent donc le bien numéraire dans cette économie ; comme nous l'avons vu au chapitre 2, un bien numéraire est un bien dont le prix est fixé égal à l'unité. Puisque le prix d'une noix de coco est ainsi normalisé à un niveau égal à l'unité, nous n'avons plus qu'à déterminer le taux de salaire. Quel devrait être le taux de salaire de Robinson pour que ce marché fonctionne ?

Nous allons examiner ce problème tout d'abord du point de vue de la s.a. Crusoë puis ensuite, du point de vue du consommateur Robinson. L'analyse est actuellement quelque peu schizophrénique, mais c'est le tribut qu'il faut payer si on désire considérer une économie avec une seule personne. Nous allons regarder cette économie après un certain temps de fonctionnement et quand tout est à l'équilibre. À l'équilibre, la demande de noix de coco est égale à l'offre de noix de coco et la demande de travail est égale à l'offre de travail. La s.a. Crusoë et le consommateur Robinson effectuent tous les deux leurs choix optimaux compte tenu des contraintes auxquelles ils sont confrontés.

32.3 LA FIRME

Chaque soir, la s.a. Crusoë détermine la quantité de travail qu'elle désire engager le jour suivant et la quantité de noix de coco qu'elle désire produire. Compte tenu du prix des noix de coco égal à l'unité et d'un taux de salaire w, nous pouvons résoudre le problème de maximisation du profit de l'entreprise représenté à la figure 32.2. Nous considérons tout d'abord toutes les combinaisons de noix de coco et de travail qui procurent un niveau constant de profit π. Cela signifie que

$$\pi = C - wL.$$

La solution pour C est

$$C = \pi + wL.$$

Exactement comme au chapitre 19, cette expression définit des droites d'isoprofit, c'est-à-dire toutes les combinaisons de travail et de noix de coco qui procurent un profit π. La s.a. Crusoë choisit un point qui maximise son profit.

Comme d'habitude, cela implique une condition de tangence : la pente de la fonction de production, c'est-à-dire le produit marginal du travail, doit être égale à w, comme illustré à la figure 32.2.

L'ordonnée à l'origine de la droite d'isoprofit mesure le profit maximum exprimé en noix de coco : si Robinson génère π^* euros de profit, cette somme permet d'acheter π^* noix de coco, puisque le prix des noix de coco est égal à l'unité. La s.a. Crusoë a ainsi résolu son problème. Étant donné le salaire w, elle a déterminé la quantité de travail

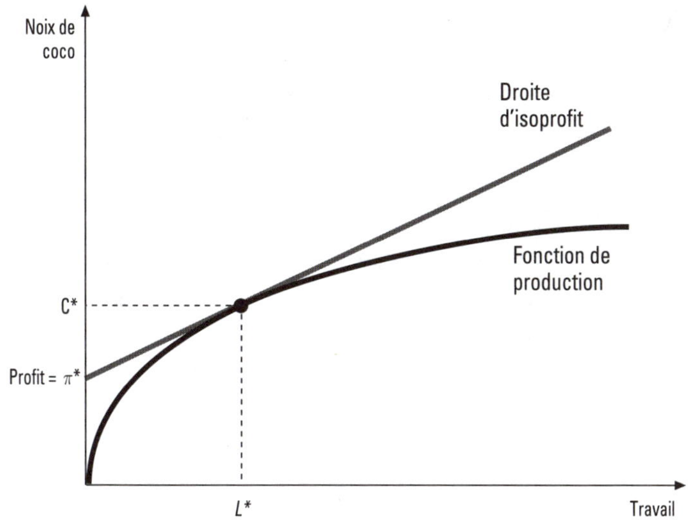

Figure 32.2 ***La maximisation du profit.***

La s.a. Crusoë choisit un programme de production qui maximise son profit ; cela correspond à un point de tangence entre la droite d'isoprofit et la fonction de production.

qu'elle désire engager, la quantité de noix de coco qu'elle désire produire et le niveau de profit qu'elle va obtenir en réalisant son programme de production. La s.a. Crusoë déclare dès lors un dividende total de π^* euros et le verse à son unique actionnaire, Monsieur Robinson.

32.4 LE PROBLÈME DE ROBINSON

Le jour suivant, Robinson se lève et reçoit son dividende de π^* euros. En prenant son petit déjeuner de noix de coco, il se demande combien de temps il désire travailler et quelle quantité de noix de coco il désire consommer. Il peut envisager de consommer simplement sa dotation, c'est-à-dire d'acquérir π noix de coco avec le profit qu'il reçoit et de consommer sa dotation de loisir. Mais il n'est pas très agréable d'entendre les gargouillis de son estomac et il est peut-être plus raisonnable de travailler quelques heures. Robinson se résout donc à aller chez Crusoë s.a. et commence à ramasser des noix de coco exactement comme il l'a fait tous les autres jours.

Nous pouvons déterminer le choix de consommation et de travail de Robinson en utilisant comme d'habitude des courbes d'indifférence. Si nous indiquons le travail sur l'axe horizontal et les noix de coco sur l'axe vertical, nous pouvons tracer une courbe d'indifférence comme celle illustrée à la figure 32.3.

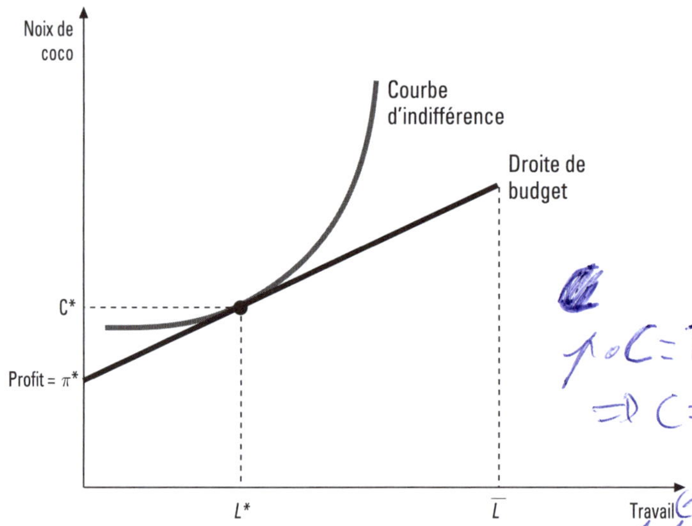

Figure 32.3 ***Le problème de maximisation de Robinson.***

Le consommateur Robinson choisit le temps qu'il désire travailler et la quantité de noix de coco qu'il désire consommer, compte tenu des prix et salaires. Le choix optimal est situé au point de tangence entre la courbe d'indifférence et la droite de budget.

Puisque le travail est, par hypothèse, un bien non désirable et que les noix de coco constituent au contraire un bien désirable, la courbe d'indifférence a une pente positive. Si nous désignons par $\bar{L}$, la quantité maximum de travail, la distance entre $\bar{L}$ et l'offre de travail choisie nous donne la demande de loisir de Robinson. C'est parfaitement identique au modèle d'offre de travail examiné au chapitre 9, si ce n'est que nous avons inversé l'origine sur l'axe horizontal. Nous avons également représenté à la figure 32.3 la droite de budget de Robinson. Celle-ci a une pente égale à w et passe par le point de dotation (π^*, 0). (Robinson a une dotation nulle de travail et une dotation π^* de noix de coco puisque cela correspond au panier qu'il aurait s'il ne procédait à aucune transaction sur le marché.) Compte tenu de son taux de salaire, Robinson choisit le temps optimal qu'il désire travailler et la quantité optimale de noix de coco qu'il désire consommer. À l'optimum, le taux marginal de substitution entre consommation et loisir doit être égal au taux de salaire, exactement comme dans le problème classique de choix du consommateur.

32.5 LA RÉUNION DES DEUX PROBLÈMES

Superposons maintenant les figures 32.2 et 32.3 pour obtenir la figure 32.4 et examinons ce qui s'est passé. Le comportement bizarre de Robinson s'avère finalement parfaitement correct. Il finit par consommer exactement la même combinaison que celle qu'il aurait

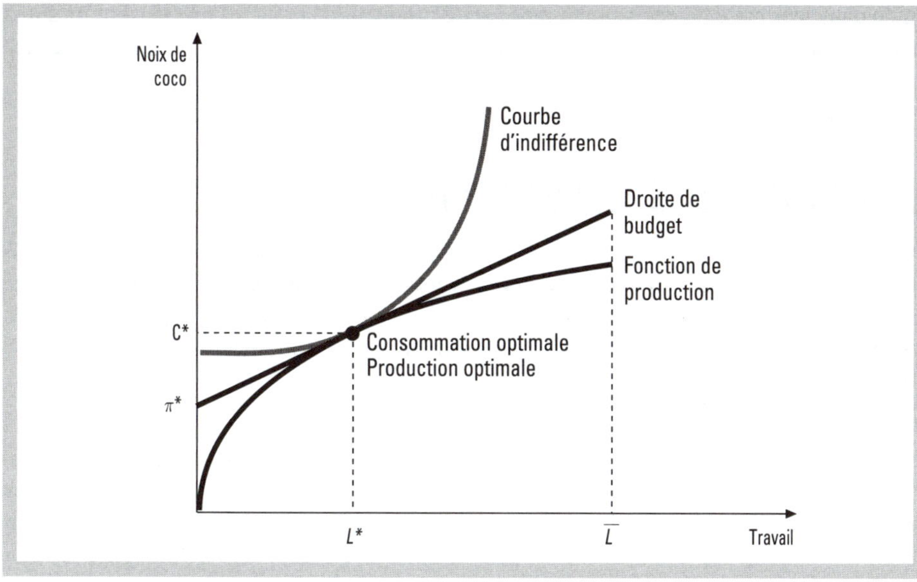

Figure 32.4 ***L'équilibre de consommation et de production.***

La quantité de noix de coco demandée par le consommateur Robinson est égale à la quantité de noix de coco offerte par Crusoë s.a.

eue s'il avait pris toutes ses décisions en même temps. En utilisant le système de marché, il aboutit au même résultat que s'il avait choisi directement ses programmes de consommation et de production.

Puisque le taux marginal de substitution entre loisir et consommation est égal au salaire et que le produit marginal du travail l'est également, le taux marginal de substitution entre travail et consommation est nécessairement égal au produit marginal, c'est-à-dire que les pentes de la courbe d'indifférence et de l'ensemble de production sont identiques.

Quand il n'y a qu'une seule personne dans l'économie, il est évidemment assez bizarre de recourir au marché. Pourquoi Robinson s'évertuerait-il à scinder sa prise de décision en deux parties ? Mais quand il y a de nombreuses personnes dans une économie, la division des décisions ne paraît plus aussi bizarre. S'il y a de nombreuses entreprises, il est simplement impossible de demander à chaque personne la quantité qu'elle désire des divers biens. Dans une économie de marché, les entreprises n'ont qu'à regarder les prix des biens pour prendre leurs décisions de production. Les prix des biens mesurent en effet la valeur que les consommateurs attribuent aux unités *supplémentaires* consommées et les décisions des entreprises portent essentiellement sur la question de savoir s'il est souhaitable de produire davantage ou moins d'output.

Les prix du marché reflètent les valeurs marginales des biens que les entreprises utilisent comme inputs et outputs. Si les firmes utilisent la variation des profits comme guide dans leur prise de décision en matière de production et que les profits sont mesurés aux prix du marché, les décisions des entreprises reflètent les valeurs marginales que les consommateurs attribuent aux divers biens.

32.6 DIFFÉRENTES TECHNOLOGIES

Dans les sections précédentes, nous avons supposé que Robinson disposait d'une technologie caractérisée par des rendements décroissants par rapport au travail. Puisque le travail constitue le seul input dans la production, cette hypothèse est équivalente à des rendements d'échelle décroissants. (Cela ne serait pas nécessairement vrai s'il y avait plus qu'un input !)

Il est intéressant d'envisager d'autres possibilités. Supposons, par exemple, que la technologie présente des rendements d'échelle constants. Rappelons que des rendements d'échelle constants signifient que si nous doublons les quantités utilisées de tous les inputs, nous produisons le double d'output. Dans le cas d'une fonction de production à un input, cela implique que la fonction de production doit correspondre à une droite passant par l'origine, comme illustrée à la figure 32.5.

Quand la technologie présente des rendements d'échelle constants, le raisonnement tenu au chapitre 19 implique que la seule situation de production logique pour une

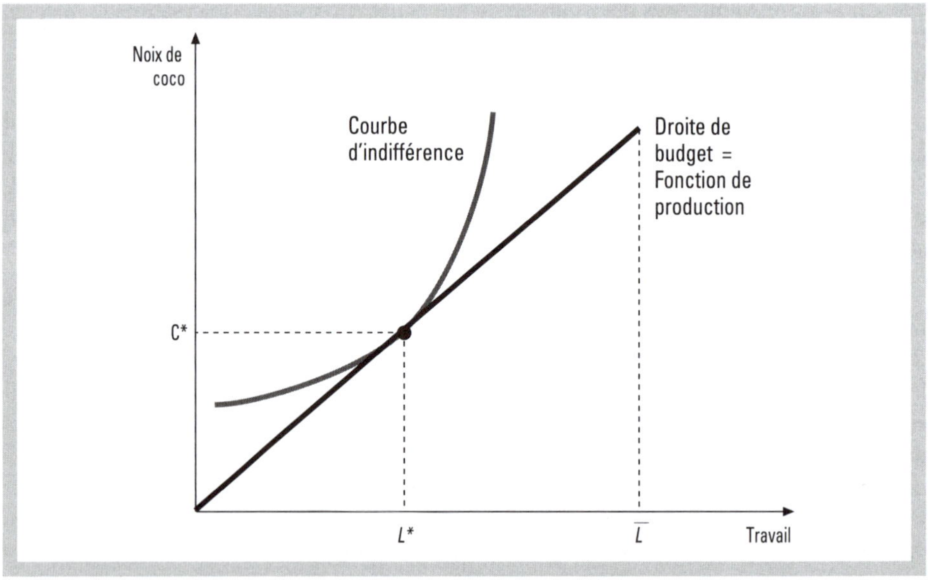

Figure 32.5 ***Rendements d'échelle constants.***

Si la technologie présente des rendements d'échelle constants, la s.a. Crusoë réalise un profit nul.

entreprise concurrentielle est celle qui correspond à un profit nul. En effet, si le profit était pour une raison ou pour une autre positif, la firme aurait intérêt à accroître son output de façon infinie et, si le profit était négatif, la firme aurait intérêt à produire un output nul.

La dotation de Robinson correspond donc à un profit nul et à sa dotation en temps de travail $\overline{L}$. Son ensemble budgétaire coïncide par conséquent avec l'ensemble de production et l'analyse est fort semblable à celle présentée antérieurement.

La situation est par contre quelque peu différente quand la technologie présente des rendements d'échelle croissants, comme l'illustre la figure 32.6. Il n'est pas difficile dans cet exemple simple de représenter le choix optimal de consommation et de loisir de Robinson. La courbe d'indifférence est, comme d'habitude, tangente à l'ensemble de production. Toutefois, nous nous heurtons à un problème quand nous essayons de vérifier que ce point maximise également le profit. En effet, si la firme est confrontée aux prix correspondant au taux marginal de substitution de Robinson, elle désire produire une quantité d'output supérieure à ce que Robinson demande.

Si l'entreprise présente des rendements d'échelle croissants au niveau du choix optimal, les coûts moyens de production sont supérieurs aux coûts marginaux et par conséquent, l'entreprise réalise un profit négatif. L'objectif de maximisation du profit devrait amener l'entreprise à augmenter son output, mais cela est incompatible avec les demandes d'output et les offres d'inputs des consommateurs. Dans le cas représenté, il n'existe

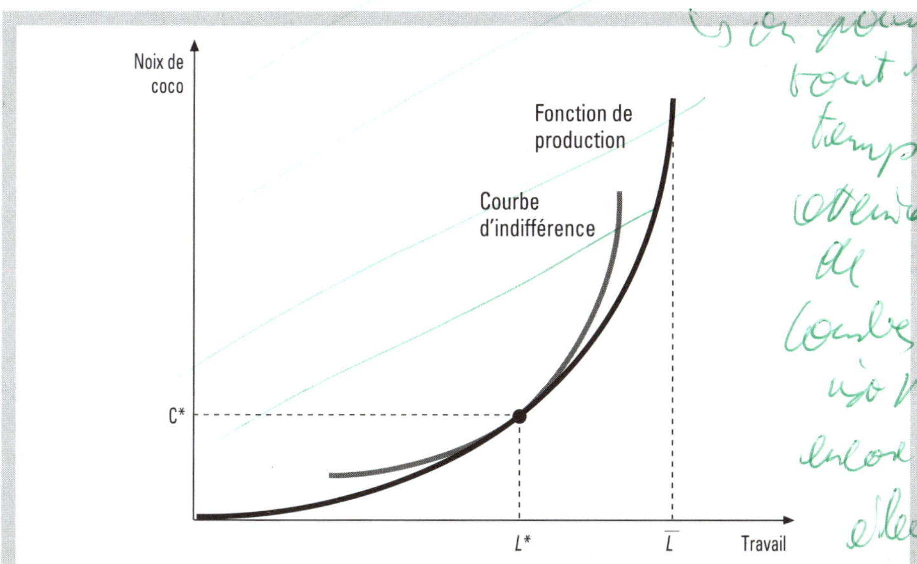

Figure 32.6 ***Rendements d'échelle croissants.***

L'ensemble de production présente des rendements d'échelle croissants et un marché concurrentiel ne permet pas de réaliser l'allocation efficace au sens de Pareto.

aucun prix pour lequel la demande qui maximise l'utilité du consommateur égale l'offre qui maximise le profit de l'entreprise.

Le cas des rendements d'échelle croissants constitue un exemple de **non convexité** : l'ensemble de production, c'est-à-dire l'ensemble des combinaisons de noix de coco et de travail qui sont réalisables dans l'économie, n'est pas un ensemble convexe. La tangente commune à la courbe d'indifférence et à la fonction de production, c'est-à-dire la tangente au point (L^*, C^*) à la figure 32.6, ne sépare dès lors pas les combinaisons préférées des combinaisons réalisables, comme c'était le cas à la figure 32.4.

Les situations de non convexité, comme celle que nous venons de considérer, posent de graves problèmes pour le fonctionnement des marchés concurrentiels. Sur un marché concurrentiel, les consommateurs et les firmes regardent uniquement un ensemble de nombres, les prix du marché, pour prendre leurs décisions de consommation et de production. Si la technologie et les préférences sont convexes, les agents économiques n'ont besoin de connaître que la relation existant entre les prix et les taux marginaux de substitution au voisinage des points correspondant à la situation actuelle de l'économie, pour prendre des décisions efficaces. Les prix indiquent aux agents économiques tout ce qui est nécessaire pour déterminer une allocation efficace des ressources.

Mais si la technologie et/ou les préférences sont non convexes, les prix ne transmettent pas toute l'information nécessaire pour choisir une allocation efficace. Il faut également connaître les pentes de la fonction de production et des courbes d'indifférence en des points éloignés de la situation actuelle de l'économie.

Ces considérations ne s'appliquent cependant que lorsque les rendements d'échelle sont importants par rapport à la taille du marché. Si nous avons des petites phases de rendements d'échelle croissants, cela ne pose pas de difficultés insurmontables pour un marché concurrentiel.

32.7 LA PRODUCTION ET LE PREMIER THÉORÈME DE L'ÉCONOMIE DU BIEN-ÊTRE

Rappelons que dans le cas d'une économie d'échange pur, un équilibre concurrentiel est efficace au sens de Pareto. Ce résultat est connu sous le nom de Premier Théorème de l'Économie du Bien-être. S'applique-t-il également à une économie avec production ? L'approche graphique utilisée précédemment ne permet pas de répondre à cette question, mais on peut recourir par contre sans problème à une généralisation de la démonstration mathématique donnée au chapitre 31. La réponse est en fait affirmative : si toutes les entreprises se comportent comme des concurrents parfaits qui maximisent leur profit, un équilibre concurrentiel est efficace au sens de Pareto.

Ce résultat présente les limites habituelles. Tout d'abord, il n'a rien à voir avec la répartition. La maximisation du profit garantit uniquement l'efficacité et pas la justice ! Deuxièmement, ce résultat n'a de sens que si un équilibre concurrentiel existe effectivement. En particulier, cela exclut l'existence de zones importantes avec des rendements d'échelle croissants. Troisièmement, ce théorème suppose implicitement que les choix effectués par une entreprise particulière n'affectent pas les possibilités de production des autres firmes, c'est-à-dire qu'il n'y ait pas d'**externalités de production**. De même, il suppose que les décisions de production des entreprises n'affectent pas directement les possibilités de consommation des individus, c'est-à-dire qu'il n'y ait pas d'**externalités de consommation**. Nous donnerons des définitions plus précises des externalités au chapitre 34 quand nous examinerons plus en détail leur effet sur les allocations efficaces.

32.8 LA PRODUCTION ET LE SECOND THÉORÈME DE L'ÉCONOMIE DU BIEN-ÊTRE

Dans le cas d'une économie d'échange pur, toute allocation efficace au sens de Pareto peut être obtenue par un équilibre concurrentiel tant que les consommateurs ont des préférences convexes. Dans le cas d'une économie avec production, nous conservons le même résultat, mais il faut désormais supposer non seulement la convexité des préférences des consommateurs, mais également celle des ensembles de production des firmes. Comme nous l'avons précisé antérieurement, cette exigence exclut la possibilité de rendements d'échelle croissants : si les firmes avaient des rendements d'échelle croissants au niveau d'équilibre de la production, elles désireraient produire davantage d'output aux prix concurrentiels.

Par contre, quand nous avons des rendements d'échelle constants ou décroissants, le Second Théorème de l'Économie du Bien-être s'applique parfaitement. Toute allocation efficace au sens de Pareto peut être réalisée par l'intermédiaire de marchés concurrentiels. Évidemment, en règle générale, il faudra redistribuer les dotations entre les consommateurs pour obtenir différentes allocations efficaces au sens de Pareto. Il faudra en particulier redistribuer le revenu découlant des dotations en travail ainsi que les parts de propriété de l'entreprise. Comme indiqué dans le chapitre précédent, ce type de redistribution peut soulever d'importantes difficultés pratiques.

32.9 LES POSSIBILITÉS DE PRODUCTION

Nous savons maintenant comment les décisions de production et de consommation peuvent être prises dans une économie à un input et un output. Dans cette section, nous allons explorer comment généraliser ce modèle à une économie avec plusieurs inputs et plusieurs outputs. Bien que nous allions analyser uniquement le cas de deux biens, les concepts se généralisent naturellement à de nombreux biens.

Supposons donc que Robinson puisse produire un autre bien, par exemple du poisson. Il peut passer son temps à ramasser des noix de coco ou à pêcher. Nous avons représenté à la figure 32.7 les diverses combinaisons de noix de coco et de poisson que Robinson peut produire en consacrant des temps différents à chaque activité. On appelle cet ensemble, l'**ensemble des possibilités de production** et la frontière de cet ensemble, la **frontière des possibilités de production**. Il convient de distinguer ce dernier concept de la fonction de production analysée précédemment qui, elle, représente la relation existant entre l'input et l'output ; l'ensemble des possibilités de production représente uniquement l'ensemble des *outputs* réalisables. (Dans des analyses plus poussées, on peut intégrer à la fois les inputs et les outputs dans l'ensemble des possibilités de production, mais il est difficile d'illustrer ces analyses à l'aide de figures à deux dimensions.)

La forme de l'ensemble des possibilités de production dépend de la nature des technologies sous-jacentes. Si les techniques de production des noix de coco et du poisson présentent des rendements d'échelle constants, l'ensemble des possibilités de production revêt une forme particulièrement simple. Puisque par hypothèse, il n'y a qu'un input dans la production, c'est-à-dire le travail de Robinson, les fonctions de production pour le poisson et les noix de coco sont simplement des fonctions *linéaires* du travail.

Supposons par exemple que Robinson puisse produire en une heure 10 livres de poisson ou 20 livres de noix de coco. S'il consacre L_c heures à la production de noix de coco et L_p heures à la production de poisson, il peut produire $10L_p$ livres de poisson et $20L_c$ livres de noix de coco. Supposons que Robinson décide de travailler 10 heures par jour.

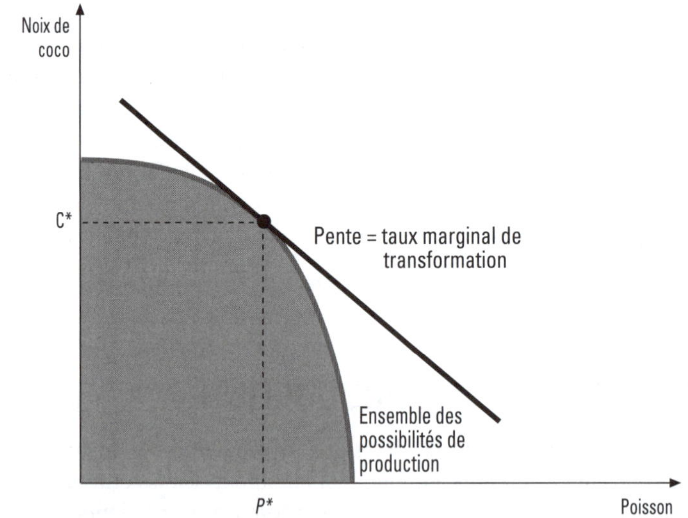

Figure 32.7 ***Un ensemble des possibilités de production.***

L'ensemble des possibilités de production mesure l'ensemble des outputs qui sont réalisables, compte tenu de la technologie et des fonctions de production.

L'ensemble des possibilités de production comprend alors toutes les combinaisons de noix de coco, C, et de poisson, P, telles que :

$$P = 10L_p$$

$$C = 20L_c$$

$$L_c + L_p = 10.$$

Les deux premières équations donnent les relations de production et la troisième mesure la contrainte des ressources. Pour déterminer la frontière des possibilités de production, nous devons résoudre les deux premières équations pour L_p et L_c.

Ces solutions sont

$$L_p = \frac{P}{10}$$

$$L_c = \frac{C}{20}.$$

Additionnons maintenant ces deux équations et utilisons le fait que $L_p + L_c = 10$. Nous obtenons

$$\frac{P}{10} + \frac{C}{20} = 10.$$

Cette équation nous donne toutes les combinaisons de poisson et de noix de coco que Robinson peut produire s'il travaille 10 heures par jour. Cette situation est illustrée à la figure 32.8A.

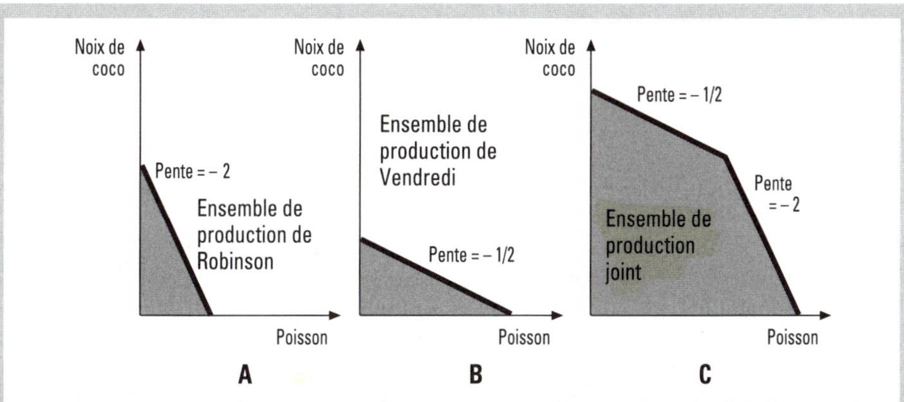

Figure 32.8 ***Les possibilités de production jointes.***

Cette figure présente les ensembles des possibilités de production de Robinson et de Vendredi, ainsi que l'ensemble des possibilités de production jointes.

La pente de cet ensemble des possibilités de production mesure le **taux marginal de transformation**, c'est-à-dire la quantité d'un bien que Robinson peut obtenir s'il décide de renoncer à une certaine quantité de l'autre bien. Si Robinson réduit suffisamment son travail pour produire une livre de poisson en moins, il peut obtenir deux livres de noix de coco en plus. Réfléchissez à cela : si Robinson consacre une heure de moins à la production de poisson, il obtient 10 livres de poisson en moins, mais s'il consacre ce temps à la production de noix de coco, il obtient 20 livres de noix de coco en plus. L'échange s'effectue donc dans un rapport de 2 pour 1.

32.10 AVANTAGE COMPARATIF

Nous avons assez facilement construit l'ensemble des possibilités de production dans l'exemple précédent parce qu'il n'existait qu'une seule façon de produire du poisson et une seule façon de produire des noix de coco. Mais qu'en serait-il s'il existait plusieurs façons de produire chaque bien ? Supposons que nous ajoutions un autre travailleur à notre économie insulaire et que celui-ci ait des qualifications différentes pour produire du poisson et des noix de coco.

Pour considérer un cas particulier, appelons ce nouveau travailleur Vendredi et supposons que celui-ci puisse produire en une heure 20 livres de poisson ou 10 livres de noix de coco. Si Vendredi travaille 10 heures, l'ensemble de ses possibilités de production est déterminé par les relations suivantes :

$$P = 20L_p$$
$$C = 10L_c$$
$$L_c + L_p = 10.$$

En effectuant le même type de calculs que pour Robinson, l'ensemble des possibilités de production de Vendredi est donné par l'équation suivante :

$$\frac{P}{20} + \frac{C}{10} = 10.$$

Cet ensemble est reproduit à la figure 32.8B. Remarquons que le taux marginal de transformation entre noix de coco et poisson est égal à $\Delta C/\Delta P = 1/2$ pour Vendredi, alors qu'il est égal à -2 pour Robinson. Pour chaque livre de noix de coco à laquelle il renonce, Vendredi, peut obtenir deux livres de poisson ; pour chaque livre de poisson à laquelle il renonce, Robinson peut obtenir deux livres de noix de coco. Dans une telle situation, nous disons que Vendredi a un **avantage comparatif** dans la production de poisson et que Robinson a un avantage comparatif dans la production de noix de coco. À la figure 32.8, nous avons reproduit trois ensembles des possibilités de production : la partie A représente l'ensemble de Robinson, la partie B, celui de Vendredi et la partie C, l'ensemble des possibilités de production jointes, c'est-à-dire la quantité totale des deux biens que les deux individus pourraient produire ensemble.

L'ensemble des possibilités de production jointes combine les points forts des deux travailleurs. Si nous utilisons les deux travailleurs pour produire exclusivement des noix de coco, nous obtenons 300 noix de coco, c'est-à-dire 100 produites par Vendredi et 200 produites par Robinson. Si nous désirons obtenir davantage de poisson, nous allons logiquement retirer de la production de noix de coco et affecter à la production de poisson, la personne qui est la plus productive dans la production du poisson, c'est-à-dire Vendredi. Pour chaque livre de noix de coco que Vendredi ne produit pas, nous obtenons deux livres de poisson ; la pente de l'ensemble des possibilités de production jointes est par conséquent de $-1/2$, c'est-à-dire le taux marginal de transformation de Vendredi.

Quand il produit 200 livres de poisson, Vendredi est complètement occupé. Si nous désirons encore plus de poisson, nous devons commencer à utiliser Robinson. À partir de ce point, l'ensemble des possibilités de production jointes a une pente de -2 puisque nous opérons désormais le long de l'ensemble des possibilités de production de Robinson. Finalement, si nous désirons produire la quantité maximum possible de poisson, Robinson et Vendredi se consacrent exclusivement à cette production et nous obtenons 300 livres de poisson, soit 200 produites par Vendredi et 100 produites par Robinson.

Puisque chaque travailleur a un avantage comparatif dans un bien différent, l'ensemble des possibilités de production jointes présente un « coude », comme à la figure 32.8. Il n'y a qu'un seul coude dans cet exemple parce qu'il n'y a que deux façons différentes de produire l'output, c'est-à-dire la méthode de Crusoë et celle de Vendredi. S'il y avait de nombreuses façons différentes de produire l'output, l'ensemble des possibilités de production aurait la forme « arrondie » plus typique illustrée à la figure 32.7.

32.11 L'EFFICACITÉ AU SENS DE PARETO

Dans les deux dernières sections, nous avons vu comment construire l'ensemble des possibilités de production qui représente les paniers de consommation réalisables pour l'ensemble de l'économie. Nous allons maintenant examiner comment choisir efficacement au sens de Pareto parmi ces paniers de consommation réalisables.

Représentons par (X^1, X^2), les paniers de consommation agrégés. (X^1, X^2) signifie que X^1 unités de bien 1 et X^2 unités de bien 2 sont disponibles pour la consommation. Dans l'économie de Crusoë et de Vendredi, les deux biens sont des noix de coco et du poisson, mais nous utilisons la notation (X^1, X^2) pour mettre en évidence les similitudes avec l'analyse du chapitre 31. Dès que nous connaissons la quantité totale des deux biens, nous pouvons tracer une boîte d'Edgeworth comme à la figure 32.9.

Quand (X^1, X^2) est fixé, l'ensemble des paniers de consommation efficaces au sens de Pareto se présente de la même façon que dans le chapitre précédent : les niveaux de consommation efficaces au sens de Pareto sont situés le long de l'ensemble de Pareto, c'est-à-dire le long de la courbe constituée des points de tangence entre deux courbes d'indifférence, comme illustré à la figure 32.9. Ces points correspondent aux allocations pour lesquelles il y a égalité entre les taux marginaux de substitution des deux consommateurs,

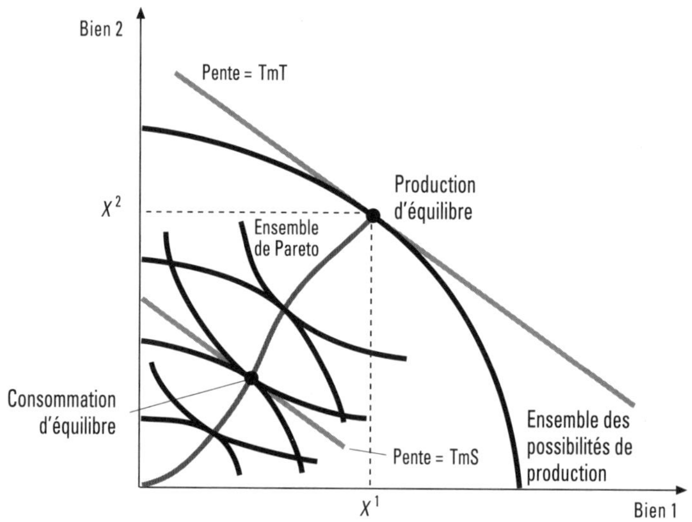

Figure 32.9 ***Production et la boîte d'Edgeworth.***

En tout point de la frontière des possibilités de production, nous pouvons tracer une boîte d'Edgeworth pour représenter les combinaisons de consommation possibles.

c'est-à-dire égalité entre les taux auxquels ceux-ci sont juste disposés à procéder à un échange.

Ces allocations sont efficaces au sens de Pareto du point de vue de la consommation. Si les individus ne peuvent qu'échanger un bien contre l'autre, l'ensemble de Pareto représente l'ensemble des paniers qui exploitent la totalité des gains de l'échange. Mais dans une économie avec production, il existe une autre façon d'« échanger » un bien contre un autre, c'est produire moins d'un bien et plus de l'autre.

L'ensemble de Pareto représente l'ensemble des paniers efficaces quand les quantités disponibles des biens 1 et 2 sont *données*, mais dans une économie avec production, ces quantités peuvent elles-mêmes être choisies dans l'ensemble des possibilités de production. Quels sont les choix efficaces au sens de Pareto parmi l'ensemble des possibilités de production ?

Réfléchissons au raisonnement à la base de la condition d'égalité des taux marginaux de substitution. Nous avons établi qu'en une allocation efficace au sens de Pareto, le TmS du consommateur A doit être égal au TmS du consommateur B, c'est-à-dire que le taux auquel le consommateur A est disposé à échanger un bien contre l'autre doit être égal au taux auquel le consommateur B est disposé à procéder au même échange. Si cela n'était pas vérifié, il serait possible de procéder à un échange qui augmenterait le niveau de satisfaction des deux consommateurs.

Rappelons que le taux marginal de transformation (TmT) mesure le taux auquel un bien peut être « transformé » en l'autre bien. Évidemment, un bien ne peut pas à proprement parler être « transformé » en un autre bien. Ce sont en fait les facteurs de production qui sont déplacés de façon à produire moins d'un bien et plus de l'autre.

Supposons que l'économie opère en un point où le taux marginal de substitution d'un des consommateurs n'est pas égal au taux marginal de transformation entre les deux biens. Une telle situation ne peut pas être efficace au sens de Pareto. Pourquoi ? Parce qu'en ce point, le taux auquel le consommateur est disposé à échanger le bien 1 contre le bien 2 est différent du taux auquel le bien 1 peut être transformé en bien 2 ; en d'autres termes, il est possible d'accroître le niveau de satisfaction du consommateur en modifiant la structure de la production.

Supposons par exemple que le TmS du consommateur soit égal à 1, c'est-à-dire que ce consommateur soit disposé à substituer du bien 1 au bien 2 sur une base 1 pour 1. Supposons que le TmT soit égal à 2, ce qui signifie qu'en renonçant à une unité de bien 1, l'économie peut produire 2 unités de bien 2. Dans un tel cas, il est évidemment logique de réduire la production de bien 1 d'une unité ; cela permet la production de deux unités supplémentaires de bien 2. Puisque le consommateur est indifférent à l'abandon d'une unité de bien 1 en échange d'une unité de l'autre bien, il aura certainement un niveau de satisfaction supérieur en obtenant deux unités supplémentaires de bien 2.

On peut tenir le même raisonnement dès qu'un des consommateurs a un TmS différent du TmT, c'est-à-dire que dans ce cas, il est toujours possible de modifier la structure de la consommation et de la production de façon à augmenter le niveau de satisfaction du consommateur. Nous avons déjà vu que l'efficacité au sens de Pareto implique l'égalité du TmS des deux consommateurs et le raisonnement que nous venons de tenir implique que le TmS de chaque consommateur doit être égal au TmT.

La figure 32.9 représente une allocation efficace au sens de Pareto. Les TmS des deux consommateurs sont identiques puisque leurs courbes d'indifférence sont tangentes dans la boîte d'Edgeworth. En outre, le TmS de chaque consommateur est égal au TmT, c'est-à-dire à la pente de l'ensemble des possibilités de production.

32.12 NAUFRAGÉS S.A.

Dans la section précédente, nous avons dégagé les conditions nécessaires pour l'efficacité au sens de Pareto : le TmS de chaque consommateur doit être égal au TmT. Toute distribution des ressources efficace au sens de Pareto doit respecter cette condition. Nous avons également affirmé antérieurement dans ce chapitre qu'une économie concurrentielle comportant des firmes qui maximisent leur profit et des consommateurs qui maximisent leur utilité, engendre une allocation efficace au sens de Pareto. Dans cette section, nous allons examiner en détail comment cela fonctionne.

Notre économie est maintenant composée de deux individus : Robinson et Vendredi. Il y a quatre biens : deux facteurs de production (le travail de Robinson et celui de Vendredi) et deux outputs (les noix de coco et le poisson). Supposons que Robinson et Vendredi soient tous les deux actionnaires de l'entreprise que nous allons désormais appeler « Naufragés s.a. ». Évidemment, ils sont aussi les seuls employés et les seuls consommateurs, mais comme d'habitude, nous allons examiner chaque rôle l'un après l'autre et nous ne permettrons pas aux participants d'envisager la situation de façon plus globale. L'objet de l'analyse est en effet de comprendre le fonctionnement d'un système d'allocation des ressources *décentralisé*, c'est-à-dire un système dans lequel chaque individu ne doit déterminer que ses propres décisions, sans regarder le fonctionnement de l'ensemble de l'économie.

Commençons tout d'abord par la s.a. Naufragés et examinons le problème de maximisation du profit. Cette entreprise produit deux outputs : des noix de coco C et du poisson P. Elle utilise deux types de travail : le travail de Robinson Crusoë L_r et le travail de Vendredi L_v. Compte tenu du prix des noix de coco p_c, du prix du poisson p_p et des taux de salaire de Crusoë et Vendredi, w_r et w_v, le problème de maximisation du profit est le suivant :

$$\max_{C,\,P,\,L_v,\,L_r} p_cC + p_pP - w_rL_r - w_vL_v$$

sous la contrainte des possibilités techniques représentées par l'ensemble des possibilités de production.

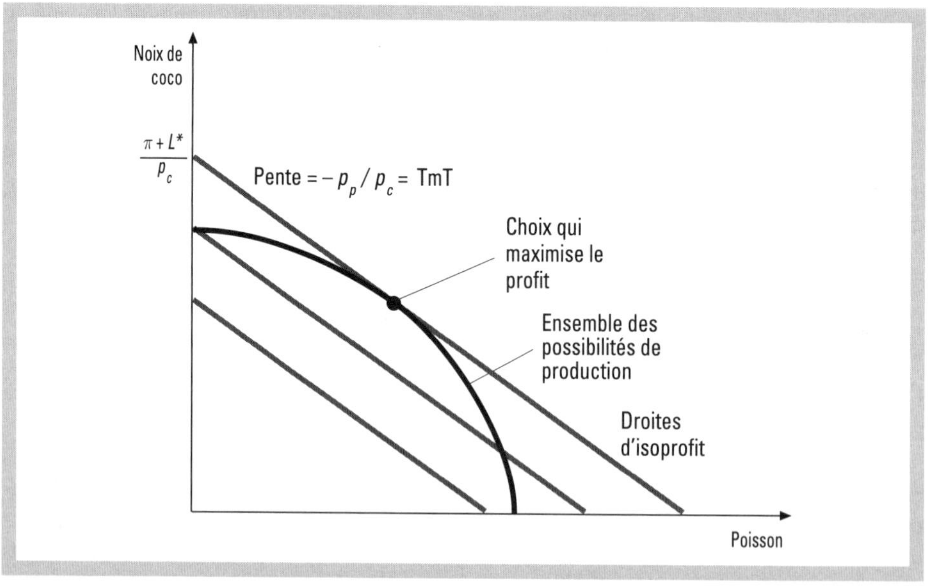

Figure 32.10 ***La maximisation du profit.***

Au point correspondant au profit maximum, le taux marginal de transformation doit être égal à la pente de la droite d'isoprofit $-p_p/p_c$.

Supposons que la firme trouve optimal, à l'équilibre, L_v^* unités de travail de Vendredi et L_r^* unités de travail de Crusoë. La question sur laquelle nous désirons nous pencher maintenant est de savoir comment la maximisation du profit détermine la composition de l'output. Représentons par $L^* = w_r L_r^* + w_v L_v^*$, les coûts du travail et écrivons les profits de l'entreprise comme suit :

$$p = p_c C + p_p P - L^*.$$

En transformant cette équation, nous obtenons

$$C = \frac{\pi + L^*}{p_c} - \frac{p_p P}{p_c}.$$

Cette équation définit les **droites d'isoprofit** de la firme telles que représentées à la figure 32.10. Les droites d'isoprofit ont une pente égale à $-p_p/p_c$ et une ordonnée à l'origine de $(\pi + L^*)/p_c$. Puisque L^* est fixe par hypothèse, plus les droites d'isoprofit ont une ordonnée à l'origine élevée, plus les profits qui leur sont associés sont importants.

Si la firme désire maximiser son profit, elle choisira un point dans l'ensemble des possibilités de production tel que la droite d'isoprofit passant par ce point ait l'ordonnée à l'origine la plus haute possible. À ce stade, il devrait être évident que cette droite d'isoprofit doit par conséquent être tangente à l'ensemble des possibilités de production, c'est-à-dire que la pente de l'ensemble des possibilités de production (le TmT) doit être égale à la pente de la droite d'isoprofit $-p_p/p_c$:

$$\text{TmT} = -\frac{p_p}{p_c}.$$

Nous venons d'examiner le problème de maximisation du profit quand il n'y a qu'une seule firme, mais le même raisonnement s'applique pour un nombre quelconque de firmes : chaque entreprise qui choisit la façon la plus profitable de produire des noix de coco et du poisson opèrera en un point où le taux marginal de transformation entre les deux biens qu'elle produit est égal au rapport des prix de ces deux biens. Cela s'applique même si les firmes ont des ensembles de possibilités de production assez différents, tant qu'elles sont confrontées aux mêmes prix pour les deux biens.

Cela signifie qu'à l'équilibre, les prix des deux biens mesurent le taux marginal de transformation, c'est-à-dire le coût d'opportunité d'un bien par rapport à l'autre. Si vous désirez davantage de noix de coco, vous devez renoncer à une certaine quantité de poisson. Quelle quantité de poisson ? Il suffit de regarder le rapport entre le prix du poisson et le prix des noix de coco ; le rapport de ces variables économiques indique l'arbitrage technique.

32.13 ROBINSON ET VENDREDI EN TANT QUE CONSOMMATEURS

Nous avons vu comment la s.a. Naufragés détermine le programme de production qui correspond à la maximisation de son profit. Pour réaliser ce programme, elle doit engager du travail ; elle peut également réaliser un certain profit. Quand elle engage du travail, elle paie des salaires et quand elle réalise un profit, elle verse des dividendes à ses actionnaires. Dans un cas comme dans l'autre, l'argent gagné par la société Naufragés retourne à Robinson et à Vendredi sous la forme de salaires ou de profits.

Puisque l'entreprise distribue la totalité de ses recettes à ses travailleurs et à ses actionnaires, ceux-ci doivent nécessairement avoir des revenus suffisants pour acheter l'output de l'entreprise. Il ne s'agit en fait que d'un cas particulier de la loi de Walras analysée au chapitre 31 : si les revenus des individus proviennent de la vente de leurs dotations, ils doivent toujours avoir des revenus suffisants pour acheter leurs dotations. Dans le cas présent, les revenus des individus proviennent non seulement de la vente de leurs dotations, mais aussi du profit de la firme. Mais, puisqu'il n'y a ni sortie, ni entrée d'argent dans le système, les individus ont toujours exactement suffisamment d'argent pour acheter ce qui est produit.

Que font les consommateurs avec l'argent que leur verse la firme ? Comme d'habitude, ils utilisent cet argent pour acheter des biens de consommation. Chaque individu choisit le meilleur panier de biens qui lui est accessible aux prix p_p et p_c. Comme nous l'avons vu antérieurement, le panier de consommation optimal de chaque consommateur doit respecter la condition d'égalité entre, d'une part, le taux marginal de substitution entre les deux biens et, d'autre part, le rapport des prix. Mais ce rapport des prix est aussi égal au taux marginal de transformation, suite au comportement de maximisation du profit de l'entreprise. Les conditions nécessaires d'efficacité au sens de Pareto sont donc satisfaites : le TmS de chaque consommateur est égal au TmT.

Dans cette économie, les prix des biens indiquent leur rareté relative. Ils indiquent la rareté au niveau de la production, c'est-à-dire de combien il faut réduire la production d'un bien pour produire davantage de l'autre bien, mais aussi la rareté au niveau de la consommation, c'est-à-dire de combien les individus sont disposés à réduire leur consommation d'un bien pour obtenir davantage de l'autre bien.

32.14 UNE ALLOCATION DES RESSOURCES DÉCENTRALISÉE

L'économie de Crusoë et Vendredi est une image extrêmement simplifiée. Mais malheureusement pour étudier un modèle plus complet de fonctionnement d'une économie, on a besoin d'utiliser des instruments mathématiques beaucoup plus sophistiqués. Néanmoins, ce modèle simple contient un certain nombre d'éléments intéressants.

Parmi ceux-ci, le plus important est la relation entre les objectifs *privés* des individus, à savoir la maximisation de leur utilité, et les objectifs *sociaux* d'utilisation efficace des ressources. Sous certaines conditions, la poursuite des objectifs privés des individus engendre une allocation qui est globalement efficace au sens de Pareto. En outre, toute allocation efficace au sens de Pareto peut être obtenue à partir d'un marché concurrentiel si les dotations initiales, en ce compris la propriété des entreprises, peuvent être réparties de façon adéquate.

Le grand avantage d'un marché concurrentiel est que chaque individu et chaque entreprise ne doivent se préoccuper que de leur problème personnel de maximisation. Les seules informations qui doivent être communiquées aux entreprises et aux consommateurs sont en fait les prix des biens. Avec ces indicateurs de la rareté relative, les consommateurs et les entreprises disposent d'une information suffisante pour prendre des décisions qui engendrent une allocation efficace des ressources. En ce sens, les problèmes sociaux d'utilisation efficace des ressources peuvent être décentralisés et résolus au niveau individuel. Chaque individu peut résoudre son problème personnel, c'est-à-dire déterminer les quantités qu'il désire consommer. Les firmes sont confrontées aux prix des biens que les individus consomment et elles décident des quantités qu'elles produisent des divers biens. En prenant cette décision, elles sont guidées par les signaux que constituent les profits. Dans ce contexte, les profits constituent le guide parfaitement correct. Dire qu'un programme de production est profitable, c'est dire que les individus sont disposés à payer pour un bien un montant supérieur à son coût de production. Il est par conséquent logique d'accroître la production de ce bien. Si toutes les entreprises poursuivent une politique concurrentielle de maximisation du profit et que tous les consommateurs choisissent les paniers de consommation qui maximisent leur utilité personnelle, l'équilibre concurrentiel qui en résulte doit être une allocation efficace au sens de Pareto.

RÉSUMÉ

1. On peut élargir l'analyse de l'équilibre général en admettant l'existence d'entreprises concurrentielles qui maximisent leur profit et produisent des biens destinés à l'échange dans l'économie.

2. Sous certaines conditions, il existe un ensemble de prix pour tous les inputs et tous les outputs dans l'économie tel que les actions des entreprises qui maximisent leur profit et le comportement de maximisation d'utilité des individus se traduisent par une égalité de la demande et de l'offre des divers biens sur tous les marchés ; en d'autres termes, sous certaines conditions, il existe un équilibre concurrentiel.

3. Sous certaines conditions, cet équilibre concurrentiel est efficace au sens de Pareto : le Premier Théorème de l'Économie du Bien-être s'applique à une économie avec production.

4. À condition d'ajouter des ensembles de production convexes, le Second Théorème de l'Économie du Bien-être s'applique également au cas de la production.

5. Quand les biens sont produits de la façon la plus efficace possible, le taux marginal de transformation entre deux biens indique le nombre d'unités d'un

bien auquel l'économie doit renoncer pour obtenir des unités supplémentaires de l'autre bien.

6. L'efficacité au sens de Pareto implique que le taux marginal de substitution de chaque individu doit être égal au taux marginal de transformation.

7. L'avantage des marchés concurrentiels est d'offrir une façon de réaliser une allocation efficace des ressources en décentralisant les décisions de production et de consommation.

PROBLÈMES À RÉSOUDRE

32.1 Le prix concurrentiel des noix de coco est de 6 € la livre et le prix du poisson est de 3 € la livre. Si l'économie devait renoncer à une livre de noix de coco, combien de livres supplémentaires de poisson pourraient être produites ?

32.2 Que se passerait-il si l'entreprise représentée à la figure 32.2 décidait de payer un salaire plus élevé ?

32.3 Dans quel sens un équilibre concurrentiel est-il une bonne ou une mauvaise chose pour une économie donnée ?

32.4 Si le taux marginal de substitution de Robinson entre les noix de coco et le poisson est de -2 et que le taux marginal de transformation entre ces deux biens est de -1, que doit faire Robinson s'il désire accroître son utilité ?

32.5 Supposons que Robinson et Vendredi désirent tous les deux 60 livres de poisson et 60 livres de noix de coco par jour. En utilisant les taux de production donnés dans ce chapitre, combien d'heures Robinson et Vendredi devraient-ils travailler chaque jour s'ils ne s'entraidaient pas ? Supposons maintenant qu'ils décident de travailler ensemble de la façon la plus efficace possible. Combien d'heures devraient-ils travailler chaque jour ? Quelle est l'explication économique de la réduction du nombre d'heures ?

ANNEXE

Calculons les conditions mathématiques d'efficacité au sens de Pareto dans une économie avec production. Comme dans le corps de ce chapitre, représentons par X^1 et X^2 les quantités totales des biens 1 et 2 produites et consommées :

$$X^1 = x_A^1 + x_B^1$$

$$X^2 = x_A^2 + x_B^2.$$

Nous avons tout d'abord besoin d'une façon commode de définir la frontière des possibilités de production, c'est-à-dire toutes les combinaisons de X^1 et X^2 qui sont techniquement réalisables. La façon la plus intéressante, eu égard à nos objectifs, consiste à employer la **fonction de**

transformation. Il s'agit d'une fonction des quantités agrégées des deux biens $T(X^1, X^2)$ telle que la combinaison $T(X^1, X^2)$ soit sur la frontière des possibilités de production (la frontière de l'ensemble des possibilités de production) si et seulement si :

$$T(X^1, X^2) = 0.$$

Ayant ainsi défini la technologie, nous pouvons calculer le taux marginal de transformation, c'est-à-dire le taux auquel nous devons sacrifier du bien 2 pour produire davantage de bien 1. Bien que cette expression évoque l'image de la « transformation » d'un bien en un autre bien, cette interprétation est quelque peu trompeuse. Ce qui se passe réellement, c'est un transfert d'autres ressources de la production de bien 2 vers la production de bien 1. En consacrant moins de ressources au bien 2 et plus au bien 1, nous nous déplaçons d'un point à un autre sur la frontière des possibilités de production. Le taux marginal de transformation est simplement la pente de l'ensemble des possibilités de production et nous le noterons dX^2/dX^1.

Considérons une petite variation de la production (dX^2, dX^1) qui reste réalisable. Nous avons dès lors

$$\frac{\partial T(X^1,X^2)}{\partial X^1}dX^1 + \frac{\partial T(X^1,X^2)}{\partial X^2}dX^2 = 0.$$

La solution pour le taux marginal de transformation est

$$\frac{dX^2}{dX^1} = -\frac{\partial T/\partial X^1}{\partial T/\partial X^2}.$$

Nous utiliserons cette expression dans un moment.

Une allocation efficace au sens de Pareto est une allocation qui maximise l'utilité de chaque individu, compte tenu du niveau d'utilité des autres personnes. Dans le cas de deux individus, nous pouvons écrire ce problème de maximisation comme suit

$$\begin{aligned} &\max_{x_A^1,\, x_A^2,\, x_B^1,\, x_B^2} u_A(x_A^1, x_A^2) \\ &\text{s.c.}\quad u_B(x_B^1, x_B^2) = \bar{u} \\ &\qquad\quad T(X_1, X_2) = 0. \end{aligned}$$

La fonction de Lagrange correspondant à ce problème est la suivante :

$$\begin{aligned} L = {} & u_A(x_A^1, x_A^2) - \lambda\left(u_B(x_B^1, x_B^2) - \bar{u}\right) \\ & -\mu\left(T(X^1, X^2) - 0\right). \end{aligned}$$

Et les conditions du premier ordre sont

$$\frac{\partial L}{\partial x_A^1} = \frac{\partial u_A}{\partial x_A^1} - \mu\frac{\partial T}{\partial X^1} = 0$$

$$\frac{\partial L}{\partial x_A^2} = \frac{\partial u_A}{\partial x_A^2} - \mu\frac{\partial T}{\partial X^2} = 0$$

$$\frac{\partial L}{\partial x_B^1} = \frac{\partial u_B}{\partial x_B^1} - \mu\frac{\partial T}{\partial X^1} = 0$$

$$\frac{\partial L}{\partial x_B^2} = \frac{\partial u_B}{\partial x_B^2} - \mu\frac{\partial T}{\partial X^2} = 0.$$

Après transformations et en divisant la première équation par la seconde, nous obtenons

$$\frac{\partial u_A / \partial x_A^1}{\partial u_A / \partial x_A^2} = \frac{\partial T / \partial X^1}{\partial T / \partial X^2}.$$

En effectuant la même opération pour les troisième et quatrième équations, nous obtenons

$$\frac{\partial u_B / \partial x_B^1}{\partial u_B / \partial x_B^2} = \frac{\partial T / \partial X^1}{\partial T / \partial X^2}.$$

Les membres de gauche de ces équations sont en fait nos vieux amis, les taux marginaux de substitution. Le membre de droite est le taux marginal de transformation. Ces équations requièrent donc l'égalité entre le taux marginal de substitution de chaque individu et le taux marginal de transformation, c'est-à-dire que le taux auquel chaque individu est disposé à substituer un bien pour l'autre doit être égal au taux auquel il est techniquement possible de transformer un bien en l'autre.

Ce résultat est intuitivement évident. En effet, supposons que le TmS d'un individu soit différent du TmT. Le taux auquel l'individu serait disposé à sacrifier un bien pour obtenir davantage de l'autre serait donc différent du taux auquel cette substitution serait techniquement réalisable. Cela implique en fait qu'il serait possible d'accroître le niveau d'utilité de cet individu sans affecter la consommation des autres personnes.

33

LE BIEN-ÊTRE

Jusqu'à présent, nous nous sommes basés essentiellement sur des considérations d'efficacité au sens de Pareto pour évaluer les allocations économiques. Mais d'autres aspects sont importants. Nous devons nous rappeler à cet égard que l'efficacité au sens de Pareto n'a rien à voir avec la distribution du bien-être entre les individus. Ainsi donner la totalité des biens à une seule personne est en principe efficace au sens de Pareto. Mais tous les autres individus pourraient estimer que cette allocation n'est pas acceptable. Dans ce chapitre, nous allons analyser des techniques qui peuvent être utilisées pour formaliser les conceptions relatives à la distribution du bien-être.

L'efficacité au sens de Pareto est en elle-même un objectif désirable : s'il est possible d'augmenter le niveau de satisfaction d'un groupe d'individus sans pénaliser les autres personnes, pourquoi ne pas le faire ? Mais en général, il *y* a plusieurs allocations efficaces au sens de Pareto et se pose dès lors la question de savoir comment la société peut choisir parmi ces diverses allocations ?

L'élément central de ce chapitre est le concept de **fonction de bien-être** qui permet d'« additionner » l'utilité des différents consommateurs. De façon plus générale, une fonction de bien-être permet de classer différentes distributions d'utilité entre les consommateurs. Mais avant d'analyser les implications de ce concept, il est intéressant d'examiner comment on pourrait « additionner » les préférences des consommateurs individuels pour obtenir en quelque sorte des « préférences sociales ».

33.1 L'AGRÉGATION DES PRÉFÉRENCES

Retournons à notre analyse des préférences du consommateur. Comme d'habitude, nous supposons que ces préférences sont transitives. Au départ, nous avons considéré que les préférences d'un consommateur étaient définies par rapport à son panier de biens personnel, mais maintenant nous désirons élargir ce concept et imaginer que chaque consommateur est doté de préférences définies par rapport à l'ensemble de l'allocation des biens entre tous les consommateurs. Évidemment, cela inclut la possibilité que le consommateur puisse ne pas se préoccuper de ce que les autres individus ont, auquel cas nous revenons à notre hypothèse initiale.

Utilisons le symbole x pour représenter une allocation particulière, c'est-à-dire une description des quantités des divers biens dont dispose chaque individu. Face à deux allocations x et y, tout individu i peut dire s'il préfère ou non x à y.

Disposant ainsi des préférences de tous les agents, nous désirons avoir une méthode permettant de les agréger pour obtenir un système de **préférences sociales**. En d'autres termes, si nous savons comment les différents individus classent les diverses allocations, nous désirons pouvoir utiliser cette information pour établir un classement social de ces allocations. Il s'agit en fait du problème de la prise de décision sociale à son niveau le plus général. Envisageons quelques exemples.

Pour agréger les préférences individuelles, on pourrait utiliser un système de vote. Nous pourrions accepter l'idée que x est « socialement préféré » à y si une majorité

Tableau 33.1 ***Des préférences qui conduisent à un vote non transitif***

Personne A	Personne B	Personne C
x	y	z
y	z	x
z	x	y

des individus préfère x à y. Cette méthode pose toutefois un problème : elle peut ne pas engendrer un classement de préférences sociales transitif. Considérons par exemple le cas représenté au tableau 33.1.

Nous y avons indiqué les classements de trois alternatives x, y et z effectués par trois personnes. Remarquons qu'une majorité de ces personnes préfère x à y, une majorité préfère y à z et une majorité préfère z à x. L'agrégation des préférences individuelles par un *vote à la majorité* ne fonctionne donc pas puisque, de façon générale, les préférences sociales résultant d'un vote à la majorité ne sont pas des préférences à allure normale : elles ne sont pas transitives. À cause de cette non transitivité des préférences, il n'existe pas dans l'ensemble des alternatives (x, y, z) une solution qui soit la « meilleure » ; la solution que la société va finalement choisir sera déterminée par l'ordre dans lequel le vote se déroule.

Pour voir cela, supposons que les trois individus dont les préférences sont représentées au tableau 33.1, décident de voter tout d'abord sur le choix entre x et y et de se prononcer ensuite sur le choix entre z et le vainqueur du premier vote. Puisqu'une majorité préfère x à y, le second vote opposera x et z et par conséquent, la solution finale sera z.

Et qu'en serait-il s'ils décidaient de voter sur z et x et d'opposer ensuite le vainqueur de ce premier vote à y ? Dans ce cas, z est choisi à l'occasion du premier vote, mais y bat z lors du second vote. L'ordre dans lequel les alternatives sont présentées aux votants détermine de façon décisive le vainqueur final.

Un autre système de vote que nous pourrions envisager est le *vote par classement*. Dans ce cas, chaque individu classe les biens en fonction de ses préférences et attribue un nombre qui indique le classement dans son ordre de préférences : par exemple, il attribue 1 à la solution qu'il préfère, 2 à la deuxième solution et ainsi de suite. Nous additionnons ensuite les scores attribués à chaque alternative par l'ensemble des individus pour déterminer le score global de chacune d'elles et nous disons qu'un résultat est préféré socialement à un autre s'il obtient un score inférieur.

Au tableau 33.2, nous avons présenté un ordre possible de préférences pour trois allocations x, y et z, établi par deux individus. Supposons tout d'abord que seules les alternatives x et y soient accessibles. Dans cet exemple, x recevrait un score 1 de la part de l'individu A et un score 2 de la part de l'individu B. L'alternative y recevrait exactement les scores inverses. Le résultat du vote serait donc un ex-aequo, chaque alternative obtenant un score agrégé de 3.

Tableau 33.2 *Le choix entre x et y dépend de z*

Personne A	Personne B
x	y
y	z
z	x

Mais supposons que nous introduisions *z* dans le vote. La personne A donnerait à *x* un score de 1, à *y* un score de 2 et à *z* un score de 3. B donnerait à *y* un score de 1, à *z* un score de 2 et à *x* un score de 3. Cela signifie que *x* obtiendrait un score agrégé de 4 et *y*, un score agrégé de 3. Dans ce cas, *y* serait préféré à *x* sur la base d'un vote par classement.

Le problème tant avec le vote à la majorité qu'avec le vote par classement, c'est que le résultat peut être manipulé par des personnes astucieuses. Un vote à la majorité peut être manipulé en changeant l'ordre dans lequel les choses sont soumises au vote, de façon à donner le résultat désiré. Un vote par classement peut également être manipulé en introduisant de nouvelles alternatives qui modifient le classement final des alternatives pertinentes.

On peut naturellement se poser la question de savoir s'il existe des processus de décision sociale, c'est-à-dire des méthodes d'agrégation des préférences, qui soient à l'abri de ce type de manipulation. Existe-t-il des méthodes pour « additionner » les préférences qui ne présentent pas les défauts que nous venons de décrire ?

Dressons la liste de ce que le processus de décision sociale devrait faire d'après nous :

1. À partir d'un ensemble quelconque de préférences individuelles complètes, réflexives et transitives, le processus de décision sociale devrait engendrer un système de préférences sociales qui possède les mêmes propriétés.
2. Si tout le monde préfère l'alternative *x* à l'alternative *y*, les préférences sociales devraient classer *x* avant *y*.
3. Les préférences entre *x* et *y* ne devraient dépendre que de la façon dont les gens classent *x* par rapport à *y* et non de la façon dont ils classent d'autres alternatives.

Chacune de ces trois exigences paraît extrêmement naturelle. Cependant, il peut être assez difficile de trouver un processus qui les satisfasse toutes les trois. À cet égard, Kenneth Arrow établi le résultat extrêmement important suivant[1] :

Le **théorème d'impossibilité d'Arrow** : *si un processus de décision sociale satisfait les propriétés 1, 2 et 3, il doit s'agir d'une dictature : tous les classements sociaux correspondent dans ce cas aux classements effectués par un seul individu.*

[1] Voir Arrow, Kenneth, *Social Choice and Individual Values*, Wiley, New York, 1963. K. Arrow, professeur à l'Université de Stanford, a reçu le Prix Nobel d'Économie pour son travail dans ce domaine.

Le théorème d'impossibilité d'Arrow est assez surprenant. Il indique que trois caractéristiques très naturelles et désirables d'un processus de décision sociale sont en fait incompatibles avec un système démocratique : il n'existe pas de méthode « parfaite » pour prendre des décisions sociales ; il n'existe pas une méthode parfaite pour « agréger » les préférences individuelles afin d'obtenir un système de préférences sociales. Si nous désirons trouver une méthode d'agrégation des préférences individuelles pour définir des préférences sociales, nous devons renoncer à une des propriétés du processus de décision sociale énoncées dans le théorème d'Arrow.

33.2 LES FONCTIONS DE BIEN-ÊTRE SOCIAL

Si nous devons laisser tomber une des caractéristiques souhaitées de la fonction de bien-être social, il s'agira vraisemblablement de la propriété 3, à savoir le fait que les préférences sociales à l'égard de deux alternatives ne dépendent que du classement de ces deux alternatives. Si nous faisons cela, certains types de vote par classement deviennent possibles.

Si nous disposons des préférences de chaque individu i à l'égard des allocations, nous pouvons construire des fonctions d'utilité $u_i(\boldsymbol{x})$, qui synthétisent les jugements de valeur des individus : l'individu i préfère $\boldsymbol{x}$ à $\boldsymbol{y}$ si et seulement si $u_i(\boldsymbol{x}) > u_i(\boldsymbol{y})$. Ces fonctions sont évidemment des fonctions d'utilité tout à fait normales et nous pouvons donc en modifier la valeur d'une façon qui respecte l'ordre des préférences qui est sous-jacent. Il n'existe pas une représentation *unique* de l'utilité.

Prenons cependant une représentation particulière de l'utilité et limitons-nous à celle-ci. Une méthode pour obtenir des préférences sociales à partir des préférences individuelles consiste à additionner les utilités individuelles et à utiliser le nombre ainsi obtenu comme une sorte d'utilité sociale. En d'autres termes, nous dirons qu'une allocation $\boldsymbol{x}$ est préférée socialement à une allocation $\boldsymbol{y}$ si

$$\sum_{i=1}^{n} u_i(\boldsymbol{x}) > \sum_{i=1}^{n} u_i(\boldsymbol{y})$$

où n est le nombre d'individus dans la société.

Cela fonctionne mais évidemment, c'est totalement arbitraire puisque notre choix de la représentation de l'utilité est lui-même totalement arbitraire. La somme des utilités est également un choix arbitraire. Pourquoi ne pas choisir une somme pondérée des utilités ? Pourquoi ne pas prendre le produit des utilités ou la somme de leurs carrés ?

Nous pourrions assez raisonnablement imposer comme contrainte sur la fonction d'agrégation qu'elle soit croissante par rapport à l'utilité de chaque individu. De cette façon, nous sommes sûrs que si tout le monde préfère $\boldsymbol{x}$ à $\boldsymbol{y}$, les préférences sociales préféreront $\boldsymbol{x}$ à $\boldsymbol{y}$.

Ce type de fonction d'agrégation porte un nom : on l'appelle une **fonction de bien-être social**. Une fonction de bien-être social est simplement une fonction quelconque des fonctions d'utilité individuelles : $W(u_1(\mathbf{x}), ..., u_n(\mathbf{x}))$. Elle permet de classer différentes allocations sur base des seules préférences individuelles et elle est croissante par rapport à l'utilité de chaque individu.

Examinons quelques exemples. Un cas particulier, déjà mentionné ci-dessus, est celui de la somme des fonctions d'utilité individuelles :

$$W(u_1,...,u_n)=\sum_{i=1}^{n}u_i.$$

On appelle parfois cette fonction, la **fonction de bien-être utilitarienne classique** ou **fonction de bien-être de Bentham**[2]. En procédant à une petite généralisation de cette forme, nous obtenons comme fonction de bien-être, la **somme pondérée des utilités** :

$$W(u_1,...,u_n)=\sum_{i=1}^{n}a_iu_i.$$

Les pondérations $a_1, ..., a_n$ sont censées être des nombres indiquant l'importance de l'utilité de chaque agent dans le bien-être social général. Il s'agit logiquement de valeurs positives.

Une autre fonction de bien-être intéressante est la fonction de bien-être social **minimax** ou fonction de bien-être de **Rawls** :

$$W(u_1, ..., u_n) = \min\{u_1, ..., u_n\}.$$

Cette fonction de bien-être indique que le bien-être social d'une allocation dépend uniquement du bien-être de l'individu qui a le niveau de satisfaction le plus bas, c'est-à-dire la personne avec l'utilité minimum[3].

Chacune de ces fonctions permet de comparer les fonctions d'utilité individuelles. Chacune représente en fait un jugement éthique différent quant à la comparaison du bien-être des différents agents. La seule restriction ou presque que nous imposerons à ce stade sur la structure de la fonction de bien-être est que celle-ci doit être croissante par rapport à l'utilité de chaque consommateur.

33.3 LA MAXIMISATION DU BIEN-ÊTRE

Dès que nous disposons d'une fonction de bien-être, nous pouvons examiner le problème de maximisation du bien-être. Représentons par x_i^j la quantité de bien j détenue par

[2] Jeremy Bentham (1748-1832) est le fondateur de l'école utilitarienne de philosophie morale, une école qui considère que l'idéal est le plus de bonheur possible pour le plus grand nombre.

[3] John Rawls est un philosophe moral contemporain de l'Université de Harvard qui a plaidé en faveur de ce principe de justice.

l'individu i et supposons qu'il *y* ait n consommateurs et k biens. Une allocation $\boldsymbol{x}$ consiste dès lors en la liste des quantités des divers biens que chaque agent possède.

Si nous devons répartir entre les consommateurs les quantités totales $X^1, ..., X^k$ des biens 1, ..., k, nous pouvons définir le problème de maximisation du bien-être suivant :

$$\max W(u_1(\boldsymbol{x}), ..., u_n(\boldsymbol{x}))$$

$$\text{s.c.} \quad \sum_{i=1}^{n} x_i^1 = X^1$$

$$\vdots$$

$$\sum_{i=1}^{n} x_i^k = X^k.$$

Nous essayons donc de trouver une allocation réalisable qui maximise le bien-être social. Quelles propriétés possède une telle allocation ?

La première chose à noter, c'est qu'une allocation qui maximise le bien-être doit être une allocation efficace au sens de Pareto. La preuve est aisée. Supposons qu'il n'en soit pas ainsi ; il existerait alors une autre allocation réalisable qui procure à chaque individu au moins le même niveau d'utilité et à un individu, un niveau d'utilité strictement supérieur. Mais la fonction de bien-être est une fonction croissante par rapport à l'utilité de chaque agent. Cela signifie que cette nouvelle allocation devrait correspondre à un niveau de bien-être plus élevé, ce qui est en contradiction avec l'hypothèse selon laquelle nous avions au départ un bien-être maximum.

Cette situation est illustrée à la figure 33.1. L'ensemble grisé représente l'ensemble des combinaisons possibles d'utilités dans le cas de deux individus. On appelle cet ensemble l'**ensemble des possibilités d'utilité** et sa frontière — la **frontière des possibilités d'utilité** — est l'ensemble des niveaux d'utilité associés à des allocations efficaces au sens de Pareto. Si une allocation est sur la frontière de l'ensemble des possibilités d'utilité, il n'existe aucune autre allocation réalisable qui procure aux deux agents des niveaux d'utilité supérieurs.

On appelle les « courbes d'indifférence » reproduites sur cette figure des **courbes d'« iso-bien-être »**, puisqu'elles représentent les diverses combinaisons d'utilités qui correspondent à un niveau constant de bien-être. Comme d'habitude, le point optimal est caractérisé par une condition de tangence. Mais, compte tenu de nos objectifs, il est important de noter que ce point de bien-être maximum est efficace au sens de Pareto, c'est-à-dire qu'il doit être situé sur la frontière de l'ensemble des possibilités d'utilité.

La seconde conclusion que nous pouvons tirer de cette figure est que toute allocation efficace au sens de Pareto doit correspondre à un niveau maximum de bien-être pour une fonction de bien-être particulière. La figure 33.2 en donne un exemple.

À la figure 33.2, nous avons pris une allocation efficace au sens de Pareto particulière et nous avons trouvé un ensemble de courbes d'« iso-bien-être » pour lesquelles

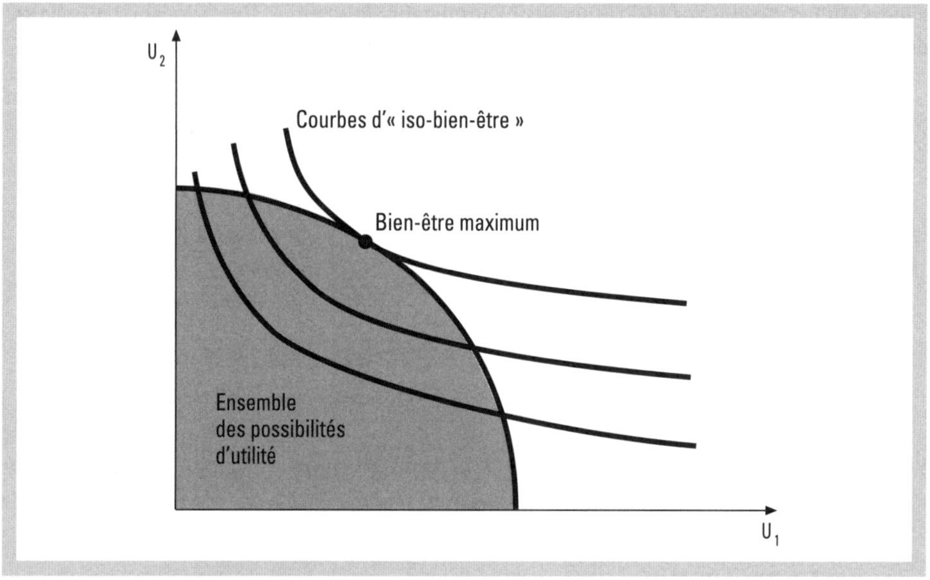

Figure 33.1 ***La maximisation du bien-être.***

Une allocation qui maximise une fonction de bien-être doit être efficace au sens de Pareto.

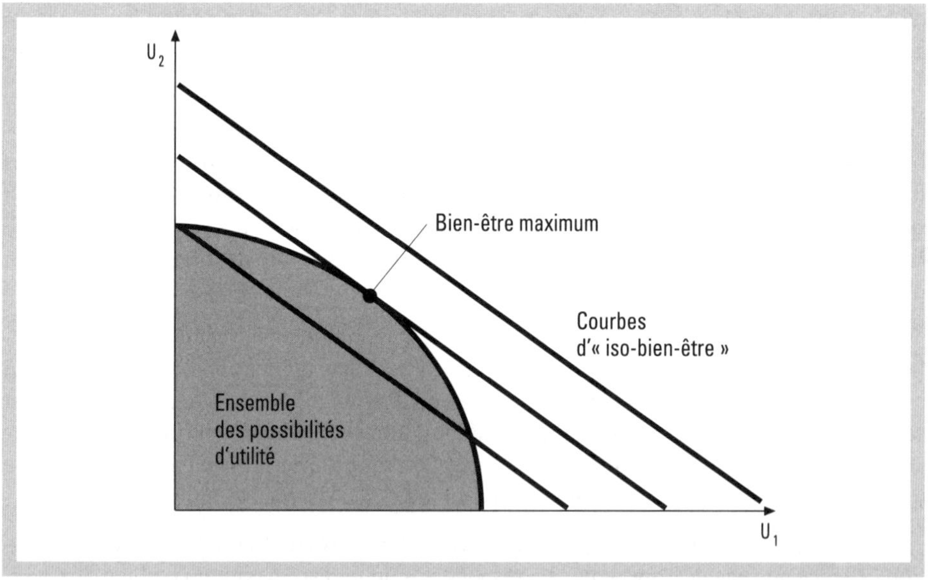

Figure 33.2 ***La maximisation d'une fonction de bien-être définie comme la somme pondérée des utilités.***

Si l'ensemble des possibilités d'utilité est convexe, tout point efficace au sens de Pareto est un point maximum pour une fonction de bien-être particulière correspondant à une somme pondérée des utilités.

l'allocation considérée correspond au bien-être maximum. En fait, nous pouvons pousser l'analyse un peu plus loin. Si l'ensemble des combinaisons possibles d'utilités est un ensemble convexe comme celui reproduit à la figure 33.2, tout point sur sa frontière est un point de bien-être maximum pour une fonction de bien-être particulière définie comme la somme pondérée des utilités. La fonction de bien-être nous donne donc une méthode de sélection des allocations efficaces au sens de Pareto : tout point de bien-être maximum est une allocation efficace au sens de Pareto et toute allocation efficace au sens de Pareto est un point de bien-être maximum.

33.4 LES FONCTIONS DE BIEN-ÊTRE SOCIAL INDIVIDUALISTIQUES

Jusqu'à présent, nous avons considéré que les préférences individuelles étaient définies par rapport à l'ensemble de l'allocation et pas uniquement par rapport au panier de biens de l'individu. Mais comme nous l'avons souligné antérieurement, les individus pourraient se préoccuper uniquement de leur panier de consommation personnel. Dans ce cas, utilisons x_i pour représenter le panier de consommation de l'individu i ; $u_i(x_i)$ exprimera le niveau d'utilité de l'individu i sur base d'une représentation donnée quelconque de l'utilité. Une fonction de bien-être social revêtira dès lors la forme suivante :

$$W = W(u_1(x_1), ..., u_n(x_n)).$$

La fonction de bien-être est une fonction directe des niveaux d'utilité des individus et une fonction indirecte de leurs paniers de consommation. On appelle cette forme particulière de fonction de bien-être, une **fonction de bien-être individualistique** ou **fonction de bien-être de Bergson-Samuelson**[4].

L'utilité de chaque individu ne dépend que de sa propre consommation ; il n'*y* a donc pas d'externalités de consommation. Dans ce cas, les résultats classiques du chapitre 31 s'appliquent et nous avons une relation étroite entre allocations efficaces au sens de Pareto et équilibres du marché : tous les équilibres concurrentiels sont efficaces au sens de Pareto et, sous réserve des hypothèses de convexité appropriées, toutes les allocations efficaces au sens de Pareto sont des équilibres concurrentiels.

Nous pouvons maintenant franchir une étape supplémentaire dans notre analyse. Compte tenu de la relation que nous avons établie entre efficacité au sens de Pareto et points de bien-être maximum, nous pouvons conclure que tous les points de bien-être maximum sont des équilibres concurrentiels et que tous les équilibres concurrentiels sont des points de bien-être maximum pour une fonction de bien-être particulière.

[4] Abram Bergson et Paul Samuelson sont des économistes contemporains. Ils ont analysé les propriétés de ce type de fonction de bien-être au début des années 40. Samuelson a reçu le Prix Nobel d'Économie pour ses nombreuses contributions.

33.5 LES ALLOCATIONS ÉQUITABLES

L'utilisation du concept de fonction de bien-être constitue une façon très générale de définir le bien-être social. Mais du fait de cette généralité, elle peut être utilisée pour représenter de nombreux types de jugement de valeur. Par contre, elle n'est pas très utile quand il s'agit de décider quels types de jugement éthique pourraient être judicieux.

Une autre approche consiste à partir de jugements de valeur particuliers et à examiner ensuite leurs implications au niveau de la répartition économique. C'est ce type d'approche qui est suivi dans l'étude des **allocations équitables**. Nous commençons par définir ce qui pourrait être considéré comme une façon équitable de répartir un panier de biens et nous utilisons ensuite ce que nous savons de l'analyse économique pour en dégager les implications.

Supposons que vous ayez à répartir équitablement des biens entre *n* individus tout aussi méritants les uns que les autres. Comment allez-vous faire ? Il est vraisemblable que, dans ce type de situation, la plupart des gens diviseront les biens de façon égale entre les *n* agents. Comme ils sont par hypothèse tout aussi méritants les uns que les autres, que pourriez-vous faire d'autre ?

Pourquoi cette idée de division en parts égales est-elle attrayante ? Une raison est que cette répartition est *symétrique*. Chaque agent a le même panier de biens. Personne ne préfère le panier de biens d'un autre individu au sien puisque tous ont exactement la même chose.

Malheureusement, une division en parts égales n'est pas nécessairement efficace au sens de Pareto. Si les individus ont des goûts différents, ils désireront généralement procéder à des échanges et renoncer à une répartition en parts égales. Supposons que ces échanges aient effectivement lieu et que nous obtenions une allocation efficace au sens de Pareto.

Se pose alors la question suivante : cette allocation efficace au sens de Pareto est-elle encore équitable quel que soit le sens donné à ce terme ? L'allocation que nous obtenons après les divers échanges, conserve-t-elle d'une façon ou d'une autre la symétrie de départ ?

La réponse est : pas nécessairement. Considérons l'exemple suivant. Nous avons trois personnes : A, B et C. A et B ont les mêmes goûts et C a des goûts différents. Nous partons d'une division en parts égales et supposons que A et C se réunissent et procèdent à des échanges. En principe, ces deux individus bénéficieront d'un niveau de satisfaction plus élevé. B qui n'a pas eu l'occasion de procéder à des échanges avec C, va **envier** A, c'est-à-dire qu'il préfèrera le panier de A au sien. Bien que A et B aient commencé avec la même allocation, A a été plus chanceux dans l'échange et cela a détruit la symétrie de l'allocation initiale.

Cela signifie qu'un processus d'échange à partir d'une division en parts égales ne préservera pas nécessairement la symétrie de départ. Nous pourrions dès lors nous demander s'il existe une allocation quelconque qui préserve cette symétrie. Est-il possible d'avoir une allocation qui soit en même temps efficace au sens de Pareto et « égalitaire » ?

33.6 ENVIE ET ÉQUITÉ

Essayons maintenant de formaliser certaines de ces idées. Qu'entendons nous en fait par « symétrique » ou « égalitaire » ? Voici un ensemble de définitions possibles.

Nous disons qu'une allocation est « **égalitaire** » si personne ne préfère le panier de biens d'un autre agent au sien. Si un agent *i* préfère le panier de biens d'un autre agent *j*, nous disons que *i* **envie** *j*. Enfin, si une allocation est à la fois « égalitaire » et efficace au sens de Pareto, nous dirons qu'il s'agit d'une allocation **équitable**.

Ces définitions permettent de formaliser l'idée de symétrie évoquée antérieurement. Une division en parts égales présente la propriété que personne n'envie personne, mais il existe de nombreuses autres allocations qui possèdent la même propriété.

Considérons la figure 33.3. Pour déterminer si une allocation est « égalitaire » ou pas, il suffit de regarder l'allocation que nous aurions si les deux agents intervertissaient leurs paniers. Si cette allocation « inverse » est située en dessous des courbes d'indifférence passant par l'allocation initiale, celle-ci est une allocation « égalitaire ». (« En dessous » signifie en dessous du point de vue de l'agent concerné ; de notre point de vue, l'allocation « inverse » doit être située entre les deux courbes d'indifférence.)

Notons aussi que l'allocation représentée à la figure 33.3 est également efficace au sens de Pareto. Elle est donc non seulement « égalitaire » compte tenu de la définition que nous avons donnée à ce terme, mais elle est également efficace. D'après notre définition,

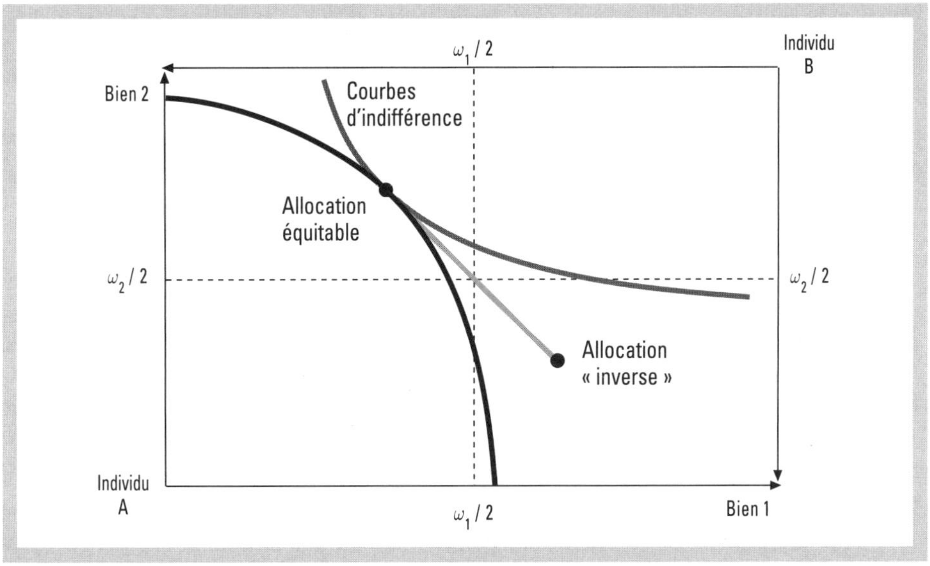

Figure 33.3 ***Allocations équitables.***

Une allocation équitable dans la boîte d'Edgeworth. Chaque individu préfère l'allocation équitable à l'allocation «inverse».

il s'agit donc d'une allocation équitable. S'agit-il d'un coup de chance ou existe-t-il généralement des allocations équitables ?

En fait *il existe* généralement des allocations équitables et on peut facilement le vérifier. Commençons comme dans la section précédente, avec une allocation qui correspond à une division en parts égales et examinons le processus d'échange qui permet d'atteindre une allocation efficace au sens de Pareto. Au lieu d'employer un système d'échange primitif quelconque, utilisons comme système particulier le marché concurrentiel. Nous nous déplaçons donc vers une nouvelle allocation, chaque individu choisissant le meilleur panier de biens qui lui est accessible aux prix d'équilibre (p_1, p_2). Nous savons, suite à l'analyse du chapitre 31, qu'une telle allocation doit être efficace au sens de Pareto.

Mais cette allocation est-elle encore « égalitaire » ? Supposons qu'elle ne le soit plus. Supposons qu'un des consommateurs, par exemple A, envie le consommateur B. Cela signifie que A préfère le panier de B au sien. En utilisant les symboles, nous pouvons écrire :

$$(x_A^1, x_A^2) \prec_A (x_B^1, x_B^2).$$

Mais si A préfère le panier de B au sien et si ce dernier est le meilleur panier qui lui est accessible aux prix (p_1, p_2), le panier de B doit coûter plus que ce que A peut dépenser. En utilisant à nouveau les symboles, nous avons

$$p_1\omega_A^1 + p_2\omega_A^2 < p_1x_B^1 + p_2x_B^2.$$

Mais nous avons là une contradiction ! En effet, par hypothèse, A et B ont commencé avec exactement le même panier puisqu'ils ont commencé avec une répartition en parts égales. Si A ne peut pas acheter le panier de B, B ne peut pas l'acheter non plus. Nous pouvons donc conclure qu'il est impossible pour A d'envier B dans ces circonstances. Un équilibre concurrentiel à partir d'une division en parts égales doit être une allocation équitable. Le système de marché préserve donc certaines formes d'équité :si l'allocation initiale est divisée en parts égales, l'allocation finale doit être équitable.

RÉSUMÉ

1. Le théorème d'impossibilité d'Arrow montre qu'il n'existe pas une méthode idéale pour agréger les préférences individuelles afin d'obtenir des préférences sociales.
2. Néanmoins, les économistes utilisent souvent des fonctions de bien-être d'une forme ou d'une autre pour représenter la façon dont les allocations peuvent être jugées d'un point de vue distributif.
3. Tant que la fonction de bien-être est croissante par rapport à l'utilité de chaque individu, une allocation qui correspond au bien-être maximum est efficace au sens

de Pareto. En outre, toute allocation efficace au sens de Pareto peut être interprétée comme étant le résultat de la maximisation d'une fonction de bien-être.

4. L'idée d'allocations équitables fournit une autre approche pour effectuer des jugements en termes distributifs. Cette idée insiste sur le principe de la symétrie du traitement réservé aux différents agents.

5. Même quand l'allocation initiale est symétrique, certains processus d'échange ne produisent pas nécessairement une allocation équitable. Mais le système de marché engendre, lui, une allocation équitable.

PROBLÈMES À RÉSOUDRE

33.1 Supposons que nous disions qu'une allocation ***x*** est préférée socialement à une allocation ***y*** seulement si tout le monde préfère ***x*** à ***y***. (On appelle parfois cela le classement de Pareto puisqu'il est étroitement lié à l'idée d'efficacité au sens de Pareto.) Quel problème cette règle soulève-t-elle quand il s'agit de prendre des décisions sociales ?

33.2 Une fonction de bien-être de Rawls ne tient compte que du bien-être de l'individu qui a le niveau de satisfaction le plus bas. L'inverse de la fonction de bien-être de Rawls pourrait être appelée la fonction de bien-être de Nietzsche. Il s'agirait d'une fonction de bien-être qui détermine la valeur d'une allocation sur base uniquement du bien-être de l'individu qui a le niveau de satisfaction le plus élevé. Quelle forme mathématique la fonction de bien-être de Nietzsche revêtirait-elle ?

33.3 Supposons que l'ensemble des possibilités d'utilité soit un ensemble convexe et que les consommateurs ne se préoccupent que de leur consommation personnelle. Quel type d'allocations correspond au bien-être maximum pour une fonction de bien-être de Nietzsche ?

33.4 Supposons qu'une allocation soit efficace au sens de Pareto et que chaque individu ne se préoccupe que de sa consommation personnelle. Prouvez qu'il doit exister un individu qui n'envie personne dans le sens que nous avons donné à ce terme dans ce chapitre. (Ce problème exige un petit peu de réflexion, mais il le mérite.)

33.5 Le pouvoir de fixer l'ordre du vote peut souvent constituer un avantage important. En supposant que les préférences sociales soient décidées sur base de votes à la majorité par paire et que les préférences correspondent à celles représentées au tableau 33.1, démontrez l'importance du pouvoir de fixer l'ordre de vote en établissant un ordre qui entraîne la victoire de l'allocation ***y***. Trouvez également un ordre qui entraîne la victoire de ***z***. Quelle est la propriété des préférences sociales qui explique l'importance du pouvoir de fixer l'ordre du vote ?

ANNEXE

Nous allons examiner le problème de maximisation du bien-être en utilisant une fonction de bien-être individualistique. En représentant la frontière des possibilités de production à l'aide de la fonction de transformation définie au chapitre 32, nous pouvons écrire le problème de maximisation du bien-être comme suit :

$$\max_{x_A^1, x_A^2, x_B^1, x_B^2} W\big(u_A(x_A^1, x_A^2), u_B(x_B^1, x_B^2)\big).$$

$$\text{s. c. } T(X^1, X^2) = 0$$

où X^1 et X^2 représentent les quantités totales de bien 1 et 2 produites et consommées. La fonction de Lagrange est la suivante :

$$L = W\big(u_A(x_A^1, x_A^2), u_B(x_B^1, x_B^2)\big) - \lambda\big(T(X^1, X^2) - 0\big).$$

En différentiant par rapport à chacune des variables de contrôle, nous obtenons les conditions du premier ordre suivantes :

$$\frac{\partial L}{\partial x_A^1} = \frac{\partial W}{\partial u_A} \frac{\partial u_A(x_A^1, x_A^2)}{\partial x_A^1} - \lambda \frac{\partial T(X^1, X^2)}{\partial X^1} = 0$$

$$\frac{\partial L}{\partial x_A^2} = \frac{\partial W}{\partial u_A} \frac{\partial u_A(x_A^1, x_A^2)}{\partial x_A^2} - \lambda \frac{\partial T(X^1, X^2)}{\partial X^2} = 0$$

$$\frac{\partial L}{\partial x_B^1} = \frac{\partial W}{\partial u_B} \frac{\partial u_B(x_B^1, x_B^2)}{\partial x_B^1} - \lambda \frac{\partial T(X^1, X^2)}{\partial X^1} = 0$$

$$\frac{\partial L}{\partial x_B^2} = \frac{\partial W}{\partial u_B} \frac{\partial u_B(x_B^1, x_B^2)}{\partial x_B^2} - \lambda \frac{\partial T(X^1, X^2)}{\partial X^2} = 0.$$

Après transformations et en divisant la première équation par la deuxième et la troisième par la quatrième, nous obtenons

$$\frac{\partial u_A / \partial x_A^1}{\partial u_A / \partial x_A^2} = \frac{\partial T / \partial X^1}{\partial T / \partial X^2}$$

$$\frac{\partial u_B / \partial x_B^1}{\partial u_B / \partial x_B^2} = \frac{\partial T / \partial X^1}{\partial T / \partial X^2}.$$

Ces expressions sont totalement identiques à celles que nous avons rencontrées dans l'annexe du chapitre 32. Le problème de maximisation du bien-être nous donne donc les mêmes conditions du premier ordre que le problème d'efficacité au sens de Pareto.

Il ne s'agit évidemment pas d'un accident. Nous avons établi dans ce chapitre que le résultat de la maximisation d'une fonction de bien-être de Bergson-Samuelson est une allocation efficace au sens de Pareto et que toute allocation efficace au sens de Pareto maximise une fonction de bien-être particulière. Les allocations qui maximisent le bien-être et celles qui sont efficaces au sens de Pareto doivent par conséquent respecter les mêmes conditions du premier ordre.

34

LES EXTERNALITÉS

Nous disons qu'une situation économique implique une **externalité de consommation** si un consommateur se préoccupe directement de la production ou de la consommation d'un autre agent. J'ai par exemple des préférences précises à l'égard du fait que mon voisin joue de la musique bruyante à 3 heures du matin ou que la personne à côté de moi dans un restaurant fume un cigare de mauvaise qualité ou encore à l'égard de la pollution produite par les automobiles locales. Il s'agit là de trois exemples d'externalités *négatives* de consommation. Par ailleurs, je peux prendre plaisir à observer le jardin de fleurs de mon voisin ; il s'agit d'un exemple d'externalité *positive* de consommation.

De même, il y a **externalité de production** quand les possibilités de production d'une entreprise sont influencées par les choix d'une autre entreprise ou d'un consommateur. Un exemple classique est celui d'un verger de pommiers situé à côté d'un apiculteur ; il y a dans ce cas des externalités positives de production réciproques : la production de chaque firme influence positivement les possibilités de production de l'autre. De même, une entreprise de pêche se préoccupe de la quantité de polluant déversée dans sa zone de pêche puisque cela influence négativement ses prises.

La caractéristique fondamentale des externalités est l'existence de biens qui intéressent les individus mais qui ne sont pas vendus sur des marchés. Il n'y a pas de marché pour la musique bruyante à 3 heures du matin, ou pour la fumée de cigares, ou pour un voisin qui entretient un magnifique jardin de fleurs. C'est l'absence de marchés pour les externalités qui pose problème.

Jusqu'à présent, nous avons supposé implicitement que chaque agent pouvait prendre ses décisions de consommation ou de production sans se préoccuper de ce que les autres agents faisaient. Toutes les interactions entre consommateurs et producteurs s'opéraient via le marché, de sorte que les agents économiques n'avaient besoin de connaître que les prix du marché et leurs possibilités personnelles de consommation ou de production. Dans ce chapitre, nous allons renoncer à cette hypothèse et nous allons examiner les conséquences économiques des externalités.

Dans les chapitres précédents, nous avons vu que le système de marché permet de réaliser des allocations efficaces au sens de Pareto quand il n'y a *pas* d'externalités. Mais s'il y a des externalités, le marché ne conduira pas nécessairement à une allocation des ressources efficace au sens de Pareto. Il existe toutefois d'autres systèmes institutionnels tels que le cadre légal ou les interventions des pouvoirs publics, qui peuvent jusqu'à un certain point « imiter » le système de marché et atteindre ainsi l'efficacité au sens de Pareto. Dans ce chapitre, nous allons voir comment ces systèmes institutionnels fonctionnent.

34.1 FUMEURS ET NON FUMEURS

Il est commode de commencer par illustrer, à l'aide d'un exemple, quelques points fondamentaux de l'analyse. Imaginons deux étudiants, A et B, qui partagent la même chambre. Ils ont des préférences à l'égard de l'« argent » et du fait de « fumer ». Supposons que les deux consommateurs aiment l'argent, mais que A aime fumer alors que B aime l'air pur.

Nous pouvons représenter les possibilités de consommation des deux individus dans une boîte d'Edgeworth. La longueur de l'axe horizontal représente la quantité totale d'argent dont ils disposent et la hauteur de l'axe vertical représente la quantité maximum de fumée qui peut être engendrée. Les préférences de l'agent A sont croissantes par rapport à l'argent et à la fumée tandis que les préférences de l'agent B sont croissantes par rapport à l'argent et à l'air pur, c'est-à-dire à l'absence de fumée. Nous mesurons la fumée sur une échelle de 0 à 1, 0 correspondant à une absence totale de fumée et 1 à une chambre complètement enfumée.

Cette description du problème nous permet de tracer le graphique représenté à la figure 34.1. Cette représentation graphique ressemble très fort à la boîte d'Edgeworth classique, mais son interprétation est assez différente. La quantité de fumée est un bien désirable pour A, mais un bien indésirable pour B, de sorte que B atteint une position qui lui procure un niveau de satisfaction supérieur quand A fume moins. Assurez-vous que vous compreniez bien la différence dans la façon dont les choses sont mesurées sur les axes. Nous mesurons la somme d'argent dont A dispose horizontalement à partir du coin inférieur gauche de la boîte et celle dont B dispose horizontalement à partir du coin supérieur droit. Mais la quantité totale de fumée est mesurée verticalement à partir du coin inférieur gauche. La différence réside dans le fait que l'argent peut être divisé entre les deux consommateurs, ce qui implique que nous devons toujours mesurer deux sommes d'argent, alors qu'il n'y a qu'une seule quantité de fumée qui doit être consommée par les deux individus à la fois.

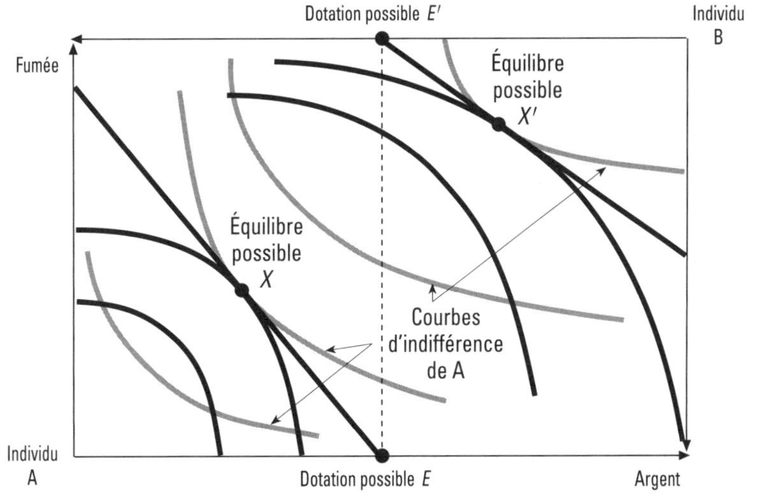

Figure 34.1 ***Préférences pour l'argent et la fumée.***

La fumée est un bien désirable pour l'individu A, mais un bien indésirable pour l'individu B. L'équilibre final dépend de la dotation initiale.

Dans la boîte d'Edgeworth classique, le niveau de satisfaction de B augmente quand A réduit sa consommation de bien 2 parce que B peut alors consommer davantage de bien 2. Dans la boîte d'Edgeworth représentée à la figure 34.1, le niveau de satisfaction de B augmente également quand A réduit sa consommation de bien 2 (la fumée), mais pour une raison très différente. Dans cet exemple, le niveau de satisfaction de B augmente quand A réduit sa consommation de fumée parce que les deux agents doivent consommer la même quantité de fumée et que celle-ci est un bien indésirable pour l'agent B.

Nous avons ainsi représenté les possibilités de consommation des deux compagnons et leurs préférences. Qu'en est-il de leurs dotations ? Supposons qu'ils disposent tous les deux initialement de la même somme d'argent, par exemple 100 € chacun. Leurs dotations se situent donc quelque part sur la droite verticale indiquée à la figure 34.1. Pour connaître exactement en quel point de cette droite sont situées les dotations, nous devons déterminer la « dotation » initiale de fumée et d'air pur.

La réponse à cette question dépend des droits légaux des fumeurs et des non fumeurs. Il se pourrait que A ait le droit de fumer autant qu'il le désire et que B n'ait qu'à se résigner à cela. Il se pourrait au contraire que B ait droit de respirer de l'air pur. Il se pourrait enfin que ces droits légaux à la fumée et à l'air pur se situent quelque part entre ces deux cas extrêmes.

La dotation initiale en fumée dépend donc du cadre légal. Ce n'est pas tellement différent des dotations initiales en biens ordinaires. Dire que A a une dotation initiale de 100 € signifie que A peut décider de consommer lui-même 100 € ou qu'il peut les donner ou les échanger avec n'importe quel autre individu. Dire qu'une personne « possède » ou « a droit »à 100 € implique une définition légale de la propriété. De même, si un individu a un droit de propriété sur l'air pur, cela signifie qu'il peut consommer de l'air pur s'il le désire ou qu'il peut y renoncer ou vendre ce droit à quelqu'un d'autre. De ce point de vue, disposer d'un droit de propriété sur l'air pur n'est pas différent de disposer d'un droit de propriété sur 100 €.

Considérons tout d'abord un cadre légal où la personne a droit à l'air pur. La dotation initiale correspond par conséquent à la figure 34.1 au point E, c'est-à-dire que A dispose de (100, 0) et B de (100, 0). Cela signifie que A et B ont chacun 100 € et que la dotation initiale, c'est-à-dire ce qu'ils auraient en l'absence d'échange, correspond uniquement à de l'air pur.

Exactement comme précédemment en l'absence d'externalités, il n'y a aucune raison pour que la dotation initiale soit efficace au sens de Pareto. La détention d'un droit de propriété sur l'air pur implique notamment le fait que l'individu a le droit d'échanger une partie de l'air pur contre d'autres biens désirables, c'est-à-dire dans le cas présent, contre de l'argent. Il se peut très bien que B préfère échanger une partie de son droit à l'air pur contre une somme supplémentaire d'argent. Nous pourrions par exemple, dans ce cas, atteindre le point X indiqué à la figure 34.1.

Une allocation efficace au sens de Pareto est une allocation à partir de laquelle il est impossible d'accroître la satisfaction d'un des consommateurs sans réduire celle de l'autre. Une telle allocation est caractérisée par la condition de tangence habituelle, c'est-à-dire l'égalité des taux marginaux de substitution des deux individus entre la fumée et l'argent, comme illustré à la figure 34.1. Il est facile d'imaginer que A et B négocient pour atteindre un tel point efficace au sens de Pareto. En effet, B a droit à l'air pur, mais il peut se laisser « acheter » et consommer un peu de fumée produite par A.

D'autres distributions des droits de propriété sont évidemment envisageables. Nous pourrions imaginer un cadre légal où A a le droit de fumer autant qu'il le désire et où B devrait soudoyer A pour qu'il réduise sa consommation de fumée. Cela correspondrait à la dotation notée E' à la figure 34.1. Exactement comme auparavant, cette allocation ne sera généralement pas efficace au sens de Pareto et nous pourrions imaginer que les agents négocient pour atteindre un point unanimement préféré tel que le point X'.

Les deux allocations X et X' sont efficaces au sens de Pareto ; elles résultent simplement de dotations initiales différentes. Le fumeur A bénéficie certainement d'un niveau d'utilité plus élevé en X' qu'en X et le non fumeur B a un niveau d'utilité plus élevé en X qu'en X'. Ces deux points ont des implications différentes en ce qui concerne la répartition des niveaux d'utilité, mais du point de vue de l'efficacité, ils sont tout aussi satisfaisants l'un que l'autre.

En fait, il n'y a aucune raison pour nous limiter à ces deux seuls points efficaces. Il existe, comme d'habitude, une courbe des contrats qui donne l'ensemble des allocations de fumée et d'argent efficaces au sens de Pareto. Si les agents peuvent échanger librement ces deux biens, nous savons qu'ils finiront quelque part sur cette courbe des contrats. La position exacte dépendra de leurs droits de propriété sur la fumée et l'argent et du système d'échange précis qu'ils utiliseront.

Comme système d'échange, ils pourraient utiliser le système des prix. Exactement comme précédemment, nous pourrions imaginer qu'un commissaire priseur annonce les prix et demande quelle quantité chaque agent est disposé à acheter à ces prix. Si le point de dotation initiale donne à A le droit de fumer, il pourrait envisager de vendre une partie de ce droit à B contre de l'argent. De même, si B détient les droits de propriété sur l'air pur, il pourrait vendre un peu d'air pur à A.

Quand le commissaire-priseur réussit à trouver un ensemble de prix qui assurent l'égalité de l'offre et de la demande, tout est parfait : nous avons un « beau » résultat efficace au sens de Pareto. S'il existe un marché pour la fumée, un équilibre concurrentiel sera efficace au sens de Pareto. En outre, les prix concurrentiels mesureront le taux marginal de substitution entre les deux biens, exactement comme dans le cas habituel.

C'est exactement comme l'analyse classique de la boîte d'Edgeworth, mais le problème est ici défini dans un cadre quelque peu différent. Tant que les droits de propriété sur le bien qui engendre l'externalité sont bien définis, et cela quelle que soit la personne qui détient ces droits, les agents peuvent procéder à des échanges et se déplacer de leurs dotations initiales vers une allocation efficace au sens de Pareto. Si nous désirons établir un marché pour l'externalité afin d'encourager le processus d'échange, cela fonctionnera tout aussi bien.

Les problèmes ne peuvent surgir que si les droits de propriété ne sont *pas* bien définis. Si A croit qu'il a le droit de fumer et que B croit qu'il a droit à l'air pur, il y aura des difficultés. *Les problèmes pratiques avec les externalités surgissent généralement parce que les droits de propriété sont mal définis.*

Mon voisin peut croire qu'il a le droit de jouer de la trompette à 3 heures du matin et je peux estimer avoir droit au silence. Une firme peut croire qu'elle a le droit de déverser des polluants dans l'atmosphère que je respire, mais je peux penser le contraire. Une mauvaise définition des droits de propriété peut provoquer un niveau inefficace de production des externalités, c'est-à-dire qu'il serait possible d'accroître la satisfaction des deux parties impliquées en modifiant le niveau de production des externalités. Si les droits de propriété sont bien définis et qu'il existe des processus permettant la négociation entre les individus, ceux-ci peuvent alors échanger les droits relatifs à la production des externalités de la même façon qu'ils échangent les droits relatifs à la production et à la consommation de biens ordinaires.

34.2 LES PRÉFÉRENCES QUASI LINÉAIRES ET LE THÉORÈME DE COASE

Nous venons de soutenir la thèse que, tant que les droits de propriété sont bien définis, l'échange entre les agents économiques devrait conduire à une allocation efficace de l'externalité. En règle générale, le niveau d'externalité produit dans le cadre de la solution efficace, dépendra de la répartition des droits de propriété. Dans le cas des deux étudiants, la quantité de fumée produite sera différente selon que les droits de propriété sont détenus par le fumeur ou le non fumeur.

Il existe toutefois un cas particulier où le niveau de l'externalité est indépendant de la répartition des droits de propriété : si les préférences des agents sont **quasi linéaires**, toute solution efficace sera en effet caractérisée par le même niveau d'externalité.

La figure 34.2 illustre cette situation à l'aide de la boîte d'Edgeworth dans le cas du fumeur et du non fumeur. Puisque toutes les courbes d'indifférence sont des translations horizontales les unes des autres, l'ensemble des points de tangence, c'est-à-dire l'ensemble des allocations efficaces au sens de Pareto, est une droite horizontale. Cela signifie que la quantité de fumée est la même pour toutes les allocations efficaces au sens de Pareto ; seules les quantités d'euros détenues par les agents diffèrent d'une allocation efficace à l'autre.

Le fait que dans certaines conditions, la quantité efficace du bien impliqué dans le phénomène d'externalité soit indépendante de la distribution des droits de propriété est parfois désigné sous le nom de **théorème de Coase**. Il convient toutefois d'insister sur le caractère très particulier de ces conditions. L'hypothèse de préférences quasi linéaires suppose que les demandes pour le bien qui provoque l'externalité ne dépendent pas de la distribution des revenus. Dès lors une réallocation des dotations n'affecte pas le niveau

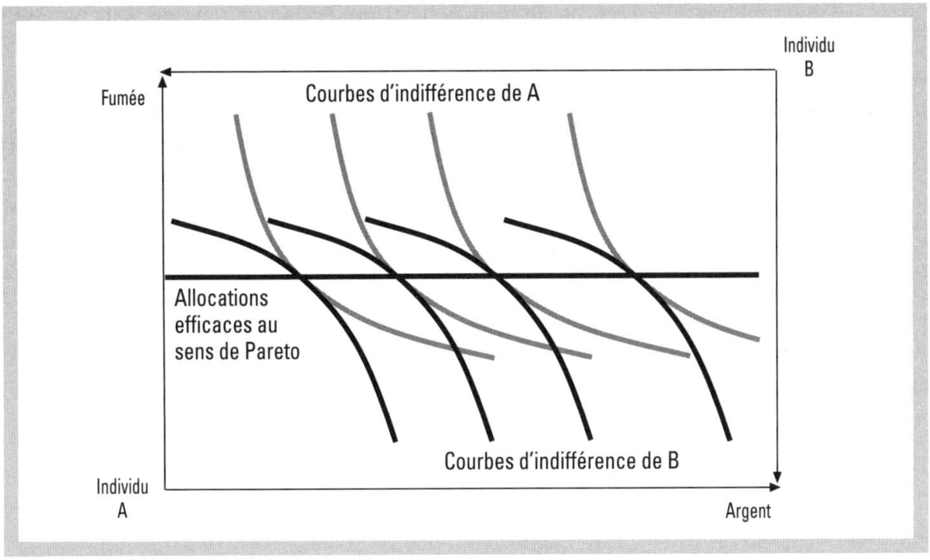

Figure 34.2 ***Les préférences quasi linéaires et le théorème de Coase.***

Si les préférences de chaque consommateur sont quasi linéaires, c'est-à-dire si les courbes d'indifférence sont simplement des translations horizontales les unes de sautres, l'ensemble des allocations efficaces au sens de Pareto est une droite horizontale. Le niveau d'externalité, c'est-à-dire dans ce cas la quantité de fumée, est par conséquent le même pour toutes les allocations efficaces au sens de Pareto.

efficace des externalités. On exprime parfois ce point en disant que le théorème de Coase est valide s'il n'y a pas « d'effets de revenu »[1].

Dans ce cas, les allocations efficaces au sens de Pareto impliquent toutes la production d'un même niveau d'externalité. Elles impliquent par contre que les consommateurs détiennent des sommes d'argent différentes. Le niveau de l'externalité, c'est-à-dire la quantité de fumée, est indépendant de la distribution de la richesse.

34.3 LES EXTERNALITÉS DE PRODUCTION

Considérons maintenant une situation avec des externalités de production. La firme S produit une certaine quantité d'acier s, mais elle produit également une certaine quantité de pollution $x$qu'elle déverse dans la rivière. La firme F, entreprise de pêche, est localisée en aval et est affectée négativement par la pollution de S.

[1] Ronald Coase est professeur émérite de la Law School de l'Université de Chicago. Son célèbre article « The Problem of Social Costs » (*The Journal of Law and Economics*, 3, octobre 1960) a été interprété de diverses façons. Certains auteurs suggèrent que Coase a soutenu uniquement qu'une négociation sans coût portant sur les externalités se traduit par un résultat efficace au sens de Pareto et non que ce résultat est indépendant de la distribution des droits de propriété. Coase a reçu le Prix Nobel d'Économie 1991 pour ce travail.

Supposons que la fonction de coût de la firme S soit $c_s(s, x)$avec s, la quantité d'acier produite et x, la quantité de pollution engendrée. La fonction de coût de la firme F est $c_f(f, x)$ avec f, la production de poisson et x, la quantité de pollution. Remarquons que les coûts de production de l'entreprise F pour une quantité donnée de poisson dépendent de la pollution engendrée par l'entreprise sidérurgique. Nous supposons que la pollution accroît le coût de production du poisson ($\Delta c_f / \Delta x > 0$) et qu'elle *décroît* le coût de production de l'acier ($\Delta c_s / \Delta x \leqslant 0$). Cette dernière hypothèse signifie qu'une augmentation de la pollution diminue le coût de production de l'acier ou, en d'autres termes, qu'une réduction de la pollution augmente le coût de production de l'acier, du moins pour certains volumes de production.

Le problème de maximisation du profit de l'entreprise sidérurgique est le suivant :

$$\max_{s,x} p_s s - c_s(s,x)$$

et celui de l'entreprise de pêche est

$$\max_{f} p_f f - c_f(f,x).$$

Notons que l'entreprise sidérurgique doit choisir la quantité de pollution qu'elle engendre, mais que l'entreprise de pêche prend le niveau de pollution comme donné.

Les conditions de maximisation du profit sont pour l'entreprise sidérurgique,

$$p_s = \frac{\Delta c_s(s^*, x^*)}{\Delta s}$$

$$0 = \frac{\Delta c_s(s^*, x^*)}{\Delta x}$$

et pour l'entreprise de pêche,

$$p_f = \frac{\Delta c_f(f^*, x^*)}{\Delta f}.$$

Ces conditions indiquent qu'à l'optimum, le prix de chaque bien — l'acier et la pollution — devrait être égal à son coût marginal. Un des produits de l'entreprise sidérurgique est la pollution qui, par hypothèse, a un prix nul. Dès lors, la condition qui définit l'offre de pollution correspondant à la maximisation du profit, implique que l'entreprise S produit de la pollution jusqu'à ce que le coût d'une unité supplémentaire soit nul.

Il n'est pas difficile de voir quel est le problème d'externalité dans le cas présent : l'entreprise de pêche se préoccupe du volume de pollution produit, mais elle n'exerce aucun contrôle sur celui-ci. Par ailleurs l'entreprise sidérurgique ne tient compte que du coût de production de l'acier quand elle effectue ses calculs de maximisation du profit ; elle ne tient pas compte du coût qu'elle impose à l'entreprise de pêche. L'augmentation du coût de la pêche découlant d'une augmentation de la pollution constitue une partie du **coût social** de la production d'acier, mais celui-ci n'est pas pris en compte par l'entreprise sidérurgique. En règle générale, nous nous attendons à ce que l'entreprise sidérurgique produise trop de pollution d'un point de vue social, puisqu'elle ne tient pas compte de l'impact de cette pollution sur l'entreprise de pêche.

En quoi consisterait un programme de production d'acier et de poisson efficace au sens de Pareto ? On peut facilement répondre à cette question en procédant de la façon suivante : supposons que l'entreprise de pêche et l'entreprise sidérurgique fusionnent et constituent une seule firme qui produise à la fois du poisson et de l'acier (et éventuellement de la pollution). Dans ce cas, il n'y a plus d'externalité ! En effet, il n'y a externalité de production que quand les actions d'une firme affectent les possibilités de production d'une autre firme. S'il n'y a qu'une seule entreprise, celle-ci tiendra compte des interactions existant entre ses différentes « divisions » lorsqu'elle choisit le programme de production qui maximise son profit. Nous dirons que l'externalité a été **internalisée** par la réallocation des droits de propriété. Avant la fusion, chaque entreprise avait le droit de produire n'importe quelle quantité d'acier, de poisson ou de pollution qu'elle désirait, sans tenir compte de ce que l'autre entreprise faisait. Après la fusion, l'entreprise qui en résulte a le droit de contrôler la production tant de l'usine sidérurgique que de l'entreprise de pêche.

Le problème de maximisation du profit de l'entreprise fusionnée est le suivant :

$$\max_{s,f,x} p_s s + p_f f - c_s(s,x) - c_f(f,x) .$$

Les conditions d'optimalité qui en découlent sont

$$p_s = \frac{\Delta c_s(\hat{s},\hat{x})}{\Delta s}$$

$$p_f = \frac{\Delta c_f(\hat{f},\hat{x})}{\Delta f}$$

$$0 = \frac{\Delta c_s(\hat{s},\hat{x})}{\Delta x} + \frac{\Delta c_f(\hat{f},\hat{x})}{\Delta x}.$$

Le terme important est le dernier. Il indique que l'entreprise fusionnée tient compte de l'effet de la pollution sur les coûts marginaux de l'entreprise sidérurgique et de l'entreprise de pêche. Quand la division sidérurgique choisit le niveau de pollution qu'elle va engendrer, elle prend en considération l'effet de cette décision sur les profits de la division de pêche, c'est-à-dire qu'elle tient compte du coût social de son programme de production.

Qu'est-ce que cela implique en ce qui concerne la quantité de pollution engendrée ? Quand l'entreprise sidérurgique agit de façon indépendante, la quantité de pollution est déterminée par la condition suivante :

$$\frac{\Delta c_s(s^*,x^*)}{\Delta x} = 0. \qquad (34.1)$$

L'usine sidérurgique produit donc de la pollution jusqu'au moment où le coût marginal est nul :

$$Cm_s(s^*, x^*) = 0.$$

Dans l'entreprise fusionnée, la quantité de pollution est déterminée par la condition suivante :

$$\frac{\Delta c_s(\hat{s}, \hat{x})}{\Delta x} + \frac{\Delta c_f(\hat{f}, \hat{x})}{\Delta x} = 0. \quad (34.2)$$

L'entreprise fusionnée produit donc de la pollution jusqu'au moment où la somme du coût marginal pour l'entreprise sidérurgique et du coût marginal pour l'entreprise de pêche est nulle. Cette condition peut également s'écrire comme suit :

$$-\frac{\Delta c_s(\hat{s}, \hat{x})}{\Delta x} = \frac{\Delta c_f(\hat{f}, \hat{x})}{\Delta x} > 0 \quad (34.3)$$

ou

$$-Cm_s(\hat{s}, \hat{x}) = Cm_f(\hat{f}, \hat{x}).$$

Dans cette dernière expression, $Cm_f(\hat{f}, \hat{x})$ est positif puisqu'un accroissement de la pollution augmente le coût de production d'une quantité donnée de poisson. L'entreprise fusionnée désire donc produire en un point où $-Cm_s(\hat{s}, \hat{x})$ est positif, c'est-à-dire qu'elle désire produire *moins* de pollution que l'entreprise sidérurgique indépendante. Quand la firme prend en compte le coût social réel de l'externalité découlant de la production d'acier, elle réduit sa production optimale de pollution.

Quand l'entreprise sidérurgique a pour objectif la minimisation de ses **coûts privés** de production de l'acier, elle produit jusqu'à ce que le coût marginal d'une unité de pollution supplémentaire soit nul ; mais le niveau de pollution efficace au sens de Pareto implique en fait la minimisation des **coûts sociaux** de la pollution. L'efficacité au sens de Pareto requiert que la *somme* des coûts marginaux de la pollution pour les deux entreprises soit nulle.

Ce raisonnement est illustré à la figure 34.3. La courbe Cm_s mesure le coût marginal de production d'une unité de pollution supplémentaire pour l'entreprise sidérurgique. La courbe Cm_f mesure le coût marginal d'une unité de pollution supplémentaire pour l'entreprise de pêche. L'entreprise sidérurgique qui maximise son profit produit de la pollution jusqu'au point où son coût marginal de production d'une unité de pollution supplémentaire est nul.

Mais l'efficacité au sens de Pareto requiert que l'entreprise sidérurgique pollue jusqu'au point où l'effet d'une augmentation marginale de la pollution est égal au coût social marginal, celui-ci tenant compte de l'impact de la pollution sur les coûts des deux entreprises. Quand la production de pollution est à son niveau efficace, la somme que l'entreprise sidérurgique est disposée à payer pour une unité supplémentaire de pollution doit

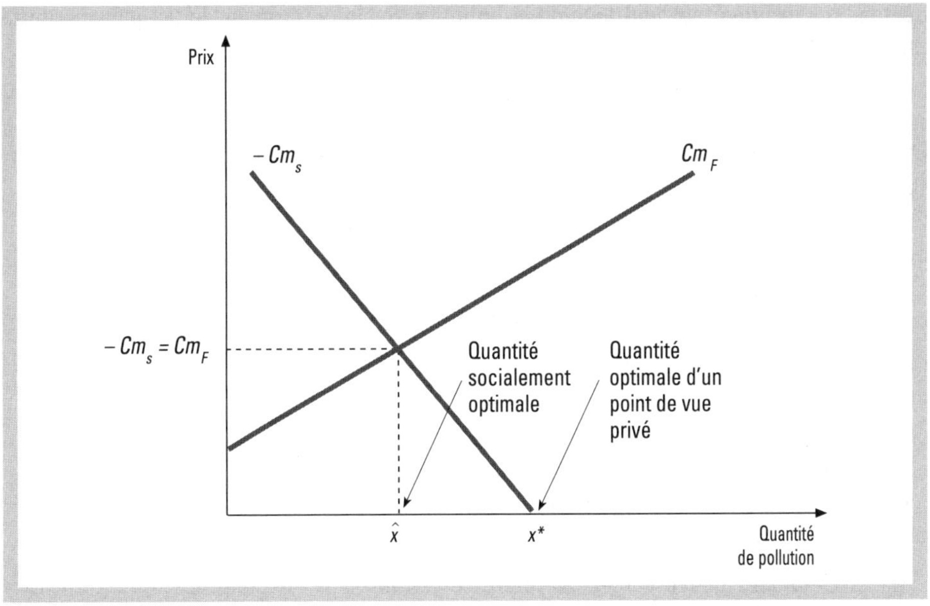

Figure 34.3 ***Coût social et coût privé.***

L'entreprise sidérurgique produit de la pollution jusqu'au point où le coût marginal d'une unité de pollution supplémentaire est nul. Mais la quantité de pollution efficace au sens de Pareto correspond au point où le prix est égal au coût marginal social, celui-ci incluant le coût de la pollution supporté par l'entreprise de pêche.

être égale aux coûts sociaux engendrés par celle ci, ces coûts sociaux incluant les coûts que la pollution supplémentaire entraîne pour l'entreprise de pêche.

Ceci est totalement cohérent avec les raisonnements en termes d'efficacité tenus dans les chapitres précédents. Dans ceux-ci, il n'y avait pas, par hypothèse, d'externalités, de sorte que coûts privés et coûts sociaux étaient identiques. Dans ce cas, un marché libre implique la production de quantités efficaces au sens de Pareto. Mais si les coûts privés sont différents des coûts sociaux, le marché seul peut ne pas suffire pour réaliser l'efficacité au sens de Pareto.

Exemple : Les quotas de pollution

Chacun souhaite un environnement sain... à condition que quelqu'un d'autre en paie le prix. Même si un consensus se dégage sur la mesure dans laquelle il conviendrait de réduire la pollution, il faut encore déterminer la façon la plus efficace en termes de coût pour atteindre la réduction envisagée.

Prenons le cas des émissions d'oxyde de carbone. Pour certaines entreprises polluantes, la réduction de leurs émissions d'oxyde de carbone peut être relativement peu coûteuse alors que pour d'autres, la réduction peut représenter un coût très élevé. Devrait-on demander à ces deux types d'entreprises de réduire leurs émissions de la même quantité physique, dans une même proportion ou sur base d'une autre règle ?

Considérons un modèle économique simple. Supposons qu'il n'y ait que deux firmes. Le quota d'émissions de la firme 1 est x_1 et celui de la firme 2 est x_2. La réalisation d'un quota d'émissions x_1 représente un coût $c_1(x_1)$; il en est de même pour la firme 2. La quantité totale de pollution est fixée à un niveau X. Si nous désirons minimiser le coût total que représente l'objectif en matière d'émissions d'oxyde de carbone en tenant compte de la contrainte globale, nous devons résoudre le problème suivant :

$$\min_{x_1, x_2} C_1(x_1) + C_2(x_2)$$

$$\text{s. c. } x_1 + x_2 = X.$$

Un raisonnement économique désormais familier indique que le coût marginal du contrôle des émissions devrait être le même pour les différentes entreprises. Si une firme a un coût marginal de contrôle des émissions plus élevé que l'autre, nous pouvons réduire les coûts totaux en diminuant son quota et en augmentant celui de l'autre firme.

Comment pouvons-nous atteindre ce résultat ? Si les contrôleurs du gouvernement disposaient des informations relatives au coût des émissions pour toutes les entreprises, ils pourraient calculer la structure adéquate de la production et l'imposer à toutes les parties concernées. Mais le rassemblement de toutes ces informations et son actualisation représentent un coût énorme. Il est beaucoup plus facile de caractériser théoriquement la solution optimale que de la mettre en œuvre dans les faits !

De nombreux économistes soutiennent que le marché constitue la meilleure façon pour obtenir une solution efficace au problème de contrôle des émissions. En fait, un système de contrôle des émissions basé sur un mécanisme de marché sera bientôt mis en place en Californie du sud. Voyons comment ce plan californien va fonctionner[2].

Chacune des 2700 entreprises les plus polluantes de la Californie du sud va recevoir un quota pour ces émissions d'oxyde de carbone. Ce quota est au départ fixé à un niveau inférieur de 8 % aux émissions de l'année précédente. Si l'entreprise réalise exactement son quota d'émissions, elle n'est soumise à aucune amende, mais si elle réduit ses émissions d'une quantité supérieure à celle correspondant à son quota, elle peut vendre sur un marché libre un « droit de polluer » supplémentaire.

Supposons que le quota d'une entreprise soit une émission annuelle de 95 tonnes d'oxyde de carbone. Si elle parvient à produire seulement 90 tonnes au cours d'une année donnée, elle peut vendre le droit d'émettre 5 tonnes d'oxyde de carbone à une autre entreprise. Chaque firme peut comparer le prix du marché pour un « crédit de pollution » avec le coût que représente la réduction de ses propres émissions et décider s'il est plus efficace en termes de coût de réduire ses émissions davantage ou d'acheter des « crédits de pollution » auprès d'autres entreprises.

[2] Stevenson, Richard, « Trying a Market Approach to Smog », *New York Times*, 25 mars 1992, p. c1.

Les firmes pour lesquelles la réduction des émissions représentent un faible coût vendront des crédits aux entreprises pour lesquelles la réduction des émissions représente au contraire un coût élevé. À l'équilibre, le prix du marché pour le droit d'émettre une tonne de pollution devrait juste être égal au coût marginal d'une réduction des émissions d'une tonne. Mais il s'agit là exactement de la condition qui caractérise la structure optimale des émissions ! Le marché permet de réaliser automatiquement la structure efficace des pollutions.

34.4 L'INTERPRÉTATION DES CONDITIONS

Les conditions d'efficacité au sens de Pareto que nous venons de dégager se prêtent à plusieurs interprétations intéressantes. Chacune de ces interprétations suggère un mécanisme pour corriger la perte d'efficacité consécutive à l'externalité de production.

La première interprétation est que l'entreprise sidérurgique est en fait confrontée à un prix incorrect pour la pollution. Pour cette entreprise, la production de pollution ne coûte rien. Mais cela ne tient pas compte des coûts que la pollution impose à l'entreprise de pêche. On peut par conséquent corriger la situation en veillant à ce que le pollueur soit confronté au coût social correct de ses actes.

Pour réaliser cela, on peut lever une taxe sur la pollution produite par l'entreprise sidérurgique. Supposons que nous levions une taxe de t euros par unité de pollution produite par l'entreprise sidérurgique. Le problème de maximisation du profit de cette entreprise devient alors le suivant :

$$\max_{s,x}\ p_s s - c_s(s,x) - tx,$$

Les conditions de maximisation du profit sont dès lors

$$p_s - \frac{\Delta c_s(s,x)}{\Delta s} = 0$$

$$-\frac{\Delta c_s(s,x)}{\Delta x} - t = 0.$$

En comparant ces conditions avec l'équation (34.3), nous voyons que si nous fixons

$$t = \frac{\Delta c_f(\hat{f},\hat{x})}{\Delta x},$$

ces conditions deviennent identiques à celles qui définissent le niveau de pollution efficace au sens de Pareto.

On appelle ce type de taxe, une **taxe à la Pigou**[3]. Le problème avec ce genre de taxe, c'est que pour l'appliquer, nous avons besoin de connaître la quantité optimale de

[3] Arthur Pigou (1877-1959), économiste de l'Université de Cambridge, suggéra l'utilisation de ce type de taxe dans son important ouvrage *The Economics of Welfare*.

pollution. Mais si nous connaissions cette quantité optimale, nous pourrions tout simplement dire à l'entreprise sidérurgique de produire exactement cette quantité et nous nous éviterions ainsi de nous compliquer la vie avec un tel type de taxation.

On peut interpréter d'une autre façon le problème d'externalité en considérant qu'il manque en fait un marché : le marché pour les produits polluants. Il y a un problème d'externalité parce que le pollueur est confronté à un prix nul pour un output qu'il produit alors que des gens seraient disposés à payer pour que cet output soit réduit. D'un point de vue social, la pollution devrait avoir un prix négatif.

Nous pourrions imaginer un monde dans lequel l'entreprise de pêche aurait le droit d'avoir de l'eau propre, mais elle pourrait vendre ce droit et autoriser ainsi une certaine pollution. Soit q, le prix par unité de pollution et x, la quantité de pollution que l'usine sidérurgique produit. Le problème de maximisation du profit de cette usine est dès lors le suivant :

$$\max_{s,x} p_s s - qx - c_s(s,x)$$

et le problème de maximisation du profit de l'entreprise de pêche est

$$\max_{f,x} p_f f + qx - c_f(f,x).$$

Le terme qx intervient avec un signe négatif dans le profit de l'entreprise sidérurgique puisqu'il représente un coût : l'entreprise sidérurgique doit payer le droit de produire x unités de pollution. Mais ce terme intervient avec un signe positif dans le profit de l'entreprise de pêche puisque celle-ci retire une recette de la vente de ce droit.

Les conditions de maximisation du profit sont

$$p_s - \frac{\Delta c_s(s,x)}{\Delta s} \tag{34.4}$$

$$q = \frac{\Delta c_s(s,x)}{\Delta x} \tag{34.5}$$

$$p_f = \frac{\Delta c_f(f,x)}{\Delta f} \tag{34.6}$$

$$q = \frac{\Delta c_f(f,x)}{\Delta x}. \tag{34.7}$$

Chaque entreprise est ainsi confrontée au coût marginal social de chacun de ses actes quand elle détermine la quantité de pollution qu'elle vend ou qu'elle achète. Si le prix de la pollution est ajusté jusqu'à ce que la demande de pollution soit égale à l'offre, nous obtiendrons un équilibre efficace comme pour n'importe quel autre bien.

Les équations (34.5) et (34.7) indiquent qu'à l'optimum, nous devons avoir la condition suivante :

$$-\frac{\Delta c_s(s,x)}{\Delta x}=\frac{\Delta c_f(f,x)}{\Delta x}.$$

Le coût marginal d'une réduction de la pollution pour l'entreprise sidérurgique devrait donc être égal au bénéfice marginal que cette réduction représente pour l'entreprise de pêche. Si cette condition n'est pas respectée, la quantité de pollution ne peut pas être optimale. Il s'agit évidemment de la même condition que celle obtenue dans l'équation (34.3).

Nous avons supposé que l'entreprise de pêche avait le droit d'avoir de l'eau propre et que l'usine sidérurgique devait acheter le droit de polluer. Mais nous pourrions attribuer les droits de propriété de façon totalement inverse, c'est-à-dire que l'usine sidérurgique pourrait avoir le droit de polluer et l'entreprise de pêche devrait payer pour amener l'usine sidérurgique à réduire sa pollution. Exactement comme dans l'exemple du fumeur et du non fumeur, nous obtiendrions également dans ce cas un résultat efficace. En fait, nous obtiendrions exactement le *même* résultat parce que les mêmes équations devraient être respectées.

Pour le vérifier, supposons maintenant que l'usine sidérurgique ait le droit de polluer jusqu'à un certain niveau $\overline{x}$ et que l'entreprise de pêche soit disposée à payer pour réduire la pollution. Le problème de maximisation du profit pour l'usine sidérurgique s'écrit dès lors comme suit :

$$\max_{s,x}\ p_s s+q(\overline{x}-x)-c_s(s,x).$$

Cette usine a désormais deux sources de revenus : elle peut vendre de l'acier et elle peut vendre également une réduction de la pollution. Les conditions d'égalité du prix et du coût marginal sont les suivantes :

$$p_s-\frac{\Delta c_s(s,x)}{\Delta s}=0 \qquad (34.8)$$

$$-q-\frac{\Delta c_s(s,x)}{\Delta sx}=0. \qquad (34.9)$$

Le problème de maximisation de l'entreprise de pêche s'écrit maintenant comme suit :

$$\max_{f,x}\ p_f f-q(\overline{x}-x)-c_f(f,x)$$

et les conditions d'optimalité sont

$$p_f-\frac{\Delta c_f(f,x)}{\Delta f}=0 \qquad (34.10)$$

$$q-\frac{\Delta c_f(f,x)}{\Delta x}=0. \qquad (34.11)$$

Nous pouvons maintenant constater que les quatre équations (34.8) – (34.11) sont totalement identiques aux quatre équations (34.4) – (34.7). En cas d'externalités de production, la structure optimale de la production est indépendante de la façon dont les droits de propriété sont attribués. Par contre, la distribution des profits dépend évidemment, en règle générale, de la façon dont ces droits sont répartis. Bien que le résultat d'un point de vue social soit indépendant de la distribution des droits de propriété, les propriétaires des entreprises en question peuvent avoir des idées précises quant à la façon dont cette distribution devrait être organisée.

34.5 LES SIGNAUX DU MARCHÉ

Examinons maintenant la troisième et dernière interprétation des externalités. Celle-ci est à certains égards la plus fondamentale. Dans l'exemple de l'usine sidérurgique et de l'entreprise de pêche, la fusion des deux entreprises ne pose aucun problème ; dès lors, pourquoi ne fusionnent-elles pas ? En fait, quand nous réfléchissons à la question, les deux entreprises ont clairement intérêt à fusionner : si les actions d'une firme affectent l'autre entreprise, elles pourront réaliser des profits plus élevés ensemble en coordonnant leurs actions qu'en agissant de façon indépendante. *L'objectif de maximisation du profit devrait lui-même encourager l'« internalisation » des externalités de production.*

En d'autres termes, si les profits joints des entreprises dans l'hypothèse d'une coordination sont supérieurs à la somme des profits quand il n'y a aucune coordination, les propriétaires actuels pourraient vendre leurs entreprises pour une somme égale à la valeur présente de leur flux de profits ; les deux firmes pourraient alors être coordonnées et l'acheteur pourrait bénéficier de profits supplémentaires. Celui-ci pourrait évidemment être un des anciens propriétaires ou quelqu'un d'autre.

Le marché fournit lui-même un signal pour « internaliser » les externalités de production ; c'est une des raisons pour lesquelles on observe rarement ce type d'externalités. La plupart des entreprises ont *déjà* « internalisé » les externalités entre leurs unités. L'exemple précédent du verger et de l'apiculteur est un beau cas à cet égard. Il y *aurait* une externalité si les deux entreprises ignoraient leur interaction... Mais pourquoi seraient-elles assez stupides pour cela ? Il est plus vraisemblable qu'une, voire les deux entreprises, se rendront compte qu'il est possible de dégager davantage de profits en coordonnant leurs activités, soit par accord mutuel, soit par le biais de la vente d'une des entreprises à l'autre. Les propriétaires de vergers élèvent en fait très souvent des abeilles pour fertiliser leurs arbres. Ce type particulier d'externalités est facilement internalisé.

Exemple : Les abeilles et les amandes

De nombreuses variétés d'arbres fruitiers ont besoin des abeilles pour la pollinisation de leurs fleurs qui conditionne la production des récoltes.

Selon le Centre de recherche Carl Hayden sur les Abeilles à Tucson (Arizona), les abeilles à miel assurent par la pollinisation, environ un tiers de l'alimentation humaine et plus de cinquante types différents de récoltes agricoles représentant une somme supérieure à 20 milliards de dollars, rien que pour les États-Unis.[4]

Certains propriétaires d'arbres fruitiers ont leurs propres abeilles. D'autres comptent sur les abeilles du voisinage ou sur les abeilles sauvages. Toutefois, comme le suggère la théorie des externalités, la solution la plus naturelle en cas d'offre insuffisante d'abeilles est l'organisation d'un marché pour les services des abeilles.

Considérons, par exemple, le marché des amandes en Californie. Il y a 265 000 hectares d'amandiers en Californie et chaque année, il faut plus d'un million de ruches pour assurer la pollinisation de ces arbres. Mais il n'y a que 440 000 ruches en Californie. Il n'y en a donc pas assez pour assurer la pollinisation de tous les amandiers. La solution consiste à importer des abeilles des États voisins. Il existe déjà un marché bien organisé pour ce service : des éleveurs des États du Dakota du Nord, de Washington et du Colorado transportent leurs ruches pour compléter les ruches de Californie. Les propriétaires des amandiers paient bien pour ces services : en 2004, les services de pollinisation coûtait 54 $ la ruche.

34.6 LA TRAGÉDIE DES COMMUNS

Nous avons précédemment soutenu la thèse selon laquelle les externalités de production ne posent aucun problème si les droits de propriété sont bien définis. Mais s'ils sont mal définis, le résultat des interactions économiques entraînera certainement des inefficacités.

Dans cette section, nous allons examiner un cas particulier fort connu d'inefficacité appelé « la tragédie des Communs »[5]. Nous allons poser ce problème dans son contexte originel, c'est-à-dire celui d'un pré commun, bien qu'il y ait beaucoup d'autres illustrations possibles.

Considérons un village agricole dont les habitants font paître leurs vaches dans un pré commun. Nous désirons comparer deux systèmes d'allocation : le premier est une solution de propriété privée où quelqu'un possède le pré et décide du nombre de vaches qui devraient paître ; le second est une solution où le pré est la propriété des villageois et son accès est libre et sans limite.

Supposons que l'achat d'une vache coûte a euros. La quantité de lait produite par une vache dépend du nombre total de vaches qui paissent dans le pré commun. Soit $f(c)$, la valeur de la quantité totale de lait produite s'il y a c vaches sur le pré commun. La valeur du lait produit par vache est simplement le produit moyen $f(c)/c$.

Combien de vaches devraient paître sur le pré commun si nous désirons maximiser la richesse totale du village ? Définissons le problème de maximisation suivant :

$$\max_c f(c) - ac.$$

[4] Oberthur Anna, « Almond Growers Face Need for Bees », Associated Press, 29 février 2004.

[5] Voir Hardin, G., « The Tragedy of the Commons », *Science*, 1968, p. 1243–47.

Vous devriez voir directement que la production sera maximale quand le produit marginal d'une vache est égal à son coût a :

$$Pm(c^*) = a.$$

Si le produit marginal d'une vache est supérieur à a, il est intéressant de mettre une autre vache sur le pré commun et si le produit marginal est inférieur à a, il est intéressant d'en retirer une.

On obtiendrait cette solution si le pré commun était la propriété de quelqu'un qui puisse en limiter l'accès. En effet, dans ce cas, le propriétaire du pré achèterait le nombre exact de vaches qui maximise son profit.

Que se passerait-il maintenant si les villageois décidaient individuellement d'utiliser ou non le pré commun ? Chaque villageois a le choix entre faire paître ou non une vache et il est profitable de faire paître une vache aussi longtemps que son output est supérieur à son coût. Supposons qu'il y ait actuellement c vaches sur le pré commun. L'output actuel par vache est par conséquent égal à $f(c)/c$. Si un villageois ajoute une vache, l'output total devient $f(c+1)$ et le nombre total de vaches est $c+1$. Le revenu de cette vache pour le villageois est par conséquent égal à $f(c+1)/(c+1)$. Il doit comparer ce revenu au coût de la vache a. Si $f(c+1)/(c+1) > a$, il est profitable d'ajouter la vache puisque la valeur de son output est supérieure au coût. Les villageois choisiront dès lors de faire paître des vaches jusqu'à ce que le produit moyen d'une vache soit égal à a. Le nombre total de vaches sera donc $\hat{c}$ avec

$$\frac{f(\hat{c})}{\hat{c}} = a.$$

Pour dégager ce résultat, on peut alternativement raisonner en termes d'entrée libre. S'il est profitable de faire paître une vache sur le pré commun, les villageois achèteront des vaches supplémentaires. Ils ne cesseront d'ajouter des vaches que quand les profits seront devenus nuls, c'est-à-dire quand

$$f(\hat{c}) - a\hat{c} = 0.$$

Cette expression est identique, à une petite transformation près, à la condition dégagée dans le paragraphe précédent.

Quand un individu décide s'il achète ou non une vache, il regarde le revenu supplémentaire qu'il peut obtenir $f(c)/c$ et le compare au coût de la vache a. C'est parfait pour lui, mais ce calcul ne tient pas compte du fait que sa vache supplémentaire va réduire la production de lait de toutes les autres vaches. Puisqu'il ignore le **coût social** de son achat, il y aura trop de vaches dans le pré commun. (Nous supposons que chaque individu a un nombre de vaches qui est négligeable par rapport au nombre total de vaches sur le pré commun.)

Ce raisonnement est illustré à la figure 34.4. Nous y avons représenté une courbe de produit moyen décroissant puisqu'il est réaliste de supposer que l'output par

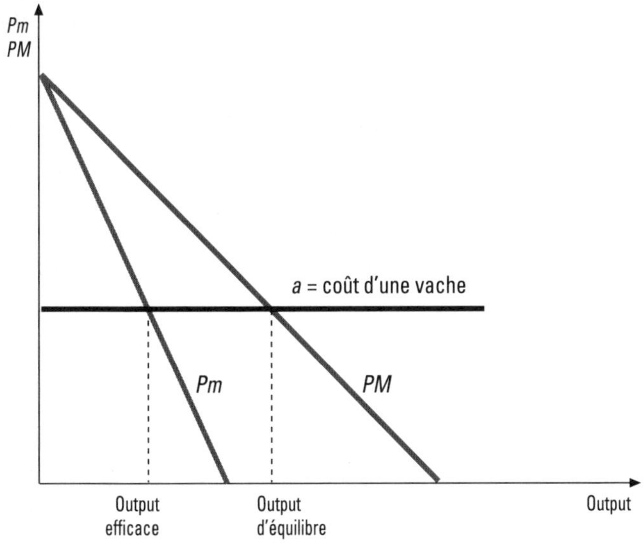

Figure 34.4 ***La tragédie des Communs.***

Si le pré est une propriété privée, le nombre de vaches sera choisi de façon à ce que le produit marginal d'une vache soit égal à son coût. Mais si le pré est une propriété commune, on fera paître des vaches jusqu'à ce que les profits deviennent nuls et, par conséquent, il y aura trop de vaches dans le pré.

vache diminue à mesure que l'on augmente le nombre de vaches qui paissent dans le pré commun. Puisque le produit moyen est décroissant, la courbe de produit marginal doit toujours être située en dessous de la courbe de produit moyen. Le nombre de vaches pour lequel le produit marginal égale a doit par conséquent être inférieur à celui pour lequel le produit moyen égale a. Il y aura donc trop de vaches dans le pré en l'absence d'un système qui en limite l'usage. La propriété privée est en fait un système qui permet de limiter l'usage du pré. En effet, nous avons vu que si tous les biens auxquels les gens prêtent une quelconque importance, sont la propriété de quelqu'un qui peut en contrôler l'usage et notamment empêcher les autres personnes de les surutiliser, il n'y a pas par définition d'externalités. La solution de marché conduit à un résultat efficace au sens de Pareto. Il ne peut y avoir des inefficacités que dans des situations où il n'est pas possible d'empêcher les autres personnes d'utiliser quelque chose ; nous examinerons cette question au chapitre suivant.

La propriété privée n'est évidemment pas le seul système institutionnel qui puisse favoriser une utilisation efficace des ressources. On pourrait par exemple définir des règles fixant le nombre de vaches qui peuvent paître sur le pré commun du village. Si un dispositif légal permet de veiller à l'application de ces règles, on peut avoir une solution efficace en termes de coût qui permette un usage efficace de la ressource commune. Cependant quand les lois sont ambiguës ou inexistantes, la tragédie des Communs peut facilement se produire. La surexploitation des eaux internationales à des fins de pêche et l'extermination de plusieurs espèces d'animaux suite à une chasse trop importante sont de tristes exemples de ce phénomène.

Exemple : La surexploitation des mers

D'après un article du *New York Times*[6], la surexploitation des mers a décimé les stocks de morues, d'aiglefins et de flets qui ont constitué une base importante pour les habitants de la Nouvelle Angleterre pendant des siècles. D'après un expert, les pêcheurs de la Nouvelle Angleterre prennent de 50 à 70 % du stock disponible, soit le double de la quantité acceptable.

Cette surexploitation des mers est un exemple type du problème des Communs : chaque pêcheur a un impact négligeable sur le stock total de poisson, mais l'accumulation des efforts de milliers de pêcheurs se traduit par une réduction importante du stock. Le Conseil de Gestion des Pêcheries de la Nouvelle Angleterre essaie de résoudre quelque peu le problème en interdisant de nouvelles entrées dans la branche, en obligeant les pêcheurs à limiter leurs jours de pêche et en augmentant la taille des mailles de leurs filets.

En fait, les stocks de poisson pourraient être reconstitués en 5 ans à peine, si des mesures de protection étaient prises. La valeur présente des profits pour l'ensemble de la branche d'activité serait plus importante s'il y avait un contrôle qui empêche la surexploitation. Toutefois, de telles mesures impliqueraient presque certainement une réduction importante du nombre de bateaux de pêche, ce qui est hautement impopulaire auprès des petits pêcheurs qui seraient vraisemblablement obligés de quitter l'activité.

Exemple : Les homards de la Nouvelle Angleterre

Certains secteurs de pêche appliquent déjà des règles strictes pour éviter la surexploitation des mers. Par exemple, les pêcheurs de homards sont tenus de respecter des règles soigneusement étudiées pour éviter qu'ils n'épuisent l'espèce. Ils sont obligés de rejeter à la mer tout homard femelle portant des œufs, tout homard plus petit qu'une certaine taille et tout homard plus grand qu'une certain taille.

Les « pondeuses » donnent naissance à des homards et les « petits homards » deviendront grands. Mais pourquoi rejeter les grands homards ? Selon les experts en faune marine, les grands homards se reproduisent plus souvent et en plus grand nombre. Si les pêcheurs prennent toujours les homards les plus grands, ceux qui restent sont de petite taille et transmettent leurs gènes à leur progéniture avec comme conséquence, des homards de plus en plus petits à chaque génération.

Il y a en fait à la fois des bonnes et des mauvaises nouvelles en ce qui concerne les homards de Nouvelle Angleterre. Commençons par les bonnes. En 2003, on a pêché dans le Maine 2 450 tonnes de homards, soit deux fois et demi la moyenne sur la période 1945-85. Cela semble indiquer que la gestion prudente de l'espèce pratiquée par le secteur

[6] « Plenty of Fish in the Sea ? Not Anymore », *New York Times*, 25 mars 1992, p. A15.

a permis une croissance significative de la population de homards. Toutefois, ce n'est pas apparemment la seule explication. Il y a aussi des changements importants dans la population d'autres espèces marines au large des côtes du Maine, notamment les oursins, et certains observateurs pensent que ces changements sont la cause principale de l'augmentation de la population de homards[7].

Venons-en aux mauvaises nouvelles. Plus au Sud, dans le Massachusetts et à New York, la pêche aux homards a diminué fortement. Personne ne sait exactement pourquoi une région réussit si bien et d'autres connaissent un tel déclin. On pourrait avancer la thèse que la réussite du Maine est due à une pêche intensive de perches et d'oursins, deux espèces qui sont des prédateurs pour les petits homards. Les problèmes du Massachusetts peuvent être dus à des facteurs spécifiques comme à de grands rejets pétroliers et à une maladie des coquillages. Un autre coupable est le réchauffement de l'eau : les températures dans la Baie de Narragansett ont augmenté de presque deux degrés au cours des vingt dernières années.

Les systèmes écologiques peuvent être très complexes et ils peuvent changer rapidement. On doit applaudir les efforts pour éviter la surexploitation, mais ce n'est qu'une partie du problème.

34.7 LA POLLUTION AUTOMOBILE

Comme nous l'avons déjà suggéré, la pollution est un exemple important d'externalité économique. L'activité d'un consommateur qui utilise une automobile réduit en principe la qualité de l'air que les autres consommateurs respirent. Il est peu vraisemblable qu'un marché libre non réglementé puisse produire la quantité optimale de pollution ; il est en fait plus probable que la production de pollution sera trop importante si le consommateur ne supporte aucun coût quand il pollue.

Pour contrôler la pollution automobile, on peut exiger que les véhicules respectent certaines règles quant à la quantité de pollution qu'ils émettent. C'est principalement dans cette direction que s'est engagée la politique antipollution des États-Unis depuis le « Clean Air Act » de 1963. Cette loi, et plus exactement les amendements qui ont suivi, ont imposé des règles limitant les émissions polluantes aux producteurs de véhicules automobiles des États-Unis. Lawrence White a réalisé une étude coûts/bénéfices de ces dispositions ; la suite de notre analyse est pour l'essentiel tirée de ce travail[8].

White estime que le coût des équipements de contrôle des émissions est d'environ 600 $ par véhicule, que les coûts d'entretien supplémentaires sont d'environ 180 $ par véhicule et que les coûts correspondant à la réduction du kilométrage effectué avec

[7] Voir « Claws ! », *The Economist*, 19 août 2004 et Dean Cornelia, « Lobster Boom and Bust », *New York Times*, 9 août 2004.

[8] Voir White, Lawrence, *The Regulation of Air Pollutant Emissions from Motor Vehicles*, American Enterprise Institute for Public Policy Research, Washington D.C., 1982.

une quantité donnée d'essence ainsi qu'à l'utilisation obligatoire de l'essence sans plomb s'élèvent à environ 670 $ par véhicule. Le coût total par véhicule de l'ensemble des dispositions de contrôle des émissions polluantes s'élève donc à environ 1450 $ sur l'ensemble de la durée de vie du véhicule. (Tous ces chiffres sont exprimés en dollars 1981.)

L'approche actuelle de la réglementation des émissions polluantes des automobiles pose selon White plusieurs problèmes. Tout d'abord, cette réglementation exige que toutes les automobiles respectent les mêmes règles. (La Californie est le seul État qui a des règles différentes en matière de contrôle de la pollution.) Cela signifie que *toute personne* qui achète un véhicule, doit payer 1450 $ en plus qu'elle habite dans une région hautement polluée ou non. Une étude de l'Académie Nationale des Sciences de 1974 a conclu que 63 % de l'ensemble des véhicules aux États-Unis n'exigeaient pas les dispositions sévères actuellement en vigueur. Selon White, « presque les deux tiers des acheteurs de véhicules dépensent des sommes importantes pour des systèmes qui ne sont pas nécessaires ».

Deuxièmement, la responsabilité du respect des règles incombe principalement au producteur et peu à l'utilisateur. Les propriétaires de véhicules sont peu incités à conserver en état de marche leur équipement de contrôle de la pollution, à moins qu'ils n'habitent dans un État qui exige des inspections régulières.

Plus fondamentalement, les conducteurs ne sont pas incités à diminuer leur utilisation des véhicules automobiles. Dans des villes telles que Los Angeles où la pollution est un problème important, il serait économiquement très logique d'encourager les gens à rouler moins. Dans le système actuel, les personnes qui roulent 2000 miles par an dans le Nord Dakota paient exactement le même montant pour le contrôle de la pollution que les personnes qui conduisent 50 000 miles par an à Los Angeles.

Une solution alternative consisterait à prélever des taxes basées sur le volume des émissions polluantes. Selon White, de telles taxes exigeraient une inspection annuelle de tous les véhicules avec un odomètre et des tests qui évalueraient les émissions probables du véhicule au cours de l'année écoulée. Les pouvoirs publics pourraient alors lever des taxes sur base de l'estimation de la pollution que le fonctionnement du véhicule aurait effectivement produite. Par cette méthode, les gens seraient confrontés au coût réel de la production de la pollution et ils seraient incités à produire le niveau de pollution socialement optimal.

Un tel système de taxes sur les émissions polluantes encouragerait les propriétaires de véhicules eux-mêmes à trouver des méthodes peu coûteuses pour réduire ces émissions en investissant dans des équipements de contrôle de la pollution, en modifiant leurs habitudes au volant et en changeant de type de véhicule. Un tel système pourrait même permettre d'imposer des règles plus sévères que celles actuellement en vigueur dans les agglomérations où la pollution est un problème sérieux. On peut en fait atteindre n'importe quel niveau désiré de contrôle de la pollution en utilisant un système de taxes approprié, et cela à un coût largement inférieur au système actuel.

Évidemment, rien ne s'oppose à ce qu'il y ait des règles définies au niveau fédéral pour les deux tiers des véhicules qui roulent dans des localités où la pollution n'est pas un problème sérieux. S'il est moins cher d'imposer des règles que d'exiger des inspections, c'est évidemment la première alternative qui constitue le bon choix. Le choix de la méthode appropriée pour contrôler la pollution des véhicules automobiles devrait dépendre d'une analyse coûts/bénéfices rationnelle, comme cela devrait être le cas pour toutes les politiques publiques de ce type.

RÉSUMÉ

1. Le Premier Théorème de l'Économie du Bien-être indique qu'un marché libre et concurrentiel fournit un résultat efficace en l'absence d'externalités.

2. Par contre, s'il y a des externalités, il est peu vraisemblable que le résultat d'un marché concurrentiel soit efficace au sens de Pareto.

3. Dans ce cas, cependant, l'État peut parfois « imiter » le rôle du marché en utilisant des prix qui signalent correctement le coût social des actions individuelles.

4. Plus fondamentalement, le cadre légal peut définir de façon précise les droits de propriété de façon à ce que les échanges qui augmentent l'efficacité puissent être réalisés.

5. Si les préférences sont quasi linéaires, le niveau efficace d'une externalité de consommation est indépendant de la façon dont les droits de propriété sont attribués.

6. Parmi les moyens permettant de corriger les externalités de production, on peut citer l'utilisation de taxes à la Pigou, la mise en place d'un marché pour l'externalité, plus simplement la possibilité de fusion pour les entreprises, ou d'autres types de transfert des droits de propriété.

7. On parle de « tragédie des Communs » pour désigner la tendance à la surutilisation d'une propriété commune. Il s'agit là d'un cas particulièrement fréquent d'externalités.

PROBLÈMES À RÉSOUDRE

34.1 Vrai ou faux ? Une délimitation explicite des droits de propriétéélimine généralement le problème des externalités.

34.2 Vrai ou faux ? Les conséquences distributives de la délimitation des droits de propriété sont éliminées quand les préférences sont quasi linéaires.

34.3 Donnez d'autres exemples d'externalités de consommation et de production positives et négatives.

34.4 Supposez que le gouvernement désire contrôler l'utilisation des Communs. Quelles méthodes peut-il adopter pour atteindre un niveau d'utilisation efficace ?

35

LA TECHNOLOGIE DE L'INFORMATION

Un des changements les plus importants survenus dans l'économie au cours des quinze dernières années est l'émergence de l'**économie de l'information**. La presse populaire est pleine d'histoires concernant les progrès en matière de technologie informatique, d'internet et de nouveaux logiciels. Il n'est pas surprenant que beaucoup de ces histoires figurent dans les pages économiques des journaux parce que cette révolution technologique est aussi une révolution économique.

Certains observateurs sont même allés jusqu'à établir un parallèle entre la révolution de l'information et la révolution industrielle. Tout comme la révolution industrielle a transformé la façon dont les biens étaient produits, distribués et consommés, la révolution de l'information est en train de transformer la façon dont l'information est produite, distribuée et consommée.

On a prétendu que ces technologies extraordinairement novatrices nécessiteraient un système économique fondamentalement différent. Les bits sont en effet fondamentalement différents des atomes. On peut les reproduire sans coût et les distribuer à travers le monde à la vitesse de la lumière et ils ne se détériorent jamais. Par contre les biens matériels, constitués d'atomes, n'ont aucune de ces propriétés : il est coûteux de les produire et de les transporter et ils se détériorent inévitablement.

S'il est exact que les caractéristiques particulières des bits exigent une nouvelle analyse économique, je prétends qu'ils ne demandent pas un nouveau *type* d'analyse économique. Après tout, la science économique traite essentiellement des personnes et non des biens. Les modèles que nous avons analysés dans cet ouvrage examinent la façon dont les personnes effectuent des choix et interagissent les uns avec les autres. Nous avons rarement eu l'occasion de faire référence aux biens spécifiques impliqués dans les transactions. Les facteurs fondamentaux étaient les goûts des individus, la technologie de production et la structure du marché et ces mêmes facteurs détermineront comment les marchés pour l'information fonctionneront ou ne fonctionneront pas.

Dans ce chapitre, nous allons examiner quelques modèles économiques pertinents pour l'analyse de la révolution de l'information. Le premier traite des coûts de changement *(switching costs)*, le second de l'économie des réseaux et le troisième de la gestion des droits des biens d'information. Ces exemples illustrent la façon dont les instruments de base de l'analyse économique peuvent nous aider à comprendre le monde des bits autant que le monde des atomes.

35.1 LA CONCURRENCE ENTRE SYSTÈMES

Les technologies de l'information sont souvent utilisées en systèmes. De tels systèmes impliquent plusieurs composantes, souvent fournies par des firmes différentes, qui n'ont de valeur que si elles fonctionnent ensemble.

Le « hardware » est inutile sans « software », un lecteur DVD est inutile sans disques DVD, un système d'exploitation est inutile sans applications, un navigateur sur le Web est inutile sans serveur. Tous ces exemples sont des exemples de **compléments**, à savoir des biens dont la valeur d'une des composantes est augmentée significativement par la présence de l'autre composante.

Dans notre discussion de la théorie du consommateur, nous avons présenté les souliers gauches et les souliers droits comme compléments. Les exemples ci-dessus sont tout aussi extrêmes : le meilleur « hardware » du monde ne peut pas fonctionner sans « software » adapté. Mais contrairement aux souliers, plus il y a de « software » disponible, plus la valeur du bien augmente.

La concurrence entre les fournisseurs de ces composantes doit souvent prendre en compte autant leurs « complémentaires » que leurs concurrents. Par exemple, la stratégie concurrentielle d'Apple doit, pour une part importante, intégrer ses relations avec les développeurs de logiciels. Les stratégies concurrentielles dans les secteurs des technologies de l'information se présentent pour cette raison sous un jour différent des stratégies dans les secteurs traditionnels[1].

35.2 LE PROBLÈME DES COMPLÉMENTS

Pour illustrer ces réflexions, considérons le cas d'une Unité centrale (UC — *Central Processing Unit*) et d'un Système d'exploitation (SE). Une UC est un circuit intégré qui constitue le « cerveau » d'un ordinateur. Intel et Motorola sont deux fabricants importants d'UC. Un SE est le « software » qui donne aux utilisateurs et aux applications, accès aux fonctions de l'UC. Apple et Microsoft produisent tous les deux des SE. Normalement, à chaque UC correspond une version spéciale de SE.

Du point de vue de l'utilisateur final, l'UC ne peut être utilisé que s'il y a un SE compatible. L'UC et le SE sont des compléments, exactement comme les souliers gauches et les souliers droits.

Les UC et SE les plus connus aujourd'hui à travers le monde sont fabriqués respectivement par Intel et Microsoft. Il s'agit évidemment de deux sociétés distinctes qui fixent le prix de leurs produits de façon indépendante. Un consortium composé d'IBM, Motorola et Apple a mis au point une autre UC fort commune, Power PC. Apple OS et AIX d'IBM sont deux SE commerciaux adaptés à Power PC. En plus de ces SE commerciaux, il y a des systèmes « libres » tels que BSD et GNU-Linux qui sont fournis par des groupes de programmateurs qui travaillent sur une base bénévole.

Considérons le problème de tarification auquel sont confrontés les producteurs de compléments. Le point essentiel est que la demande de chaque produit dépend du prix des deux produits. Si p_1 est le prix de l'UC et p_2, le prix du SE, le coût pour l'utilisateur final dépend de $p_1 + p_2$. Évidemment, pour disposer d'un système opérationnel, vous avez besoin d'autres éléments qu'une UC et qu'un SE, mais il suffit d'ajouter le prix de ces

[1] Voir Carl Shapiro et Hal Varian, « Information Rules : A Strategic Guide to the Network Economy », *Harvard Business School Press*, 1998, pour une introduction aux stratégies concurrentielles dans les secteurs des technologies de l'information.

éléments supplémentaires à la somme de p_1 et p_2. Par souci de simplification, nous nous limiterons à deux composantes.

La demande pour les UC dépend du prix de l'ensemble du système, de sorte que nous écrirons $D(p_1 + p_2)$. Si $c1$ est le coût marginal d'une UC et F est le coût fixe, le problème de maximisation du profit du fabricant d'UC peut s'écrire comme suit

$$\max_{p_1} (p_1 - c_1)D(p_1 + p_2) - F_1.$$

De même, le problème de maximisation du profit du fabricant de SE est le suivant :

$$\max_{p_2} (p_2 - c_2)D(p_1 + p_2) - F_2.$$

Pour analyser ce problème, supposons que la fonction de demande soit linéaire :

$$D(p) = a - bp.$$

Supposons aussi par commodité que les coûts marginaux soient si faibles qu'ils puissent être ignorés. Le problème de maximisation du profit pour l'UC s'écrit dès lors :

$$\max_{p_1} p_1[a - b(p_1 + p_2)] - F_1$$

ou

$$\max_{p_1} ap_1 - bp_1^2 - bp_1 p_2 - F_1.$$

Il s'ensuit que la recette marginale pour une augmentation de prix Δp_1 est

$$(a - 2bp_1 - bp_2)\Delta p_1.$$

Si le profit est maximisé, la variation de recette suite à une augmentation de p_1 doit être égale à zéro :

$$a - 2bp_1 - bp_2 = 0.$$

La solution de cette équation est :

$$p_1 = \frac{a - bp_2}{2b}.$$

De la même manière, on obtient :

$$p_2 = \frac{a - bp_1}{2b}.$$

Notons que le prix optimal de chaque firme dépend du prix qu'elle s'attend à voir pratiquer pour l'autre composante par l'autre firme. Comme d'habitude, nous recherchons l'**équilibre de Nash** tel que les prévisions de chaque firme concernant les comportements de l'autre se réalisent effectivement.

La solution du système de deux équations à deux inconnues est la suivante :

$$p_1 = p_2 = \frac{a}{3b}.$$

Cela nous donne les prix qui maximisent le profit si chaque firme fixe unilatéralement et indépendamment le prix de sa composante. Le prix du système total est :

$$p_1 + p_2 = \frac{2a}{3b}.$$

Considérons maintenant une variante. Supposons que les deux firmes fusionnent pour constituer une firme intégrée. Au lieu de fixer les prix des deux composantes, la firme intégrée fixe le prix du système que nous représenterons par p. Son problème de maximisation du profit est le suivant :

$$\max_p \; p(a - bp).$$

La recette marginale suite à un accroissement du prix du système, Δp, est

$$(a - 2bp)\Delta p.$$

En annulant cette expression, nous obtenons comme solution le prix que la firme intégrée fixera pour le système :

$$p = \frac{a}{2b}.$$

Il faut souligner un point intéressant : le prix qui maximise le profit de la firme intégrée est inférieur au prix qui maximise le profit de chacune des firmes indépendantes. Puisque le prix du système est inférieur, les consommateurs en achèteront davantage et leur niveau de satisfaction sera supérieur. En outre, les profits de la firme intégrée seront supérieurs à la somme des profits d'équilibre des deux firmes indépendantes. Le niveau de satisfaction de tout le monde augmente en coordonnant les décisions en matière de prix !

Cette conclusion s'applique en fait de façon générale : la fusion de deux monopoles qui produisent des biens complémentaires implique des prix inférieurs et des profits supérieurs à ce que nous aurions avec deux firmes qui fixent leurs prix de façon indépendante[2].

Il n'est pas difficile de saisir la base intuitive de cette conclusion. Quand la firme 1 envisage de diminuer son prix pour l'UC, elle augmente la demande pour les UC et les SE. Mais elle ne tient compte que de l'impact sur son propre profit et ignore l'augmentation des profits dont bénéficie l'autre firme. Cela implique qu'elle diminuera son prix dans une mesure inférieure à ce qu'elle ferait si elle tenait compte des profits joints. La même analyse s'applique à la firme 2 de sorte que les prix sont « trop élevés » tant du point de vue de la maximisation des profits que de celui du surplus du consommateur.

---

[2] Cette conclusion importante a été établie par Augustin Cournot dont nous avons parlé au chapitre 27.

Relations entre complémentaires

L'analyse de la « fusion entre complémentaires » est très suggestive, mais nous ne devons pas en tirer la conclusion que la fusion entre fabricants de SE et d'UC est une bonne idée. Cette analyse démontre que des prix fixés de façon indépendante sont trop élevés du point de vue de la profitabilité, mais il y a des tas de cas intermédiaires entre l'indépendance totale et l'intégration complète.

Par exemple, une des firmes peut négocier les prix des composantes et ensuite vendre un ensemble intégré. C'est plus ou moins ce que Apple fait. Il achète à Motorola des UC Power PC en gros, les intègre dans les ordinateurs et vend ensuite aux consommateurs finaux, l'ensemble constitué par le SE et les ordinateurs.

Comme autre modèle permettant de traiter le problème de la tarification des systèmes, nous pouvons évoquer la répartition des recettes. Boeing construit des carcasses d'avion et GE construit des moteurs d'avion. Généralement, le consommateur final souhaite acquérir à la fois une carcasse et un moteur. Si GE et Boeing fixent chacun leurs prix de façon indépendante, ils pourraient décider de fixer des prix trop élevés. Aussi ils négocient un accord aux termes duquel GE reçoit une fraction de la recette de la vente d'un avion assemblé. GE laisse dès lors Boeing négocier pour obtenir le prix le plus élevé possible pour l'ensemble et est assuré d'en recevoir une part spécifiée.

Dans d'autres secteurs, on a recours à d'autres mécanismes. Considérons par exemple le secteur des DVD mentionné dans l'introduction. Ce nouveau produit a connu un très beau succès commercial, mais il ne fut pas facile de le lancer. Les firmes productrices de matériel électronique à destination des consommateurs n'étaient pas disposées à produire des lecteurs de DVD tant qu'elles n'étaient pas assurées qu'il y avait suffisamment de contenus disponibles et les fournisseurs de contenu n'étaient pas disposés à en produire tant qu'ils n'étaient pas assurés qu'il y avait suffisamment de lecteurs.

En outre, tant les fabricants de matériel électronique que les producteurs de contenu devaient s'interroger quant au problème de la tarification de ces compléments : s'il n'y avait qu'un petit nombre de producteurs de matériel et de contenu, chacun souhaiterait fixer un prix « trop élevé » pour son produit, diminuant le profit total disponible dans le secteur et réduisant la satisfaction des consommateurs.

Sony et Philips qui détenaient les brevets de base sur la technologie DVD, ont aidé à résoudre le problème en vendant les licences à un prix attractif à un certain nombre de concurrents. Ils ont compris qu'il devait y avoir beaucoup de concurrence pour réduire les prix et lancer rapidement le secteur. Ils se sont rendus compte qu'il valait beaucoup mieux avoir une petite part d'un grand secteur en croissance qu'une large part d'un secteur inexistant.

Un autre modèle pour les relations entre complémentaires peut être appelé« la marchandisation des compléments ». Retournons au problème de maximisation du profit de la firme 1 :

$$\max_{p_1} D(p_1 + p_2) - F_1.$$

Pour toute configuration donnée des prix, réduire p_1 peut augmenter ou non les recettes de la firme 1 selon l'élasticité de la demande. Mais réduire p_2 augmentera toujours les recettes de la firme 1. Celle-ci doit dès lors trouver un moyen pour amener la firme 2 à réduire son prix.

Une solution consiste à essayer d'intensifier la concurrence pour la firme 2. Il y a plusieurs stratégies possibles selon la nature du secteur d'activités. Dans des secteurs intensifs en technologie, la standardisation devient un instrument important. Un producteur de SE, par exemple, pourrait souhaiter encourager la standardisation du « hardware ». Cela simplifierait son travail, mais cela garantirait aussi un haut degré de concurrence dans le secteur du « hardware ». Les forces de la concurrence pousseraient les prix du « hardware » vers le bas et réduiraient ainsi le prix total du système pour les consommateurs finals, augmentant par conséquent la demande pour les SE[3].

Exemple : L'iPod de Apple et iTunes

L'iPod de Apple est très populaire. En janvier 2009, Apple avait déjà vendu 6 milliards de chansons, représentant environ 70 % des ventes de musique en ligne et une part de marché de 88 % aux États-Unis.

Il y a une évidente relation de complémentarité entre l'iPod et la musique. Le modèle classique pour les biens complémentaires remonte à Gillette : « Abandonner le rasoir et vendre les lames ». Mais dans le cas présent, le modèle est inversé : l'essentiel des profits de Apple viennent de la vente de l'iPod, la vente de musique ne représentant qu'une petite part des bénéfices.

C'est principalement dû au fait qu'Apple ne possède pas la musique de sorte que les recettes des ventes de musique sur iTunes doivent être partagées entre les producteurs de musique et Apple. Comme Apple gagne l'essentiel de son argent sur l'iPod, il souhaite acheter la musique bon marché. Par contre, les studios gagnent l'essentiel de leur argent sur la musique et ils souhaitent dès lors vendre la musique à un prix élevé. Cela a conduit à plusieurs conflits entre Apple et les studios.

Au départ, toutes les chansons sur iTunes étaient vendues 99 centimes. Certains producteurs ont estimé que les prix devaient être plus élevés pour les nouvelles chansons. Après plusieurs allers-retours, Apple a annoncé une nouvelle politique en mars 2009, impliquant un prix de 1,29 dollar pour certaines chansons nouvelles. C'est une forme de différenciation de prix qui est fréquente sur les marchés des médias. Les consommateurs enthousiastes et impatients paient un prix plus élevé, alors que ceux qui sont plus patients peuvent attendre une réduction de prix.

Exemple : Qui fabrique un iPod ?

Réponse : ce n'est pas Apple. En fait, les iPods sont assemblés dans plusieurs pays asiatiques par quelques assembleurs : Asustek, Inventec Appliances, Foxconn,... Mais ce n'est

[3] Pour une analyse plus approfondie de la stratégie pour les complémentaires, voir Brandeburger, Adam et Nabelebuff, Barry, *Co-opetition*, Doubleday, 1997.

pas la fin de l'histoire. Ces compagnies assemblent simplement des éléments qui sont achetés à d'autres entreprises. Récemment quelques économistes ont essayé de remonter aux origines des 451 éléments qui constituent un iPod[4].

Les auteurs ont considéré un iPod vidéo de 30 gigabytes dont le prix de vente était de 299 dollars. Le composant le plus coûteux était le lecteur de disque dur produit par Toshiba et dont le coût était de 73 dollars. Parmi les autres pièces, les plus chères étaient le module d'affichage (environ 20 dollars), le processeur vidéo/multimédia (8 dollars) et le chip contrôleur (5 dollars). Ils ont estimé que l'assemblage final réalisé en Chine ne coûtait qu'environ 4 dollars par unité.

Les auteurs du rapport ont essayé de remonter la filière là où les composants principaux étaient fabriqués et de déterminer la valeur ajoutée à chaque étape du processus de production. Ils ont estimé que 163 dollars (comparé au prix de 299 dollars pratiqué aux États-Unis pour l'iPod en question) revenaient aux entreprises et travailleurs américains selon la répartition suivante : 75 dollars pour les coûts de distribution et de commercialisation, 80 dollars pour Apple et 8 dollars pour divers fabricants domestiques. Le Japon contribuait pour une valeur ajoutée de 26 dollars (principalement via le lecteur de disque dur de Toshiba) et la Corée pour moins de 1 dollar.

Chaque composant est en principe acheté auprès du fournisseur le moins cher et dans une large mesure, ces décisions reflètent l'avantage comparatif des différents fabricants.

Bien que l'assemblage en Chine ne compte que pour environ 1 % de la valeur de l'iPod, celui-ci contribue pour 150 dollars au déficit commercial bilatéral entre la Chine et les États-Unis. Cela indique que le déficit commercial bilatéral n'a pas beaucoup de sens. La plupart des composants les plus importants en termes de valeur sont en fait importés en Chine en provenance d'autres pays. La composante la plus importante de l'iPod (sa conception) vient des États-Unis.

Exemple : AdWords et AdSense

AdWords, qui présente des publicités en fonction des recherches lancées sur le moteur de recherche, et AdSense, qui présente des publicités selon le contenu des pages web sont deux des programmes publicitaires de Google. AdWords montre des « publicités orientées recherches » alors que AdSense diffuse des « publicités orientées en fonction du contexte ».

Quand un utilisateur clique sur une publicité « orientée en fonction du contexte » sur un site particulier, le publicitaire paie un prix par connexion déterminé par un système d'enchères, comme expliqué au chapitre 17. La recette de cette connexion est divisée entre l'éditeur et Google sur base d'une formule spécifique. AdSense offre dès lors à l'éditeur

[4] Greg Linder, Kenneth L. Kraemer et Jason Dedrick, « Who Captures Value in Global Innovation Network » dans *Communications of the ACM*, 52(3) Mars 2009, p 140-144.

une façon simple de générer des revenus publicitaires, sans devoir gérer lui-même, un programme informatique.

Il y a une forte **complémentarité** entre les programmes AdWords et AdSense. En offrant aux éditeurs une façon de faire de l'argent à partir des contenus. AdSense encourage la production de contenus. Cela implique qu'il y a davantage d'informations utiles disponibles sur le web et par conséquent davantage de contenus à répertorier et à rechercher pour Google. En créant un modèle économique pour la création de contenus, Google accroît la valeur de son propre moteur de recherche.

35.3 LE « LOCK-IN »

Puisque les composantes des technologies de l'information fonctionnent généralement ensemble comme des systèmes, modifier une composante implique souvent la modification des autres également. Cela signifie que les **coûts de changement** (*switching cost*) associés à une des composantes dans les industries des technologies de l'information peuvent être extrêmement importants. Par exemple, passer d'un Macintosh à un PC basé sur Windows implique non seulement les coûts de hardware de l'ordinateur lui-même, mais également l'achat d'une nouvelle bibliothèque complète de logiciels et l'apprentissage d'un tout nouveau système, ce qui est encore plus important.

Quand les coûts de changement sont très élevés, les utilisateurs peuvent se trouver dans une situation de **Lock-In**, c'est-à-dire une situation où le coût du passage à un système différent est tellement élevé que le changement est virtuellement inconcevable. C'est une mauvais chose pour les consommateurs, mais c'est évidemment très attractif pour le vendeur des composantes qui constituent le système en question. Puisque les utilisateurs « bloqués » ont une demande très inélastique, le vendeur peut augmenter les prix de ses composantes pour s'accaparer une partie plus importante du surplus des consommateurs.

Évidemment, les consommateurs avisés essaieront d'éviter un tel « Lock-In » ou du moins ils négocieront sérieusement pour obtenir des compensations. Même si les consommateurs ne sont pas de bons négociateurs, la concurrence entre les vendeurs de systèmes diminuera les prix pour les achats initiaux puisque les consommateurs « bloqués » peuvent leur procurer ultérieurement des flux permanents de revenus.

Considérons par exemple le choix d'un fournisseur d'accès internet (FAI). Une fois votre choix effectué, il n'est pas très aisé d'en changer du fait des coûts que représente la transmission à tous vos correspondants de votre nouvelle adresse électronique, la reconfiguration de vos programmes d'accès internet, etc. Le pouvoir de monopole dû à ces coûts de changement implique que le FAI peut fixer un prix supérieur au coût marginal du service fourni dès qu'il vous a comme consommateur. Mais la conséquence de cela, c'est que les flux de profits tirés des consommateurs « bloqués » constituent un actif qui représente une certaine valeur et il y aura une concurrence directe entre les FAI pour attirer de tels consommateurs en offrant des ristournes promotionnelles ou en proposant d'autres avantages.

Un modèle de concurrence avec des coûts de changement

Examinons un modèle qui illustre ce phénomène. Nous supposerons que le coût de fourniture de l'accès à internet à un consommateur est de c par mois. Nous supposerons également un marché parfaitement concurrentiel avec beaucoup de firmes identiques de sorte qu'en l'absence de coût de changement, le prix du service internet serait simplement $p = c$.

Supposons maintenant qu'il y ait un coût s en cas de changement de FAI et que les FAI puissent offrir une réduction d'un montant d pour le premier mois afin d'attirer de nouveaux consommateurs. Au début d'un mois donné, un consommateur envisage de changer de FAI. S'il le fait, il ne devra payer que le prix promotionnel $p - d$, mais il aura également à supporter les coûts de changement s. S'il reste avec son ancien fournisseur, il devra toujours payer le prix p. Après le premier mois, nous supposons que les deux fournisseurs continuent de demander le même prix p de façon continue.

Le consommateur changera si la valeur présente des paiements au nouveau fournisseur augmenté du coût du changement est inférieure à la valeur présente des paiements à son FAI initial. Si r représente le taux d'intérêt mensuel, le consommateur changera si

$$(p-d)+\frac{p}{r}+s<p+\frac{p}{r}.$$

La concurrence entre les fournisseurs garantit que le consommateur sera finalement indifférent entre changer et ne pas changer, ce qui implique

$$(p-d)+s=p.$$

Il s'ensuit que $d = s$, ce qui signifie que la promotion offerte couvre simplement le coût du changement pour le consommateur.

Du point de vue du producteur, supposons que la concurrence pousse la valeur présente des profits vers 0. La valeur présente du profit correspondant à un consommateur individuel est le prix promotionnel initial plus la valeur présente des profits au cours des mois suivants. Si r représente à nouveau le taux d'intérêt mensuel et en utilisant le fait que d égale s, la condition de profit nul peut s'écrire comme suit :

$$(p-s)-c+\frac{p-c}{r}=0. \tag{35.1}$$

En transformant cette équation, nous obtenons deux façons équivalentes d'exprimer le prix d'équilibre :

$$p-c+\frac{p-c}{r}=s, \tag{35.2}$$

ou

$$p=c+\frac{r}{1+r}s. \tag{35.3}$$

L'équation (35.2) indique que la valeur présente des profits futurs tirés d'un consommateur doit être exactement égale au coût de changement pour le consommateur. L'équation (35.3) indique que le prix du service est égal à un coût marginal majoré, le montant de la majoration étant proportionnel au coût du changement.

L'introduction des coûts de changement dans le modèle fait passer le prix mensuel du service au-dessus du coût, mais la concurrence pour ce flux de profits pousse le prix initial à la baisse. En fait, le producteur investit dans une réduction promotionnelle $d = s$ afin d'acquérir un flux de majorations dans le futur.

En réalité, beaucoup de FAI ont d'autres sources de revenus que simplement le revenu mensuel tiré de leurs consommateurs. American Online tire une partie substantielle de ses revenus d'exploitation de la publicité. Il est intéressant pour eux d'offrir d'importantes promotions initiales afin de bénéficier de revenus de publicité même s'ils doivent fournir des connexions internet à un taux égal ou inférieur au coût.

Nous pouvons facilement introduire cet aspect dans le modèle. Si a est le revenu de la publicité engendré mensuellement par un consommateur, la condition de profit nul implique

$$(p-s)+a-c+\frac{p+a-c}{r}=0. \tag{35.4}$$

La solution pour p est $p=c-a+\frac{r}{1+r}s$. Cette équation montre que c'est le coût net de la fourniture au consommateur, $c - a$, qui est pertinent. Ce coût net implique à la fois le coût de la fourniture et les revenus de la publicité.

Exemple : Le paiement online

De nombreuses banques proposent des services *online* de paiement des factures à faible coût, voire même gratuits. Certaines banques indemnisent même les clients qui commencent à utiliser ces services de paiement.

Pourquoi cet engouement pour ce mode de paiement ? La réponse est que les banques se sont rendues compte que quand un client a installé et configuré un système de paiement *online*, il est beaucoup moins enclin à changer de banque. Selon une étude de la Bank of America, la fréquence de changement de banque est inférieure de 80 % pour ce type de clients[5].

Il est effectivement exact que quand vous avez installé et utilisé un système de paiement *online*, il est difficile d'y renoncer. Et changer de banque pour obtenir un dixième de pour-cent supplémentaire d'intérêt sur votre compte n'est pas un choix très intéressant. Comme dans l'analyse du Lock-In développée antérieurement, investir dans des services qui créent des coûts de changement peut être très profitable pour les entreprises.

[5] Higgins Michelle, « Banks Use Online Bill Payment in Effort to Lock In Customers », *Wall Street Journal*, 4 septembre 2002.

Exemple : La portabilité des numéros téléphoniques

Il y a peu, les opérateurs de téléphonie cellulaire empêchaient les individus de transférer leur numéro de téléphone quand ils changeaient d'opérateurs. Cette interdiction avait pour effet d'augmenter de façon significative les coûts de changement pour l'individu puisqu'en cas de changement, celui-ci devait informer tous ses amis de son nouveau numéro de téléphone.

Comme expliqué par le modèle développé dans ce chapitre, les clients confrontés à des coûts de changement importants peuvent être soumis à des tarifs élevés et de ce fait, la concurrence entre opérateurs téléphoniques en devient plus agressive puisqu'ils peuvent dégager davantage de profit sur leurs clients. Cette concurrence a pris la forme de distribution de téléphones à faible prix, voire même gratuits, avec des offres promotionnelles du type « X minutes gratuites » ou « Tarifs réduits pour les communications entre l'opérateur Y et l'opérateur Y » ou d'autres gadgets publicitaires.

Aux États-Unis, les opérateurs de téléphonie cellulaire ont uni leurs efforts pour empêcher la portabilité des numéros et ont fait pression sur le Congrès et les agences de régulation pour maintenir le statu quo. Toutefois, lentement mais sûrement, le rapport de forces s'est progressivement retourné contre les entreprises de téléphonie cellulaire à mesure que les consommateurs réclamaient la portabilité des numéros. La Commission fédérale des communications, agence de régulation des télécommunications des États-Unis, a commencé à faire des déclarations selon lesquelles les opérateurs devraient envisager des solutions pour mettre en œuvre la portabilité des numéros. En Juin 2003, Verizon Wireless a fait part de ce qu'il ne s'opposait plus à la portabilité. Cette décision semblait reposer sur deux considérations. Tout d'abord, la bataille était clairement perdue : tôt ou tard la portabilité des numéros allait s'imposer. Par ailleurs, et de façon peut-être plus significative, plusieurs enquêtes récentes auprès des consommateurs indiquaient que Verizon était le leader du secteur en termes de satisfaction des clients. Verizon pouvait dès lors espérer gagner davantage de clients qu'en perdre en cas de réduction des coûts de changement. Et effectivement Verizon a finalement bénéficié de la portabilité des numéros.

On peut tirer une bonne leçon de cet épisode en matière de stratégie commerciale : les tactiques visant à augmenter les coûts de changement pour les clients peuvent être intéressantes pendant un certain temps, mais finalement, c'est la qualité du service qui joue le rôle décisif pour attirer et conserver la clientèle.

35.4 LES EXTERNALITÉS DE RÉSEAU

Nous avons déjà examiné le concept d'**externalités** au chapitre 34. Rappelons que les économistes utilisent ce terme pour décrire des situations dans lesquelles la consommation d'un individu influence directement l'utilité d'un autre individu. Les **externalités de réseau** constituent un type particulier d'externalités dans lequel l'utilité d'un individu pour un bien dépend du nombre d'autres personnes qui consomment ce bien[6].

[6] De façon générale, l'utilité d'une personne pourrait dépendre de l'identité des autres utilisateurs. Il est facile d'intégrer cet élément dans l'analyse.

Prenons comme exemple la demande d'un consommateur pour un télécopieur, un téléfax. Les gens souhaitent un télécopieur pour communiquer les uns avec les autres. Si personne d'autre n'a de télécopieur, il n'est pas intéressant pour vous évidemment d'en acheter un. Les modems possèdent la même caractéristique : un modem n'est utile que s'il y a un autre modem quelque part avec lequel vous pouvez communiquer.

Les biens complémentaires peuvent engendrer un autre effet plus indirect d'externalités de réseau. Un magasin de cassettes vidéo ne s'installera pas dans une communauté où il n'y a pas de magnétoscopes, mais là de nouveau il y a peu de raison d'acheter un magnétoscope à moins que vous n'ayez accès à des cassettes vidéo préenregistrées. Dans ce cas, la demande pour les cassettes vidéo dépend du nombre de magnétoscopes et la demande pour les magnétoscopes dépend du nombre de cassettes vidéo disponibles. En résulte une forme d'externalités de réseau un peu plus générale.

35.5 MARCHÉS AVEC EXTERNALITÉS DE RÉSEAU

Essayons de modéliser les externalités de réseau à l'aide d'un modèle simple de demande et d'offre. Supposons qu'il y ait 1000 personnes sur un marché pour un bien. Nous désignerons ces personnes par un indice $v = 1, ..., 1000$ et interpréterons v comme une mesure du **prix de réserve** de la personne v pour ce bien. Si le prix du bien est p, le nombre de personnes qui estiment que la valeur du bien est au moins égale à p est $1000 - p$. Par exemple si le prix du bien est 200 €, il y a 800 personnes disposées à payer au moins 200 € pour le bien et le nombre total d'unités vendues sera 800. Ce schéma engendre une courbe de demande classique, décroissante.

Ajoutons maintenant un petit grain dans la mécanique. Supposons que le bien étudié présente des externalités de réseau comme un télécopieur ou un téléphone. Par souci de simplification, supposons que la valeur du bien aux yeux de la personne v est vn où n désigne le nombre de personnes qui consomment le bien, c'est-à-dire le nombre de personnes connectées au réseau. Le montant que chaque individu est disposé à payer pour acquérir le bien augmente à mesure que s'accroît le nombre de consommateurs du bien[7]. À quoi ressemble la fonction de demande dans ce modèle ?

Si le prix est p, quelqu'un est juste indifférent entre acheter le bien et ne pas l'acheter. Soit $\hat{v}$ l'indice de cet individu marginal. Par définition, il est juste indifférent quant à l'achat du bien. Par conséquent, sa propension à payer est égale au prix du bien :

$$p = \hat{v}n. \tag{35.5}$$

Puisque cette « personne marginale » est indifférente, l'individu ayant une valeur v supérieure à $\hat{v}$ achètera certainement le bien. Cela signifie que le nombre de personnes qui souhaitent acheter le bien est

$$n = 1000 - \hat{v}. \tag{35.6}$$

[7] Nous devrions en fait interpréter n comme le nombre de consommateurs prévu, mais cette distinction n'est pas très importante pour ce qui suit.

En regroupant les équations (35.5) et (35.6), nous avons une condition qui caractérise l'équilibre sur ce marché :

$$p = n(1000 - n).$$

Cette équation nous donne une relation entre le prix du bien et le nombre d'utilisateurs. Il s'agit dès lors d'une sorte de courbe de demande. Si n individus achètent le bien, la propension à payer de l'individu marginal est donnée par la hauteur de la courbe.

Cependant si nous en regardons la représentation graphique à la figure 35.1, nous voyons qu'elle a une forme très différente de la courbe de demande habituelle ! Si le nombre d'individus connectés est faible, la propension à payer de l'individu marginal est faible, puisqu'il y a peu de personnes avec lesquelles il peut communiquer. Si le nombre d'individus connectés est élevé, la propension à payer de l'individu marginal est faible également puisque tous ceux qui attribuaient une valeur élevée sont déjà connectés. Ces deux éléments expliquent la forme en cloche représentée à la figure 35.1.

Maintenant que nous comprenons le côté demande du marché, examinons le côté offre. Pour que le problème reste simple, supposons que le bien puisse être produit à partir d'une technologie caractérisée par des rendements d'échelle constants. Comme nous l'avons vu, cela implique que la courbe d'offre est une droite horizontale à un prix égal au coût moyen.

Remarquons qu'il existe trois intersections possibles des courbes de demande et d'offre. Il y a tout d'abord un équilibre avec $n^* = 0$. Dans ce cas, personne ne consomme le bien, c'est-à-dire personne n'est connecté au réseau, de sorte qu'aucun individu n'est disposé à payer le moindre centime pour consommer le bien. Nous pourrions appeler cet équilibre, l'équilibre de « prévisions pessimistes ».

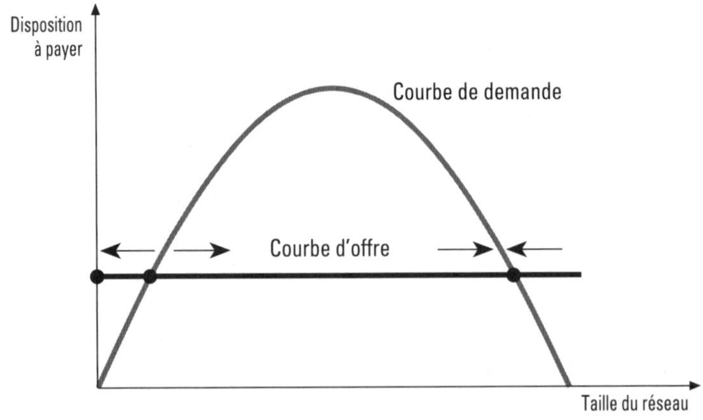

Figure 35.1 ***Les externalités de réseau.***

La demande correspond à la courbe en cloche et l'offre est la droite horizontale. Remarquons qu'il y a trois positions où l'offre égale la demande.

L'équilibre intermédiaire avec un nombre positif mais faible de consommateurs résulte d'une situation dans laquelle les gens ne pensent pas que le réseau sera très important de sorte qu'ils ne sont pas disposés à payer beaucoup pour être connectés. Par conséquent le réseau n'est pas très important.

Finalement le dernier équilibre est caractérisé par un grand nombre d'utilisateurs n. Dans ce cas, le prix est faible parce que la personne marginale qui achète le bien ne lui attribue pas une valeur très élevée bien que le marché soit très grand.

35.6 LA DYNAMIQUE DU MARCHÉ

Lequel de ces trois équilibres apparaîtra ? Jusqu'à présent le modèle ne nous donne aucun argument pour choisir parmi ces trois équilibres. Chacun d'eux est caractérisé par l'égalité entre demande et offre. Nous pouvons cependant ajouter un processus d'ajustement dynamique pour nous aider à décider quel équilibre apparaîtra le plus vraisemblablement.

On peut raisonnablement admettre que quand les gens sont disposés à payer une somme supérieure au coût du bien, la taille du marché s'accroît et quand ils sont disposés à payer une somme inférieure au coût, le marché se réduit. En termes géométriques, cela signifie que quand la courbe de demande est au-dessus de la courbe d'offre, la quantité augmente et quand elle est en dessous de la courbe d'offre, la quantité diminue. Les flèches indiquées à la figure 35.1 représentent ce processus d'ajustement.

Grâce à ce processus dynamique, nous disposons d'un peu plus d'informations. Il est désormais évident que le premier équilibre avec aucune connexion et le troisième

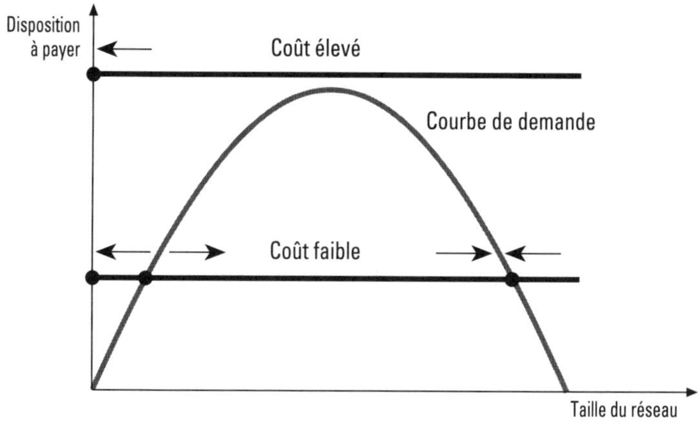

Figure 35.2 ***Ajustement du coût et externalités de réseau.***

Quand le coût est élevé, le seul équilibre correspond à un marché de taille nulle. Quand le coût diminue, d'autres équilibres deviennent possibles.

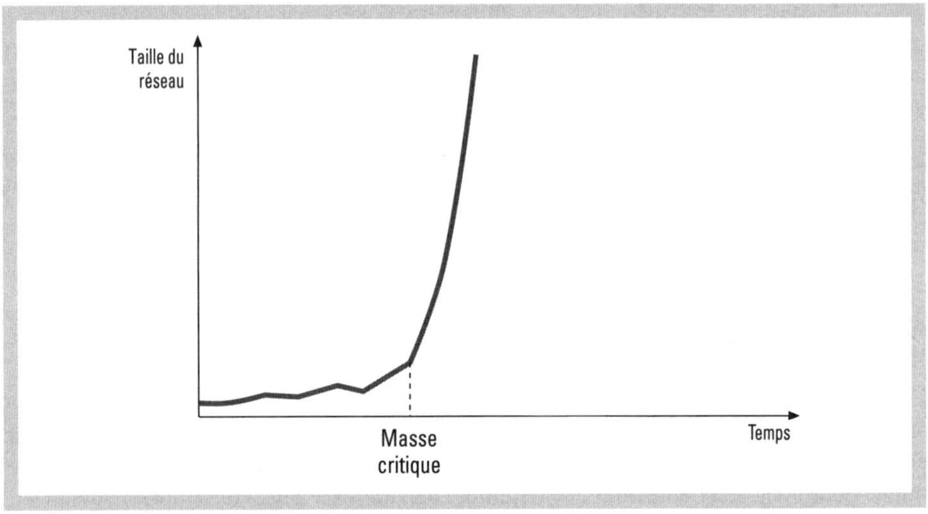

Figure 35.3 ***Ajustement possible vers l'équilibre.***

Le nombre d'utilisateurs connectés est au départ très faible et augmente petit à petit quand le coût diminue. Quand il atteint une masse critique, le réseau connaît une croissance exponentielle.

équilibre avec un grand nombre de connexions sont stables alors que l'équilibre intermédiaire est instable. Il est dès lors peu vraisemblable que le résultat final du système soit l'équilibre intermédiaire.

Il nous reste donc deux équilibres stables possibles. Comment déterminer celui qui vraisemblablement apparaîtra ? La solution consiste à réfléchir à la façon dont les coûts peuvent évoluer au fil du temps. Pour les exemples dont nous avons parlé jusqu'à présent — télécopieur, magnétoscope, réseau informatique, etc. — il est naturel de supposer que le coût du bien commence à un niveau élevé puis ensuite décroît au fil du temps grâce au progrès technique. Ce processus est représenté à la figure 35.2. Si le coût unitaire est élevé, il n'y a qu'un seul équilibre stable : celui avec une demande nulle. Quand le coût décroît suffisamment, il y a deux équilibres stables.

Introduisons maintenant quelques modifications dans le système. Imaginons que nous modifions le nombre de personnes connectées au réseau aux alentours du point d'équilibre $n^* = 0$. Ces modifications peuvent être le fruit du hasard ou la conséquence de stratégies commerciales telles que des baisses de prix initiales ou d'autres types de proportion. À mesure que le coût devient de plus en plus faible, il devient davantage vraisemblable qu'une de ces modifications projettera le système au-delà de l'équilibre instable. Si cela se produit, le processus d'ajustement dynamique conduira le système jusqu'au troisième équilibre caractérisé par un grand nombre d'utilisateurs.

La figure 35.3 présente une évolution possible du nombre d'utilisateurs du bien. Il commence à un niveau presque nul avec quelques petites perturbations au fil du temps. Le coût diminue et à partir d'un certain point, nous atteignons une masse critique qui

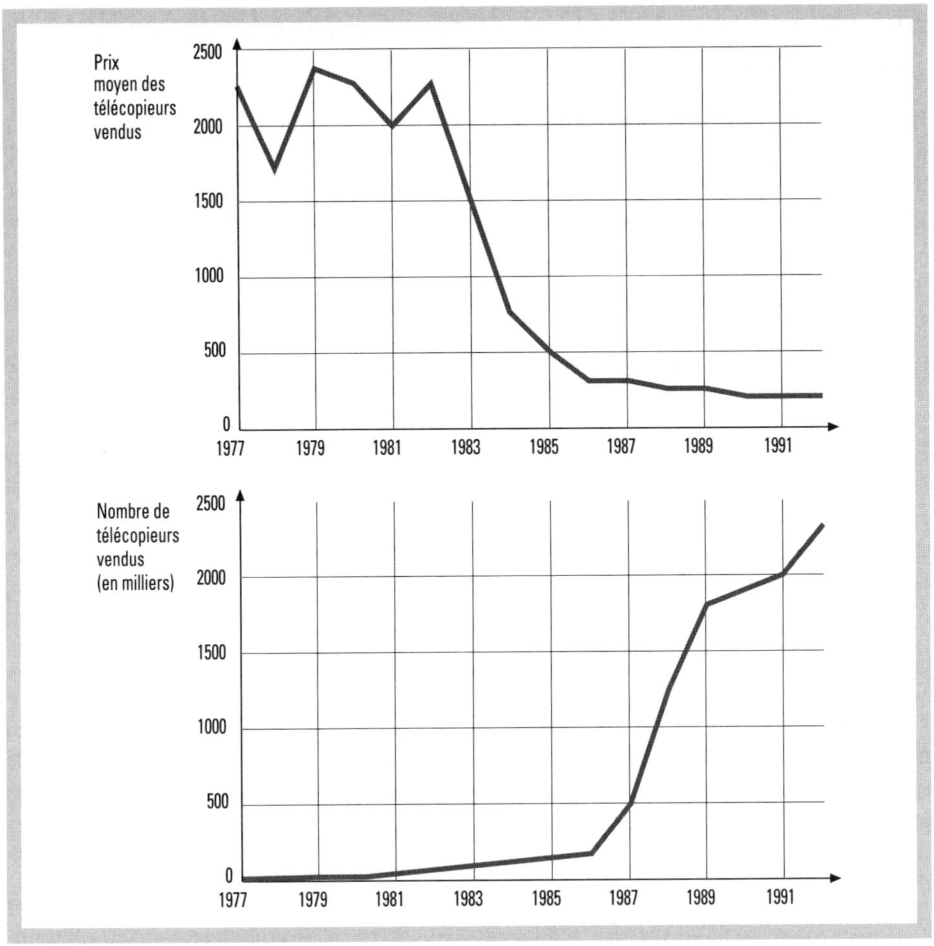

Figure 35.4 ***Le marché des télécopieurs.***

La demande pour les télécopieurs a été faible pendant longtemps parce que peu de gens les utilisaient. Au cours des années 80 le prix a diminué fortement et la demande a brusquement explosé.

projette le système au-delà de l'équilibre avec un petit nombre d'utilisateurs et le système rejoint rapidement l'équilibre avec un grand nombre de consommateurs.

Le marché des télécopieurs illustre ce processus d'ajustement. La figure 35.4 montre le prix et le nombre de télécopieurs vendus au cours d'une période de douze ans[8].

---

[8] Ce graphique est tiré de Nikolas Economides et Charles Himmelberg, « Critical Mass and Network Size with Applications to the US Fax Market » (Discussion Paper No. EC-95-11, Stern School of Business, N.Y.U., 1995). Voir également Michael L. Katz et Carl Shapiro, « Systems Competition and Network Effects », *Journal of Economic Perpectives*, 8, 1994, p. 93-116, pour une belle synthèse des externalités de réseau et de leurs implications.

Exemple : Les externalités de réseau dans les logiciels informatiques

La fourniture de logiciels informatiques est naturellement caractérisée par des externalités de réseau. Il est très commode de pouvoir échanger des bases de données et des trucs avec d'autres utilisateurs du même logiciel. Cela donne un avantage significatif au vendeur le plus important sur un marché donné et les producteurs de logiciels investissent dès lors de façon massive pour acquérir des parts de marché.

Les exemples abondent. Adobe Systems, par exemple, a investi beaucoup dans le développement d'un « langage de présentation des pages » pour la publication assistée par ordinateur (PAO) appelé PostScript. Adobe se rendit clairement compte que personne n'investirait les ressources et le temps nécessaires pour apprendre PostScript à moins que celui-ci ne devienne le langage de référence incontesté. La firme permit donc volontairement à ses concurrents de copier son langage de façon à créer un marché concurrentiel pour les interprèteurs de PostScript. Et la stratégie d'Adobe fut payante : plusieurs concurrents apparurent (y compris un concurrent qui distribua gratuitement son produit) et PostScript devint un langage classique largement utilisé pour la PAO. Adobe conserva cependant la propriété d'un petit nombre de choses, par exemple les techniques pour afficher les polices de caractères à basse définition, et réussit à dominer le haut du marché. Il est intéressant de noter que le succès d'Adobe sur le marché est dû à sa capacité à encourager l'entrée de concurrents !

Au cours des années récentes, beaucoup de producteurs de logiciels ont suivi ce modèle. Adobe lui-même distribua gratuitement plusieurs de ces produits informatiques tels que le lecteur Adobe Acrobat. Netscape Communications Corporation, une des entreprises à la mode en bourse en 1995, s'est emparée de la part du lion sur le marché des navigateurs internet en distribuant gratuitement son produit principal, constituant ainsi un bel exemple d'entreprise qui perd de l'argent sur chaque vente mais en gagne en volume.

35.7 LES IMPLICATIONS DES EXTERNALITÉS DE RÉSEAU

Le modèle présenté antérieurement malgré sa simplicité permet de dégager un certain nombre d'enseignements. Par exemple, la question de la masse critique est essentielle. Si la demande de l'utilisateur dépend du nombre d'autres utilisateurs, il est très important d'essayer de stimuler la croissance dès le début du cycle de vie d'un produit. Aujourd'hui, il est très fréquent de voir des producteurs offrir un accès très bon marché à un logiciel ou à un service de communications pour « créer un marché » là où aucun n'existait précédemment.

Évidemment, une question fondamentale est celle de la taille qu'un marché doit avoir avant de pouvoir décoller de façon autonome. La théorie ne fournit guère d'indications à cet égard. Tout dépend de la nature du bien et des coûts et bénéfices que son utilisation représente pour les consommateurs.

Une autre implication importante des externalités de réseau est le rôle joué par la politique gouvernementale. Internet est un bon exemple. Internet fut au départ utilisé seulement par un petit nombre de laboratoires de recherches pour échanger des données. Au milieu des années 80, la National Science Foundation utilisa la technologie internet pour connecter plusieurs grandes universités américaines à douze superordinateurs installés à différents endroits. L'idée de départ était que les chercheurs universitaires échangeraient les données avec les superordinateurs. Mais une propriété fondamentale des réseaux de communication est que si vous êtes tous connectés à la même chose, vous êtes tous connectés les uns aux autres. Cela permit aux chercheurs d'échanger du courrier électronique qui n'avait rien à faire avec les superordinateurs. Dès qu'un nombre suffisant d'utilisateurs furent connectés à internet, sa valeur pour de nouveaux utilisateurs s'accrut considérablement. La plupart de ces nouveaux utilisateurs n'avait aucun intérêt dans les superordinateurs, bien que ceux-ci furent à l'origine de la constitution du réseau.

Exemple : Les pages jaunes

Les pages jaunes sont des répertoires téléphoniques locaux bien connus. Ils constituent aux États-Unis, un marché de 14 milliards de dollars. Il y a dix ans, ce marché était dominé par les opérateurs téléphoniques qui détenaient 95 pour-cent du marché. Aujourd'hui ils n'en détiennent plus que 85 pour-cent.

Ce changement est dû à la concurrence. Plusieurs petites entreprises se sont créées et sont entrées sur le marché au cours des dernières années et elles ont pris des parts de marché aux opérateurs téléphoniques locaux. Ce n'est pas une chose aisée parce que les annuaires téléphoniques locaux présentent une forme classique d'effets de réseau : tous les consommateurs ayant l'habitude d'utiliser les pages jaunes fournies par leurs opérateurs téléphoniques locaux, les commerçants locaux étaient obligés de mettre leur publicité dans ces annuaires.

Une de ces nouvelles entreprises, Yellow Book, a réussi à surmonter les effets de réseau grâce à des stratégies intelligentes telles que fixer les prix des publicités à un niveau nettement inférieur à ceux pratiqués par les opérateurs téléphoniques et distribuer ses annuaires juste avant la sortie de celui de l'opérateur téléphonique local. Les entreprises en place, pensant que le marché était assuré, ont ignoré la menace de nouveaux entrants agressifs jusqu'au moment où il était trop tard. Au cours des dernières années, la concurrence a été très chaude dans ce secteur. Cet exemple indique que même les secteurs avec des effets de réseau importants ne sont pas immunisés contre les forces de la concurrence, en particulier quand les entreprises en place deviennent trop confiantes.

Exemple : Les publicités radiophoniques

Beaucoup pensaient au début du XIXème siècle que la diffusion radiophonique de la musique n'avait aucune valeur commerciale : pourquoi payer pour un message qui n'était adressé à personne en particulier ?

L'argument était sérieux. Certes les gens appréciaient la diffusion radiophonique mais le secteur ne disposait pas d'un modèle économique. Comment faire de l'argent ?

Le magazine *Wireless World* organisa un concours sur base de cinq propositions de modèles économiques pour la diffusion radiophonique et invita les participants à voter pour leur modèle préféré. Les cinq modèles étaient les suivants :

- financement par l'impôt,
- donation par le public,
- subsidiation de la production du contenu des émissions par les producteurs de matériel radiophonique,
- financement par la publicité,
- financement de la production du contenu par une taxation des tubes électroniques.

C'est ce dernier modèle qui sortit vainqueur mais on utilise encore aujourd'hui en partie les autres modèles. La radio et la télévision BBC sont financées par une taxe sur les télévisions et aux États-Unis, la National Public Radio est financée par des donations du public. Dans la plupart des pays, c'est cependant la publicité qui est devenue le mode de financement le plus fréquent.

En 1922, aux États-Unis, il y avait 30 stations de radio et on vendait 100 000 transistors. L'an passé, il y avait 556 stations de radio et on vendait 500 000 transistors. Le développement de la radio est un fait.

35.8 LES MARCHÉS RECTO-VERSO

Un **marché recto-verso** est un exemple particulier d'effet de réseau. Prenez le cas d'une nouvelle technologie comme les DVD Blu-ray. Je ne me préoccupe pas du type de lecteur DVD qu'ont les autres personnes. Il n'y a donc pas d'effet de réseau direct. Mais il y a un effet de réseau indirect : plus il y a de lecteurs Blu-ray, plus il y aura de DVD Blu-ray disponibles et plus il y a de DVD Blu-ray disponibles, plus il sera intéressant d'acheter un lecteur Blu-ray.

On peut prendre d'autres exemples. Considérons une nouvelle carte de crédit : plus il y a de commerçants qui acceptent cette nouvelle carte, plus il sera intéressant pour les consommateurs d'acquérir cette carte et plus il y a de consommateurs qui disposent de cette carte, plus elle sera intéressante aux yeux des commerçants.

Nous pouvons aussi prendre le cas de la plate-forme Adobe. Plus il y a d'utilisateurs du logiciel Acrobat Reader, plus il y aura de concepteurs graphiques qui souhaiteront distribuer leur contenu sous le format PDF et plus la demande pour Acrobat Distiller, le logiciel utilisé pour créer des dossiers PDF sera forte.

Ce dernier exemple illustre un point important : il peut être intéressant pour Adobe de distribuer gratuitement un produit (Acrobat Reader) pour renforcer la demande pour un autre produit (Acrobat Distiller). C'est à nouveau la vieille recommandation : « Abandonner le rasoir pour vendre des lames » mais maintenant, cette stratégie est très répandue parce que la combinaison des biens numériques et d'Internet a rendu la distribution extrêmement peu coûteuse.

Apple par exemple, vend le populaire iPod. Il distribue aussi de la musique pour l'iPod via la boutique iTunes. Selon les rapports sectoriels, Apple gagne très peu sur la musique (la plupart des profits vont aux studios). Mais, du point de vue d'Apple, il est intéressant de distribuer quasi gratuitement les lames (la musique) pour vendre les rasoirs (les iPods).

Un modèle de marché recto-verso

Généralisons le modèle développé à la section 34.5 pour l'appliquer aux marchés recto-verso.

Supposons deux biens. Le prix de réserve pour le bien 1 est v_1 et v_1 peut prendre différentes valeurs : $v_1 = 1, \ldots, 1000$. De même, le prix de réserve du bien 2 est v_2 et $v_2 = 1, \ldots, 1000$.

La valeur du bien 1 dépend du nombre de personnes qui adoptent le bien 2 et la valeur totale du bien 2 dépend du nombre de personnes qui adoptent le bien 1 de sorte que $U_1 = v_1 n_2$ et $U_2 = v_2 n_1$ Enfin, nous supposons un prix d'offre exogène pour les biens 1 et 2 : p_1 et p_2 (Nous pouvons interpréter ces prix comme étant les coûts de production avec des rendements d'échelle constants).

Les acheteurs marginaux pour les biens 1 et 2 sont ceux pour lesquels $v_1' n_2 = p_1$ et $v_2' n_1 = p_2$. Tous ceux qui ont une valeur supérieure à v_1' achèteront le bien 1 de sorte que $n_1 = 1000 - v_1'$. De même, $n_2 = 1000 - v_2'$. En rassemblant les différentes expressions, nous obtenons :

$$v_1' n_2 = p_1$$

$$v_2' n_1 = p_2$$

$$n_1 = 1000 - v_1'$$

$$n_2 = 1000 - v_2'.$$

En substituant les troisième et quatrième équations dans les deux premières, nous obtenons :

$$(1000 - n_1) n_2 = p_1 \text{ et } (1000 - n_2) n_1 = p_2.$$

Nous pouvons tout d'abord observer qu'il y a toujours un équilibre avec $n_1 = n_2 = 0$. Si personne n'achète le bien 1, la valeur du bien 2 sera nulle et vice versa. Nous pouvons représenter graphiquement les deux fonctions pour déterminer les autres solutions. Comme nous pouvions nous y attendre, il y aura généralement deux autres solutions comme représenté à la figure 35.5. Il y a, d'une part, un équilibre avec des quantités vendues des deux biens faibles et d'autre part, un équilibre avec des quantités vendues substantielles des deux biens.

Le défi pour un producteur consiste à atteindre l'équilibre avec les hauts niveaux de production. Comme mentionné antérieurement, une stratégie consisterait à

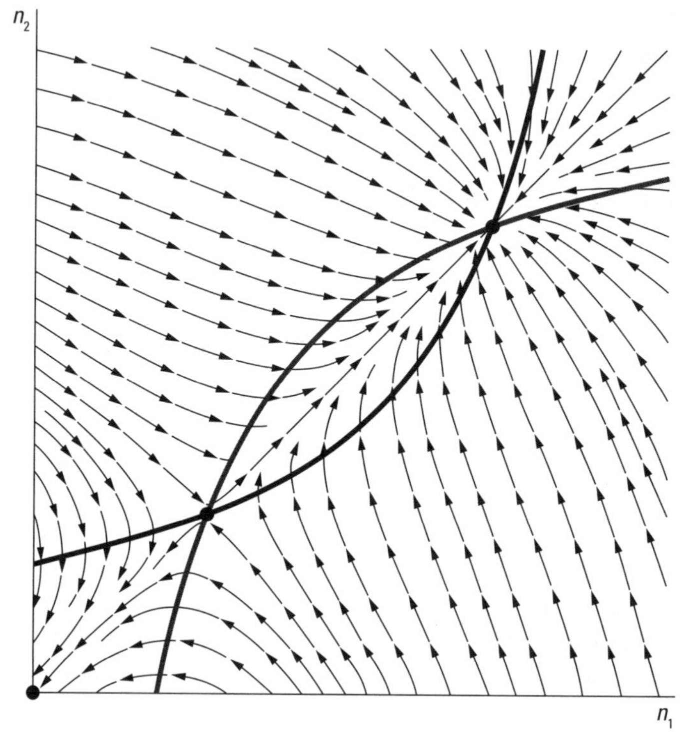

Figure 35.5 ***Un équilibre de marché recto-verso.***

En général, un marché recto-verso connaît trois équilibres possibles.

subventionner la production d'un des deux biens. Il est intéressant de vendre un bien en dessous de son coût si cela permet d'accroître le marché et d'obtenir des profits par la vente de l'autre bien.

35.9 LA GESTION DES DROITS DE PROPRIÉTÉ

Actuellement, la propriété intellectuelle suscite beaucoup d'intérêt dans les nouveaux modèles de gestion des affaires. Les transactions en la matière peuvent prendre différentes formes : les livres sont vendus mais peuvent également être empruntés en bibliothèque, les cassettes vidéo peuvent être vendues ou louées. Certains logiciels sont soumis à des licences pour des usages particuliers ; d'autres sont simplement vendus. Les « shareware » sont des formes de logiciel dans lesquels le paiement est volontaire.

Le choix des termes et des conditions dans lesquels un élément de propriété intellectuelle est offert à la vente est une décision commerciale difficile. Doit-on se protéger contre le copiage ? Doit-on encourager les utilisateurs à partager une nouvelle information avec leurs amis ? Doit-on vendre aux individus ou utiliser des licences par site ?

Des raisonnements économiques simples permettent de comprendre les problèmes importants. Considérons un bien digital pur tel qu'un journal *online* de sorte que nous ne devons pas nous préoccuper du coût marginal de production.

Analysons tout d'abord les choix dans des conditions et termes restrictifs. Le propriétaire du bien digital choisit un prix et implicitement, une quantité à vendre de façon à maximiser le profit :

$$\max_y \ p(y)y. \tag{35.7}$$

Cela donne un choix optimal (p^*, y^*).

Supposons maintenant que le vendeur du bien envisage de libéraliser les termes et les conditions, par exemple d'étendre la période d'essai d'utilisation libre d'une semaine à un mois. Cela a deux effets sur la courbe de demande. Tout d'abord, cela augmente la valeur du produit pour chacun des utilisateurs potentiels, déplaçant ainsi la courbe de demande vers le haut. Mais cela peut aussi facilement impliquer une réduction de la quantité vendue du bien puisqu'une partie des consommateurs trouveront dans la période d'essai prolongée de quoi satisfaire suffisamment leurs besoins !

Représentons la nouvelle quantité consommée par $Y = \beta y$ avec $\beta > 1$ et la nouvelle courbe de demande par $P(Y) = \alpha p(Y)$ avec $\alpha > 1$. Le nouveau problème de maximisation du profit devient dès lors :

$$\max_y \ P(Y)y.$$

Notons que nous multiplions le prix par la quantité vendue y et non par la quantité consommée Y.

En utilisant les définitions $Y = \beta y$ et $P(Y) = \alpha p(Y)$, nous pouvons exprimer le problème de maximisation comme suit :

$$\max_y \ \alpha p(Y)\frac{Y}{\beta} = \max_y \ \frac{\alpha}{\beta} p(Y)Y.$$

Ce problème ressemble au précédent (expression (35.7)) à l'exception de la constante $\frac{\alpha}{\beta}$. Cette différence ne modifie pas le choix optimal de sorte qu'on peut conclure que $Y^* = y^*$.

Cette analyse simple nous permet de tirer quelques conclusions :

- la quantité de bien consommée Y^* est indépendante des termes et conditions ;
- la quantité de bien produite est $\frac{y^*}{\beta}$, ce qui est inférieur à y^* ;
- les profits peuvent augmenter ou diminuer selon que $\frac{\alpha}{\beta}$ est supérieur ou inférieur à l'unité. Les profits augmenteront si l'augmentation de la valeur pour les consommateurs qui achètent le bien compense la réduction du nombre d'acheteurs.

Exemple : La location de cassettes vidéo

Les magasins de vidéos peuvent choisir les termes et conditions selon lesquels ils louent les cassettes. Plus longue est la période pendant laquelle vous pouvez conserver la cassette, plus celle-ci est intéressante pour vous puisque vous pouvez la regarder davantage. Mais plus vous conservez la cassette, moins de profit le magasin en tire puisqu'il ne peut pas la louer à quelqu'un d'autre. Le choix optimal pour la période de location implique un équilibre entre ces deux effets.

En réalité, la conséquence est une tendance à une forme de différenciation du produit. Les nouvelles productions sont louées pour des périodes courtes puisque les profits perdus auprès d'autres clients sont très importants. Les cassettes plus anciennes sont louées pour des périodes plus longues puisque pour le magasin, le fait que la cassette est indisponible représente un coût moindre.

35.10 LE PARTAGE DE LA PROPRIÉTÉ INTELLECTUELLE

La propriété intellectuelle est souvent partagée. Par exemple, les bibliothèques facilitent le partage des livres. Les magasins vidéo permettent aux gens de partager les cassettes et demandent un prix pour cela. Les prêts interbibliothèques permettent aux bibliothèques de partager les ouvrages entre elles. Même les manuels tels que celui que vous tenez en main sont partagés entre les étudiants d'une année à l'autre grâce au marché d'occasion.

Le rôle exact du partage fait l'objet d'un débat considérable dans le chef des éditeurs et des bibliothèques. Les bibliothécaires ont établi une « règle de cinq » informelle pour le prêt interbibliothèques : un ouvrage peut être prêté jusqu'à cinq fois avant que des droits d'auteur additionnels ne doivent être payés à l'éditeur. Éditeurs et auteurs ne sont traditionnellement guère enthousiastes en ce qui concerne le marché des livres d'occasion.

Le développement de l'information digitale a rendu cette question encore plus aiguë. L'information digitale peut être parfaitement reproduite et le partage peut désormais atteindre de nouvelles limites. Récemment, un chanteur country bien connu a mené une campagne publique contre les magasins qui vendent des disques compacts usagés. Le problème est que les CD ne se détériorent pas avec l'usage et qu'il est possible d'acheter un CD, de l'enregistrer et ensuite de le revendre à un magasin de CD usagés.

Essayons de construire un modèle pour analyser ce type de partage. Considérons comme cas initial une situation où il n'y a pas de partage. Dans une telle situation, le fabricant de vidéos choisit de produire y copies d'une vidéo pour maximiser le profit :

$$\max_{y} p(y)y - cy - F. \tag{35.8}$$

Comme d'habitude $p(y)$ est la fonction de demande inverse, c est le coût marginal constant et F est le coût fixe. Représentons par y_n, l'output qui maximise le profit, l'indice n signifiant « pas de partage ».

Supposons maintenant qu'un marché de location de vidéos soit autorisé. Dans ce cas, le nombre de vidéos regardées est différent du nombre de copies produites. Si y est le nombre de vidéos produites et si chaque vidéo est partagée par k individus, le nombre de vidéos regardées est $x = ky$. Pour simplifier, nous supposons que toutes les copies de la vidéo sont louées.

Nous devons spécifier comment les consommateurs se répartissent d'eux mêmes entre différents « clubs » pour partager les cassettes vidéo. L'hypothèse la plus simple est que les consommateurs avec des valeurs élevées s'associent d'un côté et que les consommateurs avec des valeurs basses s'associent de l'autre. En d'autres termes, un club est composé des consommateurs qui attribuent les k valeurs les plus élevées, un autre club est composé des consommateurs avec les k valeurs les plus élevées suivantes et ainsi de suite. (D'autres hypothèses pourraient être formulées, mais celle-ci nous donne une analyse très simple.)

Si on produit y copies, $x = ky$ copies seront regardées et la propension à payer de l'individu marginal sera $p(x) = p(ky)$. Toutefois, il est clairement moins agréable de louer une vidéo que d'en être propriétaire. Représentons par t ce « coût de transaction ». La propension à payer de l'individu marginal devient dès lors $p(x) - t$.

Rappelons que nous avons supposé que toutes les copies de la vidéo sont partagées par k utilisateurs. Dès lors, la propension à payer d'un magasin vidéo sera simplement k multiplié par la propension à payer de l'individu marginal. En d'autres termes, si on produit y copies, la propension à payer du magasin de vidéos sera

$$P(y) = k[p(ky) - t]. \qquad (35.9)$$

L'équation (35.9) contient les deux effets principaux qui apparaissent en cas de partage : la propension à payer diminue puisqu'il y a davantage de vidéos regardées que de vidéos produites, mais la propension à payer augmente par ailleurs puisque le coût d'une vidéo est partagé par plusieurs individus.

Le problème de maximisation du profit du producteur devient dès lors

$$\max_y \; P(y)y - cy - F,$$

qui peut être transformé comme suit :

$$\max_y \; k[p(ky) - t] - cy - F,$$

$$\max_y \; p(ky)ky - \left(\frac{c}{k} + t\right)ky - F.$$

Rappelons que le nombre de vidéos regardées, x, est relié au nombre de vidéos produites, y, puisque $x = ky$. Nous pouvons dès lors écrire le problème de maximisation également sous la forme suivante :

$$\max_x \; p(x)kx - \left(\frac{c}{k} + t\right)x - F.$$

Remarquons que ce problème est identique au problème (35.8) à l'exception du coût marginal qui est désormais $\left(\frac{c}{k}+t\right)$ au lieu de c.

L'étroite parenté entre ces deux problèmes est très utile puisqu'elle nous permet de tirer l'observation suivante : les profits seront plus élevés quand la location est possible que dans le cas contraire, si et seulement si

$$\frac{c}{k}+t<c.$$

Après transformation, cette condition peut s'écrire comme suit :

$$\left(\frac{k}{k+1}\right)t<c.$$

Pour des valeurs de k élevées, la fraction dans le membre de gauche est approximativement égale à l'unité. La question principale est par conséquent la relation existant entre, d'une part, le coût marginal de production, c, d'autre part, les coûts de transaction de la location, t.

Si le coût de production est important et le coût de location faible, la stratégie la plus profitable pour un producteur consiste à produire un petit nombre de copies, à les vendre à un prix élevé et à en autoriser la location. Par contre, si les coûts de transaction de la location sont plus élevés que les coûts de production, il est plus intéressant pour le producteur d'interdire la location : le consommateur considérant la location comme peu attractive, les magasins vidéos ne sont guère disposés à payer beaucoup pour les vidéo-cassettes « partagées » et par conséquent il est plus intéressant pour le producteur de vendre.

Exemple : Les marchés recto-verso online

Il y a plusieurs exemples de marchés recto-verso sur Internet. Par exemple, eBay sert de lieu de rencontre pour ceux qui souhaitent vendre et acheter des objets de collection. Si vous vendez des pièces de monnaie rares, vous souhaitez les proposer sur un marché où il y a beaucoup d'acheteurs potentiels. De même, si vous êtes acheteurs, vous souhaitez aller sur un marché où il y a plusieurs vendeurs en concurrence. Cet **effet de réseau recto-verso** tend à induire un lieu de rencontre unique. Au cours des dernières années, eBay s'est développé au-delà des objets de collection et vend maintenant une grande variété d'objets.

Un autre ensemble d'exemples intéressants est celui des réseaux sociaux tels que Facebook, MySpace, LinkedIn, etc. Les participants souhaitent être enregistrés sur les sites où leurs amis sont enregistrés. Cela conduit à nouveau à un effet de réseau : le réseau le plus étendu attire davantage les nouveaux participants.

Facebook a connu une croissance particulièrement rapide. Il a été lancé en février 2004 et en décembre 2004, il comptait déjà un million d'utilisateurs actifs. En septembre 2009, Facebook avait plus de 300 millions d'utilisateurs actifs à travers le monde, selon les statistiques disponibles sur son propre site.

RÉSUMÉ

1. Il est coûteux pour les consommateurs de changer une des composantes des technologies de l'information parce qu'elles constituent des systèmes.
2. Si deux monopoles, producteurs de biens complémentaires, coordonnent leur politique des prix, ils fixeront tous les deux des prix inférieurs aux prix qu'ils choisiraient de façon indépendante.
3. Cela augmentera le profit des deux monopoles et le niveau de satisfaction des consommateurs.
4. Il y a plusieurs façons d'obtenir cette coordination : la fusion, la négociation, le partage des recettes, la « marchandisation »...
5. Dans un équilibre de « Lock-In », la réduction offerte au cours de la première période est payée sous la forme d'augmentation de prix aux cours des périodes ultérieures.
6. Les externalités de réseau apparaissent quand la propension à payer d'une personne pour un bien dépend du nombre d'autres utilisateurs.
7. Les modèles avec externalités de réseau présentent en général plusieurs équilibres. Le résultat final dépend souvent de l'histoire du secteur d'activité.
8. La gestion des droits de propriété implique un arbitrage entre hausse de valeur et de prix et réduction des ventes.
9. Les biens d'information tels que les livres et les vidéos sont souvent loués ou partagés aussi bien qu'achetés. Il est plus profitable de louer ou d'acheter selon l'importance relative des coûts de transaction et des coûts de production.

PROBLÈMES À RÉSOUDRE

35.1 Si le coût d'un changement de transporteur longue distance est de l'ordre de 50 € pour un consommateur, quel prix souhaiterait pratiquer un transporteur longue distance pour attirer un nouveau consommateur ?

35.2 La demande pour un traitement de texte peut présenter des externalités de réseau. Expliquez.

35.3 Supposons que le coût marginal de production d'une vidéo supplémentaire soit nul et que les coûts de transaction de location d'une vidéo soient également nuls. Sera-t-il plus profitable pour le producteur de vendre ou de louer la vidéo ?

36

LES BIENS PUBLICS

Dans le chapitre 34, nous avons démontré que pour certains types d'externalités, il n'est pas difficile d'éliminer les inefficacités. Dans le cas d'une externalité de consommation entre deux personnes par exemple, il suffit de s'assurer que les droits de propriété initiaux sont clairement définis. Les individus peuvent alors négocier de la façon habituelle le droit de produire l'externalité. Dans le cas des externalités de production, le marché lui-même fournit des signaux en termes de profits pour agencer les droits de propriété de la façon la plus efficace possible. Enfin, dans le cas d'une propriété commune, attribuer les droits de propriété à quelqu'un éliminerait l'inefficacité.

Malheureusement, il n'est pas possible de résoudre tous les problèmes d'externalités de cette façon. Les choses deviennent beaucoup plus difficiles dès qu'il y a plus de deux agents économiques. Supposons, par exemple, qu'au lieu des deux compagnons de chambre envisagés au chapitre 34, nous en ayons trois : un fumeur et deux non-fumeurs. La quantité de fumée serait une externalité négative pour les deux non-fumeurs.

Supposons que les droits de propriété soient bien définis ; par exemple, les non-fumeurs ont le droit d'exiger un air pur. Exactement comme précédemment, bien qu'ils aient droit à l'air pur, ils ont également le droit d'échanger une partie de cet air pur contre une compensation financière appropriée. Mais maintenant, il y a un problème : les non-fumeurs doivent s'accorder entre eux sur la quantité de fumée autorisée et l'importance de la compensation.

Il se peut qu'un des non-fumeurs soit beaucoup plus sensible que l'autre à la fumée ou qu'il soit beaucoup plus riche. Les deux non-fumeurs peuvent avoir des préférences et des ressources très différentes mais, malgré cela, ils doivent arriver à un accord pour qu'il y ait une allocation efficace de la fumée.

Au lieu de compagnons de chambre, imaginons qu'il s'agisse de l'ensemble des habitants d'un pays. Quel niveau de pollution devrait-on autoriser dans le pays ? Si vous pensez qu'il est déjà difficile d'atteindre un accord entre trois personnes seulement, imaginez ce que cela donnerait avec des millions de personnes ?

La fumée en tant qu'externalité quand il y a trois personnes est un exemple de **bien public**, c'est-à-dire un bien qui doit être offert en quantité identique à l'ensemble des consommateurs concernés. Dans cet exemple, la quantité de fumée produite est la même pour tous les consommateurs ; ceux-ci peuvent lui attribuer une valeur différente, mais ils doivent tous consommer la même quantité.

Les pouvoirs publics fournissent de nombreux biens publics. Les municipalités, par exemple, fournissent les rues et les trottoirs. Dans une ville, il y a un certain nombre et une certaine qualité de rues et celles-ci sont disponibles pour tout le monde. Un autre exemple est celui de la défense nationale ; tous les habitants d'un pays reçoivent un niveau identique de défense nationale. Chaque citoyen peut lui attribuer une valeur différente ; certains peuvent en souhaiter davantage et d'autres moins, mais ils reçoivent tous la même quantité.

Les biens publics constituent un exemple d'externalité de consommation d'un type particulier : tous les individus doivent consommer la même quantité du bien. Il s'agit là d'un cas particulièrement embarrassant d'externalité parce que les solutions décentralisées que les économistes affectionnent, ne marchent pas très bien quand il s'agit d'allouer des biens publics. Les individus ne peuvent pas acheter des quantités différentes de défense nationale ; ils doivent choisir d'une façon ou d'une autre une quantité commune.

La première question à examiner est celle de la définition de la quantité idéale d'un bien public. Nous analyserons ensuite certaines méthodes qui peuvent être utilisées pour prendre des décisions sociales relatives à ce type de biens.

36.1 QUAND FOURNIR UN BIEN PUBLIC ?

Commençons par un exemple simple. Supposons qu'il y ait deux compagnons de chambre, 1 et 2. Ils essaient de décider s'ils vont acheter ou non une TV. Compte tenu de la taille de leur appartement, la TV ira nécessairement dans le living et les deux compagnons pourront la regarder. Il s'agit donc d'un bien public plutôt que d'un bien privé. Et la question est : ont-ils intérêt à acheter la TV ?

Utilisons w_1 et w_2 pour représenter la richesse initiale des deux individus, g_1 et g_2 pour représenter leur contribution individuelle à l'achat de la TV et x_1 et x_2 pour indiquer la somme qu'ils conservent pour leur consommation privée.

Les contraintes budgétaires sont les suivantes :

$$x_1 + g_1 = w_1$$
$$x_2 + g_2 = w_2.$$

Supposons également que la TV coûte c euros. Pour l'acheter, la somme des deux contributions doit donc être au minimum de c :

$$g_1 + g_2 \geqslant c.$$

Cette équation représente la technologie disponible pour obtenir le bien public : les deux compagnons peuvent acquérir une télévision s'ils paient ensemble le coût c.

La fonction d'utilité de la personne 1 dépend de sa consommation privée x_1 et de la disponibilité de la TV, c'est-à-dire du bien public. Écrivons la fonction d'utilité de la personne 1 sous la forme suivante : $u_1(x_1, G)$ où G est égal à 0 s'il n'y a pas de TV et à 1 s'il y a une TV. La personne 2 a une fonction d'utilité $u_2(x_2, G)$. La consommation privée de chaque individu a un indice inférieur pour indiquer que le bien est consommé par la personne 1 ou la personne 2, mais le bien public n'a pas d'indice inférieur. Il est « consommé » par les deux individus. Évidemment, il n'est pas réellement consommé dans le sens « usé » ; ce sont plutôt les services de télévision qui sont consommés par les deux compagnons.

Ceux-ci peuvent évaluer les services de la télévision de façon fort différente. Nous pouvons mesurer la valeur que chaque individu attribue à la télévision en lui demandant combien il est prêt à payer pour l'avoir. À cette fin, nous utiliserons le concept de **prix de réserve** introduit au chapitre 15.

Le prix de réserve de la personne 1 est la somme maximum qu'elle est prête à payer pour disposer de la TV. En d'autres termes, c'est le prix r_1 auquel la personne 1 est indifférente entre le fait de payer r_1 et de disposer de la TV et le fait de ne pas avoir du tout de TV. Si la personne 1 paie le prix de réserve et obtient la TV, elle dispose de $w_1 - r_1$ pour sa consommation privée. Si elle n'a pas de TV, elle dispose de w_1 pour sa consommation privée. Si elle est indifférente entre ces deux alternatives, nous devons avoir

$$u_1(w_1 - r_1, 1) = u_1(w_1, 0).$$

Cette équation définit le prix de réserve pour la personne 1, c'est-à-dire la somme maximum qu'elle est prête à payer pour avoir la TV. Une équation similaire définit le prix de réserve pour la personne 2. Notons qu'en règle générale, le prix de réserve d'un individu dépend de sa richesse : la somme maximum qu'un individu est *disposé* à payer dépend dans une certaine mesure de la somme qu'il est *capable* de payer.

Rappelons qu'une allocation est efficace au sens de Pareto s'il n'est pas possible d'accroître le niveau de satisfaction des deux personnes à la fois. Une allocation est *inefficace* au sens de Pareto s'il *est* possible d'accroître le niveau de satisfaction des deux individus à la fois ; dans ce cas, nous dirons qu'une **amélioration au sens de Pareto** est possible. Dans le cas de la TV, il n'y a que deux types d'allocations intéressantes. La première est celle où il n'y a pas de télévision. Cette allocation revêt la forme simple $(w_1, w_2, 0)$; en d'autres termes, chaque individu dépense sa richesse uniquement pour sa consommation privée.

L'autre type d'allocation est celle où le bien public est fourni. Il s'agit d'une allocation de la forme $(x_1, x_2, 1)$ avec

$$x_1 = w_1 - g_1$$
$$x_2 = w_2 - g_2.$$

Ces deux équations se dégagent des contraintes budgétaires. Elles indiquent que la consommation privée de chaque individu est déterminée par la richesse qui lui reste après avoir versé sa contribution au bien public.

Quand les deux individus devraient-ils acheter une TV ? En d'autres termes, quand existe-t-il un ensemble de paiements (g_1, g_2) tel que le niveau de satisfaction des deux individus soit plus élevé en ayant la télévision et en payant leur part qu'en n'ayant pas la TV ? En langage économique : quand l'achat de la TV constitue-t-il une amélioration au sens de Pareto ?

Disposer de l'allocation $(x_1, x_2, 1)$ constitue une amélioration au sens de Pareto si le niveau de satisfaction des deux individus est plus élevé en ayant la TV qu'en ne l'ayant pas. Cela signifie que nous devons avoir les deux inégalités suivantes :

$$u_1(w_1, 0) < u_1(x_1, 1)$$
$$u_2(w_2, 0) < u_2(x_2, 1).$$

En utilisant la définition des prix de réserve r_1 et r_2 ainsi que la contrainte budgétaire, nous pouvons écrire

$$u_1(w_1 - r_1, 1) = u_1(w_1, 0) < u_1(x_1, 1) = u_1(w_1 - g_1, 1)$$
$$u_2(w_2 - r_2, 1) = u_2(w_2, 0) < u_2(x_2, 1) = u_2(w_2 - g_2, 1).$$

En regardant les membres de gauche et les membres de droite de ces inégalités et en se rappelant qu'une augmentation de la consommation privée doit nécessairement accroître le niveau d'utilité, nous pouvons conclure que

$$w_1 - r_1 < w_1 - g_1$$
$$w_2 - r_2 < w_2 - g_2.$$

Ceci implique

$$r_1 > g_1$$
$$r_2 > g_2.$$

Cette condition doit être respectée si une allocation $(w_1, w_2, 0)$ est inefficace au sens de Pareto : la contribution de chaque individu à l'achat de la TV doit être inférieure à ce qu'il est disposé à payer pour celle-ci. Si un consommateur peut acquérir un bien pour une somme inférieure au montant maximum qu'il est disposé à payer, l'acquisition est bénéfique. La condition selon laquelle le prix de réserve est supérieur à la part dans le coût d'acquisition de la TV indique simplement que nous avons une amélioration au sens de Pareto quand chaque compagnon peut acquérir les services de la télévision pour une somme inférieure au montant maximum qu'il est disposé à payer. Il s'agit clairement d'une condition nécessaire pour que l'achat de la TV soit une amélioration au sens de Pareto.

Si le montant que chaque individu est disposé à payer est supérieur à sa part dans le coût, la *somme* des montants que les deux compagnons sont disposés à payer doit être supérieure au coût de la TV :

$$r_1 + r_2 > g_1 + g_2 = c. \tag{36.1}$$

Il s'agit d'une condition *suffisante* pour que l'achat de la TV soit une amélioration au sens de Pareto. Si cette condition est respectée, il existe un ensemble de paiements tel que les deux individus ont un niveau de satisfaction plus élevé en disposant du bien public. Si $r_1 + r_2 \geqslant c$, la somme totale que les deux compagnons sont disposés à payer est au moins égale au coût d'achat de sorte qu'ils peuvent facilement trouver un ensemble de paiements (g_1, g_2) tel que $r_2 \geqslant g_2$ et $g_1 + g_2 = c$. Cette condition est tellement simple que vous pourriez vous demander pourquoi nous l'avons dérivée en examinant tous les détails. En fait, cette condition présente quelques subtilités.

Tout d'abord, il est important de noter que cette condition, qui indique quand la fourniture du bien public constitue une amélioration au sens de Pareto, ne dépend que de la *propension* à payer des deux individus et du coût total. Si la somme des prix de réserve est supérieure au coût de la télévision, il *existera* toujours un ensemble de paiements tel que le niveau de satisfaction des deux individus soit plus élevé en ayant le bien public qu'en ne l'ayant pas.

Deuxièmement, le fait que la fourniture du bien public soit efficace ou non au sens de Pareto dépend, en règle générale, de la répartition initiale de la richesse (w_1, w_2). En effet, les prix de réserve r_1 et r_2 dépendent généralement de la répartition de la richesse. Il est parfaitement possible que pour certaines répartitions, nous ayons $r_1 + r_2 > c$ et pour d'autres, $r_1 + r_2 < c$.

Pour illustrer cette dépendance, imaginez une situation où un des deux compagnons aime réellement la télévision et où l'autre est presque indifférent vis-à-vis de l'achat de la TV. Dans ce cas, si le compagnon qui aime la télévision a la totalité de la richesse, il sera disposé à payer plus que le coût de la télévision à lui tout seul. L'acquisition de la télévision sera dès lors une amélioration au sens de Pareto. Mais si c'est le compagnon indifférent qui dispose de la totalité de la richesse, l'amateur de télévision n'a pas beaucoup d'argent pour contribuer à son achat et il sera efficace au sens de Pareto de *ne pas* acquérir de télévision.

En règle générale, la répartition de la richesse détermine donc s'il convient ou non de fournir le bien public. Toutefois, dans des cas particuliers, l'offre de bien public peut être indépendante de cette répartition. Supposons, par exemple, que les préférences des deux compagnons soient quasi linéaires. Cela signifie que les fonctions d'utilité se présentent sous la forme suivante :

$$u_1(x_1, G) = x_1 + v_1(G)$$
$$u_2(x_2, G) = x_2 + v_2(G)$$

où G égale 0 ou 1 selon que le bien public est disponible ou pas. Par souci de simplicité, supposons que $v_1(0) = v_2(0) = 0$. Cela signifie que quand il n'y a pas de télévision, regarder la TV procure une utilité nulle[1].

Dans ce cas, les prix de réserve se définissent comme suit :

$$u_1(w_1 - r_1, 1) = w_1 - r_1 + v_1(1) = w_1 = u_1(w_1, 0)$$
$$u_2(w_2 - r_2, 1) = w_2 - r_2 + v_2(1) = w_2 = u_2(w_2, 0).$$

Ils sont par conséquent égaux à

$$r_1 = v_1(1)$$
$$r_2 = v_2(1).$$

Les prix de réserve sont donc indépendants de la richesse et il en est de même par conséquent de l'offre optimale du bien public, du moins pour certaines valeurs de la richesse[2].

[1] Peut-être faudrait-il associer une utilité négative au fait de regarder la télévision.

[2] Ce dernier point n'est valable en effet que pour certaines valeurs de la richesse puisque nous devons toujours avoir $r_1 \leqslant w_1$ et $r_2 \leqslant w_2$, c'est-à-dire que la propension à payer doit être inférieure à la capacité de payer.

36.2 LA FOURNITURE PRIVÉE DU BIEN PUBLIC

Nous venons de voir qu'il est efficace au sens de Pareto pour les deux compagnons d'acheter la télévision si la somme de leurs propensions à payer est supérieure au coût d'acquisition du bien public. Cela répond à la question relative à l'allocation efficace du bien, mais cela n'implique pas nécessairement que les deux compagnons décideront effectivement d'acquérir la télévision. Ils décideront ou non d'acquérir effectivement la télévision en fonction de la méthode particulière qu'ils adoptent pour prendre des décisions communes.

Si les deux compagnons coopérent et révèlent en toute sincérité la valeur qu'ils attribuent à la télévision, il ne devrait pas leur être difficile de se mettre d'accord sur le point de savoir s'ils doivent ou non acheter la télévision. Mais dans certaines circonstances, ils peuvent ne pas avoir intérêt à dire la vérité concernant la valeur qu'ils attribuent à la télévision.

Supposons, par exemple, que chaque individu attribue exactement la même valeur à la télévision et que le prix de réserve de chaque individu soit supérieur au coût, c'est-à-dire que nous ayons $r_1 > c$ et $r_2 > c$. Dans ce cas, l'individu 1 pourrait croire que s'il déclare que la TV représente à ses yeux une valeur nulle, l'autre individu va de toute façon l'acquérir. Mais la personne 2 pourrait tenir le même raisonnement ! On pourrait imaginer encore d'autres situations dans lesquelles chaque individu refuse de contribuer en espérant que l'autre manifeste son intérêt et achète seul la télévision.

Quand ce type de situation se produit, les économistes disent que les gens essaient de se comporter en **passagers clandestins** : chaque individu espère que l'autre achètera le bien public à lui seul. Puisque les deux individus ont le plein usage des services de la télévision si celle-ci est acquise, ils ont tous les deux intérêt à essayer de payer le moins possible pour obtenir la télévision.

36.3 LE PASSAGER CLANDESTIN

Le problème du passager clandestin est proche mais pas identique au dilemme du prisonnier que nous avons examiné au chapitre 28. Pour nous en rendre compte, associons des valeurs aux divers symboles utilisés dans le problème de la TV présenté ci-dessus. Supposons que chaque individu dispose d'une richesse de 500 €, que chacun attribue une valeur de 100 € à la télévision et que le coût de celle-ci soit de 150 €. Puisque la somme des valeurs attribuées à la télévision est supérieure au coût, il est efficace au sens de Pareto d'acheter la TV.

Supposons qu'il ne soit pas possible pour un des compagnons d'empêcher l'autre de regarder la télévision. Examinons la décision d'un des compagnons, par exemple le joueur A. S'il achète la TV, il reçoit un bénéfice de 100 € et paie un coût de 150 €, ce qui lui donne un bénéfice net de – 50. Toutefois, si le joueur A achète la TV, le joueur B peut

Tableau 36.1 *La matrice du jeu du passager clandestin*

		Joueur B	
		Achète	N'achète pas
Joueur A	Achète	–50 , –50	–50 , –100
	N'achète pas	100 , –50	0 , 0

la regarder gratuitement, ce qui lui donne un bénéfice de 100 €. La matrice des paiements de ce jeu est donnée au tableau 36.1.

L'équilibre de la stratégie dominante pour ce jeu est qu'aucun joueur n'achète la TV. Si le joueur A décide d'acheter la télévision, le joueur B a intérêt à se comporter en passager clandestin, c'est-à-dire à regarder la TV, mais à ne pas contribuer à son achat. Si le joueur A décide de ne pas acheter la TV, le joueur B a également intérêt à ne pas l'acheter. C'est semblable au dilemme des prisonniers, mais pas totalement identique. Dans le dilemme des prisonniers, la stratégie qui maximise la somme des utilités des deux joueurs consiste pour chacun d'eux à faire le même choix. Ici, la stratégie qui maximise la somme des utilités est qu'un des deux joueurs achète la TV (et que les deux la regardent).

Si le joueur A achète la télévision et que les deux joueurs la regardent, nous pouvons définir une amélioration au sens de Pareto simplement en envisageant que le joueur B donne au joueur A un « paiement latéral ». Par exemple, si le joueur B donne 51 € au joueur A, les deux joueurs auront un niveau de satisfaction plus élevé si A achète la TV. De façon plus générale, tout paiement compris entre 50 et 100 € engendrera une amélioration au sens de Pareto dans l'exemple que nous considérons ici.

En fait, c'est probablement ce qui se passera en réalité : chaque joueur contribuera pour une certaine part au coût de la TV. Ce problème de bien public est relativement facile à résoudre, mais des problèmes plus compliqués de passagers clandestins peuvent apparaître quand il s'agit de partager d'autres biens publics dans un ménage. Pensons par exemple au nettoyage du living. Tous les membres du ménage souhaitent vraisemblablement que le living soit propre et chacun peut être disposé à faire sa part du travail, mais chaque individu peut également être tenté de se comporter en passager clandestin de sorte que finalement personne ne nettoie avec comme conséquence un living en désordre.

La situation devient plus grave encore s'il y a plus de deux individus puisqu'il y a dans ce cas davantage d'individus par rapport auxquels on peut se comporter en passager clandestin ! Laisser l'autre travailler peut être optimal d'un point du vue *individuel*, mais c'est inefficace au sens de Pareto du point de vue de l'ensemble de la société.

36.4 DIFFÉRENTES QUANTITÉS DU BIEN PUBLIC

Dans l'exemple précédent, nous avons envisagé un choix qui se présentait sous la forme d'une alternative : acheter la télévision ou ne pas l'acheter. Mais le même type de phénomène se produit quand le choix porte sur la *quantité* de bien public qu'il convient de fournir. Supposons par exemple que les deux compagnons doivent choisir la somme qu'ils dépensent pour la télévision. S'ils décident de dépenser plus, ils peuvent obtenir une télévision de meilleure qualité.

Comme précédemment, x_1 et x_2 mesurent la consommation privée des deux individus et g_1 et g_2, leurs contributions à la télévision. Mais G mesure maintenant la « qualité » de la télévision qu'ils achètent et la fonction de coût pour la qualité est représentée par $c(G)$. Cette fonction signifie que si les deux compagnons désirent acheter une télévision de qualité G, ils doivent dépenser $c(G)$ euros.

Les deux compagnons sont soumis à la contrainte suivante : la somme totale qu'ils dépensent pour leur consommation publique et privée doit être égale au montant total dont ils disposent, soit en utilisant les symboles,

$$x_1 + x_2 + c(G) = w_1 + w_2.$$

Une allocation efficace au sens de Pareto est une allocation où le consommateur 1 a le niveau d'utilité le plus élevé possible, compte tenu d'un niveau donné d'utilité pour le consommateur 2. Si nous fixons le niveau d'utilité du consommateur 2 égal à $\bar{u}_2$, nous pouvons écrire ce problème comme suit :

$$\max_{x_1,\, x_2,\, G} u_1(x_1, G)$$

$$\text{s. c. } u_2(x_2, G) = \bar{u}_2$$

$$x_1 + x_2 + c(G) = w_1 + w_2.$$

La condition d'optimalité de ce problème est que la somme des taux marginaux de substitution des deux consommateurs entre le bien privé et le bien public doit être égale au coût marginal de production d'une unité supplémentaire du bien public :

$$|\mathrm{TmS}_1| + |\mathrm{TmS}_2| = Cm(G)$$

ou en utilisant la définition des taux marginaux de substitution,

$$\left|\frac{\Delta x_1}{\Delta G}\right| + \left|\frac{\Delta x_2}{\Delta G}\right| = \frac{Um_G}{Um_{x_1}} + \frac{Um_G}{Um_{x_2}} = Cm(G).$$

Pour vérifier qu'il s'agit bien là de la condition correcte d'efficacité, appliquons le truc habituel et réfléchissons à ce qui se passerait si cette condition n'était pas respectée. Supposons par exemple que la somme des taux marginaux de substitution soit inférieure au coût marginal ; par exemple : $Cm = 1$, $|TmS_1| = 1/4$ et $|TmS_2| = 1/2$. Nous devons montrer qu'il est possible d'accroître le niveau de satisfaction des deux individus.

Compte tenu de son taux marginal de substitution, nous savons que l'individu 1 serait disposé à accepter 1/4 d'euro supplémentaire de bien privé en compensation de la perte de 1 euro de bien public (puisque les deux biens coûtent 1 euro par unité). De même, l'individu 2 accepterait 1/2 euro supplémentaire de bien privé en compensation d'une diminution de 1 euro du bien public. Supposons que nous réduisions la quantité du bien public et que nous offrions les compensations nécessaires aux deux individus. Quand nous réduisons le bien public d'une unité, nous économisons 1 euro. Après avoir payé aux deux individus les sommes qu'ils demandent pour accepter ce changement ($3/4 = 1/4 + 1/2$), il nous reste 1/4 d'euro. Cette somme pourrait être divisée entre les deux individus, ce qui augmenterait leur niveau de satisfaction.

De même, si la somme des taux marginaux de substitution était supérieure à 1, nous pourrions accroître le niveau de satisfaction des deux individus en augmentant la quantité du bien public. Supposons par exemple que $|TmS_1| = 2/3$ et $|TmS_2| = 1/2$. Cela signifie que l'individu 1 renoncerait à 2/3 d'euro de consommation privée pour obtenir une unité supplémentaire de bien public et que l'individu 2 renoncerait à 1/2 euro de consommation privée pour avoir une unité additionnelle de bien public. Mais si l'individu 1 renonçait à 2/3 d'unité et l'individu 2 à une 1/2 unité, nous obtiendrions plus que ce qui est nécessaire pour produire une unité supplémentaire du bien public puisque le coût marginal de production de celui-ci est égal à 1. Nous pourrions dès lors redistribuer la somme qui reste aux deux individus, ce qui augmenterait de nouveau leur niveau de satisfaction.

Que signifie la condition d'efficacité au sens de Pareto ? Pour interpréter cette condition, nous pouvons partir de l'idée que le taux marginal de substitution mesure la propension *marginale* à payer pour une unité supplémentaire du bien public. Dans ce cas, la condition d'efficacité précise simplement que la *somme* des propensions marginales à payer doit être égale au coût marginal de production d'une unité supplémentaire du bien public.

Dans le cas d'un bien discret qui peut être fourni ou non, nous avons dit que la condition d'efficacité est que la somme des propensions à payer doit être supérieure ou égale au coût. Dans le cas que nous considérons ici, c'est-à-dire quand nous pouvons avoir différentes quantités du bien public, la condition d'efficacité est que la somme des propensions *marginales* à payer doit être *égale* au coût marginal au niveau de la quantité optimale du bien public. En effet, si la somme des propensions marginales à payer pour le bien public est supérieure au coût marginal, il convient de fournir davantage du bien public.

Il est intéressant de comparer la condition d'efficacité pour un bien public à la condition d'efficacité pour un bien privé. Pour un bien privé, le taux marginal de substitution de chaque individu doit être égal au coût marginal ; pour un bien public, la *somme* des taux marginaux de substitution doit être égale au coût marginal. Dans le cas d'un bien privé, chaque individu peut consommer une quantité différente du bien, mais ils doivent tous l'évaluer à la marge de la même façon ; s'il en était autrement, les individus désireraient procéder à certains échanges. Dans le cas d'un bien public, tous les individus

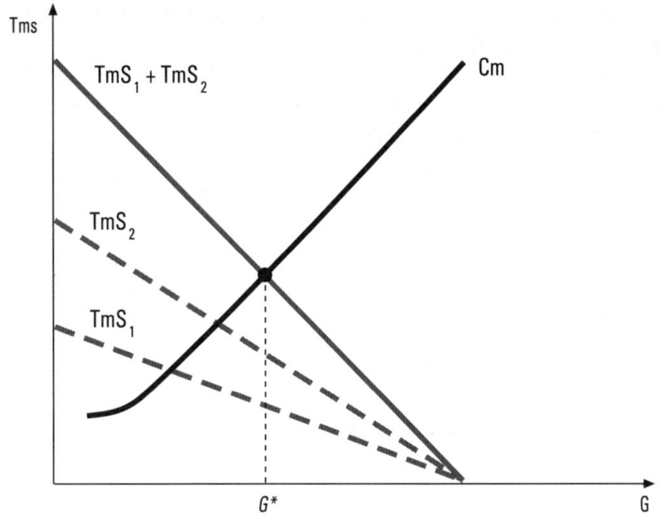

Figure 36.1 ***La détermination de la quantité efficace d'un bien public.***

La somme des taux marginaux de substitution doit être égale au coût marginal.

doivent consommer la même quantité du bien, mais ils peuvent l'évaluer de façon différente à la marge.

La figure 36.1 illustre la condition d'efficacité pour un bien public. Nous avons simplement tracé la courbe TmS de chaque individu et nous les avons additionnées verticalement pour obtenir la somme des courbes TmS. L'allocation efficace du bien public correspond au point où la somme des TmS est égale au coût marginal, comme indiqué sur la figure.

36.5 LES PRÉFÉRENCES QUASI LINÉAIRES ET LES BIENS PUBLICS

En règle générale, la quantité optimale du bien public sera différente si nous considérons des allocations différentes du bien privé. Mais si les consommateurs ont des préférences quasi linéaires, l'offre du bien public sera identique quelle que soit l'allocation efficace envisagée. Pour vérifier ce résultat de la façon la plus simple possible, réfléchissons au type de fonction d'utilité qui représente les préférences quasi linéaires.

Comme nous l'avons vu au chapitre 4, les préférences quasi linéaires sont représentées par une fonction d'utilité de la forme $u_i(x_i, G) = x_i + v_i(G)$. Cela implique que l'utilité marginale du bien privé est toujours égale à 1 et que par conséquent le taux marginal de substitution entre le bien privé et le bien public, c'est-à-dire le rapport des utilités marginales, ne dépend que de G. Plus précisément, nous avons

$$|\mathrm{TmS}_1| = \frac{\Delta u_1(x_1, G)/\Delta G}{\Delta u_1/\Delta x_1} = \frac{\Delta v_1(G)}{\Delta G}$$

$$|\mathrm{TmS}_2| = \frac{\Delta u_2(x_2, G)/\Delta G}{\Delta u_2/\Delta x_2} = \frac{\Delta v_2(G)}{\Delta G}.$$

Nous savons déjà que la quantité de bien public efficace au sens de Pareto doit respecter la condition suivante :

$$|\mathrm{TmS}_1| + |\mathrm{TmS}_2| = Cm(G).$$

En utilisant les expressions particulières des TmS correspondant aux préférences quasi linéaires, nous pouvons écrire cette condition comme suit :

$$\frac{\Delta v_1(G)}{\Delta G} + \frac{\Delta v_2(G)}{\Delta G} = Cm(G).$$

Remarquons que cette équation détermine G sans faire référence à x_1 ou x_2. Il n'existe donc qu'une seule offre efficace du bien public.

Alternativement, nous pouvons établir ce résultat en examinant le comportement des courbes d'indifférence. Dans le cas des préférences quasi linéaires, toutes les courbes d'indifférence sont simplement des translations les unes des autres. Cela signifie en particulier que la pente des courbes d'indifférence, c'est-à-dire le taux marginal de substitution, ne varie pas quand nous modifions la quantité du bien privé. Supposons que nous trouvions une allocation efficace des biens public et privé telle que la somme des valeurs absolues des TmS soit égale à $Cm(G)$. Si nous retirons maintenant une certaine quantité du bien privé à un individu pour la donner à l'autre, les pentes des deux courbes d'indifférence restent inchangées de sorte que la somme des valeurs absolues des TmS reste égale à $Cm(G)$. Nous avons donc une autre allocation efficace au sens de Pareto.

Dans le cas des préférences quasi linéaires, nous obtenons toutes les allocations efficaces au sens de Pareto en procédant simplement à une redistribution du bien privé. La quantité du bien public reste fixée à son niveau efficace.

Exemple : Un réexamen du problème de la pollution

Rappelons-nous l'exemple de l'usine sidérurgique et de l'entreprise de pêche analysé au chapitre 34. Nous avons montré dans ce chapitre que la production efficace de pollution internalisait les coûts de pollution supportés par l'usine sidérurgique et l'entreprise de pêche. Supposons maintenant qu'il y ait deux entreprises de pêche et que la quantité de pollution produite par l'usine sidérurgique soit un bien public. (Ou plus exactement un bien public indésirable !)

Le niveau efficace de pollution implique désormais la maximisation de la somme des profits des trois entreprises, c'est-à-dire la minimisation du coût social total de la pollution. Soit $c_s(s, x)$, le coût de production de l'entreprise sidérurgique pour s unités d'acier et x unités de pollution, $c_f^1(f_1, x)$, le coût que représente pour la firme 1 la prise de f_1 poissons quand le niveau de pollution est x et $c_f^2(f_2, x)$, l'expression analogue pour l'entreprise 2. Pour calculer le niveau de pollution efficace au sens de Pareto, nous maximisons donc la somme des profits des trois entreprises :

$$\max_{s,f_1,f_2,x} p_s s + p_f f_1 + p_f f_2 - c_s(s,x) - c_f^1(f_1,x) - c_f^2(f_2,x).$$

L'effet intéressant dans le cadre de notre analyse est celui d'une augmentation de la pollution sur les profits agrégés. Une augmentation de la pollution diminue le coût de production de l'acier mais augmente le coût de production du poisson pour les deux entreprises de pêche. La condition d'optimalité pour ce problème de maximisation du profit est dès lors

$$\frac{\Delta c_s(\hat{s},\hat{x})}{\Delta x} + \frac{\Delta c_f^1(\widehat{f}_1,\hat{x})}{\Delta x} + \frac{\Delta c_f^2(\widehat{f}_2,\hat{x})}{\Delta x} = 0.$$

Cette condition indique simplement que la *somme* des coûts marginaux de la pollution pour les trois entreprises doit être égale à zéro. Exactement comme dans le cas d'un bien public de consommation, c'est la *somme* des bénéfices marginaux ou des coûts marginaux sur l'ensemble des agents économiques qui est pertinente pour déterminer la production efficace au sens de Pareto d'un bien public.

36.6 LE PROBLÈME DU PASSAGER CLANDESTIN

Maintenant que nous savons quelles sont les allocations de biens publics efficaces au sens de Pareto, nous pouvons nous demander comment les atteindre. Dans le cas de biens privés et en l'absence d'externalités, nous avons vu que le système de marché engendrait une allocation efficace. Dans le cas de biens publics, le système de marché va-t-il également fonctionner ?

Imaginons que chaque individu dispose d'une certaine dotation w_i d'un bien privé. Chaque individu peut dépenser une partie de ce bien privé pour sa consommation privée personnelle ou contribuer partiellement à l'achat du bien public. Représentons par x_1, la consommation privée de l'individu 1 et par g_1, la quantité de bien public qu'il achète ; nous utilisons une notation similaire pour l'individu 2. Supposons pour notre facilité que $c(G) \equiv G$; le coût marginal de production d'une unité du bien public est donc constant et égal à l'unité. L'offre totale du bien public est égale à $G = g_1 + g_2$. Puisque chaque individu se préoccupe de la quantité totale du bien public, la fonction d'utilité de l'individu i a la forme $u_i(x_i, g_1 + g_2) = u_i(x_i, G)$.

Pour déterminer l'importance de sa contribution au bien public, l'individu 1 doit anticiper quelle sera la contribution de l'individu 2. La façon la plus simple de traiter ce problème est d'adopter le modèle d'équilibre de Nash décrit au chapitre 28 et de supposer que l'individu 2 contribuera pour une somme donnée $\overline{g}_2$. Nous supposons que l'individu 2 anticipe également ce que sera la contribution de l'individu 1 et nous recherchons un équilibre tel que chaque individu effectue une contribution optimale compte tenu du comportement de l'autre.

Le problème de maximisation de l'individu 1 se présente dès lors sous la forme suivante :

$$\max_{x_1, g_1} u_1(x_1, g_1 + \overline{g}_2)$$
$$\text{s.c. } x_1 + g_1 = w_1.$$

Ce problème est semblable au problème classique de maximisation du consommateur. La condition d'optimisation est par conséquent la même : si les deux individus achètent des quantités positives des deux biens, le taux marginal de substitution entre les biens public et privé doit être égal à l'unité pour chaque consommateur :

$$|\text{TmS}_1| = 1$$
$$|\text{TmS}_2| = 1.$$

Nous devons toutefois être prudents à ce stade. Il est exact que si l'individu 2 achète une certaine quantité du bien public, il en achètera jusqu'à ce que le taux marginal de substitution soit égal à l'unité. Mais il peut décider que la quantité déjà fournie par l'individu 1 est suffisante et que par conséquent il n'a pas besoin de contribuer d'une quelconque façon au bien public.

D'un point de vue formel, nous supposons que les individus ne peuvent faire que des contributions positives au bien public, c'est-à-dire qu'ils peuvent mettre de l'argent sur le plateau, mais qu'ils ne peuvent pas en prendre. Les contributions des deux individus sont donc soumises à une contrainte supplémentaire : $g_1 \geqslant 0$ et $g_2 \geqslant 0$. Chaque individu peut décider uniquement s'il désire ou non *accroître* la quantité du bien public. Mais dans ces conditions, un individu peut très bien décider que la quantité fournie par l'autre convient parfaitement et que par conséquent, il préfère ne verser personnellement aucune contribution.

La figure 36.2 illustre cette situation. Nous y avons représenté la consommation privée des deux individus sur l'axe horizontal et leur consommation publique sur l'axe vertical. La « dotation » de chaque individu est composée de sa richesse w_i et de la quantité de bien public financée par l'*autre* individu (puisqu'il s'agit de la quantité de bien public disponible si l'individu en question décide de ne pas y contribuer). La figure 36.2A présente une situation où seul l'individu 1 contribue au bien public ; par conséquent, $g_1 = G$. Si l'individu 1 contribue pour G unités au bien public, la dotation de l'individu 2 est composée de sa richesse privée w_2 et de la quantité G de bien public, puisqu'il peut consommer le bien public qu'il y contribue ou pas. L'individu 2 ne peut pas réduire la quantité de bien public ; il ne peut que l'accroître. Sa contrainte budgétaire correspond par conséquent à la figure 36.2B à la droite en trait épais. Compte tenu de la forme de ses courbes d'indifférence, il est optimal de son point de vue de se comporter en passager

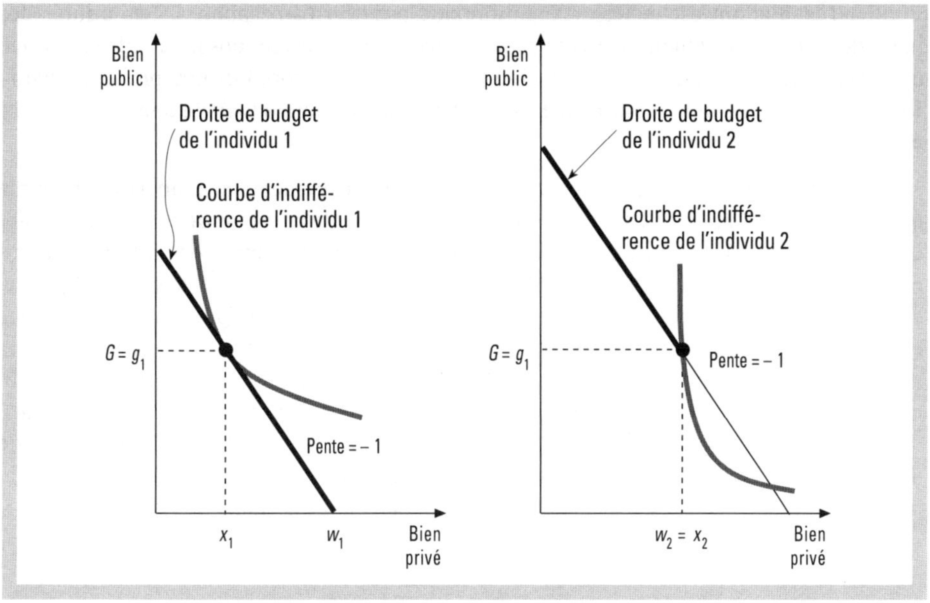

Figure 36.2 ***Le problème du passager clandestin.***

L'individu 1 contribue au bien public alors que l'individu 2 se comporte en passager clandestin.

clandestin en profitant de la contribution de l'individu 1 et en consommant simplement sa dotation, comme illustré sur la figure.

Il s'agit d'un exemple dans lequel l'individu 2 est passager clandestin et profite de la contribution de l'individu 1 au bien public. Puisqu'un bien public est un bien que tout le monde doit consommer en quantité identique, la fourniture d'un bien public par un individu tend à réduire ce que les autres individus fournissent. En règle générale, l'offre de bien public dans un équilibre volontaire sera dès lors inférieure à l'offre efficace.

36.7 COMPARAISON AVEC LES BIENS PRIVÉS

Quand nous avons étudié les biens privés, nous avons pu montrer qu'un système social particulier, à savoir le système de marché concurrentiel, permettait de réaliser une allocation des biens privés efficace au sens de Pareto. Chaque consommateur décide personnellement de la quantité qu'il achète des divers biens et cela engendre une structure de la consommation efficace au sens de Pareto. Une hypothèse fondamentale de cette analyse est que la consommation d'un individu n'influence pas l'utilité des autres personnes, c'est-à-dire qu'il n'y a pas d'externalités de consommation. Dans ce cas, le fait que chaque individu choisisse sa consommation personnelle optimale suffit pour réaliser un type d'optimum social.

La situation est radicalement différente pour les biens publics. Les utilités des individus sont inexorablement liées les unes aux autres puisque tout le monde est obligé de consommer la même quantité de bien public. Il est dès lors fort peu probable que la fourniture de biens *publics* par l'intermédiaire du marché corresponde à une quantité efficace au sens de Pareto.

En fait, on utilise généralement d'*autres* types de systèmes sociaux pour choisir la quantité des biens publics. On utilise parfois un **système de commandement**, c'est-à-dire qu'une personne ou un petit groupe de personnes choisit la quantité des différents biens publics fournis à la population. À d'autres moments, on utilise le **système de vote**, c'est-à-dire que les individus votent sur la fourniture des biens publics. Nous pouvons en fait nous poser les mêmes questions en ce qui concerne le système de vote ou d'autres systèmes sociaux de prise de décision, que celles que nous nous sommes posées en ce qui concerne le marché privé : ces systèmes permettent-ils de réaliser une allocation efficace des biens publics ? Toute allocation efficace de biens publics peut-elle être réalisée à l'aide de tels systèmes ? Une analyse complète de ces questions sort du champ de cet ouvrage, mais nous allons préciser quelque peu le fonctionnement de certains de ces systèmes.

36.8 LE SYSTÈME DE VOTE

La fourniture privée d'un bien public ne marche pas très bien, mais il y a plusieurs autres systèmes pour réaliser des choix sociaux. Un des systèmes les plus fréquents dans les pays démocratiques est le **système de vote**. Examinons comment ce système fonctionne en ce qui concerne la fourniture de biens publics.

Le système de vote n'est pas très intéressant dans le cas de deux consommateurs ; nous allons par conséquent supposer qu'il y a n consommateurs. En outre, afin de ne pas être embêtés par des situations d'ex-aequo, nous supposerons que n est un nombre impair. Imaginons que les consommateurs votent sur la taille d'un bien public quelconque, par exemple sur l'importance des dépenses de défense nationale. Chaque consommateur préfère un certain niveau de dépenses et son évaluation des autres niveaux de dépenses dépend de l'écart entre ces niveaux et celui qu'il préfère.

Le premier problème que pose le système de vote en tant que système de prise de décisions sociales, a déjà été examiné au chapitre 33. Considérons trois niveaux de dépenses : A, B et C. Il est parfaitement possible qu'il y ait une majorité de consommateurs qui préfère A à B, une majorité qui préfère B à C... et une majorité qui préfère C à A !

En utilisant la terminologie du chapitre 33, les préférences sociales dégagées par ces consommateurs ne sont pas transitives. Cela implique que le résultat du vote sur la quantité du bien public peut ne pas être bien défini, c'est-à-dire qu'un niveau donné de dépenses est toujours battu par un autre niveau. Si une société peut voter plusieurs fois sur une même question, il peut y avoir des « cycles » entre les divers choix. Si par contre une société ne vote qu'une seule fois sur une question, le résultat dépend de l'ordre de présentation des choix.

Si vous votez tout d'abord sur A et B, puis ensuite sur A et C, c'est C qui sera choisi. Si par contre vous votez sur C et A et ensuite sur C et B, c'est B qui l'emportera. Vous pouvez obtenir n'importe lequel des trois résultats en choisissant la façon dont les alternatives sont présentées !

Ce « paradoxe des votes » est troublant. On est naturellement amené à se demander quelles restrictions on devrait imposer sur les préférences pour éliminer ce paradoxe ; en d'autres termes, quelle forme les préférences devraient-elles avoir pour garantir que le type de cycles que nous venons de décrire ne puisse pas se produire ?

Représentons graphiquement les préférences d'un consommateur *i* comme à la figure 36.3 ; la hauteur des graphiques indique la valeur ou l'utilité nette des différents niveaux de dépenses relatives au bien public. Le terme « utilité nette » convient parfaitement puisque chaque individu se préoccupe à la fois de la quantité du bien public et de la somme qu'il doit verser en guise de contribution. Des niveaux de dépenses plus élevés impliquent davantage de biens publics, mais aussi des taxes plus élevées pour les financer. On peut donc raisonnablement admettre que l'utilité nette des dépenses relatives au bien public augmente dans un premier temps du fait des avantages que présente ce bien, mais qu'ensuite elle finit par diminuer à cause des coûts que représente la fourniture de ce bien public.

On peut imposer comme restriction, à ce type de préférences le fait qu'elles soient **unimodales**. Cela signifie que les préférences doivent avoir la forme présentée à la figure 36.3A plutôt que celle de la figure 36.3B. Avec des préférences unimodales, l'utilité nette des différents niveaux de dépenses augmente jusqu'à atteindre le niveau préféré et ensuite elle diminue ; elle n'augmente pas pour ensuite diminuer et à nouveau augmenter, comme à la figure 36.3B.

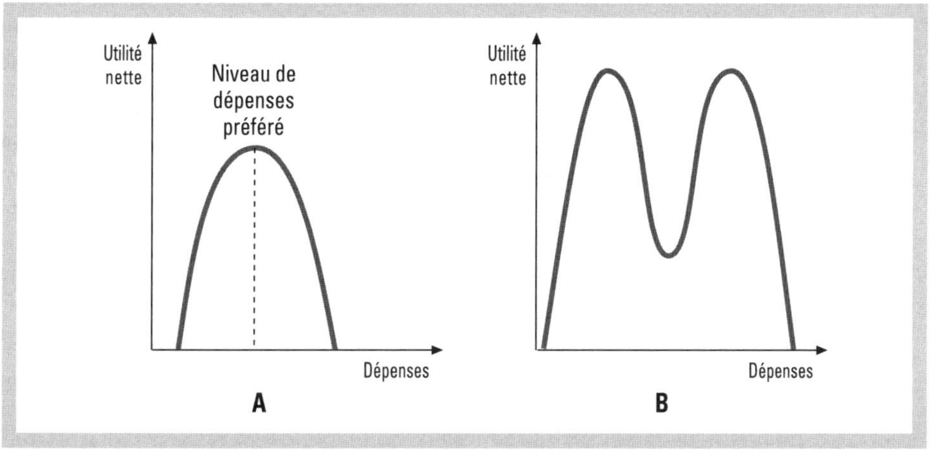

Figure 36.3 ***Formes des préférences.***

La partie A représente des préférences unimodales alors que la partie B représente des préférences multimodales.

Si tous les individus ont des préférences unimodales, on peut démontrer que les préférences sociales révélées par un vote à la majorité ne présenteront jamais le type de non transitivité que nous avons décrit antérieurement. En acceptant ce résultat à ce stade de l'analyse, nous pouvons nous demander quel sera le niveau de dépenses choisi si tous les individus ont des préférences unimodales. La réponse est en fait la **dépense médiane**, c'est-à-dire la dépense qui correspond à une situation où la moitié de la population désire dépenser plus et l'autre moitié désire dépenser moins. Ce résultat est assez intuitif : si plus de la moitié des individus désiraient dépenser davantage pour le bien public, ils voteraient en faveur d'une augmentation des dépenses. La seule solution d'équilibre possible est par conséquent une situation où il y a égalité entre le nombre de votes en faveur d'une augmentation des dépenses et le nombre de votes en faveur d'une diminution.

Cette solution correspondra-t-elle à une quantité efficace du bien public ? En règle générale, la réponse est négative. La solution médiane implique simplement que la moitié de la population désire davantage du bien public et l'autre moitié moins ; elle ne tient pas compte de l'*ampleur de l'augmentation* du bien public souhaitée par les individus. Or l'efficacité prend en compte ce type d'information. Par conséquent, le vote ne conduira pas en général à une solution efficace.

En outre, même si les véritables préférences des individus sont unimodales et que par conséquent, le vote peut conduire à une solution réaliste, les individus peuvent décider de cacher leurs véritables préférences quand ils votent. Ils peuvent avoir intérêt à exprimer des votes différents de ceux correspondant à leurs véritables préférences, afin de manipuler le résultat final.

Exemple : La manipulation de l'ordre du jour

Nous avons vu que le résultat d'une séquence de votes peut dépendre de l'ordre dans lequel les votes sont réalisés. Les politiciens expérimentés sont bien au courant de cette possibilité. Au Congrès des États-Unis, les amendements à une loi doivent être votés avant la loi elle-même et les parlementaires utilisent fréquemment cette règle pour influencer le processus législatif.

En 1956, la Chambre des Députés fut saisie d'une proposition de loi prévoyant une aide fédérale à la construction d'écoles. Un député proposa un amendement stipulant que cette aide fédérale serait réservée aux États où les écoles étaient intégrées (c'est-à-dire avec une population scolaire de groupes ethniques différents). Il y avait trois groupes de députés d'importance plus ou moins identique avec des opinions bien tranchées sur cette question :

- Les Républicains : ils étaient opposés à une aide fédérale à l'éducation, mais préféraient la loi amendée à l'originale. Leur ordre de préférence pour les trois alternatives était : pas de loi, la loi amendée et la proposition initiale.
- Les Démocrates du Nord : ceux-ci souhaitaient une aide fédérale à l'éducation et étaient favorables à des écoles intégrées de sorte qu'ils classaient les alternatives comme suit : loi amendée, proposition initiale et pas de loi.

- Les Démocrates du Sud : ce groupe souhaitait une aide fédérale à l'éducation, mais n'aurait obtenu aucune aide sur base de la loi amendée du fait de la ségrégation existant dans les écoles dans le sud des États-Unis. Leur classement était : la proposition initiale, pas de loi et la loi amendée.

Lors du vote de l'amendement, les Républicains et les Démocrates du Nord formèrent la majorité et remplacèrent la proposition initiale par la proposition amendée. Lors du vote sur la proposition amendée, les Républicains et les Démocrates du Sud obtinrent la majorité et la proposition amendée fut rejetée, alors qu'avant d'être amendée, la proposition initiale bénéficiait d'une majorité des votes !

36.9 LE MÉCANISME DE VICKREY-CLARKE-GROVES

Considérons le problème du bien public dans un cadre très général. L'objectif est de choisir un résultat (par exemple, fournir ou non un éclairage public) de façon à maximiser la somme des utilités des agents impliqués. La difficulté consiste à déterminer quelles sont les fonctions d'utilité individuelles parce que les individus peuvent ne pas être incités à révéler leurs vraies valeurs.

Dans le cas le plus simple, le choix peut être binaire : si $x = 1$, l'éclairage public est fourni ; si $x = 0$, il ne l'est pas. Dans un cas plus général, le choix peut porter sur la quantité de bien fourni : quel volume d'éclairage public, quelle luminosité, où est-il installé, etc. Nous représenterons par x les différents choix possibles et nous supposerons qu'il y a n agents avec $U_i(x)$, l'utilité de l'agent i. L'objectif est de choisir x pour maximiser la somme des utilités des agents $\sum_i U_i(x)$.

Ce serait très facile si les décideurs connaissaient les fonctions d'utilité. Malheureusement, dans le monde réel, ce n'est pas le cas. Et comme nous l'avons vu, les agents peuvent être incités à cacher leur véritable fonction d'utilité.

De façon assez surprenante, il existe une façon intelligente d'amener les agents à dire la vérité et d'obtenir ainsi un résultat efficace. Ce **mécanisme économique** est appelé le **mécanisme de Vickrey-Clarke-Groves**.

Le mécanisme de Groves

Nous présenterons le mécanisme de Vickrey-Clarke-Groves en deux temps. Dans un premier temps, nous présenterons ce qui est appelé le **mécanisme de Groves**.

1. Le centre demande à chaque agent de déclarer combien il est prêt à payer pour avoir x unités de bien public fourni. Nous notons l'utilité déclarée pour x unités de bien public $\tau_i(x)$.
2. Le centre choisit le niveau de bien public x^* qui maximise la somme des utilités déclarées $R = \sum_{i=1}^{n} \tau_i(x)$.

3. Chaque agent i reçoit un paiement complémentaire qui est la somme des utilités déclarées par tous les autres agents, évaluées au niveau x déterminé à l'étape 2.

Représentons ce paiement par $R_i = \sum_{j=i} \tau_j(x^*)$.

Il s'avère qu'avec ce mécanisme, révéler sa vraie fonction d'utilité est une stratégie dominante pour chaque agent. Pour le démontrer, considérons le résultat total pour l'agent i, c'est-à-dire son utilité plus le paiement :

$$U_i(x) + \sum_{j \neq i} \tau_j(x).$$

Notons que l'agent i tient compte de sa vraie fonction d'utilité mais que son paiement dépend de la somme des fonctions d'utilité déclarées par les autres agents. L'agent i prendra en compte le fait que le décideur maximise la somme des utilités sur base des utilités déclarées :

$$\tau_i(x) + \sum_{j \neq i} \tau_j(x).$$

Toutefois, l'agent i souhaite que le décideur maximise sa vraie fonction d'utilité plus le paiement :

$$U_i(x) + \sum_{j \neq i} \tau_j(x).$$

L'agent i peut s'assurer que le décideur prendra la décision qui maximise cette expression en déclarant sa vraie utilité, c'est-à-dire :

$$\tau_i(x) = U_i(x).$$

Le mécanisme de Groves internalise en fait l'externalité entre les agents. Il fait en sorte que chaque agent soit confronté aux coûts et bénéfices que sa déclaration implique pour les autres agents. Chaque agent désire déclarer sa vraie utilité puisque c'est ce qu'il souhaite maximiser.

Le mécanisme de Vickrey-Clarke-Groves

Le problème du mécanisme de Groves est qu'il peut s'avérer très coûteux : le centre doit payer à chaque agent un montant égal à la somme des utilités déclarées par les autres agents. Comment réduire l'ampleur des paiements complémentaires ?

Une observation importante est que nous pouvons lever une « taxe » sur chaque agent tant que cette taxe est indépendante du choix de l'agent. Si la taxe est indépendante du choix de i, elle n'influencera pas sa décision (c'est ici que l'hypothèse des préférences quasi-linéaires est importante). Nous choisirons une taxe qui garantit que les paiements nets reçus par le centre sont positifs ou nuls. Le centre aura ainsi toujours assez d'argent pour financer les biens publics.

Une taxe qui pourrait bien convenir consisterait à prélever sur chaque agent i un montant égal à la somme maximale des utilités déclarées par tous les agents, sauf i.

C'est-à-dire que nous prélevons sur chaque agent i la somme des utilités déclarées dans l'hypothèse où il ne serait pas là. La taxe nette prélevée sur l'agent i est dès lors :

$$W_i - R_i = \sum_{j \neq i} \tau_j(x) - \max_z \sum_{j \neq i} \tau_j(z).$$

Ce nombre est positif ou nul parce que la somme maximale des utilités déclarées doit être supérieure à n'importe quelle autre valeur de cette somme.

Ici, nous calculons la différence entre ce qui se passerait si l'agent était présent et ce qui se passerait s'il n'était pas présent. C'est la mesure du coût net que l'agent i impose aux autres agents. Quand l'agent i est confronté au coût qu'il impose aux autres agents, il est incité à déclarer sa véritable utilité.

Nous pouvons maintenant donner une présentation complète du mécanisme de Vickrey-Clarke-Groves. Nous réutilisons les étapes 1 et 2 précédemment exposées mais nous remplaçons l'étape 3 par les deux étapes suivantes :

3. Le centre calcule le résultat qui maximise la somme des utilités déclarées par les $n - 1$ agents dans l'hypothèse où l'agent i ($i = 1, 2, \ldots, n$) n'est pas présent. Soit W_i la somme maximale des utilités déclarées en l'absence de l'agent i.
4. Chaque agent i paie une taxe égale à $W_i - R_i$.

36.10 EXEMPLES DE MÉCANISME DE VICKREY-CLARKE-GROVES

La présentation dans la section précédente était très abstraite. Il est dès lors utile d'examiner quelques cas spécifiques.

Les enchères de Vickrey

Considérons le cas des **enchères de Vickrey** présentées au chapitre 17. Le résultat à déterminer est simple : quelle personne recevra le bien mis aux enchères ? Soit v_1 et v_2, avec $v_1 > v_2$, les véritables valeurs des deux offreurs et τ_1 et τ_2, avec $\tau_1 > \tau_2$, les valeurs déclarées.

Si l'agent 1 est présent, il reçoit une utilité v_1. S'il est absent, l'objet est attribué à l'autre agent, de sorte que le résultat total pour l'agent i est $v_1 - \tau_2$. L'agent 2 a un résultat nul, peu importe ce qui se passe.

Chaque agent est incité à déclarer sa véritable valeur, de sorte que nous obtenons finalement le résultat optimal.

Le mécanisme de Clarke-Groves

Le cas suivant est un problème de bien public qui s'inspire du jeu relatif à l'achat d'un téléviseur présenté au tableau 36.1. Comme dans cet exemple, supposons qu'il y ait deux compagnons de chambre qui essaient de décider s'ils achètent un téléviseur. Soit C_i le montant que l'agent i paiera si le téléviseur est acheté. Si le prix du téléviseur est de 150 €, nous devons avoir $C_1 + C_2 = 150$.

Selon le mécanisme de Vickrey-Clarke-Groves, chaque agent déclare une valeur pour le téléviseur, représenté par τ_i. Si $\tau_1 + \tau_2 > 150$, le téléviseur est acheté et les agents paient selon le mécanisme.

Soit $x = 1$ si le téléviseur est acheté et $x = 0$ dans le cas contraire.

Avant d'examiner le mécanisme de Vickrey-Clarke-Groves, pensons à ce qui se passerait si nous adoptions un mécanisme naïf : demander à chaque agent de déclarer sa valeur et acheter un téléviseur si la somme des valeurs déclarées est supérieure au prix du téléviseur.

Supposons que la valeur de la personne 1 dépasse sa part dans le coût $v_1 - C_1 > 0$. La personne 1 pourrait très bien déclarer un million d'euros. Elle pourra ainsi s'assurer que le téléviseur sera acheté, ce qu'elle souhaite. Par contre si $v_1 < C_1$, la personne 1 pourrait déclarer une valeur négative d'un million d'euros. Le problème est que chaque personne, agissant indépendamment, n'a aucune raison de prendre en compte la valeur des autres agents. Les agents sont fortement incités à sous-estimer ou à surévaluer les valeurs déclarées.

Regardons maintenant comment le mécanisme de Vickrey-Clarke-Groves résout le problème. Le résultat pour l'agent 1 est :

$$(v_1 - C_1)x + (\tau_2 - C_2)x - \max(\tau_2 - C_2)y.$$

Le premier terme est l'utilité nette du téléviseur pour l'individu 1 : la valeur du téléviseur moins le prix qu'il doit payer. Le deuxième terme est l'utilité déclarée nette de son compagnon de chambre. Le dernier terme est l'utilité maximale que son compagnon retirerait si l'agent 1 n'était pas présent. Puisque l'agent 1 ne peut pas influencer ce terme, ignorons-le pour l'instant.

En réarrangeant les deux premiers termes, nous obtenons le résultat suivant pour l'agent 1 :

$$[v_1 + \tau_2 - (C_1 + C_2)]x.$$

Si cette expression est positive, l'agent 1 peut s'assurer que le téléviseur sera acheté en déclarant $\tau_1 = v_1$ puisque dans ce cas, la somme des valeurs déclarées dépassera le coût total. Si elle est négative, il peut s'assurer que le téléviseur ne sera pas acheté en déclarant $\tau_1 = v_1$. Dans les deux cas, il est optimal de déclarer la véritable valeur. Il en est de même pour l'agent 2. Si les deux personnes disent la vérité, le téléviseur ne sera acheté que si $v_1 + v_2 > 150$, ce qui est le résultat optimal.

Notons que l'agent i ne devra payer quelque chose que s'il modifie la décision collective. Dans ce cas, nous dirons que l'agent i est un **agent-pivot**. Le montant qu'un agent-pivot paie est simplement le coût qu'il impose aux autres agents.

36.11 LES PROBLÈMES QUE POSE LE MÉCANISME DE VICKREY-CLARKE-GROVES

Le mécanisme de Vickrey-Clarke-Groves permet la révélation des vraies valeurs et un niveau optimal des biens publics. Il n'est toutefois pas exempt de problèmes. Le premier problème est qu'il ne fonctionne bien qu'avec des préférences quasi linéaires. En effet, le montant que vous devez payer ne peut pas influencer votre demande pour le bien public. Il est essentiel qu'il n'y ait qu'une seule quantité optimale de bien public.

Le deuxième problème réside dans le fait qu'un mécanisme de Vickrey-Clarke-Groves n'engendre pas réellement un résultat efficace au sens de Pareto. La quantité de bien public est certes optimale, mais la consommation privée pourrait être inférieure à son niveau efficace. Cela découle du système de perception de la taxe. Rappelons que les agents pivots doivent payer des taxes qui reflètent le préjudice qu'ils causent aux autres individus. Et ces taxes ne peuvent pas être versées à d'autres individus impliqués dans le processus de décisions, puisque cela pourrait influencer leurs décisions. Les taxes doivent disparaître du système. Et c'est là le problème : si les taxes doivent être effectivement payées, la consommation privée sera finalement inférieure à ce qu'elle aurait été autrement et, par conséquent, elle sera inefficace au sens de Pareto.

Les taxes ne doivent toutefois être payées que si un des individus est un agent pivot. S'il y a beaucoup de personnes impliquées dans la décision, la probabilité qu'une d'entre elles soit un agent pivot peut être relativement faible ; on peut dès lors s'attendre à ce qu'en général, les montants des taxes récoltées soient peu importants.

Le troisième problème avec le mécanisme de Vickrey-Clarke-Groves est qu'il peut y avoir collusion. Considérons par exemple le problème de biens publics examiné précédemment. Supposons qu'il y ait trois compagnons de chambre qui participent au processus d'achat de la télévision, mais que deux d'entre eux s'entendent. Ceux-ci décident de déclarer un bénéfice net retiré de la TV d'un million d'euros. Cela leur garantit l'achat de la TV mais puisqu'aucun n'est agent-pivot (personne ne change la décision), personne ne paie la taxe.

Le dernier problème concerne l'arbitrage entre équité et efficacité qu'implique un mécanisme de Vickrey-Clarke-Groves. Le système de paiement doit être fixé à l'avance. De ce fait, dans certaines situations, le niveau de satisfaction de certains individus sera inférieur quand le bien public est fourni, malgré le fait qu'il s'agisse de la quantité de bien public efficace au sens de Pareto. Dire qu'il est efficace au sens de Pareto de fournir le bien public revient à dire qu'il existe *un* système de paiement tel que le niveau de satisfaction de tous les individus augmente quand le bien public est fourni. Mais cela ne signifie pas que, pour *tout* système de paiement, le niveau de satisfaction de tous les individus va augmenter. La taxe à la Clarke garantit que si la fourniture du bien public *peut* accroître le niveau de satisfaction de tous les individus, il sera effectivement fourni. Mais cela n'implique pas que le niveau de satisfaction de tous les individus augmentera effectivement.

Ce serait bien s'il existait un processus qui non seulement détermine s'il faut ou non fournir le bien public, mais qui définisse également un système de paiement efficace au sens de Pareto pour le bien public, c'est-à-dire un système de paiement qui augmente le niveau de satisfaction de tous les individus. Il semble malheureusement qu'un tel processus général n'existe pas.

RÉSUMÉ

1. Les biens publics sont des biens que tous les individus doivent « consommer » en quantité identique ; il s'agit par exemple de la défense nationale, de la pollution de l'air, etc.
2. Si un bien public doit être fourni en quantité fixe ou ne pas être fourni du tout, une condition nécessaire et suffisante pour que la fourniture de ce bien soit efficace au sens de Pareto est que la somme des propensions à payer (les prix de réserve) soit supérieure au coût du bien public.
3. Si un bien public peut être fourni en quantité variable, la condition nécessaire pour qu'une quantité donnée soit efficace au sens de Pareto est que la somme des propensions marginales à payer (les taux marginaux de substitution) soit égale au coût marginal.
4. Le problème du passager clandestin a trait à la tentation des individus de laisser les autres fournir les biens publics. En règle générale, les systèmes purement individualistes ne produisent pas la quantité optimale de bien public, à cause de ce problème du passager clandestin.
5. On a proposé différents systèmes de décision collective pour déterminer l'offre d'un bien public. Parmi ces systèmes, citons le système de commandement, le système de vote et la taxe à la Clarke.

PROBLÈMES À RÉSOUDRE

36.1 Supposons que 10 personnes habitent dans une rue et que chacune d'elles soit disposée à payer 2 € pour chaque lampe publique supplémentaire quel que soit le nombre de lampes installées. Si le coût de l'installation de x lampes est $c(x) = x^2$, quel est le nombre de lampes qu'il est efficace au sens de Pareto d'installer ?

ANNEXE

Résolvons le problème de maximisation qui détermine les allocations du bien public efficaces au sens de Pareto :

$$\max_{x_1, x_2, G} u_1(x_1, G)$$

$$\text{s. c. } u_2(x_2, G) = \bar{u}_2$$

$$x_1 + x_2 + c(G) = w_1 + w_2.$$

Nous écrivons la fonction de Lagrange

$$L = u_1(x_1, G) - \lambda[u_2(x_2, G) - \bar{u}_2] - \mu[x_1 + x_2 + c(G) - w_1 - w_2]$$

et nous la différentions par rapport à x_1, x_2 et G pour obtenir

$$\frac{\partial L}{\partial x_1} = \frac{\partial u_1(x_1, G)}{\partial x_1} - \mu = 0$$

$$\frac{\partial L}{\partial x_2} = -\lambda \frac{\partial u_2(x_2, G)}{\partial x_2} - \mu = 0$$

$$\frac{\partial L}{\partial G} = \frac{\partial u_1(x_1, G)}{\partial x_1} - \lambda \frac{\partial u_2(x_2, G)}{\partial x_2} - \mu \frac{\partial c(G)}{\partial G} = 0.$$

Si nous divisons la troisième équation par μ, nous obtenons après transformation,

$$\frac{1}{\mu} \frac{\partial u_1(x_1, G)}{\partial x_1} - \frac{\lambda}{\mu} \frac{\partial u_2(x_2, G)}{\partial x_2} = \frac{\partial c(G)}{\partial G}. \tag{36.2}$$

La solution de la première équation pour μ est

$$\mu = \frac{\partial u_1(x_1, G)}{\partial x_1}$$

et la solution de la deuxième équation pour μ/λ est

$$\frac{\mu}{\lambda} = \frac{\partial u_2(x_2, G)}{\partial x_2}.$$

En substituant ces deux équations dans l'équation (36.2), nous obtenons

$$\frac{\partial u_1(x_1, G)/\partial G}{\partial u_1(x_1, G)/\partial x_1} + \frac{\partial u_2(x_2, G)/\partial G}{\partial u_2(x_2, G)/\partial x_2} = \frac{\partial cG}{\partial G}.$$

Ceci correspond exactement à l'expression donnée dans le corps du chapitre :

$$|\text{TmS}_1| + |\text{TmS}_2| = Cm(G).$$

37

L'ASYMÉTRIE D'INFORMATION

Dans les chapitres précédents, quand nous avons étudié les marchés, nous avons éliminé les problèmes dus à des différences d'information. Par hypothèse, les acheteurs et les vendeurs étaient tous parfaitement informés sur la qualité des biens vendus sur le marché.

On peut défendre cette hypothèse si la qualité d'un bien est facilement vérifiable. Si on peut, sans coût, dire quels sont les biens de bonne qualité et quels sont les biens de mauvaise qualité, les prix des biens s'ajusteront directement pour refléter les différences de qualité.

Mais si l'obtention de l'information sur la qualité représente un coût, on ne peut plus raisonnablement supposer que les acheteurs et les vendeurs ont la même information sur les biens impliqués dans les transactions. En réalité, il existe certainement de nombreux marchés sur lesquels il peut être très coûteux, voire même impossible, d'obtenir l'information correcte sur la qualité des biens vendus.

Un exemple évident est le marché du travail. Dans les modèles simples présentés antérieurement, le travail était un bien homogène, c'est-à-dire que tous les individus avaient le même « type » de travail et offraient la même quantité d'effort par heure travaillée. Il s'agit là évidemment d'une simplification importante ! Une firme peut en réalité avoir de grandes difficultés pour déterminer la productivité de ses employés.

Le coût de l'information est un problème qui ne concerne pas que les marchés du travail. On rencontre des problèmes semblables sur les marchés des biens de consommation. Quand un consommateur achète un véhicule d'occasion, il peut lui être très difficile de déterminer s'il s'agit d'une bonne ou d'une mauvaise voiture. Par contre, le vendeur du véhicule d'occasion a probablement une idée assez précise de la qualité du véhicule. Nous allons voir que cette **asymétrie d'information** peut poser des problèmes importants pour le fonctionnement efficace d'un marché.

37.1 LE MARCHÉ DES « LEMONS »[1]

Examinons en détail le modèle d'un marché sur lequel les demandeurs et les offreurs ont des informations différentes sur la qualité des biens vendus[2].

Considérons un marché sur lequel il y a 100 individus qui désirent vendre leur véhicule usagé et 100 personnes qui désirent acheter un véhicule d'occasion. Tout le monde sait que parmi ces véhicules, 50 sont des bonnes affaires et 50 sont des « vieux clous », des *lemons*. Les propriétaires actuels des véhicules connaissent la qualité de leur voiture, mais les acheteurs potentiels ne savent pas si un véhicule donné est une bonne affaire ou un « vieux clou ».

---

[1] Le terme « lemon » est utilisé en anglais pour désigner un véhicule de mauvaise qualité, un « vieux clou ».

[2] Le premier article qui a mis en évidence quelques-unes des difficultés qui apparaissent sur ce type de marchés est Akerlof, G, « The Market for Lemons : Quality Uncertainty and the Market Mechanism », *The Quarterly Journal of Economics*, 84, 1970, p. 488–500. G. Akerlof a reçu le Prix Nobel d'Économie en 2001 pour son travail dans ce domaine.

Le propriétaire d'un « vieux clou » désire s'en débarrasser pour 1000 € et le propriétaire d'un véhicule de qualité souhaite s'en dessaisir pour 2000 €. Les acheteurs sont disposés à payer 2400 € pour un véhicule de qualité et 1200 € pour un « vieux clou ».

Si la qualité des véhicules est facilement observable, il n'y aura aucun problème sur ce marché. Les « vieux clous » seront vendus à un prix compris entre 1000 et 1200 € et les véhicules de bonne qualité seront vendus à un prix entre 2000 et 2400 €. Mais que se passe-t-il sur le marché si les acheteurs ne peuvent pas observer la qualité des véhicules ?

Dans ce cas, les acheteurs doivent estimer la valeur de chaque véhicule. Nous formulerons une hypothèse simple quant à la forme que prennent ces estimations. Nous supposerons que si un véhicule a une probabilité égale d'être une bonne affaire qu'une mauvaise, un acheteur normal sera disposé à payer la valeur attendue du véhicule. Compte tenu des chiffres donnés ci-dessus, cela signifie que l'acheteur sera disposé à payer $\frac{1}{2}1200+\frac{1}{2}2400=1800$ €.

Qui sera disposé à vendre son véhicule à ce prix ? Les propriétaires des « vieux clous » certainement, mais les propriétaires des véhicules de bonne qualité ne souhaiteront pas vendre leurs voitures puisque, par hypothèse, ils réclament au moins 2000 € pour s'en dessaisir. Le prix que les acheteurs sont disposés à payer pour un véhicule « moyen » est inférieur au prix que les vendeurs des véhicules de qualité désirent pour s'en dessaisir. Au prix de 1800 €, seuls les « vieux clous » seront mis en vente.

Mais si l'acheteur est sûr d'obtenir un « vieux clou », il ne sera pas disposé à l'acheter pour 1800 € ! Le prix d'équilibre sur ce marché doit en fait se situer quelque part entre 1000 € et 1200 €. Pour un prix situé dans cet intervalle, seuls les propriétaires des véhicules de mauvaise qualité mettent leurs voitures en vente et les acheteurs s'attendent (de façon tout à fait correcte) à obtenir un « vieux clou ». Sur ce marché, aucun véhicule de bonne qualité n'est jamais vendu ! Bien que le prix que les acheteurs sont disposés à payer pour un véhicule de bonne qualité soit supérieur au prix auquel les vendeurs souhaitent les vendre, aucune transaction de ce type n'a lieu.

Il est intéressant d'examiner la cause de cet échec du marché. Le problème est qu'il y a une externalité entre les vendeurs des véhicules de bonne qualité et les vendeurs des véhicules de mauvaise qualité ; quand un individu décide de mettre en vente un véhicule de mauvaise qualité, il influence l'estimation que les acheteurs font de la qualité du véhicule moyen sur le marché. Cela réduit le prix que les acheteurs sont disposés à payer pour ce véhicule moyen et par conséquent, cela nuit aux individus qui essaient de vendre de bons véhicules. C'est cette externalité qui provoque l'échec du marché.

Les véhicules qui ont le plus de chances d'être mis en vente sont ceux dont les gens désirent le plus se débarrasser. Le fait de mettre en vente quelque chose constitue en soi un signal de la qualité du bien pour les acheteurs potentiels. Si trop d'objets de mauvaise qualité sont mis en vente, il devient difficile pour les propriétaires d'objets de bonne qualité de vendre leurs biens.

37.2 LE CHOIX DE LA QUALITÉ

Dans le modèle des *lemons*, il y avait un nombre fixe de véhicules de chaque qualité. Nous allons maintenant considérer une variante de ce modèle dans laquelle la qualité peut être déterminée par les producteurs. Nous allons montrer comment la qualité d'équilibre est déterminée sur ce marché simple.

Admettons que chaque consommateur ne désire acheter qu'un seul parapluie et qu'il y ait deux qualités différentes de parapluies. Les consommateurs attribuent une valeur de 14 € aux parapluies de bonne qualité et une valeur de 8 € aux parapluies de mauvaise qualité. Il est impossible de déterminer la qualité des parapluies dans le magasin ; elle ne peut être déterminée qu'après quelques fortes averses.

Certains producteurs produisent des parapluies de bonne qualité et d'autres produisent des parapluies de mauvaise qualité. Admettons en outre que le coût de production des deux types de parapluies est de 11,5 € et que le secteur d'activité est parfaitement concurrentiel. À quelle qualité d'équilibre pouvons-nous nous attendre pour les parapluies produits ?

Supposons que les consommateurs estiment la qualité des parapluies disponibles sur le marché sur base de la qualité *moyenne* des parapluies vendus, exactement comme dans le cas du marché des *lemons*. Si le pourcentage de parapluies de bonne qualité est égal à q, le consommateur sera disposé à payer $p = 14q + 8(1 - q)$ pour un parapluie.

Nous devons considérer trois cas.

1. *On ne produit que des parapluies de mauvaise qualité*. Dans ce cas, les consommateurs ne sont prêts à payer que 8 € pour un parapluie moyen. Mais le coût de production d'un parapluie est de 11,5 €. Aucun parapluie ne sera par conséquent vendu.
2. *On ne produit que des parapluies de bonne qualité*. Dans ce cas, la concurrence entre producteurs va réduire le prix d'un parapluie jusqu'à ce que celui-ci soit égal au coût marginal, c'est-à-dire 11,5 €. Les consommateurs sont disposés à payer 14 € pour un parapluie et, par conséquent, ils bénéficient d'un certain surplus.
3. *On produit les deux types de parapluies*. Dans ce cas, la concurrence implique que le prix sera égal à 11,5 €. Les consommateurs doivent par conséquent attribuer une valeur d'au moins 11,5 € à la qualité moyenne disponible. Cela signifie que nous devons avoir la relation suivante :

$$14q + 8(1 - q) \geqslant 11{,}50.$$

La valeur la plus faible de q qui respecte cette inégalité est $q = 7/12$. Cela signifie que si $7/12$ des producteurs réalisent des produits de bonne qualité, les consommateurs seront juste disposés à payer 11,5 € pour un parapluie.

La détermination du pourcentage d'équilibre de producteurs de parapluies de bonne qualité est illustrée à la figure 37.1. L'axe horizontal mesure q, le pourcentage de producteurs de parapluies de bonne qualité. L'axe vertical mesure la propension des consommateurs à payer pour un parapluie si le nombre moyen de parapluies de bonne qualité offerts sur le marché est q. Les producteurs sont prêts à offrir les deux qualités de parapluies à un prix de 11,5 €, de sorte que les conditions d'offre sont représentées par la droite horizontale. Les consommateurs ne sont disposés à acheter des parapluies que si

$$14q + 8(1-q) \geqslant 11{,}50 ;$$

la frontière de cette zone est représentée par la droite en trait épais. La valeur d'équilibre de q est donc comprise entre $7/12$ et 1.

Sur ce marché, le prix d'équilibre est de 11,5 €, mais la valeur du parapluie moyen pour un consommateur peut se situer entre 11,5 € et 14 € en fonction du nombre de producteurs de parapluies de bonne qualité. Toute valeur de q comprise entre 1 et $7/12$ constitue un équilibre.

Tous ces équilibres ne sont cependant pas équivalents d'un point de vue social. Les producteurs ont un surplus nul, quel que soit l'équilibre du fait des hypothèses de concurrence parfaite et de coût marginal constant. Nous n'avons donc qu'à examiner le surplus des consommateurs. Il est facile de voir que plus la qualité moyenne est élevée, plus les consommateurs bénéficient d'un niveau de satisfaction important. Le meilleur équilibre du point de vue des consommateurs est celui où on ne produit que des biens de bonne qualité.

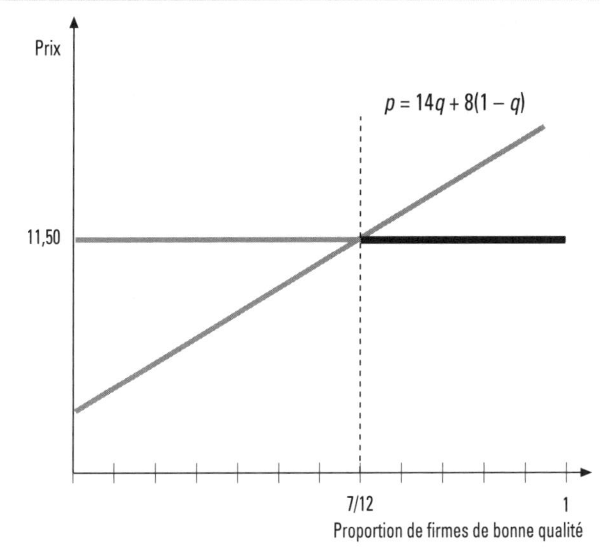

Figure 37.1 ***La qualité d'équilibre.***

La droite horizontale représente les conditions d'offre : le marché est disposé à offrir n'importe quelle qualité de parapluies pour 11,5 €. La droite croissante représente les conditions de demande : les consommateurs sont disposés à payer davantage si la qualité moyenne augmente. Le marché est à l'équilibre si la proportion de producteurs de parapluies de bonne qualité est supérieure à 7/12.

Choisir la qualité

Modifions maintenant quelque peu le modèle. Supposons que chaque producteur puisse choisir la qualité des parapluies qu'il réalise et que son coût de production soit de 11,5 € pour un parapluie de bonne qualité et de 11 € pour un parapluie de mauvaise qualité. Que va-t-il se passer dans ce cas ?

Représentons par $0 < q < 1$, le pourcentage des producteurs qui choisissent de réaliser des parapluies de bonne qualité. Considérons un des producteurs. S'il se comporte de façon concurrentielle et croit qu'il n'exerce qu'un effet négligeable sur le prix *et* la qualité du marché, il désirera toujours produire uniquement des parapluies de mauvaise qualité. Puisque ce producteur ne représente, par hypothèse, qu'une petite partie du marché, il ignore son influence sur le prix du marché et choisit, par conséquent, de produire le bien le plus profitable.

Chaque producteur va raisonner de la même façon et on ne produira par conséquent que des parapluies de mauvaise qualité. Mais les consommateurs ne sont disposés à payer que 8 € pour un parapluie de mauvaise qualité, de sorte qu'il n'y a pas d'équilibre. Ou, si vous voulez, le seul équilibre possible correspond à une production nulle de parapluies des deux qualités ! La possibilité de produire des biens de mauvaise qualité a détruit le marché pour les deux qualités !

37.3 L'ANTI-SÉLECTION

Le phénomène examiné dans la section précédente est un exemple d'**anti-sélection**. Dans le modèle que nous venons d'étudier, les objets de mauvaise qualité éliminent les objets de bonne qualité à cause du coût élevé que représente l'acquisition de l'information. Comme nous l'avons vu, ce problème d'anti-sélection peut aller jusqu'à détruire complètement le marché. Considérons quelques autres exemples d'anti-sélection.

Envisageons tout d'abord un exemple dans le secteur des assurances. Supposons qu'une compagnie d'assurances désire offrir des assurances contre le vol de bicyclette. Elle effectue une analyse du marché approfondie et elle constate que le risque de vol varie largement d'une région à l'autre. Dans certaines régions, la probabilité de vol d'une bicyclette est élevée et dans d'autres, les vols sont assez rares. Supposons que la compagnie d'assurances décide d'offrir une assurance basée sur le taux de vol *moyen*. Que va-t-il se passer, d'après vous ?

Réponse : la compagnie d'assurances va vraisemblablement être rapidement déclarée en faillite ! Réfléchissez à la situation. Qui va acheter une assurance au taux moyen ? Pas les individus qui habitent dans les régions sûres ; ils n'ont de toute façon pas beaucoup besoin d'une assurance. Par contre, les individus qui habitent dans les régions où il y a un haut risque de vol désireront une assurance ; c'est eux qui en ont besoin.

Mais cela implique que la plupart des demandes d'indemnisations auprès de la compagnie d'assurances seront introduites par les consommateurs qui habitent dans les régions à haut risque. Les taux basés sur la probabilité *moyenne* de vol constituent donc une indication trompeuse du nombre de demandes d'indemnisations qui seront effectivement adressées à la compagnie. Celle-ci n'aura pas un échantillon aléatoire des consommateurs ; elle aura au contraire un échantillon sélectionné de façon *adverse*. Le terme « anti-sélection » a en fait été initialement utilisé dans le secteur des assurances pour décrire précisément ce type de problème.

Pour équilibrer ses comptes, la compagnie d'assurances doit, par conséquent, baser ces taux sur des prévisions « défavorables » et les consommateurs qui ont un risque de vol de bicyclettes faible mais non négligeable ne souhaiteront pas acheter une assurance vendue dès lors à un prix élevé.

Un problème semblable se pose pour les assurances-santé : les compagnies d'assurances ne peuvent pas baser leurs taux sur le nombre *moyen* de problèmes de santé dans la population. Elles ne peuvent baser leurs taux que sur le nombre moyen de problèmes de santé dans le groupe des acheteurs potentiels. Les gens qui désirent le plus acheter une assurance-santé sont ceux qui vraisemblablement en ont le plus besoin et dès lors, les taux doivent refléter cette disparité.

Il est possible dans une telle situation que l'on puisse accroître le niveau de satisfaction de tous les individus en les *obligeant* à acheter une assurance qui reflète le risque moyen de la population. Les individus à haut risque auront un niveau de satisfaction plus élevé puisqu'ils pourront acheter une assurance à un taux inférieur au risque auquel ils sont effectivement confrontés. Quant aux individus à faible risque, ils pourront acheter une assurance qui leur est plus favorable que l'assurance qui serait offerte si les *seuls* acheteurs étaient les individus à haut risque.

Une telle situation dans laquelle l'équilibre du marché est dominé par un système d'achat obligatoire, est assez surprenante pour la plupart des économistes. Ceux-ci pensent généralement qu'il est préférable de laisser le plus de choix possible et il est, par conséquent, étonnant qu'une amélioration au sens de Pareto puisse provenir d'une limitation du choix. Il convient toutefois d'insister sur le fait que ce résultat paradoxal est dû à l'externalité existant entre les individus à faible et à haut risques.

Mais il existe en fait des mécanismes qui permettent de résoudre cette inefficacité du marché. Les employeurs offrent souvent des assurances-santé à leurs employés parmi les avantages complémentaires. La compagnie d'assurances peut alors baser ses taux sur les moyennes pour l'ensemble des employés et elle a la garantie que *tous* les employés doivent participer au programme, ce qui élimine l'anti-sélection.

37.4 L'ALÉA MORAL

Un autre problème intéressant que l'on peut observer dans le secteur des assurances est ce que l'on appelle le problème de l'**aléa moral**. Ce terme est quelque peu particulier, mais le phénomène n'est pas difficile à décrire. Considérons à nouveau le marché des assurances contre le vol de bicyclette et supposons par souci de simplicité que tous les consommateurs habitent dans des régions avec des probabilités de vol identiques ; il n'y a donc pas de problème d'anti-sélection. Par contre, la probabilité de vol peut être influencée par les *comportements* des propriétaires de bicyclette.

Si par exemple les propriétaires de bicyclette ne veillent pas à mettre un cadenas ou s'ils n'utilisent qu'un cadenas peu solide, la probabilité que leur bicyclette soit volée sera beaucoup plus importante que s'ils utilisaient un cadenas solide. Des exemples semblables existent dans d'autres types d'assurances. Dans le cas de l'assurance-santé par exemple, la probabilité que les consommateurs aient besoin de l'assurance est moindre s'ils vivent d'une façon saine et équilibrée. Nous appelons ces comportements qui influencent la probabilité qu'un événement survienne des comportements de *précaution*.

Quand la compagnie d'assurances fixe ses taux, elle doit tenir compte de la mesure dans laquelle les consommateurs sont incités à prendre les précautions nécessaires. Si aucune assurance n'est disponible, les consommateurs sont incités à prendre le maximum possible de précautions. S'il est impossible d'acheter une assurance contre le vol de bicyclette, tous les cyclistes utiliseront de gros cadenas coûteux. Dans ce cas, l'individu supporte la totalité du coût de ses choix et, par conséquent, il désire « investir » en précaution jusqu'à ce que le bénéfice marginal découlant d'un peu plus de précaution soit juste égal à son coût marginal.

Mais si un consommateur peut acheter une assurance pour son vélo, le vol de celui-ci lui coûte beaucoup moins cher. En effet, si le vélo est volé, il doit simplement en faire la déclaration à sa compagnie d'assurances et il obtiendra une indemnisation pour le remplacer. Dans le cas extrême où la compagnie d'assurances indemnise complètement l'individu pour le vol de sa bicyclette, celui-ci n'a aucun incitant à prendre une quelconque précaution. Ce manque d'incitants en matière de précaution est appelé l'**aléa moral**.

Soulignons le « conflit » présent dans ce problème d'aléa moral : s'il y a trop peu d'assurance, les individus supportent beaucoup de risque et s'il y a trop d'assurance, les individus prennent trop peu de précaution.

Si on peut observer le niveau de précaution, il n'y a aucun problème. La compagnie d'assurances peut alors baser ses taux sur le niveau de précaution pris par les individus. En réalité, les compagnies d'assurances appliquent souvent des taux différents pour les entreprises qui ont un système d'arrosage automatique en cas d'incendie dans leur bâtiment ou des taux différents pour les fumeurs et les non fumeurs en matière d'assurance-santé. Dans ces deux cas, la compagnie d'assurances essaie de discriminer entre les différents utilisateurs en fonction des décisions que ceux-ci prennent et qui influencent la probabilité qu'il y ait dommage.

Mais les compagnies d'assurances ne peuvent pas observer tous les comportements pertinents des individus qu'elles assurent. Nous avons par conséquent le type de « conflit » décrit ci-dessus : s'ils sont complètement assurés, les individus prennent trop peu de précaution parce qu'ils ne supportent pas la totalité des coûts de leurs comportements.

Quelles sont les conséquences de cette situation en ce qui concerne les types de contrats d'assurance offerts par les compagnies ? En règle générale, les compagnies d'assurances ne désireront pas offrir aux consommateurs une assurance « complète ». Elles désireront toujours que le consommateur supporte une partie du risque. C'est pourquoi la plupart des polices d'assurance incluent une « franchise »,c'est-à-dire un montant que la partie assurée doit payer quel que soit le dommage. En obligeant le consommateur à payer une partie du dommage, les compagnies d'assurances ont la garantie que celui-ci sera toujours incité à prendre un certain niveau de précaution. Bien que la compagnie d'assurances soit disposée à assurer complètement un consommateur à condition de pouvoir vérifier le niveau de précaution pris, le fait que le consommateur puisse *choisir* le niveau de précaution qu'il prend implique que la compagnie d'assurances ne lui permettra pas d'acheter le montant d'assurance qu'il souhaite si elle ne peut pas observer le niveau de précaution.

Il s'agit là aussi d'un résultat paradoxal quand nous le comparons avec l'analyse classique du marché. En règle générale, la quantité d'un bien échangée sur un marché concurrentiel est déterminée par la condition d'égalité de la demande et de l'offre, c'est-à-dire l'égalité entre la propension marginale à payer et la propension marginale à vendre. Dans le cas de l'aléa moral, à l'équilibre de marché, chaque consommateur désirerait acheter davantage d'assurance et les compagnies d'assurances seraient disposées à vendre davantage d'assurance si les consommateurs continuaient à prendre les mêmes précautions... ; mais cet échange n'a pas lieu parce que, si les consommateurs pouvaient acheter davantage d'assurance, ils choisiraient de façon rationnelle de prendre moins de précaution !

37.5 ALÉA MORAL ET ANTI-SÉLECTION

L'aléa moral a trait à des situations où un côté du marché ne peut pas observer le comportement de l'autre côté. C'est pour cette raison qu'on parle parfois, dans ce cas, d'un problème de « **comportement caché** ».

L'anti-sélection a trait à des situations où un côté du marché ne peut pas observer le « type » ou la qualité des biens situés de l'autre côté du marché. C'est pour cette raison que l'on parle parfois, dans ce cas, d'un problème de « **type caché** ».

L'équilibre sur un marché où il y a un problème de comportement caché, implique généralement une certaine forme de rationnement, c'est-à-dire que les entreprises souhaiteraient offrir plus que ce qu'elles offrent effectivement, mais elles ne désirent pas augmenter leur offre parce que cela modifierait les incitants de leurs clients. Par contre, à l'équilibre sur un marché où il y a un problème de type caché, il y a généralement trop peu d'échange à cause de l'externalité existant entre les « bons » et les « mauvais » types.

Les résultats d'équilibre sur un tel marché s'avèrent être inefficaces, mais il faut être prudent quand on affirme cela. La question à se poser est : « inefficace par rapport à quoi ? » L'équilibre sera toujours inefficace par rapport à l'équilibre avec information complète. Mais cette observation n'est pas très utile quand il s'agit de prendre des décisions de politique économique : si les entreprises d'un secteur d'activité estiment que la collecte d'informations supplémentaires est trop coûteuse, le gouvernement sera vraisemblablement du même avis.

La véritable question à examiner est si le gouvernement peut intervenir d'une façon ou d'une autre sur le marché pour améliorer l'efficacité, même s'il a les mêmes problèmes d'information que les entreprises.

Dans le cas du comportement caché, la réponse est généralement négative. Si le gouvernement ne peut pas observer les précautions prises par les consommateurs, il ne peut pas faire mieux que les compagnies d'assurances. Il pourrait évidemment utiliser d'autres moyens que ceux à la disposition des compagnies d'assurances : il pourrait obliger les individus à prendre un certain niveau de précaution ou définir des sanctions pénales pour ceux qui ne prennent pas les précautions nécessaires ; mais si le gouvernement ne peut fixer que les prix et les quantités, il ne peut pas faire mieux que le marché privé.

Le problème du type caché soulève des difficultés identiques. Nous avons déjà vu que si le gouvernement peut *obliger* tous les individus appartenant à toutes les classes de risque à acheter une police d'assurance, le niveau de satisfaction de tous les individus peut augmenter. Il s'agit là apparemment d'un type d'intervention souhaitable. Mais une intervention publique implique également des coûts ; les décisions économiques prises par décret public peuvent avoir une efficacité en termes de coût inférieure à celles prises par les entreprises privées. Ce n'est pas parce que certaines interventions publiques *peuvent* améliorer le bien-être social qu'elles seront effectivement entreprises !

En outre, il peut exister des solutions purement privées aux problèmes d'antisélection. Nous avons déjà vu par exemple comment l'offre d'une assurance-santé en tant qu'avantage complémentaire pour les travailleurs peut permettre d'éliminer ce problème d'anti-sélection.

37.6 L'UTILISATION DE SIGNAUX

Rappelons-nous le modèle du marché des véhicules d'occasion : les propriétaires connaissent la qualité des véhicules usagés, mais les acheteurs doivent l'estimer. Nous avons vu que cette asymétrie d'information peut poser des problèmes ; dans certains cas, le problème d'anti-sélection peut conduire à ce qu'il y ait trop peu de transactions effectivement réalisées sur le marché.

Cependant, l'analyse ne s'arrête pas là. Les propriétaires de véhicules d'occasion de bonne qualité ont intérêt à faire savoir aux acheteurs potentiels qu'ils possèdent des bons véhicules. Ils aimeraient poser des actes qui **signalent** la qualité de leurs véhicules à ceux qui pourraient les acheter.

Un signal judicieux dans ce contexte consisterait pour le propriétaire d'une bonne voiture usagée à offrir une **garantie**. Il s'engagerait en l'occurrence à verser à l'acheteur un certain montant convenu si la voiture s'avérait être un « vieux clou ». Les propriétaires des bons véhicules d'occasion peuvent offrir une telle garantie alors que les propriétaires de « vieux clous » ne le peuvent pas. Ils peuvent donc ainsi signaler qu'ils possèdent des voitures de qualité.

L'utilisation de signaux permet dans ce cas d'améliorer le fonctionnement du marché. En offrant la garantie, c'est-à-dire le signal, les vendeurs des bons véhicules peuvent se distinguer des vendeurs de mauvais véhicules d'occasion. Mais il existe d'autres situations où l'utilisation de signaux peut détériorer le fonctionnement d'un marché.

Considérons un modèle très simplifié du marché de l'éducation dû initialement à Michael Spence[3]. Supposons que nous ayons deux types de travailleurs : des travailleurs « capables » et des travailleurs « incapables ». Les travailleurs capables et les travailleurs incapables ont des produits marginaux respectivement de a_2 et a_1 avec $a_2 > a_1$. Supposons qu'une fraction b des travailleurs soient capables et qu'une fraction $(1 - b)$ soient incapables.

Par souci de simplicité, nous supposerons une fonction de production linéaire : l'output total produit par L_2 travailleurs capables et L_1 travailleurs incapables est égal à $a_1L_1 + a_2L_2$. Nous supposerons aussi que le marché du travail est parfaitement concurrentiel.

Si les entreprises peuvent facilement observer la qualité d'un travailleur, elles offriront simplement un salaire $w_2 = a_2$ à un travailleur capable et un salaire $w_1 = a_1$ à un travailleur incapable ; chaque travailleur recevra un salaire égal à son produit marginal et nous aurons un équilibre efficace.

Mais que se passe-t-il si l'entreprise ne peut pas observer les produits marginaux ? Si elle ne peut pas distinguer les deux types de travailleurs, la meilleure chose qu'elle puisse faire consiste à offrir le salaire moyen : $w = (1 - b)a_1 + ba_2$. Aussi longtemps que les « bons » et les « mauvais » travailleurs acceptent de travailler à ce salaire, il n'y a pas de problème d'anti-sélection. Et compte tenu de notre hypothèse concernant la fonction de production, la firme produit exactement la même quantité d'output et réalise le même niveau de profit que si elle pouvait observer parfaitement le type de travailleur.

Mais supposons maintenant que les travailleurs puissent acquérir un signal qui distingue les deux types d'employés. Supposons, par exemple, que les travailleurs puissent acquérir un certain niveau d'éducation. Représentons par e_1, le niveau d'éducation obtenu par les travailleurs de type 1 et par e_2, le niveau d'éducation obtenu par les travailleurs de type 2. Supposons que les travailleurs aient des coûts différents d'acquisition de l'éducation : le coût total de l'éducation pour les travailleurs capables est égal à c_2e_2 et le coût total pour les travailleurs incapables est égal à c_1e_1. Ces coûts comprennent non seulement les coûts monétaires liés à la participation aux cours, mais aussi les coûts d'opportunité, les coûts de l'effort nécessaire, etc.

Nous devons maintenant analyser deux décisions. Les travailleurs doivent choisir le niveau d'éducation qu'ils acquièrent et les firmes doivent choisir le montant qu'elles paient aux travailleurs selon le niveau d'éducation. Posons l'hypothèse extrême que

[3] Spence Michael, *Market Signaling*, Cambridge, Mass, Harvard University Press, 1974.

l'éducation ne modifie pas du tout la productivité des travailleurs. Cette hypothèse n'est évidemment pas correcte en réalité (spécialement pour les cours d'économie !), mais, grâce à elle, le modèle reste simple.

La nature de l'équilibre dans ce modèle dépend étroitement du coût d'acquisition de l'éducation. Supposons que $c_2 < c_1$. Cela signifie que les travailleurs capables ont un coût marginal d'acquisition de l'éducation inférieur aux travailleurs incapables. Soit e^*, un niveau d'éducation qui respecte l'inégalité suivante :

$$\frac{a_2 - a_1}{c_1} < e^* < \frac{a_2 - a_1}{c_2}.$$

Comme nous avons supposé que $a_2 > a_1$ et $c_2 < c_1$, il doit exister un tel niveau e^*.

Considérons maintenant l'ensemble de choix suivants : tous les travailleurs capables acquièrent le niveau d'éducation e^* et tous les travailleurs incapables acquièrent un niveau d'éducation nul. La firme par ailleurs paie un salaire a_2 aux travailleurs qui ont un niveau d'éducation e^* et un salaire a_1 aux travailleurs qui ont un niveau d'éducation inférieur. Remarquons que le niveau d'éducation choisi par un travailleur signale parfaitement à quel type il appartient.

S'agit-il d'un équilibre ? Quelqu'un n'aurait-il pas intérêt à modifier son comportement ? La firme paie à chaque travailleur un salaire égal à son produit marginal ; elle n'a donc pas intérêt à modifier son comportement. La seule question à examiner est de savoir si les travailleurs se comportent de façon rationnelle, compte tenu de la structure des salaires qui leur sont offerts.

Un travailleur incapable aurait-il intérêt à acquérir un niveau d'éducation e^* ? Le bénéfice pour le travailleur serait l'augmentation de son salaire $a_2 < a_1$. Le coût pour un travailleur incapable serait c_1e^*. Les bénéfices sont inférieurs au coût si

$$a_2 - a_1 < c_1e^*.$$

La valeur e^* respecte nécessairement cette condition. Par conséquent, les travailleurs incapables estiment optimal de choisir un niveau d'éducation nul.

Les travailleurs capables ont-ils réellement intérêt à acquérir le niveau d'éducation e^* ? Pour que les bénéfices soient supérieurs au coût, nous devons avoir l'inégalité suivante :

$$a_2 - a_1 > c_2e^*.$$

Cette condition est également respectée, compte tenu de la valeur e^* choisie.

Cette structure des salaires est donc réellement un équilibre : si chaque travailleur capable choisit le niveau d'éducation e^* et que chaque travailleur incapable choisit un niveau d'éducation nul, aucun travailleur n'a intérêt à modifier son comportement. À cause de notre hypothèse concernant les différences de coût, le niveau d'éducation d'un travailleur peut servir, à l'équilibre, de signal pour les différences de productivité. Ce type d'équilibre basé sur l'utilisation de signaux est parfois appelé un **équilibre de séparation** (*separating equilibrium*) puisque l'équilibre implique que chaque type de travailleur effectue un choix qui lui permet de se distinguer de l'autre type.

Un autre type d'équilibre possible est un **équilibre de regroupement** (*pooling equilibrium*) dans lequel chaque type de travailleur effectue le *même* choix. Supposons par exemple que $c_2 > c_1$; les travailleurs capables ont un coût d'acquisition de l'éducation supérieur aux travailleurs incapables. Dans ce cas, on

peut montrer que le seul équilibre possible est une situation où tous les travailleurs reçoivent un salaire basé sur leur capacité moyenne et par conséquent, il n'y a aucune utilisation des signaux.

L'équilibre de séparation est particulièrement intéressant puisqu'il est inefficace d'un point de vue social. Chaque travailleur capable estime avoir intérêt à payer pour acquérir le signal alors que celui-ci ne modifie pas du tout sa productivité. Les travailleurs capables désirent acquérir le signal non parce qu'il augmente leur productivité, mais simplement parce qu'il les distingue des travailleurs incapables. Un équilibre (de séparation) avec utilisation des signaux produit exactement la même quantité d'output que s'il n'y avait aucune utilisation de signaux. Dans ce modèle, l'acquisition des signaux est un pur gaspillage du point de vue social.

Il est intéressant de réfléchir à la nature de cette inefficacité. De nouveau, elle est due à une externalité. Si les travailleurs capables et les travailleurs incapables sont payés à leur produit *moyen*, la présence de travailleurs incapables réduit le salaire des travailleurs capables. Ceux-ci ont dès lors intérêt à investir dans des signaux qui les distinguent des travailleurs moins capables. Cet investissement présente un bénéfice privé, mais aucun bénéfice d'un point de vue social.

L'utilisation de signaux ne provoque évidemment pas toujours des inefficacités. Certains types de signaux, comme les garanties présentées ci-dessus dans le cas des véhicules d'occasion, facilitent les échanges. Dans ce cas, l'équilibre avec signaux est préférable à l'équilibre sans signaux. L'utilisation de signaux peut donc améliorer ou détériorer la situation ; on doit analyser chaque situation sur base de ses caractéristiques propres.

Exemple : L'effet parchemin

Dans la version extrême du modèle de l'utilisation de signaux éducatifs présentée ci-dessus, l'éducation n'a aucun effet sur la productivité : les années passées dans les établissements scolaires ne servent qu'à signaler la capacité fixe d'un individu. C'est évidemment une exagération : un étudiant avec onze années d'éducation sera certainement plus productif que quelqu'un qui n'a que dix ans d'éducation parce qu'il aura acquis davantage de qualifications utiles au cours de l'année supplémentaire. Vraisemblablement une partie du rendement de l'éducation est due à l'utilisation de signaux et une partie à l'acquisition de qualifications utiles. Comment pouvons-nous séparer ces deux facteurs ?

Les économistes du travail qui ont étudié les rendements de l'éducation ont observé le fait suivant assez suggestif : les salaires des personnes qui ont obtenu leur diplôme d'études secondaires sont nettement supérieurs à ceux des personnes qui n'ont pas achevé la dernière année d'enseignement secondaire. D'après une étude, l'obtention du diplôme d'études secondaires augmente les salaires cinq à six fois plus que la réussite d'une année d'enseignement secondaire qui ne se traduit pas par l'obtention du diplôme final. Le même saut, la même discontinuité apparaît pour les personnes qui obtiennent leur diplôme universitaire. D'après une estimation, le rendement économique de la dernière année universitaire est environ trois fois supérieur au rendement de l'avant-dernière année universitaire[4].

Si l'éducation transmet des qualifications productives, nous pouvons nous attendre évidemment à ce que les personnes qui réussissent leur dernière année d'enseignement secondaire soient payées davantage que celles qui n'ont réussi que l'avant-dernière année. Mais ce qui est surprenant c'est le saut important dans les salaires associé avec l'obtention du diplôme d'études secondaires. Les économistes ont appelé cela l'**effet parchemin** en référence au fait que les diplômes étaient auparavant rédigés sur des parchemins. Vraisemblablement l'obtention du diplôme d'études secondaires est une forme de signal. Mais le signal de quoi ? Dans le modèle de l'utilisation de signaux éducatifs présenté antérieurement, la réussite scolaire signalait la capacité de l'individu. L'obtention du diplôme d'études secondaires signale-t-elle également cette capacité ou quelque chose d'autre ?

Andrew Weiss, un économiste de l'Université de Boston, a essayé de répondre à ces questions [5]. Il a examiné un ensemble de données décrivant comment les travailleurs assemblaient des machines et il a pu obtenir une mesure de leur production au cours du premier mois de travail. Il observa ainsi que l'éducation n'avait qu'un très petit effet sur l'output : chaque année d'enseignement secondaire augmentait l'output d'un travailleur de seulement 1,3 %. En outre, les travailleurs disposant d'un diplôme d'études secondaires produisaient essentiellement la même quantité d'output que ceux qui n'avaient pas obtenu ce diplôme. Apparemment l'éducation ne contribuait que très légèrement à la productivité initiale des travailleurs.

Weiss examina ensuite un autre ensemble de données décrivant différentes caractéristiques des travailleurs dans diverses occupations. Il observa que les travailleurs munis d'un dipôme d'études secondaires quittaient volontairement leur emploi et étaient absents nettement moins souvent que ceux qui n'étaient pas en possession d'un tel diplôme. Il semble donc que les travailleurs munis de ce diplôme reçoivent des salaires supérieurs parce qu'ils sont plus productifs, mais la raison pour laquelle ils sont plus productifs est qu'ils restent plus longtemps dans la firme et sont moins souvent absents. Le modèle de l'utilisation des signaux est donc un outil d'analyse intéressant des marchés du travail tels qu'ils se présentent dans la réalité. Toutefois le signal transmis effectivement par la réussite scolaire est considérablement plus complexe que ne le suggère la version la plus simple du modèle des signaux.

---

[4] Voir Hungerford, Thomas et Solon, Gary, « Sheepskin Effects in the Returns to Education », *Review of Economics and Statistics*, 69, 1987, p. 175-77.

[5] « High School Graduation, Perfomance and Wages », *Journal of Political Economy*, 96, 4, 1988, p. 785-820.

37.7 LES MÉCANISMES INCITATIFS

Passons maintenant à un sujet légèrement différent : l'étude des **mécanismes incitatifs**. En fait, cette étude implique logiquement une asymétrie d'information, mais il est intéressant de commencer par une situation d'information parfaite.

La question centrale quand on essaie de mettre au point des mécanismes incitatifs est la suivante : « Comment puis-je amener quelqu'un à faire quelque chose pour moi ? » Posons cette question dans un contexte spécifique. Supposons que vous possédiez un terrain, mais que vous ne puissiez pas l'exploiter vous-même. Vous essayez dès lors d'engager quelqu'un pour exploiter le terrain pour vous. Quel type de système de compensation devriez-vous mettre en place ?

Une solution pourrait consister à payer au travailleur un montant forfaitaire indépendant de la quantité qu'il produit. Mais, dans ce cas, il aurait peu d'incitants à travailler. En règle générale, un bon mécanisme incitatif établit un certain lien entre le paiement du travailleur et l'output qu'il produit. Le mécanisme incitatif, c'est la détermination de la forme exacte de cette relation que l'on devrait établir entre le paiement et l'output produit.

Représentons par x, la quantité d'« effort » réalisée par le travailleur et par $y = f(x)$, la quantité d'output produite ; par souci de simplicité, nous supposons que le prix de l'output est égal à 1 de sorte que y mesure également la valeur de l'output. Soit $s(y)$, le montant que vous payez au travailleur si celui-ci produit un output d'une valeur de y euros. Vous aimeriez probablement choisir la fonction $s(y)$ de façon à maximiser $y - s(y)$.

Quelles contraintes devez-vous respecter ? Pour répondre à cette question, nous devons examiner le problème du point de vue du travailleur.

Supposons que le travailleur trouve que l'effort est coûteux et représentons par $c(x)$, le coût de l'effort x. Nous supposons aussi que cette fonction de coût a la forme habituelle, c'est-à-dire que tant le coût total que le coût marginal augmentent à mesure que l'effort s'accroît. L'utilité du travailleur qui choisit un niveau d'effort x est dès lors simplement égale à $s(y) - c(x) = s(f(x)) - c(x)$. Le travailleur peut avoir d'autres opportunités qui lui procurent un certain niveau d'utilité $\overline{u}$. Cela pourrait correspondre à d'autres emplois ou au fait de ne pas travailler du tout. La seule chose qui compte quand nous essayons de définir le mécanisme incitatif, c'est que l'utilité que le travailleur retire de l'emploi doit être supérieure ou égale à ce qu'il pourrait avoir ailleurs. Cela nous donne la **contrainte de participation** suivante :

$$s(f(x)) - c(x) \geqslant \overline{u}.$$

Compte tenu de cette contrainte, nous pouvons déterminer la quantité d'output que vous pouvez obtenir du travailleur. Vous désirez amener le travailleur à choisir un niveau d'effort x qui vous procure le surplus le plus élevé compte tenu de la contrainte que le travailleur accepte de travailler pour vous :

$$\max_x f(x) - s(f(x))$$

$$\text{s.c. } s(f(x)) - c(x) \geqslant \overline{u}.$$

En règle générale, vous désirez que le travailleur choisisse x de façon à respecter strictement la contrainte, de sorte que $s(f(x)) - c(x) - \bar{u}$. En substituant cette égalité dans la fonction d'objectif, nous obtenons un problème de maximisation sans contrainte :

$$\max_x f(x) - c(x) - \bar{u}.$$

Ce problème est facile à résoudre. Il vous suffit de choisir x^* de façon à ce que le produit marginal soit égal au coût marginal :

$$Pm(x^*) = Cm(x^*).$$

Tout choix x^* pour lequel le bénéfice marginal n'est pas égal au coût marginal ne peut pas maximiser les profits.

Cela nous donne le niveau d'effort que le propriétaire désire obtenir. Nous pouvons maintenant nous demander ce qu'il doit payer au travailleur pour obtenir cet effort ; en d'autres termes, à quoi doit ressembler la fonction $s(y)$ pour amener le travailleur à choisir x^* comme niveau optimal d'effort.

Supposons que vous décidiez d'amener le travailleur à réaliser un niveau d'effort x^*. Vous devez alors faire en sorte qu'il soit dans son intérêt de réaliser ce niveau d'effort ; en d'autres termes, vous devez définir le mécanisme incitatif $s(y)$ de telle sorte que l'utilité du travailleur quand il choisit de travailler x^* soit supérieure à l'utilité qu'il aurait pour tout autre niveau x. Cela nous donne la contrainte suivante :

$$s(f(x^*)) - c(x^*) \geqslant s(f(x)) - c(x) \text{ pour tout } x.$$

On appelle cette contrainte, la **contrainte de compatibilité du mécanisme incitatif**. Elle précise simplement que l'utilité du travailleur quand il choisit x^* doit être supérieure à l'utilité associée à n'importe quel autre niveau d'effort.

Le mécanisme incitatif doit donc respecter deux conditions : premièrement, il doit donner au travailleur une utilité totale égale à $\bar{u}$ et deuxièmement, il doit faire en sorte que le produit marginal de l'effort soit égal au coût marginal de l'effort au niveau x^*. Nous pouvons réaliser cela de différentes façons.

La location. Le propriétaire pourrait simplement louer la terre au travailleur pour un certain prix R, de façon à ce que le travailleur reçoive la totalité de l'output qu'il produit après avoir payé R au propriétaire. Nous avons dans ce cas le mécanisme suivant :

$$s(f(x)) = f(x) - R.$$

Si le travailleur maximise $s(f(x)) - c(x) = f(x) - R - c(x)$, il choisit le niveau d'effort pour lequel $Pm(x^*) = Cm(x^*)$. C'est exactement ce que le propriétaire souhaite. Le taux de location R est déterminé à partir de la condition de participation. Puisque l'utilité totale du travailleur doit être égale à $\bar{u}$, nous avons

$$f(x^*) - c(x^*) - R = \bar{u}.$$

Ceci implique que $R = f(x^*) - c(x^*) - \bar{u}$.

Le travail salarié. Dans ce cas, le propriétaire paie au travailleur un salaire constant par unité d'effort ainsi qu'une somme forfaitaire K. Cela signifie que le paiement incitatif revêt la forme suivante :

$$s(x) = wx + K.$$

Le taux de salaire w est égal au produit marginal du travailleur évalué au niveau du choix optimal x^*, soit $Pm(x^*)$. La constante K est choisie de façon à ce que le travailleur soit indifférent entre le fait de travailler pour le propriétaire et le fait de travailler ailleurs ; en d'autres termes, elle est déterminée de façon à respecter la contrainte de participation.

Le problème de maximisation de $s(f(x)) - c(x)$ s'écrit dès lors comme suit :

$$\max_x wx + K - c(x).$$

Cela signifie que le travailleur choisit x de façon à ce que son coût marginal soit égal au salaire : $w = Cm(x)$. Puisque le salaire est égal à $Pm(x^*)$, cela implique que le choix optimal du travailleur sera un niveau x^* tel que $Pm(x^*) = Cm(x^*)$. C'est exactement ce que la firme souhaite.

À prendre ou à laisser. Dans ce cas, le propriétaire paie au travailleur un montant B^* s'il travaille x^* et un montant nul dans le cas contraire. Le montant B^* est déterminé par la contrainte de participation $B^* - c(x^*) = \overline{u}$, de sorte que $B^* = \overline{u} + c(x^*)$. Si le travailleur choisit un niveau d'effort $x \neq x^*$, il obtient un niveau d'utilité $-c(x)$. S'il choisit x^*, il obtient un niveau d'utilité $\overline{u}$. Son choix optimal consiste dès lors à fixer $x = x^*$.

Tous ces systèmes sont équivalents dans le cadre de notre analyse : tous procurent au travailleur une utilité $\overline{u}$ et tous incitent le travailleur à produire le niveau optimal d'effort x^*. À ce niveau de généralité, il n'y a aucune raison de privilégier l'un d'eux.

Mais si tous ces mécanismes sont optimaux, à quoi pourrait ressembler un mécanisme non optimal ? En voici un exemple :

Le partage des récoltes. En cas de partage des récoltes, le travailleur et le propriétaire reçoivent chacun un pourcentage déterminé de l'output. Supposons que la part du travailleur prenne la forme suivante : $s(x) = \alpha f(x) + F$ avec F, une constante quelconque et $\alpha < 1$. Il ne s'agit pas d'un mécanisme efficace dans le cadre du problème que nous considérons. Il est facile d'en voir la raison. Le problème de maximisation du travailleur est le suivant :

$$\max_x \alpha f(x) + F - c(x).$$

Cela implique qu'il va choisir un niveau d'effort $\hat{x}$ pour lequel

$$\alpha Pm(\hat{x}) = Cm(\hat{x}).$$

Ce niveau d'effort ne respecte évidemment pas la condition d'efficacité qui est $Pm(x) = Cm(x)$.

Nous pouvons résumer l'analyse de la façon suivante. Pour qu'un mécanisme incitatif soit efficace, il faut que la personne qui prend la décision d'effort dispose du

droit résiduel sur l'output. Pour avoir le niveau de satisfaction le plus élevé possible, le propriétaire doit veiller à amener le travailleur à produire la quantité optimale d'output. Il s'agit du niveau d'output pour lequel le produit marginal d'un effort supplémentaire du travailleur est égal au coût marginal de cet effort. Le mécanisme incitatif doit donc donner au travailleur un bénéfice marginal égal à son produit marginal.

Exemple : Les droits de vote dans la société anonyme

Normalement les actionnaires d'une société anonyme ont le droit de vote sur les différentes questions relatives à la gestion de la société alors que les détenteurs d'obligations ne l'ont pas. Pourquoi ? Pour répondre à cette question, il faut prendre en considération la structure des paiements dont bénéficient les actionnaires et les détenteurs d'obligations. Si une société réalise X euros de profits au cours d'une année donnée, les détenteurs d'obligations ont un droit prioritaire sur ces profits et le montant qui reste va aux actionnaires. Si le droit total dont disposent les détenteurs d'obligations est égal à B, la somme qui va aux actionnaires est $X—B$. Ce sont donc les actionnaires qui disposent du droit résiduel, de sorte qu'ils ont un incitant à ce que X soit le plus élevé possible. Par contre, les détenteurs d'obligations ont seulement intérêt à ce que X soit au moins égal à B puisque c'est le maximum qu'ils peuvent obtenir. Accorder aux actionnaires le droit de prendre les décisions se traduira dès lors généralement par des profits plus importants.

Exemple : Les réformes économiques chinoises

Jusqu'en 1979, les communes rurales chinoises étaient organisées selon un modèle marxiste orthodoxe. Les travailleurs étaient payés en fonction d'une estimation approximative de l'importance de leurs contributions aux revenus de la commune. 5 % des terres de la commune étaient réservés à des parcelles privées, mais les paysans n'étaient pas autorisés à se rendre dans les villes pour vendre l'output de leur ferme privée. L'ensemble des échanges devait s'effectuer sur un marché fortement réglementé par le gouvernement.

À la fin de 1978, le gouvernement central chinois procéda à une réforme importante de la structure de l'agriculture connue sous le nom de « système de responsabilisation ». Dans ce système, toute production supplémentaire par rapport à un quota fixe était conservée par le ménage et pouvait être vendue sur des marchés libres. Le gouvernement supprima les restrictions concernant les parcelles privées et augmenta la quantité de terre exploitée par des fermes privées. À la fin de 1984, le système de responsabilisation concernait 97 % des exploitants agricoles.

Notons que ce système est très proche du mécanisme incitatif optimal décrit précédemment. Chaque ménage verse à la commune une somme forfaitaire, mais peut conserver tout ce qui est produit en plus du quota. La production du ménage bénéficie dès lors des incitants marginaux appropriés d'un point de vue économique.

L'effet de ce nouveau système sur la production agricole fut phénoménal : entre 1978 et 1984, la production de l'agriculture chinoise augmenta de plus de 61 % ! Toutefois, la totalité de cette augmentation n'est pas due à de meilleurs incitants. En même temps que ces réformes étaient réalisées, le gouvernement chinois modifia également le contrôle des prix agricoles et permit même que certains prix soient déterminés sur des marchés libres.

Trois économistes ont essayé d'évaluer la part de cette augmentation d'output due à de meilleurs incitants et la part due aux changements dans les prix[6]. D'après leur étude, plus des trois-quarts de l'augmentation est due à l'amélioration des incitants et seulement un quart aux réformes de prix.

37.8 L'ASYMÉTRIE D'INFORMATION

L'analyse qui précède permet de dégager quelques conclusions concernant l'utilisation de différents types de mécanismes incitatifs. Elle montre par exemple que la location de la terre au travailleur est préférable au partage des récoltes. Mais la démonstration va en fait trop loin. Si notre analyse était une bonne description de la réalité, nous nous attendrions à observer dans l'agriculture l'utilisation des systèmes de location et de travail salarié et le partage des récoltes ne devrait jamais être utilisé si ce n'est par erreur.

Il n'en est évidemment pas ainsi. Le partage des récoltes a été utilisé pendant des milliers d'années dans certaines parties du monde. Il est donc probable que ce système corresponde à un certain type de besoin. Qu'avons-nous omis dans notre modèle ?

Compte tenu du titre de cette section, il n'est pas difficile de prévoir la réponse : nous avons ignoré les problèmes liés à l'imperfection de l'information. Nous avons supposé que le propriétaire de l'entreprise pouvait observer parfaitement l'effort du travailleur. Mais dans de nombreuses situations intéressantes, il peut être impossible d'observer l'effort. Le propriétaire peut au mieux observer un *signal* de l'effort, par exemple la production d'output qui en résulte. Mais la quantité d'output produite par un fermier peut dépendre en partie de son effort, mais aussi du temps, de la qualité des inputs et de nombreux autres facteurs. À cause de ce type de « bruit », un paiement du propriétaire au travailleur, basé sur l'output, ne sera généralement pas équivalent à un paiement basé uniquement sur l'effort.

Il s'agit fondamentalement d'un problème d'asymétrie d'information : le travailleur peut choisir son niveau d'effort, mais le propriétaire ne peut pas parfaitement l'observer. Le propriétaire doit estimer l'effort à partir de l'output observé et la définition du mécanisme incitatif optimal doit tenir compte de ce problème d'inférence.

Considérons les quatre mécanismes incitatifs décrits dans la section précédente. Quel est le problème si l'effort n'est pas parfaitement corrélé avec l'output ?

La location. Quand la firme loue la technique de production au travailleur, celui-ci peut obtenir la totalité de l'output qui reste après avoir payé le montant fixe de la location. Si

[6] McMillan, J., Whalley, J., et Shu, L., « The Impact of China's Economic Reforms on Agricultural Productivity Growth », *Journal of Political Economy*, 97, 4, 1989, p. 781-807.

l'output a une composante aléatoire, cela signifie que le travailleur doit supporter la totalité du risque lié aux facteurs aléatoires. Si le travailleur manifeste plus d'aversion pour le risque que le propriétaire -ce qui est probablement le cas, cette solution est inefficace. En général, le travailleur sera disposé à abandonner une partie des profits résiduels pour avoir un flux de revenus moins risqué.

Le travail salarié. Le problème avec ce système est qu'il nécessite l'observation de la *quantité* de l'input travail. Le salaire doit être basé sur l'effort consenti au niveau de la production et pas simplement sur les heures passées dans l'entreprise. Si le propriétaire ne peut pas observer la quantité de l'input travail, on ne peut pas appliquer ce type de mécanisme incitatif.

À prendre ou à laisser. Si le paiement incitatif est basé sur l'input travail, nous avons le même problème que pour le travail salarié. Si le paiement est basé sur l'*output*, ce mécanisme incitatif implique que le travailleur supporte la totalité du risque ; même s'il ne rate l'« output cible » que d'un petit montant, il reçoit un paiement nul.

Le partage des récoltes. Il s'agit en quelque sorte d'un heureux compromis. Le paiement versé au travailleur dépend en partie de l'output observé, mais le travailleur et le propriétaire se partagent le risque lié aux fluctuations de l'output. Cela donne au travailleur un incitant pour produire l'output, mais il ne supporte pas la totalité du risque.

L'introduction de l'asymétrie de l'information entraîne un changement important dans notre évaluation des différents mécanismes incitatifs. Si le propriétaire ne peut pas observer l'effort, le travail salarié est impossible. La location et la solution « à prendre ou à laisser » impliquent trop de risques pour les travailleurs. Le partage des récoltes est un compromis entre ces deux extrêmes : il donne au travailleur un incitant à produire, mais le travailleur ne supporte pas la totalité du risque.

Exemple : Les coûts du contrôle

Il n'est pas toujours facile d'observer l'importance de l'effort dont fait preuve un employé pendant son travail. Considérons par exemple un employé dans un magasin d'articles divers ouvert 24 h sur 24. Comment le gestionnaire pourrait-il observer la performance des employés quand il n'est pas là ?Même s'il est possible d'observer l'output physique de l'employé (les ventes, les rayons remplis), il est beaucoup plus difficile d'observer par exemple la politesse envers les clients.

Il ne fait guère de doute que l'un des services les plus mauvais au monde était fourni dans les anciens pays communistes d'Europe orientale : quand vous aviez réussi à attirer l'attention d'un employé, vous étiez plus vraisemblablement accueilli par un air renfrogné que par un sourire. Toutefois, un entrepreneur hongrois, Gabor Varszegi, gagna des millions en offrant un service de haute qualité dans ses magasins de développement photographique à Budapest[7].

[7] Greenhouse, Steven, « A New Formula in Hungary : Speed Service and Grow Rich », *New York Times*, 5 juin 1990, p. A1.

Varszegi prétend avoir débuté comme gestionnaire au milieu des années 60 en jouant de la guitare basse et en gérant un groupe rock. « À ce moment, dit-il, les seuls gestionnaires privés en Europe orientale étaient les musiciens rock. » En 1985, il introduisit en Hongrie le développement photographique en une heure ; la meilleure alternative à ses magasins était l'agence gouvernementale qui prenait un mois.

Varszegi suit deux règles dans ses relations du travail : il n'engage jamais quelqu'un qui a travaillé dans une entreprise communiste et il donne à ses travailleurs un salaire 4 fois supérieur à celui du marché. Ces règles sont parfaitement sensées à la lumière des remarques formulées ci-dessus concernant les coûts du contrôle : il y a très peu d'employés par magasin et le contrôle de leur comportement est très coûteux. Si le licenciement ne représentait qu'une petite pénalité, il serait très tentant de paresser. En payant ses travailleurs beaucoup plus que ce qu'ils pourraient avoir ailleurs, Varszegi rend le licenciement extrêmement coûteux pour ses travailleurs et par conséquent réduit de façon significative ses coûts de contrôle.

Exemple : La banque « Grameen »

Au Bangladesh un prêteur villageois pratique un taux d'intérêt annuel supérieur à 150 %. N'importe quel banquier américain adorerait un tel rendement. Aussi pourquoi la Citibank n'installe-t-elle pas des distributeurs automatiques au Bangladesh ? La réponse est que la Citibank ne pourrait vraisemblablement pas faire aussi bien que le prêteur villageois. Celui-ci a un avantage comparatif dans ses petits prêts pour plusieurs raisons :

- il peut gérer plus efficacement les petits prêts ;
- il a un accès plus aisé par rapport à quelqu'un de l'extérieur à l'information relative aux degrés de risque impliqués par les divers crédits ;
- il est dans une meilleure position pour contrôler les crédits afin de s'assurer du remboursement.

Ces trois problèmes (rendements d'échelle, anti-sélection et aléa moral) permettent au prêteur villageois de conserver un monopole local sur le marché du crédit.

Un tel monopole local est particulièrement néfaste dans un pays sous-développé comme le Bangladesh. À un taux d'intérêt de 150 %, les paysans n'entreprennent pas de nombreux projets pourtant profitables. Une amélioration de l'accès au crédit pourrait permettre une augmentation importante de l'investissement et dès lors une amélioration des niveaux de vie.

Muhammad Yunas, un économiste du Bangladesh formé aux États-Unis, a développé une institution ingénieuse connue sous le nom de Banque « Grameen » (Banque du village) pour résoudre certains de ces problèmes. Dans le plan « Grameen », des entrepreneurs avec des projets différents se mettent ensemble et demandent ensemble un prêt global. Si le prêt global est accordé, deux membres du groupe obtiennent leurs prêts individuels et commencent leurs investissements. S'ils réussissent à respecter le calendrier des remboursements, deux autres membres du groupe obtiennent leurs prêts individuels. Si ceux-ci réussissent également, le dernier membre, le chef du groupe, obtient son prêt.

La banque « Grameen » résoud les trois problèmes mentionnés précédemment. Puisque de la qualité du groupe dépend l'obtention des prêts par les membres individuels, ceux-ci sont extrêmement sélectifs concernant les individus avec lesquels ils vont faire cause commune. Les membres du groupe ne pouvant obtenir les prêts que si les autres membres réussissent leurs investissements, tous ont intérêt à s'aider mutuellement et à partager leur expérience. Enfin, le choix des candidats pour les prêts et le contrôle du calendrier des remboursements sont effectués par les paysans eux-mêmes et non directement par les employés de la banque.

La banque « Grameen » a rencontré un grand succès. Elle accorde mensuellement environ 475 000 prêts d'un montant moyen de 70 €. Le taux de récupération des prêts est d'environ 98 %, alors que les prêteurs habituels au Bangladesh réalisent un taux de récupération compris entre 30 et 40 %. Le succès rencontré par ce système de responsabilisation du groupe pour stimuler les investissements a entraîné son adoption dans un certain nombre d'autres régions en Amérique du Nord et du Sud.

RÉSUMÉ

1. Une information imparfaite et asymétrique peut amener des différences importantes dans la nature de l'équilibre du marché.
2. L'anti-sélection a trait à des situations où le type des agents n'est pas observable de sorte qu'un côté du marché doit estimer le type ou la qualité d'un produit sur base du comportement de l'autre côté du marché.
3. Quand il y a anti-sélection sur un marché, il peut y avoir trop peu d'échanges. Dans ce cas, le niveau de satisfaction de tous les individus peut être amélioré si on les oblige à effectuer des transactions.
4. L'aléa moral a trait à une situation où un côté du marché ne peut pas observer les comportements de l'autre côté.
5. L'utilisation de signaux a trait au fait que quand il y a anti-sélection ou aléa moral, certains agents souhaitent investir dans des signaux qui les différencient des autres agents.
6. Les investissements en signaux peuvent être bénéfiques d'un point de vue privé tout en correspondant à un gaspillage du point de vue social. Par contre, ces investissements peuvent permettre de résoudre les problèmes liés à l'asymétrie d'information.
7. Les mécanismes incitatifs efficaces (quand l'effort est parfaitement observable) donnent au travailleur le droit résiduel sur l'output. Le travailleur égalisera dans ce cas, bénéfice marginal et coût marginal.
8. Mais ce n'est plus vrai si l'information est imparfaite. En règle générale, il convient alors d'utiliser un mécanisme incitatif qui répartit les risques tout en fournissant les incitants nécessaires.

PROBLÈMES À RÉSOUDRE

37.1 Considérons le modèle du marché des véhicules d'occasion présenté dans ce chapitre. Quelle est la valeur maximum du surplus des consommateurs que les échanges peuvent générer au niveau de l'équilibre du marché ?

37.2 Dans le même modèle, quel serait la valeur du surplus des consommateurs si on affectait *de façon aléatoire* les acheteurs aux vendeurs ? Laquelle des deux méthodes engendre le surplus le plus important ?

37.3 Un travailleur peut produire x unités d'output à un coût $c(x) = x^2/2$. Il peut obtenir un niveau d'utilité de $\overline{u}$ en travaillant ailleurs. Quel est le mécanisme incitatif optimal $s(x)$ pour ce travailleur si nous adoptons la solution du travail salarié ?

37.4 En reprenant les éléments du problème précédent, quelle somme le travailleur serait-il disposé à payer pour louer la technique de production ?

37.5 Dans quelle mesure votre réponse au problème précédent serait-elle modifiée si l'emploi alternatif du travailleur lui procurait un niveau d'utilité de $\overline{u} = 1$?

ANNEXE MATHÉMATIQUE

Dans cette annexe, nous allons présenter brièvement certains concepts mathématiques utilisés dans cet ouvrage. Cette annexe a été conçue comme un rappel des définitions des différents termes utilisés. Il ne s'agit absolument pas d'un manuel de mathématique. Les définitions que nous allons donner sont en général les plus simples mais pas nécessairement les plus rigoureuses.

A.1 LES FONCTIONS

Une **fonction** est une règle qui décrit une relation entre des nombres. Pour chaque nombre x, une fonction attribue un nombre *unique* y sur base d'une certaine règle. On peut dès lors définir une fonction en décrivant la règle comme par exemple : « prendre un nombre et le porter au carré » ou « prendre un nombre et le multiplier par 2 », etc. On écrit ces deux fonctions particulières comme suit : $y = x^2$ et $y = 2x$. Les fonctions sont parfois appelées des **transformations**.

On désire souvent indiquer qu'une certaine variable y dépend d'une autre variable x, mais la relation algébrique précise qui existe entre ces deux variables n'est pas toujours connue. Dans ce cas, on écrit $y = f(x)$. Cette expression signifie que la variable y dépend de x sur base de la règle f.

Quand on considère une fonction $y = f(x)$, le nombre x est souvent appelé la **variable indépendante** et le nombre y la **variable dépendante**. L'idée est que x varie de façon indépendante alors que la valeur de y *dépend* de la valeur de x.

Souvent, une variable y dépend de plusieurs autres variables x_1, x_2... Dans ce cas, nous écrivons $y = f(x_1, x_2)$ pour indiquer que les deux variables x_1 et x_2 déterminent ensemble la valeur de y.

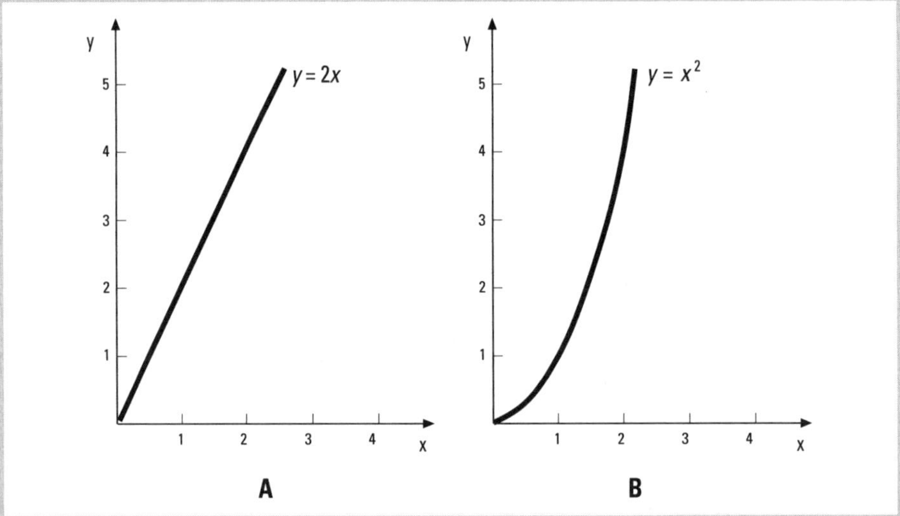

Figure A.1 ***Graphes de fonctions.***

La partie A représente le graphe de $y = 2x$ et la partie B, celui de $y = x^2$.

A.2 LES GRAPHES

Le **graphe** d'une fonction est la représentation graphique du comportement de cette fonction. La figure A.1 présente deux graphes de fonction. En mathématique, la variable indépendante est généralement indiquée sur l'axe horizontal et la variable dépendante sur l'axe vertical. Le graphe représente alors la relation entre les variables indépendante et dépendante.

Toutefois, en économie, on trace souvent le graphe des fonctions avec la variable indépendante sur l'axe vertical et la variable dépendante sur l'axe horizontal. Les fonctions de demande, par exemple, sont généralement représentées avec le prix sur l'axe vertical et la quantité demandée sur l'axe horizontal.

A.3 LES PROPRIÉTÉS DES FONCTIONS

Une **fonction continue** est une fonction dont on peut tracer le graphe sans lever le crayon : il n'y a pas de « sauts ». Une **fonction « lisse »** est une fonction qui ne présente ni « coudes » ni angles. Une fonction **monotone** est une fonction qui croît toujours ou décroît toujours ; une fonction **monotone croissante** croît toujours lorsque x augmente tandis qu'une fonction **monotone décroissante** décroît toujours lorsque x augmente.

A.4 LES FONCTIONS INVERSES

Rappelons qu'une fonction associe à chaque valeur de x, une valeur unique de y. Par ailleurs, une fonction monotone est une fonction qui est toujours croissante ou toujours décroissante. Par conséquent, une fonction monotone associe une valeur unique de x à chaque valeur de y.

La fonction qui relie ainsi x à y est appelée une **fonction inverse**. Si on vous donne y en fonction de x, vous pouvez dégager la fonction inverse en calculant simplement x en fonction de y. Si $y = 2x$, la fonction inverse est égale à $x = y/2$. Si $y = x^2$, il n'y a pas de fonction inverse ; pour tout y, le carré de $x = +\sqrt{y}$ et de $x = -\sqrt{y}$ sont égaux à y. Dans ce cas, on ne peut pas associer, à chaque valeur de y, une valeur *unique* de x comme requis dans la définition d'une fonction.

A.5 ÉQUATIONS ET IDENTITÉS

Quand une fonction est égale à un nombre particulier, on a ce qu'on appelle une **équation**. Comme exemples d'équations, nous pouvons donner les expressions suivantes :

$$\begin{aligned} 2x &= 8 \\ x^2 &= 9 \\ f(x) &= 0. \end{aligned}$$

La **solution** d'une équation est une valeur de x qui vérifie l'équation. La première équation a pour solution : $x = 4$. La deuxième équation a deux solutions : $x = 3$ et $x = -3$. La troisième équation est simplement une équation générale. La solution de cette équation ne peut être identifiée tant que la règle représentée par f n'est pas connue. Cependant, nous pouvons représenter cette solution par x^*. Cela signifie simplement que x^* est un nombre tel que $f(x^*) = 0$. On dit que x^* *vérifie* l'équation $f(x) = 0$.

Une **identité** est une relation entre des variables qui est vérifiée pour toutes les valeurs de ces variables. Les deux expressions suivantes sont des exemples d'identités :

$$\begin{aligned} (x+y)^2 &\equiv x^2 + 2xy + y^2 \\ 2(x+1) &\equiv 2x + 2. \end{aligned}$$

Le symbole particulier $\equiv$ signifie que le membre de gauche et le membre de droite sont égaux pour *toutes* les valeurs des variables. Une équation n'est vérifiée que pour certaines valeurs des variables tandis qu'une identité est vérifiée pour toutes les valeurs des variables. Une identité est souvent vérifiée par définition.

A.6 LES FONCTIONS LINÉAIRES

Une **fonction linéaire** est une fonction de la forme

$$y = ax + b$$

où a et b sont des constantes. Comme exemples de fonctions linéaires, nous pouvons donner les deux expressions suivantes :

$$y = 2x + 3$$
$$y = x - 99.$$

En fait, il serait plus correct d'appeler une fonction de la forme $y = ax + b$ une **fonction affine** ; seules les fonctions de la forme $y = ax$ devraient être appelées des fonctions linéaires, mais nous n'insisterons pas sur cette distinction.

Les fonctions linéaires peuvent également s'écrire sous une forme implicite du type $ax + by = c$. Dans ce cas, on souhaite souvent obtenir l'expression de y en fonction de x, afin de pouvoir écrire cette fonction sous la forme « classique » :

$$y = \frac{c}{b} - \frac{a}{b}x.$$

A.7 VARIATIONS ET TAUX DE VARIATION

Le symbole Δx signifie « la variation de x ». Cela ne correspond pas à la multiplication de Δ par x. Si x passe de x^* à x^{**}, la variation de x est simplement égale à

$$\Delta x = x^{**} - x^*.$$

Nous pouvons aussi écrire

$$x^{**} = x^* + \Delta x$$

pour indiquer que x^{**} est égal à x^* plus une certaine variation de x.

Généralement, Δx représente une petite variation de x, c'est-à-dire ainsi qu'on le dit parfois, une **variation marginale**.

Un **taux de variation** est le rapport de deux variations. Si y est une fonction de x représentée par $y = f(x)$, le taux de variation de y par rapport à x est égal à

$$\frac{\Delta y}{\Delta x} = \frac{f(x + \Delta x) - f(x)}{\Delta x}.$$

Le taux de variation mesure donc la modification de y quand x varie.

Une des propriétés d'une fonction linéaire est que le taux de variation de y par rapport à x est constant. Pour démontrer cela, remarquons que si $y = a + bx$, alors

$$\frac{\Delta y}{\Delta x} = \frac{a + b(x + \Delta x) - a - bx}{\Delta x} = \frac{b\Delta x}{\Delta x} = b.$$

Pour des fonctions non linéaires, le taux de variation de la fonction dépend de la valeur de x. Considérons par exemple la fonction $y = x^2$. Pour cette fonction,

$$\frac{\Delta y}{\Delta x} = \frac{(x + \Delta x)^2 - x^2}{\Delta x} = \frac{x^2 + 2x\Delta x + (\Delta x)^2 - x^2}{\Delta x} = 2x + \Delta x.$$

Le taux de variation quand on passe de x à $x + \Delta x$ dépend ici de la valeur de x et de l'ampleur de la variation Δx. Mais si nous considérons de très petites variations de x, Δx est presque nul et par conséquent, le taux de variation de y par rapport à x est approximativement égal à $2x$.

A.8 PENTES ET ORDONNÉES À L'ORIGINE

On peut interpréter graphiquement le taux de variation d'une fonction comme la **pente** de la fonction. À la figure A.2A, nous avons représenté une fonction linéaire $y = -2x + 4$.

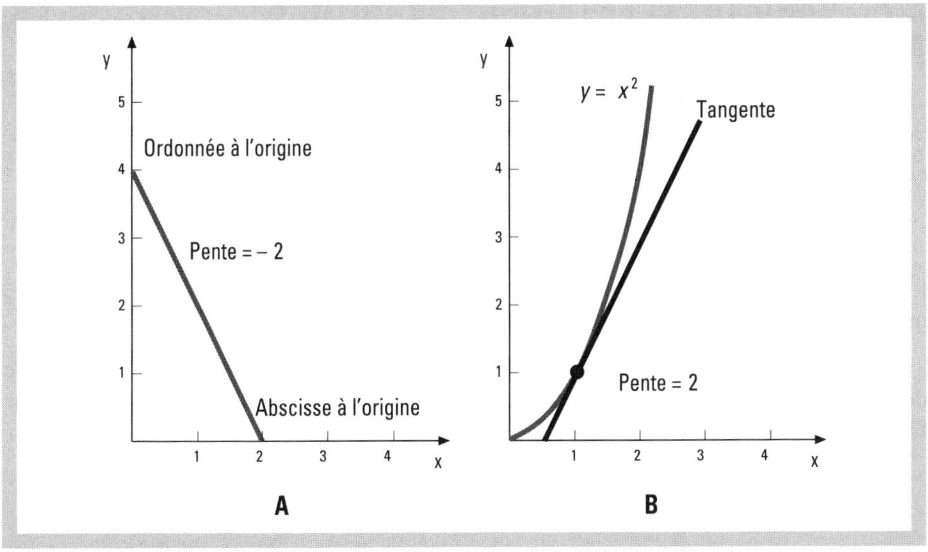

Figure A.2 ***Pentes et ordonnées à l'origine.***

La partie A représente la fonction $y = -2x + 4$ et la partie B la fonction $y = x^2$.

L'**ordonnée à l'origine** de cette fonction est la valeur de y quand $x = 0$, soit $y = 4$. L'**abscisse à l'origine** est la valeur de x quand $y = 0$, soit $x = 2$. La pente de la fonction est le taux de variation de y quand x varie. Dans le cas présent, la pente de la fonction est égale à -2.

De façon générale, si une fonction linéaire a la forme $y = ax + b$, l'ordonnée à l'origine est égale à $y^* = b$ et l'abscisse à l'origine est égale à $x^* = -b/a$. Si la fonction linéaire s'écrit sous la forme suivante :

$$a_1x_1 + a_2x_2 = c,$$

l'abscisse à l'origine est la valeur de x_1 quand $x_2 = 0$, soit $x_1^* = c/a_1$ et l'ordonnée à l'origine est la valeur de x_2 quand $x_1 = 0$, soit $x_2^* = c/a_2$. La pente de cette fonction est égale à $-a_1/a_2$.

Une des propriétés d'une fonction non linéaire est que sa pente se modifie quand x varie. Une **tangente** à une fonction en un point x est une fonction linéaire qui a la même pente. À la figure A.2B, nous avons représenté la fonction x^2 et la tangente en $x = 1$.

Si y augmente toujours lorsque x croît, alors Δy a toujours le même signe que Δx et la pente de la fonction est par conséquent positive. Si au contraire, y décroît quand x augmente ou si y augmente quand x décroît, Δy et Δx sont de signe opposé et, par conséquent, la pente de la fonction est négative.

A.9 VALEURS ABSOLUES ET LOGARITHMES

La **valeur absolue** d'un nombre est une fonction $f(x)$ définie par la règle suivante :

$$f(x) = \begin{cases} x & \text{si} \quad x \geqslant 0 \\ -x & \text{si} \quad x < 0. \end{cases}$$

La valeur absolue d'un nombre peut donc être obtenue en laissant tomber le signe de ce nombre. La fonction « valeur absolue » est généralement indiquée par $|x|$.

Le **logarithme** (naturel ou népérien) de x correspond à une fonction particulière de x qu'on écrit sous la forme $y = \ln x$ ou $y = \ln(x)$. La fonction logarithme est la seule fonction qui possède les propriétés suivantes :

$$\ln(xy) = \ln(x) + \ln(y)$$

pour tous nombres positifs x et y et

$$\ln(e) = 1.$$

Dans cette dernière équation, la lettre e représente la base des logarithmes naturels (ou népériens) qui est égale à 2,7183... La première propriété indique que le logarithme du produit de deux nombres est égal à la somme des logarithmes individuels ; cela implique une autre propriété importante des logarithmes :

$$\ln(x^y) = y\ln(x).$$

Le logarithme de x porté à la puissance y est donc égal à y fois le logarithme de x.

A.10 LES DÉRIVÉES

La **dérivée** d'une fonction $y = f(x)$ est définie comme suit :

$$\frac{df(x)}{dx} = \lim_{\Delta x \to 0} \frac{f(x+\Delta x) - f(x)}{\Delta x}.$$

La dérivée est donc la limite du taux de variation de y par rapport à x quand la variation de x tend vers zéro. La dérivée correspond exactement au « taux de variation de y par rapport à x pour de petites variations de x ». On représente également la dérivée de $f(x)$ par rapport à x par $f'(x)$.

Nous savons que le taux de variation pour une fonction linéaire $y = ax + b$ est constant. Dès lors, pour une fonction de ce type :

$$\frac{df(x)}{dx} = a.$$

Pour une fonction non linéaire, le taux de variation de y par rapport à x dépend généralement de x. Nous avons vu que pour la fonction $f(x) = x^2$, nous avons $\Delta y/\Delta x = 2x + \Delta x$. En appliquant la définition de la dérivée :

$$\frac{df(x)}{dx} = \lim_{\Delta x \to 0} 2x + \Delta x = 2x.$$

La dérivée de x^2 par rapport à x est donc $2x$.

On peut démontrer par des méthodes plus compliquées que si $y = \ln x$, on a

$$\frac{df(x)}{dx} = \frac{1}{x}.$$

A.11 LES DÉRIVÉES SECONDES

La **dérivée seconde** d'une fonction est la dérivée de la dérivée de cette fonction. Si $y = f(x)$, la dérivée seconde de $f(x)$ par rapport à x est indiquée par $d^2f(x)/dx^2$ ou $f''(x)$. Nous savons que

$$\frac{d(2x)}{dx} = 2$$

et

$$\frac{d(x^2)}{dx} = 2x.$$

Dès lors,

$$\frac{d^2(2x)}{dx^2} = \frac{d(2)}{dx} = 0$$

et

$$\frac{d^2(x^2)}{dx^2} = \frac{d(2x)}{dx} = 2.$$

La dérivée seconde mesure la « courbure » d'une fonction. Une fonction qui a une dérivée seconde négative en un point est concave au voisinage de ce point ; sa pente est décroissante. Une fonction qui a une dérivée seconde positive en un point est convexe au voisinage de ce point ; sa pente est croissante. Une fonction avec une dérivée seconde nulle en un point est en fait une droite au voisinage de ce point.

A.12 LA RÈGLE DE DÉRIVATION D'UN PRODUIT ET LA RÈGLE DE DÉRIVATION D'UNE FONCTION COMPOSÉE

Soit $g(x)$ et $h(x)$, deux fonctions de x. Nous pouvons définir la fonction $f(x)$ qui représente le produit de ces deux fonctions : $f(x) = g(x)h(x)$. La dérivée de $f(x)$ est égale à

$$\frac{df(x)}{dx} = g(x)\frac{dh(x)}{dx} + h(x)\frac{dg(x)}{dx}.$$

Si nous avons deux fonctions $y = g(x)$ et $z = h(y)$, la **fonction composée** est

$$f(x) = h(g(x)).$$

Par exemple, si $g(x) = x^2$ et $h(y) = 2y + 3$, la fonction composée est

$$f(x) = 2x^2 + 3.$$

La règle de dérivation d'une fonction composée (ou **règle de la chaîne**) précise que la dérivée d'une fonction composée $f(x)$ par rapport à x est égale à

$$\frac{df(x)}{dx} = \frac{dh(y)}{dy}\frac{dg(x)}{dx}.$$

Dans notre exemple, $dh(y)/dy = 2$ et $dg(x)/dx = 2x$. La règle de dérivation indique dès lors que $df(x)/dx = 2 \times 2x = 4x$. Par calcul direct, on peut vérifier qu'il s'agit de la dérivée de la fonction $f(x) = 2x^2 + 3$.

A.13 LES DÉRIVÉES PARTIELLES

Supposons que y dépende à la fois de x_1 et de x_2 de sorte que $y = f(x_1, x_2)$. La **dérivée partielle** de $f(x_1, x_2)$ par rapport à x_1 est dans ce cas définie comme suit :

$$\frac{\partial f(x_1, x_2)}{\partial x_1} = \lim_{\Delta x_1 \to 0} \frac{f(x_1 + \Delta x_1, x_2) - f(x_1, x_2)}{\Delta x_1}.$$

La dérivée partielle de $f(x_1, x_2)$ par rapport à x_1 est simplement la dérivée de la fonction par rapport à x_1 quand on maintient x_2 constant. De même, la dérivée partielle par rapport à x_2 est égale à

$$\frac{\partial f(x_1, x_2)}{\partial x_1} = \lim_{\Delta x_2 \to 0} \frac{f(x_1, x_2 + \Delta x_2) - f(x_1, x_2)}{\Delta x_2}.$$

Les dérivées partielles ont exactement les mêmes propriétés que les dérivées ordinaires ; seul le nom change. (Remarquez que le symbole d a été remplacé par ∂.)

Les dérivées partielles obéissent en particulier à la règle de dérivation d'une fonction composée, mais il y a un terme supplémentaire. Supposons que les variables x_1 et x_2 dépendent toutes les deux d'une variable t et définissons la fonction $g(t)$ comme suit :

$$g(t) = f(x_1(t), x_2(t)).$$

La dérivée de $g(t)$ par rapport à t est alors égale à

$$\frac{dg(t)}{dt} = \frac{\partial f(x_1, x_2)}{\partial x_1}\frac{dx_1(t)}{dt} + \frac{\partial f(x_1, x_2)}{\partial x_2}\frac{dx_2(t)}{dt}.$$

Quand la variable t varie, elle affecte à la fois $x_1(t)$ et $x_2(t)$. Nous devons dès lors calculer la dérivée de $f(x_1, x_2)$ par rapport à chacune de ces deux variations.

A.14 L'OPTIMISATION

Si $y = f(x)$, alors $f(x)$ atteint un **maximum** en x^* si $f(x^*) \geqslant f(x)$ pour tout x. On peut démontrer que si $f(x)$ est une fonction lisse qui atteint sa valeur maximum en x^*, alors :

$$\frac{df(x^*)}{dx} = 0$$

$$\frac{d^2(x^*)}{dx^2} \leqslant 0.$$

On appelle ces expressions la **condition du premier ordre** et la **condition du second ordre** pour un maximum. La condition du premier ordre requiert que la fonction soit horizontale en x^*, tandis que la condition du second ordre demande que la fonction soit concave au voisinage de x^*. Il est clair que ces deux propriétés doivent être respectées si x^* est effectivement un maximum.

On dit que $f(x)$ atteint sa valeur **minimum** en x^* si $f(x^*) \leqslant f(x)$ pour tout x. Si $f(x)$ est une fonction lisse qui atteint son minimum en x^*, alors

$$\frac{df(x^*)}{dx} = 0$$

$$\frac{d^2(x^*)}{dx^2} \geqslant 0.$$

La condition du premier ordre requiert de nouveau que la fonction soit horizontale en x^* alors que la condition du second ordre demande cette fois que la fonction soit convexe au voisinage de x^*.

Si $y = f(x_1, x_2)$ est une fonction lisse qui atteint son maximum ou son minimum en un point (x_1^*, x_2^*), les deux conditions suivantes doivent être vérifiées :

$$\frac{\partial f(x_1^*, x_2^*)}{\partial x_1} = 0$$

$$\frac{\partial f(x_1^*, x_2^*)}{\partial x_2} = 0.$$

Nous appelons ces deux équations les **conditions du premier ordre**. Il y a également des conditions du second ordre pour ce problème, mais leur définition est plus complexe.

A.15 L'OPTIMISATION SOUS CONTRAINTE

On s'intéresse souvent à la valeur maximum ou minimum d'une fonction pour certaines valeurs de (x_1, x_2). Quand on écrit

$$\max_{x_1,x_2} f(x_1,x_2)$$

$$\text{s.c. } g(x_1,x_2) = c.$$

Cela signifie : « trouver x_1^* et x_2^* tel que $f(x_1^*, x_2^*) \geqslant f(x_1,x_2)$ pour toutes valeurs de x_1 et x_2 qui vérifient l'équation $g(x_1, x_2) = c$ ».

La fonction $f(x_1, x_2)$ est appelée la **fonction d'objectif** et l'équation $g(x_1, x_2)$, la **contrainte**. Les méthodes pour résoudre ce type de problème de maximisation sous contrainte ont été présentées dans l'annexe du chapitre 5.

SOLUTIONS DES PROBLÈMES

1. LE MARCHÉ

1.1 Elle est horizontale à un prix de 500 € pour 25 appartements puis tombe à un prix de 200 €.

1.2 Dans le premier cas, le prix d'équilibre sera égal à 500 €. Il sera de 200 € dans le deuxième cas et le prix d'équilibre pourra correspondre à n'importe quelle valeur comprise entre 200 € et 500 € dans le dernier cas.

1.3 Parce que si nous désirons louer un appartement supplémentaire, nous devons proposer un prix inférieur. Le nombre de personnes qui ont un prix de réserve supérieur à p augmente nécessairement quand p diminue.

1.4 Le prix des appartements du cercle intérieur augmenterait puisque la demande d'appartements ne serait pas modifiée, mais que l'offre diminuerait.

1.5 Le prix des appartements du cercle intérieur va augmenter.

1.6 Une taxe va certainement réduire le nombre d'appartements offerts à long terme.

1.7 Il va fixer un prix égal à 25 et louer 50 appartements. Dans le second cas, il va louer ses 40 appartements au prix maximum que le marché peut supporter. Ce prix correspond à la solution de $D(p) = 100 - 2p = 40$, soit $p^* = 30$.

1.8 Les individus qui finiront par occuper les appartements du cercle intérieur sont ceux qui ont un prix de réserve supérieur au prix d'équilibre d'un marché concurrentiel. Le résultat sera par conséquent efficace au sens de Pareto. (Évidemment, à long terme, il se pourrait que l'on construise moins d'appartements, ce qui conduirait à un autre type d'inefficacité).

2. LA CONTRAINTE BUDGÉTAIRE

2.1 La nouvelle droite de budget est égale à $2p_1x_1 + 8p_2x_2 = 4m$.

2.2 L'ordonnée à l'origine diminue et l'abscisse à l'origine reste la même. Par conséquent, la droite de budget s'aplatit.

2.3 Elle diminue. La pente est égale à $-2p_1/3p_2$.

2.4 C'est un bien dont le prix est posé égal à 1. Les prix de tous les autres biens sont exprimés par rapport au prix du bien numéraire.

2.5 Une taxe de 8 centimes par gallon.

2.6 $(p_1 + t)x_1 + (p_2 - s)x_2 = m - u$.

2.7 Oui, puisque tous les paniers que le consommateur pouvait acquérir précédemment lui restent accessibles aux nouveaux prix et avec le nouveau revenu.

3. LES PRÉFÉRENCES

3.1 Non. Le consommateur pourrait être indifférent entre les deux paniers. La seule conclusion que l'on peut tirer est que $(x_1, x_2) \succeq (y_1, y_2)$.

3.2 Oui. Elle est transitive et complète.

3.3 Elle est transitive mais pas complète (deux personnes pourraient avoir la même taille). Elle n'est pas réflexive puisqu'on ne peut pas dire qu'une personne est strictement plus grande qu'elle-même.

3.4 Elle est transitive mais pas complète. Si A est plus grand mais moins rapide que B, lequel préfère-t-il ?

3.5 Oui. Une courbe d'indifférence peut se couper elle-même, mais elle ne peut pas couper une autre courbe d'indifférence.

3.6 Non, parce qu'il y a sur cette courbe, deux paniers qui contiennent des quantités strictement supérieures des deux biens par rapport à d'autres paniers situés sur cette même courbe.

3.7 Une pente négative. Si vous donnez au consommateur davantage d'anchois, vous réduisez son niveau de satisfaction. Vous devez donc lui retirer des poivrons pour le ramener à son niveau de satisfaction initial. Dans ce cas, l'utilité augmente quand on se *rapproche* de l'origine.

3.8 Parce que le consommateur préfère faiblement une moyenne pondérée des deux paniers aux paniers extrêmes.

3.9 Si vous donnez un billet de 5 euros, de combien de billets de 1 euro avez-vous besoin en guise de compensation ? Cinq billets de 1 euro. Dès lors, la réponse est -5 ou $-1/5$ selon la définition des axes.

3.10 Zéro. Si vous retirez au consommateur une certaine quantité de bien 1, il a besoin d'une quantité nulle de bien 2 en guise de compensation.

3.11 Des anchois et du beurre de cacahuète, du scotch whisky et de la crème de framboise, etc.

4. L'UTILITÉ

4.1 La fonction $f(u) = u^2$ est une transformation monotone quand u est positif, mais elle ne l'est pas quand u est négatif.

4.2 (1) Oui

(2) Non (Ce n'est une transformation monotone que pour des valeurs v positives)

(3) Non (Ce n'est une transformation monotone que pour des valeurs v négatives)

(4) Oui (Cette transformation n'est définie que pour des valeurs v positives)

(5) Oui (6) Non (7) Oui (8) Non.

4.3 Supposons que la diagonale coupe une courbe d'indifférence en deux points, disons (x, x) et (y, y). Dans ce cas, soit $x > y$, soit $y > x$, c'est-à-dire qu'un des deux paniers doit contenir des quantités supérieures des deux biens. Mais si les préférences sont monotones, ce panier doit être préféré à l'autre.

4.4 Ces deux fonctions représentent des préférences pour des substituts parfaits.

4.5 Les préférences quasi linéaires. Oui.

4.6 Cette fonction d'utilité représente des préférences Cobb-Douglas. Non. Oui.

4.7 Parce que le TmS se mesure le long d'une courbe d'indifférence et que l'utilité reste constante le long d'une telle courbe.

5. LE CHOIX

5.1 x_2 est égal à 0 quand $p_2 > p_1$, à m/p_2 quand $p_2 < p_1$ et à n'importe quelle valeur comprise entre 0 et m/p_2 quand $p_2 = p_1$.

5.2 Les choix optimaux seront $x_1 = m/p_1$ et $x_2 = 0$ si $p_1/p_2 < b$, $x_1 = 0$ et $x_2 = m/p_2$ si $p_1/p_2 > b$ et n'importe quelle combinaison située sur la droite de budget si $p_1/p_2 = b$.

5.3 Soit z, le nombre de tasses de café achetées par le consommateur. Nous savons dans ce cas qu'il achète $2z$ morceaux de sucre. Ces valeurs doivent respecter la contrainte budgétaire $2p_1z + p_2z = m$. La solution pour z est $z = \dfrac{m}{2p_1 + p_2}$.

5.4 Nous savons que vous ne consommerez soit que de la glace, soit que des olives. Les deux choix optimaux possibles sont donc $x_1 = m/p_1$ et $x_2 = 0$ ou $x_1 = 0$ et $x_2 = m/p_2$.

5.5 Il s'agit d'une fonction d'utilité Cobb-Douglas.
Il consacrera dès lors une fraction $4/(1 + 4) = 4/5$ de son revenu au bien 2.

5.6 Pour des préférences coudées, comme par exemple des compléments parfaits. Dans ce cas, la variation de prix n'entraîne aucune modification de la demande.

6. LA DEMANDE

6.1 Non. Si le revenu augmente et que l'individu dépense la totalité de son revenu, il doit acheter une quantité supérieure d'au moins un des biens.

6.2 La fonction d'utilité pour des substituts parfaits est $u(x_1, x_2) = x_1 + x_2$. Dès lors, si $u(x_1, x_2) > u(y_1, y_2)$, nous avons $x_1 + x_2 > y_1 + y_2$. Par conséquent, $tx_1 + tx_2 > ty_1 + ty_2$, de sorte que $u(tx_1, tx_2) > u(ty_1, ty_2)$.

6.3 La fonction d'utilité Cobb-Douglas possède la propriété suivante :

$$u(tx_1,tx_2) = (tx_1)^a(tx_2)^{1-a} = t^at^{1-a}x_1^ax_2^{1-a} = tx_1^ax_2^{1-a} = tu(x_1,x_2).$$

Dès lors, si $u(x_1, x_2) > u(y_1, y_2)$, nous savons que $u(tx_1, tx_2) > u(ty_1, ty_2)$. Les préférences Cobb-Douglas sont donc homothétiques.

6.4 La courbe de la demande.

6.5 Non. Les préférences concaves ne peuvent engendrer que des paniers de consommation optimaux comprenant une quantité nulle d'un des biens.

6.6 Normalement il s'agit de compléments, sauf pour les végétariens.

6.7 Nous savons que $x_1 = m/(p_1 + p_2)$. La solution pour p_1 en fonction des autres variables est dès lors

$$p_1 = \frac{m}{x_1} - p_2.$$

6.8 Faux.

7. LES PRÉFÉRENCES RÉVÉLÉES

7.1 Non. Ce consommateur ne respecte pas l'axiome faible des préférences révélées puisque quand il achète (x_1, x_2), il peut acheter (y_1, y_2) et vice versa. En effet :

$$p_1x_1 + p_2x_2 = 1\times1 + 2\times2 = 5 > 4 = 1\times2 + 2\times1 = p_1y_1 + p_2y_2$$

et

$$q_1y_1 + q_2y_2 = 2\times2 + 1\times1 = 5 > 4 = 2\times1 + 1\times2 = q_1x_1 + q_2x_2.$$

7.2 Oui. L'axiome faible des préférences révélées n'est pas violé puisque le panier Y n'est pas accessible quand le panier X est acheté et vice versa.

7.3 Puisque le panier Y coûte plus cher que le panier X quand celui-ci est acheté et vice versa, on ne peut pas déterminer quel est le panier préféré.

7.4 Si les deux prix variaient de façon identique. Dans ce cas, le panier de l'année de base resterait le panier optimal.

7.5 Les compléments parfaits.

8. L'ÉQUATION DE SLUTSKY

8.1 Oui. Pour vérifier cela, prenons notre exemple favori des crayons rouges et bleus. Supposons que les crayons rouges coûtent 10 centimes la pièce, les crayons bleus 5 centimes la pièce et que le consommateur dépense 1 € pour les crayons. Il achètera alors 20 crayons bleus. Si le prix de ceux-ci passe à 4 centimes la pièce, il en achètera 25, cette variation étant totalement due à l'effet de revenu.

8.2 Oui.

8.3 L'effet de revenu disparaîtrait. Il ne resterait qu'un pur effet de substitution qui serait automatiquement négatif.

8.4 Le gouvernement recevrait tx' comme recettes fiscales et ristournerait tx. Il perdrait donc de l'argent.

8.5 Puisque la consommation initiale resterait accessible, les consommateurs bénéficieraient d'un niveau de satisfaction au moins égal. Il en serait ainsi parce que le gouvernement leur ristournerait une somme supérieure à ce qu'ils perdraient suite à la hausse du prix de l'essence.

9. ACHETER ET VENDRE

9.1 Ses demandes brutes sont (9, 1).

9.2 Le panier $(y_1, y_2) = (3, 5)$ coûte davantage que le panier (4, 4) aux prix en vigueur. L'individu ne préfère pas nécessairement consommer ce panier, mais il préfère certainement le posséder puisqu'il pourra le vendre et acheter un panier plus désirable.

9.3 Oui. La situation sera différente selon que l'individu est acheteur net ou vendeur net du bien dont le prix augmente.

9.4 Oui, mais uniquement si les U.S.A. deviennent exportateurs nets de pétrole.

9.5 La droite de budget se déplacerait parallèlement à elle-même vers la droite et vers le haut puisque l'augmentation du nombre d'heures dans une journée est un pur effet de dotation.

9.6 La pente est positive.

10. LES CHOIX INTERTEMPORELS

10.1 Sur base du tableau 10.1, la valeur présente d'un euro disponible dans 20 ans est de 3 centimes si le taux d'intérêt est de 20 %. La valeur présente d'un million d'euros est par conséquent $0{,}03 \times 1\,000\,000 = 30\,000$ €.

10.2 La pente de la contrainte budgétaire intertemporelle est égale à $-(1 + r)$. Une augmentation du taux d'intérêt rend donc la pente plus négative, c'est-à-dire plus raide.

10.3 Si les biens sont des substituts parfaits, les consommateurs n'achètent que le bien le moins cher. Dans le cas d'achats intertemporels de nourriture, cela implique qu'ils n'achèteraient de la nourriture qu'en cours d'une seule période. Il ne s'agit pas d'une hypothèse très réaliste.

10.4 S'il décide de rester prêteur après la modification du taux d'intérêt, le consommateur doit choisir un point qui était accessible avec le taux d'intérêt initial mais qu'il n'avait pas choisi. Son niveau de satisfaction doit dès lors diminuer. S'il décide au contraire de devenir emprunteur, il choisit un point qui était initialement inaccessible et qui ne peut pas être comparé au choix initial puisque celui-ci n'est plus accessible compte tenu de la nouvelle contrainte budgétaire. L'évolution du niveau de bien-être du consommateur est dès lors indéterminée.

10.5 Si le taux d'intérêt est de 10 %, la valeur présente de 100 € est 90,91 €. Si le taux d'intérêt est de 5 %, la valeur présente est 95,24 €.

11. LES MARCHÉS DES ACTIFS

11.1 Le prix actuel de l'actif A doit être égal à $11/(1 + 0,1) = 10$ €.

11.2 Le taux de rendement est égal à $(10\ 000 + 10\ 000)/100\ 000 = 20$ %.

11.3 Le taux de rendement r des obligations non taxables doit être tel que $(1 - t)r_t = r$. Par conséquent, $(1 - 0,40) \times 0,10 = 0,06 = r$.

11.4 Le prix actuel doit être de $40/(1 + 0,10)^{10} = 15,42$ €.

12. L'INCERTITUDE

12.1 On doit réduire la consommation dans l'issue défavorable et l'augmenter dans l'issue favorable. Pour réaliser cela, on doit *vendre* une assurance contre le sinistre plutôt qu'en acheter une.

12.2 Les fonctions (a) et (c) possèdent la propriété de l'utilité attendue (ce sont des transformations affines des fonctions examinées dans le chapitre). Par contre, la fonction (b) ne possède pas cette propriété.

12.3 Puisqu'il manifeste de l'aversion pour le risque, il préfère la valeur attendue du jeu (325 €) plutôt que de participer au jeu. Il va par conséquent choisir le paiement immédiat de 325 €.

12.4 Si le paiement est de 320 €, sa décision va dépendre de la forme de la fonction d'utilité. On ne peut rien dire de façon générale.

12.5 Vous devriez tracer une fonction qui est d'abord convexe puis concave.

12.6 Pour s'auto-assurer de façon efficace, les risques doivent être indépendants. Il n'y a pas d'indépendance des risques en cas d'inondation. Si une maison est endommagée par une inondation, il est vraisemblable que toutes les maisons du voisinage le seront également.

13. LES ACTIFS À RISQUE

13.1 Pour avoir un écart-type de 2 %, vous devriez investir une fraction $x = \sigma_x/\sigma_m = 2/3$ de vos ressources dans l'actif à risque. Vous obtiendriez ainsi un taux de rendement égal à $(2/3)0,09 + (1 - 2/3)0,06 = 8$ %.

13.2 Le prix du risque est égal à $(r_m - r_f)/\sigma_m = (9 - 6)/3 = 1$. Pour toute augmentation de 1 % de l'écart-type, vous pouvez obtenir un rendement supplémentaire de 1 %.

13.3 Sur base du CAPM, cette action devrait offrir un taux de rendement attendu de $r_f + \beta(r_m - r_f) = 0,05 + 1,5(0,10 - 0,5) = 0,125$, soit 12,5 %.

Elle devrait être vendue à un prix égal à la valeur présente de sa valeur attendue, c'est-à-dire $100/1,125 = 88,89$ €.

14. LE SURPLUS DU CONSOMMATEUR

14.1 Le prix d'équilibre est de 10 € et la quantité vendue est 100 unités. Quand le gouvernement impose la taxe, le prix passe à 11 €, mais la quantité vendue reste 100 unités de sorte qu'il n'y a pas de charge morte.

14.2 Nous désirons calculer la surface située en dessous de la courbe de demande et à gauche de la quantité 6. Cette surface peut être décomposée en la surface d'un triangle de base 6 et de hauteur 6 et celle d'un rectangle de base 6 et de hauteur 4. Par application de formules enseignées à l'école secondaire, l'aire du triangle est égale à 18 et celle du rectangle à 24. Le bénéfice brut est donc de 42.

14.3 Quand le prix est de 4, le surplus du consommateur est égal à l'aire d'un triangle de base 6 et de hauteur 6 ; il est donc de 18. Quand le prix est de 6, le triangle a une base de 4 et une hauteur de 4, soit une aire de 8. La variation du prix a donc réduit le surplus de consommateur de 10.

14.4 La perte est de 10. Puisque la demande du bien discret ne varie pas, la seule chose qui se passe, c'est que le consommateur a dû réduire de 10, ses dépenses pour les autres biens.

15. LA DEMANDE DU MARCHÉ

15.1 La fonction de demande inverse est $P(q) = 200 - 2q$.

15.2 La décision de consommer de la drogue peut dépendre fortement du prix. Si tel est le cas, l'ajustement à la marge extensive peut expliquer une forte élasticité de la demande du marché.

15.3 La recette est égale à $R(p) = 12p - 2p^2$. Elle est maximum en $p = 3$.

15.4 Quel que soit le prix, la recette est égale à $pD(p) = 100$. Par conséquent, n'importe quel prix maximise la recette.

15.5 Vrai. La moyenne pondérée des élasticités par rapport au revenu doit être égale à 1. Dès lors si un des biens a une élasticité négative, l'autre bien doit avoir une élasticité supérieure à 1 pour obtenir une moyenne de 1.

16. L'ÉQUILIBRE

16.1 La totalité du subside bénéficie aux consommateurs si la courbe d'offre est horizontale. Ce sont par contre les producteurs qui bénéficient de la totalité du subside si la courbe d'offre est verticale.

16.2 Les demandeurs.

16.3 Dans ce cas, la courbe de demande des crayons rouges est horizontale pour un prix p_b puisque ce prix correspond à la somme maximum que les consommateurs acceptent de payer pour un crayon rouge. Par conséquent, si on lève une taxe sur les crayons rouges, les consommateurs continueront de payer p_b et la totalité de la taxe sera supportée par les producteurs. (Du moins, si une quantité positive de crayons rouges est vendue sur le marché ; il se pourrait que la taxe amène les producteurs à cesser de produire des crayons rouges).

16.4 La courbe d'offre de pétrole importé est horizontale pour un prix de 25 \$. Dès lors, le prix payé par les consommateurs devrait augmenter de 5 \$, c'est-à-dire du montant de la taxe. Le prix net pour les consommateurs passerait à 30 \$. Puisque le pétrole domestique et le pétrole importé sont des substituts parfaits aux yeux des consommateurs, les producteurs domestiques vendraient également leur pétrole à 30 \$ et bénéficieraient d'un gain inattendu de 5 \$ le baril.

16.5 Elle est nulle. La « charge morte » mesure la valeur des unités d'output qui ne sont plus produites. Puisqu'on produit la même quantité avant et après l'instauration de la taxe, il n'y a pas de « charge morte ». En d'autres termes, les offreurs paient la totalité de la taxe et celle-ci est versée intégralement au gouvernement. La somme que les offreurs seraient prêts à payer pour éviter cette taxe correspond exactement aux recettes fiscales perçues par le gouvernement. Il n'y a donc pas de charge excédentaire.

16.6 Les recettes fiscales sont nulles.

16.7 Elles procurent des recettes négatives, puisque dans ce cas, nous avons un subside net en faveur de l'emprunt.

17. LES VENTES AUX ENCHÈRES

17.1 Puisque les collectionneurs attribuent vraisemblablement une valeur personnelle aux édredons et qu'ils ne tiennent pas compte des valeurs des autres offreurs, il s'agit d'une enchère à valeur privée.

17.2 En appliquant l'analyse développée dans le chapitre, nous avons quatre situations avec des probabilités identiques : (8, 8), (8, 10), (10, 8) et (10, 10). Avec un prix de réserve nul, les offres optimales sont (8, 9, 9, 10) ce qui implique un profit attendu de 9 €. Le seul niveau possible pour un prix de réserve est 10 €, qui implique un profit attendu de $30/4 = 7{,}5$ €. Dans cette enchère, le prix de réserve qui maximise le profit est un prix nul.

17.3 Il faut demander à chaque étudiant d'écrire une valeur et vendre les ouvrages aux deux étudiants qui ont attribué les valeurs les plus élevées, mais en leur faisant payer un prix égal à la troisième offre.

17.4 Il était efficace en ce sens que la licence a été attribuée à l'entreprise qui attribuait la valeur la plus élevée. Mais cela a pris un an, ce qui est inefficace. Une enchère de Vickrey ou une enchère anglaise aurait donné le même résultat, mais plus rapidement.

17.5 C'est une enchère à valeur commune puisque la valeur du prix est la même pour tous les participants. Normalement le vainqueur surestime le nombre de pièces dans le pot. C'est une illustration de la malédiction du vainqueur.

18. LA TECHNOLOGIE

18.1 Rendements d'échelle croissants.

18.2 Rendements d'échelle décroissants.

18.3 Si $a + b = 1$, nous avons des rendements d'échelle constants ; si $a + b < 1$, nous avons des rendements d'échelle décroissants ; si $a + b > 1$, les rendements d'échelle sont croissants.

18.4 $4 \times 3 = 12$ unités.

18.5 Vrai.

18.6 Oui.

19. LA MAXIMISATION DU PROFIT

19.1 Les profits diminuent.

19.2 Les profits augmentent puisque l'output augmente davantage que le coût des inputs.

19.3 Si la firme est réellement caractérisée par des rendements d'échelle décroissants, la division de tous les inputs par 2 permet de produire un output supérieur à la moitié de l'output initial. Dès lors, l'entreprise divisée en deux firmes réalisera un profit global supérieur au profit initial. Il s'agit en fait d'une des raisons pour lesquelles l'existence de rendements d'échelle décroissants pour tout volume de production, est une hypothèse peu plausible.

19.4 Le jardinier a oublié de tenir compte des coûts d'opportunité. Pour mesurer correctement les coûts réels, il doit inclure le coût du temps qu'il a personnellement consacré à la production des courgettes, même s'il n'y a eu aucun versement explicite de salaire.

19.5 En général, non. Considérez, par exemple, ce qui se passe en présence d'incertitude.

19.6 Augmenter.

19.7 La quantité de x_1 ne varie pas et les profits augmentent.

19.8 Elle ne peut pas.

20. LA MINIMISATION DU COÛT

20.1 Puisque le profit est égal à la recette totale moins les coûts, si l'entreprise ne minimise pas ses coûts, elle peut accroître ses profits ; mais cela contredit l'hypothèse que l'entreprise maximise ses profits.

20.2 Accroître la quantité utilisée du facteur 1 et diminuer celle du facteur 2.

20.3 Puisque les inputs sont des substituts parfaits et que leurs prix sont identiques, la firme est indifférente quant aux facteurs qu'elle utilise. Elle utilisera n'importe quelle quantité de facteurs telle que $x_1 + x_2 = y$.

20.4 La demande de papier diminue ou reste inchangée.

20.5 Elle implique que $\sum_{i=1}^{n} \Delta w_i \Delta x_i \leqslant 0$ avec $\Delta w_i = w_i^t - w_i^s$ et $\Delta x_i = x_i^t - x_i^s$.

21. LES COURBES DE COÛT

21.1 Vrai ; vrai ; faux.

21.2 L'entreprise peut réduire ses coûts en augmentant la production de la seconde usine et en diminuant celle de la première.

21.3 Faux.

22. L'OFFRE DE LA FIRME

22.1 La courbe d'offre inverse est $p = 20y$ et, par conséquent, la courbe d'offre est $y = p/20$.

22.2 En posant $CM = Cm$, nous avons $10y + 1000/y = 20y$. La solution est $y^* = 10$.

22.3 La solution pour p est $P_s(y) = (y - 100)/20$.

22.4 Si $p = 10$, l'offre est de 40 et si $p = 20$, elle est de 80. La variation du surplus du producteur est constituée d'un rectangle qui a une surface de 10×40 plus un triangle qui a une surface de $\frac{1}{2} \times 10 \times 40$. Cela donne une variation totale du surplus du producteur de 600. La variation du profit est d'un montant identique puisque les coûts fixes ne varient pas.

22.5 La fonction d'offre est $y = p/2$ pour tout $p \geqslant 2$ et $y = 0$ pour tout $p \leqslant 2$. Si $p = 2$, la firme est indifférente entre l'offre d'une unité d'output et une offre nulle.

22.6 Il s'agit respectivement d'une contrainte principalement technique (le prix des inputs peut constituer une contrainte de marché dans des modèles plus élaborés), d'une contrainte de marché, de l'une ou de l'autre, d'une contrainte technique.

22.7 Toutes les entreprises considèrent le prix du marché comme donné.

22.8 Elle est égale au prix du marché. Une firme qui maximise le profit produira un output tel que le coût marginal de la production de la dernière unité d'output soit égal à sa recette marginale qui, dans le cas de la concurrence parfaite, est égale au prix du marché.

22.9 La firme devrait produire un output nul (qu'il y ait ou non des coûts fixes).

22.10 À court terme, si le prix du marché est supérieur au coût variable moyen, une firme devrait produire une quantité positive d'output même si elle réalise des pertes. Il en est ainsi parce que la firme réaliserait des pertes plus importantes si elle ne produisait rien car elle doit toujours supporter ses coûts fixes. À long terme, par contre, il n'y a pas de coûts fixes et toute entreprise qui réalise des pertes peut produire un output nul et réaliser au maximum une perte nulle.

22.11 Le prix du marché doit être égal au coût marginal de production de toutes les entreprises du secteur d'activité.

23. L'OFFRE DE LA BRANCHE

23.1 Les courbes d'offre inverses sont $P_1(y_1) = 10 + y_1$ et $P_2(y_2) = 15 + y_2$. Quand le prix est inférieur à 10, aucune des firmes n'offre le moindre output. Quand le prix est de 15, la firme 2 entre dans la branche et lorsque le prix est supérieur à 15, les deux firmes opèrent sur le marché. Le coude correspond donc à un prix de 15.

23.2 À court terme, les consommateurs paient la totalité de la taxe. À long terme, elle est payée par les producteurs.

23.3 Faux. Un meilleur raisonnement serait le suivant : les magasins peuvent pratiquer des prix plus élevés parce qu'ils sont proches du campus ; de ce fait, les propriétaires peuvent demander des locations plus importantes pour l'utilisation de cette localisation intéressante.

23.4 Vrai.

23.5 Les profits ou les pertes des entreprises qui sont déjà dans la branche.

23.6 Plus aplatie.

23.7 Non, ce n'est pas contraire au modèle. En comptabilisant les coûts, on a ignoré d'évaluer la rente associée à la licence.

24. LE MONOPOLE

24.1 Non. Un monopoleur qui maximise son profit n'opère jamais en un point où la demande pour son produit est inélastique.

24.2 Déterminons tout d'abord la fonction de demande inverse : $p(y) = 50 - y/2$. La recette marginale est égale à $Rm(y) = 50 - y$. En égalisant la recette marginale au coût marginal de 2, nous obtenons comme solution : $y = 48$. Pour déterminer le prix, nous substituons cette valeur dans la fonction de demande inverse : $p(48) = 50 - 48/2 = 26$.

24.3 La courbe de demande a une élasticité constante de -3. En utilisant la formule $p[1 + 1/\varepsilon] = Cm$, nous obtenons après substitution $p[1 - 1/3] = 2$. La solution est $p = 3$. En substituant cette valeur dans la fonction de demande, nous pouvons déterminer la quantité produite : $D(3) = 10 \times 3^{-3}$.

24.4 La courbe de demande a une élasticité constante de -1. La recette marginale est dès lors nulle quel que soit l'output. Elle ne sera par conséquent jamais égale au coût marginal.

24.5 Quand la courbe de demande est linéaire, le prix augmente de la moitié de la variation du coût. Dans le cas présent, la réponse est 3 €.

24.6 Dans ce cas, $p = kCm$, avec $k = 1/(1 - 1/3) = 3/2$. Le prix augmente dès lors de 9 €.

24.7 Le prix est le double du coût marginal.

24.8 Une subvention de 50 % de façon à ce que les coûts marginaux soient pour le monopoleur la moitié des véritables coûts marginaux. Le prix sera ainsi égal au coût marginal au niveau d'output choisi par le monopoleur.

24.9 Un monopoleur réalise un niveau d'output tel que $p(y) + y\Delta p/\Delta y = Cm(y)$. Après transformation, nous obtenons $p(y) = Cm(y) - y\Delta p/y$. Puisque les courbes de demande ont une pente négative, nous savons que $\Delta p/\Delta y < 0$, ce qui établit que $p(y) > Cm(y)$.

24.10 Faux. Imposer une taxe sur un monopoleur peut entraîner une augmentation du prix du marché d'un montant supérieur, égal ou inférieur à la taxe.

24.11 Plusieurs problèmes se posent notamment : déterminer les véritables coûts marginaux pour l'entreprise, vérifier que tous les consommateurs seront servis et s'assurer que le monopoleur ne subira pas de perte en réalisant le nouvel output au nouveau prix.

24.12 Parmi ces conditions, on peut citer des coûts fixes importants et des coûts marginaux faibles, une échelle efficace minimum importante par rapport au marché, une collusion facile, etc.

25. LE COMPORTEMENT DU MONOPOLE

25.1 Oui, s'il peut discriminer parfaitement en termes de prix.

25.2 $p_i = \varepsilon_i c/(1 + \varepsilon_i)$ pour $i = 1, 2$.

25.3 S'il peut discriminer parfaitement en termes de prix, le propriétaire peut s'approprier la totalité du surplus des consommateurs ; il en sera de même s'il peut fixer un prix à l'entrée. Dès lors, la situation du propriétaire sera identique quelle que soit la tarification adoptée. (En pratique, il est beaucoup plus facile de demander un prix à l'entrée que de pratiquer un prix différent pour chaque attraction.)

25.4 Il s'agit d'une discrimination en termes de prix au troisième degré. Apparemment, les dirigeants de Disneyland croient que les résidents de Californie du sud ont des demandes plus élastiques que les autres visiteurs du parc.

26. LES MARCHÉS DE FACTEURS

26.1 Évidemment. Un monopsone peut produire quelle que soit l'élasticité de l'offre.

26.2 Il en résulterait probablement un chômage puisque l'offre de travail serait supérieure à la demande à ce niveau de salaire.

26.3 Nous pouvons déterminer les prix d'équilibre en substituant dans les fonctions de demande.

Puisque $p = a - by$, en utilisant la solution pour y, nous obtenons $p = \dfrac{3a + c}{4}$.

Puisque $k = a - 2bx$, en utilisant la solution pour x, nous obtenons $k = \dfrac{a + c}{2}$.

27. L'OLIGOPOLE

27.1 À l'équilibre, chaque entreprise produit $(a - c)/3b$; l'output total du secteur est par conséquent $2(a - c)/3b$.

27.2 Rien. Puisque toutes les entreprises ont les mêmes coûts marginaux, peu importe quelle entreprise produit l'output.

27.3 Non, parce que parmi les différents outputs que peut choisir le *leader* à la Stackelberg figure l'output correspondant à l'équilibre de Cournot ; il pourra dès lors obtenir un profit au moins égal à celui de l'équilibre de Cournot.

27.4 Nous savons que nous devons avoir $p[1 - 1/n\varepsilon] = Cm$. Puisque $Cm > 0$ et $p > 0$, nous devons avoir $1 - 1/n|\varepsilon| > 0$. Nous pouvons obtenir le résultat désiré en transformant cette inégalité.

27.5 Tracer une courbe $f_2(y_1)$ plus raide que $f_1(y_2)$.

27.6 En général, non. Le prix est égal au coût marginal uniquement dans la solution de Bertrand.

28. LA THÉORIE DES JEUX

28.1 Suite à la désertion (involontaire) du premier joueur, le second déserte également. Mais ensuite, le premier joueur déserte à nouveau en réaction à la désertion du second et chaque joueur continuera à déserter en réaction à la désertion de l'autre joueur. Cet exemple indique que la stratégie « un prêté pour un rendu » n'est pas une très bonne stratégie quand les joueurs peuvent faire des erreurs au niveau de leurs actes ou de leur perception des actes des autres joueurs.

28.2 Oui et non. Un joueur préfère adopter sa stratégie dominante quelle que soit la stratégie de son adversaire (même si celui-ci adopte sa propre stratégie dominante). Dès lors, si tous les joueurs adoptent des stratégies dominantes, ils adoptent tous une stratégie qui est optimale compte tenu de la stratégie de leurs adversaires et par conséquent, il s'agit d'un équilibre de Nash. Par contre, tous les équilibres de Nash ne sont pas des équilibres avec stratégie dominante ; on peut se référer par exemple au tableau 28.2.

28.3 Pas nécessairement. Nous savons que la stratégie correspondant à l'équilibre de Nash est votre meilleur choix tant que votre adversaire adopte la stratégie correspondant à cet équilibre. Mais s'il n'adopte pas cette stratégie, vous avez peut-être intérêt à suivre une autre stratégie que celle correspondant à l'équilibre de Nash.

28.4 Formellement, si les prisonniers peuvent user de représailles, la matrice des paiements du jeu peut être modifiée. Nous pourrions obtenir un résultat efficace au sens de Pareto. Pensons par exemple à une situation dans laquelle les deux prisonniers conviennent ensemble de tuer quiconque avouera et supposons que la mort ait une utilité très faible.

28.5 La stratégie dominante correspondant à l'équilibre de Nash consiste à déserter à chaque tour. Nous pouvons dégager cette stratégie en procédant à reculons comme dans le cas du jeu répété dix fois. L'expérience relative à des périodes de temps beaucoup plus courtes semble indiquer que les joueurs adoptent rarement cette stratégie.

28.6 À l'équilibre, le joueur B choisit « gauche » et le joueur A choisit « haut ». B préfère bouger le premier puisqu'il obtient un paiement de 9 au lieu d'un paiement de 1. (Notons cependant que faire le premier geste n'est pas toujours avantageux dans un jeu séquentiel. Pouvez-vous imaginer un exemple ?)

29. LES APPLICATIONS DE JEUX

29.1 Dans un équilibre de Nash, chaque joueur choisit une meilleure réponse par rapport à la meilleure réponse de l'autre joueur. Dans un équilibre avec une stratégie dominante, le choix de chaque joueur est une meilleure réponse à tout choix que fait l'autre joueur.

29.2 Non, parce que quand $l = 1/3$, il y a une infinité de meilleures réponses et non une réponse comme le requiert la définition mathématique d'une fonction.

29.3 Pas nécessairement. Cela dépend des paiements du jeu. Dans le cas de la poule mouillée, si les deux joueurs choisissent de foncer droit devant, ils recevront le plus mauvais des paiements.

29.4 C'est le paiement attendu de ligne dans la stratégie d'équilibre de tirer à gauche avec une probabilité de 0,7, colonne plongeant à gauche avec une probabilité de 0,6. Nous devons additionner les paiements pour ligne dans quatre situations : la probabilité que ligne tire à gauche et que colonne plonge à gauche × le paiement de ligne dans ce cas + la probabilité que ligne tire à droite et que colonne défende le côté gauche × le paiement de ligne dans ce cas + ainsi de suite.

Les valeurs sont les suivantes :

$$0{,}7 \times 0{,}6 \times 50 + 0{,}7 \times 0{,}4 \times 80 + 0{,}3 \times 0{,}6 \times 90 + 0{,}3 \times 0{,}4 \times 20 = 62.$$

29.5 Cela signifie qu'il proposera un prix initial bas pour obtenir un contrat mais qu'il demandera des prix élevés pour toutes les modifications ultérieures. Le client devra se laisser faire car il est coûteux pour lui de changer de contrat en cours d'ouvrage.

30. L'ÉCONOMIE COMPORTEMENTALE

30.1 Le premier groupe suite à l'effet d'agencement.

30.2 Marie.

30.3 Du point de vue de la théorie classique du consommateur, il est préférable d'avoir davantage de choix. Mais il est possible qu'offrir trop de choix entraîne une certaine confusion dans le chef des employés. Un choix raisonnable serait 10. Si vous décidez d'offrir 50 fonds, il serait judicieux de les regrouper dans un petit nombre de catégories.

30.4 La probabilité d'avoir une série de trois faces est égale à $1/2 \times 1/2 \times 1/2 = 1/8 = 0{,}125$.

30.5 L'incohérence temporelle.

31. L'ÉCHANGE

31.1 Oui. Considérons par exemple une allocation où une seule personne détient la totalité des biens. L'autre personne a dans ce cas un niveau de satisfaction moindre que ce qu'elle aurait en une allocation où elle aurait quelque chose.

31.2 Non. Parce que cela implique qu'à partir de l'allocation supposée efficace au sens de Pareto, il est possible d'accroître le niveau de satisfaction de tous les individus, ce qui est en contradiction avec l'hypothèse d'efficacité au sens de Pareto.

31.3 Si nous connaissons la courbe des contrats, nous savons que tout échange aboutira en un point de cette courbe, mais nous ne savons pas en quel point exactement.

31.4 Oui, mais en réduisant le niveau de satisfaction d'un autre individu.

31.5 La somme des valeurs des demandes excédentaires sur les deux marchés restants doit être nulle.

32. LA PRODUCTION

32.1 Renoncer à une livre de noix de coco libérerait des ressources pour une valeur de 6 € qui pourraient être utilisées pour produire 2 livres de poisson (pour une valeur de 6 €).

32.2 Un salaire plus élevé impliquerait une droite d'isoprofit plus raide et dès lors, le niveau de production qui maximise le profit de la firme serait situé en un point à gauche de l'équilibre initial, ce qui impliquerait une demande de travail plus faible. Cependant, avec cette nouvelle contrainte budgétaire, Robinson désirerait offrir un temps de travail supérieur au temps requis (pourquoi ?) et le marché du travail ne serait donc pas à l'équilibre.

32.3 Sous certaines conditions, une économie qui est à l'équilibre concurrentiel est efficace au sens de Pareto. On reconnaît généralement qu'il s'agit là d'une bonne chose puisque cela signifie qu'il n'est pas possible d'accroître le niveau de satisfaction d'un individu sans réduire celui de quelqu'un d'autre. Toutefois, il se pourrait que la société préfère une distribution différente du bien-être ; en d'autres termes, il se pourrait que la société préfère accroître le niveau de bien-être d'un groupe au détriment d'un autre groupe.

32.4 Il doit produire davantage de poisson. Son taux marginal de substitution indique qu'il est disposé à renoncer à 2 noix de coco pour avoir un poisson supplémentaire. Le taux marginal de transformation implique qu'il ne doit en fait renoncer qu'à une seule noix de coco pour obtenir un poisson supplémentaire. Dès lors, en renonçant à une seule noix de coco (alors qu'il aurait été prêt à en donner deux), il peut obtenir un poisson supplémentaire.

32.5 Ils devraient travailler tous les deux 9 heures par jour. S'ils travaillent tous les deux 6 heures par jour, Robinson se consacrant exclusivement à la production de noix de coco et Vendredi à celle de poisson, et qu'ils échangent chacun la moitié de leur production, ils peuvent produire le même output. La réduction du nombre d'heures, de 9 à 6 par jour, est due à la réorganisation de la production basée sur l'avantage comparatif de chaque individu.

33. LE BIEN-ÊTRE

33.1 Le principal problème est qu'il n'est pas possible de comparer entre elles de nombreuses allocations ; il n'est pas possible de choisir entre deux allocations efficaces au sens de Pareto.

33.2 $W(u_1, ..., u_n) = \max\{u_1, ..., u_n\}$.

33.3 Puisque la fonction de bien-être de Nietzsche ne tient compte que de l'individu qui a le niveau de satisfaction le plus élevé, les allocations qui maximisent le bien-être impliqueront en règle générale qu'un seul individu reçoit la totalité des biens.

33.4 Supposons que ce ne soit pas le cas et que chaque individu envie quelqu'un d'autre. Établissons la liste de qui envie qui. L'individu A envie quelqu'un que nous appellerons individu B. Celui-ci à son tour envie quelqu'un que nous appellerons individu C. Ainsi de suite et finalement quelqu'un envie une personne mentionnée antérieurement dans la liste. Supposons que le cycle soit « C envie D qui envie E qui envie C » et envisageons le changement suivant « C reçoit ce que D a ; D reçoit ce que E a et E reçoit ce que C a ». Chaque individu reçoit donc un panier qu'il préfère et par conséquent son niveau de satisfaction augmente. Mais dans ce cas, l'allocation initiale ne peut pas être efficace au sens de Pareto !

33.5 Il faut tout d'abord voter entre x et z puis opposer le vainqueur (z) à y. Dans l'autre cas, il faut d'abord voter entre x et y puis ensuite opposer le vainqueur (x) à z. L'importance du pouvoir de fixer l'ordre du vote est due à la non transitivité des préférences sociales.

34. LES EXTERNALITÉS

34.1 Vrai. Une définition claire des droits de propriété élimine généralement les problèmes d'efficacité. Toutefois, quand on définit les droits de propriété, on définit également les dotations et cela peut avoir des conséquences importantes en matière de répartition.

34.2 Faux.

34.3 Pensez à vos camarades de classe...

34.4 Le gouvernement pourrait simplement distribuer le nombre optimal de permis d'utilisation des prés communs. Alternativement, il pourrait vendre les permis d'utilisation. (Question : à quel prix ces permis seraient-ils vendus ? Pensez aux rentes...). Le gouvernement pourrait également imposer une taxe par vache d'un montant t tel que $f(c^*)/c^* + t = a$.

35. LA TECHNOLOGIE DE L'INFORMATION

35.1 Il devrait être disposé à payer jusqu'à 50 €, puisque c'est la valeur présente du profit qu'il espère tirer d'un consommateur à long terme.

35.2 Les utilisateurs préféreront les traitements de texte dont l'usage est le plus répandu puisqu'il leur sera plus facile d'échanger des données et des informations quant au fonctionnement.

35.3 Dans ce cas, les conditions de maximisation de profit sont identiques. Si deux personnes se partagent une vidéo, le producteur se contentera de doubler le prix et il fera exactement le même profit.

36. LES BIENS PUBLICS

36.1 Nous désirons que la somme des taux marginaux de substitution soit égale au coût marginal que représente la fourniture du bien public. La somme des Tms est 20 ($= 10 \times 2$) et le coût marginal est $2x$. Nous avons donc l'équation $20 = 2x$, ce qui donne $x = 10$. Le nombre de lampes efficaces au sens de Pareto est donc de 10.

37. L'ASYMÉTRIE D'INFORMATION

37.1 Puisque seuls les véhicules de mauvaise qualité seront échangés à l'équilibre et que le surplus est de 200 € par transaction, le surplus total généré est de $50 \times 200 = 10\ 000$ €.

37.2 Si les véhicules étaient affectés de façon aléatoire, le surplus moyen par transaction serait la propension moyenne à payer (1 800 €) moins la propension moyenne à vendre (1 500 €). Nous aurions donc un surplus moyen par transaction de 300 € et puisqu'il y aurait 100 transactions, nous aurions un surplus total de 30 000 €, ce qui est nettement supérieur à la solution de marché.

37.3 Nous savons que le mécanisme incitatif optimal revêt la forme $s(x) = wx + K$. Le salaire w doit être égal au produit marginal du travailleur, qui est dans le cas présent égal à de 1. On doit choisir la valeur de la constante K de telle façon que l'utilité du travailleur à l'optimum soit égale à $\bar{u} = 0$. Le choix de x est optimal si le prix (1) est égal au coût marginal (x) ; dès lors, $x^* = 1$. En cette valeur, le travailleur bénéficie d'une utilité de $x^* + K - c(x^*) = 1 + k - 1/2 = 1/2 + K$. Puisque l'utilité du travailleur doit être égale à 0, nous devons avoir $K = -1/2$.

37.4 Dans le problème précédent, nous avons vu que les profits étaient de $1/2$ au niveau optimal de production. Puisque $\bar{u} = 0$, le travailleur serait disposé à payer $1/2$ pour louer la technique de production.

37.5 Si le travailleur doit obtenir un niveau d'utilité de 1, la firme doit lui donner un paiement forfaitaire de $1/2$.

INDEX

B

C

D

E

F

M

N

O

S

T

U

V

W

Y

TABLE DES MATIÈRES

OUVERTURES ◂▸ ÉCONOMIQUES

ALLEGRET J.-P., LE MERRER P., *Économie de la mondialisation. Opportunités et fractures*

AMELON J.-L., CARDEBAT J.-M., *Les nouveaux défis de l'internationalisation. Quel développement international pour les entreprises après la crise ?*

ANDERSON R. D., SWEENEY J. D., WILLIAMS A. TH., *Statistiques pour l'économie et la gestion.* 3e édition
Traduction de la 5e édition américaine par Cl. Borsenberger

BÉNASSY-QUÉRÉ A., CŒURÉ B., JACQUET P., PISANI-FERRY J., *Politique économique.* 2e édition

BEREND IVAN T., *Histoire économique de l'Europe du XXe siècle*
traduction de la 1re édition anglaise par Amandine Nguyen

BERGSTROM T., VARIAN H., *Exercices de microéconomie - 1. Premier cycle. Notions fondamentales.* 3e édition
traduction de la 5e édition américaine par A. Marciano

BERGSTROM T., VARIAN H., *Exercices de microéconomie - 2. Premier cycle et spécialisation.* 2e édition française
traduction de la 5e édition américaine par J.-M. Baland, S. Labenne et Ph. Van Kerm
avec la collaboration scientifique d'A. Marciano.

BESANKO, DRANOVE, SHANLEY, SCHAEFER, *Principes économiques de stratégie*

BILEK A., HENRIOT A., *Analyse conjoncturelle pour l'entreprise. Observer, comprendre, prévoir*

BISMANS F., *Mathématiques pour l'économie - Volume 1. Fonctions d'une variable réelle*

BOUTILLIER S., PEAUCELLE I., UZUNIDIS D., *L'économie russe depuis 1990*

BURDA M., WYPLOSZ C., *Macroéconomie. À l'échelle européenne.* 5e édition
traduction de la 5e édition anglaise par Stanislas Standaert

BRIEC W., PEYPOCH N., *Microéconomie de la production. La mesure de l'efficacité et de la productivité*

CADORET I., BENJAMIN C., MARTIN F., HERRARD N., TANGUY S., *Économétrie appliquée.* 2e édition
Méthodes, Applications, Corrigés

CAHUC P., ZYLBERBERG A., *Le marché du travail*

CAHUC P., ZYLBERBERG A., *Économie du travail. La formation des salaires et les déterminants du chômage*

CARLTON D. W., PERLOFF J. M., *Économie industrielle*, traduction de la 2e édition américaine par F. Mazerolle.
2e édition

CARTELIER J., *L'économie de Keynes*

CAVES R.E., FRANKEL J. A., JONES R. W., *Commerce international et paiements,*
traduction de la 9e édition américaine par M. Chiroleu-Assouline

CAYATTE J.-L., *Introduction à l'économie de l'incertitude*

COLLECTIF, *Économie sociale. Enjeux conceptuels, insertion par le travail et services de proximité*

COMMISSARIAT GÉNÉRAL DU PLAN, *L'intégration régionale.*
Une nouvelle voie pour l'organisation de l'économie mondiale ?

CORNET B. et TULKENS H. (Éds), *Modélisation et décisions économiques*

CÔTÉ D., *Les holdings coopératifs. Évolution ou transformation définitive ?*

CRÉPON B., JACQUEMET N., *Économétrie : méthode et applications*

CUTHBERTSON K., *Économie financière quantitative. Actions, obligations et taux de change,*
traduction de la 1re édition anglaise par C. Puibasset

DARREAU Ph., *Croissance et politique économique*

DE CROMBRUGGHE A., *Choix et décisions économiques. Introduction aux principes de l'économie*

DEFFAINS B., Langlais É., *Analyse économique du droit. Principes, méthodes, résultats*

DEFOURNY J., *Démocratie coopérative et efficacité économique. La performance comparée des SCOP françaises*

Defourny J., Develtere P., Fonteneau B. (Éds), *L'économie sociale au Nord et au Sud*

Defourny J., Monzon Campos J.L. (Éds), *Économie sociale/The Third Sector. Entre économie capitaliste et économie publique/Cooperative Mutual and Non-profit Organizations*

De Grauwe P., *Économie de l'intégration monétaire*, traduction de la 3e édition anglaise par M. Donnay

De Grauwe P., *La monnaie internationale. Théories et perspectives*, traduction de la 2e édition anglaise par M.-A. Sénégas

de Kerchove A.-M., Geels Th., van Steenberghe V., *Questions à choix multiple d'économie politique*. 3e édition

de Melo J., Grether J.-M., *Commerce international. Théories et applications*

Develtere P., *Économie sociale et développement. Les coopératives, mutuelles et associations dans les pays en voie de développement*

Drèze J., *Pour l'emploi, la croissance et l'Europe*

Drumetz F. • Pfister C., *Politique monétaire*

Dupriez P., Ost C., Hamaide C., Van Droogenbroeck N., *L'économie en mouvement. Outils d'analyse de la conjoncture*. 2e édition

Esch L., *Mathématique pour économistes et gestionnaires*. 4e édition

Essama-Nssah B., *Inégalité, pauvreté et bien-être social. Fondements analytiques et normatifs*

Gazon J., *Politique industrielle et industrie Volume 1. Controverses théoriques. Aspects légaux et méthodologie*

Gillis M. *et al.*, *Économie du développement*, traduction de la 4e édition américaine par B. Baron-Renault

Gomez P.-Y., Korine Harry, *L'entreprise dans la démocratie, Une théorie politique du gouvernement des entreprises*

Gujarati D. N., *Économétrie*, traduction de la 4e édition américaine par B. Bernier

Hansen J.-P. - Percebois J., *Énergie. Économie et politiques*

Harrison A., Dalkiran E., Elsey E., *Business international et mondialisation. Vers une nouvelle Europe*

Hirshleifer J., Glazer A., Hirshleifer D., *Microéconomie : théories et applications. Décision, marché, formatic des prix et répartition des revenus*

Heertje A., Pieretti P., Barthélemy Ph., *Principes Analyse conjoncturelle pour l'entreprise. Observer, comprendre, prévoir d'économie politique*. 4e édition

Jacquemin A., Tulkens H., Mercier P., *Fondements d'économie politique*. 3e édition

Jacquemin A., Pench L. R. (Éds), *Pour une compétitivité européenne. Rapports du Groupe Consultatif sur la Compétitivité*

Jalladeau J., *Introduction à la macroéconomie. Modélisations de base et redéploiements théoriques contempora* 2e édition

Jalladeau J., Dorbaire P., *Initiation pratique à la macroéconomie. Études de cas, exercices et QCM*. 2e édition

Jaskold Gabszewicz J., *Théorie microéconomique*. 2e édition

Jones Ch. I., *Théorie de la croissance endogène*, traduction de la 1re édition américaine par F. Mazerolle

Jurion B., *Économie politique*. 3e édition

Jurion B., Leclercq A., *Exercices d'économie politique*

Kohli U., *Analyse macroéconomique*

Krugman P. R. et Obstfeld M., *Économie internationale*. 4e édition traduction de la 6e édition américaine par A. Hannequart et F. Leloup

Krugman P., *L'économie auto-organisatrice*, traduction de la 1re édition américaine par F. Leloup. 2e édition

Krugman P., Wells R. *Macroéconomie*, traduction de la 2e édition américaine par L. Baechler

KRUGMAN P., Wells R., *Microéconomie*, traduction de la 2e édition américaine par L. Baechler

LANDAIS B., *Leçons de politique budgétaire*

LANDAIS B., *Leçons de politique monétaire*

LECAILLON J.-D., LE PAGE J.-M., OTTAVJ CHR., *Économie contemporaine. Analyses et diagnostics*. 2e édition

LEHMANN P.-J., *Économie des marchés financiers*

LEMOINE M., MADIÈS P., MADIÈS T., *Les grandes questions d'économie et finance internationales. Décoder l'actualité*

LEROUX A., MARCIANO A., *Traité de philosophie économique*

LESUEUR J.-Y., SABATIER M., *Microéconomie de l'emploi. Théories et applications*

LÖWENTHAL P., *Une économie politique*

MANKIW G. N., *Macroéconomie*, traduction de la 7e édition américaine par Jihad C. El Naboulsi. 5e édition

MANKIW G. N., TAYLOR M. P., *Principes de l'économie*, traduction d'Élise Tosi

MANSFIELD E., *Économie managériale. Théorie et applications*, traduction et adaptation de la 4e édition américaine par B. Jérôme

MASSÉ G., THIBAUT FR., *Intelligence économique. Un guide pour une économie de l'intelligence*

MARCIANO A., *Éthiques de l'économie. Introduction à l'étude des idées économiques*

MILGROM P., ROBERTS J., *Économie, organisation et management*

MONNIER L., THIRY B. (Éds), *Mutations structurelles et intérêt général. Vers quels nouveaux paradigmes pour l'économie publique, sociale et coopérative ?*

MUELLER C. D., FACCHINI F., FOUCAULT M., FRANÇOIS A., MAGNI-BERTON R., MELKI M., *Choix publics. Analyse économique des décisions publiques*

NORRO M., *Économies africaines. Analyse économique de l'Afrique subsaharienne*. 2e édition

PERKINS D. H., RADELET S., LINDAUER D. L., *Économie du développement*. 3e édition

PROMEURO, *L'Euro pour l'Europe. Des monnaies nationales à la monnaie européenne*. 2e édition

RASMUSEN E., *Jeux et information. Introduction à la théorie des jeux*, traduction de la 3e édition anglaise par F. Bismans

SALVATORE D. C., *Économie internationale*, traduction de la de la 9e édition américaine par Fabienne Leloup et Achille Hannequart

SHAPIRO C., VARIAN H. R., *Économie de l'information. Guide stratégique de l'économie des réseaux*, traduction de la 1re édition américaine par F. Mazerolle

SIMON C. P., BLUME L., *Mathématiques pour économistes*, traduction de la 1re édition américaine par G. Dufrenot, O. Ferrier, M. Paul, A. Pirotte, B. Planes et M. Seris

SINN G., SINN H. W., *Démarrage à froid. Une analyse des aspects économiques de l'unification allemande*, traduction de la 3e édition allemande par C. Laurent

STIGLITZ J. E., WALSH C. E., Lafay J.-D., *Principes d'économie moderne*. 3e édition, traduction de la 3e édition américaine par F. Mayer

SZPIRO D., *Économie monétaire et financière*.

VARIAN H., *Introduction à la microéconomie*. 6e édition, traduction de la 7e édition américaine par B. Thiry

VARIAN H., *Analyse microéconomique*, traduction de la 3e édition américaine par J.-M. Hommet. 2e édition

VAN DER LINDEN B. (Éd.), *Chômage. Réduire la fracture*

WICKENS M., *Analyse macroéconomique approfondie. Une approche par l'équilibre général dynamique*

ZÉVI A., MONZÓN CAMPOS J.-L., *Coopératives, marchés, principes coopératifs*